Lehrbuch

des

gesammten Privatrechtes

in geschichtlicher,
dogmatischer und wirthschaftlicher Beziehung

mit Rücksicht auf die einschlägigen Materien des
öffentlichen Rechtes.

Von

Dr. Georg Prager.

Band I.

Allgemeine Lehren und Sachenrecht.

Berlin und Leipzig.
Verlag von J. Guttentag
(D. Collin).
1888.

Meiner Frau Eugenie

in Liebe

gewidmet.

Vorrede.

Dies Lehrbuch soll eine gemeinfaßliche Uebersicht über den gesammten Rechtsstoff geben, sowie eine Grundlage bilden für die Vorbereitung zum höheren Justiz- und Verwaltungsdienst. Dadurch wurden mancherlei Abweichungen von der herkömmlichen Darstellung nöthig.

Die Scheidung von Pandekten, deutschem und preußischem Privatrecht ist aufgegeben und die Grenze des s. g. öffentlichen Rechtes oft überschritten. Jedes Institut wird von seinem römischen bzw. deutschen Ursprung bis in die modernen Ausläufer durchgeführt. So beginnt die Pfandlehre mit den unbehülflichen Versuchen im alten Rom, einen Realcredit zu schaffen, schildert dann die Ausbildung der Hypothek durch die klassischen Juristen, geht über zur deutschen Grundbuchverfassung und endet in der preußischen Grundschuld. Dabei wird die wirthschaftliche Bedeutung, auf welcher Aenderung und Gestaltung des Rechtes beruht, hervorgehoben z. B. im Pfandrecht die Natur der Pfandbriefe, Bodencredit-Certificate ꝛc. Auch das processualische Verfahren, soweit es zur Vervollständigung des Rechtsbildes wie bei Entmündigungs-, Concurs-, Wechselsachen gehört, findet im Vergleich mit früheren Zuständen Beachtung.

Der Nachdruck ruht überall auf dem Römischen Recht. Um dem Leser ein selbständiges Urtheil zu ermöglichen, werden die Streitfragen der römischen Meister des Rechtes in ihrem Wortlaut erörtert und auf modernen Gebieten die gesetzlichen Bestimmungen angeführt. Zur leichteren Uebersicht der Disposition geht jedem Paragraphen eine Inhaltsangabe voran, deren Stichwörter in der Ausführung durch den Druck kenntlich gemacht sind.

Die Rücksicht auf den Lehrzweck rechtfertigt einzelne Unebenheiten. Die allgemeinen Lehren, deren abstracte Fassung am Eingang des Rechtsstudiums oftmals verwirrt und abstößt, sind möglichst eingeschränkt. So findet die Bedingung an zwei Stellen Erläuterung: nach ihren Grundzügen im allgemeinen Theil und nach ihrer Wirkung für dingliche Rechte im Sachenrecht. Das Bestreben, jeden Abschnitt durch sich selber verständlich zu machen und nur das Erreichbare zu wollen, hat bisweilen dazu geführt, kurze Wiederholungen aufzunehmen, dagegen feinere Ausmalungen und literarische Hinweise zu unterlassen.

Somit empfehle ich dies Werk der Nachsicht Derer, welche in der Schwierigkeit erfahren sind, der lernbegierigen Jugend die Höhen und Tiefen des juristischen Wissens zu erschließen. Möge das Buch neben gehörig betriebenen Universitätsstudien ein Leitfaden und eine Anregung sein!

Berlin im August 1888.

Dr. Georg Prager.

Erster Band.

Inhalt.

Einleitung.

Uebersicht
der
äußeren Rechtsgeschichte.

Erstes Kapitel.
Römische Rechts-Quellen und Sammlungen.

Zweites Kapitel.
Quellen und Sammlungen des kanonischen Rechtes.

Zweiter Haupttheil.

Das Vermögens-Recht.

Erstes Buch.

Sachen-Recht.

Erster Titel.
Besitz.

Zweiter Titel.
Die Sachen-Rechte.

Dritter Titel.
Eigenthum.

Vierter Titel.
Eigenthumsähnliche Rechte.

Abkürzungen.

Abs.	=	Absatz.
A.G.O.	=	Allgemeine Gerichtsordnung.
A.L.R.	=	Allgemeines Landrecht.
Ausf.G.	=	Ausführungs-Gesetz.
B.A.	=	Deutsche Bundesacte.
B.G.	=	Norddeutsches Bundes-Gesetz.
C.	=	Römischer Codex.
c.	=	canon im kanonischen Rechtsbuch.
Cab.O.	=	Cabinets-Ordre.
C.C.C.	=	Constitutio Criminalis Carolina.
Clem.	=	Clementinen im kanonischen Rechtsbuch.
C.Pr.O.	=	Deutsche Civilproceß-Ordnung.
D.	=	Römische Digesten.
Decl.	=	Declaration.
dist.	=	distinctio im kanonischen Rechtsbuch.
Ed.	=	Edict.
Einf.G.	=	Einführungs-Gesetz.
Erl.	=	Erlaß.
feud.	=	libri feudorum.
G.	=	Gesetz.
Gaj.	=	Gaji institutionum commentarii.
Ger.Verf.	=	Deutsches Gerichtsverfassungs-Gesetz.
G.O.	=	Preußische Grundbuch-Ordnung.
H.G.B.	=	Deutsches Handels-Gesetzbuch.
I.	=	Römische Institutionen.
J.R.A.	=	Jüngster Reichsabschied.
l.	=	lex.
l. cit.	=	lex citata.
Nov.	=	Novelle.
nov.	=	Römische Novelle.
O.	=	Ordnung.
Pat.	=	Patent.
Pauli R.S.	=	Pauli receptae sententiae.
P.G.O.	=	Peinliche Gerichts-Ordnung.
Pr.G.	=	Preußisches Gesetz.
Pr.V.U.	=	Preußische Verfassungs-Urkunde
qu.	=	quaestio im kanonischen Rechtsbuch.
R.A.	=	Reichsabschied.
R.Dep.A.	=	Reichs-Deputationsabschied.
R.G.	=	Reichsgesetz.
R.G.O.	=	Gewerbe-Ordnung des deutschen Reichs.
R.K.G.O.	=	Reichs-Kammergerichts-Ordnung.
R.K.O.	=	Concurs-Ordnung des deutschen Reichs.
R.P.O.	=	Reichs-Polizei-Ordnung.
R.V.U.	=	Verfassungs-Urkunde des deutschen Reichs.
Ssp.	=	Sachsenspiegel.
St.G.B.	=	Deutsches Straf-Gesetzbuch.
St.Pr.O.	=	Deutsche Strafproceß-Ordnung.
Swp.	=	Schwabenspiegel.
V., Ver.	=	Verordnung.
V.O.	=	Preußische Vormundschafts-Ordnung.
W.O.	=	Deutsche Wechsel-Ordnung.
X	=	liber extra im kanonischen Rechtsbuch.
Z.	=	Ziffer.
Z.G.	=	Preußisches Zwangsvollstreckungs-Gesetz.

Citate aus diesem Lehrbuch geschehen durch Angabe der Seitenzahl (S.) und, wenn sie einem andern Bande entnommen sind, unter Hinzufügung der Ziffer des betreffenden Bandes (Bd.).

Einleitung.

Einleitung.

§ 1.

Das Recht.

jus civile. jus gentium. jus naturale.

Das Recht ist der Inbegriff der zur Ordnung der Lebensverhältnisse zweckdienlichen Bestimmungen des Handelns. Es beruht auf dem Willen einer organisirten menschlichen Gesellschaft und bethätigt sich in erzwingbaren Regeln für das äußere Verhalten der Volksgenossen zu einander und zum Gemeinwesen.

Immanuel Kant, geb. 22. Apr. 1724 in Königsberg, gest. 12. Febr. 1804, in seiner „Kritik der praktischen Vernunft" 1788 führt den Rechtsbegriff auf den Einzelwillen zurück. Als Probirstein jeder Handlung gilt der kategorische Imperativ: „Handle stets nach der Maxime, von der du wollen kannst, daß sie allgemeines Gesetz werde." Daher stellt, wer vernünftig handelt, eine Norm für Andere auf, und das Recht besteht aus den Regeln, unter welchen die Willkür des Einen mit der des Andern vereinigt werden kann. Hegel 1770-1831 nennt das Recht den allgemein vernünftigen Willen.

Das Recht hat einen streng nationalen Ursprung ‚jus civile, quod quisque populus ipse sibi constituit' oder im römischen Sinne ‚quod proprium est populi Romani. Gaj. I § 1. Nur Diejenigen nehmen am Rechte Theil, welche den Staat begründet haben bzw. bilden und täglich Gut wie Blut an seine Einrichtungen setzen. Der Fremde (hostis), welcher außerhalb des Volkskreises (cives) steht, kann dessen Recht für sich nicht fordern. Doch gewährt man dem fremden Kaufmann im Interesse des Handelsverkehrs Gastfreundschaft, und bedroht deren Bruch als eine Verletzung der Gottheit mit religiösen Strafen. Aus dieser Wiege erhebt sich das Recht mit der Erstarkung des Staatswesens, welches zu andern Völkern in politische Verbindung tritt. Nun wird der Unterthan des verbündeten Staates nach Maßgabe der Staatsverträge (foedera) geduldet. Zwischen Bürgern und Peregrinen entstehen rechtliche Beziehungen, für welche sich nach besondern Regeln ein Rechtsschutz ausbildet. In der Anwendung auf diesen Verkehr streift das Civilrecht seine nationalen Eigenthümlichkeiten ab und wird zu einem jus gentium, quod peraeque apud omnes gentes custoditur. Gaj. I § 1. Grade bei den Römern, welche sich den Erdkreis unterwarfen, erwächst das enge latinische Stadtrecht zu einem allgemeinen Weltrecht, das ebenso in Italien, wie in Gallien oder Aegypten geübt wurde.

Allein das antike Recht, obwohl es in seiner reifsten Ausbildung vom Staatsbürgerrecht absah, vermochte sich nicht zu einer Gleichstellung aller Menschen aufzuschwingen. Im Kriege trat der uralte Standpunkt der Ausschließlichkeit wieder hervor: Der Feind ist rechtlos, sein Gut kann mit Fug geplündert, seine Person zum Sklaven gemacht werden. Auch die Meister des Römischen Rechts im zweiten Jahrhundert n. Chr. erblicken in der Sklaverei eine allgemein verbreitete und zweckmäßige Einrichtung, trotzdem ihnen die Idee, daß die persönliche Freiheit zu den Menschenrechten gehöre, nicht ganz fremd blieb. l. 4 § 1 D. 1, 5. l. 32 D. 50, 17. In Folge dieser unklaren Anschauung stellt man dem jus civile und gentium noch ein jus naturale an die Seite, welches man theils als Vernunft-Recht erklärte, ‚quod naturalis ratio inter omnes homines constituit,‘ ‚quod semper aequum et bonum est,‘ theils gar als ein Instinct-Recht, das alle Creaturen gemein haben ‚quod natura omnia animalia docuit.‘ l. 11 pr. D. 1, 1.

Erst das Christenthum verkündet die Brüderlichkeit aller Menschen und schließt selbst an kriegsgefangenen Feinden die Sklaverei aus. Jahrhunderte dauerte es, bis sich diese Lehre im Völkerrecht durchrang, daß es die Staaten und nicht ihre Unterthanen sind, die einander befehden.

§ 2.

Recht und Ethik.

Verhältniß des Rechts zur Sittlichkeit (jus strictum, honorarium), zur Moral und zur Religion (jus divinum, sacrum).

Recht und Sittlichkeit halten nicht immer gleichen Schritt. So hat das Römische Recht seine Blüthe zu einer Zeit entfaltet, wo antikes Staatswesen und Culturleben sich bereits dem Untergange zuneigten. Das Recht soll den Widerstreit äußerer Lebensverhältnisse zum harmonischen Ausgleich bringen. In Bezug auf dies Ideal sagt Celsus in l. 1 pr. D. 1, 1 ‚jus est ars boni et aequi‘ und Gajus nennt in pr. J. 1, 1 die justitia ‚constans et perpetua voluntas jus suum cuique tribuens.‘

Aber das Recht enthält keine absolute Wahrheit, sondern nur Vorschriften, welche ein bestimmtes Zeitalter, weil sie seinem Ideenkreise und Culturstande entsprechen, für wahr hält. Der Zweck im Recht ist, wie Ihering es ausdrückt, wandelbar. Daher kann eine Handlung rechtlich erlaubt sein, und doch als unsittlich gelten. Dies ist besonders der Fall, wenn in den Ideen, welche das Gesetz veranlaßten und in ihm Ausdruck fanden, sich ein Wandel vollzieht, der aber noch nicht stark genug ist, um die Herrschaft des Gesetzes zu stürzen. Dann tritt jener unbehagliche Uebergangszustand ein, den Goethe mit den Worten schildert:

Vernunft wird Unsinn, Wohlthat Plage,
Weh dir, daß du ein Enkel bist!
Vom Rechte, das mit uns geboren ist,
Von dem ist leider! nie die Frage.

So lange sich der Rechtssatz behauptet, muß er unnachsichtlich und ohne Ansehn der Person beobachtet werden ‚ratione legis cessante non cessat lex,‘ ‚dura lex, sed lex.‘ Wie unsicher und schwankend würde das Rechtsgebäude sein, wenn es auf den bloßen Anprall einer Volksmeinung, die oft mit dem Tage wechselt, außer Rand und Band gerathen könnte! Auf den Gegensatz zwischen dem starren Buchstaben eines nicht mehr zweckdienlichen oder unbeholfenen Gesetzes jus strictum und dem zeitigen Rechtsgefühl aequitas deuten die Sprüchwörter: ‚summum jus, summa injuria,‘ ‚fiat justitia, pereat mundus.‘

Das Recht kann selber für Sicherheitsventile sorgen, um die schlimmsten Härten zu vermeiden. Diese Stellung war in Rom dem Prätor beschieden, dessen Befugniß Papinian l. 7 § 1 D. 1,1 mit den Worten kennzeichnet: ‚adjuvandi vel supplendi vel corrigendi juris civilis gratia propter utilitatem publicam‘ d. h. Ausbildung des strengen Rechts im Sinne der Billigkeit. Durch dies jus honorarium, zu welchem die bewährten Edicte der Magistrate verwuchsen, erhielt das Römische Recht eine unübertroffene Elasticität, eine lebendige Fühlung mit den Bedürfnissen des Verkehrs ‚viva vox‘. l. 8 D. 1, 1. Dazu kam die Pflicht des Prätors, in einzelnen außerordentlichen Fällen, auf welche die Durchschnittsregeln nicht paßten, dem Verletzten durch eine Wiedereinsetzung in den vorigen Stand (in integrum restitutio) zu helfen. Heut ist die Gesetzgebung viel zu spröde, ihr Mechanismus viel zu schwerfällig, um den Anregungen der Praxis sofort zu folgen. Nur in dem Begnadigungsrecht des Staatsoberhauptes in Strafsachen findet sich Aehnliches.

Das Recht ist dazu bestimmt, das Zusammenleben der Menschen durch gleichmäßige Beschränkung ihrer gegenseitigen Machtbefugnisse zu ermöglichen und giebt daher für ihr äußeres Verhalten Vorschriften, die meist erzwingbar sind. Dieselben laufen entweder in das Verbot aus, seinen Nebenmenschen Uebles zuzufügen ‚alterum non laedere‘ oder in das Gebot, Pflichten aus einem Rechtsverhältniß, in welches man zu einem Gegentheil gelangte, getreulich zu erfüllen ‚suum cuique tribuere‘. Dagegen betrifft die Moral das innere Gebiet der Gedanken und legt im Interesse der Bildung und Gesittung freiwillige Pflichten auf, wie: Andern Wohlthaten zufügen, Schaden von ihnen abwenden. Dies sogenannte ‚honeste vivere‘ wird in § 3 J. 1,1 auch unter die tria praecepta juris gerechnet. Christian Thomasius 1655–1728 Professor in Leipzig und Halle, findet den Unterschied zwischen Recht und Moral einzig in der Erzwingbarkeit: das rechtliche Gebot lautet negativ „was du nicht willst, daß dir geschehe, füge auch keinem Andern zu“, das moralische aber positiv „was du willst, daß man dir thue, füge Andern zu.“ Kant legt mehr Nachdruck auf die Triebfeder des Handelns: Moralität ist die Erfüllung einer Pflicht um ihrer selbst willen, aus innerem Triebe, Legalität die Pflichterfüllung aus anderen Gründen wie Furcht vor Strafe, Hoffnung auf Belohnung.

Das Recht ist nicht aus der Religion entstanden. Freilich sind meist die Priester die ersten Träger der Cultur, sie künden nicht blos den Willen der Gottheit und die auf deren Verehrung bezüglichen Ceremonien ‚jus divinum, quod divina providentia constituit‘, sondern sind auch Verwahrer und Ausleger des Rechts. Priesterliche Gebräuche wie die den Göttern genehme Zeit überträgt man vielfach auf Staatsactionen und Rechtsverfahren; besonders vollziehen und bilden sich familienrechtliche Acte wie Ehe, väterliche Gewalt an der Hand priesterlicher Mitwirkung, jus sacrum. In Folge dieses Zusammenhanges heißt die jurisprudentia ‚divinarum atque humanarum rerum notitia justi atque injusti scientia‘. § 1 J. 1, 1. Allein zwischen einer Rechtsverletzung injuria und einer Ueberschreitung religiöser Pflichten nefas waltet schon im alten Rom ein bedeutsamer Unterschied. Wer sich am Vermögen oder der Gesundheit seiner Mitbürger vergreift, kann sich mit einer Geldbuße loskaufen; wer aber das Gastrecht bricht, der beleidigt die Götter und den Staat und verfällt deren Rache.

In theokratischen Staaten tritt der Zusammenhang zwischen Recht und Moral schärfer hervor. Der jüdische Dekalog enthält unter der Einleitung „du sollst" juristische und religiöse Vorschriften auch rein moralische Verbote, welche sich auf das böswillige „Begehren" richten. Der Koran ist dem Mohamedaner zugleich Offenbarung und Gesetzbuch.

Theologische Schriftsteller suchen das Recht auf unmittelbaren göttlichen Einfluß zurückzuführen. Der Kirchenvater Augustinus, 353–430 Bischof in Hippo, welcher in altchristlicher Weise den Staat für eine Ausgeburt der Sünde erklärt und mit der Heiligung und Reinigung aller Menschen auf das Gottesreich civitas dei hofft, anerkennt nur das in den Zehngeboten und der Offenbarung Christi enthaltene Recht ‚quod in lege et evangelio continetur'. Doch versteht schon der Scholastiker Thomas von Aquino 1224–1274 unter lex das Staatsgesetz. Auch der Reformator Luther 10. Novb. 1483–18. Febr. 1546 hält das Gesetzbuch nur nöthig für kranke d. h. sündhafte Menschen. Thomasius in seinen ‚fundamenta juris naturae et gentium' erklärt alles Recht als von Gott bestimmt zur zeitlichen Glückseligkeit der Menschen und theilt es in göttliche und natürliche Gesetze, je nachdem die Erkenntniß aus der heiligen Schrift oder der Vernunft geschieht.

§ 3.

Recht und Philosophie.

Rechtsphilosophie und Naturrecht.

Die Anwendung der Philosophie auf das Recht geschieht in doppelter Weise.

Die deductive Methode geht a posteriori vom bestehenden Recht aus und forscht darin nach den vernünftigen Grundzügen. Dies ist die Rechtsphilosophie, welche die Fragen beantwortet: was ist das Recht und warum studiren wir es? So wird im Privatrecht an passender Stelle zu erörtern sein: der Grund, aus welchem der blos thatsächliche Besitz, ohne Rücksicht auf seinen vielleicht fehlerhaften Erwerb, gegen Störung geschützt wird, ob sich ein förmlicher Abschluß der Verträge empfiehlt, warum die Erbfolge der Verwandten ohne Beschränkung des Grades, eine Anfechtung des Testaments wegen Verletzung des Pflichttheils u. s. w. stattfindet. Im Strafrecht ist rechtsphilosophisch die Theorie, aus welchem Grunde der Staat sein Recht, zu strafen, übt; im Proceß die Stellung des Richters zur Partei, die Maxime der Oeffentlichkeit, Mündlichkeit, freien Beweiswürdigung; im Staatsrecht Entstehung und Zweck des Staates u. s. w.

Die inductive Methode construirt a priori einen Staat und ein Recht, wie sie der Vernunft am besten entsprechen würden. Dies ist das Naturrecht, auf dessen Boden eine Reihe von Idealstaaten aufgebaut wurde.

Plato 429–348 v. Chr. bildet in seiner Republik (πολιτεία) einen Staat, welcher der Idee des Guten entsprechen und ein Abbild der vier Cardinaltugenden: Weisheit, Besonnenheit, Tapferkeit, Gerechtigkeit darstellen soll: Privateigenthum und Ehe sind abgeschafft, der Staat vertheilt das Land, läßt Bauern und Gewerbtreibende für sich arbeiten, und erhält mit ihren Producten die Krieger und Philosophen. Die Erziehung der Kinder gebührt dem Staat, welcher nach Bedarf ihren Beruf bestimmt und sie in geeigneter Weise entweder für den Gewerbebetrieb oder die Vertheidigung des Vaterlandes vorbildet. Aus den Kriegern geht der Stand der Philosophen hervor, welchem das Staatsoberhaupt (Stratege) durch Wahl auf bestimmte Zeit entnommen wird.

Thomas Morus 1480–1535 Lordkanzler unter Heinrich VIII. empfiehlt in seiner Schrift „Utopien" die Abschaffung von allem Entbehrlichen als den Weg zum bestmöglichsten Zustand des Staates.

Lamettrie 1709–1751, dem Friedrich der Große ein Asyl in Berlin gewährte, will in seinem „Bienenstaat" nachweisen, daß die Laster des Einzelnen wie Neid, Habsucht, Verschwendung zur Harmonie des Ganzen nöthig seien.

Johann Gottlieb Fichte 1762–1814 erblickt das Hauptübel in dem Zwischenhandel, welcher die Waaren, bevor sie in die Hand des Consumenten gelangten, übermäßig vertheure. Daher stellt er den „geschlossenen Handelsstaat" auf, welcher Producenten und Kaufleute sowie die Preisbestimmung zu überwachen habe.

Die communistischen Theorien der Neuzeit z. B. von Saint-Simon 1760–1825, seines Schülers ‚père' Enfantin 1796–1864 suchen durch Aufstellung eines „Volksstaates", in welchem besonders unter Aufhebung des Erbrechts allgemeine Gütergemeinschaft herrschen soll, den Reichthum und damit den Hang zu Verbrechen und alles sociale Elend aus der Welt zu schaffen. Etienne Cabet 1788–1856 unternahm es, nach diesen Grundsätzen in Texas 1835 eine s.g. „ikarische" Republik zu gründen, die nach kurzer Zeit verfiel. Auf das communistische Anrecht eines Jeden an den Arbeitsmitteln bezieht sich der viel berufene Ausspruch von Proudhon 1809–1865 ‚la propriété c'est le vol'. In mehr anarchistischer Weise empfehlen Fourier 1772–1837 und seine Anhänger die Auflösung des Staates durch Zersplitterung in Phalansterien. In diesen sollen ungefähr vierhundert Familien unter Aufsicht eines „Vaters" einen gemeinsamen Haushalt führen. Der Vorstand weise Jedem seine Arbeit zu, die sich auf wenige Stunden beschränken könne, da es sich nicht um Erwerb, sondern blos um die Bedürfnisse der gemeinschaftlichen Wirthschaft handle. Dadurch werde das Geld überflüssig, Armuth und Diebstahl blieben unbekannt und es gebe nur tugendhafte und glückliche Menschen.

§ 4.

Das Recht vom Standpunkte der Geschichte.

Gemeines Civilrecht aus der Verbindung der fremden Rechte (Pandekten, kanonisches Recht, longobardisches Lehnrecht) mit dem deutschen Privatrecht. Landes-, allgemeines und Reichsrecht. Internationales Recht.

Jedes Recht, nach welchem ein Volk lebt, befindet sich in beständigem Werden. Nimmer ist es soweit abgeschlossen und fertig, daß sein Inhalt sich selbst gleich bleibt. Es entwickelt sich nicht unmerklich wie Sprache und Cultur, sondern im Kampf mit den Gesellschafts-Interessen. Jeder Rechtssatz, welcher durch den allgemeinen Willen als Gesetz geboren wird, trägt schon den Keim der Abänderung und des Unterganges in sich, falls die entgegengesetzten Interessen die Oberhand gewinnen. Dies zeigt sich deutlich in dem jus edicendi des römischen Prätors. In seiner Amtsordnung — vielleicht wurde er gar auf dies Programm hin gewählt — verspricht er gewissen Interessen, die im Civilrecht übergangen sind, seinen Schutz. Behauptet dieser Anlaß auch über das Amtsjahr hinaus seine

Kraft, so wird die Bestimmung in das Edict des nachfolgenden Prätors übernommen, sonst fällt das Rechtsexperiment auf Kosten der Partei, gegen welche es sich gewandt hat, zusammen.

In diesem Kampf ums Recht steht nur Gesetz wider Gesetz. Das in fortgesetzten Uebungen sich äußernde Rechtsbewußtsein muß erst zur Waffe des Gesetzes geschliffen werden, ehe es wirksam am Kampfe theilnehmen kann. Das Gewohnheitsrecht tritt in die Lücken des Gesetzes ein, ist aber nicht fähig, dasselbe umzustoßen. Noch weniger sind dazu im Stande die Rechtswissenschaft, welche das Gesetz erklärt, und die Praxis, die es für die Interessenten im Proceß in Thätigkeit setzt. Freilich wird das Gesetz durch Anwendung ausgebildet, und deshalb empfiehlt es sich, daß nicht allein der Juristenstand, sondern auch das Volk zur Auslegung der auf seinem Willen beruhenden Gesetze hinzugezogen wird, wie dies heut in Schöffengerichten, Kammern für Handelssachen, Gewerbegerichten u. s. w. der Fall ist.

Da das Recht sich stets neu erzeugt, gehört zum Verständniß der gegenwärtigen Zustände die Kenntniß der vergangenen. Diese Bedeutung hat die Rechtsgeschichte, welche in eine äußere und innere zerfällt. Die äußere Rechtsgeschichte giebt Aufschluß über die Factoren, durch welche sich die Umwälzung auf dem Rechtsgebiete vollzog, die innere lehrt den Bau und das Wesen der älteren Rechtsverhältnisse, welche durch die zeitigen verdrängt worden sind.

Das Römische Recht wurde auf dem Höhepunkt seiner Entwicklung durch Justinian 527–565 zusammengestellt. Einen Hauptttheil dieser Sammlung, welche später Corpus juris civilis genannt wurde, bilden die Digesten oder Pandekten. Die christliche Kirche, der im Mittelalter die culturhistorische Aufgabe zufiel, auch weltliche Verhältnisse zu ordnen, fußte auf dem römischen Recht (vivit lege Romana) und veränderte, erweiterte dasselbe in einigen Beziehungen. Diese auf dem Boden der Kirche erwachsenen Regeln (canones), welche theils weltliches, theils kirchliches Rechtsgebiet betreffen, sind während des zwölften und dreizehnten Jahrhunderts im Corpus juris canonici codificirt und heißen kanonisches Recht. Die deutsche Sitte der Gefolgschaften und die Schutzlosigkeit des Einzelnen beim Verfall der Kaisermacht im zwölften Jahrhundert führten zu dem Lehnwesen, dessen Bräuche in Oberitalien als longobardisches Lehnrecht (libri feudorum) aufgezeichnet und als Anhang dem Corpus juris civilis zugefügt wurden.

In Deutschland war auf das Erlöschen des hohenstaufischen Meteors tiefes Dunkel gefolgt. Alle öffentlichen Verhältnisse lagen im Argen, besonders die rechtlichen waren zersplittert und in Folge der rohen Beweise durch Zweikampf und Fehde derart verfahren, daß oft „Macht vor Recht" ging. Dieser Zustand schien um so unerträglicher, da in Italien sich das Römische Recht zu neuer Blüthe erhob, und die Gebildeten der deutschen Nation, welche zu Füßen der Glossatoren gesessen hatten, die Wissenschaft dieses ausgebildeten Rechtssystems in ihre Heimath brachten. Zudem bestand durch die römische Kaiserkrone deutscher Nation noch ein politischer Zusammenhang mit dem altrömischen Weltreich und dessen Rechte. Die Kaiser Otto III., Maximilian I. nennen Justinian ihren erlauchten Vorfahr ‚noster sanctissimus antecessor' und Friedrich I. und II. üben die Machtbefugniß, Zusätze in das Corpus juris civilis zu befehlen. Unter diesen Umständen erfolgte in Deutschland durch die Macht der allgemeinen Ueberzeugung, welche durch die neu begründeten Universitäten gefördert wurde, und mit der Hülfe von Kirche und Krone die Reception der fremden Rechte. Das Publikum selbst verlor das Vertrauen zu den Schöffengerichten, die sich vor den Rechtsausführungen gelehrter Sachwalter keinen Rath wußten, und vertraute durch Schiedsverträge römisch gebildeten Doctoren die Entscheidung des Rechtsstreites. Die Reichskammergerichtsordnung 1495 § 3 läßt die Urtheiler schwören, „nach des Reichs und gemeinen Rechten" d. h. nach römischem und kanonischem Recht zu richten. Im Anfang des sechszehnten Jahrhunderts ist die Aufnahme vollendet und durch zahlreiche Reichsgesetze anerkannt, aber mit zwei Vorbehalten: daß das Römische Recht nur so weit in Geltung trete, als es von den Glossatoren erläutert sei, welche Thatsache man später in den Worten formulirte ‚quidquid non agnoscit glossa, nec agnoscit forum (curia)' — und daß die fremden Rechte den bestehenden guten („ehrbaren, leydlichen") Gewohnheiten, ferner den Stadt-, Land-Rechten und Reichsgesetzen keinen Abbruch thun sollen. An dieser Verschmelzung arbeiten Wissenschaft und Rechtsprechung unaufhörlich. Das so entstandene Recht heißt das heutige Römische Recht oder das gemeine Civilrecht. Es setzt sich zusammen aus den fremden, hauptsächlich römischen Bestandtheilen, die man Pandekten nennt, und aus deutschen Rechtssätzen, die man vornehmlich als Deutsches Privatrecht bezeichnet. Manche übertragen den Namen des Theils (pars pro toto) auf das Ganze und nennen auch dieses Pandekten.

Mit Auflösung des Deutschen Reichs am 6. Aug. 1806 wurde zwar die Quelle zur Fortbildung des gemeinen Rechtes durch Reichsgesetze verschüttet, aber dieses nicht zerstört. Vielmehr dauerte es in solchen Gebieten, wo es noch galt und nicht später durch Landesrecht ersetzt wurde, als vom deutschen Nationalgedanken getragenes gemeines Recht fort, wenn auch aus den Gliedern des Römischen Reiches deutscher Nation politisch selbständige Staaten erstanden waren. Der Deutsche Bund hatte als bloßer Staatenbund nicht die Kraft, durch sein Centralorgan einheitliches Recht in Deutschland zu schaffen. Die vom Bundestage empfohlenen Entwürfe wie Wechselordnung, Handelsgesetzbuch bedurften erst der Einführung in die verbündeten Staaten durch Landesgesetze, um dadurch allgemeines d. h. nur thatsächlich und materiell gemeines Recht zu werden.

Erst die mit der Verfassungsurkunde vom 16. April 1871 vollzogene Errichtung des Deutschen Reichs, das ein bundesstaatliches Gebilde und weder eine Wiederherstellung noch Fortsetzung des im Jahre 1806 aufgelösten Reiches ist, eröffnete wieder den Weg formell gemeiner Gesetzgebung in Deutschland. Allein das neue Reichsrecht, das sich bislang besonders auf strafrechtlichem, processualem und socialpolitischem Boden bewegte, hat nicht, wie das ältere gemeine Civilrecht, blos subsidiäre Geltung, sondern geht den Landesgesetzen vor. R.V.U. Art. 2.

Schon im achtzehnten Jahrhundert wandten sich einzelne Glieder des Reichs durch Begründung eines vollständigen Landesrechtes hauptsächlich auf privatrechtlichem Gebiete (jus particulare) vom gemeinen Civilrecht (jus universale) ab, zunächst Bayern durch den Codex Maximilianeus bavaricus civilis 1756, dann Preußen durch das „Allgemeine Landrecht für die Preußischen Staaten", das am 1. Juni 1794 in Kraft trat u. s. w. Die Zuständigkeit der deutschen Reichsgesetzgebung ist nach Abänderung der R.V.U. Art. 4 Z. 13 durch RG. vom 20. Decbr. 1873 auf das gesammte bürgerliche Recht ausgedehnt. Eine vom

Reichskanzler berufene Commission hat unter Vorsitz des Dr. Pape am 31. Dcbr. 1887 den Entwurf eines deutschen bürgerlichen Gesetzbuches vollendet, das dem deutschen Volke die ersehnte Rechtseinheit bringen wird.

Die Verschiedenheit der Rechte in den einzelnen Staaten kann zu einer Collision führen, deren Lösung durch das s. g. internationale Recht versucht wird. Gewiß kann jeder Staat für alle Verhältnisse, die seiner Rechtspflege unterfallen, bindende Anordnungen treffen, auch wenn ein Ausländer z. B. durch Verübung von Delicten im Gebiet dieses Staates oder durch rechtliche Beziehungen mit dessen Unterthanen dabei betheiligt ist. Allein Mangels solcher Bestimmungen verlangt die Wissenschaft, daß der Richter in geeigneten Fällen auch das fremde Recht zur Anwendung bringe, um dadurch der wahren Gerechtigkeit und dem gegenseitigen Rechtsschutze zu dienen.

§ 5.

Das Recht auf Grundlage der Volkswirthschaft.

Bürgerliche Gesellschaft und Staat. Nationalökonomie und Statistik.

Das Recht ist vom Gesetzgeber nicht aus der Luft gegriffen, sondern wurzelt in ökonomischen Interessen Derer, welche es angeht. Das Leben erheischt die zum Dasein erforderlichen Güter, in ihrer Production, Circulation und Consumtion spielt sich jede Wirthschaft des Einzelnen und eines ganzen Volkes ab. Der Staat stellt für diesen wirthschaftlichen Organismus eine Central-Ordnung auf. Es frägt sich, wie die bürgerliche Gesellschaft ohne das starke Band des Staates beschaffen wäre. Thomas Hobbes 1588–1679, welcher vor der Cromwell'schen Revolution nach Frankreich geflohen war und dort sein Buch ‚de cive' vollendet hatte, erblickt in einem möglichst absoluten Staat den Zügel für die den Menschen innewohnende Bestialität. Ohne jene Schranke müsse ein „Kampf Aller gegen Alle" herrschen, in welchem der Stärkere erbarmungslos über den Leib eines Andern hinweg seinen eigennützigen Zielen nacheilen würde. Anderer Ansicht ist Jean Jaques Rousseau, geb. 28. Juni 1712 in Genf, gest. 3. Juni 1778 in Ermenonville bei Paris, welcher die Preisfrage der Akademie von Dijon über den Nutzen der Civilisation mit Nein beantwortete. Er preist in seinem ‚discours sur l'inégalité' den bedürfnißlosen Urzustand der Menschheit als das goldene Zeitalter und fordert auf, die Raffinements wie künstlichen Unterschiede einer Ueberkultur abzuwerfen und zur ‚égalité, fraternité, liberté' zurückzukehren.

Vielfach ist eine Aenderung in der Gesetzgebung, wie Adam Smith 1723–1790, Professor in Glasgow und Begründer der Nationalökonomie, in seinem Werk über den Nationalreichthum nachwies, mit dem Wohl und Wehe ganzer Gesellschaftsklassen verknüpft. Daher begründet jeder moderne Gesetzgeber seine Reformpläne durch statistische Uebersichten, aus welchen das wenigstens für den Durchschnitt Passende und Nützliche hervorgeht. Die Statistik ist die Lehre von der Gesetzmäßigkeit in den wirthschaftlichen Vorgängen. Sie reiht beobachtete Thatsachen unter bestimmten Gesichtspunkten an einander und schließt aus der Gleichartigkeit eine mittlere Ziffer, welche die Dauer in der Flucht der Erscheinungen darstellt.

§ 6.

Rechts-Encyclopädie.

Rechtsanalogie. Methodologie. Institutionen.

Eine Systematik des Rechts, eine Erläuterung seiner Grundbegriffe nach den Regeln der Logik heißt Encyclopädie. Sie geht von den rechtlich normirten Beziehungen der Personen aus und bildet aus Rechtssätzen, welche die im Leben zusammengehörigen Verhältnisse betreffen, einen einheitlichen Inbegriff, das s. g. Rechtsinstitut. Auf diese Weise entsteht das Rechtssystem, in welchem jedes Institut seinen entsprechenden Platz findet. Bisweilen ist die Stelle streitig, welche einem Gliede im Körper des Rechtes gebührt. Dann bedarf es einer gleichsam anatomischen Zerlegung des Instituts, welche am zweckmäßigsten mit der Darstellung seiner Natur zu verbinden ist. So ist die Frage im Privatrecht zu untersuchen, ob der Besitz bei den Rechten der Persönlichkeit oder beim Eigenthum abzuhandeln ist, im Strafrecht, ob die Entführung zu den Vergehen wider die Familie oder zu denen wider die persönliche Freiheit gehört u. s. w.

Die Encyclopädie leitet aus den Rechtsnormen allgemeine Lehren her, und ist sonach im Stande, Lücken des Rechtsgefüges gemäß dem Bauplane desselben auszufüllen. Dies geschieht durch die Rechtsanalogie, welche Lehren eines Rechtsgebietes auf ein verwandtes wegen des gleichen Grundes überträgt, und durch die Rechtsfiction, welche die einheitliche Anwendung von Rechtssätzen durch passende Ergänzung der thatsächlichen Vorgänge ermöglicht. Diese auf der Rechtslogik beruhenden Operationen nennt man Folgerungen „aus der Natur der Sache", obwohl Manche darunter das den Lebensverhältnissen selbst innewohnende Maß der Ordnung verstehen.

Oft verbindet sich die Encyclopädie mit der Rechtsphilosophie S. 6, um den Charakter verschiedener Nationalrechte zu vergleichen. So wiegt im Römischen Rechte die städtische, im Deutschen Rechte mehr die ländliche Anschauungsweise vor. Dies zeigt sich zum Beispiel bei der Jagd, da in Rom das Wild als herrenloses Gut jedem Ergreifer zufällt, in Deutschland aber Dem gebührt, auf dessen Grund und Boden es verendete.

Methodologie ist die Darstellung des Rechtsstoffes in einer planmäßigen für den Lehrzweck geeigneten Art. Sie giebt gewissermaßen aus der Vogelschau eine Uebersicht über das gesammte Rechtsgebiet, ohne sich in Einzelheiten desselben ‚multitudo ac varietas rerum' § 2 J. 1, 1 zu verlieren. In diesem Sinne stellt Justinian seiner Rechtssammlung die Institutionen voran, welche nach dem mustergültigen Vorbilde des Gajus gearbeitet sind und als Einleitung ‚lenior via' zu den Pandekten dienen sollen.

§ 7.

Oeffentliches und Privat-Recht.

Inhalt sowie Grenzen des jus publicum und privatum.

Die Haupteintheilung des Rechtes ist die in öffentliches ‚jus publicum, quod ad statum rei Romanae spectat' und privates ‚quod ad singulorum utilitatem'. l. 1 § 2 D. 1, 1. Sie beruht darauf, daß jedes Mitglied der bürgerlichen Gesellschaft theils als Unterthan seines Staates, theils als selbständiger Träger rechtlicher Beziehungen in Betracht kommt.

Das öffentliche Recht umfaßt die Rechtsverhältnisse der Personen als Staatsglieder und des Staates als Ganzen. Zur Erfüllung seiner Aufgabe bedarf der Staat der Mitwirkung seiner Bürger; in diesen Grenzen verlangt er Gehorsam und erzwingt sich denselben, ohne daß er darüber zu rechten braucht. Rechte, die zur Wohlfahrt des Ganzen verliehen sind, z. B. Wahlrecht sind darum in der Regel unverzichtbar.

Das Privatrecht bezieht sich auf die Rechtsverhältnisse der Personen als Einzelner. Hier handelt es sich um die Person als Selbstzweck, und sie darf meist auf die ihr zustehenden Rechte wirksam verzichten. Auch der Staat kann z. B. durch Gewerbebetrieb, Abschluß von Lieferungsverträgen u. s. w. mit seinen Unterthanen private Beziehungen knüpfen. Das Preußische Gesetz vom 24. Mai 1861 „über die Erweiterung des Rechtsweges" gestattet denselben gegen die Entscheidungen der Staatsregierung, welche mit ihren Unterthanen über die Erhebung von Stempelsteuern oder mit ihren Beamten über deren Gehalts- und Pensions-Ansprüche in Streit gerieth. Im Fall einer Verletzung des Privatrechtes öffnet zwar der Staat für die Partei den bürgerlichen Rechtsweg, hat aber an dem Beschreiten desselben kein unmittelbares Interesse. Daher neigt die Civilprozeßordnung für das Deutsche Reich vom 30. Jan. 1877 § 471 zum Vergleich: sie giebt § 268 dem Gericht die Befugniß, in jeder Lage des Rechtsstreites das persönliche Erscheinen der Parteien zum Zweck einer gütlichen Beilegung anzuordnen und macht den Sühneversuch in Ehescheidungsklagen § 570–3 sogar in der Regel obligatorisch. Noch weniger kann die Verfolgung des Privatrechts, zumal wenn es sich um bloße Vermögensinteressen handelt, eine Pflicht sein, welche der Verletzte gegen das Gemeinwesen zu erfüllen hat. Dabei entscheidet der eigne Vortheil, obwohl man mit Ihering zugeben kann, daß es oft nicht die Aussicht auf Gewinn oder Starrsinn ist, welche die Partei zur Berufung drängen, sondern der unbewußte Trieb, die angegriffene Majestät des Gesetzes zu wahren.

Bisweilen ist die Grenze zwischen öffentlichem und privatem Recht zweifelhaft, dann hat sie der angerufene Richter durch Versagung oder Gewährung des civilen Rechtsweges festzustellen. Die Deutsche Gerichtsverfassung vom 27. Jan. 1877 § 17 überläßt es der Landesgesetzgebung, Competenz-Conflicte d. h. Streitigkeiten, welche zwischen den Gerichten und den Verwaltungsbehörden über ihre Zuständigkeit und die Grenzen ihrer Befugnisse entstehen, besonderen Behörden zu überweisen. Doch sind für die Besetzung besondere Garantien vorgeschrieben, und behält es stets bei dem rechtskräftigen Urtheil des Gerichts, welches vor Erhebung des Competenzconflictes den Rechtsweg für zulässig erklärte, sein Bewenden. Solch eine besondere Behörde ist in Preußen durch Gesetz vom 1. Aug. 1869 eingeführt; sie hat ihren Sitz in Berlin und besteht aus elf Mitgliedern, von denen sechs dem Kammergericht angehören und fünf die Befähigung zum höheren Verwaltungsdienst oder Richteramt haben müssen.

§ 8.

Recht im objectiven und subjectiven Sinne.

Rechtssatz und Rechtsbefugniß.

Objectives Recht ist der in der äußern Lebensordnung verkörperte allgemeine Wille. Recht im subjectiven Sinne bedeutet den Antheil, welcher dem Einzelnen gemäß jener Ordnung an den Lebensgütern zukommt, nach Ihering das rechtlich geschützte Interesse. Besonders wichtig ist dieser Unterschied für das Privatrecht, wo die Verfolgung in die Hand des Berechtigten gelegt ist. In diesem Sinne spricht man von norma agendi Rechtssatz d. h. Inbegriff der Rechtsregeln und von facultas agendi Rechtsbefugniß, deren Inhalt sich in einem Anspruch gegen bestimmte Personen auf gewisse Leistungen bethätigen kann. Windscheid findet in dem subjectiven Rechte nicht wie Dernburg ein „Haben", sondern mehr ein „Wollendürfen und Können", das die Rechtsordnung im concreten Falle auch für Willensunfähige ohne Vertreter und für Willensfähige ohne ihr Wissen festsetzt. Danach sei das subjective Recht eine Willensmacht, die in sich Ansprüche schließe, welche auch gegen Jedermann gerichtet sein können.

§ 9.

Disciplinen des öffentlichen Rechtes.

Die Römer rechneten zum öffentlichen Recht nur das Staatsrecht und das damit zusammenhängende Sacralrecht ‚publicum jus in sacris, in sacerdotibus, in magistratibus consistit'. l. 1 § 2 D. 1, 1. Völkerrecht (jus inter gentes) und Kirchenrecht (jus ecclesiasticum) im modernen Sinne waren ihnen unbekannt. Das Strafrecht gehörte insoweit zum Privatrecht, als Delicte wie Körperverletzung, Diebstahl u. s. w. mit einer an dem Verletzten zahlbaren Privatstrafe gebüßt wurden. Das Actionenrecht bildete einen eignen Theil des Privatrechts, da man den Schutz von Privatrechten im Fall ihrer Verletzung als eine eigne Befugniß auffaßte.

Heut besteht das öffentliche Recht aus Völkerrecht, Staatsrecht, Kirchenrecht, Strafrecht und Proceß.

§ 10.

Das Völkerrecht.

A. Staaten. B. Staatsgebiet. C. Staatsverträge. D. Staatenverkehr. E. Krieg.

Das Völkerrecht regelt die Verhältnisse der Staaten zu einander und heißt deshalb auch äußeres Staatsrecht.

Die Ausschließlichkeit der antiken Staatsidee, welche in den Fremden nur Barbaren erblickte, verhinderte die Bildung eines Völkerrechtes. Doch finden sich schon in Rom unter dem Einfluß der Fetialen Spuren wie: Staatsverträge (foedera), Form der Kriegserklärung, die durch den pater patratus geschah, Heiligkeit des den Feinden gegebenen Worts bei Strafe der deditio in servitium, Unverletzlichkeit der Legaten, welche ein jus domum revocandi hatten u. s. w.

Als Vater des modernen Völkerrechtes gilt Hugo Grotius (de Groot), geboren 10. April 1583 in Delft, er war als Rathspensionär von Rotterdam in einen Aufstand gegen den Statthalter Moritz von Oranien verwickelt, floh nach Frankreich, bei dessen Hofe er seit 1635 Schweden vertrat, auf der Reise dahin starb er in Rostock am 28. Aug. 1645. Seine Bücher ‚mare liberum' und ‚de jure belli ac pacis' athmen den kosmopolitischen Geist, der damals dem Handelsinteresse der Niederlande entsprach, aber in England Widerstand fand.

Heut umfaßt das Völkerrecht, das nicht mehr als blos „europäisches" bezeichnet werden kann, sämmtliche civilisirte Staaten. Freilich halten es Manche nur für einen Theil des Naturrechts wie Samuel von Pufendorf 1632–1694 Professor in Heidelberg in seinem Werke ‚de jure naturae et gentium,' oder für eine Völkermoral oder als einen Inbegriff der für einen Staat zuträglichen aber nicht bindenden Klugheitsregeln. Man spricht dem Völkerrecht die Natur eines positiven Rechtes ab, weil ihm dessen Merkmale: Gesetzbuch und Vollstreckung fehlen. Allein seine Quellen sind Staatsverträge und Gebräuche auf Grund der Gegenseitigkeit, und seine Geltendmachung geschieht durch Retorsion d. h. Vergeltung einer Unbilligkeit in gleicher Art, sowie durch Gewaltthätigkeiten als: Repressalien und im äußersten Falle durch Krieg, der seinen Urtheilsspruch im Friedensschlusse findet.

Der Inhalt des Völkerrechtes besteht aus folgenden Theilen:

A. Staaten.

Ihre Entstehung, ihr Untergang wird geschildert. Sie werden eingetheilt: in souveräne, die im Innern und nach Außen ganz unabhängig sind, und halbsouveräne wie tributäre, Schutzstaaten; in Groß-, Mittel- und Klein-Staaten nach Gebiet und Bevölkerung; in Staaten mit königlichen Ehren und ohne solche nach Ceremoniel und Repräsentation. Jeder Staat hat das Recht auf Anerkennung, Achtung, freien Verkehr zur See, Intervention u. s. w.

Staaten-Verbindungen sind die Union unter einem gemeinschaftlichen Oberhaupt und der Bund unter einem Centralorgan. Die Union nennt man eine personale, wenn sie löslich und vorübergehend — eine reale, wenn sie verfassungsmäßig und dauernd ist. Der Bund heißt Staatenbund, wenn neben dem selbständigen Centralorgan die verbündeten Staaten ihr Gesandtschafts-, Vertrags- und Kriegsrecht nach Außen, ihre Legislative im Innern behalten — dagegen Bundesstaat, wenn die völkerrechtlichen Persönlichkeiten der einzelnen Staaten mehr im Centralorgan aufgehen. Als Staatenstaat wird ein Einheitsstaat bezeichnet, dessen Glieder zur größeren Selbständigkeit gelangt sind z. B. das deutsche Reich nach dem westphälischen Frieden 1648, welcher den Kurfürsten Landeshoheit, d. h. jus foederum, pacis ac belli aber ‚salvo jure imperii' gab.

B. Staatsgebiet.

Dies ist das Territorium nebst Exclaven, Dependenzen, Colonien, auf welchem der Staat ruht. Seine Grenzen sind natürliche durch Verkehrshindernisse, oder künstliche durch Verträge. Die Rechtsverhältnisse an Flüssen, besonders wenn sie mehrere Staaten durchströmen, geschlossenen Meeren, Küstengewässern, Seestraßen ꝛc. werden erörtert. Staatseigenthum wird erworben durch Besitzergreifung staatenloser Gebiete, Verbindung z. B. mittelst Meeresanspülung, Verjährung, Abtretung. Der Staat kann über sein Gebiet verfügen, es mit Dienstbarkeiten, die auf Dulden oder Nichtthun hinauslaufen, belasten, es verpfänden, auch antichretisch durch Ueberlassung der Herrschergewalt anstatt der Zinsen.

Unterthanen und Ausländer auf dem Gebiet unterliegen der Staatshoheit ‚quidquid est in territorio, etiam de territorio'. Doch kommt einigen Personen und Sachen, als Abglanz der Souveränität des fremden Staates, Exterritorialität zu z. B. ausländischen Souveränen, wozu auch der Papst als Haupt der katholischen Kirche gehört, Gesandten nebst Gefolge ꝛc., auf erlaubtem Durchmarsch befindlichen Truppen, Europäern in der Türkei und im Orient in Kraft der Capitulationen, schließlich Kriegsschiffen.

C. Staatsverträge.

Ihr Abschluß erfolgt entweder zwischen der römischen Curie und einem rechtgläubigen Staat in Betreff seiner katholischen Unterthanen s. g. Concordate, oder zwischen zwei Staaten: um ein Bündniß zu begründen, eine Garantie zu übernehmen, die Erbfolge in den Thron zu ordnen, eine gemeinschaftliche Organisation des Militärs, der Rechtshülfe, der Auslieferung von Verbrechern einzuführen, das Verkehrswesen wie Post, Telegraphen, Handel und Schiffahrt zu befördern, die Gesundheit vor Einbruch von Seuchen 2c. zu schützen. Für Verträge des Deutschen Reichs mit fremden Staaten bedarf es, soweit sie sich auf Gegenstände der Reichsgesetzgebung beziehen, zum Abschluß der Zustimmung des Bundesraths und zur Gültigkeit der Genehmigung des Reichstages. R.V.U. Art. 11.

Die äußere Politik besteht in der Kunst, das Verhältniß eines Staates zu andern Mächten möglichst günstig zu gestalten. Niccolo Machiavelli 1469–1527, welcher in Florenz bis zur Rückkehr der Medicis 1512 das Amt eines Staatssecretärs bekleidete und in seinem Buch ‚il principe‘ einen italienischen Nationalstaat anstrebte, empfiehlt für dieses Ziel jedes Mittel ohne Rücksicht auf die bürgerliche Moral.

Das europäische Gleichgewichtssystem, das zu Coalitionen und zur Neutralisation der von mächtigen Nachbarn umgebenen Mittelstaaten führt, konnte die Einigung Italiens und Deutschlands auf Grund des Nationalitätsprinzipes nicht hindern. Die Monroe-Doctrin 1823 richtet sich gegen die Einmischung europäischer Mächte in die Angelegenheiten Amerikas.

D. Staatenverkehr.

Der diplomatische Verkehr wird vermittelt durch beglaubigte Gesandte von verschiedenen Rangklassen, der Handelsverkehr durch Berufs- und Wahl-Consuln. Doch kommen auch andere diplomatisch Bevollmächtigte und Jurisdictions-Consuln vor.

E. Krieg.

Derselbe — nach Trendelenburg 1802–1872 eine höhere Völkerpädagogik — gilt als ein nothwendiges Uebel, da es nie gelingen wird, den Traum Kants 1795 „vom ewigen Frieden“ durch ein internationales Schiedsgericht oder gar durch eine Weltherrschaft zu verwirklichen. Der Schiedsvertrag (Compromiß) beruht auf einer freiwilligen Uebereinkunft der streitenden Staaten, einem Schiedsrichter die Auffindung einer neuen Norm (arbitrium) oder die Anwendung eines anerkannten Rechtssatzes auf einen zweifelhaften Fall (arbitratio) anheim zu geben. Verschieden davon ist die Vermittelung (Mediation) seitens eines unbetheiligten Staates, welcher seine guten Dienste, sei es aus eignem Antrieb, sei es auf Ansuchen eines der streitenden Theile einlegt.

Die Befugniß zum Kriege steht nur souveränen Staaten zu. Jeder Krieg hat einen innern Rechtsgrund (causa) und wird aus einem äußern Anlaß (casus belli) erklärt. Er wird unter den Kriegsparteien auf deren Gebiet und dem offnen Meer geführt, ohne die neutralen Staaten unmittelbar zu berühren. Seine Mittel sind Gewalt und List, aber in den Grenzen der Zweckmäßigkeit und Humanität.

Die Erbeutung mit der privaten Folge des Eigenthumserwerbes, welche sich im Alterthum auch auf feindliche Personen erstreckte, betrifft heut in der Regel nur feindliches Staatsgut, soweit es zur Fortsetzung des Krieges dienstlich ist. Ziel des Krieges ist der Friedensschluß, welcher durch den Waffenstillstand vorbereitet wird.

§ 11.

Das Staatsrecht.

A. Begriff, Entstehung und Zweck des Staates.
B. Gewalten im Staat: gesetzgebende, rechtsprechende, ausführende. Hoheitsrechte.
C. Verfassung: Republiken und Monarchien. Erb- und Wahl-Monarchien. Absolute und eingeschränkte (landständische, constitutionelle, parlamentarische) Monarchien.
D. Verwaltung: Staats- und Selbstverwaltung.
E. Staatsangehörigkeit.
I. Erwerb und Verlust.
II. Wirkung nach Außen und im Innern. Stellung der Juden. Grundrechte. Belagerungszustand.
III. Ausländer.

Das Staatsrecht regelt die Verhältnisse des Staates zu seinen Unterthanen und dieser als Staatsglieder unter einander.

A. Begriff, Entstehung und Zweck des Staates.

Erfordernisse des Staates sind: ein auf bestimmtem Gebiet ansäßiges Volk in rechtlicher Organisation. Aristoteles — geboren 334 v. Chr. zu Stagira in Macedonien, Schüler Platos, aber im Gegensatz zu seinem Lehrer Realist („Mann der Wirklichkeit" nennt ihn Goethe), Begründer der peripatetischen Schule, aus Athen wegen atheistischer Lehren verbannt und in Chalcis auf Euböa 322 verstorben — verlangt in seiner „Politik" noch die Autarchie d. h. die Selbstgenügsamkeit des Staates.

Ueber die Entstehung des Staates aus der bürgerlichen Gesellschaft sind verschiedene Theorien aufgestellt. Aristoteles findet den Grund in dem Geselligkeitstrieb der Menschen (ζῶον πολιτικόν), welchen auch Hugo Grotius anerkennt, aber weniger auf Instinct als natürliches Wohlwollen zurückführt. Pufendorf und Rousseau sind Vertreter der Vertragstheorie. Pufendorf nimmt drei Staatsgrundverträge an: pactum conventionis, wodurch die Bewohner eines Gebiets zum Staat zusammentreten, constitutionis, worin sie die Regierungsform feststellen und subjectionis, wodurch sie sich als Unterthanen dem Herrscher unterwerfen. Rousseau kennt nur „einen" Staatsvertrag ‚contrat social': Die Menschen in einem Gebiet schließen sich mit all' ihren Rechten zu einem Verein zusammen, welcher dadurch, daß er in Thätigkeit tritt, souverän wird. Folglich sei der Souverän mit dem Unterthan identisch, und eine Aenderung der Regierungsform jederzeit durch den Mehrheitswillen des Volkes (suffrage universel) oder seiner Mandatare (assemblée constituante) zuläßig. Die Patrimonial-Theorie geht aus von dem Eigenthum der herrschenden Kaste am Grund und Boden. Danach erklärt Karl Ludwig von Haller, geboren 1768 in Bern — gestorben 1854 in Solothurn, in seiner „Restauration der Staatswissenschaft" die Souveränität für ein Privateigenthum des Fürsten, neben welchem es nur hergebrachte Rechte der Unterthanen gebe. Die theokratische Theorie erblickt im Staat einen Ausfluß des göttlichen Willens (Baruch Spinoza 1632–1677 in seinem ‚tractatus politicus') und die patriarchalische läßt den Staat aus der stufenweisen Entwicklung der

Familie zum Geschlecht, Stamm und Volk entstehen (Friedrich Ernst Daniel Schleiermacher 1768—1834).

Die Philosophie von Kant und Hegel findet im Staat ein „nothwendiges“ Postulat der Sittlichkeit bzw. Vernunft. Also ist der Staat sich Selbstzweck, und sein Ziel, der Rechtsstaat, in welchem das Gesetz herrscht. Dagegen behauptet Fichte einen relativen Zweck des Staates, der auf Grund eines allgemeinen Bürgervertrages zur gegenseitigen Sicherung des Erwerbes diene, und folgert daraus „ein Recht auf Arbeit“. Vgl. S. 7.

B. Gewalten im Staat.

Schon Aristoteles unterscheidet die gesetzgebende, die ämtervertheilende (vollziehende) und die richterliche Gewalt. Die Gesetzgebung gebührt nach Kant, als die einzig souveräne Macht im Staat, dem vereinigten Volkswillen. Die Einrichtung und Besetzung der Behörden, welchen die Aufrechterhaltung von Recht und Ordnung obliegt, steht dem Staatsoberhaupt nach Maßgabe der erlassenen Gesetze zu. Diese Behörden sind entweder Gerichte, welche als „unabhängige Organe des Gesetzes“ in bürgerlichen Rechtsstreitigkeiten und Strafsachen Urtheile fällen, oder Verwaltungsbehörden, welche die für das öffentliche Interesse zweckmäßigen Einrichtungen anordnen und Entscheidungen treffen. Der Vollzug der Maßregeln, auch der richterlichen Urtheile erfolgt im Namen des Staates bzw. des Oberhauptes, welchem auch das Begnadigungsrecht in Strafsachen zukommt. Daher kann sich der Zwang nicht gegen das Oberhaupt, besonders nicht gegen den Monarchen richten, in dessen Namen die Vollstreckung ausgeübt wird, ‚princeps legibus solutus est.‘ l. 31 D 1, 3. Sonst unterliegt ein Regent den Gesetzen seines Landes Pr. Verf.-Urk. vom 31. Jan. 1850. Art. 54; bürgerliche Klagen sind gegen ihn zulässig, wenn er auch meist mit seiner Familie den Vorzug eines privilegirten Gerichtsstandes genießt; seine Angriffe bleiben trotz ihrer Straflosigkeit rechtswidrig und rufen die zur Vertheidigung erforderliche Nothwehr hervor.

Die Trennung zwischen Rechtsprechung und Ausführung war im absolutistischen Zeitalter des achtzehnten Jahrhunderts nicht genau gewahrt. Montesquieu 1689–1755 fordert sie in seinem Werk ‘l’esprit des lois’ als eine Grundlage der Gerechtigkeit ‘justitia fundamentum regnorum’.

Zum Wesen des modernen Staates gehören unveräußerliche, aus seinem Dasein fließende Rechte. Dies sind hauptsächlich die Militär-, Finanz- und Steuer-, die Kirchen-, Justizhoheit. Aus der Finanzhoheit erklärt er gewisse Gewerbebetriebe für sein ausschließliches Monopol wie Post, Telegraphen, Lotterien, auch Anlage und Betrieb der Haupt- bezw. Voll-Eisenbahnen, die Gewinnung, Anfertigung und den Verkauf von gewissen Bedarfsgegenständen, z. B. Tabak, Salz, Branntwein, Streichhölzer 2c. Anders verhält es sich mit der Regalität d. h. der Staat nimmt im Finanzinteresse bestimmte Schätze des Bodens, der Flüsse und Küstengewässer, wie Bernstein, Perlen, Schwämme 2c. für sich in Anspruch, verpachtet aber die Förderung.

C. Verfassung.

Das Alterthum theilte die Staaten nach ihrer rechtlichen Organisation in Monarchien, Aristokratien, Demokratien und nannte die bezüglichen Ausartungen:

Tyrannis, Oligarchie, Ochlokratie. Montesquieu bringt die Regierungsform in Zusammenhang mit dem Staatsgebiet und unterscheidet: Republik, in welcher sich die höchste Gewalt beim ganzen Volke (Demokratie) oder bei einem Theile desselben (Aristokratie) befindet, ferner Monarchie und Despotie, wo nur Einer herrscht, sei es nach bestimmten Gesetzen, sei es nach Laune und Willkür. Der Charakter der Republik, welche sich nur auf kleinem Gebiete behaupten könne, sei Tugend und Mäßigung; die Monarchie entwickle Ehre und Spannkraft; in einer Despotie, die ein größeres Gebiet umfasse, herrsche das Schweigen der Furcht.

Die Neueren stellen der Republik nur die Monarchie gegenüber, streiten aber über die wesentlichen Merkmale. Nach der gemeinen Meinung liegt in der Monarchie die gesetzgebende Gewalt beim Herrscher, entweder gänzlich oder wenigstens derart, daß ohne seine Zustimmung kein Gesetz zu Stande kommen kann (s. g. absolutes Veto). Dagegen hat der Präsident einer Republik nur ein suspensives Veto, das durch einen wiederholten Beschluß des Volkes bezw. seiner Vertretung beseitigt werden kann, oder ein bloßes Publicationsrecht der Gesetze. Demnach würden Norwegen und das Deutsche Reich, da nach R.V.U. Art. 17 dem deutschen Kaiser blos die Ausfertigung und Verkündigung der Reichsgesetze zusteht, eher Republiken sein. Andere finden den Unterschied in der Unverletzlichkeit der Person des Monarchen Pr.V.U. Art. 43, oder in der Natur seines Rechtes, das von Gott herstamme (‚dei gratia‘) und vererblich sei. Dagegen bekleide der Vorstand einer Republik nur ein Amt, das ihm vom Volke auf bestimmte Zeit übertragen sei.

Die Monarchien zerfallen in Erb- und Wahl-Monarchien. Die Nachfolge ist eine legitime, wenn sie nach dem Staatsgrundgesetz erfolgte, eine factische, falls sie durch Usurpation geschah. Das ehemalige Deutsche Reich war eine Wahlmonarchie: der König wurde von den freien Kriegern gekürt, doch blieb die Krone im Mannsstamm seines Hauses erblich; die Goldene Bulle 1356 legalisirte das Wahlrecht der sieben Kurfürsten, welche, nachdem der Kaiser ihre in der Wahlcapitulation verbrieften Rechte bestätigt und beschworen hatte, seinem ältesten Sohn als „Römischem König" die Anwartschaft auf die Kaiserkrone ertheilten. Die Erbfolge in die Preußische Königskrone, welche sich nach Pr.V.U. Art. 53 im Mannsstamm des Königlichen Hauses nach dem Rechte der Erstgeburt und der agnatischen Linealfolge vollzieht, gilt auch Kraft einer Realunion für das neue Deutsche Reich, da das Präsidium des Bundes dem Könige von Preußen zusteht, welcher den Namen „Deutscher Kaiser" führt. R.V.U. Art. 11.

Nach der Art, wie die Regierung geübt wird, scheidet man absolute und eingeschränkte Monarchien. In dem absoluten Staat gilt der Wille des Monarchen als Gesetz. So hieß es von den römischen Cäsaren ‚quod imperatori placet, habet legis vigorem‘, und Ludwig XIV. von Frankreich drückte die Verkörperung der ganzen Staatsgewalt mit den Worten aus ‚l'état c'est moi‘. In der eingeschränkten Monarchie nimmt das Volk an der Regierung, namentlich an der Gesetzgebung Theil. Dies geschieht durch Urabstimmung aller fähigen Bürger über einzelne Fragen oder durch Mehrheitsbeschlüsse von Volks-Repräsentanten. Letztere sind entweder Landstände d. h. Vertreter gewisser bevorzugter Klassen z. B. des Grundbesitzes, der Industrie, der Intelligenz u. s. w., sei es daß sie von ihren Genossen gewählt, sei es daß sie vom Monarchen berufen sind, — oder

Landboten, d. h. gewählte Vertreter des ganzen Volkes. Oft findet sich die Volksrepräsentation (Landtag, Parlament) aus beiden Elementen in Gestalt zweier Kammern oder Häuser zusammengesetzt. Dann wird die erste Kammer, mag sie Wahl- oder Pairs-Kammer sein, aus bestimmten Berufs- bezw. Geburtskreisen entnommen, und die zweite Kammer vom Volke erwählt. Die Wahl kann nach verschiedenen Systemen statthaben. Am einfachsten sind die allgemeinen und directen Wahlen, meist mit geheimer Abstimmung, um jede politische Beeinflussung auszuschließen. Dabei giebt jeder stimmfähige Bürger in dem Wahlbezirk, wo er sich dauernd aufhält, seine Stimme für einen Candidaten ab, und wer die einfache Mehrheit der abgegebenen gültigen Stimmen in seiner Person vereinigt, gilt als der erwählte Abgeordnete. Um auch den Minoritäten gerechtes Gehör zu schaffen, kommt z. B. in Frankreich das Listenscrutinium vor d. h. man vereinigt mehrere Wahlkreise, auf die je ein Abgeordneter entfällt, zu einem Bezirk, so daß jeder Wähler mehrere Candidaten benennen darf, und der Sieg denjenigen zufällt, welche die meisten Stimmen erhalten haben. Im Gegensatz zu den allgemeinen Wahlen stehen die durch Vermögen, Bildung, Alter, längere Ansässigkeit u. s. w. beschränkten. Volksklassen, denen diese Fähigkeit z. B. ein bestimmter Census abgeht, sind entweder ganz von der Wahl ausgeschlossen oder in ihrem Stimmengewicht verkürzt. Mit dieser Beschränkung verbindet sich vielfach die indirekte Wahl mit offener Abstimmung, wonach die Urwähler mit mündlicher Angabe die Wahlmänner wählen und erst diese die Wahl des Abgeordneten vollziehen. Jedenfalls gelten die Landboten, ohne Rücksicht auf die Art ihrer Berufung, als Vertreter des gesammten Volkes, sie sind daher weder an Aufträge und Instructionen ihrer Wähler gebunden, noch an der Beschlußfassung über solche Angelegenheiten verhindert, welche den von ihnen vertretenen Bezirk nichts angehen. R.V.U. Art. 28–29. R.G. vom 24. Febr. 1873.

Eine Monarchie, an deren Gesetzgebung das Volk mitwirkt, heißt constitutionell. In der Regel werden die gegenseitigen Rechte und Pflichten zwischen Staatsoberhaupt und Volksvertretung durch eine Verfassungsurkunde verbrieft, welche man nach dem Vorbilde der englischen Magna Charta des Johann ohne Land 1215 „Charte" nennt. Diese Charte ist eine octroyirte oder pactirte, je nachdem sie der Monarch einseitig bewilligte oder mit der Volksvertretung vereinbarte.

Das Königreich Preußen erhielt durch Friedrich Wilhelm III. 1823 Provinzialstände, welche Friedrich Wilhelm IV. 1847 zum „Vereinigten Landtage" umschuf. Derselbe zerfiel in zwei Curien: die erste oder Herrencurie, welche aus dem hohen Adel bestand und vom König ernannt wurde, und die zweite, in welcher die Vertreter der Ritterschaften, Städte und Landgemeinden, gemäß ihrem Zahlenverhältniß auf den Provinzialständen, saßen. Im Jahre 1848 trat eine preußische Nationalversammlung auf Grund allgemeiner und directer Wahlen mit geheimer Abstimmung zusammen. Der von ihr ausgearbeitete Verfassungs-Entwurf (Charte Waldeck) fand nicht die Genehmigung des Königs, welcher vielmehr am 5. Dec. 1848 die Versammlung auflöste und eine auf dem Zweikammer-System beruhende Verfassung octroyirte. Das Wahlgesetz vom 30. Mai 1849 führte Drei-Klassen-Wahlen d. h. nach Maßgabe der von den Urwählern eines Bezirkes zu entrichtenden directen Staatssteuern, ferner indirecte Wahlen mit offener Abstimmung ein. Die auf

Grund dieses Gesetzes erwählte zweite Kammer willigte, zusammen mit der ersten in eine vom König vorbehaltene Revision der Verfassung welche durch Königliches Patent vom 31. Jan. 1850 vollzogen wurde. Die erste Kammer ist in Folge des G. vom 9. Mai 1853 durch Königliche Anordnung vom 12. Octb. 1854 neu gebildet und besteht seitdem nur aus Mitgliedern, welche der König mit erblicher Berechtigung oder auf Lebenszeit beruft. Vergl. R.V.U. Art. 65–68. Das G. vom 30. Mai 1855 setzt an Stelle der Bezeichnung „Kammern" die Namen „Herrenhaus" bezw. „Haus der Abgeordneten" und zusammen „beide Häuser des Landtages."

Im Jahre 1867 wurden von den Regierungen des Norddeutschen Bundes für einen Reichstag Wahlen ausgeschrieben, welche sich als „allgemeine, directe mit geheimer Abstimmung" an das von der deutschen Nationalversammlung zu Frankfurt beschlossene Wahl-Gesetz vom 12. April 1849 anlehnten. Der Reichstag nahm die ihm vorgeschlagene Verfassung des Norddeutschen Bundes an, welche am 25. Juni 1867 mit Gesetzeskraft vom 1. Juli 1867 verkündet wurde. Der Wahlmodus wurde durch das B.G. vom 31. Mai 1869 legalisirt. Der nach diesen Grundsätzen erwählte deutsche Reichstag 1871 genehmigte die „Verfassungsurkunde für das Deutsche Reich", welche die Norddeutsche Verfassung mit redactionellen Aenderungen und unter einheitlicher Zusammenfassung der mit den Süddeutschen Regierungen geschlossenen Beitrittsverträge wiederholte. Die R.V.U. ist durch Gesetz vom 16. April 1871, veröffentlicht am 20. April 1871, eingeführt. Sie beruht auf dem Einkammersystem, verlangt aber zum Zustandekommen eines Reichsgesetzes außer dem Mehrheitsbeschluß des Reichstages noch einen solchen, damit übereinstimmenden des Bundesrathes. Art. 5.

Eine Abart der constitutionellen Monarchie ist die parlamentarische, in welcher das Parlament auch an der Verwaltung theilnimmt. Hier hat der Monarch, falls das Ministerium durch ein Mißtrauensvotum der Volksvertretung in einer Cabinetsfrage gestürzt ist, ein neues aus den Reihen der Opposition zu berufen; das Volksheer wird auf die Verfassung beeidigt; das Parlament beschließt über die Kriegserklärung u. s. w. In England hat sich durch die Bildung compacter Fractionen (Tories und Wighs) der Brauch entwickelt, daß das Ministerium aus der parlamentarischen Mehrheit entnommen wird. In Preußen steht dem Könige allein die vollziehende Gewalt zu, er ernennt und entläßt die Minister Pr. V.U. Art. 45. Auch im Deutschen Reich hängt die Ernennung und Entlassung des Reichskanzlers einzig vom Willen des Kaisers ab R.V.U. Art. 18; der Kaiser hat den Oberbefehl über das Heer (über die bayrische Landmacht wenigstens im Kriegsfalle) Art. 63–64 und erklärt im Namen des Reichs den Krieg, wozu er freilich der Zustimmung des Bundesraths bedarf, es sei denn, daß ein Angriff auf das Bundesgebiet oder dessen Küsten erfolgt. Art. 11. Abs. 2.

D. Verwaltung.

Ihre Aufgabe ist die Ausführung und Anwendung des in den Gesetzen enthaltenen Staatswillens. Sie zeigt sich in der Organisation des Staates und in der Durchführung von Anstalten, welche das Bedürfniß des staatlichen Lebens erfordert. Früher umfaßte man alle Einrichtungen, welche zur Wohlfahrt der Staatsbürger dienen, mit dem Ausdruck „Polizei" (πολιτεία). Heute versteht man darunter die niedere Polizei, welche sich mit Regelung und Ueberwachung der Sicherheit, Gesundheit, Sittlichkeit, des Verkehrswesens u. s. w. befaßt.

Im Polizeistaate herrscht ein Bevormundungssystem. Der Staat mischt sich mit „wohlwollendem Zwange" in die Wirthschaft seiner Unterthanen und sucht sie auf den von ihm als zweckmäßig erkannten Weg zu bringen. Die innere Verwaltung ruht in den Händen von unmittelbaren Staatsbeamten (Bureaukratie); diese erlassen — meist nach Routine d. h. im Geleise des Herkommens und ohne Rücksicht auf die Eigenart der Verhältnisse — Entscheidungen, gegen welche dem Betroffenen nur der Beschwerdeweg mit schriftlichem und geheimem Verfahren offen steht. Im Gegensatz hierzu steht die Selbstverwaltung. Sie läßt jedem Bürger innerhalb gesetzlicher Schranken die freie Selbstthätigkeit und verleiht ihm gegen Eingriffe der Verwaltungsbehörden den Anspruch auf unbefangenes rechtliches Gehör. Die innere Verwaltung ist decentralisirt und wird von Delegirten des Grundbesitzes und der Gemeinden, welche unbesoldete Ehrenämter bekleiden, unter Aufsicht der Staatsregierung geführt.

In England hat sich das „Selfgovernment" historisch entwickelt. Schon die Preußische Städte-Ordnung von 1808, welche auf den Ideen des Freiherrn vom und zum Stein 1757–1831 beruhte und am 30. Mai 1853 revidirt wurde, übertrug viele staatliche Functionen auf die aus freier Wahl hervorgehenden Communal-Collegien. In weiterem Umfange wird die Selbstverwaltung durch die Kreisordnung vom 13. Decbr. 1872 mit Zusatz 19. März 1881 und die Provinzialordnung vom 29. Juni 1875 mit Zusatz 22. März 1881 für die Provinzen Ost- und Westpreußen, Brandenburg, Pommern, Schlesien und Sachsen begründet, und durch spätere Gesetze auf Hannover seit 1. April 1885, Hessen-Nassau seit 1. April 1886, Westfalen seit 1. April 1887, Rheinland seit 1. April 1888 unter Rücksichtnahme auf die eigenartigen Verhältnisse der letzteren Landestheile ausgedehnt. Für Fälle, wo das von den Behörden wahrzunehmende öffentliche Interesse mit den Rechten Einzelner in Widerstreit tritt, ist ein Verwaltungsstreitverfahren eingeführt, das durch die Verfassung der Verwaltungsgerichte, durch die Maximen der Oeffentlichkeit, Mündlichkeit und freien Beweiswürdigung, sowie durch den Instanzenzug (Kreis- bzw. Stadtausschüsse, Bezirksausschüsse, Oberverwaltungsgericht) volle Garantien für unparteiische Prüfung und Entscheidung bietet, vgl. G. vom 3. Juli 1875 mit Abänderung vom 2. Aug. 1880 und Zuständigkeits-G. vom 1. Aug. 1883. Die Stellung, welche den stehen gebliebenen Staatsorganen gegenüber der neu geschaffenen Selbstverwaltung und Verwaltungsgerichtsbarkeit zukommt, ist für die ganze Monarchie durch das G. vom 30. Juli 1883 über die allgemeine Landesverwaltung geregelt.

E. Staatsangehörigkeit.

Sie betrifft das Verhältniß zwischen dem Staat und den Genossen des zu seinem Dasein gehörigen Volkes. In diesem Indigenat ruht der Unterschied zwischen In- und Ausländern. R.V.U. Art. 3.

I. Erwerb und Verlust.

Nach dem B.G. vom 1. Juni 1870 steht die Bundes- heute Reichsangehörigkeit im Zusammenhang mit der Staatsangehörigkeit in einem der Bundesstaaten.

Der Erwerb geschieht: Durch Abstammung, Legitimation, Verheirathung und Verleihung an einen Ausländer.

Das eheliche Kind eines Deutschen erwirbt durch Geburt die Staatsangehörigkeit seines Vaters, das uneheliche Kind einer Deutschen die seiner Mutter. Auf den Ort der Geburt kommt es nicht an.

Der Deutsche, welcher das von ihm außer der Ehe erzeugte Kind legitimirt, begründet für dasselbe seine Staatsangehörigkeit.

Die Ehefrau eines Deutschen theilt mit der Heirath dessen Staatsangehörigkeit.

Die Verleihung an einen Ausländer erfolgt entweder durch Ertheilung einer Naturalisations-Urkunde oder durch Bestallung zu einem Staatsamt, doch mit Ausnahme der Wahlconsulate. Diese Urkunde darf von der höheren Verwaltungsbehörde (in Preußen ist nach G. vom 1. Aug. 1883 § 155 der Regierungs-, in Berlin der Polizei-Präsident zuständig, gegen dessen Bescheid binnen zwei Wochen die Klage beim Oberverwaltungsgerichte stattfindet) nur dispositionsfähigen und unbescholtenen Ausländern ausgefertigt werden, falls diese an dem Ort, wo sie sich niederzulassen wünschen, ein Unterkommen finden und im Stande sind, sich und ihre Angehörigen zu ernähren. Die Verleihung erstreckt sich im Zweifel auch auf die Ehefrau des Ausländers und seine minderjährigen, noch unter seiner väterlichen Gewalt befindlichen Kinder.

Verschieden von der Naturalisation eines Ausländers ist die „Aufnahme“, welche ein Deutscher in den Unterthanenverband eines anderen der verbündeten Staaten, in dessen Gebiet er sich niederließ, nachsucht. Sie kann ihm nur aus Gründen des Freizügigkeits-G. vom 1. Novb. 1867 § 2–5 versagt werden z. B. wenn er nicht hinreichende Kräfte besitzt, um sich und seinen nicht arbeitsfähigen Angehörigen den nothdürftigen Lebensunterhalt zu verschaffen, und er auch solchen weder aus eigenem Vermögen bestreiten kann, noch von einem dazu verpflichteten Verwandten erhält.

Ungenügend zum Erwerb der Staatsangehörigkeit sind (verschieden von englisch-amerikanischem Recht): Geburt oder langjähriger Aufenthalt auf deutschem Boden, ferner Annahme an Kindesstatt.

Der Verlust geschieht: Durch Entlassung auf Antrag, Ausspruch der Behörde, zehnjährigen Aufenthalt im Auslande, Legitimation und Verheirathung.

Die Entlassung auf Antrag wird durch eine von der höheren Verwaltungsbehörde des Heimathstaates ausgefertigte Urkunde ertheilt. Sie darf Auswanderern nach dem Ausland nicht verweigert werden, es sei denn, daß Gründe der Wehrpflicht R.V.U. Art. 57 entgegenstehen. Die unerlaubte Auswanderung Wehrpflichtiger, nach dem B.G. vom 9. Novb. 1867 zwischen dem vollendeten 17. und dem vollendeten 25. Lebensjahre, und von Militärpersonen des Beurlaubtenstandes ist strafbar. St.G.B. § 140, § 360 Z. 3. Sonst kann der Staat keinen Unterthanen zum Verbleib nöthigen, noch von ihm eine Vermögensquote als Auswanderungssteuer erheben, wie dies unter dem Namen „Nachschoß“ (gabella emigrationis, detractus personalis) in vielen deutschen Landen vor der Bundesacte Art. 18 üblich war. Pr.V.U. Art. 11. Die Entlassung, welche mit Aushändigung der betreffenden Urkunden wirksam wird, erstreckt sich im Zweifel auch auf Ehefrau und minderjährige Hauskinder des Antragstellers, fällt aber hin, wenn derselbe nicht binnen sechs Monaten seinen Wohnsitz nach dem Auslande verlegt. Daher sind Auswanderer staatenlose Menschen, die aber in Nothfällen, z. B. bei Schiffbruch noch aus Humanität den Schutz ihres früheren Staates genießen, bis sie Bürger eines anderen geworden sind.

Verschieden davon ist die Entlassung, welche ein Deutscher aus dem Unterthanenverbande seines Heimathsstaates nachsucht, um die Staatsangehörigkeit in einem anderen Einzelstaate des Deutschen Reichs zu erwerben. Dies Gesuch muß ihm bewilligt werden, wenn er die Aufnahme in einen andern der verbündeten Staaten nachweist.

Durch den Beschluß der Centralbehörde ihres Heimathsstaates werden Deutsche ihrer Staatsangehörigkeit für verlustig erklärt: 1) wenn sie sich im Ausland aufhalten und im Falle eines Krieges oder einer Kriegsgefahr nicht auf die Aufforderung, welche der Kaiser für das Reich erläßt, zurückkehren; 2) wenn Deutsche ohne Erlaubniß ihrer Regierung in fremde Staatsdienste eintraten und der ausdrücklichen Aufforderung zum Austritt nicht binnen der darin bestimmten Frist Folge leisten. Ein dritter Fall kam durch R.G. vom 4. Mai 1874 hinzu: er betraf die Expatriirung von Geistlichen, welche durch gerichtliches Urtheil entsetzt waren und doch in der unbefugten Ausübung des Kirchenamtes fortfuhren. Dieser Fall ist seit 1886 mit Beseitigung des durch Pr.G. vom 12. Mai 1873 errichteten Königlichen Gerichtshofes für kirchliche Angelegenheiten veraltet.

Der zehnjährige ununterbrochene Aufenthalt im Auslande nimmt dem Deutschen seine Staatsangehörigkeit. Die Frist beginnt mit dem Austritt aus dem Reichsgebiet bezw. mit dem Ablauf des Reisepapiers oder Heimathscheines, wird unterbrochen durch Eintragung in die Matrikel eines Reichskonsuls, B.G. vom 8. Novb. 1867 § 12, und läuft vom Tage, welcher auf die Löschung folgt, von Neuem. Der Verlust der Staatsangehörigkeit erstreckt sich hier auf Ehefrau und minderjährige Hauskinder nur dann, falls sie sich beim Ehemann oder Vater befinden. Doch ist in solchem Falle der Rückerwerb der entzogenen Reichsangehörigkeit erleichtert. Insbesondere darf die höhere Verwaltungsbehörde desjenigen Staates, in welchem sich der ehemalige Deutsche nach seiner Rückkehr ins Reich niederließ, sein Aufnahme-Gesuch nicht zurückweisen.

Das uneheliche Kind einer deutschen Mutter verliert seine Staatsangehörigkeit, wenn es von seinem einem andern Staate angehörigen Erzeuger legitimirt wird.

Eine Deutsche verliert ihre Staatsangehörigkeit, wenn sie sich mit dem Angehörigen eines andern Staates verheirathet.

Ungenügend zum Verlust der Staatsangehörigkeit ist (verschieden vom französischen Recht Code civ. Art 117) der Erwerb eines fremden Indigenates. Ein solcher Unterthan verschiedener Staaten heißt sujet mixte. Eine Modification bildet der mit den Vereinigten Staaten von Amerika geschlossene und nach ihrem Gesandten beim Reich genannte Bancroft-Vertrag, wonach Deutsche, selbst wenn sie sich der Wehrpflicht entzogen haben, dadurch frei werden, daß sie sich im Gebiete der Union fünf Jahre aufhielten und deren Bürger geworden sind.

II. Wirkung.

Der Unterthanenverband begründet Rechte und Pflichten.

Nach Außen hat der Staat seine Angehörigen zu schützen, er darf sie einer ausländischen Regierung weder zur Verfolgung noch Bestrafung überliefern St.G.B. § 9, muß aber andrerseits Unbilden seiner Beamten z. B. bei Grenzüberschreitung durch Gewähr von Schadenersatz und Genugthuung vertreten.

Im Innern schuldet der Unterthan seinem Staate Gehorsam, welcher sich in der Steuer- und Wehrpflicht, in der Annahme von Ehrenämtern 2c. äußert. Dafür hat er Theil an allen Einrichtungen, welche der Staat zum Rechtsschutz und zur Wohlfahrt seiner Angehörigen trifft. Früher galten in Deutschland die Juden, selbst wenn sie als „vergeleitete" (Judaei recepti) unter dem Schutz des Kaisers oder eines Kur- bezw. Reichsfürsten standen nur als Unterthanen minderen Rechts. Sie waren von Staats- und Gemeindeämtern, vom Eintritt in Zünfte 2c. ausgeschlossen, besonderen Leibzöllen (verleihbares Judenschutz-Regal) unterworfen und in der Ansiedlung beschränkt. Die Deutsche Bundesacte vom 8. Juni 1815 Art. 16 sichert ihnen blos die bisher von ihren Landesherren gewährten Rechte zu, nimmt aber eine Verbesserung ihrer Rechtslage durch Bundesgesetz in Aussicht. Die Emancipation der Juden erfolgte erst durch die Landesgesetzgebung, in Preußen durch G. vom 23. Juli 1847, und ist im neuen Reich durch G. vom 3. Juli 1869 voll anerkannt. Die von der Deutschen Nationalversammlung zu Frankfurt 1849 berathenen und in die Pr.V.U. Art. 3–42 übergegangenen Grundrechte kommen entweder allen Unterthanen zu Gute wie: Unabhängigkeit der Rechtspflege, Freiheit der Person — vgl. Pr.G. vom 12. Febr. 1850 s. g. Habeas-Corpus-Acte — des religiösen Bekenntnisses — der Wissenschaft sammt ihrer Lehre, der Meinungsäußerung, die Unverletzlichkeit der Wohnung, des Eigenthums, des Briefgeheimnisses, das Petitionsrecht, — oder sie stehen als s. g. Staatsbürgerrechte nur besonderen durch Geschlecht, Alter dazu geeigneten Klassen zu wie: Vereins-, Versammlungs-Recht vgl. Pr.G. vom 11. März 1850, actives und passives Wahlrecht. In diesem politischen Sinne ist die „Gleichheit aller Bürger vor dem Gesetz" aufzufassen.

Die meisten Grundrechte können für den Fall eines Krieges oder Aufruhrs bei dringender Gefahr für die öffentliche Sicherheit, jedoch nur zeit- und districtsweise Pr.V.U. Art. 111, außer Kraft gesetzt werden. Dies ist der Belagerungszustand, welcher nach Pr.G. vom 4. Juni 1851 in Preußen vom König unter Gegenzeichnung des verantwortlichen Ministeriums verhängt werden kann. Mit seiner Verkündung geht die vollziehende Gewalt auf den obersten Militärbefehlshaber im District über, dem alle Behörden zu gehorchen haben. An Stelle der ordentlichen Gerichte treten Militärgerichte Ger.Verf. § 16, die aus Militär- und Civilpersonen zusammengesetzt sind, und für Delicte, welche wie Landesverrath, Aufruhr, Widerstand die befürchtete Gefahr herbeiführen oder vermehren könnten, werden besonders verschärfte Strafen angedroht. Auch der Deutsche Kaiser darf unter Gegenzeichnung des Reichskanzlers, wenn die öffentliche Sicherheit in dem Bundesgebiete bedroht ist, einen jeden Theil desselben in Kriegszustand erklären, wofür nach R.V.U. Art. 68 bis zum Erlaß eines Reichsgesetzes noch die Vorschriften des Pr.G. vom 4. Juni 1851 maßgebend sind.

Verschieden davon ist der kleine Belagerungszustand auf Grund des R.G. vom 21. Octb. 1878 gegen die gemeingefährlichen Bestrebungen der Socialdemokratie. Derselbe kann über Bezirke und Ortschaften, welche durch solche Bestrebungen mit Gefahr für die öffentliche Sicherheit bedroht sind, von der Landescentralbehörde mit Genehmigung des Bundesrathes und unter Vorbehalt eines Rechenschaftsberichtes an den Reichstag verhängt werden. Dadurch erhält die Polizeibehörde des betreffenden Orts die eventuelle Machtbefugniß: für die öffentliche Ordnung gefährliche Personen auszuweisen; Besitz, Tragen und Verkauf von Waffen einzuschränken; die Verbreitung von Druckschriften an öffentlichen Orten, die Abhaltung von Versammlungen von einer vorgängigen Erlaubniß abhängig zu machen. Doch dürfen derartige Verbote weder die freie Wahl, noch den Zusammentritt des Reichstages oder einer Landesvertretung beeinträchtigen.

III. Ausländer.

Früher galten Fremdlinge in deutschen Landen als rechtlos, wenn sie sich nicht unter den Schutz des Königs oder die Voigtei des Grundherrn stellten. In Ermangelung solchen Geleites behandelte man sie nach längerem Aufenthalt wie Hörige (s. g. Wildfangsrecht, besonders des Pfalzgrafen bei Rhein) und zog ihren Nachlaß als erbenloses Gut ein (jus albinagii, droit d'aubaine). Ein Erlaß Friedrichs II. Authentica ‚omnes peregrini' zu l. 10 C. 6, 59 vermochte diesem Unwesen nicht zu wehren. Mit Milderung der Sitten entwickelte sich daraus ein Besteuerungsrecht. Der Landesherr erhob von jedem Vermögen, das aus seinem Gebiete durch Erbgang, Schenkung, Mitgift 2c. ans Ausland kam, einen Abschoß (gabella hereditaria), der bis zu einem Drittel des Werthes stieg. Diese Auflage war um so drückender, da ihr Bezugsrecht als Regal weiter verliehen wurde, und bei der territorialen Zersplitterung Deutschlands bis in die Hände der Stadtobrigkeiten und Gutsherren gelangte. Erst die Bundes-Acte Art. 18 hat die Unterthanen der deutschen Bundesstaaten von dieser Plage befreit und ihnen auch freien Grunderwerb außerhalb ihres Heimathsstaates im ganzen Bundesgebiet zugesichert. Im Sinne der R.V.U. Art. 3 sind Ausländer nur Nicht-Deutsche.

Heute stehen in allen Culturstaaten, was ihre Rechtspflege anlangt, Ausländer den Einheimischen gleich. Doch können sie aus völkerrechtlichen Gründen S. 14 Retorsionen unterfallen z. B. in Bezug auf die Rangfolge der Konkursgläubiger R.K.O. § 4, die Sicherheitsstellung und das Armenrecht im Proceß C.Pr.O. § 102, § 106, die Zulässigkeit des Arrestes, die Abgabe von Erbschaftssteuern u. s. w. Wie das Gesetz des Aufenthaltsstaates ihnen seinen Schutz gewährt, so übt es auch gegen sie seinen Zwang. So hat der Ausländer die im Aufenthaltsstaat begangenen strafbaren Handlungen, ohne jede Rücksicht auf seinen Rechtsirrthum, zu büßen; er muß, falls er daselbst Grundeigenthum als s. g. Forense hat, sich auf diesbezügliche Klagen vor dem Richter der belegenen Sache stellen (landsassiatus minus plenus); ihm liegt eine Steuerpflicht ob, sofern sie bei Grund-, Gebäude-Steuern, bei Verbrauchs- und Gewerbe-Abgaben auf besonderer Lage beruht. Weiter geht die deutsche Reichsgesetzgebung: nach St.G.B. § 4 Z. 1 sind einzelne Delicte, welche ein Ausländer außerhalb des Reichsgebiets verübte, verfolgbar z. B. Hochverrath gegen das Reich oder einen Bundesstaat; die C.Pr.O. § 24 erklärt aus vermögensrechtlichen Ansprüchen gegen Personen, welche im Reich keinen Wohnsitz haben, dasjenige Gericht für zuständig, in dessen Bezirke sich Vermögen derselben oder der mit der Klage in Anspruch genommene Gegenstand befindet; nach C.Pr.O. § 797 findet der dingliche Arrest aus dem Grunde statt, weil das Urtheil im Auslande vollstreckt werden müßte.

Politische Rechte und Unterthanenpflichten berühren den Fremden nicht. Er kann Staatsstellen, Gemeinde- und Ehrenämter nicht bekleiden und besitzt keine politische Wahlfähigkeit. Wo derartige Befugnisse mit dem Boden verknüpft sind, wie früher in Deutschland die Patrimonial-Gerichtsbarkeit vgl. Ger.Verf. § 15 oder in England noch theilweise die Parlamentswahl, ruhen sie, so lange ein Ausländer das Grundstück hat. Die frühere Sitte, vom Forensen einen Treu- oder Homagial-Eid zu Gunsten des fremden Landesherrn zu verlangen s. g. landsassiatus plenus ist heute veraltet.

Es widerspricht dem modernen Völkerrecht, Ausländern den Aufenthalt gänzlich zu verwehren. Das Deutsche Reich verstattet ihn grundsätzlich — nach B.G. vom 12. Octb. 1867 über Paßwesen — ohne Reisepaß und ohne besondere Steuern. Doch steht jedem Staat die Fremdenpolizei zu, er darf im öffentlichen Interesse Ausweis der Persönlichkeit beanspruchen, er kann alle Ausländer interniren d. h. ihnen einen bestimmten Aufenthaltsbezirk verbieten bzw. zuweisen, und auch solche Ausländer, die mittellos oder staatsgefährlich erscheinen, überhaupt ausweisen. Eine Auslieferung beruht auf Staatsverträgen und erfolgt zur Vergeltung von Verbrechen an den Staat, welcher gehörig darum nachsucht.

§ 12.

Das Kirchenrecht.

Aeußeres und inneres Kirchenrecht. Begriff der Kirche und Verhältniß zum Staat. Confessionen und Sekten.

Das Kirchenrecht jus ecclesiasticum — zum Unterschied vom jus sacrum, divinum S. 5, dem kanonischen Recht S. 8 — regelt das Verhältniß zwischen Kirche und Staat (äußeres) sowie die Beziehungen zwischen der Kirche einerseits und ihrem Stifter, ihren Gliedern andrerseits (inneres).

Kirche (*κυριακόν* Haus des Herrn) heißt im Rechtssinne nur die christliche. Die Bezeichnung „Christen" (*χρίειν* salben) wird in einer Staatsurkunde zuerst von Plinius Secundus, dem Statthalter von Bithynien, gebraucht, welcher den Kaiser Trajan 98–117 um Verhaltungsmaßregeln in seiner Provinz anging. Nach vielen und schweren Kämpfen, die zumeist eine politische Ursache hatten, wurde die christliche Kirche von Constantin 312 als tolerata, 313 als recepta anerkannt.

Nach katholischer Lehre ist die Kirche nicht bloß eine innere Gemeinschaft von Gläubigen, sondern eine von Gott eingesetzte Anstalt (Hierarchie). Der Klerus (von *κλῆρος* das Loos im Gegensatz zum Volk *λαός*) bildet einen besonders gottbegnadeten Stand, welcher des Mittleramtes zwischen Christus und den Gläubigen waltet. An der Spitze der Metropolitan-Verfassung steht der Papst, welchem schon die Synode zu Sardika 347 als Nachfolger Petri das höchste Richteramt ‚in causis arduis et majoribus' zusprach. Dies „Papalsystem" wurde auf dem Tridentiner Concil 1545–1563 und dem Vaticanum 1869–1870 anerkannt. Die Bulle ‚pastor aeternus' vom 18. Juli 1870 verkündet das Dogma der Infallibilität, wonach feierliche Verkündigungen des Papstes (ex cathedra) in Sachen des Glaubens und der Lehre unfehlbar sind. Dadurch ist das Episcopal-System beseitigt, welchem die Concilien zu Pisa 1409, zu Constanz 1414–1418, zu Basel 1431–1443 anhingen, und das im römischen Bischof nur einen ‚primus inter pares‘ mit einem Primat ‚honoris‘, nicht ‚jurisdictionis‘ sieht.

Die Grenze zwischen Kirche und Staat, namentlich wie weit die Kirchenhoheit des Staates reicht, war von jeher streitig. Im Mittelalter herrschte die vom Bischof Gelasius um 490 aufgestellte und durch Bernhard von Clairvaux 1150 ausgebildete Lehre der beiden Schwerter, wovon das eine ‚Sacerdotium‘ den Bischöfen, das andere ‚Imperium‘ dem Kaiser gebühre. Der vom Papst Gregor VII. mit Heinrich IV. begonnene Investiturstreit endigte im Calixtiner oder Wormser Concordat 1122 mit der kanonischen Ernennung der Bischöfe. Im Kampf der Hohenstaufen mit den Päpsten Alexander III. 1159–1181, Innocenz III. 1189–1216, Innocenz IV. 1243–1254 siegte die Kirche. Am deutlichsten formulirte Bonifaz VIII. in der Bulle ‚unam sanctam‘ 1302 die kirchliche Suprematie. Danach befinden sich beide Schwerter in der Gewalt des Papstes als Stellvertreter Christi, und dürfe das weltliche Schwert in der Hand des Kaisers nur ‚pro ecclesia, ad nutum et potentiam sacerdotis‘ geführt werden. Hier liegt der Höhepunkt der päpstlichen Macht. Die Reaction beginnt mit dem Kurverein zu Rense 1338, welcher jeden rechtmäßig gewählten deutschen König auch ohne Römerzug und päpstliche Krönung für den „römischen Kaiser“ erklärt.

Heute gilt der Grundsatz „einer freien Kirche im freien Staat.“ Jedenfalls bleibt dem Staat die selbständige Gesetzgebung: über Abschluß und Lösung der Ehe R.G. vom 6. Febr. 1875, über Unterricht und Schulaufsicht Pr.G. vom 11. März 1872, über Austritt aus der Kirche vgl. Pr.G. vom 14. Mai 1873, durch welches der „Dissident“ nach Ablauf gewisser Fristen von den Kirchensteuern befreit wird. Der Staat hat wie bei anderen Corporationen auch die Oberaufsicht über die äußeren Angelegenheiten der Kirche, insbesondere was die Verwaltung des Kirchenvermögens anbetrifft, dessen Ansammlung er möglichst einzuschränken sucht. Pr.G. vom 23. Febr. 1870, 20. Juni 1875, 7. Juni 1876. In Nothfällen hat er sogar das Kirchengut der todten Hand entrissen (amortisirt) und zu Schul- und ähnlichen Culturzwecken verweltlicht (säcularisirt). Aufgabe des modernen Staates ist es, die Parität sämmtlicher Religionsgesellschaften in seinem Gebiet durchzuführen, jeden Unterschied in der Ausführung bürgerlicher und staatsbürgerlicher Rechte, welcher von der Verschiedenheit des religiösen Bekenntnisses abhängt, zu beseitigen, R.G. vom 3. Juli 1869 S. 24 und darüber zu wachen, daß der religiöse Friede nicht durch Intoleranz und Proselytenmacherei gestört wird. Zu diesem Behuf verlangt der Staat Mitwirkung bei Besetzung der Kirchenämter Pr.G. vom 11. Mai 1873, verbietet staatsgefährliche Congregationen vgl. R.G. vom 4. Juli 1872 über den Ausschluß des Jesuiten-Ordens und bestraft Geistliche, welche in Ausübung ihres Berufes öffentlich bezw. in einer Kirche Angelegenheiten des Staates in einer den öffentlichen Frieden gefährdenden Weise darstellen St.G.B. § 130a, oder welche die kirchlichen Straf- und Zuchtmittel zur politischen Pression oder Kränkung der bürgerlichen Ehre mißbrauchen. Pr.G. vom 13. Mai 1873. Allein von jeglicher Einmischung in das innere Gebiet der Gewissen, in die als Dogma verkörperte Glaubenslehre hat sich der Staat fern zu halten, es sei denn, daß die religiöse Verbindung geheime oder staatlich verbotene Zwecke verfolgt. St.G.B. § 128–9. In diesen Grenzen ziemt es dem Rechtsstaate, seinen Bürgern volle Freiheit im Glauben und in der Uebung desselben (Cultus) zu gewähren, oder nach dem berühmten Ausdruck Friedrich des Großen „Jeden nach seiner Façon selig werden zu lassen."

Mit katholischen Staaten benimmt sich der heilige Stuhl über diese Fragen durch Concordate z. B. mit Bayern 1817, worin er den Landesherren unter Umständen die Ernennung von Domcapitularen, Bischöfen, einen Einspruch gegen die Anstellung von Pfarrern ꝛc. einräumt. Weniger nachgiebig zeigt er sich gegenüber ketzerischen Staaten. Für deren Gebiet erläßt er Circumscriptions-Bullen, welche die bischöflichen Diöcesen „umgrenzen" und der Staatsregierung einen beschränkten Einfluß auf die Bischofswahl, meist bloß ein Ablehnungsrecht mißliebiger Candidaten zugestehen. Dies ist der Inhalt der für Preußen am 16. Juli 1821 ergangenen Bulle ‚de salute animarum', welche durch Cab.Ord. vom 23. Aug. 1821 zum Staatsgesetz sanctionirt wurde. Aus politischen Anläßen, die sich schon 1866 zeigten und bei Begründung des Deutschen Reichs noch schärfer hervortraten, entbrannte zwischen der Curie und Preußen ein Streit. Angelpunkt desselben bildeten die Preußischen Gesetze vom 11. Mai 1873 über die Vorbildung und Anstellung von Geistlichen und vom 12. Mai 1873 über die kirchliche Disciplinargewalt und die Errichtung des Königl. Gerichtshofes für kirchliche Angelegenheiten. In diesem s. g. Kulturkampfe griff der Staat zu den äußersten Waffen wie: Vereidigung der Bischöfe auf die Staatsgesetze, Verordn. vom 6. Decb. 1873, Expatriirung aufsätziger Geistlicher, R.G. vom 4. Mai 1874, Verwaltung erledigter katholischer Bisthümer durch Staatskommissare G. vom 20. Mai 1874, Einstellung der auf der Circumscriptionsbulle beruhenden Staatsdotation für die Bisthümer und Geistlichen (s. g. Temporaliensperre), falls sie nicht ihren Gehorsam erklären G. vom 22. April 1875, Verbot der geistlichen Orden und ordensähnlichen Congregationen, mit Ausnahme derer, welche sich ausschließlich der Krankenpflege widmen. G. vom 31. Mai 1875. Seit 1886 ist der Friede geschlossen: Der Staat hat die meisten dieser Kampfgesetze gemildert bzw. zurückgenommen, wogegen sein Einspruchsrecht, wenigstens bei der dauernden Uebertragung eines Pfarramtes anerkannt worden ist.

Die Kirche zerfällt in Confessionen je nach dem Verständnisse der Offenbarung. Die katholische (κατ' ὅλον allumfassende Kirche) nennt sich die allein seligmachende, weil sie im Besitz der richtigen Auffassung zu sein behauptet. Ihr gelten Katholiken, welche sich vom Papste lossagten, als Schismatiker, und Christen, welche die katholischen Glaubenswahrheiten verleugnen, als Häretiker.

Hauptarten der Schismatiker sind die griechischen und die Alt-Katholiken. Die Trennung der griechischen Kirche vollzog sich im neunten Jahrhundert, besonders auf dem vierten Concil zu Constantinopel 869. Sie beruhte weniger auf wesentlichen Streitfragen über Dogma und Cultus, als auf politischen Gründen, weil der römische Bischof den geistlichen Vorrang erstrebte und in dem König der Franken einen ebenbürtigen Nebenbuhler des byzantinischen Kaisers erschuf. Die griechischen Katholiken zerfallen in eine Reihe von Nationalkirchen, über welche dem ökumenischen Patriarchen von Constantinopel nur ein Ehren-Primat zusteht. Eine Wiedervereinigung wurde öfter, z. B. auf der Synode zu Florenz 1439, aber ohne Erfolg versucht. Die altkatholische Bewegung entstand aus der Opposition gegen das Unfehlbarkeits-Dogma und fand in der Kirchenpolitik Preußens einen Rückhalt. Der altkatholische Bischof bezieht eine fortlaufende Dotation aus

Staatsmitteln, und der altkatholischen Gemeinschaft ist durch Pr.G. vom 4. Juli 1875 ein Mitgenuß am katholischen Kirchenvermögen der betreffenden Ortschaft gewährt.

Die evangelische Confession spaltet sich in die lutherische und reformierte, die sich hauptsächlich in der Abendmahls-Lehre (ἐστὶ τὸ σῶμα τὸ αἷμα) von einander unterscheiden. Im Augsburger Religionsfrieden 1555 wurde den protestantischen Reichsständen, welche sich zur Augsburger Confession vom 25. Juni 1530 bekannten, vom Kaiser freie Religionsübung zugesichert. Der westphälische Frieden 1648 (Instrumentum Pacis Osnabruegensis) dehnte dies Recht auf die Reformirten aus und erklärte für alle Reichsangelegenheiten die Gleichberechtigung s. g. Simultaneum der katholischen und evangelischen Stände. Erst in der Deutschen Bundesacte vom 8. Juni 1815 Art. 16 wird die völlige Gleichheit der drei christlichen Religionsparteien in der Ausübung bürgerlicher und politischer Rechte verkündet. Am dreihundertjährigen Reformationsfest 1817 begründet Friedrich Wilhelm III durch eine Verschmelzung des lutherischen und reformirten Bekenntnisses die unirte Kirche, der er selbst mit seinem Hause beitrat. Die evangelische Lehre verwirft, da sie sich auf die Rechtfertigung durch den Glauben gründet, die Einrichtung von Klerus und Papst. Der Geistliche ist bloß zu einem Lehramt berufen, er übt einen Dienst in der Gemeinde, welcher, als der in Christo geeinten Gemeinschaft, alle Gewalt zusteht. Allein die Form, in der diese Gewalt bei Anstellung von Geistlichen, bei der kirchlichen Gesetzgebung und Verwaltung wirksam wird, hat sich verschieden entwickelt. Die lutherische Richtung construirte den Summepiscopat der Landesherrn, in deren Hand die Befugniß überging, die äußere Ordnung für das kirchliche Leben festzusetzen. Zu diesem Zweck richtet der Landesherr Consistorien aus geistlichen und weltlichen Mitgliedern ein, denen er die Organisation von Gottesdienst, Seelsorge, Kirchenzucht überträgt. Dagegen ist die Ansicht Calvins 1509–1564, daß der Gemeinde die Ausübung des Kirchenregiments gebühre, in der reformirten Kirchenverfassung maßgebend geworden. Die Gemeinde beruft ihre Pastoren und Diakonen, sie wählt Aelteste, welche mit den Geistlichen zusammen das Presbyterium bilden; aus den Presbyterien verschiedener Gemeinden geht dann die Synode zur Vertretung eines größeren Bezirkes bezw. des ganzen Landes hervor. In Preußen errichtete Friedrich Wilhelm IV kraft seines Amtes als oberster Bischof der evangelischen Landeskirche durch Erlaß vom 29. Juni 1850 den Oberkirchenrath, welchem die Provinzial-Consistorien unterstehen. Eine Mitwirkung des Laienelements, eine Art Selbstverwaltung auf kirchlichem Gebiete ist für die alten Provinzen durch die Kirchengemeinde- und Synodal-Ordnung vom 10. Sptb. 1873 und die Generalsynodal-Ordnung vom 20. Jan. 1876 eingeführt und seitdem auf Hannover 1882, Kassel 1886 ausgedehnt: Für den Kreis bezw. die Provinz fungiren unter Aufsicht der Consistorien Kreis- und Provinzial-Synoden aus den betreffenden Geistlichen und gewählten Mitgliedern der Gemeinden. Den Gipfel bildet die General- oder Landes-Synode. Sie besteht zumeist aus Deputirten der Provinzialsynoden, auch aus vom König ernannten Mitgliedern; sie wird vom König alle sechs Jahre berufen und übt in Gemeinschaft mit dem Oberkirchenrath die höchste kirchliche Gewalt.

Sekten sind kleinere Religionsparteien, die sich in Lehre und Cultus von den großen Kirchengemeinschaften absondern. Die ersten ökumenischen Concilien (γῇ οἰκουμένῃ) beschäftigen sich namentlich damit, die Irrthümer der Neuerer

(Novatiani) zu verdammen. So richtet sich das Concil zu Nicäa 325 gegen Arius, welcher Christus als gottähnlich, nicht gottgleich (ὁμοι nicht ὁμόουσιος) ansah; das von Constantinopel 381 befestigt die Lehre vom heiligen Geist in der Dreieinigkeit; das zu Ephesus 431 verdammt Nestorius, weil er zwischen der göttlichen und menschlichen Natur in Christo nicht scharf unterschied, und Pelagius, welcher die Erbsünde in Abrede stellte; das zu Chalcedon 451 verwirft die Monophysiten (heute noch in der abessynischen, armenischen, koptischen Kirche), welche nur „eine“ Mensch gewordene göttliche Natur in Christo annahmen; das zu Constantinopel 553 erklärt die Werke des Origenes gest. 254 für ketzerisch; das dritte ebenda 680 wendet sich gegen die Monotheleten, welche in Christo zwei Naturen, aber nur „einen“ Willen behaupteten. Als Vorläufer der Protestanten erscheinen die Albigenser, Waldenser, welche auf den lateranensischen Concilien 1139, 1179, und die Hussitten, welche auf dem Concil zu Constanz 1414 gerichtet werden. Das Tridentiner Concil 1545–63 hat durch eine genaue Definition der katholischen Dogmen jeder künftigen Ketzerei vorzubeugen versucht. Die evangelische Kirche erschwert durch das ihren Anhängern gewährte Recht der freien Forschung die Bildung von Sekten.

§ 13.

Das Strafrecht.

Subjectives und objectives Strafrecht.

A. Verbrechen
- I. Rechtswidrige Handlung.
  - a) Wille: Zurechnungsfähigkeit. Vorsatz und Fahrlässigkeit.
  - b) That: Object und Mittel. Versuch.
  - c) Beziehung des Willens auf die That, s. g. Zurechnung.
  - d) Rechtswidrigkeit. Unkenntniß des Thäters. Gesetzlich verbotene That. Einfluß von Nothwehr. Einwilligung des Verletzten und Staatswillen.
- II. Theilnahme: Complot und Bande. Anstifter, Gehülfe und Begünstiger.
- III. Zusammentreffen mehrerer Delicte: formell und materiell. Aburtheilung.

B. Strafe. Ausmessung, Schärfung und Milderung.

C. Anwendung.
- I. Zeitliche und örtliche Geltung des Gesetzes.
- II. Richterliche Auslegung des Gesetzes.
- III. Gründe, aus welchen die Verfolgung einer strafbaren Handlung unterbleibt:
  - a) persönliche Eigenschaften des Thäters.
  - b) Nothstand.
  - c) Mangel des Antrages.
  - d) Verjährung.
  - e) Begnadigung vor dem Urtheil.
  - f) Freisprechung eines Schuldigen.
- IV. Gründe, aus welchen die Vollstreckuug einer erkannten Strafe unterbleibt:
  - a) persönliche Eigenschaften des Verurtheilten.
  - b) Verjährung.
  - c) Begnadigung nach dem Urtheil.

D. Eintheilung der Verbrechen.

Das Strafrecht jus criminale enthält die Lehre von den Verbrechen und ihren Strafen. Im Deutschen Reich gilt das Strafgesetzbuch vom 15. Mai 1871, in Gesetzeskraft seit dem 1. Jan. 1872.

Die Frage nach dem Grunde für das subjective Recht des Staates zu strafen, ist rechtsphilosophischer Natur. Man rechtfertigt die Strafe entweder relativ aus Zweckmäßigkeitsgründen ‚ne peccetur‘ oder absolut ‚quia peccatum est‘, als nothwendige Folge der Missethat. Die relativen Theorien wenden sich: 1) generell an das Publikum, um es entweder durch den Strafvollzug am Thäter von der Begehung eines Verbrechens abzuschrecken (Mittelstädt) oder um durch die Androhung des Strafübels einen psychologischen Zwang auf Wille und Leidenschaft auszuüben (Feuerbach 1775–1833) oder um durch die Warnungen des Gesetzes die Menschheit im Leben zu erziehen und sittlich zu fördern (Bauer) — 2) speciell an den Thäter, um ihn durch den Strafvollzug zu bessern (Mittermaier) oder dadurch seinem Entschlusse zur Begehung eines neuen Verbrechens präventiv vorzubeugen (Grolman) — 3) an den Staat, welcher sein Dasein gegen den Angriff des Verbrechers vertheidigt (Martin), oder welcher den idealen Schaden, den Verbrecher durch sein böses Beispiel anrichtet, auszugleichen versucht (Klein), oder welcher sich, anstatt den Verbrecher wegen Verletzung des Bürgervertrages auszustoßen, kraft allgemeiner Uebereinkunft mit einer Abbüßung des Vertragsbruches begnügt (Fichte). Die absoluten Theorien erblicken in der Strafe entweder ein göttliches Gebot (Stahl) oder eine sittliche Nothwendigkeit, welche den Charakter der Missethat abspiegele (Kant) oder eine logische Folge des verbrecherischen Willens, der als Auflehnung gegen das allgemeine Gesetz in sich vernichtet wird (Hegel). Heute herrschen die Vereinigungstheorien, welche die Strafe als eine gerechte Vergeltung auffassen, aber ihre Anwendung nach criminalpolitischen Zwecken regeln. Danach soll Art bezw. Dauer des Strafvollzuges vom Besserungszweck abhängen (Wirth, vgl. auch St.G.B. § 23) oder schon dem erkennenden Richter soll es obliegen, die vom Gesetzgeber nach einem Höchst- und Mindestmaß festgesetzte Strafe im betreffenden Falle mit Rücksicht auf Besserung und Abschreckung auszumessen (Berner).

A. Verbrechen.

I. Rechtswidrige Handlung.

Sie besteht in der rechtswidrig gewollten und verbotenen That.

a) Wille. Derselbe setzt voraus: Bewußtsein seiner selbst, der Außenwelt und der gemeinen Bürgerpflichten. Er fehlt an sich den Thieren, und im strafrechtlichen Sinne wohl auch den juristischen Personen. Er wird ausgeschlossen durch Kindheit und durch Zustände der Bewußtlosigkeit oder krankhafter Störung der Geistesthätigkeit, welche eine s. g. Zurechnungsunfähigkeit des Thäters hervorrufen. Das St.G.B. § 55 verbietet Kinder strafrechtlich zu verfolgen, welche nicht das zwölfte Lebensjahr bei Begehung der Handlung zurückgelegt haben. Nur Maßregeln zu ihrer Besserung und Beaufsichtigung sind zulässig, insbesondere kann ihre Unterbringung in einer Erziehungs- oder Besserungs-Anstalt durch Beschluß der Vormundschaftsbehörde erfolgen. Im § 56 bis 58 verlangt das St.G.B. noch zu Gunsten von jugendlichen Personen zwischen dem zwölften und achtzehnten Lebensjahre und von Taubstummen das Unterscheidungsvermögen d. h. die ihnen bei Begehung der Handlung innewohnende, zur Erkenntniß von deren Strafbarkeit erforderliche Einsicht. Doch soll der Richter bei jugendlichen Thätern, im Fall er sie wegen mangelnden Unterscheidungsvermögens freispricht, im Urtheil bestimmen, ob sie ihrer Familie oder einer Erziehungs- oder Besserungs-Anstalt überwiesen werden sollen, — und im Fall er sie verurtheilt, mildere Strafen anwenden. Die Dauer ihres Aufenthalts in der Anstalt hängt von dem Ermessen der vorgesetzten Verwaltungsbehörde ab, darf aber nicht über das vollendete zwanzigste Lebensjahr des Thäters hinaus erstreckt werden.

Die Criminalpsychologie giebt Aufschluß über die Bildung des Willens in der Seele des Thäters. Zuvörderst wird der Wille durch ein Motiv angeregt, dem ein Zweck entspricht, s. g. Stadium der Berathung. Dadurch entsteht in der Vorstellung eine Reihe zweckdienlicher Bilder, von denen dasjenige haften bleibt, welches zur Erreichung des Zwecks am geeignetsten erscheint. Dies ist das Stadium der Beschließung, das mit der Absicht endigt. Setzt nun der Thäter seinen Willen in die Außenwelt um, so macht er seine Entschließung durch den Vorsatz kenntlich. Die Theorie theilt die Absicht ein nach der Bestimmtheit des vorgestellten Ziels und der darauf gerichteten Willensstärke in dolus determinatus, indeterminatus, alternativus, eventualis. Praktisch ist die Unterscheidung des Vorsatzes in Ueberlegung dolus praemeditatus und Affect repentinus vergl. St.G.B. § 211–2.

Auch ein Mangel derjenigen Vorsicht, welche der Staat von jedem willensfähigen Mitgliede des Gemeinwesens fordert, kann eine strafbare Fahrlässigkeit culpa, negligentia bilden. Der Thäter will die Folgen nicht, ist sich auch derselben nicht bewußt, hätte sie aber, ohne seine Gleichgültigkeit gegen die ihm obliegenden Bürgerpflichten, voraussehen müssen. Ob der Erfolg wahrscheinlich, möglich oder unwahrscheinlich war, erscheint zu flüssig, als daß sich darauf eine Scheidung der culpa in lata, levis und levissima gründen läßt. Man bezeichnet eine Willensrichtung, welche zwar den Erfolg kennt, ihn aber nicht beabsichtigt, sich also von ihm bei der That frivol abwendet, als Frevelhaftigkeit, luxuria, culpa perfecta, obwohl sie bereits in den Vorsatz übergeht.

In derselben Thätigkeit können dolose und culpose Acte zusammentreffen: 1) Thäter erreicht den beabsichtigten Erfolg nicht durch seine zielbewußte Handlung, sondern durch eine andere sich daran anschließende auf fahrlässige Weise, z. B. er wirft seinen Feind, den er verwundet hat und für todt hält, ins Wasser und tödtet ihn dadurch. Andernfalls kann 2) die dolose Handlung zugleich einen ungewollten, aber voraussehbaren Erfolg haben z. B. die Körperverletzung ist mit tödtlichem Ausgang verbunden, oder ein Schuß trifft nicht die Person, auf welche gezielt war, sondern eine danebenstehende s. g. aberratio ictus. Hier darf man weder einen durch alle Acte sich hindurchziehenden Vorsatz annehmen, den man im ersten Fall dolus generalis, im zweiten indirectus nannte, noch einen Mischbegriff construiren, den Feuerbach im zweiten Falle als culpa dolo determinata bezeichnete.

b) That. Gedanken sind zollfrei. Unterlassungen (delicta omissionis) werden strafbar: entweder als Folgen einer Thätigkeit bezw. Stellung, die Pflichten aufbürdet, oder bisweilen ohnedies im öffentlichen Interesse z. B. bei Nichtanzeige eines bevorstehenden schweren Verbrechens, von dem man glaubhafte Kunde hat. St.G.B. § 139.

Jede That setzt ein dazu taugliches Object und Mittel voraus. Eine Verwechslung von an sich zweckdienlichen Gegenständen schließt das Delict nicht aus, z. B. der Dieb nimmt eine fremde Sache, über deren Eigenthümer er sich täuscht. Ein Delict an einem dafür untauglichen Object heißt Wahnverbrechen (putativum) und gilt als straflos. Gotteslästerung und Thierquälerei straft man um des öffentlichen Aergernisses willen, das sie für Andere bewirken. St.G.B. § 166, § 360 Z. 13.

Nicht bloß das vollendete Delict (consummatum) ist strafbar, sondern schon der durch geeignete Handlungen bethätigte Anfang seiner Ausführung. Die That in einem solchen Stadium heißt Versuch (conatus). Ob zu einem strafbaren Versuch untaugliche Mittel ausreichen, hängt davon ab, ob durch ihre Anwendung der verbrecherische Entschluß äußerlich erkennbar wurde. Die Doctrin nennt den

Versuch je nach seinem Abstande von der vollendeten That „entfernten und nächsten" (remotus, proximus) und spricht von einem „beendeten" (perfectus), wenn der zur That gehörige Erfolg durch Umstände vereitelt wurde, welche außerhalb des Willens des Thäters liegen. Das St.G.B. § 42–46 bestraft das versuchte Delict stets milder als das vollendete, und giebt dabei dem richterlichen Ermessen einen weiten Spielraum. Aus criminalpolitischen Gründen gewährt es dem Thäter noch im letzten Moment die Möglichkeit, seinen Versuch straflos zu machen, wenn er bei Nichterfolgs-Verbrechen von der Ausführung der beabsichtigten Handlung freiwillig absteht, oder sonst den zur Vollendung gehörigen Erfolg, bevor seine Handlung entdeckt ist, durch eigene Thätigkeit abwendet. Freilich kann diese s. g. thätige Reue das im „qualificirten" Versuch liegende Delict, das bereits vollendet ist, nicht aus der Welt schaffen, z. B. bleibt die Körperverletzung durch Gift strafbar, wenn auch der Thäter den Tod seines Opfers durch rechtzeitig gereichtes Gegengift abwandte.

c) **Beziehung des Willens auf die That**, Causalnexus. Die That muß eine dem Thäter zurechenbare Handlung darstellen. Die Zurechnung (imputatio) wird dadurch ausgeschlossen, daß Thäter unter dem unwiderstehlichen Einfluß von Naturkräften oder unter dem Drucke physischer Gewalt stand. Das St.G.B. § 52 achtet dem körperlichen Zwange Drohungen gleich, welche mit einer gegenwärtigen, auf andere Weise nicht abwendbaren Gefahr für Leib oder Leben des Thäters oder eines seiner Angehörigen verbunden waren.

d) **Rechtswidrigkeit.** Sie bezieht sich auf Willen und That.

Die Unkenntniß, in welcher sich Thäter zur Zeit der Begehung über die zum Delict erforderlichen Thatumstände befand, kann die Strafbarkeit mildern oder ganz aufheben. Wer eine Sache wegnimmt, welche er — wenn auch im Irrthum über eine private Rechtsnorm — für seine eigne hält, verübt keinen Diebstahl. St.G.B. § 59. Dagen schützt Unkenntniß des Strafgesetzes, weil dieses auf allgemeinem Willen beruht S. 1, oder das vielleicht in moralischem Sinne entschuldbare Motiv der That, keineswegs vor der Strafe.

Die Handlung muß eine gesetzlich verbotene sein. Der bloße Glaube, durch eine an sich erlaubte Handlung ein Delict zu begehen, macht nicht strafbar. Eine Rechtsausübung kann kein Delict enthalten. Daher ist die durch Nothwehr gebotene Handlung rechtsmäßig, falls sie sich in den Grenzen derjenigen Vertheidigung hält, welche erforderlich ist, um einen gegenwärtigen, rechtswidrigen Angriff von sich oder einem Andern abzuwenden. St.G.B. § 53. ‚inculpatae tutelae moderatione' l. 1 C. 8, 4. Die vorgängige Einwilligung dessen, welchem die Verletzung zugefügt wird, nimmt letzterer die strafbare Natur ‚injuria non fit volenti' l. 1 § 5 D. 47, 10. Allein dieser Grundsatz hat Grenzen, die weniger in der Veräußerlichkeit des betroffenen Rechts, als in der Unsittlichkeit der Erlaubniß z. B. bei Tödtung St.G.B. § 216, schwerer Körperverletzung 2c. liegen. Der Staatswille, von dem alles Recht ausgeht, kann selbst Eingriffe in fremde Befugnisse gestatten. So duldete die römische Lex Julia de adulteriis, daß der Ehemann seine auf dem Ehebruch ertappte Frau tödtete, und nach altgermanischem Brauch war der Geächtete als „vogelfrei" jedem Verfolger preisgegeben. Heut rechtfertigt der Staatsbefehl den Soldaten im Kriege, den Nachrichter, Gefängnißschließer, Gerichtsvollzieher in der Ausübung ihres Amtes.

II. Theilnahme (concursus ad delictum).

Die Betheiligung mehrerer Personen an einem Delict beruht entweder auf der Natur desselben z. B. beim Ehebruch (necessarius) oder auf freiem Willen (facultativus).

Mitthäter führen das Verbrechen zusammen aus. St.G.B. § 47. Die Abrede zweier oder mehrerer Personen zur gemeinschaftlichen Begehung einer strafbaren Handlung nennt man Complot oder Bande, je nachdem es sich um ein bestimmtes Delict oder eine Reihe von solchen handelt. Die bloße Absprache bildet noch keinen strafbaren Versuch, sondern bloß eine vorbereitende Handlung, die aber das Gesetz zum eignen Delict stempeln kann z. B. die Verschwörung zum Hochverrath. St.G.B. § 83.

Anstifter (intellectueller Urheber, concitator) ist, wer einen Anderen zu der von demselben begangenen strafbaren Handlung durch irgendwelche Mittel vorsätzlich bestimmt hat. St.G.B. § 43.

Gehülfe (socius) ist, wer dem Thäter zur Begehung des Delictes durch Rath oder That wissentlich Hülfe geleistet hat. St.G.B. § 49.

Der Begünstiger (fautor) tritt erst nach Begehung des Delictes ein, indem er dem Thäter oder Theilnehmer wissentlich Beistand leistet, um denselben entweder der Bestrafung zu entziehen oder um ihm die Vortheile des Delictes zu sichern. Doch gilt eine im voraus zugesagte Begünstigung als Beihülfe. St.G.B. § 257.

III. Zusammentreffen mehrerer Delicte (concursus delictorum).

Mehrere Delicte können in derselben Person entweder formell (ideal) zusammentreffen, so daß eine einzige Handlung des Thäters den Thatbestand mehrerer Verbrechen bildet, oder materiell (real) falls mehrere strafbare Handlungen eines Delinquenten vorliegen. Die mehreren selbständigen Handlungen sind entweder ungleichartige (heterogen), wenn sie gegen verschiedene Strafgesetze verstoßen, oder gleichartige (homogen), wenn sie dasselbe Strafgesetz mehrmals verletzten. Im letzteren Falle spricht man vom wiederholten Verbrechen (reiteratum) und will davon noch das fortgesetzte (continuatum) unterscheiden d. h. eine strafbare Handlung, die sich zwar in mehreren Acten äußert, aber durch einen einheitlichen Entschluß zusammengehalten wird. Streitig ist, ob auch die formelle Concurrenz als homogene vorkommen kann. Danach entscheidet sich die Frage, ob die gleichzeitige Beleidigung Mehrerer mit einem Gesammtnamen eine mehrfache Beleidigung in einer einzigen Handlung ist, oder „eine“ Beleidigung, die mehrere Personen verletzt.

Bei Aburtheilung der Concurrenz wäre es unbillig und unzweckmäßig wegen aller darin liegender Delicte Strafen zu verhängen. Daher bringt das St.G.B. § 73 bei der formellen Concurrenz nur dasjenige Gesetz zur Anwendung, welches die höchste Strafe bzw. die schwerste Strafart androht ‚poena major absorbet minorem.‘ Bei materieller Concurrenz häuft es grundsätzlich die Strafen ‚quot delicta tot poenae,‘ schreibt aber bei Zusammentreffen von mehreren zeitigen Freiheitsstrafen in der Regel eine Gesammtstrafe vor, welche in einer Erhöhung der verwirkten schwersten Strafe (s. g. Einsatzstrafe) bestehen, jedoch in ihrem Maße nicht den Betrag der verwirkten Einzelstrafen erreichen soll, poena major cum exasperatione‘ St.G.B. § 74. Dies Vermittlungssystem gilt nach § 79 trotz der absorbirenden Kraft des Urtheils auch dann, wenn ein Delinquent während der Verbüßung einer erkannten Strafe wegen eines Verbrechens verurtheilt wird, das er schon vor dem früheren Strafurtheil begangen hat.

B. Strafe.

Die Strafe ist ein Uebel, welches den Verbrecher als Folge seiner Missethat treffen soll. Es kann sich gegen Leben, Leib, Freiheit, Ehre oder Vermögen richten. Das St.G.B. kennt weder Leibesstrafen noch private d. h. an den Verletzten zahlbare Geldstrafen, wie sie in Rom und auch im germanischen Recht als Wergelder üblich waren. Ehrenstrafen kommen im St.G.B. nur als Nebenstrafen vor, mit Ausnahme des Verweises, welcher jugendlichen Thätern in leichten Fällen ertheilt wird. § 57 Z. 4.

Da die Strafe eine Vergeltung bildet, muß sie der Verurtheilte selber abbüßen. Nur die Zahlung von Geldstrafen für Andere ist zulässig, soweit darin eine Schenkung an den Verurtheilten und sodann eine Entrichtung in dessen Auftrage liegt.

Nach dem Maße theilt man die Strafen in arbiträre, die ganz vom richterlichen Ermessen abhängen, in absolute, deren Betrag unabänderlich festliegt, und in relativ bestimmte mit einer gesetzlichen Höchst- und Mindest-Grenze, zwischen welchen dem Richter die Ausmessung freisteht. Letztere bilden die Regel im St.G.B., das arbiträre Strafen im Interesse gleichmäßiger Gerechtigkeit völlig verwirft. Bei der Ausmessung relativ bestimmter Strafen läßt sich der Richter im betreffenden Falle durch Erwägungsgründe leiten, die entweder objectiv von der Gefährlichkeit der That oder subjectiv von der Intensität des verbrecherischen Willens ausgehen. Auf diesem Wege gelangt er zu einer Mehrung oder Minderung der Strafe innerhalb des gesetzlichen Maßstabes. Verschieden davon ist die Schärfung oder Milderung der Strafe, welche in einer Ueberschreitung der gestellten Grenzen nach Oben oder Unten, in Bezug auf Betrag oder Strafart besteht. Dazu ist der Richter nur in Folge gesetzlicher Anordnung befugt. Allgemeine Schärfungsgründe kennt das St.G.B. nicht, nur bei einzelnen Verbrechen kommen solche vor z. B. Bande, Rückfall bei Diebstahl und Raub § 243–4, § 250. Die zahlreichen Milderungsgründe der früheren Praxis wie reuiges Geständniß, zufällig glücklicher Erfolg des Delictes sind nicht in das St.G.B. übergegangen, dasselbe führt bloß auf: jugendliches Alter § 56 und erlittene Untersuchungshaft, welche bei Fällung des Urtheils auch ganz auf die erkannte Strafe angerechnet werden kann. § 60. Im besonderen Theil des St.G.B. finden sich noch: Anreiz bei Todtschlag § 213, freiwilliger Rücktritt bei Meineid § 158, bei Zweikampf § 204, thätige Reue bei Brandstiftung § 310, Vermögens-Nothstand bei Herbeiführung einer Ueberschwemmung § 313 2c. und bei vielen Delicten die mildernden Umstände (circonstances atténuantes), welche dem Richter die freieste Würdigung ermöglichen.

C. Anwendung.

I. Zeitliche und örtliche Geltung des Gesetzes.

Die Strafbarkeit einer Handlung wird nach demjenigen Gesetze beurtheilt, welches zur Zeit ihrer Begehung in Kraft ist. Im Fall die Gesetzgebung sich bis zur Aburtheilung des Delictes ändert, soll nach St.G.B. § 2 das mildeste Gesetz angewandt werden.

Im Gebiet eines Staates begangene strafbare Handlungen unterfallen dessen Gesetz, einerlei ob der Schuldige ein Einheimischer oder Ausländer ist. St.G.B. § 3. S. 25.

Delicte eines Staatsangehörigen im Auslande rächt der Heimathsstaat entweder unbedingt nach eigenem Recht, unter Anrechnung einer bereits im Ausland dafür vollzogenen Strafe, oder nur in Rücksicht darauf, daß die Handlung auch nach den Gesetzen am Ort ihrer Begehung mit Strafe bedroht ist. Das erste s. g. Personalitätssystem gilt im code pénal, wogegen im St.G.B. § 4–8 das Territorialitätsprincip vorwiegt. Lücken, die im letzteren Fall z. B. durch Delicte auf staatenlosem Gebiete entstehen, will man durch Aufstellung eines natürlichen oder Welt-Strafrechts ausfüllen.

An strafbaren Handlungen, welche ein Ausländer im Auslande verübte, nimmt der zeitige Aufenthaltsstaat kein Interesse, es sei denn, daß seine eigne Existenz z. B. durch einen Hochverrath bedroht wurde, oder es sich um Mißbrauch der von ihm verliehenen Aemter oder um Delicte kosmopolitischer Natur wie Münz-, Sprengstoff-Verbrechen handelt. St.G.B. § 4 Z. 1., SprengstoffG. vom 9. Juni 1884. Dabei macht es keinen Unterschied für das Recht, ob der im Auslande durch einen Ausländer Verletzte ein Unterthan desjenigen Staates ist, in welchem der Uebelthäter gegenwärtig weilt. Gewiß wäre es nützlich, wenn ein Staat die an seinen Bürgern im Ausland begangenen Delicte unter sein Nationalrecht stellen könnte, allein eine rücksichtslose Verfolgung der Art würde politische Verwicklungen unausbleiblich machen. Ueber die Ausweisung und Auslieferung von Ausländern vgl. S. 26.

II. Richterliche Auslegung des Gesetzes.

Nur solche Handlungen dürfen bestraft werden, welche zur Zeit ihrer Begehung gesetzlich mit Strafe bedroht waren ‚nullum crimen sine lege'. Dem Richter steht es an, eine ungenaue Wortfassung des Gesetzes gemäß dem darin enthaltenen Willen zu deuten, aber nicht das Strafgesetz „aus seinem Sinne" auf ähnliche Fälle auszudehnen, an welche der Gesetzgeber noch nicht gedacht hat.

Nur auf gesetzlich vorgeschriebene Strafen ist zu erkennen ‚nulla poena sine lege'. Von der Strafe kann deshalb nicht abgesehen werden, weil der Thäter im einzelnen Falle gegen das Uebel z. B. den Verlust bürgerlicher Ehrenrechte fühllos ist, oder grade das Delict verübte, um die Strafe, z. B. Unterkunft im Gefängnisse gegen sich hervorzurufen.

Sache des Richters ist es, das Strafgesetz anzuwenden und das Verbrechen mit Strafe zu belegen, mag er auch die Handlung für noch so entschuldbar halten ‚nullum crimen sine poena'. Richter, welche diese Pflichten durch Beugung des Rechtes verletzen, machen sich strafbar. St.G.B. § 336, 345.

III. Gründe, aus welchen die Verfolgung einer strafbaren Handlung unterbleibt.

a) Persönliche Eigenschaften des Thäters wie Tod, unter Umständen auch Erkrankung, Abwesenheit. Strafproceßordnung für das Deutsche Reich § 319. Das St.G.B. § 173 erklärt im Fall einer Blutschande Verwandte und Verschwägerte absteigender Linie für straflos, wenn sie das achtzehnte Lebensjahr noch nicht vollendet haben. Gegen das Staatsoberhaupt findet aus staatsrechtlichen Ursachen S. 17 keine strafrechtliche Verfolgung statt.

b) **Nothstand.** Das St.G.B. § 54 erklärt ihn als einen unverschuldeten Zustand, der gegenwärtige Gefahr für Leib oder Leben des Thäters oder eines Angehörigen enthält und aus welchem er sich nicht anders, als durch Verletzung eines fremden Rechtes retten kann. Die Handlung wird entschuldigt durch den Lebensinstinct, der sich in dem wirklichen Kampf ums Dasein durch kein Gesetz zurückdrängen läßt, denn „Noth kennt kein Gebot" ‚necessitas non habet legem'. Andere behaupten eine Straflosigkeit der Handlung, sei es aus einem Nothrecht des Thäters, das sich besonders bei Lebensgefährdung auf Kosten geringerer Rechte durchsetzt, sei es aus einer Zurechnungsunfähigkeit des Thäters, dessen Bewußtsein durch die drohende Leibesgefahr verdunkelt ist.

c) **Mangel des Antrags.** Gewisse Delicte sind nur auf Antrag des Verletzten verfolgbar. Der Grund liegt theilweis in dem nahen verwandtschaftlichen Verhältniß zum Uebelthäter, das eher auf häusliche Zucht als öffentliche Strafe hinweist, z. B. beim Familien- und Hausdiebstahl, theils in der Scheu, welche der Verletzte davor empfindet, Angriffe auf seine Ehre oder Sittlichkeit durch die gerichtliche Verhandlung bekannt zu geben. Bei solchen Delicten unterbleibt die Verfolgung, wenn der Antrag nicht rechtzeitig — im St.G.B. § 61 binnen drei Monaten vom Tage der Kenntniß in Bezug auf That und Thäter — gestellt ist, oder gehörig d. h. vor Verkündung des auf Strafe lautenden Urtheils zurückgezogen wird. Das St.G.B. § 64 gestattet die Zurücknahme des Antrags nur in den gesetzlich besonders vorgesehenen Fällen und erklärt § 247 Diebstähle, Unterschlagungen, welche von Verwandten aufsteigender Linie gegen Verwandte absteigender Linie oder von einem Ehegatten gegen den andern begangen worden sind, für straflos, um einen durch unziemliche Rachsucht hervorgerufenen Scandal zu vermeiden.

d) **Verjährung.** Nach dem Volksmunde wächst allmählich Gras über die That. Das durch ein Verbrechen verletzte Rechtsbewußtsein beruhigt sich nach geraumer Zeit: „vergessen, vergeben." Doch wird nach St.G.B. § 68 die Verjährung durch jede Handlung des Richters, welche wegen der begangenen That gegen den Thäter gerichtet ist, unterbrochen — wenigstens rücksichtlich desjenigen, auf welchen sich die Handlung bezieht, und mit dem Erfolge, daß von nun an eine neue Verjährung beginnt. Diese Consequenz scheint aus dem Grundsatz hergeleitet zu sein, wonach die Verjährung auf einer Nachlässigkeit im Betrieb der Anklage beruht. Keineswegs läßt sich die Verjährung auf eine Beweisschwierigkeit durch die Länge der Zeit zurückführen, da dies nur für den Durchschnitt paßt, oder gar auf eine vermuthliche Besserung des Thäters in der Zwischenzeit, weil dann jedes neue Delict desselben die Verjährung unterbrechen müßte.

e) **Begnadigung vor dem Urtheil** s. g. Abolition entweder specialis für eine einzelne Strafsache oder generalis für eine Gruppe von Straffällen (Amnestie). Der König von Preußen kann nach Pr.V.U. Art. 49 bereits eingeleitete Untersuchungen nur auf Grund eines besonderen Gesetzes niederschlagen.

f) **Freisprechung eines Schuldigen** wegen fehlender Beweise. Die St.Pr.O. stellt dem Richter die Alternative zwischen Verurtheilung und definitiver

Freisprechung. In der früheren Praxis war es üblich, einen Angeklagten, welcher der That dringend verdächtig aber nicht überführt war, mit einer arbiträren Verdachtsstrafe zu belegen und ihn nur ‚ab instantia' zu absolviren d. h. unter dem Vorbehalt, die fallengelassene Untersuchung im Fall neuer Beweismittel fortzusetzen. Heut gilt auch im Strafproceß aus Achtung vor dem Wahrspruch des Richters der Satz ‚ne bis in idem'. Eine Wiederaufnahme des durch rechtskräftiges Urtheil geschlossenen Verfahrens findet zu Ungunsten des Freigesprochenen nach St.Pr.O. § 402 nur statt, wenn er selbst die strafbare Handlung glaubwürdig zugesteht oder seine Freisprechung durch meineidiges Zeugniß, Urkundenfälschung oder Rechtsbeugung Seitens des Richters erwirkt wurde. Dadurch ist nicht ausgeschlossen, daß eine neue Anklage aus derselben strafbaren Handlung erhoben wird, wenn ihr Thatbestand sich als ein anderes schwereres Delict herausstellt, als worauf das frühere durch Freisprechung geschlossene Verfahren gerichtet war.

IV. **Gründe, aus welchen die Vollstreckung einer erkannten Strafe unterbleibt.**

a) Persönliche Eigenschaften des Verurtheilten wie Abwesenheit, Tod. Die Vollstreckung von Vermögensstrafen wird durch Abwesenheit nicht gehindert, doch kann eine Geldstrafe nach St.G.B. § 30 nur dann in den Nachlaß vollstreckt werden, wenn das Urtheil bei Lebzeiten des Verurtheilten rechtskräftig geworden war.

Die Krankheit des Verurtheilten hemmt unter Umständen den Strafvollzug. So darf an schwangeren oder geisteskranken Personen ein Todesurtheil nicht vollstreckt werden; und falls der zu einer Freiheitsstrafe Verurtheilte in Geisteskrankheit verfällt oder in ein schweres körperliches Leiden, das sich durch Einsperrung zu einer nahen Lebensgefahr steigern können, so soll ein Aufschub der Vollstreckung stattfinden. St.Pr.O. § 485–8.

b) Verjährung. Die sühnende Kraft der Zeit macht den Vollzug des Strafübels unnöthig, zumal dieses auch in der Gewissensangst des Verurtheilten einen Ausgleich findet. Freilich soll nach St.G.B. § 72 jede auf Vollstreckung der Strafe gerichtete Handlung der Sicherheitsbehörde die Verjährung unterbrechen.

c) Begnadigung nach dem Urtheil. Sie erstreckt sich auf Erlaß (plene) oder Milderung (minus plene) der erkannten Strafe, mag diese noch nicht angetreten (aggratiatio) oder schon zum Theil verbüßt sein, (restitutio, insbesondere famae). Sie steht dem Staatsoberhaupt zu, nach St.Pr.O. § 484 in Sachen, in denen das Reichsgericht in erster Instanz erkannt hat, also bei Hoch- und Landesverrath gegen Kaiser und Reich, dem Kaiser. Das Begnadigungsrecht ist unbeschränkt und hängt weder vom Antrag, noch dem Willen des Verurtheilten ab. Doch können aberkannte Würden und Aemter nur insoweit restituirt werden, als ihre Verleihung zu der alleinigen Machtbefugniß des Staatsoberhauptes gehört. Der König von Preußen darf nach der Pr.V.U. Art. 49 einen wegen seiner Amtshandlungen Art. 61 verurtheilten Minister bloß auf Antrag derjenigen Kammer begnadigen, von welcher die Anklage ausgegangen ist.

D. Eintheilung der Verbrechen.

Die Doctrin scheidet die Verbrechen nach ihrem Thatbestande d. h. nach den Inbegriff ihrer Merkmale (corpus delicti). Die wichtigste Eintheilung ist nach dem Object in Staats- und Privat-Verbrechen, letztere richten sich wider Ehre, Leben, Leib, Freiheit, Vermögen. Innerhalb einer Gruppe können sich die Delicte abstufen in einfache und ausgezeichnete, letztere heißen qualificirte oder privilegirte, je nachdem die besonderen Bestimmungen für sie härter oder milder sind. Andere Unterschiede sind: nach der Natur des gesetzlichen Verbotes Rechts- und Polizei-Verbrechen, nach dem Thäter gemeine und Standes-Verbrechen (insbesondere Amts-Delicte), nach der Ausführung Begehungs- und Unterstützungs-Verbrechen, nach der Dauer ihrer Spuren Erfolgs- (facti permanentis) und Nichterfolgs-Verbrechen, nach der Verfolgung Antrags- und Official-Verbrechen, nach der Strafbarkeit aus wiederholter Verübung Einzel- und Collectiv-Verbrechen, nach der Schwere der Strafe peinliche und bürgerliche Verbrechen u. s. w.

Der Code pénal schied die strafbaren Handlungen zuerst nach dem Strafmaß in crimes, délits, contraventions. Das St.G.B. § 1 hat diese zwar im Princip willkürliche aber sehr übersichtliche Dreitheilung unter dem Namen: Verbrechen, Vergehen, Uebertretungen aufgenommen. Danach richtet sich hauptsächlich nach dem Gerichtsverfassungsgesetz für das Deutsche Reich vom 27. Januar 1877 die Zuständigkeit der Strafgerichte, da in der Regel Uebertretungen vor Schöffengerichte § 25 ff., Vergehen vor die Strafkammern der Landgerichte § 73 ff., Verbrechen vor Schwurgerichte § 79 ff. gehören. Doch auch materielle Folgen zieht der Unterschied im St.G.B. nach sich: Versuch, Beihülfe, Begünstigung sind nur bei Verbrechen und Vergehen strafbar. Die erfolglose Anstiftung nach § 49a gar bloß bei Verbrechen, die Verjährung der Verfolgung ist danach verschieden, der Eintritt der Ehrenfolgen davon abhängig; Handlungen der Inländer im Ausland, welche nach dem Territorialitätssystem verfolgbar sind, werden nur bestraft, wenn sie sich im St.G.B. als Verbrechen oder Vergehen darstellen; auf leichten Vergehen und Uebertretungen jugendlicher Thäter steht die Strafe des Verweises u. s. w.

§ 14.

Der Proceß.

A. Verfolgung. Im Civilproceß auf Anrufen, im Strafproceß von Amtswegen. Oeffentliche Klage des Staatsanwalts, Privatklage für Jeden bzw. den Verletzten.
B. Besetzung der Gerichte.
  I. Rechtsprechung durch Laien.
  II. Einzelrichter und Collegien. Anwaltszwang.
  III. Instanzenzug in bürgerlichen Rechtsstreitigkeiten und in Strafsachen.
  IV. Richterstand. Advocatur. Gerichtskosten. Armenrecht.
C. Proceß-Maximen.
  I. Im Civilproceß Verhandlungsmaxime, im Strafproceß Accusationsprincip.
  II. Freie Beweiswürdigung.
  III. Mündlichkeit.
  IV. Oeffentlichkeit.

Der Proceß regelt das Verfahren, nach welchem der Staat seinen Rechtsschutz gewährt.

Die Tilgung des Unrechts „das nicht sein soll" geschieht entweder auf civile Weise durch die Verpflichtung zur Rückgabe des Entzogenen und zum Schadensersatz, oder auf criminelle Weise durch die Vernichtung des verbrecherischen Willens, der sich in bewußten Gegensatz zum Recht brachte, mittels der Strafe. In den römischen Privatdelicten waren beide Methoden vermischt.

Aus der Art des Unrechts ergiebt sich der Civilproceß in bürgerlichen Rechtsstreitigkeiten und der Criminal- oder Strafproceß in Strafsachen. Zur Erfüllung der Rechtshülfe setzt der Staat Gerichte ein, ordnet ihre Mitwirkung und vollstreckt ihren Spruch, s. g. Gerichtsgewalt (imperium Bann). S. 17.

Für das Deutsche Reich erfolgte eine Regelung durch die s. g. Justizgesetze, welche sich seit dem 1. Octb. 1879 in Kraft befinden, nämlich Gerichtsverfassungsgesetz vom 27. Jan. 1877, Civilproceßordnung vom 30. Januar 1877, Strafproceßordnung vom 1. Febr. 1877, Konkursordnung vom 10. Febr. 1877, wozu noch kamen: Rechtsanwaltsordnung vom 1. Juli 1878, Gerichtskostengesetz vom 18. Juli 1878.

A. Verfolgung.

Bei Verletzung von Privatrechten schreitet der Staat nur auf Anrufen der klägerischen Partei ein, um den Rechtsstreit zu schlichten und zu entscheiden ‚nemo judex sine actore.‘ Deshalb hängt die Anstrengung eines Civilprocesses vom freien Willen ab ‚nemo ad agendum compellitur‘. Der Klagezwang des früheren Rechtes s. g. Provocation für Den, welcher sich eines Anspruchs gegen einen Andern berühmt oder durch Verzögerung seiner Klage gegen den Hauptschuldner dem Bürgen Nachtheile bereitet, ist nach C.Pr.O. § 231 durch eine Feststellungsklage des Provocanten ersetzt.

Bei Angriffen auf die öffentliche Rechtsordnung gilt der Staat selber als verletzt; er schafft sich daher ein eigenes Organ in der Staatsanwaltschaft, welche „als Wächter des Gesetzes“ die Anklage von Amtswegen gegen den Verbrecher erhebt und dessen Bestrafung herbeiführt. Auch im Civilprozeß kann bisweilen der Staatsanwalt zur Wahrung öffentlicher Interessen auftreten, wie in Ehesachen, besonders um die Aufrechterhaltung der Ehe zu vertheidigen (defensor matrimonii) C.Pr.O. § 569 ff. und in Entmündigungssachen wegen Geisteskrankheit, um das Verfahren durch Stellung von Anträgen zu betreiben. C.Pr.O. § 595 ff.

Die Concentration (Monopolisirung) der öffentlichen Klage in der Hand des Staatsanwalts, der freilich bei Antragsdelicten S. 37 von dem Willen des Verletzten abhängt, stammt aus Frankreich, wo dem procureur sogar bei bürgerlichen Rechtsstreitigkeiten eine gewisse Mitwirkung eingeräumt ist. In Rom herrschte für delicta publica das System der allgemeinen Privatklage (accusatio publica), die Jedermann aus dem Volke zustand. Dies ist noch heut in England Rechtens. In der St.Pr.O. § 414–434 findet sich nur bei den auf Antrag verfolgbaren Beleidigungen und Körperverletzungen eine ausnahmsweise Privatklage des Verletzten, welcher nach Pr. Schiedsmannsordnung vom 29. März 1879, falls Beleidiger und Beleidigter in demselben Gemeindebezirk wohnen, noch ein Sühneversuch vor einem Gemeindegericht vorangehen muß. In solchen Fällen ist eine öffentliche Klage bloß zulässig, wenn dies im öffentlichen Interesse liegt. Doch hat die Staatsanwaltschaft trotz erhobener Privatklage die Befugniß, in jeder Lage der Sache bis zum Eintritt der Rechtskraft des Urtheils durch eine ausdrückliche Erklärung die Verfolgung zu übernehmen, welcher sich dann der ehemalige Privatkläger als Nebenkläger anschließen darf. Als Schutz gegen die Weigerung des Staatsanwalts, die öffentliche Klage zu erheben, steht binnen bestimmter Frist dem Verletzten die Beschwerde an den vorgesetzten Beamten der Staatsanwaltschaft zu, und falls auch dieser ablehnt, der Antrag auf gerichtliche Entscheidung beim Oberlandesgericht bzw. in den vor das Reichsgericht gehörigen Sachen bei diesem. Wenn das Gericht die Erhebung der öffentlichen Klage beschließt, so liegt die Durchführung dieses Beschlusses der Staatsanwaltschaft ob, welcher sich der Verletzte, falls die strafbare Handlung gegen sein Leben, seine Gesundheit, seine Freiheit, seinen Personenstand oder seine Vermögensrechte gerichtet war, als Nebenkläger anschließen darf. St.Pr.O. § 170—175, § 435 ff.

B. Besetzung der Gerichte.

I. **Eine Rechtsprechung durch Laien** fördert die Auffassung und Ausbildung des Rechts im volksthümlichen Sinne. Allein die feinere Entwicklung des Rechtes, besonders des Privatrechtes durch den Fortschritt der Gesellschaft wirft complicirte Fragen auf, zu deren Lösung ein gelehrter Richterstand unentbehrlich ist.

In Rom beruhte der ordo judiciorum auf der Betheiligung von Laien, denen die Uebernahme des Richteramtes eine Patriotenpflicht erschien.

Im Civilprozeß ordnete der Magistrat den Streit (causae cognitio), indem er den Geschworenen, über welchen sich die Parteien geeinigt hatten, durch eine schriftliche Instruction (formula) über die Art der Rechtsfrage aufklärte. Auf dies Verfahren in jure folgte nach einem ehemals formellen Uebergang (litis contestatio) das in judicio. Der Geschworene untersuchte den Sachverhalt und fällte den Spruch (si paret condemna, si non paret absolve). In besonderen Fällen, welche extraordinaria cognitio hießen und sich im Laufe der Zeit erweiterten, lag auch die Urtheilsfällung dem Magistrate bzw. seinen Vertretern ob. In der Mitte der Kaiserzeit, wo die Abneigung der herrschenden Klassen gegen die Last unentgeltlicher Ehrenämter immer stärker hervortrat, wurde eine solche Entscheidung durch Beamte (judices pedanei) Regel und durch Diocletian legalisirt.

Im Criminalprozeß stand der Wahrspruch beim Volke, ursprünglich nur in Form einer Provocation wegen Capitalstrafen, später direct (lex Valeria 509 v. Chr.) bei den Centuriat-Comitien. Zur Zeit Sullas wurden Ausschüsse von Geschworenen (quaestiones perpetuae) eingerichtet, welche während des prätorischen Amtsjahres ständig blieben, zuerst durch eine L. Calpurnia Pisonis im Jahre 148 für Repetunden, dann für andere Familien von Verbrechen, welche danach delicta ordinaria genannt wurden. Im Gegensatz hierzu bildeten sich ohne Lex, namentlich während der Kaiserzeit delicta extraordinaria. welche durch Beamte meistens nach Herkommen und Gutdünken abgeurtheilt wurden.

In Deutschland hegte der Graf als „Richter" das Gericht, während ein Umstand von Freien das Urtheil fand. Letztere Thätigkeit ging später auf einzelne Personen über, welche für den speciellen Fall beauftragt oder ständig als Schöffen bestellt waren. „Viele setzen das Urtheil ein, Wenige finden es." Dem Umstand blieb nur wie einer Art Chorus die Bestätigung oder Scheltung von Urtheilen und allmälig verlor er sich ganz. Mit Reception der fremden Rechte traten gelehrte Richter an Stelle der Schöffen. S. 9. Erst im neunzehnten Jahrhundert sind Laien-Gerichte wieder zu größerer Bedeutung gelangt. Die englische Sitte, in schweren Criminalfällen die Thatfrage Volksgenossen zu unterbreiten, hat in Gestalt der Schwurgerichte auf dem Umwege über Frankreich die Reise durch alle Culturstaaten gemacht.

Das Gerichtsverfassungsgesetz für das Deutsche Reich vom 27. Jan. 1877 sieht eine umfangreiche Mitwirkung von Laien vor. In bürgerlichen Rechtsstreitigkeiten werden Gemeinde- und Gewerbe-Gerichte zugelassen § 14 und Kammern für Handelssachen aus einem Landrichter als Vorsitzenden und zwei kaufmännischen Mitgliedern gebildet. § 100 ff. Für alle Strafsachen waren Schöffen-Gerichte verschiedener Ordnung geplant, deren Zusammensetzung aus Juristen und einer größeren Anzahl von Laien es ermöglichen sollte, gemeinsam das Urtheil zu finden. Doch sind Schöffengerichte aus einem Amtsrichter und zwei Laien als Beisitzern nur für Uebertretungen S. 39 eingeführt. § 25 ff. Vergehen gehören vor die Strafkammer des Landgerichts, welche mit fünf Richtern besetzt ist. § 73. In Betreff der Verbrechen sind Schwurgerichte geblieben § 79 mit Ausnahme von Hoch- und Landesverrath gegen Kaiser und Reich, deren Untersuchung und Entscheidung dem Reichsgericht zusteht. § 136. In den Schwurgerichten, welche periodisch bei den Landgerichten zusammentreten, ist die Entscheidung derart getheilt, daß zwölf Laien über Schuld, unter Umständen auch über Zurechnungsfähigkeit, mildernde Umstände richten, aber drei Juristen dem schuldig gesprochenen Angeklagten die Strafe zumessen.

II. Die Gerichte sind entweder **Einzelrichter** oder **Collegien**. Letztere bieten durch die gemeinsame Berathung und Mehrheits-Abstimmung einen besseren Schutz gegen Voreingenommenheit und Irrthum, verlangsamen aber oft den Gang der Rechtspflege und sind, soweit es sich um die Besetzung mit gelehrten Richtern handelt, sehr kostspielig.

Die deutsche Gerichtsverfassung kennt in bürgerlichen Rechtsstreitigkeiten sowohl Amtsgerichte, denen Einzelrichter vorstehen, als auch collegialisch besetzte Civilkammern der Landgerichte. Die Civilkammern sind zuständig für wichtigere Sachen, wobei es meist aus äußeren Gründen auf den Werth des Streitgegenstandes (über 300 ℳ) ankommt § 70, dagegen die Amtsgerichte für minder wichtige Sachen und solche, die einer schnellen Erledigung bedürfen. § 23. Damit steht in Verbindung der in der Civilprozeßordnung § 74 durchgeführte Anwaltszwang vor Landgerichten, denn der Verkehr mit Anwälten erleichtert, beschleunigt die Verhandlung und bei einer solchen Höhe des Streitobjectes können die Anwaltskosten nur eine untergeordnete Rolle spielen. Was hier für die Landgerichte gilt, versteht sich auch von allen Gerichten höherer Instanz.

III. **Der Instanzenzug** soll dadurch, daß er das Urtheil der Prüfung eines höheren Gerichts unterwirft, Abhülfe gegen Unbilligkeiten und Rechtsfehler schaffen.

Im Privatrecht würde eine ungemessene Anfechtbarkeit des Urtheils die Rechtssicherheit gefährden. Daher tritt das Urtheil nach Ablauf einer bestimmten Frist, welche die C.Pr.O. § 477 auf einen Monat seit der Zustellung bemißt, in Rechtskraft. Bis dahin ist eine Berufung zulässig, welche gegen Urtheile des Amtsgerichts an die Civilkammer des Landgerichts und gegen erstinstanzliche Urtheile der letzteren an den Civilsenat des Oberlandesgerichts geht. Der Berufungskläger darf, um das ihm ungünstige Urtheil auszubessern, in gewissen Grenzen neue Thatsachen und Beweismittel vorbringen. C.Pr.O. § 487–495. Gegen die vom Oberlandesgericht in der Berufungsinstanz erlassenen Endurtheile kann noch binnen einem Monat Revision beim Reichsgericht stattfinden, die sich auf die Verletzung eines Gesetzes stützen muß und bei vermögensrechtlichen Ansprüchen zumeist einen Werth des Beschwerdegegenstandes von über 1500 ℳ. voraussetzt. C.Pr.O. § 507 ff. Selbst gegen bereits rechtskräftige Urtheile ist unter Umständen eine Wiederaufnahme des Verfahrens durch Nichtigkeits- und Restitutionsklage möglich, aber auch diese wird nach Ablauf einer fünfjährigen Frist, gerechnet von dem Tage der Rechtskraft des Urtheils, unstatthaft. C.Pr.O. § 541–554.

In Strafsachen erleidet der Instanzenweg mancherlei Einschränkung: Der Wahrspruch von reinen Volksgerichten kann nicht unbillig, die Entscheidung höchster Gerichte nicht mehr anfechtbar sein. Daher unterwirft die St.Pr.O. § 374 ff. Urtheile von Schwurgerichten nur der Revision des Reichsgerichts und kennt gegen Entscheidungen des Reichsgerichts überhaupt kein Rechtsmittel. Ger.Verf. § 136. Die Berufung gegen Strafurtheile erscheint nicht immer zweckentsprechend, da die umständliche Wiederholung der Beweisaufnahme dem höheren Richter kein besseres Bild zu bieten vermag, als der erste Richter es aus dem frischen Eindruck der That gewann. Daher kennt die St.Pr.O. keine Berufung gegen erstinstanzliche Urtheile der Strafkammer des Landgerichts, zumal hier das Verfahren mit besonderen Garantien zum Schutz des Angeklagten ausgestattet ist, und gestattet nur Revision, die sich je nach dem Geltungsbezirk des verletzten Gesetzes an den Strafsenat des Oberlandes- oder Reichsgerichtes richtet. Ger.Verf. § 123 Z. 3. Gegen schöffengerichtliche Urtheile tritt der volle Instanzenzug ein, nämlich Berufung an die Strafkammer des Landgerichts St.Pr.O. § 354 ff., die in den Fällen einer Uebertretung oder Privatklage nur mit drei Mitgliedern besetzt ist Ger.Verf. § 77, und gegen deren Urtheil in der Berufungsinstanz Revision an den Strafsenat des Oberlandesgerichts, oder an den des Reichsgerichts, falls die Staatsanwaltschaft letzteres in Strafsachen von Reichs-Abgaben und Gefällen beantragt hat. Die Wiederaufnahme eines durch rechtskräftiges Urtheil geschlossenen Verfahrens, mag sie zu Gunsten des Verurtheilten oder zu Ungunsten des Angeklagten S. 38 stattfinden, ist im öffentlichen Interesse an keine Frist gebunden, selbst durch die erfolgte Strafvollstreckung oder den Tod des Verurtheilten wird sie nicht ausgeschlossen; im Fall des Todes gewährt die St.Pr.O. § 400 dem Ehegatten, den Verwandten auf- und absteigender Linie, sowie den Geschwistern des Verstorbenen ein diesbezügliches Antragsrecht.

IV. Eine Gewähr für eine unparteiische und tüchtige Rechtspflege bietet nur ein gebildeter und unabhängiger **Richterstand.** Die Ger.Verf. § 1 erklärt, daß die Richter nur dem Gesetz unterworfen sind. Ihre Ernennung erfolgt lebenslänglich und unabsetzbar d. h. sie können wider ihren Willen nur kraft richterlicher Entscheidung und nur aus den Gründen und unter den Formen, welche die Gesetze bestimmen, dauernd oder zeitweise ihres Amtes enthoben oder an eine andere Stelle oder in Ruhestand versetzt werden, vgl. Ger.Verf. § 128–131 in Betreff der Mitglieder des Reichsgerichts und Pr.DisciplinarG. vom 7. Mai 1851. Dadurch unterscheiden sie sich von den jederzeit im Interesse des Dienstes versetzbaren Verwaltungsbeamten, zu denen auch Staatsanwälte Ger.Verf. § 142–153 gehören, vgl. Pr.G. vom 21. Juli 1852 über die Dienstvergehen der nicht richterlichen Beamten.

Zur Controle für die gehörige Handhabung der Rechtspflege dient eine ehrenfeste, von Gemeingeist beseelte Advocatur, welche durch die deutsche Rechtsanwaltsordnung vom 1. Juli 1878 für die zum Richteramt befähigten Personen frei gegeben ist.

Gerichtskosten und Gebühren sind bei der heutigen complicirten Einrichtung der Rechtspflege unumgänglich, doch haben sie sich im bürgerlichen Verfahren auf einer solchen Höhe zu halten, die einerseits rechtssuchende Parteien nicht abschreckt und andrerseits frivoles Processiren ausschließt, vgl. RG. über Gerichtskosten vom 18. Juli 1878 und über Anwalts-Gebühren vom 7. Juli 1879. Für Personen, welche außer Stande sind, ohne Beeinträchtigung des für sie und ihre Familie nothwendigen Unterhalts die Kosten des Processes zu bestreiten, bewilligt die C.Pr.O. § 106–118 ein Armenrecht.

C. Proceß-Maximen.

I. Der Richter soll objectiv über den Parteien stehen.

Im Civilproceß ruht die Entscheidung auf dem Sachverhalt, wie ihn Kläger und Beklagter vorgebracht haben (status causae et controversiae). Dem Richter liegt nur die Prüfung ob: über die Zulässigkeit des Rechtsweges und der gewählten Proceßart, über seine eigene Zuständigkeit, soweit nicht eine Vereinbarung der Parteien über den Gerichtsstand zulässig ist C.Pr.O. § 38–40, über die Proceßfähigkeit der Parteien, die Legitimation und Vollmacht ihrer Vertreter C.Pr.O. § 84, 85 — aber eine Untersuchung über den Grund oder Ungrund der angegebenen Angriffs- bzw. Vertheidigungsmittel steht ihm von Amtswegen nicht zu. Auf diese s. g. Verhandlungsmaxime bezieht sich der für das frühere schriftliche Verfahren gebildete Satz ‚quod non est in actis, non est in mundo‘. Folglich darf das Gericht in der Regel keiner Partei etwas zusprechen, was nicht beantragt ist ‚ne judex eat ultra petitum‘. C.Pr.O. § 279. Im Gegensatz dazu steht das früher in der Allgemeinen Gerichtsordnung für die Preußischen Staaten vom 6. Juli 1793 üblichen Official- oder Untersuchungsprincip, welches den Richter zur Erforschung der materiellen Wahrheit verpflichtete. Die C.Pr.O. führt die Verhandlungsmaxime durch, doch geht aus der zu Grunde gelegten mündlichen Verhandlung hervor, daß der Richter sie leitet, für erschöpfende Erörterung der Sache, Stellung zweckdienlicher Anträge ꝛc. Sorge zu tragen hat, wozu ihm ein Fragerecht eingeräumt ist. C.Pr.O. § 127–43, § 464. Nur in Ehe- und Entmündigungssachen kann das Gericht zum Zweck der Aufrechterhaltung der Ehe Thatsachen, welche von den Parteien nicht vorgebracht sind, berücksichtigen, zur Feststellung des Geisteszustandes des zu Entmündigenden erforderliche Ermittlungen veranstalten und die Aufnahme von Beweisen von Amtswegen anordnen. C.Pr.O. § 581, 597.

Auch im Strafprozeß gebührt dem Richter eine unparteiische Stellung. Freilich verlangt hier das öffentliche Interesse, daß das Verbrechen und die Thäterschaft festgestellt werde. Aber der Angeklagte hat Parteirechte, er kann sich gegen die Belastung durch einen öffentlichen oder privaten Ankläger vertheidigen und nach dem Ergebniß vom Richter ein Urtheil fordern. Von diesem Accusationsprincip ist die St.Pr.O. durchdrungen. Es galt auch in Rom als Regel und im altgermanischen Proceß, wurde aber im Mittelalter durch das aus dem kanonischen Recht stammende Inquisitionsprincip verdrängt, welches — auf die Decretalen Innocenz III. hin — dem Richter zumuthete, in seiner Person die Rollen eines Anklägers, eines Vertheidigers und noch dazu eines Urtheilsfinders zu vereinigen.

II. Der Richter fällt mit Rücksicht auf den gesammten Inhalt der Verhandlungen und auf das Ergebniß einer Beweisaufnahme sein Urtheil nach freier Ueberzeugung. Auf diesem System der **freien Beweiswürdigung** beruht der heutige Proceß. Die alten Regeln über die Messung von Beweisen und Indicien sind verworfen, weil sie, wenn auch aus der Erfahrung geschöpft, bloß durchschnittlich richtig waren. Nur der im Civilproceß abgeleistete Partei-Eid begründet seiner Natur nach vollen Beweis der beschworenen Thatsache und bindet den Richter, bis im Strafverfahren eine Verletzung der Eidespflicht nachgewiesen ist. C.Pr.O. § 428.

III. Die im heutigen Verfahren durchgeführte **Mündlichkeit** bringt den Richter in unmittelbare Berührung mit den Parteien bzw. ihren Vertretern und erleichtert durch deren Vortrag die unbefangene Anschauung. Darin liegt der Vorzug vor der früheren Schriftlichkeit, welche nur Wahrnehmungen aus einem Wust von Acten gestattete und deshalb oft zu vorgefaßten Meinungen wie schiefen Urtheilen führte.

Da das mündliche Verfahren den Parteien keine Bedenkzeit läßt, sich auf die für ihren bürgerlichen Rechtsstreit erheblichen Thatsachen zu besinnen, so stellt die C.Pr.O. § 251 als Regel auf, daß Angriffs- und Vertheidigungsmittel bis zum Schluß derjenigen mündlichen Verhandlung, auf welche das Urtheil ergeht, geltend geltend gemacht werden können. Im früheren gemeinen Proceß, der durch schriftliche Aufsätze geführt wurde, erschien jedes nachträgliche Vorbringen von Einreden als eine verwerfliche Verschleppung. Daher drohte die durch den Jüngsten Reichsabschied 1654 begründete Eventualmaxime mit der Präclusion solcher Thatsachen, die nicht rechtzeitig ‚in omnem eventum' mit der Einlassung verbunden worden waren, es sei denn daß es der Partei gelang, ihre Schuldlosigkeit an der Verspätung glaubhaft zu machen.

IV. **Die Oeffentlichkeit** ist ein Correctiv gegen die Verletzung gesetzlicher Formen, die sich bei geheimer Verhandlung bisweilen aus Bequemlichkeit einschleicht. Jedenfalls stärkt sie die Volksüberzeugung von einer unparteiischen Ausübung der Rechtspflege. Die Ger.Verf. § 170–176 erlaubt — abgesehen von Ehe- und Entmündigungssachen — dem Gericht nur in solchen Fällen die Oeffentlichkeit für die Verhandlung oder einen Theil derselben auszuschließen, wo sich ohnedies eine Gefährdung der öffentlichen Ordnung oder der Sittlichkeit besorgen läßt.

§ 15.

Materien des Privatrechtes.

Vermögens- und Personen-Recht (Untersagungsrechte). Erbrecht. Allgemeine Lehren.

Das Privatrecht zerfällt in die beiden Hauptteile: Vermögens- und Personen-Recht, je nachdem die Herrschaft des Einzelnen über die Außenwelt oder die Stellung einer Person zu andern Mitgliedern ihrer Familie, ihres Standes geregelt wird.

V e r m ö g e n bona, pecunia, universa res, patrimonium l. 208 l. 222 D. 50, 16 ist die Gesammtheit der geldwerthen Güter einer Person. In natürlicher Bedeutung umfaßt es alle auch bloß thatsächlichen, irgendwie in Geld schätzbaren Beziehungen z. B. die Kundschaft eines Kaufmanns, Praxis eines Arztes, selbst den Besitz gestohlener Güter, welche sich in der Verfügungsgewalt des Diebes befinden. ‚naturaliter bona ex eo dicuntur, quod beant, id est beatos faciunt, beare est prodesse' l. 49 D. 50, 16. Im rechtlichen Sinne (civilis appellatio bonorum) bezeichnet es nur die vom allgemeinen Willen anerkannte, im Genuß und in der Geltendmachung geschützte Herrschaft eines Rechtssubjectes.

Zum Vermögen gehören die einer Person rechtlich unterworfenen Sachen, ihre Forderungen und Schulden. Demnach kann das Vermögen ein überschuldetes sein, wenn die Passiven die Activen übersteigen. l. 3 pr. D. 37, 1.

Das Vermögen unterliegt dem Wechsel, da die meisten Vermögensrechte übertragbar sind; solche, die untrennbar mit ihrem Subject verknüpft, weder veräußerlich noch vererblich sind, heißen hochpersönlich. Meist erstreckt sich der Begriff Vermögen nur auf dessen zeitigen Beistand, nicht auch auf den künftigen Erwerb (omnia bona, quae habeo — et habiturus sum).

Das Personen-Recht betrifft die aus der Mitgliedschaft in einer Familie, einem Stande sich ergebenden Beziehungen bestimmter Personen unter einander. Diese Rechte sind ihrem Wesen nach in der Regel höchstpersönlich. Mittelbar können auch sie vermögensrechtliche Folgen haben, man nennt sie Präjudicial-Rechte, insoweit ihre Feststellung von Einfluß auf die vermögensrechtlichen Verhältnisse einer Person ist.

In der Mitte zwischen den Vermögens- und Personen-Rechten stehen die aus der Anerkennung der eignen Persönlichkeit fließenden Rechte auf Führung von Namen, Titel, Wappen ꝛc. Sie äußern sich in Verboten an Andere, welche sich diese Prädicate unbefugt anmaßen, und nehmen als „kaufmännische Firma, Fabrikmarke" eine hervorragend vermögensrechtliche Bedeutung an. Man heißt sie Untersagungsrechte und rechnet dazu noch: das Urheberrecht, das auf die gewerbliche Vervielfältigung eigner Geisteserzeugnisse gerichtet ist, sowie die Zwangs- und Bannrechte, welche die ausschließliche Befugniß zu gewissen Gewerbebetrieben gewähren.

Zu den genannten beiden Haupttheilen kommen noch zwei andere: das Erbrecht und die allgemeinen Lehren.

Das Erbrecht regelt den Uebergang des Vermögens Verstorbener auf Lebende. Es gehört theils ins Vermögensrecht als Nachfolge in die Herrschaft des Erblassers, theils ins Personenrecht, soweit die Befugniß des Erben auf seiner Mitgliedschaft in der Familie beruht, und eine Darstellung der Persönlichkeit des Erblassers in anderer als vermögensrechtlicher Hinsicht enthält. Dennoch empfiehlt sich die abgesonderte Behandlung des Erbrechts, weil in ihm das Vermögen als ein Ganzes gilt, das nach dem Tode fortdauert und nur den Beherrscher wechselt.

Die allgemeinen Lehren fassen das Privatrecht und seine Anwendung nach einheitlichen Gesichtspunkten systematisch zusammen.

Die römische Eintheilung des Privatrechtes, welche von Gajus I § 8 herrührt und in Justinians Institutionen § 12 J. 1, 2 übernommen ist, lautet ‚omne autem jus, quo utimur, vel ad personas pertinet, vel ad res, vel ad actiones'. Das erste Buch des Gajus ‚quod ad personas pertinet' entspricht unserem Personenrecht. Im zweiten und dritten Buch ‚ad res' ist das Erbrecht als Eintritt in ein ganzes Vermögen zwischen die Lehre von den Sachen und die von den Forderungen gestellt. Das vierte Buch ‚ad actiones' enthält die Schutzmittel, sowohl die jedem Recht innewohnende Möglichkeit, sich gegen Störung zu behaupten, wie auch die Durchführung der Klagen vor Gericht, in selbständiger Zusammenstellung.

§ 16.

Erster Haupttheil des Privatrechtes.

Allgemeine Lehren.

A. Das Privatrecht im objectiven Sinn. Quellen. Anwendung der Rechtsnormen. Eintheilung der Rechtssätze.
B. Subjecte. Natürliche und juristische Personen. Stellvertreter.
C. Sachen. Eintheilung.
D. Entstehung und Untergang von Rechten.
I. Gründe, aus denen Rechte entstehen, sich verändern und vergehen.
II. Der Wille. Anlaß und Ziel. Freie Willensthätigkeit. Gehörige Fassung und entsprechender Ausdruck des Willens.
III. Hauptarten der Rechtsgeschäfte.
IV. Inhalt eines Rechtsgeschäftes. Bedingung, Zeitbestimmung und Auflage.
V. Ungültigkeit der Rechtsgeschäfte.
VI. Arten, wie Rechte erworben und verloren werden, ihr Subject wechseln und mit einander collidiren.
VII. Bestätigung von Rechten: Anerkennung und Genehmigung.
VIII. Veränderung von Rechten durch schuldhaftes Verhalten Anderer und Zufall.
IX. Privilegien.
X. Einfluß der Zeit.
E. Schutz und Sicherung von Rechten. Selbsthülfe. Klage. Rechtshängigkeit. Einrede. Beweis. Urtheil. Schiedsvertrag. Wiedereinsetzung in den vorigen Stand. Sicherung von Rechten.

Die allgemeinen Lehren betreffen das Privatrecht an sich und seine Anwendung als Befugniß auf Subjecte, Sachen, Entstehung und Untergang von Rechten, Schutz und Sicherung von Rechten.

A. Das Privatrecht im objectiven Sinn.

Seine Quellen sind das Gesetz und wohl nur in den Lücken des letzteren die Gewohnheit. Das Gesetz verleiht oder duldet die Autonomie gewisser Kreise, d. h. das Recht der Selbgesetzgebung unter den Genossen. Der Gerichtsgebrauch, welcher die Gesetze zur Anwendung bringt, kann ihnen durch langjährige und gleichförmige Uebung ein bestimmtes Gepräge aufdrücken, er vermag das Gesetz durch Ausbildung eines Juristenrechtes zu ergänzen, aber nicht abzuändern oder gar aufzuheben. Der Rechtswissenschaft steht es an, die Rechtsnormen nach dem Gedanken des Gesetzgebers auszulegen, sie in diesem Geiste auszubilden und zu einem Rechtssystem zu verschmelzen.

Die Anwendung der Rechtsnormen hat zeitliche und räumliche Schranken. Mit Unkenntniß des Gesetzes, das auf allgemeinem Willen beruht, kann sich in der Regel Keiner, der ihm unterworfen ist, entschuldigen.

Die Rechtssätze werden eingetheilt: je nach Abänderlichkeit der Gesetze durch Parteiwillkür in nachgiebige und zwingende, je nach der Geltung für alle oder einzelne Volksklassen bezw. Fälle in allgemeine und specielle bezw. singuläre.

B. Subjecte.

Wer Träger von Rechten (Rechtsfähigkeit) sein kann, heißt Person. Die Personen zerfallen in natürliche (physische) und juristische. Natürliche Person ist der Mensch, so lange er lebt, also zwischen Geburt und Tod. In der früheren Zeit der Sklaverei galt der Sklave trotz seines Menschenthums nicht als Person, sondern als Rechtsobject. Die natürlichen Personen werden eingetheilt: nach dem Gewaltverhältniß, welchem sie unter Umständen unterstehen, nach ihren Altersstufen, die für ihre Theilnahme am Rechtsverkehr wichtig sind, nach ihrem Geschlecht, ihrer etwaigen Krankheit, insbesondere Geisteskrankheit, nach Ehre, Wohnsitz, Religion, Stand 2c. Die juristischen Personen, deren Vermögen zu einem dauernden Zweck bestimmt ist (universitates) sind entweder Personen-Gesammtheiten oder Anstalten und Stiftungen.

Bei einzelnen Personen ist die Geschäftsfähigkeit durch Gesetz beschränkt, sei es in allen Fällen auch für den Erwerb, sei es bloß für Uebernahme von Pflichten oder Aufgabe von Rechten. Sie bedürfen eines Stellvertreters. Auch voll geschäftsfähige Personen können sich aus freiem Willen eines Vertreters bedienen, um sich eine Verkehrserleichteruug zu schaffen. Der Vertreter berechtigt bzw. verpflichtet durch Vornahme einer Rechtshandlung mit Dritten entweder sich allein und steht nur in einer Abrechnung mit seinem Herrn, oder er bringt letzteren in ein „directes" Verhältniß zu dem Dritten.

C. Sachen.

Was Gegenstand von Rechten sein kann, heißt Sache. Im engeren Sinne versteht man darunter nur die körperlichen Sachen, welche sich im Raume befinden, greifbar sind. Letztere heißen beweglich, wenn sie transportabel sind bzw. sich durch eigne Lebenskraft bewegen, — vertretbar (fungibel), wenn sie im Verkehr einander so gleich gelten, daß eine für die andere geliefert werden kann (Quantitäten). Andere Eintheilungen der Sachen richten sich auf ihre Verbrauchbarkeit, Theilbarkeit, ihre Entstehung als Früchte, ihre Anwendung im Verkehr als Nebensachen, zusammengesetzte Sachen 2c. Einzelne Sachen sind dem Geschäftsverkehr entweder ganz entzogen oder nur mit gewissen Einschränkungen unterworfen (res extra commercium).

D. Entstehung und Untergang von Rechten.

Das Privatrecht setzt sich in Rechtsverhältnisse um, welche Beziehungen von Personen entweder zu anderen Personen oder zu Sachen begründen.

I. **Rechte entstehen, verändern sich oder vergehen** durch juristische Thatsachen oder Handlungen. Thatsachen sind natürliche Vorgänge in der Außenwelt mit rechtlicher Wirkung z. B. Geburt, Tod, Zeitablauf. Handlungen sind gehörig geäußerte Entschlüsse des menschlichen Willens mit Rechtsfolgen. Die Handlungen können verbotene sein mit unwillkürlichen Rechtsfolgen, nämlich Delicte mit Ersatzpflicht, oder erlaubte mit beabsichtigten Rechtsfolgen, soweit sie das Gesetz zuläßt, nämlich Rechtsgeschäfte.

II. **Der Wille** zu einem Geschäft muß gehörig gebildet und erklärt werden. Sein Anlaß besteht in factischen Beweggründen, sein Ziel in der Verwirklichung juristisch erheblicher Lebensinteressen. Zustände verdunkelten Bewußtseins, körperlicher Zwang durch Dritte heben die freie Willensthätigkeit auf. Irrthum, Betrug und Drohung können die Fassung des Willens beeinflussen. Der Irrthum ist ein innerer Vorgang durch eine Reihe falscher Vorstellungen, Betrug und Drohung berufen auf äußeren Anläßen durch arglistige Täuschung oder Vorhaltung künftiger Uebel. Der rechtmäßig gebildete Wille wird durch bewußte Erklärung offenbar. Die Erklärung kann ausdrücklich geschehen oder durch concludente Handlungen, welche auf den Willen schließen lassen. Bisweilen fordert das Gesetz zur Gültigkeit der Erklärung noch eine gewisse Form. Der Wille muß zum entsprechenden Ausdruck gelangen. Dabei kann sich ein Zwiespalt durch Mißverständniß einschleichen oder bei Scherz, Simulation beabsichtigt sein. Die Wirkung, welche diese Willensstörungen auf das Geschäft üben, ist verschieden zu beurtheilen: Ein unfreier Wille oder ein solcher, der im Irrthum über wesentliche Umstände gefaßt wurde, oder mangelhaft zur Erscheinung kam, ist kein wirklicher und macht das Geschäft nichtig. Dagegen beeinträchtigen Betrug und Drohung nicht die Schlüssigkeit des Willens an sich, sondern rufen nur, falls sie erheblicher Natur sind, einen fehlerhaften Willen hervor. Der Betrogene ist sich dessen gar nicht bewußt, der Bedrohte entschließt sich unter dem Eindruck der in Aussicht gestellten Gefahr. Daher besteht das durch Betrug oder Drohung veranlaßte Geschäft, doch ist es Seitens des Betroffenen anfechtbar.

III. **Hauptarten der Rechtsgeschäfte** sind: einseitige, die sich auf den Willen „einer" Person gründen, und zweiseitige, welche durch übereinstimmende Willenserklärung von zwei oder mehreren einander gegenüber stehenden Personen zu Stande kommen. Im letzteren Falle wird ein „Vertrag" contrahirt. Nach einem andern Gesichtspunkte zerfallen die Rechtsgeschäfte in solche von Todeswegen, durch welche der Verfügende Anordnungen für seinen Todesfall trifft, und solche unter Lebenden. Rechtsgeschäfte, welche eine Vermögenszuwendung enthalten, heißen, je nach dem Erforderniß einer Gegenleistung, lästige oder freigebige. Die Eintheilung in formale und materielle Rechtsgeschäfte hängt davon ab, ob zur Wirksamkeit der Abschluß allein genügt, oder bei der Geltendmachung das dem Willen zu Grunde liegende Lebensinteresse angegeben und bewiesen werden muß.

IV. **Inhalt eines Rechtsgeschäftes** kann Alles sein, was der Einzelne als Privatperson rechtlich wollen kann, also nicht das, was unmöglich ist, was Zwangsgesetzen oder den guten Sitten zuwiderläuft. Die Bestandtheile eines Geschäftes nennt man wesentliche, wenn sie zum Begriff desselben nothwendig gehören, natürliche, wenn sie ihm regelmäßig inne wohnen, und zufällige, wenn sie durch Willkür des Verfügenden festgesetzt sind. Ein Geschäft, dem ein wesentliches Erforderniß fehlt, ist nichtig. Natürliche Eigenschaften und Wirkungen eines Geschäftes gelten, sofern nichts Anderes bestimmt ist, als stillschweigend gewollt. Nebenbestimmungen bedürfen einer ausdrücklichen Erklärung, mögen sie die natürlichen Bestandtheile abändern oder Zusätze enthalten, welche das Hauptgeschäft bestärken bzw. abschwächen.

Eine besondere Art der Zusätze zu einem Rechtsgeschäft bilden Bedingung, Zeitbestimmung und Auflage. Die Bedingung macht den Rechtserfolg von einem zukünftigen ungewissen Ereigniß abhängig, so daß während schwebender Bedingung die Wirksamkeit aufgeschoben ist. Die Zeitbestimmung begrenzt die Geltendmachung nach einem zukünftigen gewissen Ereigniß, so daß in der Zwischenzeit der Rechtserfolg zwar begründet ist, aber erst mit Eintritt des gesetzten und sicher zu erwartenden Termins klagbar wird. Die Auflage (Modus) kommt nur bei einseitigen Zuwendungen, namentlich Schenkungen als Nebenzweck vor. Dadurch wird die Verwirklichung des Geschäfts, das bestimmt und sofort eintreten soll, in keiner Weise gehindert, und nur der Gegner zu einer Handlung oder Unterlassung verbunden, in welche z. B. der Beschenkte durch Annahme der Freigebigkeit einwilligt.

V. Ungültigkeit der Rechtsgeschäfte.

Rechtsgeschäfte heißen ungültig, wenn sie trotz Abschlusses wegen innerlicher Mängel ihrer Wirkung entbehren. Sie zerfallen in nichtige und anfechtbare. Die nichtigen Geschäfte bestehen rechtlich gar nicht, sei es für alle daran Betheiligten, sei es für einzelne. Doch kann unter Umständen ein solches Geschäft in geringerem Umfang aufrecht erhalten oder in eine andere Art, als beabsichtigt war, convertirt werden. Die anfechtbaren Geschäfte ʒen ein rechtliches Dasein, aber sie können durch eine Anfechtung Seitens der dazu befugten Person vereitelt werden. Sie gelangen zur vollen Kraft (convalesciren), falls der Interessent auf die Geltendmachung seines Anfechtungsrechtes verzichtet.

VI. Arten wie Rechte erworben und verloren werden, ihr Subject wechseln und mit einander collidiren.

Der Rechtserwerb vollzieht sich auf ursprüngliche oder abgeleitete Weise (originär, derivativ), je nachdem ein Recht für den Erwerber unmittelbar entsteht oder aus dem Recht eines Vormanns entnommen wird. Die Ableitung kann dadurch geschehen, daß Vormann aus dem Inhalt seines Rechtes eine Befugniß schafft (constitutiv) oder sein Recht als solches auf einen Nachfolger übergeht (translativ). Diesen Uebergang nennt man Succession und unterscheidet die singulare als Eintritt in einzelne Rechtsverhältnisse und die universale als Nachfolge in ein ganzes Vermögen oder einen Bruchtheil desselben (Quote).

Der Rechtsverlust beruht auf natürlichen Ursachen, Rechtsgründen oder dem Willen des Berechtigten. Als natürliche Ursachen kommen in Betracht: Wegfall des Subjects, mit welchem das hochpersönliche Recht verknüpft ist, Untergang der Sache, woran das Recht haftet 2c. Rechtsgründe sind: Zusammenfall des Rechtes mit der ihm entsprechenden Pflicht in demselben Subject (Confusion), Eintritt der Bedingung oder Zeit, unter deren Schranken das Recht verliehen ist, Verwirkung zur Strafe u. s. w. Der Wille des Berechtigten äußert sich in der Aufgabe, welche in der Regel nur bei Vermögensrechten zulässig ist und gegen Entgelt oder ohne solches erfolgen kann. Der Zweck freiwilliger Aufgabe besteht in Verzicht oder Veräußerung. Wer auf sein Recht unbeschränkt verzichtet, will es durch seine Erklärung, die meist noch der Annahme des Gegners bedarf, ganz und gar aufheben. Wer sein Recht veräußert, will es durch seine Handlung auf einen Andern übertragen. Dadurch wechselt das veräußerliche Recht sein Subject, bleibt aber an sich das gleiche.

Eine Collision von Rechten tritt ein, wenn mehrere, die auf dieselbe Person oder Sache gerichtet sind, derart zusammentreffen, daß eine vollständige Ausübung neben einander sich nicht bewerkstelligen läßt. Dann geht entweder das stärkere Recht dem schwächeren vor, sei es in Folge gesetzlichen Vorrangs, sei es wegen seiner Eigenart, höheren Alters, früherer Geltendmachung — oder alle Rechte gelangen zur gleichzeitigen, aber nur verhältnißmäßigen Ausübung.

VII. **Bestätigung von Rechten** geschieht durch Anerkennung und Genehmigung.

Die Anerkennung setzt ein im Dasein oder Inhalt zweifelhaftes Rechtsverhältniß voraus, welches Derjenige, dessen Verfügung es untersteht, durch seine Willensäußerung außer Streit stellt. Dadurch unterscheidet sich die Anerkennung vom Geständniß, das sich bloß auf nachtheilige, vorher bestrittene „Thatsachen" bezieht, nur als Beweismittel wirkt und durch Nachweis seiner Unwahrheit widerruflich ist.

Die Genehmigung betrifft ein noch nicht in vollem Maße rechtsbeständiges Verhältniß, welches der zu einer solchen Erklärung Befugte als „von Anfang an" gültig hinstellt.

VIII. **Veränderung von Rechten** durch schuldhaftes Verhalten Anderer und Zufall.

Wer fremde Rechte unbefugt verletzt, haftet auf Wiederherstellung. Dazu tritt entweder accessorisch, oder falls der Inhalt des Rechtes gänzlich zerstört ist, an Stelle desselben principal eine Pflicht zum Schadensersatze, dessen Umfang von dem Maße des Verschuldens abhängt. Die schuldhafte Rechtsverletzung kann auf Arglist oder Versehen beruhen. Arglist (dolus) ist das bösliche Bewußtsein, das die Folgen kennt und will. Versehen (culpa) ist die Vernachlässigung der im bürgerlichen Verkehr erforderlichen Sorgfalt. Das Versehen zerfällt in grobes und geringes (lata, levis), je nachdem es unter gleichen Umständen von einem gewöhnlichen Menschen oder einem aufmerksamen Hausvater vermieden worden wäre. Daneben findet sich noch eine concrete Rücksicht auf die Individualität dessen, welchem fremde Angelegenheiten anvertraut sind (diligentia quam suis sc. rebus adhibere solet).

Eine Vermögensveränderung, die nicht auf den Willen zurückgeführt werden kann, keiner Person zurechenbar ist, beruht auf Zufall (casus). Derselbe kann nicht blos Schaden, sondern auch Vortheile im Gefolge haben.

IX. **Privilegien.**

Darunter versteht man Ausnahme-Befugnisse, meist Bevorzugungen (favorabilia), aber auch Zurücksetzungen (odiosa), welche bestimmten Personen oder Sachen unmittelbar durch einen Act der Staatsverwaltung beigelegt sind.

X. **Einfluß der Zeit.**

Eine gewisse, nach Anfang, Lauf und Ende zu berechnende Zeit kann als Verjährung die Entstehung oder den Untergang von Rechten bewirken, als Lebensalter die volle Fähigkeit einer Person im Rechtsleben begründen, und als Frist für die Ausübung von Rechten wichtig werden.

E. Schutz und Sicherung von Rechten.

Der Berechtigung wohnt die Macht inne, sich gegen Widerstand durchzusetzen. Die Kehrseite eines Rechtes bildet der Anspruch auf Schutz gegen Störer (actio). Die Geltendmachung bestrittener oder verletzter Rechte geschieht entweder durch Eigenmacht oder unter Anrufung der Obrigkeit.

Die Selbsthülfe ist in einem geordneten Staatswesen nur beschränkt zulässig.

Der ordentliche Weg besteht in der Klage, durch welche der Verletzte vom Staate fordert, daß dieser ihm zur Anerkennung und Wiederherstellung seines Rechtes verhelfe. Die Klage ist aus Rechtsgrund, Veranlassung und Gesuch zusammengesetzt. Die Klagen werden nach dem zu Grunde liegenden Recht, nach ihrem Ziel, ihrer processualischen Behandlung rc. eingetheilt. Aus derselben Rechtsverletzung können mehrere Klagen hervorgehen. Dies Verhältniß heißt Concurrenz und ist derart gestaltet, daß entweder die mehreren Klagen voll neben einander zustehen (cumulativ), oder nach dem günstigen Erfolge einer Klage die andere nur noch auf den Ueberschuß geht (electiv), oder schon die Anstellung der einen Klage die andere ausschließt (alternativ). Einige Klagen sind unter den Betheiligten hochpersönlich und gehen weder auf die Erben über, noch gegen sie. Aus Gründen der Rechtssicherheit verjähren die Klagen, wenn sie nicht binnen gewisser Zeit angestrengt werden.

Durch Erhebung der Klage wird die Streitsache rechtshängig. Der Beklagte wird vorgeladen und kann, falls er antwortet und sich einläßt, das fragliche Rechtsverhältniß anerkennen oder bestreiten. Im letzteren Falle leugnet er entweder den Rechtsgrund der Klage oder ficht ihn durch Vorschützen von Einreden an. Das Gericht verlangt den Beweis solcher Thatsachen, die von einer Partei als erhebliche Angriffs- oder Vertheidigungsmittel vorgebracht und von der andern bestritten und sonst ungewiß sind. Zur Erleichterung des Beweises zieht das Gesetz Schlußfolgerungen aus festgestellten Thatsachen: es stellt Präsumtionen auf, welche der Wahrscheinlichkeit entsprechen und ordnet Fictionen an, welche die Annahme eines bestimmten Sachverhaltes vorschreiben. Nach gehöriger Verhandlung fällt der Richter das Urtheil, das auf eine Abweisung des Klägers oder Verurtheilung des Beklagten hinausläuft. Das Urtheil, welches noch eine Zeit lang durch Rechtsmittel angefochten und durch Wiederaufnahme des Verfahrens beseitigt werden kann vgl. S. 43, ist im Wege des Zwanges vollstreckbar.

Anstatt richterliche Entscheidung zu erwirken, dürfen die Parteien einen Schiedsvertrag (Compromiß) schließen, durch welchen sie die Feststellung ihres streitigen Rechtsverhältnisses einem von ihnen bezeichneten Vertrauensmanne überlassen. Der Schiedsspruch hat eine dem richterlichen Urtheil ähnliche Stellung und kann für vollstreckbar erklärt werden.

In außerordentlichen Fällen, wo die Anwendung der strengen Rechtsregel eine unbillige Vermögenseinbuße zufügt, verstattet das Gesetz der verletzten Partei, ihre Wiedereinsetzung in den vorigen Stand (in integrum—statum juris—restitutio) zu beantragen. S. 5. Heute, wo die Rechtsordnung bis in die feinsten Fasern entwickelt ist, beschränkt sich die Restitution besonders auf entschuldbare Fristversäumnisse. Sie erfolgt durch den Richter, dem hierbei eine über die Rechtsprechung hinausgehende Befugniß beigelegt ist, nämlich: im einzelnen Falle nach besonderem Befund der Verhältnisse Recht zu schaffen.

Die Sicherung von Rechten bezweckt, künftiger Störung und drohender Beeinträchtigung vorzubeugen. Sie geschieht mit richterlicher Hülfe oder durch rein private Acte. In Rom erzwang die Obrigkeit vielfach Sicherheitsleistung (cautio), um für den Fall der Verletzung einen schnell durchführbaren Ersatz zu begründen, oder sie gewährte dem Berechtigten Einweisung (missio) in das Vermögen oder einzelne Sachen des Gegners, um den Anspruch gegen Ungehorsam oder Hinterziehung zu festigen. Heut legt der Richter wegen Geldforderungen zur Sicherung der Zwangsvollstreckung Arrest an, sei es auf die Person des Schuldners, sei es dinglich auf dessen Vermögensobjecte. Privater Natur sind Verwahrung (protestatio) und Vorbehalt (reservatio), welche der dazu Befugte einlegt, um sein Recht durch Kundmachung aufrecht zu erhalten oder gegen die Annahme einer Aufgabe zu schützen. Unter die erlaubte Selbsthülfe fällt der deutschrechtliche Brauch der Pfändung, welche zumeist bei Gelegenheit der Rechtsverletzung erfolgt, um die Ermittelung des Störers zu erleichtern.

§ 17.

Zweiter Haupttheil des Privatrechtes.

Vermögensrecht.

Sachenrecht und Recht der Forderungen. Dingliche Klagen und persönliche Ansprüche. Absolute und relative Rechte.

Die Herrschaft einer Person über die Außenwelt hat zum Gegenstand entweder Sachen oder den Willen anderer Personen nach einer bestimmten Richtung hin. Danach scheidet sich das Vermögensrecht in ein Sachenrecht und ein Recht der Forderungen.

Im Sachenrecht sind Sachen unmittelbar der allgemeinen oder theilweisen Herrschaft einer Person unterworfen. Daher heißt ihre Befugniß ein Recht an der Sache (jus in re).

Im Recht der Forderungen ist der Wille einer Person zu einer vermögenswerthen Leistung gebunden. Von dieser Beziehung (vinculum) stammt der Name „Obligation", während die Bezeichnung „Gläubiger" (creditor) und „Schuldner" (debitor) mehr von dem Credit hergenommen ist, welcher in der Erwartung künftiger Leistung besteht. Eine Obligation kann sich auf Gebrauch und Genuß von Sachen richten, auch auf die Verschaffung einer vollen Herrschaft über die Sache. Dann wandelt sich die Befugniß in der Regel erst durch ausgeführte Leistung zu einem Recht an der Sache und wird in ihrem Uebergangsstadium, obwohl sie einen rein obligatorischen Charakter hat, „Recht auf die Sache", „Recht zur Sache" (jus ad rem) genannt.

Dem Sachenrecht entspricht eine dingliche Klage (actio in rem), welche sich gegen jeden Störer richtet, mag derselbe auch im Glauben an eine vermeintliche eigne Befugniß sich gegen die Herrschaft des wirklich Berechtigten auflehnen. In der Forderung ist ein persönlicher Anspruch (actio in personam) gegen den Verpflichteten enthalten, da kein Anderer sie zu stören vermag. Darum heißt die Obligation ein persönliches Recht (jus in personam). Bei einzelnen Forderungen wechselt die Person des Gläubigers oder Schuldners nach äußeren Umständen, z. B. dem Besitz einer Sache. Solche Obligationen nennt man unpersönliche und ihre Klage eine actio in rem scripta, weil sie gegen den jeweiligen Schuldner geht. Trotzdem sind sie aus der Natur ihres Inhalts, der in Leistungen besteht, persönliche Rechte. Besonders kommen sie im modernen Recht vor: als Inhaberpapiere, Zwangs- und Bannrechte, wo mit dem Besitz des Papiers bzw. des Grundstücks die Forderung bzw. das ausschließliche Gewerberecht übergeht, — als Reallasten, bei denen eine Pflicht zu Zehnten, Zinsen, Diensten den jedesmaligen Besitzer des damit behafteten Grundstücks trifft 2c.

Uebrigens stehen in Bezug auf die Verfolgbarkeit den Sachenrechten die Personenrechte gleich ‚in rem esse videntur'. Von diesem Gesichtspunkt faßt man beide Arten unter dem Ausdruck „absolute Rechte" zusammen im Gegensatz zu den persönlichen oder relativen Rechten.

§ 18.

Erstes Buch des Vermögensrechtes.

Sachenrecht.

Das Sachenrecht zerfällt je nach dem Umfang der Herrschaftssphäre in Eigenthum und dingliche Rechte an fremder Sache (jura in re aliena). Den Eingang bildet der Besitz als thatsächliches Abbild des Eigenthums, und es erscheint zweckmäßig, den einzelnen Sachenrechten allgemeine Grundsätze voranzustellen.

A. Besitz.

Besitz (possessio) ist die thatsächliche Herrschaft einer Person über eine Sache, in der Absicht für sich darüber zu verfügen. Besitz und Eigenthum brauchen sich nicht in derselben Hand zu befinden, z. B. der Bestohlene bleibt Eigenthümer der Sache und der Dieb wird ihr Besitzer. Der Besitz besteht aus der Verfügungsgewalt (corpus) und dem Willen, sie für sich wie ein Eigenthümer (animus domini) auszuüben. Wer die Sache für einen Anderen inne haben will (alieno nomine), hat nur Gewahrsam und heißt Detentor. Der Besitz wird erworben durch Vereinigung seiner beiden Erfordernisse und geht verloren durch Umkehrung eines derselben ins Gegentheil. Die Rücksicht auf die Sicherheit des Staates verlangt einen summarischen Schutz gegen den „Besitzstörer", um den Besitz gegen Hinderung aufrecht zu erhalten und bei Entziehung wiederzuerlangen. Bei diesen possessorischen Klagen (interdicta) kommt der Grund des Besitzes nur insoweit in Betracht, als der fehlerhafte Besitzer gegen Denjenigen nicht geschützt wird, von welchem er selbst den Besitz mit Eigenmacht oder List entnommen hat (exceptio vitiosae possessionis ab altero).

Von dieser römischen Lehre über Besitz und seinen Schutz weicht das preußische Recht erheblich ab.

B. Die Sachenrechte.

Dem Eigenthum stehen die dinglichen Rechte gegenüber. Letztere beziehen sich entweder auf den Gebrauch oder den Werth einer fremden Sache. Zu den Gebrauchsrechten gehören einerseits die eigenthumsgleichen Befugnisse der Emphyteusis und Superficies, welche vererblich und veräußerlich sind, — andrerseits die Servituten, welche einem bestimmten Subject untrennbar zustehen. Auf den Werth erstreckt sich allein das Pfandrecht, welches zur Sicherung einer Forderung bestellt ist, damit sich der nicht befriedigte Gläubiger aus dem Erlös der Sache decke. Alle Sachenrechte haben petitorischen Schutz, welcher sich unter Nachweis des Rechtes gegen jeden, auch den gutgläubigen Dritten richtet, der sich dazu in Widerstreit setzt. Freilich wird heute im Interesse der Verkehrssicherheit dem redlichen Erwerber fremder Sachen ein weitgehender Schutz eingeräumt, der sich nach preußischem Rechte in seinem Anspruch auf Lösung, d. h. Ersatz des Erwerbspreises äußert. Bei Collision von Sachenrechten entscheidet in der Regel das Alter.

Heute bedürfen zumeist Sachenrechte an Grundstücken der Eintragung in öffentliche Register s. g. Grundbücher, um begründet bzw. gegen Dritte verfolgbar zu werden. Diesen Vortheil absoluter Wirksamkeit können auch obligatorisch mit einem Grundstück verbundene Befugnisse, z. B. Vorkaufsrechte durch Eintragung erlangen. Das preußische Recht verleiht sogar ohnedies dem Miether und Pächter dinglichen Schutz. Aus der Eintragung folgt, daß so kundgemachte Rechte nur durch Löschung rechtlich endigen können.

C. Eigenthum.

Eigenthum (dominium) ist das Recht der allgemeinen Herrschaft einer Person über eine Sache. Doch wird diese Totalität durch das Gesetz im öffentlichen und nachbarlichen Interesse beschränkt. Der Eigenthumserwerb setzt in der Regel die Besitzergreifung der Sache voraus und geschieht entweder originär, z. B. durch Occupation herrenloser Sachen, oder derivativ durch Tradition, d. h. Uebertragung seitens eines vorigen Eigenthümers. Eine Art der Occupation bildet die Specification, d. h. Bearbeitung der Sache in eine für den Verkehr neue Gestalt. Ohne Besitz wird Eigenthum erworben durch Verbindung, wenn eine Sache zu einem einheitlichen Ganzen als Theil hinzukommt (Accession), durch Trennung der Früchte u. s. w. Die Ersitzung wandelt den „gutgläubigen" Besitz durch seine Fortdauer während gesetzlich begrenzter Zeit in Eigenthum. Der Eigenthumsverlust erfolgt aus natürlichen und Rechtsgründen oder mit Willen des Eigenthümers, der seine Sache aufgiebt (Dereliction). Der Schutz des Eigenthümers äußert sich verschieden im Fall gänzlicher oder theilweiser Störung seines Rechtes. Bei Entziehung bzw. Vorenthaltung der Sache klagt er gegen jeden Inhaber auf Herausgabe (rei vindicatio). Bei Hinderung in der Ausübung seines Rechtes klagt er auf Ausschluß Anderer, die sich Rechte an seiner Sache anmaßen (actio negatoria). Auch das „werdende" Eigenthum wird in der Phase der Ersitzung, gleichsam als ob sie vollendet wäre, gegen schlechtere Besitzer der Sache geschützt (actio Publiciana).

D. Eigenthumsähnliche Rechte.

Emphyteusis und Superficies, welche der Eigenthümer an seinem Grundstück einem Andern bestellt, schränken das Eigenthum (nuda proprietas) am meisten ein. Die Emphyteuse gewährt volle Nutzung des Bodens bis an die Grenze der Verschlechterung, die Superficies beliebigen Gebrauch an der Oberfläche eines Platzes. Beide Rechte sind vererblich wie veräußerlich und genießen einen dem Eigenthum nachgebildeten Schutz. Dem Eigenthümer bleibt nur ein Recht auf künftigen Heimfall und besonders gegenüber dem Emphyteuta die Befugniß, dessen Nutzung, Veräußerung zu überwachen, von ihm eine jährliche Abgabe (canon) zu verlangen und ihn bei Pflichtverletzung zu entsetzen (Privation).

Die römische Emphyteuse ist in Deutschland nicht heimisch geworden. Allein in ähnlicher Weise haben sich an Bauerngütern erbliche Nutzungsrechte entwickelt, welche durch die heutige Grundgesetzgebung unter Ablösung der Gutsherren meist in freies Eigenthum verwandelt wurden.

An dieser Stelle ist auch das Lehnrecht zu behandeln, wenn man die Rechte des Vasallen am Lehngut ins Auge faßt und von dem öffentlichen Charakter des Lehnverhältnisses, der im Mittelalter von hoher Bedeutung war, absieht.

E. Servituten.

Servituten sind dingliche Gebrauchsrechte an fremder Sache, die untrennbar mit einem bestimmten Subject verbunden sind. Sie beschränken den Eigenthümer der dienenden Sache theils in seiner unumschränkten Herrschaft (negative Servituten in non faciendo) theils in seiner Ausschließlichkeit (affirmative in patiendo). Ihr Subject ist entweder eine Person als solche, mit deren Wegfall die Personal-Servitut erlischt, oder der jeweilige Eigenthümer des herrschenden Grundstücks, an welchem die Real-Servitut hängt. Zu den persönlichen Servituten gehören Usus und Ususfructus. Der Usuar hat Gebrauch und unter Umständen auch Nutzung der Sache bis zu seinem Hausbedarf (sibi suisque). Der Usufructuar hat Nießbrauch, d. h. jeden Genuß, welchen die Sache erträgt, ohne ihre Beschaffenheit zu verändern (salva rei substantia). Daher steht ihm der Umsatz frei, d. h. er darf die Ausübung seines Rechtes ganz oder theilweis übertragen. Der Nießbrauch kann auch als uneigentlicher (quasi ususfructus) an verzehrbaren Sachen ꝛc. vorkommen, dann gewährt er den Verbrauch und läuft in Eigenthumsübergang mit Rückgabe einer gleichen Anzahl ebensolcher Sachen (tantundem) hinaus. Die Grundgerechtigkeiten zerfallen je nach der Gebrauchsart des herrschenden Grundstücks in Feld-Servituten (praediorum rusticorum) wie Wege-, Wasser-, Weide-Rechte und in Gebäude-Servituten (praediorum urbanorum) wie Bau-, Licht-, Aussichts-Rechte. Alle Servituten entstehen in der Regel durch Willenserklärung oder Ersitzung, und endigen aus natürlichen Ursachen oder durch Verzicht, Confusion S. 50, Verjährung. Für letztere genügt bei persönlichen und Feld-Gerechtigkeiten langjährige Nichtausübung (non usus), bei Gebäude-Rechten muß noch ein dem Inhalt der Servitut entgegengesetzter Zustand der dienenden Sache hinzukommen (usucapio libertatis). Der Servitut-Berechtigte hat eine dingliche Klage (actio confessoria) gegen jeden Störer. In Analogie des Sachbesitzes wird in der thatsächlichen Ausübung einer Servitut ein Rechtsbesitz (s. g. quasi juris possessio) erblickt, und auch dieser possessorisch gegen Eingriffe geschützt.

Reallasten, Bannrechte S. 53 gehören zwar zu den unpersönlichen Obligationen, werden aber den Servituten gleich behandelt.

F. Pfandrecht.

Pfandrecht (hypotheca) ist das dingliche Recht auf den Werth einer fremden Sache zur Sicherung einer Forderung. Dasselbe hat accessorische Natur, weil es von der Forderung abhängt und deren Schicksale meist theilt. In uneigentlicher Weise kommt es auch an Rechten vor, wie an Forderungen (pignus nominis) und an Pfandrechten selber (subpignus). Dem Pfandrecht kommt das Retentionsrecht nahe als Zurückbehaltung fremder Sachen, um dadurch vom Gegner die Erfüllung eines Anspruchs zu erzwingen; doch fehlt dem Retinenten die dingliche Verfolgbarkeit und die Befriedigung aus dem Werth der Sache. Das Pfandrecht entsteht in der Regel durch vertragsmäßige Bewilligung seitens des Eigenthümers der Pfandsache und erlischt mit dem Untergang der Forderung, zu deren Sicherung es bestellt wurde. Oft wird dem Pfandgläubiger die Sache zur Gewahrsam übergeben (pignus), wodurch er die Pflicht zur Rückgabe im Fall seiner Befriedigung übernimmt (actio pigneraticia in personam). Ein solches Faustpfand ist sogar im preußischen Recht für bewegliche Sachen erforderlich. Pfandgläubiger darf die

Sache weder in Gebrauch nehmen, noch benutzen, es sei denn, daß ihm diese Befugniß durch Abrede — was zum Ausgleich der laufenden Zinsen häufig geschieht (pactum antichreticum) — eingeräumt ist. Sein Schutz besteht in einer dinglichen Klage (actio hypothecaria), durch welche er sich die Pfandsache von jedem Inhaber holt, um sie für den Fall, daß er am Verfalltag nicht völlig befriedigt wird, zu veräußern und sich aus dem Erlös schadlos zu halten. Einen etwa verbleibenden Ueberschuß (hyperocha) hat er an den Verpfänder abzuliefern. Dieselbe Sache kann mehreren Gläubigern hinter einander, jedem ganz, verpfändet sein, dann geht unter ihnen regelmäßig der ältere vor (Priorität).

Heute erfolgt der Verkauf verpfändeter Immobilien auf gehörig begründeten Antrag eines Pfandgläubigers im Wege gerichtlicher Zwangsversteigerung, welche eine Pfandklage zur Besitzverschaffung überflüssig macht.

§ 19.

Zweites Buch des Vermögensrechtes.

Obligationenrecht.

Das Obligationenrecht scheidet sich in einen allgemeinen und besonderen Theil. Im allgemeinen Theil wird der Rahmen aufgestellt, in welchem sich Begriff, Entstehung, Inhalt, Veränderung desselben durch Unrecht und Zufall, Beziehung zu Dritten, und Endigung aller Obligationen bewegen. Im besonderen Theil werden die einzelnen Forderungen, wie sie das Verkehrsleben entwickelt, in ihren Eigenthümlichkeiten geschildert.

§ 20.

Allgemeiner Theil des Obligationenrechtes.

A. Rechtliche Natur.
 I. Gegenstand.
 II. Subjecte.
 III. Klagbarkeit.
B. Entstehung.
 I. Gründe.
 II. Willensübereinstimmung.
 III. Form der Schuldverträge.
 IV. Arten der Schuldverträge.
 V. Bestärkungsmittel.
C. Inhalt.
 Zinsen. Alimente. Ort und Zeit. Nachgewähr. Zahlungsunfähigkeit des Schuldners.
D. Einfluß von Unrecht und Zufall.
 Verschuldung und Verzögerung. Schadensersatz. Zufall und höhere Gewalt.
E. Beziehung zu Dritten.
 Vertragsschluß zu Gunsten Dritter und durch Stellvertreter. Eintritt in Forderung oder Schuld. Bürgschaft und Intercession.
F. Endigung.
 Erfüllung. Aufrechnung. Umschaffung. Confusion etc.

A. Rechtliche Natur.

I. **Gegenstand** der Obligation ist die Leistung, welche möglich, erlaubt und von vermögensrechtlichem Interesse sein muß. Ihr Umfang darf nicht von der reinen Willkür eines der Betheiligten abhängen, doch thut es der Bestimmtheit einer Forderung keinen Eintrag, daß sie collectiv bezeichnet ist, d. h. unter cumulativer Zusammenfassung mehrerer Objecte, oder generisch, d. h. nach dem Gattungsbegriff einer Sache, oder alternativ, d. h. wahlweis auf eine unter mehreren Handlungen. Am häufigsten kommen Quantitäts-, besonders Geld-Schulden vor. In Rom schied man nach dem Gegenstand: dare Gebrauchsüberlassung von Sachen, facere Dienstleistung, praestare Nebenleistung von Zinsen 2c., heute theilt man die Obligationen in positive auf Thun und negative auf Dulden, Unterlassen. Eine Forderung heißt theilbar, wenn ihre Erfüllung in Bruchtheilen geschehen kann.

II. **Subjecte** der Obligation sind Gläubiger (stipulator) und Schuldner (promissor). Von der unpersönlichen Obligation war schon S. 53 die Rede. Die Betheiligung mehrerer Subjecte an einer gemeinschaftlichen Obligation auf eine Sache oder Summe kann partial oder solidar erfolgen, je nachdem sie sich auf einen Antheil oder das Ganze richtet. Im letzteren Falle, wo das Ganze von jedem Theilnehmer gefordert werden kann bzw. geleistet werden muß — wenn auch im Erfolg nur einmal —, unterscheidet man je nach der Mehrheit oder Einheit des obligatorischen Bandes die Solidar- und die Correal-Obligation.

III. **Die Klagbarkeit** ist eine regelmäßige Eigenschaft der Obligation. Doch giebt es unvollkommene Verbindlichkeiten (naturales), die zwar nicht klagbar aber erfüllbar sind, d. h. Schuldner kann die freiwillig geleistete Erfüllung nicht zurückfordern (soluti retentio).

B. Entstehung.

I. **Gründe.** Obligationen entstehen in beabsichtigter Weise aus Verträgen und als unwillkürliche Folgen aus Delicten. Außerdem haben einige Handlungen vertrags- oder delictsähnliche Folgen, wie auch das Gesetz an gewisse Zustände Verbindlichkeiten knüpft. In Rom bezeichnete man solche Ursachen, welche unter die Grundformen der Contracte und Delicte nicht recht paßten, als variae causarum figurae.

II. **Willensübereinstimmung.** Der Consens ergiebt sich in der Regel aus Antrag (Offerte) und entsprechender Annahme (Accept). Hierbei ist für beide Theile die Lehre vom freien, bestimmten und gehörig erkärten Willen S. 48 wichtig. Der Antrag muß bestimmt lauten, kann aber bei „Auslobung" einer Prämie für eine erwünschte Leistung an Jedermann gerichtet sein. Allgemeine Anerbietungen (Propositionen) wie sie sich in Anschlägen und Inseraten finden, enthalten höchstens eine Einladung zu Offerten. Doch können sie wie die Vorverhandlungen, welche oft dem Vertragsschluß vorausgehen (Tractaten) zur Erkenntniß und Auslegung des Parteiwillens (lex contractus) bedeutsam sein. Vorverträge (pacta de contrahendo) verpflichten zur Eingehung eines künftigen Hauptvertrages. Ausnahmsweis sind einzelne Versprechen wie die römische Pollicitation einer Gabe an Stadtgemeinden, das Gelübde einseitig bindend, ohne daß es einer Annahme bedarf. Heute rechnet man dahin das schriftliche Schuldversprechen durch Ausstellung von Inhaberpapieren, Wechseln ꝛc.

III. **Form der Schuldverträge.** In Rom waren nur ‚contractus' klagbar, die auf einer bestimmten Form beruhten. Regel war die mündliche Stipulationsform. Allein bei den im täglichen Leben häufigen Verträgen begnügte man sich theils mit der formlosen Willensübereinstimmung (consensus), theils mit der Vorleistung (res). Zu den Consensual-Contracten gehörten: Kauf (emtio venditio), Miethe (locatio conductio), Auftrag (mandatum) und Gesellschaft (societas). Die Real-Contracte schied man in benannte, bei denen es sich um eine der Uebergabe entsprechende Rückgabe von Sachen handelte, nämlich: Darlehn (mutuum), Leihe (commodatum), Verwahrung (depositum), Faustpfand (pignus) und in unbenannte auf eine versprochene Gegenleistung, in deren Erwartung die Vorleistung geschehen war. Letztere s. g. Innominat-Contracte brachte man auf die vier Gestalten: do ut des, do ut facias, facio ut des, facio ut facias. Die Eintheilung in stricti juris und bonae fidei Contracte ist von der processualischen Behandlung hergenommen; als strengeren Rechtes galten in der späteren Entwicklung des Römischen Rechts nur noch die Stipulation und das Gelddarlehn. Alle übrigen Abreden waren klaglos (nuda pacta), doch sah man auch von ihnen als verbindlich (pacta vestita) an: die adjecta, welche einen bonae fidei Contract bei Abschluß beigefügt, und die praetoria bzw. legitima, welche durch prätorisches Edict bzw. kaiserliche Constitution dazu erklärt worden waren.

Heute sind Verträge grundsätzlich durch Consens klagbar; nur das preußische Recht bevorzugt die Schriftform.

IV. **Arten der Schuldverträge.** Sie zerfallen nach ihrer Wirkung in ein- und beiderseitige, nach der Entgeldlichkeit ihrer Leistung in freigebige und lästige, nach ihrer Selbständigkeit in Haupt- und Neben-Verträge, nach der Rücksicht auf ihren Verpflichtungsgrund in discrete und abstracte.

Ein einseitiger Vertrag z. B. das Darlehn berechtigt den einen Theil, verpflichtet den andern. Aus einem beiderseitigen Vertrag wie dem Kauf entsteht eine gegenseitige Leistungspflicht, so daß kein Theil Erfüllung verlangen darf, bevor er nicht selber erfüllt oder sich dazu bereit erklärt hat (s. g. exceptio non adimpleti contractus). Bei einigen Verträgen, die „unvollkommen zweiseitig“ heißen, z. B. dem Auftrag wird unter Umständen auch auf Seiten des direct Berechtigten eine Pflicht wirksam (actio contraria auf Ersatz von Auslagen 2c.).

Freigebige Verträge wie die Schenkung sind in der Regel einseitig, doch hat die unentgeldliche Leihe zweiseitige Natur und das zinsbare Darlehn ist ein lästiger und trotzdem einseitiger Vertrag.

Nebenverträge erweitern oder beschränken einen Hauptvertrag, mit dem sie stehen und fallen. Häufig sind sie beim Kauf z. B. Rücktritt des Verkäufers im Fall eines besseren Angebots (in diem addictio), im Fall nicht rechtzeitiger Gegenleistung (lex commissoria), Vorkaufsrecht (pactum protimiseos), Rückkaufsrecht (pactum de retroemendo), Reurecht für eine Partei (pactum displicentiae), Vorbehalt der Probe für den Käufer u. s. w.

Bei abstracten Verträgen wie Stipulation, Anerkennung zweifelhafter Forderungen wird das Versprechen vom individuellen, materiellen Schuldgrunde losgelöst und zum alleinigen Klagefundament erhoben.

V. **Bestärkungsmittel.** Sie sollen die Erfüllung eine Obligation sichern, theils positiv wie das Angeld (arrha) als Zeichen des Vertragsschlusses, die Conventionalstrafe als Vermögensnachtheil, den sich ein Theil für den Fall seines Vertragsbruches auferlegt, das besondere Erfüllungsversprechen einer bestehenden Verbindlichkeit (constitutum) — theils negativ wie der erlaubte Verzicht auf einzelne Einreden. Der früher übliche promissorische Privat-Eid zur Bestärkung eines Versprechens hat heute keine Kraft mehr.

C. Inhalt.

Der Inhalt einer Obligation kann wiederkehrende Leistungen wie Zinsen, Alimente umfassen. Zinsen (usurae) entwickeln sich aus einer Hauptschuld vertretbarer Sachen, sei es durch Versprechen des Schuldners, z. B. Vertragszinsen, sei es durch Gesetz, z. B. Verzugs-, Proceß-Zinsen, und bestehen in einer Quote des Hauptkapitals als Entgeld für den entzogenen Gebrauchswerth desselben.

Die Erfüllung muß am richtigen Ort, zur gehörigen Zeit geschehen.

Aus lästigen Verträgen auf Uebertragung von Sachen haftet Schuldner selbst nach vollzogener Uebergabe für Nachgewähr. Er steht sowohl für juristische Fehler ein, d. h. Mängel in seinem Recht, auf Grund welcher ein Dritter dem Gläubiger die Sache rechtlich abstreitet (Eviction), als auch für physische Fehler der Sache, welche die Brauchbarkeit derselben schmälern. Auf letztere bezog sich in Rom das Aedilicische Edict, aus welchem Klagen auf Wandlung (actio redhibitoria) oder auf Preisminderung (actio quanti minoris) hervorgehen. Auch das Verhältniß der eignen Leistung zum Gegenwerth kann ein unangemessenes sein, das besonders den Kauf wegen übermäßiger Verletzung (laesio enormis) anfechtbar macht.

Die Zahlungsunfähigkeit des Schuldners vermag den Umfang der Obligation zu beeinflussen. Unter Umständen steht ihm die Wohlthat zu, den „Nothbedarf" für sich und seine Familie zu behalten (beneficium competentiae). Das Gesetz kann die Gläubiger zu Stundungen, zu procentualen Erläßen ihrer Forderungen zwingen und eine gemeinschaftliche Befriedigung derselben, welche bei Unzulänglichkeit des Vermögens nur verhältnißmäßig erfolgt, vermittelst des Concursverfahrens anordnen.

D. Einfluß von Unrecht und Zufall.

Unrecht und Zufall können die Abwickelung des obligatorischen Bandes beeinträchtigen.

Unrecht besteht in widerrechtlichem Verhalten einer der bei der Obligation betheiligten Personen. Es läuft entweder auf eine Verschuldung des Pflichtigen hinaus, welche seine gehörige Leistung verhindert, oder auf eine besondere Art davon: Die rechtswidrige Verzögerung (mora). Letztere trifft den Schuldner, wenn er die Erfüllung verabsäumt (mora solvendi) oder den Gläubiger, welcher das rechtmäßige Angebot zurückweist (accipiendi). Dem Schuldigen liegt die Vertretung des Unrechts ob. Doch wird die Verantwortlichkeit des Vertragsschuldners für Versehen je nach der Art der Verträge verschieden bemessen. So steht Depositar, da ihn aller Nachtheil trifft, nur für grobes Versehen ein, und Gesellschafter wie Vormund dürfen ihre Haftung für geringes Versehen durch den Nachweis einer gleichen Nachläßigkeit in eignen Angelegenheiten herabmindern. Das zu vertretende Unrecht wandelt die Hauptobligation ganz oder theilweis in eine Pflicht zum Schadenersatze. Derselbe kann das volle „Interesse" des Geschädigten umfassen, d. h. den Unterschied zwischen dem gegenwärtigen Stande seines Vermögens, und dem, wie es ohne das Ereigniß sein würde (omne quod interest).

Zufall ist ein Umstand, welcher die schuldige Erfüllung unmöglich macht, ohne daß er einem der an der Obligation Betheiligten zugerechnet werden kann. Unter diesen Begriff fallen nicht bloß Naturereignisse, sondern auch Handlungen Dritter, für welche man nicht einsteht. Aus Gründen der Verkehrssicherheit erweitert das Gesetz die Verantwortlichkeit der Hausherren für ihren Hausstand, ihre Thiere (actio noxalis, de pauperie) und die Haftung gewisser Gewerbetreibender wie der Rheder, Gewerbeherren, heute auch der Frachtführer für ihre Leute (actio exercitoria, institoria). Zum Schutze des Publikums sind besondere Vorkehrungen getroffen: Die Bewohner eines Raumes sind ersatzpflichtig, wenn aus demselben Sachen nach Orten, wo Menschen zu verkehren pflegen, geworfen oder gegossen werden. Gastwirthe, Schiffer, heute auch Frachtführer haften für Verlust oder Beschädigung der von ihnen in ihrem Gewerbebetrieb aufgenommenen Sachen (receptum cauponum), falls sie sich nicht durch den Nachweis befreien, daß entweder ein Verschulden des Gegners vorliege oder eine höhere Gewalt (vis major), d. h. ein Ereigniß, das unter den obwaltenden Verhältnissen weder vorausgesehen noch abgewendet werden konnte. In ähnlicher Weise legt das moderne Recht Eisenbahnunternehmern die Last der Betriebsunfälle auf. Ein weiterer Schutz gewerblicher Arbeiter wird im Wege der Zwangsversicherung erreicht. Vom Standpunkt der Obligation frägt es sich nun, wen von den Theilnehmern die nachtheiligen Folgen des „reinen" Zufalls treffen. Diese s. g. Gefahr trägt in der Regel der Gläubiger, welchem die ganz oder theilweis unmöglich gewordene Leistung gebührt hätte. Daher muß Käufer, falls die verkaufte aber noch nicht übergebene Sache durch Zufall untergeht, den Preis zahlen, ohne dagegen einen Ersatz beanspruchen zu können. Eine Ausnahme findet bei der Miethe statt, wo nur im Verhältniß zum gewährten Gebrauch bzw. Genuß der Miethszins zu entrichten ist. Im preußischen Recht geht beim Kauf die Gefahr erst mit der Besitzübergabe über.

E. Beziehung zu Dritten.

In Rom schuf eine Obligation bloß unter Denen Rechte und Pflichten, welche das Band geknüpft hatten. Daher war ein Vertragsschluß zu Gunsten Dritter meist unverbindlich. Stellvertreter, welche für Andere contrahirten, brachten sich allein in ein Rechtsverhältniß zum Dritten, das für den Herrn höchstens als Grundlage des Regresses wirksam wurde. Ein Eintritt in Forderung oder Schuld einer bestehenden Obligation ließ sich direct nicht ausführen, sondern nur im Erfolge durch Auflösung des alten Bandes und Eingehung eines neuen unter Einwilligung aller daran Betheiligten verwirklichen (active, passive Delegation). Freilich verstand es die römische Doctrin, sich den Ansprüchen des Verkehrs anzupassen. Man trennte das Forderungsrecht von seiner Ausübung und erlaubte die Uebertragung der letzteren durch Cession. Zwar wurde Cessionar nur Ausüber einer fremden Forderung — aber kraft eignen Rechtes und mit der Befugniß, durch Ankündigung (denuntiatio) an den Schuldner (Cessus) jeden ferneren Einfluß des Cedenten zu beseitigen. Bei Abschlüssen durch Stellvertreter wurde dem Machtgeber die Klage seines Bevollmächtigten gegen den Dritten ‚utiliter' gegeben und andrerseits dem Dritten neben der Klage gegen seinen Contrahenten noch eine actio ‚quasi institoria' gegen den Herrn gewährt.

Heute, wo man der Obligation einen weniger starren Charakter beimißt, erscheinen diese Umwege entbehrlich. Das Versprechen zu Gunsten Dritter verleiht sowohl Demjenigen, welchem es geleistet wurde, als auch dem Dritten, welcher beitrat, eine Klage. Stellvertreter, welche nach Maßgabe ihrer Vollmacht im Namen ihres Herrn contrahiren, berechtigen und verpflichten diesen ohne Weiteres. Cession der Forderung und vom Gläubiger bewilligte Uebernahme der Schuld enthalten einen Uebergang der Obligation auf andere Personen. Dabei ist die römische Bestimmung, daß Cessionar einer Forderung, welcher sie unter dem Nennwerth kaufte, nicht mehr einklagen könne, als er selbst dafür gab (lex Anastasiana) meist abgeschafft.

Die Uebernahme fremder Schulden kann zur besseren Sicherung des Gläubigers durch **Bürgen** (fidejussores) erfolgen. Da die ältere Ansicht Frauen eine allzu gutmüthige Schwäche (imbecillitas sexus) für derlei Geschäfte zutraute, so verbot man ihnen auf Grund des Senatus Consultum Vellejanum **Intercessionen**, d. h. jedweden Eintritt in fremde Verbindlichkeiten durch Rechtsgeschäft mit dem Gläubiger, sei es cumulativ neben dem alten Schuldner, sei es privativ an Stelle des Hauptschuldners.

F. Endigung.

Die Obligation ist ein vergängliches Recht, das sein natürliches Ende in der pflichtgemäßen **Erfüllung** (solutio, satisfactio) findet. Der Erfüllung stehen gleich: die mit dem Gläubiger vereinbarte Hingabe an Zahlungsstatt (in solutum datio) und die Hinterlegung (Deposition), deren sich Schuldner besonders bei Annahme-Verzug bedient. Der Zweck der Erfüllung wird erreicht durch **Aufrechnung** (compensatio), d. h. Anrechnung einer Gegenforderung auf die Hauptschuld, durch **Umschaffung** (novatio), d. h. Aufhebung einer Verbindlichkeit, um sie durch Begründung einer neuen zu ersetzen, und mittelbar durch **Confusion**, d. h. Vereinigung von Forderung und Schuld in derselben Person. Außerdem endigt die Obligation aus dem **Willen** wie durch Rücktritt und Erlaß (contrarius consensus, remissio), aus dem **Wegfall ihres Inhalts** wie durch Endtermin, Bedingung, veränderte Umstände, Ausfall des gläubigerischen Interesses, und aus **äußern Gründen** wie durch Tod eines Betheiligten, Verwirkung des Gläubigers.

§ 21.

Besonderer Theil des Obligationenrechtes.

A. Forderungen aus Verträgen.
- I. Verträge auf Veräußerung.
  Schenkung. Vergleich. Kauf. Tausch. Spiel und gewagte Geschäfte. (Wette. Lotterie. Leibrentenvertrag).
- II. Verträge auf Gebrauchsüberlassung.
  Leihe. Precarium. Darlehn. Sachmiethe.
- III. Verträge auf Handlungen und ähnliche Verhältnisse.
  Dienstmiethe (Gesindevertrag). Werkverdingung (lex Rhodia de jactu). Trödelvertrag. Lieferungsvertrag. Auftrag (Anweisung). Führung fremder Geschäfte ohne Auftrag.
- IV. Verträge auf Verwahrung und Sicherung.
  Verwahrung (Verwaltung). Garantievertrag. Versicherungsvertrag.
- V. Gesellschaftsverträge und ähnliche Verhältnisse.
  Gesellschaft. Gemeinschaft.

B. Forderungen aus unerlaubten Handlungen.
- I. Delicte in Form der Gewalt.
  Diebstahl. Raub. Erpressung. Sachbeschädigung. Injurie.
- II. Delicte in Form der List.
  Arglistige Vermögensbeschädigung. Calumnie, fraudulöse Veräußerungen.

C. Forderungen aus Zuständen.
- I. Ungerechtfertigte Bereicherung.
- II. Zustandsobligationen aus dem Grundbesitz.
- III. Pflichten zur Vorweisung von Sachen.

D. Anhang:
Wechsel-, Gewerbe-, Handels-, See- und Urheber-Recht.

Die einzelnen Obligationen entstammen Verträgen, unerlaubten Handlungen und Zuständen. Ein Anhang behandelt im Zusammenhang die modernen Gebilde der Wechselschuld, die obligatorischen Verhältnisse des Gewerbe- und Handelsstandes und mit Rücksicht auf den Verlagsvertrag das Urheberrecht.

A. Forderungen aus Verträgen.

Der Inhalt der Verträge richtet sich auf Veräußerung oder Gebrauch von Sachen bzw. Rechten, auf Dienste und Handlungen, auf Verwahrung und Sicherung, und auf Gemeinschaft.

I. Verträge auf Veräußerung.

Die Veräußerung geschieht ohne Entgeld wie bei Schenkung aus reiner Freigebigkeit, bei Vergleich zur Feststellung eines bestrittenen Anspruchs, — oder gegen Entgeld, sei es daß dieses bei Kauf, Tausch ein bestimmtes ist, sei es daß es bei Spiel und ähnlichen Verträgen in einer mehr oder minder gewissen Hoffnung besteht.

Schenkung (donatio im engeren Sinne) ist die vertragsmäßige Aufopferung eines Vortheils, in der Absicht durch die Verminderung des eignen Vermögens das des Gegners ohne Entgelt zu bereichern. Das Schenkungsversprechen braucht nicht erst geleistet, sondern kann sofort durch Uebertragung von Sachen, Rechten ‚dando' oder durch Erlaß von Pflichten ‚liberando' vollzogen werden. Die Schenkung zeichnet sich, weil sie dem gewöhnlichen Erwerbstriebe zuwiderläuft, aus durch schwerere Form und die leichtere Möglichkeit des Widerrufs wie der Anfechtung z. B. wegen Undanks, Uebermaßes 2c.

Vergleich (transactio) ist die vertragsmäßige Feststellung eines ungewissen Rechtsverhältnisses unter den Parteien durch gegenseitige Aufopferung. Sein Ziel ist nicht Bereicherung, sondern Klärung eines Anspruchs meist gegen Rechtsstreit durch gegenseitige Concessionen. Dadurch unterscheidet er sich vom Schiedsvertrag und Urtheil S. 52, wo die Beendigung des Streites durch einen von den Parteien bezeichneten Vertrauensmann oder unter Anrufung der Obrigkeit durch den vom Staat bestellten Richter erfolgt.

Kauf (emtio venditio) ist der Umsatz von Waaren gegen Geld. Käufer verlangt durch eine actio emti den dauernden Genuß (habere licere) des erstandenen Objectes (merx) und wird durch eine actio venditi genöthigt, den dafür in Geld vereinbarten Preis (pretium) zu zahlen.

Tausch (permutatio) ist der Umsatz von Waaren gegen Waaren und wird als doppelter Kauf construirt.

Spiel und andere gewagte Verträge wie Wette, Lotterie zielen auf ein noch von Zufällen oder ungewissen Umständen abhängiges Vermögensopfer, das eine Partei der andern ohne Entgeld oder wenigstens gegen einen nicht entsprechenden Gegenwerth verspricht. Grund der Veräußerung ist die Alea, d. h. die Hoffnung auf Gewinn gegen die Gefahr des Verlustes. Weniger unproductiv ist der moderne Leibrentenvertrag, durch welchen ein Unternehmer gegen Empfang einer Geldsumme sich zur Zahlung wiederkehrender Leistungen auf die Lebensdauer einer Person verpflichtet. Dadurch soll Leibrentner bis in sein höchstes Alter vor Nahrungssorgen geschützt werden.

II. Verträge auf Gebrauchsüberlassung.

Die Gebrauchsüberlassung geschieht ohne Entgeld wie bei Leihe, Precarium, Darlehn — oder gegen Entgeld wie bei zinsbarem Darlehn und der Sachmiethe.

Leihe (commodatum) ist die vertragsmäßige Ueberlassung des unentgeldlichen Gebrauchs einer Sache, mit der Pflicht sie nach beendigtem Gebrauch zurückzugeben. Grund des Vertrages ist nicht Liberalität, sondern Gefälligkeit. Art und Zeit des Gebrauchs bestimmen sich Mangels Abrede aus der Natur der Sache. Verleiher (Commodant) hat eine actio commodati directa auf Rückgabe der Sache und Ersatz schuldhafter Beschädigungen. Unter Umständen steht auch dem Entleiher (Commodatar) eine actio commodati contraria zu auf Ersatz zweckmäßiger und außerordentlicher Verwendungen auf die Sache, und auf Vergütung des Schadens, der ihm durch grobes Versehen des Verleihers, z. B. wegen der schlechten Beschaffenheit der Sache, aus unzeitiger Rückforderung 2c. entstanden ist.

Precarium ist die unentgeldliche Ueberlassung des Gebrauchs einer Sache oder eines Rechts auf beliebigen Widerruf. Verwilliger darf jederzeit zurückfordern, weshalb Precarist nur für grobes Verschulden einsteht und wegen etwaiger Verwendungen bloß ein Zurückbehaltungsrecht an der Sache üben darf.

Darlehn (mutuum) ist die vertragsmäßige Ueberlassung von Geld oder andern Quantitäten zum Verbrauch, mit der Pflicht eine gleiche Menge ebensolcher Sachen zurückzugeben. Herleiher giebt dem Anleiher Credit, daher wird Letzterer Eigenthümer, trägt die Gefahr und giebt ‚tantundem' zurück. Ursprünglich war das Darlehn als Gefälligkeitsdienst unter Freunden unentgeldlich, später diente es zu nutzbaren Kapitals-Anlagen. Da aber in Rom das Gelddarlehn als strenger Realcontract S. 59 galt, konnten Zinsen nur durch Stipulation bedungen und in besonderer Klage geltend gemacht werden. Heute ruht die Klage auf dem Versprechen, das Rückgabe sammt Zinsen umfaßt.

Sachmiethe (locatio conductio rei) ist die vertragsmäßige Ueberlassung eines Gegenstandes zur zeitweisen Benutzung gegen Entgeld. In dieser Begrenzung des Genusses (frui licere) liegt der Hauptunterschied vom Kauf, welcher durch die dauernde und uneingeschränkte Art der Ueberlassung in eine Veräußerung der Substanz ausläuft. In zweifelhaften Fällen entscheidet, trotz der im Verkehr üblichen Namen wie Obst-, Milch-Pacht 2c., der Parteiwille, ob eine Lieferung des Ertrages (emtio rei speratae) oder nur eine miethweise Benutzung der Sache beabsichtigt ist. Die Eigenschaft des Gegenstandes, ob gebrauchsfähig oder auch fruchttragend, hat für die römische Construction der Miethe keinen erheblichen Einfluß. Heute haben sich zwischen Wohnungsmiethe und Gutspacht namentlich in Betreff der Kündigungsfristen bedeutsame Unterschiede gebildet. Das Entgeld muß in Rom eine Geldsumme (merces) darstellen, widrigenfalls der Vertrag in einen Innominat-Contract S. 58 überging. Nur bei der Landgüter-Pacht war es erlaubt, den Verpächter mit einer Quote am Reinertrage zu betheiligen (colonia partiaria). Heute ist mit dem Wegfall der Innominat-Contracte die Art des Entgeldes gleichgültig. Die Miethe bildet einen beiderseitigen Vertrag. Miether beansprucht mit der actio conducti die vertragsmäßige Benutzung des Objectes während der verabredeten oder sonst bestimmten Zeit, und Vermiether mit der actio locati, daß sich der Gebrauch in den gehörigen Grenzen halte, der bedungene Zins gezahlt und die Sache nach Ablauf des Miethsvertrages in ordentlichem Zustande zurückgegeben werde. Bei der Pacht findet aus Billigkeit ein entsprechender Nachlaß am Zinse statt (remissio mercedis), wenn die stehende Ernte durch einen außerordentlichen Unglücksfall beträchtlich geschädigt ist. Eine besondere Gestalt nimmt die irreguläre Miethe vertretbarer Sachen an, da sie — einem Darlehn ähnlich — auf Verbrauch und Rückgabe ‚in genere' geht; doch bleibt sie durch die Natur des Leihgeldes vom „zinsbaren" Darlehn verschieden.

III. Verträge auf Handlungen und ähnliche Verhältnisse.

Die Verträge auf Handlungen umfassen alle meist entgeldlichen Versprechen von Diensten. Aus dem Verhältniß der Führung fremder Geschäfte ohne Auftrag erwachsen unwillkürliche Vertragsfolgen.

Dienstmiethe (locatio conductio operarum) ist die vertragsmäßige Uebernahme von Dienstleistungen auf Zeit gegen ein Lohnversprechen. Sie war in Rom auf ‚operae locari solitae‘ d. h. handwerksmäßige Dienste beschränkt, wogegen man für ‚operae liberales‘ der Aerzte, Advocaten ein freieres Mandat mit Honorar annahm. Der Arbeiter heißt locator, der Arbeitgeber conductor operarum, und Beiden stehen entsprechende Klagen auf Erfüllung ihrer wechselseitigen Pflichten zu. Eine eigenthümliche Art der Dienstmiethe bildet der Gesindevertrag, welcher wegen der Aufnahme der Dienstboten ins Haus an das Familienrecht streift.

Werkverdingung (locatio conductio operis) ist die vertragsmäßige Uebernahme der Herstellung eines Werks gegen ein Lohnversprechen. Hier handelt es sich nicht um die Arbeitskraft, sondern um das wirthschaftliche Ergebniß einer Thätigkeit. Daher wird Besteller, weil er ein ‚opus faciendum‘ verdingt, locator, und Unternehmer conductor operis genannt. Da das Unternehmen höchst mannigfaltig, sowohl mechanischer als ideeller Natur sein kann, so umfaßt der Vertrag ein weites Gebiet von Fällen. Auch der sogenannte Kauf der Eintritts-, Fahr-Karten vom Schauspiel- oder Eisenbahn-Unternehmer fällt darunter. Ist das zur Verarbeitung gelieferte Material vertretbar, so erwirbt Werkmeister Eigenthum daran, kann es durch gleich gutes ersetzen, trägt aber die Gefahr (locatio conductio operis irregularis.) War schon bei der Bestellung verabredet, daß Unternehmer auch den Stoff aus eignem Vermögen hergebe, so liegt mehr Kauf vor. Aus der rechtlichen Natur der Werkverdingung läßt sich beim Seetransport die lex Rhodia de jactu (große Haverei) herleiten, wonach ein Schaden, der Schiff oder Ladung zur Rettung aus Seegefahr zugefügt ist, von allen Interessenten der dadurch geborgenen Güter gemeinschaftlich getragen werden soll.

Trödelvertrag (contractus aestimatorius) ist die vertragsmäßige Ueberlassung einer abgeschätzten Sache, mit der Pflicht, sich um den Verkauf derselben zu bemühen und entweder den Taxpreis oder die Sache selbst zurückzugeben. Die Besonderheit liegt in der Belohnung des Trödlers, der für seine Mühewaltung den etwaigen Mehrerlös über die Taxe behalten soll.

Im Lieferungsvertrage verpflichtet sich Lieferant, dem Besteller Sachen, meist eine Quantität vertretbarer, gegen einen Geldpreis zu verschaffen. Der Dienst besteht in der Anschaffung des Gegenstandes behufs Lieferung, wogegen sich der Verkauf auf Ueberlassen und die Werkverdingung auf Herstellen richtet.

Auftrag (mandatum) ist die vertragsmäßige Uebernahme der im Allgemeinen unentgeldlichen Ausführung einer Handlung. Betrifft letztere keine thatsächliche Verrichtung, sondern eine rechtliche Beziehung zu Dritten, so schließt der Auftrag eine Vollmacht in sich, d. h. die Befugniß, den Machtgeber nach außen rechtlich zu vertreten. Das römische Mandat war unentgeldlich und dadurch von der Dienstmiethe geschieden. Heute ist jede Art von Vergütung für die Besorgung von Aufträgen zuläßig und klagbar. Der Auftraggeber (mandator, Mandant) hat eine actio mandati directa auf Ausführung, Rechnungslage und Herausgabe aller bei Gelegenheit des Mandats erworbenen Vortheile. Dem Beauftragten (procurator, Mandatar) steht unter Umständen eine actio mandati contraria zu z. B. auf Ersatz seiner Auslagen, Befreiung von den bei Verrichtung des Geschäfts übernommenen Verbindlichkeiten 2c. Eine besondere Art des Auftrags ist die Anweisung (Assignation), d. h. die einem Andern ertheilte Ermächtigung, bei einem Dritten eine meist in Geld bestehende Leistung auf Rechnung des Anweisenden zu erheben.

Die Führung fremder Geschäfte ohne Auftrag (negotiorum gestio) kann mandatsähnliche Folgen haben, die sich in einer actio negotiorum gestorum directa und contraria äußern. Doch hängt letztere Klage davon ab, daß das Geschäft kein verbotenes und ein zum Mindesten nützlich begonnenes war.

IV. Verträge auf Verwahrung und Sicherung.

Verwahrung ist die vertragsmäßige Hingabe einer beweglichen Sache zur Aufbewahrung. Das römische Depositum setzte als Grenzscheide von der Raum- und Dienstmiethe Unentgeldlichkeit voraus. Depositar wird durch actio depositi directa gezwungen, die Sache pflichtgemäß bei sich aufzubewahren, wobei er nur für grobes Versehen einsteht — es sei denn, daß er sich bezahlen ließ — und den Gegenstand jederzeit auf Verlangen des Deponenten an diesen oder dessen legitimirten Stellvertreter auszuliefern. Durch eine actio depositi contraria kann er sich Ersatz seiner nothwendigen Verwendungen und des Schadens, den er durch die Verschuldung des Deponenten in Folge der Eigenschaften der Sache erlitt, verschaffen. Durch offne Uebergabe vertretbarer Sachen behufs Verwahrung, aber in der Absicht nur ebensoviel zurückzufordern, entsteht ein depositum irregulare. Dasselbe kommt dem Darlehn sehr nahe, unterscheidet sich jedoch durch seinen Zweck: Deponent will sein Geld nicht auf längere Zeit gegen angemessene Vergütigung ausborgen, sondern es nur sicher hinterlegen, mit der Möglichkeit über die Summe nach Bedarf zu verfügen. Die Sequestration betrifft zumeist streitige Sachen, auch Grundstücke, welche die Parteien einem Vertrauensmann übergeben behufs Auslieferung an den Berechtigten. Mit der Verwahrung kann ein Auftrag zur Verwaltung des anvertrauten Gegenstandes verbunden sein, was in der Regel bei ganzen Vermögen vorkommt.

Der Garantievertrag sichert die Vollführung eines Geschäfts gegen das Versprechen, etwaige Ausfälle ganz oder theilweise zu decken.

Der Versicherungsvertrag ist dazu bestimmt, eine Gefahr, deren Eintritt den Betroffenen materiell ruiniren würde, durch Vertheilung des Schadens auf alle Interessenten in gleicher Lage abzuschwächen. Dies geschieht entweder direct durch gegenseitige Abrede der Interessenten zur Deckung ihrer etwaigen Verluste oder mittelbar durch Vertrag mit einem Dritten, welcher als Versicherer das Risico gegen ein entsprechendes Entgeld (Prämie) übernimmt.

V. Gesellschafts-Verträge und ähnliche Verhältnisse.

Gesellschaft (societas) ist die vertragsmäßige Gemeinschaft Mehrerer, um mit gemeinsamen Mitteln einen gemeinschaftlichen Zweck zu erreichen. Da die

Interessen aller Theilnehmer einem gleichen Ziele zustreben, hat jeder Genosse gegen dem andern eine actio pro socio, um Beitragspflichten, Betrieb, Rechnungslage und Lösung zu erzwingen.

Auch ohne Vertrag kann eine Gemeinschaft entstehen, sei es unter Lebenden durch „zufällig" gemeinsamen Erwerb untheilbarer Sachen oder Rechte (communio incidens), besonders unter Grundnachbaren in Betreff zweifelhafter Grenzstriche — sei es von Todeswegen unter Miterben. Auf die Stellung solcher Interessenten zu einander, namentlich auf ihre Auseinandersetzung beziehen sich je nach der Natur der Gemeinschaft die actio communi dividundo, finium regundorum und familiae herciscundae, von denen letztere Klage ins Erbrecht gehört.

B. Forderungen aus unerlaubten Handlungen.

Gewisse Delicte ziehen die Pflicht des Schuldigen zu Schadensersatz — in Rom auch zu Privatstrafe — nach sich. Sie äußern sich in den Grundformen der Gewalt (vis) oder der List (dolus) oder auch in beiderlei Gestalt.

I. Delicte in Form der Gewalt.

Dazu gehören: furtum, aus welchem in Rom eine actio furti auf den doppelten Sachwerth der gestohlenen Sache und zugleich eine condictio furtiva auf Entschädigung hervorgingen; rapina mit einer actio vi bonorum raptorum gegen den Räuber auf das Vierfache; metus mit einer actio quod metus causa gegen jeden Besitzer der abgenöthigten Sache auf Herausgabe; damnum injuria datum mit einer actio Legis Aquiliae auf Ersatz der Sachbeschädigung, wobei unter Umständen der höchste Werth der Sache im letzten Jahr oder Monat in Betracht kam; und injuria, d. h. jeder widerrechtliche Eingriff in die Rechtssphäre einer Persönlichkeit mit einer actio injuriarum auf arbiträre vom richterlichen Ermessen im einzelnen Fall abhängige Geldbuße.

Heute entstehen aus solchen Delicten nur Ansprüche auf Schadensersatz. Auch ist das römische furtum weiter als der Thatbestand des modernen Diebstahls, welcher sich bloß auf die Entwendung fremder Sachen mittelst Wegnahme bezieht. Es umfaßt jedes widerrechtliche sich Vergreifen an einer Sache (contrectatio fraudulosa lucri faciendi gratia) und kann rei sein: durch Diebstahl, durch Unterschlagung gefundener, anvertrauter Sachen 2c., oder usus durch unerlaubten Gebrauch der in Verwahrung genommenen Sache Seitens des Depositars, durch vertragswidrigen Mißbrauch der entliehenen Sache Seitens des Commodatars, oder possessionis, falls Eigenthümer seine eigne Sache dem Pfandgläubiger, Nießbraucher, Zurückbehaltungsberechtigten wegnimmt.

II. Delicte in Form der List.

Dahin gehören jede arglistige Vermögensbeschädigung mit einer actio doli, die römische Calumnie, d. h. Hingabe von Vermögensvortheilen, um den Empfänger zur Anstrengung oder Unterlassung eines ungerechten Rechtsstreits gegen einen Dritten zu bestimmen, mit actio calumniae auf das Vierfache, und fraudulöse Veräußerungen, sei es um die Sache einer drohenden Klage zu entziehen (judicii mutandi causa) mit einer actio in factum, sei es um Vermögenswerthe zum Nachtheil seiner Gläubiger (in fraudem creditorum) bei Seite zu schaffen mit actio Pauliana.

C. Forderungen aus Zuständen.

Das Gesetz knüpft unmittelbar an gewisse Zustände, in die man mit oder ohne seinen Willen gerathen kann, obligatorische Wirkungen. Dieselben bestehen in der Pflicht, ungerechtfertigte Bereicherung zu erstatten, in den Verbindlichkeiten aus der Lage des Grundbesitzes und in der Pflicht, Sachen und Urkunden, die man besitzt, bestimmten Interessenten auf Verlangen vorzuweisen.

I. Ungerechtfertigte Bereicherung.

Ein grundloser Vermögens-Uebergang, namentlich zu Unrecht übertragenes Eigenthum kann mit Condictionen zurückgefordert werden. Die condictio heißt indebiti, wenn sich die Zahlung auf eine irrthümlich vorausgesetzte Schuld bezog; causa data causa non secuta (ob causam datorum), wenn die Vorleistung in Erwartung eines künftigen Ereignisses geschah, dieses aber nicht eintrat; sine causa wenn der Erwerb aus fremdem Vermögen sich ohne jeglichen Rechtsgrund vollzog. Aus Leistungen, welche in sich eine Verletzung besonderer gesetzlicher Vorschriften enthalten, entspringt eine condictio ob injustam causam, und aus solchen, durch welche Empfänger zu einer für ihn allein unsittlichen Handlung oder Unterlassung bestimmt werden soll, eine condictio ob turpem causam.

II. Zustandsobligationen aus dem Grundbesitz.

Der Grundeigenthümer haftet wegen des baufälligen Zustandes seiner Gebäude, soweit daraus Andern eine Gefährdung erwächst, vorläufig auf Sicherheitsleistung, cautio damni infecti. Wer auf seinem Feldgrundstück rechtswidrig den Wasserlauf, wie er von Natur, durch Ortsstatut oder seit Menschengedenken besteht, in einer für den Nachbarn schädlichen Weise ablenkt, wird mit der actio aquae pluviae arcendae auf Einstellung, Wegnahme der Anlage und Ersatz belangt. Die bauliche Veränderung eines Grundstücks gewährte in Rom den beeinträchtigten Interessenten eine operis novi nuntiatio, d. h. ein privates Einspruchsrecht, das zur Abwehr der aus dem Bau drohenden Nachtheile eingelegt und durch polizeilichen Zwang gegen den Ungehorsamen durchgesetzt wurde. Endlich erblickte die römische Ansicht in jeder erheblichen Veränderung an einem Grundstück, die wider Verbot oder hinter dem Rücken des Interessenten erfolgte, an sich ein Delict, zu dessen vorläufiger Beseitigung das interdictum quod vi aut clam diente.

III. Pflichten zur Vorweisung von Sachen.

Der Inhaber von Sachen kann als solcher durch die actio ad exhibendum zur Vorweisung angehalten werden, damit Interessent durch die Besichtigung eine Hauptklage vorbereite oder den Gegenstand, von dem ihm nun kein Hinderniß mehr trennt, gleich mit sich nehme. Die Einsichtnahme in Urkunden eines Andern ist besonders im Proceß zum Beweise behaupteter Thatsachen wichtig und unter Umständen durch die actio ad edendum erzwingbar.

D. Anhang.

In demselben werden behandelt: Wechsel-Recht, Gewerbe-Recht, Handels- und See-Recht, Urheber-Recht.

§ 22.

Dritter Haupttheil des Privatrechtes.

Personenrecht.

Das Personenrecht umfaßt die rein persönlichen und mittelbar vermögensrechtlichen Beziehungen aus der Ehe, der väterlichen Gewalt, der Vormundschaft und aus dem Verbande der Verwandtschaft wie Schwägerschaft. Als Anhang zur Familie wird die frühere Einrichtung der Sklaverei erörtert.

A. Ehe.

Ehe (matrimonium) ist ihrem Begriff nach eine Vereinigung von Mann und Frau zu einer rechtlich anerkannten vollkommenen Lebensgemeinschaft (omnis vitae consortium). Im alten Rom unterschied man: die strenge Ehe, wo die Frau in die Gewalt ihres Mannes (in manum mariti) trat, als dessen Tochter und als Schwester ihrer Kinder galt, — und die freie Ehe. Neben der legitimen Ehe (nuptiae justae) kannte man noch einen Concubinat. Daraus entsprossene Kinder (liberi naturales) standen nicht in der väterlichen Gewalt ihres Erzeugers, hatten aber gegen ihn — als Vorzug vor den unehelichen (spurii) — ein Alimentations- und ein beschränktes Erbrecht.

Heute giebt es nur „einen" Rechtsbegriff der Ehe, doch in einzelnen Fällen bei der s. g. Mißheirath gehen Namen, Stand, Rang des Mannes nicht auf Frau und Kinder über.

Aus der sittlichen Natur der Ehe folgert die christliche Kirche ihren Einfluß. Nach katholischem Dogma bildet die Ehe ein Sacrament, das nur in unauflöslicher Weise durch die Kirche verliehen werden kann (matrimonium ratum). Im Deutschen Reich gehört zu einer rechtmäßigen Ehe der bürgerliche Abschluß, welchem eine kirchliche Einsegnung erst nachfolgen darf. Dies ist die obligatorische Civil-Ehe im Gegensatz zur facultativen, wo die Wahl zwischen kirchlicher Trauung und bürgerlichem Abschluß den Verlobten zusteht, und zur Noth-Civilehe, die nur gewissen Ständen im Staat als Aushülfe gestattet ist.

Die persönliche Stellung der Ehegatten zeigt sich in ihrer rechtlichen Abhängigkeit von einander. Die Frau führt Namen und Stand ihres Mannes, folgt seinem Wohnsitz u. s. w. Jeder Theil kann die Herstellung des ehelichen Lebens verlangen. Das Gesetz schließt Gatten von der Zeugnißpflicht gegen einander aus, versagt Diebstählen unter ihnen die strafrechtliche Verfolgbarkeit und erklärt den Ehemann unter einer seiner Frau von Dritten zugefügten Ehrverletzung für mittelbar beleidigt.

Die rechtliche Möglichkeit der Ehe zwischen zwei Personen hängt von gesetzlichen Erfordernissen ab (connubium im weiteren Sinne). Gründe, welche diese rechtliche Möglichkeit ausschließen, heißen Ehehindernisse. Sie sind entweder trennende (impedimenta dirimentia), wenn sie eine zu Unrecht geschlossene Ehe aufheben, oder aufschiebende (impedientia), wenn sie zwar der Eingehung entgegenstehen, aber die trotzdem geschlossene Ehe nicht lösen. Erstere theilt man weiter ein in öffentliche, auf Grund deren der Staatsanwalt S. 40 die Trennung der „nichtigen" Ehe betreiben kann, und in private, bei denen die Anfechtung der „ungültigen" Ehe dem verletzten Gatten frei steht. Nach einem andern Gesichtspunkt zerfallen die Ehehindernisse in absolute und relative, je nachdem sie die Ehe überhaupt oder nur mit einem gewissen Kreise von Personen verbieten.

Verlöbniß (sponsalia) ist das wechselseitige Versprechen künftiger Ehe, das dieselbe häufig vorbereitet.

Die Eheschließung erfolgt durch eine auf Begründung der Ehe gerichtete, übereinstimmende Willenserklärung der dazu geeigneten Personen — in der Regel in einer gesetzlich bestimmten Form.

Die Auflösung der Ehe geschieht durch Tod eines der Gatten oder durch Scheidung (divortium, repudium), welche am schuldigen Theil durch Vermögensstrafen gebüßt wird. Freilich verwirft die katholische Kirche die Scheidung einer christlichen Ehe, die leiblich vollzogen ist (copula carnali consummatum), und gestattet nur eine Trennung von Tisch und Bett (quoad mensam et thorum).

Die Wiederverheirathung des überlebenden oder geschiedenen Gatten ist zulässig. Doch soll die Wittwe ein Trauerjahr inne halten. Ferner treffen den Gatten, welcher sich wieder verheirathet (conjux binubus), Nachtheile zu Gunsten seiner Kinder erster Ehe, insbesondere verliert er an diese den Erwerb aus erster Ehe hinsichtlich der Proprietät, nicht dem Nießbrauch nach (lucra nuptialia).

Die Vermögensfolgen der Ehe sind nach römischer und deutscher Anschauung verschieden.

In Rom behält die Frau in freier Ehe ihr Vermögen zur selbständigen Verfügung. Nur erhebliche Schenkungen unter Gatten waren verboten, damit nicht ein Theil die Liebe des andern zu seinem Gewinnst ausbeute. Es galt der Brauch, daß die Frau ihrem Manne eine Mitgift (dos) zur Bestreitung der Ehekosten zubrachte, und für den Vater wie väterliche Ascendenten war eine solche Ausstattung der Töchter sogar Zwangspflicht (dos necessaria). Eine Mitgift, welche vom Vater oder väterlichen Ascendenten bestellt ist, heißt profecticia; die, welche von der Mutter, der Frau selbst oder anderen Personen herrührt, adventicia. Der Mann wird Eigenthümer der dos, aber mit der Pflicht, sie mit der in eigenen Angelegenheiten üblichen Sorgfalt zu verwalten und ‚ad onera matrimonii sustinenda' zu verwenden. Dotalgrundstücke darf er nicht veräußern, und nach Lösung der Ehe hat er die Mitgift zurückzuerstatten, welche in der Regel an die Frau fällt. Eine dos, deren Heimfall sich Besteller zu seinen Gunsten vorbehielt, wird recepticia genannt. Durch Eheverträge (pacta dotalia) findet eine nähere Regelung der ehelichen Güterverhältnisse Statt z. B. mittelst Abschätzung der Dotalsachen (dos aestimata) sei es um einen Maßstab für den Schadensersatz zu schaffen (taxationis causa) sei es um die Rückgabe auf Geld zu stellen (venditionis causa). Auch der Mann soll seiner Gattin eine Widerlage (donatio ante oder propter nuptias) im Verhältniß zur Mitgift versprechen. Die Frau kann ihr Vermögen außerhalb der Dos (bona paraphernalia) dem Manne zur Verwaltung überlassen und wird insoweit seine Gläubigerin. In Streitfällen wird vermuthet, daß Sachen, welche sich in den Händen eines der Ehegatten befinden, dem Manne gehören (praesumtio Muciana), sofern nicht die Frau ihr Eigenthum daran nachweist.

In Deutschland fand man es der Innigkeit des ehelichen Lebens angemessen, dem Manne ohne Weiteres den Nießbrauch am gesammten Eingebrachten seiner Frau zu gewähren und dieser nur die Verfügung über ausdrücklich vorbehaltenes Gut (bona recepticia im Gegensatz zu illata) zu lassen. Deutschrechtlichen Ursprungs ist die Vereinigung beider Vermögen in der Hand des Mannes als Hauptes der Familie, sei es in Gestalt einer Verwaltungsgemeinschaft, die mit Aufhebung der Ehe auseinander fällt, sei es in Form der Gütergemeinschaft, die als rechtliche Verschmelzung der Massen über die Ehe hinaus dauert.

B. Väterliche Gewalt.

Die römische patria potestas ist ihrem Begriff nach ein Recht des Vaters, auf das er durch Entlassung des Kindes gegen eine Belohnung (praemium emancipationis) verzichten kann. Die Deutsche Were besteht mehr in einer vormundschaftlichen Pflicht der Eltern, welche zugleich mit dem schutzbedürftigen Zustande des Kindes wegfällt. Der Inhalt der väterlichen Gewalt hat sich zu einem Erziehungsrechte abgeschwächt.

Sie entsteht entweder auf natürliche Weise durch eheliche Zeugung und Anerkennung unehelicher Kinder oder wird künstlich durch Annahme an Kindesstatt begründet.

Jedes Kind, das eine Ehefrau zwischen dem 182ten Tage nach Eingehung und dem 300ten Tage nach Auflösung ihrer Ehe gebiert, gilt als vom Ehemann erzeugt. Das Preußische Recht vermuthet alle in der Ehe, auch unmittelbar nach Eheschluß geborenen Kinder als ehelich. Gegenbeweis ist aus überzeugenden Gründen z. B. Impotenz oder Abwesenheit des Mannes von der Frau während der längstmöglichen Conceptionsfrist statthaft. Bei Bestreitung der Vaterschaft (Paternität) steht dem Kinde bzw. dessen Mutter eine actio de partu agnoscendo gegen den Vater zu.

Der Erzeuger unehelicher Kinder anerkennt sie, indem er ihre Mutter heirathet (Mantelkinder). Unter Umständen kann auch die Legitimation auf seinen Antrag durch Gnadenact des Fürsten erfolgen.

Die Annahme an Kindesstatt hatte im alten Rom den sacral-politischen Zweck, die Geschlechter zu erhalten. Sie geschah an bisher gewaltfreien Personen durch arrogatio, an Hauskindern durch adoptio. Da mit dem Eintritt in den Familien-Verband auch ein Uebergang des Vermögens verbunden war, so bestanden für die Arrogation an Unmündigen besondere Vorsichtsmaßregeln, um unlautere Speculationen auf deren Habe auszuschließen. Schon im neueren römischen Recht und besonders heute hat die Annahme an Kindesstatt diesen öffentlichen Character verloren und bezieht sich nur auf die Begründung eines rein persönlichen Kindesverhältnisses.

Die väterliche Gewalt erlischt durch Tod eines der Betheiligten, in einzelnen Fällen zur Strafe des Vaters, zu Ehren des Kindes und meist aus freiem Willen durch Entlassung (emancipatio). Höheres Lebensalter, Heirath des Kindes — ausgenommen die altrömische Manus-Ehe der Tochter — heben die Gewalt nicht auf. In Deutschland wird die Tochter durch Heirath, der Sohn durch abgesonderte Wirthschaft selbständig.

Die Vermögensverhältnisse römischer Hauskinder beruhten auf der alten Regel, daß sie nothwendig für ihren Gewalthaber erwerben (nihil suum habere possunt), aber denselben aus ihren Verträgen nicht verhaften können. Persönlich sind sie bei gehörigem Alter verpflichtungsfähig; nur die von ihnen aufgenommenen Geldbarlehne erklärt das Senatus Consultum Macedonianum für klaglos (natural), damit der Gläubiger nicht in Speculation auf den Tod ihres Vaters sie zum Schuldenmachen verleite. Häufig geschah es, daß der Vater seinem Sohne Güter (bona a patre concessa) zur mehr oder minder freien Verwaltung einräumte. Dieses Sondervermögen (peculium mit dem späteren Zusatze profecticium) und aller Erwerb daraus bleibt rechtlich dem Vater. Dieser kann das Peculium jederzeit vermindern und ganz einziehen, doch bleibt er bis auf den Bestand desselben also mit Vorabzug eigner Forderungen, soweit darin keine Arglist lag, den Gläubigern seines Sohnes mit einer actio de peculio verbunden. War das Peculium zu einem Handelsgeschäft (taberna) bestimmt, so wird der Vater von den Handelsgläubigern mit einer actio tributoria genöthigt, die Masse unter ihnen zu vertheilen und sich selbst auch nur verhältnißmäßig zu bedenken. Aus Geschäften, welche der Sohn auf die Ermächtigung seines Vaters hin abschloß, haftet Letzterer vollauf mit einer actio quod jussu, und soweit er aus Schulden des Sohnes bereichert ist, wenn auch indirect durch Ersparniß nothwendiger Auslagen, mit einer actio de in rem verso. Ist der Sohn im Geschäft des Vaters z. B. als Führer des von ihm ausgerüsteten Schiffes (magister navis) angestellt, so wünscht der Herr im eignen Interesse die Creditfähigkeit seines Vertreters. Daraus entsprang die actio exercitoria, welche in weiterer Ausdehnung als actio institoria S. 61 auf gewaltfreie Personen bezogen wurde. Man nennt diese Klagen ‚adjecticiae qualitatis', weil neben der entsprechenden Geschäftsklage gegen den Sohn noch in solidarischem Verhältniß eine Klage gegen den Vater gegeben wird. In der späteren Entwicklung des römischen Rechtes wurde das Hauskind für sich in gewisser Art erwerbsfähig. Was der Haussohn bei Gelegenheit des Kriegsdienstes (peculium castrense) oder aus öffentlichem Amt erwirbt (quasi castrense), ist sein freies Eigenthum, über das er auch von Todeswegen verfügen darf. Die mütterliche Erbschaft (bona materna), der Erwerb von mütterlicher Seite (bona materni generis) und überhaupt jeder Erwerb, der nicht vom Vater herstammt, soll dem Hauskind zu eigen gehören, aber in Nutzung wie Verwaltung des Vaters während der Dauer seiner Gewalt treten (bona adventicia). In einzelnen Fällen sind die väterlichen Rechte daran ausgeschlossen, z. B. wenn der Erwerb wider Willen des Vaters geschah oder der Dritte dessen Nießbrauch verboten hat. Solche Adventicien heißen ‚irregularia', sie stehen im Genuß des Kindes und in seiner bzw. seines dazu bestellten Pflegers Verwaltung, doch sind sie nur unter Lebenden veräußerlich.

Heute sind Hauskinder vermögensfähig, auch zu Rechtsgeschäften mit ihrem Vater. Contrahiren sie im Auftrage des Vaters, der ihnen einen Theil seines Vermögens zur Verwaltung anvertrauen kann, mit Dritten, so berechtigen und verpflichten sie ihren Herrn direct nach Maßgabe der Vollmacht. Ein Erwerb, den sie für sich machen, wird nach dem Vorbilde der bona castrensia und aventicia entweder freies oder unfreies Kindesvermögen. Allein ein großjähriger Haussohn darf die Auslieferung seines im Nießbrauch des Vaters befindlichen Gutes, z. B. des mütterlichen Erbes verlangen, wenn er in der Lage ist, sich damit selbständig zu machen.

C. Vormundschaft.

Ihr Wesen zerfiel nach römischer Ansicht in tutela und cura. Die Tutel diente zur Ergänzung einer wegen zarten Alters oder weiblichen Geschlechtes unvollkommenen Persönlichkeit, die cura nur zur Vermögensverwaltung für daran behinderte Personen (tutor personae, curator causae vel rei datur), daher unterstanden der Tutel gewaltfreie Unmündige (impuberes bis zum 14. Jahr) und im alten Rom auch Frauen ohne Rücksicht auf ihr Alter, sofern sie nicht in väterlicher oder eheherrlicher Gewalt waren. Dagegen bezog sich die Cura auf mündige Minderjährige (puberes minores zwischen 14 und 25 Jahren), Geisteskranke, Verschwender, Taube, Blinde rc. und auch auf unvertretene Vermögen z. B. von Abwesenden. Der Tutor leitet die Erziehung des Mündels und gewährt seinen Rechtsgeschäften die formelle Genehmigung (interponit auctoritatem). Dem Curator liegt die Vertretung seines Pfleglings bei vermögensrechtlichen Acten ob (facit consensum). Ursprünglich galt die Tutel als ein Recht aus dem Familienverbande, die Cura als eine Pflicht, vermöge obrigkeitlicher Bestellung. Im späteren Recht hat der Unterschied an Bedeutung verloren. Heute giebt es nur „eine" Vormundschaft, besonders über jugendliche Personen bis zum 21. Jahre, die nicht in väterlicher Gewalt stehen. Doch kommen auch Pfleger des Vermögens neben dem Vater und Vormund in besonderen Fällen vor.

Der Vormund wird berufen entweder durch letztwillige Anordnung des Vaters, der Mutter, auch des Erblassers des Unmündigen (testamentarius), oder aus verwandtschaftlichem Verhältniß zum Mündel (legitimus) oder in Folge allgemeiner Bürgerpflicht durch die Behörde (dativus). Wer im Irrthum über die Gültigkeit einer letztwilligen Verfügung oder über seine Verwandtschaft zum Unmündigen die Vormundschaft übernimmt, heißt protutor. Heute bildet richterliche Bestellung die Regel, die aber mit Rücksicht auf letztwillige Vorschläge der Eltern und unter Bevorzugung der näheren Angehörigen des Mündels stattfindet. Einzelne Personen sind absolut d. h. ganz unfähig (inhabiles), andere nur relativ im betreffenden Falle (suspecti), die Vormundschaft zu übernehmen. Sie darf nur aus gesetzlichen Entschuldigungsgründen (excusatio voluntaria) abgelehnt werden.

Die Führung der Vormundschaft besteht in der Fürsorge für die Person des Mündels und in sorgsamer Verwaltung seines Vermögens, wie sie ein ordentlicher Hausvater in eignen Angelegenheiten gewöhnt ist. Dabei unterliegt der Vormund besonderen Controlen, namentlich einer Aufsicht des Richters (Obervormundschaft), da der Staat ein Interesse daran hat, dem Mündel sein Gut zu sichern und wenn auch nicht zu vermehren, so doch zu erhalten. In Rom können die Eltern des Unmündigen einen Ehrenvormund (honorarius) zur Ueberwachung des Hauptvormundes (agens) ernennen. In Preußen muß ein Gegenvormund bestellt werden, falls mit der Vormundschaft eine Vermögensverwaltung verbunden ist, und die Eltern des Mündels nicht ausdrücklich die Berufung untersagt haben.

Die Vormundschaft endigt mit Wegfall ihres Grundes, z. B. wenn Mündel stirbt, das großjährige Alter erreicht, für großjährig erklärt wird (venia aetatis), in eine väterliche, eheherrliche Gewalt eintritt ꝛc. — oder aus der Person des Vormunds durch dessen Tod, Unfähigkeit. Die Obrigkeit kann den Vormund auf dessen Antrag aus guten Gründen entlassen oder ihn, wenn er sich pflichtwidrig, ungeeignet erweist, absetzen (remotio).

Aus der Tutel gehen mandatsähnliche Klagen hervor: actio tutelae directa des Mündels nach beendigter Vormundschaft — auch vorher Seitens eines dazu bestellten Curators — auf Rechnungslage, Herausgabe des Vermögens, Erstattung verschuldeten Verlustes, und eine actio tutelae contraria des Vormunds auf Entlassung (Decharge), Ersatz der für den Pupillen etwa gemachten zweckmäßigen Auslagen u. s. w. Besondere Klagen gab das römische Recht für das Verhältniß des Unmündigen zum Protutor, der auch Dritten für den Schaden aus seiner falschen Genehmigung haftbar war.

Die Vormundschaft über Großjährige, welche wegen Geisteskrankheit, Verschwendungssucht, körperlicher Gebrechen zur Besorgung ihrer Rechtsangelegenheiten untauglich oder durch langjährige Abwesenheit daran gehindert sind, hat ähnliche Gestalt. Heute bedarf es eines gerichtlichen Entmündigungs-Verfahrens, um eine Person für geisteskrank oder für einen Verschwender zu erklären.

D. Verwandtschaft.

Die römische Familie als Personenkreis — im weiteren Sinne bezeichnete familia das ganze Hauswesen — war in ältester Zeit eine politisch-religiöse und wirthschaftliche Gemeinschaft unter patriarchalischer Leitung des Hausvaters. Dazu gehörten zunächst die in rechtmäßiger Ehe erzeugten Kinder, auch wenn ihr Vater vor ihrer Geburt verstorben war (postumi). In die Familie traten ein: die in die Gewalt des Hausvaters aufgenommenen Personen wie seine und seiner Söhne Manus-Frau, die von ihm Arrogirten und Adoptirten; es schieden aus: seine emancipirten oder in fremde Gewalt gegebenen Kinder, namentlich die in strenger Ehe verheiratheten Töchter. Eine solche Aenderung der Familiensphäre hatte für die Person eine capitis deminutio minima zur Folge. Enkel zählten nur zur Familie des Großvaters, wenn sie von seinen Söhnen, die sich zur Zeit der Zeugung noch in seiner Gewalt befanden, ehelich abstammten. Enkel von der Tochter her kamen stets in die Familie des angeheiratheten Mannes. Diese auf der väterlichen Gewalt ruhende Verwandtschaft hieß civile oder agnatische. Demnach erklärt man Agnaten als Personen, die durch das Band derselben väterlichen Gewalt zusammenhängen. Von einem höheren Standpunkt umfaßt der Begriff auch solche Personen, welche, falls ihr Stammvater länger gelebt hätte, unter dessen Gewalt gefallen wären. Insofern sind Agnaten: sowohl die Geschwister des Hausvaters, mit denen er gemeinsam unter der Gewalt seines Vaters stand bzw. bei dessen Lebzeiten noch stehen würde, als auch die Familie solcher Brüder und so fort. Als engere Gruppe der Agnaten schied man die sui, d. h. die unmittelbar Gewaltunterworfenen, welche mit Wegfall ihres Gewalthabers sui juris wurden, also die Manusfrau des Hausvaters, seine ehelichen und an Kindesstatt angenommenen bzw. nachgeborenen Kinder und seine Sohnesenkel, falls der Zwischensohn durch Tod oder Emancipation vor der Zeugung ausgeschieden war. In weiterer Bedeutung treten zu den Agnaten noch die gentiles, d. h. Geschlechtsgenossen, welche denselben Gentilnamen führten, also der emancipirte Sohn mit seiner Familie und die Sippe, deren Abstammung von einem gemeinschaftlichen Ahn sich im Dunkel der Vorzeit verlor. Auf diese Ordnung gründete sich das altrömische Erbrecht, das von der aristokratischen Tendenz beseelt war, das Familiengut im Mannsstamm zu erhalten und zu erweitern. Allmälig verschwand der öffentlich-rechtliche Charakter der Familie. Der Gentilverband löste sich auf. Den sui wurden die liberi gleichgestellt, d. h. Kinder und Enkel, die ohne Emancipation sui wären.

In der späteren Entwicklung des römischen Rechts ist größtentheils, und heute vollends, die natürliche oder cognatische Verwandtschaft maßgebend. Sie ruht auf der Blutsbande, entsteht durch Zeugung, die behufs Verbindung mit dem Vater eine eheliche sein muß, und erlischt durch Tod. Unter den Cognaten scheidet man die grade und die Seitenlinie. In grader Linie stehen, je nachdem sie ab- oder aufsteigt, die Descendenten des Erzeugers (liberi) und seine Ascendenten (parentes). Zu den Seitenverwandten (Collateralen) gehören Diejenigen, welche von einem gemeinsamen Dritten abstammen, also zunächst Geschwister. Letztere können vollbürtig (germani) sein, wenn sie beide Eltern gemeinsam haben, oder halbbürtige, wenn sie nur von demselben Vater (consanguinei) oder derselben Mutter (uterini) herstammen. Cognaten können mehrfach mit einander verwandt sein. Die Nähe der Verwandtschaft wird nach Graden berechnet. (computatio). Die Zahl der Grade hängt von den Zeugungen ab, die erforderlich waren, um die Verwandtschaft zwischen den betreffenden Personen zu ermitteln. Folglich sind Vater und Sohn mit einander im ersten Grade verwandt, Großvater und Enkel im zweiten, Geschwister im zweiten, Onkel und Neffe im dritten, Geschwisterkinder im vierten u. s. w.

Schwägerschaft (affinitas) ist das Verhältniß eines Ehegatten zu den Blutsverwandten des andern. Sie besteht entweder in grader Linie mit den Schwiegereltern, Stiefkindern oder in der Seitenlinie mit den Schwägern im engern Sinn. Sie endet heute nicht mehr regelmäßig mit Auflösung der Ehe, durch welche sie begründet wurde.

An die Verwandtschaft, meist nur in grader Linie, knüpft das Gesetz obligatorische Vermögensfolgen wie der Alimentation, Dotation, Beerdigung. Freilich können diese Pflichten auch aus Gründen des Vertrages, Delictes, Erbganges 2c. hervorgehen. In neuerer Zeit sind durch den Willen des Stifters, gewisse in der Regel unbewegliche Vermögensstücke dauernd mit seiner Familie zu verbinden, die Stammgüter und Familien-Fideicommisse entstanden.

E. Anhang.

Derselbe behandelt Verhältnisse der Sklaven, die zu einem römischen Hauswesen gehörten. Die Sklaven (servi) galten als Rechtsobjecte, aber da sie mit Vernunft und Willen begabte Wesen bleiben, so tritt ihre menschliche Eigenschaft in manchen Beziehungen hervor. Sie erwarben für ihren Herrn und verpflichteten ihn auch wie andere Gewaltunterworfene, besonders in Höhe des anvertrauten Peculium. S. 72. Selbst für sich konnten sie Handlungen vornehmen, deren rechtliche Wirksamkeit sich nach ihrer Freilassung zeigte. Die Sklaverei wurde meist durch Kriegsgefangenschaft (mancipia) begründet, pflanzte sich durch Abstammung von einer Sklavin (ancilla) fort und hörte durch Freilassung (manumissio) auf, welche den Liberten unter Umständen zum römischen Bürger machte. Zwischen dem Freigelassenen und seinem Freilasser bestand ein Clientelverhältniß, daß den Liberten zu Treue, Gehorsam, Diensten verpflichtete und dem Patron Anspruch auf Alimentation, Erbrecht gewährte.

Eine Mittelstufe nahmen die in mancipio Befindlichen ein. Dies waren Freie, welche ihr Gewalthaber — in der Regel nur dicis nomine, d. h. mit der Vertrauensabrede auf Rückverkauf bzw. Freilassung — einem Dritten verkauft hatte, z. B. Hauskinder, die im alten Recht, um adoptirt oder emancipirt zu werden, zunächst durch einen Sklavenzustand (imaginaria servilis causa) hindurchgehen mußten.

Durch den Einfluß des Christenthums wird die Persönlichkeit aller Menschen anerkannt. Allein trotz familienrechtlicher Freiheit gab es schon in Rom politisch abhängige Klassen, welche auf Lebenszeit an die Scholle ihres Herrn gefesselt waren (glebae adscripti). Aehnliche Zustände kannte das Mittelalter in der Leibeigenschaft und Hörigkeit. Die moderne Gesetzgebung hat mit den letzten Resten dieser Gutsunterthänigkeit aufgeräumt.

§ 23.

Vierter Haupttheil des Privatrechtes.

Erbrecht.

A. Wesen und Inhalt.
B. Intestatfolge.
C. Notherbrecht.
D. Testamente.
Fähigkeit. Formen. Wille. Erbeseinsetzung. Substitutionen. Testamentsexecutoren. Ungültigkeit. Gemeinsame Testamente.
E. Erbverträge.
Erbeinsetzungsverträge. Erbverzichte.
F. Eintritt des Erbfalles.
Eröffnung des Testamentes. Sicherungsmaßregeln. Berufung und Erwerb. Wirkung des Erwerbes. Schutz des Erbrechtes. Verhältniß unter Miterben. Einwurf. Unwürdigkeit. Erbschaftsverkauf.
G. Vermächtnisse und Schenkungen auf den Todesfall.
Begriff und geschichtliche Entwicklung der Vermächtnisse. Codicillar-Clausel. Subjecte (Anwachsungsrecht). Gegenstand und Beschränkung des Umfangs. Erwerb, Schutz und Untergang. Inhalt. Prälegat, Universalvermächtniß. Schenkung auf den Todesfall.

Das Erbrecht enthält die Regeln über die Nachfolge Lebender in das hinterlassene Vermögen eines Verstorbenen. Es zerfällt je nach dem Grunde, aus welchem der Erbe berufen wird, in die Erbfolge aus dem Gesetz, sei es ohne Testament (Intestaterbfolge), sei es gegen ein Testament (Notherbrecht), und in die Erbfolge aus dem Willen des Erblassers, sei es durch einseitige, letztwillige Verfügung (Testament), sei es durch zweiseitiges Geschäft von Todeswegen (Erbvertrag). Daran reiht sich für den Eintritt des Erbfalles die Lehre vom Erwerb der Erbschaft und dem Schutz des Erbrechtes. Den Schluß bilden Vermächtnisse und Schenkungen auf den Todesfall.

A. Wesen und Inhalt.

In Rom bildete sich neben dem strengen Erbsystem des Civilrechtes (hereditas) ein prätorisches (bonorum possessio) aus, das ursprünglich zur Ergänzung des ersteren bestimmt war, aber zuletzt durch den Geist seiner Billigkeit den Sieg davontrug.

Der Erbe (heres) rückt in den Nachlaß des Erblassers (defunctus) ein und setzt dessen Persönlichkeit, insbesondere die vermögensrechtliche fort (unitas personae). Mehrere Erben (coheredes) thun es zu Bruchtheilen. Die Befugniß des Erben zur Nachfolge (subjectives jus succedendi) stützt sich auf eine Berufung (delatio) und führt durch Antritt (aditio) zum Erwerb der Erbschaft. In der Zwischenzeit zwischen Delation und Adition galt die ruhende Erbschaft (hereditas jacens) als ein selbständiges Vermögen, das man sich vom Willen des Erblassers zusammengehalten und fortbeherrscht dachte. Die freiwillige Erklärung des Antritts erschien um so wichtiger, da der Erbe als Universalsuccessor in die Schulden des Verstorbenen eintrat und für einen etwaigen Fehlbetrag mit seinem eigenen Vermögen verantwortlich war. Nur einigen s. g. necessarii heredes fiel die Erbschaft ohne Wissen und Willen an. Dies waren die Sui des Erblassers S. 74 und seine von ihm unter Zusicherung der Freiheit eingesetzten Sklaven. Doch stand den Sui, bevor sie sich in die Verwaltung der angefallenen Erbschaft eingemischt hatten, noch das Recht zu, sich durch eine Erklärung davon loszumachen (beneficium abstinendi). In der späteren Entwicklung schwächte sich die Haftung des Erben ab. Insbesondere gab man ihm die Rechtswohlthat des Inventars, wonach er, falls er ein gehöriges Verzeichniß des Nachlasses errichtet und rechtzeitig dem Gericht einreicht, bloß in Höhe dieses Bestandes den Erbschaftsgläubigern aufzukommen braucht. Heute genügt meist die gerichtliche Erklärung des Erben, daß er ‚sub beneficio inventarii' antrete, worauf das Gericht das Inventar aufnimmt.

Nach deutscher Auffassung macht der Todte den Lebendigen zum Erben. Der Erbe tritt unmittelbar an die Stelle des Verstorbenen, haftet aber nur, soweit der Nachlaß reicht. Auch im preußischen Recht fällt die Erbschaft stets von selbst an. Allein jeder Erbe hat kraft des Gesetzes eine Ueberlegungsfrist, binnen welcher er der Erbschaft entsagen kann. Erklärt er sich in dieser Frist nicht, so gilt er dennoch als Erbe mit Vorbehalt, d. h. mit auf den Nachlaß beschränkter Haftung und verliert erst diese Wohlthat, wenn er nicht während bestimmter Zeit inventarisirt und das Inventar dem Gericht einreicht.

B. Intestaterbfolge.

In Ermangelung eines Testamentes sind nach dem muthmaßlichen Willen des Verstorbenen seine Verwandten in bestimmter Reihenfolge zu Erben berufen. Das Gesetz ordnet sie mit Rücksicht auf ihren sittlichen wie socialen Zusammenhang nach Klassen (ordines), die auf einander folgen, und schreibt für gleichberechtigte Anwärter derselben Klasse Theilungsarten vor.

C. Notherbrecht.

Dasselbe richtet sich gegen ein Testament, durch welches die Notherben verletzt sind.

In Rom unterschied man ein formelles Notherbrecht, welches in der Ehre gehöriger Erwähnung im Testament bestand, und ein materielles, das auf den Anspruch hinauslief, mit einem Pflichttheil, d. h. einer Quote des Nachlasses bedacht zu werden. Formelle Notherben waren nach Civilrecht die sui bzw. postumi des Erblassers. Sie sollten im Testament entweder als Erben instituirt oder in feierlicher Form (rite) exheredirt werden, wobei es weder auf die Höhe des Erbtheils, noch auf den Grund ihrer Enterbung ankam. Waren Söhne, welche zu den Sui gehörten, ganz präterirt oder mangelhaft erwähnt, z. B. in ungehöriger Exheredation, so galt das Testament — wohl in Folge eines Irrthums des Testator über das Dasein der Sui — von selbst und in vollem Umfange als ruptum. Die natürliche Folge der Ruption war der Eintritt der Intestatfolge. Der Prätor dehnte das Notherbrecht auf die liberi S. 75 aus, milderte aber seine Voraussetzungen und Wirkungen. Daneben entwickelte sich das Pflichttheilsrecht für Descendenten und Ascendenten des Erblassers. Seinen Geschwistern, sowohl vollbürtigen wie halbbürtigen von demselben Vater her, stand es nur bedingt zu, falls ihnen eine übel beleumundete Person im Testament vorgezogen war. Diese nächsten Angehörigen fühlten sich beschimpft, wenn ihnen der Testator nicht einen Bruchtheil seines Vermögens (portio legitima) zugewandt hatte. Um eine solche Beleidigung zu sühnen, griff man zu dem äußersten Mittel, dem pflichtvergessenen Testator einen „Anflug" von Wahnsinn unterzuschieben (fictio coloris insaniae). Darauf fußte die querela inofficiosi testamenti, durch welche der verletzte Pflichttheilsberechtigte bis zur Höhe seiner Intestatportion das lieblose Testament rescindirte. In der späteren Rechtsbildung wurde das formelle Notherbrecht mit dem materiellen verschmolzen, jedoch derart, daß letzteres überwog. Erblasser soll seine Descendenten und Ascendenten auf den Pflichttheil zu Erben ernennen oder aus einem gesetzlichen Grunde enterben. Haben sie „als Erben" weniger, als ihnen gebührt, erhalten, so dürfen sie den Rest von den andern instituirten Erben verhältnißmäßig verlangen (actio suppletoria). Sind sie sonst verletzt, so wird das Testament in Bezug auf die Erbeseinsetzungen für kraftlos erklärt, bleibt aber in seinem übrigen Inhalt, soweit er den Pflichttheil nicht verkürzt, aufrecht. Dies gilt auch heute; nur der ,honos institutionis, ist unverständlich geworden, und begnügt man sich an Stelle dieser Form mit jeder anderweiten letztwilligen Zuwendung an den Pflichttheilsberechtigten.

Nach preußischem Recht ist das Notherbrecht ein rein materielles. Seine Verletzung führt in keinem Falle zu einer Umstoßung des Testaments mit Eintritt der Intestatfolge, sondern zu einer bloßen Rectification, welche dem Berechtigten seinen Pflichttheil durch verhältnißmäßige Abgaben der eingesetzten Erben bringt.

D. Testamente.

Testament ist eine einseitige letztwillige Verfügung, in welcher sich Erblasser einen Erben setzt.

Wer an einem Testamente theilnimmt, muß die Fähigkeit dazu (testamenti factio) haben. Dieselbe heißt active als Testirfähigkeit des Erblassers, passive insbesondere als Erbfähigkeit für den Erben.

Für Errichtung eines Testamentes fordert das Gesetz Formen, um Zweifel, die sich nach dem Ableben des Testators über die Echtheit seines letzten Willens erheben könnten, möglichst auszuschließen. Danach unterscheidet man Privattestamente vor Zeugen und öffentliche unter Mitwirkung der Obrigkeit. Letztere sind heute zumeist im Gebrauch und im preußischen Recht sogar vorgeschrieben. In einzelnen Fällen finden sich erschwerte Formen wie für das Testament der Blinden,

Tauben, Stummen. Oft sind die Formen erleichtert mit Rücksicht auf die Lage des Testators, die umständliche Solennitäten verwehrt, z. B. bei Soldaten im Felde, Personen auf dem Lande, oder während einer Epidemie.

Der letzte Wille muß auf eigenem, gewissem Entschluß des Testators (certum consilium) beruhen, frei und bestimmt gefaßt und in gehöriger Weise erklärt sein. Unlautere Behinderungen durch Zwang, Drohung Dritter fallen bei öffentlichen Testamenten, die ein Richter auf- oder entgegennimmt, fast ganz weg. Nebenbedingungen wie Bestimmung, Auflage sind zulässig, doch darf — wenigstens im Rom — die Dauer der Erbenqualität weder von einem zukünftigen Ereigniß abhängig gemacht, noch zeitlich begrenzt werden. S. 49.

Die Erbeseinsetzung kann einen oder mehrere Erben betreffen. Ein allein genannter Erbe erhält als Universalerbe (heres ex asse) den ganzen Nachlaß. Mehrere Erben sind Partialerben auf aliquote Theile des Nachlasses, deren Höhe sich nach der Erklärung des Testators oder der Auslegung seines Willens bemißt. Was der ungenaue Ausdruck einer Erbeseinsetzung auf bestimmte Sachen (heres ex certa re) bedeutet, ist aus den begleitenden Umständen zu ermitteln.

Durch Substitutionen wird für den Fall Vorsorge getroffen, daß die zum Erben ernannte Person vor oder nach dem Erwerbe der Erbschaft wegfällt. In der Vulgarsubstitution ernennt Testator dem zuerst berufenen Erben, der nicht antreten will oder kann, einen Ersatzmann. In der Pupillarsubstitution setzt der Gewalthaber seinem unmündigen Kinde, falls dieses zwar Erbe wird, aber vor erreichter Mündigkeit und Testirfähigkeit verstirbt, einen Nacherben. Später bezieht man die Pupillarsubstitution auch auf das eigne Vermögen des Kindes und erlaubt dem Gewalthaber sein unmündiges Kind zu enterben bzw. auf den Pflichttheil zu beschränken und ihm dennoch für die Adventicien einen Erben zu bestellen (in secundum casum). Daran schließt sich die Quasipupillarsubstitution, d. h. das Recht der Ascendenten, ihren geisteskranken Descendenten, falls diese in solcher Lage versterben sollten, für den ganzen Nachlaß einen Erben zu setzen, der freilich zunächst aus deren geistig gesunden Nachkommen, sodann Geschwistern entnommen werden muß. Im preußischen Recht ist es zulässig, jedem Erben eine fideicommissarische Substitution dahin aufzulegen, daß er die erworbene Erbschaft bei Eintritt eines Ereignisses, in der Regel bei seinem Tode einem Nacherben ausliefere.

Die Ernennung von Testamentsexecutoren bildet eine deutsche Sitte, durch welche Testator die Vollstreckung seines letzten Willens und die Ordnung seines Nachlasses Vertrauenspersonen überträgt.

Die Ungültigkeit eines Testamentes, sei es total im ganzen Inhalt, sei es partiell in einzelnen Verfügungen, kann in verschiedenem Sinne eintreten. Entweder ist das Testament von Anfang an nichtig bzw. anfechtbar oder wird durch spätere Ereignisse entkräftet. Es ist von vornherein nichtig wegen wesentlicher Formen- oder Inhalts-Mängel (nullum), wegen Uebergehung der altrömischen Notherben (ruptum), es ist anfechtbar, weil es durch Einfluß von Betrug, Drohung zu Stande kam, die Pflichttheilserben verletzt (rescissibile). Es wird entkräftet, wenn Erblasser die Testirfähigkeit verliert (irritum), er nachher einen noch nicht im Testament erwähnten Notherben gewinnt, er dasselbe widerruft, z. B. durch Errichtung eines neuen rechtsbeständigen Testaments, mittelst

Durchstreichung, Zerstörung der Urkunde, durch förmliche Erklärung, oder wenn sämmtliche im Testament ernannte Erben wegfallen (destitutum).

In einem gemeinsamen Testament (simultaneum) testiren mehrere Personen zusammen durch denselben Act. Eine Hauptart bildet heute das correspective Testament, in welchem sich die Erblasser gegenseitig zu Erben einsetzen, aber unter der Bedingung, daß mit dem Hinfall der einen Anordnung auch die andere aufgehoben sein solle.

E. Erbverträge.

Erbverträge sind Abreden über die Beerbung eines oder beider Contrahenten. Sie zerfallen in affirmative oder Erbeinsetzungsverträge, welche ein Recht auf die Beerbung begründen, und in negative oder Erbverzichte, durch welche ein künftiges Erbrecht aufgegeben wird. Sie beruhen auf Willensübereinstimmung und können deshalb einseitig nicht widerrufen werden. Darin liegt der Hauptunterschied des Erbeinsetzungsvertrages vom Testament. In Rom waren sie für die Regel verboten, weil es unsittlich schien, sich bei Lebzeiten schon für den Todesfall zu binden. Heute kommen sie häufig vor, namentlich als Ehestiftungen unter Gatten, Abfindungsverträge der Eltern mit ihren Kindern. Mit dem Erbvertrag ist der Erbschaftsvertrag (pactum de hereditate viventis) nicht zu verwechseln, durch welchen ein eventueller Erbe sich zur Herausgabe der ihm künftig von dritter Seite her anfallenden Erbschaft verpflichtet. Dies ist ein rein obligatorisches Geschäft, das in Rom nur mit Zustimmung des dritten Erblassers, nach preußischem Recht überhaupt nicht erlaubt ist.

F. Eintritt des Erbfalles.

Bei Tod des Erblassers findet die Erbfolge im einzelnen Falle Statt. Das Testament wird eröffnet und jedem Interessenten auf Verlangen die Einsichtnahme gestattet. Das Gericht trifft zur Sicherung abwesender oder unbekannter Erben vorläufige Maßregeln wie Siegelung der Maße, Bestellung eines Nachlaßpflegers u. s. w. Heute ertheilt es dem Erben eine Erbbescheinigung zur Regulirung des Nachlasses.

Die Berufung des Erben (heres voluntarius S. 77) gewährt ein höchstpersönliches Recht, das weder übertragbar ist, noch auf die Erben des Delaten übergeht. Später nimmt man für letztere aus Billigkeit Transmissionen in bestimmter Frist an.

Delat hat die Wahl, die Erbschaft anzutreten oder auszuschlagen (repudiare). Sui des Erblassers, welche necessarii heredes sind, können durch Abstinenz S. 77 von der überschuldeten Erbschaft loskommen.

Zur Beschleunigung der Entscheidung wurde in Rom den Erbanwärtern eine Ueberlegungsfrist (spatium deliberandi) gesetzt, bis zu deren Ablauf sie sich erklären mußten. Es stand ihnen auch frei, diese Frist selbst zu erbitten, um in der Zwischenzeit Ermittelungen über den Nachlaß anzustellen, doch verloren sie dadurch die Rechtswohlthat des Inventars. Heute ist dies unpraktisch.

Bei Fortfall des Delaten kann, falls Transmissare und Substituten nicht vorhanden, der frei gewordene Erbtheil etwaigen Miterben anwachsen (jus accrescendi). Fehlt es an testamentarischen Miterben, so tritt Intestatfolge ein, und in Ermangelung von Verwandten fällt der Nachlaß als erbenlos (bonum vacans) an den Staat.

Der Erwerb erfolgt für voluntarii heredes durch bestimmte Erklärung des Delaten bzw. seines Vormundes, Hausvaters, heute auch freiwilligen Stellvertreters — sei es in ausdrücklichen Worten (nuda declaratio voluntatis), sei es durch Handlungen, welche auf den Willen, Erbe zu werden, schließen lassen (pro herede gestio).

Die Wirkung des Erwerbes besteht in dem Eintritt des Erben in alle vererblichen Rechte und Pflichten des Erblassers und in der Vertretung seiner Rechtshandlungen. Um eine Continuität herzustellen wird der Antritt des Delaten auf den Zeitpunkt seiner Berufung, d. h. den Todesmoment des Erblassers zurückbezogen. Durch die Universalsuccession bilden das Vermögen des Erblassers und das des Erben ein einheitliches Ganzes. Da die Erbschaftsgläubiger (auch Vermächtnißnehmer) durch eine solche Confusion Nachtheile erleiden könnten, ist ihnen das Recht gegeben, abgesonderte Befriedigung aus der Erbschaftsmasse zu verlangen (beneficium separationis). Andrerseits ist die unbeschränkte Haftung des Erben für Nachlaßschulden durch die Wohlthat des Inventars S. 77 gemildert.

Der Schutz des Erbrechtes ist entweder ein provisorischer durch possessorische Klagen wahrscheinlicher Erben, gerichtliche Einweisungen von Erbanwärtern, die zur Zeit noch am Erwerbe gehindert sind, — oder ein definitiver durch petitorische Klage (hereditatis petitio) des wirklichen Erben auf Anerkennung seines bestrittenen Erbrechts und Herausgabe der ihm deshalb vorenthaltenen Erbschaftssachen.

Das Verhältniß unter Miterben macht eine Auseinandersetzung nöthig. Falls die Lösung der Gemeinschaft nicht durch Uebereinkommen gelingt, kann sie jeder Theilhaber durch actio familiae herciscundae durchsetzen.

Häufig entsteht unter Descendenten, welche ihre Voreltern intestat oder aus einem Testament beerben, dadurch eine Ungleichheit, daß einer von ihnen schon bei Lebzeiten des Erblassers von diesem eine bedeutende Schenkung, z. B. zur Heirath, zum Etablissement vorweg erhielt. Da nun zu vermuthen ist, daß Eltern ihre Kinder gleichmäßig bedenken wollen, so kann dieser bevorzugte Descendent von den andern zum Einwurf des Vorempfanges in den gemeinsamen Nachlaß (collatio) genöthigt werden.

Als unwürdig (indignus) gilt ein Erbe, welcher dem Erblasser nach dem Leben getrachtet, ihn sonst geschädigt oder bedroht hat, sich mit ihm zu rechtswidrigen Acten verband, sein Andenken oder seinen letzten Willen mißachtet. Ihm werden die zugedachten oder bereits erworbenen Erbgüter entrissen (bona erepticia), in Rom meist als Beute des Fiscus, heute zu Gunsten der ohnedies berufenen Person.

Die Veräußerung einer erworbenen Erbschaft enthält — wenigstens nach römischer Lehre — keine Universalsuccession, sondern bildet eine Uebertragung der Nachlaß-Sachen und Forderungen mit Uebernahme der dazu gehörigen Schulden, wobei dem Veräußerer die Erbenqualität verbleibt.

G. Vermächtnisse und Schenkungen auf den Todesfall.

Vermächtnisse sind ihrem Begriff nach Auflagen auf den Nachlaß zu Gunsten Dritter. Sie beruhen auf freiwilliger Anordnung des Erblassers. Sie geschehen auf Kosten des Nachlasses und bilden eine Belastung des Testaments-, Intestat-Erben oder Dessen, der irgend welchen Gewinnst aus der Erbschaft bezieht. Erben, welche die Person des Erblassers fortsetzen, müssen die ihnen auferlegten Vermächtnisse erfüllen, Mangels eines Inventars selbst über den Bestand des Nachlasses hinaus. Dem Bedachten wird ein Vortheil zugewandt, sei es in einzelnen Gegenständen des Nachlasses, sei es in einem aliquoten Theil desselben. Doch ist der Vermächtnißnehmer kein Repräsentant des Erblassers, er braucht nicht für dessen Schulden einzustehen und die ihm auferlegten Nachvermächtnisse auf Mehr zu erfüllen, als er selbst empfing. Das Vermächtniß ähnelt der Schenkung, allein letztere bezweckt stets ein lucratives Vermögensopfer, das unmittelbar unter Lebenden in Vertragsform gewährt wird. S. 63.

Die geschichtliche Entwicklung der Verhältnisse ging in Rom von dem Gegensatz der legata und fideicommissa aus. Legate kamen nur im Testament vor, sie waren in bestimmten Formen dem instituirten Erben auferlegt und erzwingbar. Die Anordnung von Fideicommissen erfolgte formlos, meist bittweise in s. g. Codicillen, d. h. schriftlichen Aufsätzen ohne Erbeseinsetzung; sie waren dem Vertrauen des Testaments-, Intestat-Erben oder des sonst aus dem Nachlaß Bedachten (Fiduciar) empfohlen, von dessen Ermessen ihre Erfüllung an den Begünstigten (Fideicommissar) abhing. Allmälig näherten sich beide Gestaltungen einander. Die strengen Legatsformen fielen weg; für Fideicommisse wurde ein Zwang üblich und eine Codicillarform vorgeschrieben, die freilich vor der Testamentsform bedeutende Erleichterungen voraus hat. In der späteren Entwicklung fand ein völliger Ausgleich zwischen Legaten und Fideicommissen Statt, so daß die günstigeren Rechtssätze der einen auch auf die andern bezogen wurden. Seitdem giebt es nur einen einheitlichen Begriff der Vermächtnisse, die bei Errichtung im Testament „Legate" und im Fall selbständiger Anordnung „Fideicommisse" heißen. Das preußische Recht verlangt zwar grundsätzlich für Codicille die Testamentsform, gestattet aber dem Erblasser, sich im Testament spätere Vermächtnisse vorzubehalten, die dann nur seiner eigenhändigen Unterschrift in s. g. Nachzetteln bedürfen. Auch die formlose Errichtung von Vermächtnissen ist unter Umständen zulässig: in Rom durch unmittelbare Mittheilung an den damit beschwerten Erben (Oralfideicommiß), im preußischen Recht durch Antrag an einen der Erben auch für die übrigen, aber bloß über $^1/_{20}$ des Nachlasses.

Die Codicillar-Clausel ist ein Vorbehalt im Testament, wodurch es dem Erben überlassen wird, die letztwillige Verfügung zu einem Codicill zu erklären. Dadurch schafft er sich zwar die Anfechtung aus verletzten Testamentsformen vom Halse, macht sich aber zu einem Vermächtnißnehmer gegenüber dem Intestaterben.

Subjecte des Vermächtnisses sind: Der Erblasser, welcher es anordnet (qui legat), der Onerirte, welchem es auferlegt ist (a quo legatum est) und der Honorirte, welchem es zukommt (cui legatum est). Der Erblasser kann mehrere Onerirte cumulativ oder alternativ ernennen. Mangels einer solchen Bezeichnung gelten alle Erben nach Verhältniß ihrer Erbtheile für beschwert. Auch der Honorirten können Mehrere sein. Bisweilen wird dem Honorirten ein Substitut gestellt oder ein successiver Nachfolger, welcher bei Eintritt eines künftigen Ereignisses, z. B. Tod des Vorlegatars das Vermächtniß erhalten soll.

Unter mehreren Honorirten (collegatarii) kann bei Fortfall eines von ihnen ein Anwachsungsrecht für die anderen eintreten.

Als Gegenstand des Vermächtnisses ist jede rechtlich erlaubte Leistung, jeder im Verkehr befindliche und nicht bereits dem Legatar gehörige Vermögenswerth zulässig. Für die Richtigkeit eines Vermächtnisses kommt es auf den Zeitpunkt der Errichtung an, welcher im Allgemeinen bei letztwilligen Verfügungen als Todestag gilt. Dieser Satz fand besonderen Ausdruck in der ‚regula Catoniana.'

Eine Beschränkung des Umfangs der Vermächtnisse liegt in der Vorschrift, daß mindestens ein Viertel der Erbschaft frei davon bleiben muß (quarta Falcidia). Insoweit steht dem Beneficialerben das Recht zu, Vermächtnisse, welche drei Viertel seines Erbtheils übersteigen, entsprechend zu kürzen, es sei denn, daß Erblasser diesen Abzug ausdrücklich verboten hat. Dem preußischen Recht ist diese Beschränkung fremd.

Der Erwerb von Vermächtnissen vollzieht sich — außer bei höchstpersönlichen und bedingten — mit dem Todestage des Erblassers von Rechtswegen (dies legati cedit), wird aber erst klagbar mit dem Erwerb der Erbschaft (dies legati venit). Dem Honorirten steht es frei, das angefallene Vermächtniß zurückzuweisen.

Der Schutz des Vermächtnißnehmers besteht in einer persönlichen Klage (actio legati) gegen den Onerirten auf Ausführung, d. h. Beschaffung des vermachten Rechtes. Handelt es sich um eine zum Nachlaß gehörige Sache, so erlangt Honorirter unmittelbar an derselben Eigenthum oder dingliches Recht je nach dem Gegenstand des Vermächtnisses. Doch darf er sich nicht durch Selbsthülfe in ihren Besitz setzen. Dagegen kann Onerirter Ersatz zweckmäßiger Verwendungen beanspruchen, Sicherheit für die Erfüllung von Auflagen, welche Erblasser mit dem Vermächtniß verbunden hat. Noch andere Sicherungsmittel sind dem Honorirten gegeben, insbesondere ein Recht auf Caution des Onerirten (legatorum servandorum causa), falls sich die Zahlung in die Länge zieht. Bei Weigerung der Caution fand in Rom eine gerichtliche Einweisung statt, die sich nicht bloß auf den Erbtheil des Onerirten, sondern auch in dessen eignes Vermögen erstreckte (missio Antoniniana).

Vermächtnisse gehen unter: Durch Unwirksamkeit des Testaments oder Codicills, in welchem sie angeordnet sind — wovon jedoch zahlreiche Ausnahmen vorkommen — durch Wegfall der Subjecte sei es des Honorirten, welcher den dies cedens nicht erlebt, sei es des Onerirten, an dessen Stelle kein anderer dazu Verpflichteter tritt; ferner aus Gründen des vermachten Gegenstandes oder durch Widerruf des Erblassers, der formlos erfolgen kann (ademtio). Im preußischen Recht liegen bei Destitution eines Testaments S. 80 die darin verfügten Vermächtnisse dem nun berufenen Intestaterben ob.

Nach dem Inhalt zerfallen die Vermächtnisse in mannigfache Arten. Meist lauten sie auf Sachen, Rechte daran, Forderungen, auch wenn dieselben dem Erblasser gar nicht zustanden. Dem Honorirten kann Befreiung von einer Schuld (liberatio legata) vermacht sein oder die Bestätigung einer Forderung, die er ohnedies an den Erblasser hat (legatum debiti). Bisweilen wird den Betheiligten ein weiterer Spielraum gelassen durch die Wahl unter mehreren Nachlaßsachen derselben Kategorie (optio), Bezeichnung des Gegenstandes nach dem Gattungsbegriff (legatum generis) u. s. w. oder es werden wiederkehrende Leistungen wie

Renten, Alimente auf Lebenszeit, Mündigkeit des Honorirten gestellt (annua legata). **Besondere Fälle bilden das Prälegat und das Universalvermächtniß.**

Prälegat ist ein Vermächtniß zu Gunsten eines der Erben. Ist es nicht den Miterben oder Dritten ausdrücklich auferlegt, so hat es sich der Prälegator in Höhe seiner Erbportion selber zu zahlen. Dieser Theil des Prälegats gilt als unwirksam hinterlassen und bleibt entweder dem Bedachten in seiner Eigenschaft „als Erbe" oder wächst seinem etwaigen Collegatar an.

Das Universalvermächtniß beschwert den Erben mit der Pflicht, die ganze Erbschaft oder einen Bruchtheil derselben herauszugeben. In Rom kam es sowohl im Testament vor als partitio legata, wie in einem selbständigen Codicill als fideicommissum hereditatis. Namentlich des letzteren bediente man sich, um gewisse Testirbeschränkungen zu umgehen und eine Art successiver Erbfolge zu begründen. Hierbei erschien es billig, daß dem Universalfiduciar mindestens ein Viertheil des Nachlasses verbleibe (quarta Trebellianica). Zugleich behandelte man den Universalfideicommissar nach Restitution der ihm gebührenden Quote insoweit als Universalsuccessor, um ihn für die Nachlaßschulden unmittelbar zu verhaften und dem Haupterben die mühselige Erbschaftsregulirung zu erleichtern. Im preußischen Recht läßt sich der Hauptzweck des Universalvermächtnisses, dem Vorerben die Nutzung des Nachlasses auf Lebenszeit zu gewähren, die Substanz aber dem Nacherben zu erhalten, direct durch fideicommissarische Substitution S. 79 erreichen.

Schenkung auf den Todesfall (mortis causa donatio) nennt man eine Schenkung für den Fall, daß der Beschenkte den Schenkgeber überlebt. Schenkgeber will die Sache zuvörderst für sich behalten, dann gönnt er sie dem Schenknehmer und erst, wenn dieser vor ihm verstirbt, dem Erben. Diese Schenkung ist, was Form, Erbfähigkeit, Abzug der Quart rc. anlangt, den Vermächtnissen gleichgestellt, behält aber ihre vom Dasein eines Erben unabhängige Vertragsnatur. Im weiteren Sinne heißt jeder Erwerb, den Jemand aus Anlaß des Todes eines Andern macht, und welcher nicht unter Erbschaft oder Vermächtniß fällt, mortis causa capio.

Uebersicht

der

äußeren Rechtsgeschichte.

Uebersicht der äußeren Rechtsgeschichte.

Erstes Kapitel.

Römische Rechts-Quellen und Sammlungen.

§ 24.

Jus scriptum.

Das römische Gesetzes-Recht beruht auf Volksschlüssen, Senatsbeschlüssen, Amtsordnungen, Juristen-Aussprüchen und kaiserlichen Verordnungen.

A. Volksschlüsse.

Sie bestehen in der Annahme von Gesetzentwürfen, welche der vorsitzende Magistrat in die Volksversammlung einbrachte und ihr zur Genehmigung vorschlug. Sie hießen je nach der Art der Curiat- bzw. Centuriat- oder Tribut-Comitien leges oder plebiscita.

Curiat-Comitien waren die Versammlung der erbeingesessenen Bürgerschaft (patricii). Die drei Stämme der Ramnes (Römer), Tities (Sabiner?), Luceres (Latiner) zerfielen in je 10 Curien und jede davon in 10 Geschlechter (gentes). In dieser Urabstimmung des Volks (populus) nach Curien äußerte sich der Wille des altrömischen Staats. Die Curiat-Comitien ertheilen dem vom Senat nach Auspicien vorgeschlagenen König die Genehmigung (lex de imperio) und entscheiden auf dessen Anfrage über Gesetzvorschläge, Krieg und Frieden. An sie ging mit Bewilligung des Königs die Provocation eines zum Tode verurtheilten Bürgers. Unter Vorsitz eines Oberpriesters treten sie zu Sacralacten wie Bestätigung von Testamenten, Arrogationen zusammen.

Centuriat-Comitien, die man auf Servius Tullius zurückführt, ruhten auf der Heeresverfassung. Die Wehrpflicht traf jeden ansässigen Mann nach Maßgabe seines Vermögens (Census) ohne Rücksicht auf Standesunterschiede. Die Reiterei (equites), zu der die vermögendsten Leute gehörten, bestand aus 18 Centurien, das Fußvolk (pedites) aus 168 Centurien in 5 Klassen, nämlich:

1.	80	Centurien	der	Grundbesitzer	mit	einem	Vermögen	von	100 000	Aß.
2.	20	"	"	"	"	"	"	"	75 000	"
3.	20	"	"	"	"	"	"	"	50 000	"
4.	20	"	"	"	"	"	"	"	25 000	"
5.	28	"	"	"	"	"	"	"	12 000	"

Dazu kamen noch 7 Centurien: 3 für fabri, tubicines, cornicines, 2 für velati, 2 für proletarii und capite censi, im Ganzen 193 Centurien.

Aus dieser Versammlung waffenfähiger Männer, die zuerst nur über einen Angriffskrieg beschloß, bildet sich im Lauf der römischen Republik ein gesetzgebender Factor, neben welchem der Einfluß der Curiat-Comitien erblich. Der Consul beruft die Centuriat-Comitien auf Weisung des Senats und macht ihnen Vorschläge (legem rogare). Auf die Frage ‚velitis jubeatis Quirites?‘ wird der Antrag durch Acclamation entweder im Ganzen angenommen oder verworfen. Ueber die Centurie, welche zuerst stimmte (praerogativa), — ursprünglich ein patricisches Vorrecht — entscheidet das Loos. Das bewilligte Gesetz (lex perlata) wird in eherne Tafeln gegraben und durch Aushang auf dem Forum (legem figere) veröffentlicht. Es bindet den römischen Bürger personal, wo er sich auch immer befindet und gilt, bis es durch spätere Gesetze aufgehoben wird. Beschlüsse der Centuriat-Comitien, welche Magistrats-Wahlen oder Verfassungs-Aenderungen betrafen, bedurften noch der Bestätigung durch die Curiat-Comitien (patres auctores fiunt). Doch erklärt die lex Publilia Philonis 338 v. Chr. in allen Fällen eine Vorberathung der patricischen Senatoren (προβούλευμα) für genügend, wenn dieselbe durch die Centuriat-Comitien genehmigt wird. Seitdem verschwinden die Curiat-Comitien, und an ihre Stelle treten 30 Lictoren, welche dem gewählten Consul um der Form willen die lex de imperio ertheilten.

Tribut-Comitien waren Versammlungen der Plebejer nach Stadtbezirken unter Vorsitz der Tribunen, welche sich die Plebs bei ihrer ersten Secession 493 ertrotzt hatte. Ihre nach Mehrzahl der Köpfe gefaßten Plebiscite hatten nur die Kraft von Resolutionen oder Petitionen, welche der Tribun dem Senat vortrug, damit derselbe darüber befinde. Allmälig stieg die Bedeutung der Tribut-Comitien, an denen sich auch die Patricier mit ihren Clienten betheiligten. Durch die lex Horatia Valeria 448 werden die Plebiscite den Curiat- bzw. Centuriat-Beschlüssen gleichgestellt, ‚ut quod plebs tributim jussisset, populum teneret.‘ Die lex Publilia Philonis 338 und die lex Hortensia 286 wiederholen dies ‚ut plebiscita omnes Quirites tenerent.‘

Gegen Mitte der Republik trat eine Verschmelzung der Centuriat- und Tribut-Comitien ein, die Cicero in den Worten ‚centuria pars tribus‘ meint. Wahrscheinlich wurde die stimmfähige Bevölkerung eines jeden der 35 Bezirke (27 für die altrömische Bürgerschaft, 8 für die Liberten und Italiker) in 5 Klassen nach dem Census zerlegt und jede Klasse wieder in 2 Centurien der seniores und juniores. Das ergiebt 350 und mit den noch obenan stehenden 18 Centurien der equites, d. h. der Geldaristokraten die Gesammtzahl von 368 Centurien.

Auf diese Comitien geht das Recht der Initiative über: Sie beschließen auf tribunicischen Antrag, ohne daß darüber eine Vorberathung im Senat stattfand. Die Abstimmung erfolgt nach Köpfen (viritim), aber en bloc ohne Amendirung. Es war Sitte, daß der Antragsteller (legislator) den nach ihm benannten Entwurf in einer Vorversammlung (contio) zur Debatte stellte. Hier konnte Jeder opponiren (dissuasor) und Abänderungen vorschlagen. Die lex Caecilia Didia 198 gebietet eine Promulgation der Gesetzentwürfe, d. h. eine öffentliche Ankündigung derselben während eines trinundinum, um dem Volke rechtzeitige Kenntniß und Bedenkfrist zu geben. Da die Acclamation oft aus Parteizwecken zu Fälschungen des Stimmresultats mißbraucht wurde, führt die lex Gabinia 138 für Wahlen, und die lex Papiria 130 für alle Comitial-Beschlüsse geheime Abstimmung ein. Sie geschieht durch Stimmtäfelchen (tabellae), welche die Buchstaben u. r. = uti rogas oder a. l. = antiquo legem tragen.

Der Styl der leges war kräftig, gemessen und deutlich. Am Schluß der Verbotsgesetze befand sich eine sanctio legis, welche die Folgen der Uebertretung bestimmte. Danach heißt die lex perfecta, wenn sie die Zuwiderhandlung für nichtig erklärt, minus quam perfecta, wenn sie dieselbe bloß mit Strafe bedroht. Einer lex imperfecta fehlt jede Sanction.

Der Inhalt einer lex konnte sich auf verschiedenartige Stoffe beziehen. In der Regel bediente man sich solcher leges saturae, um politische Compromisse durchzusetzen. So fingen die reicheren Plebejer, deren Ehrgeiz der Satz in den leges Liciniae 367, ‚ut alter consulum ex plebe crearetur' allein zu Gute kam, die Stimmen ihrer ärmeren Genossen dadurch, daß sie ihnen in demselben Gesetz die Vertheilung des ager publicus und einen Schulderlaß versprachen. Später verbietet die lex Caecilia Didia 198 derartige Mittel.

Nach dem Inhalt theilt man die leges — namentlich socialer Natur während des Verfalls der Republik — in folgende Hauptgruppen ein:

Die leges agrariae richten sich gegen den übermäßigen Besitz an Staatsdomänen (ager publicus), welche der Senat ursprünglich zur Colonisation vertheilte (assignatio populi), später aber den Patriciern und vornehmen Plebejern (nobiles) gegen eine geringe Abgabe (vectigal) zur Erbpacht überließ. Das erste Ackergesetz war eine lex Cassia 486, welche einen Theil des Gemeindelandes an bedürftige Plebejer und latinische Eidgenossen vertheilen und den Rest zum Besten des öffentlichen Schatzes verpachten will. Die leges Liciniae 367 beschränken den Besitz eines Jeden am Gemeindeland auf 500 Joch ‚ne quis plus quingenta jugera agri publici possideret.' Dies Verbot wird auf Anlaß der Gracchen durch leges Semproniae 133–122 erneuert, doch mit dem Zusatz, daß für zwei Haussöhne noch je 250 Joch verstattet sind. Der Ueberschuß soll gegen Ersatz der auf diesem Lande errichteten Gebäude zurückgegeben und in Gestalt unveräußerlicher Bauerngüter an das Proletariat vertheilt werden. Die Reaction unter Livius Drusus 121 setzt die Veräußerlichkeit dieser Loose durch und giebt dadurch den Optimaten Gelegenheit, die eingebüßten Ländereien durch Kauf in ihr freies Privateigenthum zu bringen. Eine lex Thoria um 111 beseitigt die letzten Reste der gracchischen Ackerreform, indem sie das Gemeindeland der Occupation unterwirft. Cäsar vertheilt durch eine lex Julia 59 das dem Staat verbliebene Land in Italien unter seine Veteranen.

Die leges frumentariae betreffen die Vertheilung von Korn aus den Staatsmagazinen an arme Plebejer. In der Kaiserzeit bringt man diese Almosenspenden in ein bestimmtes System, um den hauptstädtischen Pöbel bei guter Laune zu erhalten (panem et circenses).

Die leges judiciariae bestimmen das Personal für den Richterstand. Die lex Pinaria um 471 hatte die Rechtsprechung in Vermögensstreitigkeiten — mit Ausnahme der Grund- und Erbschaftssachen — dem Centumviralgericht entzogen und Einzelrichtern übertragen. Die Parteien einigten sich über einen Geschworenen (judex), welcher aus dem Senat entnommen wurde. Diese Besetzung war auch für die quaestiones perpetuae in Strafsachen S. 41 maßgebend. Gajus Gracchus in der lex Sempronia 123 bringt das Richteramt an den ordo equester, um diese mächtige Plutokratie für seine Reformpläne zu gewinnen. Seitdem schwankt die Gesetzgebung (lex Livia 91, Plautia 89, Aurelia 70) zwischen dem Stand der Senatoren, dem der Ritter und Höchstbesteuerten (tribuni aerarii). Augustus stellt in den leges Juliae ein album judicum selectorum auf, das aus verschiedenen Ständen in vier Klassen zusammengesetzt ist. Caligula setzt zur Erleichterung der Geschäftslast noch eine fünfte Klasse ein.

Die leges tabellariae ordnen das geheime Wahlrecht S. 88, um jeder Wahl-Beeinflussung und Fälschung vorzubeugen.

Die leges sumtuariae wenden sich gegen den Aufwand sowohl bei Gastmählern als in Rechtsgeschäften. So verbietet lex Cincia (imperfecta) um 202 übermäßige Schenkungen. Die lex Furia (minus quam perfecta) bestraft die Annahme von Legaten über 1000 Aß. Nach der lex Voconia 168 soll kein Legatar mehr als der mindest bedachte Erbe erhalten und kein Bürger der ersten Censusklasse (centenarius) eine Frau zur Erbin einsetzen. Die lex Cornelia 88 hemmt leichtsinnige Bürgschaften und die lex Furia Caninia 8 n. Chr. die für den Erben ruinösen Freilassungen im Testament.

In der Kaiserzeit verlieren die Comitien ihre Bedeutung. Tiberius 14–37 n. Chr. überträgt Beamtenwahl und Bestätigung von Gesetzen auf den ihm ergebenen Senat. An die Stelle der Volksschlüsse treten leges datae.

Von den Erztafeln römischer leges sind einige Denkmäler in Bruchstücken auf uns gekommen, vgl. Bruns ‚fontes jur. Rom. antiqui.‘

Die tabula Heracleensis — in zwei Stücken 1732 am Meerbusen von Tarent aufgefunden — enthält auf der einen Seite einen Gemeindebeschluß von Heraklea und auf der andern hauptsächlich Censusvorschriften für das Amt der Bürgermeister (duoviri) wie Stadträthe (decuriones) in den italischen Freistädten (municipia). Darin erkennt man einen Auszug aus der lex Julia municipalis Caesaris 46 v. Chr.

Eine 1760 in den Ruinen von Velega entdeckte Tafel enthält Bestimmungen über Bausachen, Ertheilung und ein wichtiges Formular ‚ex lege Rubria‘. Letztere bezeichnet die 42 v. Chr. für Ober-Italien (Gallia cisalpina) erlassene Gerichtsverfassung, welche Streitsachen höheren Werthes nach Rom an den Prätor verwies.

Bruchstücke, welche man zusammenfügte, weisen auf der einen Seite ein Repetunden-Gesetz vielleicht lex Acilia um 120, und auf der andern ein Ackergesetz vielleicht lex Thoria um 111.

Häufiger sind die von den Kaisern verliehenen Stadtrechte wie: Das 1851 in Malaga aufgefundene aes Malacitanum et Salpensanum unter Domitian 82–84 n. Chr. gegeben, die 1871 in Osuna entdeckte lex Coloniae Juliae Genetivae s. Ursonitana etc.

B. Senatsbeschlüsse.

Der Senat war in der Königszeit ein vom König aus den Geschlechtern berufener Rath der Aeltesten (seniores). In der Zeit der blühenden Republik functionirt er nicht bloß als Oberhaus, sondern als höchste durch Staatsklugheit und Patriotismus ausgezeichnete Verwaltungsbehörde. Seine Mitglieder, 300 an der Zahl, wurden von den Consuln aus Patriciern, vereinzelt aus vornehmen Plebejern ergänzt (patres-et-conscripti). Eine lex Ovinia um 420 überträgt die Senatorenwahl den Censoren. In der Praxis bildet sich der Brauch, daß die höheren Magistrate nach Ablauf ihres Amtsjahres in den Senat eintreten; sie sind stimmende Mitglieder und erhalten erst bei der nächsten Revision der Senatslisten durch den Censor ihre formelle Bestätigung.

Der Senat versammelt sich unter Vorsitz der Consuln, denen aber kein Stimmrecht zusteht, und berathschlagt, ‚de re publica et de religione.‘ Die Abstimmung erfolgt durch itio in patres. Ursprünglich hatten die patricischen Senatoren das Recht, ihr Votum zu motiviren, während die plebejischen sich nur am Hammelsprung betheiligen durften (pedibus in sententiam ire). Mit der steigenden Fluth der Demokratie mehrt sich die Anzahl plebejischer Mitglieder im Senat. Die Tribunen sind nicht mehr bloße Horcher an den Thüren des Senats, sondern üben ein Veto, das freilich der Senat dadurch zu lähmen sucht, daß er sich selbst eine Partei unter den Tribunen schafft. Seitdem der Senat die Befugniß verloren hat, durch seine Vorberathungen die Volksschlüsse zu lenken, geht ihm die legislative Gewalt ab. Gegen Ende der Republik wird der Senat zum Träger egoistischer Klasseninteressen und schon Sulla, der seine Rechte erweiterte, sah sich genöthigt, ihn durch directe Volkswahlen neu zu ergänzen. Cäsar bringt den Senat auf 900 Mitglieder, indem er auf eine die alte Nobilität schwer verletzende Art seine Officiere und Adjutanten hineinberuft, und weist ihm die Stellung eines berathenden Reichsrathes zu.

In der Kaiserzeit erlangen die Senatus consulta, welche nach den zeitigen Consuln benannt werden, zwar Gesetzeskraft (leges vicem), aber der Senat ist eine servile Versammlung geworden, welche die von den kaiserlichen Cabinetsräthen (quaestores candidati) vorgetragenen oder verlesenen orationes principis durch einfache Acclamation annimmt. Unter Septimius Servius 193–211 hört auch diese formelle Mitwirkung des Senats auf, da nunmehr alle Justizangelegenheiten an das consilium principis gehen. Der Imperator verleiht durch die Erhebung in den Senatorenstand eine bloße meist vererbliche Würde.

Von den Senatusconsulten sind nur wenige in unmittelbarer Gestalt erhalten z. B. SC. de bachanalibus um 175 v. Chr., das eine Festordnung enthält.

C. Amtsordnungen der Magistrate.

Nach Vertreibung der Könige 510 vertheilte man die höchste politische Gewalt (imperium) unter mehrere patricische Beamte. Doch werden dieselben vom Volke auf eine kurze Amtszeit gewählt, beschränken sich gegenseitig durch ihr Intercessionsrecht und sind nach Ablauf ihrer Amtsdauer verantwortlich. An der Spitze stehen die beiden Consuln (con-esse Genosse, College), welche anfangs Prätoren (qui praeit exercitui Heerführer, Herzog) hießen. Sie sind die obersten Repräsentanten des Staats innerhalb der verfassungsmäßigen Grenzen. Sie berufen Senat und Volksversammlung, haben den Vorsitz, stellen die Fragen und führen die Beschlüsse aus. Sie stellen die fremden Gesandten im Senat vor, halten die Staats-Auspicien, leiten die Abschätzung (census), die alle 5 Jahre erfolgte und mit einem Reinigungsopfer (lustrum) schloß; sie verwalten den Staatsschatz (aerarium), heben das Heer aus, ernennen die Officiere, bestimmen das Contingent der Bundesgenossen und führen den Oberbefehl im Kriege. Zum Zeichen ihres Bannes über Leben und Tod, der bis zur lex Valeria de provocatione 509? 448 auch im Stadtgebiet unbeschränkt war, wurden sie von 12 Lictoren begleitet, die Beile in ihren Bündeln haben.

Im Jahre 442 zweigte man vom Consulat die Censur ab, welche von zwei patricischen Beamten auf 5 Jahre verwaltet wurde, aber nach lex Aemilia 433 derart, daß dieselben nur 18 Monate thätig blieben. Den Censoren liegt ob: die Abhaltung des Census, die Aufstellung der Steuer- und Bürgerlisten, womit die discretionäre Gewalt verbunden war, Senatoren, Ritter zu ernennen, aus dem Senat, den Comitien zu stoßen (movere), ferner die Aufstellung des Budgets, Verpachtung der Zölle, Verwaltung des Staatsgutes und endlich eine Aufsicht über die Sitten, welche durch Rügen mit infamirenden Folgen (notae) geübt wurde.

In außerordentlichen Nothständen darf jeder Consul — meist unter hervorragender Betheiligung des Senats — einen Dictator ernennen. Derselbe führt sein Amt unter Suspension der übrigen Magistraturen, wählt sich seinen magister equitum, soll aber seine Würde bei Beseitigung der Gefahr und spätestens nach 6 Monaten niederlegen.

Dem Andringen der Plebejer um Aufnahme in den Consulat begegnete man 444 durch Einrichtung von 6 Kriegstribunen mit consularischer Gewalt, für welche auch plebejische Kriegsobersten fähig waren. Nach langem Widerstande gewährt man in den leges Liciniae Sextiae 367 den Plebejern eine Stelle im Consulat, trennt aber davon die Prätur als ein besonderes, der civilen Rechtspflege gewidmetes und den Patriciern vorbehaltenes Amt. Nur die Gerichtsbarkeit in Bausachen (sarta tecta) verblieb den Censoren. Zugleich wird die curulische Aedilität für Patricier geschaffen. Den beiden aediles curules soll die Anordnung der Spiele, die Markt-, Straßen-Polizei und die damit verbundene Gerichtsbarkeit zustehen.

Später öffnen sich alle diese Aemter der Demokratie: die Aedilität schon 364, die Censur 338 durch die lex Publilia Philonis, dessen Urheber 337 der erste plebejische Prätor ist. Durch die lex Ogulnia 300 wird auch der Pontificat den Plebejern zugänglich.

Im Gegensatz zu den magistratus majores, die auf besondere Ehren wie sella curulis, toga praetexta Anspruch haben, stehen die minores. Sie werden meist von ihren Obern ernannt, sind denen Gehorsam schuldig, und allezeit anklagbar. Sie dürfen unter Umständen berathende Versammlungen berufen, an den Senat berichten, zur Vollstreckung von Befehlen pfänden, jedoch nur in den Grenzen der leges mulctatoriae. z. B. der lex Tarpeja 453. Unter ihnen gelten als die wichtigsten die Quästoren, welche seit 447 nicht mehr von den Consuln, sondern durch das Volk erwählt werden. Sie verwalten die Kriegskasse und leiten später die Untersuchung bei den Criminal-Gerichtshöfen.

Eine eigne Stellung nehmen die Volkstribunen ein, deren Wahl die lex Publilia Voleronis 472 den Tribut-Comitien verstattet, ut plebei magistratus tributis comitiis fierent'. Ihre Aufgabe besteht in dem jus auxilii, d. h. jedem Plebejer gegen Willkür und Unbilde von Beamten Schutz zu bringen. Zu diesem Behufe sind sie unverletzlich (sacrosanti), haben sie ein Einspruchsrecht (jus intercedendi) gegen Verwaltungsacte, die nicht aus der Militärgewalt des Dictators oder der Consuln außerhalb der römischen Bannmeile fließen, und können gewesene Magistrate in Anklagezustand vor den Tribut=Comitien versetzen. Ihnen stehen als Gehülfen die Volks=Aedilen zur Seite, welche polizeiliche Dienste ausüben und die Aufsicht über den Tempel (aedes) der Ceres führen, in welchem die öffentlichen Urkunden der Plebs aufbewahrt wurden. Im weiteren Verlauf erhalten die Tribunen, deren Zahl bis auf 10 steigt, ein Veto gegen Senatsbeschlüsse, sie erringen sich Sitz und Stimme im Senat und werden gegen Ende der Republik das treibende Element im römischen Staatswesen.

In dem Ehrenamte des Prätors ruht der Schwerpunkt für die freiere Entwicklung des römischen Privatrechts (jus honorarium). Zu dem praetor urbanus, qui jus dicit inter cives Romanos kommt 247 noch ein peregrinus für Rechtsverhältnisse inter cives et peregrinos. Sulla, welcher nach dem Vorbild der lex Calpurnia de repetundis aus dem Jahre 148 andere stehende Gerichtshöfe (quaestiones perpetuae) de ambitu, majestate, peculatu, sicariis et veneficis, falsis einrichtet, beruft Prätoren zu Vorsitzenden, deren Zahl er auf acht erhöht. Mit Ausdehnung der Geschäftslast werden neue Prätoren eingesetzt wie unter Claudius 41–54 fideicommissarius, welcher die Erfüllung formloser Vermächtnisse ordnet, unter Nerva 96–98 fiscalis, welcher Recht spricht inter fiscum et privatos, unter Marc Aurel 161–180 tutelaris, der Vormünder giebt und beaufsichtigt u. s. w. In der späteren Kaiserzeit functioniren bis zu 16 Prätoren, unter denen die Amtsgeschäfte getheilt sind.

Der Prätor ist kein gesetzgebender Factor (jus dicit, non facit). Ihm gebührt die Einleitung und Ordnung bürgerlicher Rechtsstreitigkeiten, welche dann an den Geschworenen (judex) behufs Urtheilsfällung übergehen. In einigen Fällen entscheidet er selbst nach eignem Befund (extraordinaria cognitio). Auch verleiht er feierlichen Rechtsgeschäften, die in Gestalt eines symbolischen Processes vollzogen wurden (legis actio) durch seine Mitwirkung Weihe und Geltung. Diese Thätigkeit: dare sc. judicem, dicere sc. jus, addicere sc. rem versteht man unter der Bezeichnung ‚jurisdictio‘.

Aus der Stellung des Prätors als eines höheren Magistrats stammt sein jus edicendi, d. h. das Recht, eine Geschäftsordnung aufzustellen. Das Edict, welches er bei Amtsantritt auf einer weißen Holztafel verkündet (in albo proponit), heißt perpetuum, das während seiner Amtszeit erlassene repentinum. Der Anstand verbot, das edictum perpetuum im einzelnen Falle abzuändern, und eine lex Cornelia 67 v. Chr. legalisirt diesen Gebrauch ‚ut praetores ex edictis suis perpetuis jus dicerent‘. Das Verhältniß des Edicts zu den bestehenden Gesetzen bewegt sich in den Grenzen ‚ultra, ne contra leges‘. Es darf das Civilrecht nicht direct ändern, sondern nur unterstützen, ergänzen, ausbilden. S. 5. Um seinen Satzungen Gehorsam zu verschaffen, erläßt der Prätor polizeiliche Befehle (interdicta), zwingt zu Sicherheitsstellungen (cautiones), gewährt Einweisungen in das Vermögen (missiones in bona), pfändet und straft den Widerspenstigen (mulcta). Dieses Rüstzeug seiner Vollstreckungsgewalt nennt man ‚imperium mixtum‘. Die Befugnisse des Prätors wurden durch die lex Aebutia um 200 v. Chr. erweitert, welche ihm erlaubt, Klagen nach Bedürfniß zu fassen. Nun gestaltet er das Civilrecht durch Umstellungen, Vorbehalte, Fictionen gemäß der Billigkeit um und schafft für neue Anforderungen des Verkehrs einen der Sachlage entnommenen Rechtsschutz (formulae in factum conceptae).

Allein das Edict gilt nur soweit, als sich die Macht seines Urhebers erstreckt, also innerhalb der Mauern Roms und während der Amtszeit des betreffenden Prätors. Es war Sitte, daß der Amtsnachfolger Bestimmungen aus dem Edict seines Vorgängers, die sich in der Praxis bewährt hatten, als tralaticia übernahm und seinerseits durch neue — edictum novum — vermehrte. Aus solchen Versuchen und Erfahrungen festigt sich ein Kern von Klagen, aus welchen die Rechtswissenschaft die Rechtssätze herausschälte und vertiefte. In ähnlicher Weise entwickeln sich die Edicte der curulischen Aedilen für Marktverkäufe, die Amtsordnungen der Municipal-Magistrate und der Statthalter in den Provinzen. Unter Hadrian 117–138 wird das in den Edicten zerstreute Recht gesammelt und zum Gesetz erhoben. Seitdem sind neue Zusätze (novae clausulae) nur in den Lücken (praeter edictum perpetuum) zulässig. Dies prätorische Recht wird die Grundlage des jus gentium, das nunmehr die kaiserlichen Juristen kraft ihrer rechtsverbindlichen Gutachten und Schriften für den römischen Weltkreis ausbilden. In der späteren Kaiserzeit, wo an die Stelle der Geschworenen vom Staat gestellte Beamte treten S. 41, sinkt die Prätur zu einer oberen Richterstelle herab.

D. Aussprüche der Juristen.

Die Rechtskunde, ursprünglich ein Mysterium der Pontifices, ist in der Republik ein Vorrecht der vornehmen Klassen. Die juris periti, prudentes wie Papirius, Appius Claudius, die beiden Aelier, die Catonen, Scipionen und die drei ‚juris civilis conditores‘ Manilius, M. Junius Brutus, P. Mucius Scävola (vgl. Rechtsgeschichte von Pomponius in l. 2. D. 1, 2 de origine juris) üben einen freien Beruf, der ihnen Ehre und Macht einbringt. Ihre Thätigkeit besteht in respondere, cavere, agere. R e s p o n d e r e ist die Ertheilung von rechtlichem Rath. Sie erfolgte zuerst an Verwandte. Seitens des Patrons an seine Clienten, und seit dem Beispiel des ersten plebejischen pontifex maximus Tiberius Coruncanius 252 v. Chr., qui juris civilis scientiam publice professus est, an alle Bürger. Gönner begleiten die Partei als advocati, oratores auf das Forum, um sie durch ihr Ansehen und Wort zu unterstützen. Auch der Magistrat umgiebt sich mit einem concilium juris consultorum, bei dem er in schwierigen Fällen Rath sucht. C a v e r e bedeutet die Aufstellung von Formularen für Rechtsgeschäfte, z. B. formulae Manilianae, Hostilianae für Contracte, Testamente, welche in diesem Kindesalter des Rechts (cunabula juris) noch äußerst steif und unbeholfen ausfielen. A g e r e bezeichnet die Ausführung von Rechtshandlungen für die Partei, namentlich ihre Vertretung in Processen (jus postulandi), woraus sich später ein besonderer Anwaltsstand bildete.

Als Begründer der römischen R e c h t s w i s s e n s c h a f t gilt Qu. Mucius Scävola 84 v. Chr. Consul, dann Statthalter von Asien und Oberpriester, 72 in den Marianischen Unruhen ermordet, ‚jus civile primus constituit generatim in libros decem et octo redigendo‘. Sein bedeutendster Schüler ist G. Aquilius Gallus, der College Ciceros in der Prätur 55, welcher seinen Namen durch einige Geschäftsformulare und Klagen (actio doli) verewigte. Dessen Schüler S. Sulpicius Rufus, welcher bei seinem Tode 31 v. Chr. an 180 Bücher über verschiedene Rechtsmaterien hinterließ, nennt Cicero de oratore ‚primus omnium consultorum‘. Auf diesen folgen Alfenus Varus, der von niedriger Herkunft war, Aulus Ofilius der Freund Cäsars, ‚qui edictum praetoris primus diligenter composuit‘, Trebatius Testa, ein berühmter Redner, Aulus Cascellius, der das ihm von Augustus angebotene Consulat ausschlug, und Qu. Tubero, dessen alterthümelnde Schreibweise hervorgehoben wird.

Unter Augustus stehen sich zwei Rechtsschulen (diversae scholae praeceptores) gegenüber: Die Proculianer bzw. Pegasianer und die Sabinianer bzw. Cassianer, die ihre Namen nicht von den Stiftern, sondern deren Hauptschülern herleiten. Begründer der Proculianer war Antistius Labeo, ein vornehmer Römer und gesinnungstreuer Republikaner, wie sein Vater Quintus, welcher sich aus Schmerz über den Untergang der Republik selbst den Tod gegeben hatte. Zu seinen Anhängern gehören: M. Coccejus Nerva, Freund des Tiberius; Proculus; Nerva der Jüngere, ein Günstling des Nero; Pegasus, Priscus Neratius, Staatsrath unter Trajan; Juventius Celsus 129 unter Hadrian zum zweiten Male Consul. Stifter der Sabinianer war Atejus Capito, homo novus aus einer unter Sulla emporgekommenen Familie, ein Parteigänger des Augustus. Zu seiner Schule, die bis in die Regierung von Antoninus Pius 138–161 und Marc Aurel mit Lucius Verus (divi fratres) 161–169 reicht, zählen: Massurius' Sabinus, von armer Herkunft und erst in seinem fünfzigsten Jahr in den Ritterstand erhoben, Verfasser der berühmten ‚libri tres juris civilis‘, zu welchen die späteren Juristen Noten und Commentare schrieben; Cassius Longinus, der unter den Kaisern Claudius bis Vespasian hohe Staatsämter bekleidete; Caelius Sabinus, welcher das Aedilicische Edict erläuterte; Priscus Javolenus; dessen Schüler Salvius Julianus unter Hadrian ‚legum et edicti perpetui subtilissimus conditor‘ in seinem Hauptwerk (digesta) durch eigenartige Gedanken glänzend; endlich Sextus Pomponius und der scharfsinnige, aber in seinen ‚quaestiones‘ oft dunkle Cäcilius Africanus.

Der Schulgegensatz, welchen man darauf zurückführt, daß Labeo in Folge seiner vielseitigen Bildung einer freieren Richtung des Rechtes huldigte, während Capito mehr am überlieferten Buchstaben hing, ist gegen Ende des zweiten Jahrhunderts durch den höheren Standpunkt der Rechtswissenschaft überwunden. Als letzter Sabinianer gilt Gajus, der sich zu dieser Schule durch Aussprüche ‚ut nostri dicunt‘ bekennt. Er war um 150 aus der Provinz nach Rom gekommen und lebte da dem Privatberufe, vornehme Jünglinge in die Elemente des Rechtes einzuweihen (instituere). Ihre weitere Vorbildung für den Juristenstand, der die Pforte für den höheren Staatsdienst war, erfolgte dadurch, daß sie als ‚auditores‘ der praktischen Thätigkeit von Richtern beiwohnten. Im dritten Jahrhundert wurden staatliche Rechtsschulen zu Rom und Berytus errichtet. Gajus — von seinen Schülern wurde er ‚noster Gajus‘ genannt, und nur dieser Name ist auf uns gelangt — hat sein unvergleichliches Lehrtalent in seinem berühmten Werke ‚institutionum commentarii quatuor‘ bewiesen. Wahrscheinlich ist es ein nachgeschriebenes Collegienheft, zwischen 161 (divus Pius Antoninus Gaj. II. § 195) und 180 unter Marc Aurel abgefaßt. Andere Schriften des Gajus werden citirt wie ‚ad edictum provinciale‘ ‚libri septem aureorum s. rerum cotidiarum‘.

Augustus verlieh einzelnen bedeutenden Juristen seiner Zeit das jus respondendi, um ihre Aussprüche mit größerem Ansehen auszustatten. Unter seinen Nachfolgern wurde diese Sitte allgemeiner. Da der Kaiser sich selbst gesetzgebende Macht und das Recht, sie zu delegiren, beilegt, so erhalten die Rechtsgutachten der autorisirten Juristen und ihre Schriften ‚si in unum concurrant' Gaj. I § 7 eine für den Richter verbindliche Kraft. Um Fälschungen vorzubeugen, wird eine bestimmte Form der Gutachten, nämlich: Erstattung vor Zeugen, später schriftliche Abfassung unter Siegeln vorgeschrieben. Insofern sind die vom Kaiser begabten Juristen ‚juris auctores', und Gajus erklärt ihre responsa als ‚sententiae et opiniones eorum, quibus permissum est, jura condere'. Fälschlich versteht man unter diesen Worten nur die literarischen Abhandlungen der Juristen oder gar collegialische einhellige Beschlüsse in Streitfragen.

Ihre klassische Blüthe entfaltet die Rechtswissenschaft unter den Kaisern Septimius Severus 193–211, Caracalla 212–217, Macrinus und Elagabalus 217–222, Severus Alexander 222–235. Auf die Vorläufer: Papirus Justus, Ulpius Marcellus, Cervidius Scävola folgen die großen Meister: Aemilius Papinianus, Domitius Ulpianus und Julius Paulus, deren Ruhm unvergänglich leuchten wird. Papinian, das Muster der römischen Juristen, war unter S. Severus Reichskanzler (praefectus praetorio) und wurde auf Befehl Caracallas ermordet, weil er sich weigerte, dessen Brudermord an Geta zu rechtfertigen. Er schrieb eine Sammlung scharfsinniger Entscheidungen von Rechtsfällen (quaestiones, responsa), einige Bücher ‚definitionum', eine Abhandlung de adulteriis. Zu seinen Werken verfaßten Ulpian, aus Tyrus in Phönicien gebürtig, und Paulus, welche unter S. Alexander die höchsten Aemter im Staat bekleideten, ausführliche Noten. Beide zeichneten sich durch eine fruchtbare schriftstellerische Thätigkeit aus, die von durchdringender Rechtskenntniß und feinem Tactgefühl (naturalis ratio) zeugt, aber bisweilen zu einer lehrhaften Breite anschwillt. Besonders schätzte man die ‚receptae sententiae' des Paulus, welche eine kurze Uebersicht des Edictsrechtes geben. Minder berühmt sind die Zeitgenossen, meist Räthe im kaiserlichen Consilium: Tryphonius (disputationes), Menander, Tertullianus, Saturnius (actiones, interdicta), Callistratus, Marcianus (ad hypothecariam formulam), Florentinus, Rufinus, und Macer. Zu den klassischen Juristen gehört noch Heremcius Modestinus aus Dalmatien, welcher als Lehrer des Maximinius 235–238 und Rathgeber Gordians III. 238–244 durch seine Urtheilssprüche und Schriften großes Ansehen genoß. Hiermit ist der Boden für ein in seinen Grundzügen unsterbliches jus gentium geschaffen, dessen Entwicklung dadurch befördert wurde, daß Caracalla durch die constitutio Antoniniana 212 — wahrscheinlich aus steuerpolitischen Rücksichten — allen Freien im Reich das Bürgerrecht ertheilte.

In der Mitte des dritten Jahrhunderts versiegt der lebensfrische Quell des Juristenrechtes. Die gerichtliche Praxis der Folgezeit, zu altersschwach, um den Schatz selber zu heben und zu verarbeiten, beschränkt sich auf eine Compilation der Juristenschriften (jus) und die Anwendung kaiserlicher Verordnungen (leges). Da das Verständniß für die umfangreiche Literatur immer mehr schwand, nimmt Constantin 321 den Noten von Ulpian und Paulus zu Papinian, welche als Hauptnest der Controversen erschienen, die Gesetzeskraft. Noch weiter gehen Theodosius II. und Valentinian III. durch eine Verordnung vom Jahre 426, welche Hugo (1788 Professor in Göttingen, gest. 1844) passend das Citirgesetz genannt hat. Danach sind nur die Schriften von Gajus, welcher nun das jus respondendi erhält, von Papinian, Ulpian, Paulus und Modestinus für den

Richter bindend; bei Meinungsstreit sollen die Ansichten dieser Juristen und der von ihnen bei der betreffenden Frage citirten Gewährsmänner (sententiae atque tractatus) gezählt werden, damit die einfache Mehrheit und bei Stimmengleichheit die Entscheidung Papinians den Ausschlag gebe.

Von den Juristenschriften sind uns nur wenige Reste in unmittelbarer Gestalt erhalten:

Gaji institutionum commentarii, bisher bloß in einer westgothischen und der Justinianeischen Ueberarbeitung bekannt, fand B. G. Niebuhr 1816 in der Bibliothek des Domkapitels zu Verona auf einem Palimpsest, d. h. einem überfirnißten Pergament, auf welchem die Briefe des h. Hieronymus standen. Die erste Ausgabe der lückenhaften und zum Theil unleserlichen Handschrift besorgte Göschen 1820 und ließ nach einer Textrevision durch Bluhme 1824 eine zweite folgen. Die Ausgaben von Bachmann 1834 und von Studemund 1874 versuchen die Lücken im Geiste des Verfassers auszufüllen. Ein Syntagma der Gajanischen und Justinianeischen Institutionen rührt von Gneist 1858 her.

Ulpiani fragmenta (19 Titel ex corpore Ulpiani), von Johann Tilius (du Tillet) 1544 auf einem vaticanischen Codex 1544 aufgefunden und von ihm zu Paris 1549 edirt, stammen trotz großer Willkür der Abschreiber aus Ulpians ‚regularum liber singularis'. Neuere kritische Ausgaben sind von Hugo, Böcking u. a. m.

Fragmenta Vindebonensia, von Stephan Endlicher 1835 in der kaiserlichen Bibliothek zu Wien entdeckt, enthalten einige Bruchstücke aus Ulpians ‚libri duo institutionum.' Sie sind neu von Krüger 1870 bearbeitet.

Fragmentum ‚de jure fisci' wurde zugleich mit der Gajanischen Handschrift aufgefunden und herausgegeben. Es scheint der Schrift des Paulus über das Recht des Fiscus anzugehören.

Pauli sententiarum (receptarum) ad filium libri quinque sind in sehr verstümmelter Gestalt durch die lex Romana Visigothorum überliefert und neu von Arndts, Haenel, Gneist herausgegeben.

Dosithei magistri interpretamenta enthalten einige zur Uebersetzung bestimmte Schulaufgaben, deren Stoff ‚de juris partibus et de manumissionibus' zum Theil aus Pauli regularum libri septem entnommen ist. Neuere Ausgaben sind von Böcking, Huschke besorgt.

Collatio legum Mosaicarum et Romanarum, s. g. lex Dei, wahrscheinlich vom Kirchenvater Rufinus von Aquileja um 395 verfaßt, führt zum Vergleich mit der mosaischen Gesetzgebung einige Stellen aus Schriften der klassischen Juristen an.

Fragmenta Vaticana vom Cardinal Angelo Mai in der vaticanischen Bibliothek 1823 aufgefunden und von Mommsen 1860 edirt, enthalten eine Privatsammlung des zu Anfang des fünften Jahrhunderts praktischen Rechtes. Dieselbe ist jedenfalls vor Veröffentlichung des Codex Theodosianus 438 verfaßt und giebt in sieben Titeln eine Reihe unverfälschter Aussprüche von Papinian, Ulpian, Paulus und eine Zusammenstellung kaiserlicher Verordnungen, die von Marc Aurel bis auf Gratian 367–383 reichen.

Kleinere Citate aus Juristenschriften finden sich noch bei profanen Autoren wie Cicero, Varro, Plinius, Gellius (noctes atticae), Plautus, ferner in den leges Romanae barbarorum, in der s. g. consultatio, d. h. einer Belehrung über Rechtsfragen um 440, und in den Schriften der römischen Feldmesser, die sich aus der Zeit des Augustus bis ins sechste Jahrhundert erstrecken.

Wichtig sind auch die in Form von Tafeln, Wandinschriften ꝛc. auf uns gekommenen Geschäftsurkunden über Verträge (mancipatio fiduciae causa, Erzstück 1867 in Spanien gefunden), Testamente, Gesellschaftsstatuten (inscriptio Lanuvina 1816 entdeckt), Rechtsstreitigkeiten vgl. Bruns ‚fontes‘.

E. Kaiserliche Verordnungen.

Octavian, welchem der Senat 27 v. Chr. den Beinamen Augustus, d. h. der Erhabene verlieh, erreichte die höchste Gewalt auf verfassungsmäßigem Wege, indem er verschiedenartige Aemter wie Consulat, Censur, Tribunat und insbesondere das ständige Militär-Commando in seiner Person vereinte. Diese Befugnisse faßte man zu einer lex de imperio zusammen, welche das Volk bzw. der Senat dem Princeps bei Regierungs-Antritt auf Lebenszeit ertheilte, die aber schon unter Vespasian 69–79 zu einer leeren Form herabsank. Mit dem Wegfall der Volksversammlungen und durch den servilen Gehorsam des Senats wandelt sich der römische Staat immer in eine Militär-Monarchie, in welcher der Wille des Imperator — wenigstens thatsächlich — als Gesetz gilt. S. 91 ‚Quod principi placuit, legis habet vigorem, utpote cum lege regia, quae de imperio ejus lata est, populus ei et in eum omne suum imperium et potestatem conferat‘. l. 1 D. 1,4.

Die republikanischen Magistraturen werden zu bloßen Würden, deren Verleihung der Kaiser beeinflußt. So führen die ordentlichen Consuln ihr nominelles Amt nur auf Monate, um dann neuen Consuln, die suffecti heißen, Platz zu machen. Die Regierung gelangt in die Hände der vom Kaiser ernannten Beamten (praefecti z. B. urbi, praetorio, vigilum und procuratores), deren Machtfülle sich in Umfang und Ende durch den kaiserlichen Auftrag bestimmt. Dem Aerar (von arca Kasten), das unter Aufsicht des Senats von den Präfecten aerarii und annonae verwaltet wird, tritt die kaiserliche Privat-Chatoulle Caesaris fiscus (von fiscina Korb) gegenüber, deren Einkünfte und Privilegien fortwährend steigen. Allgemach verschlingt der kaiserliche Fiscus, welcher sich in ‚stationes‘ spaltet, sämmtliche Staatseinnahmen aus Grund- und Kopf-Steuern, Zöllen, Strafgefällen — und das Aerar sinkt zu einer Stadtkasse Roms herab. Der Grenzdienst und die Furcht der Kaiser vor Umwälzungen machen stehende Heere nöthig, die in den Provinzen von den Proconsuln und Legaten befehligt werden und bei der Verweichlichung der italischen Bevölkerung zumeist aus barbarischen Söldnern bestehen. In Rom wird eine Garde von 9–10 cohortes praetoriae gebildet, welche in den Palastrevolutionen des dritten Jahrhunderts Kaiser ausruft und mordet.

Der Unterschied zwischen Rom, dem übrigen Italien und den Provinzen schwindet in dem Streben der damaligen Culturwelt nach Reichseinheit. Der Kaiser ertheilt außeritalischen Gemeinden, zunächst den Veteranen-Colonien, dann Provinzen das jus Latinum, d. h. die freie Selbstverwaltung in städtischen Angelegenheiten und begnadet ganze Landstriche mit dem jus Italicum, d. h. den Vorrechten des italischen Bodens. Dieser war nämlich allein fähig, im vollen Eigenthum (ex jure Quiritium) zu stehen und blieb, mit Ausnahme der Natural-

Lieferungen (annonae) an Rom, von Grundabgaben und Kopfsteuern (stipendium, tributum) verschont. Im Laufe der Zeit verliert sich die Sonderstellung von Italien. Hadrian 117–138 theilt es in fünf Verwaltungsdistricte und ernennt für den Stadtbezirk Rom einen praefectus urbi, für die übrigen vier Consulares, die später dem praefectus praetorio unterstellt werden. Diese Beamten haben höhere Gerichtsbarkeit und bilden eine Berufungsinstanz gegen Urtheile der Stadtobrigkeiten. Unter Diocletian 284–305, welcher die westliche Reichshälfte an Maximian überläßt, wird Italien der directen Steuerpflicht unterworfen und wie die übrigen Provinzen von praesides regiert. Rom behält zwar Senat und Consuln, aber sie führen ein Scheindasein.

Mit Constantin 313–337 ist die Verschmelzung der antiken Culturvölker und der Uebergang des seit 323 wieder geeinigten Reichs zu einer absoluten Monarchie vollzogen. Constantin erwählt Byzanz, dem er ähnliche Würdenträger wie Rom giebt, zu seiner Residenz und erklärt das Christenthum zur Staatsreligion. Er reorganisirt das Reich auf den von Diocletian geschaffenen Grundlagen in einer straff centralistischen Weise, scheidet Civil- und Militär-Gewalt und bildet eine Beamtenhierarchie in geschlossenen Kasten (illustres, spectabiles, clarissimi, perfectissimi et egregii). An der Spitze steht der Kaiser, welcher seinen Nachfolger designirt und formell vom Senat bestätigen läßt. An die kaiserliche Familie (nobilissimi) schließt sich der Patriciat, d. h. die höchste auf Lebenszeit ertheilte Würde. Der Hofstaat ist nach orientalischem Muster unter einem Oberst-Kämmerer (praepositus sacri cubiculi) mit höchsten und hohen Chargen eingerichtet. Die Centralverwaltung wird von vier Ministerien (dignitates palatinae) geführt, deren Portefeuilles auf das kaiserliche Haus (magister officiorum), das Justizwesen (quaestor sacri palatii), die Finanzen (comes sacrarum largitionum) und die Privat-Chatoulle (comes rerum privatarum) lauten. Dem Hausminister untersteht die kaiserliche Leibwache (domestici), welche im Gegensatz zu den aufgelösten Prätorianern in strenger Subordination gehalten wird. Den Kaiser umgiebt ein Staatsrath (consistorium principis), der aus den höchsten Verwaltungs-Chefs und ordentlichen Räthen (comites consistoriani) zusammengesetzt ist. Zur Bewältigung der laufenden Geschäfte dienen die Beamten der Reichskanzlei (notarii) und die Vorsteher der vier Geheimbureaus (magistri scriniorum) mit einem Heer von Archivaren, Schreibern, Boten (officiales).

Das Reich ist in vier Präfecturen getheilt: Orient, Illyrien, Italien mit Afrika, Gallien mit Spanien und Britannien. Sie werden von je einem praefectus praetorio verwaltet, der als Stellvertreter des Kaisers gilt. Sie zerfallen in Diöcesen unter vicarii, und diese wieder in Provinzen unter praesides. Letztere handhaben mit ihren juristisch gebildeten Räthen (assessores, consiliarii) die Gerichtsbarkeit, die jedoch für bürgerliche Bagatellsachen in erster Instanz den Stadtobrigkeiten oder Mangels solcher den zu diesem Behuf gewählten defensores civitatis zusteht. Gegen die Urtheile der praesides findet Berufung Statt, die entweder an den Vicar und von da noch an den Kaiser geht oder sich direct an den Präfecten richtet, der als ‚judex sacer‘ anstatt des Kaisers entscheidet. Unter Umständen war es erlaubt, unter Uebergehung dieser Instanzen den Kaiser durch ein Immediat-Gesuch (supplicatio) anzurufen, oder auch einen bischöflichen Schiedsspruch herbeizuführen.

Die Grundabgaben werden durch Aufnahme eines gleichförmigen Reichskatasters (nach capita d. h. Steuerhufen) geordnet und in jeder Provinz sammt den übrigen Staatseinkünften einem besondern Beamten (rationalis) überwiesen, der zugleich fiscalische Justiz übt.

Für das Heer ernennt der Kaiser Marschälle (magistri militum), welche das Commando und die höchste Militärgerichtsbarkeit haben. Unter ihnen befehlen und entscheiden die Anführer der Legionen (duces mit dem Titel comites).

Die autokratische Verfassung Constantins, welche die Regierung an ein vom Wink des Kaisers abhängiges Beamtenthum auslieferte, entsprach dem Geiste jener Zeit, die entnervt und jedes Bürgersinnes bar war. Nach dem Tode von Theodosius 395 wird die Theilung des Reiches in eine östliche und westliche Hälfte zu einer bleibenden Einrichtung. Die Kaiser Arcadius und Honorius suchen den wankenden Thron durch ein grausames Gesetz gegen die Hochverräther s. g. lex Quisquis vgl. l. 5 C. 9, 8 zu stützen. Allein das weströmische Reich, morsch durch die Stürme der Völkerwanderung, bricht schon 476 unter Romulus Augustulus zusammen, als die Heruler, Rugier und andere germanische Soldtruppen in Italien ihren Anführer Odoaker zum König ausrufen. Ein längerer Todeskampf war dem oströmischen Reich beschieden, das den pomphaften Titel eines griechischen Kaiserthums annahm. Nach einem kurzen Aufflackern unter der Regierung Justinians fristet es sich, von den Barbaren zerstückelt, bedrängt und im Innern zerrüttet, verfault, bis zum Jahre 1453, wo sein letztes Palladium Constantinopel eine Beute der Türken wurde.

Die kaiserliche Gesetzgebung äußert sich ursprünglich in Ausführungsverordnungen zu den Volksgesetzen, wird aber später grundlegend und allmächtig. Die Rechtsquelle der constitutiones principum fließt in Form von edicta, mandata, decreta und rescripta. Gaj. I § 5.

Die Edicte, im Anfang der Kaiserzeit bloße Amtserlasse in fiscalischen und Polizei-Sachen, erlangen die Kraft allgemeiner Gesetze, welche dem Volk, Senat oder Präfecten verkündet werden ‚hac in perpetuum valitura lege sancimus'.

Mandate heißen die Instructionen, welche der Kaiser seinen Beamten ertheilt. Daraus entwickelt sich ein Verwaltungsrecht und auch manches privatrechtlich wichtige Institut, z. B. das der Militär-Testamente.

Decrete sind Urtheile, welche der Kaiser bzw. an seiner Statt der Staatsrath in der Berufungsinstanz fällt. Die darin aufgestellten oder angewandten Rechtssätze gelten als allgemein verbindlich. l. 1 § 1 D. 1, 4.

Rescripte erläßt der Kaiser in außerordentlicher Weise auf Bitten einer Privatperson (preces) oder auf Ansuchen einer Behörde (consultatio). Sie erfolgen durch Randbemerkung auf dem Gesuch (adnotatio, subscriptio) oder mittelst eines eignen Antwortschreibens (epistola mit Purpurdinte sacrum encaustum) oder in besonders feierlicher Ausfertigung (pragmatica sanctio). Ihre Gültigkeit hängt von der wahrhaften Darstellung des Sachverhaltes im Bittgesuch ab (si preces veritate nitantur l. 7 C. 132). Gegen sie kann der Einwand (praescriptio mendacii) erhoben werden, daß das Rescript durch Angabe falscher Thatsachen (subreptio) oder durch Unterdrückung wahrer (obreptio) erschlichen sei. Soweit sie nicht persönliche Gnaden-Verleihungen (rescripta gratiae), sondern

Eingriffe in die Rechtspflege enthalten, erscheint eine Ausdehnung der darin festgestellten Rechtsnormen auf ähnliche Fälle zulässig. Da aber die vielen Gelegenheitsgesetze zu einer üblen Rechtsverwirrung führten, beschränkt man die analoge Wirksamkeit dieser Cabinetsjustiz auf solche Rescripte, denen der Kaiser eine allgemeine Gesetzkraft ausdrücklich beigelegt hat.

§ 25.

Sammlungen des civilen und prätorischen Rechtes.

A. **Für das ältere Civilrecht** (jus vetus) werden folgende Sammlungen erwähnt:

I. **Jus Papirianum** eine Zusammenstellung der Königsgesetze angeblich des Romulus, Numa Pompilius 2c., welche von dem Pontifex Sextus Papirius unter Tarquinius Superbus l. 2 § 2 D. 1, 2 verfaßt und zur Zeit Cäsars von Granius Flaccus l. 144 D. 50, 16 neu bearbeitet sein soll. Einzelne Citate geben als ihren Inhalt an: sacrale Vorschriften und Beschränkungen der Autonomie des Hausvaters, namentlich der Tödtungsbefugniß von Weib und Kind, welche in der Regel an die Zustimmung des Familienrathes (propinquorum concilio adhibito) geknüpft wird.

II. **Lex XII tabularum.** Der Volkstribun Terentilius Arsa beantragte 462 v. Chr. die Aufzeichnung des mündlich überlieferten Rechtes, um seiner willkürlichen Deutung ein Ziel zu setzen. Nach langen Kämpfen einigte man sich 454 dahin, eine Commission von zwei Senatoren, welcher der aus Ephesus verbannte Hermodor als Dolmetsch beigegeben wurde, nach Griechenland zum Studium des dortigen Rechtes zu senden. Im Jahre 451 werden unter zeitweiliger Aufhebung des Consulats, Tribunats und Provocationsrechtes zehn Männer (decemviri consulari imperio) aus den Patriciern erwählt. Ihr Auftrag lautete auf schriftliche Abfassung und zeitgemäße Reform des bestehenden Rechtes ‚ut leges scriberent et interpretarentur‘. Die von ihnen vorgeschlagenen Gesetze werden 450 von den Comitien bestätigt, in zehn Kupfertafeln eingegraben und auf dem Forum ausgestellt. Da noch ein Nachtrag nöthig schien, ernennt man 450 abermals Decemvirn, darunter drei Plebejer, welche zwei neue Tafeln hinzufügen. Der Versuch des Appius Claudius, die auf ein Jahr anvertraute Gewalt länger zu usurpiren, wurde 448 durch gewaltsame Wiederherstellung des Consulats und Tribunats niedergedrückt.

Die zwölf Tafeln umfassen das gesammte Recht der Stadt Rom, sowohl öffentliches als privates, und heißen deshalb schlechthin lex. Sie garantiren die verfassungsmäßigen Grundrechte wie Vereins- und Versammlungsrecht, Freizügigkeit und Ansiedlung, Schutz gegen Uebergriffe der Beamten und Verantwortlichkeit der Magistrate. Die ersten Tafeln handeln vom Proceß, zunächst von der Ladung, die durch Selbsthülfe erfolgen kann ‚si in jus vocat, ni it, antetestator: igitur em capito; si calvitur pedemve struit, manum endo jacito‘. Die vierte und fünfte Tafel enthalten Personen- und Erbrecht, die sechste bis neunte Vermögens- und Strafrecht, die zehnte Sacralrecht insbesondere Gebräuche bei der Beerdigung, die beiden letzten geben Zusätze und schärfen das Verbot der Ehe zwischen Patriciern und Plebejern ein. Den Schluß bildet wahrscheinlich eine Bestätigung der Souveränität des Volkswillens ‚quod postremum populus jussit, id jus ratum esto‘. Durch die zwölf Tafeln wird der Plebejer dem Patricier in Bezug auf die Geschäftsformen (commercium) gleichgestellt und die freie Verfügung eines jeden Römers über sein Vermögen unter Lebenden wie von Todes wegen anerkannt ‚uti lingua nuncupassit, ita jus esto‘. Zwar waren nicht alle Ansprüche der Plebejer erfüllt: ihr Connubium mit den Patriciern stand noch aus und die strenge Schuldknechtschaft war geblieben. Doch ergeht schon 445 die lex Canuleja ‚ut connubia plebei cum patribus essent‘, während die Schuldhaft erst 313 durch die lex Poetelia gemildert wird.

Einen berühmten Commentar zu diesem Grundgesetz, dessen Urtext bei der Plünderung Roms durch Brennus 390 verloren ging, schrieb um 200 Sextus Aelius Catus, welcher in einer Dreitheilung (tripertita) die zwölf Tafeln, ihre Fortbildung und die Proceßformeln behandelte. Noch bis in die Kaiserzeit hinein bildeten die zwölf Tafeln die Grundlage juristischer Werke.

Eine Wiederherstellung des Textes aus zerstreuten Citaten in Schriften von Cicero, Gellius, Festus ꝛc. versucht zuerst Jacob Gothofredus 1587–1652, in neuerer Zeit unternehmen es Dirksen 1824, Schöll, Bruns.

III. **Jus Flavianum.** Cnejus Flavius, ein Schreiber des Censor Appius Claudius, veröffentlichte um 300 eine Sammlung der Proceßformeln (legis actiones) und ein Kalendarium der zur Gerichtsverhandlung geeigneten Tage (40 dies fasti, 190 dies comitiales), das bis dahin als ein Geheimniß der Priester galt.

IV. **Jus Aelianum.** Dies besteht in einer verbesserten Auflage des jus Flavianum und wurde um 200 verfaßt.

B. **Das prätorische Recht,** wie es sich in den Edicten des praetor urbanus, peregrinus, der Aedilen und Provinzial-Statthalter zu einem bleibenden Schatz in der Rechtsprechung gebildet hatte, ließ der Kaiser Hadrian 117–138 durch Salvius Julianus zum ‚edictum perpetuum‘ zusammenstellen und durch einen Senatsbeschluß mit Gesetzeskraft ausstatten. Dasselbe zerfiel in sieben Theile, die in Titel mit prägnanten Inhaltsangaben und weiter in einzelne Sätze (clausulae) getheilt waren. Moderne Restitutionsversuche rühren namentlich her von Rudorff 1869 und Lenel 1883.

C. **Auf die kaiserlichen Constitutionen** beziehen sich:

I. **Codex Gregorianus,** eine von dem Juristen Gregorian um 300 veranstaltete Compilation in Büchern und Titeln, wovon uns nur ein dürftiger Auszug erhalten ist.

II. **Codex Hermogenianus,** ebenfalls eine Privatsammlung, die bis zu Valentinian I. 364—375 reicht und zur Ergänzung des codex Gregorianus bestimmt war.

III. **Codex Theodosianus.** Theodos II. befahl 429 eine Codification der kaiserlichen Verordnungen zum practischen Gebrauch. Das im Jahre 438 vollendete Werk wurde an Valentinian III. übersandt und in beiden Reichshälften publicirt. Es enthält die Constitutionen seit Constantin, in 16 Bücher und Titeln nach dem Inhalt und im Einzelnen nach der Zeitfolge geordnet. Die ersten fünf Bücher über Privatrecht sind nur lückenhaft erhalten, dagegen vollständig Buch 6–16 über Verfassung, Straf-, Verwaltungs-, Gemeinde- und Kirchen-Recht. Eine höchst gelehrte Erläuterung dazu stammt von Jacobus Gothofredus, eine moderne Ausgabe von Gustav Haenel 1837.

IV. **Novellae constitutiones.** Nach der Redaction des Codex Theodosianus ergingen unter Theodos II. Valentinian III. und ihren Nachfolgern Majorian, Severus 2c. eine Reihe von Verordnungen, die bis zum Jahre 468 zusammengestellt wurden.

D. **Leges Romanae Barbarorum** heißen die Rechtssammlungen, welche für die unter den Barbaren lebenden Römer veranstaltet sind.

I. **Edictum Theodorici.** Theodorich, welcher Odoaker 493 besiegt und seinen Sitz in Ravenna und Verona (Dietrich von Bern) nimmt, begründet in Italien das Ostgothen-Reich, in welchem er germanische Stärke mit römischer Bildung zu verschmelzen sucht. Zu diesem Behuf beläßt er es bei der gothischen Militärverfassung, richtet aber die Verwaltung nach römischem Muster ein und schafft um 504 ein zumeist aus Pauli sententiae entnommenes Gesetzbuch, das nicht bloß für die Römer, sondern für alle Unterthanen seines Reichs bestimmt ist.

II. **Breviarium Alaricianum.** Alarich II. König der Westgothen, die damals in Septimanien, d. h. an der gallischen Küste von der Rhone bis zu den Pyrenäen saßen, gab 506 den Römern in seinem Reich ein Gesetzbuch, die s. g. lex Romana Visigothorum. Dasselbe enthält abgekürzte Constitutionen aus dem codex Gregorianus, Hermogenianus, Theodosianus, verstümmelte Sätze aus den Gajanischen Institutionen und den Sentenzen des Paulus und schließt mit einem kurzen Fragment aus Papinians Responsen über die Formlosigkeit der Eheverträge.

III. **Lex Romana Burgundionum.** Sie entstand um 530 für die Römer im burgundischen Reich, das sich zu dieser Zeit unter König Sigismund im südöstlichen Frankreich und in der Schweiz befand. Cujacius gab sie 1566 heraus und setzte das Schlußfragment Papinians aus dem Breviarium als Motto an ihre Spitze. Davon stammt der früher gebräuchliche Name für diese Sammlung „der kleine Papian".

§ 26.

Justinians Rechtssammlung.

Justinian von slavischer Abkunft wurde 483 zu Tauresium in Illyrien geboren. Er empfing von seinem Vater Sabatius, einem ehrsamen Landjunker, und seiner Mutter Biglenice den Namen Upranda, d. h. der Rechtschaffene. Als Neffe des Kaisers Justinus kam er an den Hof zu Byzanz, wo er sich durch seine Schlauheit und Thatkraft schnell aufschwang. Am 1. April 527 wurde er Mitkaiser seines Oheims und Adoptivvaters und nach dem plötzlichen Tode desselben am 1. Aug. 527 Alleinregent. Seine Regierung bis zum 13. Novbr. 565, obwohl von vielen Aufständen bedrängt, die sich meist aus einem Circusstreit zwischen den Grünen und Blauen entwickeln und in einem Blutbade auf den Straßen Constantinopels enden, ist reich an kriegerischen Lorbeeren. Seine Feldherren Belisar und Narses erweitern das Reich durch Eroberungen in Afrika und Italien. Der Vandalenkönig Gelimer wird gefangen genommen, und der letzte König der Ostgothen Teja fällt nach heldenmüthigem Widerstande in der Schlacht am Vesuv 353. Aber die Hauptruhmesthat des Kaisers besteht in einer Codification, welche die Erlasse seiner Vorgänger, die Juristenschriften und seine Zusätze umfaßt, und seit Dionysius Gothofredus 1583 corpus juris civilis — im Gegensatz zu canonici — heißt. Die Inspiration zu diesem Riesenwerke ging von dem Kanzler Tribonian aus, dem auch die Leitung und Ausführung übertragen war. Das Charakterbild Justinians schwankt in der Geschichte. Procop hebt ihn in einer officiellen Schilderung seiner Zeit in den Himmel, während er in geheimen Memoiren, Wahres mit Falschem mischend, seine ganze Galle auf den Kaiser, dessen Gemahlin Theodora, die ehemals Schauspielerin war, und die Hofcamarilla ausspritzt. Allein Justinians Ausdauer und praktischer Sinn sind unläugbar; seine Rechtsbücher trotz ihres Mangels an Systematik und Einheitlichkeit erheben sich weit über die Sammlungen der früheren Kaiserzeit.

Bald nach Regierungsantritt 528 erläßt Justinian eine Verordnung ‚de novo codice faciendo‘, welche mit den Worten ‚haec quae necessario‘ beginnt und einer Commission hoher Beamter die Aufgabe überträgt, alle für den Gerichtsgebrauch wichtigen Constitutionen in übersichtlicher Weise zusammenzustellen (componere et congruis titulis subdere). Das bereits im folgenden Jahre vollendete Werk wird durch Patent vom 7. April 529 ‚summa rei publicae‘ als Justinianeus Codex mit Gesetzeskraft vom 16. April 529 publicirt.

Darauf entwickelt der Kaiser in der Verordnung ‚de conceptione digestorum‘ vom 15. Dcbr. 530, welche nach den Anfangsworten ‚deo auctore‘ citirt wird, seinen Plan zur Compilation der Juristenschriften. Die Commission soll aus der Literatur, ohne an die Schranken des Citirgesetzes S. 96 gebunden zu sein, die wichtigsten Entscheidungen auslesen (quod unum pro omnibus sufficiat), sie nöthigenfalls in zeitgemäßer Weise zurechtstutzen und zu einem Rechtsbuche vereinigen, das den ganzen Rechtsstoff ohne Wiederholungen und Widersprüche, nach Büchern und Titeln geordnet darstelle. Nach drei Jahren war die mühselige Arbeit zu Stande gebracht. Justinian publicirt in den Patenten ‚de confirmatione digestorum‘ vom 16. Dcbr. 533 mit den Anfangsworten ‚tanta circa‘ und ‚δέδωκεν‘ das Werk, welchem er den Namen Digesta vel Pandectae (πανδέχομαι) und Gesetzeskraft vom 30. Dcbr. 533 beilegt. Die Digesten sollen zusammen mit dem Codex und den inzwischen verfaßten Institutionen ein einheitliches Werk bilden (‚una cum nostris constitutionibus‘) und auch die von den Compilatoren für nothwendig befundenen Abänderungen bzw. Zusätze (emblemata, Interpolationen) an dieser Kraft theilnehmen, gleichsam als ob das Ganze aus einem Erlaß des Kaisers geflossen wäre (se omnia haec fecisse sua). Widersprüche, meint Justinian, kämen in seiner Sammlung nicht vor, da sich die scheinbare Antinomie bei richtigem Verständniß der Entscheidungsgründe (‚si quis subtili animo diversitatis rationes excutiet‘) harmonisch auflöse. Das Gesetzbuch sei ein vollständiges, das in allen Rechtshändeln Auskunft ertheile. Daher schafft Justinian die Bitten der Parteien um ein Rescript durch Novelle 113 vom Jahre 541 ab. Nur dem Richter soll in schwierigen Fällen eine Anfrage beim Kaiser obliegen. Doch wird auch diese Consultation in Novelle 125 vom Jahre 544 abgeschafft und der Richter auf seine eigne Einsicht verwiesen. Behufs Erhaltung eines authentischen Textes sollen Abschriften nur mit vollen Buchstaben, nicht in Sigeln gestattet sein.

Bei Strafe wird es verboten, auf die alten Juristenschriften zurückzugehen oder Erläuterungen zu den Rechtsbüchern (commentarii) zu verfassen, weil dadurch die glücklich beseitigte Rechtsunsicherheit wieder Wurzeln fassen könnte (verbositate compendium confundere). Höchstens erlaubt der Kaiser kurze Worterklärungen (κατὰ πόδα), summarische Inhaltsangaben der einzelnen Titel (indices) und Anführung von Parallelstellen (παράτιτλα).

In der Constitution ‚deo auctore‘ befiehlt Justinian zugleich eine Umarbeitung der Gajanischen Institutionen und ähnlicher Schriften, um durch Weglassen des veralteten und Einfügen des neuen Rechtsstoffes eine übersichtliche Einleitung in die Digesten und ein systematisches Lehrbuch für die Rechtsbeflissenen zu schaffen. Das in Folge dessen verfaßte Buch, welches den üblichen Titel Institutiones erhält, wird unter der Adresse ‚cupidae legum juventuti‘ durch Patent vom 21. Novbr. 533 ‚imperatoriam majestatem‘ veröffentlicht. Seine Gesetzeskraft datirt zugleich mit den Digesten vom 30. Dcbr. 533.

Bei Gelegenheit der Digesten-Publikation reorganisirt Justinian in der Verordnung vom 16. Decbr. 533, welche mit den Worten ‚omnem reipublicae‘ beginnt und an die Rechtslehrer (antecessores) gerichtet ist, den Studienplan. Das Rechtsstudium soll auf einer der privilegirten Schulen zu Constantinopel, Rom oder Berytus geschehen; in anderen Städten insbesondere Alexandrien wird es bei Strafe verboten. Der Lehrcursus dauert fünf Jahre und schließt sich den sieben Theilen der Digesten an. Im ersten Jahre heißen die Studenten, welche in die Elemente des Rechtes eingeweiht werden, Justinianei novi (institutionistae). Ihr früherer Spitzname dupondii, d. h. Pfennig ist verpönt. Im zweiten Jahre hören sie als Edictales aus den Digesten entweder den Abschnitt über Klagrechte (de judiciis) oder den über Verträge (de rebus creditis) und daneben das Familien-Recht (libri singulares). Im dritten Jahr, wo sie den im zweiten unerledigt gebliebenen Theil der Digesten nachholen und einige Nachträge wie Pfandrecht, Gewährspflicht studiren, werden sie Papinianistae genannt. Das vierte und fünfte Jahr ist dem Rest der Digesten, dem Codex und hauptsächlich cursorischen Uebungen, Repetitionen gewidmet. Sie heißen dann λύται und προλύται.

Schon 534 wird eine vermehrte und verbesserte Auflage des Codex nöthig. Die mit Bearbeitung der Digesten betraute Commission hatte den Kaiser in vielen Fällen um Schlichtung der vorgefundenen Controversen ersucht, und daraus war ein liber quinquaginta decisionum entstanden. Deshalb entschloß sich Justinian den alten Codex (vetus), der uns nicht erhalten blieb, einer neuen Redaction zu unterwerfen, mit dem Hauptzweck, seine fünfzig Entscheidungen, die meist an der Adresse Imperator Justinianus Juliano oder Joanni Praefecto Praetorio und an der Zeitangabe Lampadio et Oreste Consulibus kenntlich sind, an passender Stelle einzureihen. Dieser neue Codex, in welchen Justinian die Verordnung ‚tanta circa‘ aufnahm, um ihn den früher erlassenen Institutionen und Digesten gleichzustellen, daher repetitae praelectionis wird durch das Patent ‚cordi nobis est‘ vom 19. Novbr. 534 publicirt und erhält Gesetzeskraft seit dem 29. Decbr. 534.

Gemäß dem im Patent ‚cordi‘ gemachten Vorbehalt, nöthigenfalls neue Reformen einzuführen (‚si quid in posterum melius inveniatur et ad constitutionem necessario sit redigendum‘, erläßt Justinian vom 1. Januar 535

bis kurz vor seinem Tode 565 eine Reihe von 165 novellae constitutiones, die meist in griechischer Sprache (νεαραὶ διατάξεις) abgefaßt sind. Nur einige davon haben privatrechtlich Bedeutung. Ihnen gebührt der Vorzug vor den übrigen Rechtsbüchern Justinians, und bei Widerstreit unter mehreren Novellen geht die jüngere der älteren vor.

Die einzelnen Bestandtheile des corpus juris civilis bedürfen noch einer näheren Erörterung:

A. Institutionen.

Die Commission, welche aus Tribonian und den beiden Professoren Theophilus und Dorotheus bestand, legte ihrem Werke die Gajanischen Institutionen zu Grunde, vervollständigte sie aber aus anderen klassischen Juristenschriften, strich die veralteten Teile besonders im vierten Buch, und ersetzte sie durch Auszüge aus den kaiserlichen Constitutionen. Daher sind die Institutionen von den eigensten Gedanken Justinians (Tribonians) durchtränkt und verdienen bei Widerspruch mit seinen andern Sammlungen vorzugsweise Berücksichtigung.

Sie zerfallen in vier Bücher, diese in Titel (im Ganzen 98) mit entsprechenden Ueberschriften, und die Titel wieder in Paragraphen. Das erste Buch enthält Personenrecht, das zweite: Lehre von den Sachen und Anfang des Erbrechtes, das dritte: Schluß des Erbrechtes und Anfang des Obligationenrechtes, das vierte: Schluß des Obligationenrechtes und Klagerechte. vgl. S. 46.

Die moderne Citirweise ist § 3 J. 2, 1, d. h. Institutionen, im zweiten Buch, ersten Titel der dritte Paragraph. Zur größeren Deutlichkeit fügt man noch die Ueberschrift des Titels bei: § 3 J. de rerum divisione (abgekürzt de R. D.) 2, 1 oder läßt in diesem Falle die Ziffern-Angabe von Buch und Titel 2, 1 ganz weg. Die Glossatoren citirten auch den Paragraphen nach seinen Anfangsworten, z. B. est autem J. de R. D. Pr. (principium) J. 2, 1 bedeutet die dem ersten Paragraphen vorangehende Einleitung, in. (initio) den ersten Satz, i. f. (in fine) den letzten Satz einer bezeichneten Stelle. Das Zeichen eod. (eodem titulo) weist auf den eben angeführten Titel eines Buches zurück. Die Buchstaben h. t. (hoc titulo) beziehen sich auf denjenigen Titel, in welchem gemäß seiner Ueberschrift eine Lehre, von der grade die Rede ist, abgehandelt wird.

Die Handschriften der Institutionen sind zahlreich, aber nur zwei, eine Turiner und Bambekger reichen in das neunte oder zehnte Jahrhundert zurück.

Die erste Buchausgabe (editio princeps) erschien mit Glosse 1468 zu Mainz. Unter den modernen Ausgaben sind bemerkenswerth: die von Schrader 1832, von Krüger 1867, die mit tabula synoptica von Gneist 1858 vgl. S. 97.

B. Digesten.

Die Commission war aus siebzehn Rechtsgelehrten zusammengesetzt, einschließlich Tribonians, welcher den Vorsitz führte. Das vorliegende Material belief sich auf 2000 Bücher mit 3 Millionen Zeilen (στίχοι). Zur Bewältigung dieser ungeheuren Literatur traf man, wie Bluhme heute nachgewiesen hat, folgende Maßnahmen: Für die innere Ordnung des Rechtsstoffes vereinbarte die Commission einen Grundplan, der sich wohl an die Titelfolge in Ulpians Commentar zum Edict anlehnte. Die Compilation selbst erfolgte mittelst einer Arbeitstheilung. Die Commission zerlegte das Material nach Maßgabe der damaligen Studienordnung, welche vom Civilrecht zum prätorischen Recht und von da zur Casuistik der Rechtsfälle fortschritt, in drei Massen und trennte sich danach in ebensoviele Ausschüsse. Jeder Ausschuß entnahm aus der ihm überwiesenen Masse die brauchbaren Stellen (leges, fragmenta) und ordnete sie nach der vorgeschriebenen Reihenfolge. Darauf vereinigten sich die Ausschüsse zu Plenarsitzungen, man verglich die entsprechenden aus den drei Massen gezogenen Abschnitte, strich überflüssige, gleichlautende oder widersprechende Sätze und bildete die definitiven Digesten-Titel. Dabei stellte man die dem Umfang nach größte Masse, in der Regel die des Civilrechtes, voran und ließ die beiden anderen nachfolgen. Doch finden sich Abweichungen, indem man wichtigere Entscheidungen hervorhob, gleichartige verschmolz, Zusätze einschob und einige Gutachten nachklassischer Juristen über das ganze Werk verstreute. Die Eile, mit welcher die Redaction betrieben wurde, läßt es entschuldbar erscheinen, daß einige Stellen doppelt vorkommen (leges geminatae) und andere sich in einen falschen Titel verirrt haben (leges fugitivae, erraticae).

Bluhme nennt die aus dem Civilrecht stammenden Fragmente (ungefähr 4000) Sabinus-Masse mit Rücksicht auf dessen berühmten und vielfach erläuterten Commentar vgl. S. 95, die Auszüge aus dem prätorischen Recht (über 3000) Edicts-Masse, die Gutachten aus den Präjudiciensammlungen (gegen 2000) Papinians-Masse und die wenigen Sätze aus den nachklassischen Juristen (etwa 100) Postpapinians-Masse bzw. Appendix. Darauf beziehen sich in den kritischen Pandekten-Ausgaben die Zeichen: S, E, P, p P bzw. A.

Die Digesten enthalten im Ganzen 9127 Fragmente aus den Schriften von 39 Juristen, die in dem Inhaltsverzeichniß zur Florentinischen Handschrift, dem s. g. index Florentinus — jedoch zum Theil ungenau — aufgeführt sind. Dies bildet ungefähr den zwanzigsten Theil des den Compilatoren zu Gebote stehenden Materials. Jeder Lex gehen der Name des Verfassers und die Angabe seines betreffenden Werkes (inscriptio) voran. Die meisten Fragmente, nämlich an 2754, rühren von Ulpian her, dann folgen Paulus mit 2080, Papinian mit 595, Pomponius mit 585, Gajus mit 535, Julian mit 457, Modestin mit 345, Cervidius Scävola mit 307 Stellen u. s. w. In neuerer Zeit hat man als jurisprudentia restituta oder palingenesia die in den Digesten zerstreuten Fragmente unter dem Namen ihrer Verfasser gesammelt.

Die Digesten zerfallen in 50 Bücher, die zu 7 partes gruppirt sind.

pars	I (τὰ) πρῶτα	umfaßt	Buch	1— 4	über	Rechtsbegriffe, Proceßgrundsätze.
„	II de judiciis	„	„	5—11	„	Klagerechte.
„	III de rebus (creditis)	„	„	12—19	„	Verträge und ähnliche Verhältnisse.
„	IV umbilicus (Nabel)	„	„	20—27	„	Pfandrecht, Gewährspflicht, Familienrecht vgl. Studienplan S. 105.
„	V de testamentis	„	„	28—36	„	Erbrecht.
„	VI } ohne Namen (varia?)	„	„	37—44	„	Nachträge zum Erbrecht, Sklaverei, Eigenthum, Besitz.
„	VII } ohne Namen (varia?)	„	„	45—50	„	Stipulationen, Zahlung, Straf- und öffentliches Recht.

Die Bücher sind in Titel (im ganzen Gegen 432) mit entsprechenden Ueberschriften eingetheilt, nur Buch 30–32 de legatis et fideicommissis haben keine Titel. So heißen im ersten Buch der erste Titel de justitia et jure, der zweite de origine juris ꝛc., der dritte de legibus ꝛc., im letzten Buch der sechzehnte de verborum significatione, der siebzehnte (letzte) de diversis regulis juris antiqui. Die Bücher 47 und 48 über Strafrecht nennt Justinian in dem Patent ‚tanta circa' libri terribiles, qui omnem continent severitatem poenarumque atrocitatem.

Die Titel enthalten Fragmente von ungleicher Länge, meist mehrere unter fortlaufenden Ziffern. Zur bequemeren Uebersicht theilte man später lange Fragmente in ein Principium und Paragraphen.

Die moderne Citirweise ist l. bzw. L. (lex) oder fr. (fragmentum) 2 § 3 D. 12, 1, d. h. Digesten im zwölften Buch, ersten Titel das zweite Fragment und darin der dritte Paragraph. Oft setzt man die entsprechende Titelüberschrift, z. B. de rebus creditis (de R. C.) entweder neben die Ziffern 12, 1 oder anstatt derselben. Bei den Büchern 30, 31, 32 de legatis, die nicht in Titel zerfallen, hilft man sich durch die Bezeichnung de leg. I oder II oder III. Die Glossatoren citirten die Stelle nur nach ihren Anfangsworten. An Stelle des D, war früher ein P(andectae) üblich, daß man griechisch Π schrieb, und welches sich durch einen | in ꟻF oder ff. verwandelte. Ueber die Abkürzungen pr., in., i. f. eod., h. t. vgl. S. 106. Enthält der Titel nur ein einziges Fragment, so wird neben l. ein un., d. h. unica gesetzt, z. B. l. un. D. 1, 10. Die letzte Stelle eines Titels pflegt man als l. ult. (ultima), oder l. fin. (finalis) die vorletzte bisweilen als l. pen. (penultima) zu citiren.

Eine Kritik der Digesten ergiebt sich aus der Art und Weise, wie dieses Rechtsbuch zu Stande kam. Es ist kein Lehrbuch mit systematischer Anordnung des Stoffs und begrifflicher Erklärung der Rechtsinstitute, sondern zumeist eine Sammlung von Entscheidungen, deren Gründe — oft mit Zweifeln untermengt — angegeben werden. Trotz der feierlichen Versicherung Justinians sind die Digesten von Widersprüchen (leges inter se pugnantes) nicht frei. In solchen Fällen wird eine veraltete, von der späteren Jurisprudenz überwundene Meinung nachgehen, wobei auch die Eigenart des Verfassers nicht außer Acht zu lassen ist. Bei gleichem Werth der Stellen wird häufig diejenige Ansicht den Ausschlag geben, welche in einem Titel steht, wo ‚ex professo' von der bezüglichen Lehre die Rede ist. Läßt sich aber gar keine Lösung gewinnen, so hebt die Antinomie sich von selbst auf.

Handschriften zu den Digesten gingen in der Zeit nach Justinian fast sämmtlich verloren. Im Orient, wo die Kenntniß der lateinischen Sprache immer mehr abnahm, begnügte man sich mit griechischen Ueberarbeitungen. In Italien, über das sich der Strom longobardischer Eroberer ergoß und dann mit den Franken in wildem Kampfe um die Herrschaft rang, haben wohl diese Ereignisse dazu beigetragen, die Digesten in Vergessenheit zu bringen. Nur stückweise wurde im elften Jahrhundert eine Handschrift aufgefunden, welche in zahlreichen Abschriften vervielfältigt eine neue Blüthe des Römischen Rechtes bewirkte. Auf der zufälligen Zeitfolge dieses Fundes beruht die Dreitheilung der Pandekten durch die Glossatoren. Sie unterschieden ein Digestum vetus, das von Anfang bis einschließlich

D. 24, 2 reichte, ein novum von l. 82 D. 35, 2 bis zum Schluß, und ein infortiatum, d. h. den mittleren Theil, welcher in Folge seiner späteren Entdeckung eingeschoben wurde. Manche leiten jedoch diese Namen aus der Arbeit des Abschreibers her, welcher sich auf die Worte ‚tres partes‘ im Text der l. 82 D. 35, 2 ad legem Falcidiam berief und den ersten Abschnitt durch die Ueberschrift in D. 24, 3 soluto matrimonio rechtfertigte. Danach sei infortiatum als „verstärktes“ Stück zu erklären, da ein anderer Abschreiber, um der Symmetrie willen und durch dem Wortklang des Titels D. 39, 1 de operis novi nuntiatione bewogen, bis hierher den zweiten Theil erstreckt habe.

Diese Handschrift, an welche die Glossatoren ihre Erklärungen knüpften, heißt nach der Stätte, wo dieselben wirksam waren, litera Bolognensis oder auch in Analogie der Bibelübersetzung Vulgata. Ueber ihr Verhältniß zu einer anderen Handschrift, die damals zu Pisa war, sich seit 1406 in Florenz befindet und deshalb litera Pisana oder Florentina genannt wird, herrscht Streit. Letztere stammt aus dem siebenten Jahrhundert, ist gut erhalten, aber wegen der vielen Schnörkel und Sigel schwer zu entziffern. Nach der Stadtchronik von Pisa soll sie das Handexemplar von Justinian gewesen, bei der Eroberung von Amalfi 1137 dem Kaiser Lothar in die Hände gefallen und von diesem den verbündeten Pisanern geschenkt sein. Allgemeiner bekannt wurde sie erst durch die Ausgabe der Gebrüder Torelli zu Florenz 1553. Savigny behauptet die selbständige Entstehung der Vulgata, weil sie im Vergleich zur Florentina manches neue classische Fragment, auch einzelne bessere Lesarten enthalte und letztere den Glossatoren wegen der damaligen Feindschaft zwischen Bologna und Pisa nur schwer zugänglich war. Dagegen wird geltend gemacht, daß die Vulgata vielfach dieselben Fehler wie die Florentina aufweise, sogar in dem Titel de regulis juris eine Umstellung von Fragmenten wiederhole, die offenbar auf einem Versehen des Buchbinders der Florentina beruht, und deshalb eine Abschrift der letzteren sein müsse. In neuester Zeit hält Mommsen die Florentina für die „Mutter aller Texte“ und erklärt Abweichungen der Vulgata zum Guten wie zum Schlimmen aus einer Revision, welche die Glossatoren auf Grund einer andern, uns nicht mehr erhaltenen Handschrift vorgenommen haben.

Die erste Buchausgabe der Digesten erschien mit Glosse 1476 zu Rom. Es folgten die Haloandrina vom Haloander (Salzmann) 1529 zu Nürnberg und die schon erwähnte Taurelliana von Torelli 1553 zu Florenz.

C. Codex.

Zur Commission gehörten unter Vorsitz Tribonians der Professor Dorotheus, die Advokaten Constantinus, Menna u. a. m.

Der Codex enthält im Ganzen 4652 Constitutionen, zur einen Hälfte etwa Edicte, zur anderen Rescripte. Jeder kaiserliche Erlaß trägt an der Spitze (inscriptio) die Adresse, an welche er gerichtet ist und schließt (subscriptio) mit einer Zeitangabe durch Benennung der amtirenden Consuln. Unter den aufgenommenen Constitutionen ist die älteste von Hadrian, die jüngste von Justinian am 4. Novb. 534 erlassen; die meisten nämlich 1222 rühren von Diocletian her, dann folgt Justininan mit 402 u. s. w. Die Verordnungen sind größtentheils in lateinischer Sprache abgefaßt, nur wenige lauten griechisch.

Der Codex zerfällt in zwölf Bücher, welche den 7 partes der Digesten entsprechen: Buch 1 und 2 der pars I, Buch 3 der pars II, Buch 4 der pars III, Buch 5 der pars IV, Buch 6 der pars V, Buch 7 der pars VI, Buch 8 bis 12 der pars VII. Jedes Buch besteht aus Titeln mit auf den Inhalt bezüglichen Ueberschriften. In den Titeln sind die Constitutionen chronologisch unter fortlaufenden Ziffern geordnet. Die weitere Eintheilung nach Paragraphen ist modern.

Die Citirweise ist: c. (constitutio) oder l. bzw. L. (lex) 7 § 2 C. 5, 70 d. h. Codex im fünften Buch, siebzigsten Titel die siebente Constitution und darin der zweite Paragraph. Ueber Abkürzungen vgl. S. 108.

Unter den Handschriften zum Codex steht ein Veroneser Palimpsest an Alter der Florentina gleich, ist aber nur lückenhaft erhalten. Andere Handschriften sind jüngeren Datums, insbesondere die der drei letzten Bücher. In den im Mittelalter angefertigten Auszügen fehlen die griechisch verfaßten Verordnungen, die erst im sechzehnten Jahrhundert aus griechischen Quellen ergänzt wurden. (leges restitutae).

Die erste Buchausgabe des Codex erschien 1475–1476 zu Mainz und Rom. Die Ausgabe von Haloander 1530 ruht auf dem s. g. codex Egnatianus, die vervollständigte von Contius 1562 auf den Vorarbeiten von Cujacius 1522 bis 1590. Unter den modernen Ausgaben hat die von Krüger 1873 den ersten Rang.

D. Novellen.

Die Verordnungen, welche Justinian seit 535 erließ, sind von ihm selbst nicht gesammelt.

Um 556 veranstaltete der Professor Julian zu Constantinopel einen lateinischen Auszug aus 125 Novellen, der epitome Juliani genannt wird.

Den Glossatoren stand ferner das Authenticum zu Gebote, eine Sammlung von 134 Novellen im Originaltext mit einer lateinischen Uebersetzung für die in griechischer Sprache erlassenen, die wahrscheinlich auf Veranlassung Justinians 556 in Italien angefertigt, aber an vielen Stellen fast unverständlich ist. Davon sind 97 glossirt in 98 Titeln oder 9 collationes, welche den Büchern 1–9 des Codex entsprechen. Auf dieser s. g. Vulgata beruht die erste Buchausgabe zu Rom 1476 und größtentheils auch die von Haloander 1531 zu Nürnberg.

Ein Venetianer Text wurde erst 1558 durch die Genfer Ausgabe des Scrimgerus allgemeiner bekannt. Er ist durchweg in griechischer Sprache gegen 580 unter Tiberius II. abgefaßt und enthält 168 Novellen, zumeist von Justinian. Derselbe bildet die Grundlage der modernen Ausgaben, welche die Novellen chronologisch nach Ziffern ordnen. Längere Novellen sind in Capitel, und diese weiter in Paragraphen eingetheilt. Danach citirt man: nov. 118 cap. 3. § 1.

E. Gesammtausgaben des Justinianischen Rechtswerkes.

Accursius 1182–1260 stellte die Erläuterungen der Glossatoren (apparatus) zur glossa ordinaria zusammen. Glossirte Manuscripte bzw. Ausgaben zerfallen in 5 Bände: 1. Digestum vetus vgl. S. 108. 2. Infortiatum. 3. Digestum novum. 4. Codex nur von Buch 1–9. 5. Volumen (parvum) enthaltend die drei letzten Bücher des Codex, die Novellen und die Institutionen. In den Codex sind lateinische Authenticae eingestreut, d. h. entweder Auszüge aus den Novellen, welche die betreffende Stelle abändern bzw. ergänzen, z. B. Auth. ,si qua mulier' zu l. 22 C. 4, 29 — oder Nachträge der römischen Kaiser deutscher Nation Friedrich I. und II., z. B. Auth. ,sacramenta puberum' zu l. 1 C. 2, 28 (27). Zu den 9 Collationen der Novellen fügte man noch eine zehnte, d. h. die libri feudorum mit Anhang, welche das longobardische Lehnrecht enthalten.

Die Gothofred'sche Ausgabe 1583 zeichnet sich durch übersichtliche Noten aus, welche Parallelstellen und Antinomien anführen. Für Bibliophilen haben die Abdrücke mit Elzevirschen Typen Amsterdam 1663 (mit verschlungenen Händen) 1664 (pars secundus) besonderen Werth.

Unter den modernen Ausgaben sind erwähnenswerth: die von Gebrüder Kriegel (Codex von Hermann, Novellen von Osenbrüggen) Leipzig 1833, und die von Mommsen (Institutionen, Codex von Krüger, Novellen von Schöll) Berlin seit 1877.

§ 27.

Byzantinische Bearbeitung der Rechtsbücher Justinians.

Von den Vorträgen, welche die Professoren Theophilus, Stephanus, Thaleläus an der Rechtsschule zu Constantinopel über das Werk Justinians hielten, ist uns die Paraphrase des Theophilus zu den Institutionen 534 vollständig erhalten. Bearbeitungen der Novellen rühren von Athanasius und Theodorus gegen Ende des sechsten Jahrhunderts her. Eine Schrift „über die verschiedenen Zeitabschnitte im Recht" *αἱ ῥοπαί* wird auf den Antecessor Eustathius zurückgeführt. Eine ,ecloga legum' genannte Sammlung entstand 740 unter Leo dem Isaurier. Basilius Macedo veröffentlichte 878 ein Handbuch des Rechtes *ὁ πρόχειρος νόμος*, das gegen 884 unter dem Titel *ἐπαναγωγή* neu herausgegeben wurde. Das wichtigste, zur Textkritik der Pandekten brauchbare Denkmal bilden die Basiliken, d. h. ein unter Basilius Macedo begonnenes, aber erst von Leo Philosophus 886–910 publicirtes Gesetzbuch. Dasselbe ist eine griechische Verarbeitung der Justinianischen Gesetzgebung, wobei man den Grundsatz befolgte, den in Digesten, Codex und Novellen zerstreuten Rechtsstoff unter passenden Rubriken zusammenzustellen. Von den 60 später mit Scholien, d. h. Erläuterungen versehenen Büchern sind uns 43 erhalten, die Heimbach Leipzig 1833 ff. herausgegeben hat. Aus den Basiliken wurden um 970 und 1240 Synopsen, d. h. Auszüge veranstaltet. Darauf beruht ein neues Rechtsbuch manuale legum, *ἡ ἑξάβιβλος*, das Constantinus Harmenopulus 1345 publicirte. Eine Uebersicht dieser griechisch-römischen Rechtsüberlieferung findet sich in einem Werk von Zachariä, Heidelberg 1839.

Zweites Kapitel.

Quellen und Sammlungen des kanonischen Rechtes.

§ 28.

Kanonische Rechtsquellen.

Das kanonische Recht S. 8 ist durch den Einfluß der Kirche entwickelt und hat mit derselben die älteren Rechtsquellen gemeinsam. Dies sind die Bibel, die Tradition mit Aussprüchen der Kirchenväter sowie päbstliche Lehrbriefe und Conciliensschlüsse.

Eine lateinische Uebersetzung der Bibel s. g. Vulgata, welche der h. Hieronymus gest. 420 aus den in Italien gebräuchlichen Versionen ordnete, kam seit dem sechsten Jahrhundert in allgemeinen Gebrauch. Ihr Text ist in der vierten Session des Tridentiner Concils — unter Ausscheidung der apokryphen, d. h. unechten Theile — als authentisch anerkannt.

Tradition (divina) umfaßt nach katholischer Kirchenlehre die in der heiligen Schrift nicht ausgedrückten, nur mündlich überlieferten Anordnungen Christi, wie sie durch Uebereinstimmung der Kirchenväter oder allgemeine Concilien bezeugt sind. Davon unterscheidet man die menschliche von den Aposteln anhebende Tradition, welche die Kirche zwar für verehrungswürdig, aber nicht als unabänderlich ansieht. Bis in die Zeit der Apostel sollen 8 Bücher Constitutionen und 85 Canones hinaufreichen. Doch bilden sie eine Compilation aus drei verschiedenen Werken, von denen das älteste, das sich in Form eines apostolischen Sendschreibens (διδασκαλία) über die ersten sechs Bücher erstreckt, nicht vor dem Ende des dritten Jahrhunderts in Syrien entstanden ist. Dennoch sind 50 der Canones, welche als disciplinarische Vorschriften der Apostel einen Anhang zum achten Buch bilden, in die Dionysische Concilien-Sammlung übergegangen und damit ein Theil des canonischen Rechtes geworden.

Die päbstlichen Verordnungen (meist literae decretales), die sich nach der Form ihres Erlasses in Bullen und Breven theilen, erhielten seit der Entwicklung des Primats S. 26 einen ausgebreiteten Wirkungskreis. Eine Zusammenstellung derselben, untermischt mit anderen Bestandtheilen, unternahm in der zweiten Hälfte des fünften Jahrhunderts Pasquier Quesnel, welcher seinem Werk den Titel ‚codex canonum ecclesiae Romanae‘ gab.

Unter den Concilien-Sammlungen ragen die Dionyso-Hadriana und die Isidora hervor.

Die Dionysa ist nach ihrem Verfasser, einem Mönche scytischer Herkunft benannt. Dionysius, mit dem Beinamen Exiguus, erhielt um 480 von dem Bischof Stephan zu Salerno den Auftrag, die Beschlüsse der afrikanischen und asiatischen Synoden, unter lateinischer Uebersetzung des griechischen Urtextes, zu ordnen. Seine Sammlung, an deren Spitze er die 50 apostolischen Canones setzte, reicht bis zum Concil von Chalcedon 451. Später stellte er noch die Briefe der Päpste von Siricius 385–396 bis zu Anastasius II. 490–498 zusammen. Beide Werke, durch Zusätze vermehrt, schmolzen im Rechtsleben zu einem einzigen Codex zusammen. Derselbe wurde 784 von Pabst Hadrian dem König Karl überreicht und gelangte seitdem im fränkischen Reich zur allgemeinen Geltung.

Die Isidora, deren Grund schon zur Zeit der Synode von Braga 562 gelegt war, wird dem h. Isidor von Sevilla gest. 636 zugeschrieben. Sie enthällt im ersten Theil hauptsächlich spanische Concilien wie das von Toledo 589, wo die Conversion der Westgothen erfolgte, und heißt deshalb Hispana. In ihrem zweiten Theil giebt sie Decretalen aus der Dionysischen Sammlung und auch späterer Päbste bis auf Gregor den Gr. gest. 604.

Im neunten Jahrhundert taucht die spanische Sammlung mit wesentlich verändertem Inhalt im Frankenreich auf. Sie beginnt mit einer Vorrede, in welcher sich der Verfasser als Isidorus mercator (peccator?) bezeichnet. Darauf folgen drei Theile, von denen nur der mittlere völlig echte aus der Hispana entlehnte Concilienschlüsse enthält. Der erste Theil bietet nach den 50 apostolischen Canones die vielberufene Schenkungsurkunde Constantins und 59 falsche Briefe der ältesten Päbste bis auf Melchiades gest. 314. Im dritten Theil sind unter echten Decretalen falsche von Sylvester 335 bis Gregor II. 731 eingeschoben und die capitula Angilramni angehängt, welche das Verfahren für die Anklage von Bischöfen schildern. Die sehr geschickte mosaikartig aus Werken der Kirchenväter &c. zusammengesetzte Fälschung wurde erst im siebzehnten Jahrhundert besonders durch den reformirten Prediger Blondel aufgedeckt. Seitdem heißt die Sammlung Pseudo-Isidora. Sie wurde nach den Untersuchungen von Hinschius in der Zeit vom 847–853 auf westfränkischem Boden abgefaßt. Ihr Zweck war weniger, das Ansehen des Pabstes zu heben, als vielmehr — wie dies auch ein Reformversuch auf der Synode zu Meaux 846 erstrebte — die Bischöfe von der weltlichen Macht zu befreien und das Richteramt über sie nach Rom zu verlegen. Als Fälscher hat man heute in Verdacht: den Erzbischof Otgar von Mainz oder dessen Diacon Benedictus Levita.

Als Vorläufer des kanonischen Rechtsbuches erscheinen zahlreiche Sammlungen, welche zwar den Stoff systematisch ordnen, aber meist vom nationalen Standpunkt aus behandeln. Dahin gehören schon aus dem achten Jahrhundert die fränkischen Beichtspiegel (libri poenitentiales), welche nach englischem Vorbilde (Theodor von Canterbury gest. 690) das Verhalten der Geistlichen bei der Beichte und die Strafen der Buße regeln. Eine collectio Anselmo dedicata dem Erzbischof Anselm von Mailand gewidmet, entstand um 890. In zwei Büchern ‚de synodalibus causis et disciplinis ecclesiasticis‘ giebt der Abt Reginald von Prüm gest. 915 eine Anweisung zur Visitation einer Diöcese. Burchard Bischof von Worms verfaßte um 1020 eine Rechtssammlung in 20 Büchern. Darauf ruht das s. g. decretum in 17 Büchern, das demselben Bischof Ivo von Chartres gest. 1125 zugeschrieben wird, welcher die ‚pannormia‘ anfertigte. Endlich ist noch eine Schrift des Algerus von Lüttich aus dem Anfang des zwölften Jahrhunderts ‚de misericordia et justitia‘ bemerkenswerth, worin die Lehre von der Disciplin behandelt wird.

§ 29.

Kanonisches Rechtsbuch.

Dasselbe besteht aus dem Decretum Gratians, den officiellen Decretalensammlungen und den Extravaganten. Die ersten beiden Theile wurden schon auf dem Concil zu Constanz 1414—1418 unter dem Namen Corpus juris (canonici) begriffen.

A. Decretum Gratiani.

Gratian, ein Camaldolenser Mönch im Kloster des h. Felix zu Bologna, vollendete um 1150 ein großes Werk über Kirchenrecht, welchem er den Titel ‚discordantium canonum concordia‘ gab, das aber später allgemein decretum genannt wird. Seine Absicht war, den in verschiedenen Sammlungen zerstreuten Rechtsstoff übersichtlich zu ordnen und die Widersprüche auszugleichen. Zu diesem Zweck streut er Bemerkungen (dicta Gratiani) in den Text ein, welche den Plan des Werkes und den Sinn einzelner Canones angeben.

Das Decretum hat drei Theile (partes).

Der erste Theil, welcher von den Rechtsquellen, den kirchlichen Personen und Aemtern handelt, zerfällt in 101 Distinctionen und jede derselben wieder in Canones. Die Citirweise ist: c. 1 dist. 12, d. h. in der zwölften Distinction des ersten Theils der erste Canon. Oft stellt man die Anfangsworte der Stelle voran und den Ursprung hernach, z. B. non decet 1. dist. 12 Calixtus papa.

Der zweite Theil behandelt 36 Rechtsfälle (causae), welche in einzelne Fragen (quaestiones) und diese wieder in Canones zerfallen. Die Citirweise ist: c. 1 C. 12 qu. 2, d. h. im zwölften Rechtsfalle die zweite Frage und in dieser der erste Canon; oder ausführlicher qui Christi 1. C. 12 qu. 2 Stephanus papa. Nur die Causa 33 Quaestio 3 enthält einen Tractat von der Buße (de poenitentia), welcher in 7 Distinctiones und weiter in Canones abgetheilt ist. In Bezug darauf citirt man: (quaerendum est) c. 6 de poen. dist. 2 (Beda).

Der dritte Theil, welcher liturgischen Inhalts ist, zerfällt in 5 Distinctionen und diese wieder in Canones. Man citirt mit der Einschaltung de consecratione z. B. c. 33 de consecr. dist. 2.

Ein Schüler Gratians Paucapalea, welcher auch an der Eintheilung des Werkes betheiligt war, lieferte Nachträge dazu; unter seinem Namen schlichen sich als Paleae Inhaltsangaben und Parallelstellen anderer Erklärer in den Text ein. Eine Glosse zu dem Decret schrieb Johannes Teutonicus um 1212, welche durch Bartholomäus von Brescia gest. 1258 überarbeitet und vermehrt wurde.

Das Decretum hat hohe Autorität, aber keine officielle Gültigkeit; daher hängt die Beweiskraft einer jeden Stelle von ihrem Ursprung ab, und bei Zwiespalt geht die nach der Entstehungszeit jüngere Vorschrift der älteren vor.

B. Decretalen-Sammlungen.

Das Werk Gratians enthält noch Decretalen von Innocenz II., welcher 1152 starb. Auch die Lehrbriefe der folgenden Päbste ‚quae extra decretum vagantur‘ wurden zusammengestellt. Darunter sind fünf Sammlungen (quinque antiquae compilationes) besonders wichtig, von denen die älteste 1191 Bernhard von Pavia zum Verfasser hat. Derselbe theilte den Stoff nach dem Vorbild des Dekalogs oder des römischen Codex? in fünf Abschnitte: ,judex, judicium, clerus, connubia, crimen', welche Anordnung für die Späteren typisch wurde.

Die officiellen Decretalensammlungen sind: Die von Gregor IX., der Liber sextus und die Clementinen. Alle darin aufgenommenen Verordnungen gelten als ein einziges Gesetzeswerk, in welchem etwaige Antinomien einander aufheben.

I. Decretalen Gregors IX.

Gregor IX. ertheilte seinem Pönitentiar, dem späteren Dominikaner-Mönche Raymundus de Penaforte den Auftrag zu einer Rechtssammlung. Die in den Compilationen zerstreuten Decretalen sollten kurz, mit Auswahl, unter Vereinigung von Widersprüchen zusammengestellt und die eignen Verordnungen Gregors eingefügt werden. Das 1234 vollendete Werk wird durch Uebersendung an die Rechtsschulen zu Bologna und Paris publicirt. Es zerfällt nach dem üblichen System in fünf Haupttheile, diese in Titel und weiter in Kapitel. Viele Decretalen sind nur auszugsweise aufgenommen, gewöhnlich nur in der Hauptentscheidung, während die Erzählung des zu Grunde liegenden Falls weggelassen und mit den Worten ,et infra' angedeutet ist. Doch hat schon Contius in seiner Ausgabe Antwerpen 1569 diese s. g. partes decisae ergänzt. Man citirt mit Rücksicht darauf, daß das Werk ,liber extra' genannt wurde. c 7. X (extra) 5, 7 de haereticis, d. h. im fünften Buch, siebenten Titel das siebente Kapitel. Oft setzt man anstatt der Kapitelzahl die Anfangsworte der betreffenden Stelle, z. B. cum Christus.

Die ordentliche Glosse zum Liber extra schrieb Bernardus de Botono Parmensis gest. 1268.

II. Liber sextus.

Zur Ergänzung der Gregorischen Decretalen erschienen drei Sammlungen, welche die Beschlüsse der beiden Concilien zu Lyon 1245, 1274 und die Verordnungen von Innocenz IV., Gregor X., Nicolaus III. gest. 1280 enthielten. Bonifaz VIII. ließ daraus und aus seinen eignen Decretalen eine selbständige Sammlung in fünf Büchern anfertigen, die er als Fortsetzung der Decretalen Gregors IX. ,liber sextus' nannte und 1298 den Rechtsschulen zu Bologna und Paris übersandte. Die Citirweise ist: c. 1. in VI ^{to} 5, 9 de poenis. Die ordentliche Glosse zum liber sextus rührt her von Johannes Andreä gest. 1348.

III. Clementinen.

Clemens V. ließ die Beschlüsse des Concils von Vienne 1311 und die von ihm selbst erlassenen Decretalen zusammenstellen, publicirte die Sammlung 1313 in einem Consistorium der Cardinäle und überschickte sie der Universität zu Orleans. Sein Nachfolger Johann XXII. befahl eine Umarbeitung, welche 1317 nach Bologna und Paris gesandt wurde. Das Werk zerfällt auch in fünf Theile und ist von Andreä glossirt. Man citirt c. 1 in Clem. 2, 9 de jure jurando.

C. Extravaganten.

Nach den Clementinen erfolgte keine authentische Sammlung mehr; unter Clemens VIII. wurde zwar 1595 ein von dem Cardinal Pinelli bearbeiteter, officieller Liber septimus gedruckt, aber nicht publicirt. Dennoch wurden einzelne nach 1317 erlassene Decretalen wichtigeren Inhalts den Handschriften angefügt und von den Kanonisten erläutert. Johannes Chappuis, welcher 1500 den Liber Sextus und die Clementinen zu Paris herausgab, nahm diese Extravaganten als Anhang auf. Zugleich ordnete er sie als 20 extravagantes Joannis XXII. in 14 Titeln und 70 (seit dem Jahre 1503 : 75) extravagantes communes in 5 Büchern, von denen jedoch das vierte nur durch die Worte ‚liber quartus vacat' markirt ist. Diesen Theil des corpus juris canonici nannte man ‚non clausum'.

Die Extravaganten stehen unter einander und zu den officiellen Decretalen-Sammlungen in demselben Verhältniß, wie Novellen und Codex in den Rechtsbüchern Justinians, d. h. der jüngere Erlaß geht vor.

D. Gesammtausgaben.

Pius IV. betraute eine Commission gelehrter Kanonisten, Correctores Romani, deren Seele Latinus Latinius war, mit der Aufgabe, den Text des kanonischen Rechtsbuches, insbesondere des Decretum zu sichten und von eingeschlichenen Fehlern zu reinigen. Die in Folge dessen 1582 zu Rom erschienene Ausgabe des corpus juris canonici wurde durch Breve Gregors XIII. vom Jahre 1580 als die allein und für immer gültige erklärt.

Unter den späteren Ausgaben, die meist zwei Privatarbeiten: die Institutionen des Lancelottus 1563 und einen s. g. liber septimus des Petrus Matthäus von Lyon 1590 als Anhang aufnehmen, ist die von Justus Henning Böhmer, Halle 1747 hervorzuheben.

Moderne Ausgaben rühren her von Aemilius Ludwig Richter 1839 und von Aem. Friedberg 1877 ff. mit kritischen Angaben.

Drittes Kapitel.

Germanische Rechts-Quellen und Sammlungen.

§ 30.

Aelteste germanische Gebräuche.

Schon Cäsar, der seine Eroberung Galliens 58–51 v. Chr. selbst beschrieb, erwähnt vom militärischen und ethnographischen Standpunkt einige germanische Stämme wie die Helvetier, deren Fürsten Ariovist er besiegt, die Usipeter und Teukterer, die er über den Rhein zurücktreibt.

Eine mehr ausführliche, aber meist auf Hörensagen (Agricola) beruhende Schilderung Germaniens versucht Tacitus 54–117 n. Chr. in seinem Essai ‚de vita, moribus et populo Germaniae', sowohl um den Römern einen Sittenspiegel vorzuhalten, als um sie vor einem Kriege mit den Germanen zu warnen. Nach zum Theil mangelhaften Angaben über Gebiet, Grenzen, Klima des Landes erklärt er die Abstammung und Eintheilung der Germanen (Ingävonen, Istävonen, Hermionen), ihre Gauverfassung (civitates, pagi), die Stände der Freien (darunter nobiles von hohem Ansehen), Halbfreien (liti) und Sklaven. Mit lebhaften Farben zeichnet er die Sitten und charakteristischen Eigenschaften des Volkes: die Götterverehrung, die Tapferkeit und Treue der Männer, die hohe Stellung der Frauen. Insbesondere rühmt er, wie die Volksgemeine über alle wichtigen Angelegenheiten selbst entscheidet, das Recht bildet und spricht (Thing), die Vorstände (principes) und im Kriege die Heerführer (duces) wählt. Fremdartig erscheinen ihm: die Beschränkung des Privateigenthums auf Haus und Hof (sala, curtis), während die Nutzung der Feldmark in Loosen (Dreifelderwirthschaft) wechselt, und an Wald, Weide allen Genossen freisteht, ferner die Unkenntniß der Testamente (cuique ‚sui' heredes successoresque), die Morgengabe (dos), welche der Mann seiner Frau giebt, die Blutrache, welche der Sippe des Erschlagenen obliegt (ultio proximi) und durch ein Lösegeld (mulcta) abgefunden werden darf.

§ 31.

Volksrechte der germanischen Stämme.

Die Fluth der Völkerwanderung, welche sich von den Ufern des Dons durch die Hunnen 375 auf die Alanen und Ostgothen ergoß und das südwestliche Europa überschwemmte, verdrängte viele germanische Stämme von ihren ursprünglichen Wohnsitzen. Auf den Trümmern des römischen Reichs errichteten die jugendlich kräftigen Barbaren neue Staatswesen und wurden die Schöpfer einer Cultur, welche bestimmt war, an die Stelle der abgestorbenen antiken Welt zu treten. Aus dieser Zeit stammt die Aufzeichnung der Volksrechte (leges barbarorum, ewa = Ehe, Bund), welche trotz zahlreicher Stammes-Eigenthümlichkeiten von den Grundideen germanischer Rechtsauffassung durchzogen sind. Nur die lex Visigothorum enthält eine Verschmelzung mit dem Römischen Recht und gilt für alle Unterthanen, ob Westgothen oder Römer. Die Volksrechte lauten in lateinischer Sprache, mit Ausnahme der lex Anglosaxonum, die angelsächsisch abgefaßt ist. Meist beziehen sie sich auf öffentliches Recht wie Strafwesen, auch Bekehrung zur Kirche. Die Höhe des Wergeldes (compositio), das der Missethäter an die Sippe des Getödteten bzw. an den Verletzten selbst zu entrichten hat, wird nach dem äußerlichen Erfolge der That bemessen, ohne daß es — wie in Rom — auf den subjectiven Willen ankommt. Ein Theil der Buße soll als Sühne für den Friedensbruch (fredum) an die Gemeinde oder, nachdem aus dem Markfrieden der Königsfriede geworden war, an den König fallen. Einzelne Vorschriften betreffen Rechtsgeschäfte und Erbfolge. Gemeinsam ist die erbrechtliche Benachtheiligung der Frauen, doch sind sie nach salischem Recht von dem Grundbesitz überhaupt ausgeschlossen, nach sächsischem Brauch gehen Töchter nur den Söhnen und Enkeln des Erblassers nach, und in der lex Frisionum findet sich zwar eine Gleichstellung, aber der Mann erbt mit beiden Händen, die Frau bloß mit einer.

Die leges barbarorum sind zusammengestellt in dem corpus juris Germanici antiqui von Walter 1824 und in den monumenta Germ. historica, die seit 1863 von Pertz, Merkel, Richthofen, Boretius u. a. m. herausgegeben werden. Es sind folgende:

A. Lex Salica.

Die salischen Franken (sala Lanze? Hof?) saßen an den Rheinmündungen (Yssel) im heutigen Flandern und Brabant. Ihr Volksrecht wurde unter Chlodwig noch vor 496, wo derselbe von Remigius zu Rheims die Taufe empfing, durch vier Gerichtskundige aufgezeichnet. Unter den vier auf uns gekommenen Texten, die in 65–99 Titel zerfallen, enthalten einige die Malbergsche Glosse, d. h. eingestreute, mit der Bezeichnung malb. eingeleitete Worte. Dieselben sind nicht celtischen Ursprungs, sondern fränkische Gerichtsformeln. Ein jüngerer Text in 70 Titeln trägt Spuren einer Ueberarbeitung (lex emendata seu reformata), die man auf die Zeit Karls d. Gr. um 768 setzt.

B. Lex Ripuaria.

Das Volksrecht der ripuarischen Franken, welche an beiden Ufern des Rheins zwischen Mosel und Maas wohnten, ist zwischen 511–534 abgefaßt und in seinen letzten, unter Dagobert I. um 630 hinzugefügten Titeln von der lex Salica beeinflußt. Es war das Hausrecht der karolingischen Könige.

C. Lex Chamavorum.

Sie stellt kein Xantener Gaurecht dar, sondern wurde für das Hamerland am Rhein wahrscheinlich erst auf dem Reichstage zu Aachen 802 redigirt.

D. Lex Burgundionum.

Sie wurde gegen Ende des fünften Jahrhunderts unter König Gundobad verfaßt und durch Siegismund gest. 523 vermehrt. Sie kam auch für Processe zwischen Burgunden und Römern zur Anwendung.

E. Lex Alamannorum.

Sie stammt in ihrem ältesten Theil (pactus) aus der Mitte des sechsten Jahrhunderts, ist unter Chlotar II. 613–622 verbessert und durch den Herzog Landfried um 740 erneuert. Sie enthält in den ersten 35 Titeln, die später entstanden sind, die Rechte des Herzogs und der Geistlichkeit.

F. Lex Bajuvariorum.

Sie ist unter Dagobert um 630 mit Benutzung des alamannischen und westgothischen Rechtes verfaßt und in der Zeit Karl Martells 730 durch Zusätze über kirchliche Schenkungen etc. erweitert.

G. Leges Longobardicae.

Sie umfassen Gesetze der Könige Rotharis 643, Grimoald, Luitprand, Rachis, Aistulf bis 754. Um 830 erfolgte eine Ordnung dieser Edicte unter dem Titel ‚concordia de singulis causis', wozu später noch die für Italien gültigen Gesetze fränkischer und deutscher Könige bis auf Lothar II. 1136 kamen. Daraus bildete sich ein systematisches Buch des longobardischen Rechtes die s. g. Lombarda, welche von der Rechtsschule zu Pavia bearbeitet und von Carolus de Tocco im Anfang des dreizehnten Jahrhunderts glossirt wurde.

H. Lex Frisionum.

Sie entstand zuerst für Mittel-Friesland, das Karl Martell unterwarf, und wurde mit der Eroberung von Ost- und West-Friesland unter Karl d. Gr. 785 ausgedehnt. Zusätze von Wulemarus und eine neue Redaction stammen wahrscheinlich erst aus dem Jahre 802.

I. Lex Saxonum.

Das Volksrecht der Sachsen, welche das nördliche Deutschland von der Lippe bis zur Elbe einnahmen, besteht aus zwei Theilen, von der einer vor der fränkischen Herrschaft, der andere erst um 802 mit strengen Strafen zum Schutz des Christenthums verfaßt wurde. Die Sachsen ließen sich diese s. g. lex crudelissima noch von Konrad II. dem Salier bestätigen.

K. Lex Angliorum et Werinorum, hoc est Thuringorum.

Sie ist unter Karl d. Gr. für Rheinthüringen (Engel-Gau) in nur 17 Titeln aufgezeichnet, kam nach Holstein, wo sie von den Dänen in Gebrauch genommen und als lex Danorum vom König Kanut nach England verpflanzt wurde.

L. Lex Visigothorum s. forum judicium.

Die von dem König Eurich 466–483 veranlaßte Aufzeichnung des Stammesrechtes wurde unter Reccared 586–601 umgestaltet. Die Könige Chindaswint und Receswinth 642–672 geben ihren westgothischen und römischen Unterthanen ein gemeinsames „Landesrecht," das unter Erwig und Egiza umgearbeitet und auf der Synode zu Toledo 693 publicirt wird. Novellen ergehen noch unter Witiza gest 710. Eine spanische Uebersetzung dieses Gesetzbuchs ist unter dem Namen fuero juzgo zu Madrid 1815 veranstaltet.

M. Leges Anglosaxonum.

Sie beginnen unter dem König von Kent Aethelbyrth 560–616 und reichen, später in lateinischer Sprache abgefaßt, bis in die Zeit der normännischen Eroberung Englands durch Wilhelm 1066.

§ 32.

Fränkische Königsgesetze.

Chlodwig aus merovingischem Stamme, seit 481 Heerkönig der salischen Franken ließ sich, nachdem er den römischen Statthalter Syagrius bei Soissons 486 besiegt hatte, von den Ripurariern zum Herrscher ausrufen. Dadurch begründet er in Gallien ein mächtiges Frankenreich, das sich nach der Niederlage der Alamannen bei Tolbiacum 496 bis an den Neckar erstreckte, und welchem seine Söhne nach 511 Burgund, die Provence sowie Thüringen bis zur Unstrut einverleibten.

An der Spitze des Reiches, das in Bezirke (ducatus, pagi, centenae) zerfällt, steht der König, dessen Krone im directen Mannsstamm erblich ist. Seine Einkünfte fließen aus Ehrengaben und den Einkünften der Krongüter (fiscus, villae). Er hält ein zur besonderen Treue verbundenes Gefolge (Antrustionen qui in truste regia sunt), umgiebt sich mit einem Hofstaat (major domus Hausmeier, Führer des Gefolges, comes palatii Pfalzgraf, Richter, der als Testimonar die Uebereinstimmung zwischen Erlaß und Urkunde bezeugt, referendarius später archicancellarius Schreiber und Großsiegelbewahrer, camerarius Kämmerer, marescalcus, comes stabuli Aufseher der Ställe, senescalcus Truchseß), ernennt und instruirt die Bezirksbeamten (duces Herzöge, comites in der lex Salica ‚thungini‘ Gaugrafen, denen später vicecomites zur Seite stehen und centenarii, vicarii Schultheiße für die Hundertschaften untergeordnet sind). Dem König steht der Bann zu und im Verein mit weltlichen und geistlichen Großen die Gesetzgebung (praeceptio, edictum). Er versammelt die freien Grundbesitzer im März zu einer Heerschau (campus Martius später Maifeld), berathet mit ihnen über wichtige Angelegenheiten wie Krieg und führt in diesem den Oberbefehl.

Unter den Nachfolgern spaltet sich das Reich 567 in Neustrien, Austrasien und Burgund. Die königliche Gewalt verfällt und gelangt an hohe Würdenträger, vornehmlich die Hausmeier, deren Amt seit 614 lebenslänglich wird. Ein solcher war Pipin von Heristal, aus dem Geschlechte Arnulfs von Metz. Er stellt durch die Schlacht bei Testri 687 die Reichseinheit wieder her und erhält die erbliche Würde eines dux et princeps Francorum. Unter seinem Sohn Karl Martell, welcher 732 zwischen Tours und Poitiers dem Vordringen der Araber ein Ziel setzt, steigt der karolingische Einfluß derart, daß es Pipin dem Kleinen 752 gelingt, den merovingischen Scheinkönig Childerich III. vom Throne zu stoßen. Pipin wird 754 vom Pabst Stephan III. zum „König der Franken von Gottes Gnaden“ gesalbt, wofür er denselben im Besitz von Rom gegen die Longobarden schützt und mit dem Exarchat Ravenna sowie Städten in Bologna, Ferrara (Grundlage des patrimonium Petri) beschenkt.

Karl der Große 768–814 erweitert und festigt das Reich. Zur Sicherung der Grenzprovinzen an der Donau, Elbe, Eider und gen Westen in der Gascogne, in Spanien setzt er Markgrafen (marchiones) ein, welche mit dictatorischer Gewalt ausgerüstet sind. Das gefährliche Amt der Hausmeier schafft er ab und sichert sich einen unmittelbaren Einfluß auf die Verwaltung. Zu diesem Behuf wird das Reich in Sprengel (missatica) getheilt. Jeden dieser Bezirke bereisen zwei Sendboten (missi dominici), ein weltlicher und ein geistlicher, welche die Beamten controliren, die Aufsicht über Heerwesen und Rechtspflege führen, die Krongüter und geistlichen Stifte inspiciren, auch Landtage (placita missi) abhalten, auf denen sie Gesetze verkündigen, Beschwerden entgegennehmen, Recht sprechen. Im Herbst kehren sie an die Pfalz des Königs zurück, dem sie Bericht erstatten. Unter dem Heerbann, der 60 Solidi beträgt, stehen alle Freien, doch wird die Kriegspflicht, mit der auch Ausrüstung und Beköstigung verbunden war, seit 807, nach der Größe des Grundbesitzes (3 Hufen mansi) bemessen. Für das Gerichtswesen, das der Graf mit der Versammlung freier Insassen übt, erfolgen Verbesserungen. Karl beschränkt die Dingpflicht auf drei allgemeine Gerichtstage im Jahr (placita legitima echte Dinge), während in den gebotenen, vom Grafen berufenen Dingen sieben erwählte Schöffen (scephjani, scabini) das Urtheil finden. Er richtet eine Berufung (Scheltung des Urtheils) an das Hofgericht ein, dem der Pfalzgraf an Stelle des Königs, aber ohne die Befugniß zu testimoniren vorsitzt. Die Finanzen werden durch ein gleichmäßiges Steuersystem geregelt, das in Grundabgaben (Immunität des königlichen und geistlichen Bodens), Handelszöllen und Gefällen besteht. Eine Ordnung des Münzfußes findet auf Grundlage der Silberwährung statt (aus einem Pfund Silber 20 Solidi, Schillinge in Denaren). Besondere Fürsorge widmet der König, welcher 804 die Bekehrung der heidnischen Sachsen unter Widukind erzwingt, der Kirche und Schule. Die allgemeine Landesversammlung der Freien ist geblieben. Sie wird im Frühjahr als Heerschau abgehalten und entscheidet über Vorlagen, welche der König einbringt, durch Acclamation. Ein Gesetz von 806 sichert ihr noch eine gewisse Theilnahme an der Königswahl zu. Daneben bestehen Hoftage aus den Großen des Reichs, die der König zwei Mal im Jahre zu berufen pflegt und aus denen sich später der Reichstag entwickelt.

Zu diesen Reformen fügt Karl d. Gr., der sich schon 774 nach dem Siege über Desiderius die eiserne Krone der Longobarden zu Pavia aufs Haupt setzte, den Glanz der römischen Kaiserwürde. Papst Leo III. krönt ihn am Weihnachtstage 800 als Nachfolger der römischen Kaiser und macht ihn dadurch zum Ersten der katholischen Christenheit, freilich mit der Pflicht, Schirmvogt der Kirche zu sein.

Unter Ludwig dem Frommen 814–840 sterben die Einrichtungen Karls ab. Die königliche Gewalt verliert in den Wirren des Reichs die Controle, und die hohen Aemter in der Provinz werden erblich. Die Freien mit kleinem Grundbesitz ergeben sich, um der drückenden Kriegspflicht zu entgehen, Mächtigeren, die sich ein Gefolge von Dienstmannen bilden. Dadurch schlagen die Keime des Lehnswesens (Feudalismus) Wurzel. Im Vertrage zu Verdun 843 theilen die Söhne Ludwigs das Reich. Lothar erhält Mittelfranken, Italien und die Kaiserkrone, Karl der Kahle Westfranken und die spanische Mark, Ludwig der Deutsche Ostfranken, d. h. das Land zwischen Rhein und Elbe. Letzterer vermehrt seine Besitzungen durch den Vertrag von Mersen 870 mit den Söhnen Lothars um Friesland und Lothringen, woraus sich im Laufe der Jahrhunderte Deutschland entwickelt. Karl der Dicke vereinigt 876—887 die ganze Monarchie, wird aber nach kurzer, schwächlicher Regierung auf dem Fürstentage zu Tribur abgesetzt. In Ostfranken wird der Enkel Ludwigs Arnulf von Kärnthen 887–899 gewählt, welcher den Einfällen der Normannen durch den Sieg bei Löwen 891 ein Ende macht, und mit dessen Sohne Ludwig dem Kinde 899–911 der karolingische Stamm in Deutschland erlischt.

Die karolingischen Verordnungen heißen von ihrer Eintheilung in Capitel Capitularien. Man unterscheidet: capitula missorum Instructionen an die Sendgrafen; legibus addenda Ergänzungen der Volksrechte, welche zu ihrer Verbindlichkeit der Zustimmung des Volkes bedürfen; per se scribenda, welche der König unter seinem Bann nach Berathung mit den Großen des Reichs erläßt und die kirchliche, öffentliche Rechtsverhältnisse betreffen.

Eine Privatsammlung der Capitularien Karls, Ludwigs und Lothars veranstaltete um 827 in vier Büchern der Abt Ansegisus von Fontanella. Der mainzische Diacon Benedict Levita vermehrte dieselbe gegen 843 durch verschiedenartige Zusätze, welche dazu bestimmt waren, die Bischöfe von der Gerichtsbarkeit der Sendboten loszulösen. vgl. S. 113.

Eine Buchausgabe der Capitularien rührt her von Stephan Balluzius Paris 1677 ff., eine moderne findet sich in den mon. Germ. historica von Pertz 1835 ff.

§ 33.
Formeln und Urkunden.

Formeln sind Mustervorschriften, welche meist von Geistlichen abgefaßt wurden, um zur Beurkundung von Rechtsgeschäften anzuleiten. Die fränkischen Formeln sind von Marculf um 660 in zwei Büchern (praeceptiones regales und chartae pagenses) zusammengestellt. Andere uns erhaltene Formelbücher bezeichnet man theils nach dem Namen ihres Verfassers bzw. Herausgebers, z. B. Sirmond, Baluze, theils nach ihrem Bestimmungs- oder Entdeckungsort, z. B. formulae Alamannicae, Alsaticae, Andegavenses (Anjou), Avernenses (Verona) ꝛc.

Urkunden (diplomata chartae), die über Schenkungen, Stiftungen, Urtheile ꝛc. aus dieser Zeit auf uns gekommen sind, tragen zur Erkenntniß des damaligen Rechtszustandes bei. Sie sind in modernen Ausgaben als s. g. Regesten — meist nur für engere Bezirke zusammengestellt.

Viertes Kapitel.

Quellen und Sammlungen des deutschen Rechtes im Mittelalter.

§ 34.
Rechtsbildung.

Mit Auflösung der karolingischen Monarchie versiegen die Capitularien, und auch die Volksrechte veralten zum größten Theil. Länger bewahrt nur Friesland in den sieben Seelanden seine Unabhängigkeit und den germanischen Brauch der Volksgesetzgebung. Gauversammlungen unter Vorsitz ihrer Richter bilden das friesische Recht fort und setzen „Willküren" fest, die in dem Asegabuch der Rüstringer um 1250 und dem Dithmarser Landrecht 1447 aufgezeichnet sind.

Jedoch im Deutschen Reich, das trotz seines äußern Glanzes immer mehr zerklüftet und nur durch den Lehnverband zusammengehalten wird, ersteht kein neuer Born gesetzlichen Rechtes. Die Reichsgesetze, welche der Kaiser in Form von Verträgen mit den Reichsständen erläßt, erstrecken sich auf Landfrieden, auf Privilegien öffentlicher Natur und berühren das Privatrecht kaum. Die Macht der Landesherren war zu dieser Zeit noch nicht genügend erstarkt, um selbständiges Privatrecht zu schaffen oder bestehendes abzuändern. Somit beschränkt sich die Rechtsentwicklung auf Uebungen, welche in Urkunden über Rechtsgeschäfte und im Gerichtsgebrauch Ausdruck finden. Zahlreiche Weisthümer, d. h. vom Gericht ertheilte Rechtsbelehrungen, Schöffensprüche, Urtheile der Oberhöfe, Sentenzen der Reichs- und Hoftage zeugen von dem Bemühen, den in germanischen Quellen überlieferten Rechtsstoff in neue, für den Verkehr brauchbare Gestalt umzugießen. Im dreizehnten Jahrhundert wird das im Volksbewußtsein lebende Recht von Privatpersonen aufgezeichnet und zu s. g. Rechtsspiegeln verarbeitet, von denen einige, wie der Sachsen- und Schwabenspiegel ein weitverbreitetes Ansehen gewinnen. Auch für engere Kreise entstehen Stadt- und Hofrechte.

§ 35.
Reichsrecht.

Unter Ludwig dem Kinde droht der Zerfall Deutschlands in die Herzogthümer Franken, Bayern, Schwaben, Lothringen, welche zumeist aus den alten Markgrafschaften hervorgegangen sind. Konrad I. von Franken 911–918 hat Mühe, sich in der übertragenen Königsgewalt zu behaupten. Als Begründer des Deutschen Reichs gilt Heinrich I. von Sachsen 919–936, dessen Geschlecht bis 1024 im Besitz der Wahlkrone bleibt. Er befestigt das Reich durch Anlage von Burgen und erweitert es durch Rückeroberung von Lothringen, durch Errichtung der Marken an der Elbe (Altmark) und zwischen Eider und Schlei (Schleswig). Sein Sohn Otto I. d. Gr. 936–973 vollendet die Unterwerfung der Slaven (Herzogthum Sachsen), schlägt 955 die Ungarn auf dem Lechfelde bei Augsburg, macht Italien mit Ausnahme des Südens, wo sich die byzantinische Herrschaft erhält, zum Reichslehen und erneut 962 die römische Kaiserwürde. (Heiliges Römisches Reich deutscher Nation.) Unter ihm wandelt sich die Kriegspflicht in einen Reiterdienst, von dem sich die Städte durch Abgaben lösen, und welcher dem Adel mit seinen Dienstleuten obliegt. Auf den leidenschaftlichen Otto II. 973–983, den phantastischen Otto III. 983–1002 folgt der zu Mainz erwählte Heinrich II. der Heilige 1002–1024, welchem der Pabst 1014 als Symbol der Weltherrschaft die goldene Kugel mit Kreuz verleiht. Durch die Wahl der deutschen Fürsten auf dem Felde zwischen Mainz und Worms besteigt Konrad II. der Salier 1024–1039 den Thron, welchen der fränkische Stamm bis 1125 inne hat. Er tritt Schleswig an die Dänen ab, macht Mieczeslav von Polen lehnspflichtig und bringt Burgund zum Reich zurück. Durch das Königsgesetz 1037 werden die kleineren Lehen, zunächst für Italien, als erblich erklärt. Heinrich III. 1039–1056 befolgt die Politik, die Herzogthümer unbesetzt zu lassen. In ihm, dem Ungarn huldigt, der in Rom deutsche Päbste einsetzt, erreicht das Kaiserthum seine Blüthe. Auch im Innern heben sich Ruhe und Wohlstand durch die Proclamation des Gottesfriedens (treuga dei), wonach zwischen Mittwoch Abend und Montag Morgen jede Fehde bei kirchlichen Strafen ruhen soll. Der Kampf Heinrichs IV. 1056–1106 mit der Kirche zersetzt das Reich. Den widerspenstigen Fürsten, welche den excommunicirten König zu Tribur 1076 entsetzen, stehen die treuen Städte und das Volk gegenüber. Der König eilt nach Italien, um sich Angesichts des Pabstes Gregor VII. zu Canossa 1077 vom Banne zu befreien. Trotzdem wird auf dem Reichstage zu Forchheim Rudolph von Schwaben zum Gegenkönig erhoben, der schwören muß, das Reich nicht erblich zu machen. Heinrich besiegt ihn und verleiht dessen Herzogthum an Friedrich von Hohenstaufen. Zum zweiten Mal in den Bann gethan bricht er mit einem Heere nach Rom auf und belagert den Pabst in der Engelsburg, bis derselbe von dem Normannen-Herzog Robert Guiscard entsetzt wird. Gregor VII. stirbt 1085 in der Verbannung zu Salerno. Dasselbe Schicksal ereilt Heinrich IV., der vor einem Aufstand seiner Söhne nach Lüttich flüchtet. Sein jüngerer Sohn Heinrich V. 1106–1125 schließt mit Calixt II. 1121 das Wormser Concordat, in welchem er auf die Investitur der Bischöfe mit Ring und Stab verzichtet, sich aber vorbehält, bei der Wahl vertreten zu sein und die geistlichen Würdenträger vor der päpstlichen Consecration — in Italien und Burgund erst nachher — durch Verleihung des Scepters in Lehnspflicht zu nehmen. In diese Zeit 1103, 1121 fallen auch die ersten auf eine Reihe von Jahren beschworenen Landfrieden.

Lothar II. von Sachsen 1125–1137 dehnt den deutschen Einfluß im Norden und Nordosten aus und belehnt Albrecht den Bären aus dem Hause Ascanien 1134 mit der Altmark, die sich über das linke Elbufer hinaus zur Mark Brandenburg erweitert. Das Geschlecht der Hohenstaufen, das 1138–1254 regiert, verlegt den Schwerpunkt seiner Politik nach Italien, um dessen Herrschaft Ströme deutschen Blutes fließen. In Deutschland verschleudern sie die Reichsgüter und zertrümmern die Herzogthümer, um damit kleine Fürsten zu stärken. Schon unter Conrad III. 1138–1152, der ohne Betheiligung von Sachsen und Bayern gewählt ist, trennt sich das Reich in die particularistischen Lager der Ghibellinen (verstümmelt aus Waiblingen, einem staufischen Schloß) und der Welfen. Sein von den Fürsten einstimmig gewählter Neffe Friedrich I. Barbarossa hat den Zauber des Heldenthums für sich. Seine Regierungszeit 1152–1190 wird fast ganz ausgefüllt mit Zügen nach Italien, um den lombardischen Städtebund unter Hegemonie Mailands zu sprengen. Nach einem Siege hält er 1158 einen Reichstag auf den roncalischen Gefilden und erläßt die Constitution ‚Regalia sunt‘ über die kaiserlichen Hoheits- und Nutzungsrechte. Doch raffen sich die Städte unter Leitung des Pabstes Alexander III. wieder auf und schlagen den Kaiser, dem Heinrich der Löwe die Heeresfolge außerhalb Deutschlands verweigert hatte, 1176 bei Legnano. Heinrich wird wegen seines Abfalls 1180 geächtet und seiner Lehen Sachsen, Bayern für verlustig erklärt. Nur die Allodien Braunschweig und Lüneburg bleiben ihm, nachdem er sich vor dem Kaiser gedemüthigt hat. Bayern, von dem schon 1156 Oesterreich als ein auch in weiblicher Linie vererbliches Erzherzogthum getrennt war, erhält Otto von Wittelsbach. Sachsen wird in freie Reichsstädte und reichsunmittelbare Fürstenthümer wie Bisthümer zerstückelt, nur der östliche Theil (Wittenberg) fällt mit der Herzogswürde an Bernhard von Ascanien. Friedrich Barbarossa, der in hohem Alter noch einen Kreuzzug unternimmt, ertrinkt in dem Flusse Saleph; seine Leiche soll in der Kathedrale von Tyrus beigesetzt sein. Auch sein Sohn, der schon als Knabe zum deutschen König gewählte Heinrich VI. 1190–1197 verweilt meist in Italien, wo er Neapel und Sicilien, das normännische Erbe seiner Gemahlin, sich unterwirft und mit rücksichtsloser Strenge festhält. Der staatskluge Plan, Deutschland mit dem Königreich beider Sicilien zu einem Erbreich zu machen, scheitert auf dem Reichstage zu Würzburg 1196 an dem Widerstand der Fürsten und des Adels. Nach dem plötzlichen Tode Heinrichs zu Messina werden in Deutschland gewählt: sein Bruder Philipp von Schwaben 1198–1208 und der Sohn Heinrichs des Löwen Otto IV. 1198–1215. Letzterer wird nach der Ermordung Philipps allgemein anerkannt, muß aber Friedrich weichen, einem vom Pabst Innocenz III. erzogenen Sohne Heinrichs VI. Friedrich II. 1212–1250 war ein hochbegabter, vorurtheilsfreier Fürst, dem jedoch seine italienischen Erblande allein am Herzen lagen. Er trägt Schuld an dem Emporkommen der vielen kleinen Gebietsherren im deutschen Reich, da er deren Gewalt durch die confoederatio cum principibus ecclesiasticis 1220 und durch die aurea bulla über die Rechte der weltlichen Fürsten 1232 anerkannte. Mit der Kirche lebt er in beständigem Streit, obwohl er das dem Pabst Innocenz III. 1213 gegebene Versprechen, die Hoheitsrechte der Kirche und ihres Oberhauptes heilig zu halten, auf seinem Römerzuge 1220 erneut. Für Deutschland, dem er fast 15 Jahre fern bleibt, ernennt er seinen jungen Sohn Heinrich zum Regenten. Dieser wird in Aachen 1222 als deutscher König gekrönt, verkündet um 1224 einen Landfrieden, betheiligt sich aber 1234 an einer Empörung gegen seinen Vater. Der Kaiser nur begleitet von seinem andern Sohn Konrad kehrt zurück, dämpft den Aufstand mit Hülfe der Reichsfürsten und besiegelt seinen Ausgleich mit den Welfen 1235 durch Bildung des Herzogthums Braunschweig-Lüneburg für Otto das Kind. Zugleich erfolgt auf dem Reichstage zu Mainz der Erlaß eines Landfriedens „in deutscher Sprache“, worin zur Handhabe der königlichen Gerichtsbarkeit — unter Vorbehalt der Rechtsfälle von Fürsten und der Achtserklärung — ein ständiger Hofrichter (judex curiae) eingesetzt wird. Da Friedrich sich weigert, die päbstliche Lehnshoheit über Sardinien anzuerkennen, entgeht er dem Banne Gregors IX. nicht und wird sogar von Innocenz IV. auf einer Kirchenversammlung zu Lyon 1245 abgesetzt. Einzelne Reichsfürsten besonders geistliche stellen Heinrich Raspe, Landgrafen von Thüringen als Gegenkönig auf und nach dessen Tode Wilhelm von Holland 1247–1256. Der Sohn und Nachfolger Friedrich II., König Konrad IV. 1250–1254 begnügt sich mit der Vertheidigung seiner italienischen Erblande, in denen Konradin der letzte Hohenstaufe nach der Niederlage von Tagliacozzo 1268 ein klägliches Ende nimmt.

In Deutschland besteht 1256–1273 ein Interregnum, das alle staatlichen Bande in Fehde und Gewalt aufzulösen droht. Richard von Cornwallis und Alfons von Castilien sind nicht im Stande, sich Anerkennung zu verschaffen.

Der weisen Energie Rudolfs I. von Habsburg 1273–1291, welcher auf Betreiben seines Vetters, des Burggrafen Friedrich von Hohenzollern, durch die Erzbischöfe von Mainz, Köln, Trier und den Pfalzgrafen bei Rhein gewählt wird, gelingt es, einige Ordnung in die zerrütteten Zustände zu bringen. Er ist bestrebt, die verschleuderten Reichsgüter wieder einzuziehen, und gründet sich selbst eine Hausmacht, indem er die Ottokar von Böhmen 1278 entrissenen Lehen Oesterreich, Steiermark, Krain seinen Söhnen und Kärnthen seinem Schwager verleiht. Sein Nachfolger Adolf von Nassau 1292–1298 wird auf der Fürstenversammlung zu Mainz abgesetzt und fällt im persönlichen Kampfe gegen Albrecht I. von Oesterreich, den Sohn Rudolfs 1298–1308. Nach Ermordung desselben durch seinen Neffen (Parricida) gelangt auf den Thron Heinrich VII. von Luxemburg 1308–1313, unter dem sich die schweizerischen Waldstätte von der Vogtei der Habsburger lossagen und 1309 als reichsunmittelbare Gemeinden bestätigt werden. In den Kampf Ludwigs des Bayern 1314–1347, welcher seinen Gegenkönig Friedrich von Oesterreich bei Ampfing 1322 schlägt und gefangen nimmt, mischt sich der Pabst Johann XXII. mit seinen Bannstrahlen von Avignon aus. Allein der Kurverein zu Rense 1338 beschließt, daß jeder rechtmäßig gewählte deutsche König auch ohne päbstliche Krönung als römischer Kaiser gelte.

Seit Karl IV. 1347–1378 giebt das luxemburgische Haus, das 1310 in den Besitz von Böhmen kam, dem Deutschen Reich bis 1437 eine Reihe von Kaisern. Karls Hauptsorge ist sein Erbland Böhmen, mit dem er Schlesien und die Niederlausitz vereinigt. Auch Brandenburg, das Ludwig der Bayer 1324 nach Aussterben der Ascanier seinem Sohne verliehen hatte, erwirbt er von dessen Nachfolger, dem Markgrafen Otto. Ihm gebührt das Verdienst, die Königswahl durch ein Reichsgrundgesetz festgestellt zu haben. Schon seit dem zwölften Jahrhundert bildete sie ein Vorrecht von sieben Fürsten, drei geistlichen und vier weltlichen, doch erwähnt der Sachsenspiegel unter Letzteren den König von Böhmen, falls er „ein deutscher Mann“ ist, wogegen der Schwabenspiegel den Herzog von Bayern nennt.

Die Goldene Bulle (aurea bulla von der goldenen Siegelkapsel) erließ Karl IV. in ihrem ersten wichtigeren Theile (23 Capitel) auf dem Hoflager zu Nürnberg und in ihrem Schluß (7 Capitel) zu Metz 1356. Sie überträgt die Kaiserwahl folgenden sieben Kurfürsten: 1) dem Erzbischof (Primas) von Mainz als Erzkanzler von Deutschland, 2) dem Erzbischof von Trier als Erzkanzler für Burgund, 3) dem Erzbischof von Köln als Erzkanzler für Italien, 4) dem König von Böhmen als Erzschenk, 5) dem Pfalzgraf bei Rhein als Erztruchseß, 6) dem Herzog von Sachsen (Wittenberg) als Erzmarschall, 7) dem Markgraf von Brandenburg als Erzkämmerer (seit 1142). Die Kurstimmen sollen am Lande haften, die Kurfürstenthümer untheilbar, unveräußerlich sein und sich nach dem Recht der Erstgeburt im Mannsstamm (Großjährigkeit mit dem achtzehnten Jahre) forterben.

Während einer Thron-Vacanz sind nach altem Brauch der Pfalzgraf bei Rhein und der Herzog von Sachsen Reichsvicare, ersterer für die Länder fränkischen, letzterer für die Länder sächsischen Rechtes. Die Wahl erfolgt binnen drei Monaten unter Vorsitz des Primas von Mainz, welcher die Kurfürsten einen Monat nach dem Tode des Königs nach Frankfurt a/M. zu berufen hat. Dieselben brauchen nicht persönlich zu erscheinen, sondern dürfen durch einen Gewaltbrief (procuratorium) einen Vertreter zur Stimmen-Abgabe legitimiren. Der König von Böhmen stimmt zuerst, der Erzbischof von Mainz zuletzt. Jeder Kurfürst kann für sich selber stimmen, und einfache Mehrheit entscheidet. Der Gewählte wird in Aachen über dem Grabe Karls d. G., seit Ferdinand I. 1558 in Frankfurt, gekrönt und hat ein Anrecht auf die römische Kaiserwürde.

Die Kurfürsten erhalten wichtige Vorrechte wie Münz-, Zoll-, Judenschutz-, Berg-Regal, persönliche Unverletzlichkeit (crimen laesae majestatis), Privilegien de non evocando, d. h. daß ihre Unterthanen nicht in erster Instanz vor kaiserliche Gerichte gerufen werden. Sie bilden unter Vorsitz des Pfalzgrafen bei Rhein einen Fürstenrath, welcher den König vor seine Schranken fordert und unter Umständen absetzt. Auf dem Reichstage sind sie das erste Colleg, an welches die kaiserliche Proposition zur Prüfung ergeht.

Später 1519 faßte man die Privilegien der Reichsstände, aus denen allmälig die Landeshoheit emporwächst, im Verhältniß zu den kaiserlichen Reservatrechten als Wahlcapitulation zusammen, welche der König vor der Krönung beschwören muß. Sie wurde seit Karl VI. 1711 ein ständiges Formular, jedoch mit dem — von den andern Reichsständen bestrittenen — Vorbehalt der Kurfürsten, Zusätze machen zu dürfen (jus adcapitulandi). Es war erlaubt und unter den Habsburgern seit 1437 allgemeine Sitte, daß die Kurfürsten schon bei Lebzeiten des Königs, in der Regel nach erfolgter Bestätigung der Wahlcapitulation, den Nachfolger wählten und zum „Römischen König" krönten. Dadurch erhält Deutschland den Charakter eines Erbreichs. vgl. S 18.

Wenzel, ältester Sohn Karls IV., 1378–1400 wird wegen seiner Härte und Trägheit der deutschen Königswürde entsetzt und ihm Ruprecht von der Pfalz 1400–1410 entgegengestellt. Durch geschickte Unterhandlung seines Bevollmächtigten, des Burggrafen Friedrich von Nürnberg, wird Wenzels Bruder Siegismund 1410–1437 gewählt. Derselbe bestimmt den Pabst Johann XXIII. behufs Reform der Kirche an Haupt und Gliedern ein allgemeines Concil nach Constanz zu berufen, das unter Theilnahme vieler Fürsten als eine Art europäischer Congreß 1414–1418 tagt. S. 30. In Constanz überträgt der Kaiser 1415 dem Burggrafen Friedrich die Mark Brandenburg mit der Kur- und Erzkämmerer-Würde und ertheilt ihm 1417 die feierliche Belehnung.

Mit Albrecht II. 1438–1439, der als Schwiegersohn Siegismunds diesem auch in Böhmen und Ungarn folgt, behauptet sich das Haus der Habsburger dauernd im Besitz der Kaiserkrone. Sein Vetter Friedrich III. 1440–1493 ist der letzte in Rom (1452) gekrönte Kaiser. Unter ihm gelingt es der römischen Curie, die Wirkung der Baseler Reformbeschlüsse S. 27 für Deutschland zu beseitigen. Die Annahme einzelner Baseler Decrete war schon 1439 durch die auf dem Reichstage zu Mainz versammelten Stände erfolgt und vom Pabst Eugen IV. 1447 in vier Bullen bestätigt worden. Diese s. g. Fürsten-Concordate schwächt das Wiener Concordat ab, das der Kaiser 1448 mit dem Pabst Nicolaus V. abschließt.

§ 36.

Landesrechte.

Das Landesrecht des Mittelalters besteht theils in spärlichen Aufzeichnungen des in einem Gebiet geltenden Privatrechts, z. B. Oesterreichisches Landrecht aus dem Ende des dreizehnten Jahrhunderts, Rechtsbuch Ludwigs des Bayern 1346, Steyersches Landrecht um 1390 — theils in Landesordnungen, welche Territorial-Verfassung und Polizei betreffen, z. B. für Salzburg 1328, für das Fürstenthum Breslau 1356, für Bayern, Sachsen, Würtemberg gegen Ende des fünfzehnten Jahrhunderts.

§ 37.

Rechtsspiegel.

Unter den Rechtsbüchern, welche das vom deutschen Volksgedanken des Mittelalters getragene Privatrecht sammeln und darstellen, sind Sachsen- und Schwaben-Spiegel die bedeutsamsten.

A. Sachsenspiegel.

Die Urschrift lautet in lateinischer Sprache und stammt aus der Zeit zwischen 1224 und 1235, weil sie die Strafe des Feuertodes gegen Ketzer und die Henrici treuga Dei kennt, aber nicht die Bildung des Herzogthums Braunschweig-Lüneburg und den Landfrieden von Mainz. vgl. S. 125. Als Verfasser, mindestens als Uebersetzer des Landrechtes, welches den ersten Theil bildet, in die obersächsische Mundart gilt Eicke von Repkow (Dorf zwischen Dessau und Köthen), Schöffe in der Grafschaft Billingshöhe bei Magdeburg, von dem es in einem später hinzugefügten gereimten Vorwort heißt:

Nu danket algemeine
Deme von Falkensteine,
Der greve Hoyer ist genant
Daz an dusch ist gewant
Diz buch durch sine bete;
Eicke von Repgowe iz tete.

Außerdem finden sich noch vier andere Vorreden, unter welchen die „von der Herren Geburt" geschichtliches Interesse hat. Das Landrecht wurde durch mannigfache Zusätze, auch aus dem kanonischen Recht, vermehrt und von dem märkischen Ritter Johann von Buch um 1330 glossirt. Danach zerfällt es in drei Bücher, diese in Artikel und weiter in Paragraphen. Man citirt: Ssp., d. h. Sachsenspiegel I, 14 § 2, d. h. im ersten Buch, vierzehnter Artikel, zweiter Paragraph. Die älteste uns erhaltene Handschrift ist die von Quedlinburg aus dem Anfang des vierzehnten Jahrhunderts. Moderne Ausgaben rühren her von Weiske 1840 ff. und von Homeyer 1863. Der andere Theil, das Lehnrecht (in Artikeln und Paragraphen) hat einen in lateinischen Reimen geschriebenen Urtext s. g. auctor vetus de beneficiis, von dem erst das Görlitzer Lehnrecht eine Uebersetzung enthält.

Der Sachsenspiegel zeichnet sich durch einen kirchlich freisinnigen Inhalt aus: das päbstliche und kaiserliche Schwert sind gleichgestellt und zur gegenseitigen Rechtshülfe verpflichtet. Nur ein Ehrenvorrang steht dem Pabste zu, dem „gesetzt ist, zu bescheidener Zeit zu reiten auf einem blanken Pferde, und der Kaiser soll ihm den Stegreif halten". Doch kann der Pabst „kein Recht setzen, das unser Land- oder Lehnrecht ärgern mag". Deshalb verdammte Gregor XI. 1374, auf Betreiben des Augustinermönches Johannes Klenkok zu Magdeburg, einige Artikel des Sachsenspiegels als ketzerisch.

Den Stand gliedert Ssp. III 45 mit Rücksicht auf die Höhe von Wergeld und Buße (die aber bisweilen gegen die Wedde und bei schwereren Verletzungen gegen die öffentliche Strafe Ssp. III 37 zurücktreten) in fünf Klassen:

1. Fürsten (principes), d. h. ursprünglich die Vordersten, welche dem König am nächsten stehen: Erzbischöfe, Bischöfe, Reichsäbte, Herzöge, Markgrafen und Grafen auf Grund ihres Amtes. Von 1180 an sind Reichsfürsten nur diejenigen, welche vom König mindestens eine Grafschaft unmittelbar zu Lehen haben und keines anderen weltlichen Fürsten Lehnsleute sind.

2. Freie Herren (liberi domini, nobiles), d. h. der jüngere Fürstenstand seit 1180. Sie sind befugt, den Reichstag zu besuchen und haben auf ihren Frohnhöfen eine Gerichtsbarkeit über die Hintersassen.

3. Schöffenbar-Freie, d. h. freie Grundbesitzer, welche das Schöffenamt haben. Sie bebauen entweder ihren freien Boden oder führen ein rittermäßiges Leben.

4. Pfleghafte oder Biergelden (d. h. der Geltung baar) sind freie, aber zinspflichtige Grundbesitzer, welche dem Grafen für seinen Schutz eine Abgabe leisten.

5. Landsassen, d. h. freie Leute, welche ohne eignes Land sich zur Bearbeitung fremden Bodens in freiem Dienst verdungen haben.

Den Heerschild, d. h. die Rangordnung, in welcher die Lehen gegeben werden, bestimmt Ssp. I, 3 § 1–2 nach den Weltaltern. Den ersten hat der König, den zweiten die Pfaffenfürsten, den dritten die Laienfürsten, „so sie der Bischöfe Mann geworden sind", den vierten die freien Herren, den fünften die schöffenbaren und freier Herren Leute, den sechsten deren Mannen. „Da die Christenheit in dem zeitigen siebenten Weltalter keine Stetigkeit hat, also weiß man auch nicht an dem siebenten Schilde, ob er noch Lehnrecht haben mag."

Der Sachsenspiegel wurde die Grundlage zahlreicher Bearbeitungen. Nicolaus Wurm schrieb um 1390 eine Glosse zum Lehnrecht. Durch ihn und den lüneburgischen Rathsherrn Theodor von Bocksdorff ist die Glosse des Landrechtes vermehrt. Einen Richtsteig Landrechtes, d. h. eine Ordnung des gerichtlichen Verfahrens zum Landrecht im Ssp. veranstaltete Johann von Buch um 1350. Kurz darauf entstand der Richtsteig Lehnrechtes, der später als „Weise des Lehnrechtes" überarbeitet wurde. Die Cautela und die Premisse, die man Hermann von Oesfeld um 1360 zuschreibt, enthalten Klugheitsregeln über das Benehmen vor Gericht. Auf dem Sachsenspiegel ruhen viele Stadtrechtsbücher, ferner Auszüge, die man im fünfzehnten Jahrhundert als s. g. Schlüssel, Repertorien alphabetisch ordnete, das gegen 1490 von dem Stadtschreiber Purgold zu Eisenach verfaßte Rechtsbuch, und schließlich Vehmgerichtsbücher aus derselben Zeit über das Verfahren vor der westphälischen Vehme.

Der Sachsenspiegel will meist nur sächsisches Stammesrecht geben. Doch kam er auch in solchen Gebieten zur Anwendung, wo sich Sachsen angesiedelt hatten, z. B. in Schlesien, Mecklenburg, Holstein, an der Ostsee bis nach Livland, in den siebenbürgischen Universitäten u. s. w. Soweit erstreckte sich das Ansehen dieses Rechtsbuches, daß es in fremde Sprachen übertragen und in Theilen von Holland, Polen eingeführt wurde. Heute gilt noch der Sachsenspiegel in den großherzoglich und herzoglich sächsischen Landen, den thüringischen Fürstenthümern, in Schlesien (als Provinzialrecht), Holstein (mit Ausnahme des schaumburgischen Antheils), Lauenburg; viele seiner Rechtsideen sind in das bürgerliche Gesetzbuch für das Königreich Sachsen vom 2. Jan. 1863 übergegangen.

B. Spiegel deutscher Leute.

Derselbe wurde von Ficker 1857 in Innsbruck gefunden und herausgegeben. Er ist um 1260 in Augsburg entstanden, enthält eine Ueberarbeitung des Sachsenspiegels mit Zusätzen aus der lex Alamannorum, der Bibel, dem römischen wie kanonischen Recht und wurde offenbar vom Verfasser des Schwabenspiegels für sein Werk benutzt.

C. Schwabenspiegel.

Diesen Namen erhielt das Rechtsbuch, das in den Handschriften „Kaiserrecht" heißt, erst im siebzehnten Jahrhundert. Der Schwabenspiegel (Swp.) ist zwischen 1273 und 1280 im Würzburgischen Franken in süddeutscher Mundart abgefaßt und zerfällt in Land- und Lehnrecht. Als Urheber vermuthet man einen Geistlichen, vielleicht aus Augsburg, weil der höhere Rang des päbstlichen Schwertes geflissentlich betont wird. Auf Grund der ältesten Handschrift aus dem Jahre 1283 hat von Laßberg 1840 eine Ausgabe besorgt.

Der Schwabenspiegel stellt sich dar als eine Umarbeitung des Sachsen- bzw. Deutschspiegels, dem das sächsische Gewand abgestreift und durch Zuthaten aus Volksrechten, Capitularien, Reichsgesetzen eine schwäbisch-bairische Färbung gegeben ist. Aus dem Namen „Kaiserrecht" folgert man vielfach die Tendenz des Verfassers, ein Reichsrecht zu schreiben.

In Bezug auf den Stand unterscheidet der Swp.:

1. Semperfreie, d. h. Sendfreie (für Sendgerichte). Dazu gehören Fürsten und Hochfreie, welche freie Ritter zu ihren Mannen zählen.

2. Mittelfreie, d. h. freie Ritter, welche anderer Ritter Mannen sind.

3. Freie Landsassen, d. h. freie Bauern.

Im Heerschild nennt der Swp. die ersten drei Klassen, wie der Ssp., dann folgen als vierte: die hochfreien Ritter, als fünfte: die Mittelfreien, als sechste: die Ministerialien (ursprünglich unfreie Leute, welche ihr Herr zu Kriegsdiensten verwandte und mit einem Dienstlehen behufs eigener Bewirthschaftung belohnte), endlich als siebente: alle übrigen lehnsfähigen Mannen.

Auf dem Swp. beruht das Stadt- und Landrechtsbuch Ruprechts von Freising, das aus dem Jahre 1328 stammt und im fünfzehnten Jahrhundert erweitert wurde.

D. Kleines (lüttkes) Kaiserrecht.

Dasselbe ist um 1290, wahrscheinlich noch unter Rudolf von Habsburg, in Rheinfranken verfaßt und führt die systematisch zusammengestellten Rechtssätze mit der Formel ein: „der Kaiser hat gesagt." Es lautet in hochdeutscher Sprache und zerfällt in vier Bücher. Eine moderne Ausgabe nach der Handschrift aus dem Jahre 1372 rührt von Endemann 1846 her.

§ 38.

Stadtrechte.

Die Städte, Ansiedlungen am Sitz eines Bischofs oder einer königlichen Pfalz werden aus befestigten Burgen friedliche Stätten des Gewerbefleißes. Sie erhalten Marktrecht (im Symbol eines Handschuhs), Münze, Zölle und bilden einen von der Gerichtsbarkeit des Grafen eximirten Bezirk. Sie heißen Reichs- oder Landstädte, je nachdem der Kaiser oder Bischof ihren Gerichtsvogt bestellt. Seit dem zwölften Jahrhundert schließen sie Eidgenossenschaften zum Schutz und Trutz gegen die Anforderungen der Fürstengewalt. Dagegen richten sich Verordnungen Friedrichs II. 1232, welcher das Wachsthum der Städte mit scheelem Auge betrachtet und ihnen verbietet, vom Fürsten abhängige Leute als Außenbürger in ihren Verband aufzunehmen. Bedeutenden Städten wie Lübeck, Bremen, Hamburg, Cöln, Mainz gelingt es, sich meist durch Privilegien (Handvesten) unabhängig zu machen und eigene Gerichtsbarkeit wie Willkürrecht, d. h. Selbstsatzung und Besteuerung zu erwerben. Als Sinnbild städtischer Freiheit wird auf dem Marktplatz ein Roland (von rowland, d. h. freier Mann) aufgerichtet, welcher das Wehrgehenk zum Zeichen des Blutbannes trägt. Unter Rudolf I. haben schon Städte Sitz auf dem Reichstage und später auch Stimme. Im vierzehnten Jahrhundert thun sie sich zu Bünden unter gemeinsamen Räthen und Hauptleuten zusammen, um die Handelsstraßen gegen das Fehdewesen zu sichern und auf Bundestagen ihre Streitigkeiten zur schiedsrichterlichen Entscheidung zu bringen. Die mächtigste Vereinigung war die Hansa, d. h. Handelsgebilde unter dem Präsidium von Lübeck, welche 1361—1370 glorreiche Kriege gegen den König Waldemar IV. von Dänemark führt. Sie zerfiel in vier Quartiere: das preußisch-livländische mit dem Vorort Danzig, das wendische, das die mecklenburgischen, pommerschen und märkischen Städte unter Lübeck umfaßte, das sächsische mit dem Vorort Braunschweig und das westphälische unter Cöln, zu dem die Städte Westphalens, der Grafschaften Mark, Cleve, der Niederlande und Friesland gehörten. Im Süden herrschten der rheinische Städtebund, dem auch Regensburg, Nürnberg, Bremen angeschlossen waren, und der schwäbische, welcher sich 1376 namentlich gegen den Grafen Eberhard von Würtemberg richtete.

Die Stadtrechte, auch Weichbilder (Vic = Stadtgrenze, Bild = Recht) setzen sich zusammen aus den vom König, Bischof oder Landesherrn verliehenen Privilegien, aus Küren der Bürgerschaft und aus Weisthümern, Urtheilen der städtischen Schöffen. Sie dienen dazu, die schwerfälligen Satzungen des Landrechtes dem mehr beweglichen und vielgestaltigen Verkehrsleben der Städte anzupassen und in freierem Sinne auszubilden. Sie sind oft durch aus Rechtsbüchern entlehnte Stücke vermehrt und später auf Grundlage des römischen Rechtes zu einer s. g. Reformation verarbeitet. Angesehene Stadtrechte wurden häufig von einer Stadt an eine andere übertragen, die „bewidmete" hatte dann in ihrer Mutterstadt einen Oberhof. Solche Mutterrechte, aus denen sich durch Bewidmungen ganze Stammtafeln entwickeln, sind:

A. **Cölner Stadtrecht.**

Dasselbe geht auf rheinische Städte über; Konrad von Zähringen verleiht es 1120 an Freiburg im Breisgau (später zum Freiburger Stadtrodel verarbeitet), von wo es nach der Schweiz gelangt.

B. **Soester Stadtrecht.**

Es besteht aus einem lateinischen Statut um 1120 mit vielen späteren Zusätzen (Schrae der Stadt Soist) und kommt an die westphälischen Städte.

C. **Stadtrecht von Lübeck.**

Es beruht im Anschluß an das Soester Recht auf lateinischen Privilegien Heinrichs des Löwen um 1170 und verbreitet sich in deutscher Redaction seit 1282 über Norddeutschland bis nach Livland.

D. **Hamburger Recht.**

Die Statuten von 1270, erweitert 1292 und 1497, finden in holsteinischen Städten Aufnahme.

E. **Magdeburger Recht.**

Dasselbe gründet sich auf ein Privileg des Erzbischofs Wichmann 1188 und ist durch Sprüche des Schöffenstuhls fortgebildet. Es gilt in vielen Städten von Sachsen, Thüringen, Brandenburg (Stendal, Rathenow), Schlesien (Breslau, Görlitz), Mähren (Brünn), Böhmen, Polen (Thorn, Culm seit Herman von Salza 1233). In Verbindung mit dem Sachsenspiegel ist es Grundlage zahlreicher Privatsammlungen aus dem vierzehnten und fünfzehnten Jahrhundert wie: des sächsischen Weichbildes, des Rechtsbuches nach Distinctionen (s. g. vermehrter Sachsenspiegel), der Blume von Magdeburg, der sächsischen oder Pölman'schen Distinctionen u. s. w.

Erwähnenswerth sind noch: die Statuten von Goslar (Freiheitsbrief Friedrichs II. 1219), das Stadtrecht von Lüneburg (Privileg 1247), von Augsburg 1276, Frankfurt 1297, Bamberg, Nürnberg &c.

§ 39.

Hofrechte.

Sie betreffen die dinglichen und persönlichen Verhältnisse hofhöriger und dienstabhängiger Leute und haben in der Regel die Form von Urkunden, in welchen die einzelnen durch Privileg, Herkommen oder Vertrag begründeten Rechte dieses Standes verzeichnet sind. Ein ehrwürdiges Alter haben die statuta et leges familiae S. Petri, welche der Bischof Burchard vgl. S. 113 für die Hintersassen der Wormser Kathedralkirche um 1024 abfaßte.

Fünftes Kapitel.

Aufnahme der fremden Rechte in Deutschland.

§ 40.

Glossatoren-Schule.

Die Rechtsbücher Justinians, welche bis auf die kümmerliche Turiner Juristen-Glosse aus dem siebenten und den mehr geschickten Brachylogus juris civilis aus dem elften Jahrhundert brachlagen vgl. S. 108, erwachen um 1100 in Bologna zu neuem Leben. Begründer dieses Studiums war Irnerius, ein Grammatiker, welcher durch die Deutung des Bibelspruches ‚uno asse duo passeres veneunt‘ (um einen Heller kauft man zwei Spatzen) zur Durchsicht der Digesten geführt sein soll. Ihm folgen die durch ihren Scharfsinn hochberühmten vier Doctores Romani: Bulgarus (os aureum), sein Widersacher auf kirchlich-politischem und juristischem Gebiet Martinus (copia legum), Jacobus (copia scientiae) und Hugo mit dem Spitznamen ‚idem quod ego.‘ Daran schließen sich: Placentius, Bessianus, Hugolinus und der geistvolle Azo.

Man lehrte nach der Legalmethode. Die einzelnen Entscheidungen und Lehrsätze im Corpus juris, besonders in den Digesten, wurden in der gesetzlichen Titelfolge erläutert und durch Heranziehung verwandter Stellen wie Lösung der Widersprüche in das rechte Licht gesetzt. Die Summe der Anmerkungen eines Lehrers hieß ‚apparatus‘ und wurde bei der handschriftlichen Vervielfältigung der Rechtsbücher eingefügt. Accursius 1182–1260 sammelte diese Apparate und stellte sie in geordneter Uebersicht zur glossa ordinaria zusammen. In ähnlicher Weise wurden die longobardischen libri feudorum und die canonischen Rechtsbücher erklärt. Man schied daher später die Glossatoren in Legisten bzw. Feudisten, welche sich mit dem römischen Recht bzw. dem longobardischen Lehnrecht beschäftigten, und in Kanonisten, welche als Decretisten Gratians Decret oder als Decretalisten die übrigen Theile des Corpus juris canonici behandelten. S. 114 ff.

Die Rechtsschule von Bologna — universitas als Anstalt der Kirche und auch als Gemeinschaft der Lehrer und Hörer — gewann einen Weltruf. Lernbegierige, selbst höheren Alters, strömten aus allen Theilen Europas dahin, um die neue Wissenschaft in sich aufzunehmen und daheim zu verbreiten. Sie theilten sich in cismontani aus Italien, Spanien und ultramontani aus Frankreich, Deutschland, bildeten Landsmannschaften und übten durch die Wahl des Rectors, die Berufung der Lehrer einen bedeutenden Einfluß auf die Geschicke der Anstalt.

Gegen Ende des dreizehnten Jahrhunderts beginnen die Postglossatoren, die in der Glosse aufgespeicherte Gelehrsamkeit für das praktische Leben in Italien zu verwerthen. Die Tractate des Durantis ‚de libellis' und ‚de ordine judiciorum', in denen er den quellenmäßigen Rechtsstoff den Bedürfnissen seiner Zeit anpaßte, bleiben noch auf lange unter dem Namen ‚speculum juris' ein Leitstern für den Gerichtsgebrauch. Hohes Ansehen durch ihre Wirksamkeit als Rechtslehrer in Bologna und Schriftsteller genossen: Bartolus, geb. 1314 in Sassoferrato und Baldus de Ubaldis am Anfang des fünfzehnten Jahrhunderts. Allein ihre Schule artet in Scholastik aus, welche, ohne aus den Quellen Erfrischung zu schöpfen, die vielgestaltige Praxis in ein vorgefaßtes System trockener Regeln und weitschichtiger Distinctionen einzuschachteln versucht.

§ 41.

Ursachen und Umfang der Reception.

Die fast unerschöpfliche Brauchbarkeit des römischen Rechtsbuches, die sich auch für das mittelalterliche Italien in so veränderter Gestalt bewährte, wurde ein Hauptgrund für die Aufnahme der fremden Rechte in Deutschland. Wer aus der Fremde als Doctor des römischen und kanonischen Rechtes ‚utriusque juris' heimkehrte, wurde vom Kaiser, von geistlichen, weltlichen Fürsten sowie Städten in hohe Aemter berufen und ließ es sich angelegen sein, seine Kenntnisse zu fördern und praktisch anzuwenden. Durch päbstliches Privileg entstanden auf deutschem Boden Universitäten zuerst in Prag unter Karl IV. 1348, dann in Wien 1365, Heidelberg 1386 u. s. f. An ihnen wirkten Lehrer, die in Bologna, Padua, Paris mit der venia legendi hic ubique, d. h. für die gesammte Christenheit ausgerüstet waren, und welche es für ihre Aufgabe hielten, das von den Kaisern und Päbsten gesetzte Recht in lateinischen Worten vorzutragen und seine Verbreitung zu fördern. Dazu kam, wie S. 8 geschildert, die Idee der Rechtseinheit, welche sich politisch in dem Namen „Römisches Reich deutscher Nation" offenbarte, ferner der nivellirende Einfluß der römischen Kirche und last not least der von religiösen und wirthschaftlichen Umwälzungen begleitete Anbruch der Neuzeit, welcher die Geister für jegliche Neuerung empfänglich machte. Selbst dem ungelehrten Volke erschien der Abstand zwischen dem deutschen Recht, das vielfach nur unsicher aus localen Gebräuchen hervorging, und dem festgegliederten System des römischen Rechtes, das Art und Last des Beweises in vernünftiger Weise anordnete, als ein so augenfälliger, daß man Schiedsverträge schloß, um ein Rechtsverhältniß im Streitfalle der Entscheidung von Doctoren zu unterbreiten. Für die Schöffen wurde die Kenntniß des römischen Rechtes, auf welches sich die gelehrten Sachwalter in ihren Ausführungen beriefen, unumgänglich. Aus diesem Bedürfniß wuchs eine reiche Literatur populärer Handbücher empor, zu denen der Klagenspiegel um 1475, von Sebastian Brand 1516 herausgegeben, und der Laienspiegel von Ulrich Tengler Augsburg 1509 gehören. Allmälig sinkt der Schöffe immer mehr zum „Horcher" herab und der römisch gebildete Jurist tritt an seine Stelle. Am Ende des fünfzehnten Jahrhunderts ist die Aufnahme der fremden Rechte in Deutschland eine vollendete, durch Reichsgesetze anerkannte Thatsache. Freilich fehlte es nicht an heftiger Opposition, die sich namentlich gegen die actio injuriarum richtete, weil die Zahlung einer Privatstrafe an den Beleidigten bei dem mehr individuell entwickelten Ehrbegriff der deutschen Nation als ein „Abkaufen" der Ehre erschien.

Die Reception der Rechtsbücher Justinians geschah unter zwei Beschränkungen. Erstens tritt das römische Recht nur subsidiär ein, d. h. sofern es den bestehenden guten Gewohnheiten und Gesetzen, auch bloß particularer Geltung, keinen Abbruch thut. „Willkür bricht Stadtrecht, Stadtrecht bricht Landrecht, Landrecht bricht gemein Recht." Daher hat sich in manchen Rechtsgebieten besonders dem Familien- und Erbrecht die deutsche Auffassung erhalten, während im Vermögensrecht mehr der römische Gedanke überwiegt oder in Vermischung mit deutschen Rechtsideen durch Hülfe von Doctrin und Praxis neue Formen, wie die Erbverträge erzeugt hat. Zweitens sind nur diejenigen Sätze aus dem Corpus juris civilis aufgenommen, welche den Stempel der ordentlichen Glosse tragen. ‚quidquid non agnoscit glossa, nec agnoscit forum.' Doch kann der modernen Kritik nicht zugemuthet werden, auch die von den Glossatoren approbirte Lesart des Textes für die einzig richtige gelten zu lassen. Die Institutionen sind durchweg glossirt, auch die Digesten bis auf zwei Stellen aus dem Strafrecht l. 7 § 5-l. 11 D. 48, 20 l. 10-19 D. 48, 22. Im Codex und den Novellen fehlt die Glosse bei vielen Verordnungen, die den Glossatoren entweder nicht mehr praktisch erschienen oder zur Zeit noch unbekannt waren.

Innerhalb dieser Grenzen ist das Maß der Reception streitig, ob sie das römische Recht als Ganzes (in complexu) betrifft, oder sich auf nur solche Vorschriften bezieht, die im Gerichtsgebrauch zur Anwendung gelangen. Früher herrschte das Dogma, daß, wer sich auf einen im Corpus juris civilis enthaltenen, glossirten und nicht durch entgegenstehendes Recht ausgeschlossenen Satz berufe, dadurch einen in sich gegründeten Anspruch (fundatam intentionem in jure) habe. Ja man verfiel sogar der Sucht, unverkennbar deutsche Rechtsanschauungen mit römischen Citaten, die an den Haaren herbeigezogen waren, zu belegen. Heute ist dieser Uebereifer gewichen. Man folgt der Praxis und scheidet solche Lehren Justinians aus dem zeitigen Rechtsbestande aus, welche entweder in national römischen Einrichtungen wurzeln oder niemals Eingang in das deutsche Rechtsleben fanden. Darunter kann die Rechtssicherheit nicht leiden, denn es handelt sich um wenige Sätze, deren Unanwendbarkeit durch langjährige Sitte feststeht.

Zugleich mit der Reception des Corpus juris civilis erfolgte die des kanonischen Rechtsbuches, soweit dasselbe mit dem Staatswesen vereinbar war. Auch die Abänderungen und Zusätze, welche das Tridentiner Concil 1545-1563 über Ehe, Patronat, Kirchenbaulast u. s. w. erließ, wurden durch den Gerichtsgebrauch meist aufgenommen. Bei Widerstreit zwischen römischem und kanonischem Recht, z. B. in der Lehre von der Verjährung gehen die kanonischen Bestimmungen als die jüngeren in der Regel vor. Doch hat sich die Praxis über manche kanonische Sätze wie die Zinsverbote schon frühzeitig hinweggesetzt, und mit Verbreitung der evangelischen Lehre, mit Erstarkung der modernen Staatsidee ist der Einfluß des kanonischen Rechtes weiter abgeschwächt worden.

Aus diesen Factoren, nämlich den fremden Rechten, sowie den einheimischen Gebräuchen und Gesetzen erstand mittelst Anwendung das gemeine Recht, das nicht geschrieben und abgeschlossen ist, sondern sich in steter Vervollkommnung durch die Wissenschaft befindet.

§ 42.

Moderne rechtswissenschaftliche Schulen.

Der scholastische Bann, welcher im späteren Mittelalter auf der Rechtswissenschaft lastete, wurde durch die Renaissance gebrochen. Der philologische Eifer der Humanisten, welche durch ihre Forschungen eine Wiedergeburt des klassischen Alterthums erstrebten, war auch dem Verständniß der römischen Rechtsquellen fördersam. In diesem Sinne wirkten: in Deutschland Gregor Haloander, bekannt durch seine treffliche Ausgabe der Digesten 1529 und Ulrich Zasius, als Richter in Zürich thätig; in Frankreich Duarenus, Balduinus, Connanus, insbesondere Jakobus Cujacius (de Cujas) 1522–1590, dessen observationes Licht in manche bisher mißverstandene Entscheidung von Papinian, Afrikan 2c. brachten, sein Gegner Hugo Donellus (Doneau), der in seinen commentarii juris civilis das römische Recht systematisch bearbeitete, die gelehrten Jacobus und Dionysius Gothofredus, berühmt durch die Erläuterungen zum Codex Theodosianus vgl. S. 103, sowie zum Corpus juris civilis, Anton Faber, welcher durch seine ‚rationalia in Pandectas' um 1610 eine Lösung schwieriger Stellen in Gestalt von Conjecturen versuchte; in den Niederlanden Johann Voet, Noodt, Schulting, die bis in das achtzehnte Jahrhundert hineinreichen.

Die deutschen Juristen in der Zeit nach der Reception waren Praktiker, welche als Beisitzer des Reichskammergerichts, Mitglieder von Juristenfacultäten und Schöffenstühlen das Ziel verfolgten, die fremden Elemente für den Gerichtsgebrauch passend zu gestalten. Besonders that sich die kursächsische Schule hervor, welche 1572 auf Anlaß des Kurfürsten August in den ‚constitutiones Saxonicae' einen Ausgleich zwischen dem Sachsenspiegel und dem römischen Rechte unternahm. Allein alle diese Observationen wie Meditationen, welche nach den Musterwerken von Joachim Mynsinger 1563 und Andreas Gail 1578 verfaßt waren und als s. g. usus modernus Pandectarum unter Führung von Pistoris, Carpzov, Stryk, Leyser 2c. das ganze siebzehnte Jahrhundert einnahmen, zeigten eine fast sclavische Unterwürfigkeit unter das römische Recht (in vinculis juris Romani) ohne dessen Gedankenfülle gehörig verarbeiten zu können. Zuerst war es Hermann Conring 1634–1681, Rector der Universität Helmstedt, welcher in seiner Schrift ‚de origine juris Germanici' auf die Bedeutung der preisgegebenen deutschen Rechtsquellen hinwies und eine Spaltung der Rechtsgelehrten in Romanisten und Germanisten herbeiführte.

Auch im romanistischen Lager bereitete sich eine Umkehr vor. Die zahlreichen Bearbeitungen von Rechtsfällen hatten eine übertrieben gründliche Kleinmalerei erzeugt, die sich hauptsächlich im Proceß zu unerträglicher Langwierigkeit und zopfigem Formalismus steigerte.

Man suchte Abhülfe bei der Vernunft, welche durch inductive Methode die verlorenen großen Gesichtspunkte neu schaffen sollte. Begründer dieser naturrechtlichen Schule war Christian Thomasius 1655–1728, Professor in Leipzig, seit 1690 in Halle; auf seinen Schultern stand der von Friedrich dem Gr. bevorzugte Philosoph Christian Wolf 1679–1754, welcher die Anwendung mathematischer Formeln auf die Wissenschaft einführte und dadurch eine systematische Ordnung des Rechtsstoffes veranlaßte. Allein das willkürliche Ermessen des Richters, der in jeder Sache nach Nützlichkeits-Rücksichten urtheilte (extensus arbitrii), erschütterte die Rechtssicherheit.

Den festen Boden stellte Karl Friedrich von Savigny — geb. 21. Febr. 1779 zu Frankfurt a/M., gest. 25. Octb. 1861 zu Berlin — wieder her, welcher zur Erkenntniß des Rechtes auf dessen historische Entwicklung aus dem Volksbewußtsein hinwies. Seine Werke, namentlich das „System des heutigen römischen Rechtes" (acht Bände enthaltend die allgemeinen Lehren, dazu zwei Bände über den allgemeinen Theil des Obligationenrechtes, Berlin 1840–1853) wurden epochemachend und verhalfen erst zur vollen Beherrschung des römischen Rechtes. Diese Richtung ermöglichte eine Aussöhnung mit den Germanisten, welche sich unter Leitung ihres Führers Karl Friedrich Eichhorn 1781–1854 von bloßem Schematismus losgesagt hatten, und denen ein gebührender Antheil am Rechtsgebäude des deutschen Volkes zugestanden wurde. Als Anhänger Savignys gelten: Hugo in Göttingen 1764–1844, Puchta 1798–1846, Keller 1799–1860, Rudorff 1803–1872, Bruns 1816–1880 in Berlin, Stintzing 1825–1883 in Bonn — und auf germanistischer Seite: besonders Beseler. Doch fehlt es nicht an Gegnern, die wie Thibaut 1772–1840, Vangerow 1808–1870, von Wächter 1797–1880 den Fortschritt des Rechtes in dogmatischer Erklärung und in der Hülfe der Gesetzgebung erblicken.

Heute herrscht die volkswirthschaftliche Schule, welche Schöpfung und Veränderung des Rechtes als ein Product gesellschaftlicher Interessen erklärt. Sie wird vornehmlich von Rudolph von Ihering vertheidigt und neigt der Allmacht des Staatsgesetzes zu, vgl. S. 4. Auf dieser Grundlage, welche der Codification des deutschen bürgerlichen Rechtes günstig ist, finden sich in der Gegenwart zusammen: die Pandektisten Bernhard Windscheid, Heinrich Dernburg und die Germanisten C. F. von Gerber, Otto Stobbe.

Sechstes Kapitel.

Rechtszustand in Deutschland seit der Reception.

§ 43.

Fortbildung des gemeinen Rechtes durch Reichsgesetze.

Seit dem Ende des fünfzehnten Jahrhunderts richtet sich die Reichsgesetzgebung, soweit sie das Privatrecht berührt, auf Einführung und Anpassung römischer Rechtsinstitute.

Die Reichsgesetze bestehen in Vereinbarungen des Kaisers mit dem Reichstage.

Der Reichstag setzt sich unter Vorsitz des Erzkanzlers von Mainz zusammen aus den drei Collegien der Kurfürsten, Fürsten und Städte.

Das Kurfürsten-Colleg, das auf der Goldenen Bulle 1356 vgl. S. 126 beruht, unterlag späterhin bedeutenden Veränderungen. In der Schlacht auf dem weißen Berge bei Prag 1620 verliert Friedrich V. von der Pfalz (der s. g. Winterkönig von Böhmen) seinen Kurhut, welcher 1623 dem Herzog Maximilian von Bayern (wilhelminische Linie des Hauses Wittelsbach) verliehen wird. Der westphälische Frieden 1648 stellt die Pfalz wieder her und begründet für sie (rudolphinische Linie) die achte Kurwürde (Erzschatzmeisteramt). Braunschweig-Lüneburg (Hannover) erhält 1692 — anerkannt durch Reichsschluß von 1708 — die neunte Kur. Mit dem Tode des Kurfürsten Maximilian Joseph von Bayern 1777 vereinigen sich beide Wittelsbacher Linien in der Person des Karl Theodor von der Pfalz. Der Reichsdeputations-Hauptschluß 1803 säcularisirt die Erzbisthümer Cöln und Trier, verlegt die mainzische Kur auf das Gebiet von Regensburg und errichtet die neuen Kurfürstenthümer Hessen-Kassel, Baden, Würtemberg, Salzburg.

Das Fürsten-Colleg, in dessen Vorsitz Salzburg als erster geistlicher Fürst mit Oesterreich abwechselt, stieg im Laufe der Zeit auf 100 Stimmen. Davon wurden 94 viritim, d. h. nach Köpfen abgegeben, 6 curiatim, d. h. nach Beschluß mehrerer zusammen an „einer" Stimme Betheiligter. Für die Virilabstimmung galt 1582 als Normaljahr. Die 94 Virilstimmen theilen sich in 61 weltliche, 33 geistliche, die 6 Curiatstimmen (Bänke) in 4 weltliche für die wetterauischen, schwäbischen, fränkischen, westphälischen Grafen (letztere beide seit 1640 bzw. 1653) und in 2 geistliche für die schwäbischen und rheinischen Prälaten (letztere seit 1653).

Das Städte-Colleg, seit 1474 in eine rheinische und schwäbische Bank getheilt, zählte 51 Stimmen und stand unter Vorsitz derjenigen Stadt, in welcher der Reichstag gehalten wurde. Der Reichsdeputations-Hauptschluß 1803 mediatisirt die meisten Reichsstädte, um mit ihrem Gebiet die Fürsten zu entschädigen, welche durch den Lüneviller Frieden 1801 ihre Besitzungen auf dem linken Rheinufer verloren hatten. Danach bleiben nur reichsunmittelbar: die drei freien und Hansestädte Hamburg, Bremen, Lübeck, ferner Frankfurt, Augsburg und Nürnberg.

Nach der Geschäftsordnung tagt jedes Colleg in getrennter Sitzung und entscheidet über Vorlagen des Kaisers mit Stimmenmehrheit. Zunächst wird die kaiserliche Proposition im Kurfürstenrath eingebracht und geht im Fall zustimmender Relation desselben an den Fürstenrath zur Correlation. Lautet auch diese günstig, so bedarf es noch der Annahme durch die Städtebank. Ein von allen drei Collegien genehmigter Antrag heißt Reichsgutachten (suffragium, consultum), dasselbe wird durch Sanction des Kaisers zum Reichsschluß (conclusum) und durch Verkündung, indem man bei Verabschiedung eines Reichstages alle von ihm gefaßten Schlüsse verlas, zum Reichsabschied (recessus imperii). Die Ausfertigung geschah durch die Reichskanzlei, welcher der Kurfürst von Mainz als „Dictator" vorsteht. Der westphälische Frieden 1648 bestimmt besonders für religiöse Angelegenheiten eine itio in partes, d. h. eine Spaltung des Reichstages in ein Corpus Catholicorum unter Bayern und Corpus Evangelicorum unter Sachsen; zugleich verordnet er in solchen Fragen und denen, welche Sonderrechte der einzelnen Reichsstände betreffen, daß die Abstimmung nicht durch Mehrheit, sondern durch freundwillige Verständigung (per compromissum) erfolgen solle.

Der Reichstag wird vom Kaiser — nach der Wahlcapitulation alle zehn Jahre — berufen und nach Erledigung der Vorlagen geschlossen. Seit 1663 wird der Reichstag zu Regensburg permanent — daher jüngster (novissimus) Reichsabschied von 1654 — und nimmt immermehr den Charakter einer Gesandten-Conferenz an, auf dem sich der Kaiser und die Reichsfürsten durch Commissare vertreten lassen. Zur Ausführung wichtiger und schwieriger Geschäfte pflegt der Reichstag besondere Ausschüsse aus seiner Mitte „Deputationen" einzusetzen.

Maximilian I., welcher 1493 zuerst den Titel eines „erwählten" römischen Kaisers annimmt, bemüht sich durch zweckmäßige Einrichtungen wie Landfrieden, Kammergericht, Kreisverfassung rc. die Reichsgewalt zu stärken.

Der zu Worms 1495 errichtete Landfrieden ist ein allgemeiner und ewiger, auf dessen Bruch die Reichsacht steht. Die Wahrung des Landfriedens liegt einer eignen Behörde ob, dem auf dem Reichstage zu Augsburg 1503 eingesetzten Reichsregiment, an dessen Stelle später Reichsdeputationen aus Ständen treten.

Auf dem Reichstage zu Worms 1495 wird das Reichskammergericht begründet, welches als höchste Instanz und als Vorbild für die Organisation der Landesgerichte gelten soll. Es hat seinen Sitz in Frankfurt a. M., dann nach mehrfachem Wechsel in Speier und seit 1689 in Wetzlar. An der Spitze steht ein Richter, welcher das Gericht hegt, und den der Kaiser aus dem Grafen- oder Freiherrn-Stand ernennt. Das Urtheil finden 16 Beisitzer (assessores), zur Hälfte Doctoren des Rechtes, zur Hälfte adlige Schöffen. Davon beruft der Kaiser 2 für seine Erblande Oesterreich und Burgund, 6 werden von den Kurfürsten, 6 von den Kreisen vorgeschlagen und die übrigen 2 von den Ständen aus dem Reichsadel gewählt. Die letzteren Beiden (assessores generosi) erlangen 1530 bei der Theilung des Kammergerichts in zwei Senate die Stellung von Senatspräsidenten. Der westphälische Frieden vermehrt die Zahl der Beisitzer auf 50, die gleichmäßig aus Katholiken und Protestanten zu entnehmen sind. Zur Erhaltung des Kammergerichts, mit dem ein überaus zahlreiches Bureaupersonal verbunden war, dient eine Umlage auf die Reichsstände, welche „Kammerzieler" heißt. Die Reichs-Kammergerichtsordnung (R.K.G.O.) von 1495, die sich das kanonische Verfahren zum Muster nimmt, wird 1555 zu Augsburg revidirt. Die Aufsicht über das Kammergericht führt ein ständiger, aus Reichsständen gebildeter Ausschuß, die s. g. Visitation, an welche Beschwerde möglich ist. Daraus entwickelt sich ein schwerfälliges Rechtsmittel unter dem Namen „Revision", das Joseph II. um 1770 vergeblich zu verbessern sucht.

Concurrirende Gerichtsbarkeit mit dem Reichskammergericht hat der Reichshofrath zu Wien. Derselbe war ursprünglich 1501 ein Hofgericht für die kaiserlichen Erblande, dessen Räthe nach der Verordnung von 1518 der Kaiser ernennt, dehnt aber in Vertretung des Kaisers seine Competenz aus. Ferdinand I. überweist 1559 die Erblands-Angelegenheiten einem eignen Colleg, das „Kaiserlicher Hofrath" genannt wird. Seitdem ist der Reichshofrath sowohl ein Staatsrath, welcher dem Kaiser bei Ausübung seiner Reservatrechte, besonders in Lehn- und Gnadensachen zur Seite steht, als auch ein oberstes Reichsgericht, das sogar für Strafsachen gegen Reichsunmittelbare ausschließlich zuständig ist. Der westphälische Frieden 1648 anerkennt die concurrirende Gerichtsbarkeit des Reichshofraths mit dem Reichskammergericht, doch bleibt es wenigstens auf protestantischer Seite allgemeiner Brauch, bürgerliche Rechtsstreitigkeiten in höchster Instanz an das Kammergericht zu bringen.

Die Kreisverfassung, welcher der Kaiser mit den Kurfürsten auf dem Reichstage zu Cöln 1512 beitritt, umfaßt zehn Kreise. Sie heißen: 1. österreichischer, 2. burgundischer (seit 1556 im Besitz der spanischen Linie von Habsburg), 3. kur- oder niederrheinischer, der Mainz, Trier, Cöln enthält, 4. kur- oder obersächsischer, wozu Sachsen, Brandenburg, Pommern 2c. gehören, 5. bayrischer, 6. schwäbischer, 7. fränkischer, 8. oberrheinischer mit Lothringen, Hessen 2c., 9. westphälischer, 10. niedersächsischer, der sich auf Braunschweig-Lüneburg, Lauenburg, Holstein, Mecklenburg erstreckt. Außerhalb blieben Böhmen mit seinen Nebenlanden (Mähren, Schlesien, Lausitz) und Preußen. An der Spitze eines jeden Kreises steht ein Kreisobrist, der seit 1555 nur auf die militärische Execution beschränkt ist, während das Directorium auf zwei kreisausschreibende Fürsten — ein geistlicher und ein weltlicher — übergeht. Diese politische Eintheilung der Reichsstände diente zur besseren Handhabung des Landfriedens und der Polizei, sowie zur Regelung des Finanz- und Militärwesens.

Die Reichseinnahmen bestehen außer dem Kammerzieler vgl. S. 139 in außerordentlichen Beiträgen, wie: dem Tribut der Judenschaft zu Frankfurt und Worms, den Caritativsubsidien der Reichsritterschaft, die sich dadurch vom persönlichen Kriegsdienst befreite, und dem gemeinen Pfennig. Letzterer war ursprünglich eine Kriegssteuer, die von allen Einwohnern des Reichs nach Verhältniß ihres Vermögens erhoben wurde; später wird daraus eine Auflage auf die Reichsstände s. g. Römermonat, weil die Vertheilung nach dem Maßstabe geschieht, welchen der Reichstag zu Worms 1521 für die Kosten des Römerzuges entworfen hatte.

Das Reichsheer setzt sich aus Contingenten der Reichsstände zusammen, wofür schon 1442 ein Anschlag (Matrikel) aufgestellt und mehrfach, z. B. 1521 erneuert wurde. Den Generalissimus, welcher dem Fürstenstande angehören muß, ernennt der Kaiser auf Vorschlag des Reichstages. Der Reichskrieg wird vom Reichstage beschlossen und vom Kaiser erklärt. Gegen Reichsstände, welche ihre

Pflichten gegen das Reich verletzen oder sich einem reichsgerichtlichen Urtheil nicht fügen, findet Execution statt, mit deren Vollstreckung der Kaiser andere Stände oder einen dazu aufgebotenen Theil des Reichsheeres beauftragt.

Unter den Nachfolgern Maximilians eilt das Reich dem inneren Zerfall entgegen. Die Reichsstände, deren Zahl außer den Kurfürsten auf etwa 250 wächst, nämlich 33 geistliche, 61 weltliche Fürsten, 2 Comthure des Deutsch-Ordens, 103 Grafen und Freiherren, 51 Reichsstädte, machen sich in ihrem Gebiet (jus territoriale) fast unabhängig. Die Ritterschaft theilt sich 1577 zur Erhaltung ihrer Reichsfreiheit in drei Parteien: in Schwaben, Franken und am Rhein; 1650 ordnet sie sich weiter in Kantone, die unter ihren Hauptleuten zu Correspondenztagen behufs „Austrags" ihrer Rechtsangelegenheiten zusammentreten. Die kaiserlichen Reservatrechte schrumpfen in Folge der Wahlcapitulationen vgl. S. 127 immer mehr ein. Der Kaiser behält Lehnshoheit, Eigenthum am Reichsgut, einzelne Vorrechte besonders bei Bischofswahl, Besetzung kirchlicher Pfründen, und einige Regalien wie die Reichspost, mit welcher 1615 die Familie von Taxis belehnt wird. Bei Veräußerungen von Reichsgut, wichtigen Belehnungen und Vergabungen ist der Kaiser an „Willebriefe" der Kurfürsten gebunden. Seit 1654 kann er zwar noch in den Fürstenstand erheben, aber nicht mehr die Reichsstandschaft ertheilen. Schließlich bleiben ihm fast nur Ehrenrechte wie: Universitäten zu gründen, den Adel zu verleihen, Notare zu ernennen, uneheliche Kinder zu legitimiren, Minderjährige großjährig zu sprechen, ferner Moratorien zu erlassen, Verleger durch Privileg gegen Nachdruck zu schützen, unter Umständen die Reichsacht zu verhängen 2c. Der westphälische Frieden 1648 bestätigt im Art. 8, den man mit den Worten ‚gaudeant' citirt, die Landeshoheit der Reichsstände (jus superioritatis). Danach haben sie das Gesandschafts- und Vertragsrecht unter einander und mit fremden Mächten, sogar das Kriegsrecht dem Ausland gegenüber — doch Alles dies unbeschadet ihrer Pflichten gegen Kaiser und Reich, vgl. S. 14. Die Einheit des Processes und Rechtes geht für Theile des Reichs verloren. Einige Kurfürsten verschaffen sich ‚privilegia de non appellando', um ihre Unterthanen von der kaiserlichen Berufungsinstanz zu befreien. Sie richten in ihrem Gebiet Obergerichte ein und erlassen selbständige Proceßordnungen und Landrechte. Preußen ist schon 1763 durch den Frieden zu Hubertsburg thatsächlich aus dem Reichsverbande gelöst. Bayern, Würtemberg erhalten unter Beilegung des Königstitels durch den Frieden zu Preßburg 1805 Souveränität. Der unter Napoleons Protectorate am 12. Juli 1806 errichtete Rheinbund, dem fast sämmtliche deutsche Fürsten (mit Ausnahme von Preußen, Braunschweig, Kurhessen) beitreten, besiegelt die Auflösung des deutschen Reiches. Sie erfolgt formell am 6. Aug. 1806. Franz II., der sich schon 1804 zum Kaiser seiner österreichischen Erblande erklärt hatte, legt an diesem Tage die römisch-deutsche Kaiserkrone nieder.

Die wichtigsten Reichsgesetze aus dieser Zeit sind folgende:

Unter Maximilian I. 1493–1519, welcher durch seine und seines Sohnes, des Erzherzogs Philipps, Heirath die Kronen von Burgund, Neapel, Aragon und Castilien an das Haus Habsburg bringt (bella gerant alii, tu felix Austria nube!), ergeht zu Cöln 1512 die Notariats-Ordnung. Sie enthält die

Aufnahme römischer Testamente (mit Modificationen des Militärtestaments) und Vorschriften über die Beglaubigung von Urkunden u. s. w.

Auf Maximilian folgt sein Enkel, Karl von Spanien, welcher in Deutschland nach seiner Wahl zum römischen Kaiser Karl V. heißt und 1519–1556 beide Reiche in Personal-Union vereinigt.

In seine Regierung fällt die kirchliche Reformation. Martin Luther geb. 1483 zu Eisleben, gest. ebenda am 18. Febr. 1546, wird wegen seiner 95 Thesen gegen den Ablaß, die er am 31. Octb. 1517 an die Schloßkirche zu Wittenberg heftete, vom Pabst in den Bann gethan und auf dem Reichstage zu Worms 1521 in die Reichsacht erklärt. Seine Anhänger, zu denen vornehmlich Kurfürst Friedrich der Weise von Sachsen gehört, protestiren gegen die Beschlüsse von Speier 1529, welche der Verbreitung der evangelischen Lehre Schranken setzen. Da der Reichstag von Augsburg 1530 die von Melanchthon (Schwarzerd 1497–1560) verfaßte Bekenntnißschrift (Confessio Augustana) vgl. S. 29 verwirft und die Aufhebung aller Neuerungen gebietet, thun sich die protestantischen Fürsten und Reichsstädte 1531 zum Schmalkaldischen Bunde zusammen. Nach harten Kämpfen (Sieg des Kaisers bei Mühlberg 1547 über den Kurfürsten Johann Friedrich von Sachsen und den Landgrafen Philipp von Hessen) kommt es 1552 zum Passauer Interim und 1555 zum Augsburger Religionsfrieden, wodurch den evangelischen Ständen Gleichberechtigung mit den katholischen und Religionsfreiheit in ihrem Gebiet zugestanden wird. Unentschieden bleibt die Frage (reservatum ecclesiasticum), ob geistliche Reichsstände, trotz ihrer Conversion zum evangelischen Glauben, im Besitz ihrer Aemter sammt Einkünften verbleiben dürfen.

Auf dem Reichstage zu Eßlingen 1524 ergeht eine Münzordnung (1559 erneuert) über Feingehalt und Gewicht des Geldes.

Der Reichsschluß von Speier 1529 entscheidet eine erbrechtliche Streitfrage des römischen Rechtes dahin, daß Geschwisterkinder, falls sie allein stehen, den Nachlaß nach Köpfen (nicht nach Stämmen) unter sich theilen sollen. Zugleich wird eine Censurbehörde für Druckschriften in Frankfurt eingesetzt.

Der Reichstag zu Augsburg 1530 erläßt eine Reichspolizeiordnung (R.P.O.) „zur Reformation guter Polizei." Sie wird 1548 verbessert und behandelt namentlich das Vormundschaftswesen, indem sie die römische Tutel und Cura vgl. S. 73 zu einem einheitlichen Institute verschmilzt.

Nach mehrfachen Anläufen gelingt auf dem Reichstage zu Regensburg 1532 „des allerdurchlauchtigsten, großmächtigsten und unüberwindlichsten Kaiser Karls des fünften und des heiligen Römischen Reichs Peinliche Gerichts-Ordnung." Doch erfolgt die Publication auf Antrag Sachsens unter dem Vorbehalt (salvatorische Clausel), „daß den Kurfürsten, Fürsten und Ständen an ihren alten wohlhergebrachten, rechtmäßigen und billigen Gebräuchen nichts benommen sein solle." Das Gesetz zerfällt in 219 Artikel und wird citirt mit den Buchstaben: P.G.O. auch C.C.C. mit Rücksicht auf die lateinische Uebersetzung Constitutio Criminalis Carolina, welche Gobler 1543 anfertigte. Es enthält meist strafprocessualische Vorschriften, nur in den Artikeln 104–180, als Ausführung der Lehre vom Urtheil, strafrechtliche. Die P.G.O. ruht auf den bedeutsamen Vorarbeiten des Freiherrn von Schwarzenberg und Hohenlandsberg 1463–1528, welcher als Landhofmeister des Bischofs Georg von Bamberg 1507 eine Halsgerichtsordnung verfaßte (Bambergensis, mater Carolinae) und dieselbe 1516 auch in den fränkischen Landen der Markgrafen Georg und Casimir zur Einführung brachte (Brandenburgica, soror Carolinae). Das Verdienst der P.G.O. besteht außer der verhältnißmäßigen Milde der Strafen in der Aufnahme deutschthümlicher Rechtsgedanken und in dem beständigen Hinweis auf die Wissenschaft („Rath der Rechtsverständigen"). Ihre Geltung im Reich bleibt bis ins achtzehnte Jahrhundert hinein herrschend.

Karl V., des religiösen Haders und der vielen Kriege mit Franz I. von Frankreich müde, dankt 1556 in Brüssel ab. Spanien mit Colonien, Neapel, Mailand, die Niederlande fallen an seinen Sohn Philipp, die Kaiserwürde und die habsburgischen Erblande an seinen Bruder Ferdinand I. 1556–1564, den König von Böhmen und Ungarn (durch seine Gemahlin Anna), der schon 1531 in Cöln zum römischen König erwählt war.

Dessen Sohn Maximilian II. 1564–1576, unter dem bereits stehende Heere üblich werden, erläßt 1570 zur Regelung der Militärgerichtsbarkeit eine Reuterbestallung und Artikel deutscher Fußknechte.

Auf ihn folgt sein gelehrter Sohn Rudolf II. 1576–1612, welcher durch den Majestätsbrief von 1609 den böhmischen Protestanten freie Religionsübung zusichert. Unter ihm sind erwähnenswerth die Reichspolizeiordnung von 1577 (Rudolphina), welche sich gegen Zins- und Handelswucher, unsittliche Bestärkung von Verträgen durch Privathaft ꝛc. richtet und der Reichsdeputations-Abschied von Speier 1600, welcher aus Urkunden mit der Executivclausel „mit oder ohne Recht" den summarischen Proceß verstattet, Verzugszinsen erlaubt ꝛc.

In die Regierung der Kaiser Mathias 1612–1619, Ferdinand II. 1619–1637, Ferdinand III. 1637–1657 fällt der dreißigjährige Krieg 1618–1648, welcher aus religiösen Ursachen entbrannt, zum Eroberungskriege Schwedens und Frankreichs auf deutschem Boden wird und das Reich in verheerendster Weise aussaugt. Der westphälische Frieden — geschlossen zu Osnabrück (Instrumentum Pacis Osnabruegensis citirt J.P.O.) mit Schweden und den ihm verbündeten protestantischen Reichsständen, zu Münster (J.P.M.) mit Frankreich — gewährt Landentschädigungen und ordnet die Reichsangelegenheiten. Schweden erhält als Reichslehen: Vorpommern, Rügen, Wismar, die Bisthümer Bremen, Verden; an Frankreich fallen zu souveräner Hoheit: Metz, Toul, Verdun, Breisach ꝛc., Theile vom Elsaß; an Brandenburg: Hinterpommern, Halberstadt, Minden, Cammin, die Anwartschaft auf Magdeburg ꝛc. Die Unabhängigkeit der Schweiz und der Niederlande wird anerkannt, die Kurpfalz wiederhergestellt und den Reichsständen Landeshoheit verliehen. S. 141. Der Augsburger Religionsfriede soll sich auch auf Reformirte beziehen, und zwischen katholischen und evangelischen Ständen volle Gleichberechtigung in allen Reichsangelegenheiten herrschen. Der Landesherr kann die Religion der Unterthanen in seinem Gebiet bestimmen (jus reformandi: cujus regio, illius et religio), doch darf er die Uebung im Normaljahre 1624 (annus decretorius) nicht antasten, die bloße Hausandacht (devotio domestica) nicht verbieten, und ist verpflichtet, die Auswanderung Andersgläubiger ohne Nachschoß vgl. S. 22 zu gestatten. Schließlich wird der s. g. geistliche Vorbehalt (reservatum ecclesiasticum S. 142) durch den Besitzstand am 1. Januar 1624 (Normaltag) entschieden.

Der Jüngste Reichsabschied (J.R.A.) von 1654 will die aus dem dreißigjährigen Krieg gebliebene Creditnoth durch Zinsprivilegien u. a. m. heben und den Klagen über die Langweile des bürgerlichen Verfahrens Abhülfe schaffen. Die wichtigen prozessualischen Reformen, welche den kurmainzlichen Johann Jacob von Lasser zum Urheber haben, gipfeln in der Einführung der Eventualmaxime vgl. S. 45.

Unter den Kaisern Leopold I. 1658–1705, Joseph I. 1705–1711, Karl VI. 1711–1740 erschöpft sich die Reichsgesetzgebung in vergeblichen Versuchen zur Verbesserung des Reichskammergerichts und bringt nur den Reichsschluß von 1731 gegen Zunftmißbräuche zu Stande.

Die Kaiser sind nicht mehr Erhalter, geschweige denn Mehrer des Reichs, sondern befolgen eine rein österreichische Politik. Das von den Türken hart bedrängte Reich muß die Eroberungen (Reunionen) Ludwigs XIV. im Elsaß dulden, durch den Frieden zu Ryswyk 1697 anerkennen und dies trotz der Siege im spanischen Erbfolgekrieg 1701–1714 auch noch zu Baden 1714 bestätigen. Karl VI., der ohne Söhne blieb, widmet sein Leben der Durchführung der Pragmatischen Sanction, welche alle unter österreichischer Herrschaft vereinten Länder ungetheilt seinen Töchtern (die älteste ist Maria Theresia) bzw. deren Nachkommen nach dem Rechte der Erstgeburt erhalten soll. Nach seinem Tode wird der Kurfürst Karl Albert von Bayern als Karl VII. 1742–1745 zum deutschen Kaiser gewählt. Dessen Sohn Maximilian Joseph entsagt im Frieden zu Füßen 1745 allen Erbansprüchen auf Oesterreich und verspricht dem Gemahl Maria Theresias, dem Herzog Franz Stephan von Lothringen, seine Stimme bei der Kaiserwahl zu geben.

Das Haus Lothringen-Toscana giebt dem Deutschen Reiche, das nunmehr in den letzten Zügen liegt, noch folgende Kaiser: Franz I. 1745–1765, den von edlem aber allzuhastigem Reformeifer erfüllten Joseph II. 1765–1790, Leopold II. 1790–1792 und Franz II. 1792–1806.

Erben des am 6. August 1806 aufgelösten Reiches sind die mächtigen Landesherrn, denen es durch geschickte Sonderbestrebungen gelang, ihren Rang zu erhöhen, ihr Gebiet zu erweitern, und welche seit 1806 auch formell zu souveränen Herrschern werden.

Mit der Zersplitterung des Reichs in politisch selbständige Staaten hört die legislative Fortbildung des gemeinen Rechtes auf. Aber das gemeine Recht herrscht als solches in denjenigen deutschen Gebieten weiter, wo es nicht durch Landesgesetzbücher ausgeschlossen ist. In diesem Sinne gilt heutzutage noch gemeines Recht in Oldenburg, Braunschweig, den beiden Mecklenburg, den drei freien und Hansestädten, den thüringischen Staaten, dem Großherzogthum Hessen, und in einzelnen Gebieten Preußens wie den Provinzen Hessen-Nassau, Schleswig-Holstein, Hannover (mit Ausnahme von Ostfriesland, des Eichsfeldes, Jadegebietes 2c.), den Bezirken Stralsund, Sigmaringen, dem rechtsrheinischen Theil des Kreises Koblenz, den Kreisen Neuwied, Wetzlar und Altenkirchen 2c.

An die Stelle der fremdländischen Zwischenherrschaft (Rheinbund) trat der deutsche Bund auf Grund der Bundesacte vom 8. Juni 1815, welche durch die Wiener Schlußacte vom 15. Mai 1820 vervollständigt ist. Organ dieses Staatenbundes vgl. S. 14 war der Bundestag in Frankfurt a. M., dem aber die legislative Macht fehlte, formell gemeines Recht zu schaffen. Erst die Publication durch die Staatsgewalt der einzelnen verbündeten Staaten erhob die Bundesbeschlüsse zu Landesgesetzen. Auf diese Weise erlangten die Wechselordnung von 1847 und das Handelsgesetzbuch von 1861 durch Einführung in fast sämmtlichen deutschen Staaten die thatsächliche Kraft eines materiell gemeinen Rechtes. Nur auf dem Gebiete öffentlicher Wohlfahrt konnte der Bund seinen Beschlüssen, z. B. über Bücher-Censur 1819, gegen politische Vereine 1832, Strafbarkeit des Nachdrucks 1835 ff. eine unmittelbare gesetzliche Gültigkeit beilegen.

Die Nationalversammlung in Frankfurt a. M., welche auf Grund allgemeiner Wahlen des deutschen Volkes den Bund 1848–1849 ablöste, bestimmte die Grundrechte aller Deutschen und den Wahlmodus für gesetzgebende Versammlungen. Der Reichsverweser publicirte auch am 26. Novbr. 1848 die Wechselordnung im Reichsgesetzblatt, allein es fehlte der Einfluß, um diese Vorschriften als „gemeines Recht" durchzusetzen.

Mit der 1866 erfolgten Gründung des norddeutschen Bundes, welcher sich in dem glorreichen Jahre 1871 zum neuen Deutschen Reich ausdehnt, ist die Quelle eines einheitlichen Rechtes für Deutschland wieder eröffnet. Die neuen Reichsgesetze, falls sie ordnungsmäßig durch den Kaiser veröffentlicht sind, gelten ohne Weiteres im ganzen Gebiet des Bundesstaates und gehen dem Landesrechte vor. Nach Erweiterung der Reichscompetenz auf das gesammte bürgerliche Recht durch R.G. vom 20. Decbr. 1873 wurde 1874 eine Commission vgl. S. 10 berufen, welche den Entwurf eines bürgerlichen Gesetzbuches für das Deutsche Reich am 31. Decbr. 1887 fertig gestellt und damit eine neue Epoche des gemeinen Rechtes gesichert hat.

§ 44.

Landesrecht besonders in Preußen.

Die Aufnahme der fremden Rechte in Deutschland führte zu zahlreichen Reformationen, d. h. Bearbeitungen von Landes- und Stadtrechten, wobei der römische Geist fast ausschließlich überwog. Eine mehr selbständige Bedeutung haben: Das Würtembergische Landrecht, das zuerst 1555 verfaßt, dann 1567 und 1610 erneuert wurde, sowie der Codex Maximilianeus bavaricus civilis oder Churbayerisches Landrecht 1756, dem das ebenfalls von Kreittmayr redigirte Strafrecht 1751 und eine Proceßordnung 1753 vorausgingen.

Die Reihe moderner bürgerlicher Gesetzbücher eröffnet das am 5. Febr. 1794 publicirte Allgemeine Landrecht für die preußischen Staaten, dessen Geschichte unten ausführlicher geschildert werden soll.

Spuren deutscher Rechtsauffassung trägt der Code civil vom 21. März 1804, welcher seit der französischen Herrschaft im größten Theile der preußischen Rheinprovinz (Regierungsbezirk Cöln, Trier, Aachen, linksrheinisches Gebiet von Koblenz, Düsseldorf), in der bayrischen Rheinpfalz sowie Elsaß-Lothringen geltend geblieben ist, und auch die Grundlage des Badischen Landrechtes 1809 bildet.

Das Allgemeine bürgerliche Gesetzbuch für die gesammten deutschen Erbländer der Oesterreichischen Monarchie ist am 1. Juni 1811 unter Ausschluß des gemeinen Rechtes eingeführt und zeichnet sich durch präcise Fassung principieller Rechtssätze aus.

Das bürgerliche Gesetzbuch für das Königreich Sachsen vom 2. Jan. 1863 beruht auf einer Verschmelzung sächsischer Gebräuche vgl. S. 130 mit den fremden Rechten und befindet sich seit dem 1. März 1865 in principaler, ausschließlicher Geltung.

Eine eigne preußische Rechtsgeschichte beginnt erst unter dem Kurfürsten Joachim I. (Nestor) 1499–1535, dem Stifter der Universität Frankfurt a. O. 1506, mit dem Erlaß einer Kammergerichtsordnung 1516, welche das seit dem fünfzehnten Jahrhundert bestehende Berliner Kammergericht umgestaltete. Im Jahre 1527 erfolgt eine Ordnung der Intestatfolge durch die constitutio Joachimica, deren deutschthümliche Bestimmungen über das Erbrecht der Ehegatten noch heute in der Mark Brandenburg herrschen. Beide Gesetze anerkennen die subsidiäre Geltung des römischen Rechtes „dieweil unser Churfürstenthumb Brandenburg im Römischen Reich begriffen". Nach dem Tode des überschuldeten Joachim II. 1535–1571 verlangen die Landstände eine umfassende Rechtsrevision, welche von Johann Georg 1571–1598 bewilligt wird. Allein die von den Kanzlern Lampert und Christian Diestelmeyer (Vater und Sohn) unternommenen Arbeiten gerathen ins Stocken, weil es den Kurfürsten zunächst um die politische Befestigung ihres Landes zu thun war. Joachim Friedrich 1598–1608 stellt die von seinem Ahn Albrecht Achilles 1473 gegebene Hausordnung s. g. dispositio Achillea wieder her, wonach sich die ganze Mark ungetheilt nach dem Erstgeburtsrecht im Mannsstamm vererben soll. Sein Sohn Johann Siegismund 1608–1619, der 1613 zum reformirten Glauben übertritt, erwirbt durch Erbgang 1618 das ehemalige Ordensland Preußen, welches — nach Verlust der 1466 polnisch gewordenen Theile: Westpreußen, Ermeland — der Hochmeister Albrecht von Hohenzollern 1525 zu einem Herzogthum unter polnischer Lehnshoheit verweltlicht hatte. Das unter der Regierung von Georg Wilhelm 1619–1640 durch den dreißigjährigen Krieg arg zerrüttete Land wird durch Friedrich Wilhelm, den großen Kurfürsten, 1640–1688 glänzend gehoben. Derselbe erhält im westphälischen Frieden 1648 Entschädigungen vgl. S. 143, erringt durch den Frieden von Oliva 1660 die Souveränität Ostpreußens und beendigt 1666 den jülich'schen Erbstreit durch den Erwerb von Cleve, Mark und Ravensberg. Er wird durch Ablösung der Lehndienste Schöpfer eines stehenden Heeres, das er gegen die Polen, Franzosen, Schweden zum Siege führt, und begründet durch Errichtung der Domänen- und Kriegskammern ein geordnetes Finanzwesen. Doch scheitert die von seinem Kanzler Andreas Kohl 1643 versuchte Rechtsreform an dem Widerstand der Landstände.

Die Früchte der väterlichen Politik erntet Friedrich III. 1688–1713, welcher nach erlangter Zustimmung des Kaisers sich mit seiner Gemahlin am achtzehnten Januar 1701 zu Königsberg krönen läßt, den Titel Friedrich I. König „in" Preußen annimmt und als solcher von den europäischen Mächten im Utrechter Frieden 1713 anerkannt wird. Den inneren Rechtszustand des Staates greift Leibnitz, geb. 1646 in Leipzig, gest. 1716 in Hannover, der erste Präsident der neugestifteten Akademie (Societät) der Wissenschaften in Berlin, in einer anonymen Schrift 1700 heftig an, indem er dem Richterstande allzu willkürliches, ja bestechliches Ermessen mit ‚abusus praejudiciorum' vorwirft. Diese Rechtsunsicherheit mehrt sich unter

Friedrich Wilhelm I. 1713–1740 durch den steigenden Einfluß der naturrechtlichen Schule, welche alles Hergebrachte über Bord warf und den Richter einzig auf seine Vernunft verwies. Berechtigte Klagen derart und auch politische Gründe machten eine selbständige und gemeinverständliche Rechts-Codification zu einem Staatsbedürfniß.

Dem genialen Scharfblick Friedrichs des Großen 1740 –1786, der nicht bloß auf dem Schlachtfelde Preußen zu einer Großmacht gekittet hat, blieben die Mängel eines solchen Rechtszustandes keineswegs verborgen. In einer Verordnung von 1746 befiehlt er die Aufstellung eines deutschen Rechtes, das sich auf die Vernunft und Landesverfassung gründe, sowie die Anwendung eines Verfahrens, das es ermögliche, jeden Proceß in allen Instanzen binnen Jahresfrist zu beendigen. Nach diesem Plane verfaßt der Großkanzler Samuel von Cocceji (1679–1755) eine Proceßordnung (Codex Fridericianus) 1747 für Pommern und 1748 für die Mark Brandenburg, welche auf ausgedehnter Amtsthätigkeit des Richters und strenger Aufsicht über die Advokaten beruhte. Weniger Anklang fand sein Project eines Corpus juris Fridericiani, von dem 1749–1751 zwei Theile über persönliche und dingliche Rechte gedruckt wurden, weil es sich auf rationalistische Gemeinplätze beschränkte, ohne die geschichtliche Entwicklung des Rechtes zu berücksichtigen. Der siebenjährige Krieg unterbrach die Arbeiten. Erst der Müller-Arnoldsche Proceß 1779 fachte den legislativen Eifer des Königs von Neuem an und veranlaßte die berühmte Cabinetsorder vom 14. April 1780 an den Großkanzler von Carmer (1721–1809). Darin deckt er die vorhandenen Grundschäden in der Rechtsbehandlung auf und verlangt, daß eine Commission geschickter Praktiker zusammentrete, um ein Recht zu schaffen, das deutsch geschrieben, bestimmt, vollständig sei und der Volkssitte wie den vernünftigen Vorschriften des römischen Rechtes entspreche. Die Abneigung gegen gelehrte Professoren und wissenschaftliche Commentare theilt Friedrich II. mit Justinian. vgl. S. 105.

Die Seele der von Carmer berufenen Commission bildete Karl Gottlieb Svarez (Schwarz) 1746–1798. Mitredactoren waren: Klein, Goßler, Kircheisen, Pachaly. Die von den Mitgliedern über einzelne Rechtsmaterien verfaßten Vorentwürfe wurden in Conferenzen Carmers mit Svarez durchberathen und festgestellt.

Schon am 26. April 1781 wurde als erstes Buch des Corpus juris Fridericianum eine Civilproceßordnung veröffentlicht, welche die richterliche Untersuchungsmaxime vgl. S. 44 einführt und an Stelle der Advokaten besoldete Assistenzräthe setzt. Auf Grund der von den Gerichten eingeforderten Monita erfolgte eine Revision, welche die leitenden Principien beibehielt und nur die Assistenzräthe wieder abschaffte. Das umgearbeitete Werk wird als Allgemeine Gerichts-Ordnung für die preußischen Staaten (A.G.O.) durch Patent vom 6. Juli 1793 mit sofortiger Gesetzeskraft publicirt. Dieselbe zerfällt in drei Theile, welche von der streitigen, der freiwilligen Gerichtsbarkeit und den Pflichten der bei der Justiz angestellten Personen handeln. Die Veröffentlichung des dritten Theils verzögerte sich durch Schwierigkeiten bei der Drucklage bis in das Jahr 1795. Später unterlag die A.G.O. bedeutenden Veränderungen. Die Pflicht der Partien zum persönlichen Erscheinen vor Gericht wird aufgehoben und durch Verordnungen vom 1. Juni 1833, 21. Juli 1846 ein schnelleres Verfahren — zu-

10*

nächst für Bagatellsachen — mit Oeffentlichkeit und theilweiser Mündlichkeit eingeführt. Heute ist der größte Theil der A.G.O. durch die Reichsjustizgesetze S. 40 beseitigt.

Der Entwurf eines materiellen Gesetzbuches wurde 1784–1788 der öffentlichen Kritik unterbreitet. Die Gutachten und Verbesserungsvorschläge, welche massenhaft von Oberbehörden, Spruchcollegien, namhaften Juristen rc. eingingen, verarbeitete Svarez in der s. g. revisio monitorum. Darauf genehmigte der König Friedrich Wilhelm II. die Publication, welche am 20. März 1791 unter dem Titel „Allgemeines Gesetzbuch für die preußischen Staaten" mit Gesetzeskraft vom 1. Juni 1792 geschah. Allein dieser Geltungstermin wurde auf Betreiben des schlesischen Justizministers Dankelmann durch eine königliche Verordnung vom 18. April 1792 auf unbestimmte Zeit hinausgeschoben. Als Grund gab man an, daß Richterstand und Publikum noch nicht Zeit genug gehabt hätten, um sich mit dem neuen Rechte bekannt zu machen, in Wahrheit aber hielt man den freiheitlichen Geist des Gesetzbuches in Rücksicht auf die Umwälzung, welche sich gerade in Frankreich vollzog, für zu gefährlich. Doch gelang es Carmer und Svarez, diese Schwierigkeiten zu überwinden. Nach nochmaliger Prüfung, die in den „amtlichen Vorträgen bei der Schlußrevision" dargestellt ist und nur zu geringen Abweichungen vom ursprünglichen Texte führte, wird das Gesetzbuch als Allgemeines Landrecht für die preußischen Staaten (A.L.R.) durch Patent vom 5. Febr. 1794 mit Gesetzeskraft vom 1. Juni 1794 publicirt.

Das A.L.R. ist eingetheilt in eine Einleitung und zwei Theile. Der erste Theil hat 23, der zweite 20 Titel unter passenden Ueberschriften. Die Einleitung und jeder Titel zerfallen in fortlaufend numerirte Paragraphen. Die Citirweise ist: § 5 A.L.R. I, 9, d. h. Allgemeines Landrecht im ersten Theil, neunten Titel der fünfte Paragraph. In den meisten Titeln sind die behandelten Institute nach Abschnitten geordnet und bezeichnet. Für einzelne Paragraphen finden sich in s. g. Marginalien Inhaltsangaben am Rande des Textes.

Die Einleitung enthält die Lehre von den Rechtsnormen, ihre Entstehung und Aufhebung, die örtliche und zeitliche Geltung der Gesetze, ihre Auslegung u. s. w. Im ersten Theil erscheint der Mensch als Einzelner in seinen Herrschaftsbefugnissen über die Außenwelt (Eigenthum, Vermögen), im zweiten als Mitglied organischer Verbindungen in den daraus entspringenden Verhältnissen (Familie, Staat, Kirche).

Diese Anordnung des Rechtsstoffs ist folgendermaßen durchgeführt:

Im ersten Theil enthalten:

Titel 1—7 die allgemeinen Lehren, insbesondere:

Titel 1. Die Personen.
„ 2. Die Sachen.
„ 3. Die Handlungen.
„ 4. Die Willenserklärungen.
„ 5. Die Verträge.
„ 6. Die unerlaubten Handlungen.
„ 7. Gewahrsam und Besitz als Ausübung von Rechten.

Titel 8–18 das Eigenthum, insbesondere:

Titel 8. Begriff und Schranken des Eigenthums.
„ 9. Unmittelbare Erwerbsarten wie Fund, Schatz, Thierfang, Verjährung ꝛc. nebst dem Erbschaftserwerb.
„ 10. Mittelbare Erwerbsarten, z. B. durch Uebergabe.
„ 11. Erwerbstitel unter Lebenden wie Kauf, Tausch, Cession, Trödelvertrag, gewagte Geschäfte, Darlehn, Verträge über Handlungen, Schenkung.
„ 12. Erwerb aus Verordnungen von Todeswegen.
„ 13. Eigenthumserwerb an Sachen oder Rechten durch Dritte wie Vollmacht, auftraglose Geschäftsführung, nützliche Verwendung.
„ 14. Erhaltung des Eigenthums und der Rechte wie Verwahrung, Verwaltung, Bürgschaft, Pfändung.
„ 15. Verfolgung des Eigenthums.
„ 16. Arten, wie Rechte und Verbindlichkeiten aufhören, z. B. Zahlung, Aufrechnung, Entsagung, Vergleich.
„ 17. Gemeinschaftliches Eigenthum wie der Miterben, Gesellschafter.
„ 18. Getheiltes Eigenthum wie bei Lehen, Erbzinsgütern.

Titel 19–23 Rechte an fremder Sache, insbesondere:

Titel 19. Begriff und Eintheilung der Rechte auf fremdes Eigenthum.
„ 20. Rechte auf die Substanz wie Pfand-, Zurückbehaltungs-, Vorkaufsrecht.
„ 21. Gebrauchs- und Nutzungsrechte wie Nießbrauch, Leihe, Miethe, Pacht.
„ 22. Grundgerechtigkeiten.
„ 23. Zwangs- und Bannrechte.

Im zweiten Theil enthalten:

Titel 1–5 Familienrecht mit persönlichen, vermögens- und erbrechtlichen Folgen, insbesondere:

Titel 1. Ehe.
„ 2. Verhältniß zwischen Eltern und Kindern.
„ 3. Beziehung zwischen andern Verwandten.
„ 4. Gemeinschaftliche Familienrechte wie Familien-Fideicommisse und Stiftungen.
„ 5. Rechte und Pflichten der Herrschaften und des Gesindes.

Titel 6–9 Gesellschafts- und Ständerecht, insbesondere:

Titel 6. Verfassung der Gesellschaften, Corporationen und Gemeinden.
„ 7. Bauernstand.
„ 8. Bürgerstand nebst Handelsrecht.
„ 9. Adelsstand.

Titel 10–17 Staatsrecht, insbesondere:

Titel 10. Staatsdiener.
„ 11. Kirchen und geistliche Gesellschaften.

Titel 12. Niedere und höhere Schulen.
„ 13. Rechte und Pflichten des Staats überhaupt.
„ 14. Staatseinkünfte und fiscalische Rechte.
„ 15. Regalien an Landstraßen, Strömen, Häfen und Meeresufern.
„ 16. Rechte des Staats auf herrenlose Sachen.
„ 17. Schutz der Unterthanen durch den Staat.

Titel 18–20 Anhang zum Staatsrecht, insbesondere:
Titel 18. Vormundschaft.
„ 19. Armenpflege.
„ 20. Strafrecht.

Das geschilderte System, welches von der Berechtigung Einzelner und nicht vom objectiven Rechte ausgeht, erschwert die Uebersicht, da es die Schuldverhältnisse in das Sachenrecht einzwängt und das Erbrecht in verschiedene Theile zerschneidet. Selbst die Redactoren sind ihm nicht immer gefolgt, z. B. stellen sie die Verjährung durch Nichtgebrauch, der ein Platz bei der Aufhebung von Rechten I, 16 gebühren würde, aus äußern Gründen unter die unmittelbaren Erwerbsarten des Eigenthums I, 9. Sonst wirft die Kritik dem A.L.R. vor, daß es in dem Bestreben, Jedermann verständlich zu werden, technische Ausdrücke vermeide und in übermäßige Casuistik verfalle. Gewiß sind manche Sätze im A.L.R. ungenau gefaßt und weitschweifig — aber die Redactoren waren eben Kinder ihrer Zeit, beeinflußt durch die Philosophie eines Christian Wolf S. 136, und durch die Ideen der französischen Encyclopädisten. Daraus erklärt sich der Vorzug, welchen der redliche Besitzer einer Sache vor ihrem Eigenthümer genießt, und die laxe Behandlung der Ehe, deren Scheidung allzusehr erleichtert ist. Trotzdem bleibt das A.L.R. als erste That einer Codification nach Aufnahme der fremden Rechte eine wissenschaftliche Leistung hervorragender Natur. Es hat durch Aufnahme von Regeln aus dem Sachsenspiegel, dem magdeburgischen und lübischen Recht den deutschen Rechtsgedanken zu Ehren gebracht und politisch zur Kräftigung des preußischen Staates beigetragen, da die provinziellen Verschiedenheiten allmälig in dem Bewußtsein eines gemeinsamen Rechtsschutzes aufgingen.

Die Geltung des A.L.R. ist eine subsidiäre, da es nach dem Publications-Patent an die Stelle des römisch-gemeinen Rechtes treten soll. Dem Provinzial- und Statutar-Recht, dessen Sammlung schon die Cab.O. vom 24. April 1780 verfügte, wird „vorderhand" seine principale Gültigkeit gelassen. Doch ist Vieles davon veraltet, und derartige Sammlungen sind nur für Ostpreußen 1801, für Westpreußen 1844 ohne erheblichen Inhalt zu Stande gekommen.

Bei Emanation des A.L.R., welche sich auf den ganzen Umfang der damaligen Monarchie erstreckte, wurden die ersten drei Titel des zweiten Theils „soweit ihre Vorschriften in Ansehung des Familien- und Erbrechtes das gerade Gegentheil eines klaren und unstreitig recipirt gewesenen römischen oder andern fremden Gesetzes enthalten" vorläufig außer Kraft gesetzt. Diese Suspension besteht heute noch für die Kurmark, den größten Theil der Neumark und den

Kottbuser Kreis. Die territoriale Umgestaltung, welche Preußen auf dem Wiener Congreß 1815 und durch spätere Erwerbungen erfuhr, haben auch den Geltungsbereich des A.L.R. verändert. Durch Patent vom 9. Septbr. 1814 wurde es in den wieder mit Preußen vereinigten Landen erneuert. Ferner erfolgte die Einführung des A.L.R.: in Posen durch Patent vom 9. Novbr. 1816 mit der Maßgabe, daß das landrechtliche System der ehelichen Gütergemeinschaft herrschen solle; im ehemaligen Herzogthum Westphalen, dem Fürstenthum Siegen nebst den Aemtern Burbach, Neunkirchen und in den beiden Grafschaften Wittgenstein durch Patent vom 21. Juni 1825 mit dem Vorbehalt, daß die ersten drei Titel des zweiten Theils vollständig (zu Gunsten des römischen Dotalrechtes) suspendirt sein sollen; im Jadegebiet durch G. vom 23. März 1873, endlich in kleineren Theilen von Neuvorpommern durch G. vom 9. Juni 1874. In Posen und den westphälischen Bezirken gilt das A.L.R., weil es den code Napoléon zu ersetzen bestimmt war, principal. Dagegen verblieb es: beim französischen Recht im größten Theil der Rheinprovinz vgl. S. 145; beim gemeinen Recht in dem 1815 von Dänemark abgetretenen Neuvorpommern mit Rügen, in den 1850 angefallenen Fürstenthümern Hohenzollern und in den 1866 erworbenen Gebieten mit Ausnahme einiger Theile Hannovers wie Ostfriesland ꝛc., das schon früher zu Preußen gehört hatte, vgl. S. 144. Sonach fallen heute in den geographischen Kreis, in welchem das A.L.R. regiert, die Provinzen: Brandenburg mit Berlin, Ostpreußen, Westpreußen, Posen, Schlesien, Westphalen, Sachsen, von Pommern die Regierungsbezirke Stettin, Cöslin, von der Rheinprovinz die Kreise Duisburg (Stadt), Essen (Stadt und Land), Mühlheim an der Ruhr, Rees, die Stadt Langenberg im Kreise Mettmann, endlich von der Provinz Hannover die Niedergrafschaft Bingen, die damit verbundenen früher Münster'schen Ortschaften, das Fürstenthum Ostfriesland mit dem Harlingerlande, ein Theil des Eichsfeldes und das Jadegebiet. Andrerseits gilt das A.L.R. in den an Bayern gelangten Fürstenthümern Ansbach und Bayreuth. Für die Consulargerichtsbarkeit und in den Deutschen Schutzgebieten kommen Reichs- und preußisches Recht möglichst zur Anwendung. R.G. vom 10. Juli 1879 und vom 17. April 1886.

Das A.L.R. und die A.G.O. verhalten sich zu einander, wie zwei gleichwerthige Theile desselben Rechtsbuches. Daher hat das A.L.R. trotz seines jüngeren Alters keinen Vorzug, es sei denn, daß es solchen Vorschriften der A.G.O. widerspricht, welche aus dem Corpus juris Fridericianum übernommen sind.

Die Fortbildung des A.L.R. war einer Gesetzescommission anvertraut. Auf Anlaß derselben wird am 11. April 1803 ein „erster Anhang zum A.L.R." publicirt, dessen selbständig numerirte Paragraphen in den Text des A.L.R. an passender Stelle eingeschaltet sind. Die Citirweise ist: Anh. § 20 zu § 686 A.L.R. I, 11. In den folgenden Jahren ergehen Specialgesetze, welche, wie das Edict vom 9. Octb. 1807 die persönliche und wirthschaftliche Freiheit erweitern. Behufs Verschmelzung dieser Erlasse mit dem A.L.R. wird 1817 ein eignes Ministerium für Gesetzesrevision gebildet, in welchem nach einander Beyme, Danckelmann, Kamptz und zuletzt 1843–1848 von Savigny den Vorsitz führen. Die Revisions-Arbeiten, in 16 Pensa vertheilt, sind als schätzbares Material gedruckt, aber nicht officiell publicirt worden. Heute erscheint das A.L.R. an vielen Stellen durchlöchert. Das öffentliche Recht ist durch die Wiedergeburt Deutschlands ganz verändert: im Reich herrschen ein neues Wechsel-, Handels-, Concurs-Recht; preußische Gesetze, die sich nicht bloß auf das landrechtliche Gebiet beschränken, haben das Berg-, Immobiliar-, Vormundschafts-Recht u. a. m. völlig umgestaltet.

Eine wissenschaftliche Bearbeitung des A.L.R. beginnt erst mit Bornemann um 1830, seitdem die Ministerial-Rescripte zur Entscheidung der im Gesetzbuch nicht vorgesehenen Fälle aufhören. Moderne Commentare des A.L.R. sind verfaßt durch Christian Friedrich Koch 1798 (8. Auflage bearbeitet durch Achilles, Hinschius, Johow, Vierhaus in 4 Bänden 1886), durch Rehbein und Reincke, durch von Rönne. Vortreffliche Lehrbücher des preußischen Privatrechtes rühren her von Förster (bearbeitet durch Eccius), von Dernburg und von Fischer.

Erster Haupt-Theil.

Allgemeine Lehren.

Erster Titel.

Privatrecht im objectiven Sinn.

---

§ 45.

Gesetzesrecht.

Gesetze im Deutschen Reich und in Preußen. Verordnungen. Erlasse und Verfügungen. Richterliche Untersuchung über die Rechtsbeständigkeit von Normen.

Gesetz ist der verfassungsmäßig zu Stande gekommene (promulgirte) und gehörig erklärte (publicirte) Wille der Staatsgewalt über Rechtsverhältnisse. Eine schriftliche Aufzeichnung, obwohl sie Regel ist (jus scriptum), gehört nicht zum Wesen des Gesetzes. Sein Inhalt besteht meist in allgemeinen Grundsätzen über die Bemessung von Rechten. Das Einf.G. zur C.Pr.O. versteht unter Gesetz jede Rechtsnorm.

Im Deutschen Reich kommt ein Gesetz zu Stande durch übereinstimmenden Mehrheitsbeschluß des Bundesrathes und Reichstages. R.V.U. Art. 5. Dem Kaiser steht die Ausfertigung und Verkündigung der Reichsgesetze zu. Art. 17. Daraus folgt die Pflicht des Kaisers vgl. S. 18 ein vom verantwortlichen Reichskanzler gegengezeichnetes (contrasignirtes) Gesetz zu vollziehen (Sanction, in der Regel durch datirte Namensunterschrift) und die Veröffentlichung durch Abdruck im Reichsgesetzblatt anzubefehlen. Das Gesetz tritt in Kraft, sofern in ihm nicht ein anderer Anfangstermin — z. B. sofort mit der Verkündigung oder an einem bestimmten Kalendertage — angegeben ist, mit dem vierzehnten Tage nach dem Ablauf desjenigen Tages, an welchem das betreffende Stück des Reichsgesetzblattes in Berlin ausgegeben worden ist. R.V.U. Art. 2. Daher trägt jedes Stück des Reichsgesetzblattes ein besonderes Datum der Ausgabe. Für Consulargerichtsbezirke beginnt nach dem R.G. vom 10. Juli 1879 die verbindliche Kraft von Reichsgesetzen erst nach vier Monaten seit dem Ausgabe-Tage in Berlin.

Ueber die zur Ausführung der Reichsgesetze erforderlichen allgemeinen Verwaltungsvorschriften und Einrichtungen beschließt der Bundesrath, falls nicht durch Reichsgesetz etwas Anderes bestimmt ist. Art. 7. Auch der Kaiser, welcher im Allgemeinen die Ausführung der Reichsgesetze überwacht, hat in solchen Angelegenheiten, welche seiner unmittelbaren Leitung unterliegen, ein Verordnungsrecht, z. B. im Post- und Telegraphenwesen, für Marine und Reichsheer, Art. 50, 53, 63 und nach Maßgabe des R.G. vom 17. April 1886 mit Zusatz vom 15. März 1888 in den deutschen Schutzgebieten. Die Publication der Anordnungen erfolgt stets durch den Kaiser unter Gegenzeichnung des Reichskanzlers, welcher dadurch die Verantwortlichkeit übernimmt.

Anderweite Verfügungen, insbesondere des Reichskanzlers und der Reichsbehörden verbinden nur insoweit, als ihnen die Befugniß zum Erlaß gesetzmäßig zusteht.

Ehe der Richter einen Rechtssatz anwendet, hat er seine Gültigkeit zu prüfen. Die Untersuchung kann sich bei Reichsgesetzen auf verfassungsmäßigen Mehrheitsbeschluß, ordentliche Publication u. s. w. erstrecken, darf aber nicht Interna des Reichstages wie Wahl- und Geschäftsordnungs-Fragen berühren.

In Preußen theilt der König seit der Verfassung vom 31. Jan. 1850 die gesetzgebende Gewalt mit beiden Häusern des Landtages. Pr.V.U. Art. 62. Es hängt von freier Königlicher Entschließung ab, einen Landtagsbeschluß zum Gesetz zu vollziehen. Doch bedürfen alle Regierungsacte des Königs zu ihrer Gültigkeit der Gegenzeichnung mindestens eines dafür verantwortlichen Ministers. Art. 44. Die Verkündigung der Gesetze erfolgt auf Befehl des Königs durch Abdruck in der Gesetzsammlung, welche schon am 27. Octbr. 1810 eingerichtet wurde. Die verbindliche Kraft beginnt nicht mehr staffelförmig, je nach der Entfernung von Berlin, vgl. G. vom 3. April 1846, sondern nach G. vom 16. Febr. 1874 gleichmäßig für den ganzen Umfang der Monarchie mit dem vierzehnten Tage nach Ausgabe des betreffenden Stücks in Berlin.

Der König erläßt die zur Ausführung der Gesetze nöthigen Verordnungen. Art. 45. In dringenden Fällen ist er auch unter Verantwortlichkeit des gesammten Staatsministeriums, sofern die Kammern nicht versammelt sind, zum Erlaß von Nothstands-Verordnungen befugt; doch dürfen dieselben der Verfassung nicht zuwiderlaufen und sind dem Landtage bei seinem nächsten Zusammentritt sofort zur Genehmigung vorzulegen. Art. 63. Stimmt ihnen der Landtag nicht zu, so verlieren sie ihre Gesetzeskraft, aber wohl ohne Rückwirkung und erst mit dem Tage, an welchem der König ihre Aufhebung in der Gesetzessammlung veröffentlicht.

Sonstige Erlasse und Verfügungen der Behörden gelten nur, wenn sie sich auf eine Ermächtigung durch Gesetz gründen, und innerhalb der dafür festgestellten Schranken. Besondere Gesetze vom 11. März 1850 und 30. Juli 1883 regeln die Anordnung von Polizei-Vorschriften, welche ergehen, um die öffentliche Ordnung aufrecht zu erhalten.

Die richterliche Untersuchung über die Rechtsbeständigkeit von Normen ist durch Pr.V.U. Art. 106 insofern begrenzt, als Gesetze und Verordnungen verbinden sollen, wenn sie in der vom Gesetz vorgeschriebenen Form bekannt gemacht worden sind. Die Prüfung der Rechtsgültigkeit gehörig verkündeter Königlicher Verordnungen wird dem Landtage, nicht den Behörden übertragen. Allein es bleibt die Pflicht des Richters zu beurtheilen, ob nicht ein preußisches Gesetz dadurch unanwendbar wird, daß es einem jüngeren Gesetz der Art oder einem Satze des Provinzialrechtes, oder gar einem Reichsgesetze widerstreitet. Bei behördlichen Verfügungen, die in das Privatrecht eingreifen, hat der Richter zu prüfen, ob die Behörde örtlich zuständig war und sich innerhalb gesetzlicher Schranken hielt.

§ 46.

Kritik, Auslegung und Erweiterung der Gesetze.

Die Kritik stellt den ursprünglichen durch mangelhafte Ueberlieferung verdunkelten Wortlaut des Gesetzes fest. Sie ist für moderne Gesetze fast entbehrlich, weil die vervollkommnete Methode der Veröffentlichung und Vervielfältigung Zweifel an der Echtheit des Textes beseitigt. Die Interpretation sucht den wahren Sinn einer Rechtsnorm zu ermitteln. Die Analogie erweitert das Gesetz, indem sie es wegen Gleichheit des Grundes auf neue Fälle ausdehnt.

A. Kritik.

Man theilt sie in niedere und höhere. Die niedere Kritik reinigt mittelst Vergleichung von Handschriften und Lesarten den Text von eingeschlichenen Fehlern. Die höhere Kritik ergeht sich in Vermuthungen (Conjecturen) über den Urtext und sucht denselben durch mehr oder minder willkürliche Verbesserungen (Emendationen) wiederherzustellen.

B. Interpretation.

Zur gerechten Anwendung einer Rechtsregel gehört die volle Erkenntniß ihres Sinnes. In dieser Aufgabe wetteifern Rechtswissenschaft und Rechtspflege. Der Theoretiker steckt durch systematische Erläuterung das Feld ab, auf welchem der Richter den thatsächlichen Fall dem Gesetz unterordnet. Dabei sind Methode und Ziel der Auslegung zu unterscheiden:

I. Methode.

Sie ruht entweder auf freier vernunftgemäßer Thätigkeit oder auf einer festen Uebung im Gerichtsgebrauch oder auf gesetzlicher Vorschrift. Danach zerfällt die Interpretation in eine doctrinelle, usuelle und legale (authentische).

a) Die doctrinelle Untersuchung erfolgt auf grammatische oder logische Weise. Die **grammatische** Interpretation zergliedert die sprachliche Bedeutung der einzelnen im Gesetz gebrauchten Worte, den syntaktischen Aufbau der Sätze und ergründet die Eigenheiten des Styls. Die **logische** Interpretation erfaßt den gedanklichen Zusammenhang und die Anordnung des Stoffs im Gesetz. Sie hebt die leitenden Gesichtspunkte hervor, bildet aus den angeführten Fällen die Grundidee und befestigt dieselbe durch Schlußfolgerungen aus dem Gegentheil (argumentum e contrario). Wichtige Hülfsmittel für die logische Arbeit sind: Die Motive des Gesetzes (Vorarbeiten, Berathungsprotokolle, Parlamentsberichte), der specielle Anlaß (occasio legis), aus welchem das Gesetz entsprungen ist, und hauptsächlich der Vergleich des früheren Rechtszustandes mit der Tendenz des Gesetzes, die sich auf Bestärkung oder Beseitigung vorhandener Verhältnisse richtet. Man nennt diese Rücksichtnahme auf die geschichtliche Entwicklung des Gesetzes auch *historische* Interpretation.

b) Usuell wird eine Interpretation, welche der Gerichtsgebrauch ständig anwendet. Sie bindet den Richter ‚optima enim est legum interpres consuetudo'

l. 37 D. 1, 3, auch wenn sie nach späterer Forschung ein Mißverständniß enthalten sollte. Die altrömischen Juristen hingen am Buchstaben der zwölf Tafeln, und erst in der Kaiserzeit gelangte eine freiere Auffassung nach logischen Grundsätzen ‚tam ex legum sententia quam ex verbis' l. 6 § 1 D. 50, 16 zur Herrschaft. Darauf beziehen sich die berühmten Worte des Celsus in l. 17 D. 1, 3 ‚scire leges non hoc est, verba earum tenere. sed vim ac potestatem.'

c) **Legal** heißt eine Interpretation, welche der Gesetzgeber selber in bestimmter Weise befiehlt, um die Rechtsprechung in seinem Sinne zu leiten. Eine solche authentische Erläuterung, welche in Form eines neuen Gesetzes ergeht, heißt „Declaration" und hat die Kraft einer Rechtsquelle. Sie gilt als mit dem Hauptgesetz zugleich erlassen und ist deshalb auch für die Beurtheilung zwischenzeitlicher Rechtsverhältnisse maßgebend. Doch kann sie bereits endgültig vollzogene Rechtsthaten nicht treffen, die auf einer für irrig erklärten Auslegung des früheren Gesetzes beruhen wie geleistete Zahlungen, abgeschlossene Vergleiche, rechtskräftige Urtheile, obwohl der Gesetzgeber die Macht besitzt, die Rückwirkung auch darauf zu erstrecken.

II. **Ziel.**

Dasselbe besteht in der Ermittlung des wahren Inhalts einer Rechtsnorm ‚voluntas legis.' l. 19 D. 1, 3. Für diesen Zweck sind grammatische und logische Interpretation gleich brauchbar. Freilich empfiehlt sich die richtige Mitte: weder unbeugsam am Wortlaut zu haften, noch einen der Sprachlehre zuwiderlaufenden Sinn unterzuschieben. Allein das einmal erlassene Gesetz betritt seine eigene Bahn. Beiläufige Erklärungen des Verfassers, Sitzungsberichte gesetzgebender Versammlungen können nicht verhindern, daß die Vernunft (Hermeneutik, d. h. Auslegekunst) einen von der Fassung abweichenden Sinn annimmt. Der Gesetzgeber ist eben keine Person, deren Gedanken und Wille reconstruirt werden kann, sondern ein Abstractum, dessen Aeußerung, wie sie in die Erscheinung trat, festzustellen ist. Daher kann das Ergebniß ein zwiefaches sein, je nachdem Ausleger den Wortlaut als einen dem Inhalt entsprechenden erklärt oder gemäß dem anders erkannten Sinn abändert. Im ersten Fall heißt die Interpretation eine *declarative* und führt höchstens zur Verbesserung unklarer Ausdrücke. Im letzteren Fall erfolgt eine Correctur, welche den allzu umfassenden Wortlaut *restrictiv* einschränkt, oder die zu enge Fassung *extensiv* ausdehnt.

C. Analogie.

Das Gesetz ist ein Product bestimmter Verhältnisse, die nach einem innern Grunde (ratio legis) geordnet werden. Aber der Buchstabe des Gesetzes bleibt stehen, während das rege, geschäftige Leben immer neue Gestaltungen aufwirft. Hier greift die Analogie ein, da die Interpretation den Bannkreis des Gesetzes nicht verlassen darf. Das Gesetz hat die Fähigkeit, sich selbst aus seiner innern Consequenz zu ergänzen und für verwandte Gebiete, die einem gleichen Grunde unterliegen, anwendbar zu werden ‚ad similia procedere'. l. 12–13 D. 1, 3. Dies besagt das Sprüchwort ‚ubi eadem legis ratio, ibi eadem legis dispositio', das aber nicht auf im Absterben begriffene Rechtssätze bezogen werden kann. l. 14–15 D. 1, 3. Der Unterschied zwischen extensiver Interpretation und Analogie ist ein quantitativer, nicht qualitativer. Die extensive Interpretation bildet am Baum eines Gesetzes die Aeste, wogegen die Analogie aus seiner Wurzel einen neuen Stamm treibt.

Wie die Interpretation, so kann auch die Analogie vom Gesetzgeber vorgeschrieben sein, oft in Form einer Fiction, die durch einen hinzu- oder weggedachten Sachverhalt den Boden für die Anwendung des Gesetzes schafft. Ueber die Rechtsanalogie vgl. S. 11.

§ 47.

Zeitliche Geltung der Gesetze.

A. Beginn.
 I. Rechtliche Beurtheilung eines Verhältnisses nach der Zeit seiner Begründung.
 II. Beziehung eines neuen Gesetzes auf die noch unter ihm fortdauernden Folgen eines früher begründeten Verhältnisses.
 III. Volle Rückwirkung eines Gesetzes.
B. Ende.
 I. Das Gesetz endigt vermöge seines Inhalts.
 II. Das Gesetz wird durch ein widersprechendes jüngeres aufgehoben.
 Codification oder Correctur durch Novellen.

A. Beginn.

Ein Gesetz wird mit dem Zeitpunkt, wo es in Kraft tritt, für die von nun an in seinen Bereich fallenden Ereignisse anwendbar, bezieht sich also nicht auf früher entstandene Verhältnisse, es sei denn, daß eine Rückwirkung aus Zweck, Sinn oder Wortlaut des Gesetzes hervorgeht.

I. Die rechtliche Beurtheilung eines Verhältnisses richtet sich **nach der Zeit seiner Begründung.** ‚tempus regit actum.‘ l. 7 C. 1, 14.

Diese Regel gilt für Form und Inhalt der Rechtsgeschäfte, sowie für die persönliche Fähigkeit der daran Betheiligten. Daher bleibt ein gültig errichtetes Geschäft trotz späterer Erschwerung der Form aufrecht. l. 29 (§ 7) C. 6, 23. Umgekehrt kann ein Formenmangel dadurch nicht geheilt werden, daß zu der Zeit, wo das Geschäft in Wirksamkeit treten soll, die Form durch ein neues Gesetz beseitigt ist. Häufig macht man eine Ausnahme zu Gunsten (in favorem) der Testamente, da sie den letzten Willen im Todesmomente darstellen. Von dieser Ausnahme bei einseitigen Verträgen handelt A.L.R. § 17 Einl., der wegen seiner allzuweiten Fassung mit der in § 43–44 I, 3 ausgedrückten Regel in Widerspruch zu stehen scheint.

Erbfähigkeit, Intestat- und Pflichttheilsrecht richten sich regelmäßig nach der Zeit der Berufung des Erben.

Für einen schwebenden Rechtsstreit wird eine neu erlassene Proceßordnung maßgebend, sofern nicht Uebergangsbestimmungen vgl. Einf.G. zur C.Pr.O. § 18–23 Anderes vorschreiben.

II. Die Beziehung eines neuen Gesetzes auf **die noch fortdauernden Folgen** eines Rechtsverhältnisses, das unter Herrschaft des alten Gesetzes begründet wurde, ist oft aus innerm Rechtsgrunde unvermeidlich.

Ein Gesetz, das eine Zinshöhe festsetzt, berührt früher gegebene Darlehen, deren Fälligkeit im Bereich des neuen Gesetzes eintritt. Die bei Erlaß der Zinsbeschränkung bereits verfallenen Zinsen bleiben einforderbar, nur die von nun an laufenden werden auf das gesetzliche Maß herabgesetzt, was freilich dem Gläubiger ein sofortiges Kündigungsrecht gewähren muß.

Streitig ist, inwieweit eine laufende Verjährung durch neue darauf bezügliche Gesetze beeinflußt wird. Hier bleibt Demjenigen, welcher aus der Verjährung Vortheil zieht, die Wahl, auf welches Gesetz er sich berufen will. Folglich wird er, wenn das neue Gesetz nur die Ersitzungszeit abkürzt, je nach der Länge der noch verbleibenden Restfrist entweder die alte Verjährung fortsetzen oder eine neue beginnen. Dagegen erscheint es verwerflich, bloß die Restfrist im Verhältniß des neuen Gesetzes zum alten zu verkürzen oder die neu angeordnete Zeit gänzlich der früher angefangenen Verjährung zu Grunde zu legen.

Die Rechtsfolgen der Ehe richten sich nach der Zeit ihres Abschlusses, die Wirkungen der väterlichen Gewalt nach dem Recht bei Geburt des Kindes, doch können sie durch spätere Gesetze für die Folgezeit beschränkt oder erweitert werden. So muß ein Ehescheidungsgrund nicht nur bei Eintritt des Ereignisses, das die Trennung der Ehe ermöglicht, sondern auch bei Erhebung der Scheidungsklage gesetzlich anerkannt sein.

In modernen Gesetzen ist es Brauch, diese schwierigen Fragen einer zeitlichen Collision durch s. g. Schluß- oder Ausführungs-Bestimmungen im Einzelnen zu regeln vgl. Pr.V.O. vom 5. Juli 1875 § 92.

III. **Volle Rückwirkung** kommt nur solchen Gesetzen zu, welche sich dieselbe ausdrücklich beilegen. Ohne Noth wird kein Gesetzgeber erworbene Rechte (jura quaesita), die auf besonderem Erwerbsgrunde beruhen, antasten, um nicht den Glauben an die Autorität des Gesetzes zu erschüttern.

In Zeiten stürmischer Reformen geschieht es, daß das Verrottete althergebrachter Einrichtungen wie der Leibeigenschaft, der bäuerlichen Frohnden, allgemein empfunden wird. Dann wirft man sie als gemeinschädlich über den Haufen und versagt auch den staatlichen Zwang, um vorher verfallene Leistungen einzutreiben. Von einem derartigen Geiste waren die Pr.G. vom 31. Octb. 1848 und 2. Jan. 1849 beseelt, welche das Jagdregal und die Privatgerichtsbarkeit als eine Anmaßung ansahen und deshalb ohne Entschädigung aufhoben. Allein auch aus andern Gründen können Gesetze rückwirkende Kraft erhalten, z. B. das Pr.SchwängerungsG. vom 24. Apr. 1854, das R.G. vom 11. Juni 1870 über Urheberrecht 2c.

Selbst bei rückwirkenden Gesetzen, welche z. B. eine früher erlaubte Zinshöhe für unsittlich erklären, ist nicht ohne Weiteres anzunehmen, daß dadurch in der Vergangenheit Gezahltes, durch Urtheil oder Vergleich Erledigtes rückforderbar wird. vgl. S. 158.

B. Ende.

Ein Gesetz verliert die verbindliche Kraft entweder vermöge seines Inhalts oder durch jüngere Gesetze, die es aufheben.

I. **Vermöge seines Inhalts** endigt das Gesetz: mit dauerndem Wegfall der thatsächlichen Verhältnisse, z. B. der Epidemie, für die es bestimmt war, oder mit Ablauf der Zeit, für welche es nach seinem Wortlaut als s. g. temporäres erging.

II. **Die Aufhebung durch ein widersprechendes jüngeres Gesetz** setzt voraus, daß letzterem die dazu nöthige Stärke innewohnt. Ein jüngeres Landesgesetz vermag nach R.V.U. Art. 2 nicht, einem älteren Reichsgesetz Abbruch zu thum. Das A.L.R. vgl. Einl. § 21 soll dem Provinzial- und Statutar-Recht nachgehen. S. 150. In diesem Sinne gilt die Regel ‚lex posterior derogat priori'. l. 4 D. 1, 4.

Die Aufhebung kann nach Art und Umfang verschieden erfolgen: einerseits direct durch Erklärung im jüngeren Gesetz, indirect durch den widersprechenden Inhalt desselben — andererseits vollständig für das ganze ältere Gesetz, theilweise für einzelne Bestimmungen desselben. Danach erklärt Ulpian in seinen Fragmenten: lex abrogatur i. e. prior lex tollitur; aut derogatur i. e. pars primae legis tollitur; aut subrogatur i. e. adjicitur aliquid primae legi: aut obrogatur i. e. mutatur aliquid ex prima lege.

Von der indirecten Aufhebung läßt sich nur ein behutsamer Gebrauch machen, da ein bestehendes Gesetz in allen Theilen seine Kraft behält, soweit es nicht an dem unzweideutigen Widerspruch eines gleich starken jüngeren Gesetzes scheitert. l. 28 D. 1, 3. Dies will auch nur das A.L.R. Einl. § 59 besagen, wenn es den Gesetzen so lange ihre Kraft zuspricht, bis sie vom Gesetzgeber „ausdrücklich" wieder aufgehoben werden.

Ein Gesetzgeber, welcher ein Rechtsgebiet neu ordnet, will entweder codificiren oder corrigiren. Im Fall einer Codification hebt er alle für diese Materie geltenden Gesetze auf, um an deren Stelle sein neues Werk zu setzen. Dies erklärt das Einf.G. zur C.Pr.O. § 14 besonders in Betreff aller proceß-, nicht materiell-rechtlichen Vorschriften der Landesgesetze. Im Fall einer Correctur wird das ältere Recht zwar durch Zusätze s. g. Novellen umgeändert, bleibt aber grundsätzlich bestehen, soweit es mit den neuen Bestimmungen vereinbar ist. Diesen Weg schlägt der moderne preußische Gesetzgeber ein, z. B. auf dem Gebiet des Vormundschaftswesens, offenbar von der Besorgniß geleitet, daß durch radicale Beseitigung des in dieser Materie vorhandenen Rechtes Lücken entstehen könnten. Sache der Interpretation ist es, die Grenzen für die Anwendung der Novellen zu finden und Ordnung in diesem Trümmerfelde unterhöhlter Gesetze zu schaffen. Bezüglich mancher Verordnungen Justinians streitet man, ob sie als Codificationen (Reformsystem) oder als bloße Zusätze (Additionalsystem) gemeint sind.

§ 48.

Oertliche Anwendung der Gesetze.

A. Räumliche Collision.
B. Personalität und Territorialität.
C. Grundsätze des internationalen Privatrechtes.
Die ältere Doctrin unterschied statuta personalia, realia und mixta.

Nach neuerem Gerichtsgebrauch sind maßgebend:
I. Wohnsitz einer Person.
II. Oertliche Lage einer Sache.
III. Abschlußort einer Rechtshandlung.
IV. Erfüllungsort einer Forderung.

A. Räumliche Collision.

Ein Gesetz herrscht in dem Gebiete, auf das sich die Macht des Gesetzgebers erstreckt. Jedoch der Verkehr übersteigt solch' räumliche Schranken. Unterthanen eines Gesetzes treten häufig zu Personen und Sachen, welche einem andern Rechte unterfallen, in Rechtsverhältnisse. Dadurch entsteht eine räumliche Collision, sei es zwischen einheimischem und ausländischem Rechte, sei es zwischen Rechten desselbigen Staates, der sich in Folge historischer Bildung aus verschiedenen Rechtsgebieten zusammensetzt.

B. Personalität und Territorialität.

Das Alterthum ging von der Personalität des Rechtes aus. Der Römer, wo er sich auch immer befand, lebte nach seinem Civilrecht. S. 88. Für den Verkehr mit Peregrinen entwickelte sich ein jus gentium, das mit der inneren Verschmelzung des Römischen Reiches zum Weltrecht wurde.

Auch die germanische Welt beurtheilte jede Person nach ihrem Stammesrechte. Nur die Gothen hatten die Fähigkeit, sich den Römern unter dem Dache eines geeinten Rechtes vgl. edictum Theodorici S. 103 und lex Visigothorum S. 119 zu assimiliren.

Seit dem Mittelalter wird die Idee der Territorialität maßgebend. Jeder Staat behandelt Rechtsverhältnisse, die sich in seinem Gebiet abspielen, nach eignem, darauf bezüglichen Ortsrecht. Daher kann kein Ausländer unter Berufung auf sein Heimathrecht verlangen, daß für ihn auf deutschem Boden Sclaverei, Polygamie, wucherliche Verträge durchgeführt werden. Allein eine rücksichtslose Anwendung des eignen Privatrechtes auf ausländische Verhältnisse, obschon sie der Staat seinen Richtern anbefehlen könnte, wäre unbillig. Vom Ausländer, der mit einem Deutschen contrahirt, ist nicht zu erwarten, daß er deutsches Recht kenne, und wollte ihn ein deutsches Gericht blindlings darunter beugen, so würde der fremde Staat mit Retorsionen gegen Deutsche antworten. Deshalb muß auch der deutsche Richter unter Umständen bereit sein, nach fremdem Rechte zu schlichten. Freilich braucht er dasselbe nicht von Amtswegen zu kennen, sondern darf von den Parteien den Nachweis der ausländischen Rechtsnorm fordern, ohne aber in der Benutzung anderer Erkenntnißquellen beschränkt zu sein. C.Pr.O. § 265. In welchem Maße bei einer solchen Statuten-Collision ein Recht überwiegt, entscheiden Mangels positiv-gesetzlicher Bestimmungen Wissenschaft und Rechtspflege. Die von einem fast übereinstimmenden Gerichtsgebrauch der Culturstaaten gebildeten Regeln heißen „das internationale Privatrecht."

C. Grundsätze des internationalen Privatrechtes.

Die ältere Doctrin, von welcher auch das A.L.R. Einl. § 22–25 beherrscht wird, versuchte eine allgemeine Lösung durch die Formel der statuta personalia, realia und mixta. Die Rechtsverhältnisse einer Person als solcher sollen sich nach ihrem Wohnsitz richten, die einer Immobilie nach ihrer Lage, die einer Handlung nach dem Ort ihrer Vornahme (locus regit actum). Allein diese Regel ist weder immer richtig, noch erschöpfend. Unter den Lückenbüßer der statuta mixta brachte man die Sätze, daß für Mobilien der Wohnsitz ihres Besitzers (ossibus inhaerent), für den Inhalt einer Forderung der Wohnsitz des Schuldners maßgebend sei.

Der moderne Gerichtsgebrauch folgt der Empfehlung Savignys, von Fall zu Fall zu entscheiden, mit Rücksicht auf den Sitz des Rechtsverhältnisses, d. h. in welchem Ortsrecht dasselbe nach seiner eigenthümlichen Natur wurzelt, und in stetem Hinblick auf den vermuthlichen Willen der Parteien. Auf dieser Grundlage gestaltet sich die räumliche Begrenzung der Rechtsverhältnisse folgendermaßen:

I. Der **Wohnsitz einer Person** entscheidet für ihre Rechts- und Handlungsfähigkeit. Unter mehreren Domicilen geht der erst erwählte vor; im A.L.R. Einl. § 27 derjenige, welcher die Gültigkeit des Geschäfts am meisten begünstigt. In Ermangelung eines bestimmten Wohnsitzes gilt der zuletzt innegehabte bzw. der Ort der Herkunft A.L.R. Einl. § 24–26. Das Staatsbürgerrecht, welchem das sächsische und österreichische Gesetzbuch den ersten Rang einräumen, kommt nur soweit in Betracht, als es dem Ausländer eine Verpflichtungsfähigkeit verleiht, die ihm nach dem Recht seines Domicils abgeht. W.O. Art. 84. C.Pr.O. § 53.

Nach dem Wohnsitz werden familienrechtliche Verhältnisse beurtheilt, wie Name, Stand einer Person (nicht der hohe Adel), Ehemündigkeit der Verlobten, Ehehindernisse. Für das eheliche Güterrecht ist das erste Domicil des Ehemannes maßgebend und bleibt es trotz des Umzuges nach einem andern Ort. A.L.R. § 350 ff II, 1. Dagegen richten sich die persönlichen Beziehungen der Gatten zu einander, die Ehescheidungsgründe, der Inhalt der väterlichen Gewalt nach dem jeweiligen Wohnsitz, den der Mann nimmt. Die vom gemeinen und preußischen Recht anerkannte Alimentationspflicht unehelicher Kinder beruht auf der Verwandtschaft, nicht dem Delict des Erzeugers, daher bestimmt sie sich nach dem Wohnsitz der Mutter zur Zeit der Conception (Geburt), obwohl Manche den Ort des Beischlafs, der Geburt oder das Domicil des Erzeugers vorziehen, falls aus einem dieser Rechte dem Kinde günstigere Aussichten zustehen.

Der letzte Wohnsitz des Erblassers ist für das Wesen des Erbrechtes bedeutsam, z. B. für die Fragen, wer als Intestat- oder Pflichttheilserbe berufen ist und in welchem Umfang, wie der Erbe erwirbt, inwieweit er haftet 2c. Auf die Bestandtheile des Nachlasses kommt es nicht an, da derselbe ein in sich zusammenhängendes Vermögen bildet; nur Grundstücke, welche zu einem Lehn- bzw. Fideicommißverbande gehören, folgen dem besondern dafür geltenden Erbrecht.

II. Die **örtliche Lage einer Sache** bestimmt ihre Rechtsverhältnisse wie Eigenthumsschranken, Art der Veräußerung und dinglichen Belastung. Das A.L.R. Einl. § 32 stellt für Grundstücke die gleiche Regel auf, bezieht sie aber auf bewegliche Sachen nur dann, wenn ihr Eigenthümer doppelten Wohnsitz hat; sonst soll das bewegliche Vermögen einer Person den Gesetzen ihres Wohnorts bzw. Aufenthalts unterfallen. § 28–31.

III. Der **Abschlußort einer Rechtshandlung** ist für ihre Form entscheidend bei Errichtung von Verträgen A.L.R. § 111 I, 5, von Ehen, bei Aufnahme letztwilliger Verfügungen 2c. Doch genügen nach milderer Auslegung auch die Formen desjenigen Rechtsgebietes, in welchem das Geschäft wirksam werden soll.

In ähnlicher Weise beurtheilt man die privaten Folgen eines Delictes nach dem Ort seiner Begehung und die gesetzlichen Verbindlichkeiten aus einer Thatsache nach dem Ort, wo sich dieselbe ereignet.

IV. Der **Erfüllungsort einer Forderung** bezeichnet, Mangels eines anderweiten Parteiwillens, das für ihren Inhalt anwendbare Recht. Eine Begrenzung nach Entstehungsort der Schuld oder Wohnsitz eines der Betheiligten würde den Rechtsboden vielfach Zufällen preisgeben und durch schwierige Ermittlungsversuche erschüttern. Einzig der Erfüllungsort steht durch Abrede oder die Natur der Obligation fest. Nach ihm richten sich Wirkung, Aufhebung des Vertrages, und auch die Verjährung, obwohl letztere von Vielen als processualische Einrichtung aufgefaßt und dem Rechte desjenigen Gerichtes unterworfen wird, bei welchem die erhobene Klage schwebt (lex fori). Freilich kann eine Schuld verschiedene Erfüllungsorte haben, z. B. für Hauptschuldner und Bürgen oder für mehrere Regreßverpflichtete eines Wechsels.

§ 49.

Rechtsirrthum.

Wer einem Gesetz untersteht, kann sich nicht darauf berufen, daß er dasselbe nicht gekannt oder seinen Inhalt mißverstanden habe. Der Staat muß um seiner Existenz willen voraussetzen, daß ein Gesetz durch gehörige Verkündigung zum Bewußtsein eines Jeden, den es angeht, gelangt sei. Regula est. juris quidem ignorantiam cuique nocere. l. 9 pr. D. 22, 6 A.L.R. Einl. § 12.

In wenigen Fällen entschuldigt die römische Jurisprudenz den Rechtsirrthum: wenn es an Gelegenheit (juris consulti copia) gebrach, sich Rath über verwickelte Rechtsfragen zu erholen ‚quod raro accipiendum est‘ l. 9 § 3 D. 22, 6 und zu Gunsten einzelner Personen wie der Minderjährigen, Frauen, Bauern und Soldaten, denen man theils wegen ihrer natürlichen Schwäche, theils wegen ihrer Beschäftigung die Gesetzes-Unkunde verzeiht. Auf letztere Klasse bezieht sich der Satz Papinians in l. 7 D. 22, 6 ‚juris ignorantia non prodest acquirere volentibus, suum vero petentibus non nocet‘, welcher von den Compilatoren aus dem Zusammenhange gerissen und durch den späteren Zusatz in l. 8 D. eod. tit. ‚ceterum omnibus juris error in damnis amittendae rei suae non nocet‘ arg entstellt ist. Darin liegt kein allgemeines Princip, sondern eine Beschränkung: daß den exceptae personae besonders den Frauen der Rechtsirrthum nur dann zu Gute gehalten werde, wenn es sich für sie um einen Vermögensverlust, z. B. durch Zahlung einer Nichtschuld, und nicht um einen Erwerb, z. B. mittelst Ersitzung handle.

Das A.L.R. ist nachsichtiger, es gestattet die Rückforderung des aus Rechtsirrthum Gezahlten § 166 I, 16, giebt Dem, welcher einen gesetzwidrigen Befehl aus Unwissenheit ausrichtet, einen Regreß gegen den Anstifter § 48 I, 6 und stellt den rechtsirrthümlichen Besitzer einer Sache bei Weitem günstiger als den unredlichen. § 14 I, 7.

§ 50.

Gewohnheitsrecht.

A. Erfordernisse.
Gebräuche, Länge der Zeit, Rechtsüberzeugung.

B. Wirkung.
Ausschluß von Gesetzen.

C. Anwendung.

Gewohnheitsrecht ist die in der Volksüberzeugung wurzelnde und durch langjährige Uebungen hervortretende Rechtsregel. Mit dieser meist mündlich fortgepflanzten Offenbarung des Rechtssinnes (jus non scriptum) beginnt ein Culturvolk sein Leben. Je fester sich der Staat ausbildet, um so eifriger trägt er Sorge, die aus bloßen Gebräuchen wahrnehmbare und deshalb unsichere Rechtserkenntniß durch eine klare Gesetzgebung zu ersetzen. Dies Bedürfniß führte in Deutschland zur Aufnahme der fremden Rechte, die selbst durch Gewohnheit erfolgte. S. 134. Auf einem Rechtsboden, der nach allen Richtungen durch Gesetze geebnet ist, verliert das Gewohnheitsrecht den Starttheil seiner schöpferischen Kraft. Nicht daß die Rechtsbildung ganz stagnirt, denn aus dem ewigen Wandel des Verkehrs werden stets neue Rechtsgedanken geboren, aber dieselben brechen sich, wenn sie genügende Stärke dazu haben, in Form von Gesetzen Bahn.

A. Erfordernisse.

Sie bestehen in Gebräuchen, die längere Zeit vorkommen und auf einer Rechtsüberzeugung beruhen.

Gebräuche sind Handlungen oder Unterlassungen, welche gleichmäßig wiederkehren. Ob einzelne abweichende Acte die Gewohnheit unterbrechen, bildet eine Thatfrage.

Die Länge der Zeit unterliegt richterlichem Ermessen ,inveterata, longa consuetudo' l. 32 § 1 D. 1, 3 ,per annos plurimos observata' l. 35 D. eod. Das kanonische Recht, das in c. 11 X. 1, 4 den Ablauf gesetzlicher Verjährungsfrist fordert, verwechselt das Gewohnheitsrecht mit der auf bloß subjective Befugnisse zielenden Verjährung.

Die Rechtsüberzeugung (opinio necessitatis) ist der Glaube, durch das Thun oder Lassen einen Rechtssatz erfüllen zu müssen, welcher sich auf das Bewußtsein des ganzen Volkes oder gewisser Klassen gründet. Dem Volksgeiste kann nur eine Regel entsprechen, die im Ideenkreise eines bestimmten Zeitalters vernünftig (rationabilis) erscheint, aber es wäre verkehrt, den Maßstab absoluter Sittlichkeit anzulegen. S. 4. Bei Geschäfts- und Börsen-Gebräuchen (Usancen) kann die Ueberzeugung von der Nothwendigkeit des Rechssatzes fehlen, oft enthalten sie den Ausdruck einfachen Parteiwillens, der auch stillschweigend erklärt werden kann.

B. Wirkung.

Sie zeigt sich in verbindlichen Rechtssätzen. Je nachdem das gesammte Volk oder einzelne Kreise desselben nach Ständen, Bezirken u. s. w. an den Uebungen theilnehmen, entsteht gemeines Gewohnheitsrecht oder Observanz.

Im geordneten Staatswesen wird die Gewohnheit von der Gesetzgebung überholt. Der Staatswille paßt sich der Volksüberzeugung an, giebt neu auftauchenden Bedürfnissen gesetzliche Gestalt und stößt unbrauchbar gewordene Regeln aus. Gegen ein solches Gefüge der Ordnung vermag die gealterte Gewohnheit nicht mehr aufzukommen, sie kann wohl die Lücken des Gesetzes ausfüllen, aber dasselbe nicht abschaffen, geschweige denn umstürzen. Auf diesen historischen Entwicklungsgang bezieht sich eine berühmte Antinomie im Corpus juris civilis. In l. 32 § 1 D. 1, 3 besagt Julian ,ut leges etiam tacito consensu omnium per desuetudinem abrogentur'. Dem widerspricht geradezu Constantin in l. 2 C. 8, 53 (52) ,consuetudinis ususque longaevi non vilis auctoritas est, verum non usque adeo sui valitura momento, ut rationem vincat aut legem'. Letztere Verordnung bestätigt nicht bloß den selbstverständlichen Satz, daß der souveräne Gesetzgeber älteres Gewohnheitsrecht aufheben könne, sondern erklärt die Unumstößlichkeit des Gesetzes gegenüber einer sich später bildenden Gewohnheit. Es hieße den Worten Constantins Gewalt anthun, wollte man ihren Sinn darauf beschränken, daß nur particuläres Gewohnheitsrecht einem gemeinen Gesetze keinen Abbruch thun könne, oder daß jede Gewohnheit sich gegen solche Gesetze als ohnmächtig erweise, die derartige Abänderungen ausdrücklich ausschließen oder zwingenden Inhalt haben.

Dem moralischen Standpunkt des kanonischen Rechtes entspricht die Regel in c. 11 X 1, 4 ,consuetudo non derogat juri naturali, seu divino — nec positivo, nisi sit rationabilis et praescripta'.

Dagegen gewährt das H.G.B. Art. 1 nur in seinen Lücken dem Handels-Gewohnheitsrechte Raum, ohne deshalb thatsächliche Geschäftsgebräuche zu verbannen, welche den vermutheten Willen der Parteien darstellen.

Das A.L.R. § 3 Einl. bescheidet sich gegenüber den damals bestehenden Provinzial-Gewohnheitsrechten und Observanzen, die gesammelt werden sollen vgl. 150, auf eine subsidiäre Geltung, spricht aber in § 60 Einl. späteren Gewohnheiten die Kraft einer Rechtsquelle ab.

Freilich unterliegt auch ein Gesetzgeber „der Macht der Geschichte," und bisweilen geschieht es, daß Gesetze im Laufe der Zeit außer Uebung kommen und absterben.

C. Anwendung.

Streitig ist, wie weit sich die richterliche Kenntniß vom Gewohnheitsrecht zu erstrecken hat. Muß der Richter es von Amtswegen erkunden oder darf er von der Partei, welche sich darauf beruft, den Nachweis verlangen? Die Ausdehnung der Regel ,jus curia noscit' auf Gewohnheitsrecht würde dem Richter eine schwere Last aufbürden. Nur selten sind gewohnheitsrechtliche Normen durch Urtheile von Gerichten (Weisthümer), unzweideutige Rechtssprüchwörter des Volkes (Parömien) bezeugt, meist bedürfen sie einer mühsamen Erforschung, die mittelst Anfragen bei Gemeindebehörden, gewerblichen Verbindungen, durch Gutachten von Sachverständigen (Parere) u. s. w. erfolgt. Die C.Pr.O. § 265 schlägt einen praktischen Mittelweg ein. Danach bedürfen Gewohnheitsrechte insofern des Beweises, als sie dem Gerichte unbekannt sind; doch ist das Gericht bei Ermittlung nicht auf die von den Parteien beigebrachten Nachweise beschränkt, sondern befugt, auch andere Erkenntnißquellen zu benutzen und zum Zwecke einer solchen Benutzung das Erforderliche anzuordnen.

In Bezug auf Auslegung, zeitliche und örtliche Begrenzung des Gewohnheitsrechtes gelten die S. 157 erörterten Grundsätze. Die Urkunde über gewohnheitsrechtliche Regeln fällt in die Kategorie des thatsächlichen und nicht des Rechts-Irrthums. S. 164.

§ 51.

Autonomie.

Rechtsquelle? Ortsstatuten von Gemeinden. Hausgesetze des Adels. Statuten von Privatcorporationen.

Viele verstehen unter Autonomie, die gewissen Personen und Genossenschaften im deutschen Rechte zukommende Befugniß, für die ihrer Wirksamkeit unterworfenen Verhältnisse Normen zu bestimmen, welche auch für Dritte verbindlich sind. Solche Satzungen heißen Statuten, und wenn sie durch Uebung entstehen, Observanzen.

Die Fähigkeit zu dieser Selbstgesetzgebung wird zugeschrieben: dem hohen Adel und der ehemals reichsunmittelbaren Ritterschaft, den Behörden, Gemeinden, sowie auch Privatcorporationen.

Allein als selbständige Quelle zur Begründung von Rechtssätzen vermag die Autonomie keineswegs zu gelten. Der moderne Staat ist viel zu entwickelt und seinen Aufgaben völlig gewachsen, als daß er neben sich eine gesetzgebende Willkür anderer Körperschaften, wie sie früher von Städten für ihr Weichbild vgl. S. 131 geübt wurde, dulden könnte.

Die Verfügungen von Behörden, die Ortsstatuten von Gemeinden gründen sich heute auf eine staatliche Ermächtigung, innerhalb gewisser Grenzen Anordnungen zu treffen und allgemeine Vorschriften mit Rücksicht auf das locale Bedürfniß auszuführen. Die Macht obrigkeitlicher oder kirchlicher Collegien, gesetzgebender Versammlungen u. s. w., sich für ihren Geschäftsverkehr äußere Formen zu setzen, steht ganz außerhalb des Privatrechtes.

Der Reichsadel bediente sich der ursprünglich für seinen Stand gebildeten Rechtsinstitute wie der Familien-Stiftungen, Fideicommisse und Erbverbrüderungen, um auf Grund derselben Bestimmungen zu erlassen, welche auch für die Zukunft wirksam sein sollten. Solche Hausgesetze, welche entweder durch Familien-Verträge oder einseitige Willensäußerungen des Familienhauptes (Senior, Chef) ergingen, betreffen die Nachfolge in Herrschaft und Sondervermögen, sowie persönliche Beziehungen der Familienglieder, z. B. Vormundschaft, Großjährigkeit, Eheschluß. Dadurch wird kein neues Recht geschaffen, sondern nur in der Sphäre des gegebenen Rechtes ein Verhältniß näher geregelt. Insoweit garantirt die deutsche Bundesacte vom 8. Juni 1815 im Art. 14 den Mediatisirten und der Reichsritterschaft die Befugniß, über ihre Güter und Familienverhältnisse verbindliche Verfügungen zu treffen, mit der Maßgabe, daß dieselben dem Souverän vorgelegt und bei den höchsten Landesstellen zur allgemeinen Kenntniß und Nachachtung gebracht werden. Die Gesetzgebung des neuen Deutschen Reichs ist jedoch nicht an diese Zusicherung gebunden vgl. S. 9.

Noch weniger hat die Privatcorporationen eingeräumte Vollmacht, sich Statuten zu geben, die Bedeutung einer Rechtsquelle. Actienvereine, Innungen ꝛc. errichten sich in ihren Statuten eine passende Organisation, die aber auf Anwendung bestehender Rechtsregeln oder erlaubte Modificationen derselben beschränkt bleiben muß.

§ 52.

Gerichtsgebrauch.

Deutung der Gesetze. Ausbau der in einem Rechtssatz enthaltenen Keime in Verbindung mit der Wissenschaft. Stellung des Reichsgerichts. Juristenrecht.

Der Gerichtsgebrauch (usus fori) kann in der Regel keine Rechtsnorm erzeugen, sondern bloß das vorhandene Recht pflegen und vollziehen. l. 13 C. 7, 15 ‚non exemplis, sed legibus judicandum est.‘ Allein eine langjährige Praxis, in welcher alle Gerichte eines bestimmten Rechtsgebietes übereinstimmen, ist im Stande, dem Gesetz eine Deutung aufzuprägen, welche durch gleichförmige Uebung nahezu verbindlich wird. S. 157. l. 38 D. 1, 3 ‚in ambiguitatibus, quae ex legibus proficiscuntur, consuetudinem aut rerum perpetuo similiter judicatarum auctoritatem vim legis obtinere debere.‘

Auf diesem Wege schreitet die Praxis, namentlich wenn sie mit der wissenschaftlichen Doctrin (communis doctorum opinio) Hand in Hand geht, zu einer schöpferischen Kraft fort. Die in einem Rechtssatz verborgenen Keime werden ermittelt, durch anderen Rechtsstoff ergänzt und zu selbständigen Gestaltungen ausgebaut. So erfolgte die Aufnahme und Verschmelzung der fremden Rechte in Deutschland, deren Fortbildung noch heute andauert. Dadurch können selbst Mißverständnisse grundlegend für neue Institute werden, wie im gemeinen Recht das Beispiel der Provocationen S. 40 und der Erbverträge beweist. Nicht eine derartige Entwicklung, sondern nur die analoge Anwendung des Irrthums schließt Celsus l. 39 D. 1, 3 mit den Worten aus ‚quod non ratione introductum, sed errore primum, deinde consuetudine obtentum est, in aliis similibus non obtinet.‘

Im Deutschen Reich ist das Reichsgericht eingesetzt, um für die Anwendung des gemeinen Rechtes einen einheitlichen Gerichtsgebrauch zu fördern, der an die Stelle der früheren, durch particulare Obergerichte zerrissenen Rechtsprechung treten soll. Freilich hat ein einzelnes Präjudiz, das vom Reichsgericht in der Revisions-Instanz S. 42 aufgestellt wird, noch keine allgemeine Kraft. Nur das Berufungsgericht, an welches die Sache zur anderweiten Verhandlung und Entscheidung zurückverwiesen wurde, ist dabei an die rechtliche Beurtheilung gebunden, welche das Reichsgericht der Aufhebung des Urtheils zu Grunde legte. C.Pr.O. § 528. In neuen Rechtsfällen hat der Unterrichter wieder das Recht seiner freien Meinung, und auch das Reichsgericht kann von seiner früheren Ansicht über den Sinn der Rechtsnorm abweichen, wozu jedoch eine Entscheidung der vereinigten Civilsenate und unter Umständen des ganzen Reichsgerichts (Plenarbeschluß) erforderlich ist.

Von dem Gerichtsgebrauch unterscheidet sich das Juristenrecht, das dem Gewohnheitsrechte gleichsteht. Es beruht auf der gemeinsamen, festbegründeten Ueberzeugung des Juristenstandes, welcher als „kundiges Organ" das in der Volksseele latente Recht offenbart und entfaltet.

§ 53.

Arten der Rechtssätze.

A. Gebote und Verbote:
I. zwingende. Folgen der Uebertretung.
II. nachgiebige.

B. Generelles und specielles Recht. Rechtsregel und Ausnahme.

A. Alle Rechtssätze laufen aus: auf **Gebote oder Verbote** für das menschliche Verhalten. Ihr Inhalt ist für die Betheiligten entweder zwingender oder nachgiebiger Natur.

I. **Zwingende** oder absolute Rechtsnormen (leges cogentes) sind solche, welche von den ihnen unterworfenen Personen ein unter allen Umständen nöthiges und unabweisbares Verhalten erheischen. Dies kann auf dem sittlichen Charakter bzw. der begriffsmäßigen Anlage der Rechtsanstalt beruhen. So sind Verträge klaglos, durch welche ein Ehegatte dem andern eine Abfindung verspricht, damit dieser gegen einen angeführten Scheidungsgrund keinen Widerspruch erhebe; es gelten nicht Abreden, in welchen ein Pfandgläubiger auf die dingliche Verfolgbarkeit oder sein Verkaufsrecht verzichtet. l. 4 D. 13, 7. Auch aus Gründen der Rechtspolitik und des öffentlichen Wohls kann der zwingende Inhalt einer Vorschrift hervorgehen, z. B. bei gewissen Formen und Fristen, baupolizeilichen Anordnungen. l. 38 D. 2, 14 ‚jus publicum privatorum pactis mutari non potest.‘

Gewöhnlich bestimmt der Gesetzgeber selbst, welche Folgen sich an die Uebertretung seiner Zwangsmaßregel knüpfen sollen (sanctio legis vgl. S. 89).

Zuwiderlaufende Handlungen werden meist für nichtig erklärt (leges perfectae), z. B. ein Reglement, durch welches sich ein Eisenbahnunternehmer von der Haftung für Betriebsunfälle nach R.G. vom 7. Juni 1871 befreit. Zu der Nichtigkeit kann noch eine Strafe treten, z. B. bei wucherlichen Geschäften, die unter das R.G. vom 24. Mai 1880 fallen. Diese Sanction des Gesetzes betrifft nicht bloß directe Verstöße, sondern auch mittelbare Umgehungen, welche in der Absicht unternommen sind, den Zweck des Rechtssatzes zu vereiteln. ‚in fraudem legis facta‘ l. 29 D. 1, 3, z. B. wenn Jemand, dem Kauf einer Sache oder Schenkannahme verboten sind, dies durch untergeschobene Personen zu erreichen sucht.

Bisweilen wird eine Vorschrift nur unter Strafe angedroht (leges minus quam perfectae). Nach H.G.B. Art. 4 ist Kaufmann, wer gewerbemäßig Handelsgeschäfte betreibt, doch unterliegt er Ordnungsstrafen, wenn er seine Firma nicht eintragen ließ. Art. 26. Das Pr.G. vom 29. Juli 1885 verbietet das Spiel in auswärtigen Lotterien, ohne daß darum das Geschäft an sich nichtig wäre.

Einzelne Gesetze enthalten ein Verbot, erklären aber die Zuwiderhandlung ausdrücklich für gültig und belegen sie auch nicht mit Strafe (leges imperfectae). Vereidete Handelsmäkler dürfen nach H.G.B. Art. 69 Z. 1 für eigne Rechnung keine Handelsgeschäfte machen, noch Bürgschaften für die von ihnen vermittelten Geschäfte übernehmen, alles dies unbeschadet der Gültigkeit solcher Handlungen; freilich droht ihnen das Pr.Einf.G. § 5 zum H.G.B. mit einer Disciplinarstrafe. Nach R.G. vom 6. Febr. 1875 § 37 ist die Eheschließung eines Pflegebefohlenen mit seinem Vormund oder dessen Kindern während der Dauer der Vormundschaft unzulässig, aber trotzdem rechtsbeständig und auch nicht strafbar.

Schweigt das Zwangsgesetz über die Folgen seiner Ueberschreitung, so hat sie der Richter nach dem Sinne des Verbots zu ermessen. Die in l. 5 C. 1, 14 aufgestellte Vermuthung, daß die verbotene Handlung dann nichtig sei, kann nicht in allen Fällen durchgreifen.

II. **Nachgiebige** oder dispositive Rechtsnormen (leges quae simpliciter disponunt, non prohibent) sind solche, welche dem Belieben der Betheiligten Spielraum zu anderweiten Verfügungen gewähren und erst Mangels solcher in Anwendung treten. Sie bilden im Gebiet des Privatrechtes die Mehrzahl, denn wo es sich um Einzel-Interessen handelt, muß Jedem die rechtliche Freiheit bleiben, seine Verhältnisse nach eignem Ermessen zu ordnen. Streitig ist die Natur dieser

Rechtssätze, ob sie als Ausfluß der gesetzgeberischen Macht gelten oder nur, wie es zumeist der Fall sein wird, den unvollständig ausgedrückten Willen der Parteien (voluntatis interpretatio) ergänzen.

B. **Generelles Recht** bezieht sich allgemein auf alle Personen und Fälle, specielles ist beschränkt auf einzelne Klassen. Letzteres enthält keine Beugung der Rechtsregel (jus commune), sondern eine Anwendung derselben auf einen besondern Stand, z. B. der Gewerbtreibenden. Dabei vollzieht sich häufig eine Rückbildung: Sätze, welche der Handelsstand in seinem Verkehrskreise ausbildete, und die sich als praktisch erweisen, werden für das ganze Volk verallgemeinert.

Ausnahmen von der Regel, welche das Rechtssystem durchzieht, finden sich in dem singulären Recht ‚quod contra tenorem rationis introductum est.' l. 16 D. 1, 3. Gewissen Personen, wie Minderjährigen, Frauen, Soldaten, Klassen von Concursgläubigern, dem hohen Adel rc. ist um ihrer natürlichen Eigenschaften oder ihrer Lage willen eine Sonderstellung eingeräumt, in welcher sie rechtliche Vorzüge (privilegia) genießen. Bisweilen wird die folgerichtige Einheit des Rechtes durch Anomalien durchbrochen, welche sich entweder auf Nützlichkeit und Billigkeit (utilitatis causa) stützen, oder von einem historischen Entwicklungsprocesse als zweckwidrig und unbrauchbar gewordene Ueberbleibsel herstammen. Von diesem Standpunkt eines späteren Beobachters sagt Julian in l. 20 D. 1, 3 ‚non omnium, quae a majoribus constituta sunt, ratio reddi potest.' Sonderrecht unterfällt zwar der richterlichen Auslegung, darf aber durch die Thätigkeit der Wissenschaft nicht erweitert werden. l. 14 D. 1, 3 ‚quod contra rationem juris receptum est, non est producendum ad consequentias.'

Zweiter Titel.

Rechtssubjecte.

§ 54.

Begriff der Persönlichkeit.

Jede Befugniß steht einem Subjecte zu, welches Träger derselben ist. Die Ermittlung des Subjects, welchem der Genuß eines Rechtes zugedacht ist, kann schwierig sein, von zukünftigen Umständen abhängen, wie Geburt einer Leibesfrucht oder gar von einer erst zu vollziehenden Conception — aber subjectlose Rechte giebt es nicht.

Welche Wesen Träger von Rechten sein dürfen, wird durch die Rechtsordnung bestimmt. Sie heißen Personen (per-sonare, Maske des Schauspielers). Das Alterthum sprach den Sclaven die bürgerliche Persönlichkeit ab, heute sind alle Menschen rechtsfähig. Die Strafe des bürgerlichen Todes (capitis deminutio maxima, mort civile) findet sich nicht im St.G.B., sie ist schon durch die Pr.V.U. Art. 10 abgeschafft, womit wohl auch die Vermögensunfähigkeit der Mönche und Nonnen im A.L.R. § 1199–1200 II, 11 vgl. Ssp. I, 25 wegfiel.

Auch menschlichen Einrichtungen, die zu dauerndem Zwecke begründet sind, kann Rechtsfähigkeit in Anbetracht des Vermögens beigelegt sein. ‚personae vice fungitur‘ l. 22 D 46, 1. Man nennt sie juristische (moralische) Personen im Gegensatz zu den natürlichen (physischen).

Die Fähigkeit, Rechte genießen zu dürfen, ist nicht immer mit der Macht verbunden, sie zu erwerben und darüber zu verfügen. Diese Handlungs- bzw. Geschäftsfähigkeit wird nach gewissen Eigenschaften der Personen durch Zwangsnormen geregelt und oft dem verfügungsunfähigen Vermögens-Inhaber ein gesetzlicher Vertreter gestellt.

§ 55.

Geburt.

A. Trennung vom Mutterleibe.
Vorbehalt aller Rechte für den Embryo.
B. Menschliche Gestalt.
C. Leben.
Lebensfähigkeit? Beurkundung der Geburt.

Die Geburt eines Menschen setzt voraus: Trennung vom Mutterleibe, menschliche Gestalt und Leben.

A. Trennung vom Mutterleibe.

‚partus editus‘ l. 9 D. 35, 2. ‚perfecte natus‘ l. 3 C. 6, 29. Die noch im Mutterleibe befindliche Frucht (Foetus, Embryo) galt den Römern als Theil der Schwangeren ‚mulieris portio est vel viscerum‘ l. 1 § 1 D. 25, 4.

Daher war die Abtreibung (abactio partus) nur strafbar, wenn ein Dritter dadurch die Gesundheit der Schwangeren verletzte oder diese ihren Gatten um die Hoffnung auf Nachkommenschaft betrog. l. 4 D. 47, 11. Anders das St.G.B. § 218, das übrigens nach § 217 schon dann einen Kindesmord annimmt, wenn nur ein Theil des Kindes den mütterlichen Schoß verlassen hat.

Doch werden dem Embryo für den Fall, daß er durch gehörige Geburt zur Person wird, alle Rechte vorbehalten, auf welche er seit der Conception Aussicht hatte. l. 2 D. 1, 5 ‚nasciturus pro jam nato habetur, quoties de commodis ejus quaeritur'. l. 3 D. 5, 4. l. 231 D. 50, 16. A.L.R. § 10–12 I, 1. Er ist intestat- und notherbberechtigt, Cognat seiner inzwischen verstorbenen Blutsverwandten und erhält einen Curator ‚ventris' — non est pupillus, qui in utero est l. 161 D. 50, 16 — welcher für Nahrung und Obdach zu sorgen hat. Aus gleichem Grunde verlangt das A.L.R. § 44 II, 4, daß Familienschlüsse Seitens solcher Interessenten, welche bis zum 302ten Tage nach dem elterlichen Vollzug des Schlusses geboren werden, die vormundschaftliche Genehmigung erhalten.

B. Menschliche Gestalt.

„Gliedmäßiges Kindlein" P.G.O. Art. 131. Mißgeburten ‚contra formam generis humani, monstra, prodigia' l. 14 D. 1, 5 sind keine Rechtssubjecte, sollen aber in Rom l. 135 D. 50, 16 dem ‚jus liberorum' der Mutter keinen Abbruch thun. Das Kennzeichen erblickte man früher in der Kopfbildung (Mikrokephale!) und erlaubte die Tödtung einer Mißgeburt. Im A.L.R. § 17–18 I, 1 soll sie ernährt und soviel als möglich erhalten werden. Die moderne Physiologie lehrt, daß nur Gleichartiges sich fortpflanzen kann und aus einer Sodomie zwischen Menschen und Thieren lebende Wesen nicht entstehen.

Mißbildete Kinder sind rechtsfähig, zusammengewachsene Zwillinge bilden selbständige Personen.

C. Leben.

‚partus vivus' l. 129 D. 50, 16. Die Ansicht, daß das Kind grade geschrieen haben müsse, ‚si vocem emiserit', wenn es alle vier Wände beschrieen hat vgl. Ssp. I, 33, wird schon von den Sabinianern und Justinian verworfen. Vielmehr genügt jedes andere Lebenszeichen, z. B. Athmen, Aufschlagen der Augen, freilich nicht eine bloße Reflexbewegung der Glieder. Auch im A.L.R. § 13 I, 1 gilt Schreien nur als eine Lebensvermuthung. Darauf kommt es nicht an, daß ein Kind, welches bei der Entbindung verstümmelt wurde, nach kurzem Leben verstirbt. l. 12 § 1 D. 28, 2.

Streit herrscht über das Erforderniß der Lebensfähigkeit (Vitalität). Diese Frage wird in hohem Grade wichtig, wenn eine schwangere Wittwe nach dem Tode ihres Mannes einen Postumus zur Welt bringt. Hatte das Kind trotz seiner wenigen Lebensminuten die Rechte einer Person, so folgte es in den Nachlaß seines Vaters und wird dann von seiner Mutter beerbt. Keinesfalls kann man neugeborenen Kindern, welche nach ärztlichem Urtheil mit einem organischen Fehler behaftet sind und einem frühen Tode entgegeneilen, die Persönlichkeit verweigern. Aber wie verhält es sich mit Frühgeburten, d. h. nicht völlig ausgetragenen Kindern, die vor dem siebenten Monat seit ihrer Empfängniß l. 12 D. 1, 5 zur Welt kommen und nach einigen Athemzügen versterben? Wächter hält sie nicht für rechtsfähig auf Grund der l. 2 C. 6, 29 ‚uxoris abortu testamentum mariti non solvi, postumo vero praeterito, quamvis natus illico decesserit, non restitui ruptum, juris evidentissimi est.' Allein das Wort Abortus kann auch eine Miß- oder Todtgeburt bedeuten. Die Praxis lehnt eine Untersuchung über die Lebensfähigkeit ab, da es schwierig ist, den Tag der Zeugung festzustellen und danach zu ermessen, ob sich das Kind mindestens 182 Tage im Mutterleibe befunden hat. Das A.L.R. § 12 I, 1 verlangt nur ein lebendes Kind.

Wer Rechte aus dem Dasein einer Person ableitet, muß ihre Geburt und nöthigenfalls den Zeitpunkt der letzteren darthun. Darüber kann die Zuschiebung eines Eides erfolgen. C.Pr.O. § 410.

Das R.G. vom 6. Febr. 1875 ordnet im Staatsinteresse die Beurkundung der Geburten durch Eintragung in öffentliche Bücher, welche Standesregister heißen. Zu diesem Behuf ist jede Geburt eines Kindes innerhalb einer Woche dem Standesbeamten desjenigen Bezirks anzuzeigen, in welchem die Niederkunft stattgefunden hat. Bei Zwillings- oder Mehrgeburten bedarf es genauer Angabe über die Zeitfolge. § 17–27. A.L.R. § 14–16 I, 1. Der Inhalt eines ordnungsmäßig geführten Standesregisters bleibt bis zum Nachweis der Fälschung, der unrichtigen Eintragung oder Anmeldung maßgebend. § 15. Den Betheiligten steht es frei, die Geburt einer Person, deren Existenz nicht aus dem Standesregister ersichtlich ist, mit allen zulässigen Beweismitteln darzuthun.

§ 56.

Tod.

Der Tod endigt die Person. Nach römischer Idee S. 77 schwebt der Wille des Verstorbenen noch über seinem Nachlaß, bis er im Erben Fortsetzung findet.

Wer sich auf den Tod einer Person beruft, hat ihn zu beweisen. Nach R.G. vom 6. Febr. 1875 erfolgt die Beurkundung der Sterbefälle im Standesregister auf Grund einer Anzeige, welche spätestens am nächstfolgenden Wochentage zu erstatten ist. § 56–60.

Kommen mehrere Personen durch einen gemeinsamen Unfall um, z. B. bei Schiffbruch, Erdbeben, durch Kohlendunst in demselben Zimmer, Genuß vergifteter Speisen 2c., ohne daß sich ermitteln läßt, wer den andern überlebt habe, so gelten sie als gleichzeitig verstorben. l. 28 pr. D. 34, 5. A.L.R. § 39 I, 1. Daher bleibt eine unter beiden Commorienten errichtete Schenkung auf den Todesfall, da dem Erben der Beweisgrund für seine Rückforderung fehlt. l. 26 D. 39, 6, l. 8 D. 34, 5. Ein unter ihnen bestehendes gegenseitiges Erbrecht kann sich nicht vollziehen. Der dem letztverstorbenen von zwei unmündigen Kindern ernannte Pupillarsubstitut kann keinen Einspruch erheben, wenn er nicht den Beweis des überlebenden Theiles zu erbringen vermag. l. 35 D. 36, 1, vgl. aber l. 9 pr. D. 34, 5, wo die Absicht des Erblassers darauf ging, dem Substituten beide Erbschaften zuzuwenden.

Die römische Praxis machte nur eine nicht in das A.L.R. übergegangene Ausnahme: Wenn Eltern mit ihren Kindern in derselben Gefahr umkommen, so wird aus der Zähigkeit der Lebenskraft gefolgert, daß die unmündigen Kinder vor den Eltern, die mündigen aber nach ihnen verstorben seien. l. 9 § 4, l. 22–23 D. 34, 5. Diese Vermuthung ist nicht anwendbar, wenn einem Fiduciar die Herausgabe der Erbschaft für den Fall, daß er ohne Kinder versterben sollte, auferlegt ist, und er nun mit einem mündigen Sohn zusammen umkommt l. 17 § 7 D. 36, 1. Die Bevorzugung des patronatischen Erbrechts, falls ein Liberte zugleich mit seinen mündigen Kindern verstirbt, ist heute veraltet. l. 9 § 2 D. 34, 5.

§ 57.

Todeserklärung.

Ein derartiges Institut war in Rom unbekannt. Die Glossatoren entnahmen aus l. 56 D. 7, 1 und l. 2 § 4 D. 29, 3 die Präsumtion, daß die längste Lebensdauer eines Menschen, dessen Tod sich nicht ermitteln läßt, hundert Jahre betrage. ‚finis vitae longaevi hominis'. Die spätere Praxis stützte sich auf Psalm 90 V. 10: „Des Menschen Leben währet 70 Jahr und wenn es hoch kommt 80 Jahr" und entwickelte daraus eine gerichtliche Todeserklärung Verschollener.

War Jemand seit geraumer Zeit abwesend, ohne daß Kunde von seinem Leben oder Tode im letzten Wohnort eintraf, so wurde sein Nachlaß den vermuthlichen Erben ausgeantwortet, sofern dieselben bei Gericht darauf antrugen und Sicherheit stellten. Nach Verlauf einer längeren Frist erging dann die Todeserklärung des Verschollenen. Sein Nachlaß verblieb gegen Rückgabe der Caution Denen, welche bereits zur Zeit der gerichtlichen Einweisung ihr Erbrecht bescheinigt hatten. (successio ex tunc).

Heute setzt man Abwesenden, deren Aufenthalt unbekannt ist, oder welche an ihrer Rückkehr sowie an der Besorgung ihrer Vermögensangelegenheiten gehindert sind, auf Antrag der Interessenten einen V o r m u n d. Pr.V.O. § 82–85. Dieser meist der Vater, Ehegatte oder ein naher Verwandter des Abwesenden, verwaltet das Vermögen und hat Anspruch auf ein Honorar, in manchen Rechtsgebieten sogar auf die Nutznießung (tutela usufructuaria). Die Vormundschaft hört auf mit der Todeserklärung.

Hierzu bedarf es eines A n t r a g e s bei demjenigen Gericht, in dessen Bezirk der Abwesende seinen letzten Wohnsitz hatte. Antragsteller kann ein Familien-Angehöriger des Verschollenen sein oder ein sonstiger Interessent wie der Abwesenheits-Vormund, Vertrags-, Testaments-Erbe, Fiscus. Vorausgesetzt wird eine lange Dauer der Verschollenheit. Nach s ä c h s i s c h e m B r a u c h entscheidet der Tag, an welchem der Verschollene sein siebzigstes oder, wenn er erst später verschwunden ist, sein achtzigstes Lebensjahr vollendet haben würde. Nach s c h l e s i s c h e m S y s t e m soll seit der letzten Nachricht, welche von dem Abwesenden einlief, eine Verjährungsfrist von dreißig oder mindestens von zehn Jahren verstrichen sein. Das Gericht, das sich durch Aufgebote und unter Umständen durch einen Diligenzeid des Antragstellers von der Wahrheit seiner Angaben überzeugt hat, erläßt in Form eines Erkenntnisses die Todeserklärung. Das Urtheil hat nach schlesischem System constitutive Kraft, d. h. mit dem Tage seiner Verkündung gilt der Verschollene als verstorben. Dagegen kann ihm im Bereich des sächsischen Princips nur declarativer Charakter beigelegt werden, d. h. es erklärt den siebzigsten bzw. achtzigsten Geburtstag des

Verschollenen als seinen wahrscheinlichen Todestag. Freilich ist letztere, besonders von Bruns vertheidigte Ansicht in der Praxis bestritten. Bis zu dem gerichtlich festgestellten Tode lebt der Abwesende, folglich kann sein Vertreter inzwischen für ihn erwerben, Erbschaften antreten, Rechtsstreitigkeiten führen 2c.

Die Todeserklärung, einerlei von wem sie betrieben wurde, bewirkt das Ende der Person, gegen welche sie sich richtet. In ihr Vermögen findet Erbfolge Statt, wobei das nunmehrige Erbrecht der durch Blutsverwandtschaft oder letztwillige Verfügung Berufenen maßgebend ist (successio ex nunc). Die väterliche Gewalt des für todt Erklärten erlischt, sein Ehegatte gilt als verwittwet und darf sich wieder verheirathen. R.G. vom 6. Febr. 1875. § 34.

Allein die Todeserklärung begründet nur eine Vermuthung für die Sterbezeit des Verschollenen. Wird sein wirklicher Todestag ausgemittelt, so ist dieser für die Beurtheilung der Rechtsverhältnisse entscheidend. Stellt sich gar heraus, daß der Abwesende noch lebe, so zerstiebt vor dieser Thatsache die Todesannahme. Der Lebende, welcher sich als solcher legitimirt, kann sein Vermögen, in das anticipirte Erbfolge stattfand, zurückfordern, und zwar vom unredlichen Besitzer ganz, vom redlichen bloß in Höhe der Bereicherung. Hat sein Ehegatte inzwischen eine neue Ehe geschlossen, so verbleibt es nach protestantischem Recht bei dieser, während die katholische Kirche die erste Ehe wegen der Unauflöslichkeit des Sacraments bevorzugt.

Das A.L.R. § 37 I, 1 stellt eine Lebensvermuthung von 70 Jahren auf, wenn es darauf ankommt, ob Jemand einen Erb- oder andern Anfall, z. B. eines Fideicommisses noch erlebt habe. Dagegen verlangt es für die Todeserklärung eines Erblassers den Ablauf einer meist zehnjährigen Frist seit Eingang der letzten Nachricht. § 823-855 II, 18. Meldet sich der Abwesende erst dreißig Jahre nach seiner Todeserklärung, so kann er von dem Besitzer seines Vermögens, so weit dasselbe dazu hinreicht, nur einen nach seinem Stande nothdürftigen Unterhalt fordern. § 852 II, 18. Pr. Specialgesetze vom 24. Febr. 1851, 24. Febr. 1868, 2. April 1872 regeln die Todeserklärung der in See gegangenen und verschollenen Personen, sowie der aus den Kriegen 1864, 1866, 1870/71 Vermißten.

§ 58.

Rechtliche Stellung aus persönlichen Zuständen.

A. Geschlecht.
Zwitter? Rechtsstellung der Frauen.

B. Alter.
I. Dem jugendlichen Alter fehlt die zur Vornahme von Rechtshandlungen erforderliche Einsicht. Kinder (Unmündige) und Minderjährige.
II. Ein reiferes Alter giebt erst die zu gewissen Stellungen und Aemtern nöthige Charakterstärke.
III. Ein hohes Alter befreit von gewissen Staatspflichten.

C. Ehe und Familie.
Eheliche und uneheliche Kinder. Stammbaum. Zählung der Verwandten. Agnaten. Schwägerschaft.

D. Körperliche und geistige Gesundheit.
Physische Schwäche. Leibliche Gebrechen. Krankhafte Trübung des Geistes. Entmündigung wegen Geisteskrankheit.

E. Verschwendung.
Entmündigung wegen Verschwendungssucht.

F. Stand.
Hoher und niederer Adel. Wappenrecht.

G. Ehre.
I. In Rom: Intestabilität, Infamie und Verächtlichkeit.
II. Im deutschen Recht: Rechtlosigkeit, Ehrlosigkeit, Echtlosigkeit.
III. Im gemeinen Recht: Verlust der bürgerlichen Ehrenrechte, Anrüchigkeit, Verächtlichkeit.

H. Religion.
Frühere Rechtslage der Juden.

J. Wohnsitz.
Begriff des Domicils. Nothwendiges, mehrfaches Domicil. Personen ohne Domicil. Unterstützungswohnsitz.

In Rom theilte man alle Menschen in Freie (ingenui, liberti) und Sclaven (servi), die Freien in Bürger (cives) und Nicht-Bürger (peregrini) mit zahlreichen

Mittelstufen S. 98, die Bürger in Gewaltfreie (sui juris) und Gewaltunterworfene (alieni juris). Gaj. I § 9, § 48. Letztere waren in manu, patria potestate und mancipio vgl. S. 76. Heute giebt es keine Sclaverei mehr, das Staatsbürgerrecht hat nur einen politischen Einfluß S. 25. Die eheherrliche und väterliche Gewalt sind abgeschwächt zu einer bloß äußerlichen Repräsentation der Familie und zu einem vormundschaftlichen Schutz der Kinder, bis dieselben ihre wirthschaftliche Selbständigkeit erlangt haben.

Der römischen Rechtsstellung (status) entsprachen die Grade der capitis deminutio. l. 11 D. 4, 5. Sie entzog als maxima die Freiheit, als media das Bürgerrecht und als minima den ehemaligen Familienstand. Damit galt die Persönlichkeit als vernichtet, wenn auch der Emancipirte eine freiere dafür eintauschte. Heute ist diese Anschauung veraltet. Der bürgerliche Tod kommt nicht vor S. 171, der Verlust der Staatsangehörigkeit berührt die Privatperson nicht und die Rechtsfolgen, welche der Austritt aus der väterlichen Gewalt nach sich zog wie Verlust des agnatischen Erbrechtes, der Schulden, des Patronats, Nießbrauchs sind schon größtentheils durch Justinian aufgehoben l. 56 D. 7, 1, heutzutage aber ganz weggefallen.

Hier pflegt man die natürlichen und bürgerlichen Zustände der Menschen, welche auf ihre privaten Rechtsverhältnisse Einfluß üben, zusammenzustellen. Doch empfiehlt es sich, erst in den besondern Lehren des Rechtes genau zu erörtern, inwieweit durch solche Eigenschaften die Geschäftsfähigkeit, namentlich Pflichten zu übernehmen und Rechte aufzugeben, eingeschränkt wird.

A. Geschlecht.

Alle Menschen sind Männer oder Frauen. Das Dasein von Zwittern läugnet l. 10 D. 1, 5 ‚et magis puto ejus sexus aestimandum, qui in eo praevalet'. Auch die neuere Medizin behauptet das Vorwiegen eines der Geschlechter im vermeintlichen Hermaphroditen. Daher sind die Bestimmungen des A.L.R § 17–23 I, 1 unpraktisch, wonach ein Zwitter nach zurückgelegtem achtzehnten Jahre sein Geschlecht frei wählen darf, es aber Dritten, deren Rechte dadurch beeinträchtigt erscheinen, freisteht, eine sachverständige Untersuchung zu veranlassen.

Die Theilnahme am öffentlichen Rechtsleben ist Weibern verschlossen l. 2 D. 50, 17, obwohl sich auch auf diesem Gebiete ihre Emancipation vollzieht. Nach C.Pr.O. § 51, 75, 86 sind Frauen fähig in Rechtsstreiten, die keine Vertretung durch Anwälte erfordern, vor Gericht zu stehen und für andere Parteien als Bevollmächtigte, Beistände zu erscheinen, was in Rom nach dem Fall ‚Carfania' l, 1 § 5 D. 3, 1 verpönt war; zur Ausübung des Kirchenpatronats werden sie im A.L.R. § 601 II, 11, entgegen der alten Regel ‚mulier taceat in ecclesia', zugelassen — jedoch ohne Eintritt in den Gemeindekirchenrath vgl. Syn.Ordn. vom 10. September 1873 § 6 § 34–35 — sogar der Erwerb gewisser Staatsämter steht ihnen offen.

Im Privatrecht hat eine völlige Gleichstellung stattgefunden. Die Geschlechtsvormundschaft ist beseitigt. Der erbrechtliche Vorzug des Mannesstammes, welcher mit dem altrömischen Agnatenverband S. 74 zusammenhing und sich im germanischen Recht S. 118 hauptsächlich auf Grundbesitz bezog, hat sich nur noch für

Lehen und Fideicommisse erhalten. Nach Pr.V.O. vom 5. Juli 1875 sind Frauen, nicht bloß Mütter und Großmütter für ihre Kinder bzw. Enkel nov. 94 c. 2, zur Uebernahme der Vormundschaft fähig, haben aber in ihrem Geschlecht einen Ablehnungsgrund § 23. Einzelne Vergünstigungen kommen den Frauen — nicht der Handelsfrau des H.G.B. Art. 6 — im gemeinen Recht zu, wie Rücksicht auf ihren Rechtsirrthum, um sie vor Schaden zu bewahren und Schutz gegen leichtsinnig eingegangene Bürgschaften.

B. Alter.

I. **Dem jugendlichen Alter** fehlt die zur Vornahme von Rechtshandlungen erforderliche Einsicht.

Im alten Rom bestand als herkömmliche Grenze: für Mädchen das vollendete zwölfte Lebensjahr und für Knaben der Tag, an welchem sie mit Rücksicht auf ihre individuelle Geschlechtsreife (habitus corporis) von der Familie mit der toga virilis bekleidet wurden. Innerhalb der Unmündigkeit schied man: infantes, welche noch nicht zusammenhängend sprechen (fari) können, und impuberes supra infantiam. Gaj. III § 109. Erstere waren bloß rechtsfähig — mit Ausnahme des Besitzerwerbes an geschenkten Sachen l. 3 C. 7, 32 — Letztere in der Lage zu erwerben, aber nicht, sich durch selbständige Geschäfte zu ihrem Schaden zu verpflichten oder zu veräußern. Später kommen aus Gründen der Verkehrssicherheit feste Altersstufen auf. Das Ende der Kindheit wird auf das siebente Jahr gesetzt l. 1 § 2 D. 26, 7, und Justinian schließt sich pr. J. 1, 22 der Meinung der Proculeaner an, welche die Mündigkeit von Knaben mit dem zurückgelegten vierzehnten Lebensjahre annahmen. Nur bei Vermögensfolgen eines Delictes bleibt dem Richter das freie Ermessen, je nachdem Thäter infantiae oder pubertati proximus war, sich gegen oder für dessen Unterscheidungsvermögen zu erklären. l. 4 § 26 D. 44, 4.

Sonach waren Mündige zu allen Rechtshandlungen, auch Testamenten, Ehen geeignet und Vollbürger im politischen Sinne. Allein in Anbetracht der Unerfahrenheit solch' junger Leute gewährte ihnen der Prätor gegen Verluste, welche sie bis zu ihrem fünfundzwanzigsten Jahre im Geschäftsleben erlitten hatten, eine Wiedereinsetzung in den vorigen Stand. l. 1 § 1 D. 4, 4. Eine lex Plaetoria um 190 v. Chr. suchte mündige Minderjährige, welche gewaltfrei waren (puberes minores viginti quinque annis) vor Uebervortheilungen dadurch zu behüten, daß ihnen auf Verlangen ein Curator zur Genehmigung des Geschäfts gestellt wurde. Im Laufe der Zeit wird diese Sitte für Minderjährige, welche Vermögen besitzen, allgemein, und es erfolgt, was die selbständige Uebernahme schädlicher Verpflichtungen anbetrifft, eine Gleichstellung der Minderjährigen mit den Unmündigen. l. 3 C. 2, 22 (21). Aus besonderen Umständen können einzelne Minderjährige durch den Kaiser für großjährig erklärt werden, indem er Mädchen nach dem achtzehnten, Jünglingen nach dem zwanzigsten Lebensjahre Altersnachlaß (venia aetatis) verstattet. l. 2 C. 2, 45 (44).

Die plena pupertas entstammt einer Auslegungsregel für Alimentenvermächtnisse; sind dieselben bis zur Mündigkeit des Legatars hinterlassen, so werden sie nach l. 14 § 1 D. 34, 1 bis auf das vierzehnte bzw. sechszehnte Jahr erstreckt.

Derselbe Name findet sich auch für die achtzehn Jahre, um welche der Adoptivvater älter sein soll als der zu Adoptirende. l. 40 § 1 D. 1, 7.

Im Ssp. I 42 gelangt der Unmündige, welcher unter Vormundschaft seines nächsten männlichen Verwandten steht, mit dem zwölften Jahre „zu seinen Jahren" und darf sich nach Jahr und Tag, d. h. mit 13 Jahren 6 Wochen und 3 Tagen selbst einen Vormund wählen, den er bis zum vollendeten einundzwanzigsten Jahre, wo er „zu seinen Tagen" kommt, behält.

Die Goldene Bulle 1356 setzt die Großjährigkeit der Kurfürsten S. 126 auf das achtzehnte Lebensjahr, was in viele Hausgesetze des Reichsadels übergegangen ist. Auch die dispositio Achillea von 1473 vgl. S. 146 enthält diese Vorschrift, welche noch heute in Preußen staatsrechtliche Bedeutung hat, z. B. für die Großjährigkeit des Königs bzw. des Regenten Pr.V.U. Art. 54, 56, für die Berufung der Prinzen in den Staatsrath, in das Herrenhaus. Pr.G. vom 12. Octb. 1854.

Die R.P.O. von 1548 übernimmt die römischen Begriffe, dehnt aber unter Verschmelzung von Vormundschaft und Curatel die Unmündigkeitszeit bis zum fünfundzwanzigsten Jahre aus. Nach R.G. vom 17. Febr. 1875 beginnt im ganzen Umfang des Deutschen Reichs das Alter der Großjährigkeit mit dem vollendeten einundzwanzigsten Lebensjahre, unbeschadet der hausverfassungsmäßigen bzw. landesgesetzlichen Bestimmungen für die Landesherren und die Mitglieder ihrer Familien, sowie die fürstlich hohenzollern'sche Familie.

Zahlreiche Zwischenstufen finden sich auf andern Rechtsgebieten: Nach der Praxis hängt die Testirfähigkeit noch von der Mündigkeit, d. h. dem zwölften bzw. vierzehnten Lebensjahre ab. Das R.G. vom 6. Febr. § 28 setzt die Ehemündigkeit für Weiber auf das sechzehnte, für Männer auf das zwanzigste Jahr, wovon Dispensation zulässig ist. Zugleich § 29–32 wird zur Eheschließung die elterliche Einwilligung erfordert, und zwar für Töchter bis zum vierundzwanzigsten, für Söhne bis zum fünfundzwanzigsten Jahr, doch steht bei Versagung dieser Erlaubniß großjährigen Kindern eine Klage auf richterliche Ergänzung zu.

In der C.Pr.O. § 51 ist eine Person insoweit proceßfähig, als sie sich durch Verträge verpflichten kann, nach § 435 darf Minderjährigen, welche das sechzehnte Lebensjahr zurückgelegt haben, ein Wahrheitseid zugeschoben oder zurückgeschoben werden, sofern dies das Gericht auf Antrag des Gegners verstattet. Ueber die Zurechnungsfähigkeit und das Unterscheidungsvermögen im Strafrecht vgl. S. 31 ff., die Antragsmündigkeit des Verletzten bei Antragsdelicten beginnt mit dem vollendeten achtzehnten Lebensjahre, doch hat, so lange er minderjährig ist, sein gesetzlicher Vertreter ein ergänzendes Antragsrecht. St.G.B. § 65. Für die Militärpflicht ist nach R.G. vom 2. Mai 1874 § 10 das Alter von 20 Jahren maßgebend.

In Preußen unterscheidet das im Anschluß an die Reichsgesetzgebung ergangene G. vom 12. Juli 1875: Kinder bis zum siebenten und Minderjährige von da bis zum vollendeten einundzwanzigsten Lebensjahre. Nach der V.O. vom 5. Juli 1875 § 61 kann ein Mündel, wenn er das achtzehnte Jahr zurückgelegt hat, durch das Vormundschaftsgericht für großjährig erklärt werden. Sonst ist ein Lebensalter unter 21 Jahren von Einfluß: Der Mutter steht bis zum vierten Jahre ihres Kindes ein Erziehungsrecht zu. A.L.R. § 94 II, 2. Personen über dem vierzehnten Jahre dürfen testiren, aber nur zu richterlichem Protokoll, erst vom achtzehnten Jahre an auch in anderer Form § 16 I, 12. Ein außerehelicher Schwängerer ist nach G. vom 24. Apr.

1854 § 9 von der Alimentationspflicht befreit, wenn er noch nicht volle zwanzig Jahre alt ist und von einer älteren Frauensperson zum Beischlafe verführt war. Die Fähigkeit zum Abschluß eines Verlöbnisses tritt mit der Ehemündigkeit ein. A.L.R. § 76 II, 1 u. s. w.

II. Ein **reiferes Alter** giebt erst die zu gewissen Stellungen und Aemtern nöthige Charakterstärke.

In Rom soll pater adoptans mindestens 18 Jahre älter sein als der zu Adoptirende, pater arrogator sogar in der Regel 60 Jahre zählen. l. 15 § 2 D. 1, 7.

Das kanonische Recht fordert für die Weihe des Presbyterats das fünfundzwanzigste, für den Episcopat das dreißigste Lebensjahr. c. 3. in Clem. 1, 6.

Im Deutschen Reich werden verlangt: ein Alter von 30 Jahren für Schöffen, Geschworene, Handelsrichter Ger.Verf. vom 27. Jan. 1877 § 33, 113, von 35 Jahren für Mitglieder des Reichsgerichts § 127. Die active und passive Wahlfähigkeit zum Reichstage beginnt mit dem fünfundzwanzigsten Jahre. B.G. vom 31. Mai 1869 § 1.

In Preußen darf nur, wer das fünfzigste Lebensjahr zurückgelegt hat, jüngere Personen an Kindesstatt annehmen. A.L.R. § 668 II, 2. Urwähler zum Abgeordnetenhause ist jeder selbständige Preuße mit 24 Jahren, G. vom 30. Mai 1849 § 8. Dagegen setzt die Mitgliedschaft in einem Hause des Landtages ein Alter von 30 Jahren voraus. V.U. Art. 74. G. vom 12. Octb. 1854 § 7. In gleichen Altersgrenzen ist das active und passive Wahlrecht für den Gemeinde-Kirchenrath geregelt. Syn.Ord. vom 10. Sptb. 1873 § 34–35.

III. Ein **hohes Alter** befreit von gewissen Staatspflichten.

Im gemeinen Recht l. 2 pr. § 1 D. 27, 1 bildet ‚aetas senilis‘ von 70 Jahren einen Excusationsgrund der Vormundschaft, nach Pr.V.O. vom 5. Juli 1875 § 23 genügen schon 60 Lebensjahre. Nach Ger.Verf. vom 27. Jan. 1877 § 35 berechtigt ein Alter von 65 Jahren zur Ablehnung des Schöffen- bzw. Geschworenen-Amtes. Die Wehrpflicht im Landsturm dauert vom vollendeten siebzehnten bis zum zurückgelegten fünfundvierzigsten Lebensjahre. R.G. vom 11. Febr. 1888.

C. Ehe und Familie.

Ehefrau und eheliche Kinder theilen Namen und Stand des Ehemannes. Als ehelich werden die Kinder vermuthet, welche die Ehefrau zwischen dem 182ten Tage nach Eingehung und dem 300ten Tage nach Auflösung ihrer Ehe gebar. l. 3 § 11–12 D. 38, 16. l. 5 D. 1, 4 ‚pater vero is est, quem nuptiae demonstrant.‘ Das A.L.R. § 1 II, 2 sieht im öffentlichen Interesse als ehelich an: nicht bloß die in der Ehe erzeugten, sondern auch alle während der Ehe geborenen Kinder. Dem Ehemann bleibt ein überzeugender Nachweis offen, daß er mit seiner Frau während der längstmöglichen Conceptionsfrist — im A.L.R. § 2 II, 2 vom 302ten bis 210ten Tage vor Geburt des Kindes — den Beischlaf nicht vollzogen habe.

Uneheliche Kinder haben rechtlich keinen Vater, sie führen den Geschlechtsnamen ihrer Mutter (nicht Adel A.L.R. § 641 II, 2), ohne in deren Familie einzutreten. Heute gleichen sie den römischen Concubinen-Kindern insofern, als sie wie diese nov. 89 c. 12 § 6 ff. ein Alimentations- und beschränktes Erbrecht gegen ihren Erzeuger haben. Für solche Ansprüche setzt das Pr.G. vom 24. Apr. 1854

§ 15 die Conceptionsfrist auf die Zeit von 285–210 Tagen vor der Geburt, wenn nicht aus der Beschaffenheit der Frucht auf eine kürzere Schwangerschaft geschlossen werden kann.

Ueber Verwandtschaft und Schwägerschaft vgl. S. 74. Die deutschen Bezeichnungen: Schoß, Busen Ssp. I, 17 für Verwandte auf- bzw. absteigender Linie und Magschaft (Schwert- und Spillmagen) für Seitenverwandte sind veraltet. Heute befindet sich das römische Bild eines Stammbaumes mit Ascendenten, Descendenten und Collateralen im Ideenkreise Aller. l. 1 D. 38, 10. Der Ssp. I, 3 § 3 benannte die Sippe im Anschluß an die Erbfolge nach Theilen des menschlichen Körpers: im Haupt stehen Vater und Mutter, im Halswirbel ihre Kinder, darauf folgen am Arm herunter die Seitenverwandten in sieben Stufen (Sibbezale) nämlich: in der Schulter die Geschwisterkinder, sodann die weiteren Verwandten im Ellnbogen, im Handgelenk, in den drei Gliedern des Mittelfingers bis zum Nagel (Nagelmagen). Gemäß der römischen Bedeutung von parentes, liberi in l. 56 § 1, l. 220 D. 50, 16 versteht das A.L.R. § 40–41 I, 1 unter Eltern und Kindern „alle" Vorfahren und Nachkommen. Allein dies widerspricht dem deutschen Sprachgebrauch und ist nicht anwendbar auf den Inhalt von Rechtsgeschäften, bei deren Abschluß der Ausdruck im engeren Sinne gebraucht wurde. A.L.R. § 526 I, 12.

Die Zählung der Verwandten erfolgt heute allgemein nach Graden ‚quot generationes, tot gradus'. § 7 J. 3, 6. vgl. C.Pr.O. § 41 Z. 3. A.L.R. § 45 I, 1. Die kanonische Computation, welche mit deutschen Rechtsgedanken zusammenhing, ist außer Uebung. Sie zählte bei Seitenverwandten bloß bis zum gemeinschaftlichen Stammvater hinauf und nicht, wie nach römischer Vorschrift, durch ihn hindurch. c. 2 § 5 C. 35 qu. 5 und c. 20 C. 35 qu. 2. Sonach waren nach kanonischer Weise Oheim und Neffe im zweiten ungleichen Grade, Geschwisterkinder im zweiten gleichen Grade mit einander verwandt.

Unter Agnaten begreift das deutsche Recht nur Männer, die durch Verwandte männlichen Geschlechts mit einander verbunden sind. Bei Lehen und Fideicommissen findet eine noch weitere Einschränkung auf männliche Seitenverwandte (Lehnsvettern) Statt. vgl. A.L.R. § 380 I, 18.

Die Schwägerschaft hängt in Rom von einer fortbestehenden Ehe ab, l. 4 § 8 D. 38, 10. l. 3 § 1 D. 3, 1, nur als Ehehinderniß wirkt sie als uneheliche und trotz Lösung der Ehe nach l. 4 C. 5, 4. § 6 J. 1, 10. Das kanonische Recht ging von dem Grundsatz aus, daß die Geschlechtsgemeinschaft, auch die außereheliche, eine Einheit des Fleisches bewirke. c. 5 C. 35 qu. 2. Daher war jedem Concumbenten die Ehe mit Verwandten des andern so weit untersagt, als dieser sie nicht wegen Blutsverwandtschaft heirathen durfte. c. 8 C. 35 qu. 2 und 3. Sogar in dem Verhältniß des einen Gatten zu den Verschwägerten des andern verstorbenen Gatten, sowie zu deren Verschwägerten fand man — unter Bezug auf die vereinzelte Entscheidung in l. 15 D. 23, 2 — eine der Ehe hinderliche Affinität ‚secundi bzw. tertii generis.' c. 12 und c. 22 C. 35 qu. 2 und 3. Die Reichsgesetze sehen, sofern Schwägerschaft zur Ausübung des Richteramts unfähig macht oder zur Verweigerung des Zeugnisses berechtigt, von der Dauer der Ehe ab. C.Pr.O. § 41 Z. 3, § 348 Z. 3. Nach

R.G. vom 6. Febr. 1875, § 33 bildet überdies die auf außerehelicher Geburt beruhende Schwägerschaft ein Ehehinderniß.

D. Körperliche und geistige Gesundheit.

Physische Schwäche einer Person hat keinen Einfluß auf ihre Fähigkeit zu Rechtsgeschäften l. 101 § 2 D. 50, 16, doch kann Krankheit die Vornahme von rechtlichen Handlungen verhindern. l. 60 D. 42, 1 ,morbus sonticus'. Nach germanischem Brauch soll nur verfügen, wer rüstigen Leibes ist, z. B. sich ohne Hülfe aufs Roß zu schwingen vermag. Ssp. I, 52 § 2. Davon stammt noch in einzelnen Particularrechten das Verbot, auf dem Siechbette bewegliche Habe zu veräußern.

Leibliche Gebrechen machen zur Theilnahme an solchen Rechtsacten untauglich, die grade Sehen, Hören, Sprechen erfordern. Für Blinde, Taube, Stumme finden sich meist erschwerte Geschäftsformen und wenn sie durch solche Fehler an der Besorgung ihrer Rechtsangelegenheiten gehindert sind, wird ihnen, gleichwie Minderjährigen, ein Vormund gestellt. A.L.R. § 24–25 I, 5. Pr.V.O. vom 5. Juli 1875 § 81.

Krankhafte Trübung des Geistes einer Person schließt ihre Handlungsfähigkeit aus ,quia non intelligunt, quid agant' Gaj. III § 106. ,nulla voluntas est'. l. 40 D. 50, 17. Nach den zwölf Tafeln fielen Geisteskranke (furiosi) mit Ausbruch des Wahnsinns unter die Gewalt ihrer Familie. ,Si furiosus escit, agnatorum gentiliumque in eo pecuniaque ejus potestas esto'. Blödsinnigen setzte der Magistrat nach Befund der Umstände einen Vertreter zur Vermögensverwaltung. Daraus entwickelte sich später eine gemeinsame, auf obrigkeitlicher Anordnung beruhende cura insani. § 1 J. 1, 23. Doch können Wahnsinnige, die an einer Gehirnkrankheit leiden und bisweilen nur in fixen Ideen befangen sind, lichte Augenblicke (lucida intervalla) haben, in denen sie vernünftigen Menschen gleich zu achten sind, ,omnia facere, quae sanis hominibus competunt'. l. 6 C. 5, 70. Dagegen befindet sich bei Personen, welche als Idioten geboren oder stumpfsinnig geworden sind, das geistige Fassungsvermögen in andauernd geschwächtem Zustande. Das A.L.R. § 27–29 I, 1, § 25 I, 4 spricht unrichtiger Weise den Rasenden und Wahnsinnigen, welche des Gebrauchs ihrer Vernunft gänzlich beraubt sind, die lichten Zwischenräume ab und behandelt sie wie Kinder. Die Blödsinnigen, welchen das Vermögen, die Folgen ihrer Handlungen zu überlegen, ermangelt, werden den Unmündigen gleichgestellt.

Das Verfahren betreffend die Entmündigung wegen Geisteskrankheit wird durch die C.Pr.O. § 593–620 geregelt. Die Oeffentlichkeit ist nach Ger.Verf. § 172 beschränkt.

Die Entmündigung geschieht nur auf Antrag durch gerichtlichen Beschluß. Ausschließlich zuständig ist das Amtsgericht, in dessen Bezirk der zu Entmündigende seinen Wohnsitz hat oder als Deutscher zuletzt hatte. Antragsberechtigt sind der Ehemann, Hausvater, Vormund der angeblich geisteskranken Person, ein Verwandter derselben oder der Staatsanwalt beim vorgesetzten Landgericht. Der Antrag muß eine gehörige Begründung durch Thatsachen, auf Verlangen des Gerichts auch ein ärztliches Zeugniß über den Geisteszustand enthalten. Der Richter ist nicht auf diese Angaben beschränkt, sondern zu selbständigen Er=

mittlungen und Beweisaufnahmen befugt. Dem Staatsanwalt steht es immer zu, das Verfahren durch Stellung von Anträgen zu betreiben. In der Regel hat eine persönliche Vernehmung des zu Entmündigenden stattzufinden, jedenfalls aber die Anhörung eines oder mehrerer Sachverständiger. Der Beschluß, welchen das Gericht erläßt, wird dem Antragsteller und Staatsanwalte von Amtswegen zugestellt. Diese haben, falls die Entmündigung abgelehnt wurde, ein sofortiges Beschwerderecht. Der Beschluß, welcher die Entmündigung ausspricht, ist der Vormundschaftsbehörde mitzutheilen, womit er in Wirksamkeit tritt.

Gegen den Beschluß des Amtsgerichtes, welcher die Entmündigung ausspricht, ist eine Anfechtungsklage binnen monatlicher Frist zulässig. Ihre Geltendmachung gehört vor das Landgericht, in dessen Bezirk das betreffende Amtsgericht seinen Sitz hat. Sie kann ausgehen von dem Entmündigten selbst, welchem auf Antrag ein Rechtsanwalt als Vertreter beizuordnen ist, von seinem Vormund oder sonstigen Interessenten. Sie richtet sich gegen den Staatsanwalt, oder wenn dieser als Kläger auftrat, gegen den Vormund des Entmündigten. Mit dieser Anfechtungsklage darf weder eine andere Klage gehäuft, noch dagegen eine Widerklage erhoben werden. Dem Gericht liegt es ob, den Sachverhalt, welcher dem Entmündigungsbeschlusse zu Grunde liegt, von Neuem zu prüfen und nöthigenfalls zu berichtigen. Das öffentliche Interesse an der materiellen Wahrheit beschränkt die Einwirkung der Betheiligten auf den Rechtsstreit. Der Partei-Eid ist ausgeschlossen, das Zugestehen bzw. Nichtbestreiten von Thatsachen nicht allein beweisend, die Erledigung durch Verzicht oder Anerkenntniß unstatthaft. C.Pr.O. § 577—78. Das Endurtheil muß in jedem Falle der Vormundschaftsbehörde und dem Amtsgericht mitgetheilt werden. Hebt das Gericht den Entmündigungsbeschluß auf, so gelten mit der Rechtskraft dieses Urtheils alle zwischenzeitlichen Verfügungen des zu Unrecht Entmündigten als rechtsbeständig, ohne daß aber die bisherigen Handlungen des Vormunds ihre Gültigkeit verlieren.

Die Wiederaufhebung der Entmündigung kann vom Entmündigten, seinem Vormund oder dem Staatsanwalt bei dem durch den Wohnsitz des Geisteskranken zuständigen Amtsgericht beantragt werden. Der desfallsige Beschluß ist dem Antragsteller und im Falle der Wiederaufhebung dem Entmündigten sowie dem Staatsanwalte von Amtswegen zuzustellen. Gegen den Beschluß, durch welchen die Entmündigung aufgehoben wird, steht dem Staatsanwalte die sofortige Beschwerde zu. Wird der Antrag auf Wiederaufhebung abgelehnt, so kann dieselbe im Wege „der Klage" vom Vormund des Entmündigten, eventuell von Letzterem selbst unter Beistand eines Vertreters oder vom Staatsanwalt beantragt werden.

E. Verschwendung.

Verschwender (prodigus) ist nach l. 1 pr. D. 27, 10 ‚qui neque tempus neque finem expensarum habet, sed bona sua dilacerando et dissipando profundit', d. h. wer auf Grund eines eingewurzelten, beinahe krankhaften Hanges sein Vermögen leichtsinnig vergeudet. Das öffentliche Wohl erheischt, daß der Verarmung, welche dem Verschwender und seiner Familie droht, rechtzeitiger Einhalt geschehe. Nach einem Brauch, der sich an die zwölf Tafeln anschloß, entzog der Magistrat dem Verschwender die Verfügung über seine Erbgüter ‚bona paterna avitaque' Paul. R.S. III 4a § 7 und später über sein ganzes Vermögen (bonis interdicere). Der interdicirte Verschwender erhält einen Curator, ohne dessen Mitwirkung er außer Stande ist, sein Vermögen durch Uebernahme von Verbindlichkeiten oder Aufgabe von Sachen zu mindern. l. 6 D. 45, 1. Die Fähigkeit, ein Testament zu errichten oder sich bloß als Zeuge an einem solchen zu betheiligen, ist ihm genommen. l. 18 pr. D. 28, 1. Seine väterliche Gewalt hört zwar in Rom l. 8 D. 1, 6 nicht auf, doch ruht sie nach heutiger Auffassung. Eine Handelsgesellschaft endigt im H.G.B. Art. 123, 170, wenn einer der persönlich haftenden Gesellschafter rechtlich unfähig wird, sein Vermögen selbständig zu verwalten. Nach C.Pr.O. § 435 kann Verschwendern ein Wahrheits-Eid nur zugeschoben oder zurückgeschoben werden, sofern das Gericht dies auf Antrag des Gegners für zulässig erklärt.

Das A. L. R. § 30–31 I, 1 nennt Verschwender, wer durch unbesonnene und unnütze Ausgaben oder durch muthwillige Vernachlässigung sein Vermögen beträchtlich vermindert oder sich in Schulden steckt. Er steht, falls er gerichtlich dazu erklärt wird, dem Minderjährigen gleich; er kann testiren, darf aber zum Nachtheil seiner gesetzlichen Erben bis zum sechsten Grade nur über die Hälfte seines Nachlasses gültig verordnen. § 27–34 I, 12.

Die Entmündigung wegen Verschwendungssucht erfolgt nach C.Pr.O. § 621–627 auf Antrag durch amtsgerichtlichen Beschluß. Auf Zuständigkeit des Gerichts, Befugniß zum Antrage, Gang des Verfahrens finden die Vorschriften bezüglich Geisteskranker S. 181 entsprechende Anwendung, doch unterbleibt die Theilnahme der Staatsanwaltschaft. Der Beschluß, durch welchen die Entmündigung ausgesprochen wird, tritt mit Zustellung an den dadurch Betroffenen in Wirksamkeit. Das Gericht hat für Mittheilung an die Vormundschaftsbehörde und für öffentliche Bekanntmachung Sorge zu tragen. Der Entmündigte kann den Beschluß binnen einem Monat seit der Zustellung durch Klage anfechten. Dieselbe richtet sich gegen den Antragsteller, falls dieser aber verstorben oder sein Aufenthalt unbekannt oder im Auslande ist, gegen den Staatsanwalt. Dem Entmündigten bzw. seinem Vormunde steht es jederzeit frei, die Wiederaufhebung der Entmündigung zu beantragen. Genehmigt sie das Gericht, das sich von der Besserung des Verschwenders überzeugte, so ist dieser Beschluß, gegen welchen keine Anfechtung stattfindet, öffentlich bekannt zu geben. Wird der Antrag auf Wiederaufhebung abgelehnt, so kann dieselbe vom Vormund des Entmündigten, eventuell von Letzterem selbst unter Beistand eines Vertreters im Wege der Klage beantragt werden.

F. Stand.

Stand ist der Inbegriff von Personen, welche durch Geburt oder Beruf die gleiche rechtliche Stellung einnehmen. Im Mittelalter beherrschte die ständische Gliederung das gesammte Rechtsleben. Die moderne Zeit hat mit dem Kastengeist, welcher an den Stand eine Steigerung oder Minderung der privaten Persönlichkeit knüpfte, fast völlig aufgeräumt. Nur auf öffentlichem Rechtsgebiete bestehen noch für die Ritterschaft, zuweilen als geschlossene Körperschaft für Grundbesitz, Geistlichkeit, Beamtenthum u. s. w. einzelne Vorrechte, die sich theils in erhöhter Theilnahme an der Verwaltung, theils in Befreiungen von allgemeinen Staatsbürgerpflichten zeigen. Aber auch hier ist die politische Gleichheit Aller vor dem Gesetz grundsätzlich anerkannt. Freilich bietet, je complicirter die Erwerbsthätigkeit wird, desto eher die Beschäftigung bestimmter Berufsklassen den Anlaß, besondere Rechtsinstitute auszubilden, die ihren Bedürfnissen entsprechen. So unterliegt der Landbau eignen Regeln, ein Handels-, Gewerbe-Recht hat sich entwickelt, und die heutige Gesetzgebung setzt ihr Ziel darein, allen berechtigten Berufs-Interessen durch geeignete Organisationen Schutz zu gewähren.

An dieser Stelle erübrigt die Erörterung des Adels, dessen Rechtsverhältnisse noch Spuren seines ehemals bedeutsamen Vorzuges von dem Bürger- und Bauernstande aufweisen. Der Adel zerfällt in einen hohen und niedern.

Der hohe Adel umfaßt diejenigen Familien (illustres), welche im Deutschen Reich vor dem Jahre 1806 reichsunmittelbares Gebiet S. 125 und Reichsstandschaft S. 141 hatten. Dazu gehören die in der Bundes-Acte vom 8. Juni 1815 Art. 14 aufgeführten mediatisirten, die inzwischen subjicirten (kraft freiwilliger Unterwerfung), depossedirten und heute noch landesherrlichen Familien. Der hohe Adel ist das Ergebniß einer geschichtlichen Bildung, daher kann er sich nur durch ebenbürtige Ehe fortpflanzen und nicht neu begründet werden. Manche Hausgesetze gestatten eine Standeserhebung der aus Mißheirath (disparagium) entsprossenen Kinder, falls das Familienhaupt dies erklärt oder sämmtliche Agnaten einwilligen. Von der Autonomie des hohen Adels war schon S. 166 die Rede. Die B.A. sichert ihm ferner zu: einzelne Regierungs- und Kirchenhoheitsrechte, Befreiung von Wehr- und Steuerpflicht, privilegirten Gerichtsstand namentlich in Bezug auf die Standesherrschaften, und Landstandschaft, d. h. erbliche Mitgliedschaft in landständischen Versammlungen. Die Gesetzgebung des neuen Reichs ist daran nicht gebunden. Für das Alter der Großjährigkeit vgl. S. 178, für die Form des Eheschlusses R.G. vom 6. Febr. 1875 § 72 bewilligt sie nur den landesherrlichen Familien und der fürstlich hohenzollern'schen Ausnahmen, dagegen wird im B.G. vom 9. Novb. 1867 § 1 die Befreiung des hohen Adels von der Wehrpflicht anerkannt. Das Einf.G. zur Ger.-Verf. § 7 läßt den Standesherren das ihnen „landesgesetzlich" gewährte Recht auf Austräge. In Preußen sind derzeit die Mitglieder des hohen Adels von Grund- und Gebäudesteuer frei, ihre Häupter haben erblichen Sitz im Herrenhause, in ihren Vormundschaftssachen wirkt das Oberlandesgericht mit 2c., doch ist der privilegirte Gerichtsstand durch G. vom 15. März 1869 außer Kraft gesetzt.

Zum niedern Adel gehören die frühere Reichsritterschaft und diejenigen Adelsfamilien (nobiles), welche schon vor 1806 einer Landesgewalt unterworfen waren. Auf die Titulatur kommt es nicht an.

Der niedere Adel geht über auf eheliche und legitimirte Kinder, jedoch auf adoptirte nur mit landesherrlicher Genehmigung, die in Preußen durch das Ministerium des königlichen Hauses bzw. das Heroldsamt vermittelt wird. A.L.R. Anh. § 100 zu § 667 II, 2. Erl. vom 16. Aug. 1854. Die Verleihung des Adels (Nobilitirung), ursprünglich ein Reservatrecht des römischen Kaisers deutscher Nation fließt heute aus der Souveränität der Landesherren. Die Standeserhöhung, welche durch Adelsdiplom erfolgt, kann eine persönliche oder erbliche sein; im letzteren Falle bezieht sie sich nach A.L.R. § 11, II, 9 im Zweifel auch auf die bereits vorhandenen Kinder. In einigen deutschen Staaten ist der persönliche Adel mit gewissen Aemtern und Orden verbunden. Eine Ersitzung des Adels findet im A.L.R. § 19 II, 9 binnen 44 Jahren statt.

Uradel im Gegensatz zum Briefadel ist der seit unvordenklicher Zeit von einer Familie geführte. Als alter Adel gilt ein solcher, welchen schon die Voreltern in mehreren Generationen trugen (Großeltern = 4 Ahnen, Urgroßeltern = 8 Ahnen u. s. f.). Sein Beweis geschieht durch die Ahnenprobe, welche bei der erforderlichen Anzahl von Ascendenten sowohl eheliche Abkunft (Filiation) als Adel (Ritterschaft) darthut. Dabei werden Neugeadelte und verliehene s. g. gemalte Ahnen nicht mitgezählt. Ueber die Richtigkeit der in der Ahnentafel angegebenen Aufstellung pflegt man adlige Kundschaft, d. h. eidliches Zeugniß von adligen Standesgenossen zu hören.

Der niedere Adel geht verloren durch Verzichtserklärung, unehrbare Lebensart, wenn sich die adlige Frau mit einem Bürgerlichen verheirathet (wenigstens während der Dauer der Ehe), oder der Adlige sich von einer Person niederen Standes an Kindesstatt annehmen läßt. A.L.R. § 82–90 II, 9. Nichtgebrauch hebt den Adel nicht auf, doch schreibt das A.L.R. § 95 ff. II, 9 ein Verfahren behufs Auffrischung vor, wenn sich eine adlige Familie in zwei Geschlechtsfolgen ihres Adels nicht bedient hat. Eine Aberkennung des Adels durch Strafurtheil findet sich nicht mehr im St.G.B. Die Bestimmung des A.L.R. § 76, § 81 II, 9, daß der Betrieb von Handwerk und Gewerbe den Adel verwirke, ist durch das Pr.Edict vom 9. Octob. 1807 abgeschafft.

Die Vorrechte des niedern Adels beschränken sich heute — abgesehen von der Stellung, welche ihm die Gesellschaft einräumt — auf das Prädicat „von", das entweder die Abstammung ‚ab' oder den Grundbesitz ‚de' bedeutet, auf Titel und Wappen. Dies folgt aus dem jeder Person innewohnenden Recht, ihre eigne Anerkennung zu fordern und den Gebrauch ihrer Namen und Zeichen Dritten zu untersagen. Freilich schützt der Staat ererbte und verliehene Würden schärfer als den bloßen Namen, indem er die unbefugte Annahme von Adelsprädicaten sogar unter Strafe stellt. St.G.B. § 360, Z. 8.

Das Wappen bildet keine ausschließliche Befugniß des Adels. In alter Zeit führte jeder Freie ein runenartiges Abzeichen (Handgemal, z. B. 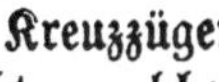), um Heimath und Gerichtsstand zu bekennen. Spuren davon haben sich in den bäuerlichen Hausmarken und kaufmännischen Signa erhalten. Seit den Kreuzzügen wurde es Sitte, daß der Ritter an seiner Rüstung ein Wappen anbrachte, welches die Familie weiter führte und Urkunden zur besseren Beglaubigung beidrückte. Aber auch in bürgerlichen Familien kommen Wappen vor, die gleichen Schutz verdienen.

Bisweilen wird Adel, vorzugsweise alter erfordert, um in Ritterorden, Fräuleinstifter einzutreten und die damit zusammenhängenden Pfründen sowie Einkünfte zu genießen. Das A.L.R. § 37 § 40 II, 9, erlaubte nur dem Adel den Erwerb von Rittergütern mit Gutsherrlichkeit und die Errichtung von Familienfideicommissen. Das Pr.Edict vom 9. Octb. 1807 hat diese Schranken beseitigt.

G. Ehre.

Ehre existimatio ist die bürgerliche Geltung, die einer Person im Staate gebührt. l. 5 § 1–3 D. 50, 13. Ihre Schmälerung oder Entziehung beeinträchtigt die Rechtsfähigkeit.

I. **In Rom** unterschied man: Intestabilität, Infamie und Verächtlichkeit.

Intestabilität drohten die zwölf Tafeln dem an, welcher zu einem Rechtsgeschäft als Zeuge hinzugezogen war und hinterher seine Aussage darüber verweigerte ‚improbus intestabilisque esto‘. Er wurde unfähig, selbst als Zeuge aufzutreten oder Andere zum Zeugniß aufzurufen und verlor deshalb seine Testirbefugniß. l. 26 D. 28, 1. Im späteren Recht findet sich diese Folge noch bei Hochverräthern l. 5 C. 9, 8, Pasquillanten l. 18 § 1 D. 28, 1 und Zinswucherern l. 20 C. 2, 12 vgl. c. 2 in VI^{to} 5, 5.

Infamie ist eine Ehrenminderung, die von der alterthümlichen Rüge des Censors herstammt und sich durch Herkommen und Gesetz zu einem festen Inhalt auswuchs. Sie tritt entweder durch gerichtliches Urtheil (mediata) oder durch niedrige Handlungen von selbst ein (immediata). Jede Verurtheilung in judicia publica S. 40, l. 7 D. 48, 1 und in einigen Privatdelicten nämlich: Raub, Diebstahl, Injurie, Betrug zog Infamie nach sich. Davon befreite auch nicht privater Abkauf der Strafe mit Geld oder Geldeswerth. l. 4 § 5 l. 6 § 3 D. 3, 2. Der Vertrauensbruch Seitens des Gesellschafters, Vormunds, Depositars und der bei einem Mandat Betheiligten erschien so ehrlos, daß man diesen Vertragsklagen infamirende Wirkung beilegte. Gaj. IV. § 182 (actiones famosae). Doch wurde der Civilbeklagte nur infam, wenn er den Proceß selbst führte und nicht durch einen Vertreter, auf dessen Namen das Urtheil ging. l. 6 § 2 D. 3, 2. Als an sich infamirende Handlungen galten: Doppelehe, doppeltes Verlöbniß, Ehebruch der Frau, falls sie auf demselben ertappt wurde l. 43 § 12–13 D. 23, 2, Verletzung des Trauerjahres durch die Wittwe l. 8–12 D. 3, 2, gewerbsmäßige Unzucht und Kuppelei, Bruch eines beschworenen Vergleichs l. 41 C. 2, 4, auch schimpfliche Entlassung aus dem Heer (missio ignominiosa) l. 1–2 D. 3, 2, Auftreten als Schauspieler l. 2 § 5 D. 3, 2 u. s. w. Die Infamie bewirkte: die Unfähigkeit zur Bekleidung öffentlicher Ehrenstellen l. 1 C. 10, 57 (59), zur Uebernahme des Geschworenen-Amtes, Verlust des jus postulandi, d. h. für einen Andern vor Gericht Anträge zu stellen l. 1 § 6 D. 3, 1, Verbot der Ehe mit unbescholtenen Personen ꝛc. Der Ehrverlust war ein lebenslänglicher, wenn ihn nicht Kaiser oder Senat durch ‚in integrum restitutio‘ nachließen. l. 1 § 9—10 D. 3, 1.

Die Verächtlichkeit turpitudo, s. g. infamia facti, besteht in dem bösen Leumunde in Folge unsittlichen Lebenswandels. Solche Personen sind minder glaubwürdig, zu Vertrauensämtern wie der Vormundschaft untauglich, und ihre Einsetzung im Testament giebt den übergangenen Geschwistern des Erblassers ein Pflichttheilsrecht. S. 78.

II. Das **deutsche Recht** kannte — abgesehen von der Friedlosigkeit, welche als Folge der Oberacht die ganze Persönlichkeit vernichtete — drei Stufen geschmälerter Ehre: die Recht-, Ehr- und Echtlosigkeit.

Die Rechtlosigkeit ging aus Verbrechen hervor, die mit Strafen an Hals und Hand oder an Haut und Haar gebüßt wurden. Ssp. I, 38 § 1. Sie entzog das Recht, Schöffe, Fürsprach, Vormund, Zeuge, Richter zu sein, den Anspruch auf Wergeld und Unschuldseid. Ssp. III, 45 § 11. III, 70 § 1.

Der Begriff der Ehrlosigkeit ist aus den Quellen nicht klar erkennbar. Meist wird sie als Folge des Treubruches, verletzter Gastpflicht erwähnt. Ssp. I, 40.

Eichhorn hält sie für den Verlust der Standesrechte bei Untreue gegen den Lehn- und Dienstherrn, Gerber für eine gesteigerte Art der Rechtlosigkeit.

Echtlosigkeit trat ein in Folge unehelicher Geburt und unsittlicher Lebensweise. Ssp. I, 45 § 8. I, 51 § 1. Sie nahm die gerichtlichen Ehrenrechte, das Wergeld und unehelichen Kindern auch die Erbfähigkeit.

III. Im **gemeinen Recht** gerieth die Lehre von der Ehrenminderung durch die Reception der fremden Rechte in arge Verwirrung. Die Grundsätze der römischen Infamie waren für das deutsche Volksleben nicht genau anwendbar, denn die Ehre ist die zarteste Blüthe des Nationalgeistes und läßt sich nicht verpflanzen.

Heute hat das St.G.B. § 32—37 den Verlust bürgerlicher Ehrenrechte festgestellt. Derselbe kann nur mit der Verurtheilung zur Todes-, Zuchthaus- oder längerer Gefängnißstrafe verbunden werden. Die Nebenstrafe hat eine zeitlich begrenzte Dauer, ihr Zusatz hängt vom Ermessen des Richters ab, außer in Fällen des Meineids St.G.B. § 161, der schweren Kuppelei § 181 und des gewerbs- bzw. gewohnheitsmäßigen Wuchers § 302 d, wo darauf erkannt werden muß. Ihre Folgen liegen meist auf dem Gebiete des öffentlichen Rechtes wie: dauernder Verlust der aus öffentlichen Wahlen hervorgegangenen Rechte, der öffentlichen Aemter, Würden, Titel, Orden und Ehrenzeichen, ferner die Unfähigkeit während der im Urtheil bestimmten Zeit, solche Rechte und Auszeichnungen zu erlangen, sich an politischen Wahlen activ und passiv zu betheiligen, die Landeskokarde zu tragen, in das Heer bzw. die Marine einzutreten, Urkundszeuge zu sein oder Vormund, es sei denn für Verwandte absteigender Linie mit Genehmigung des Vormundschaftsgerichts bzw. des Familienraths. Ehrlose können aus Erwerbs- und Wirthschaftsgenossenschaften R.G. vom 4. Juli 1868 § 38, aus Innungen R.G. vom 21. Juni 1869 § 86, § 100 ausgeschlossen werden.

Die Anrüchigkeit beruht auf unehelicher Geburt und dem Betriebe schimpflicher Gewerbe, besonders der Abdeckerei. Sie machte unfähig zur Ordination c. 14 X 1, 17 zum Lehnserwerbe und zum Eintritt in Zünfte. Die moderne Aufklärung, die sich schon im Reichsschluß 1731 regt, hat sich über dies mittelalterliche Vorurtheil hinweggesetzt.

Die Verächtlichkeit äußert heut noch dieselben Wirkungen wie in Rom, vgl. Pr.Vorm.O. vom 5. Juli 1875 § 21 Z. 5.

H. Religion.

Die römische Gesetzgebung der christlichen Kaiserzeit neigte dahin, die Rechtgläubigen auf Kosten der Ketzer zu bevorzugen. So wurde in nov. 109 nur der orthodoxen Ehefrau ein Dotalprivileg eingeräumt und in l. 19 § 1 C. 1, 5 der ketzerischen Mutter allein die Ausstattungspflicht ihrer rechtgläubigen Tochter auferlegt. Das kanonische Recht schloß Ketzer vom Grunderwerbe aus und beschränkte sie in ihrem Testirrecht. Der im Zeitalter der Reformation S. 142 anhebende Glaubenskampf endet mit der im Art. 16 der B.A. vom 8. Juni 1815 anerkannten Gleichberechtigung der drei christlichen Religionsparteien. Das R.G. vom 3. Juli 1869 hebt alle noch bestehenden aus der Verschiedenheit des religiösen Bekenntnisses hergeleiteten Beschränkungen der bürgerlichen und staatsbürgerlichen Rechte auf.

Eine besondere Lage nahmen in Deutschland die Juden ein, welche man um ihres Glaubens willen als Fremde betrachtete und in ihrer Rechtsfähigkeit minderte. Ueber ihre staatsrechtliche Stellung vgl. S. 24. In privatrechtlicher Hinsicht waren sie beschränkt im Erwerb oder mindestens in der Veräußerung von Grundeigenthum, ihr Zeugniß galt als unglaubwürdig gegen Christen, ihre Handelsbücher hätten geringere Beweiskraft, zu ihren Verträgen mit Christen war notarielle Bestätigung erforderlich und ihre Forderung gegen Christen nicht an Christen cedirbar. R.A. 1551. Dagegen erlaubte man ihnen, ihr Nationalrecht besonders in Familien- und Erbsachen anzuwenden, höhere Zinsen als die landesüblichen zu nehmen und redlich erworbene Sachen, selbst wenn sie gestohlen waren, nur gegen Ersatz des Kaufpreises herauszugeben. Ssp. III, 7 § 4. Viele dieser odiösen Privilegien waren bereits außer Uebung oder abgeschafft, als im Anfang des neunzehnten Jahrhunderts in den deutschen Gebieten die Juden-Emancipation begann, die durch das G. vom 3. Juli 1869 für den norddeutschen Bund bzw. das Reich vollendet ist.

I. Wohnsitz.

Wohnsitz (domicilium) ist der ständige Aufenthaltsort einer Person. l. 203 D. 50, 16. Dazu gehören: Der Wille, einen Ort zum Sitz seiner rechtlichen Thätigkeit zu machen, und die Ausführung dieser Absicht durch entsprechende äußere Anstalten. Der bloß vorübergehend gewollte Aufenthalt, z. B. Studirens halber oder behufs Erfüllung der Wehrpflicht genügt nicht. Doch ist es unerheblich, ob Jemand an dem Ort, den er zum Mittelpunkte seiner Verhältnisse wählte, bleibend verweilt. Auf die Befugniß, an dem Domicil wohnen zu dürfen, s. g. Wohnrecht vgl. S. 22 kommt es wohl nicht an.

Das Domicil ist wichtig für die Beurtheilung der persönlichen Verhältnisse an sich S. 163, für den allgemeinen Gerichtsstand C.Pr.O. § 13, für den Bezirk, in welchem das Aufgebot der Verlobten nach R.G. vom 6. Febr. 1875 § 46 bekannt zu machen ist, für die kirchliche Parochie u. s. w.

Das nothwendige Domicil (necessarium) wird durch gesetzliche Bestimmung begründet. Die Ehefrau hat das Domicil ihres Ehemannes. Eheliche Kinder theilen den Wohnsitz des Vaters, uneheliche den ihrer Mutter, bis sie denselben in rechtsgültiger Weise, z. B. nach erlangter Großjährigkeit oder behufs Errichtung einer abgesonderten Wirthschaft aufgegeben haben. l. 6 § 1, l. 38 § 3 D. 50, 1, C.Pr.O. § 17. Die C.Pr.O. § 21 gestattet Klagen gegen Dienstboten, Fabrikarbeiter, Gewerbegehülfen, Studirende, Lehrlinge oder Schüler an ihrem Aufenthaltsorte und gegen Personen, die ihrer Wehrpflicht genügen, an ihrem Garnisonsorte, falls es sich um vermögensrechtliche Ansprüche handelt. Beamte haben ihr Domicil an ihrem Amtssitze, Berufssoldaten an ihrem Garnisonsorte. l. 23 § 1, D. 50, 1, C.Pr.O. § 14–15. Für Deutsche, welche das Recht der Exterritorialität genießen, soll nach C.Pr.O. § 16 ihr früherer heimathlicher Wohnsitz und in Ermangelung eines solchen die Hauptstadt ihres Heimathsstaates als Gerichtsstand maßgebend sein.

Ein mehrfaches Domicil derselben Person ist möglich. l. 6 § 2 D. 50, 1. Auch giebt es Personen ohne Domicil, die rechtlich Vagabonden heißen. l. 27 § 2 D. 50, 1. Ihren Gerichtsstand bestimmt die C.Pr.O. § 18 durch ihren Aufenthaltsort im Deutschen Reich und, wenn ein solcher nicht bekannt ist, durch den letzten Wohnsitz.

Verschieden vom Domicil ist die Heimath (origo), welche auf dem Staatsbürgerrechte beruht, l. 7 C. 10, 39 (40) und der Unterstützungswohnsitz, welchen das B.G. vom 6. Juni 1870 zur Organisation der öffentlichen Armenpflege geschaffen hat. vgl. Pr.Ausf.G. vom 8. März 1871.

Der Unterstützungs-Wohnsitz in einem Ortsarmenverbande wird erworben: durch zweijährigen ununterbrochenen Aufenthalt, Verehelichung oder Abstammung — und geht verloren durch Erwerb eines anderweiten Unterstützungs-Wohnsitzes oder zweijährige ununterbrochene Abwesenheit nach zurückgelegtem vierundzwanzigsten Lebensjahr. Hülfsbedürftige, die keinen Unterstützungs-Wohnsitz haben, fallen dem Landarmenverbande anheim. Höchste Instanz in Armensachen ist das „Bundesamt für Heimathwesen," das seinen Sitz in Berlin hat, und aus einem Vorsitzenden und mindestens vier Mitgliedern (zur Hälfte mit richterlicher Befähigung) besteht.

§ 59.

Juristische Personen.

A. Begriff.
   Rechtliche Construction.
B. Arten.
   I. Personen-Verbände.
      a) Staat.
      b) Communal-Verbände.
      c) Vereine.
      Unterschiede zwischen Corporationen und Gesellschaften in Bezug auf Dauer, Vermögen, Mehrheitsbeschlüsse, Processe, Ansprüche ausscheidender Mitglieder und Auftheilung. Deutschrechtliche Genossenschaften.
   II. Stiftungen.
      Ruhende Erbschaft?
C. Entstehung.
   Staatserlaubniß?
D. Rechts- und Handlungsfähigkeit.
   I. Ihre Rechte beschränken sich auf das Gebiet des Vermögensrechtes.
   II. Ihre Bestimmung besteht in der Verfolgung des ihr beigelegten Zwecks.
   III. Mitglieder-Versammlung der Corporation. Verfassung.
   IV. Handlungsfähigkeit durch ihre Vertreter.
E. Endigung.

A. Begriff.

Gewisse menschliche Einrichtungen, die zu dauerndem Zweck begründet sind, haben eine selbständige Vermögensfähigkeit. Dies ist nützlich, um den Bestand eines Verbandes von dem Wechsel seiner Mitglieder unabhängig zu machen und ein Vermögen, das allgemeinen Interessen gewidmet ist, für diesen Behuf auf immer zusammenzuhalten.

Solche Schöpfungen heißen juristische, im A.L.R. § 81 II, 6 moralische Personen. Ihre rechtliche Construction ist höchst streitig. Die ältere Doctrin, der auch Savigny anhing, fußte auf dem Satz, daß zu jedem Recht ein Subject gehöre. l. 2 D. 1, 5 ‚hominum causa omne jus constitutum est.' Sie blies daher gesellschaftlichen Einrichtungen, sobald dieselben zur Verwirlichung ihrer Ziele den vermögensrechtlichen Boden berühren, den Odem einer künstlichen Person ein. Dagegen erklärte sich Brinz, da fingirte Wesen nicht vorhanden sind und also keine Rechte haben können. Vielmehr sei das Vermögen der s. g. juristischen Person subjectlos; einzig aus dem Zweck, dem es dienen solle, folge seine rechtliche Gebundenheit und sein Schutz gegen Eingriffe Dritter.

Die Theorie des Zweckvermögens erscheint unhaltbar, denn Sachen, die Keinem zugehören und doch nicht herrenlos sind, bilden ein Räthsel, das sich mit den üblichen Mitteln der Rechtstechnik nicht lösen läßt. Andrerseits ist es unrichtig, die Fiction auf die Spitze zu treiben und einer angenommenen Person menschliche

Attribute wie Wille, Handlung, Schuld beizulegen oder sie gar über den Rahmen des Vermögensrechtes hinauszuheben. Nicht um ein „Aftersubject" handelt es sich, das freilich nur einer „Selbsttäuschung" sein Dasein verdanken könnte, sondern um die bloße Vorstellung einer Person, um dadurch eine sichere Handhabe für die vermögensrechtlichen Beziehungen zu gewinnen. ‚personae vice fungitur.' l. 22 D. 46, 1.

In diesem Sinne einer Gleichstellung mit Menschen läßt es sich verstehen, wenn man juristischen Personen anstatt eigner Willensbildung einen Ersatz durch ihre Organe innerhalb der ordnungsmäßigen Grenzen schafft.

Einen Mittelweg schlägt Jhering ein, welcher nur Dem Rechte zuspricht, der sie genießen könne, und deshalb das Subject des Vereins- bzw. Stiftungsvermögens in den Destinatären, d. h. den Theilnehmern oder Beneficiaten findet. Aber wohin würde dies führen, wenn ein Erblasser in rechtsgültiger Weise einen Theil seines Vermögens zur Pflege seiner Hunde bestimmt hätte!

B. Arten.

Die juristischen Personen zerfallen in Personen-Verbände (universitates personarum) und Stiftungen (universitates rerum). Dernburg fügt noch als dritte Gruppe die Anstalten hinzu, d. h. sachliche Einrichtungen wie Gymnasien, die sich von den Stiftungen dadurch unterscheiden, daß ihnen die Vermögens-Grundlage fehlen kann.

I. Zu den **Personen-Verbänden**, die man heute unter dem Namen „Corporationen" begreift, gehören: Staat, Gemeinden, Kirchen und zahlreiche Vereine, die zur Förderung mannigfacher Interessen gegründet sind.

a) Der Staat ist eine ideale Einheit; doch zur Vollführung der ihm gesetzten Aufgaben bedarf er pecuniärer Mittel, die ihm seine Unterthanen leisten. In dieser Sphäre heißt er Fiscus S. 98 und genießt wichtige Privilegien wie längere Verjährungsfristen, Zinsrechte, Vorzug im Concurse, Anfall erbloser Güter ꝛc. D. 49, 14 de jure fisci. Das öffentliche Wohl erheischt den ungefährdeten Eingang der Abgaben sowie die besondere Sicherung des Staatsvermögens gegenüber Beamten und Vertragsschuldnern. Freilich dürfen die fiscalischen Vorrechte, die in Rom auch dem Regenten und seiner Gemahlin zustehen l. 6 § 1 D. 49, 14, nicht über Gebühr erweitert werden, was man in dem ungenau gefaßten Satze ‚in dubio contra fiscum' vgl. l. 10 D. 49, 14 ausdrückte. In constitutionellen Staaten ist der Fiscus durch den Staatshaushalt beschränkt, der in Preußen für jedes Jahr im Voraus veranschlagt und jährlich durch Gesetz festgestellt wird. Pr.V.U. Art. 99. Im Reich ist es zulässig, das Budget für mehrere Jahre, aber in getrennten Anschlägen aufzustellen und durch Ein Gesetz durchzuführen. Etats-Ueberschreitungen bedürfen der nachträglichen Genehmigung (Indemnität) der Volksvertretung. Pr.V.U. Art. 104.

b) Communale Verbände: Provinzen, Kreise, Aemter, Städte und Landgemeinden (civitates l. 73 § 1 D. de leg I) dienen unter Aufsicht des Staates ähnlichen Interessen, obwohl geringeren Umfangs. Sie sind ebenfalls an einen bestimmten Bezirk gebunden, dessen Bewohner sie umfassen. In Rom werden sie in Bezug auf die Wiedereinsetzung in den vorigen Stand den Minderjährigen gleichgestellt l. 4 C. 2, 54 (53) und auch heute sind sie wegen ihrer Abgabenforderungen bevorzugt. R.K.O. § 41 Z. 1, § 54 Z. 2.

Die **Kirche** ist eine Gemeinschaft der christlich Gläubigen. S. 26. Sie äußert sich in einer Organisation, die nach katholischer Lehre eine von Gott eingesetzte Anstalt bildet, dagegen im evangelischen Sinne mehr auf weltlicher Satzung der Obrigkeit beruht. Ueber das Subject des Kirchengutes herrscht Streit. Während die Kanonisten zwischen dem Pabst als Vertreter der Gesammtkirche, dem Clerus und der einzelnen kirchlichen Anstalt schwanken, verleiht die protestantische Idee, der auch das A.L.R. § 160 ff. II, 11 folgt, der Kirchengemeinde Eigenthum unter Aufsicht der geistlichen Oberen. vgl. Syn.O. vom 10. Septbr. 1873 § 22, G. vom 20. Juni 1875 § 1 über die Vermögensverwaltung in den katholischen Kirchengemeinden u. s. w.

c) **Die Vereine** mit juristischer Persönlichkeit (collegia et corpora l. 1 § 1 D. 3, 4) sind Privatverbände zur Verfolgung materieller oder idealer Ziele. Ihr Gegenstand kann sich richten auf Erwerb durch Handel, Colonisation, Bergbau 2c.; auf wirthschaftliche Sicherung der Mitglieder sowie Schutz derselben gegen pecuniäre Noth und Gefahr durch Vorschuß-, Hülfs-, Sterbekassen; auf Hebung des Standesbewußtseins durch Innungen, Adelsverbände; auf Pflege von Kunst und Wissenschaft in Akademien, Universitäten, Schulen; selbst auf gesellige Unterhaltung in Casinos und Clubs (corpora sodalicia l. 1 pr., l. 4 D. 47, 22). Oft laufen öffentliche Interessen mit unter, wie Förderung der Landescultur, des Grundcredits durch Deich-, Wasser-, Wald-Verbände, Landschaften 2c. oder sociale Unterstützung des Arbeiterstandes gegen Krankheit, Unfälle und Alter durch Berufsgenossenschaften. Auch das religiöse Bewußtsein kann den Kitt zum Verbande abgeben, z. B. bei den Sekten innerhalb der Kirche, den jüdischen Synagogen-Gemeinden u. s. w.

Das Römische Recht hat die **Grenzen zwischen Corporationen** (namentlich privaten) **und Gesellschaften** scharf gezogen. Bei der Corporation knüpfen sich alle Rechte und Pflichten an die Gesammtheit, bei der Gesellschaft an die individuellen Theilnehmer. Daraus ergeben sich folgende Unterschiede:

1. Die Corporation **überdauert** den Wechsel ihrer Mitglieder, mögen darin befindliche ausscheiden oder neue hinzutreten. l. 7 § 2 D. 3, 4. A.L.R. § 48, § 177 II, 6. Dagegen zerreißt das spröde Band der Gesellschaft durch den Tod eines Theilnehmers und duldet weder die volle Uebertragung von Antheilen auf Andere, noch die Aufnahme neuer Socien.

2. Die Corporation hat eignes **Vermögen**, ohne daß daran die Mitglieder Miteigenthümer, Mitgläubiger oder Mitschuldner sind. l. 7 § 1 D. 3, 4. A.L.R. § 91 II, 6. Bei der Gesellschaft liegt Gemeingut der Theilnehmer vor, die auch persönlich für gesellschaftliche Schulden einstehen:

3. Die Corporation wird durch **Mehrheitsbeschlüsse** ihrer Mitglieder, die oft nach Art ihrer Antheile abstimmen, geleitet oder durch einen verfassungsmäßig bestellten **Vorstand** vertreten. l. 1 § 1–2, l. 7 pr. D. 3, 5. A.L.R. § 26, § 31 II, 6. In der Gesellschaft darf jeder Theilnehmer den Betrieb führen, doch steht den anderen ein Widerspruchsrecht zu.

4. **Die Corporation führt selbständige Processe, in denen ihren Mitgliedern keine Parteirolle obliegt.** Daher sind Mitglieder in Rechtsstreitigkeiten ihrer Corporation weder kraft des Gesetzes von der Ausübung des Richteramts ausgeschlossen, noch zur Verweigerung ihres Zeugnisses befugt, es sei denn, daß sie ein unmittelbares vermögensrechtliches Interesse am Ausgang haben. C.Pr.O. § 41 Z. 1, § 349 Z. 1, § 358 Z. 3. Die Gesellschafter klagen und werden als solche verklagt.

5. Die Corporation endigt nicht durch den Willen eines Mitgliedes; nur dieses scheidet nach rechtzeitiger Anmeldung aus: ohne das Recht, seinen Antheil am Corporationsvermögen herauszuverlangen, und mit der Pflicht, die vor seinem Austritt bereits beschlossenen Beiträge nachzuzahlen. A.L.R. § 103, §§ 182–188 II, 6. Bei der Gesellschaft kann jeder Theilnehmer in gehöriger Weise aufkündigen und Auseinandersetzung beanspruchen.

6. Bei Auflösung einer Privatcorporation fällt ihr Vermögen, wenn nicht Anderes durch Statuten oder Beschlüsse festgesetzt ist, an den Staat. A.L.R. § 192 II, 6. Die Gesellschafter theilen sich in ihr Vermögen nach Endigung der Societät.

Im deutschen Recht sind diese Grenzen nicht immer genau inne gehalten. Am Gemeindevermögen finden sich Sondernutzungen der Einzelnen und bei vielen Privatvereinen, die mit corporativer Verfassung ausgestattet sind, dringt die Societäts-Grundlage in wichtigen Beziehungen durch. Man hat für solche Mischungen aus corporativen und gesellschaftlichen Elementen, die auf mercantilem, agrarischem und wirthschaftlichem Gebiete vorkommen, den Namen „Genossenschaften" erfunden. Von ihnen wird an gebührender Stelle, besonders bei der Lehre von der Gesellschaft und im Gewerbe-, Handelsrechte näher die Rede sein.

II. **Stiftungen** sind einem nützlichen Zweck gewidmete Vermögen mit juristischer Persönlichkeit. Sie dienen der Humanität wie Hospitäler, Armen-, Waisen-, Findelhäuser (piae causae l. 45 § 3, l. 48 § 1 C. 1, 3) A.L.R. § 32–89 II, 19, oder der gemeinen Bildung und Erholung wie Gemäldegalerien, Bibliotheken, Volksgärten oder besonderen Familieninteressen des Stifters. Stiftungen, deren Genuß den Gliedern einer gewissen Familie zu Gute kommen soll, werden im Familienrecht ihre Erörterung finden. Den milden Stiftungen sind Administratoren gesetzt, welche das Vermögen bestimmungsgemäß verwalten und nach Außen vertreten. Häufig überweist der Stifter das Vermögen an den Staat oder an Gemeinden, kirchliche Institute, Unterrichtsanstalten, um deren jeweiligen Vorstehern die zweckdienliche, nur in Grundzügen angeordnete Verwendung anzuvertrauen. A.L.R. § 73 II, 6. Stiftungen, welche Culturzwecke fördern, haben rechtliche Vorzüge, z. B. sind letztwillige Zuwendungen zu milden Zwecken von den erbrechtlichen Formen und Abzügen befreit.

Heute haben Fiscus, Kirche und die damit verbundenen geistlichen Anstalten, wie Capitel, Seminare, ferner Universitäten und Schulen den Charakter des Personen-Verbandes fast ganz abgestreift und sind den Stiftungen gleichzustellen.

Mit Unrecht rechnet man die ruhende Erbschaft S. 77 hierher. Freilich wird der Wille des Erblassers als vorläufig fortbestehend und über dem Nachlaß schwebend gedacht l. 34 D. 41, 1, aber zur Annahme einer neuen juristischen Person fehlen die ihr eigenthümlichen Merkmale wie: allgemeiner dauernder Zweck und Vertretungsorgane.

C. Entstehung.

Sie setzt voraus einen der Personen-Vereinigung oder dem Stiftungsvermögen innewohnenden erlaubten und allgemeinen Zweck. Zur Bildung einer Privatcorporation hält man auf Grund der mißverstandenen l. 85 D. 50, 16 ‚tres faciunt collegium' das Zusammenwirken von mindestens drei Personen für nothwendig.

Sehr bestritten ist das Erforderniß der Staatserlaubniß. Aus den römischen Quellen kann nicht erwiesen werden, daß eine eigne Verleihung der Corporationsrechte stattfand. Nur aus politischen Gründen verbot die ängstliche Kaisergesetzgebung Vereine oder machte ihren Bestand von vorgängiger Prüfung durch den Senat oder Staatsrath abhängig. D. 47, 22 ‚de collegiis et corporibus'. Auf diese polizeiliche Concession, die nicht gemeinrechtlich ist, beziehen sich die Worte des Gajus in l. 1 § 1 D. 3, 4 ‚quibus permissum est, corpus habere'. Für Stiftungen genügte schon in Rom die unter Lebenden oder letztwillig erklärte Absicht des Begründers, falls er zugleich für eine regelmäßige Verwaltung Sorge traf. Die in nov. 67 und 131 c. 7 erwähnte Einsegnung eines Kirchenbaus, welche der Bischof vollziehen soll, hat eine bloß ceremonielle Bedeutung (Consecration). Trotzdem erklärt sich Savigny für staatliche Gewährung der juristischen Persönlichkeit, vornehmlich um der äußern Ordnung willen. Allein abgesehen davon, daß der Staat selbst eine künstliche Person ist und es Verbände wie Gemeinde und Kirche giebt, die älter als der Staat sind — läßt sich das Ziel der Rechtssicherheit auch durch Eintragung in öffentliche Register erreichen. Dies ist der Fall im H.G.B. Art. 211 für Actiengesellschaften, welche den Corporationen sehr nahe kommen. Jedoch nach neuen Reichsgesetzen ertheilt der Bundesrath selbständige Vermögensfähigkeit an Innungsverbände Novelle vom 23. Apr. 1886 zur R.G.O. § 104h und an deutsche Colonialgesellschaften in den Schutzgebieten. R.G. vom 15. März 1888.

Das A.L.R. § 25 II, 6 fordert für Privatcorporationen staatliche Genehmigung, die nur gewährt werden darf, wenn es sich um einen fortdauernden, gemeinnützigen Zweck handelt. Sie erfolgt in Form eines landesherrlichen Privilegiums. Das von der Pr.V.U. Art. 31 verheißene Gesetz über die Bedingungen, unter welchen Corporationsrechte ertheilt oder verweigert werden, steht noch aus. Ebenso bedürfen nach G. vom 23. Febr. 1870 Stiftungen, durch welche eine neue juristische Person ins Leben gerufen werden soll (mit Ausnahme von Familienstiftungen), der Erlaubniß Seitens des Königs oder der von ihm dazu bestimmten Behörde.

D. Rechts- und Handlungsfähigkeit.

I. Die Rechte, welche eine juristische Person haben kann, beschränken sich auf das **Gebiet des Vermögensrechtes.** Nur in übertragenem Sinne spricht man von einer Adoption, Vormundschaft durch den Staat oder nennt die Fusion zweier Privat-Verbände eine Heirath. Namen und Abzeichen (Firma), welche sich eine juristische Person erwählt, verdienen Schutz. Insofern ist eine Beleidigung durch Gefährdung ihres Credits denkbar. St.G.B. § 186. Erbfähigkeit kommt ihr zu, sowohl in Folge testamentarischer Berufung, als kraft des Gesetzes gegen ihre eignen Mitglieder, die ohne Testament und ohne Verwandte versterben, z. B. Kirche gegen ihre Geistlichen l. 20 C. 1, 3, privilegirte Zünfte gegen ihre Angehörigen. l. 1–5 C. 6, 62. Ein Domicil hat sie an dem Sitz ihrer Verwaltung C.Pr.O. § 19–20. Das dort befindliche Gericht ist nach C.Pr.O. § 23 auch für solche Klagen zuständig, welche von ihr gegen ihre Mitglieder als solche oder von den Mitgliedern in dieser Eigenschaft gegen einander erhoben werden.

Im Einzelnen besteht das Vermögen einer juristischen Person aus Eigenthum, dinglichen Rechten, Forderungen und Schulden. Ob sie sich für Befugnisse eignet, die auf den persönlichen Bedarf eines Menschen zugeschnitten sind, wie Usus, Alimentation 2c. muß mit Fug bezweifelt werden. Zwischen den Gütern der Gesammtheit und denen ihrer Theilnehmer herrscht eine strenge Scheidelinie. Daher sind Servituten der Mitglieder an Sachen der Corporation und umgekehrt zuläßig. Der Verband kann mit seinen Mitgliedern Rechtsgeschäfte abschließen und einzelnen durch gültige Beschlüsse besondere Vergünstigungen einräumen, die in gleicher Weise abänderlich und widerruflich sind. A.L.R. § 70 II, 6. Der Schuldner einer Corporation darf nicht mit seinen Gegenforderungen gegen eins der Mitglieder aufrechnen.

Das Pr.G. vom 23. Febr. 1870 beschränkt die Erwerbsfähigkeit juristischer Personen mit Ausnahme der Familienstiftungen. Schenkungen und letztwillige Zuwendungen an in- und ausländische juristische Personen bedürfen zu ihrer Gültigkeit, falls sie den Werth von 3000 ℳ übersteigen, der staatlichen Genehmigung. Dieselbe ist stets erforderlich für Zuwendungen an eine inländische juristische Person, wenn das Vermögen andern als ihren bisher genehmigten Zwecken gewidmet werden soll.

II. Die juristische Person hat die Bestimmung, den ihr beigelegten **Zweck zu verfolgen.** Zu diesem Behuf erhebt die Corporation von ihren Mitgliedern entsprechende Beiträge, während das Stiftungsvermögen in sich die Erfüllung des Ziels verbürgt. Dem Staat liegt eine Aufsicht ob, damit die juristische Person sich in ihrem Geleise halte und nicht ihren dauernden Zweck Privatinteressen der zeitigen Theilnehmer aufopfere. So verlangt das A.L.R. Staatserlaubniß zur Erhöhung alter oder Auflage neuer Beiträge, für Erwerb, Veräußerung und Verpfändung von Immobilien, zur Eingehung von Schulden, für welche die Substanz oder die Nutzungen des unbeweglichen Vermögens auf länger als ein Jahr haften sollen. § 64–67, § 83–85, § 107 II, 6.

Eine Veränderung der Grundlagen, auf denen die juristische Person errichtet ist, darf nicht stattfinden, es sei denn, daß der Staat zur Abstellung von Mißständen einschreitet. Sind bei der Begründung gewissen Personen, auch Verbandsgliedern Vorzüge z. B. in der Nutzung des Vermögens, im Einfluß auf die Verwaltung 2c. zugesichert worden, so können diese Sonderrechte (jura singulorum) den Betheiligten nicht ohne ihre Einwilligung genommen werden. Vgl. A.L.R. § 68, § 74–80 II, 6.

III. Die Corporation besitzt in ihrer **Mitglieder-Versammlung** eine lebendige Triebfeder. Dagegen ist der Stiftung durch den Willensact ihres Gründers ein mehr fester Weg vorgezeichnet. Die Versammlung, welche vom Vorstand oder der Aufsichtsbehörde gehörig d. h. rechtzeitig und mit Angabe der Tagesordnung einzuberufen ist, beschließt in der Regel mit einfacher Mehrheit der abgegebenen gültigen Stimmen. l. 160 § 1 D. 50, 17. Die Vorschrift in l. 3 D. 3, 4 und l. 3 D. 50, 9, daß zur Beschlußfähigkeit einer Versammlung die Anwesenheit von zwei Drittel sämmtlicher Mitglieder gehöre, bezog sich auf den Decurionen-Rath und ist heute unanwendbar. Doch hält sie das A.L.R. § 51–63 II, 6 für den Fall fest, daß eine außerordentliche Versammlung ohne ausdrückliche Angabe der Tagesordnung berufen wurde.

Die juristische Person kann eine Verfassung haben (universitas ordinata). Häufig beruht dieselbe auf einem Gesetz, das Grundzüge einer bestimmten Ordnung aufstellt, z. B. für Gemeinden S. 21, für Innungen vgl. R.G.O. § 98 a. Innerhalb dieses Kreises bleibt noch ein Spielraum, der sich nach Bedürfniß durch Statuten und Observanzen S. 167 ausfüllen läßt. Die Verfassung regelt insbesondere die Art, wie die Generalversammlung zusammentritt und beschließt, sie normirt die Rechtsverhältnisse zwischen der Gesammtheit und den Mitgliedern, sie sorgt für die äußere Leitung durch Vorstand und Beamte. Im A.L.R. § 137–146 II, 6 soll die Corporation wenigstens „einen" Vorsteher haben, welchem der innere Betrieb obliegt. Einer Stiftung giebt ihr Gründer die Organisation.

IV. Die **Handlungsfähigkeit** juristischer Personen ist in Rom nicht zu voller Anerkennung gelangt, weil ihnen der natürliche Wille fehlt ‚quia universi consentire non possunt'. l. 1 § 22 D. 41, 2. Nur aus Zweckmäßigkeit ließ man Besitz-, Eigenthums- und Erbschafts-Erwerb durch ihre Vertreter zu l. 2 D. 41, 2, l. un. § 1 D. 38, 3, auch erlaubte man ihnen, Processe durch einen hierzu ernannten Syndicus zu führen.

Heute ist gemeine Meinung, daß ihr Wille durch die für diesen Fall erwählten oder ständig bestellten Vertreter ersetzt wird. Dieselben handeln innerhalb des ihnen zugewiesenen Geschäftskreises für die juristische Person. Ihre Delictsfähigkeit wird in den allgemeinen Lehren des Obligationenrechtes bei Gelegenheit des Schadensersatzes untersucht werden. Nach C.Pr.O. ist in Processen der juristischen Person ihr Vorstand bzw. der diesem beigeordnete, meist rechtsgelehrte Syndicus legitimirt; an diesen erfolgen die Zustellungen § 169, ihm liegt die Ableistung von Eiden ob. § 410.

Das A.L.R. folgt gleichen Anschauungen, doch beschränkt es die mit Ausübung der äußeren Gesellschaftsrechte betrauten Repräsentanten einer Corporation in der selbständigen Eingehung solcher Geschäfte, die auf Veräußerung, Verpfändung von Grundstücken oder die Verbindlichkeit der Mitglieder zu neuen Beiträgen hinauslaufen § 114–136 II, 6; unter den besonderen Beamten der Corporation hebt es hervor den Verwalter der Güter und den zur Betreibung von Rechtsangelegenheiten bestimmten Syndicus. § 147–176 II, 6.

E. Endigung.

Der private Personen-Verband erlischt mit dem Wegfall „aller“ Mitglieder l. 7 § 2 D. 3, 4, A.L.R. § 177–179 II, 6; die Stiftung mit dem gänzlichen Verlust ihres Vermögens.

Die Corporation kann selber ihre Auflösung beschließen, soweit darin keine Beeinträchtigung der Rechte Dritter liegt. Dieser Beschluß wird in den sonst üblichen Formen gefaßt, es sei denn, daß Gesetz oder Statut eine Erschwerung — z. B. im A.L.R. § 180–181 II, 6 Einhelligkeit sämmtlicher Mitglieder — vorschreiben. Eine Staatserlaubniß ist erforderlich, falls diese zur Errichtung des Verbandes gehörte oder ein öffentliches Interesse für seinen Weiterbestand in Betracht kommt.

Staat, Gemeinden und Kirche dürfen die von ihnen erschaffenen und abhängigen Einrichtungen, wie Universitäten, Filialkirchen, Alumnate umgestalten oder, wenn es zweckdienlich erscheint, ganz zurücknehmen.

Dem Staat steht es kraft seiner Oberaufsicht zu, Vereine und Stiftungen, deren Zweck im Laufe der Zeiten wegfiel, unerreichbar, sinnwidrig oder gar gemeinschädlich wurde, zu reformiren oder aufzuheben. A.L.R. § 189–190 II, 6.

Bei Untergang einer juristischen Person fällt das freigewordene Vermögen Mangels anderweiter Bestimmung dem Staat — bei Innungen nach R.G.O. § 94, § 103a der Gemeinde — anheim, aber mit der namentlich bei Stiftungen praktischen Verpflichtung, dasselbe zu einem ähnlichen Zwecke zu verwenden. A.L.R. § 192–202, II, 6.

§ 60.

Stellvertreter.

A. Nach dem Grunde: gesetzliche und freiwillige Vertreter.
B. Nach der Ausübung: unvollkommene und vollkommene Vertreter.
C. Nach der Wirkung: directe und indirecte Vertreter.

Stellvertretung ist die befugte und absichtliche Vornahme von Rechtshandlungen für Andere. Sie wird nach ihrem Grunde, nach ihrer Ausübung und Wirkung eingetheilt.

A. Nach dem **Grunde** ihrer Befugniß sind die Stellvertreter gesetzliche oder freiwillige. Der *gesetzliche* Vertreter ist durch sein Amt berufen, für handlungsunfähige Personen im Geschäftsleben aufzutreten, sei es in allen darauf bezüglichen Handlungen, sei es bloß in denen, welche eine Uebernahme von Pflichten oder eine Aufgabe von Rechten in sich schließen. Dazu gehören Vormünder, Pfleger für solche Menschen, die durch ihr Alter, ihre geistigen oder körperlichen Gebrechen 2c. vgl. S. 177 ff. an der Besorgung ihrer Rechtsangelegenheiten gehindert sind, und Repräsentanten juristischer Personen. S. 195. Der *freiwillige* Vertreter stützt sich auf eine Ermächtigung von Personen, die an sich völlig handlungsfähig sind, aber für einzelne Geschäfte (speziell) oder für einen Complex derselben (generell) eine Verkehrserleichterung erstreben.

B. Nach der **Ausübung** heißt die Stellvertretung eine vollkommene oder unvollkommene, je nachdem sie in fremdem oder eignem Namen geschieht. Das Römische Recht kennt nur unvollkommene Vertreter, die für Rechnung ihres Herrn, jedoch im eigenen Namen auftraten. Die deutsche Rechtsanschauung hat vornehmlich im Gebiet des Vermögensrechtes die vollkommene Stellvertretung ausgebildet. Danach schließt der Vertreter, wie aus seiner Erklärung oder den Umständen hervorgeht, im Namen seines Herrn ab, dessen Willen er neu bildet und zum Ausdruck bringt.

C. Nach der **Wirkung** ist die Stellvertretung eine directe oder indirecte. Der directe Vertreter nimmt zwar die Rechtshandlung vor, aber durch den ordnungsmäßigen Abschluß wird der Principal unmittelbar gegenüber dem Dritten berechtigt bzw. verpflichtet. Der indirecte Vertreter trägt für sich alle Folgen des Geschäfts, und erst aus seinem Verhältniß zum Herrn erwachsen diesem Rechte und Pflichten zum Dritten. In Rom war die directe Stellvertretung nur beim Besitz- und Eigenthumserwerb anerkannt; im Obligationenrecht half man sich durch künstliche Constructionen, die an der betreffenden Stelle ihre Erörterung finden sollen. Die heute übliche vollkommene Stellvertretung zieht ihrer Natur gemäß directe Folgen nach sich.

Dritter Titel.

Sachen.

§ 61.

Bestandtheile des Vermögens.

Das Vermögen, welches sich aus Sachen und Rechten zusammensetzt, befindet sich in einem steten Wechsel der Werthe, solange es nicht durch eine rechtliche Beziehung zu Andern gebunden wird. Aus ihm können Sondervermögen ausscheiden.

Vermögen im juristischen Sinne vgl. S. 45 umfaßt alle geldwerthen, der rechtlichen Herrschaft einer Person unterworfenen Güter. Dies können sein: sowohl die räumlich greifbaren im Eigenthum bzw. Ersitzungsbesitz einer Person befindlichen Sachen ‚res corporales, quae tangi possunt' Gaj. II § 13 als auch ihre Rechte wie Servituten, Pfandrechte, Obligationen, Erbansprüche. Letztere nennt man um des Gegensatzes willen unkörperliche Sachen ‚res incorporales'. Gaj. II § 14.

Das A.L.R. § 1–3 I, 2 versteht unter „Sache" Alles, was Gegenstand eines Rechtes oder einer Verbindlichkeit sein kann, und in engerer Bedeutung den selbständigen Gegenstand eines dauernden Rechtes.

Das Vermögen befindet sich in stetem Wechsel. Sachen und Rechte scheiden aus, andere treten ein. Im geschäftlichen Verkehr vollzieht sich diese Veränderung als ein Umsatz von Werthen. Man giebt Geld hin, um dafür Sachen und Rechte einzutauschen oder man empfängt Geld für die Veräußerung des Eigenthums an Sachen, für die Ueberlassung ihres Gebrauchs auf Zeit, für die Uebernahme von Pflichten. Soweit sich Sachen sofort auf dem Markt, im Handel realisiren lassen, heißt ihr Werth ein gemeiner (verum, commune rei pretium); doch können sie für den Berechtigten einen besondern, auf seinem zeitigen Bedürfniß beruhenden Werth (pretium singulare) haben, welcher bei Ersatz eines schuldhaft zugefügten Schadens und bei der Zwangsenteignung berücksichtigt wird. Dagegen bleibt der Werth der Vorliebe (pretium affectionis), welcher in unschätzbaren Launen und Neigungen des Eigenthümers wurzelt, außer rechtlichem Betracht.

Das übertragbare Vermögen einer Person kann dadurch, daß es in rechtliche Beziehung zu Dritten tritt, diesen nach Maßgabe eines bestimmten Zeitpunktes gebunden werden. So entscheidet bei Abtretung eines Vermögens gegen die Pflicht lebenslänglicher Verpflegung (Leibzucht) die Zeit des Abschlusses, während die römische Generalverpfändung außer den vorhandenen Gütern auch den zukünftigen Erwerb umfaßt l. 34 § 2 D. 20, 1, l. 9 C. 8, 17 (16), und Erbverträge erst auf den Bestand am Todestage abzielen.

Das Vermögen erfährt mit dem Tode des Inhabers eine Umgrenzung. Es wird als Nachlaß (hereditas) so lange zusammengehalten, bis der Uebergang an den Erben erfolgt. Innerhalb dieses Rahmens findet eine Vertretung der Güter durch andere an ihre Stelle gelangten Werthe Statt (Subrogation) ‚pretium succedit in locum rei, res in locum pretii'. l. 20 § 17 D. 5, 3. Dem Erben steht, weil er die Person des Erblassers fortsetzt, eine Universalklage zu, welche nicht einzelne Dinge, sondern das Ganze oder einen Bruchtheil desselben (pars aliquota) betrifft. l. 18 § 2, l. 19 pr. D. 5, 3. Doch darf der Erbe, obwohl ihm das Ganze zugesprochen wird, nur die rechtlich zum Nachlaß gehörigen Theile bzw. deren Werthsurrogate behalten und nicht Sachen, welche bloß der natürlichen Verfügung des Erblassers unterlagen.

Häufig veranlassen wirthschaftliche Gründe den Inhaber eines Vermögens, Sachen und Rechte daraus zu entnehmen und zu einer Einheit zu verbinden. Sondervermögen der Art sind: das Peculium, die Mitgift, nach H.G.B. die Einlage in die offene Handelsgesellschaft Art. 122, das Schiffsvermögen des Rheders Art. 452. Sowie das Sondervermögen am Rechtsverkehr theilnimmt, geht es seinen eignen ökonomischen Weg; es verändert sich, wächst und schwindet, ohne seinen selbständigen Charakter zu verlieren. l. 40 pr. D. 15, 1 ,peculium nascitur, crescit, decrescit, moritur, et ideo eleganter Papirius Fronto dicebat. peculium simile esse homini'. Daher haften Peculium, Gesellschafts-, Schiffsvermögen den Gläubigern, die daraufhin borgten, auch wenn sich die ursprünglichen Bestandtheile in andere Werthe gewandelt haben. Ebenso verhält es sich mit der Mitgift, deren Substanz nach Lösung der Ehe herausgegeben werden muß. Insofern spricht l. 20 § 10 D. 5, 3 von einer Aehnlichkeit des Sondervermögens mit der Erbschaft, doch erscheint eine weitere Uebertragung der Grundsätze von der Subrogation und der Universalklage unstatthaft.

Das Vermögen im Ganzen oder in Quoten, sofern es durch ein Rechtsverhältniß zu Dritten eine feste Gestalt annimmt, die Erbschaft sowie das Sondervermögen bezeichnet man, weil darin Rechte und Sachen zu einer wirthschaftlichen Einheit zusammenfließen, als universitas juris bzw. jurium.

Das A.L.R. § 33–39 I, 2 braucht den Ausdruck „Inbegriff" und nennt ein Verzeichniß der dazu gehörigen Stücke „Inventarium". § 104 I, 2.

§ 62.

Bewegliche und unbewegliche Sachen.

A. **In Rom** beruht diese Eintheilung körperlicher Sachen auf der Möglichkeit ihrer Ortsveränderung.

Beweglich (mobiles, moventes l. 193 D. 50, 16) sind diejenigen Sachen, welche unbeschadet ihrer Wesenheit von einer Stelle zur andern geschafft werden können oder sich wie Thiere und Sclaven durch ihre eigne Lebenskraft bewegen. Auf die Schwierigkeit des Transportes kommt es nicht an. Daher gehören zu den Mobilien: schwere Festungsgeschütze, Kauffahrteischiffe, die zum Erwerb durch Seeschiffahrt dienen l. 20 § 4 D. 43, 24, Schiffsbrücken, selbst Häuser, falls sie sich zerlegen oder auf andere Art versetzen lassen.

Unbeweglicher Natur (res soli Gaj. II § 54) ist der Grund und Boden sowie Alles, was fest mit ihm organisch oder mechanisch zusammenhängt (solo cohaeret), z. B. arbores stantes l. 40 D. 19, 1, ,quod solo inaedificatur' l. 7 § 10 D. 41, 1. Grundstück (fundus im weitesten Sinne l. 211 D. 50, 16) heißt ein begrenzter Theil des Erdkörpers, sei es ein Gebäude (aedes, villa), sei es ein Boden, der als Stätteplatz (area) als Wiese oder Feld (ager — auch fundus in engerer Bedeutung Gaj. II § 42) verwandt wird. l. 27 pr. l. 60 D. 50, 16. Die Grundstücke zerfallen — besonders mit Rücksicht auf die daran hängenden Grundgerechtigkeiten — in städtische (praedia urbana) und ländliche (rustica), wobei es nicht auf ihre Lage, sondern die wirthschaftliche Bestimmung ankommt. l. 1 pr. D. 8, 4. Zu den städtischen zählen: Häuser mit ihren Ziergärten, Remisen, Höfen 2c., ferner Magazine, Stallungen, Bau- und Lagerplätze l. 4 § 1 D. 20, 2, dagegen zu den ländlichen: Aecker, Triften, Weinberge, Wälder, Parkanlagen 2c. l. 198 D. 50, 16. Ackerstellen in der Stadt heißen praedia suburbana. l. 1 § 2 D. 27, 9.

Die rechtliche Behandlung von Mobilien und Immobilien ist fast die gleiche; geringe Unterschiede kommen vor beim Besitz, der Ersitzung, im Dotal- und Vormundschaftsrecht; Furtum und wohl auch Depositum setzen eine Mobilie voraus.

B. **Das deutsche Recht** nennt die bewegliche Habe „Fahrniß," die liegenden Güter „Eigen oder Erbe." Die Grenze war schwankend, da man sie weniger in der innern Natur der Sache, als in zufällig hervortretenden Eigenschaften fand. Nach einigen Rechtsbüchern wird Fahrniß durch das Sprüchwort charakterisirt „was die Fackel verzehrt, der Wind bewegt" und Eigen mit den Worten geschildert „was die Sonne bescheint." In diesem Sinne zog man Holzhäuser, Bäume im Erdreich zur Fahrhabe, und andrerseits Heerden, Frachtschiffe zum Erbe. Der Unterschied war nach deutscher Rechtsidee, welche den Boden als Quell aller politischen Rechte im Mannsstamm der Familie erhalten wollte, von höchster Wichtigkeit. Für den Grundbesitz galten in Bezug auf Veräußerung, Verschuldung, Erbgang u. s. w. Formen und Beschränkungen, welche dem freien Mobiliarverkehr fremd blieben.

C. **Das gemeine Recht** hat die römische Eintheilung angenommen, aber dem deutschen Rechtsgedanken gemäß die Gebrauchsüberlassung, Eigenthumsübertragung, Belastung von Grundstücken abweichenden Regeln unterworfen. Das Bedürfniß, diese Rechtssätze auch auf unkörperliche Sachen anzuwenden, führte zu einer Spaltung des Vermögens in ein bewegliches und unbewegliches. Doch ist man über den Kreis derjenigen Vermögensrechte, denen immobiliare Eigenschaft zukommt, durchaus nicht einig. Sicherlich gebührt sie dem Eigenthum an Grundstücken, der Emphyteuse und Superficies, den Grundgerechtigkeiten, nach deutscher Auffassung auch Bergbaurechten, Reallasten, Bannrechten — aber mit Unrecht rechnet man alle dinglichen Rechte an Grundstücken hinzu wie Nießbrauch, Pfandrecht, sogar den persönlichen Anspruch auf Uebereignung der Immobilie.

D. **Das preußische Recht** folgt dem gemeinen. Unter Landgütern versteht das A.L.R. § 48 I, 2 solche, die zum Betriebe des Ackerbaus und der Viehzucht gebraucht werden. Für die Bezeichnung einzelner Mobilien wie Effecten, Juwelen, Equipage 2c. giebt es § 11–30 I, 2 umständliche Auslegungsregeln, die freilich dem heutigen Sprachgebrauch nicht mehr entsprechen. Bewegliche Zubehörstücke von unbeweglichen Sachen, namentlich das landwirthschaftliche Gutsinventar zählt es § 10 I, 2 zum Immobiliarvermögen. Dies gilt nach G. vom 5. Mai 1872 bezüglich der Verpfändung und nach G. vom 13. Juli 1883 betreffs der Zwangsvollstreckung. In gleichem Sinne erwähnt das letztere Gesetz § 1 Z. 4 die Kauffahrteischiffe. vgl. Pr.Einf.G. Art. 59. zum H.G.B. Rechte nennt das A.L.R. § 8 I, 2 unbeweglich, falls ihre Ausübung mit dem Besitz einer Immobilie verbunden ist. Außerdem ist einer Reihe von Befugnissen durch besondere Bestimmung immobiliare Eigenschaft beigelegt: dem s. g. Bergwerkseigenthum G. vom 24. Juni 1865, den älteren Kuxen § 253 II, 16, den Schiffmühlen, auch selbständigen Fähr-, Fischerei- und den Apothekergerechtigkeiten. G. vom 24. Octb. 1810.

§ 63.

Verbrauchbare Sachen.

Sachen, welche die Bestimmung haben, durch den Gebrauch zerstört zu werden, heißen consumtibel, verzehrbar ‚quae in abusu continentur'. Dazu gehören im natürlichen Sinne alle Lebens- und Genußmittel wie Wein, Oel, Getreide, Cigarren, in rechtlicher Bedeutung auch das Geld, weil es zur Verausgabung dient und dadurch für den Eigenthümer untergeht. § 2 J. 2, 4. A.L.R. § 120 I, 2. Den verbrauchbaren Sachen stehen gleich die abnutzbaren, welche durch wiederholten Gebrauch in kurzer Zeit dahinschwinden, wie Papierwäsche, Alltagskleider. An solchen Sachen ‚quae usu consumuntur vel minuuntur' ist nur ein uneigentlicher Nießbrauch denkbar, welcher dem Berechtigten Eigenthum mit freier Verfügung giebt, ihm aber die Pflicht auflegt, nach beendigtem Rechtsverhältniß eine gleich gute Menge zurückzuliefern.

§ 64.

Vertretbare Sachen.

Sachen, welche innerhalb derselben Gattung einander derart vertreten, daß eine für die andere geleistet werden kann, heißen fungibel ‚quia in genere suo functionem recipiunt per solutionem'. l. 2 § 1 D. 2, 1. Da sie nach Gewicht, Zahl oder Maß bestimmbar sind, nennt man sie auch Quantitäten ‚pondere, numero, mensura constant'. Gaj. III § 90. Ihren Gegensatz bilden die speciellen Sachen, welche sich durch ihre Individualität einzeln abheben.

Welche Sachen vertretbar sind, hängt von Verkehrsgebräuchen ab. Heute hat sich ihr Kreis durch den fabrikmäßigen Betrieb bedeutend erweitert. Hauptsächlich gehört dazu Geld, das vom Staat als Werthmesser des Vermögens, als allgemeines Zahlungsmittel anerkannt ist. Die dem Gelde innewohnende Vertretbarkeit können die Parteien höchstens unter sich aufheben, indem sie an Geldstücken als solchen ein Commodat (ostentationis causa l. 3 § 6 D. 13, 6) oder ein Depositum (in arca l. 30 § 6 D. de leg. I) verabreden. Aehnlich verhält es sich mit Getreide, Oel, Spiritus, Tabak, die in bestimmten gleichartigen Mengen auf dem Markt, an der Börse gehandelt werden. Auch Werthpapiere, welche den Anspruch auf eine Geldsumme oder eine Quantität solcher börsengängiger Waaren in einer Urkunde verkörpern, sind fungibel, soweit gleichlautende Abschnitte in Betracht kommen. Außer Curs gesetzte Inhaberpapiere, einberufene Banknoten behalten innerhalb dieses eingeschränkten Rahmens ihre Vertretbarkeit. Durch seine Nummer kann ein Werthpapier, z. B. Lotterieloos, individuelle Bedeutung gewinnen. Umgekehrt liegt es im Belieben der Parteien, Sachen, die sonst als specielle gelten, nach ihrem Gattungsbegriff zu bezeichnen, z. B. zehn Pferde dänischer Race oder aus meinem Stall und ihnen dadurch für das betreffende Geschäft eine gewisse Vertretbarkeit zu verleihen. A.L.R. § 275 I, 5.

Verbrauchbare Sachen sind nicht immer fungibel, z. B. eine Flasche Wein aus einem selten gewordenen Jahrgang. Bedarfsartikel, die in Massen feil gehalten werden, wie Bücher, Kleidungsstücke, verlieren ihre Vertretbarkeit, wenn sie in der Hand des Erwerbers zur Verwendung gelangen.

Auf dem Verkehr in Fungibilien beruht das Obligationenrecht. Dem Vertrauen des Gläubigers, welcher derartige Sachen dem Schuldner zum Eigenthum überließ, in der Erwartung einen gleichen Vermögenswerth (tantundem) zurückzuempfangen, entspricht eine strenge Klage. l. 2 § 3 D. 12, 1. vgl. C.Pr.O. § 555, § 628, § 702 Z. 5.

§ 65.

Theilbare Sachen.

Sachen heißen theilbar, wenn sie sich in mehrere selbständige Ganze zerlegen lassen. l. 25 § 1 D. 50, 16. Dies geschieht bei Grundstücken mittelst Abgrenzung, die aber Gebäude bloß vertical nach Grundmauern und nicht horizontal nach Stockwerken l. 6 § 1 D. 8, 4 treffen kann, bei Mobilien mittelst wirklicher Spaltung. l. 8 D. 6, 1, l. 19 pr D. 10, 3. Während von Natur aus eine körperliche Theilung fast aller Sachen möglich erscheint, wird sie vom Recht bisweilen Miteigenthümern aus praktischen Gründen versagt. Im Rechtssinne gelten nur solche Sachen als theilbar (dividuae), deren Trennstücke dem Ganzen gleichartig bleiben und einen verhältnißmäßigen Werth behalten. Dagegen werden Sachen als untheilbar (indivisae) angesehen, die durch Zerlegung eine Zerstörung ihres Wesens oder eine erhebliche Verminderung ihres Werthes erleiden würden, z. B. Bildsäulen, Perlen. l. 26 § 2 D. de leg. I. A.L.R. § 41 I, 2.

Das Gesetz kann besondere Theilungsverbote aufstellen. So hinderte das deutsche Recht die Parcellirung von Bauernhöfen theils aus fiscalischem Interesse, um die Erhebung von Grundabgaben zu erleichtern, theils aus wirthschaftlichen Rücksichten, um eine unmäßige Zersplitterung des Grundbesitzes zu verhüten. Solche Güter nannte man geschlossene im Gegensatz zu den fliegenden oder walzenden. Heute herrscht in der Regel volle Parcellirungsfreiheit. Die Pr. Gemeinheits=Theilungs=O. vom 7. Juni 1821 § 109 verbietet die Zerlegung gemeinschaftlicher Waldungen, wenn sich die Theile nicht zur forstmäßigen Benutzung, zur Acker= oder Wiesen=Cultur eignen. Das H.G.B. Art. 207 Abs. 3 erklärt Actien für untheilbar.

Die juristische oder ideelle Theilung bezieht sich auf das Recht an der Sache, die selbst ganz und untheilbar bleibt ‚juris intellectu non divisione corporis'. l. 66 § 2 D. de leg. II. l. 5 D. 45, 3. Intellectuelle Theile (partes indivisae) sind auch an solchen Sachen denkbar, deren reelle Spaltung an gesetzlichen Verboten scheitert. l. 35 § 3 D. 6, 1.

§ 66.

Zusammengesetzte und Gesammtsachen.

Die römische Rechtswissenschaft unterschied auf Grund der stoischen Philosophie: einfache Sachen (ἡνωμένον unitum), zusammengesetzte (συνημμένον connexum) und Gesammtsachen (quod ex distantibus constat). l. 30 pr. D. 41, 3.

Zusammengesetzte Sachen (res compositae) bestehen aus mehreren noch erkennbaren Dingen, welche in mechanischer Weise zu einem selbständigen Ganzen verbunden sind, z. B. Häuser, Schiffe. Die Bestandtheile dieser s. g. universitas rerum inter se cohaerentium heißen integrirende, weil ihre Absonderung das Ganze auflöst und meist auch, z. B. bei kunstvoll gebauten Maschinen eine Werthseinbuße nach sich zieht. l. 23 pr. D. 41, 3. Das Ganze wird rechtlich wie „eine" körperliche Sache betrachtet, und behält seine Wesenheit, trotzdem sich die einzelnen Theile durch Ausbesserung erneuen. l. 76 D. 5, 1. Nur an fremden Sachen, welche der Besitzer eines Ganzen in dasselbe einfügte, dauern sein getrennter Besitz, sowie das Eigenthum des Dritten fort. l. 30 § 1 D. 41, 3.

Einfache Sachen (res unae, singulares) bilden einheitliche Organismen, die meist auf natürlichem Wege entstehen, z. B. Diamanten, Thiere. Es kommt vor, daß einfache Sachen, ohne ihren Charakter zu verlieren, fremde Körper in sich aufnehmen, die mit ihnen völlig verschmelzen, z. B. das einem Blumentopf aufgepfropfte Reis, der einer Metallfigur kunstgerecht angesetzte Arm. l. 23 § 5 D. 6, 1. Flüssigkeiten, die sich in demselben Gefäß vereinigen, Getreidekörner, die zu einem Haufen vermengt sind, werden dadurch zu einer einheitlichen Masse. l. 3 § 2 D. 6, 1. Von dem Eigenthumsverhältniß, falls zu der Masse fremde Sachen hinzukamen, wird im Sachenrecht bei Gelegenheit der Verbindung die Rede sein.

Der Verkehr faßt Gesammtheiten aus mehreren gleichartigen körperlichen Sachen, die an sich selbständig bleiben, als Einheit unter einem Collectivnamen zusammen. Solche Gesammtsachen heißen universitates rerum distantium. Die Menge ist entweder eine durch die Lebensgewohnheiten bestimmte, z. B. ein Paar Handschuhe, ein Viergespann, oder sie beruht auf willkürlicher Anordnung des Besitzers, z. B. bei einer Heerde, Bibliothek. Im letzteren Falle erstreckt sich die Gesammtheit auch auf später hinzukommende bzw. eingereihte Stücke. Selbst unter einander verschiedene Sachen, die aber einem gemeinsamen wirthschaftlichen Zweck dienen, können zu einem Collectivganzen verbunden werden, z. B. Waarenlager, Gutsinventar, Wohnungsmobiliar. So versteht der Ssp. I, 22 und 24 unter Mußtheil Gerade die verzehrbaren Vorräthe und Wirthschaftsgeräthe, welche aus dem Nachlaß des Mannes an seine Ehefrau fallen, und unter Hergewete die den Schwertmagen gebührenden Gegenstände wie Roß, Schwert, Rüstung und Gezelt. Das A.L.R. § 11–30 I, 2 erklärt in nicht bindender Art die seinerzeit üblichen Bezeichnungen für Inbegriffe.

Die Gesammtsache stellt einen Begriff dar, welcher einzig in der Vorstellung lebt. Daher ist die körperliche Herrschaft, welche sich in Besitz, Eigenthum und dinglichen Rechten äußert, nur an den einzelnen Stücken, nicht am Ganzen möglich. l. 30 § 2 D. 41, 3. Freilich bedient man sich bei Verkäufen, Verpfändungen, um die mühselige Aufzählung zu vermeiden, des Collectivnamens — aber darunter sind die vorhandenen bzw. noch eintretenden Stücke gemeint, welche der rechtlichen Verfügung der Partei unterliegen, vorausgesetzt, daß es ihrer so viele sind, daß sie eine Gesammtheit nach Verkehrsgebräuchen bilden. l. 22 D. de leg. I. Aus gleichen Zweckmäßigkeitsgründen gestattet das Römische Recht eine Vindication der Heerde, wobei in dem Zuspruch des Ganzen bloß das Recht des Siegers an den ihm wirklich gehörigen Sachen anerkannt werden soll. l. 1 § 3 D. 6, 1.

Die Glosse zu l. 1 § 8 D. 15, 2 stellte die Gesammtsache als universitas corporea, oder wie man heute sagt ‚universitas facti', in einen Gegensatz zur universitas juris. S. 199. Daraus glaubte man irrthümlich, gleichmäßige Grundsätze für die Sondervermögen oder gar für alle Begriffsganze folgern zu müssen.

§ 67.

Zubehörungen.

Als Zubehörung gilt eine Sache, welche lediglich dem fortwährenden Nutzen einer andern, die Hauptsache heißt, gewidmet ist ‚perpetui usus causa' l. 17 pr. D. 19, 1. A.L.R. § 42–47 I, 2. Die Pertinenz tritt in rechtliche Verbindung zur Hauptsache, ohne deren Bestandtheil zu werden; sie wird im Rechtssinne als ihr zugehörig behandelt und theilt ihre juristischen Schicksale wie Verkauf, Vermächtniß, Verpfändung. A.L.R. § 105–108 I, 2.

Die Zubehör-Eigenschaft wird aus dem natürlichen Verhältniß der Verwendung erkannt. Dabei ist mechanischer Zusammenhang mit der Hauptsache ‚vincta fixaque' l. 38 § 2 D. 19, 1 „was wand-, band-, mauer-, niet- und nagelfest ist" weder erforderlich, noch immer ausreichend. Schutzfenster, Jalousien, Fahnenstangen, Weinbergspfähle 2c. bleiben trotz zeitweiser Herausnahme Pertinenzen. l. 18 § 1 D. 19, 1. Dagegen darf Käufer eines Hauses auf solche Nebensachen keinen Anspruch erheben, welche vom Verkäufer zu bloß persönlichem Zweck, in der Absicht späterer Trennung eingefügt wurden, z. B. Statuen zum Schmuck der Treppenflure. l. 245 D. 50, 16. Oft wird der Umfang des Zubehörs durch ausdrückliche Verfügung des Besitzers festgestellt oder durch gesetzliche Vorschrift geregelt. Das A.L.R. § 48–102 I, 2 giebt ein ausführliches Pertinenz-Register.

Ein Grundstück kann unbewegliche und bewegliche Zubehörungen haben, z. B. Hausgarten und Hof, Antheile an Weideländereien l. 30 § 1 D. 8, 5, Fenster, Schlösser, Schlüssel zum Haus, Dung und Stroh auf dem Landgut l. 17 pr. — § 2 D. 19, 1 — aber nicht ‚ruta et caesa', d. h. noch unverarbeitetes Baumaterial. l. 18 § 1 D. eod. Feld- und Vieh-Inventar eines landwirthschaftlichen Grundstücks, das zur Fortsetzung der Wirthschaft bis zur nächsten Ernte nöthige Getreide 2c. rechnet das Römische Recht nicht zur Pertinenz l. 2 § 1 D. 33, 7, wohl aber die deutsche Rechtsanschauung, welcher auch das A.L.R. folgt.

Als Zubehör von Mobilien gelten: Kleidung eines Sclaven — nicht sein Peculium l. 1 § 1 D. 20, 1 — Zaum- und Zügelzeug bei Vieh (ornamenta l. 38 pr. D. 21, 1), das Boot eines Schiffes l. 29 D. 33, 7 (im Widerspruch zu l. 44 D. 21, 2) H.G.B. Art. 443, das Etui einer Schmucksache 2c.

§ 68.

Früchte.

Frucht (fructus) ist Alles, was eine Sache vermöge ihrer wirthschaftlichen Bestimmung in regelmäßiger Wiederkehr abwirft. l. 77 D. 50, 16. A.L.R. § 110 I, 2. Dazu gehören sowohl die organischen Erzeugnisse (naturales) wie Feld- und Baumfrüchte, Blumen und Gras, Holz, Sand, Kalk und Torf l. 7

§ 12 § 14 D. 24, 3, von Thieren Milch, Wolle, Junge l. 28 pr. D. 22, 1. l. 4 § 19 D. 41, 3 — als auch die Erträge, welche aus zeitweiser Gebrauchsüberlassung der Sache an Andere erzielt werden (civiles) wie Miethsund Pachtgelder l. 36 D. 22, 1, Frachtlohn l. 62 pr. D. 6, 1, Darlehnszinsen l. 34 D. 22, 1, vgl. l. 121 D. 50, 16. Thiere im Wald sind keine Frucht desselben. Doch wird die Jagd, sofern ihre Ausübung einen wiederkehrenden Nutzen gewährt, zu den Früchten gerechnet. l. 26 D. 22, 1. Als Frucht eines Sclaven gilt seine Arbeit, die verwerthbar ist l. 29 D. 5, 3; Sclavenkinder werden aus sittlichen Gründen von den Früchten ausgenommen ‚partus ancillae in fructu non est‘. l. 28 § 1 D. 22, 1. Ein Nutzen, welcher die Wesenheit der Sache beeinträchtigt, geht über den Begriff der Frucht hinaus, z. B. Windbruch. Die Ausbeute eines Bergwerks, Steinbruchs ‚lapis ibi renascitur‘ l. 7 § 13 D. 24, 3 wird in Rom als Frucht betrachtet, im A.L.R. § 37 I, 21 als Substanztheil. Der Schatz steht in keiner rechtlichen Verbindung zu dem Boden, in dem er verborgen ist.

Früchte, die noch mit der erzeugenden Sache vereinigt sind (pendentes), bilden einen Theil derselben. Durch Trennung (separati) werden sie zu neuen selbständigen Sachen, welche dem Eigenthümer der fruchttragenden Sache zufallen. Nießbraucher, Pächter erwerben Eigenthum an den Früchten erst durch deren Besitzergreifung (percepti). l. 13 D. 7, 4. Die deutsche Rechtsidee, die auch ins A.L.R. überging, nimmt schon an der stehenden Ernte ein eignes Recht Dessen an, welcher redliche Mühe auf ihre Erzeugung verwandte. In diesem Sinne erlaubt die C.Pr.O. § 714 § 725 eine Pfändung der vom Boden noch nicht getrennten Früchte; doch soll dieselbe nicht früher als einen Monat vor der gewöhnlichen Zeit der Reife erfolgen, und die Versteigerung erst nach der Reife zulässig sein.

Früchte können durch Verarbeitung eine andere Gestalt annehmen (industriales), z. B. Leinewand, Papier, Branntwein. An solchen Fabrikaten erwirbt der Verfertiger Eigenthum.

Petitorische Klagen umfassen außer der Sache alle Erweiterungen, die sie inzwischen erfuhr ‚omnis causa‘ l. 31 pr. D. 12, 1 f. g. Zubehör in weitester Bedeutung. Darin liegt nicht bloß Herausgabe der beim Beklagten noch vorhandenen Früchte (exstantes), sondern auch unter Umständen Ersatz der verzehrten, veräußerten (consumti), der versäumten, welche ein ordentlicher Wirth hätte ziehen können und müssen (neglecti), sogar der irgend ziehbaren, welche Kläger selbst in Folge seiner persönlichen Eigenschaften gewonnen hätte (percipiendi). l. 62 § 1 D. 6, 1.

§ 69.

Außerhalb des Privatverkehrs befindliche Sachen.

A. Gemeingut Aller.
B. Sachen zum religiösen Gebrauch.
C. Sachen zum öffentlichen Gebrauch.
I. Welche unmittelbar dem Verwaltungszweck dienen.
II. Welche zum gemeinen Gebrauch der Bürger bestimmt sind.

Einzelne Gegenstände sind entweder in Folge ihrer Beschaffenheit des Eigenthums ganz unfähig oder durch das Gesetz, soweit ihr gemeiner Zweck unter ausschließlichen Eingriffen Einzelner leiden könnte, der privaten Verfügung entzogen. Gajus II § 1 nennt sie ‚extra nostrum patrimonium‘, heute nennt man sie auf

Grund der l. 6 pr. D. 18, 1 res extra commercium. A.L.R. § 3–5 I, 8. Dazu gehören die Allen von Natur aus gemeinsamen Güter und solche Sachen, die einem religiösen oder öffentlichen Gebrauch gewidmet sind.

In ganz anderem Sinne kann die Verkehrsfähigkeit einer Sache durch gesetzliche Veräußerungsverbote oder Rechtsgeschäfte beschränkt werden, z. B. wenn sie ihr Eigenthümer zum Lehn oder Fideicommiß bestimmt. Dadurch verpflichtet er nur seine Rechtsnachfolger, die Sache in gewisser Weise zu behandeln und zukünftigen Anwärtern zu erhalten. A.L.R. § 15 I, 8.

A. **Gemeingut Aller** ‚communia omnium' pr. J. 2, 1 bilden das Meer, die strömende Wasserwelle, die atmosphärische Luft, das Himmelslicht. l. 2 § 1 D. 1, 8. Jeder darf im Meere segeln, fischen, auf seinem Grunde bauen, daraus Muscheln, Korallen emporholen, aus der Luft Sauerstoff ausscheiden, die darin befindliche Electricität, die Sonnenstrahlen auffangen. Gegen Störer steht ihm eine actio injuriarum zu, l. 13 § 7, l. 14 D. 47, 10, und im Besitz der ausgeschiedenen Stücke, z. B. des Wassers in seinen Röhren, der Electricität in seinem Accumulator wird er als Eigenthümer geschützt. Doch hat der Staat kraft seines Hoheitsrechtes an Gebiet und Küstengewässern die Macht, derartige Anlagen zu verbieten l. 50 D. 41, 1 und sich ein ausschließliches Aneignungsrecht an Bernstein, Perlen, Austern 2c. beizulegen. Auch der Eigenthümer eines Privatflusses kann die Entnahme von Wasser hindern.

B. **Sachen zum religiösen Gebrauch** ‚divini juris' Gaj. II § 3–8. Nach römischer Auffassung stehen sie, als den Göttern zugehörig, außerhalb des menschlichen Eigenthums ‚nullius in bonis' § 7 J. 2, 1. Man unterschied: res sacrae, religiosae und sanctae. Res sacrae waren die der Gottheit consecrirten Tempel, Altäre und Weihegaben. Um eine Sache zur sacra zu machen, wurde außer der Dedication Seitens ihres Eigenthümers noch Genehmigung des Volks bzw. des Kaisers und priesterliche Einsegnung verlangt. § 8 J. 2, 1. Als res religiosae galten die Begräbnißstätten ‚diis manibus relictae,' falls die Bestattung durch den dazu Befugten in seinem eignen Boden ohne Beeinträchtigung dinglich Berechtigter geschah. § 9 J. 2, 1. l. 2 § 5 – l. 6 D. 11, 7. Res sanctae waren Mauern und Thore einer Stadt, die bei der Gründung des Weichbildes (pomerium) dem göttlichen Schutze unterstellt wurden. § 10 J. 2, 1.

Heute gehören die zum Gottesdienst bestimmten Gebäude und Geräthschaften, sowie die Kirchhöfe den Kirchen bzw. den anerkannten Religionsgesellschaften. S. 191. Auch Simultan-Friedhöfe im Eigenthum politischer Gemeinden kommen vor. A.L.R. § 183 § 190 II, 11. Private Befugnisse an solchen Sachen, z. B. Grasnutzung, Baumpflanzung auf dem Kirchhof sind möglich, sofern dadurch der religiöse Gebrauch nicht gestört wird. vgl. Cab.O. vom 26. Octb. 1840. In dem s. g. Kauf eines Grabes liegt meist nur eine Raummiethe, die bei Erbbegräbnissen mehrere Stellen zu Gunsten der Familie umfaßt. Ein geschlossener Kirchhof tritt nach Ablauf der Verwesungsfrist, die nach Cab.O. vom 8. Jan. 1830 vierzig Jahre nach der letzten Beerdigung dauert, in den freien Verkehr zurück. Die Beisetzung von Todten auf einem Privatgrundstück entzieht dasselbe dem Verkehr nicht, doch darf der Erwerber die Leiche nicht ohne polizeiliche Erlaubniß exhumiren. vgl. l. 8 pr. D. 11, 7. St.G.B. § 168. Den res sanctae ähneln heute die befriedeten Sachen wie Deiche, Brücken, Eisenbahnen, deren vorsätzliche und rechtswidrige Beschädigung das St.G.B. § 305 härter ahndet.

C. **Sachen zum öffentlichen Gebrauch.** ‚publico usu'. l. 6 pr. D. 18, 1.

I. Der Staat bedarf, um die Wohlfahrt seiner Unterthanen zu sichern, gewisser Sachen, welche **unmittelbar dem Verwaltungszweck** dienen. Dazu rechnet man: Festungsanlagen, Kasernen, das Ausrüstungsmaterial für Truppen, Regierungs- und Justizgebäude, Gefängnisse 2c. Aehnlich verhält es sich mit den Dienst-, Rathshäusern, Markthallen 2c. der communalen Verbände. Solche Sachen befinden sich im Eigenthum von Staat und Gemeinden § 6 J. 2, 1, ohne daß Privatrechte daran erworben werden könnten, welche das öffentliche Interesse gefährden. l. 9 pr. D. 41, 3. In diesem Sinne sagt Gajus l. 1 pr. D. 1, 8 ‚nullius in bonis esse creduntur', was er selbst durch den Zusatz näher erklärt ‚ipsius enim universitatis esse'. Wird die öffentliche Verwendung rechtsgültig aufgegeben, so stehen das Gebäude der ehemaligen Kaserne, das Terrain der geschleiften Festungswerke u. s. w. in freier Verfügung des Staates, der sie an private Unternehmer veräußern darf.

II. Manche Theile des Staatsgebiets sind **zum gemeinen Gebrauche der Bürger** bestimmt.

Am Meeresufer, das soweit reicht, als die höchste Fluth steigt l. 96 pr. D. 50, 16, an öffentlichen Flüssen, d. h. dem vom Wasser erfüllten Raum, hat der Staat Eigenthum, nicht bloß ein Hoheitsrecht. l. 3 pr. D. 43, 8, l. 1 pr. D. 43, 1. A.L.R. § 21 II, 14. Doch ist sein Eigenthum dadurch beschränkt, daß er die gemeine Benutzung dieser Sachen nicht verhindern, sondern nur beaufsichtigen darf. Ihm liegt es im öffentlichen Interesse ob, die freie Communication auf den Wasserstraßen gegen unbefugte Störung zu wahren, wofür in Rom einem Jeden besondere Interdicte zustanden. D. 43, 12-14, z. B. ut in flumine publico navigare liceat. Veranlaßt die Behörde eine Veränderung des Flußlaufs oder eine Trockenlegung des Betts, so hat der Staat den Anwohnern allen Schaden zu ersetzen. A.L.R. § 71–72 II, 15.

Jedem Bürger steht es frei, am Meeresgestade Anlagen zu errichten und Eigenthum am bebauten Boden zu erwerben, sofern nicht polizeiliche Verbote zuwiderlaufen. l. 49 pr. D. 6, 1. l. 14 D. 6, 1. Steine, Tang, Sand auf der Düne, Schilf im Fluß gelten als herrenlos l. 3–5 D. 1, 8, doch kann der Staat derartige Dinge für regal erklären, um den Betrieb gleichmäßig nutzbar zu machen. A.L.R. § 80 II, 15.

Dagegen gehören Privatflüsse, Teiche und kleine Binnenseen den Anliegern. l. 112 D. 50, 16. Das Römische Recht fand den Unterschied zwischen öffentlichen und privaten Flüssen darin, daß erstere einen dauernden Lauf und feste Ufer haben (flumina perennia), letztere Gießbäche und Rinnsale sind, die nur zeitweise fließen (torrentia). l. 1 § 3 D. 43, 12. Einen mehr schwankenden Maßstab stellte Ulpian auf, indem er in l. 1 § 1 D. eod. den Sprachgebrauch der Umwohner „ob flumen oder rivus" berücksichtigte. Von ganz anderen Merkmalen geht das deutsche Recht aus. Die Constitution Friedrichs I. von 1158 de regalibus II feud. 56 nennt diejenigen Flüsse öffentlich ‚quae navigabilia sunt et ex quibus navigabilia fiunt'. Die Praxis beschränkt dies auf Grund des Ssp. II, 28 auf solche Theile eines Flusses, welche mit Schiffen oder verbundenen Flößen befahren werden können. A.L.R. § 38 II, 15. Da dadurch weit wichtigere Wasserläufe als in Rom unter die Klasse der Privatflüsse fallen, wurde es nöthig, die Wassernutzung der Anlieger im gemeinsamen Interesse polizeilich zu regeln. Von diesen Pflichten wird in der Lehre der Eigenthumsbeschränkungen näher die Rede sein.

Oeffentliche Wege stehen der allgemeinen Communication offen. Sie sind entweder Land- und Heerstraßen für den Hauptverkehr (viae praetoriae militares, Königsstraßen Ssp. II § 59 § 3), deren Boden dem Staat gehört l. 2 § 21–22 D. 43, 8 A.L.R. § 21 II, 14 — oder Gemeindewege innerhalb einer Ortschaft (viae vicinales), die sich im Eigenthum der Gemeinde befinden. l. 3 § 1 D. 43, 7. In Preußen wurde die Verwaltung der Staatschausseen durch G. vom 8. Juli 1875 § 18 an die Provinzialverbände, die Stadtkreise Berlin ꝛc. gegen entsprechende Dotation übertragen. Auch auf privatem Boden kann die Last öffentlichen Gebrauchs ruhen, besonders in Folge unvordenklicher Verjährung. l. 3 pr. D. 43, 7. Dagegen dienen Privatwege dem ausschließlichen Vortheil Einzelner, mögen sie auch dem Publikum zur widerruflichen Benutzung geöffnet sein.

Die Bestimmung eines Weges zum öffentlichen Verkehr erfolgt durch die Behörde Pr.G. vom 1. Aug. 1883 § 55 ff., der zugleich die Wahrung des Gemeingebrauches obliegt. In Rom bestanden zu diesem Behuf jedem Bürger zugängliche Interdicte ‚ne quid in loco publico vel itinere fiat' D. 43, 8, die heute nur bei Verletzung von Sonderrechten anwendbar sind. Der öffentliche Charakter einer Straße schließt nicht aus, daß daran private, dem gemeinen Zweck nicht hinderliche Befugnisse vorkommen, z. B. electrische Leitungen, Schienengeleise, Buden. Der Ertrag aus solchen Anlagen, sowie die sonstigen Nutzungen des Weges, z. B. Chausseegelder gebühren dem Eigenthümer, welcher andrerseits für Unterhaltung, Entwässerung, Beleuchtung Sorge zu tragen hat und unter Umständen für den Schaden aus dem schlechten Zustand seiner Straßen und Brücken haftet. A.L.R. § 11–12 II, 15. Der Bürgersteig gehört zur städtischen Straße, obwohl den Hauseigenthümern, die zur Reinigung und Ausbesserung verpflichtet sind, ein beschränktes Nutzungsrecht zusteht. A.L.R. § 81 I, 8. Die moderne Praxis giebt, falls im öffentlichen Interesse eine Veränderung oder Verlegung der Straße nöthig wird, den dadurch in ihrer Communication gehemmten oder anderweit geschädigten Anwohnern einen Ersatzanspruch nach Art der Zwangsenteignung. A.L.R. § 4–6 II, 15.

Die wichtigste Gattung öffentlicher Wege bilden heute die Eisenbahnen. In Preußen stehen sie zumeist im Eigenthum des Staates und nur zum geringen Theil in dem privater Actiengesellschaften. Die öffentliche Benutzung dieser Verkehrsmittel ist durch G. vom 3. Novb. 1838 mit Zusatz vom 3. Mai 1869 geregelt. Das H.G.B. Art. 422 verbietet Unternehmern einer Eisenbahn, welche dem Publikum zur Benutzung für den Gütertransport eröffnet ist, die Eingehung eines Frachtgeschäfts für ihre Bahnstrecke aus andern als Betriebs-Rücksichten zu verweigern und verordnet die Beförderung der Güter in der Reihenfolge ihrer Aufgabe, sofern nicht die Einrichtungen der Bahn, die Transportverhältnisse oder öffentliche Interessen eine Ausnahme erheischen.

Vierter Titel.

Entstehung und Untergang von Rechten.

§ 70.

Ursachen, aus welchen Rechte entstehen, sich verändern und untergehen.

A. Thatsachen. I. Rechtsgeschäfte.
B. Handlungen. II. Delicte.

Jede Gestaltung subjectiver Rechte läßt sich auf Thatsachen oder Handlungen zurückführen. Solche Factoren, soweit sie Rechtsfolgen haben, heißen juristische Titel, vgl. l. 41 D. 1, 3.

A. Thatsachen.

Dies sind natürliche Ereignisse in der Außenwelt, an welche die Rechtsordnung rechtliche Wirkungen knüpft. Die Geburt begründet das Kindesverhältniß, der Tod das Erbrecht. Durch die Trennung der Frucht entsteht selbständiges Eigenthum an einer neuen Sache. Der Zeitablauf schafft und vernichtet Rechte.

B. Handlungen.

Dies sind erklärte Entschlüsse des menschlichen Willens mit rechtlichem Effect. Der Willensausdruck kann auch in wortlosen Vornahmen und Unterlassungen liegen. Die Handlungen zerfallen in Rechtsgeschäfte und Delicte, je nachdem der Rechtseffect vom Urheber (Partei) beabsichtigt war oder gegen seinen Willen eintrat.

I. **Rechtsgeschäfte** — quod gestum erit l. 1 pr. D. 4, 2. l. 1 D. 42, 8, negotia § 8 J. 3, 19, rechtsgültige Willenserklärungen im A.L.R. § 31 I, 3. § 1 I, 4 — sind Willenserklärungen einer oder mehrerer Personen, welche auf Begründung, Veränderung oder Aufhebung von Rechten abzielen. Auch das hervorgerufene Resultat wird Rechtsgeschäft genannt. Erlasse von Behörden, insbesondere Urtheile, in welchen der Richter auf Anrufen verletzte Rechte feststellt, gehören nicht hierher. Nur um privatrechtlich erhebliche Erklärungen handelt es sich. Daher bilden der Religionswechsel, die Annahme eines Mandats als Volksvertreter keine Rechtsgeschäfte.

Der Umfang des Rechtseffectes hängt nicht allein vom Willen der Betheiligten ab, sondern bestimmt sich nach Maßgabe der Rechtsnormen. Darauf ob sich die Partei über die Bedeutung ihres Rechtsactes klar ist, ob sie die Folgen eines Erbschaftsantritts oder Wechselacceptes kennt und beabsichtigt, kommt es nicht an. Sie will das Rechtsinstitut und dadurch werden alle Consequenzen entfesselt, welche die Rechtsordnung damit verbindet. Nicht die Phantasie der Partei kann entscheiden, sondern der allgemein vernünftige Wille, welcher im Grunde auch der ihre sein muß.

II. **Delicte** sind verbotene Handlungen mit einer für den Thäter widerwilligen Rechtswirkung. Letztere besteht in seiner Pflicht zum Schadensersatz und in Rom auch zur Leistung einer Privatstrafe.

Dieselbe Handlung kann von verschiedenem Standpunkt aus zugleich Rechtsgeschäft und Delict sein, z. B. die rechtswidrige Veräußerung anvertrauter Sachen.

§ 71.

Geschäftswille.

A. Anlaß und Zweck des Willens.

Jeder Geschäftswille wurzelt in einem factischen Beweggrunde (Motiv) und erstrebt die Verwirklichung eines juristischen Lebensinteresses.

I. Das **Motiv**, von welchem eine Partei bei dem geschäftlichen Abschluß ausgeht, bleibt ohne wesentliche Bedeutung, wenn es nicht die Gestalt einer auferlegten oder in der Natur des Geschäftes begründeten Nebenbestimmung annimmt. Selbst die ausdrückliche Mittheilung des Beweggrundes vermag seinen bloß psychologischen Werth nicht zu erhöhen. Wer eine Sache in der Absicht kauft, durch ihre Weiterveräußerung Gewinn zu erzielen, kann nicht deshalb zurücktreten, weil ihm die Speculation mißlang. Will er seiner Erwartung rechtlichen Einfluß verleihen, so muß er ein Reurecht verabreden oder das Geschäft von dem Eintritt zukünftiger Umstände abhängig machen, welche ihm geeignet erscheinen, die erhoffte Preissteigerung herbeizuführen. Dagegen beruht die Zusage eines Darlehns auf der stillschweigenden Voraussetzung, daß der andere Theil creditwürdig bleibt und fällt mit dessen Zahlungsunfähigkeit dahin.

Nur im erbrechtlichen Gebiet behandelt das Römische Recht den Beweggrund als erheblich. Zuwendungen, zu denen sich Erblasser offenbar durch falsche Vorstellungen hatte hinreißen lassen, werden nicht aufrecht erhalten. Das A.L.R. § 150 I, 4 anerkennt diese Ausnahme bei allen freigebigen Geschäften.

II. Ein **juristisches Lebensinteresse**, das erreicht werden soll, bildet das Ziel des Willens. Viele Geschäfte wie Ehe, Testament sind sich Selbstzweck. Aber zur Uebertragung von Vermögenswerthen, zur Abgabe eines Versprechens schuldig zu sein gehört ein vernünftiger Grund. Man mindert sein Vermögen nicht zu Gunsten eines Andern aus reiner Willenscaprice, sondern weil man einen unmittelbaren Lebenszweck im Auge hat. Als derartige ‚causae' werden in den römischen Quellen l. 65 § 4 D. 36, 1 l. 49 D. 46, 3 erwähnt: solvendi um eine bestehende Schuld zu tilgen, credendi um eine Forderung gegen den andern Theil zu schaffen, und donandi um den Schenknehmer ohne Gegenleistung zu bereichern. Allein diese Aufzählung erschöpft die vielgestaltigen Verkehrsinteressen keineswegs. Die wissentliche Zahlung einer Nicht-Schuld braucht nicht schenkungshalber zu geschehen l. 53 D. 50, 17, sondern um sich einen unbequemen Proceß vom Halse zu halten. In der Uebersendung eines Briefes liegt sicher eine Uebereignung des Papiers, ohne daß einer der angeführten Gründe darauf paßt.

Der Zweck ist ein nothwendiger Bestandtheil des Willens. Wer sich aus dem Kauf zur Zahlung des Preises verpflichtet, braucht in der Regel nicht eher zu leisten, als bis ihm die Waare übergeben ist. Bisweilen, z. B. beim Accept eines Wechsels, bei Tradition von Sachen, genügt der von seinem Grunde losgelöste Willen, um das Geschäft wirksam zu machen. Jedoch fehlt hier nicht der Zweck dem Willen, er verbirgt sich nur vorläufig hinter der Form des Geschäftes und tritt später, falls sich die Ziellosigkeit der Aufopferung herausstellt, als Klage auf Rückforderung bzw. Herausgabe der Bereicherung hervor.

B. Willensfreiheit.

Sie betrifft sowohl innerliche Bildung wie Ausdruck des Geschäftswillens. Ein Wille, welcher von sonst handlungsfähigen Personen in Zuständen verdunkelten Bewußtseins, z. B. im Fieberwahn, sinnloser Trunkenheit rc. oder unter dem Druck physischen Zwanges, der von Dritten ausging, gefaßt bzw. erklärt wurde, verbindet nicht. A.L.R. § 28–31 I, 4.

C. Willensbestimmung.

Der seelische Vorgang der Willensbildung kann durch Irrthum, Betrug oder Drohung beeinflußt werden. Besondere Bedeutung hat dies bei Schuldverträgen, wo eine ausführliche Erörterung der Lehre folgen soll.

I. Der im **Irrthum** (ignorantia, error facti) gefaßte Wille ist zwar an sich folgerichtig, aber ein bloßer Scheinwille, da er auf einem mangelhaft oder falsch erkannten Sachverhalte beruht. Wollte man aus diesem Grunde jedes Geschäft umstürzen, so wäre die Sicherheit des Rechtsverkehrs in höchstem Maße gefährdet. Deshalb wird in der Regel nur ein Irrthum berücksichtigt, welcher sich auf wesentliche Umstände bezieht und entschuldbar ist. l. 2–3 D. 22, 6. l. 15 § 1 D. 18, 1. Dazu gehören: Der Irrthum über Wesenheit oder erhebliche Eigenschaften des Geschäftsobjects, über die Person des andern Theils, falls es auf die Individualität ankommt, über das Dasein einer Verbindlichkeit, zu deren Erfüllung man sich verpflichtet glaubte u. s. w. In einigen Fällen, besonders im Proceß, gewährt das Römische Recht bei Verzeihlichkeit des Irrthums eine außerordentliche Hülfe, z. B. bei voreiligem Gesuch der Erbschaftsgläubiger um abgesonderte Befriedigung aus der Nachlaßmasse l. 1 § 17 D. 42, 6, bei irrthümlichem Anerkenntniß Seitens des Beklagten vor dem Magistrat l. 2 D. 42, 2, fälschlicher Beantwortung einer interrogatio in jure l. 11 § 8–10 D. 11, 1 vgl. C.Pr.O. § 543, wogegen es den Erbschaftsantritt rc. trotz entschuldbaren Irrthums aufrecht erhält.

Im A.L.R. § 75–83 I, 4 wird das Geschäft durch wesentlichen, wenn auch vermeidbaren Irrthum entkräftet und der Erklärende für den in Folge seiner Verschuldung entstandenen Schaden haftbar.

II. Der **Betrug** (dolus specialis) ruft in dem Getäuschten eine Gedankenreihe hervor, die sich zu einem wirklichen, obwohl fehlerhaften Willen entwickelt. Sonach gilt das Geschäft, aber seine schädlichen Folgen werden, sofern ein für den Abschluß bedeutsamer Betrug mitunterlief, möglichst abgeschwächt. Der Betrüger darf seinerseits nicht Erfüllung beanspruchen und er wird auf Verlangen des Betrogenen genöthigt, alle Vortheile, die er sich durch sein arglistiges Verhalten verschaffte, herauszugeben und jeglichen Schaden zu vergüten. A.L.R. § 84–93. I, 4.

III. Die **Drohung** (metus) lenkt mittelst Vorhaltung eines Uebels den Willen in eine von seinen eigentlichen Prämissen abweichende Bahn. Der Bedrohte ist sich der Sachlage völlig bewußt, er wählt unter zwei Uebeln das kleinere, indem er den fremden Willen zu seinem eignen Entschluß erhebt. l. 21 § 5 D. 4, 2. Daher ist das Geschäft gültig, l. 85 D. 29, 2, vorausgesetzt, daß es den gesetzlichen Erfordernissen entspricht, was nach l. 6 § 7 D. 29, 2 bei einem „heimlichen" (fallens) Erbschaftsantritt nicht der Fall ist. Aber demjenigen, welcher das Geschäft durch seine erheblichen Drohungen zu Stande brachte, darf daraus kein Nutzen erwachsen. Daher leiht das Recht dem Bedrohten seine Hülfe besonders Einreden und Klagen, um die Erfüllung eines erpreßten Versprechens zu verweigern l. 21 § 3 D. 4, 2, sowie um abgenöthigte Sachen selbst von Dritten, in deren Hände sie gelangten, zurückzuholen. l. 14 § 3 D. 4, 2. Nur in wenigen Fällen erklärt das Römische Recht erzwungene Geschäfte für nichtig, z. B. Ehen l. 22 D. 23, 2, Freilassungen l. 9 pr. D. 40, 9.

Das A.L.R. § 32–51 I, 4 stellt wesentliche Drohungen dem physischen Zwange gleich und behandelt dadurch herbeigeführte Geschäfte als unkräftig.

D. Willenserklärung.

Der im Innern gebildete Wille wird durch gehörigen Ausdruck offenbar. Man theilt die Willenserklärungen folgendermaßen ein:

I. **Förmliche** und **formlose** Erklärung, je nachdem sie in einer bestimmt vorgeschriebenen Weise erfolgen muß oder vom Belieben der Partei abhängt.

Fast jedes Nationalrecht beginnt sein Wachsthum unter einer Schale unbehülflicher Formen, die sich erst in Zeiten fortgeschrittener Cultur umbilden oder ganz absterben. Anstatt der gesammten Gemeinde, deren Anwesenheit ursprünglich zur Weihe gewisser Rechtsacte erforderlich war, begnügt man sich mit richterlichem Abschluß oder mit Zuziehung einiger besonders dazu aufgeforderter Solennitäts-Personen, aus denen später einfache Beweiszeugen werden. Mit Verbreitung der Schrift wird diese Form üblich.

Heute herrscht im Rechtsleben meist volle Formlosigkeit, die bequem aber unsicher ist. Nur bei einzelnen wichtigen Acten wie zur Errichtung letztwilliger Verfügungen, bei Geschäften des Familienrechtes und größtentheils im Immobiliar-Verkehr sind Formen von Nöthen. Auch bedeutende Schenkungen bedürfen, weil sie dem menschlichen Erwerbstriebe zuwiderlaufen, förmlicher Bekundung. Das A.L.R. neigt bei Schuldverträgen zur Förmlichkeit, wovon im Obligationenrecht die Rede sein wird.

Das Gebot einer Form betrifft in der Regel nur Art und Mittel der Erklärung, nicht ihren Wortlaut. Die W.O. Art. 4 verlangt die Aufnahme des solennen Ausdrucks „Wechsel" in die Urkunde. Die Formverletzung hat im Zweifel Nichtigkeit des Geschäfts zur Folge, doch kann aus dem Sinn des Gesetzes hervorgehen, daß die Form eine bloße Ordnungsvorschrift bedeutet oder Beweisvortheile gewähren soll. vgl. H.G.B. Art. 19, 25.

II. **Ausdrückliche** und **stillschweigende** Erklärung. A.L.R. § 57–60 I, 4. Ausdrücklich heißt die Willenserklärung, welche durch die im Verkehr hierfür gebräuchlichen Mittel geschieht wie: Worte, Schriftzüge, Chiffern, Gesten, z. B. Kopfnicken, Zeichen, z. B. unter Taubstummen. l. 17 D. 46, 2. Eine stillschweigende Willenserklärung geschieht durch „concludente" Handlungen, welche gemäß der Vernunft oder Erfahrung auf den Willen schließen lassen. So gilt die Einmischung der als Erbe berufenen Person in die Erbschaftsgeschäfte, z. B. durch Auszahlung der Nachlaßschulden und Vermächtnisse als Antritt der Erbschaft (pro herede gestio). l. 20 pr. D. 29, 2. Freilich kann dieser Schluß durch Verwahrung abgeschwächt werden, aber nicht gegen die Regeln der Logik, denn das wäre perplex, sondern nur gegen die Gebräuche der Verkehrsanschauung, z. B. Gläubiger protestirt gegen die in der Rückgabe des Schuldscheins an den Schuldner liegende Bedeutung des Erlasses. l. 2 § 1 D. 2, 14. Die ausdrückliche Erklärung kann speciell sein mit ausdrücklicher Bezugnahme auf das gewollte Geschäft (nominatim) oder mittelbar, wenn sie erst durch Auslegung zu dem gewollten Resultat führt.

Stillschweigen enthält keine Erklärung und bedeutet an sich weder „Ja" noch „Nein" ‚qui tacet non utique fatetur; sed tamen verum est, eum non negare'. l. 142 D. 50, 17. Das kanonische Recht stellt in c. 43 in VIto 5, 12 den angeblichen Erfahrungssatz auf ‚qui tacet consentire videtur', was man durch den Zusatz ‚ubi loqui debuit ac potuit', d. h. wo er in der Lage war zu sprechen und ein Interesse dabei hatte — annehmbarer zu machen suchte. In Wahrheit kann das Schweigen, außer wenn wissentliches Geschehenlassen als Arglist und Genehmigung gilt l. 12 D. 21, 2, nur in solchen Fällen Rechtsfolgen haben, wo das Gesetz oder nach H.G.B. Art. 279 die im Handelsverkehr geltenden Gewohnheiten und Gebräuche an das Ausbleiben einer Erklärung die Bedeutung von „Ja" oder „Nein" knüpfen. A.L.R. § 61–62 I, 4. So gilt in Rom Stillschweigen als Zustimmung bei der in jure cessio Gaj. II § 24, tacita relocatio l. 14 D. 19, 2, wenn der Vater zur Ehe seines Hauskindes, zur Errichtung einer taberna aus dem Peculium schweigt u. s. w. Ebenso im H.G.B. Art. 7, wenn Ehemann um den Handelsbetrieb seiner Frau weiß und nicht widerspricht, Art. 364 wenn Committent nicht unverzüglich gegen die ihm angezeigte Ueberschreitung der Preisgrenze für den Einkauf protestirt, Art. 323 bei Aufträgen an einen Kaufmann, der sich dazu erboten hat oder mit dem man in Geschäftsverbindung steht, auch ist derselbe im Fall sofortiger Ablehnung noch schuldig, die mit dem Auftrage etwa übersandten Waaren auf Kosten des Gegners einstweilen vor Schaden zu bewahren 2c. Die C.Pr.O. § 296 nimmt, wenn der Beklagte im Termin zur mündlichen Verhandlung nicht erscheint, die vom Kläger vorgebrachten Thatsachen als „zugestanden" an. Das A.L.R. § 332 I, 9 folgert daraus, daß der Grundeigenthümer einem Bau auf seinem Boden nicht widersprach, seine Einwilligung zum Eigenthumsübergang; in § 224 I, 11 betrachtet es den Preis als creditirt, wenn Verkäufer, dem Baarzahlung bei der Uebergabe versprochen, aber nicht geleistet wurde, sich acht Tage lang dabei beruhigt u. s. w. Dagegen wird in andern

Fällen dem Schweigen ein „Nein" untergelegt, z. B. bei Anträgen an Privatleute, denen weder durch Zeitfristen ein Erklärungszwang, noch durch Uebersendung unbestellter Waaren, Bücher und Loose eine Verwahrungspflicht aufgenöthigt werden kann. Schweigt der Concursverwalter auf Anfragen betreffs schwebender Geschäfte des Gemeinschuldners, so gilt nach R.K.O. § 15 die Erfüllung als abgelehnt. Nach Pr.G. vom 12. Juli 1875 § 4 steht es der Verweigerung gleich, wenn der Vertreter eines Minderjährigen ein mit Letzterem geschlossenes Geschäft nicht binnen zwei Wochen nach ergangener Aufforderung genehmigt.

Vermuthungen (Präsumtionen) sind keine Erklärungen, sondern Beweisgründe, welche der Richter aus festgestellten Thatsachen bzw. Handlungen folgert oder welche das Gesetz vorschreibt. A.L.R. § 63–64 I, 4.

E. Zusammenhang zwischen gefaßtem und erklärtem Willen.

Der Wille muß zum bewußten Ausdruck gelangen und die Erklärung sich mit der Conception decken.

I. **Bewußter Ausdruck.** Ein Wille, welcher zwar dem vorher gehegten Entschluß einer Person entspricht, aber von ihr unfrei erklärt wird, z. B. im Fieberwahn oder unter dem Druck körperlicher Bemächtigung, hat keine rechtliche Kraft. 7 C. 15. qu. 1. A.L.R. § 28–31 I, 4.

II. Zwischen Wille und Ausdruck kann ein **Zwiespalt** bestehen, der sich entweder unvermerkt einschlich oder von dem Erklärenden beabsichtigt wird.

a) Zu der **absichtslosen** Divergenz gehört das weite Feld der Irrungen und Mißverständnisse, denen der Wille auf dem Wege, wie er zu Tage tritt, ausgesetzt ist. In solchen Fällen gilt weder das Gesagte, noch das Gewollte ‚neque id dicit, quod vox significat, quia non vult, neque id quod vult, quia id non loquitur'. l. 3 D. 34, 5. Allein die Verkehrstreue im Vertragssystem erheischt, daß der Gegentheil, welcher das Wort für den Willen nahm und sich im Vertrauen darauf einließ, wenigstens keinen Vermögensverlust erleide.

Bloße Ungenauigkeiten im Wortlaut heben das Geschäft nicht auf. Sache der richterlichen Auslegung ist es, den Willen der Partei aus ihren Beweggründen, etwaigen Erläuterungen l. 96 D. 50, 17 zu ermitteln und in diesem Geiste — ohne daß klaren Worten Gewalt geschieht l. 25 § 1 D. de leg. III — zweideutige Bestimmungen festzuhalten, scheinbar widersinnige zu enträthseln. l. 67 D. 50, 17. Das Römische Recht giebt in dem Digestentitel de rebus dubiis 34, 5 eine Reihe von Verhaltungsregeln. Insbesondere wird eine falsche Namensbezeichnung oder Umschreibung (demonstratio) von Personen, Sachen nicht beachtet l. 34 D. 35, 1, l. 4 C. 6, 23 und möglichst für Aufrechterhaltung letztwilliger Verfügungen, sowie der Dos und Freiheit s. g. causae favorabiles interpretirt. l. 12, 85 pr. D. 50, 17. l. 24 D. 34, 5. vgl. H.G.B. Art. 278. A.L.R. § 65–74, § 151 I, 4.

b) Die Divergenz kann eine **beabsichtigte** sein. Ohne rechtliche Bedeutung sind die Mental-Reservation, d. h. der in Gedanken beigefügte Vorbehalt, das Erklärte nur mit einer Einschränkung gelten zu lassen c. 26 X 4, 1 und die Exemplification, d. h. die logische Annahme eines Rechtsverhältnisses zur Erläuterung seiner Natur.

Mehr Beachtung verdienen scherzhafte und simulirte Erklärungen, welche bei Vertragsschlüssen vorkommen und deshalb im Obligationenrecht ihre Erörterung finden werden. Geschäfte, denen der ernsthafte Wille fehlt, haben an sich keine verbindliche Wirkung A.L.R. § 52–56 I, 4, ziehen aber oft eine Pflicht zum Schadensersatz nach sich. Ob das dissimulirte Geschäft, das durch die falschen Angaben verdeckt werden soll, gilt, hängt von den Umständen ab. Verschieden davon sind die imaginären Geschäfte wie mancipatio, injure cessio in Gestalt eines Scheinkaufes bzw. Scheinprocesses Gaj. I § 119, II § 24, deren sich in Rom der gesteigerte Rechtsverkehr bediente, um die alten zu eng gewordenen Formen nach Bedürfniß zu erweitern.

§ 72.

Hauptarten der Rechtsgeschäfte.

A. Ein- und zweiseitige Rechtsgeschäfte.
B. Rechtsgeschäfte unter Lebenden und von Todeswegen.
C. Lästige und freigebige Rechtsgeschäfte.
D. Materielle und formale Rechtsgeschäfte.

A. Ein- und zweiseitige Rechtsgeschäfte.

Die einseitigen Rechtsgeschäfte gründen sich auf die Willenserklärung „einer" Person, z. B. Occupation herrenloser Sachen, in Rom Manumission von Sclaven. Im Obligationenrecht finden sich nur die römische Pollicitation, heute das schriftliche Schuldversprechen durch Ausstellung von Inhaberpapieren und Wechseln. Häufig sind sie im Erbrecht wie Testament, Vermächtniß.

Die zweiseitigen Rechtsgeschäfte kommen zu Stande durch übereinstimmende Willenserklärung (consensus) von zwei oder mehreren einander gegenüber stehenden Personen. Die Betheiligten contrahiren einen Vertrag (pactio von pax, pangere). ‚duorum pluriumve in idem placitum consensus.‘ l. 1 § 2 D. 2, 14. l. 3 pr. D. 50, 12. Das A.L.R. § 1 I, 5 definirt den Vertrag zu eng als wechselseitige Einwilligung zur Erwerbung oder Veräußerung eines Rechtes. Verträge kommen im gesammten Rechtsgebiete vor: als dingliche, um Eigenthum zu übertragen, Servituten und Pfandrechte aufzulegen, als familienrechtliche wie Ehe und Annahme an Kindesstatt, als erbrechtliche wie Schenkungen auf den Todesfall und Erbverträge. Ihr hauptsächliches Anwendungsgebiet liegt im Obligationenrecht. Dort heißen sie obligatorische, novatorische, liberatorische, je nachdem sie Obligationen begründen, verändern oder aufheben. Obligatorische Verträge zerfallen nach ihrer Wirkung in einseitige, wenn sie wie das Darlehn den einen Theil berechtigen, den andern verpflichten und in beiderseitige, wenn sie wie der Kauf eine gegenseitige Leistungspflicht erzeugen.

B. Rechtsgeschäfte unter Lebenden und von Todeswegen.

Man nennt sie auf Grund der l. 25 pr. D. 5, 2 inter vivos und mortis causa. In den Geschäften von Todeswegen trifft der Erklärende Anordnungen über seinen Nachlaß. Dies geschieht durch letztwillige, d. h. bis zum Todesfall noch frei widerrufliche Verfügungen in Form von Testament und Vermächtnissen, oder durch bindende Abreden mit einem Gegentheil mittelst eines Erbvertrages.

C. Lästige und freigebige Rechtsgeschäfte.

Geschäfte, welche eine Vermögenszuwendung enthalten, erfolgen für den Erwerber entweder oneros, d. h. gegen ein entsprechendes Vermögensopfer seinerseits oder lucrativ ohne solche Gegenleistung. l. 17 l. 19 D. 44, 7. Das A.L.R. § 7–8 I, 5 bezieht diese Eintheilung nur auf Verträge, die es lästige und wohlthätige nennt.

D. Materielle und formale Rechtsgeschäfte.

Geschäfte, welche auf eine Vermögensminderung auslaufen, dienen zur Erreichung eines vernünftigen Zwecks. S. 210. In der Regel hängt ihre Wirksamkeit von der Realisation dieses Lebensinteresses ab, das bei der Geltendmachung anzugeben und zu beweisen ist. Deshalb heißen sie materiell, auch individualisirt oder causal.

Den Gegensatz bilden die formalen oder abstracten Geschäfte, die sich allein durch die Willenserklärung vollziehen. Dazu gehören in Rom vornehmlich der Eigenthumsübergang durch Tradition und das Stipulationsversprechen, die aber durch ausdrückliche Aufnahme der Causa auf die Verwirklichung derselben gestellt werden können. Der heutige Creditverkehr begünstigt derartige Formen, um die Erfüllung gegen alle aus dem Verpflichtungsgrunde hergenommenen und bisweilen chicanösen Einreden zu sichern. Der Wechsel und die Werthpapiere sind abstract in gesteigertem Sinne, weil sie keine Bezugnahme auf die Causa im Inhalt der Urkunde dulden.

§ 73.

Inhalt eines Rechtsgeschäftes.

Wesentliche, natürliche und zufällige Bestandtheile.

Ein Rechtsgeschäft kann sich auf Alles erstrecken, was der Einzelne als Privatperson rechtlich wollen kann, also nicht auf unmögliche Handlungen oder solche, welche Verbotsgesetzen oder der Ehrbarkeit widerstreiten. A.L.R. § 5–13 I, 4.

Die Bestandtheile eines Geschäftes scheidet man in wesentliche, natürliche und zufällige.

Wesentlich sind diejenigen Erfordernisse, welche nach Rechtsvorschrift zu dem Begriff des vorgestellten Geschäftes gehören. Ein Mangel in diesen nothwendigen Elementen verhindert die Gültigkeit des Geschäftes. ‚essentialia insunt‘.

Natürlich heißen die Eigenschaften und Wirkungen, welche dem betreffenden Geschäft regelmäßig innewohnen. Sie unterfallen der Parteiwillkür, gelten aber, sofern nichts Anderes bestimmt ist, als stillschweigend gewollt. ‚naturalia inesse praesumuntur‘.

Zufällig sind die dem Wesen und der Anlage einer Geschäftsgattung fremdartigen Zusätze, welche dazu dienen, das Hauptgeschäft zu bestärken oder abzuschwächen. Sie bedürfen einer ausdrücklichen Festsetzung. ‚accidentalia specialiter probanda‘. Abgeänderte Naturalien stehen im Erfolge den Accidentalien gleich.

Als Beispiel soll der Kauf betrachtet werden: Grundlage desselben bildet die Willensübereinstimmung der Parteien über Preis und Waare, gewöhnlich ist ihm die Baarzahlung, welche durch Stundungsverträge ausschließbar ist, und als besonderer Zusatz kann vereinbart sein eine Vertragsstrafe für den Fall nicht gehöriger Leistung oder ein Rücktrittsrecht des Verkäufers, wenn binnen gewisser Zeit ein besseres Preisgebot eingeht.

Freilich liegt es im Belieben einer Partei, den Vertragsschluß davon abhängig zu machen, daß eine Einigung über den Ausschluß von Naturalien oder den Zusatz von Nebenbestimmungen erzielt wird. Dadurch erhalten jene Punkte für das in der Vorbereitung begriffene Geschäft wesentlichen Charakter.

§ 74.

Bedingung, Zeitbestimmung, Auflage.

Sie sind einer Willenserklärung als einschränkende Zusätze beigefügt, doch unter sich in Art und Wirkungen höchst verschieden. Entweder soll ein Geschäft erst mit Eintritt eines zukünftigen Ereignisses zur vollen Geltung gelangen (aufschiebende Bedingung, Anfangstermin) oder es ist sofort wirksam ins Leben gerufen, aber mit einer Nebenabrede versehen, welche sein künftiges Ende betrifft (auflösende Bedingung, Endtermin) oder welche dem durch eine einseitige Zuwendung Bedachten ein Thun bzw. Lassen zur Pflicht macht (Auflage). Danach richtet sich die sehr streitige Beweislast. Wendet der auf Erfüllung eines Versprechens Beklagte die Nebenabrede ein, so hat er den Verfall des Geschäftes oder den Ungehorsam des Bedachten darzuthun. Beruft er sich dagegen darauf, daß kein reines Versprechen, wie in der Klage behauptet, sondern ein in seiner vollen Geltung von künftigen Umständen abhängiges Geschäft vorliege, so läugnet er den Klagegrund, dessen Nachweis dem Kläger obliegt.

A. Bedingung. D. 35, 1 de conditionibus etc. A.L.R. § 99–144 I, 4.

I. Begriff.

Unter Bedingung versteht man die willkürliche Nebenbestimmung zu einem Rechtsgeschäft, wodurch dessen Wirkung von einem zukünftigen, ungewissen Ereigniß abhängig gemacht wird. Der Namen wird auch auf das bedingende Ereigniß übertragen.

Auf die Form des Ausdrucks kommt es nicht an. In der Regel wird die Bedingung mit den Worten „wenn“ (si) oder „unter der Voraussetzung daß“ eingeleitet; doch kann sie auch einen selbständigen Satz bilden, der ein vorausgegangenes Versprechen einschränkt.

Durch die Bedingung stellt es der Verfügende der Zukunft anheim, ob und wie lange eine beabsichtigte Rechtswirkung eintreten soll. Häufig bietet er in dieser Gestalt Anderen Vortheile, um sie zu einer Handlung oder Unterlassung zu bewegen. Sein Wille hat von Anfang an eine bestimmte Richtung; nicht dieser, sondern der von der Zukunft abhängige Erfolg ist ungewiß. Daher geht es nicht an, den Abschluß eines Geschäftes durch Bedingungen in die blanke Willkür des Verpflichteten zu setzen. Durch die Erklärung, daß man nicht abgeneigt sei, ein Darlehn zu geben, den Entschluß aber noch eignem Belieben vorbehalte ‚si volam' l. 8 D. 44, 7, wird gar keine Verpflichtung begründet. l. 46 § 3 D. 45, 1. l. 7 pr. D. 18, 1. l. 13 C. 4, 38. A.L.R. § 108 I, 4. Anders verhält es sich beim Kauf auf Probe, der rechtsbeständig werden soll, wenn dem Käufer die Sache gefällt ‚si tibi placuerit' § 4 J. 3, 23. Hier will Käufer sofort das Geschäft, macht aber die endgültige Bestätigung von seiner einseitigen Genehmigung abhängig, zu der er einen Anreiz in seinem Proberecht übernimmt.

II. **Arten.**

Man theilt die Bedingungen folgendermaßen ein:

a) affirmative und **negative**, je nachdem ihr Inhalt auf Veränderung oder Nichtveränderung eines Zustandes abzielt. § 4 J. 3, 15. Die Wortfassung ist dabei unerheblich. Die Bedingung „wenn Du morgen ausgehst" bleibt affirmativ auch in der Einkleidung „wenn Du nicht zu Hause bleibst"; die Bedingung „wenn Du nicht wieder heirathest" behält ihren negativen Charakter, trotzdem sie auf Beibehaltung des Wittwenstandes gestellt wird.

b) potestative, **gemischte** und **casuelle**, je nachdem die Erfüllung im ausschließlichen Belieben des bedingt Berechtigten steht, oder nicht allein von seinem Willen abhängt oder völlig auf äußern Umständen wie Naturereignissen, Handlungen Dritter beruht. l. un. § 7 C. 6, 51. Ob eine Bedingung, die sich auf ein Thun bzw. Lassen des bedingt Berechtigten richtet, zu den rein potestativen oder gemischten gehört, wird oft Thatfrage sein. l. 4. § 1. D. 28, 5.

c) suspensive und **resolutive**, je nachdem sie den Eintritt eines Geschäftes, — auch bloß in einzelnen Bestandtheilen desselben — aufschieben oder ein wirksam begründetes Geschäft in Zukunft auflösen. Die Suspensiv-Bedingung bildet einen integrirenden Theil der Willenserklärung ‚emtio conditionalis' l. 2 pr. D. 18, 2. A.L.R. § 100 I, 4. Die Resolutiv-Bedingung fügt eine Nebenabrede bei, welche die Dauer eines bestehenden Geschäftes zukünftigen Complicationen anheimstellt, also die Auflösung bis dahin aufschiebt. ‚pura emtio, quae sub conditione resolvitur'. l. 2 pr. D. 18, 2. A.L.R. § 114 I, 4. Ob einer Bedingung suspensive oder resolutive Kraft zukommt, gründet sich auf den Parteiwillen. Das A.L.R. § 263 I, 11 vermuthet beim Kauf für ihre auflösende Natur, wenn die Sache bereits dem Käufer übergeben ist. Beim Probekauf gilt die Bedingung im Zweifel als eine aufschiebende. H.G.B. Art. 339. A.L.R. § 333–334 I, 11.

III. **Uneigentliche Bedingungen.**

Es finden sich bei Rechtsgeschäften Zusätze, welche von den Bedingungen den Ausdruck entlehnen, aber nicht deren Wesen haben. Dazu gehören:

a) Die auf die Vergangenheit oder Gegenwart gestellte Bedingung (in praeteritum vel praesens collata).

Sie läßt die Rechtswirkung nicht von zukünftigen Ereignissen abhängen, sondern legt sie auf eine bereits vollzogene Thatsache, die nur einer nachträglichen Feststellung bedarf. l. 37–39 D. 12, 1. l. 10 § 1 D. 28, 7 ‚si navis in portu stat‘. Auch das A.L.R. § 140–144 I, 4 geht, im Fall eine vergangene Begebenheit zur Bedingung gemacht wird, davon aus, daß es von Anfang an feststeht, ob eine unbedingte oder gar keine Rechtswirkung erzielt ist.

b) **Die nothwendige Bedingung** (necessaria).

Was unfehlbar eintreten muß, kann nicht ungewiß sein. Dem gilt gleich, wenn vom bedingt Berechtigten die Nichtvornahme einer solchen Handlung verlangt wird, die schon von Natur aus unmöglich ist. ‚si in coelum non ascenderit‘. l. 7 D. 45, 1. Ein derartiger Zusatz wird als nicht beigefügt erachtet, l. 9 § 1 D. 46, 2, es sei denn, daß sich darunter eine Zeitbestimmung verbirgt. l. 8 D. 45, 1. A.L.R. § 126–127 I, 4.

c) **Die stillschweigende Bedingung** (tacita).

Die Bedingung soll auf willkürlicher Bestimmung des Verfügenden beruhen conditio facti l. 21 D. 35, 1. Ist sie begrifflich im Rechtsgeschäft enthalten (conditio juris), so erscheint ihre besondere Wiederholung überflüssig, z. B. Du erhältst eine Mitgift im Fall Deiner Verheirathung l. 21 D. 23, 3, Du bist mein Erbe, wenn Du mich überlebst. So setzt das Vermächtniß den Antritt der Erbschaft und den Willen des Legatars voraus. l. 107 D. 35, 1. Freilich folgert die römische Doctrin aus dem vom Erblasser beigefügten Worten ‚si heres hereditatem meam adierit‘ l. 19 § 1 D. 35, 1, l. 22 § 1 D. 36, 2, oder ‚Titio si voluerit do lego‘, l. 69 D. 35, 1, daß darin eine wirkliche Bedingung liege, und also deren Eintritt zur Transmission des Legats auf die Erben des Vermächtnißnehmers nöthig sei. In Rom giebt ferner die für voluntarii heredes selbstverständliche Bedingung ‚si volet heres esto‘ dem eingesetzten Suus des Erblassers das Recht, die Erbschaft auszuschlagen. l. 12 D. 28, 7.

d) **Die unmögliche Bedingung** (impossibilis).

Was dem natürlichen Gang der Dinge zuwiderläuft, kann sicher nicht geschehen, z. B. ‚si digito coelum tetigerit‘. Gaj. III § 98. Eine unmögliche Bedingung in resolutiver Fassung wird nicht beachtet, eine suspensive macht Rechtsgeschäfte unter Lebenden nichtig § 11 J. 3, 19, l. 31 D. 44, 7, bei letztwilligen Verfügungen gilt sie als nicht beigefügt (pro non scripto). l. 3 D. 35, 1. Im A.L.R. § 126–131 I, 4 vernichtet sie auch letztere. § 504–506 I, 12.

e) **Die unerlaubte Bedingung.**

Sie widerstreitet entweder zwingenden Rechtsnormen (contra leges cogentes) oder den guten Sitten (contra bonos mores, conditio turpis). Sie wird wie die unmögliche Bedingung behandelt. l. 9 D. 28, 7. Im A.L.R. § 136–138 I, 4 § 227–228 I, 5 entkräftet sie Geschäfte unter Lebenden, aber nicht solche von Todeswegen. § 63 I, 12. Was als unsittlich gilt, richtet sich nach dem Culturstandpunkt eines Volkes und wird bei Gelegenheit der verbotenen Obligationen behandelt werden. Doch kann ein an sich erlaubtes Geschäft wie Eheabschluß, Scheidung, Erbeseinsetzung dadurch, daß seine Vornahme oder Unterlassung von einer Belohnung abhängig gemacht wird, der Bedingung einen unsittlichen Inhalt geben, z. B. ‚si heredem me non feceris, centum dare spondes‘? l. 61 D. 45, 1.

f) **Die widersinnige Bedingung** (perplexa).

Sie ist unverständlich abgefaßt oder enthält in sich einen unlösbaren Widerspruch, z. B. ,si Titius heres erit, Sejus heres esto, si Sejus heres erit, Titius heres esto'. l. 16 D. 28, 7. Sie wird als resolutive nicht beachtet, macht aber als suspensive alle Verfügungen, auch die letztwilligen nichtig. Im A.L.R. § 132 I, 4, § 64 I, 12 steht sie der unmöglichen Bedingung gleich.

Verschieden davon ist die conditio praepostera, welche den Rechtserfolg auf eine frühere Zeit setzt, als die Bedingung eintrat, z. B. man verspricht dem Makler eine Provision, wenn er ein Geschäft vermitteln sollte, zahlbar eine Woche vor Abschluß desselben. Hier gilt die Zusage, wird aber erst nach erfüllter Bedingung wirksam.

IV. **Beifügung einer Bedingung.**

In Rom war sie ursprünglich nur bei letztwilligen Verfügungen und Schenkungen statthaft. Im Laufe der Zeit wurde sie auch bei Kauf, Miethe Gaj. III § 46, Gesellschaft l. 6 C. 4, 37 und andern Verträgen anerkannt. Jedoch verlangen einige Geschäfte in Folge ihrer Natur oder durch gesetzliche Vorschrift eine vorbehaltlose und entschlossene Willenserklärung (certum consilium). ,actus legitimi, qui non recipiunt diem vel conditionem, veluti emancipatio, acceptilatio, hereditatis aditio, servi optio, datio tutoris' — l. 77 D. 50, 17. Dies gilt auch heute für den Erbschaftsantritt, dessen gesetzliche Kraft nicht durch Einschränkungen abgeschwächt werden darf. A.L.R. § 394 I, 9.

Erbeseinsetzungen sind unter aufschiebender Bedingung zulässig l. 3 D. 29, 2, doch wurde in Rom eine auflösende Bedingung für nicht beigefügt erachtet. l. 89 D. 28, 5. Heute verwandelt wohl die Resolutiv-Bedingung gemäß dem Willen des Erblassers, das Testament in ein Universalfideicommiß, im A.L.R. § 489 I, 12 ist sie voll wirksam. Bei Vermächtnissen erlaubte schon das Römische Recht auflösende Bedingungen. l. 26 C. 6, 37.

Die meisten Geschäfte des Familienrechtes dulden keine Bedingungen, z. B. Ehe, Adoption, Emancipation, Bestellung eines Vormunds. Im kanonischen Recht ist der Eheabschluß mit bischöflicher Genehmigung unter einer Suspensivbedingung statthaft, falls diese nicht dem Wesen der Ehe widerstreitet, doch wird der Vollzug der Geschlechtsgemeinschaft als Verzichtleistung betrachtet. c. 3–7 X 4, 5. Die im A.L.R. § 37 II, 1 Anh. § 66 erwähnte Probe-Ehe eines Minderjährigen, der nach zurückgelegtem achtzehnten Lebensjahre binnen 6 Monaten widerrufen darf, war von richterlicher Erlaubniß abhängig. Nach R.G. vom 6. Febr. 1875 § 52 spricht der Standesbeamte die Verlobten zu Eheleuten zusammen, nachdem sie seine auf die Eingehung der Ehe gerichteten Fragen bedingungslos bejaht haben. Bedingte Verlöbnisse sind in Rom zuläßig, im kanonischen Recht steht jedem Theil der Rücktritt frei c. un. § 1 in VI[to] 4, 1, ebenso im A.L.R. § 95 II, 1.

Abstracte Versprechen wie der Wechsel, auch die gerichtliche Auflassung schließen die Aufnahme einer Bedingung aus. Bei manchen Erklärungen behandelt das Gesetz eine zugefügte Einschränkung als wirkungslos, sei es völlig, z. B. die Last auf dem Pflichttheil, sei es in Bezug auf Dritte, z. B. bei der Handels-Procura, Proceß-Vollmacht.

V. Wirkungen.

Soweit die Rechtsfolgen einer Bedingung in das Gebiet des Sachen- oder Erbrechtes fallen, werden sie dort ihre Berücksichtigung finden.

a) Schwebezeit conditio pendet.

Die Bedingung schwebt, so lange die Entscheidung, ob sie eintritt oder ausfällt, noch in der Zukunft ruht. In diesem Stadium darf kein Betheiligter in einer Art, welche dem Sinn des Geschäftes zuwiderlaufen würde, auf die Entscheidung einwirken; sonst gilt das Gegentheil von dem, was er durch sein unerlaubtes Verhalten für sich erstrebte. So wird in den römischen Quellen l. 81 § 1 D. 35, 1, l. 85 § 7 D. 45, 1, l. 50 D. 18, 1 eine Bedingung, deren Eintritt der durch das Geschäft Verpflichtete vertragswidrig hinderte, dennoch als erfüllt angesehen. ‚in jure civili receptum est, quoties per eum, cujus interest, conditionem non impleri fiat, quominus impleatur, perinde haberi ac si impleta conditio fuisset‘. l. 161 D. 50, 17. l. 24 D. 35,1. Das A.L.R. schließt sich diesem Satze an § 105–7, § 109–111 I, 4 und erklärt andrerseits eine Bedingung für vereitelt, wenn der bedingt Berechtigte eine bloß casuell geplante Bedingung herbeigeführt oder sich verbotener Mittel bedient hat. § 104, 119 I, 4.

Während schwebender Suspensiv-Bedingung ist eine Hoffnung, aber kein volles Recht begründet. l. 30 § 5 D. 20, 1. A.L.R. § 102 I, 4. Die Hoffnung bildet einen Vermögensbestandtheil des Berechtigten. Sie ist Grundlage für Pfand und Bürgschaft, auch veräußerlich und vererblich, sofern es sich nicht um ein hochpersönliches Recht handelt. § 4 J. 3,15. Sie giebt unter Umständen einen Anspruch gegen den Verpflichteten auf Sicherheitsleistung l. 38 pr. D. 17, 2 und kann im Concurse desselben geltend gemacht werden. l. 6 pr. D. 42, 4. R.K.O. § 142, § 158. Doch liegt vorläufig keine erfüllbare Schuld vor. Eine Zahlung, welche der bedingt Verpflichtete leistete, gilt bei Irrthum desselben als Indebitum l. 16 pr. D. 12, 6 und bei Kenntniß als eine Caution. l. 16, D. 46, 3.

Während schwebender Resolutiv-Bedingung ist ein volles Recht vorhanden. R.K.O. § 59. Der dadurch Berechtigte darf frei verfügen, muß aber im A.L.R. § 121–125 I, 4, wenn er seine Rückgabepflicht gefährdet, Sicherheit leisten.

b) Entscheidung.

1) Die Bedingung fällt aus (deficit), d. h. bei affirmativ-potestativem Inhalt: die gebotene Handlung wird versäumt l. 29 D. 35, 1; bei negativ-potestativem Inhalt: die ausgeschlossene Handlung wird begangen. Der Ausfall der Suspensiv-Bedingung vereitelt die Hoffnung auf Entstehung des Rechtes; der Ausfall der Resolutiv-Bedingung hebt die Verfallclausel auf, unter welcher das Recht begründet wurde. Was inzwischen in der Erwartung, daß die Bedingung sich erfüllen könnte, oder zur Sicherstellung geleistet wurde, kann nun zurückgefordert werden. l. 21 D. 46, 3.

2) Die Bedingung tritt ein (existit, impletur), d. h. bei affirmativer Fassung: die beabsichtigte Veränderung geschieht, und bei negativer Fassung: das unerwünschte Ereigniß bleibt sicher aus.

Richtet sich die Bedingung auf Vornahme von Handlungen, so müssen dieselben plangemäß erfolgen. Eine Ausführung durch die Erben des bedingt Berechtigten ist unter Umständen zulässig. A.L.R. § 161–162 I, 4. Die bloße Bereitwilligkeit zur Leistung genügt selbst dann nicht, wenn zum Vollzuge die Theilnahme Dritter gehört und diese nicht zu beschaffen ist. A.L.R. § 112–113 I, 4. Darauf, daß die Erfüllung nutzlos ist oder nachträglich unmöglich wurde, kann sich Der, welchem die Thätigkeit obliegt, nicht berufen. Höchstens darf er im A.L.R. § 133–135 I, 4 nach dem Tode des Verfügenden auf Erlassung einer unnützen Bedingung bei dem Richter antragen. Betrifft die Bedingung eine wiederkehrende Handlung oder eine Unterlassung, ohne eine Zeitgrenze dafür zu bestimmen, z. B. wenn Du jeden Sonntag in die Kirche gehst, wenn Du nicht mehr rauchst, so gilt sie erst als erfüllt, wenn der bedingt Berechtigte sich bis zu seinem Tode als gehorsam erwies. § 4 J. 3, 15. Doch ist das Verbot, eine gewisse Handlung mit einer dritten Person vorzunehmen, z. B. wenn Du die Titia nicht heirathest, schon mit deren Tode nicht mehr übertretbar. l. 106 D. 35, 1. Zahlreiche Ausnahmen von diesen Sätzen finden sich bei bedingten Anordnungen von Todeswegen, um sie im Sinne des Erblassers aufrecht zu erhalten.

Sind mehrere Bedingungen gesetzt, so ist ihrer aller Erfüllung nöthig. War nur geplant, daß die eine oder die andere eintrete, so steht bei potestativem Inhalt dem bedingt Berechtigten die Wahl zu, welche er erfüllen will. A.L.R. § 139 I, 4.

Der Eintritt der Suspensiv-Bedingung verwandelt die Hoffnung in ein volles, klagbares Recht, vorausgesetzt, daß in diesem Zeitpunkt die Erfordernisse dazu vorhanden sind. l. 10 § 5 D. 23, 3. l. 31 l. 98 pr. D. 45, 1. Der Eintritt der Resolutiv-Bedingung hebt das auf diesen Fall gestellte Recht auf.

3) Da der Wille des bedingt Verfügenden schon von Anfang an, je nach Gestaltung der Eventualität bestimmt war, so muß der Entscheidung eine möglichst *rückwirkende Kraft* beigemessen werden. Daher richten sich die Rechtsfolgen einer suspensiv eingeräumten Forderung nach der Zeit, wo die Bedingung gesetzt, nicht wo sie erfüllt war. ‚perinde habetur, ac si illo tempore, quo stipulatio interposita est, sine conditione facta esset‘. l. 11 § 1 D. 20, 4. l. 27 D. 17, 2. Bei resolutiv bestellten Sachenrechten hat dieser Standpunkt wichtige Bedeutung für die vom Zwischenberechtigten mit dem Gegenstand getroffenen Verfügungen. Davon soll im Sachenrechte ausführlich die Rede sein.

Das A.L.R. § 115–116 I, 4 verwirft grundsätzlich die Rückziehung der auflösenden Bedingungen; in Betreff der aufschiebenden Bedingungen fehlt es hierüber an einer klaren Gesetzesstelle. vgl. § 102 I, 4.

B. Zeitbestimmung. A.L.R. § 163–169 I, 4.

I. Begriff und Arten.

Die Zeitbestimmung begrenzt die Wirkung eines Rechtsgeschäfts durch Eintritt eines zukünftigen gewissen Ereignisses.

Der Eintritt des Zeitereignisses ist gewiß. Allein dasselbe läßt sich nicht immer im Voraus nach dem Datum berechnen, und durch die Verknüpfung mit den Lebensschicksalen einer Person kann es für diese den Charakter einer relativen Unsicherheit annehmen. Danach unterscheidet man:

dies certus an et quando, z. B. 1. Januar 1895 oder Ostern 1895. In Wechsel- und Handelssachen bedeutet: Anfang eines Monats den ersten Tag, Mitte (Medio) den fünfzehnten, Ende (Ultimo) den letzten Tag dieses Monats. W.O. Art. 30, H.G.B. Art. 327. Wechsel, die auf die Meß- oder Marktzeit eines Ortes gestellt sind, werden zu der daselbst gesetzlich bestimmten Zahlungszeit fällig, eventuell am vorletzten Tage der Messe, oder wenn dieselbe nur einen Tag dauert, an diesem Tage. W.O. Art. 35.

dies certus an sed incertus quando, z. B. an Deinem Todestage, bei Kündigung. Bei Wechseln bezeichnet „auf bzw. bei Sicht" den Tag der Vorzeigung, welcher aber nach W.O. Art. 31. — Mangels eines anderweiten Vermerkes auf dem Wechsel — innerhalb eines zweijährigen Zeitraumes von der Ausstellung an liegen muß. Bei befristeten „nach Sicht"-Wechseln bildet der Präsentationstag den Beginn der Tage, Wochen, Monate 2c. nach deren Ablauf der Wechsel fällig sein soll.

dies incertus an sed certus quando, z. B. an dem Tage, wo Du mündig wirst.

Dagegen enthält ein dies incertus an et quando, z. B. an dem Tage, wo Du Dich verheirathen solltest, begrifflich eine Bedingung.

Die beigefügte Zeitbestimmung kann den Beginn oder die Dauer einer Rechtswirkung beschränken. Der Anfangstermin, mit welchem das beabsichtigte Rechtsverhältniß eintreten soll, heißt dies a quo, der Endtermin, mit dem es aufhören soll, dies ad quem. Der Sprachgebrauch der Quellen ist: ex die (tempore) und ad diem (tempus) l. 34 D. 28, 5. l. 4 pr. D. 8, 1. Der Ausdruck in diem kommt für beide Fälle vor. l. 10 D. 12, 6. l. 44 § 1 D. 44, 7. Die Römer bezeichnen bei befristeten Verträgen den Tag des Versprechens als dies cedens, den Tag der Fälligkeit als dies veniens, weil sie sich die Zeit als fortschreitend vorstellten, die einen Punkt verläßt und zu einem andern kommt. l. 213 D. 50, 16.

Viele Geschäfte haben ihrer Natur nach eine begrenzte Dauer, z. B. Leihe, Miethe, Gesellschaft, Nießbrauch; andere werden durch Zeitbeschränkungen vernichtet, wie Erbschaftsantritt, Ehe, Adoption, Auflassung, vgl. S. 220. Zeitbestimmungen, die einer Erbeseinsetzung zugefügt sind, gelten in Rom für nicht geschrieben. § 9 J. 2, 14, vgl. l. 23 pr. D. 28, 5. Das A.L.R. § 486 I, 12 gestattet Erbschaften, die nur von einem gewissen Tage an beschieden sind.

II. **Wirkungen.**

a) Das mit einem **Anfangstermine** befristete Recht ist sofort begründet, aber erst bei Eintritt des Zeitereignisses klagbar. l. 46 pr. D. 45, 1. A.L.R. § 164–66 I, 4. Nicht die Existenz des Rechtes wird, wie bei der Suspensiv-Bedingung, aufgeschoben, sondern seine Geltendmachung. Wer also eine betagte Schuld vorzeitig zahlt, erfüllt seine Pflicht und kann die Leistung nicht zurückfordern. l. 10 D. 12, 6. Dies gilt zweifellos für den dies certus an, wenn auch incertus quando l. 17 D. 12, 6. l. 79 pr. D. 35, 1. Bei einem dies incertus an certus quando hängt es von der Willensmeinung des Verfügenden ab, ob das Recht dem Bedachten sofort erworben wird l. 46 D. 36, 1. l. 5 C. 6, 53, oder erst falls er den gesetzten Termin erlebt. Letzteres nehmen die Quellen für Legate an, welche dem Vermächtnißnehmer bei einem bestimmten

Alter gezahlt werden sollen. l. 79 § 1. D. 35, 1 l. 22 pr. D. 36, 2. **Das A.L.R. § 361 I, 4 erklärt jeden dies incertus an als Bedingung.** vgl. l. 75 D. 35, 1.

b) Das auf einen Endtermin gestellte Recht hört mit Eintritt desselben von selbst auf, doch verbleiben dem Berechtigten die Nutzungen der Zwischenzeit. A.L.R. § 167–169 I, 4.

Von den modificirten Rechtsfolgen, welche die Befristung beim Eigenthum hervorruft, wird im Sachenrecht die Rede sein.

C. Auflage. A.L.R. § 152–162 I, 4.

I. Begriff.

Auflage (modus, Endzweck) ist eine mit der Zuwendung verbundene Beschränkung des Empfängers.

Sie kommt nur bei einseitigen Zuwendungen vor wie Erbeseinsetzung, Vermächtniß, Schenkung. Bei lästigen Verträgen gehören vermögenswerthe Handlungen, welche ein Contrahent außer dem vertragsmäßigen Entgelde übernahm, zu seiner Gegenleistung und unterfallen der Geschäftsklage.

In der Regel schreibt der Modus vor, in welcher Weise das Empfangene zu verwenden ist ‚ut ex eo aliquid fieret'. l. 17 § 4 D. 35, 1. Doch können dem Bedachten auch anderweite Pflichten auferlegt sein, z. B. Heirath einer bestimmten Person. l. 1 C. 8, 45. Dabei hat der Verfügende entweder sein eignes Interesse im Auge oder den Vortheil Dritter oder das Wohl des Empfängers selber.

Im A.L.R. § 1053 I, 11 geht eine Schenkung durch einen ernstlichen Endzweck, der nicht bloß zum Besten des Bedachten beigefügt ist, im Zweifel in einen lästigen Vertrag über.

II. Wirkungen.

Der Modus enthält eine Nebenbestimmung, zu deren Ausführung sich der Bedachte durch Annahme der Zuwendung verbindet.

a) Geltendmachung.

Bei Schenkungen hat Geber bzw. sein Erbe die Wahl, falls sich der Vollzug der Auflage ungebührlich verzögert, entweder mit einer actio praescriptis verbis l. 9 C. 8, 54 (53) Erfüllung der geldwerthen Leistung zu verlangen oder mit der condictio ob causam datorum l. 3 C. 4, 6 auf Rückgabe zu klagen. Bei Verweigerung ausgemachter Alimente steht ihm nach l. 1 C. 8, 55 (54) eine rei vindicatio utilis zu. Justinian sieht in solchem Ungehorsam einen Fall des Undanks. l. 10 C. 8, 56 (55). Lautet der Modus zu Gunsten eines Dritten, so wird diesem eine directe Klage auf Erfüllung eingeräumt. l. 3 C. 8, 55 (54). Dagegen gelten Bestimmungen, die im ausschließlichen Interesse des Schenknehmers ertheilt sind, z. B. das erhaltene Geld zur Verbesserung des eignen Grundbesitzes zu verwenden l. 13 § 2 D. 24, 1, als unverbindliche Wünsche und Rathschläge (nuda praecepta) des Freigebigen. Das A.L.R. § 157–158 I, 4 verweigert dem Dritten Begünstigten ein unmittelbares Klagerecht auf Erfüllung, gewährt aber auch dann eine Rückforderung, wenn der Endzweck allein zum Besten des Bedachten hinzugefügt und doch nicht innegehalten wurde.

Bei letztwilligen Verfügungen unterliegt der dem Erben oder Vermächtnißnehmer gesetzte Modus, sofern er sich über die Bedeutung eines bloßen Wunsches

l. 5 § 8 D. 26, 7 erhebt, einem gesteigerten Zwange, weil der Wille des Erblassers für heilig geachtet werden soll. l. 71 pr. D. 35, 1, l. 114 § 14 D. de leg. 1. Hier kann sogar die Obrigkeit auf Ausführung solcher Maßregeln dringen, die im öffentlichen Interesse angeordnet sind. l. 7. i. f. D. 33, 1. A.L.R. § 514. I, 12. Dies wird im Erbrecht ausgeführt werden.

b) Nebenzweck.

Wer unter einer Auflage zuwendet, will vornehmlich eine Freigebigkeit verwirklichen. Daher tritt der Bedachte sofort in die Ausübung und den Genuß des ihm bewilligten Rechtes. A.L.R. § 153 I, 4. In diesem Sinne sagt Savigny, daß der Modus im Gegensatz zur potestativen Suspensiv-Bedingung „zwinge aber nicht aufschiebe".

Die Auflage bildet nur einen Nebenzweck der Zuwendung. Erweist sich der Modus als unsittlich, unmöglich oder wird er nachträglich, ohne daß den Belasteten eine Schuld trifft, unausführbar, so gilt er für erlassen, während die Haupt-Zuwendung aufrecht bleibt. l. 8 C. 4, 6. Demnach ist eine Schenkung unter Auflage bei Weitem sicherer, als unter einer Bedingung, die noch Alles in Frage stellt. l. 1 C. 6, 45. Bei ungenauem Ausdruck einer Nebenbestimmung, z. B. mit den vieldeutigen Worten „unter der Voraussetzung daß" nimmt man an, daß eher eine Auflage, als eine Bedingung gemeint sei. A.L.R. § 152 I, 4.

Zu andern Schlüssen gelangt Windscheid, welcher den allgemeinen Begriff „Voraussetzung" aufstellt, d. h. die im Rechtsgeschäfte gedachte Realisation einer Absicht und darunter Zweck vgl. S. 210 und Auflage bringt.

Im A.L.R. verflüchtigt sich der Charakter des Modus als eines Nebenzwecks. Die Auflage muß unter allen Umständen rechtzeitig ausgeführt werden, sei es durch den Bedachten selbst, sei es durch dessen Erben, wenn der Zweck nicht an seine Person gebunden war. § 161–162. Eine Nicht-Erfüllung steht dem Eintritt einer auflösenden Bedingung gleich und vernichtet das durch die Zuwendung begründete Recht. § 154–156. Hat sich aber der Erklärende bei einem Vollzuge, welcher der vorgeschriebenen Art ähnlich war, ein Jahr lang wissentlich beruhigt, so können seine Erben die Erfüllung nicht mehr anfechten. § 159 I, 4. Nur bei letztwilligen Verfügungen sind Milderungen zuläßig. § 511–513 I, 12. Hier kann, falls ein Zweck ohne Schuld des Bedachten unmöglich wurde, entweder an seine Stelle ein anderer treten, welcher der Absicht des Erblassers am nächsten kommt, oder nach Maßgabe der Umstände eine völlige Befreiung von der Auflage stattfinden.

§ 75.

Ungültigkeit der Rechtsgeschäfte.

A. Nichtige Geschäfte. Relativ und partiell nichtige Geschäfte. Conversion.
B. Anfechtbare Geschäfte. Convalescenz.

Ungültig heißt ein Rechtsgeschäft, das trotz formellen Abschlusses wegen innerlicher Mängel nicht zu seiner Wirkung gelangt. Es ist entweder nichtig, d. h. in sich nicht vorhanden oder anfechtbar, d. h. es besteht, kann aber durch Anfechtung Seitens des dazu Berechtigten beseitigt werden. Die C.Pr.O. § 568 unterscheidet nichtige und ungültige Ehe, je nachdem die Auflösung auf Betreiben des Staatsanwalts erfolgt oder von einem Antrage des verletzten Gatten abhängt.

A. Zu den **nichtigen Geschäften** gehören solche, denen entweder ein wesentliches Erforderniß fehlt oder die durch gesetzliche Vorschrift unstatthaft sind. l. 5 C. 1, 14.

Ein nichtiges Geschäft, mag es auch formenrichtig abgeschlossen sein, führt rechtlich ein Scheindasein. Wer in der Meinung daraus verbunden zu sein zahlt, leistet eine Nichtschuld. Das A.L.R. § 172–173 I, 16 giebt in Fällen, wo die Zahlung ein „ausdrücklich verbotenes" Geschäft betrifft, dem Fiscus ein Rückforderungsrecht.

Ein nichtiges Geschäft kann keinen Klagegrund bilden. Erkennt der Richter aus dem vorgebrachten Sachverhalt die Nichtigkeit des Anspruchs, so hat er den Kläger von Amtswegen abzuweisen, einerlei ob Beklagter den Termin versäumt oder sich zur Sache eingelassen hat.

Was nicht besteht, braucht nicht erst vom Richter dafür erklärt zu werden. Doch kann eine Partei ein rechtliches Interesse daran nehmen, daß das Nichtbestehen eines Rechtsverhältnisses durch Urtheil festgestellt werde. C.Pr.O. § 231. Um geschlossene Ehen, rechtskräftige Urtheile, die nichtig sind, im Rechtssinne aufzuheben, bedarf es einer besonderen Nichtigkeitsklage. C.Pr.O. § 568, § 541 ff. Von Manchen wird eine querela nullitatis zur Umstoßung pflichtvergessener Testamente angenommen.

Was keinen Bestand hat, kann auch späterhin nicht aufleben. ‚quod initio vitiosum est, non potest tractu temporis convalescere.' l. 29 D. 50, 17. vgl. l. 201 l. 210 D. eod. Ausnahmen von diesem Grundsatz beruhen auf gesetzlicher Anordnung. So werden verbotene Schenkungen unter Ehegatten gültig, wenn der Beschenkte den Schenkgeber überlebt l. 32 § 2 D. 24, 1, und Veräußerungen wichtiger Mündelgüter, welche der Vormund ohne Decret der zuständigen Behörde vornahm, erlangen dadurch Kraft, daß die Rückforderung binnen fünf Jahren nach erlangter Volljährigkeit unterbleibt. l. 3 C. 5, 74. Die Bestätigung eines nichtigen Geschäfts durch die Betheiligten muß, sofern nunmehr die Hindernisse gehoben und die Fehler vermieden sind, als ein neuer Abschluß gelten. A.L.R. § 43–44 I, 3. Freilich kann es dem Willen der Parteien entsprechen, ihre Verpflichtungen aus dem neuen Geschäfte — unbeschadet der Rechte Dritter — auf die Zeit zurückzuverlegen, wo sie versuchten, das frühere zu Stande zu bringen. Auf diese Absicht beziehen sich die Worte Justinians in l. 5 C. 5, 16 ‚sicut et alias ratihabitiones negotiorum ad illa reduci tempora oportet, in quibus contracta sunt'. Zum gleichen Ziele führt die Genehmigung. Doch ruht sie auf Verhältnissen, die schon einen rechtlichen Boden haben und nur der späteren Zustimmung dazu befugter Personen bedürfen, um von Anfang an in vollem Maße rechtsbeständig zu sein.

Die Nichtigkeit ist ihrem Begriff nach eine absolute bzw. totale, d. h. sie ergreift, ohne daß ein Anstoß vonnöthen ist, das ganze Geschäft l. 178 D. 50, 17. Aus Zweckmäßigkeitsgründen kommen Ausnahmen vor:

Es giebt relativ nichtige Geschäfte, welche für die Theilnehmer gelten, aber für dritte Interessenten wirkungslos bleiben. So erklärt die R.K.O. § 6 Rechtshandlungen, welche der Gemeinschuldner nach der Eröffnung des Verfahrens vorgenommen hat, den Concursgläubigern gegenüber für nichtig, d. h. sie bestehen mit seinem Gegentheil, können aber die Masse, welche zur Befriedigung der Concursgläubiger dient, nicht zu deren Nachtheil beeinflussen.

Einzelne Geschäfte sind partiell nichtig. Sie werden in einem geringeren Umfang, soweit derselbe zulässig und beabsichtigt ist, aufrecht erhalten. ‚utile per inutile non vitiatur.‘ l. 1 § 5 D. 45, 1. So behandelt man unerlaubte Bedingungen bei Geschäften von Todeswegen als nicht beigefügt vgl. S. 219, ebenso Zinsversprechen auf einem Wechsel. W.O. Art. 7. Eine Schenkung über 500 Solidi, welche der gerichtlichen Insinuation ermangelt, gilt nur auf diesen Betrag. l. 36 § 3 C. 8, 54 (53). Geschäfte unter Ehegatten, die sich aus Freigebigkeiten und entgeldlichen Vermögensopfern zusammensetzen, sind nichtig soweit sie auf eine verbotene Schenkung auslaufen. l. 31 § 4 D. 24, 1. Unter denselben Gesichtspunkt fällt die Reduction von Vermächtnissen nach dem Maßstab der Falcidischen Quart l. 73 § 5 D. 35, 2 und die Einschränkung einer Novation, falls dieselbe nur im Stande war, eine neue Verbindlichkeit zu begründen, aber nicht die alte zu tilgen. l. 16 D. 46, 2. Heute haften Bürgen, welche eine lästigere Verpflichtung übernehmen, als die Hauptschuld enthält, bloß bis zum Bereich der letzteren. In Rom war die Bürgschaft ‚in duriorem causam‘ wegen des stricten Stipulations-Charakters ganz unverbindlich. l. 8 § 7 D. 46, 1. Zinsabreden, welche das erlaubte Maß übersteigen, werden nach l. 29 D. 22, 1 auf dieses ermäßigt. Heute entzieht das R.G. vom 24. Mai 1880 wucherlichen Verträgen jede Kraft. Im A.L.R. § 161–168 I, 12 dürfen außergerichtliche Vermächtnisse zusammengenommen nicht mehr betragen, als den zwanzigsten Theil des Nachlasses, widrigenfalls eine verhältnißmäßige Kürzung stattfindet.

Bisweilen werden Geschäfte vor der Gefahr, an Formenfehlern zu scheitern, durch eine Conversion bewahrt. Man wandelt das Geschäft in ein von der geplanten Art abweichendes um, vorausgesetzt, daß dies dem Parteiwillen entspricht und dazu der vorhandene Stoff ausreicht. l. 1 § 4 D. 13, 5. l. 1 § 2 D. 45, 1. Durch die Codicillar-Clausel überläßt es der Testator seinem Erben, die letztwillige Anordnung als Testament oder als Codicill zu behandeln. Die heutige gemeine Praxis bildet aus resolutiv bedingter Erbeseinsetzung gemäß dem vermeintlichen Willen des Erblassers ein Universalfideicommiß. S. 220. In Rom wird die Verfügung eines Soldaten, der als „Bürger“ aber mangelhaft testirte, als Militärtestament aufrecht erhalten, und einer nichtigen Acceptilation die schwächere Wirkung eines beabsichtigten Klageverzichtes beigelegt. l. 8 pr. l. 19 pr. D. 46, 4.

B. Zu den **anfechtbaren Geschäften** gehören namentlich solche, die durch Betrug, Drohung zu Stande gekommen sind, oder welche darauf abzielen, die Gläubiger eines zahlungsunfähigen Schuldners zu benachtheiligen.

Die anfechtbaren Geschäfte haben rechtliches Dasein, aber sie sind einem Umsturze ausgesetzt, welchen der dazu Befugte durch Einrede, Klage, Wiedereinsetzung in den vorigen Stand geltend machen kann. Sie convalesciren, d. h. sie kommen zu vollen Kräften, wenn der Interessent in rechtsgültiger Weise auf seine Anfechtung verzichtet oder die dafür gestellte Frist versäumt. Insofern bilden sie eine geeignete Grundlage für Zahlung, Pfand, Bürgschaft und taugen selbst zur Verfolgung durch Klage, da es nicht des richterlichen Amtes ist, den Beklagten auf sein Anfechtungsrecht aufmerksam zu machen. vgl. S. 44.

§ 76.

Rechtserwerb.

A. Originärer Erwerb.
B. Derivativer Erwerb.
I. constitutiv.
II. translativ.
Singular- und Universal-Succession.

Rechte werden auf ursprüngliche oder abgeleitete Weise erworben.

A. Der **originäre Erwerb** vollzieht sich unmittelbar, ohne von einem etwa bisher vorhandenen Rechte abhängig zu sein. Das Recht entsteht für den Erwerber als ein neues durch eigne Kraft, sei es, daß es vorher noch gar nicht existirte, sei es, daß es sich auf den Trümmern eines ehemaligen Rechtes aufbaut, welches vom Inhaber freiwillig aufgegeben oder ihm gesetzlich entzogen wurde. Beispiele bieten: die Occupation einer herrenlosen Sache, mag sie noch in Keines Eigenthum gewesen oder von ihrem früheren Herrn derelinquirt sein, und die Ersitzung fremder, aber redlich erworbener Sachen durch Zeitablauf. Freilich wird ein solches Eigenthum, das an die Stelle eines früheren tritt, durch die auf der Sache ruhenden Lasten, welche nicht am Untergang theilnahmen, beschränkt.

B. Der **derivative Erwerb** gründet sich auf das Recht eines Vormanns, welches für die Beurtheilung maßgebend bleibt. Die Ableitung erfolgt entweder constitutiv oder translativ.

I. **constitutiv.** Der Vormann schafft aus dem Inhalt seines Rechtes eine Befugniß, um sie einem Andern einzuräumen, z. B. der Eigenthümer bestellt an seiner Sache einen Nießbrauch. l. 63 D. 7, 1.

II. **translativ.** Das Recht des Vormanns geht als solches in vollem Umfange auf einen Nachfolger über. l. 15 § 2 D. 18, 1, l. 20 pr. § 1 D. 41, 1. Ein solcher Uebergang heißt Succession und vollzieht sich entweder in einzelne Rechtsverhältnisse (in singulas res l. 177 pr. D. 50, 17) oder in das ganze Vermögen bzw. einen Bruchtheil desselben (in omne, universum jus l. 37 D. 29, 2, l. 62 D. 50, 17). Der Nachfolger in ein Vermögen haftet für die damit verbundenen Schulden.

Zur Singular-Succession gehören der Eigenthumsübergang durch Tradition, sowie nach heutiger Construction der Eintritt in eine Forderung durch Cession.

Das einzige Beispiel der Universal-Succession bildet heute der Erbgang. Die addictio bonorum libertatis causa J. 3, 11 und die schon zur Zeit Justinians veraltete emtio venditio bonorum, d. h. der Verkauf der Concursmasse im Ganzen an Denjenigen, welcher den höchsten Procentsatz zur Befriedigung der Gläubiger bot Gaj. IV § 35 — bestehen heute nicht mehr.

Der Verkauf des Vermögens eines Lebenden, auch einer erworbenen Erbschaft fällt unter die Singular-Succession. Der Verkäufer muß die Sachen und Rechte im Einzelnen übertragen und befreit sich dadurch nicht von seinen Schulden, daß er sich eine Uebernahme derselben vom Käufer versprechen läßt. Nur der Kauf eines Nachlasses vom Fiscus bewirkt einen Uebergang des Erbrechtes. l. 54 pr. D. 5, 3. Im A.L.R. § 462–472 I, 11 ist dies bei jedem Erbschaftskauf der Fall.

Im alten Rom kamen Fälle eines Universalerwerbes vor (acquisitio per universitatem). Durch Manus-Ehe, Arrogation, Adoption fiel das Vermögen der gewaltunterworfenen Person an den Gewalthaber. In Folge der capitis deminutio, welche in diesen Acten lag, erloschen sogar die zum Vermögen gehörigen Schulden, doch nahm man später eine Haftung bis auf den Bestand der Activen an. Gaj. III § 83–84.

§ 77.

Rechtsverlust.

A. Aus natürlichen Ursachen.
B. Aus Rechtsgründen:
Confusion, Eintritt der Bedingung, Verjährung, Verwirkung.
C. Durch den Willen des Berechtigten.
I. Verzicht.
a) Form.
b) Umfang.
II. Veräußerung.

Einige Rechte finden durch Ausübung ihr Ende, z. B. die Obligation durch Leistung, das Pfandrecht durch Veräußerung des Gegenstandes, aus dessen Werth sich Gläubiger befriedigen darf. Rechte wie Eigenthum, Emphyteuse, Superficies, Grundgerechtigkeiten sind auf die Dauer angelegt.

Im Allgemeinen vollzieht sich der Rechtsverlust aus natürlichen Ursachen, aus Rechtsgründen und durch den Willen des Berechtigten.

A. Zu den **natürlichen Ursachen** gehören: Wegfall des Subjects, mit welchem das hochpersönliche Recht verknüpft ist, z. B. Tod des Nießbrauchers, ferner Untergang der Sache, auf welche sich das Recht bezieht, sofern nicht aus ihrer schuldhaften Zerstörung ein Ersatzanspruch erwächst.

B. Als **Rechtsgründe** kommen hauptsächlich in Betracht:

Confusion, d. h. Zusammenfall des Rechtes mit der ihm entsprechenden Pflicht in demselben Subject, z. B. Gläubiger einer Obligation beerbt seinen Schuldner, oder ein dinglich Berechtigter an fremder Sache erwirbt im Eigenthum die allgemeine Herrschaft über sie.

Eintritt der auflösenden Bedingung oder des Endtermins, in deren Schranken das Recht begründet ist. Vgl. S. 217.

Verjährung, d. h. der Thatsache, daß eine Befugniß eine gewisse Zeit lang nicht ausgeübt wurde, ist in manchen Fällen, um die Verkehrssicherheit zu fördern, eine rechtsaufhebende Kraft beigelegt.

Verwirkung, d. h. Entziehung eines Rechtes zur Strafe, z. B. wegen Mißbrauchs, verbotener Selbsthülfe.

C. Der **Wille des Berechtigten** äußert sich in der Aufgabe seines Rechtes. Dieselbe ist in der Regel nur im Gebiet des Vermögensrechtes zulässig und kann gegen Entgeld oder ohne solches erfolgen. Der Zweck freiwilliger Aufgabe besteht in Verzicht oder Veräußerung.

I. **Verzicht** (renuntiatio im A.L.R. § 378 I, 16 Entsagung) ist die auf Aufhebung eines Rechtes gerichtete Erklärung Seitens der dazu befugten Person.

a) Form. Sie soll in Rom derjenigen Art und Weise entsprechen, in welcher die Begründung des Rechtes geschah. ‚fere quibuscunque modis obligamur, iisdem in contrarium actis liberamur, quum quibus modis acquirimus, iisdem in contrarium actis amittimus'. l. 153 D. 50, 17 l. 1 D. 41, 7. Dieser Grundsatz wurde in der späteren Entwicklung des Römischen Rechtes vielfach durchbrochen.

Der Verzichtswille braucht nicht grade ausdrücklich erklärt zu werden, oft ergiebt er sich aus Handlungen bzw. Unterlassungen des Berechtigten, z. B. der Eigenthümer läßt seine Zeitung im Eisenbahnwagen liegen; der Servitutberechtigte duldet wissentlich Anstalten auf dem dienenden Grundstück, welche die Ausübung seiner Gerechtigkeit unmöglich machen; der Gläubiger beruhigt sich dabei, daß er eine Zeitlang gar keine Zinsen oder geringere, als vereinbart sind, empfängt. Doch ist eher für Erhaltung, als für Aufgabe des Rechtes zu vermuthen, l. 5 l. 9 § 1 l. 12 D. 2, 15. In diesem Sinne ist der Verzicht strictissimae interpretationis, besonders wenn er Einreden aus einem Geschäft betrifft.

Die einseitige Verzichtserklärung (Dereliction) genügt bei Eigenthum, Emphyteuse, Superficies; dagegen bedarf sie bei Servituten (mit Ausnahme des Nießbrauchs), Pfandrechten, Obligationen noch einer Annahme durch den Verpflichteten, die freilich aus unterbliebenem Widerspruch geschlossen werden kann (Remission).

b) **Umfang.** Der Verzicht kann sich auf gegenwärtige und zukünftige Rechte erstrecken. Das A.L.R. § 379 I,16 nennt die Entsagung eines bereits erworbenen Rechtes „Erlaß", die eines noch zu erwerbenden „Verzichtleistung". In Rom galt es für unsittlich, seinem Erbanspruch auf den Nachlaß eines noch Lebenden zu entsagen. l. 3. C. 6, 20. Heute sind Erbverzichte in Gestalt negativer Erbverträge erlaubt.

Häufig wird eine nur theilweise Endigung des Rechtes beabsichtigt, z. B. Pfandgläubiger verzichtet auf sein Pfandrecht, ohne die zu Grunde liegende Forderung aufzugeben oder Darlehnsgläubiger erläßt die Zinspflicht unter Vorbehalt der Hauptforderung. In der Stundung liegt ein bloßer Verzicht des Gläubigers auf die Klage binnen bestimmter Zeit; dadurch wird die Geltendmachung gehindert, aber das Recht selbst nicht zerstört.

II. **Veräußerung** (alienatio) ist eine Handlung, durch welche der Berechtigte seine Befugniß auf einen Andern überträgt. Das veräußerliche Recht, z. B. das Eigenthum wechselt sein Subject, während es an sich das gleiche bleibt. Im Erbgang kann keine Veräußerung gefunden werden, da zwischen Erblasser und Erben eine Personen-Einheit besteht. Gewisse Sachen unterliegen einem gesetzlichen Veräußerungsverbote, als dessen Umgehung jede absichtlich geduldete Ersitzung der Sache durch einen Dritten gelten muß. l. 28 pr. D. 50, 16.

§ 78.

Collision der Rechte.

A. Vorzug des stärkeren Rechtes:
Durch gesetzlichen Vorrang, Eigenart, Alter, frühere Geltendmachung.
B. Gleichzeitige verhältnißmäßige Ausübung.

Mehrere Rechte können in Bezug auf dieselbe Person oder Sache derart zusammentreffen, daß ihre vollständige Ausübung nebeneinander sich nicht bewerkstelligen läßt. Eine solche Collision findet sich im Familienrecht, z. B. bei Erziehung eines Mündels, über welche Mutter und Vormund uneins sind. Pr.Vorm.O. vom 5. Juli 1875 § 28. Ihren Hauptsitz hat sie im Vermögensrechte bei Widerstreit mehrerer Sachenrechte an demselben Gegenstand oder mehrerer Forderungen gegen denselben Schuldner. Die Lösung erfolgt entweder durch Vorzug des stärkeren Rechtes vor dem schwächeren oder durch gleichzeitige jedoch verhältnißmäßige Ausübung der collidirenden Rechte. A.L.R. § 95 Einl.

A. Der **Vorzug des stärkeren Rechtes** beruht auf gesetzlichem Vorrang, Eigenart, Alter oder früherer Geltendmachung desselben.

Mit gesetzlichem Vorrang ist in Rom eine Reihe von Hypotheken ausgestattet. Heute werden bei Zwangsversteigerung eines Grundstücks die gemeinen Lasten vorweg aus dem Kauferlöse berichtigt. Pr.G. vom 13. Juli 1883 § 24 ff. Nach R.K.O. § 54 haben einige Concursgläubiger im öffentlichen Interesse eine bevorrechtigte Stellung. Conflicte unter diesen Privilegien regelt meist das Gesetz, indem es eine feste Rangordnung aufstellt.

Die Eigenart des Rechtes, welche im einzelnen Falle zu erörtern ist, begründet den Vorzug der speciellen Befugniß vor der generellen und die Berücksichtigung Dessen, welcher Schaden abwehrt, vor Dem, welcher nur Gewinn begehrt. l. 41 § 1 D. 50, 17. A.L.R. § 96 Einl. Aus diesen Maximen erklären sich folgende Beispiele: Die dingliche Last beschränkt das Eigenthum, in wessen Hände es immer gelangt, mag auch dem Servitutberechtigten besonders bei Grundgerechtigkeiten die Pflicht obliegen, sein Recht pfleghaft, d. h. mit möglichster Schonung des Eigenthümers auszuüben. l. 9 D. 8, 1. Aus einem unzulänglichen Nachlaß werden die Erbschaftsgläubiger vor den Vermächtnißnehmern befriedigt. An dem Concursverfahren nehmen nach R.K.O. § 55 Strafforderungen des Fiscus und Ansprüche aus einer Freigebigkeit des Gemeinschuldners nicht Theil.

Das Alter (Priorität) giebt unter dinglichen Rechten an fremder Sache den Ausschlag. Gerathen sie in Widerstreit, so entscheidet die Zeitfolge ihrer Entstehung. ‚prior tempore, potior jure‘ l. 4 C. 8, 18 (17). Doch gehen sie bloß persönlichen Rechten auf Gebrauchsüberlassung der Sache (jura ad rem) in der Regel vor. Davon wird im Sachenrechte die Rede sein.

Die frühere Geltendmachung (Prävention) ist bei Forderungsrechten maßgebend. Hat Jemand dieselbe Sache Mehreren hinter einander verkauft, ohne sie einem der Käufer zu übergeben, so geht unter ihnen derjenige vor, welcher zuerst klagt bzw. auf Grund eines siegreichen Urtheils die Sache beim Schuldner mit Beschlag belegen läßt. Den Uebrigen bleibt nur ein Anspruch auf Schadensersatz. „Wer zuerst kommt, malt zuerst.“ Davon kommt eine Ausnahme bei der Dienstmiethe vor. Wer sich verschiedenen Herren für dieselbe Zeit zu dauernden Dienste nverdang, hat sie demjenigen Miether zu leisten, mit welchem er den Vertrag zuerst abschloß und die anderen zu entschädigen. l. 26 D. 19, 2. Der gleiche Grundsatz findet in der Seemanns-Ordnung für das Reich vom 27. Decbr. 1872 § 26, § 29 und in der Pr.GesindeO. vom 8. Novb. 1810 § 26–31.

B. Eine **gleichzeitige verhältnißmäßige Ausübung** findet beispielsweise für persönliche Gläubiger Statt, falls über das Vermögen ihres Schuldners Concurs eröffnet wurde. R.K.O. § 2. vgl. auch l. 4 D. 43, 20. A.L.R. § 97–98 Einl.

§ 79.

Bestätigung von Rechten.

A. Anerkennung.
Insbesondere im Proceß. Geständniß.
B. Genehmigung.

Hier handelt es sich nicht um nichtige Geschäfte, welche die Betheiligten von Neuem mit Rückwirkung vgl. S. 226 abschließen, sondern um vorhandene aber unsichere oder noch nicht in vollem Maße rechtsbeständige Verhältnisse, welche gefestigt werden sollen.

A. Die **Anerkennung** betrifft ein im Dasein oder Inhalt zweifelhaftes Rechtsverhältniß, welches durch eine Willensäußerung von Seiten der dazu berechtigten Person außer Streit gesetzt wird.

Zur Abgabe einer solchen Erklärung ist nur Der befugt, welchem die Verfügung über das streitige Verhältniß zusteht, z. B. der Eigenthümer für die dingliche Belastung seiner Sache, der Schuldner für die obligatorische Leistungspflicht, der außereheliche Schwängerer für die Vaterschaft Pr.G. vom 24. Apr 1854 § 13; der Erbe bzw. Vermächtnißnehmer für die Gültigkeit einer letztwilligen Verordnung. A.L.R. § 611–613 I, 12. Soweit der bestimmte Wille des Anerkennenden reicht, wird die Ungewißheit gehoben, in welcher sich die Rechtslage bisher befand. Dies geschieht mit rückwirkender Kraft, ohne die Rechte Dritter zu beeinträchtigen. Besonders wichtig ist der Anerkennungsvertrag im Obligationenrecht, wo er dazu dient, dem Gläubiger einen abstracten, vom Verpflichtungsgrunde losgelösten Klagegrund zu schaffen.

Die Anerkennung hat mit Vergleich und Schiedsvertrag den Charakter eines ‚modus finiendae controversiae' gemein, l. 1 D. 4, 8; aber der Vergleich kommt unter gegenseitiger Aufopferung der Parteien zu Stande und durch Compromiß übertragen sie einem Vertrauensmanne die Schlichtung ihrer Streitigkeit.

Im Proceß wird der Beklagte, welcher das klägerische Gesuch voll und uneingeschränkt zugiebt, einem Verurtheilten gleich geachtet. ‚confessus (in jure) pro judicato est'. l. 1 D. 42, 2. l. 1 C. 7, 59. Nach C.Pr.O. § 278 bedarf es noch eines Antrages, um die Partei, welche den gegen sie geltend gemachten Anspruch bei der mündlichen Verhandlung ganz oder zum Theil anerkannte, demgemäß zu verurtheilen. Dadurch unterscheidet sich das Anerkenntniß vom Geständniß, das sich bloß auf nachtheilige, vorher bestrittene Thatsachen bezieht und nur als Beweisgrund gilt. In Rom war die confessio in judicio frei widerruflich, während in der C.Pr.O. § 263 die Partei, welche ihr gerichtliches Geständniß wirksam widerrufen will, zu beweisen hat, daß dasselbe der Wahrheit nicht entspreche und durch einen Irrthum veranlaßt sei.

B. Die **Genehmigung** setzt ein noch nicht in vollem Maße rechtsbeständiges Verhältniß voraus, welches durch Erklärung Seitens der dazu berechtigten Person als ein von Anfang an im beabsichtigten Umfang verbindliches hingestellt wird.

Meist erfolgt diese Erklärung (ratihabitio) durch einen Dritten, für den ein auftragloser Geschäftsführer auftrat. Sie kann auch aus den Umständen geschlossen werden, z. B. wenn Eigenthümer der Sache den unbefugten Veräußerer bzw. Verpfänder derselben beerbt l. 1 § 1 D. 21, 3. l. 22 D. 20, 1 oder für die Pfandschuld Bürgschaft übernimmt. l. 5 § 2 D. 20, 2.

Bei Geschäften, die eine dazu noch nicht voll willensfähige Person abschloß, ist ihr gesetzlicher Vertreter zur Genehmigung ermächtigt, z. B. Vormund für Verbindlichkeiten seines Mündels Pr.G. vom 12. Juli 1875 § 4, Vater für Gelddarlehne seines Hauskindes. l. 7 C. 4, 28. Fällt das Hinderniß durch veränderte Rechtslage wie erlangte Großjährigkeit, Austritt aus der väterlichen Gewalt fort, so kann die Partei, welche das Geschäft einging, es selber bestätigen. A.L.R. § 37–38 I, 5. Aehnlich verhält es sich in Rom mit der Veräußerung eines Dotalgrundstücks. l. un. § 15 C. 5, 13. Sie wird erst wirksam, wenn sie die Frau nach Lösung der Ehe bekräftigt oder stillschweigend dadurch billigt, daß sie ihren Mann beerbt bzw. ein Vermächtniß von ihm annimmt. l. 13 § 4 D. 23, 5.

Die Genehmigung wird in der Regel ihrem Begriff nach zurückbezogen, doch unbeschadet der Rechte Dritter.

§ 80.

Veränderung von Rechten durch schuldhaftes Verhalten Anderer und durch Zufall.

A. Schuldhaftes Verhalten.
Arglist, grobes und geringes Versehen.
Concrete Rücksicht auf das Benehmen in eignen Angelegenheiten.
B. Zufall.
Gefahr.

A. Das **schuldhafte Verhalten** äußert sich in unbefugten Handlungen oder Unterlassungen, die in eine fremde Rechtssphäre störend eingreifen. Dadurch entsteht eine Verbindlichkeit zum Schadensersatz, deren Umfang sich nach dem Maße des Verschuldens richtet. Die Ersatzpflicht kommt entweder accessorisch zur verletzten Befugniß hinzu, oder tritt, falls der Inhalt des Rechtes gänzlich zerstört wurde, principal an Stelle desselben.

Der rechtswidrige Wille wird auf Arglist (dolus) oder Versehen (culpa) zurückgeführt. In Arglist befindet sich, wer die Folgen seines Verhaltens kennt und böslich will. Ein Versehen fällt Dem zur Last, welcher die im bürgerlichen Verkehr erforderliche Sorgfalt außer Acht läßt. Das Versehen zerfällt in ein grobes (culpa lata) und geringes (levis), je nachdem es unter gleichen Umständen von einem gewöhnlichen Menschen l. 223 pr. D. 50, 16 oder nur von einem sorgsamen Hausvater (diligentissimus paterfamilias) l. 18 pr. D. 13, 6 vermieden worden wäre. Das A.L.R. § 17–23 I, 3 unterscheidet nach dem Maß der Fähigkeit und der Anspannung der Aufmerksamkeit: grobes, mäßiges und geringes Versehen. Für welchen Grad des Versehens Jemand haftet, bestimmt sich nach dem Rechtsverhältniß, in dem er zum Geschädigten steht. l. 23 D. 50, 17. Wer geringes Versehen zu vertreten hat, befindet sich in einer schwierigeren Rechtslage, als wenn ihm bloß grobes zur Last fiele. Den Verwalter fremder oder gemeinschaftlicher Angelegenheiten wird meist der Vorwurf groben Versehens treffen, wenn er dabei geringere Sorgfalt als in eignen Sachen anwandte. l. 32 D. 16, 3. Jedoch folgt in einzelnen Fällen aus dieser concreten Rücksicht auf diligentia quam suis (rebus adhibere solet) l. 72 D. 17, 2, daß ein Schuldner, der an sich für geringe

Versehen einstehen müßte, sich mit seiner in eignen Dingen üblichen Nachlässigkeit entschuldigen darf, sofern dieselbe nicht unter das Niveau gewöhnlicher Menschen hinuntergeht. l. 25 § 16 D. 10, 2. Davon wird im Obligationenrecht die Rede sein.

B. Der **Zufall** bildet als Ursache einer Vermögensveränderung den Gegensatz zum Unrecht. Darunter fallen Ereignisse, die entweder vom menschlichen Willen ganz unabhängig sind (casus) oder welche wenigstens den Betheiligten des betreffenden Rechtsverhältnisses, dessen gehörige Verwirklichung durch Zufall gehemmt wird, nicht zugerechnet werden können.

Wer die nachtheiligen Folgen des Zufalls, die s. g. Gefahr (periculum) zu tragen hat, stellt sich verschieden je nach sachenrechtlichem oder obligatorischem Standpunkte. Untergang, Verschlechterung einer Sache, die durch unverschuldete Ereignisse bewirkt sind, können keinen Andern treffen, als den Eigenthümer bzw. dinglich Berechtigten. ‚casum sentit dominus'. Wird dagegen die Erfüllung einer Verbindlichkeit durch Umstände unmöglich, welche außerhalb des Willens der Obligations-Theilnehmer liegen, so trägt den Verlust in der Regel der Gläubiger, welchem die Leistung gebührt hätte. ‚casus a nullo praestantur'. l. 23 D. 50, 17. Die nähere Ausführung dieser Grundsätze wird im Obligationenrecht folgen.

§ 81.

Privilegien.

A. Begriff und Arten.
I. nach dem Inhalt.
II. nach dem Ertheilungsact.
B. Entstehung.
Gesetz, Verjährung.
C. Wirkung.
D. Untergang.

A. Begriff und Arten.

Privilegien sind Ausnahme-Befugnisse, die unmittelbar durch einen Act der Staatsgewalt verliehen sind. Dagegen betrifft ein singulärer Rechtssatz die Sonderstellung einer ganzen Klasse von Personen. vgl. S. 170.

Privilegia zerfallen in folgende Arten:

I. **nach dem Inhalt**:

personalia, die einer Person als solcher — sei es vererblich, sei es unvererblich, zustehen; realia, die mit einer Sache, z. B. dem Besitz eines Grundstücks verbunden sind; mixta, die eine besondere Eigenschaft des Besitzers der Sache wie Adel, katholisches Bekenntniß voraussetzen.

favorabilia und odiosa, je nachdem sie eine Begünstigung oder Zurücksetzung einzelner Personen enthalten.

affirmativa, die einen Vorzug vor Anderen, z. B. durch eine Auszeichnung begründen, und negativa, die von gemeinen Lasten wie Zehnten, Steuern befreien. Die Dispensationen, welche eine gesetzliche Norm in Ausnahmefällen zu Gunsten Einzelner außer Kraft setzen, z. B. vom ehelichen Aufgebot, der Ehemündigkeit vgl. G. vom 6. Febr. 1875 § 28, § 50 entbinden, sind nur der Form nach negativ.

II. **nach dem Ertheilungsact**:

conventionalia, die auf einem vorher geschlossenen Vertrage beruhen, und pura, die einseitig bewilligt wurden.

onerosa und gratuita, je nachdem sie gegen Entgeld oder umsonst erworben sind.

B. Entstehung.

Der Staatsact, durch welchen Privilegien ins Leben gerufen werden, besteht grundsätzlich in einem Gesetz. Die Schwerfälligkeit, mit welcher sich die Gesetzgebung in constitutionellen Monarchien bewegt, hat dazu geführt, dem Staatsoberhaupt bzw. gewissen Behörden die Ertheilung von Privilegien innerhalb gesetzlicher Grenzen zu übertragen oder es bei diesem Herkommen zu belassen. So legitimirt nach gemeinem Recht vgl. auch A.L.R. § 601 II, 2 der Landesherr uneheliche Kinder durch Rescript, nach R.G. vom 6. Februar 1875 dispensirt der Standesbeamte bei lebensgefährlicher Krankheit eines Verlobten vom Aufgebot, während die sonst zulässige Dispensation von Ehehindernissen durch die Pr.Vo. vom 24. Febr. 1875 dem Justizminister übertragen ist. Der König von Preußen verleiht Orden und Auszeichnungen Pr.V.U. Art. 50, ertheilt Eisenbahn-Concessionen G. vom 3. Novbr. 1838, verordnet Zwangsenteignungen G. vom 11. Juni 1874 rc.

Die Berufung auf ein Gesetz kann durch unvordenkliche Verjährung ersetzt werden. Im A.L.R. wird der Adel binnen 44 Jahren § 19 II, 9, die Abgabenfreiheit binnen 50 Jahren § 656 I, 9 vgl. aber Pr.V.U. Art. 101 ersessen.

Die Zusage eines Vorrechtes durch die Staatsgewalt giebt keine Einwirkung auf die Legislative, sondern nur, falls der Vertrag nicht erfüllt wird, eine Klage gegen den Fiscus auf Schadensersatz.

Die frühere Zeit war geneigter, individuelle Gerechtsame zu schaffen. Der Schutz des Verlegers gegen Nachdruck und unbefugte Vervielfältigung beruhte auf einem Privileg, das auf besonderes Gesuch im alten Reich der Kaiser, im deutschen Bunde der Bundestag verlieh. Heute wird er aus dem Urheberrecht des Verfassers bzw. Künstlers geschützt. R.G. vom 11. Juni 1870, 9. Jan. 1876. Bis zur Novelle zum H.G.B. vom 11. Juni 1870 bedurften Actiengesellschaften einer landesherrlichen Genehmigung; seitdem entstehen sie durch Eintragung ins Handelsregister, welche nach R.G. vom 18. Juli 1884 den Nachweis eines gehörigen Gründungsvorganges voraussetzt. Die Befugniß der deutschen Landesherren, Zettelbank-Privilegien zu bewilligen, ist durch R.G. vom 14. März 1875 im Interesse einer einheitlichen Ordnung aufgehoben.

C. Wirkung.

Ein Privileg tritt als unmittelbarer Ausfluß des Gesetzes sofort mit seiner Verkündigung in Kraft, ohne daß es auf Kenntniß oder Annahme Seitens des Bedachten ankommt. Doch hat es nur Geltung, wenn der Sachverhalt, auf welchen sich die Ertheilung des Vorrechtes stützt, wahrheitsgetreu und vollständig angegeben war. Ein erschlichenes Privileg kann der Ertheiler zurücknehmen; auch steht dem dadurch Benachtheiligten eine praescriptio mendacii vgl. S. 100 zu, über welche der Richter befindet.

Privilegien, insbesondere unentgeldlich erlangte, sind in zweifelhaften Fällen so zu erklären, wie sie Dritten am wenigsten zum Schaden gereichen. A.L.R. § 54–58 Einl. Daher gilt jedes Privileg, das nichts Anderes vorschreibt, unter der Einschränkung, daß es ältere in demselben Bereich verliehene Vorrechte nicht verletzt und ihnen im Collisionsfalle nachsteht. Treffen gleichartige Privilegien affirmativen und negativen Inhalts in derselben Person zusammen, z. B. im Cleriker, der nach kanonischem Recht c. 29 X 3, 30 Zehnten fordern kann und Zehntfreiheit genießt, so heben sie einander auf. ‚clericus clericum non decimat‘.

D. Untergang.

Privilegien endigen: durch Tod des Inhabers, dem sie hochpersönlich zustanden; durch Untergang der Sache bzw. des Rechtsverhältnisses, an welche sie geknüpft waren; durch Erreichung oder Vereitelung ihres Endzwecks; durch Eintritt der Bedingung oder Zeit, in deren Schranken ihre Bewilligung stattfand; durch Ausübung des bei Verleihung vorbehaltenen Widerrufs; durch Verzicht Seitens des Begünstigten, sofern dies nicht dem öffentlichen Interesse zuwiderläuft; endlich durch Verjährung nach Maßgabe der im Privileg enthaltenen Befugniß, z. B. das Marktrecht durch Nichtgebrauch in 10 Jahren l. 1 D. 50, 11, die Freiheit vom Kirchenzehnt durch Leistung desselben während 40 Jahren. c. 15 X 5, 33. A.L.R. § 63–69 Einl.

Die Staatsgewalt ist befugt, das Privileg wegen Mißbrauchs ohne Entschädigung zu kassiren ‚quia privilegium meretur omittere, qui permissa sibi abutitur potestate'. c. 24 X 5, 33. Im A.L.R. § 70–72 Einl. darf der Richter durch Urtheil darauf erkennen. Sonst aber bildet das Privileg, mag sich auch herausstellen, daß es dem gemeinen Wohle widerstreitet, ein unverletzliches Privatrecht. Unbefugte Eingriffe in dasselbe gewähren einen Ersatzanspruch, und eine völlige Aufhebung kann nur im Wege der Zwangsenteignung gegen ausreichende Entschädigung erfolgen. Pr.V.U. Art. 9.

§ 82.

Einfluß der Zeit.

A. Rechtliche Bedeutung.
B. Berechnung.
I. Kalender, Julianischer und Gregorianischer.
II. Feststellung eines Zeitabschnitts.
Jahr, Monat (halber), Woche. Tag nach bürgerlicher und natürlicher Computation. Schalttag.
III. Beginn, Ende und Lauf eines Zeitraums.
tempus continuum und utile. Sonntage und allgemeine Feiertage.

A. Rechtliche Bedeutung.

Die Zeit kommt nicht bloß bei betagten Rechtsgeschäften in Betracht vgl. S. 223, sondern bildet auch aus anderen Gründen ein erhebliches Moment juristischer Thatbestände. Bei der Verjährung hängt die Entstehung oder Endigung von Rechten davon ab, daß ein thatsächlicher Zustand, der auf Thätigkeit oder Unthätigkeit einer Person beruht, eine Zeitlang fortdauerte und dadurch eine seinem Inhalte entsprechende Wirkung erhält. Das Lebensalter S. 177 setzt den Ablauf einer gewissen Zeit seit Geburt einer Person voraus, um dieser die volle Fähigkeit im Rechtsleben zu verschaffen. Vielfach ist die Wirksamkeit eines Rechtes in der Weise beschränkt, daß sich ein dafür bedeutsames Ereigniß zu bestimmter Zeit (Termin) oder innerhalb eines Zeitraumes (Frist) vollzieht. Im letzteren Fall ist das Zeiterforderniß eine Grundlage für Ausübung und Geltendmachung der Befugniß, wogegen die erlöschende Verjährung, auf welche sich der Gegner zu seiner Vertheidigung beruft, ein bisher unbeschränkt wirksames Recht aufhebt.

B. Berechnung.

I. Kalender.

Die Zeit wird mit Hülfe der Astronomie in Jahre, Monate, Wochen und Tage eingetheilt. In Rom war ursprünglich das s. g. Romulische Jahr im

Gebrauch, das aus 10 Monaten und 304 Tagen bestand. Numa wird die Einführung des 12 monatlichen Jahres mit 355 Tagen zugeschrieben. In dasselbe schaltete man alle zwei Jahre bald hinter dem 23. bald hinter dem 24. Februar 22 Tage ein, welche mit den letzten 5 bzw. 4 Tagen des Februar zu einem besondern Monat (mensis intercalaris, mercedonius) verbunden wurden. l. 98 § 1–2 D. 50, 16. Julius Cäsar stellte das Jahr auf 365 Tage fest und bestimmte, da er das Sonnenjahr zu 365 Tagen und 6 Stunden annahm, daß je im vierten Jahr zwischen dem 24. und 25. Februar ein Schalttag (dies intercalaris) einzufügen sei. Nun vollendet sich aber die Umdrehung der Erde um die Sonne in 365 Tagen, 5 Stunden, 48 Minuten, 48 Sekunden. Deshalb verbesserte der Papst Gregor XIII. den Julianischen Kalender, indem er im Jahre 1581 zehn Tage ausmerzte und verordnete, daß von da an der Schalttag in jedem ersten Jahre eines Jahrhunderts auszulassen, aber je im vierten Jahrhundert wieder an dieser Stelle einzufügen sei. Der Gregorianische Kalender (neuer Styl) wurde allmälig in der christlichen Welt (seit 1770 allgemein im Deutschen Reich, neuestens sogar in Japan) angenommen. Nur die der griechisch-katholischen Kirche angehörigen Staaten insbesondere Rußland beharren noch auf der Julianischen Zeitrechnung; doch ist durch Reformen dafür gesorgt, daß der inzwischen auf 12 Tage angewachsene Zeitunterschied zwischen dem alten und neuen Styl sich nicht weiter vermehre.

II. **Feststellung eines Zeitabschnitts.**

Kalendermäßig läuft ein Jahr vom 1. Januar bis 31. December. Monate haben ungleiche Länge, und der Tag erstreckt sich von Mitternacht zu Mitternacht. Im Rechtsverkehr sind diese Abschnitte beweglich, weil ihr Beginn auf einen beliebigen Zeitpunkt gelegt werden kann.

Das Jahr wird in 365 Tage aufgelöst. l. 51 § 2 D. 9, 2. l. 4 § 5 D. 40, 7. Jahr und Tag bedeutete nach altgermanischem Brauch ein Jahr sechs Wochen und drei Tage, d. h. ein Jahr und drei Gerichtstage, welche in Zwischenräumen von je 15 Tagen (quinze jours) abgehalten wurden. Das A.L.R. § 49 I, 3 versteht unter dem Ausdruck „Jahr und Tag" — nach dem Vorgang des longobardischen Lehnrechts — ein Jahr und dreißig Tage.

Der Monat zählt nach römischer Auffassung stets zu 30 Tagen. Demgemäß wird die Inventarisationsfrist des Erben in l. 22 § 2, § 11 C. 6, 30 theils als neunzigtägige, theils als dreimonatliche bezeichnet vgl. auch l. 28 und l. 31 § 22 D. 21, 1. Zweifel erregt l. 101 D. 50, 17, die von einer zweimonatlichen Frist sagt ‚qui sexagesimo et primo die venerit, audiendus est'. Der Widerspruch hebt sich, wenn man primo die in premo sc. postremo die emendirt, was freilich zu einem Wortschwall führen würde. Deshalb bezieht Dernburg das Fragment auf eine besondere Vorschrift der lex Julia de adulteriis, welche dem Ehemann und Vater ein vorzugsweises Anklagerecht vor Fremden einräumte, falls der Antrag binnen 60 Tagen oder bei entschuldbarer Säumniß noch später gestellt wurde. l. 4 § 2, l. 15 D. 48, 5.

Moderne Gesetze berechnen den Monat nach Kalenderzeit, z. B. W.O. Art. 32 H.G.B. Art. 328 für Wechsel- und Handelssachen, C.Pr.O. § 200 für processualische Fristen, auch St.G.B. § 19 für Freiheitsstrafen. Dies entspricht der heutigen Verkehrssitte. Das A.L.R. § 550 I, 9 zählt bei Verjährungsfristen, die auf Monate eingeschränkt sind, den Monat zu 30 Tagen.

Der halbe Monat steht 15 Tagen, die Woche 7 Tagen gleich. Das A.L.R. § 45 I, 4 meint unter einem Zeitraum von acht Tagen eine Woche.

Der Tag zerfällt in 24 Stunden. In Rom zählte man 12 Tagesstunden von Sonnen-Aufgang bis -Niedergang (hora sexta diei = Mittag) und 12 Nachtstunden von Sonnen-Untergang bis -Aufgang (hora sexta noctis = Mitternacht). In Deutschland sind Mittag und Mitternacht für die Stunden-Eintheilung maßgebend.

Hier erhebt sich die Frage, ob ein Tag im Rechtsleben als untheilbare Einheit gelten oder in Stunden und Minuten zerlegt werden soll. Die Berechnung nach vollen Tagen ‚ad dies' l. 134 D. 50, 16 heißt die bürgerliche (civilis computatio). Sie ist zwar ungenau, bildet aber um der sicheren Ermittelung willen die Regel, selbst wenn es sich um Fristen von 24 Stunden handelt. l. 8 D. 2, 12. Die Computation nach kleineren Zeittheilen ‚ad momenta' wird die natürliche (naturalis) genannt. Sie ist nur in solchen Verhältnissen anwendbar, wo es auf den Zeitpunkt eines Ereignisses ankommt, z. B. für die Erstgeburt unter Zwillingen A.L.R. § 15 I, 1, den früheren Tod unter Commorienten vgl. S. 173, das Alter von Pfandrechten an derselben Sache vgl. S. 231, vgl. auch A.L.R. § 199 I, 11. Außerdem schreibt das Römische Recht die natürliche Rechnungsart vor bei Appellationsfristen nov. 23 c. 1 und zu Gunsten der Wiedereinsetzung Minderjähriger in den vorigen Stand. l. 3 § 3 D. 4, 4. Heute bestehen diese Ausnahmen nicht mehr. Der C.Pr.O. § 477, welche die Berufungsfrist auf einen Monat setzt, liegt bürgerliche Computation zu Grunde, und wohl auch dem R.G. vom 17. Febr. 1875, wonach das Alter der Großjährigkeit mit dem vollendeten einundzwanzigsten Lebensjahre beginnt.

Der Schalttag, d. h. in Rom der 25. Februar (dies bissextilis posterior ante kalendas Martias) wird mit dem 24. Februar (dies bissextilis prior) zu „einem" Tage (bissextum) verschmolzen. ‚id biduum pro uno die habetur'. l. 98 pr. D. 50, 16. Doch gilt diese Regel nur für gesetzliche Fristen. Sind durch obrigkeitliche Verfügung oder durch Parteiwillen Zeiten nach Tagen bestimmt, so zählt der Schalttag besonders. l. 2 D. 44, 3. Im A.L.R. § 548 I, 9 soll durch den im Schaltjahre hinzutretenden Tag, d. h. den 29. Februar die Verjährungsfrist nicht geändert werden.

III. Beginn, Ende und Lauf eines Zeitraumes.

In Rom beginnt ein Zeitraum mit dem Tage, auf welchen das seinen Anfang bezeichnende Ereigniß fällt. Daher läuft eine Jahresfrist, die am 1. Januar anfängt, mit dem 31. December desselben Jahres (pridie kalendas Januarias) ab. l. 1 D. 40, I. Für das Ende des Zeitraums genügt der Anbruch des letzten Tages, sofern es sich um den Erwerb von Rechten durch Dauer eines Zustandes oder um die Erlangung einer Fähigkeit durch Eintritt in ein Lebensalter handelt. ‚dies ultimus coeptus pro completo habetur'. So wird eine Person, welche am 1. Januar geboren ist, 12 bzw. 14 Jahre darauf in dem Momente testirfähig, wo um Mitternacht der 31te December des Schlußjahres anhebt. l. 5 D. 28, 1, vgl. l. 134 D. 50, 16. l. 49 D. 35, 1. Aehnlich vollendet sich die Ersitzungszeit, l. 15

pr. D. 44, 3, obwohl Ulpian in l. 6–7 D. 41, 3 anderer Ansicht ist. Dagegen muß in solchen Fällen, wo der Verlust eines Rechtes durch Unthätigkeit oder Säumniß in Frage steht, der letzte Tag vollständig abgelaufen sein. l. 6 D. 44, 7.

Nach modernen Reichsgesetzen wird bei Fristen, welche nach Tagen bestimmt sind, der Tag nicht mitgerechnet, auf welchen der Zeitpunkt oder das Ereigniß fällt, nach welchem der Anfang der Frist sich richten soll. W.O. Art. 32 Abs. 1. H.G.B. Art. 328 Abs. 1. C.Pr.O. § 199. Ist die Frist nach Wochen, Monaten oder einem mehrere Monate umfassenden Zeitraum (Viertel-, Halb-Jahr 2c.) angesetzt, so endigt sie mit Ablauf desjenigen Tages der letzten Woche oder des letzten Monats, welcher durch seine Benennung oder Zahl dem Tage entspricht, an welchem die Frist begonnen hat. Fehlt dieser Tag in dem letzten Monate, z. B. am 29. Februar übers Jahr, so endigt die Frist mit Ablauf des letzten Tages dieses Monats. Lautet die Erfüllungszeit in Handels- und Wechselsachen auf einen oder mehrere ganze Monate und einen halben Monat, so sind die 15 Tage zuletzt zu zählen, also ist ein Wechsel, der am 29., 30. oder 31. Januar $1\frac{1}{2}$ Monate nach Dato gestellt wurde, am 15. März zahlbar. Diese zweckmäßige Berechnungsweise ist heute allgemein üblich. Sie durchzieht auch das A.L.R., vgl. § 549 I, 9, § 125 I, 18. Dasselbe schreibt § 46–47 I, 3 ausdrücklich vor, daß zum Erwerb eines Rechtes der Beginn des letzten Tages genügen, eine Versäumniß aber erst mit Ablauf des ganzen Tages eintreten soll.

Ein Zeitraum läuft in gleichmäßiger Aufeinanderfolge der Tage (tempus continuum) ohne Rücksicht auf Unkenntniß oder Behinderung Dessen, welcher durch Unthätigkeit sein Recht einbüßte. Aus besonderen Gründen findet auf sein Gesuch die Wiedereinsetzung in den unbilliger Weise verlorenen Rechtsstand Statt. l. 16 D. 4, 6 C.Pr.O. § 211.

In einigen Fällen erlaubt das Römische Recht eine mildere Berechnung (tempus utile). Bei kurzen, — namentlich prätorischen, ädilicischen — Fristen von einem Jahr und darunter, in welchen der Berechtigte behufs Wahrung seiner Befugnisse gewisse Handlungen vor der Obrigkeit vorzunehmen hat, werden nur diejenigen Tage mitgezählt, an denen er dazu im Stande war ‚quibus scierit et potuerit‘ l. 2 pr. D. 38, 15. Diese Begünstigung betrifft entweder bloß den Anfang der Frist § 16 J. 1, 25 oder auch ihren Lauf. l. 55 D. 21, 1. Dadurch scheiden aus dem Zeitraum solche Tage aus, an welchen die Möglichkeit zur Geltendmachung des Anspruchs ‚experiundi potestas‘ l. 1 D. 44, 3 fehlt. Doch müssen die Ursachen, auf welche sich der Betheiligte beruft, vorübergehende und entschuldbare sein. Dahin gehören: guter Glaube des Berechtigten, welcher den Bestand seines Anspruchs überhaupt nicht oder nicht mehr kannte, Verhinderung durch Naturereignisse oder andere unabwendbare Zufälle, Unzugänglichkeit des Gerichts, bei welchem die Handlung zu erfolgen hat, oder unvertretene Abwesenheit des Gegners, gegen welchen sich die Vornahme richten soll.

Heute laufen Fristen, auf deren Innehaltung sich ein Anspruch gründet, in der Regel erst mit Kenntniß des für den Anfang erheblichen Ereignisses, z. B. in der C.Pr.O. § 198 mit Zustellung des betreffenden Schriftstücks, dann aber wickeln sie sich in ununterbrochener Folge ab. Eine Ausscheidung der zur Verfolgung ungeeigneten Tage findet sich höchstens bei den ädilicischen Klagen des

gemeinen Rechts und bei solchen Vertragsfristen, wo eine derartige Berechnung dem Parteiwillen entspricht. In der C.Pr.O. § 201 wird der Lauf einer processualischen Frist — mit **Ausnahme** der Nothfristen und der Fristen in Feriensachen — durch die Gerichtsferien gehemmt. Besondere Rücksicht nimmt man auf Sonntage und allgemeine Feiertage, d. h. Tage, an welchen der bürgerliche Verkehr eines Ortes kraft gesetzlicher Vorschrift ruht, wenn sie das Ende eines rechtsgeschäftlichen Zeitraumes oder einer Proceßfrist bilden. Fällt der Zeitpunkt der Erfüllung auf einen Sonntag oder allgemeinen Feiertag, so gilt nach W.O. Art. 92 und H.G.B. Art. 329 der nächste Werktag als Erfüllungstag. vgl. A.L.R. § 48 I, 3. Soll aber die Erfüllung aus einem Handelsgeschäft innerhalb eines gewissen Zeitraumes erfolgen, der mit einem Sonn- oder allgemeinen Feiertage schließt, so muß in solchem Falle spätestens am nächstvorhergehenden Werktage geleistet werden. H.G.B. Art. 330. In der C.Pr.O. § 200 Abs. 1 hört eine Frist, deren Ende auf einen Sonn- oder allgemeinen Feiertag fällt, rechtlich erst auf mit Ablauf des nächstfolgenden Werktages.

Fünfter Titel.

Schutz und Sicherung von Rechten.

§ 83.

Selbsthülfe.

Zur Vertheidigung erforderliche Abwehr. Angriffsweise Eigenmacht. Römische Privatstrafen der verbotenen Selbsthülfe.

Selbsthülfe ist die eigenmächtige Geltendmachung verletzter Rechte gegenüber dem Störer. In einem geordneten Staatswesen gebührt dem Faustrechte nur ein geringer Raum. Selbst wer sein gutes Recht für sich hat, darf es nicht mit Gewalt gegen Widerstand durchsetzen, sondern hat die Obrigkeit anzurufen, die sein Interesse schützen und ihm volle Genugthuung verschaffen wird. l. 176 pr. D. 50, 17. A.L.R. § 76–77. Einl. Freilich ist es zulässig, sich in einem thatsächlichen Zustand, z. B. dem Besitz einer Sache, der Ausübung einer Befugniß zu behaupten, sofern man die zur Vertheidigung erforderliche Abwehr nicht überschreitet. l. 1 C. 8, 4 ‚vim vi repellere licet'. l. 1 § 27 D. 43, 16. Allein jede angriffsweise Eigenmacht, um den Gegner zur Erfüllung einer ihm obliegenden Pflicht wie Leistung einer Schuld zu nöthigen, ist verboten. Nur wenn der staatliche Rechtsschutz zu spät käme, um unwiederbringlichen Schaden zu verhüten, kann man selbst eingreifen, z. B. den flüchtigen Schuldner festnehmen. l. 10 § 16 D. 42, 8. A.L.R. § 78 Einl. In solchen Nothständen wird sogar die Beschädigung fremder Sachen entschuldbar. l. 14 pr. D. 19, 5 vgl. Seemanns-O. vom 27. Decbr. 1872 § 75. Darauf beruht die Ermächtigung, welche das A.L.R. § 64–67 II, 16 dem Jagdberechtigten einräumt, gemeine, auf seinem Revier herumlaufende Hunde zu tödten. Anders steht es, wenn Gläubiger sich das Recht der Selbstbefriedigung ausbedang und vertragsmäßig ausübt. So erhält er durch ein pactum de ingrediendo die Befugniß, falls am Verfalltage keine Zahlung erfolgt, die beim Verpfänder befindliche Pfandsache an sich zu nehmen l. 3 C. 8, 14 (13), obwohl darin kein Freibrief für Gewaltthätigkeiten liegt. l. 11 C. 4, 24.

Im Kindesalter des Rechtes überwiegt die Selbsthülfe, und erst allmälig wird sie im Kampfe mit der wachsenden Staatsgewalt in den Hintergrund gedrängt. Namentlich dem germanischen Sinne entsprach es, die Verwirklichung bedrohter Rechte mit eigner Kraft durchzuführen. Davon hat sich noch die Pfändung erhalten, die aber zu einer bloßen Sicherungsmaßregel abgeschwächt ist.

In Rom zog die verbotene Selbsthülfe, die auf strafrechtlichem Gebiet zum ‚crimen vis' l. 5 D. 48, 7 gehörte, unter Umständen Privatstrafen nach sich. Nach einem decretum D. Marci verliert ein Gläubiger, welcher sich ohne Richterspruch vom Schuldner oder Dritten Befriedigung erzwingt, seine Forderung. l. 7 D. 48, 7. In ähnlicher Weise bedrohen die Kaiser Theodos I. und Valentinian II. in einer Verordnung vom Jahre 389 l. 7 C. 8, 4 den Eigenthümer mit Verwirkung seines Rechtes, wenn er anstatt zu klagen seine Sache dem Besitzer entreißt: Der Gewaltthätige soll die Sache herausgeben und im Fall er sich nur ein Recht daran anmaßte, noch ihren Werth dazu ersetzen.

Heute sind diese Privatstrafen veraltet. Im St.G.B. wird die Selbsthülfe nicht erwähnt, doch bildet sie vielfach das Motiv zu Delicten mit eignem Thatbestand. Besonders tritt sie als Nöthigung auf, d. h. als widerrechtlicher Zwang, um einen Andern durch Gewalt oder durch Bedrohung mit einem Verbrechen oder Vergehen zu einer Handlung, Duldung oder Unterlassung zu drängen. St.G.B. § 240.

§ 84.

Wesen und Arten der Klagen.

A. Begriff.
Im materiellen und formellen Sinne.
Römisches Actionensystem.
B. Eintheilung.
I. Aus geschichtlichen Gründen:
a) nach der Rechtsquelle.
b) nach der Formel.
c) nach der Aufgabe des Richters.
II. Aus innern Ursachen:
a) nach dem Klagegrund.
1. persönliche, dingliche und gemischte? Klagen.
2. Straf-, Ersatz- und gemischte Strafklagen.
b) nach der Parteirolle.
1. ein- und doppelseitige Klagen.
2. Privat- und Popularklagen.
c) nach der Dauer, verjährbare Klagen.

A. Begriff.

Klage ist der einer Befugniß innewohnende Anspruch auf staatlichen Schutz gegen Störung. In diesem materiellen Sinne bildet die Klage eine Kehrseite des Rechtes. ‚nihil aliud est actio, quam jus quod sibi debeatur judicio persequendi'. l. 51 D. 44, 7.

Wer die Beeinträchtigung eines privaten Interesses durch den Widerstand gegenüberstehender Personen behauptet, kann die Hülfe der Obrigkeit anrufen. A.L.R. § 89 Einl. Dadurch reagirt das Recht zur formellen Klage, d. h. es äußert sich in einem processualischen Angriff gegen den Beklagten, dessen Verurtheilung der Kläger nachsucht. Die Verhandlung der Streitsache gehört vor das Gericht, welches den klägerischen Anspruch auf Bestand und Schutzbedürftigkeit hin prüft und im Fall erbrachten Beweises durch Urtheil anerkennt. Nunmehr leiht der Staat, um die Rechtsordnung zu wahren, dem siegreichen Kläger seine Macht, damit dieser die Bethätigung bzw. Wiederherstellung seines Rechtes erzwinge. Die Möglichkeit des Rechtsweges ist so innig mit einer Befugniß verbunden, daß ein unbeschränkter Verzicht darauf für nichtig erachtet wird.

In Rom nahm die Entwicklung einen anderen Gang. Damals waren nicht die Rechte „Mütter der Klagen", sondern aus den Klageformularen, welche die Magistrate im Edict aufstellten und die Juristen ausbildeten, entsprangen die Rechte. Daher hatten die Klagerechte ‚actiones' die Bedeutung selbständiger Befugnisse. Durch die Verheißung einer actio übernahm der Prätor die Pflicht, einen Geschworenen (judex) mit der Untersuchung und Entscheidung eines derartigen Rechtshandels zu betrauen. vgl. S. 41. Selbst diese Thätigkeit hing ursprünglich von der Vereinbarung der Parteien ab ‚judicio contrahitur' l. 3 § 11 D. 15, 1. Der Beklagte unterwarf sich dem Gericht ‚venire in judicium' l. 61 D. 5, 1 und versprach, falls er condemnirt werden sollte, das Judicat zu erfüllen. Ein Ungehorsam kam freilich nur selten vor, weil dem indefensus ‚qui se non recte et uti oportet, defendit' die Strafe des Güterverkaufes drohte. l. 7 § 1 D. 42, 4.

Gaj. III § 78. Neben den actiones gab es noch interdicta und extraordinariae cognitiones. Interdicte waren polizeiliche Befehle, welche der Prätor im Einzelfall erließ, um Verhältnisse, die keinen civilen Charakter trugen, vor Störung zu sichern. Später wurden sie durch Aufnahme in das Edict zu ordentlichen Klagerechten, deren schleuniges Verfahren zum vorläufigen Schutz von Zuständen diente. Das extraordinäre Verfahren bestand in einem discretionären Ermessen des Prätors ohne Zuziehung von Geschworenen. Dasselbe hielt man in solchen Fällen für angebracht, wo eine größere Rücksicht auf das Anstandsgefühl als auf den Rechtsbuchstaben passend erschien, z. B. bei Alimenten-Ansprüchen zwischen Eltern und Kindern, Mandaten mit Honorar, Fideicommissen 2c. Im Laufe der Zeit erweiterte sich der Kreis der extraordinaria cognitio, und Diocletian schaffte um 294 die Geschworenen-Verfassung (ordo judiciorum privatorum) ganz ab. Dadurch näherte sich der römische Proceß einer Rechtshülfe, welche der Staat im öffentlichen Interesse durch seine Beamten durchsetzt, aber stets blieb der Grundgedanke leitend, daß nur Der Schutz verlangen dürfe, welcher sich auf ein bestimmt gefaßtes Klagerecht berufen kann. l. 1 pr. D. 2, 13.

B. Eintheilung.

Actio bezeichnet in weitester Bedeutung jedes Schutzmittel von Rechten. l. 37 pr. D. 44, 7. Im engeren Sinn versteht man darunter die Klage l. 8 § 1 D. 50, 16, insbesondere die persönliche (auch condictio l. 25 pr. D. 44, 7) im Gegensatz zur dinglichen (petitio). l. 178 § 2 D. 50, 16. Die einzelnen actiones führen besondere Namen. Sie werden eingetheilt:

I. Aus geschichtlichen Gründen.

a) Nach der **Rechtsquelle** unterschied man: civiles (legitimae), welche aus dem Civilrecht herrühren — und honorariae (praetoriae, aediliciae), welche durch die rechtsprechenden Magistrate eingeführt sind. l. 25 § 2 D. 44, 7. Die directae betreffen das ursprünglich des Schutzes gewürdigte Rechtsverhältniß, in den utiles wurde der Schutz auf analoge Fälle ausgedehnt. l. 21 D. 19, 5.

b) Die **Formel** war bei civilen Klagen ‚in jus concepta‘, d. h. sie lautete auf eine im Civilrecht anerkannte Befugniß. Die Formel einer prätorischen Klage war entweder dem Civilrecht entnommen und durch Fictionen (ficticia), Umstellungen 2c. für andere Verhältnisse und Personen brauchbar gemacht oder selbständig unter Hinweis auf bestimmte Thatsachen gebildet ‚in factum concepta‘. Gaj. IV § 34, § 37, § 45–47. Klagen, deren Formular ein für alle Mal im Edict feststand, hießen vulgares — im Gegensatz zu denen in factum, welche der Prätor im einzelnen Falle durch Einfügung des entsprechenden Sachverhaltes (praescriptis verbis) zustutzte. l. 1 pr. l. 11 D. 19, 5.

c) Die **Aufgabe des Richters** bestand bei stricti juris actiones (judicia) darin, sich genau an den Wortlaut der Formel zu halten und demgemäß das Urtheil zu sprechen. Dagegen nahm er bei bonae fidei actiones (arbitria) eine freiere Stellung ein: hier soll er mit billigem Ermessen (ex aequo et bono) alle besonderen, auch die in der Formel nicht erwähnten Umstände des vorliegenden Rechtsfalles berücksichtigen und den Beklagten insoweit condemniren, als diesem nach Treu und Glauben (ex fide bona) zu leisten obliegt. Gaj. IV § 62–63.

In der Entwicklung des Römischen Rechtes wurde die Formenstrenge, die Anfangs zur schnellen Erledigung eines Rechtshandels nöthig erschien, abgeschliffen und verlor sich fast ganz. § 28 J. 4, 6. Davon wird im Obligationenrecht bei den stricti juris Contracten die Rede sein.

Klagen auf Vorweisung und Auslieferung einer Sache heißen arbitrariae, weil der Richter durch einen Zusatz in der Formel ‚nisi arbitratu tuo restituat' angewiesen war, den schuldigen Beklagten erst gütlich zur Herausgabe aufzufordern, bevor er denselben in den durch Schätzungseid des Klägers zu ermittelnden Sachwerth ‚quanti ea res est' verurtheilte. Gaj. IV § 48, § 163. Auch in andern Fällen war ein solcher Vorbescheid auf Erfüllung üblich, ehe die Verurtheilung in das volle Interesse erfolgte. § 31 J. 4, 6. Später wurde die richterliche Entscheidung, die auf Auslieferung einer Sache lautete, direct vollstreckbar. l. 68 D. 6, 1. § 32 J. 4, 6. Dies wird im Sachenrecht bei den Eigenthumsklagen behandelt werden.

II. Aus innern Ursachen.

a) Nach dem **Klagegrund** zerfallen die Klagen in persönliche und dingliche, in Straf- und Ersatzklagen.

1. **Persönliche** Klagen ‚in personam' entspringen aus einer Obligation und richten sich gegen den dadurch bestimmten Schuldner; ihr Erfolg erschöpft die zu Grunde liegende Forderung.

Dinglich ‚in rem' heißen zunächst die Klagen aus Eigenthum und Servituten. Gaj. IV § 1–3. Im weiteren Sinne fallen darunter alle Klagen aus absoluten Befugnissen wie Familien-, Erbrechten, die gegen jeden Dritten zustehen. Bei ihnen bestimmt sich die Person des Beklagten erst durch die Rechtsverletzung. l. 25 pr. D. 44, 7. Das Recht, aus welchem die dingliche Klage hervorging, bleibt trotz erwirkter Geltendmachung unversehrt und kann die Quelle neuer Klagen gegen andere Störer werden.

Gemischt ‚mixtae' § 20 J. 4, 6, auch ‚in rem scriptae' l. 9 § 8 D. 4, 2 nennt man Klagen aus unpersönlichen Obligationen, deren Schuldner durch den Besitz einer Sache bezeichnet wird, z. B. actio quod metus causa, die Theilungsklagen rc. Sie gehören nach ihrem Inhalt zu den persönlichen Klagen.

2. **Strafklagen** ‚poenales' gehen auf eine an den Verletzten zu zahlende Geldstrafe, welche in Rom bei Diebstahl und andern Privatdelicten die Stelle öffentlicher Vergeltung vertrat. Dagegen suchen **Ersatzklagen** ‚quae rem persequuntur' die Rechtsstörung durch Rückgabe der entzogenen Sache oder Ersatz in Geld auszugleichen. In der Mitte stehen die **gemischten Strafklagen** ‚iam poenae quam rei persequendi causa et ob id mixtae', mit welchen zugleich Strafe und Ersatz gefordert wird, z. B. actio vi bonorum raptorum aufs Vierfache, actio legis Aquiliae auf den höchsten Werth der beschädigten Sache im letzten Jahr bzw. Monat. Gaj. IV § 6–9, § 16–19 J. 4, 6.

Einige Klagen dienen trotz ihres äußerlich pecuniären Zieles weniger Geldinteressen als persönlicher **Genugthuung** ‚ad ultionem pertinent', sie heißen nach l. 2 § 4 D. 37, 6 und l. 20 § 5 D. 29, 2 vindictam spirantes, z. B. actio injuriarum, sepulcri violati, querela inofficiosi testamenti.

Ueber die actiones famosae vgl. S. 186.

b) Nach der **Parteirolle** unterscheidet man: ein= und doppelseitige, Privat= und Popularklagen.

1. Bei einseitigen Klagen ‚simplices', welche die Regel bilden, kann schlimmsten Falls der Kläger nur abgewiesen werden C.Pr.O. § 279, bei doppelseitigen ‚duplices' ist seine eigne Verurtheilung möglich, gleichsam als ob nicht er, sondern sein Gegner geklagt hätte. Zu letzteren gehören bloß die Interdicte zur Aufrechterhaltung eines gestörten Besitzes und die Theilungsklagen, weil hier eine positive Regulirung des thatsächlichen Zustandes im Interesse aller Parteien, sogar des Staates liegt. Verschieden davon ist die Widerklage reconventio, mutua petitio, welche der Beklagte während der Verhandlung über die Klage bei demselben Gericht und in demselben Verfahren erhebt. Sie setzt nach C.Pr.O. § 33 voraus, daß der Gegenanspruch connex ist, d. h. mit dem in der Klage geltend gemachten Anspruche oder mit den gegen denselben vorgebrachten Vertheidigungsmitteln im Zusammenhange steht.

2. Gegenüber den Privatklagen, welche der persönlich Verletzte anstellt, gab es in Rom eine Reihe von Popularklagen, welche jedem Bürger meist in öffentlichem Interesse, gewissermaßen als Procurator des Volkes zustanden, z. B. actio de effusis et dejectis, wenn ein Freier dadurch ums Leben gekommen war l. 5 § 13 D. 9, 3, actio de positis et suspensis, de sepulcro violato, auch Interdicte zum Schutz öffentlicher Straßen und Flüsse vgl. S. 207. Heute schreiten die Straf= und Verwaltungs=Behörden des Staates ein, wo es sich um die öffentliche Sicherheit oder die Wahrung des Gemeingebrauches an dazu bestimmten Sachen handelt. Das Entmündigungsverfahren vgl. S. 181 kann nach C.Pr.O. § 595 von allen landesgesetzlich hierzu befugten Personen, z. B. auch vom Gemeindevorstand beantragt werden.

c) Die **Dauer** der Klagen hing ursprünglich von dem zu Grunde liegenden Rechte ab ‚perpetuae'; nur Klagen, welche aus der Rechtsprechung der Magistrate herstammten, waren in einem Jahre (annales) oder in kürzerer Frist verjährbar ‚temporales'. Gaj. IV § 110. Eine Verordnung des Kaisers Theodos II. aus dem Jahre 424 unterwarf auch die perpetuae actiones einer Verjährung von 30 Jahren.

§ 85.

Vorbereitende, verwandte und concurrirende Klagen.

A. Vorbereitende Klagen.
Präjudicielle und präparatorische Vorbereitung. Provocationen. Feststellungsklagen. Subsidiärer Charakter einzelner Klagen.

B. Verwandte Klagen.
Cumulative Concurrenz. Klaghäufung.

C. Concurrirende Klagen.
Alternative und elective Concurrenz.

Aus einem Rechtsverhältniß können unter denselben Personen verschiedene Klagen entspringen.

A. Vorbereitende Klagen.

Sie sind dazu bestimmt, das Ziel einer Hauptklage näher zu rücken. Die Vorbereitung heißt präjudiciell oder präparatorisch, je nachdem sie für die Geltendmachung des Hauptanspruchs nöthig oder bloß nützlich ist. In Rom mußte der Eigenthümer einer Sache, welche ihr Besitzer mit einem andern Gegenstand verbunden hatte, zunächst mit der actio ad exhibendum auf Trennung und Vorweisung klagen, ehe er zur Vindication greifen konnte. l. 6 D. 10, 4. Heute ist eine directe Verfolgung möglich, sofern die Sache trennbar ist und in der Klage bezeichnet wird. Viele Vermögensansprüche aus familienrechtlichen Beziehungen setzen eigne präjudicielle Klarlegung des Status wie der Vaterschaft, Ehe voraus. § 13 J. 4, 6, l. 3 § 2–5 D. 23, 5. Wer Rechnungslage und Auseinandersetzung auf Grund einer Vollmacht, Gesellschaft, Gemeinschaft ꝛc. verlangt, hat vorerst den Bestand des betreffenden Rechtsverhältnisses darzuthun. vgl. auch C.Pr.O. § 250, § 313–319.

Bisweilen haben Präjudicial-Klagen lediglich den Zweck, eine rechtlich erhebliche Thatsache zu ermitteln und zu künftigem Gebrauch festzustellen, z. B. ‚quanta dos sit'. Gaj. IV § 44. Die römische Formel enthielt dann anstatt des Condemnationsbefehls eine pronuntiatio.

In ähnlichem Sinne erschuf das gemeine Recht die Provocationen, um die Erledigung eines für den Interessenten wichtigen Rechtsverhältnisses herbeizuführen. Durch die provocatio ex lege ‚diffamari' — die nach den Anfangsworten der l. 5 C. 7, 14 heißt — wurde Der, welcher einen Andern in seinem Stand herabsetzt oder sich einer Forderung gegen denselben berühmt, mit richterlicher Hülfe aufgefordert, seine Behauptung entweder binnen bestimmter Frist zu erweisen oder fürderhin Stillschweigen bei Vermeidung einer Geldstrafe zu bewahren. Aus l. 28 D. 46, 1, die mit den Worten ‚si contendat' beginnt, folgerte man, daß der Bürge, wenn er Zahlungsunfähigkeit eines Mitbürgen oder des Hauptschuldners befürchtete, vom Gläubiger die sofortige Ausklagung dieser Personen oder seine eigne Befreiung begehren durfte. Beide Rechtsmittel wurden in Gestalt von Klagen am persönlichen Gerichtsstand des Provocenten als des künftigen Schuldners und Beklagten erhoben. S. 40.

Ein solcher Klagezwang findet sich in der C.Pr.O. nicht mehr, dafür ist im § 231 die Feststellungsklage eingeführt. Sie richtet sich sowohl auf die Nichtexistenz, wie auch positiv auf das Bestehen eines Rechtsverhältnisses, auf Anerkennung einer Urkunde oder auf Feststellung der Unechtheit derselben, falls Kläger ein rechtliches Interesse daran hat, daß der streitige Umstand „alsbald" durch richterliche Entscheidung festgestellt werde. Darin liegt, daß der fragliche Anspruch noch nicht zu einer Verfolgung im ordentlichen Proceßwege reif sein darf. Doch wird weder eine Gefährdung von Rechten erfordert, noch eine Befreiung des Klägers von zugemutheten Pflichten bewirkt. Vielmehr bildet der durch rechtskräftiges Urtheil festgestellte Umstand nur eine Grundlage, die in einem zukünftigen Rechtsstreit von Nutzen ist.

Einzelne Klagen wie querela inofficiosi testamenti, actio doli haben ihrer Natur nach einen subsidiären Charakter, d. h. sie sind erst in Ermangelung anderweiter Rechtshülfe zulässig ‚si de his rebus alia actio non erit'. l. 1 § 1 D. 4, 3. Hierher läßt sich auch rechnen: Die Wiedereinsetzung in den vorigen Stand l. 16 pr. D. 4, 4 und nach A.L.R. § 262 I, 13 die Klage aus der nützlichen Verwendung.

B. Verwandte Klagen.

Sie laufen neben einander her, doch eine jede von der andern unabhängig und auf ein selbständiges Ziel gerichtet. So entsteht aus dem römischen Furtum eine actio furti auf Privatstrafe und daneben eine condictio furtiva auf Ersatz.

l. 7 pr. D. 13, 1. Die Cumulation mehrerer Strafklagen, falls in derselben Handlung der Thatbestand verschiedener Privatdelicte liegt, z. B. Baumfrevel und Sachbeschädigung l. 32 D. 44, 7 vgl. l. 11 § 2 D. 11, 3, wird im Obligationenrecht bei der Lehre vom Unrecht behandelt werden.

Von dieser s. g. cumulativen Concurrenz unterscheidet sich die bloß processualische Klaghäufung mehrerer Ansprüche, welche dem Kläger aus verschiedenartigen Gründen gegen denselben Beklagten zustehen. Sie ist in der C.-Pr.O. § 232 gestattet, wenn für sämmtliche Ansprüche dasselbe Gericht zuständig und dieselbe Proceßart zulässig ist.

C. Concurrirende Klagen.

Eine Rechtsverletzung kann unter verschiedene Gesichtspunkte fallen, die einander ganz oder zum Theil ausschließen.

Bei der alternativen Concurrenz wird schon durch die Anstellung der einen Klage die andere beseitigt. So hat der Schenkgeber unter einer Auflage die Wahl, entweder Erfüllung oder Rückgabe zu verlangen. S. 224. Der Käufer einer Sache, die sich als mangelhaft erweist, kann nach erhobenem Anspruch auf Preisminderung nicht mehr die Wandlung wegen desselben Fehlers durchsetzen. l. 25 § 1 D. 44, 2.

Bei der electiven Concurrenz wird erst durch den vollen Erfolg der einen Klage die andere aufgehoben. Wer daher mit einer Klage abgewiesen wurde, kann es noch mit der andern versuchen. Daran ist er selbst durch ein erfochtenes rechtskräftiges Urtheil nicht verhindert, so lange die Erfüllung desselben aussteht. Hat dagegen eine Klage zur Befriedigung geführt, so darf die andere nur insoweit angestrengt werden, als daraus dem Beschädigten ein erweislicher Ueberschuß zu Gute kommt. Der Kläger, welcher den bereits auf einem andern Wege erzielten Ersatz desselben Sachverhaltes noch einmal vom Beklagten fordert, wird durch eine Einrede der Arglist zurückgeschlagen. ‚si eodem facto duae competant actiones, postea judicis potius partes esse, ut, quo plus sit in reliqua actione, id actor ferat, si tantundem aut minus, id (nil) consequatur'. l. 7 § 1 D. 13, 6.

Beispiele electiver Concurrenz sind: Die actio redhibitoria und emti; die Conventionalstrafe und das Vertragsinteresse l. 28 D. 19, 1. H.G.B. Art. 284 Abs. 2; die Vindication gestohlener Sachen und die condictio furtiva l. 7 § 1 D. 13, 1, l. 12 C. 6, 2; das Contractsunrecht, in welchem zugleich ein Privatdelict des Schuldners enthalten ist, z. B. wenn Commodatar die entliehene Sache, Gesellschafter die gemeinschaftliche beschädigt l. 34 § 2 D. 44, 7, l. 47 D. 17, 2; und nach späterer römischer Ansicht das Verhältniß mehrerer Strafklagen, die sich aus dem Thatbestand eines Delictes ergeben. l. 53 pr. D. 44, 7.

Eine Verbindung mehrerer Klagen in demselben Proceß ging in Rom nicht an, da die Bezeichnung jeder Klage mit ihrem Formalnamen vonnöthen war. l. 43 D. 50, 17. Heute ist eine derartige Häufung nicht nur erlaubt, sondern den Richter trifft sogar die weitergehende Pflicht, aus den angeführten Thatsachen denjenigen Anspruch zu entnehmen, welchen Kläger als den ihm am meisten vortheilhaften zu wünschen scheint.

§ 86.

Untergang der Klagen.

Klagen endigen entweder mit dem zu Grunde liegenden Rechte, von dem sie abhängen oder selbständig, in einigen Fällen durch Tod eines der Betheiligten und regelmäßig durch Verjährung, d. h. Nichtgeltendmachung binnen gesetzlicher Zeit. Freilich bestehen heute besondere Klagerechte im römischen Sinne nicht mehr. Deshalb construirt Windscheid eine Verjährung des Anspruchs, welche mit Entstehung desselben beginnt, durch jede Ausübung der Befugniß unterbrochen wird und eine Tilgung des Rechtes selber bewirkt. Allein diese Lehre, so wünschenswerth sie wäre, verläßt den gemeinrechtlichen Boden. Die Reichsgesetze, z. B. vom 11. Juni 1870 über das Urheberrecht an Schriftwerken § 33–34 sprechen von einer Verjährung der Klage.

Das A.L.R. hatte freiere Hand. Es behandelt die Verjährung als einen allgemeinen Entstehungs- und Aufhebungsgrund von Rechten und stellt sie — mit etwas gewaltthätigem Aufbau gemeinsamer Grundsätze für beide Arten vgl. § 669 I, 9 — unter die unmittelbaren Erwerbsarten des Eigenthums. Hier kommt nur die erlöschende Verjährung von Ansprüchen in Betracht.

A. Tod eines der Betheiligten.

In der Regel gehen Klagen activ „auf die Erben" des Berechtigten über und richten sich passiv „gegen die Erben" des Verpflichteten. Doch finden sich Ausnahmen.

I. **Activ unvererblich** sind: Klagen, welche den Personen- und Familienstand betreffen; die römischen Popularklagen, weil sie jedem Bürger zustanden l. 5 § 5 D. 9, 3; die Klagen, welche auf eine persönliche Genugthuung des Verletzten abzielen (vindictam spirantes S. 244), l. 13 pr. D. 47, 10, denen sich in Rom anschlossen die Klagen wegen Calumnie l. 4 D. 3, 6, wegen Verhinderung an der rechtmäßigen Beisetzung einer Leiche l. 9 D. 11, 7 und aus der ungesetzlichen Ladung (in jus vocatio) eines Patrons durch seinen Liberten l. 24 D. 2, 4. Streitig ist, ob die Klage aus dem Widerruf einer Schenkung wegen Undankbarkeit l. 10 C. 8, 56 (55) den Charakter einer unvererblichen actio revocatoria hat, oder bloß auf grundloser Bereicherung — wie im A.L.R. § 1158 I, 11 — beruht.

Mit dem Proceßbeginn, d. h. im römischen Recht durch die Litiscontestation l. 28 pr. D. 47, 10, in der C.Pr.O. § 239 durch die Erhebung der Klage tritt ein Uebergang auf die Erben ein. Bei der querela inofficiosi testamenti genügt dazu nach l. 6 § 2. l. 7 D. 5, 2 schon jede Vorbereitung der Klage.

II. **Passiv unvererblich** sind Ansprüche aus Delicten des Erblassers.

Für Privatstrafen stehen die Erben gar nicht ein § 1 J. 4, 12 ‚in poenam heres non succedit‘ l. 22 D. 39, 1 und für Ersatz nur in Höhe ihrer Bereicherung ‚quantum ad eos pervenit‘ l. un. C. 4, 17. Der gegen den Erblasser erfolgte Proceßbeginn begründet auch hier volle Vererblichkeit. l. 87 D. 50, 17. Das kanonische Recht erklärt die Erben aus Delicten ihres Erblassers für unbeschränktersatzpflichtig ‚juxta facultates suas‘ c. 5 X 5, 17, was die gemeine Praxis auf den Bestand des Nachlasses ermäßigt. Nach A.L.R. § 28 I, 6 geht die Verbindlichkeit zum Schadensersatz auf die Erben des Beschädigers über.

Dingliche Klagen gegen den Besitzer einer Sache treffen seine Erben nur, sofern sie in den Besitz des Gegenstandes gelangt sind. Ohnedies werden sie auch von einer gegen ihren Erblasser bereits erhobenen Klage absolvirt. Doch haften sie aus der Arglist ihres Erblassers, welcher die Sache vernichtete, bei Seite schaffte rc. und aus ihrer eignen Verschuldung. l. 42, 51, 52, 55 D. 6, 1.

B. Verjährung.

I. Grund und geschichtliche Entwicklung.

Es ist ebenso gerecht wie zweckmäßig, daß verletzte Rechte sich alsbald in Klageform bethätigen. Denn je mehr Zeit seit der Störung verfloß, desto schwieriger wird die Ermittlung und Würdigung der Thatsachen, und die Ungewißheit von Rechten bildet an sich einen wirthschaftlichen Uebelstand. Daher giebt die Klagenverjährung dem Schuldner ein Vertheidigungsmittel in die Hand, um sich gegen weit zurückliegende und darum längst vergessene, thatsächlich abgestorbene Ansprüche zu wehren. Besonders in Betreff der laufenden Schulden, welche das tägliche Leben mit sich bringt, erscheint eine kurze Verjährung nützlich. Sie stellt Credit wie Haushalt auf eine gesunde Grundlage und beseitigt die Gefahr langwieriger Processe, die den Parteien unnöthige Kosten bereiten und sie oft für immer entzweien. Darauf lassen sich Ciceros Worte pro Caecina cap. 26 beziehen ‚finis sollicitudinis ac periculi litium‘.

Derlei Rücksichten auf den Verkehr blieben dem altrömischen Civilrecht fremd. Seiner unbeugsamen Strenge entsprach eine ewige Dauer einmal entstandener Klagerechte ‚actiones perpetuae‘. S. 245. Erst den Magistraten war es vorbehalten, für die Anstellung der von ihnen eingeführten Klagen eine Frist zu setzen ‚intra annum judicium dabo‘, die mit ihrem Amtsjahre zusammenhing, aber nicht gleichzeitig mit demselben ablief. pr. J. 4, 12. So verjährten die Strafklagen in einem annus utilis, daher ‚temporales‘, aber mit dem Vorbehalt, nach Ablauf des Jahres noch auf die Bereicherung fortzuleben ‚ut lucrum extorqueatur‘ l. 35 pr. D. 44, 7. Nur die actio furti manifesti, die anstatt der in den zwölf Tafeln angedrohten Capitalstrafe auf das Vierfache ging, war zeitlich unbeschränkt. Gaj. IV § 111. Auch die Popularklagen galten als annales. l. 8 D. 47, 23. Dagegen waren die Verkehrsklagen auf einfachen Ersatz meist ohne Frist aufgestellt. Eine aus innern Gründen begreifliche Ausnahme fand sich bei der actio de peculio gegen den Gewalthaber, der nach einem Jahre seit Widerruf des Peculium bzw. Lösung der Gewalt eine Einrede — exceptio annalis l. 1 § 10 D. 15, 2 — entgegenstand. Für die ädilicischen Klagen aus dem Kauf fehlerhafter Sachen bestand zur Rechtssicherheit eine besonders kurze Verjährung von zwei, sechs und zwölf Monaten. l. 38 pr., l. 48 § 2 D. 21, 1.

In der Kaiserzeit wurden Statusklagen, welche die Freiheit eines Verstorbenen bestritten, einer fünfjährigen Frist unterworfen, um einer so schweren Beunruhigung der Erben ein Ziel zu setzen. ‚publica tutela'. l. 2 § 2, l. 4 D. 40, 17. Eine gleiche Verjährung traf die querela inofficiosi testamenti l. 8 § 17, l. 9 D. 5, 2; die Wohlthat der Erbschaftsgläubiger und Vermächtnißnehmer auf abgesonderte Befriedigung aus dem Nachlaß l. 1 § 13 D. 47, 6 und die fiscalische Vindication der wegen Steuerdefraudation verwirkten Sachen. l. 2 C. 4, 61. Die Ansprüche des Fiscus auf erbenlose Güter verjährten in vier Jahren l. 1 C. 7, 37 und seine Klagen aus anderweiten Rechten in zwanzig Jahren. l. 1 § 3 D. 49, 14. l. 13 pr. D. 44, 3. Den annus utilis der actio doli wandelte Constantin in einen fortlaufenden Zeitraum von zwei Jahren. l. 8 C. 2, 21 (20).

Die Kaiser Theodos II. und Honorius setzen 424, ohne die bisher temporären Klagen aufzuheben, allen actiones perpetuae eine Verjährung von dreißig Jahren l. 3 C. 7, 39, theils zur Strafe des Gläubigers, welcher so geraume Zeit die Verfolgung seines Rechtes verabsäumte, theils zu Gunsten des Schuldners, der nunmehr außer Stande ist, die Beweismittel zu seiner Vertheidigung zu beschaffen. Von den späteren Kaisern wird für einzelne Fälle, von denen noch die Rede sein wird, die Verjährung auf vierzig Jahre und länger ausgedehnt. Unverjährbar sind nur: das Recht auf persönliche Freiheit l. 3 C. 7, 22, die Vindication eines Colonen durch den Patron l. 23 pr. C. 11, 47 (48), eines Curialen durch die Stadt l. 5 C. 7, 39 und kraft singulärer Vorschrift Steuerforderungen des Fiscus, l. 6 C. 7, 39.

Das germanische Recht kannte ein Verschweigen nicht geltend gemachter Ansprüche binnen Jahr und Tag. Gemeinrechtlich sind die römischen Grundsätze mit einigen Abänderungen durch das kanonische Recht recipirt. Die Ausnahmen von der Klagenverjährung haben bei der politischen Verfassung des modernen Staates keine Bedeutung mehr, und auch über das Privileg des Fiscus bezüglich der Steuerrückstände setzt sich die Praxis hinweg. Die Reichsgesetze und Landesrechte insbesondere für Preußen haben im Creditinteresse kurze Verjährungsfristen eingeführt.

II. Erfordernisse.

a) **Entstehung des Klagerechtes** ‚actio nata' l. 1 § 1 C. 7, 40. Sie ist verschieden bei dinglichen und persönlichen Klagen.

1. **Dingliche Klagen** entstehen durch einen unbefugten Eingriff in die gegenwärtige Herrschaftssphäre des dinglich Berechtigten. So verjährt die rei vindicatio mit der Besitzentziehung, die actio negatoria seit der Hinderung. So lange ein Anderer die Sache für den Eigenthümer inne hat und dessen Recht anerkennt, ist kein Anlaß für die Vindication vorhanden. A.L.R. § 504, 527 I, 9.

2. **Persönliche Klagen** entstehen mit dem Tage, wo Gläubiger berechtigt ist, die sofortige Erfüllung der Verbindlichkeit zu fordern. A.L.R. § 545 I, 9. So verjährt die Klage auf Rückgabe des Faustpfandes mit Zahlung der Schuld, die Kaufklage auf Gewähr wegen juristischer Mängel mit der Rechtskraft des Urtheils im Evictionsproceß, die Klage aus der Vormundschaft mit der Lösung

dieses Verhältnisses, die Delictsklage mit Begehung der That. Bei betagten oder suspensiv bedingten Forderungen beginnt die Verjährung mit Eintritt des Termins bzw. der Bedingung. l. 7 § 4 C. 7, 39.

Die Klage aus dem Darlehn, dem keine Zeitbestimmung beigefügt ist, entsteht mit der Hingabe, ohne daß es einer Rückforderung bedarf. Daran ändert auch der Zusatz „auf Kündigung" nichts, da diese von dem alsbaldigen Belieben des Gläubigers abhängt. Ist das Darlehn nur zu gewissen Zeiten kündbar, z. B. je am Ultimo eines Monats, so läuft die Verjährung von dem ersten Tage, wo die Aufforderung zur Rückgabe erfolgen kann. Lautet die Abrede auf eine Frist, z. B. „acht Tage, drei Monate nach Kündigung", so ist der Ablauf dieses Zeitraums, gerechnet vom ersten möglichen Kündigungstage, für den Anfang der Verjährung maßgebend. Freilich herrscht über diese Folgen Streit. Viele erblicken in der Kündigungs-Clausel eine potestative Bedingung, deren Eintritt nöthig sei. Danach würde die Klage nicht eher verjähren, als bis Gläubiger bzw. sein Rechtsnachfolger die Rückzahlung verlangt hat, selbst wenn dies erst nach Jahrzehnten geschähe. Andere erklären die Kündigungsfrist für eine bloße Modalität, die dazu diene, dem Schuldner die Zahlung zu erleichtern, aber den Lauf der Verjährung nicht aufschiebe.

Aehnlich der Darlehnsklage ist die persönliche Rückforderung aus dem Commodat und Depositum zu behandeln. Doch kann dem treulosen Verhalten des Entleihers oder Verwahrers, welche die Rückgabe der ihnen anvertrauten Sache verweigern, eine Vindication mit selbständiger Verjährungsfrist entspringen. vgl. A.L.R. § 571 I, 9.

Das Recht auf Theilung einer Gemeinschaft hat jedes Mitglied. So lange sich die Theilhaber gegenseitig als solche anerkennen, ist der Anspruch auf Auseinandersetzung in fortwährender Entstehung begriffen und deshalb unverjährbar.

Bei Gesammtansprüchen, aus denen sich allmälig einzelne Verbindlichkeiten mit Zinsen entwickeln, muß die Pflicht an sich von den terminlichen Leistungen unterschieden werden. Es leuchtet ein, daß jeder Zinsrückstand vom Fälligkeitstage an seine eigne Verjährung hat. l. 7 § 6 C. 7, 39. Allein wie verhält es sich mit der Zinspflicht, als Quelle künftiger Präſtationen? Mit Unrecht wird deren Verjährung entweder ganz geläugnet oder von einem ausdrücklichen Bestreiten Seitens des Schuldners abhängig gemacht. Vielmehr verjährt die Zinspflicht von dem ersten Termine an, wo sie in Wirksamkeit tritt, wird aber durch Zahlung jeder fälligen Zinsrate unterbrochen. Das A.L.R. § 509–510 I, 9 äußert sich in gleichem Sinne und bestimmt noch, daß Termine, an welchen der Gläubiger es aus offenbarer Nachsicht unterließ, die Gefälle einzufordern, ihm nicht zum Nachtheil gerechnet werden sollen.

3. Einreden, welche dem Klagrecht entgegenstehen, hindern den Beginn der Verjährung nicht. So verjährt eine Vindication gegen den Besitzer, obwohl derselbe wegen seiner Verwendungen auf die Sache ein Zurückbehaltungsrecht daran ausübt. Nur die dem Schuldner gemachte Zusage, ihn während gewisser Zeit nicht belangen zu wollen (pactum de non petendo), schiebt auf so lange die Verjährung hinaus. l. 8 C. 7, 71.

Im A.L.R., das die Möglichkeit der Ausübung des Rechtes verlangt, kann eine Verjährung gegen Den nicht anfangen, der außer Stande war, seine Befugniß zu gebrauchen. Solche Hindernisse liegen entweder in der persönlichen Unfähigkeit des Berechtigten oder in äußeren Gründen. § 516–517 I, 9. Demnach beginnt keine Verjährung gegen Minderjährige, die diesen gleichgestellten physischen Personen — mit Ausnahme der Verschwender — und gegen bevormundete Abwesende. § 535, 540–542 I, 9. Als thatsächlich verhindert gilt, wer den Aufenthalt des Verpflichteten nicht erkunden kann, sich in entschuldbarer Unkenntniß über sein Recht befindet, ohne rechtliches Gehör bleibt, im Staats- und Kriegsdienst abwesend ist u. s. w. Zwischen Eheleuten, zwischen Vater und Hauskind, für den Vormund gegen den Mündel kann eine Verjährung nicht beginnen. § 518–528 I, 9.

b) **Ungestörter Zeitablauf.**

1. Dauer. Sie beträgt für die meisten Klagen 30 Jahre.

Längere Verjährungsfristen gelten:

40 Jahre für die Hypothekenklage, falls sie sich gegen Verpfänder, dessen Erben oder nachstehende Pfandgläubiger richtet l. 7 § 2–3 C. 7, 39; für Klagen der Kirchen und milden Stiftungen, die sonst in 10, 20 oder 30 Jahren erlöschen nov. 111 und 131 c. 6; für eine erhobene und nicht zu Ende geführte Klage vom letzten processualischen Acte an, mit dem sie abbrach (s. g. Verjährung der Litispendenz) l. 9 C. 7, 39;

50 Jahre für die nicht recipirte Klage auf Rückforderung der Spielschulden. l. 1–2 C. 3, 43;

100 Jahre für die Klagen der römischen Hauptkirche c. 13, 14, 17 X 2, 6, doch ist die heutige Anwendbarkeit dieses Vorrechtes bestritten.

Kürzere Verjährungsfristen kommen vor: bei den S. 250 erwähnten Klagen, im Handels- und Wechselrecht sowie in zahlreichen Reichsgesetzen, die an entsprechender Stelle des Systems ihre Erörterung finden werden.

Im A.L.R. § 546 I, 9 bildet eine dreißigjährige Dauer die Regel. Gegen den Fiscus, die Kirchen und privilegirte Corporationen beträgt die Verjährungsfrist 44 Jahre. § 632 I, 9. Eine Verjährung der Rechtshängigkeit ist dem A.L.R. unbekannt: Bleibt die anhängige Sache durch Schuld des Richters liegen, so findet bis zur Erledigung des Rechtsstreits gar keine Verjährung statt. Beruht der Stillstand auf der Unthätigkeit des Klägers, so beginnt eine neue Verjährung mit regelmäßiger Frist, die aber durch Wiederaufnahme des Processes unterbrochen wird. § 554–555 I, 9. Kürzere Verjährungsfristen finden sich insbesondere: bei den Ansprüchen der Gewährspflicht, welche in drei Monaten bis drei Jahren erlöschen § 343–344 I, 5 und bei der Forderung auf Ersatz eines „außerhalb dem Falle eines Contracts" erlittenen Schadens, welche in drei Jahren von der Kenntniß des Daseins und Urhebers an verjährt. § 54–55 I, 6. Doch bezieht die Praxis letztere Bestimmung nicht auf solche Fälle, wo es sich um Erfüllung bzw. Interesse aus auftragloser Geschäftsführung, Vormundschaft, letztwilliger Verfügung ꝛc. handelt. Ausnehmend kurze Verjährungsfristen führen ein die G. vom 31. März 1838 und 18. Juni 1840 die analog auf die gemeinrechtlichen Gebietstheile Preußens ausgedehnt sind. Nach dem G. vom 31. März 1838 verjähren in zwei Jahren: Forderungen der Fabrikanten, Kaufleute, Apotheker, Künstler und Handwerker für gelieferte Waaren;

der Arbeiter und Gesellen wegen rückständigen Lohnes; der Fuhrleute und Schiffer auf Fuhrlohn, Frachtgeld und Auslagen; der Gastwirthe für Wohnung und Beköstigung ꝛc. — in vier Jahren: Gebühren der Geistlichen, Justiz- und Medicinal-Personen; Ansprüche auf Lehrgeld, Gehalt und Lohn; Forderungen auf wiederkehrende Hebungen wie vertragsmäßige Zinsen, Mieths-, Pachtgelder, Alimente, Renten ꝛc. Ausgenommen sind: solche Forderungen, welche in Bezug auf den Gewerbebetrieb des Empfängers der Waare und Arbeit entstanden, sowie gestundete Honorare der Lehrer an Universitäten und öffentlichen Schulen. Die Verjährung beginnt mit dem 31. December desjenigen Jahres, in welchem der Anspruch erwachsen und ausübbar ist. Doch kommen die Hindernisse, welche dem Beginn der Verjährung sonst entgegenstehen, hier nach Ansicht der Praxis nicht in Betracht. Nach rechtskräftiger Verurtheilung des Schuldners soll die ordentliche Verjährung mit regelmäßigen Fristen Platz greifen.

Nach dem G. vom 18. Juni 1840 verjähren unter gleichen Grundsätzen: in drei Monaten Reclamationen auf Ermäßigung, Erlaß, Rückerstattung zu viel erhobener directer Steuern; in einem Jahr Ansprüche auf Rückerstattung zu viel erhobener indirecter Steuern; in vier Jahren fiscalische Steuerrückstände.

2. Besitzzurechnung. Sie ist bei dinglichen Klagen aus Billigkeit zulässig. Wer eine Sache vom Besitzer durch Rechtsgeschäft unter Lebenden oder durch Erbgang erwarb, kann sich zur eignen Besitzzeit die seines Vormanns zurechnen, um unter Berufung auf die dadurch vollendete Klagenverjährung die Vindication des Eigenthümers abzuwehren. Dazu wird ein Verhältniß rechtlicher Nachfolge vorausgesetzt. Dem Occupanten, welcher die vom Besitzer aufgegebene Sache an sich nahm, kommt dessen Besitzzeit nicht zu Gute. l. 7 § 2, l. 8 § 1 C. 7, 39.

3. Unterbrechung. Sie geschieht mittelst gerichtlicher Verfolgung oder durch Anerkennung des klägerischen Rechtes. Bloße Mahnung Seitens des Gläubigers genügt nicht. A.L.R. § 561 I, 9.

Die gerichtliche Verfolgung äußert sich meist in der Klage. Dazu gehörte zur Zeit der klassischen Juristen Litiscontestation. l. 9 § 3 D. 12, 2. An deren Stelle trat unter Justinian Anmeldung der Klage l. 7 pr. C. 7, 39 ‚per solam conventionem', welche auch im gemeinen Proceß und nach A.L.R. § 551 I, 9 ausreichte. Die C.Pr.O. § 239 fordert Erhebung der Klage. Streit herrscht über die Frage, ob die Klageerhebung beim unzuständigen Gericht unterbrechende Kraft hat. Die gemeinrechtliche Doctrin verneint es auf Grund der l. 7 C. 7, 21, wogegen das A.L.R. § 552–553 I, 9 den Rechtsirrthum des Klägers entschuldigt, wenn er binnen Jahresfrist nach erfolgter Abweisung den Anspruch beim zuständigen Richter geltend macht. Die Unterbrechung wirkt gegen alle Klagen, welche aus demselben Rechtsverhältniß gegen den Beklagten auf das gleiche Ziel laufen. So unterbricht die vorbereitende Klage auf Vorweisung, Feststellung, Besitzregelung ꝛc. auch den Hauptanspruch. Doch sind angebrachte Einreden nicht geeignet, ein verjährendes Klagerecht, das mit ihnen auf demselben Grunde ruht, zu hemmen. So lange die erhobene Klage schwebt, ist sie von jeder Verjährung frei. Führte sie nicht zum Endurtheil, z. B. weil Kläger sie zurücknahm C.Pr.O. § 243, so beginnt von da an eine neue Verjährung in der dem Anspruch eigenthümlichen Frist. Bleibt die Klage liegen, so tritt — wenigstens nach gemeinem Recht — eine vierzigjährige Verjährung der Litispendenz ein. Wird ein Endurtheil gefällt, das den Beklagten verurtheilt, so läuft eine dreißigjährige Verjährung seit der Rechtskraft — im A.L.R. § 558–560 I, 9 erst ein Jahr nach Rechtskraft, sofern nicht im Urtheil der Tag der Leistung ausdrücklich bestimmt ist.

In Nothfällen, wo die Anstellung der Klage thatsächlich unmöglich ist, eröffnet die l. 2 C. 7, 40 dem Berechtigten den Ausweg, durch Verwahrung bei Gericht und andern Behörden oder durch öffentliche Anschläge am Wohnort des Schuldners seinen Anspruch vor Verjährruug zu schützen.

Nach C.Pr.O. § 633 unterbricht die Zustellung eines Zahlungsbefehles im Mahnverfahren die Verjährung, mögen auch die Wirkungen der Rechtshängigkeit dadurch erlöschen, daß im Fall eines Widerspruches die Klage nicht rechtzeitig vor dem zuständigen Landgericht erhoben wurde § 637, oder Gläubiger Mangels eines Widerspruches die Frist für das Gesuch um Erlaß eines Vollstreckungsbefehles § 641 versäumte.

Nach R.K.O. § 13 wird durch Anmeldung einer Concursforderung deren Verjährung unterbrochen.

Die Streitverkündung, welche der Beklagte an einen Dritten, z. B. seinen regreßpflichtigen Vormann richtet, um ihn zur Betheiligung am Rechtsstreit aufzufordern C.Pr.O. § 70, hat keine unterbrechende Kraft, doch wird ihr solche von der W.O. Art. 80 in Betreff der Wechselklage beigelegt.

Falls die Parteien die Entscheidung ihrer Rechtsstreitigkeit durch ein Schiedsgericht vereinbarten, steht die Geltendmachung des Anspruchs vor diesem der gerichtlichen Klage gleich. l. 5 § 2 C. 2, 56 (55). C.Pr.O. § 855.

Die Anerkennung erfolgt durch den Verpflichteten, welcher das gegnerische Recht durch theilweise Erfüllung wie Zins-, Theilzahlung einräumt oder durch Schuldschein, Stellung von Bürgen und Pfändern sichert. l. 7 § 5 C. 7, 39. Einfache Anerkennung durch mündliche Zusagen genügt nicht l. 5 C. 8, 40 (39), wohl aber im A.L.R. § 562 I, 9. Von diesem Zeitpunkt an beginnt eine neue Verjährung in der Frist, welche dem Anspruch nach seiner Art zukommt.

4. Stillstand. Während der Dauer gewisser Hindernisse ruht die Verjährung, läuft aber nach Beseitigung dieses Zustandes unter Anrechnung der vorher verflossenen Zeit weiter (praescriptio dormiens). Solche Fälle sind: Unmündigkeit des Klageberechtigten ohne Rücksicht auf seine Bevormundung, Minderjährigkeit desselben bei Verjährungen, deren Frist unter dreißig Jahren beträgt l. 3 § 1 C. 7, 39, nach kanonischem Recht feindlicher Einbruch (tempus hostilitatis) c. 10, 14 X 2, 26 und wohl auch Rechtsstillstand (justitium), vgl. C.Pr.O. § 222. Insbesondere ruht die Verjährung: für Erbschaftsgläubiger während der Ueberlegungs- oder Inventarisationsfrist des Erben l. 22 § 11 C. 6, 30; für die zu den Adventicien eines Hauskindes gehörigen Klagen während der Dauer der väterlichen Gewalt l. 1 § 2 C. 7, 40; für die Vindication von Baumaterialien, so lange dieselben vom Besitzer eingebaut sind l. 7 § 10–11 D. 41, 1.

Auf diese Fälle bezieht sich der von den Neueren aufgestellte Satz ‚agere non valenti non currit praescriptio'. Doch laufen die kurzen Verjährungsfristen der modernen Reichsgesetze, z. B. des Haftpflichtgesetzes vom 7. Juni 1871 § 8 auch gegen Minderjährige.

Im A.L.R. § 515 § 530, I, 9 wird durch ähnliche Umstände S. 252 der

Anfang, aber nicht die Fortsetzung einer Verjährung gehemmt; nur zu Gunsten Dessen, welchem das rechtliche Gehör versagt wird, findet auf so lange ein Stillstand Statt. § 529.

c) **Redlicher Glaube.**

Das Erforderniß war dem Römischen Rechte unbekannt. Selbst der Dieb einer Sache durfte nach dreißigjährigem Besitz die Klagenverjährung gegen den Eigenthümer vorschützen. l. 8 § 1 C. 7, 39.

Das kanonische Recht verlangt fortdauernde Redlichkeit des Verpflichteten (bona fides continua) während der Verjährungszeit ‚ut qui praescribit in nulla temporis parte rei habet conscientiam alienae', c. 20 X 2, 26. Es geht nicht an, diese Bestimmung auf alle Klagen anzuwenden, denn dem Darlehnsschuldner könnte man höchstens eine conscientia ‚rei alii debitae', aber nicht ‚rei alienae' vorwerfen. Vielmehr ist die Vorschrift auf dingliche Klagen und solche persönliche, die wie actio commodati die Herausgabe einer Sache bezwecken, einzuschränken.

Das A.L.R. § 569 I, 9 scheint die Redlichkeit in weiterem Umfange anzunehmen, da der Einwand der Verjährung durch den Nachweis entkräftet werden kann, daß der Verpflichtete selber seine Schuld als noch vorhanden bzw. als noch nicht getilgt betrachtet habe und er somit „unredlicher Weise und gegen besseres Wissen von seiner noch fortwährenden Verbindlichkeit sich der Erfüllung derselben entziehen wolle."

III. **Wirkung.**

a) Die vollendete Verjährung **dinglicher Klagen** setzt der Verfolgung des Störers ein Ziel, hebt aber das zu Grunde liegende Recht nicht auf.

In Rom bleibt der Bestohlene, obwohl er die Vindication gegen den Dieb verlor, Eigenthümer und kann einen andern Besitzer, sofern demselben nicht die Besitzzeit seines Vormanns zu Gute kommt S. 253, von Neuem belangen. Auch vermag er sich, falls er in den Besitz seiner Sache zurückgelangte, durch Einreden darin zu behaupten. ‚quae ad agendum sunt temporalia, ad excipiendum sunt perpetua. Dadurch unterscheidet sich die Klagenverjährung von der Ersitzung, welche für den „gutgläubigen" Besitzer ein neues Eigenthum an Stelle des bisher bestandenen schafft. Heute, wo auch zur Klagenverjährung Redlichkeit verlangt wird, hat dieser Unterschied seine Bedeutung verloren.

b) Bei **persönlichen Klagen** erlischt mit der Möglichkeit, den Schuldner zu verfolgen, das im Anspruch verkörperte Recht, da eine Störung desselben von anderer Seite nicht möglich ist. Auch zum Vertheidigungsmittel, z. B. als Einwand der Compensation taugt die verjährte Forderung nicht mehr ‚tant dure l'action tant dure l'exception'. H.G.B. Art. 349, 386, 408. Nur die exceptio doli überdauert aus besonderen Gründen l. 5 § 6 D. 44, 4. — nach Windscheid weil sie eine selbständige Existenz führt — das obligatorische Recht. Diese strenge Wirkung der Verjährung entspricht ihrem Zweck und wird auch in der Praxis anerkannt. Freilich fehlt es nicht an Gegnern, welche die verjährte Schuld als eine naturale aufrecht erhalten, die noch den Gegenstand rechtmäßiger Erfüllung, die Grundlage für Pfänder und Bürgen bilden könne. Davon wird in der Lehre der Naturalobligationen die Rede sein.

Nach besonderer Vorschrift soll die Verjährung der Hauptschuld zugleich rückständige Zinsen und Früchte tilgen, selbst wenn deren selbständige Beitreibung noch zulässig wäre. l. 26 pr. C. 4, 32.

Im A.L.R. tritt durch Verjährung vollkommener Verlust des obligatorischen Rechtes ein. Der Wortlaut des § 568 I, 9, wonach „die Verjährung eine Vermuthung bewirke, daß die Verbindlichkeit in der Zwischenzeit auf die eine oder die andere Art gehoben worden sei," kommt nicht in Betracht, da in § 569 jeder Gegenbeweis gegen den Einwand einer gehörig beendeten Verjährung ausgeschlossen wird. Nur der Anspruch auf Gewähr, dessen klageweise Geltendmachung kurzen Verjährungsfristen unterliegt, dauert als Abwehr gegen die aus dem lästigen Vertrage begründeten Forderungen fort. § 343–345 I, 5.

c) Verträge über eine Verjährung, um sie im Voraus für ein einzelnes Rechtsverhältniß zu verlängern, zu verkürzen oder ganz auszuschließen, sind um des öffentlichen Interesses willen nichtig l. 4 C. 7, 39, außer wenn es sich um kürzere Fristen wie beim ädilicischen Edict l. 31 § 22 D. 21, 1. H.G.B. Art. 349 Abs. 4 handelt. Dem Verzicht auf die Einrede einer bereits vollendeten Verjährung steht kein Hinderniß entgegen. Im A.L.R. § 565–567 I, 9 sind auch Abreden über den Lauf einer Verjährung statthaft, sofern sie sich auf bestimmtes Verhältniß beziehen und gerichtlich geschlossen sind.

Die Restitution gegen die Folgen der Verjährung wird bei dieser Lehre erörtert werden.

§ 87.

Proceßbeginn.

A. Im klassischen Rom.
  Act der Litiscontestation. Novatorische Kraft und maßgebender Zeitpunkt derselben für die Verurtheilung. Allmälige Milderung der Folgen.
B. Im gemeinen Proceß.
  I. Erhebung der Klage.
    Klageschrift (Rechtsnorm, Sachverhalt, Gesuch).
  II. Ordentliches Verfahren.
    Verhalten des Beklagten.
  III. Wirkungen.
C. Nach der Civilproceßordnung.
  I. Erhebung der Klage.
  II. Verfahren.
    Versäumnißurtheil. Anerkenntniß, proceßhindernde Einreden. Vertheidigung des Beklagten.
  III. Wirkungen:
    mit Erhebung der Klage, mit Einlassung des Beklagten.

A. **Im klassischen Rom** beruhte der Proceß auf einer Vereinbarung der Parteien, welche unter Vermittlung des Magistrats ihre Streitsache dem Spruch eines Geschworenen unterwarfen. Dabei kam freilich eine Weigerung des Verpflichteten selten vor, da sein Ungehorsam mit Vermögens-Confiscation bedroht war. S. 242.

Das Verfahren begann mit einer Verhandlung vor dem Magistrat ‚in jure'. Dieselbe hatte den Zweck, die Streitsache rechtlich zu begrenzen (judicium ordinare) und einen Geschworenen zu bestellen. Ursprünglich waren feierliche Worte und Handlungen (legis actiones) nöthig, so daß ein Verfehlen in diesen Formen den Verlust des Processes nach sich zog (causa cadere). Gaj. IV § 11–29. Zur Zeit des Formularprocesses genügte eine freie Erörterung der Parteien. Der Prätor entnahm aus ihren Angaben, welche ‚actio' für den vorliegenden Fall paßte oder schuf nach Bedarf einen neuen Rechtsschutz (in factum). Den Abschluß dieses Stadiums bildete die litis contestatio. Ihr Name stammte von der alterthümlichen Sitte, daß beide Parteien Zeugen aufriefen ‚testes estote', um einen Ausweis über den ganzen Hergang in jure zu begründen. In der klassischen Zeit fiel der Act auf die Aushändigung der formula, welche in prägnanten, meist herkömmlichen Worten (verba concepta) den Rechtscharakter des Streitverhältnisses feststellte. Gaj. IV § 30. Dadurch ging das Verfahren an den Geschworenen ‚in judicium' über. Derselbe war in der Formel angewiesen, die thatsächlichen Behauptungen innerhalb der bestimmten Rechtsfrage zu prüfen und nach dem Ergebniß der Beweisaufnahme entweder den Beklagten zu verurtheilen oder ihn loszusprechen ‚si paret condemna, si non paret absolve'. Gaj. IV § 39–43. In Processen, die extra ordinem vom Magistrat entschieden wurden, vollzog sich die Litiscontestation im ersten Termin, nachdem Kläger seine Behauptung vorgetragen und Beklagter Widerspruch erhoben hat ‚cum judex audire coeperit'. l. un. C. 3, 9. Bei diesem Acte verblieb es in der späteren Kaiserzeit, wo das extraordinäre Verfahren zum regelmäßigen geworden war. ‚lis est contestata post narrationem propositam et contradictionem objectam. l. 14 § 1 C. 3, 1.

Der Litiscontestation legte man novatorische Kraft bei ‚ante litem contestatam dare debitorem oportere, post litem contestatam condemnari oportere'. Gaj. IV § 180. Die Klage war consumirt, d. h. auch wenn sie nicht zum Ziele gedieh, stand ihrer erneuten Anstellung eine exceptio rei in judicium deductae entgegen. Gaj. IV § 106. Die Verjährung der Klage wurde unterbrochen. Klagen, deren Uebergang auf die Erben beschränkt war, erhielten volle Vererblichkeit. Unter den Parteien entstand ein vertragsähnliches Verhältniß, das den Beklagten zu einer höheren Sorgfalt für das Streitobject, zur Haftung für Früchte und Proceßzinsen verpflichtete.

Der Zeitpunkt der Litiscontestation galt als maßgebend für die rechtliche Beurtheilung der Parteirollen, für Gegenstand und Umfang des klägerischen Anspruchs. Etwaige Veränderungen in der Zwischenzeit bis zur Urtheilsfällung blieben bei der Condemnation außer Ansatz. Daher half es dem Kläger nicht, wenn er das fragliche Recht erst im Lauf des Processes erwarb, ebensowenig wie ihm der nachherige Verlust desselben schadete. Bei Klagen, die vom Besitz des Verpflichteten abhingen, kam es darauf an, daß der Beklagte zur Zeit der Litiscontestation Besitzer war oder sich dafür ausgab (liti se obtulit). Die Veräußerung der litigiösen Klage oder Sache war bei Strafe verboten.

Eine folgerichtige Anwendung der Grundsätze über Novation führt zu Härten, die man zu mildern suchte. Vor Allem erstreckte sich die Umgestaltung durch Litiscontestation nicht auf die Accessionen der eingeklagten Forderung wie Zinsen, Pfänder, die unberührt blieben. l. 29 D. 46, 2. Auf Antrag des Klägers fügte der Prätor ein Vorwort (praescriptio) in die Formel, um den Condemnationsbefehl und damit die Klagenconsumtion auf einzelne Theile des Anspruchs einzuschränken. Besondere Wichtigkeit hatte dies für Rechtsverhältnisse, aus denen allmählich Forderungen zur Reife gelangten. So wurde bei einer Miethsklage durch die Worte ‚cujus rei dies fuit' nur die fällige Hebung betroffen, unbeschadet der anderen, welche noch in der Zukunft lagen. Gaj. IV § 130–132. Bei Vindicationen behielt sich Kläger durch die Aufnahme der Erwerbsart seines Eigenthums ‚expressa causa' die Möglichkeit vor, wegen derselben Störung noch einmal, aber unter Bezug auf einen andern Erwerbsgrund zu klagen. l. 11 § 2, l. 14 § 2

D. 44, 2. In Nothfällen half man durch Wiedereinsetzung in den vorigen Stand. vgl. l. 11 pr. D. 44, 2. l. 4 § 5 D. 14, 5.

Die Regel, daß sich die Verurtheilung ausschließlich nach dem Zeitpunkt der Litiscontestation gestalte, wird durch zahlreiche Ausnahmen — zunächst bei bonae fidei, später auch bei stricti juris judicia l. 3 § 2 D. 13, 6 — durchbrochen. Schon die Sabinianer verfochten den von Justinian allgemein anerkannten Satz, daß ein Schuldner, welcher bis zum Urtheil erfülle, nicht verurtheilt werden könne ‚omnia judicia absolutoria'. Gaj. IV § 114. § 2 J. 4, 12. Aus Gegenforderungen, welche Beklagter während des Processes erwarb, ließ man Aufrechnung zu. Mängel in der Sachlegitimation der Parteien werden vielfach nicht beachtet, sofern sie sich bis zur Fällung des Urtheils hoben. Wer aus einer betagten oder bedingten Forderung klagt, erzielt ein günstiges Urtheil, falls bis dahin die Beschränkung wegfiel. l. 17 D. 17, 1. Der auf Herausgabe einer Sache Beklagte wird verurtheilt, trotzdem er erst im Lauf des Processes in den Besitz der Sache gelangte — dagegen losgesprochen, wenn er den Besitz gehabt, aber inzwischen schuldlos verloren hat. l. 27 § 1 D. 6, 1.

Gegen Ende der römischen Rechtsentwicklung schwächt sich noch die formelle Kraft der Litiscontestation ab. Die Klagenverjährung wird nach l. 7 pr. C. 7, 39 durch einseitige Anmeldung der Klage unterbrochen, damit diese wichtige Folge durch verzögerte Einlassung des Beklagten keine Gefahr laufe. Die Klagenconsumtion veraltet insoweit, als nicht die Anstellung der Klage, sondern erst die Entscheidung durch Urtheil ausreicht, um einen nochmaligen Proceß über die gleiche Rechtsfrage unter denselben Parteien auszuschließen. Allein die hauptsächliche Bedeutung behält die Litiscontestation, daß sie durch Erörterung einer bestimmten actio das Streitfeld begrenzt und den klägerischen Anspruch individualisirt.

B. **Der gemeine Proceß** auf Grundlage des kanonischen ging von dem Gedanken aus, daß, wer ein Recht habe, auch obrigkeitlichen Schutz im Fall der Störung beanspruchen dürfe. Kläger wendet sich in freiem Vortrage an das zuständige Gericht, welches gemäß seiner Amtspflicht ein processualisches Verfahren gegen den Beklagten eröffnet. Weder ist die Bezeichnung eines bestimmten Klagerechtes durch den Kläger erforderlich, noch bedarf es einer Mitwirkung des Beklagten, obwohl es in dessen eignem Interesse liegt, sich an dem weiteren Verfahren zu betheiligen.

I. **Die Erhebung der Klage** geschah durch Erklärung zu Protokoll oder durch Einreichung eines Schriftstücks bei Gericht.

Die Klageschrift stellt sich dar — abgesehen von ihren Formalien (rubrum) wie Benennung des Gerichts, der Parteien rc. — als eine Schlußfolgerung aus zwei Prämissen. Den Obersatz bildet die Rechtsnorm, den Untersatz der einschlägige Sachverhalt, und den Schluß das Gesuch.

Die Rechtsnorm braucht Kläger nicht anzugeben, da sie dem Gericht von Amtswegen bekannt sein muß. ‚jura noscit curia'. In Betreff des Gewohnheitsrechtes und des ausländischen Rechtes, das außerhalb des Staatsgebietes gilt, in welchem der Richter zur Thätigkeit bestallt ist, vgl. S. 166 und 162.

Der Sachverhalt besteht in einer deutlichen, aber nicht an Formen gebundenen Ausführung derjenigen Thatsachen, welche die Klage substanziiren und begründen. Darin liegt die Beantwortung dreier Fragen: 1. um welche Befugniß es sich handelt (fundamentum agendi generale, causa proxima actionis), 2. wie sie für den Kläger entstand (fundamentum speciale, causa remota, active Sachlegitimation) und 3. wodurch sie der Beklagte verletzte (laesio, passive Sachlegitimation). Man faßt die beiden ersten Punkte unter dem Namen „Klagegrund" zusammen und bezeichnet den letzteren als „Klageanlaß".

Das Gesuch s. g. Klagegegenstand enthält die Bitte um Verurtheilung des Beklagten (petitum). Dasselbe zerfällt in ein Hauptgesuch auf Anerkennung des beanspruchten Rechtes, Herausgabe der Sache, Leistung der Pflicht und in ein Nebengesuch auf Früchte, Zinsen, Proceßkosten. Daran schloß sich zumeist noch ein Proceßgesuch, nämlich ein Appell an das nobile officium des Richters, gegen den Beklagten in der Form Rechtens einzuschreiten.

II. **Das ordentliche Verfahren** vollzog sich in einer Aufeinanderfolge von Schriftsätzen. Zunächst prüfte der Richter die ihm präsentirte, d. h. mit dem Datum des Eingangs versehene Klageschrift, ob sie äußerlich genügend und in ihren Gliedern schlüssig sei. Bei Fehlern, welche über den Gebrauch bloß unrichtiger Ausdrücke hinausgingen, wies er die Klage von vornherein (a limine judicii) ab. Für die Motivirung dieses Decrets war folgende Fassung üblich: Die Klage findet allhier oder zur Zeit oder angebrachter Maßen oder in erhobener Weise nicht Statt. Andernfalls übersandte der Richter eine Abschrift der Klage an den Beklagten mit der Aufforderung, sich binnen bestimmter Frist zu verantworten. Dazu waren ursprünglich nach den Reichskammergerichts-Ordnungen von 1495 und 1555 zwei Termine bestimmt. Im ersten Termin behufs „Streitbefestigung" sollte Beklagter, indem er formellen Widerspruch gegen die Klagethatsachen erhob, die Zuständigkeit des Gerichts, die Proceßfähigkeit des Klägers u. s. w. zugeben. Im zweiten Termin erfolgte die materielle „Einlassung" und zwar in articulirter Weise, d. h. durch Beantwortung des in einzelne Fragen (positiones) aufgelösten Sachverhaltes der Klage. Der J.R.A. 1654 schaffte die articulirte Fragestellung ab und nöthigte durch die Eventualmaxime den Beklagten, gleich in der ersten Vernehmlassung alle seine Vertheidigungsmittel bei Strafe des Ausschlusses vorzubringen. S. 45.

Danach ergeben sich für das Verhalten des Beklagten folgende Möglichkeiten:

Antwortet Beklagter gar nicht, so galt sein Ungehorsam als Abläugnen des Klagegrundes ‚contumax pro negante'. Kläger mußte seine Behauptungen beweisen, wobei ihm freilich die Gunst des Richters zur Seite stand.

Die Antwort des Beklagten kann das klägerische Rechtsverhältniß anerkennen oder bestreiten. Im Fall des vollen Anerkenntnisses ergeht ein Agnitionsurtheil, das dem Gesuch des Klägers entspricht ‚confessus pro judicato'. S. 232.

Der Widerspruch des Beklagten betrifft entweder die Anlage des Processes oder den Inhalt der Klage. Schützt er proceßhindernde Einreden vor, z. B. Unzulässigkeit des Rechtsweges, Unzuständigkeit des Gerichts, so entbrennt hierüber ein Zwischenstreit, der durch Zwischenurtheil (Interlocut) erledigt wird. Letzteres lautet, ohne in der Hauptsache zu entscheiden, auf Lossprechung des Beklagten vom Proceß (absolutio ab instantia) oder auf Abweisung seiner Einwände.

17*

Die Vertheidigung des Beklagten, der sich auf die Klage einließ, besteht in Deductionen gegen den Rechtssatz und in Abwehr gegen den historischen Grund der Klage. Rechtliche Gegendeductionen sind nützlich aber nicht vonnöthen, da es zur Amtspflicht des Richters gehört, die Rechtsnorm auf den ihr untergeordneten Thatbestand anzuwenden. Gegen den in der Klage vorgebrachten Sachverhalt wehrt sich Beklagter, indem er den Hergang als unwahr abstreitet oder seinen Rechtseffect durch Anführung selbständiger Thatsachen anficht.

Die Einlassungsschrift, für deren Uebermittlung an den Kläger das Gericht sorgte, wurde in der Regel durch eine Replik erwiedert. Darin hielt Kläger seine Behauptungen aufrecht und suchte etwaige vom Beklagten eingewandte Gegenrechte (Exceptionen) zu entkräften. Auf die Replik folgten unter Umständen noch Duplik, sogar Triplik und Quadruplik. Nachdem die thatsächlichen Darlegungen erschöpft waren, schloß der Richter die Acten und prüfte das darin angegebene Material, inwieweit es für den Klageantrag erheblich und unbestritten bzw. noch des Beweises bedürftig sei.

III. **Die Wirkungen** des Proceßbeginnes traten theils mit Anmeldung bzw. Behändigung der Klage ein, theils mit der Einlassung des Beklagten.

Durch Zustellung der Klage wird die Streitsache rechtshängig. Das vom Kläger angerufene Gericht, das verfassungsmäßig mit noch anderen zur Erledigung des betreffenden Rechtshandels befugt ist, wird für den Proceß ausschließlich zuständig (praeventio fori) und bleibt es trotz späterer Veränderungen, z. B. im Wohnsitz des Beklagten. Während schwebenden Rechtsstreites steht dem Kläger, der die Sache noch vor ein anderes Gericht brachte, eine Einrede der Rechtshängigkeit (litis alibi pendentis) entgegen. Die Verjährung der Klage ist unterbrochen, ihre Vererblichkeit wenigstens activ begründet. Eine Aenderung der Klage (mutatio libelli) geht nicht mehr an, nur eine Berichtigung und Vervollständigung derselben (emendatio) ist noch zuläßig. Daher muß Kläger bei dem Entstehungsgrunde, den er für seine Befugniß anführte, im Laufe dieses Processes beharren. Dies ist besonders für Vindicationen wichtig, bei denen noch näher davon die Rede sein wird.

Auf die Einlassung des Beklagten legte die gemeine Praxis die übrigen Folgen der römischen Litiscontestation wie: passive Vererblichkeit der Klage; Eintritt des Veräußerungsverbots für die litigiöse Klage und Sache; ficta possessio des Beklagten, der sich auf die Vindication einließ, ohne Besitzer der Sache zu sein; strengere Haftung des Beklagten für Versehen, Früchte und Zinsen; nach dem J.R.A. Ausschluß versäumter Einreden, auch proceßhindernder, sofern nicht deren Beachtung, z. B. Unzulässigkeit des Rechtsweges, Verfehlung eines ausschließlichen Gerichtsstandes dem Richter von Amtswegen obliegt.

Die schon in der letzten Periode des Römischen Rechtes hervortretende Tendenz, die Voraussetzungen der Condemnation möglichst nach dem Zeitpunkt der Urtheilsfällung zu bemessen, wird in der gemeinen Praxis herrschend.

C. Nach der Civilproceßordnung.

I. erfolgt **die Erhebung der Klage** regelmäßig durch Zustellung eines Schriftsatzes an den Beklagten. § 230 ff. § 456 ff. Die Klageschrift, welche Kläger beim zuständigen Gericht einreicht, hat im Wesentlichen die Erfordernisse des gemeinen Processes, doch muß sie eine Ladung des Beklagten zur mündlichen Verhandlung des Rechtsstreits enthalten. Vor Landgerichten herrscht Anwaltszwang, vor Amtsgerichten genügt die Anbringung des Anspruchs zu Protokoll des Gerichtsschreibers. Der Richter bestimmt einen Termin zur mündlichen Verhandlung der Klage. Mit Vermerk dieser Einlassungsfrist wird eine Abschrift der Klage durch Vermittlung des Gerichtsvollziehers dem Beklagten zugestellt. Für die Zustellung hat in Anwaltsprocessen der Kläger Sorge zu tragen, im amtsgerichtlichen Verfahren der Gerichtsschreiber, sofern nicht der Kläger erklärt hat, dies selbst thun zu wollen. In einigen Fällen wird die Klage durch mündlichen Vortrag erhoben: bei Ansprüchen, z. B. Widerklagen, deren Geltendmachung erst im Lauf des Processes geschieht § 253–254; bei einem Sühneversuch, zu welchem der angeblich Berechtigte seinen Gegner vor das Amtsgericht laden ließ, falls es auf beiderseitigen Antrag zur Verhandlung des Rechtsstreites kommt § 471; und in amtsgerichtlichen Processen, wenn die Parteien an einem ordentlichen Gerichtstage zur Erörterung ihres Rechtshandels vor dem Richter erscheinen. § 461.

II. **Das Verfahren** ist ein mündliches § 119 ff., ohne daß es auf die Reihenfolge ankommt, in welcher die Thatsachen zum Ausdruck gelangen. § 251. Daher haben die Schriftsätze, welche die Parteien bzw. deren Vertreter unter einander während der Einlassungsfrist wechseln, einen lediglich vorbereitenden Charakter. Der Richter soll bloß das Ergebniß der mündlichen Verhandlung berücksichtigen, ist aber durch sein Fragerecht in der Lage, auf Ergänzung ungenügender Angaben und Erläuterung unklarer Anträge hinzuwirken. Demnach kann eine Abweisung der Klage aus dem Grunde, daß ihr die Schlüssigkeit mangelt, nicht mehr erfolgen.

Gegen eine Partei, die im Termin nicht erscheint oder bis zum Schlusse desselben nicht verhandelt, kann auf Antrag ein Versäumnißurtheil ergehen. § 295 ff. Dadurch wird entweder Kläger kostenpflichtig abgewiesen, oder Beklagter, dessen Schweigen als Zugeständniß gilt (contumax pro confesso) insoweit verurtheilt, als der Klageantrag durch das thatsächliche mündliche Vorbringen gerechtfertigt erscheint. Der benachtheiligten Partei steht binnen zwei Wochen von der Zustellung des Versäumnißurtheils an ein Einspruch zu, der nicht von dem Nachweis einer entschuldbaren Ursache für die Säumniß abhängt.

Ein Anerkenntniß Seitens des Beklagten zieht in diesen Grenzen seine Verurtheilung auf Antrag des Klägers nach sich. § 278.

Proceßhindernde Einreden, die Beklagter vorschützt § 247–249, sind gleichzeitig und vor seiner Verhandlung zur Hauptsache geltend zu machen. Ein Nachtrag ist nur in Betreff solcher Einreden zulässig, auf welche der Beklagte wirksam nicht verzichten kann, oder von denen er glaubhaft macht, daß er ohne sein Verschulden nicht im Stande war, dieselben vor dem Beginn der mündlichen Verhandlung geltend zu machen. Im amtsgerichtlichen Verfahren werden derartige Einreden — mit Ausnahme der von der Unzuständigkeit des Gerichts — während der Hauptverhandlung vorgebracht, auf welche sich Beklagter sofort einlassen muß. Ueber die proceßhindernden Einreden kann ein abgesondertes Verfahren mit selbständigem Urtheil stattfinden.

Die Vertheidigung gegen den Inhalt der Klage führt Beklagter durch rechtliche Gegendeductionen und durch Bestreiten bzw. Anfechten des Klagegrundes.

Dazu ist er, da eine Eventualmaxime nicht mehr besteht, bis zum Schlusse derjenigen mündlichen Verhandlung befugt, auf welche das Urtheil ergeht. Doch kann das Gericht nachträglich vorgebrachte Vertheidigungsmittel zurückweisen, wenn es die Ueberzeugung gewinnt, daß durch deren Zulassung die Erledigung des Rechtsstreits verzögert würde und daß Beklagter ihre frühere Geltendmachung in der Absicht, den Proceß zu verschleppen, oder aus grober Nachlässigkeit versäumt hat. § 252.

III. **Die Wirkungen** des Proceßbeginnes nach bürgerlichem Recht treten mit Erhebung der Klage ein. § 235, § 239. Doch soll die Rechtshängigkeit nicht das Recht der einen oder der andern Partei ausschließen, die in Streit befangene Sache zu veräußern oder den geltend gemachten Anspruch zu cediren. § 236. Eine Aenderung der erhobenen Klage, d. h. der sie begründenden Thatsachen, wozu auch wie im gemeinen Proceß der Entstehungsgrund des Anspruchs gehört, ist ohne Einwilligung des Beklagten nicht statthaft. Als Aenderung gilt es nicht, wenn Kläger seine thatsächlichen oder rechtlichen Anführungen ergänzt bzw. berichtigt, seine Anträge erweitert bzw. beschränkt, anstatt des ursprünglich geforderten Gegenstandes wegen einer später eingetretenen Veränderung eine andere Sache oder das Interesse verlangt. § 240. Ueber die Frage, ob eine Aenderung der Klage vorliegt, entscheidet das Gericht unanfechtbar. Beklagter, der sich auf die abgeänderte Klage in einer mündlichen Verhandlung ohne Widerspruch einließ, stimmt dadurch zu. § 241–242.

Mit Einlassung des Beklagten im Termin zur mündlichen Verhandlung verliert Kläger das Recht, die Klage ohne Einwilligung seines Gegners zurückzunehmen. § 243. Verzichtet er auf den geltend gemachten Anspruch, so wird er auf Antrag des Beklagten durch Urtheil abgewiesen. § 277. Durch Einlassung verzichtet Beklagter auf diejenigen proceßhindernden Einreden, welche auf seinem Willen beruhen. Insbesondere wird damit ein an sich unpassender Gerichtsstand wie durch Vereinbarung unter den Parteien wirksam. § 39. Bei Vindicationen kann ein nichtbesitzender Beklagter nicht eher als ‚fictus possessor‘ gelten, als bis er sich auf die Hauptsache einließ.

§ 88.

Einreden.

A. Geschichtliche Entwicklung und Begriff. exceptio, replicatio, duplicatio etc. Formelle und materielle Bedeutung.

B. Arten.
I. Nach subjectiver Beziehung.
II. Nach dem Grunde.
III. Nach der Wirkung.

Der Beklagte vertheidigt sich, indem er entweder die rechtsbegründenden Thatsachen, welche Kläger behauptet, abläugnet oder gegen sie rechtshindernde und rechtsaufhebende Umstände geltend macht. Im ersteren Falle spricht man von negativer Litiscontestation, im letzteren von Einrede, ‚exclusio‘. l. 2 pr. D. 44, 1 de exceptionibus. Einrede im engeren Sinn bedeutet ein selbständiges Gegenrecht, das Beklagter zur Abwehr ins Feld führt, z. B. Compensation. ‚reus in exceptione actor est‘. l. 1 D. 44, 1.

A. Geschichtliche Entwicklung und Begriff.

Das römische Gebilde der exceptio hat eine historische Bedeutung. Zur Zeit des Formularprocesses nahm der Prätor Gegenrechte, auf welche sich der Beklagte berief, in Form von Vorbehalten ‚si non‘ oder ‚praeterquam si‘ in die Formel auf. Der Geschworene wurde dadurch angewiesen, bei richtigem Befund dieser Thatsachen von der Condemnation abzusehen. Für Exceptionen, die häufig vorkamen, waren gleichförmige Worte üblich, z. B. für die Einrede des Erlasses (der Stundung) ‚si non inter partes convenit, ne ea pecunia (intra certum tempus) peteretur‘. Gaj. IV § 115–119. Sie hießen vulgares im Gegensatz zu den ‚utiles‘ l. 21 D. 19, 5, welche der Magistat nach Bedürfniß für den einzelnen Fall (in factum) schuf. Die meisten Exceptionen gründeten sich auf die prätorische Rechtsprechung (praetoriae) wie pacti, doli, metus; doch gab es auch solche, welche dem Civilrecht entsprangen (civiles), z. B. L[s] Cinciae, SC[ti] Velleјani, Macedoniani. Die Einfügung fand regelmäßig nur in die Formel stricter Klagen Statt, da bei andern der Zusatz ‚ex fide bona‘ ausreichte, um dem richterlichen Ermessen einen freien Spielraum zu gewähren. ‚bonae fidei judicio exceptiones pacti, doli insunt‘. l. 3 D. 18, 5. l. 21 D. 24, 3. l. 84 § 5 D. de leg. I. Hatte es der Beklagte versäumt, sein zur exceptio taugliches Gegenrecht in jure vorzuschützen, so konnte er vor dem Geschworenen, welcher an den strengen Wortlaut der Formel gebunden war, kein Gehör mehr finden. Doch waren einige Einreden wie SC[ti] Macedoniani l. 11 D. 14, 6 derart privilegirt, daß sie noch dem Urtheil entgegenstanden. In Nothfällen half man, um unbilligen Härten vorzubeugen, durch Wiedereinsetzung in den vorigen Stand, ursprünglich nur wegen entschuldbaren Irrthums und für Exceptionen, deren rechtzeitiger Gebrauch das Klagerecht vernichtet hätte, Gaj. IV § 125 — später mit zunehmendem Verfall der römischen Gerichtsverfassung auch ohne Rücksicht auf einen guten Grund. l. 2 C. 7, 50.

Die Verbindung mehrerer Exceptionen in derselben Formel war zuläßig, da sie insgesammt auf eine bedingte Ausnahme vom Condemnationsbefehl hinausliefen. l. 5 § 8 D. 44, 1. Doch schließt die Geltendmachung einer Exception nicht aus, daß der Beklagte noch in judicio Widerspruch gegen das Klagrecht selbst erhebt. ‚non utique fatetur, qui exceptione utitur‘. l. 9 D. 44, 1. Zur Abwehr der Exception kann sich Kläger auf ein ihm zustehendes Gegenrecht replicatio berufen. l. 2 § 1 D. 44, 1. Da ihr Zweck darin bestand, eine ungehemmte Wirksamkeit der Klage wiederherzustellen, geschah ihre Einschaltung durch die einleitenden Worte ‚aut si‘. Zur Beseitigung der Replik dient die duplicatio, die im Anschluß an die Exception mit ‚neque‘ begann. Gaj. IV § 126–129. Dieser Wechsel von Behauptung und selbständigem Widerspruch kann sich zu einer triplicatio, quadruplicatio und weiter ausspinnen. l. 2 § 3 D. 44, 1. Um durch eine solche Häufung von Clauseln nicht das übersichtliche Gefüge der Formel zu verwirren, schnitt meist der Prätor fernere Behauptungen mit einer duplica doli ab ‚si in ea re nihil dolo malo actoris factum sit sive fiat‘, womit er die Prüfung etwa noch erheblicher Umstände dem Geschworenen anheimgab.

Von den ‚ope exceptionis‘ wirksamen Gegenrechten waren solche Aufhebungsgründe des klägerischen Anspruchs verschieden, die sich aus der Fassung der Formel

,si paret' ergaben, und deshalb, z. B. die Erfüllung einer behaupteten Pflicht an und für sich ,ipso jure' der richterlichen Beachtung unterfielen. Seitdem Diocletian die Geschworenen-Verfassung beseitigt hat, wurde die Vermittlung der Exceptionen durch den Prätor überflüssig. Nunmehr wirken alle Gegenrechte vom formellen Standpunkt aus ipso jure. Allein der materielle Unterschied ist geblieben und muß heute noch gelten, daß der Richter selbständige Gegenrechte wie Verjährung, S. C. Vellejanum nur berücksichtigen darf, wenn sie Beklagter einwirft, wogegen aus Ansprüchen, deren Bestand vom Kläger nicht gerechtfertigt werden kann oder deren Unbegründetheit bzw. Aufhebung aus der Klage selbst erhellt, ohne Weiteres Abweisung erfolgt. C.Pr.O. § 296 Abs. 2. A.L.R. § 96 Einl.

B. Arten.

Die Einreden enthalten, ähnlich den Klagrechten, aus Rechtssatz und historischem Grund einen Schluß, der auf Abweisung des Klägers lautet. Man theilt sie ein nach ihrer subjectiven Beziehung, ihrem Grunde und ihrer Wirkung.

I. **Nach subjectiver Beziehung** zerfallen die Einreden in:

personae und rei cohaerentes, je nachdem sie aus einem Rechtsverhältniß nur bestimmten Personen zu Gute kommen oder aus der Natur der Verpflichtung allen daran Betheiligten, z. B. auch Mitschuldnern und Bürgen zustehen. l. 7 pr. § 1 D. 44, 1, vgl. R.K.O. § 178.

in personam und rem, je nachdem sie als unmittelbare Gegenrechte bloß dem jedesmaligen Kläger entgegengehalten werden können oder sich gegen jeden Berechtigten, z. B. auch den Cessionar richten. l. 2 § 1–2, l. 4 § 27 D. 44,4, vgl. W.O. Art. 82.

II. **Nach dem Grunde** stammen die Einreden entweder aus einem besondern Sachverhalt wie Betrug (dolus specialis), Drohung 2c. oder aus einer allgemeinen Arglist des Klägers, der sich auf den Gesetzes-Buchstaben steift, um ihn gegen den wahren Zweck der Rechtsregel zu mißbrauchen (dolus generalis). l. 4 § 33, l. 12 D. 44, 4. Im weiteren Sinne bezeichnet l. 2 § 5 D. 44, 4 jede specielle Einrede als exceptio doli generalis, weil der Vorwurf der Rechtschicane demjenigen Kläger nicht erspart bleibt ,quicunque id, quod quaqua exceptione elidi potest, petit'. Insbesondere beruht auf diesem Gedanken das Retentionsrecht, wonach der Schuldner seine eigne Leistung bis zur Erfüllung eines rechtmäßigen Gegenanspruchs zurückhält. Auch heute wird man der exceptio doli generalis nicht jede Kraft absprechen können, obwohl ihr Umfang durch die Verfeinerung des Rechtssystems eingeschränkt ist und sie aus abstracten Verpflichtungen wie dem Wechsel in der Regel nur gegen Den vorkommt, welcher die Form in bewußt böslicher Weise für sich ausbeuten will.

III. **Nach der Wirkung** sind die Einreden entweder peremptorische, welche dem Klagerecht für immer entgegenstehen (perpetuae), also dasselbe im Fall ihrer Geltendmachung gänzlich zerstören — oder dilatorische, welche dem klägerischen Anspruch nur zeitweise entgegenstehen (temporales), also denselben aufschieben. Letztere entspringen theils dem materiellen Rechte wie Stundung, theils beruhen sie auf processualischen Hindernissen wie Unzuständigkeit des Gerichts, Rechtshängigkeit. Im klassischen Rom gehörten dazu: Die exceptio praejudicii, daß der Inhalt der Klage von einem noch streitigen Erbrecht abhänge ,quod praejudicium hereditati fiat) und die exceptio litis dividuae bzw. rei residuae, daß während der zeitigen Prätur schon ein Theil dieser Forderung eingeklagt bzw. bereits von demselben Kläger eine Klage gegen den Beklagten erhoben sei. Gaj. IV § 120–122. Mit peremptorischen Einreden verlangt Beklagter endgültige Abweisung des Klägers, mit dilatorischen bloße Abweisung „zur Zeit" oder „angebrachter Maßen" oder auch im Fall einer exceptio non adimpleti contractus seine eigne Verurtheilung aber unter der Bedingung, daß auch Kläger seine Pflicht aus dem zweiseitigen Vertrage erfülle. Das ältere römische Recht bestrafte den voreiligen Kläger, der seine Streitsache trotz einer in die Formel eingefügten dilatorischen Einrede an den Geschworenen brachte, mit Verlust seines Klagerechtes. Gaj. IV § 123. Zeno hat diese Folge in l. 1 C. 3, 10 durch Proceßstrafen ersetzt, die heute veraltet sind vgl. C.Pr.O. § 247 ff. vgl. S. 258.

§ 89.
Beweis.

Beweissatz. Beweislast (Rechtsvermuthungen. Gesetzesfictionen). Beweismittel und -gründe. Bescheinigung. Beweisverfahren.

Die von einer Partei angeführten Angriffs- und Vertheidigungsmittel bedürfen des Beweises, sofern sie für den Rechtsstreit erheblich und nicht vom Gegner gerichtlich zugestanden oder bei dem Gerichte offenkundig (notorisch) sind. C.Pr.O. § 261–264. Sie bilden den Beweissatz (thema probandi).

Beweis (probatio) ist die Thätigkeit, durch welche man dem Richter die Ueberzeugung von der Wahrheit eines Umstandes beibringt. Auch Mittel und Erfolg dieser Thätigkeit werden unter „Beweis" verstanden.

Die Pflicht zu beweisen s. g. Beweislast (onus probandi) trifft Den, welcher Rechte für sich geltend macht. ‚ei incumbit probatio, qui dicit, non qui negat.' l. 2 D. 22, 3 de probationibus et praesumtionibus. Vor Allem hat Kläger seinen Klagegrund darzuthun, mag sich auch der Widerspruch des Beklagten auf einfaches Abläugnen beschränken. ‚negantis probatio nulla est'. l. 23 C. 4, 29. Doch genügt es, daß Kläger den Sachverhalt klarstellt, welcher unter normalen Umständen die fragliche Befugniß begründen kann. Hinderungsgründe, auf die sich Beklagter beruft, z. B. Mängel in der Rechts- und Handlungsfähigkeit der vertragschließenden Personen, ihrem Geschäftswillen, der Verkehrseigenschaft der Sache, sind ebenso wie der Einwand, daß eine begründete Verbindlichkeit durch Tilgung aufgehoben sei, Sache des Gegenbeweises (reprobatio). Mißlingt der dem Kläger obliegende Beweis, so wird Beklagter losgesprochen. ‚actore non probante reus obtinebit'. l. 4 C. 2, 1. Umgekehrt ist der Beklagte für seine Exceptionen beweispflichtig, falls ihm daran liegt, die Klage wirksam abzuwenden. ‚reus excipiendo fit actor'. l. 19 pr. D. 22, 3.

Auf die negative Formulirung der behaupteten Thatsachen kommt es nicht an. Die von einer früheren Praxis gebildete Regel ‚negativa non sunt probanda' widerspricht mit ihrem allgemeinen Inhalt den Quellen l. 5, l. 8 D. 22, 3 und ist heute aufgegeben. Daher muß Kläger in der condictio indebiti, welcher aus einer vermeintlichen Verbindlichkeit zahlte, die Nichtschuld nachweisen und Beklagter in der actio negatoria, welcher die Freiheit des Eigenthums abläugnete, das von ihm angemaßte Recht darlegen.

Ausnahmen von der Vertheilung der Beweislast rechtfertigen sich aus Billigkeit. So braucht, wer in Folge von Verwandtschaft gesetzliche Alimente beansprucht, außer diesem Verhältniß nur seine eigne bedürftige Lage anzuführen, aber nicht, daß das Vermögen des Beklagten für solche Pflicht zureiche. Beweise, die durch schuldhaftes Verhalten der Gegenpartei erschwert oder vereitelt wurden, gelten zu Gunsten des Pflichtigen für erlassen. vgl. C.Pr.O. § 392.

Die Beweislast kann sich durch Rechtsvermuthungen (praesumtiones) ändern. Dieselben enthalten eine Schlußfolgerung, welche das Gesetz auf Grund festgestellter Thatsachen vorschreibt. A.L.R. § 63-64 I, 4. Wer sich auf eine gesetzliche Präsumtion stützt, ist insoweit des Beweises überhoben. Doch lassen praesumtiones juris einen Gegenbeweis offen, während die juris et de jure unanfechtbar wirken. Eine große Anzahl solcher Vermuthungen findet sich im Römischen und modernen Recht, z. B. die praesumtio Muciana hinsichtlich des Frauengutes vgl. S. 71; die Regel ‚pater est, quem nuptiae demonstrant' l. 5 D. 2, 4; die Annahme im H.G.B. Art. 274, daß Verträge eines Kaufmanns im Zweifel und die von ihm gezeichneten Schuldscheine sogar stets, falls nicht aus der Urkunde das Gegentheil hervorgeht, in den Betrieb seines Handelsgewerbes fallen; die Bestimmung im A.L.R. § 468 I, 21, wonach sich bei der Landgüterpacht die Wirthschaftsgeräthe innerhalb zehn Jahren gänzlich abnützen vgl. auch § 33 ff. I, 14 u. a. m. Die C.Pr.O. Einf.G. § 16 Z. 1 thut diesen Vorschriften des materiellen Rechtes keinen Abbruch; sie selbst vermuthet § 402 für die Echtheit öffentlicher Urkunden und § 405 Abs. 1 für den richtigen Inhalt einer Privaturkunde, deren Namensunterschrift sich als recht ergab.

Von der Präsumtion, die auf Wahrscheinlichkeit beruht, unterscheidet sich die Gesetzesfiction, welche die Annahme unwahrer Thatsachen befiehlt, um einen Sachverhalt für die Anwendung von Rechtssätzen passend zu gestalten. Dazu gehören: die formulae ficticiae, mit welchen der Prätor den civilen Rechtsschutz dadurch erweiterte, daß er fehlende Erfordernisse als existent (si anno possedisset) und vorhandene Mängel als ausgeschlossen (si capite deminutus non esset) annahm, Gaj. IV § 36-38; ferner die fictio legis Corneliae, welche einen in feindlicher Gefangenschaft verstorbenen Römer so behandelte, wie wenn er zur Zeit der Gefangennahme, also als Freier verschieden wäre l. 12 D. 28, 1; die ficta possessio vgl. S. 262; die Vorschrift des A.L.R. § 25 I, 4, daß bei bevormundeten Wahnsinnigen lichte Zwischenräume nicht vorkommen u. a. m.

Die Werkzeuge, mit welchen Beweis erbracht wird, s. g. Beweismittel (instrumenta probationis) ruhen auf vernünftiger Erfahrung. Es sind haupsächlich: Wahrnehmungen, sei es durch den Richter als Augenschein, sei es Seitens am Proceß Unbetheiligter als Aussagen von Zeugen und Sachverständigen. C.Pr.O. § 336 ff. Bekundungen einer Partei, die zu ihrem Vortheil lauten, können durch Zuschiebung bzw. Zurückschiebung eines Eides erhärtet werden. Urkunden enthalten Zeugnisse oder Willenserklärungen der darin als Aussteller bezeichneten Personen.

Beweisgründe (argumenta probationis) sind die Quellen der richterlichen Ueberzeugung, welche aus dem Beweis-Resultat entspringen. Das Einf.G. § 14 Z. 3, § 17 zur C.Pr.O. beseitigt die früher üblichen Regeln über die Messung der Beweise, insbesondere die römischen Grundsätze, wonach die Beweiskraft von Schuldscheinen und Quittungen an den Ablauf einer Zeitfrist gebunden war. Nach

C.Pr.O. § 259 hängt die Beweiswürdigung von dem freien Ermessen des Gerichtes ab. Doch wird durch Eidesleistung voller Beweis der beschworenen Thatsache begründet § 428, vgl. auch § 381–383.

In einigen Fällen, z. B. bei dem Antrage abhanden gekommene Werthpapiere aufzubieten C.Pr.O. § 840, genügt bloße Bescheinigung. Sie besteht in dem Glaubhaftmachen einer thatsächlichen Behauptung und kann nach C.Pr.O. § 266 durch alle Beweismittel mit Ausnahme der Eideszuschiebung, unter Umständen auch durch eidliche Versicherung der Wahrheit geführt werden.

Das Beweisverfahren bildete im gemeinen Proceß einen besonderen Abschnitt. Der Richter erließ ein Zwischenurtheil, worin er Satz, Last und Frist des Beweises festsetzte. Dies Beweisinterlocut erging in Form eines bedingten Endurtheils und wurde rechtskräftig. Je nachdem der auferlegte Beweis völlig gelang (plena) oder ganz mißglückte (non plena), mußte zu Gunsten des Beweisführers (Producenten) oder seines Gegners (Producten) erkannt werden. Bei unvollständigem Beweise (minus plena) half man sich durch einen Notheid, welchen der Richter dem Producenten zur Erfüllung (juramentum suppletorium) oder dem Producten zur Reinigung (purgatorium) auferlegte. Die C.Pr.O. § 255–258 hat diese Cäsur des Processes aufgegeben. Jede Partei kann Beweismittel und Beweiseinreden bis zum Schlusse derjenigen mündlichen Verhandlung, auf welche das Urtheil ergeht, geltend machen. Der Beweisbeschluß § 320 ff. gilt als eine bloße Entscheidung, welche den Richter weder im Lauf des Processes, noch bei Fällung des Endurtheils bindet. Nur auf Leistung eines Eides ist durch bedingtes Endurtheil, gegen welches Berufung freisteht, zu erkennen. § 425.

§ 90.

Urtheil.

A. Begriff und Form.
Inhalt (Formular), Verkündung, nachträgliche Berichtigung.
B. Rechtskraft.
Formelle und materielle Rechtskraft. Umfang der letzteren. Incidentfeststellungsklagen.
C. Wirkung.
I. Unter den Parteien.
a) Erfüllung des Urtheils.
b) Bezugnahme auf dasselbe (negative und positive Function der exceptio rei judicatae).
II. Für und gegen Dritte.
Vertreter, Mitberechtigte bzw. Mitverpflichtete, Rechtsnachfolger. Bei Zustands- und Erbrechten.

A. Begriff und Form.

Nachdem der für den Rechtsstreit erhebliche Sachverhalt geklärt ist, fällt der Richter seinen Spruch (sententia). C.Pr.O. § 272–293. Dadurch wird das vorhandene aber streitige Recht gefunden und festgestellt. In diesem Sinne heißt das Endurtheil „eine authentische Declaration bestehender Rechte“. l. 8 § 4 D. 8, 5. Doch giebt es Fälle, die hier außer Betracht bleiben, in welchen ein Urtheil constitutive, d. h. rechtsbegründete Wirkung hat, z. B. bei Zuschlägen, Todeserklärungen, Ehescheidungen.

Das richterliche Erkenntniß lautet entweder condemnatorisch auf Verurtheilung oder absolutorisch auf Lossprechung des Beklagten. l. 3 C. 7, 45. Nach C.Pr.O. § 284 besteht es aus erzählenden und verfügenden Theilen. Die Ueberschrift nimmt auf den Träger der Justizhoheit Bezug. Im Eingange werden die Parteien bezeichnet, das Gericht und die Namen der Richter, welche bei der Entscheidung mitwirkten. Darauf folgt in äußerlicher Sonderung die Urtheilsformel, d. h. das rechtliche Ergebniß, zu welchem das Gericht gelangte (Tenor, Decisum). Den Schluß bilden zur Erläuterung und Rechtfertigung des Urtheils: eine gedrängte Darstellung des Sach- und Streitbestandes unter Hervorhebung der gestellten Anträge und eine Angabe der Entscheidungsgründe.

Folgendes Formular eines Urtheils möge als Beispiel dienen: Im Namen des Königs. In Sachen des A. Klägers wider den X. Beklagten hat das Königlich Preußische Landgericht zu .. in der Sitzung vom ..., an welcher Theil nahmen ..., für Recht erkannt: „Beklagter wird für schuldig erklärt, 100 ℳ sammt 5% Zinsen vom . . . an den Kläger zu zahlen." Von Rechts wegen. Thatbestand — . . . Entscheidungsgründe — . . .

Das Urtheil wird verkündet durch Vorlesung mindestens der Urtheilsformel, ohne Rücksicht auf die Anwesenheit der Parteien. Eine vollständige Abfassung des Erkenntnisses ist von den Richtern, welche den Spruch gefällt haben, zu unterschreiben und dem Gerichtsvollzieher zu übergeben. Derselbe vermerkt auf dem Urtheil den Tag der Verkündung und nimmt es in ein Verzeichniß auf, das während einer Woche in der Gerichtsschreiberei ausgehängt wird. Die Zustellung des Urtheils erfolgt auf Betreiben der Parteien. Jede Ausfertigung soll vom Gerichtsschreiber unterschrieben und mit dem Gerichtssiegel versehen sein.

Eine nachträgliche Berichtigung ist zulässig. Sie geschieht bei offenbaren Unrichtigkeiten wie Schreib- und Rechenfehlern jederzeit, auch von Amtswegen — wenn es sich aber um Dunkelheiten, Widersprüche und Uebergehungen handelt, nur binnen einer einwöchigen Frist auf Antrag mittelst Zustellung eines Schriftsatzes.

B. Rechtskraft.

Gegen Urtheile, welche eine anhängige Streitsache entscheiden, können binnen bestimmter Frist Rechtsmittel eingelegt werden, um eine Fortsetzung des Processes vor einer höheren Instanz (Devolutiveffect vom ‚judex a quo' an den ‚judex ad quem') zu vermitteln. Dadurch erhalten sowohl die Parteien Gelegenheit, neue Thatsachen und Beweismittel vorzubringen (beneficium novorum), als auch das vorgesetzte Gericht die Möglichkeit, eine nochmalige Prüfung der Rechtsfrage in den Grenzen der Klage und der Anträge zu veranstalten. Dieser Concession an die menschliche Unvollkommenheit dient vor Allem die Berufung. C.Pr.O. § 472 ff. Ueber den Einspruch gegen Versäumnißurtheile vgl. S. 261. Auch Versäumnißurtheile, gegen welche ein Einspruch an sich nicht statthaft ist, unterliegen insofern der Berufung, als dieselbe darauf gestützt wird, daß der Fall der Versäumung nicht vorgelegen habe. C.Pr.O. § 474. Gegen Endurtheile der Oberlandesgerichte erlaubt C.Pr.O. § 507 ff. noch eine Revision an das Reichsgericht, die bei Rechtsstreitigkeiten über vermögensrechtliche Ansprüche in der Regel voraussetzt, daß der Werth des Beschwerdegegenstandes den Betrag von fünfzehnhundert Mark übersteigt. Jedoch kann die Revision nur dadurch begründet werden, daß die Entscheidung auf der Verletzung eines Reichsgesetzes oder eines Gesetzes, dessen Geltungsbereich sich über den Bezirk des Berufungsgerichts hinauserstreckt, beruhe. § 511.

Das Endurtheil beschreitet formelle Rechtskraft, wenn entweder die für die zulässigen Rechtsmittel gesetzten Fristen verstrichen sind, oder im Fall ihre Einlegung rechtzeitig geschah, darüber endgültig erkannt ist. Rechtskräftige Urtheile können nur durch Wiederaufnahme des Verfahrens C.Pr.O. § 541 ff. oder unter Umständen durch Wiedereinsetzung in den vorigen Stand beseitigt werden. Selbst diese außerordentliche Hülfe geht mit Ablauf der Zeit verloren.

Die materielle Rechtskraft besteht darin, daß der Inhalt eines Urtheils, welches den Rechtsstreit formell abschließt, unter den Parteien als unumstößliche Wahrheit gilt. ‚res judicata pro veritate accipitur. l. 207 D. 50, 17, l. 55 D. 42, 1 de re judicata. Diese Eigenschaft kommt auch dem in der Sache ungerechten Urtheil zu Gute. Der Staat deckt es aus Gründen der allgemeinen Rechtssicherheit ‚finis controversiarum‘ l. 1 D. 42, 1 mit seiner Autorität.

Es frägt sich, welchen Umfang hat die Rechtskraft bei verkündeten Urtheilen? Die frühere Praxis erstreckte sie auf den Tenor des Erkenntnisses und solche Entscheidungsgründe, welche objectiver Natur sind und nicht bloß auf subjective Erwägungen des Richters hinauslaufen. Bei Berathung der C.Pr.O. hat der Reichstag einen entsprechenden Passus des Regierungsentwurfes gestrichen. Demnach erscheint es richtig, den Wortlaut des § 293 „Urtheile sind der Rechtskraft insoweit fähig, als über den durch die Klage oder durch die Widerklage erhobenen Anspruch entschieden ist,“ lediglich auf die Urtheilsformel zu beschränken. In dieser Fassung liegt zugleich eine Lösung anderer Streitfragen. Muß Kläger, um seine Befugniß zu begründen, noch andere Rechtsverhältnisse darlegen, z. B. bei Geltendmachung von Zinsen die zu Grunde liegende Hauptforderung, so nimmt allein der eingeklagte Anspruch an der Rechtskraft Theil. Einreden, welche der Beklagte vorschützte, werden von der Rechtskraft nicht betroffen, es sei denn Gegenforderungen in der Höhe, in welcher sie durch das Urtheil zur Aufrechnung gelangen. § 293 Abs. 1. Doch ist es den Parteien überlassen, derartige Ansprüche durch s. g. Incidentfeststellungsklagen einer rechtskräftigen Entscheidung zu unterwerfen. Bis zum Schlusse derjenigen mündlichen Verhandlung auf welche das Urtheil ergeht, kann der Kläger durch Erweiterung des Klageantrags, der Beklagte durch Erhebung einer Widerklage beantragen, daß ein im Laufe des Processes streitig gewordenes Rechtsverhältniß, von dessen Bestehen oder Nichtbestehen die Entscheidung des Rechtsstreits ganz oder zum Theil abhängt, durch richterliche Entscheidung festgestellt werde. § 253.

C. Wirkung.

I. Unter den Parteien.

Der richterliche Spruch verleiht dem streitigen Rechtsverhältniß Klarheit (Liquidität). Dies zeigt sich in einem Anspruch auf Erfüllung des Urtheils und in der Möglichkeit, sich auf dasselbe bei künftigen Rechtshändeln zu beziehen.

a) Die Erfüllung eines Urtheils, das Kläger zu seinen Gunsten erstritt, kann im Wege des Zwanges durchgesetzt werden. Die römische Doctrin sah im Judicat — ähnlich der Litiscontestation — eine Novation ‚post condemnationem judicatum facere oportere‘ Gaj. III § 180, aus welcher eine actio judicati mit dreißigjähriger Verjährung entsprang. Dem Schuldner war eine viermonatliche Erfüllungsfrist gewährt; dann traf ihn die Pflicht, das Judicat mit 12 % zu verzinsen. l. 1 C. 7, 54. Nach C.Pr.O. § 644 ff. wird das klägerische Recht durch obsiegliches Erkenntniß vollstreckbar. In der Regel hängt diese Eigenschaft von der vollen Rechtskraft ab (Suspensiveffect der Rechtsmittel), doch findet unter Umständen eine vorläufige Zwangsvollstreckung Statt. Ein durch Urtheil klar gestellter Anspruch verjährt ohne Rücksicht auf seine ursprüngliche Natur in 30 Jahren und trägt, selbst wenn er an sich unverzinslich war, nunmehr Zinsen.

b) **Die Bezugnahme** auf ein vorhandenes Urtheil wird durch exceptio rei judicatae D. 44, 2 vermittelt.

Diese Einrede verfolgt ihrem Grunde nach einen doppelten Zweck. Ihre negative Function äußerte sich nach römischer Lehre in der Zerstörung des zum Urtheil gediehenen Klagerechtes. Sie stand — anfänglich neben der exceptio rei in judicium deductae, seit Justinian statt derselben — einer erneuten Verfolgung der aufgebrauchten Klage entgegen. Die Einschaltung in die Formel geschah mit hergebrachten Worten: ,si non ea res inter Aulum Agerium et Numerium Negidium judicata vel in judicium deducta sit'. Gaj. III § 181, IV § 103–109. Doch war man bestrebt, unbillige Härten, welche die processualische Consumtion durch Urtheil nach sich zog, möglichst zu mildern. l. 2, l. 11 pr. D. 44, 2. Positiv bezweckt die exceptio rei judicatae, den Inhalt des Urtheils gegen spätere Anfechtungen aufrecht zu erhalten. Nur diese letztere Bedeutung kann im heutigen Processe gelten und sogar auf Grund des im Urtheil festgestellten Rechtes neue Klagen erzeugen. C.Pr.O. § 231. Doch soll nach Einf.G. § 14 Z. 1 zur C.Pr.O. das strafgerichtliche Urtheil keine bindende Kraft für den Civilrichter haben.

Die Folge einer vorgeschützten exceptio rei judicatae ist Abweisung des Klägers, sobald dieselbe Rechtsfrage unter denselben Parteien zum Gegenstand eines neuen Processes erhoben wird ,quoties eadem quaestio inter easdem personas revocatur.' l. 3 D. 44, 2. ,ne bis sit in idem'. Dabei kam es schon in Rom nicht auf das ,genus actionum' an. l. 7 § 4 D. 44, 2. Eine neue Verletzung, ein neues Recht schaffen andere Klagen. l. 9 pr., l. 11 § 4, l. 12–13 D. 44, 2. Bei persönlichen Ansprüchen genügt die Angabe eines anderen Verpflichtungsgrundes, denn ob die Summe aus dem Kauf oder aus dem Darlehn geschuldet wird, ist eine wesentlich verschiedene Frage. Gaj. IV § 55. Dagegen wurde in Rom bei Eigenthumsklagen, die keine expressa causa vgl. S. 257 enthielten, über das Eigenthumsverhältniß des Klägers an und für sich erkannt. l. 14 § 2 D. 44, 2. Heute gehört auch bei diesen ein bestimmter Erwerbsgrund zu den rechtsbegründenden Klagethatsachen, wie des Näheren bei der Vindication gezeigt werden wird.

II. Für und gegen Dritte.

Die Geltung eines Urtheils beschränkt sich auf die Parteien, unter denen es erging. Dritten, welchen kein Einfluß auf den Proceß zustand, kann daraus weder Vortheil noch Schaden erwachsen. ,inter alios res judicata alii nec prodesse nec nocere solet'. l. 16 i. f. D. 20, 4. l. 22 D. 44, 2. l. 2 C. 7, 56.

Natürlich wirkt, falls die Proceßführung durch ordnungsmäßige Vertreter geschah, das Urtheil auch für und gegen die Vertretenen. C.Pr.O. § 81. Einer ertheilten Vollmacht oder nachträglichen Genehmigung steht es gleich, wenn der Interessent, welchen das Streitobject unmittelbar angeht, die fremde Proceßführung wissentlich duldet, ohne sich einzumischen. l. 63 D. 42, 1. C.Pr.O. § 85. Der auf Herausgabe einer Sache beklagte Inhaber darf den Vormann nennen, in dessen Namen er zu besitzen behauptet. Von den Folgen, welche diese Befugniß für das Urtheil hat, wird in der Vindications-Lehre die Rede sein.

Bei einem Rechtsverhältniß, das mehrere Personen als Mitberechtigte bzw. Mitverpflichtete umfaßt, erlangt das für bzw. gegen einen Theilnehmer erlassene Urtheil in der Regel keine Kraft gegenüber den anderen Interessenten, welche nicht zum Rechtsstreit hinzugezogen wurden. Doch kann sich der Bürge auf das Erkenntniß berufen, das den Hauptschuldner von der Verbindlichkeit losspricht, während er durch eine Verurtheilung des Hauptschuldners noch nicht präjudicirt wird. l. 62 D. 2, 14. Eine Gerechtigkeit, welche der Miteigenthümer eines Grundstücks für dasselbe erstritt, kommt auch den übrigen Theilhabern zu Gute; dagegen schadet ihnen ein ungünstiger Ausgang dieses Processes nichts. l. 4 § 3, l. 19 D. 8, 5.

Was unter den Parteien als Recht erkannt wurde, bleibt für ihre Rechtsnachfolger maßgebend. Dies gilt bezüglich der Erben in jedem Falle l. 28 D. 44, 2, aber für Singularsuccessoren nur, wenn sie nach Proceßbeginn den Streitgegenstand oder ein Recht daran erwarben. l. 11 § 10, l. 29 § 1 D. 44, 2. C.Pr.O. § 236-238.

Bei Zustands- und Erbrechten, die einen dauernden Inhalt haben umschreibt die richterliche Anerkennung einen weiteren Kreis. Wer seinen Status als Sohn oder Gatte feststellen ließ, kann dies Urtheil gegen jede Anfechtung, woher sie immer kommen mag, ins Treffen führen. l. 1 § 16, l. 2 D. 25, 3. Ein Erbe, welcher in solcher Eigenschaft gegenüber dem Besitzer von Erbschaftssachen obsiegte, darf sie nicht bestreiten, wenn er aus gleichem Grunde von Erbschaftsgläubigern und Vermächtnißnehmern auf Erfüllung belangt wird. l. 50 § 1 de leg. I. Auf alle absoluten Rechte läßt sich dies nicht ausdehnen. Die erfolgreiche Vindication sichert höchstens dem Kläger und dessen Rechtsnachfolger einen Beweis seines Eigenthums zur Zeit des Processes, aber eine exceptio rei judicatae gegen andere Störer schafft sie nicht. l. 9 § 2 D. 44, 2. Ebensowenig ist, wer die Vindication eines Unbefugten zurückschlug, im Stande, sich auf das Urtheil gegenüber dem wahren Eigenthümer zu berufen oder auch bloß eine Ersitzung darauf zu stützen.

§ 91.

Schiedsvertrag.

A. Begriff und Erfordernisse.

Die Uebereinkunft, daß die Entscheidung einer Rechtsstreitigkeit durch eine bwz. mehrere Vertrauenspersonen erfolgen solle, bezieht sich entweder auf einzelne Streitfälle oder auf sämmtliche, die unter den Parteien schweben (compromissum plenum l. 21 § 6 D. 4, 8 de receptis). Die Abrede, künftig entstehende Streitigkeiten einem Schiedsgericht zu unterbreiten (pactum de compromittendo

l. 46 D. 4, 8) erklärt die C.Pr.O. § 852 für zulässig, wenn sie ein bestimmtes Rechtsverhältniß betrifft.

Die Contrahenten müssen verpflichtungsfähig und in der Lage sein, über die Streitsache frei verfügen zu können. C.Pr.O. § 851. In Rom waren hauptsächlich causae liberales l. 32 § 7 D. 4, 8 der schiedsrichterlichen Entscheidung entzogen, heute sind es nur Straf-, Ehe- und Entmündigungssachen. Bisweilen ordnet der Gesetzgeber selbst Schiedssprüche an, z. B. das Pr.G. vom 15. Febr. 1840 § 18 bei Streitigkeiten zwischen Fideicommißbesitzer und Anwärtern über die Zweckmäßigkeit einer beabsichtigten Maßregel, das R.G. vom 6. Juli 1884 § 46 ff. bei Ersatzfragen aus der Unfallversicherung von Arbeitern vgl. auch A.L.R. § 7 I, 22.

Nach Römischem und kanonischem Recht gehörte zu einem Compromiß, daß die Parteien über bestimmte Schiedsrichter einig waren. c. 12 X 1, 43. Als ausgeschlossen von diesem Amt galten: Wahnsinnige, Taube, Stumme, Personen unter 20 Jahren, Frauen ꝛc. l. 9 § 1, l. 41 D. 4, 8. l. 6 C. 2, 56 (55). Die C.Pr.O. § 854–858 gestattet imperfecte Schiedsverträge, in denen die Personenfrage noch offen gelassen ist. Dann darf jede Partei je einen Schiedsrichter ernennen. Der betreibende Theil fordert unter Bezeichnung eines Schiedsrichters den Gegner schriftlich auf, seinerseits binnen einer einwöchigen Frist einen Vertrauensmann zu bestellen. Gegen den Vorschlag unfähiger oder befangener Personen steht den Parteien ein Widerspruchsrecht zu, vgl. C.Pr.O. § 42, insbesondere können Frauen, Minderjährige, Taube, Stumme sowie Personen, welchen die bürgerlichen Ehrenrechte aberkannt sind, abgelehnt werden. Verstreicht die Frist, ohne daß der Aufforderung gemäß ein Schiedsrichter angezeigt oder an Stelle des abgelehnten ein anderer gesetzt ist, so kann die Ernennung bei Gericht beantragt werden. Diese Frage, welche den Gegenstand eines Rechtsstreits unter den Parteien bildet, gehört vor dasjenige Amts- bzw. Landgericht, welches in dem schriftlichen Schiedsvertrage hierfür bestimmt ist oder Mangels einer derartigen Bezeichnung an sich für die gerichtliche Geltendmachung des Anspruchs zuständig sein würde. § 871.

B. Wirksamkeit.

I. **Die Vereinbarung unter den Parteien** war in Rom unverbindlich. Doch schlossen die Contrahenten gegenseitige Strafstipulationen (pecunia, poena compromissa l. 3 § 2, l. 11 § 2–3 D. 4, 8), die zum Nachtheil Dessen verfielen, welcher durch sein Verhalten den Schiedsspruch vereitelte oder sich seiner Erfüllung widersetzte. l. 2 D. 4, 8. Später gab man aus Compromissen in Stipulationsform eine Klage aufs Interesse gegen den vertragsbrüchigen Theil. l. 27 § 7, l. 28 D. 4, 8.

Im gemeinen Recht bindet ein Schiedsvertrag durch formlose Willensübereinstimmung. Das A.L.R. § 131 I, 5 erfordert Schriftlichkeit, sofern der Streitgegenstand 150 ℳ übersteigt. Nach C.Pr.O. § 853 kann jede Partei, mag auch mündlicher Abschluß gemäß den Bestimmungen des bürgerlichen Rechtes ausreichen, die Errichtung einer schriftlichen Urkunde über den Vertrag verlangen.

Dem Vertrage steht es gleich, wenn die Parteien sich durch ihren Geschäftsschluß Handelsgebräuchen unterwerfen, die eine schiedsrichterliche Entscheidung vorsehen. Letztere kann auch sonst in einer für die Parteien bindenden Weise, z. B. durch letztwillige Verfügung oder bei Errichtung einer Stiftung angeordnet sein. C.Pr.O. § 872.

II. **Die Abrede mit dem Schiedsrichter,** wonach sich derselbe aus freiem Willen zur Ausrichtung des Spruchs verpflichtete (receptum arbitri l. 13 § 2 D. 4, 8), war in Rom aus öffentlichem Interesse erzwingbar. l. 3 § 1 D. 4, 8. Der Prätor drohte dem ungetreuen Arbiter, welcher die übernommene Sache auf die lange Bank schob, mit Geldbußen. l. 32 § 12 D. 4, 8.

Nach der C.Pr.O. findet ein solcher Zwang nicht mehr Statt. Vielmehr fällt der Schiedsvertrag Mangels anderweiter Vorsorge hin, wenn ein in demselben ernannter Schiedsrichter, welcher das Amt auf sich nahm, die Erfüllung seiner Pflichten verweigert oder ungebührlich verzögert, unbeschadet aller Ersatzansprüche an denselben. § 859 Z. 1. Trifft ein derartiger Vorwurf den auf Grund eines imperfecten Schiedsvertrages vorgeschlagenen Schiedsrichter, so kann die Bestellung eines anderen an seiner Statt gefordert werden. § 857, 858 Abs. 2.

C. Aufhebung.

In Rom endigt der Schiedsvertrag vor dem Spruch:

aus der Person der Parteien, falls sie beiderseits zurücktreten l. 9 § 5 ff., eine von ihnen in Wahnsinn, Concurs verfällt l. 17 pr., l. 47 § 1 oder stirbt, ohne daß das Compromiß auf die Erben erstreckt ist. l. 27 § 1 D. 4, 8.

aus der Person des Schiedsrichters, wenn derselbe verstirbt l. 45 oder durch spätere Umstände wie Krankheit, Altersschwäche, beschwerliche eigne Geschäfte, Feindschaft mit den Parteien &c. von seiner Pflicht befreit wird. l. 15–16 pr. D. 4, 8.

aus der Natur des Streitgegenstandes, wenn derselbe wegfällt &c. l. 32 § 5 D. 4, 8.

Nach C.Pr.O. § 863 wird durch den Einwand, daß ein rechtsgültiger Schiedsvertrag nicht bestehe, weder der Fortgang des Verfahrens noch der Erlaß des Spruches gehemmt. Doch tritt der Schiedsvertrag außer Kraft, wenn ein durch Uebereinkunft der Parteien bestellter Schiedsrichter stirbt oder aus einem andern Grunde wegfällt, während ein Hinderniß in der Person eines Schiedsrichters, der aus einem imperfecten Schiedsvertrage vorgeschlagen ist, bloß das Ergänzungsverfahren zur Folge hat. Auch wird ein Schiedsvertrag, der nichts Anderes bestimmt, aufgehoben, wenn die Schiedsrichter den Parteien anzeigen, daß sich unter ihnen Stimmengleichheit ergeben habe. § 857, 859. Das Römische Recht schrieb für diesen Fall den Schiedsrichtern die Wahl eines Obmanns vor ‚cujus auctoritati pareatur‘. l. 17 § 6 D. 4, 8.

D. Verfahren.

Das Schiedsgericht hat, bevor es den Spruch erläßt, die Parteien zu hören und nöthigenfalls das dem Streit zu Grunde liegende Sachverhältniß zu ermitteln. Der Gang des Verfahrens hängt in Ermanglung einer Partei-Abrede von dem freien Ermessen der Schiedsrichter ab. Sie können Zeugen und Sachverständige vernehmen, welche freiwillig vor ihnen erscheinen; doch sind sie zu deren Beeidigung, zur Ausübung des Zeugnißzwanges oder Abnahme eines Parteieneides nicht befugt. Halten sie derartige Maßnahmen für erforderlich, so haben sie die Parteien davon zu benachrichtigen. Auf Antrag eines Interessenten kann dann das zuständige Gericht solche Handlungen vornehmen. Das Verfahren wird dadurch nicht gehemmt, daß eine Partei seine Unzulässigkeit aus dem Streitgegenstande oder aus der Person eines Schiedsrichters behauptet. C.Pr.O. § 860–863.

In Rom stand es trotz des schwebenden Compromiß-Verfahrens jeder Partei frei, ihre Streitsache vor das ordentliche Gericht zu bringen, doch war sie zur Leistung der verabredeten Strafe, bzw. des Interesses verhaftet. l. 30 D. 4, 8. Nach C.Pr.O. § 851 kann der Schiedsvertrag einer gerichtlichen Geltendmachung des Anspruchs entgegengestellt werden, um eine Abweisung des Klägers „angebrachter Maßen" herbeizuführen.

E. Schiedsspruch.

Nach gehöriger Prüfung des Streitfalles fällt das Schiedsgericht seinen Spruch (arbitrium, laudum). Besteht es aus mehreren Mitgliedern, so ist die Mitwirkung aller erforderlich; bei Meinungsverschiedenheit unter ihnen entscheidet Mangels einer Vorschrift im Schiedsvertrage die einfache Mehrheit. l. 17 § 7, l. 18, l. 27 § 3 D. 4, 8. Die C.Pr.O. § 864–865 verlangt schriftliche Abfassung des Spruchs, die datirt, in der Regel mit Gründen versehen und von den Schiedsrichtern unterzeichnet werden soll. Die Urschrift ist, nachdem eine Ausfertigung den Parteien zugestellt wurde, auf der Gerichtsschreiberei des zuständigen Gerichts niederzulegen.

Der Inhalt des Schiedsspruchs darf nicht auf unsittliche, verbotene Handlungen lauten oder über den Gegenstand des Compromisses hinausgehen. l. 21 § 7, l. 32 § 15, § 21 D. 4, 8.

Im klassischen Rom fehlte dem Schiedsspruch die Rechtskraft. Der unterlegenen Partei war es nicht verwehrt, dennoch den Rechtsweg zu beschreiten. Pauli R.S. V, 5 § 1. Freilich hatte der Sieger, um sein Interesse aus dem Vertragsbruch zu fordern, eine Klage, gegen welche nur Einreden aus dem unzulässigen Inhalt des Spruchs oder der Arglist des Schiedsrichters zustanden. l. 31 D. 4, 8, l. 3 C. 2, 56 (55). Eine Untersuchung, ob die schiedsrichterliche Entscheidung gerecht sei, lag dem Proceßrichter nicht ob. l. 19 pr., l. 17 § 4 D. 4, 8. In zwei Fällen erklärte Justinian den Schiedsspruch für vollstreckbar: wenn die Parteien ein schriftliches Compromiß eidlich bestärkt oder den Spruch durch gegenseitige Unterschrift anerkannt hatten (laudum homologatum). Eine stillschweigende Billigung sollte darin liegen, daß keine Partei gegen den ihr mitgetheilten Schiedsspruch binnen zehn Tagen Widerspruch erhob. l. 4–5 C. 2, 56 (55). Die erstere Vorschrift über eidliche Bekräftigung des Schiedsspruches wurde in nov. 82 c. 11 wieder zurückgenommen.

Nach C.Pr.O. § 867–870 hat der Schiedsspruch unter den Parteien, bzw. deren Rechtsnachfolgern die Wirkung eines rechtskräftigen gerichtlichen Urtheils. Dritten gegenüber schafft er kein Recht. Seine Aufhebung kann aus Formenmängeln und Restitutionsgründen § 543 Z. 1–6 bei dem zuständigen Gericht im Wege einer Klage beantragt werden. Aus dem Schiedsspruch findet auch Zwangsvollstreckung Statt, falls ihre Zulässigkeit durch ein im ordentlichen Rechtsstreit zu erwirkendes Urtheil ausgesprochen ist. Dabei hat das Gericht nicht die materielle

Richtigkeit des Schiedsspruchs zu prüfen, sondern bloß die Abwesenheit solcher Gründe, aus welchen die Aufhebung desselben begehrt werden kann. Nach Erlassung des Vollstreckungsurtheils ist ein Antrag auf Beseitigung des Schiedsspruchs nur noch unter den Voraussetzungen der Restitutionsklage statthaft und selbst in diesem Falle nur dann, wenn glaubhaft gemacht wird, daß die Partei ohne ihr Verschulden außer Stande gewesen sei, den Aufhebungsgrund in dem früheren Verfahren geltend zu machen. Für die Erhebung dieser Klage besteht eine monatliche Nothfrist, welche mit dem Tage beginnt, an welchem die Partei von dem Aufhebungsgrunde Kenntniß erhielt, jedoch nicht vor eingetretener Rechtskraft des Vollstreckungsurtheils. Nach Ablauf von zehn Jahren, gerechnet vom Tage der Rechtskraft des Urtheils an, fällt die Klage ganz fort. Mit Aufhebung des Schiedsspruchs wird zugleich die des Vollstreckungsurtheils ausgesprochen.

§ 92.

Wiedereinsetzung in den vorigen Stand.

A. Begriff und geschichtliche Entwicklung.
B. Voraussetzungen.
I. Rechtsnachtheil.
II. Billigkeitsgrund.
a) Irrthum.
b) Minderjähriges Alter.
c) Entschuldbare Fristversäumniß.
III. Gesuch des Verletzten.
C. Verfahren.
D. Wirkung.

A. Begriff und geschichtliche Entwicklung.

Die Wiedereinsetzung in vorigen Stand (in integrum — statum juris — restitutio) ist eine außerordentliche Beseitigung unbilliger Rechtsnachtheile durch richterliche Hülfe. Sie bildet ein Sicherheitsventil des Rechtes, S. 5. Alle Rechtssätze sind auf den Durchschnitt berechnet; ihre gleichmäßige Anwendung führt in besonderen Fällen zu Verletzungen, welche dem wahren Wesen und Zweck der vernünftigen Rechtsordnung zuwiderlaufen. Solchen Widerstreit (summum jus — summa injuria) soll die Obrigkeit auf Gesuch des Verletzten aus Gründen höherer Billigkeit aufheben. Der durch das Recht selbst bewirkte in sich unbillige Schaden wird beseitigt und der frühere Rechtsstand nach Lage der Umstände wieder hergestellt. ‚redintegrandae rei vel causae actio.‘ Pauli R.S. I, 7 § 1. l. 1 D. 4, 1. de in integrum restitutionibus. Daraus folgt, daß die Restitution ein außerordentliches Mittel ist, das den Richter im Einzelfalle fast zum Gesetzgeber erhebt, und daß sie nur subsidiär eintritt, wo auf ordentlichem Wege gar nicht oder nicht so vollständig und sicher geholfen werden kann. l. 16 pr., l. 6 D. 4, 4.

Freilich schwindet mit der feineren Durchbildung des Rechtes das Bedürfniß der Restitution. Im alten Rom mit seinen unbeholfenen, plumpen Vorschriften machte sie noch einen hauptsächlichen Theil der prätorischen Thätigkeit aus. Mit der wachsenden Erfahrung wurden aus solchen Fällen, die in regelmäßiger Wiederkehr zur Restitution führten, die zu Grunde liegenden Normen ausgeschieden und dem ordentlichen Rechtsschatze einverleibt. So entwickelten sich aus der Restitution propter metum die actio quod metus causa, aus der propter dolum die actio doli sowie Pauliana und auch für die condictio indebiti wird ein ähnlicher Ursprung aus dem Irrthum behauptet. Die Restitution propter capitis deminutionem wurde überflüssig, da der Prätor dem Gläubiger, welcher durch die Veränderung des Familienstandes seines Schuldners die Forderung eingebüßt hatte, durch actiones ficticiae beisprang. vgl.

S. 229. Am Ende der römischen Rechtsbildung blieben nur die Restitutionen wegen Irrthums besonders im Proceß, wegen Minderjährigkeit und entschuldbarer Fristversäumnisse praktisch. Die heutige Tendenz ist auf eine noch weitere Einschränkung gerichtet. Namentlich erscheint der ausnahmsweise Schutz der Minderjährigen, welcher vielfach die Rechtssicherheit gefährdet, durch verbesserte Vormundschafts-Einrichtungen entbehrlich.

B. Voraussetzungen.

Jede Restitution erfordert: einen Rechtsnachtheil, einen damit im Zusammenhang stehenden Billigkeitsgrund und ein Gesuch des Verletzten.

I. **Rechtsnachtheil** (laesio).

Derselbe besteht in einer Verletzung, welche als Folge rechtlicher Vorgänge eintrat. Der Schaden muß das Vermögen betreffen, sei es durch Einbuße bereits erworbener Werthe, sei es durch Entziehung bloß erwarteten Gewinns. l. 27 D. 4, 6. Daß der Schaden sich grade in Geld abschätzen läßt, ist nicht vonnöthen. Auch gegen die Anerkennung von Kindern, die Annahme an Kindesstatt l. 3 § 6 D. 4, 4 wird mit Rücksicht auf die dadurch hervorgerufenen Vermögenspflichten Restitution ertheilt, aber nicht gegen den Abschluß einer Ehe. Bei ganz unbedeutenden Nachtheilen verweigert es der Prätor zu restituiren, weil sie die Wucht eines so außerordentlichen Hülfsmittels und den damit für den Gegner verbundenen Schaden nicht rechtfertigen. ‚minima praetor non curat‘. l. 9 pr., l. 49 D. 4, 4, l. 4 D. 4, 1. Aus ähnlichen Gründen ist die Restitution unstatthaft: gegen den Verlust privater Strafklagen l. 18 D. 4, 6, l. 37 pr. D. 4, 4; gegen eine dreißigjährige oder längere Klagenverjährung l. 3 § 1 C. 7, 39 und gegen Nachtheile, die sich der Verletzte durch eigne Arglist zuzog. l. 26 § 6 D. 4, 6. l. 9 § 2, § 5 D. 4, 4.

II. **Billigkeitsgrund** (justa causa).

Dazu gehören im späteren Römischen Recht: Irrthum, Minderjährigkeit und entschuldbare Fristversäumniß.

a) Der **Irrthum**, sofern er verzeihlich ist, gilt als Ursache der Restitution für Erbschafsgläubiger, die zu ihrem Schaden eine abgesonderte Befriedigung aus der Nachlaßmasse verlangt haben l. 1 § 17 D. 42, 6, vgl. auch l. 17 D. 34, 9 und in einigen heute veralteten Fällen des Processes, z. B. bei fälschlicher Beantwortung einer interrogatio in jure l. 11 § 8–10 D. 11, 1, bei Verlust eines Klagerechtes durch plus petitio Gaj. IV § 53, 57 oder durch Angabe eines unrichtigen bzw. nicht beweisbaren Grundes l. 13 pr. D. 14, 3.

In der C.Pr.O. stützt sich die Restitutionsklage zum Theil § 543 Z. 6 auf Irrthum der Proceßpartei. Dieselbe darf das ihr ungünstige Urtheil trotz dessen Rechtskraft anfechten, wenn sie ein in gleicher Sache erlassenes, früher rechtskräftig gewordenes Urtheil auffindet oder eine Urkunde vorweist, die geeignet ist, eine andere Entscheidung herbeizuführen.

b) Das **minderjährige Alter** verdient um seiner Unerfahrenheit willen Rücksicht. ‚constat inter omnes, fragile esse et infirmum hujusmodi aetatum consilium et multis captionibus suppositum‘. l. 1 pr. D. 4, 4. Personen unter 25 Jahren werden häufig im Geschäftsverkehr übervortheilt, ohne daß dem Gegner Arglist vorzuwerfen ist. l. 5 pr. C. 2, 22 (21). Sie versäumen oft die rechtzeitige Wahrung ihrer Ansprüche, da ihnen die Rechtskunde mangelt, und stürzen sich vorschnell in gewagte Geschäfte wie Erbschaftsantritt, ohne die verderblichen Folgen zu bedenken. l. 11 § 5 D. 4, 4. Daher erscheint es angemessen, Minderjährige gegen ihre leichtsinnige Handlungsweise ,sua facilitate decepti' l. 44 D. 4, 4 zu restitituiren, es sei denn, daß es sich um einen bloß zufälligen Schaden handelt. l. 11 § 4 D. 4, 4. Auch gegenüber Minderjährigen ist Restitution zulässig, z. B. bei Verjährung einer Forderung, deren Schuldner noch nicht das fünfundzwanzigste Lebensjahr zurückgelegt hat. Doch darf bei Geschäften unter zwei Minderjährigen der Schaden, welchen der eine erlitt, nicht diesem abgenommen und dem andern aufgebürdet werden. l. 11 § 6, l. 34 pr. D. 4, 4. Zur bessern Durchführung des Schutzes ging man noch einen Schritt weiter und half Minderjährigen selbst dann, wenn sie auf Geheiß ihres Vaters, mit Genehmigung ihres Curators aufgetreten waren. l. 3 § 4 D. 4, 4, l. 2 C. 2, 25 (24). Sogar aus dem Verhalten des gesetzlichen Vertreters, aus Geschäften, welche derselbe mit Erlaubniß der vormundschaftlichen Behörde abschloß, soll dem Pflegling kein Nachtheil erwachsen. l. 38 D. 4, 4, l. 5 C. 2, 25 (24), l. 11 C. 5, 71. Allein ein derartig erweiterter Schutz hat seine Kehrseite. Wer mag sich noch mit dem Minderjährigen in rechtliche Beziehungen einlassen, wenn diesem alle Verletzungen vergütet werden, in welche auch das solideste Geschäft auslaufen kann! Um jugendlichen Personen nicht jeden Credit zu rauben, suchte man die Restitution auf solche Fälle zu beschränken, in denen eine Ausbeutung der Unerfahrenheit oder ein besonders nachlässiges Benehmen des Minderjährigen, bzw. seines Vertreters zu Tage lag. l. 24 § 1, l. 7 § 8 i. f. D. 4, 4. In einigen singulären Fällen wurde Minderjährigen der Schutz versagt, z. B. wenn sie in Ermächtigung ihres Vaters ein Gelddarlehn aufnahmen l. 3 § 4 D. 4, 4, die Veräußerung eines Grundstücks eidlich bekräftigten l. 1 C. 2, 28 (27), vgl. auch nov. 115 c. 3 § 13. Den Minderjährigen sind in l. 4 C. 2, 54 (53) die Gemeinden gleichgestellt.

Im gemeinen Recht haben Personen unter 21 Jahren vgl. S. 178, die Wohlthat der Wiedereinsetzung. Ihnen werden gleichgeachtet die aus andern Gründen Bevormundeten und nach kanonischem Recht c. 1–3 X 1, 41 die Kirchen, welche Vorschrift die Praxis auf alle juristischen Personen ausdehnt. Da aber Minderjährige gemäß der R.P.O. von 1548 als Unmündige gelten, sind die von ihnen selbständig eingegangenen Verbindlichkeiten klaglos. Deshalb bezieht sich heute die Restitution Minderjähriger nur auf ihre vom Vormund consentirten Geschäfte und auf Handlungen ihrer Vertreter, soweit durch offenbare Uebervortheilung oder grobe Nachlässigkeit ein erheblicher Schade entstanden ist.

Die C.Pr.O. § 210 sieht in der Lage Minderjähriger und der ihnen gleichgestellten Personen keinen Restitutionsgrund gegen Proceßversäumnisse und Urtheile. Nach dem HaftpflichtG. vom 7. Juni 1871 § 8 verjährt der Ersatzanspruch mit Ausschluß der Wiedereinsetzung. Im Allgemeinen sträubt sich die heutige Praxis, den minderjährigen Inhaber eines Handelsgeschäftes gegen Acte seines gesetzlichen Vertreters zu restituiren und bei den kurzen Verjährungsfristen in Handels- und Wechselsachen auf das jugendliche Alter Rücksicht zu nehmen.

Das Pr.G. vom 12. Juli 1875 § 9, das sich auf den ganzen Umfang der Monarchie erstreckt, versagt den Minderjährigen und den ihnen gleichgestellten Personen die Wiedereinsetzung gegen die von ihnen bzw. für sie vorgenommenen

Rechtsgeschäfte. Demnach bleibt ihnen die Wohlthat nur, um die nachtheiligen Folgen einer Verjährung abzuwenden. A.L.R. § 531, § 537 I, 9. Für Fiscus, Kirchen und privilegirte Corporationen gestattet A.L.R. § 177 I, 14 die Wiedereinsetzung bloß für Verjährungen, die in kürzerer Frist als der gewöhnlichen ablaufen. Das Pr.G. vom 18. Juni 1840 über die Verjährungsfristen bei öffentlichen Abgaben vgl. S. 253 schließt im § 11 die Wiedereinsetzung Minderjähriger ganz aus. Die Praxis ist geneigt, diesen Grundsatz auf alle Forderungen anzuwenden, die nach andern Gesetzen, z. B. vom 31. März 1838 einer kurzen Verjährung unterliegen.

c) Eine Fristversäumniß kann dem sorgsamsten Menschen in Folge unausweichlicher Hindernisse zustoßen. Es wäre unbillig, wollte man ihm einen Rechtsverlust nicht zu Gute halten, den er in solcher Nothlage durch Verjährung bzw. Nichtinnehaltung gesetzter Fristen erlitt. Das prätorische Edict l. 1 § 1 D. 4, 6 verspricht Abhülfe, falls der Verletzte durch Abwesenheit in Staatsgeschäften, durch Kriegsgefangenschaft, Gefängnißhaft, begreifliche Furcht vor Drohungen an der Wahrnehmung seiner Rechte behindert war, oder ihm die Vertheidigung seiner Ansprüche dadurch erschwert wurde, daß sein Gegner sich abwesend oder in sonst unzugänglicher Lage befand. Den Schluß des Edicts bilden die Worte ‚si qua alia mihi justa causa esse videbitur, in integrum restituam'. Sie enthalten einen Vorbehalt (generalis clausula), auch aus andern entschuldbaren Ursachen gegen Fristversäumnisse zu restituiren. Als derartige Gründe (causae probabiles) werden angeführt: Abwesenheit in Gemeinde=Angelegenheiten (legati municipiorum l. 8 D. 4, 6), Reisen zur Führung von Processen (testimonii, cognitionis gratia l. 26 § 9 D. 4, 6), Studirenshalber (studiorum causa l. 28 D. 4, 6), auch Aufenthalt im Bade zum Kurgebrauch, Naturereignisse, welche wie Ueberschwemmung die Ausübung einer Grundgerechtigkeit hemmen l. 34 § 1, l. 35 D. 8, 3 oder den Verkehr zeitweise unterbrechen. Dabei kommt für sich allein nicht in Betracht, ob die Abwesenheit eine gebotene oder im eignen Interesse freiwillige war, wenn sie nur unter den obwaltenden Umständen nicht vermieden werden konnte.

Bloße Vergnügungsreisen, selbstverschuldete Entfernungen genügen nicht ‚non enim negligentibus subvenitur, sed necessitate rerum impeditis'. l. 16 D. 4, 6. Wem es bei seiner Abreise nicht an Zeit und Gelegenheit gebrach, einen Vertreter zu bestellen, bringt sich, wenn er eine so einfache Vorsichtsmaßregel außer Acht ließ, in eigne Verschuldung. Hat er einen Bevollmächtigten ernannt, so kann er gegen dessen Nachlässigkeit keine Restitution begehren. l. 39 D. 4, 6. Freilich scheint im späteren Römischen Rechte die laxe, von Ulpian in l. 26 § 9 D. 4, 6 ‚sive habuit procuratorem sive non' vertheidigte Auffassung Platz gegriffen zu haben, daß auch dann Hülfe gewährt werde.

Nach C.Pr.O. § 211 findet eine Wiedereinsetzung gegen die Versäumung processualischer Nothfristen Statt, wenn dieselbe durch Naturereignisse oder andere unabwendbare Zufälle gerechtfertigt wird. Bezüglich der Einspruchsfristen soll schon ein Nachweis der Partei hinreichen, daß sie von der Zustellung des Versäumnißurtheils ohne ihr Verschulden keine Kenntniß erlangt habe. Doch wird der Partei ein Verschulden ihres Proceßvertreters stets zugerechnet. § 210 Abs. 1.

Das A.L.R. § 531 I, 9 kennt aus ähnlichen Gründen die Wiedereinsetzung gegen den Ablauf einer Verjährung.

III. Gesuch des Verletzten.

Dasselbe besteht in einer Bitte an die zuständige Behörde, den unbilligerweise erlittenen Rechtsnachtheil zu beseitigen. Restitutionsberechtigt sind der Verletzte und dessen Rechtsnachfolger. l. 24 pr. D. 4, 4. Die Frist für die Anbringung des Gesuchs stellte das Edict ‚intra annum, quo primum de ea re experiundi potestas erit'. l. 1 § 1 i. f. D. 4, 6. Justinian bestimmte sie in l. 7 C. 2, 53 (52) auf einen kalendermäßig fortlaufenden Zeitraum von vier Jahren (quadriennium continuum), der gerechnet werden soll ‚ex die, ex quo annus utilis currebat'. Streit herrscht über den Beginn dieser Frist. Nach gemeiner Praxis läuft sie von dem Zeitpunkt, wo das Hinderniß gehoben ist, also bei Minderjährigen vom Eintritt ihrer Großjährigkeit (ohne Rücksicht auf naturalis computatio l. 3 § 3 D. 4, 4 vgl. S. 238), bei Abwesenden mit ihrer Rückkehr, bei den durch Drohungen Eingeschüchterten von ihrer freien Willensstimmung ꝛc. Auf die Kenntniß von der Verletzung kommt es nicht an. Nur bei juristischen Personen, die für ihre Dauer als Minderjährige behandelt werden, muß die Zeit der Verletzung maßgebend sein. Stirbt der Beschädigte vor Ablauf seiner Restitutionsfrist, so läuft der Rest für seine Erben weiter, jedoch für minderjährige Erben erst von ihrer Großjährigkeit an. l. 19 D. 4, 4. Bisweilen ist gegen den Ablauf einer Restitutionsfrist wiederum Restitution aus selbständigem Grunde zulässig, z. B. wer als Minderjähriger durch unaufschiebbare Geschäfte in die Fremde berufen wurde und nach vollendetem neunundzwanzigsten (heute einundzwanzigsten) Lebensjahr heimkehrt, kann sich die verlorene Restitution propter minorem aetatem, die ihm vortheilhafter ist, wiederherstellen lassen.

Die Wiedereinsetzung der C.Pr.O. § 212 ist an eine zweiwöchige Frist nach Hebung des Hindernisses gebunden; doch kann sie nach Ablauf eines Jahres, gerechnet von dem Ende der versäumten Nothfrist an, nicht mehr beantragt werden.

Das A.L.R. § 531–533 I, 9 folgt in Bezug auf Beginn und Dauer der Wiedereinsetzungsfrist dem gemeinen Rechte.

C. Verfahren.

In Rom ging das Restitutionsgesuch an den Prätor bzw. den höheren Magistrat l. 26 § 1 D. 50, 1, welcher im freien Ermessen darüber befand. Hielt er nach Maßgabe des Falls die außerordentliche Hülfe für angebracht, so bewilligte er sie durch einen Bescheid (judicium rescindens). l. 3 D. 4, 1. Die Durchführung der zuerkannten Restitution, z. B. die Erhebung der verjährten und nun wiederhergestellten Klage (actio restitutoria) erfolgte im ordentlichen Verfahren, d. h. in klassischer Zeit vor dem Geschworenen (judicium rescissorium). l. 28 § 5–6 D. 4, 6. Doch hing diese Geltendmachung vom Belieben der restituirten Partei ab, da ihrem Gegner aus dem prätorischen Decret keine Vortheile erwachsen konnten. l. 41 D. 4, 4. Unter Umständen kam es vor, daß der Magistrat die Restitution sofort vollzog, indem er den Beklagten unmittelbar zur Ausgleichung des Schadens anhielt.

Heute gehört die Wiedereinsetzung vor das nach Sachlage zuständige Gericht, welches durch Urtheil entscheidet. In der Regel wird über die Fragen, ob die Restitution begründet und in welchem Umfang das verlorene Recht herzustellen sei, zugleich verhandelt und erkannt. So vindicirt Kläger eine Sache mit der Bitte, ihn gegen die vollendete Ersitzung Seitens des Beklagten zu restituiren. Eine Trennung des Verfahrens liegt im Ermessen des Richters C.Pr.O. § 136, oder geschieht auf Antrag der Partei, die ein rechtliches Interesse daran nachweist, daß zunächst die Zulässigkeit ihres Restitutionsgesuches festgestellt werde. C.Pr.O. § 231.

Die Wiedereinsetzung der C.Pr.O. § 214–216 wird durch Zustellung eines Schriftsatzes beantragt, welcher die Rechtfertigung der Versäumniß und die Nachholung der unterbliebenen Proceßhandlung enthalten muß. Das Gericht, welchem die Entscheidung über die nachgeholte Proceßhandlung zusteht, kann das diesbezügliche Verfahren mit der Verhandlung über das Restitutionsgesuch verbinden.

D. Wirkung.

Das verlorene Rechtsmittel wird erneuert, der frühere Rechtszustand wiederhergestellt. Wer sein Eigenthum durch Ersitzung eines Anderen, seine Servitut durch Nichtausübung einbüßte, erhält seine Befugniß zurück. Erbrechte, welche der Delat ausschlug, Forderungen, die Gläubiger erließ, leben in vollem Umfang wieder auf. l. 26 § 6 D. 4, 2, l. 27 § 2 D. 4, 4. Wird ein Rechtsgeschäft wie Kauf zu Gunsten eines Contrahenten aufgehoben, so muß auch dieser zurückerstatten, was er vom Gegner empfing, oder wenigstens, was sich davon noch in seinem Vermögen befindet. l. 24 § 4, l. 40 § 1 D. 4, 4. l. un. pr. C. 2, 48 (47). Dritten, die am angefochtenen Geschäft unbetheiligt waren, soll aus der Restitution kein Nachtheil entstehen. Folglich erhöht sich die Haftung der übrigen Erben dadurch nicht, daß ein Miterbe von den Folgen seines Antritts befreit wird. Nur die Restitution eines Minderjährigen wirkt ‚in rem', sofern er nicht anders vor Schaden behütet werden kann. Nach l. 13 § 1 D. 4, 4 darf er eine zu wohlfeil verkaufte Sache nicht bloß von seinem Gegentheil, sondern im Fall derselbe zahlungsunfähig ist, auch von dem dritten gutgläubigen Erwerber zurückfordern. Eine so weite Ausdehnung erscheint heutzutage im Interesse der Verkehrssicherheit unanwendbar.

§ 93.

Sicherung von Rechten.

A. Mittelst richterlicher Hülfe.
I. Sicherheitsleistung. Im Anschluß an einen rechtshängigen Proceß und zur außergerichtlichen Wahrung von Ansprüchen. Gestalt der Caution.
II. Einweisung.
III. Arrest und ähnliche Zwangsmaßregeln. Persönlicher und dinglicher Arrest. Gesuch, Wirkung. Aufhebung des Arrestes. Einstweilige Verfügungen (Sequestration), Sperrvermerke.
B. Durch private Acte.
I. Verwahrung.
II. Vorbehalt.
III. Pfändung.

Während die Klage auf eine gerichtliche Verfolgung verletzter Rechte hinausläuft, bezweckt die Sicherung nur, einer künftigen Störung oder drohenden Beeinträchtigung von Ansprüchen vorzubeugen. Dieses Ziel wird erreicht entweder mittelst richterlicher Hülfe oder durch rein private Acte.

A. **Mittelst richterlicher Hülfe** geschehen: Sicherheitsleistung, Einweisung, Arrest und ähnliche Zwangsmaßregeln.

I. **Sicherheitsleistung** (cautio). D. 46, 5 de stipulationibus praetoriis. A.L.R. § 178–199. I, 14.

Sie besteht in dem Versprechen (stipulatio) eine Verbindlichkeit erfüllen, einen künftigen Anspruch achten zu wollen. Sie kann auf freier Uebereinkunft (voluntaria) oder obrigkeitlicher Anordnung (necessaria) beruhen. Hier ist nur von letzterer Art die Rede.

In Rom bildete der Cautionszwang, welchen der Prätor gemäß ständigen Formularen im Edict ausübte, eine wichtige Ergänzung des Civilrechtes. Die prätorischen Stipulationen schlossen sich theils an einen rechtshängigen Proceß (judiciales), theils dienten sie zur außergerichtlichen Wahrung von Ansprüchen (cautionales). l. 1 pr. § 1–2 D. 46, 5. vgl. aber l. 5 pr. D. 45, 1.

Da der Proceß ursprünglich einen privaten Charakter hatte, hielt man besondere Versprechen des Beklagten ‚judicio sisti, judicatum solvi' für nöthig. Bisweilen machte der Prätor die klageweise Geltendmachung eines Rechtes, die Bewilligung eines Gesuchs von einer vorherigen Sicherheitsleistung des Antragstellers abhängig, z. B. die Aufhebung des Banns, welcher in Folge einer operis novi nuntiatio auf dem Bauwerk des Nuntiaten lag. l. 5 § 17 D. 39, 1. Aehnliches verordnet die C.Pr.O. § 102 bei Klagen von Ausländern in Betreff der Proceßkosten, das H.G.B. Art. 222[a], 223 bei gerichtlichen Anträgen von Actionären, welche Prüfung des Gründungsherganges verlangen bzw. die daraus verhafteten Personen in Anspruch nehmen. Manche Cautionen spricht der Richter im Urtheil aus, um für den Berechtigten im Fall erneuter Verletzung einen schnell durchführbaren Ersatz zu begründen, z. B. de non amplius turbando bei Besitz- oder Eigenthumsstörung. l. un. C. 8, 6. C.Pr.O. § 775 Abs. 2.

Die außergerichtlichen Cautionen hatten in Rom einen doppelten Zweck. Rechte, die an sich klagbar, aber noch nicht fällig oder in Bezug auf Eintritt und Umfang noch ungewiß waren, erhielten dadurch eine erhöhte Sicherung, z. B. die Zahlung ausstehender Legate durch cautio legatorum servandorum causa, die rechtzeitige und unversehrte Rückgabe der Nießbrauchssache durch cautio usufructuaria. Solche Sicherheiten sind auch im heutigen Recht häufig, z. B. im A.L.R. § 121 I, 4 für die gefährdete Rückgabepflicht eines unter auflösender Bedingung eingeräumten Rechtes. Dagegen ist der andere Ausweg des Prätors, Ansprüchen, welche der civilen Verfolgbarkeit ermangelten, aber der Billigkeit entsprachen, durch Cautionszwang einen Klagegrund zu schaffen, z. B. in der cautio damni infecti, l. 7 pr. D. 39, 2, heute nicht mehr praktisch.

Die Sicherheit wird geleistet in Gestalt eines einfachen Versprechens (nuda repromissio) oder durch Stellung von Bürgen (satisdatio) bzw. Pfändern (Realcaution). l. 188 § 1 D. 50, 16. Ueber die Art entschied der Magistrat mit Rücksicht auf den einzelnen Fall und die Verhältnisse des Pflichtigen, doch kamen bloße Verbalcautionen seltner vor. l. 1 § 5 D. 46, 5. Letztere reichten hin für Fiscus sowie Gemeinden. l. 1 § 18, l. 6 § 1 D. 36, 3. Nach späterem Recht begnügte man sich bei Beamten, Grundbesitzern l. 12 pr. C. 12, 19 und unvermögenden Personen nov. 112 c. 2 mit einer eidlichen Bestärkung (cautio juratoria), welche in der gemeinen Praxis als Regel gilt. Dadurch ist die römische Cautionspflicht fast ganz verblaßt. Wo aber noch eine Verbindlichkeit zur Realcaution vorliegt, muß zulängliche Deckung gegeben werden, es sei denn, daß Gläubiger mit weniger zufrieden war. l. 3 D. 46, 1.

Die Sicherheitsleistung, welche moderne Gesetze vorschreiben, z. B. processualische, Bietungs-, Amtscaution, soll zumeist durch Hinterlegung von baarem Gelde oder von sichern Werthpapieren erfolgen. vgl. C.Pr.O. § 101.

Das A.L.R. § 184 I, 14 gestattet eidliches Angelöbniß nur alsdann, wenn die gesetzliche Caution nicht durch Bürgen oder Pfänder bestellt werden kann. Die Pfandcaution muß sich bei Landgütern innerhalb der ersten Zweidrittel, bei städtischen Grundstücken innerhalb der ersten Hälfte und bei beweglichen Sachen innerhalb Dreiviertel des Schätzungswerthes halten. § 188, § 190 I, 14.

II. **Einweisung** (missio in possessionem). D. 42, 4 quibus ex causis in possessionem eatur.

Der Prätor wies durch Decret den Berechtigten in das ganze Vermögen (in bona) oder in einzelne Sachen (in rem) eines Andern ein, sei es um Ungehorsame zur Cautionspflicht anzuhalten, sei es um die Erfüllung von Ansprüchen gegen einen Indefensus, einen flüchtigen Schuldner 2c. zu sichern. l. 1 D. 42, 4. Durch Besitzergreifung erlangte Gläubiger Obhut über die Sache (custodia) und oft aus einem zweiten Decret, das bei fortgesetzter Contumaz des Gegners erging, Fruchtgenuß mit Verkaufsrecht. l. 12 D. eod. Dadurch entsteht ein pfandähnliches Verhältniß (pignus praetorium), das in der Lehre des Pfandrechtes seine Erörterung finden wird.

III. **Arrest und ähnliche Zwangsmaßregeln.** C.Pr.O. § 796–822.

Der Arrest, ein dem Römischen Rechte fremdes Institut, entwickelte sich unter dem Namen „Verkümmerung" in der gemeinen Praxis des Mittelalters. Er besteht in einem richterlichen Befehl, der Maßnahmen anordnet, um die Zwangsvollstreckung aus einem sofortigen oder künftigen Geldanspruch zu sichern. Man unterscheidet persönlichen und dinglichen Arrest. Der persönliche Arrest trifft den Schuldner in Person, um ihn an einem bestimmten Orte festzuhalten und Verfügungen desselben zu hindern, welche die Zwangsvollstreckung gefährden könnten. Der dingliche Arrest legt Beschlag auf Vermögensgegenstände des Schuldners, durch deren Hinterziehung die Vollstreckung des Urtheils vereitelt oder wesentlich erschwert werden würde.

In dem Arrest-Gesuch muß Antragsteller seine Forderung und den Arrestgrund (justa causa arresti) glaubhaft machen; an Stelle des letzteren genügt unter Umständen das Angebot einer Sicherheit, deren Art und Höhe vom richterlichen Ermessen abhängt. Das Gesuch richtet sich an das Gericht der Hauptsache oder an dasjenige Amtsgericht, in dessen Bezirke der mit Arrest zu belegende Gegenstand oder die in ihrer persönlichen Freiheit zu beschränkende Person sich befindet. In dringenden Fällen ist die Entscheidung dem Vorsitzenden des Gerichts allein überlassen. Das Gericht kann eine vorgängige Sicherheitsleistung anordnen, auch bestimmen, daß Arrestleger, über dessen Hauptanspruch noch kein Verfahren schwebt, binnen gewisser Frist Klage erhebe. In dem Arrestbefehle ist ein Geldbetrag festzustellen, durch dessen Hinterlegung der Vollzug des Arrestes gehemmt und der Schuldner zu dem Antrage auf Aufhebung des vollzogenen Arrestes berechtigt wird. Gegen die Rechtmäßigkeit eines erwirkten Arrestes ist Widerspruch zulässig. **Derselbe hat für den Arrest keine aufschiebende Kraft, führt aber zu einer mündlichen Verhandlung, die durch Endurtheil entschieden wird. Die Ausführung** des Arrestes muß binnen zwei Wochen seit Verkündung bzw. Zustellung des Befehls Statt haben und bedarf der Vollstreckungsclausel nur, wenn nach Erlassung des Befehls eine Rechtsnachfolge auf Seiten des Gläubigers oder des Schuldners eingetreten ist.

Die frühere Praxis legte dem dinglichen Arrest die Wirkung eines bloßen Veräußerungsverbotes bei. Nach C.Pr.O. § 810 erhält Arrestleger an den für ihm beschlagnahmten Vermögensobjecten ein Pfandrecht und somit einen Vorzug vor den übrigen Gläubigern. Der Vollzug des Arrestes geschieht je nach seiner Art durch Verhaftung des Schuldners C.Pr.O. § 785–794 oder durch eine vom Gerichtsvollzieher vorzunehmende Pfändung des beweglichen Vermögens. Bezüglich der Grundstücke wird gemäß den Landesgesetzen vgl. Pr.G. vom 13. Juli 1883 § 10 auf Antrag des Gläubigers eine Vormerkung in Höhe des zu sichernden Geldbetrages eingetragen.

Die Aufhebung eines vollzogenen Arrestes wird vom Gericht ausgesprochen, wenn Schuldner den im Befehl festgestellten Geldbetrag hinterlegt oder Gläubiger die für die Fortdauer des Arrestes nothwendigen Kosten nicht vorschießt. Gegen diesen Beschluß findet sofortige Beschwerde Statt.

Anderweite Zwangsmaßregeln, welche das Gericht zur Sicherung eines Anspruchs trifft, bestehen in einstweiligen Verfügungen und Sperrvermerken.

Einstweilige Verfügungen haben den Zweck, den bestehenden Zustand des Streitgegenstandes zu erhalten oder ein streitiges Rechtsverhältniß vorläufig zu regeln, sofern dies zur Abwendung wesentlicher Nachtheile nöthig erscheint. Dafür ist das Gericht der Hauptsache zuständig, in dringenden Fällen auch das Amtsgericht, in dessen Bezirke sich die Streitsache befindet. Welche Maßnahmen zur Erreichung des Sicherungszwecks erforderlich sind, bestimmt das Gericht nach freiem Ermessen. C.Pr.O. § 817. Meist wird ein Veräußerungsverbot an den Gegner erlassen oder eine Sequestration über die Streitsache verhängt. Im letzteren Falle nimmt ein vom Gericht bestellter Sequester den Gegenstand in Verwahrung bzw. Verwaltung, um ihn nach Entscheidung des Rechtsstreits an den Sieger auszuliefern.

Sperrvermerke sind Eintragungen in das Grundbuch, welche bei Eröffnung des Concurses R.K.O. § 106, bei Einleitung der Zwangsversteigerung Pr.G. vom 13. Juli 1883 § 18 verfügt werden, um den Schuldner in der Disposition über sein Grundstück zu beschränken.

B. **Durch private Acte** werden Rechte gesichert in Form von Verwahrung, Vorbehalt und Pfändung.

I. **Die Verwahrung** (protestatio) legt der dazu Befugte ein, um sein Recht durch Kundmachung aufrecht zu erhalten. Meist richtet sie sich gegen die Annahme eines Einverständnisses mit schädigenden Handlungen Anderer. A.L.R. § 466–468 I, 14. In dieser Weise wird der Verzug des Schuldners klar gelegt l. 23 § 1 D. 22, 1, die Ersitzung des Gegners gehindert. l. 2 C. 7, 40. Ihren Namen führt die Protestation von der in Rom üblichen Denuntiation im Beisein von Zeugen. l. 1 § 3–4 D. 25, 3. Heute wird in der Regel gerichtliche Vermittlung, Zustellung durch einen Gerichtsvollzieher verlangt. Eine besondere Art der Ver-

wahrung bilden die Vormerkung im Grundbuch, die Proteste in Handels- und Wechselsachen, von welchen an passender Stelle die Rede sein wird.

II. **Der Vorbehalt** (reservatio) dient dazu, eine nachtheilige Auslegung eigner Handlungen abzulehnen. A.L.R. § 469 I, 14. Dadurch beugt Derjenige, welcher aus Pietät den Erblasser beerdigte, Nachlaßsachen vor Untergang bewahrte, dem Schlusse vor, als ob er die Erbschaft antreten wolle. l. 20 § 1 D. 29, 2. Der Hypothekengläubiger, welcher dem Verpfänder die Veräußerung der verhypothecirten Sache gestattet, schließt durch einen Vorbehalt den in dieser Erlaubniß liegenden Verzicht auf sein Pfandrecht aus. l. 4 § 1 D. 24, 6.

III. **Die Pfändung** besteht in der eigenmächtigen Besitznahme fremder Sachen, um sich Ersatz für zugefügten Schaden zu sichern oder künftige Beeinträchtigungen abzuwehren. Diese Art der Selbsthülfe (Schüttung) ist deutschrechtlichen Ursprungs. Früher diente sie in einigen Fällen zur Befriedigung des Gläubigers, z. B. bei Forderungen aus „kundlichen, redlichen und unlogenbaren" Urkunden (instrumenta guarentigiata), in denen sich Schuldner „mit oder ohne Recht" zur Zahlung verpflichtet hatte, und bei Ansprüchen des Grundherrn gegen seinen säumigen Zinsmann. Heute kommt sie nur als Sicherungsmittel vor, insbesondere wenn fremdes Vieh ertragsfähigen Boden beschädigt oder Personen bei Schadensstiftung bzw. Besitzstörung auf Grundstücken betroffen werden. vgl. Ssp. II, 27 § 4; 28 § 2. Voraussetzung ist der Mangel richterlicher Hülfe und die Nothwendigkeit, sich in dieser Gestalt einen Beweis zu schaffen. Als berechtigt zur Pfändung gilt jeder Interessent am Grundstück, mag er Schaden leiden oder bloß in seinem Rechte bedroht sein. Die Ausübung kann durch seine Dienstleute, Flurhüter ꝛc. erfolgen. Zur rechtmäßigen Pfändung gehört, daß sie auf frischer That geschieht, innerhalb der gefährdeten Feldflur und pfleghaft, d. h. ohne unnöthige Gewalt und nur bezüglich so vieler Gegenstände, als zur Deckung des Schadens sowie der Kosten ausreichend erscheint. Aus unrechtmäßiger Pfändung (Exceß) entsteht eine Ersatzklage des Gepfändeten, doch darf derselbe weder Pfandkehrung durch Wiederentreißung der gepfändeten Sachen üben, noch zur Gegenpfändung seines Gegners greifen. Der Pfändende hat den Eigenthümer des Pfandes auszumitteln und von ihm Lösung, d. h. Ersatz des Schadens und etwaiger Aufwendungen, z. B. für Pflege des Thieres (Pfandgeld) zu verlangen. Weigert sich der Eigenthümer oder ist er nicht auffindbar, so wird das Pfand versteigert und der Erlös zur Deckung von Kosten und Schäden verwandt.

Das A.L.R. § 413–465 I, 14, das ähnlichen Grundsätzen folgt, verpflichtet den Pfändenden zur sofortigen Anzeige bei der Behörde, welche die Pfandsache in Verwahrung (Pfandstall) nimmt und das weitere Verfahren leitet. Die Ersatzansprüche aus Weidefreveln und unbefugtem Uebertritt von Reit-, Zugthieren auf fremde Grundstücke vgl. Pr.G. vom 1. April 1880 werden im Obligationenrecht behandelt werden.

Zweiter Haupt-Theil.

Das Vermögens-Recht.

Erstes Buch.

Sachen-Recht.

Erster Titel.

Besitz.

§ 94.

Römischer Begriff.

D. 41, 2 de acquirenda vel amittenda possessione.

A. Natur.
Thatsache mit rechtlichen Folgen.
B. Recht des Besitzes.
Gesicherte Lage des Besitzers, der bei einem Streit über das Recht an der Sache als Beklagter gilt.
Grundlage des Eigenthumserwerbes.
C. Systematische Stellung des Besitzes.

A. Natur.

Besitz (possessio) ist die thatsächliche Herrschaft einer Person über eine Sache, in der Absicht für sich darüber zu verfügen.

Besitz ist der factische Ausfluß physischer Macht, dagegen Eigenthum das Recht allgemeiner Herrschaft auf Grund des Gesetzes. Besitz läßt sich in einer menschlichen Gesellschaft ohne Staatsorganisation denken. Eigenthum ruht einzig auf der Autorität des Staates. Wie auch immer die Bildung von Staatswesen erfolgt sein mag, jedenfalls wurde dadurch der Urzustand natürlichen Besitzes zum rechtlich geschützten Eigenthum sanctionirt. Freilich vollzog sich die Scheidung zuerst unbewußt und die Grenze blieb wohl noch schwankend. Daher finden sich im Kindesalter des Rechts Mischbegriffe, wie man sie im römischen usus, in der germanischen Gewere erkennen will.

Der Regel entspricht es, daß Besitz und Eigenthum in derselben Hand vereinigt sind. Insofern gilt der Besitz als eine Ausübung des Eigenthums, und Eigenthum als das Recht zu besitzen, obwohl damit der Inhalt des Eigenthums durchaus nicht erschöpft wird. Doch können sich Besitz und Eigenthum bei verschiedenen Personen befinden. Grade darin zeigt sich die thatsächliche Natur des Besitzes, daß er durch Delicte wie Diebstahl erworben wird bzw. verloren geht, und daß selbst der Rechtsnachfolger nicht eher Besitzer wird, als bis er seine Herrschaft durch Ergreifen der Sache oder sonstwie bethätigt hat.

Die Frage, ob eine Person, welche besitzt, auch ein Recht dazu hat, also zugleich Eigenthümer ist, steht für den Staat im Fall einer Besitzstörung erst in zweiter Linie. Vor allem erfordert die öffentliche Ordnung, daß der gegenwärtige

Besitzstand vor Angriffen gesichert werde. Daher schützt das Gesetz vorläufig den zeitigen Besitzer, ohne nach seinem Erwerbsgrund zu fragen und ohne zu forschen, auf welches Recht er sich stütze. Allein die gleiche Staatsrücksicht führt andrerseits zu Schranken: Der Besitzschutz reicht nicht weiter als gegen den unmittelbaren Störer und kommt auch Dem nicht zu Gute, welcher einen Andern eigenmächtig oder listig aus dem Besitz verdrängt hat und nun noch obendrein gegen dessen Eingriffe Staatshülfe verlangt.

Mit dem Resultat dieser mehr rechtspolitischen Entwicklung stimmen die römischen Quellen überein ‚possessio plurimum facti habet‘ l. 19 D. 4, 6. ‚eam rem facti non juris esse‘ l. 1 § 3 D. ht., non tantum corporis sed et juris est‘, l. 49 § 1 D. ht. ‚in summa possessionis non multum interest, juste quis, an injuste possideat‘ l. 3 § 5 D. ht. Der Besitz ist, wie Savigny es ausdrückt, eine Thatsache mit rechtlichen Folgen. Zuweit gehen Manche wie Gans, heute Bekker, welche aus dem Besitzschutz auf eine Rechtsverletzung schließen und dem Besitz die Natur eines Rechtes beilegen.

B. Recht des Besitzes.

Der Besitz als factisches Abbild des Eigenthums gewährt an sich Verfügung, Gebrauch und Genuß in Betreff der Sache. Aus der Thatsache der Herrschaft gehen auch Rechtsfolgen hervor, welche man als „Recht des Besitzes“ jus possessionis bezeichnet. Dazu gehören außer dem schon erwähnten Besitzschutz noch die vortheilhafte Lage eines Besitzers besonders im Rechtsstreit und die Möglichkeit, durch Besitz zum Eigenthum zu gelangen.

Der Besitzer einer Sache wird bei Collision gleicher Ansprüche meist bevorzugt. ‚possidentis melior est conditio sc. in pari causa‘ l. 10 D. 20, 1. l. 128 pr. D. 50, 17. ‚beati possidentes‘ l. 49 D. 50, 16. Er hat im Streit über das Recht an der Sache die gesicherte Stellung eines Beklagten. Kläger führt den Angriff, dieser muß den Titel, auf welchen hin er die Sache begehrt, beweisen l. 11 C. 3, 31 und nöthigenfalls den bösen Glauben des Besitzers darthun. Daher ist der Besitzproceß nicht bloß Selbstzweck, um dem entsetzten Eigenthümer auf schnelle und leichte Art die Sache vom Gewaltthäter zurückzuschaffen, sondern oft ein von den Parteien beabsichtigtes Vorspiel für den künftigen Eigenthumsstreit. Die Regelung der Besitzfrage vertheilt zugleich die Parteirollen ‚possessor und petitor‘ und entscheidet die Beweislast im nachfolgenden Eigenthumsstreit, l. 1 § 2–3 D. 43, 17. Die ältere Praxis bildete daraus den Satz, daß aus dem Besitz für Titel und Redlichkeit zu vermuthen sei. Doch fließen die genannten Besitz-Vortheile mehr aus den für den Durchschnitt passenden Beweisregeln: ‚ei incumbit probatio, qui dicit, non qui negat‘ oder ‚negantis nulla probatio‘ S. 265 und ‚quisquis praesumitur bonus, donec contrarium probetur‘.

In vielen Fällen bildet der Besitz die Grundlage des Eigenthumserwerbes. Wer eine herrenlose Sache in Besitz nimmt, erwirbt daran durch Occupation Eigenthum, und oft vollzieht sich der von den Parteien beabsichtigte Eigenthumsübergang durch Tradition, d. h. Besitzübergabe des Gegenstandes. Sogar der Besitz für sich, welcher durch gehörigen Erwerbsgrund (justus titulus) guten Glauben (bona fides) und eine ersitzungsfähige Sache (res habilis) besonders geartet ist, kann durch Länge der Zeit mittelst Ersitzung zum Eigenthum werden. Das „werdende" Eigenthum bonae fidei possessio genießt schon in diesem Entwicklungszustand petitorischen Rechtsschutz. Die Klage des Ersitzungsbesitzers heißt actio in rem Publiciana und richtet sich gegen Dritte, nur nicht gegen den wahren Eigenthümer. Dies ist um so wichtiger, da die Besitzklage, falls sich die Sache nicht mehr in der Hand des unmittelbaren Störers befindet, ihren Dienst versagt, und die Eigenthumsklage oft schwierig und undurchführbar erscheint.

C. Systematische Stellung des Besitzes.

Die Lehre vom Besitz ist vor das Eigenthum zu stellen. Denn im Besitz wird das Eigenthum ausgeübt, durch Besitz wird es erworben. Dem entspricht die Anordnung der Digesten, welche den Besitz 41, 2 vor der Ersitzung 41, 3 behandeln. Außerdem kann die Besitzklage dem Eigenthümer die Verfolgung erleichtern und den Eigenthumsstreit vorbereiten.

Einzelne wie Bruns folgern den Besitzschutz aus dem Recht der Persönlichkeit, die ihren Willen in die Sache legte und deshalb gegen fremde Eigenmacht und List aufrecht zu erhalten sei, ,j'y suis, j'y reste'. Danach würde der Besitz in die allgemeinen Lehren des Rechtes gehören.

Andere wie Savigny legen Nachdruck auf das in der Besitzstörung liegende Unrecht, aus dem eine Art Delictsobligation entspringe. Danach wäre der Besitz in das Recht der Forderungen zu stellen.

Der Besitz kommt, außer an körperlichen Sachen, auch an dauernden Vermögensrechten vor. Hier wird nur der Sach- oder Eigenthums-Besitz erörtert. Der Rechtsbesitz wird in seinem Haupt-Anwendungsgebiet, nämlich bei der Lehre der Servituten nachfolgen.

§ 95.

Erfordernisse.

A. Fälle des juristischen Besitzes.
B. Fälle der Detention.
C. Fälle des abgeleiteten Besitzes.
Faustpfand, Precarium, Sequestration, Emphyteuta?

Der Besitz besteht aus den beiden Elementen des corpus und animus.

Corpus ist die Möglichkeit, über eine körperliche Sache dauernd zu verfügen. Sie setzt eine allgemeine Herrschaft voraus, welche die Sache nach jeder Richtung und Beziehung hin ergreift.

Animus possidendi ist der Besitzwille. Ohne irgend welche psychische Erregung läßt sich kein Besitzverhältniß denken, s. g. possessio asinina. Der Besitzwille ist entweder ein voller rem sibi habendi oder ein theilweiser alieno nomine possidendi. Der volle Besitzwille besteht in der Absicht, wie ein Eigenthümer — nicht etwa „als solcher" — über die Sache zu verfügen. ,opinione domini' l. 22 § 1 D. 9, 4. Nach dem Ausdruck in der Paraphrase des Teophilus ψυχὴ δεσπόζοντος haben die Neueren ,animus domini' gebildet. Der unvollkommene Besitzwille richtet sich auf die Innehabung der Sache in fremdem Namen. l. 18 pr. D. ht.

Aus der Vereinigung von corpus und animus domini entsteht der eigentliche Besitz, welchem die Rechtsfolgen, insbesondere der Schutz zukommen. Die Quellen nennen ihn schlechtweg possessio l. 49 § 1 D. ht., heute spricht man von juristischem oder Interdicten-Besitz. Die Herrschaft in fremdem Namen entbehrt des selbständigen Besitzschutzes. Sie heißt in den Quellen in possessione esse l. 10 § 1 D, ht., tenere l. 9 D. 6, 1, corporaliter tenere l. 24 D. ht., heute Detention, Gewahrsam. In der Regel setzt die Detention einen fremden Besitz voraus, für den sie ausgeübt wird ‚praestat ministerium‘ l. 18 pr. D. ht., doch ist sie auch ohne ihn denkbar, z. B. an verlorenen Sachen in der Hand eines redlichen Finders. In einzelnen Fällen, welche Savigny abgeleiteter Besitz bezeichnet, führten Gründe der Zweckmäßigkeit dahin, auch dem bloßen Detentor die Besitzklagen zu geben.

Folgende Tabelle enthält eine Uebersicht über die Rechtsverhältnisse zu einer Sache vom Standpunkt des Besitzes:

A. Fälle des juristischen Besitzes.

Der Erwerb desselben beruht auf Rechtsgeschäften oder Delicten. Von den Rechtsgeschäften, welche sich zur Begründung einer dauernden Sach-Herrschaft eignen, sind als Beispiele zu erwähnen: Kauf, Tausch, Schenkung, Mitgift, Darlehn, Zahlung, Vergleich, Vermächtniß u. s. w. Die widerrechtliche Zueignung von Sachen geschieht durch Diebstahl, Raub, Erpressuug u. s. w. Solche Besitzer haben keinen anderen Grund für ihre Herrschaft, als eben ihren Besitz ‚possident, quia possident‘ l. 11–12 D. 5, 3.

B. Fälle der Detention.

Ihr Grund ist für die Thatsache der Innehabung gleichgültig, mag er auch durch seine „rechtliche“ Gestalt bedeutsame Wirkungen hervorrufen.

Detentoren ohne alles eigne Interesse sind Depositar, der eine anvertraute Sache verwahrt, und Finder, dem in Rom kein Fundrecht zusteht.

Commodatare, Miether, Pächter detiniren auf Grund obligatorischer Verstattung, Usuar und Nießbraucher in Folge Einräumung eines dinglichen Rechtes, das beim Superficiar sogar eigenthumsgleichen Umfang annimmt. All' diesen Detentoren geht im Fall einer Störung der körperliche Besitzschutz ab. Doch erwächst ihnen aus dem Nachweis ihres Anspruchs eine Ersatzklage gegen den persönlich verpflichteten Schuldner bzw. eine petitorische Geltendmachung ihres dinglichen Rechtes gegen jeden Dritten. Auf der Idee des Rechtsbesitzes beruht es, daß der Nießbraucher ꝛc. in der thatsächlichen Ausübung possessorisch geschützt wird.

C. Fälle des abgeleiteten Besitzes.

Faustpfandgläubiger, Precarist und Sequester sind trotz ihrer bloßen Detention mit Besitzklagen ausgestattet.

Beim Faustpfand (pignus) liegt es im Creditinteresse, daß Gläubiger, welcher im Besitz des Pfandes gestört wird, nicht allein vom guten Willen des Verpfänders abhängt, sondern selbst im Stande ist, summarisch gegen den Gewaltthäter einzuschreiten. Daher geht der Besitzschutz stets — auch gegen die Abrede der Parteien — auf den Faustpfandgläubiger über, während die Ersitzung für den Verpfänder weiter läuft. l. 36 D. ht. l. 16 D. 41, 3.

Das Precarium war die altrömische Form des Lehns. Dem Plebejer wurde gegen Eintritt in die Clientel des Herrn ein Grundstück verliehen. Dies

Treuverhältniß, obwohl es auf keinem Rechtstitel beruhte, dauerte auf Lebenszeit und brachte es mit sich, daß dem Lehnsmann erlaubt war, sich seines Besitzes gegen Dritte zu wehren. Später wird das Precarium zu einer Gebrauchsüberlassung von Sachen auf willkürlichen Widerruf. Die Sitte, den Precaristen als legitimirt für die Besitzklagen anzusehen, erhält sich, falls die Parteien nichts Anderes ausmachen. l. 4 § 1 D. 43, 26. Die Ersitzungslage Dessen, der precario verlieh, wird dadurch nicht gestört.

Die Sequestration findet in der Regel bei streitigen Gegenständen Statt. Man einigt sich, die Sache einem Vertrauensmanne zu überlassen, der sie dem Berechtigten ausliefern soll. Im Zweifel hat Sequester die Sache ‚custodiae causa' für den Sieger inne, dem auch die Ersitzung zu Gute kommt. l. 39 D. ht. Doch können sich die Parteien ausdrücklich ihres Besitzes begeben ‚possessionis omittendae causa'. Dann darf Sequester die Besitzklagen bei Störung selber brauchen, doch geht die Zwischenzeit für die Ersitzung verloren. l. 17 § 1 D. 16, 3.

Auch für den Emphyteuta wird abgeleiteter Besitz behauptet, obwohl sich l. 15 § 1 D. 2, 8 auf seinen Rechtsbesitz deuten läßt.

Manche finden in dem abgeleiteten, oder nach Brinz „anvertrauten" Besitz keine durch meist historische Umstände gerechtfertigte Anomalie, sondern eine Folge des allgemeinen Princips, daß der Besitzschutz als ein dem Recht verwandter Vortheil jedem Detentor überlassen werden kann. Allein den Depositar, Miether mit Besitzklagen ausrüsten, hieße die römische Besitztheorie auf den Kopf stellen.

§ 96.
Grund des Besitzes.

Nach dem Erwerbsgrund theilt man den Besitz in justa und injusta possessio. Eine Steigerung des rechtmäßigen Besitzes bildet der Ersitzungsbesitz bonae fidei possessio, welcher unter besondern Eigenschaften während einer gesetzlich bestimmten Zeit zum Eigenthum heranwächst. Eine Unterart des unrechtmäßigen Besitzes ist der fehlerhafte ‚vitiosa', der entweder vi durch Ueberwältigung des vorigen Besitzers, oder clam hinter seinem Rücken oder precario auf willkürlichen Widerruf erlangt ist. Ein precario verwilligter Besitz ist schon durch die Art der Einräumung fehlerhaft, wenn auch der des Diebes und Räubers schlimmer ist. l. 7 § 4 D. 10, 3, l. 13 § 1 D. 6, 2.

Auf den Erwerbsgrund kommt es für die Thatsache des juristischen Besitzes nicht an. Auch der fehlerhafte Besitz wird geschützt, nur nicht gegen Den, von welchem er herrührt. In diesem Sinne spricht man von einer exceptio vitiosae possessionis ab altero oder ab adversario.

Keiner kann sich den Grund, auf welchem seine thatsächliche Herrschaft ursprünglich fußt, durch bloße Wendung seines Willens ändern ‚nemo sibi ipse causam possessionis mutare potest'. l. 3 § 19 D. ht. So wird Detentor nicht durch seinen inneren Entschluß zum juristischen Besitzer, es sei denn, daß er seine Absicht durch rechtswidrige Behandlung der Sache kennzeichnet. Besonders wichtig ist der Satz für die Ersitzung, die nie aus einem verbotenen Geschäfte laufen kann. l. 30 § 2 D. 41, 3, l. 1 § 2 D. 41, 6. Daher war im alten Rom dem Depositar, Commodatar einer Sache nach dem Tode des Deponenten, bzw. Verleihers die usucapio pro herede versagt.

§ 97.

Mitbesitz.

Der Besitz ist in Folge seiner Natur ausschließlich. Mehrere können nicht dieselbe Sache, Jeder für sich ganz, besitzen ‚in quo ego sedeo, tu sedere non videris'. l. 3 § 5 D. ht. Die Ansicht der Sabinianer, daß eine Sache zugleich im rechtmäßigen Besitz des Einen und im unrechtmäßigen Besitz des Andern stehen könne, z. B. beim Precarium l. 15 § 4 D. 43, 26 wird in l. 3 § 5 D. ht. ausdrücklich verworfen. Freilich soll der Abwesende den Besitz seines Grundstücks nicht schon durch fremde Bemächtigung, sondern erst durch Kenntnißnahme davon verlieren l. 3 § 7, l. 6 § 1, l. 7, l. 25 § 1 D. ht. — aber dies läuft auf eine Concurrenz der Besitzklagen hinaus, welche der abwesende Besitzer gegen den Bemächtiger und dieser gegen dritte Störer hat. Darin, daß neben dem Sachbesitz durch Ausübung einer Befugniß ein Rechtsbesitz vorkommen kann, liegt keine Abweichung von der Regel.

Ein Mitbesitz Mehrerer compossessio ist zu Theilen der Sache denkbar. Nicht zu reellen Theilen, denn dies wäre ein Sonderbesitz eines Jeden an einem räumlichen Stück, sondern zu ideellen, die in Gedanken bestehen. Die Antheile müssen, damit sich der Besitzwille darauf richten kann, bestimmt und dem Besitzer bekannt sein. Ein unbestimmter Antheil ‚quidquid mei juris in eo fundo est' kann weder übergeben noch ersessen werden. l. 26 D. ht. Wissen also mehrere Mitbesitzer nicht, einen wie großen Antheil ein Jeder habe, so gilt nach der strengen aber richtigen Consequenz des Labeo ‚mera subtilitate' l. 32 § 2 D. 41, 3 Keiner von ihnen als Besitzer.

§ 98.

Subjecte.

Außer den Sclaven, welche der Persönlichkeit ermangeln, können im alten Rom Hauskinder keine juristischen Besitzer sein, weil ihnen rechtlich die Fähigkeit, für sich zu erwerben, abgeht. l. 49 § 1 D. ht. Später beschränkt sich dies auf den Erwerb ex re patris, d. h. in Verwaltung eines vom Vater eingeräumten Peculium.

Kinder, Geisteskranke sind durch natürliche Ursachen außer Stande, den Besitzwillen zu fassen. l. 18 § 1 D. ht. Doch ist für sie ‚utilitatis causa' ein Erwerb durch Handlungen ihrer Vertreter wie Vormünder, Pfleger zugelassen. l. 26 C. 8, 54 (53).

In l. 32 § 2 D. ht. heißt es ‚judicium infantis suppletur auctoritate tutoris'. Der Vormund ergreift die Sache für das Kind und ersetzt dadurch dessen fehlenden Willen. Puchta nimmt an, daß Kinder im höheren Alter zwar den auf Haben, aber nicht auf Behalten der Sache gerichteten Willen ‚affectus tenendi' fassen, daher genüge bei ihnen ein eigner Besitzact, den Vormund bloß durch seine Genehmigung zu ergänzen brauche. Allein dieser Unterschied zwischen infantia majores und minores ist nicht quellenmäßig. l. 1 § 3 D. ht.

Eine wirkliche Ausnahme enthält l. 3 C. 7, 32 für die einem Kinde geschenkten Sachen, nicht nur solche, die man einem Kinde zu schenken pflegt wie

Spielzeug, Naschwerk. Hier soll die feste Willensrichtung des Tradenten entscheiden und die Uebergabe an das Kind hinreichen.

Gemeinden können durch ihre Mitglieder keinen Besitz erwerben, ‚quia uni consentire non possunt‘ l. 1 § 22 D. ht., doch durch ihre Municipal-Sclaven; später dürfen es juristische Personen durch ihre Bevollmächtigten und Vorsteher. l. 2 D. ht., l. 7 § 3 D. 10, 4.

Vom Besitzerwerb für eine ruhende Erbschaft hereditas jacens l. 1 § 5 D. ht., l. 1 § 15 D. 47, 4 wird im Erbrecht die Rede sein.

§ 99.

Objecte.

Res extra commercium sind kraft des Gesetzes dem Vermögen entzogen und deshalb vom Besitz ausgeschlossen. l. 30 § 1 D. ht. Das Wasser im Glase, Fische im Behälter, Wild im eingegatterten Park können Gegenstand des Besitzes sein l. 3 § 14 D. ht.

Vermöge seiner körperlichen Natur kann sich der Besitz nicht erstrecken auf Begriffsganze wie Heerden und integrirende Bestandtheile einer zusammengesetzten Sache wie eines Hauses, Wagens. Bei Gesammtsachen ist ein Besitz nur denkbar an den einzelnen Stücken und bei einem mechanisch zusammengesetzten Ganzen nur an diesem selbst. vgl. S. 203. l. 23 pr. D. 41, 3, l. 15 § 12 D. 39, 2.

Eine Ausnahme findet sich bei Sachen, die man getrennt besitzt und später in ein ebenfalls besessenes Ganze einfügt. Dadurch geht der Besitz nicht verloren, folglich dauert er, und mit ihm vorliegenden Falls auch die Ersitzung, an den Theilen im Ganzen fort. Werden Theile aus einem Ganzen herausgenommen, so beginnt an ihnen ein neuer Besitz, eine neue Ersitzung. Dagegen bezieht sich der Eigenthumserwerb am Ganzen durch Ersitzung auch auf die Theile desselben. Diese Grundsätze werden für ‚tigna juncta‘ dadurch modificirt, daß an dem noch erkennbaren Baumaterial während der Einfügung die Ersitzung ruht und erst nach der Herausnahme weiter läuft. Labeo wählt in l. 30 § 1 D. 41, 3 das falsche Beispiel, folgt aber im Uebrigen der erörterten Darlegung. l. 6, l. 7 § 1, § 2 D. 10, 4 enthalten keinen Widerspruch, da sie kein Besitzhinderniß aufstellen, sondern bloß von der Exhibitionspflicht und einem etwaigen Ersitzungsmangel handeln.

An greifbaren Stücken einer Sache ist ein Besitz möglich, doch wird dies bei Mobilien meist unpraktisch sein. l. 8 D. 6, 1.

§ 100.

Civilbesitz.

In den Quellen werden die Namen civilis und naturalis possessio vielfach gebraucht.

Keinesfalls läßt sich darin mit Thibaut der Gegensatz von juristischem Besitz und Detention finden ‚nam et naturalis possessio ad hoc interdictum pertinet‘. l. 1 § 9 D. 43, 16.

Vielmehr ist civilis possessio Besitz nach Civilrecht.

Savigny versteht unter Civilrecht die Ersitzung und identificirt civilis mit bonae fidei possessio. Folglich bleibt für naturalis jeder andere Besitz übrig, der nicht durch Ersitzung zum Eigenthum führt.

Vangerow und Bruns nehmen Civilrecht als Recht des Besitzes und erklären civilis possessio als rechtlich erlaubte Innehabung in der Absicht für sich über die Sache zu verfügen oder als Besitz eines fähigen Subjects an einem fähigen Object ohne civilen Mangel des Grundes. Auf die Ersitzbarkeit der Sache res habilis kommt es nicht an. Naturalbesitzer können darnach sein: der juristische Besitzer, welchem es an einem gehörigen Titel fehlt l. 1 § 10 D. 43, 16, der abgeleitete Besitzer l. 3 § 15 D. 10, 4, und der Detentor. l. 24 D. ht., l. 2 § 1 D. 41, 5.

§ 101.

Erwerb.

A. In eigner Person.

Erwerber muß in sich die Erfordernisse des Besitzes corpus und animus vereinigen.

I. Körperliche Herrschaft.

Sie besteht in der Möglichkeit vollständiger Einwirkung auf die Sache und wird durch „Apprehension" begründet. Erwerber ergreift den Besitz entweder durch einseitige Handlung s. g. Occupation oder mit Hülfe des Vorbesitzers s. g. Tradition. Selbst der durch Uebergabe erlangte Besitz ist originär, d. h. eine durch den Erwerber hervorgebrachte neue Herrschaft. Die Regeln über die Rechts-Nachfolge wie ‚nemo plus juris transferre potest quam ipse habet' l. 54 D. 50, 17 finden auf die Thatsache des Besitzes keine Anwendung.

Die Occupation geschieht durch einen augenfälligen Act ‚tactu'. Für die Besitznahme des Wildes genügt nicht, daß der Jäger seine Spur verfolgt, es verwundet ‚quia multa accidere possunt, ut bestiam non capiamus' l. 5 § 1 D. 41, 1, sondern er muß es fangen, erlegen und seine Verfügung durch äußere Merkmale wie Wegschaffen, wirksames Fesseln, Ausweiden des Thieres kund thun. Den Besitz eines vergrabenen Schatzes erwirbt man nicht durch bloße Kenntniß seiner Lage, man muß ihn auch heben ‚loco movere' l. 3 § 3 D. ht. Beute im Kriege soll man festhalten, für den Feind wird sogar erfordert, daß er sie in Sicherheit ‚intra praesidia' gebracht habe. l. 5 § 1 D. 49, 15.

Bei der Tradition ist Betasten, Betreten der Sache nicht nöthig, vielmehr reicht jede im Einverständniß mit dem Tradenten ‚oculis et affectu' begründete Verfügung aus. Dies ist die s. g. longa manu traditio, z. B. durch Zeigen des Grundstücks vom Thurme aus l. 18 § 2 D. ht., l. 79 D. 46, 3, Einhändigung der Kellerschlüssel zu dem da aufbewahrten Wein l. 1 § 21 D. ht., Uebernahme der Custodia über die in einem Haus befindlichen Mobilien oder die auf einem Lagerplatz aufgestapelten Materialien l. 3 § 13, l. 51 D. ht., Anzeichnen geschnittener Balken l. 15 (14) § 1 D. 18, 6. Savigny verlangt eine gegenwärtige unmittelbare Einwirkung und beruft sich auf l. 1 § 21 D. ht. und l. 74 D. 18,1, wo in den Worten ‚in re praesenti‘ ‚apud horrea‘ die Nähe der Sache vorausgesetzt wird. Allein diese Zuspitzung auf ein Erblicken der Sache würde zu ängstlichen Formalitäten führen. Freilich darf der Verfügung kein Hinderniß wie Verschluß des Raumes entgegenstehen s. g. vacua possessio, und bloße Symbole wie Signiren der Sache, z. B. der verkauften Bäume mit dem Forsthammer, Auslieferung des Kaufinstruments sind an sich zur Uebergabe ungeeignet.

Ein besonderer Fall der longa manu Tradition ist die Anweisung des Verkäufers einer Sache an deren Detentor wie Miether, den Gegenstand nunmehr im Namen des Käufers inne zu haben. Ein Ungehorsam des Detentors würde die Uebergabe hindern, aber ihn zum gewaltthätigen Besitzer ‚invasor rei alienae‘ machen ‚nisi forte propter justam et probabilem causam id fecisset‘. l. 12, l. 18 D. 43, 16.

II. Besitzwille.

Die Erwerbsabsicht ist nicht mit der Kenntniß gleichbedeutend. So erwirbt, wer eine Falle aufstellte, Besitz an dem darin gefangenen Thier, falls nur die Anstalt für derartige Thiere bestimmt und geeignet ist. l. 55 D. 41, 1. Auch die Uebergabe von Sachen geschieht, wenn man sie in dieser Absicht in ein Behältniß, z. B. Briefkasten bringt, welches Erwerber zu diesem Behuf anlegte.

Besondere Fälle, in denen eine zeitliche Verschiedenheit zwischen der körperlichen Uebergabe und der Annahme des Besitzwillens herrscht, bilden die brevi manu traditio und das constitutum possessorium.

a) Bei der **brevi manu traditio** wird Detentor, welcher bereits die Sache inne hat, von dem bisherigen Besitzer ermächtigt, nunmehr den Gegenstand „in eignem Namen“ weiter zu behalten. Z. B. der Miether, Pfandgläubiger kauft die Sache l. 9 § 1 D. 6, 2, l. 9 § 5 D. 41, 1 oder der Depositar einer verschlossenen Geldsumme erhält die Verbrauchserlaubniß. l. 9 § 9 D. 12, 1.

b) Beim **constitutum possessorium** nimmt Erwerber vorerst in Folge einer Abrede mit dem Tradenten den vollen Besitzwillen an, beläßt aber die Sache noch im vorläufigen Gewahrsam des ehemaligen Besitzers. Oder vom umgekehrten Standpunkt: Der Besitzer einer Sache beschließt ‚constituit‘ und erklärt, dieselbe nunmehr im Namen des Erwerbers detiniren zu wollen. l. 18 pr. D. ht. Z. B. der Schenkgeber eines Grundstücks pachtet es vom Beschenkten l. 77 D. 6, 1 oder wer eine Sache für einen Andern aber im eignen Namen und auf eigenes Risico erwarb, zeigt dem Auftraggeber an, daß er für ihn den Gegenstand als Depositar aufbewahre. l. 59 D. 41, 1. Dies paßt namentlich auf die Einkaufs-Commissionäre des H.G.B. Art. 360 und setzt für die s. g. Banquier-Depots voraus, daß eine Ausscheidung der Börsen-Effecten aus ihrer Gattung, z. B. durch Nummern-Aufgabe, Couvertiren geschehen ist.

Beide Fälle a und b erleichtern nur den Mechanismus der Besitzübergabe, brauchen aber nicht auf einem „gültigen“ Rechtsgeschäft zu beruhen. Das constitutum possessorium dient bisweilen zur Beeinträchtigung der Gläubiger, welche in Hinblick auf die Vermögensobjecte des Schuldners Credit gewähren, ohne zu wissen, daß diese schon verkauft und nur zurückgeliehen sind. Hier kann das zu Grunde liegende Geschäft nach freier richterlicher Würdigung zur Anfechtung des

Eigenthumsüberganges führen. Deshalb verlangen in manchen Fällen moderne Gesetzgebungen, z. B. das H.G.B. Art. 306, zum Schutz des redlichen Erwerbers von Waaren, die wirkliche Uebergabe in die Verfügungsgewalt des Empfängers.

B. Durch Vertreter.

Im alten Rom erwarben Gewaltunterworfene „nothwendig" für ihren Herrn l. 15, l. 40 pr. D. ht., der Erwerb peculiari nomine, selbst der Ersitzungsbesitz kam dem Gewalthaber ohne seine Kenntniß zu Gute. l. 3 § 12, l. 4 D. ht., l. 31 § 3, l. 47 D. 41, 3.

Der Besitzerwerb durch gesetzliche Stellvertreter wurde aus Zweckmäßigkeit zugelassen S. 292, wobei es von Natur aus auf die Kunde des Vertretenen nicht ankommen konnte. l. 13 § 1 D. 41,1.

In der Kaiserzeit gestattete man Besitzerwerb durch Procuratoren, d. h. Freigelassene, die noch in Geschäften ihres ehemaligen Herrn thätig blieben, und später auch durch jeden freien Bevollmächtigten.

Der Besitz wird dem Principal ohne Rücksicht auf seine Kenntniß durch die Apprehension seines Vertreters unmittelbar erworben, ‚ignoranti acquiritur'. l. 42 § 1 D. ht. Daher genügt Generalmandat, wie es Vermögensverwaltern, Handlungsbevollmächtigten ertheilt wird, aber nicht auftraglose Geschäftsführung, es sei denn, daß sie nachträglich genehmigt wird. l. 23 (24) D. 3, 5. Der Vertreter muß als solcher die Besitznahme für den Herrn vornehmen. Diese Absicht kann aus seinen Erklärungen oder sonstigen Umständen hervorgehen. In seiner Stellung als Beauftragter liegt sie an sich nicht, zumal wenn er als Einkaufs-Commissionär die Verbindlichkeiten des Geschäftes auf sich nimmt. Das Furtum, welches ein Vertreter durch die rechtswidrige Annahme des animus domini begeht, l. 43 (44) D. 47, 2, schließt seinen eignen Besitzerwerb nicht aus. Der heimliche Wille des Vertreters, z. B. eines Boten, für sich selber zu erwerben, soll nicht schaden, wenn nur der Tradent den Principal in der Person seines Vertreters zum Besitzer machen will. l. 13 D. 39, 5. Der scheinbare Widerspruch mit den Worten in l. 37 § 6 D. 41, 1 ‚nihil agetur' löst sich, wenn man dazu ‚ex ea mente procuratoris' ergänzt. Ebenso muß das Interesse des Principals entscheiden, wenn der Tradent den Vertreter zum Besitzer machen, dieser aber für den Herrn erwerben will.

Der Ersitzungsbesitz erfordert die Redlichkeit des Principals und kann daher nicht vor seiner Kunde beginnen. l. 1 C. 7, 32. Ueber die durch actio nata begründete Ausnahme für den außerordentlichen Ersitzungsbesitz wird in dieser Lehre gehandelt werden.

§ 102.

Verlust.

A. In eigner Person.
I. Unmöglichkeit der Einwirkung.
II. Aufgabe des Besitzwillens.
B. Durch Vertreter.

Der Besitz geht verloren corpore aut animo in contrarium acto, d. h. durch Umkehrung einer der beiden Erwerbsvoraussetzungen in ihr Gegentheil. Diese oft bezeugte l. 44 § 2 D. ht. und auch dem Besitz-Begriff entsprechende Regel wird nur von Paulus in l. 153 D. 50, 17, vgl. auch l. 8 D. ht. geläugnet:

quemadmodum nulla possessio acquiri, nisi animo et corpore potest, ita nulla amittitur, nisi in qua utrumque in contrarium actum est'. Mag es gelingen utrumque in Hinblick auf l. 10 § 13 D. 38, 10 als „eins von beiden" zu erklären, so bleibt doch die cumulative Parallele ein unlöslicher Rückstand.

A. In eigner Person.

I Unmöglichkeit der Einwirkung.

Dazu genügt nicht, daß die durch Apprehension begründete Verfügung sich abschwächt, z. B. indem Besitzer sich vom Grundstück entfernt, die Mobilie vergräbt oder aus Furcht vor den Drohungen Anderer aus der Hand legt. Selbst Bergtriften, Maremmen, die zu bestimmten Jahreszeiten unwegsam bzw. unwohnlich werden, fallen dadurch nicht aus dem Besitz. l. 3 § 11 D. ht. Verlegte Sachen sind nicht verloren, denn der Besitzer weiß, daß sie sich in seiner Gewalt befinden und kann sich nur augenblicklich nicht an den Ort ihrer Lage erinnern. l. 3 § 13 D. ht. Gleich stehen Thiere, die sich in der Custodia ihres Herrn verlaufen haben oder Sachen, die man in einem öffentlichen Local oder Fahrzeug liegen ließ, so lange die Verfügung dauert. Flüchtige Sclaven sammt den Sachen, welche sie mit sich nahmen, bleiben im Besitz ihres Herrn. ,quod is, quemadmodum aliarum rerum possessionem intervertere non potest, ita ne suam quidem potest'. l. 15 D. ht.

Die Gewalt und damit der Besitz hört auf durch Dejection aus dem Grundstück, Entwendung der Sache, es sei denn, daß der Besitzer den Gewaltthäter unmittelbar wieder verdrängte. ,vim vi repellere licet' l. 1 § 27 D. 43, 16. Als verloren gelten Sachen, die, z. B. durch Aenderung des Flußlaufes außer Verkehr treten l. 3 § 17 D. ht., wilde Thiere, die ausbrechen, gezähmte, welche die Gewohnheit ihrer Rückkehr verlieren, und zahme, wenn sie sich dauernd verirren. Bei Grundstücken tritt die schon S. 292 erwähnte Besonderheit ein, daß ihr Besitz für den abwesenden Herrn trotz fremder Bemächtigung fortdauert ,solo animo retinetur' l. 46 D. ht. und erst mit dessen Kenntnißnahme wegfällt. Ist der Herr unmündig, wahnsinnig, so wird Wissen des Vormundes gefordert. l. 27 D. ht.

II. Aufgabe des Besitzwillens.

Dazu genügt nicht die Ablenkung der Gedanken von der Sache, sondern erst der Wille, sie nicht mehr zu besitzen. l. 3 § 6, l. 17 § 1 D. ht. Unmündige, Geisteskranke können diesen Entschluß nicht fassen. l. 29 D. ht. In der einem Andern ertheilten Ermächtigung, sich in den Besitz einer Sache zu setzen, liegt nach l. 34 pr. D. ht. keine Aufgabe des Besitzwillens. Der Tod endigt den Willen, also auch den Besitz, der vom Erben stets neu ergriffen werden muß. Dagegen succedirt der Erbe in die Ersitzungslage des Erblassers. l. 30 pr. D. 4, 6.

B. Durch Vertreter.

Ein durch Vertreter wie Miether, Depositare ꝛc. ausgeübter Besitz hört auf, wenn entweder Vertreter die Gewalt über die Sache dauernd verliert oder der Herr seinen Besitzwillen aufgiebt bzw. stirbt. l. 1 § 22 D. 43, 16. Sonach schadet weder Tod, Wahnsinn, Willensänderung, arglistige Entfernung des Vertreters l. 3 § 8, l. 25 § 1, l. 32 § 1, l. 40 § 1 D. ht., l. 60 § 1 D. 19, 2, noch andererseits die Vertreibung des Herrn durch Dritte, falls nur sein Vertreter für ihn die Sache weiter behält. l. 1 § 45 D. 43, 16. Doch muß man wohl einen Besitzverlust annehmen, wenn ein Dritter sich der vom Vertreter verlassenen Sache bemächtigt oder sie von demselben zu eignem Besitz übergeben erhält. l. 44 § 2 D. ht., l. 33 § 4 D. 41, 3. Nur bei Grundstücken soll die auf der Untreue des Vertreters beruhende Bemächtigung Dritter für den Herrn erst mit seiner Kenntnißnahme wirksam werden. l. 25 § 2 D. ht. Justinian sucht in l. 12 C. 7, 32 den Herrn gegen jeden Verrath seines Vertreters ‚desidia vel dolus' zu schützen.

An seinen Vertreter verliert man den Besitz nicht schon durch dessen Willen für sich zu besitzen l. 3 § 18 D. ht. S. 291, sondern erst dadurch, daß er seine Untreue durch offenbaren Ungehorsam gegen den Herrn, Dejection desselben, Mißbrauch der Sache äußert. l. 47 D. ht. vgl. aber l. 12 C. 7, 32.

§ 103.

Schutz.

A. Interdicte im Allgemeinen.
 I. prohibitoria.
 II. restitutoria.
 III. exhibitoria.
B. Besitz-Interdicte.
 I. retinendae possessionis causa.
 II. recuperandae „ „
 III. adipiscendae „ „
C. Verfahren.
D. Grund des Besitzschutzes.
 I. Absolute Theorien.
 II. Relative Theorien.
E. Interdicte retinendae possessionis causa.
 I. Für Mobilien.
 II. Für Immobilien.
  a) Kläger.
  b) Beklagter.
  c) Ziel.
  d) Einreden.
   1. Verjährung.
   2. Fehlerhafter Besitz (recuperatorische Wirkung?).
F. Interdicte recuperandae possessionis causa.
 I. Bei gewaltsamer Entsetzung.
  a) Kläger (Mobilien?).
  b) Beklagter.
  c) Ziel (juram. Zenonianum).
  d) Einrede der Verjährung.
 II. Bei Ueberlassung auf willkürlichen Widerruf.
  a) Kläger.
  b) Beklagter.
  c) Ziel.
  d) Einrede.

A. Interdicte im Allgemeinen.

Es sind obrigkeitliche Befehle zum vorläufigen Schutz eines Zustandes. Sie entsprangen der Polizeigewalt des Prätors, um Verhältnisse des öffentlichen und Sakral-Rechtes, welche des civilen Charakters ermangelten, in schleuniger Weise gegen Störungen zu sichern. l. 1 D. 43, 1. Der Magistrat erließ auf einseitigen Antrag einen Entscheid ‚vim fieri veto' oder ‚restituas' ‚exhibeas', den er, falls der zu Grunde gelegte Sachverhalt sich als richtig herausstellte, durch Geldstrafen und Pfändungen durchsetzte. Später wurden Interdicte nach Gehör beider Parteien ertheilt ‚inter duos dicuntur', bei Widerspruch bzw. Ungehorsam eines Theils wurde der Streit durch Wetten in das Stadium ‚in judicio' übergeleitet und durch Spruch eines Geschworenen erledigt. Gaj. IV § 138 ff. Das Verfahren zeichnete sich durch summarischen Gang aus und fand deshalb auch bei andern Thatbeständen Anwendung. Im Laufe der Zeit sah man von dem Befehl im Einzelfall ab und gab die Interdicte auf Grnnd des Edicts als ordentliche Rechtsmittel. Allein der materielle Unterschied von den Actionen ist geblieben, daß diese den Nachweis eines Rechtes voraussetzen und auf definitive Anerkennung desselben gegen jeden Dritten gehen.

Man theilt die Interdicte nach ihrem allgemeinen Inhalt in drei Arten l. 2 D. 43, 1.

I. **prohibitoria** auf Verbot einer Störung z. B. ne quid in loco sacro fiat D. 43, 6, in loco publico vel itinere D. 43, 8, de via publica D. 43, 11, ne quid in flumine publico ripaque ejus fiat, quo pejus navigetur D. 43, 12, ferner de mortuo inferendo, ne ei vis fiat, qui in possessionem missus est D. 43, 4, de arboribus caedendis D. 43, 27, de migrando D. 43, 32 &c.

II. **restitutoria** auf Rückgabe von Gegenständen, Herstellung bzw. Wegnahme einer Anstalt, z. B. demolitorium l. 20 pr. D. 39, 2, quod vi aut clam D. 43, 24 &c.

III. **exhibitoria** auf Vorweisung einer Person oder Sache, z. B. de homine libero exhibendo D. 43, 29 de liberis, de uxore, de tabulis, thesauro &c.

B. Besitz-Interdicte.

Sie zerfallen in drei Arten:

I. **retinendae possessionis causa** zur Aufrechterhaltung eines bestehenden Besitzes gegen Störung, im ältern Recht Utrubi für Mobilien, Uti Possidetis für Immobilien, später verschmolzen.

II. **recuperandae** possessionis causa zur Wiedererlangung eines verlorenen Besitzes: Unde Vi bei gewaltsamer Entsetzung aus Grundstücken — früher unterschied man noch de vi publica oder privata — und de precario bei Ueberlassung einer Sache auf willkürlichen Widerruf. Streitig ob im alten Recht auch ein interdictum de clandestina possessione vorkam vgl. l. 7 § 5 D. 10, 3.

III. **adipiscendae** possessionis causa zur Verschaffung eines Besitzes, den man bisher nicht hatte, z. B. quorum bonorum des Erben auf die körperlichen Erbschaftssachen, Salvianum des Verpächters auf das eingebrachte Inventar, das ihm wegen rückständiger Pachtgelder verpfändet ist.

Das interdictum retinenda p. heißt duplex, weil in Folge der exceptio vitiosae possessionis S. 291 Kläger zur Herausgabe des Besitzes an den Beklagten verurtheilt werden kann. Insofern sind die andern Interdicte simplicia.

Wirklich possessorisch sind nur die interdictae retinendae und recuperandae p., weil sie auf der Thatsache des gestörten Besitzes ruhen. l. 1 § 2–4 D. 43, 17. Mehr petitorisch ist das interdictum adipiscendae, weil es sich auf eine Berechtigung, z. B. Erbrecht, Pfandrecht gründet, doch zielt es auch nur: gegen bloße Bescheinigung des zu Grunde liegenden Rechtes auf vorläufige Regelung des Besitzstandes.

Im Besitzproceß kann Beklagter sein petitorisches Recht weder als Einrede noch als Widerklage anbringen. Doch schließt die Anstellung der Eigenthumsklage den getrennten Anspruch auf eine Besitzregulirung für die Zwischenzeit nicht aus. l. 12 § 1 D. ht. Meist ist der Besitzstreit nur eine Einleitung zur petitorischen Klage, deren Angriff von Demjenigen unternommen wird, welcher im Vorspiel die Rolle des Besiegten davontrug. Dies mag auch der historische Grund zur Einführung der Interdicte sein, obwohl ihn Manche auf den Schutz der longa possessio am ager publicus zurückführen.

C. Verfahren.

In Anwesenheit der Parteien gab der Prätor den Befehl, die Besitzstörung zu unterlassen bzw. die entnommene Sache auszuliefern. Das Interdict war bedingt gefaßt. Fügte sich der Störer, so war das Verfahren zu Ende. Bei Ungehorsam kann es, falls der Magistrat nicht selbst entschied, zu einer Wette und Gegenwette sponsio et restipulatio, welche durch Litiscontestation in das Verfahren in judicio überging und vom Geschworenen entschieden wurde ‚utrius sacramentum justum, utrius injustum sit.‘ Dabei sollte nur die Thatsache des letzten ruhigen Besitzes im Verhältniß zum Gegner, und nicht das Recht zu besitzen maßgebend sein.

Die Wette war ernstlich gemeint. Beide Parteien legten ihren Einsatz in sacro nieder, und der unterliegende Theil verwirkte seine Summe zur Strafe an den Staat. Die Besitzfrage während des Processes regelte der Magistrat durch eine Versteigerung des Genusses der Sache an den Meistbietenden, s. g. fructuum licitatio. Gewann derselbe die Wette, so behielt er die Sache. Siegte aber sein Gegner, so verfiel die erlegte oder durch praedes litis et vindiciarum sichergestellte Caution an das Aerar und die Herausgabe des Objectes sammt Ersatz der Früchte wurde mit dem interdictum Cascellianum erzwungen. Gaj. IV § 166 ff.

Einkleidung des Processes in Wettform, Vertheilung des provisorischen Besitzstandes nach Meistgebot veralten schon frühzeitig. In der Kaiserzeit wird die Besitzklage zu einer unmittelbaren Rechtsfolge des Edicts. Unter Diocletian wird durch l. 2 C. 3, 3 auch die Trennung der Stadien in jure und in judicio abgeschafft und dem Beamten allein Untersuchung wie Urtheilsfällung überlassen.

D. Grund des Besitzschutzes.

I. Die **absoluten Theorien** finden ihn in der Natur des Besitzes, weil derselbe ein Recht sein soll, oder weil der in die Sache gelegte freie Wille sich gegen Gewalt und List Anderer erhält. S. 289.

II. Die **relativen Theorien** gehen von äußerer Zweckmäßigkeit aus. Savigny hält den gewaltsamen Eingriff in fremden Besitz für ein Unrecht, das eine Delictsobligation erzeuge. Allein nicht jede Besitzstörung ist eine Gewaltthätigkeit und aus der historischen Entwicklung römischer Interdicte folgt, daß der Eingriff erst durch Ungehorsam gegen den prätorischen Befehl zum Unrecht wurde. Ihering präsumirt jeden Besitzer als Eigenthümer, der deshalb einen erleichterten Schutz verdiene. Allein wie läßt sich diese Vermuthung, die von Rechtswegen unanfechtbar sein soll, beim Diebe aufrecht erhalten, und wird sie nicht auch durch die exceptio vitiosae possessionis ab altero zerstört?

Am richtigsten erscheint die Meinung von Windscheid, daß in einem geordneten Staatswesen der thatsächliche Vermögensstand unantastbar sein muß, also Ruhe die erste Bürgerpflicht ist.

E. Interdicte retinendae possessionis causa.

I. **Für Mobilien.** Utrubi. D, 43, 31.

Das prätorische Edict lautet: ‚Utrubi hic homo, quo de agitur, majore parte hujusce anni fuit, nec vi nec clam nec precario alter ab altero, quominus is eum ducat, vim fieri veto.‘ Gaj. IV § 160.

Der Sieg fiel derjenigen Partei zu, welche ihren fehlerfreien Besitz in Bezug auf den Gegner während der größern Hälfte des letzten Jahres beweisen konnte. Dazu durfte sich Jeder den fehlerfreien Besitz seines Vormanns, z. B. Erblassers, Verkäufers zurechnen. Gaj. IV § 150–152. Auf diese accessio possessionis bezieht sich die in einen falschen Titel gerathene l. 13 § 7 D. 41, 2. Die exceptio vitiosae possessionis führte zu einer Verurtheilung des Klägers auf Herausgabe, und die eigenthümliche Beweisart ermöglichte es auch dem Nicht-Besitzer gegen Den, welcher von ihm vitiös besaß, recuperatorisch zu klagen und durchzubringen.

In der späteren Kaiserzeit ist dies Interdict dem folgenden Uti Possidetis gleichgestellt.

II. **Für Immobilien**; Uti Possidetis D. 43, 17; seit Verschmelzung mit dem Utrubi für alle Sachen.

Das prätorische Edict lautet ‚Uti possidetis eas aedes, quibus de agitur, nec vi nec clam nec precario alter ab altero, quominus ita possideatis, vim fieri veto'. Der zeitige Besitzstand soll aufrecht erhalten werden, vorausgesetzt, daß er nicht vitiös vom Gegner erlangt ist. Vim fieri veto bedeutet vornehmlich Verbot drohender Gewalt, nicht bloß wie Savigny zulieb seiner Delictstheorie annimmt „vollzogene Gewalt.“ Dernburg findet in diesen Schlußworten die alterthümliche Proceß-Maxime, mit einem Scheinstreit vor dem Magistrat zu beginnen.

a) **Kläger** ist der Besitzer der Sache, welcher gestört wurde. Er hat seinen gegenwärtigen, und zwar in Hinsicht auf den Beklagten fehlerfreien Besitz darzuthun. Dabei entscheidet der Zeitpunkt der erhobenen Klage, im Zweifel geht man auf den letzten ruhigen Ausübungsact zurück. Das der Herrschaft zu Grunde liegende Recht auf den Besitz kommt hier nicht in Frage. § 4 J. 4, 15.

b) **Beklagter** ist der Störer des Besitzes, mag er ihn bestreiten, bedrohen — possessio litigiosa — oder durch Eingriffe hindern — turbata. l. 1 § 3, l. 3 § 2, § 7 D. 43, 17. Bei bloßem Unfug findet die actio injuriarum Statt. Auf Bewußtsein und Absicht zu stören kommt es nicht an. l. 3 § 3 D. eod.

c) **Ziel** ist die Feststellung des Besitzes, die eventuell auch zu Gunsten des Beklagten erfolgen kann. Ferner wird auf Nebenfolgen erkannt wie Beseitigung und Unterlassung der Störung, Verbot künftiger Wiederholung, auch Friedensbürgschaft s. g. cautio de non amplius turbando und im Fall der Verschuldung Schadensersatz. l. 3 § 4, § 9, § 11 D. 43, 17. l. un. C. 8, 6.

d) **Einreden.** Sie sind:

1. Verjährung. Nach l. 1 pr. D. 43, 17 verjährt das Interdict in einem annus utilis, doch versteht man dies entweder nur von solchen Fällen, wo die Veranlassung in einem vorübergehenden körperlichen Eingriff bestand, oder von dem Anspruch auf Schadensersatz.

2. Fehlerhafter, d. h. vitiös dem Beklagen entzogener Besitz. Diese Einrede unterfällt der Verjährung keinesfalls, d. h. der Besitzfehler kann auch geltend gemacht werden, wenn er außerhalb des letzten Jahres von der Anstellung

der Klage an rückwärts gerechnet, liegt, S. 255. Die Folge der erwiesenen Einrede ist die Duplicität: Kläger wird nicht bloß abgewiesen, sondern zur Herausgabe der Sache an den Beklagten verurtheilt. § 7 J. 4, 5.

Bestritten ist die recuperatorische Function dieser Klage. Kann Derjenige, welcher zur Zeit nicht mehr besitzt, weil er den Besitz vitiös an einen Andern verloren hat, doch gegen diesen mit dem J.U.P. auf Herausgabe und Ersatz auftreten? Gewiß wird er in den meisten Fällen das interdictum Unde Vi vorziehen, doch kann die Frage bei streitigem Besitzstande wichtig werden, wenn im Laufe des Processes sich ergiebt, daß nicht Kläger, sondern Beklagter Besitzer ist. Unhaltbar erscheint die in l. 3 pr. D. 43, 17 aufgestellte Fiction, den Kläger, obwohl er vitiös verdrängt ist, noch als Besitzer — und den Beklagten, der sich durch Gewalt ꝛc. in den Besitz gesetzt hat, nur als Störer zu betrachten.

F. Interdicte recuperandae possessionis causa.

I. **Bei gewaltsamer Entsetzung.** De vi et de vi armata D. 43, 16.

Gegen Ende der Republik unterschied man Interdicte de vi privata seu cotidiana und de vi publica seu armata. Das Edict lautete ,Unde vi hoc anno tu illum dejecisti, aut familia tua dejecit, cum ille possideret, quod nec vi nec clam nec precario a te possideret, de eo quodque ille tunc ibi habuit, restituas.' Das interdictum de vi publica erforderte eine gewaltsam zusammengerottete und bewaffnete Menschenmenge, was sich zu vi hominibus coactis armatisve abschwächte. Es stand auch dem Detentor zu, duldete keine exceptio vitiosae possessionis und war unverjährbar. In der späteren Kaiserzeit ging es in dem interdictum de vi privata auf, das nun schlechtweg Unde Vi heißt und eine exceptio vitiosae possessionis nicht mehr kennt. Nur ein Nachklang des alten Unterschiedes findet sich noch in l. 1 § 43 D. 43,16, wonach das gegen Respectspersonen sonst unzulässige J.U.V. bei vis armata nicht verweigert werden soll.

a) Kläger ist, wer den Besitz eines Grundstücks durch Gewalt verlor, sei es, daß er daraus vertrieben oder am Eintritt in dasselbe verhindert wurde, l. 1 § 23, l. 3 § 8 D. 43, 16. Zwang, welcher vom Besitzer die Uebergabe erpreßt, fällt nicht hierunter. l. 5 D. eod.

In l. 11 C. 8, 4 giebt Justinian das J.U.V. auch Demjenigen, welcher sich des Grundstücks eines Abwesenden bemächtigt hat, obwohl in diesem Falle sowohl erlittene Gewalt als Besitzverlust fehlen.

Das interdictum bezieht sich nicht auf Mobilien. Bei Wegnahme derselben entstehen nur Klagen entweder aus dem Thatbestand des Delicts wie actio vi bonorum raptorum, furti oder aus der Art des Rechtes an der Sache wie rei vindicatio, actio hypothecaria etc. l. 1 § 6–7 D. 43, 16. Aber eine auf den Besitz als solchen gegründete Klage giebt es nicht. Als noch das interdictum Utrubi in Uebung war, füllte dieses durch seine eigenthümliche Beweisart die Lücke aus. In l. 7 C. 8, 4 wird die unerlaubte Selbsthülfe mit Eigenthumsverlust und Rückgabe der Sache eventuell ihres Werthes bestraft, S. 242, doch eine Ausdehnung des J.U.V. auf Mobilien hat dadurch nicht stattgefunden. Die vielfach hierfür behauptete actio momentariae possessionis, die in den Quellen der christlichen Kaiserzeit vorkommt, ist höchst dunkel. Daß Condictionen sine causa in solchen

Fällen anwendbar sind, soll nicht geläugnet werden l. 1 § 1, l. 2 D. 13, 3, aber sie beziehen sich nicht auf die Verletzung des Besitzwillens, sondern beruhen auf der grundlosen Bereicherung durch den Besitz-Vortheil und lassen daher die Einrede des Eigenthums zu.

b) **Beklagter** ist der Dejicient — vis atrox l. 1 § 3 D. 43, 16 — mag er noch besitzen, oder den Besitz bereits verloren haben. l. 1 § 42 D. eod. Auch sein Anstifter haftet, ‚dejicit is qui mandavit vel jussit', ‚ratihabitio mandato comparatur' l. 1 § 12–14 D. eod., unter Umständen sein Erbe, Gewalthaber, Hausherr l. 1 § 15–21 D. eod. Gegen Dritte, selbst vitiöse Erwerber des Grundstücks, geht das interdictum nicht.

c) **Ziel** ist die Rückgabe der Sache mit Ersatz des vollen Interesses. Dazu gehören die Accessionen, die Früchte von der Dejection an, auch wenn sie vernachlässigt wurden, die zu dieser Zeit auf dem Grundstück vorhandenen Mobilien, auch wenn sie zerstört, verloren sind. l. 1 § 31–42 D. 43, 16. Hat Beklagter die Sache nicht mehr, so muß er den Werth ersetzen. Zur Abschätzung des Schadens wird Kläger zum Eid verstattet, der sich bis an eine vom Richter festgesetzte Höchstgrenze erstrecken darf. Dieser Eid heißt nach l. 9 C. 8, 4 juramentum Zenonianum, ist aber nur eine Abart des gewöhnlichen jusjurandum in litem. Gewalthaber, Hausherren des Dejicienten haften, falls sie keinen Befehl ertheilten, bloß in Höhe der Bereicherung ‚quod ad eos pervenit' l. 1 § 15 D. 43, 16, insoweit wird auch eine actio in factum gegen die Erben des Dejicienten gegeben. l. 1 § 48 D. eod.

In dieser umfangreichen Gestaltung des Schadensersatzes kann vielleicht, wenn man eine recuperatorische Function des J.U.P. annimmt, der Grund zur Einführung des jüngeren J.U.V. gefunden werden.

d) **Einrede** ist einzig die Verjährung der Klage binnen einem Jahr l. 1 § 39 D. 43, 16, nachher findet sie noch auf die Bereicherung statt. l. 3 § 12 D. eod.

II. **Bei Ueberlassung auf willkürlichen Widerruf.** De precario D. 43, 26.

Das Edict lautet ‚quod precario ab illo habes, aut dolo malo fecisti, ut desineres habere, qua de re agitur id illi restituas'. l. 2 pr. D. 43, 26.

a) **Kläger** ist, wer eine Sache precario verwilligte. S. 290.

b) **Beklagter** ist, wer die Sache precario empfing, mag er sie noch besitzen oder sie durch Arglist bzw. grobes Versehen verloren haben. l. 8 § 6 D. 43, 26.

c) **Ziel** ist die Herausgabe der Sache eventuell Schadensersatz. l. 8 § 4 D. eod. Die Erben des Precaristen haften nur in Höhe ihrer Bereicherung. l. 8 § 8 D. eod.

d) **Einrede** ist die Verjährung, welche sich hier in 30 Jahren vollzieht l. 8 § 7 D. eod. und aus der Natur des Precarium schon von der Verwilligung, nicht erst vom Widerruf an läuft.

In dieser langen Verjährungsfrist sehen viele den Grund, weshalb trotz der recuperatorischen Eigenschaft des interdictum Utrubi und Uti Possidetis noch ein besonderes interdictum de precario erlassen wurde.

§ 104.

Besitz im germanischen Recht.

A. Hebbende Gewere.
B. Juristische "
C. Vollkommene "
D. Gesammte Gewere.
E. Rechte

Der Name „Gewere" findet sich in den deutschen Rechtsquellen in vielfacher Anwendung. Gewere bedeutet entweder aus der gothischen Wurzel vasjan = vestire die symbolische Einkleidung in den Besitz oder von vairan die Pflicht der Gewährleistung oder von verjan = defendere das befriedete Besitzthum, Haus und Hof.

Gewere als Rechtsverhältniß einer Person zur Sache wird von Albrecht für „das Klagerecht", von Laband mehr für „die Herrschaft" gehalten. Man unterscheidet folgende Arten der Gewere:

A. **Hebbende Gewere,** d. h. Innehabung der Sache, woraus ein Schutz gegen Eigenmacht, und im germanischen Proceß ein Beweisvortheil hervorgeht.

B. **Juristische,** ideelle, d. h. Recht auf den Besitz.

C. **Vollkommene** und unvollkommene Gewere. Erstere setzt die Absicht voraus, die Sache für sich zu haben, bei letzterer will man nur ein Recht an fremder Sache ausüben. Beispiele der unvollkommenen Gewere sind: Die Mieths-, Pacht-, Lehns-, Renten-, Zins-Gewere, die Satzungsgewere des Pfandgläubigers, in etwas weiterem Sinne auch die fruchtliche oder voigteiliche Gewere des Ehemanns am Eingebrachten seiner Frau, die Gewere zur treuen Hand des Salmanns u. s. w.

Beide Gewere können neben einander an derselben Sache bestehen.

Kommt die vollkommene Gewere als einzige „ledbigliche" an der Sache vor, so kann sie Eigengewere sein.

D. **Gesammte** Gewere. Sie steht Mitbesitzern zu, ohne daß die Gemeinschaft auf bestimmten ideellen Antheilen Einzelner beruht.

E. **Rechte** Gewere legitima possessio. Sie entsteht an Grundstücken durch Auflassung, falls Jahr und Tag, d. h. 1 Jahr 6 Wochen und 3 Tage verstrichen sind, wodurch Einspruchsberechtigte sich verschwiegen haben. Sie befreit in der Regel von jedem processualischen Beweis. Später wurde sie auf den Erwerb durch Erbgang und auch auf rechtmäßig besessene Fahrniß ausgedehnt.

§ 105.

Besitz im gemeinen Recht.

A. Summariissimum.
B. Actio spolii.
Unterschiede vom interdictum Unde Vi:
I. Kläger.
II. Objecte.
III. Beklagte.
IV. Veranlassung.
V. Verjährung.
VI. Haftung der Erben.
C. Nach der Civilproceßordnung.

Der römische Besitz-Begriff ist mit geringen Abweichungen recipirt. Ein Mitbesitz zu bestimmten Antheilen S. 292 läßt sich bei den deutschen Gemeinschaftsverhältnissen nicht immer durchführen. Hauskinder sind vermögens- und besitzfähige Subjecte selbst in Rechtsgeschäften mit ihrem Vater. Res sacrae und publicae können heute im Besitz und Eigenthum stehen. Eine besondere Ausbildung hat die longa manu traditio S. 294 durch die kaufmännischen Waaren-Papiere, welche auf Order stellbar sind, erfahren. In der Begebung bzw. dem Indossament eines Ladescheines, Conossementes liegt eine symbolische Tradition der auf dem Transport befindlichen Ladung. H.G.B. Art. 417, 647. Ebenso wirkt das Indossament eines Auslieferungsscheines in Betreff der in einem Lagerhause ruhenden Waaren. H.G.B. Art. 302.

Nur in der Entwicklung der Besitzklagen hat eine ungenaue Praxis den römischen Weg verlassen. Freilich wurde sie dabei von dem Bestreben geleitet, in dem Summariissimum einen vorläufigen Schutz zu gewähren, ohne der sorgfältigen Entscheidung des Richters in der Besitzfrage vorzugreifen, und in der actio spolii das deutsche Rechtsbewußtsein, welches einen Schutz für Miether und Pächter gegen Entsetzung verlangt, zu befriedigen.

A. Summariissimum.

Nach den Forschungen von Bruns war es der italienische Jurist Paolo di Castro, welcher zuerst bei einem Besitzstreit zweier Bergleute über eine Schleifsteingrube dahin entschied, daß der vorläufige Besitz während des Processes Demjenigen zu geben sei, welcher die letzte ruhige Besitzhandlung für sich anführen könne. In ähnlicher Weise soll nach der R.K.G.O. von 1548 die Vorfrage des Besitzes festgestellt werden, wenn bei einem Streit zweier Reichsstände Waffengewalt zu befürchten stand. ‚cur enim ad arma et rixam procedere patiatur Praetor, quos potest jurisdictione sua componere‘ l. 13 § 3 D. 7, 1. Daran knüpfte die gemeine Praxis an, um den Beklagten, welcher sich auf den ihm fehlerhaft entzogenen Besitz des Klägers berief, nicht zur Ungeduld und Selbsthülfe zu verleiten. Sie theilte den Besitzproceß in ein vorbereitendes Stadium, das Summariissimum über die Thatsache des Besitzes und in ein ordentliches Verfahren das Ordinarium über das Recht des Besitzes. Im Summariissimum braucht nur die letzte ruhige Besitzhandlung bescheinigt zu werden nach der im Allemeinen richtigen Maxime ‚olim et hodie possessor‘. Es führt als duplex in Folge der exceptio vitiosae possessionis zur Herausgabe des Besitzes an den Beklagten und in Zweifelsfällen zur Sequestration der Sache. Im Ordinarium muß der älteste fehlerlose Besitz bewiesen werden, wobei man sogar, gestützt auf c. 9 X 2, 19 auf den Grund des Besitzerwerbes, also ein petitorisches Element zurückging.

B. Actio spolii.

Aus den Pseudo-Isidorischen Decretalien ist der canon ‚redintegranda‘ sc. sunt omnia exspoliatis vel ejectis episcopis in das Decretum Gratians 3 C. 3 qu. 1 übergegangen. Daraus bildete sich eine exceptio spolii folgenden Inhalts: Wer den Besitz einer Sache unfreiwillig verloren hat, kann gegen jede Klage des Spoliator und Dessen, der spolii conscius die Sache an sich brachte, einwenden, daß er sich nicht eher auf den Proceß einlasse, als bis ihm restituirt sei. Doch liegt ihm ob, das Spolium binnen fünfzehn Tagen zu beweisen. Man gab diese proceßhindernde Einrede gegen Arrest- und Delictsklagen und wollte sie selbst gegenüber dem spolii nescius, welcher die Sache besaß, zulassen, um dadurch die ganze Welt bei einem Spolium in Mitleidenschaft zu ziehen.

Auf die exceptio spolii bauten die Kanonisten vgl. c. 18 X 2, 13 und später die gemeinrechtlichen Praktiker die actio spolii mit vielen uud bedeutsamen Abweichungen vom interdictum Unde Vi.

I. **Kläger** ist auch der Detentor wie Miether, Pächter.

II. **Objecte** bilden auch Mobilien.

III. **Beklagte** sind der spoliator und der dritte Erwerber der Sache, welcher sie ‚spolii conscius' an sich brachte. Manche geben die Klage sogar gegen den spolii nescius und verleihen ihr dadurch dinglichen Charakter.

IV. **Veranlassung** ist jeder unfreiwillige Besitzverlust, selbst wenn er durch List oder Naturereignisse wie Sturmes-, Wassersgewalt veranlaßt wurde.

V. **Verjährung** vollzieht sich erst in 30 Jahren.

VI. **Haftung der Erben** geht bis auf den Bestand der Erbschaft.

C. **Die Civilproceßordnung** hat an dem materiellen Inhalt der Besitzklagen Nichts geändert. Formell gilt für sie der Weg des ordentlichen Rechtsstreits besonders mittelst einer Feststellungklage § 231 oder einer einstweiligen Verfügung zur vorläufigen Ordnung des Besitzstandes. § 814. Eine Häufung der Besitzklage mit derjenigen Klage, durch welche das Recht selbst geltend gemacht wird, ist in § 232 verboten. Dadurch wird eine getrennte Verfolgung eines jeden Anspruchs für sich nicht ausgeschlossen, natürlich mit der Maßgabe, daß eine frühere Beendigung des petitorischen Streits durch Urtheil zugleich die noch schwebende Besitzklage abschneidet. Diese Grundsätze faßt man ungenau in dem Rechtsspruchwort zusammen ‚petitorium absorbet possessorium'.

Die exceptio spolii ist unter den proceßhindernden Einreden § 247 nicht genannt. Die Ableistung eines Schätzungseides für den durch die Besitzstörung verursachten Schaden hängt von der freien Erlaubniß des Richters ab, welcher vorher einen Höchstbetrag festzusetzen hat. § 260. Die Doppelseitigkeit der Besitzklage wird vielfach geläugnet, da nach § 279 das Gericht nicht befugt ist, einer Partei etwas zuzusprechen, was sie nicht beantragt hat. Allein in der Einrede des fehlerhaften Besitzes liegt ein selbständiger Antrag des Beklagten, der nicht als Widerklage zu betrachten und nicht nach deren Erfordernissen zu behandeln ist.

Die Zwangsvollstreckung eines Urtheils, das auf Unterlassung einer Besitzstörung lautet, geschieht nach § 775 in jedem Fall einer Zuwiderhandlung auf Antrag des Gläubigers durch Geldstrafen bis zu ℳ. 1500 und Haft bis zu 6 Monaten (im Gesammtbetrage nicht über 2 Jahre). Dem Vollzug der Strafe soll eine richterliche Androhung vorausgehen, die aber schon in das Urtheil aufgenommen sein kann. Auch darf Gläubiger fordern, daß Schuldner zur Bestellung einer Sicherheit für den durch fernere Zuwiderhandlung entstehenden Schaden auf bestimmte Zeit verurtheilt werde.

§ 106. A.L.R. I, 7. Von Gewahrsam und Besitz.

Besitz im Preußischen Recht.

Suarez sah den Besitz als die Ausübung von Rechten an: „wer ein Recht für sich ausübt, wird Besitzer des Rechtes genannt" § 5 ht. und behandelt ihn deshalb am Ende der allgemeinen Lehren. Hier sind bloß die Abweichungen des landrechtlichen Besitzes vom römischen zu erörtern. Vom Rechtsbesitz wird bei Gelegenheit der Servituten die Rede sein.

A. Begriff.

Das physische Vermögen, über eine Sache mit Ausschließung Anderer zu verfügen, heißt Gewahrsam. Wer eine Sache, in der Absicht für sich darüber zu verfügen, in seine Gewahrsam übernommen hat, wird Besitzer der Sache § 1–3 ht. Diese Absicht erreicht keineswegs den Umfang des römischen animus domini.

Der Besitz erscheint mehr als ein Recht, da er nicht auf fehlerhafte Weise erworben werden kann. § 96–108 ht. Der Dieb wird nicht Besitzer, wenn er auch die Sache thatsächlich inne hat, sie nutzt und darüber verfügt. Nur die Gewahrsam, nicht den Besitz hat er dem Bestohlenen entzogen. § 112 ht. Daher steht dem Diebe, falls er sich erkühnen sollte, wegen Besitzstörung zu klagen, der Erwerbs-Mangel Seitens eines jeden Beklagten entgegen, d. h. die exceptio vitiosae possessionis ist nicht wie in Rom ab altero, sondern auch a tertio. Der Rechtsnatur des Besitzes entspricht es, daß er durch Eintritt des Endtermins, einer auflösenden Bedingung verloren geht § 131–133 ht., dagegen bei Tod des Besitzers sich in dessen Erben fortsetzt. Letztere Folge wird zwar im A.L.R. nicht ausdrücklich erwähnt, aber durch den Inhalt der § 49 ht. § 368 I, 9 angedeutet.

Aus dem Besitz geht die Vermuthung für Redlichkeit § 18 und Rechtmäßigkeit (Titel) § 179 ht. hervor. Doch hat dieser Satz zahlreiche Ausnahmen: So gilt als unredlich, wer sich eine Sache eigenmächtig anmaßt, deren erkennbare Merkmale wie Buchstaben, Wappen auf fremdes Eigenthum hindeuten § 19–20 ht., wer einen Fund oder Schatz über vier Wochen verschweigt § 71 I, 9, wer den Besitz einer gestohlenen Sache verheimlicht § 41 I, 15 u. s. w. Wer darthut, daß ihm die Sache fehlerhaft entnommen sei, kann vom Gegner Angabe von dessen Besitztitel verlangen, und die Vermuthung für Freiheit des Eigenthums ist stärker, als die für Rechtmäßigkeit des Besitzes § 181–187 ht.

B. Arten.

I. Vollständiger und unvollständiger Besitzer.

Vollständiger Besitzer ist, wer eine Sache als seine eigene besitzt, also mit animus domini und nicht vitiös. § 7 ht.

Der **unvollständige Besitzer** anerkennt zwar die in seiner Gewalt befindliche Sache als eine fremde, nimmt aber an ihr ein eignes Recht in Anspruch, z. B. Miether, Entleiher, Nießbraucher, auch Finder wegen des Fundlohnes und Fundrechtes. § 6 ht. Er ist im römischen Sinne Detentor im eignen Interesse und dem abgeleiteten Besitzer S. 290 nachgebildet.

Als bloße Inhaber gelten neben dem Verwahrer § 2 ht. auch Sequester, Precarist § 231 I, 21, weil ihnen jedes berechtigte eigne Interesse fehlt.

II. **Rechtmäßiger** und **unrechtmäßiger** Besitzer.

Dieser Unterschied hängt von der Beschaffenheit und Gültigkeit des Titels ab, auf welchen das Recht zu besitzen sich gründet. § 10 ht. Rechtmäßiger Besitzer ist, wer die Sache gemäß den Anforderungen des Rechtes erworben hat, also der Eigenthümer.

III. **Titulirter** Besitzer heißt nach § 8 ht. derjenige, welcher seinen Besitz auf einen Rechtsgrund stützt, der „an sich" zur Erlangung des Eigenthums geeignet ist, also der Ersitzungsbesitzer. Er ist zugleich vollständiger Besitzer und wird durch vollendete Ersitzung zum rechtmäßigen.

IV. **Redlicher** Besitzer ist, wer in verzeihlicher Weise, d. h. ohne eignes grobes oder mäßiges Versehen, sich in einem thatsächlichen Irrthum über die Gültigkeit seines Titels befindet. § 13 ht. Der **unredliche** Besitzer weiß, daß er aus keinem gültigen Titel besitzt und will doch für sich über die Sache verfügen. § 11 ht. Die Hauptfolge des Unterschiedes äußert sich darin, daß der redliche Besitzer, welcher eine entfrembete Sache durch lästigen Vertrag an sich gebracht hat, sie im Fall der Entwehrung nur gegen Erstattung seines Erwerbspreises herauszugeben braucht. § 26 I, 15.

Unrechtfertiger Besitzer heißt, wer aus Rechtsirrthum seinen Besitztitel für gültig erachtet § 12, § 14 ht., z. B. derjenige, welcher in der irrigen Meinung schon durch Abschluß des Kaufvertrages Eigenthum erworben zu haben, die Sache dem Verkäufer wegnahm oder auf Grund eines bloß mündlichen Kaufcontractes den Besitz eines Grundstücks erhielt. Die Praxis nennt nach Analogie des unvorsichtigen Kaufes § 161 I, 11 denjenigen Besitzer, welcher sich in einem unentschuldbaren, thatsächlichen Irrthum über seinen Titel befindet, einen unvorsichtigen. Dahin gehören besonders die Fälle, daß Jemand Sachen von einer verdächtigen Person an sich brachte § 18–19 I, 15, z. B. Pferde von einer Person ohne Legitimationsattest G. vom 13. Febr. 1843, Schiffsladungen von Schiffern oder Schiffsknechten V.O. vom 5. Mai 1809, Montirungs- oder Armaturstücke von einem Soldaten ohne schriftliche Erlaubniß des vorgesetzten Kommandeurs St.G.B. § 370 Z. 3. Der unrechtfertige und unvorsichtige Besitzer sind grundsätzlich dem unredlichen gleichgestellt, wenigstens insofern als sie vom vindicirenden Eigenthümer keine Lösung beanspruchen können. Sonst ist ihre Lage, besonders des unrechtfertigen Besitzers in vielen Fällen, die an passender Stelle zu erörtern sind, eine günstigere: sie können bei Entwehrung aus dem mangelhaften Recht ihres Vormanns von diesem Erstattung des Kaufpreises verlangen, stehen bis zur Erhebung der Klage gegen sie nur für mäßiges Versehen ein, brauchen bis dahin bloß übliche Zinsen und wirklich gezogene Früchte zu vergüten, können für ihre auf die Sache verwandten Verbesserungen, die sich nicht wegnehmen lassen, insoweit Ersatz fordern, als sich der Vindicant mit ihrem Schaden bereichern würde und dürfen endlich in außerordentlicher Weise, d. h. in 30 Jahren ersitzen.

Die außerdem im A.L.R. vorkommenden Ausdrücke: wirklicher Besitz § 43, § 54 ht., Naturalbesitz § 453 I, 12 enthalten keine wissenschaftliche Terminologie.

C. Grund.

In Rom ist der Besitzfehler nur von Bedeutung gegenüber Demjenigen, von welchem der Besitz vi clam precario erlangt wurde. Im A.L.R. § 96–108 ht. hindern Gewalt, Betrug, Verheimlichung, bittweises Gestatten oder Dulden überhaupt den Besitzerwerb; doch sollen Handlungen, welche dem Andern nur durch seine eigne oder durch seiner Stellvertreter Sorglosigkeit und Unachtsamkeit unbekannt geblieben sind, nicht für heimlich unternommen erachtet werden. § 99 ht.

D. Mitbesitz.

Er gestaltet sich wie in Rom, doch sind vollständiger und unvollständiger Besitz an derselben Sache zugleich möglich § 124 ht. Jeder Mitbesitzer hat die Unredlichkeit seines Antheils zu vertreten, ohne daß der redliche Mitbesitzer aus der Unredlichkeit des Andern zum Schaden eines Dritten Vortheil ziehen darf. § 24–25 ht.

E. Subjecte.

Wahnsinnige gelten dem A.L.R. § 27 I, 1 als Rasende, die ohne lichte Momente des Gebrauchs ihrer Vernunft beraubt sind, sie werden wie Kinder behandelt, dagegen Blödsinnige, welche nur die Folgen ihrer Handlungen nicht richtig zu überlegen vermögen, wie Unmündige.

Bei Schenkungen an Kinder, Geisteskranke kann für diese jeder Dritte die Annahme erklären. § 1060 I, 11.

Eine Gemeinde kann durch ihre Mitglieder Besitz erwerben § 26 ht.

Beim Erwerb durch Beauftragte kommt es für die Frage, ob der Besitz redlich ist, allein auf die Person des Herrn an. § 21 ht. In gleicher Weise entscheidet, wenn Besitz für eine Gemeinde durch ihre Vorsteher oder Mitglieder erworben wird, die Mehrzahl der guten oder bösen Gewissen in der Gemeinde, unbeschadet der Ersatzpflicht unredlicher Mitglieder. Repräsentanten, z. B. Stadtverordnete stehen hierbei der Gemeinde gleich, so daß, falls unter ihnen sich die Mehrzahl in gutem Glauben befand, auch der Besitz als redlich gilt. Handelt es sich nicht um Kämmereigut, welches der juristischen Person als solcher zufließt, sondern um Bürgervermögen, dessen Nutzungen den Mitgliedern unmittelbar zu Gute kommen, so wird hinsichtlich dieser Nutzungen die Redlichkeit des Einzelnen beachtet. § 26–39 ht.

F. Objecte.

Auch Begriffsganze wie Inbegriffe § 53 ht., integrirende Bestandtheile einer Sache wie Häuser, Bäume, stehende Ernte auf fremdem Boden § 200, § 243 I, 22 § 221 I, 9, Fische im geschlossenen Teich § 176 I, 9, können Gegenstand des Besitzes sein.

G. Erwerb.

Derselbe vollzieht sich an Inbegriffen durch Ergreifung eines Stücks, in der Absicht das Ganze zu erwerben. Der Besitz der Hauptsache zieht den der Pertinenz nach, sofern sich letztere nicht in der Hand eines Dritten befindet. § 52–54 ht.

Die Bezeichnung einer Sache, die noch nicht im Besitz eines Andern ist, mit entsprechenden Merkmalen genügt zum Erwerb, falls die Verfügungsgewalt vorhanden ist und ein Dritter nicht widerspricht. § 55–57 ht. Die symbolische Uebergabe durch Einhändigung der Schlüssel, Anbringung von Zeichen, z. B. Forsthammer gleicht der longa manu traditio, da der körperlichen Besitznehmung Nichts im Wege stehen darf. § 61–65 ht; ebenso die Uebergabe durch Anweisung an den Inhaber, nunmehr im Namen des neuen Erwerbers zu besitzen. § 66–68 ht.

Die Vereinbarung der brevi manu traditio und des constitutum possessorium S. 295 muß in der für Verträge vorgeschriebenen Form, also für Mobilien im Werthe über ℳ 150 schriftlich erfolgen. Für das Faustpfand an Mobilien genügt constitutum possessorium nicht.

Der Besitzerwerb durch Stellvertreter geschieht wie in Rom durch Ergreifung von Seiten des Letzteren für den Herrn, welcher nicht darum zu wissen braucht § 43, § 45 ht. Doch soll selbst die Unredlichkeit des Beauftragten, welcher für sich erwerben will (Unterschlagung), dem Herrn nicht schaden. § 22 ht. Zum Ersitzungsbesitz ist Kenntniß des Herrn, um seiner Redlichkeit willen, nöthig, außer beim Erwerb durch gesetzliche Vertreter wie Vormünder.

H. Verlust.

Derselbe tritt nicht dadurch ein, daß die bloße Gewahrsam verloren geht, z. B. durch fehlerhafte Entnahme Seitens eines Dritten § 112 ht. oder daß der Besitzer stirbt. Vielmehr gehört zum Besitzverlust ein die Sache selbst oder deren Substanz betreffendes Ereigniß, wodurch es dem Besitzer unmöglich wird, die verlorene Gewahrsam wiederzuerlangen, z. B. wenn die Sache untergeht oder in die fehlerfreie Gewalt eines Dritten gelangt. § 116 ht. Ein auf Endtermin oder auflösende Bedingung gestellter Besitz endigt mit Eintritt dieses Umstandes. § 131–133 ht.

Ein durch Stellvertreter ausgeübter Besitz bleibt dem Herrn, selbst wenn der Vertreter seinen Entschluß, für sich selber zu besitzen, zur Ausführung bringt. § 69 ht. Ebenso wenig kann eine Dereliction der Sache durch den Vertreter einen Besitzverlust für den Herrn bewirken, mag auch letzterer davon Kunde erhalten.

I. Schutz.

Jeder Besitzer, auch der Inhaber ist befugt, Gewalt mit Gewalt abzuwehren, insbesondere, falls die Hülfe des Staates zu spät kommen würde, den gewaltsam entzogenen Besitz ebenso wieder zurückzuerobern. § 141–143 ht. Wo es ohne Störung der öffentlichen Ruhe und Sicherheit geschehen kann, darf der Besitzer den bloßen Inhaber, welcher in seinem Namen über die Sache verfügt, jederzeit eigenmächtig entsetzen. § 144–145 ht.

In anderen Fällen bedarf es einer Klage. Die A.G.O. § 1 ff. I, 31 gewährt ein Summariissimum, um im Interesse öffentlicher Ordnung den Besitzstand vorläufig festzustellen. Im s. g. Ordinarium stützt der Kläger nach A.L.R. § 131 § 161 ht. seinen Anspruch betreffs Herausgabe der Sache darauf, daß er ein besseres Recht zum Besitz als der Beklagte habe. Daher hat dieses Rechtsmittel eine petitorische Natur und fällt in den Bereich der actio in rem Publiciana.

Die Verfolgung der Besitzklage geschieht heute in den Formen der C.Pr.O. S. 306, aber die materiellen Vorschriften der A.G.O. und das A.L.R. sind geblieben:

Da die Besitzklage von der A.G.O. als eine Art provisorischer Sühne für das verletzte Rechtsbewußtsein aufgefaßt wird, so findet sie nach § 1 cit. nur Statt, wenn die Störung eine „neuerliche" war, d. h. sie verjährt nach richterlichem Ermessen. Ferner scheidet die Forderung des Schadensersatzes aus, sie wird in einer besondern Klage binnen drei Jahren vom Tage der Kenntniß geltend gemacht.

Kläger ist, wer sich zuletzt in ruhigem § 154 ht., d. h. ungestörtem Besitz befunden hat. Dies kann auch der unvollständige Besitzer sein, sogar der Inhaber, nur nicht gegen Den, in dessen Namen er die Sache detinirt.

Beklagt wird der Störer, sei es daß er unbefugt mit der Absicht zu stören in die Besitzsphäre eingriff, sei es daß er eine gewaltsame, heimliche oder listige Besitzentsetzung verübte. Die Klage geht auf und gegen die Erben. § 146–150 ht.

Ziel der Klage ist bei Entsetzung die Rückgabe der Sache, bei anderen Eingriffen die Beseitigung der Störung und das Verbot sie künftig zu wiederholen. In Betreff der Friedensbürgschaft und Strafe § 151–153 ht. gilt heute die C.Pr.O. § 775.

Die Einrede des fehlerhaften Besitzes ist unter allen Umständen zulässig.

Bei streitigem Besitzstande soll der Richter die Sache derjenigen Partei zuweisen, welche am sichersten erscheint, eventuell gerichtliche Verwahrung anordnen. § 155–160 ht.

Zweiter Titel.

Die Sachen-Rechte.

§ 107.

Begriff und Eintheilung.

Die Sachen-Rechte — dingliche, jura in re im weitesten Sinne — haben zum Inhalt eine rechtliche unmittelbare Herrschaft einer Person über eine körperliche Sache. Ihren Gegensatz im Gebiet des Vermögensrechtes bilden die Forderungsrechte — persönliche, jura in personam — auch Obligationen genannt. Diese gewähren die Herrschaft über den Willen einer andern Person nach einer bestimmten Richtung hin, sind also Rechte auf eine vermögensrechtliche Leistung.

Der Gesichtspunkt der actiones in rem und in personam ist ein weiterer, als der von jura in rem und in personam, da er die über das Vermögensrecht hinausgehende Scheidung in absolut verfolgbare, d. h. Sachen-, Familien- und Erb-Rechte ‚in rem esse videntur‘ § 13 J. 4, 6 und in relative Befugnisse, d. h. Forderungs-Rechte umfaßt.

Die Obligation wird dadurch, daß sich Forderung und Verpflichtung an gewisse Umstände wie Besitz einer Sache knüpfen — in rem scripta —, noch nicht zum dinglichen Recht. Auch die heute übliche Eintragung in das Grundbuch kann zwar der Forderung auf Gebrauch und Nutzung des Grundstücks wie Miethe, Pacht einen erweiterten Schutz gegen Dritte verleihen, aber den Charakter der Obligation nicht ändern.

Die im Sachenrechte liegende Herrschaft ist entweder eine totale: Eigenthum, oder eine partielle, d. h. nach bestimmten Richtungen, zu gewissen Zwecken: jura in re aliena, schlechtweg dingliche Rechte, jura in re. Letztere beziehen sich theils auf Nutzung und Gebrauch der fremden Sache: Emphyteusis, Superficies, Servituten; theils auf deren Verkaufswerth: Pfandrecht. Diese dinglichen Rechte üben einerseits einen beschränkenden Einfluß auf das Eigenthum, da sie ein Element desselben zu einer besonderen Befugniß ausbilden, andrerseits zeigen sie eine erhaltende Tendenz, da sie die Ursachen zur Aufgabe des Eigenthums mindern.

Die ältere gemeine Praxis hat die Arten der jura in re ausgedehnt, sowohl durch die Bildung des Untereigenthums bei Familien-Fideicommissen, Lehen, bäuerlichen Erbzinsgütern 2c., als durch die Construction der auf ein Grundstück radicirten Handlungen wie Patronat, Reallasten, Bannrechte, Näherrechte. Allein letztere enthüllen sich als unpersönliche Obligationen, deren Gläubiger bzw. Schuldner zumeist durch den Besitz der Sache bestimmt wird; Fideicommisse geben ein zu Gunsten der Familie in der Verfügung beschränktes Eigenthum, und Lehen fallen ebenso wie die bäuerlichen Nutzungsrechte unter die nießbrauchähnlichen Rechte an fremder Sache. Trotz dieser Systematik werden Reallasten aus äußern Gründen in Anlehnung an die Servituten erörtert werden. Von Familien-Fideicommissen wird im Familienrecht die Rede sein.

Das A.L.R. § 125 ff. I, 2 folgt der falschen Theorie, die dinglichen Rechte „auf fremdes Eigenthum", wie es in I, 19 heißt, auszudehnen und theilt sie zwiefach ein:

I. **Nach dem Inhalt:**

a) Rechte auf die Substanz wie Pfand-, Zurückbehaltungs-, Vorkaufs-Recht. I, 20.

b) Rechte zum Gebrauche oder Nutzung wie Nießbrauch, Erbpacht, Leihe, Miethe und Pacht. I, 21.

II. **Nach Subject und Object:**

a) subjectiv-persönlich, objectiv-dingliche Rechte. Dies sind die unter I aufgeführten Rechte und außerdem einzelne Reallasten wie Altentheil.

b) subjectiv-dinglich, objectiv-dingliche Rechte. Dazu gehören die Gerechtigkeiten der Grundstücke gegen einander. I, 22.

c) subjectiv-dinglich, objectiv-persönliche Rechte. Dies sind Zwangs- und Banngerechtigkeiten I, 23, weil das Untersagungsrecht, die Anschaffung oder Zubereitung gewisser Bedürfnisse bei Andern als dem Berechtigten zu bewirken, activ mit dem Besitz eines Grundstücks verknüpft ist und sich passiv gegen eine Anzahl unterworfener Personen richtet.

Solche Rechte, die objectiv, d. h. ihrem Gegenstand nach dinglich sind, heißen nach § 127 I, 2 „Rechte auf die Sache", besser nach heutigem Sprachgebrauch „an der Sache".

§ 108.

Erwerb.

A. **Die Glossatoren** haben aus den römischen Sätzen in l. 31 pr. D. 41, 1 ‚nunquam nuda traditio transfert dominium' und in l. 20 C. 2, 3 ‚traditionibus et usucapionibus dominia rerum, non nudis pactis transferuntur' folgende Lehre vom titulus und modus acquirendi abgeleitet. Durch Abschluß eines auf Erwerb eines Sachenrechtes zielenden Rechtsgeschäftes entsteht bloß ein Recht zur oder auf die Sache, ein jus ad rem, ein s. g. Titel zum dinglichen Recht, und es bedarf noch eines äußerlich erkennbaren Actes, einer s. g. Erwerbsart, um diesen Titel zu einem wirklichen Sachenrecht zu verwirklichen.

Hugo wies gegen Ende des achtzehnten Jahrhunderts nach, daß diese Lehre den Quellen nicht entspreche und eine scholastische petitio principii enthalte, von der sich freilich schon Spuren bei den römischen Juristen, z. B. in l. 3 pr. D. 44, 7 finden. So entstehen Pfandrechte durch pactum hypothecae l. 1 pr. D. 13, 7, Servituten pactionibus et stipulationibus § 4 J. 2, 3 und die Emphyteuse durch Consensual=Contract. l. 1 C. 4, 66. Die Anhänger der Theorie, zu denen auch Vangerow zählt, suchen diese Beweisgründe dadurch abzuschwächen, daß die Emphyteuse als nachklassisches Institut nicht in Betracht komme, das Pfandrecht eine persönliche Schuld der Sache ‚obligatio rei' sei, und daß der Servituten=Vertrag nur ein Recht auf Einräumung der Servitut, eine s. g. servitus constituta gebe, die erst durch Quasi=Tradition, welche in der erlaubten Ausübung ‚usu ac patientia' bestehe, zum dinglichen Servitutenrecht — der s. g. servitus acquisita — erhoben würde. Allein selbst beim Hauptsitz der Lehre: dem Eigenthum stellt sich ihre Unrichtigkeit heraus. Weder braucht der Grund des freiwilligen Eigenthumsüberganges ein Rechtsgeschäft zu sein, denn in l. 36 D. 41, 1 wird Eigenthum erworben, obwohl die Parteien über die juristische Ursache, Eigenthum zu geben und zu nehmen, uneins sind. Noch ist in allen Fällen eine Uebergabe vonnöthen, denn von der allgemeinen Gütergemeinschaft besagt l. 1 § 1 D. 17, 2 ‚omnes res, quae coeuntium sunt, continuo communicantur', und Zuwendungen an die sacrosancta ecclesia und milde Stiftungen fallen diesen nach l. 23 C. 1, 2 ohne Weiteres ‚transitu legali' zu. Auch hier sucht man den ersteren Fall durch ein gegenseitiges constitutum possessorium aller Gesellschafter zu erklären und den letzteren als ein exorbitantes Privileg Justinians abzuthun. Endlich muß der Lehre entgegen gehalten werden, daß sich nach ihr der gesetzliche und richterliche Eigenthumsübergang schwer erklärt. Und doch vollzieht sich derselbe sowohl originär durch Occupation, Accession, als auch derivativ ohne Rücksicht auf Besitzerlangung durch Erbgang, Verwirkung, Enteignung, Adjudication u. a. m.

Folglich giebt es nur Regeln, die entweder so weit sind, daß sie den Erwerb „aller Rechte" umfassen, oder so eng, daß sie bloß auf „einzelne Sachenrechte" passen. Den vernünftigen Kern der alten Lehre, den Inhaber bestimmter Sachenrechte durch augenfällige Zeichen zu offenbaren, hat man heute auf ganz andere Weise, nämlich durch Ausbildung öffentlicher Bücher für Grundstücke, erreicht.

B. **Das Allgemeine Land=Recht** hat die damals herrschende Lehre vom titulus und modus acquirendi aufgenommen und bei Grundstücken mit den Principien über die Eintragung verquickt.

I. Als **Titel** (zur mittelbaren Erwerbung des Eigenthums) führt § 2 I, 10 außer der Willenserklärung noch an: Gesetz und rechtliches Erkenntniß. Aber das Gesetz ist die Grundlage eines jeden zulässigen Erwerbes und das Urtheil in einem Rechtsstreit (nicht das Zuschlagsurtheil) hat bloß declarative, nicht constitutive Kraft. Die Willenserklärung soll ein formell und materiell gültiges Rechtsgeschäft betreffen. Daher werden Mängel desselben durch Hinzutritt des Erwerbsactes nicht geheilt, und der böse Glaube des Erwerbers, der um den älteren Titel eines Andern zum dinglichen Recht wußte, bildet einen Anfechtungsgrund. § 5 I, 19. Diese allzu ängstliche Rücksicht auf den Titel erschüttert die Sicherheit des Sachenrechtes und führte im Grundbuchwesen zu dem Legalitätsprincip: Der Intabulations=Richter hat das zu Grunde liegende Rechtsgeschäft zu prüfen und bei Fehlern die Eintragung zu verweigern; eine Eintragung, die dennoch erfolgt ist, bleibt anfechtbar. Dadurch wird der Richter in eine schiefe vormundschaftliche Stellung zu dem Parteien gebracht und ihm eine gar nicht übersehbare Last aufgebürdet. Namentlich für den Hypotheken-Verkehr mußte man sich zu Modificationen verstehen und besonders von der Anfechtung des Gläubigers aus mala fides absehen.

II. Als **Erwerbsarten** gelten Besitznehmung und Eintragung. Mittelst eines solchen Actes wird das durch den Titel geschaffene Recht zur Sache in ein dingliches Recht umgebildet, soweit nicht die Entstehung des letzteren unmittelbar in Folge des Gesetzes erfolgt. § 1–4 I, 9. Nur Grundgerechtigkeiten erhalten schon durch die Bestellung, welche meist schriftlich geschehen muß, dinglichen Charakter, ohne daß es einer Erwerbsart bedarf. Sonst sind zur freiwilligen Begründung von Sachenrechten erforderlich:

a) **Besitzübergabe** für Eigenthum an Sachen und Pfandrecht an Mobilien. Dem Erwerber eines Grundstücks war die Pflicht aufgelegt, sein Eigenthum im Hypothekenbuch vermerken zu lassen. Eine Cab.-Ord. vom 31. Oct. 1831 hob diesen Zwang zur Berichtigung des Besitztitels auf, sodaß die Umschreibung im Grundbuch vom Belieben des neuen Erwerbers abhing. Daraus ergab sich eine Duplicität des Grundeigenthums, d. h. an demselben Grundstück waren zugleich zwei Eigenthümer denkbar: ein naturaler, der auf gehörigen Titel durch Uebergabe erworben hatte, und ein civiler, der im Grundbuch eingetragen war. Unter ihnen war der naturale Eigenthümer der wahre, er hatte, weil er sich im Besitz befand, die Rechte der Verfügung und Nutzung. Der Buch-Eigenthümer war nur zur Verhypothecirung des Grundstücks befugt, denn diese setzte, weil sie durch Eintragung geschehen muß, einen bestimmten Antrag voraus.

b) **Eintragung** für Hypotheken, Nießbrauch, Reallasten an Grundstücken.

c) **Beides**, sowohl Uebergabe als auch Eintragung, für Faustpfand an Grundstücken.

C. **Das preußische Gesetz vom 5. Mai 1872** über den Eigenthumserwerb und die dingliche Belastung der Grundstücke, Bergwerke und selbständigen Gerechtigkeiten — welches in den meisten gemeinrechtlichen Landestheilen der Monarchie, modificirt durch G. vom 12. April 1888, auch in der Rheinprovinz eingeführt ist, — wirft für den Immobiliar-Verkehr die Lehre vom titulus und modus acquirendi sammt deren Folgen über Bord.

I. **Eigenthum an unbeweglichen Sachen** wird in Folge freiwilliger Veräußerung unter Lebenden nur erworben durch Auflassung und die auf Grund derselben erfolgte Eintragung des Eigenthumsüberganges im Grundbuch. Die Auflassung besteht in einer gleichzeitigen, d. h. zweiseitigen Erklärung der Betheiligten oder ihrer Stellvertreter, die öffentlich, d. h. vor der zuständigen Grundbuchbehörde mündlich abgegeben wird. Der eingetragene Eigenthümer bewilligt die Eintragung des neuen Erwerbers, und Letzterer stellt den Antrag auf Eintragung. Darin liegt ein Vertrag und nicht bloß ein Conflux von zwei einseitigen Erklärungen, die an den Richter adressirt sind. Fristbestimmungen, Bedingungen oder andere Einschränkungen sind unzulässig. Die Eintragung geschieht durch einen entsprechenden Vermerk im Grundbuch zufolge der Verfügung des zuständigen Richters. Die Eintragung soll der Auflassung unmittelbar nachfolgen, sodaß beide zeitlich verschiedene Momente „einen" continuirlichen Rechtsact darstellen. Daher darf der

Richter die Auflassung erst entgegennehmen, wenn nach seiner Ueberzeugung der sofortigen Eintragung kein Hinderniß im Wege steht, und Veränderungen in der Zwischenzeit können den Eigenthumsübergang nicht aufhalten. — Somit ist die Besitzübergabe des Grundstücks heute für den Eigenthumserwerb unerheblich, höchstens überträgt sie redlichen Besitz und ist beim Kauf von Einfluß auf den Uebergang der Gefahr.

II. **Dingliche Rechte an fremden Grundstücken,** soweit sie auf privatrechtlichen Titeln beruhen. Sie sind durch Bestellung „gegen den Constituenten und dessen Erben" begründet, erlangen aber „gegen dritte Singular-Erwerber der Sache" in der Regel erst durch Eintragung Kraft. Hypotheken und Grundschulden bedürfen auch zu ihrer Begründung der Eintragung, welche auf einseitigen Antrag des eingetragenen Eigenthümers erfolgt. Verfügungsbeschränkungen des Eigenthümers wirken ohne Eintragung gegen den dritten Erwerber der Sache, welcher davon Kenntniß hatte. Miethe und Pacht, Grundgerechtigkeiten, gesetzliche Vorkaufsrechte, Recht des Schürfens und Muthens nach dem BergG. vom 24. Juni 1865, Renten der Rentenbanken und Domainen-Amortisationsrenten nach Maßgabe des G. vom 2. März 1850 sind ohne Eintragung gegen jeden Dritten dinglich. Dies erkärt sich bei Miethe und Pacht aus dem häufigen Wechsel und der Unbequemlichkeit der Umschreibung, bei den andern Rechten theils aus ihrem seltenen Vorkommen, theils aus der geringen Werthverminderung, welche das Grundstück durch sie erleidet.

III. **Gemeinsame Grundsätze.**

An Stelle der Eintragsbewilligung bei der Auflassung oder des Antrags auf Vermerk einer Belastung kann ein rechtskräftiges Urtheil solchen Inhalts treten C.Pr.O. § 779; für Hypotheken auch Gesuch einer Behörde, z. B. wegen der Gerichtskosten, Antrag eines Gläubigers, welcher einen vollstreckbaren Titel für seine Forderung aufweist.

Die öffentlichen Erklärungen sind Formalacte, unbeeinflußt von dem zu Grunde liegenden Rechtsgeschäft. Insofern kann die Auflassung ein „abstracter" Vertrag genannt werden. Der Richter hat nur die Identität und das Verfügungsrecht der Parteien zu prüfen und bei Hypotheken außerdem Vorlage der Schuldurkunde zu verlangen. Er gilt Kraft seines Amtes als Autoritätsperson, welche dem gehörig erklärten Parteiwillen öffentlichen Glauben verleiht. Dies bezeichnet man nicht ganz genau mit dem Namen „Consensprincip".

Formelle Fehler des Rechtsgeschäfts, z. B. mündlicher Kaufvertrag eines Grundstücks werden durch Eintragung getheilt, materielle begründen zwar eine Anfechtung nach den Regeln des bürgerlichen Rechtes, die aber nur in Form einer selbständigen Klage gegen den eingetragenen Eigenthümer durchgesetzt werden kann. Eine mala fides im Sinne des A.L.R. kommt gar nicht mehr in Betracht. Mängel in dem formellen Acte der Auflassung oder Eintragung bilden eine eigenartige Grundlage für die Anfechtung des Eigenthumsüberganges mittelst einer rei vindicatio. Doch haften dem Geschädigten Mangels eines anderweiten Ersatzes Grundbuch-Richter und Schreiber, falls sie ein geringes Versehen begingen, und für sie subsidiär der Staat.

§ 109.
Grundbuch-Verfassung.

A. Entstehung.
Germanischer Ursprung. Fortbestand trotz der Reception. Ausbildung in Preußen.
B. Inhalt nach Pr. Grundbuch-Ordnung.
In der Regel Realfolien.
I. Titel des Blattes (Bestandtheile).
II. Erste Abtheilung (Eigenthums-Verhältnisse).
III. Zweite Abtheilung (Dauernde Lasten).
IV. Dritte Abtheilung (Pfandrechte).
Anlage eines Grundbuchblattes.
C. Maximen nach Pr. Grundbuch-Ordnung.
I. Publicität.
a) Erkennbarkeit der Rechtsverhältnisse eines Grundstücks.
1. Fälle von Grundeigenthum ohne Eintragung.
2. Wirkung nicht eingetragener dinglicher Rechte.
b) Schutz des redlichen Glaubens an das Grundbuch.
c) Absolute Kenntniß vom Inhalt des Grundbuchs.
System der s. g. Vormerkungen:
1. pro jure et loco conservando.
2. de exceptionibus conservandis.
Sperr- und Arrest-Vermerke.
II. Specialität.
a) Gesammt-Hypotheken.
b) Sicherheits-Hypotheken.

A. Entstehung.

Nach altgermanischem Brauch erfolgte die Uebertragung und Belastung von Grundstücken durch feierliche Erklärungen, die ursprünglich auf dem betreffenden Grundstück, später vor dem Echteding abgegeben wurden. Dem nächsten Erben, Mundwald der Frau und sonstigen Berechtigten stand ein formeller Beispruch und binnen Jahr und Tag eine actio revocatoria zu, um die zu Unrecht veräußerte Sache an sich zu ziehen. Dann traf den Vormann die Pflicht, Gewähr zu leisten. Hatte sich aber der Berechtigte, auch im Fall seiner Abwesenheit binnen Jahr und Tag „verschwiegen", so galt das Recht des Erwerbers als unanfechtbar und seine Gewere wurde zu einer „rechten". S. 304.

Im neunten Jahrhundert vgl. Capitulare von 819 war ein öffentlicher Act vor dem Richter der belegenen Sache üblich. Diese s. g. traditio setzte sich aus drei Theilen zusammen:

1. aus der Verlassung, d. h. der feierlichen Erklärung mit Auflieferung von Symbolen wie Halm, Ziegel, Scholle. Darauf bezieht sich der Name sala von der gothischen Wurzel seljan, obwohl Manche darunter das zu Grunde liegende Rechtsgeschäft verstehen;

2. aus dem Friedewirken, d. h. der richterlichen Bestätigung;

3. aus der Einkleidung in den körperlichen Besitz investitura, welche oft durch fidejussores gesichert wurde und auch der Vergabung durch sala vorausgehen konnte.

Beweisurkunden über dies Veräußerungs-Geschäft hieß man libri traditionis.

Im dreizehnten Jahrhundert finden sich besonders in Städten öffentliche Bücher, welche über die im Gemeindebezirk gelegenen Grundstücke und deren Rechtsverhältnisse wie Eigenthum und Pfandrecht glaubwürdige Auskunft geben. Das Friedewirken geschieht nun mittelst Eintragung des Parteiwillens s. g. Intabulation, Ingrossation durch den Stadtschreiber. Im Interesse des Realcredits verbreitet sich die Sitte der Stadt- oder Grundbücher mehr und mehr. An Stelle der unübersichtlichen chronologischen Folge der Eintragung tritt eine systematische Ordnung nach Real- oder Personal-Folien, je nachdem die Anlage eines Blattes für ein gewisses Grundstück und dessen Rechtslage erfolgte, oder für einen bestimmten Eigenthümer, um alle ihm gehörigen Grundstücke rc. zu bezeichnen. Solche Personal-Folien kommen namentlich in Gebieten mit zerstückeltem Grundbesitz (Wandeläcker) vor, wie zum Theil in Holstein.

Trotz Reception des Römischen Rechtes erhält sich diese Einrichtung in vielen Territorien, vornehmlich in der Form des Hypothekenbuches, um dem Pfandrecht an Grundstücken sichere Erkennbarkeit zu verleihen. Die Eintragung des Eigenthümers in das Grundbuch wird seltener gefordert, um das Eigenthum dadurch zu begründen, z. B. in Hamburg, als vielmehr um den Eigenthümer durch Anmeldung zu legitimiren.

In Preußen ordnete ein Edict vom 28. Septbr. 1693 für die Städte Berlin und Cölln die Führung eines Erb- und Lagerbuches an. Nach Emanation der allgemeinen Hypotheken-Ordnungen von 1722 und 1750 erfolgte die Durchführung des Pfandbuchsystems mit Realfolien fast für den ganzen Umfang der Monarchie durch die Hyp.O. vom 20. Decbr. 1783 mit Novelle vom 24. Mai 1853. An die Stelle dieser Gesetze ist die Grundbuch-Ordnung vom 5. Mai 1872 getreten, ursprünglich nur für den Geltungsbereich der Hyp.O. bestimmt, aber durch spätere Einführungsgesetze auf die meisten gemeinrechtlichen Gebiete der Monarchie ausgedehnt wie Neuvorpommern und Rügen, Schleswig-Holstein, Hannover, Kurhessen, nach Maßgabe des G. vom 12. April 1888 auch auf die Rheinprovinz. Die G.O. geht über das Pfandbuchsystem der Hyp.O. hinaus, indem sie auch den Eigenthumserwerb in der Regel von der Umschreibung im Grundbuch abhängig macht und so letzterem öffentlichen Glauben verleiht. Auf den Geltungsbereich der GrundbuchO. und des Grund-ErwerbG. vom 5. Mai 1872 erstreckt sich noch die Zwangsvollstreckungs-Ordnung in Immobilien vom 13. Juli 1883, welche an Statt der SubhastationsO. vom 15. März 1869 eingeführt ist.

B. Inhalt nach Pr. Grundbuch-Ordnung.

Für jeden Gemeinde-, selbständigen Guts- oder besondern Grundsteuer-Erhebungs-Bezirk sind ein oder mehrere Grundbücher gebildet. Jedes in dem Bezirk liegende Grundstück erhält in fortlaufender Nummern-Reihe ein Grundbuch-Blatt (Heft), das dessen Bestandtheile unbewegliche Zubehörstücke und Gerechtigkeiten umfaßt. Die Führung des Grundbuchs gehört zur freiwilligen Gerichtsbarkeit und wird an Stelle der früheren Grundbuch-Aemter seit dem 1. Octbr. 1879 durch die Amtsgerichte (in größeren Städten und Kreisen nach geographischen Sectionen) besorgt. Der Grundbuchrichter, d. h. der Amtsrichter verfügt auf Grund des gehörig erklärten Partei-Antrages (schriftliche Anträge und Urkunden bedürfen meist der gerichtlichen bzw. notariellen Aufnahme oder Beglaubigung, NotariatsG. vom 8. März 1880) die Eintragung bzw. die Löschung. Der Grundbuchführer, d. h. der Gerichtsschreiber führt die Einschreibung aus. Beide unterschreiben. Unter mehreren Eintragsgesuchen, welche dasselbe Grundstück betreffen, geht dasjenige vor, welches zuerst in gehöriger Form dem Grundbuchrichter vorgelegt ist. Neben dem Grundbuche werden noch Grundbuch-Acten geführt, welche aus einer Tabelle bestehen, d. h. einer Abschrift des betreffenden Grundbuchblattes, die in steter wörtlicher Uebereinstimmung mit diesem gehalten wird, und aus sämmtlichen auf die Eintragung bezüglichen Urkunden. Gegen Entscheidungen des Grundbuchrichters ist Beschwerde zulässig.

In der Regel hat jedes Grundstück nach dem Princip der Real-Folien ein eignes Blatt, das in einen Titel und drei Abtheilungen (Rubriken) zerfällt.

I. Der **Titel** giebt die Bestandtheile des Grundstücks in zwei Spalten an:

a) Bezeichnung des Grundstücks, seine Eigenschaft, Größe, Nummer im Steuerbuch, Einschätzung zur Grund- bzw. Gebäude-Steuer (Reinertrag, Nutzungswerth).

b) Veränderungen durch Abschreibung eventuell mit einem Vermerk, wohin der Theil, das unbewegliche Zubehörstück übertragen ist.

II. Die **erste Abtheilung** enthält die Eigenthums-Verhältnisse in drei Spalten (Columnen):

a) Der Eigenthümer nach Vor- und Zunamen, Stand, Gewerbe, Wohnort, auch die juristische Person, die Handesgesellschaft, Genossenschaft unter ihrer Firma.

b) Das Datum der Auflassung und Eintragung, Vermerke über Zuschreibungen und „auf Antrag" des Eigenthümers der Erwerbsgrund.

c) Auf Antrag des Eigenthümers der Erwerbspreis, die öffentliche Taxe und Feuerkasse mit Angabe des Datums.

III. Die **zweite Abtheilung** enthält die dauernden Lasten, die Beschränkungen des Eigenthums und des Verfügungsrechtes des Eigenthümers in drei Spalten:

a) Arten der Rechte, z. B. Reallasten, Servituten und der Beschränkungen, z. B. durch Familien-Fideicommiß, Veräußerungsverbot.

b) Veränderungen, z. B. durch Cession. Hierzu eine Nebenspalte zur Löschung der Veränderungen.

c) Löschung der ad a) vermerkten Rechte und Beschränkungen.

IV. Die **dritte Abtheilung** enthält die Hypotheken und Grundschulden in der gleichen Anordnung wie die zweite. Hier sind besonders die fortlaufenden Nummern wichtig, unter denen die einzelnen Geldposten (Kapital mit Zins) nach der Eingangs-Folge aufgeführt werden.

Für mehrere im Bezirk eines Grundbuch-Amtes belegene Grundstücke desselben Eigenthümers kann auf dessen Antrag ein gemeinschaftliches Blatt eingerichtet werden. Dieses heißt Artikel und kommt äußerlich dem Personal-Folium nahe. Der Titel enthält nur den Namen des Eigenthümers, die erste Abtheilung sämmtliche ihm gehörige Grundstücke mit Angabe ihrer Gemarkung, Lage und Kultur. Die zweite und dritte Abtheilung enthalten wie oben die dauernden Lasten 2c. und Pfandrechte.

Auf Bergwerke nach Maßgabe der Verleihungsurkunde, selbständige Gerechtigkeiten wie Schiffsmühlen, Apothekergerechtsame finden die erörterten Formulare entsprechende Anwendung. Für Bergwerke mit unbeweglichen Antheilen der Gewerken ist ein besonderes Formular bestimmt, das die Veräußerung und Belastung der einzelnen Kuxe ermöglicht.

Domainen, andere dem Staat gehörige Grundstücke, solche der Kirchen, Klöster, Schulen und Gemeinden, ferner Eisenbahnen und öffentliche Landwege erhalten ein Grundbuchblatt nur im Fall einer Veräußerung bzw. Belastung oder auf Antrag des Eigenthümers bzw. eines Berechtigten.

Oeffentliche Staats-Abgaben und Leistungen wie Grundsteuern, Einquartierungslasten, ferner Deichpflichten und die gemeinen Lasten nach dem ZwangsvollstreckungsG. vom 13. Juli 1883 werden nicht eingetragen.

Die Wiederherstellung zerstörter oder verloren gegangener Grundbücher erfolgt von Amtswegen. G. vom 14. März 1883. In Ermangelung eines Blattes für ein Grundstück kann die Anlage eines solchen durch den zeitigen Eigenthümer oder sonst Berechtigten unter Beifügung eines beglaubigten Auszuges aus dem Steuerbuch nachgesucht werden. Doch muß der zeitige Eigenthümer, um seine Eintragung zu erwirken, entweder beweisen, daß er das Grundstück in einer gerichtlichen Zwangsversteigerung erstanden habe oder ein Ausschlußerkenntniß beibringen oder sich auf eine Ersitzung stützen. Die Ersitzung setzt voraus, daß er durch öffentliche Urkunden oder Zeugen seinen Besitz glaubhaft macht entweder während 44 Jahren oder während 10 Jahren aus einem zum Eigenthumserwerb „an sich" geschickten Titel oder während kürzerer Frist unter besonderen Umständen. Letztere bestehen darin, daß er einen derivativen „der Form und dem Inhalt nach gültigen" Titel darthut und außerdem

entweder einen Besitz mit Zurechnung der Besitzzeit seines Vormanns während 10 Jahren

oder einen an sich zum Eigenthumserwerb geschickten Titel seines unmittelbaren Vorbesitzers.

An Grundstücken eines Bezirkes, für welchen ein Grundbuch noch fehlt, ist eine Recognitionshypothek möglich, indem der Richter das Pfandrecht auf der Schuldurkunde unter Vorhalt künftiger Eintragung nach Anlage eines Grundbuchs vermerkt. Diese Hypothek ermangelt aber des auf der Publicität beruhenden Schutzes für den redlichen Erwerber.

C. Maximen nach Pr. Grundbuch-Ordnung.

I. **Publicität** (publica fides).

Das Grundbuch hat kraft gesetzlicher, unanfechtbarer Vermuthung öffentlichen Glauben. Folgesätze:

a) Jedes Recht an einem Grundstück muß aus dem Grundbuch **erkennbar** sein. Daher kommen legale, richterliche Hypotheken nicht mehr vor. Gesetz und Richterspruch können nur einen Titel für die Eintragung bilden. Daher geht ein eingetragenes dingliches Recht nicht mehr durch Verjährung, Confusion unter, sondern nur durch Löschung. Folglich wird die eingetragene Hypothek von den Schicksalen ihrer Forderung unabhängig, so daß die Zahlung dem Schuldner bloß einen Anspruch auf Löschung gewährt.

Ausnahmsweise finden sich Eigenthum und dingliche Rechte an Grundstücken, die nicht aus dem Grundbuch ersichtlich sind:

1. Eigenthum. Das G. vom 5. Mai 1872 über Eigenthumserwerb betrifft nur die freiwillige Uebertragung unter Lebenden. Also wird Grundeigenthum ohne Eintragung erworben: bei Zwangsversteigerung durch Veröffentlichung des Zuschlagsbescheides G. vom 13. Juli 1883, bei Zwangsenteignung durch Zustellung des Enteignungsbeschlusses G. vom 11. Juni 1874, bei Gemeinheits-Theilung mit Landabfindung durch die von der General-Commission erfolgte

Bestätigung des Auseinandersetzungs-Recesses G. vom 7. Juni 1821, bei Bau auf fremdem Boden durch die Aufführung des Gebäudes, falls Grundeigenthümer darum wußte und trotzdem schwieg A.L.R. § 332 I, 9 (nach Einigen nur Titel zur Eintragung gegen angemessene Entschädigung). Nach der Auffassung des A.L.R. entsteht bei Gütergemeinschaft unter Ehegatten Miteigenthum derselben an ihren Grundstücken durch den Abschluß der Ehe oder nachträgliche Errichtung eines solchen Vertrages, ferner bei Erbgang Eigenthum an den Nachlaßgrundstücken für den Erben durch den Tod des Erblassers und wohl auch bei Erbschaftskauf für den Käufer, da derselbe als Erbe gilt, durch den Vertragsschluß. Dagegen kann ein Vermächtnißnehmer erst Eigenthum an dem vermachten Grundstück durch Eintragung erwerben, welche auf Grund einer Bewilligung der Erben erfolgt.

Will solch' ein uneingetragener Eigenthümer sein Grundstück weiter auflassen oder belasten, so muß eine Umschreibung im Grundbuch auf seinen Namen vorausgehen. Dies geschieht entweder von Amtswegen auf Gesuch der Behörde, z. B. bei Zwangsversteigerung, Enteignung, Gemeinheitstheilung, oder auf Antrag des Eigenthümers, welcher z. B. sein Erbrecht durch ein rechtsgültiges Testament, eine Erbbescheinigung darthut, oder seine Nachfolge in das Lehen, Fideicommiß durch ein Attest der Aufsichtsbehörde oder sein Miteigenthum durch Nachweis der ehelichen Gütergemeinschaft. Nur Miterben brauchen die langwierige Auseinandersetzung nicht abzuwarten und können das ererbte Grundstück zusammen weiter auflassen (nicht belasten), ohne selbst eingetragen zu sein. Darin hat sich ein Ueberrest der Duplicität des Grundeigenthums aus dem A.L.R. S. 315 erhalten.

Gegen einen nicht eingetragenen Eigenthümer kann auf Erfordern der zuständigen Behörde oder auf Antrag eines dinglich bzw. zu einer Eintragung Berechtigten ein Zwang ausgeübt werden. Der Grundbuchrichter fordert ihn unter Androhung einer Geldstrafe bis zu ℳ 150 auf, seine Eintragung zu bewerkstelligen, zieht bei Ungehorsam die Geldstrafe ein und führt die Eintragung executivisch durch.

2. Dingliche Rechte. Das G. vom 5. Mai 1872 erwähnt einzelne Belastungen von Grundstücken, die nicht in die zweite Abtheilung des Grundbuchs eingetragen zu werden brauchen.

Gegen jeden Dritten wirken gehörig bestellte Grundgerechtigkeiten, Miethsund Pachtverträge nach Uebergabe des Grundstücks, gesetzliche Vorkaufsrechte ꝛc. vgl. S. 316. Für Pacht und Miethe wird die Eintragung nützlich, da sie im Fall einer Zwangsversteigerung des Grundstücks die Dauer des Contractes und die längere Vorausbezahlung des Zinses wenigstens gegen die Ansprüche später eingetragener Realberechtigter sicherstellt.

Gegen den bösgläubigen Erwerber eines Grundstücks wirken die dem Eigenthümer z. B. durch auflösende Bedingung, erbrechtliche Substitution aufgelegten Beschränkungen.

Nur gegen den Besteller und dessen Erben wirken solche Lasten, welche in Bezug auf Gebrauch oder Nutzung des Grundstücks eingeräumt wurden.

b) **Der redliche Glaube** Dessen, welcher im Vertrauen auf den Inhalt des Grundbuchs ein Recht erwarb, wird geschützt. Dies gilt auch für die im Grundbuch als Theile der unbeweglichen Sache bezeichneten Stücke, aber natürlich nicht für die Angabe über Lage, Größe des Grundstücks.

Ist die Eintragung durch Täuschung des Richters bewirkt oder thatsächlich unrichtig, so kommt der Schutz nur dem dritten entgeldlichen Rechtsnachfolger zu Gute, also weder Demjenigen, welcher die Eintragung für sich selbst nahm, noch Dem, welcher von ihm durch eine Freigebigkeit erwarb.

Nur bei Grundschulden soll auch der unentgeldliche Erwerber des Briefes geschützt werden.

c) **Die Kenntniß vom Inhalt des Grundbuchs** wird bei Jedem, den es angeht, vorausgesetzt. Jeder Interessent soll das, was im Grundbuch steht, gegen sich wirken lassen. Keiner darf sich mit diesbezüglicher Unwissenheit entschuldigen.

Ausnahmsweise wird bei Grundschulden allein auf den Inhalt des Briefes Rücksicht genommen, um dessen Umlaufsfähigkeit zu erhöhen.

Darum ist das Grundbuch öffentlich zugänglich. Jeder, welcher dem Grundbuchrichter ein Interesse glaubhaft machen kann, darf Einsicht nehmen, doch werden Abschriften nur für den Eigenthümer ertheilt.

Auf der Vermuthung, daß der Inhalt des Grundbuchs allgemein bekannt sei, beruht das System vorläufiger Eintragungen s. g. Vormerkungen (protestationes). Sie erfolgen auf Antrag des Berechtigten, sei es mit Bewilligung Dessen, gegen welchen sie gerichtet sind, sei es in Ausführung einer Verfügung des Proceßrichters. Ihr Zweck kann sein:

1. pro jure et loco conservando, um ein illiquides Realrecht oder ein solches, das von einem zukünftigen Ereigniß abhängt, z. B. die Anwartschaft auf Eigenthumserwerb zu sichern. Die Stelle für die künftige, definitive Eintragung des beanspruchten Rechtes wird reservirt und bleibt es trotz späterer Eintragungen und Verfügungen.

2. de exceptionibus conservandis, um Widerspruchsrechte gegen das der Eintragung zu Grunde liegende Rechtsgeschäft, z. B. Betrug bei der Auflassung, oder um illiquide Löschungsgründe, z. B. Zahlung der Hypothekenschuld ohne Quittung jedem Dritten erkennbar zu machen.

Deshalb muß sich der Erwerber einer Hypothek solche Einreden aus dem Verpflichtungsgrunde entgegensetzen lassen, die er entweder kannte oder aus dem Grundbuch kennen mußte; der unentgeldliche Cessionar und der Erwerber einer Recognitions-Hypothek S. 320 aber alle Einreden aus dem Schuldverhältniß des Begründers. Die Frist von 30 Tagen, welche das A.L.R. § 738 ff. I, 11 dem Besteller einer Hypothek zum Vermerk von Einreden gewährte — für die Einrede nicht erhaltener Valuta sogar 38 Tage — ist veraltet. Günstiger steht der Erwerber eines Grundschuldbriefes, auch wenn er denselben ohne Entgeld an sich brachte. Ihm stehen nur Einreden aus solchen Thatsachen entgegen, die er entweder beim Erwerb kannte oder welche aus den Mängeln des Briefes selbst sich ergeben. Natürlich sind aus allgemeinen Vorschriften sowohl gegen den Hypotheken- als Grundschuld-Gläubiger Einreden aus unmittelbaren Gegenrechten wie Aufrechnung zulässig.

Die Grundbuchstelle für Vormerkungen ist, wenn sie gegen den Eigenthümer gerichtet sind, als Verfügungs-Beschränkung: die zweite Abtheilung erste Spalte, sonst die Abtheilung und Nummer, worunter die endgültige Eintragung erfolgen muß. Geschieht letztere, so wird die Vormerkung gelöscht. Auf selbständige Löschung der Vormerkung kann sich ein Antrag des Berechtigten oder ein Ersuchen des Proceßrichters richten.

Verschieden von den Vormerkungen sind die auf richterliches Gesuch zur Warnung für das Publikum einzutragenden Sperr-Vermerke, welche die Verfügung des Eigenthümers im öffentlichen Interesse beschränken. Zu diesen s. g. Protestationen de non amplius disponendo in der Abtheilung 2, Spalte 1, gehören die Eröffnung des Concurses, Einleitung der Zwangsversteigerung, gerichtlicher Entmündigungsbeschluß u. s. w. Durch nachherige vom Concursschuldner, Subhastaten auf die Sache gelegten Lasten kann eine Beeinträchtigung der vorhandenen Gläubiger nicht bewirkt werden. R.K.O. § 6. Z.G. vom 13. Juli 1883 § 30.

Zur Sicherung gefährdeter persönlicher Ansprüche kann die Eintragung eines Arrestes mittelst einer einstweiligen Verfügung des Proceßrichters bewirkt werden. Jedoch diese s. g. protestatio de non amplius intabulando bildet keine Dispositions-Beschränkung, sondern enthält eine Vormerkung behufs Umschreibung in eine Hypothek und findet daher ihre Stelle in der dritten Abtheilung. G. vom 13. Juli 1883 § 10.

Das Grundbuch unterscheidet sich — abgesehen von dem besonderen Inhalt — vornehmlich durch seinen öffentlichen Glauben von andern öffentlichen Registern. Die Eintragung in das Standes- oder das Handels-Register ist meist nur durch Ordnungsstrafen erzwingbar und für den Beweis nützlich, gegen das Handels-Register findet der Gegenbeweis statt, daß man seinen Inhalt nicht kennen konnte oder zu kennen brauchte, doch hat letzteres einen höheren Grad von Oeffentlichkeit, da Jeder während der gewöhnlichen Dienststunden Einsicht nehmen, auf seine Kosten beglaubigte Abschriften fordern darf und Auszüge von Amtswegen veröffentlicht werden. H.G.B. Art. 12–14.

II. Specialität.

Das eingetragene Sachenrecht soll in Bezug auf Inhalt und Object genau bestimmt sein. Dadurch sind Generalhypotheken im römischen Sinne, welche auch den künftigen Erwerb des Schuldners umfassen, verworfen. Dagegen entsprechen der Specialität die statthaften Gesammt- und Sicherheitshypotheken:

a) Die **Gesammt-** oder Correal-**Hypothek** wird auf mehrere Grundstücke derart eingetragen, daß alle zusammen haften, aber unter der auflösenden Bedingung, daß, wenn der Erlös eines Grundstücks oder einiger zur Befriedigung des Gläubigers hinreicht, die auf den andern eingetragene Hypothek von Amtswegen gelöscht wird.

b) Die **Sicherheits-** oder Cautions-**Hypothek** wird für eine Forderung eingetragen, deren Höhe zwar noch nicht feststeht, die man aber auf einen Meistbetrag, bis zu welchem das Grundstück haften soll, ansetzt. Der Erwerber einer solchen Hypothek muß die Höhe seines Liquidats aus dem der Eintragung zu Grunde liegenden Rechtsgeschäft nachweisen und also Einreden daraus anerkennen.

§ 110.

Verfolgung.

A. In Rom rücksichtslose Vindication der Sache.
B. Im germanischen Recht:
I. Bei unfreiwilligem Verlust. Echte und schlichte Klage.
II. Bei freiwilliger Weggabe.
C. Im gemeinen Recht römisches Princip. Schutz des redlichen Erwerbers nach H.G.B.
D. Im A.L.R. Anspruch auf Lösung.

Der Natur des Sachenrechtes entspricht seine absolute Verfolgbarkeit durch actio in rem gegen jeden Störer. Die exceptio excussionis, wodurch in Rom der mit der actio hypothecaria verklagte dritte Pfandbesitzer den Kläger vorerst auf die Person des Schuldners verweisen konnte, ist eine Folge der accessorischen Natur des Pfandrechtes. Hier interessirt nur das Verhältniß des Eigenthümers einer Sache zum redlichen Besitzer derselben. Soll man die Wahrheit gegenüber der Fiction bevorzugen oder die Verkehrstreue schützen?

A. **In Rom** greift das Eigenthum rücksichtslos durch. ‚ubi rem meam invenio, ibi vindico'. Der redliche Besitzer hat keinen Anspruch auf Erstattung der Erwerbskosten, es sei denn, daß sie früher zum Nutzen des Vindicanten verwandt l. 14, l. 16 C. 5, 71 oder für diesen in auftragloser Geschäftsführung verauslagt sind. l. 6 § 8 D. 3, 5. Trotz gutgläubigen Erwerbes muß er die Sache ausliefern, und kann sich nur an seinen unmittelbaren Vormann aus dem Erwerbsgeschäfte halten.

B. **Im germanischen Recht**, Ssp. II, 60 wird in Bezug auf die fahrende Habe unterschieden:

I. Bei **unfreiwilligem Verlust** haftet jeder Besitzer auf Herausgabe. Die Klage ist eine echte oder schlichte. Die echte Klage — mit Anefang, d. h. Anfassen der Sache auf dem Malberg — ruht auf der Voraussetzung, daß der Beklagte die Sache durch Raub oder Diebstahl an sich gebracht habe. Für diese Beleidigung wird eine Buße gestellt, welche, falls der leibliche Beweis mißlingt, dem Gegner verfällt. Die schlichte Klage besteht in einer formlosen Aufforderung zur Herausgabe ohne die Zumuthung eines Delicts. Daher fehlt ihr die Wedde und Succumbenzstrafe und dem Beklagten steht die Reinigung durch Unschuldseid offen.

II. Bei **freiwilliger Weggabe** an einen Entlehner findet, falls derselbe die Sache veruntreute, nur gegen ihn ein Anspruch auf Entschädigung statt. Dies besagen die deutschen Rechtssprüchwörter: „Hand wahre Hand". „Trau, schau wem". „Wo man seinen Glauben gelassen hat, muß man ihn wieder suchen".

Den Juden giebt der Ssp. III, 7 § 4 im Interesse des Handels das besondere Privileg: Sachen, welche sie auf offnem Markte (bie Tages Lichte) von unverdächtigen Leuten erworben hatten, selbst wenn dieselben sich als gestohlen herausstellten, nur gegen Ersatz des Kaufpreises herauszugeben.

C. **Im gemeinen Recht** ist die römische Auffassung recipirt. Doch hat sich in manchen Gegenden das deutsche Princip unter Modificationen erhalten. So machen die Hamburger Statuten von 1603 den Schutz des dritten Erwerbers von seinem redlichen Glauben abhängig, und das Lübsche Stadtrecht gewährt, falls Sachen zur Verwahrung, zum Verkauf anvertraut, an Dienstboten gegeben, oder Handwerkern zur Verarbeitung überlassen und dann von diesen Empfängern unterschlagen wurden, eine volle Vindication gegen jeden Besitzer. Vielfach wird die Pflicht zur Herausgabe gegen Erstattung des Erwerbspreises oder Sachwerthes auferlegt und besonders Leihhäusern eine Forderung des Pfandgeldes eingeräumt.

Am weitesten geht das H.G.B. Art. 306–308 (nach dem Vorgang des Code civil Art. 2279), welches im Interesse der Verkehrssicherheit das „Schein-Recht" fast völlig schützt: Sind Waaren oder andere bewegliche Sachen von einem Kaufmann in dessen Handelsbetriebe veräußert und „übergeben" worden, so erhält der redliche Erwerber lastenfreies Eigenthum, außer wenn die Gegenstände verloren oder gestohlen waren. In Betreff letzterer Objecte tritt das Landesrecht ein. Bei Inhaberpapieren wird der Eigenthumsübergang selbst dann angenommen, wenn die Veräußerung nicht von einem Kaufmann in dessen Handelsbetriebe geschehen ist und wenn die Papiere gestohlen oder verloren waren.

Gleiche Wirkung gilt nach W.O. Art. 74 für abhanden gekommene Wechsel, deren legitimirter Besitzer nur auf Herausgabe haftet, falls er sich beim Erwerbe in bösem Glauben oder grober Fahrlässigkeit befand.

D. Im **Allgemeinen Land-Recht** § 25 ff. I, 15 muß der redliche Erwerber zwar die Sache ausliefern, darf aber, auch wenn sie dem Eigenthümer durch Delict entnommen wurde, Lösung verlangen. S. 308. Diese umfaßt Alles, was er dafür gegeben oder geleistet hat. Zinsen des Kaufpreises, auf den Kauf verwandte Kosten wie Stempel, Mäklergebühren, Spesen, ferner Proceßkosten im Evictionsstreit sind nicht einbegriffen. Solche Ansprüche fallen als Interesse unter die Gewähr, für welche unter Umständen der Verkäufer seinem Nachmanne einsteht. § 154–159 I, 11.

Uebrigens ist die Lösung ein Recht, nicht eine Pflicht des redlichen Besitzers, so daß diesem auch der volle Rückgriff gegen seinen unmittelbaren Vormann aus dem Erwerbsgeschäft offen bleibt.

Auf unbewegliche Sachen bezieht sich nach dem G. vom 5. Mai 1872 § 7 das landrechtliche Princip nicht mehr. Wer vom Eigenthümer auf Grund eines gehörigen Kaufvertrages den bloßen Besitz des Grundstücks erhielt, kann daraus weder dem Verkäufer noch dessen Rechtsnachfolger Einreden im Vindicationsstreit entgegensetzen. Denn wie unterhöhlt würde das Eigenthum Dessen sein, welcher im Vertrauen auf den Glauben des Grundbuchs kaufte, zahlte und sich umschreiben ließ, und trotzdem noch gezwungen wäre, dem redlichen Besitzer des Grundstücks Lösung zu erstatten!

Verwendungen, welche der Besitzer auf die Sache zu ihrer Erhaltung oder Verbesserung machte, gehören nicht zum Inhalt der Lösung. Ihretwillen hat sowohl nach Römischem wie preußischem Recht der redliche Besitzer ein besonderes Ersatzrecht (bei Grundstücken auch durch Einrede), wovon bei Behandlung des Eigenthumsschutzes die Rede sein wird.

§ 111.

Collision.

A. Zwei Rechte an der Sache. Altersfolge, die auch nach Maßgabe des Grundbuchs bei Zwangsversteigerung eines Grundstücks entscheidet.
B. Ein dingliches Recht und ein Recht zur Sache. Vorzug des dinglichen Rechtes außer in Fällen der exceptio rei venditae et traditae.
C. Zwei Rechte zur Sache. Prävention der Geltendmachung.

Zwei Rechte an der Sache oder zur bzw. auf die Sache können in Bezug auf denselben Gegenstand der Art zusammentreffen, daß ihre vollständige Ausübung „neben einander" unmöglich wird. Folgende Gruppirungen sind denkbar.

A. Zwei Rechte an der Sache.

Unter ihnen entscheidet das Alter ‚prior tempore, potior jure' l. 4 C. 8, 18 (17).

Eine Ausnahme bestand in Rom für privilegirte Hypotheken. Im H.G.B. Art. 411 geht das gesetzliche Pfandrecht des Frachtführers dem des Commissionärs, Spediteurs vor, und unter mehreren Frachtführern, Bodmereigläubigern Art. 680 ff. wird nach den Grundsätzen der versio in rem der jüngste bevorzugt.

Auch die Rangordnung dinglicher Rechte an einem Grundstück bestimmt sich nach G. vom 5. Mai 1872 § 17, § 36 durch das Alter, vorausgesetzt, daß durch die Form der Bestellung ihre Wirksamkeit gegen Dritte gesichert ist. Soweit also Eintragung von Nöthen ist, entscheidet — auch bei Collisionen zwischen der zweiten und dritten Abtheilung — das aus dem Grundbuch ersichtliche Datum. Bei gleichzeitigem Datum kommt es auf die Reihenfolge an, d. h. auf die laufende Nummer in derselben Abtheilung, falls nicht bei den unter verschiedenen Ziffern erfolgten Eintragungen ausdrücklich vermerkt ist, daß sie „zu gleichem Recht" neben einander stehen sollen.

Demnach giebt es privilegirte Hypotheken nicht mehr; selbst der lange anerkannte Vorzug wegen vorbehaltener Restkaufgelder ist nach G. vom 5. Mai 1872 veraltet. Doch werden im Fall einer Zwangsversteigerung nach Z.G. vom 13. Juli 1883 § 24 ff. vorweg aus dem Kauferlös berichtigt, ohne daß es einer Eintragung bedarf, Kosten der Zwangsverwaltung, Deichlasten (einjähriger Rückstand), Dienstlohn des ländlichen Gesindes, der Forst- und Wirthschaftsbeamten in dauerndem Dienstverhältniß zum Besitzer des Grundstücks (einjähriger Rückstand), Staatsabgaben (eventuell auch Ablösungsrenten) und die gemeinen auf dem Grundstück ruhenden Lasten (Rückstände aus den beiden letzten Jahren).

Das Verfahren, um Collisionen bei der Zwangsversteigerung auszugleichen, ist des Näheren durch G. vom 13. Juli 1883 geregelt. Grundlage bildet nach § 22 die Feststellung eines geringsten Gebotes, welches die Uebernahme oder Befriedigung aller derjenigen Realrechte enthalten bzw. decken muß, welche dem Antragsteller der nothwendigen Subhastation vorangehen. Für wiederkehrende, nicht in Geld bestehende Hebungen, z. B. Altentheile findet zu diesem Zweck eine Kapitalisirung in Form eines Geldbetrages Statt, ohne aber der wirklichen Uebernahme durch den Ersteher in Anrechnung auf das Kaufgeld vorzugreifen. Dingliche Lasten, welche zur Wirkung gegen Dritte der Eintragung im Grundbuch nicht bedürfen S. 316, müssen, um Berücksichtigung zu finden, spätestens im Versteigerungstermin angemeldet werden § 40 Z. 8, sofern sie nicht von selbst auf den Ersteher übergehen. § 22, § 29. Ein Zuschlag unter dem geringsten Gebot wird nicht ertheilt. Bei Eingang höherer Gebote sind dauernde in der zweiten Abtheilung eingetragene und nicht in der Calculation des s. g. geringsten Gebotes enthaltene Lasten insoweit vom Bieter zu übernehmen, als dadurch kein Nachtheil für ältere Hypothekengläubiger der dritten Abtheilung entsteht. Deckt also ein Gebot, das mit Rücksicht auf die zu übernehmende Last ergangen ist, nicht einen früher eingetragenen Hypothekengläubiger, so findet ein besonderes Ausgebot statt, wobei der Zuschlag ohne die Bedingung jener Last versprochen wird. Dies gilt auch für Grundgerechtigkeiten. § 60. Ersteher hat das Recht, alle das Grundstück betreffenden Miethș- und Pachtcontracte in der gesetzmäßigen Kündigungsfrist (Quartal 2c.) aufzuheben, unbekümmert darum, daß Miethș- und Pachtzinsen bereits auf länger als ein Vierteljahr im Voraus bezahlt sind. Natürlich bleibt dem Miether bzw. Pächter der Rückgriff gegen den Subhastaten, aber einen absoluten Schutz gewinnt er erst durch Eintragung seines Contracts und der Vorausbezahlung, wenigstens gegenüber späteren Interessenten.

Die R.K.O. § 17 Z. 2 giebt dieses Kündigungsrecht, wenn Vermiether bzw. Verpächter in Concurs fiel, auch bei freiwilliger Veräußerung der Sache durch den Concursverwalter.

B. Ein dingliches Recht und ein Recht zur Sache.

Das dingliche Recht hat den Vorzug, l. 15 pr. C. 3, 32, da das Recht zur Sache, wo es sich unterscheiden läßt, S. 314, keine Herrschaft über die Sache gewährt, sondern nur ein Recht auf Verschaffung derselben durch den Verpflichteten.

Eine Ausnahme bildet in Rom und auch heute aus Billigkeit die exceptio rei venditae et traditae (donatae etc.). Sie steht insbesondere dem Tradenten einer Sache (und seinen Rechtsnachfolgern) entgegen, welcher sie zu einer Zeit, wo er noch nicht Eigenthümer war, veräußerte und nun seinen später erfolgten Eigenthumserwerb vorschützt, um sie zu vindiciren. l. 4 § 32 D. 44, 4. In der Grundbuchverfassung zieht nach G. vom 5. Mai 1872 § 7 diese Einrede nicht einmal gegen den dolosen Verkäufer, welcher das Grundstück übergab, aber nicht aufließ und deshalb formell Eigenthum und die Legitimation zur Vindication behalten hat.

Eine andere Ausnahme kennt das A.L.R. § 5 I, 19 in der s. g. mala fides S. 314. Kannte der Erwerber des dinglichen Rechtes das ältere Recht eines Andern zu derselben Sache, so muß er dem Letzteren weichen. Für den Eigenthumserwerb an Grundstücken ist dies durch G. vom 5. Mai 1872 § 4 aufgehoben.

C. Zwei Rechte zur Sache.

Unter ihnen entscheidet nicht Priorität der Entstehung, sondern Prävention der Geltendmachung „wer zuerst kommt, malt (spricht vor Gericht) zuerst." Dies gilt besonders von dem Falle, daß ein Eigenthümer seine Sache Mehreren hinter einander verkaufte. Wer unter den Käufern zuerst klagt, erhält die Sache, während den anderen nur ein Recht aufs Interesse bleibt. Im preußischen Recht erleidet diese Regel durch die Rücksicht auf s. g. mala fides des Käufers — wenigstens im Mobiliar-Verkehr — eine eigenthümliche Beschränkung.

Von dem mehrfachen Verkauf derselben Sache durch einen oder verschiedene Nicht-Eigenthümer an mehrere gutgläubige Erwerber und deren Rechtsverhältniß unter einander wird in der Lehre vom Eigenthums-Schutz gehandelt werden.

§ 112.

Verlust.

A. Allgemeiner Aufhebungsgrund ist der physische oder juristische Untergang des Gegenstandes.

B. Einzelne Aufhebungsgründe haben die Sachenrechte mit anderen Rechten gemein.

A. **Ein allgemeiner Aufhebungsgrund** von Sachenrechten ergiebt sich aus ihrer Natur, nämlich der Untergang des Gegenstandes.

Die Sache geht physisch unter durch Zerstörung, der Specification, d. i. Umgestaltung in eine für den Rechtsverkehr neue Form, bei Servituten auch wesentliche Veränderung des wirthschaftlichen Charakters der s. g. salva substantia gleich stehen. Bei Vernichtung der Sache dauert das Recht an dem etwa verbliebenen Ueberrest fort, z. B. an dem Fell des verendeten Thieres. l. 49 § 1 D. 6, 1.

Eine Sache kann auch juristisch untergehen dadurch, daß sie dem Rechtsverkehr entzogen wird, z. B. als res publica, oder nach antiker Auffassung in die Gewalt der Feinde geräth. Für den Fall, daß die an die Feinde verlorene Sache zurückerbeutet wurde, ließen die Römer das ursprüngliche Eigenthum wieder aufleben, s. g. jus postliminii an Grundstücken, Sclaven, besonders an Kriegsmaterial wie Pferden, Schiffen, nicht aber an Waffen, deren Verlust als schimpflich galt. D. 49, 15.

Rechte an einem wilden Thier hören auf, wenn es seine natürliche Freiheit erlangt hat und außerhalb der Verfolgung steht, an einem gezähmten, wenn es seine consuetudo revertendi verlor. l. 3 § 2 l. 5 § 4–5 D. 41, 1.

Nach der singulären Vorschrift in l. 3 C. 2, 37 (36) soll die Veräußerung einer Sache durch den Fiscus (auch Regenten und dessen Gemahlin) den Erwerber zum lastenfreien Eigenthümer machen; dem Geschädigten wird nur ein persönlicher Regreß gegen den Fiscus binnen vier Jahren verliehen. Aehnlich verhält es sich heute bei öffentlichen Versteigerungen A.L.R. § 42 I, 15 und nothwendigen Verkäufen ‚vi officii'.

Die Theilung der Sache bewirkt keinen Untergang der darauf lastenden Rechte; das Eigenthum setzt sich gesondert an jedem Trennstück fort, und Servituten, Pfandrechte haften voll und ganz an jeder Parcelle.

Gleiche Regeln gelten für den Untergang des herrschenden Grundstücks bei Grundgerechtigkeiten, im A.L.R. bei den s. g. subjectiv dinglichen Rechten. Bei Parcellirung sollen Bannrechte, früher Standschaft, Patrimonialrecht bei dem Hauptstück verbleiben.

Besondere Vorschriften giebt das kanonische Recht X. 3, 38 für den Real-Patronat. Derselbe soll bei Theilung des Grundstücks zu einem Compatronat werden, dessen Theilnehmer ohne Rücksicht auf die Größe der Stücke nach Mehrheit beschließen. Kommt das Grundstück in die Hände eines Ketzers oder Juden, so soll der Patronat ruhen oder untergehen, vgl. aber A.L.R. § 340, § 582 II, 11.

B. **Einzelne Aufhebungsgründe** reichen über den Kreis der Sachenrechte hinaus, wie Verzicht, Verjährung, Confusion durch Vereinigung des Eigenthums und des dinglichen Rechtes (in re aliena) in einer Person, durch Verwirkung 2c. vgl. S. 229. Der directen Einwirkung dieser Ursachen ist das Grundbuch entzogen.

Auflösende Bedingung und Endtermin, mit deren Eintritt das revocable Sachenrecht endigen soll, verdienen eine selbständige Erörterung.

§ 113.

Bedingung und Zeitbestimmung bei Sachenrechten.

A. Bedingung. vgl. S. 217.

I. Schwebezeit.

Ein Sachenrecht, das unter einer Suspensiv-Bedingung bestellt ist, besteht während ihrer Schwebe noch nicht. Doch hat der bedingt Berechtigte eine rechtlich gesicherte Anwartschaft l. 161 D. 50, 17, l. 24 D. 35, 1, im A.L.R. § 101–106 I, 4 ein Recht zur Sache. Dies kann bei Gefährdung des Objects durch den Verpflichteten zu einem Recht auf Sicherheitsleistung führen l. 41 D. 5, 1 — im A.L.R. § 5 I, 14, § 14 I, 20 nur unter besondern Umständen — und bei schuldhafter Beschädigung oder Vernichtung der Sache zu einem eventuellen Anspruch auf Schadensersatz. vgl. l. 4 pr. D. 18, 3. A.L.R. § 103, 109–110 I, 4. Der bedingt Berechtigte darf seine Hoffnung, außer wenn sie hochpersönliche Rechte wie Nießbrauch betrifft, übertragen und vererben. In der Grundbuchverfassung wird die bedingte Einräumung eines Realrechtes, z. B. einer Hypothek nur durch Eintrag einer Vormerkung pro loco et jure conservando wirksam.

Eine bedingte Eigenthumsübertragung durch Tradition der Sache macht den Empfänger in der Regel zum bloßen Detentor, l. 38 § 1 D, 41, 2, der nicht ersitzen kann und durch unbefugte Veräußerung ein Furtum begeht. Der Tradent behält in Folge seines Vorbehaltes Eigenthum und dadurch im Princip Verfügung, Belastung und Vindication. Allein der Empfänger wird gegen arglistige Handlungen des Veräußerers, welcher z. B. den Sclaven freiläßt l. 11 D. 40, 1 oder die Sache dem Verkehr entzieht l. 34 D. 11, 7, geschützt und erhält aus dem Grunde seines Erwerbsgeschäftes eine exceptio doli l. 7 § 3 D. 23, 3 und auch eine actio in rem Publiciana l. 8, 9 pr. D. 6, 2. Nach dem Pr.G. vom 5. Mai 1872 muß die Auflassung stets eine unbedingte sein, und das A.L.R. § 266 I, 11 sieht in dem Eigenthumsvorbehalt verkaufter Sachen nur eine auflösende Bedingung.

Ein unter Resolutiv-Bedingung bestelltes Sachenrecht ist während ihrer Schwebe ein volles. Erwerber wird Eigenthümer mit Verfügungsbefugniß. Der Rückfallsberechtigte hat eine Hoffnung, die ihn berechtigt, bei Gefährdung der Rückgabe Sicherheit zu verlangen A.L.R. § 121–125 I, 4, und, wo es angeht, den Eintrag einer Beschränkung des Verfügungsrechtes im Grundbuch durchzusetzen. S. 319.

II. Entscheidung.

Von Eintritt oder Ausfall der Suspensiv-Bedingung hängt die Entstehung des zugedachten Sachenrechtes ab. Erfüllt sich die Resolutivbedingung, so hört das vorhandene Sachenrecht auf, dagegen bleibt es für immer, wenn sie ausfällt. Dies ist unstreitig, aber wie verhält es sich mit den inzwischen gezogenen Nutzungen der Sache, den auf sie gelegten Lasten oder mit ihr vorgenommenen Veräußerungen?

Da der Wille von Anfang an bestimmt und nur der Erfolg aufgeschoben war, also die Bedingung ihrer Natur nach eine rechtbestätigende Thatsache enthält, muß ihrer Entscheidung eine rückwirkende Kraft beigelegt werden. Diese Retrotraction wird in den Quellen besonders für den Eintritt einer resolutiv bedingten Tradition hervorgehoben l. 4 § 3 D. 18, 2 und erstreckt sich trotz der Einschränkung in l. 9 § 1 D. 20, 4 auch auf Potestativ-Bedingungen. Freilich darf man nicht fingiren, daß der Zustand der Zwischenzeit überhaupt nicht bestanden habe, und daraus einen Rückfall aller Früchte schließen. Die neueste Doctrin von Windscheid, Fitting, Jhering verwirft die Rückwirkung als ein in sich fehlerhaftes und unpraktisches Princip. Man setzt an deren Stelle eine Vorwirkung, d. h. eine rechtliche Gebundenheit des Willens, welche höchstens bei Erfüllung der Bedingung dem Berechtigten zu Gute komme oder sein Recht von nun an für die Zukunft und nicht „rückwärts" begründen soll. Das Ergebniß der Quellen ist folgendes:

a) Bei auflösender Bedingung. Die resolutiv bedingte Tradition findet sich namentlich bei Verkauf einer Sache mit in diem addictio, d. h. Hinfall bei besserem Gebot innerhalb bestimmter Frist l. 2 § 1 D. 18, 2, l. 2 § 3–4 D. 41, 4 und mit lex commissoria, d. h. Verwirkung bei nicht rechtzeitiger Zahlung des Preises l. 2 D. 18, 3.

Fällt die Bedingung aus, so bleibt Erwerber Eigenthümer, er behält die Nutzungen der Zwischenzeit und alle rechtlichen Verfügungen, die er inzwischen in Betreff der Sache traf, sind aufrecht.

Tritt die Bedingung ein, so fällt das Eigenthum unmittelbar und rückwärts an den Verkäufer zurück. Man nennt dies ‚resolvitur ipso jure, ex tunc'. War er nur Ersitzungsbesitzer, so gilt seine Ersitzung als gar nicht unterbrochen. Folglich steht ihm die Vindication gegen jeden Besitzer der Sache zu l. 4 C. 4, 54, l. 41 D. 6, 1 und die vom Zwischenerwerber auf die Sache gelegten Lasten fallen rückwärts hin l. 3 D. 20, 6, l. 4 § 3 D. 18, 2. ‚resoluto jure dantis resolvitur jus concessum'. Nur in Betreff der Früchte findet keine Vindication Statt, sondern eine bloß persönliche Ersatzpflicht. l. 4 § 4 D. 18, 2. Diese liegt auch dem Zwischeneigenthümer gegen Dritte ob, welchen er die aufgelösten Pfandrechte und Servituten an der Sache bestellte. Mit dieser Erörterung stimmt l. 9 pr. D. 39, 3 überein, welche, um zwischenzeitliche Verfügungen über die Sache unanfechtbar zu machen, die Mitwirkung sowohl des Veräußerers als des Erwerbers verlangt.

b) Bei aufschiebender Bedingung. Ein Hauptfall der Art ist die Tradition auf Grund eines Kaufes mit pactum reservati dominii, d. h. Vorbehalt des Eigenthums in der Regel bis zur Zahlung des gestundeten Preises.

Tritt die Bedingung ein, so behält Käufer die Sache, als ob er von Anfang an ihr Eigenthum erworben hätte l. 8 D. 12, 1 ‚ex postfacto confirmatur'. Auch die Früchte bleiben ihm, weil darauf die Absicht des Kaufschlusses ging und ein Ausgleich meist in der Verzinsung des Preises oder in einer Erhöhung desselben um die Zinsen liegen wird. Ohne diese Intention kann in andern Fällen dem bedingt Berechtigten nicht die Nutzung der Zwischenzeit gebühren. l. 64 D. 45, 1. War Verkäufer nicht Eigenthümer, so kann Käufer seinen Ersitzungsbesitz freilich erst von der Erfüllung der Bedingung beginnen, weil ihm während ihrer Schwebe der animus domini und damit die Redlichkeit fehlte. l. 2 § 2 D. 41, 4. Doch schadet ihm dies wegen der accessio possessionis nicht viel. Verfügungen, die Verkäufer in der Zwischenzeit über die Sache traf, fallen folgerichtig hin, da Käufer lastenfreies Eigenthum erhalten und nicht bloß auf einen persönlichen Ersatzanspruch angewiesen sein soll. Eine andere Folge ist die Rückbeziehung suspensiv bestellter Pfandrechte in Betreff ihrer Rangfolge, falls nur die Erfordernisse besonders die Schuld schon damals so fest vorbereitet waren, daß ihre Entstehung nicht allein von der Willkür eines Betheiligten abhing. l. 9 § 1, l. 11 § 1 D. 20, 4.

Fällt die Bedingung aus, so vindicirt Verkäufer die Sache, unbekümmert um etwaige Verfügungen des Zwischenkäufers, derentwillen dieser seinem Contrahenten auf Ersatz haftet und noch wegen Unterschlagung strafbar sein kann. Wegen gezogener Früchte, schuldhafter Beschädigungen u. s. w. entsteht eine persönliche Ersatzpflicht.

c) **Das zu Grunde liegende Geschäft** äußert seine besonderen Folgen, welche mit der dinglichen Wirkung der Bedingung nicht zusammenhängen. In den angeführten Beispielen war der Kauf perfect, daher trägt der Käufer jede Gefahr der Zwischenzeit und bleibt es im Belieben des Verkäufers mit der actio venditi Preis nebst Zinsen bzw. Ersatz für schuldhafte Verschlechterungen zu beanspruchen. l. 2 § 1, l. 3 D. 18, 2, l. 4 pr. D. 18, 3. Dies gilt beim resolutiv bedingten Probekauf ‚res inemta esto, si displicuerit‘ nur für die Gefahr des Untergangs, nicht die der Verschlechterung, denn mag auch die Erfüllung der potestativen Bedingung im Willen des Käufers stehen, so kann ihm doch die untergegangene Sache nicht mehr mißfallen.

Die Bedingung kann mit der Tradition zugleich das Geschäft erfassen. Ist dies beim suspensiv bedingten Kauf der Fall, so bleibt die Gefahr des Untergangs beim Verkäufer, weil dadurch, daß bei Eintritt der Bedingung die Waare fehlt, der Kauf nicht rechtsbeständig werden kann. l. 8 pr. D. 18, 6. Beim suspensiv bedingten Probekauf ‚res emta esto si placuerit‘ § 4 J. 3, 23 trägt Verkäufer jede Gefahr, auch die der Verschlechterung, weil es in der Hand des Käufers liegt, die Bedingung zu vereiteln.

Uebrigens hat der Probekauf noch die Besonderheit, daß jede Verfügung, welche Käufer durch Veräußerung, Belastung der Sache trifft, aus der Natur der Probe als Genehmigung gilt und meist — entgegen der Ansicht Goldschmidts — eine Auflösung des Geschäftes ausschließt. In Bezug darauf heißt in den Schlußworten der l. 3 D. 20, 6 ‚pignus non finiri‘.

Die Bedingung kann einzig auf dem Geschäft und nicht auf der Tradition ruhen. So construirt man den Reukauf ‚ut res reddatur, si emtorem poeniteat‘. Der Rücktritt hängt von der Willensänderung des Käufers in gehöriger Frist ab, dieser kann sich noch dazu entschließen, nachdem er die Sache belastet hat oder dieselbe durch Zufall untergegangen ist. Tritt die Resolutiv-Bedingung durch Erklärung des Rücktritts ein, so erhält Verkäufer eine persönliche Klage auf Rücklieferung der Sache und eventuell auf Schadensersatz wegen der darauf gelegten bleibenden Lasten, schuldhaften Beschädigungen ꝛc. l. 6 D. 18, 5. In l. 3 C. 4, 54 ist von einer lex commissoria die Rede, welche von den Parteien auf den Kaufvertrag gelegt und ausdrücklich mit rein persönlicher Wirkung ausgestattet wird. Eine ähnliche Gestaltung findet sich beim Kauf, welcher wegen mangelhafter Beschaffenheit der Waare durch die Wandlungsklage aufgelöst wird: Käufer muß die Sache retradiren und inzwischen bestellte dingliche Rechte entweder ablösen oder die Werthverminderung ersetzen. l. 43 § 8 D. 21, 1.

d) **Die heutige Bedeutung der Retrotraction** ist Dritten gegenüber sehr abgeschwächt. Im Handelsverkehr genießt der redliche Erwerber von Waaren und Inhaberpapieren vollen Schutz S. 325 und der öffentliche Glaube des Grundbuchs kommt Jedem zu Gute, der auf den Inhalt vertraute S. 321. Sonach äußert sich die Wirkung einer entschiedenen Bedingung nur unter den Contrahenten und gegen solche dritte Erwerber, welche entweder die Beschränkung kannten oder in Folge der Vormerkung im Grundbuch darum wissen mußten.

Das A.L.R. § 102, § 115 I, 4 verwirft grundsätzlich die rückwirkende Kraft der Bedingungen. Doch steht die Revocabilität Dritten entgegen, welche davon bei Erwerb eines Rechtes an der Sache Wissenschaft hatten, § 264–265 I, 11; sie kann unter den Parteien eine Herausgabe bisher gezogener Nutzungen bewirken, falls dies beabsichtigt ist § 116 I, 4, und bei Verkauf eines Erbzinsgutes unter auflösender Bedingung führte ihr Eintritt, grade als ob das Geschäft nicht bestanden hätte, zur Rückgabe der s. g. Lehnwaare, § 739 I, 18, vgl. auch § 633 I, 11.

B. **Zeitbestimmung** vgl. S. 222.

Da ihr Eintritt gewiß ist, schiebt sie nicht die Existenz des Rechtes hinaus, sondern begrenzt nur seine Geltendmachung.

I. Das mit einem **Anfangstermin** befristete Sachen-Recht, z. B. Servitut l. 4 pr. D. 8, 1, Pfandrecht l. 9 pr., l. 12 § 2 D. 20, 4 ist bereits erworben, mag es auch später klagbar werden, A.L.R. § 165 I, 4. Nur beim Eigenthum erklärt es sich aus der allgemeinen Herrschaft, daß sie nicht eher anheben kann, bevor sie ein Anderer verlor. l. 9 § 2 D. 7, 9. Doch darf der Berechtigte in der Zwischenzeit jede Handlung hindern, welche seinen Anspruch schmälern oder vereiteln könnte. A.L.R. § 166 I, 4.

II. Das auf einen **Endtermin** gestellte Sachen-Recht hört mit dessen Eintritt von selbst auf, z. B. ein Nießbrauch l. 16 § 2 D. 10, 2, l. 6 D. 33, 2. A.L.R. § 167–169 I, 4. Dies gilt auch für das Eigenthum l. 2 C. 8, 55 (54), obwohl noch in der klassischen Zeit nur eine persönliche Verpflichtung zur Rückgabe angenommen wurde. l. 2 C. 4, 54. Doch frägt es sich, ob trotzdem ein Endtermin rechtliche Verfügungen des Zwischeneigenthümers in Betreff der Sache aufhebt. Justinian beschränkt in l. 30 C. 5, 12 die rei vindicatio der Frau auf ihre Dotalsachen nach Lösung der Ehe ‚si tamen exstant apud maritum'.

Heute muß die dingliche Kraft eines Endtermins für das Eigenthum nach den obigen Grundsätzen über Resolutiv-Bedingungen beurtheilt werden.

Dritter Titel.

Eigenthum.

§ 114.

Begriff.

D. 41. 1 de acquirendo rerum dominio.
A.L.R. I, 8. Vom Eigenthume.

A. Natur.
Schranken der allgemeinen Herrschaft:
I. Durch das Gesetz im öffentlichen und nachbarlichen Interesse.
II. Durch Willenserklärungen Seitens des Eigenthümers.

B. Inhalt.
Einheit, keine Summe von Befugnissen. Elemente der Unumschränktheit und Ausschließlichkeit.
C. Subjecte.
Relative Erwerbs- besonders Kaufverbote für einzelne Personen.
D. Objecte.
Körperliche Sachen, nicht Rechte. Boden-Eigenthum.

Das Eigenthum ist das Recht der allgemeinen Herrschaft einer Person über eine Sache. Der Begriff heißt in den Quellen ‚dominium', auch ‚nuda proprietas' gegenüber dem einem Andern bestellten Nutzungsrecht, das concrete Verhältniß ‚res Titii, mea est'.

A. Natur.

Die Totalität im Eigenthum ist bloß eine principielle. Sie findet **Schranken** in der Art der Sache, in Gesetz und Willenserklärungen:

I. Das **Gesetz**, unter dessen Autorität das Eigenthum steht, legt ihm im Interesse der bürgerlichen Gesellschaft oder Einzelner Lasten auf, welche theils die freie Verfügung und Nutzung hemmen, theils sogar Pflichten des zeitigen Eigenthümers — meist der Duldung und Unterlassung enthalten.

So kennt das Gesetz im öffentlichen Interesse: Zwangsenteignung gegen Entschädigung, Verbote der Veräußerung, Devastation und Parcellirung von Grundstücken zur Beförderung der Land- und Forstwirthschaft, Verhinderungen eines gewissen Gebrauchs aus Rücksicht auf die Landesvertheidigung, die Sanität und den Verkehr, ferner s. g. Staats-Regalien an Gewässern, Fossilien, um zum Vortheil der Gesammtheit die ausschließliche Nutzung des Einzelnen auszuschließen u. a. m. Im nachbarlichen Interesse sind die s. g. Legal-Servituten und Zustands-Obligationen vorgeschrieben, welche den Grund-Nachbar belasten und einschränken, um ein erträgliches Zusammenleben zu ermöglichen.

Das Römische Recht neigt zu einer möglichst schroffen Ausbildung der im Eigenthum ruhenden Befugnisse. Dagegen läßt das germanische Recht rücksichtlich des Bodens das Sonderinteresse des Einzelnen hinter das Wohl der Gemeinde zurücktreten. Dies zeigte sich — abgesehen von der unsichern Angabe des Tacitus über die Sitte, das Ackerland nach dreijährigem Turnus aufzutheilen S. 117 — in den Nutzungsrechten der Markgenossen an der Almende, in dem Verbot, daß das Familiengut aus der Sippe falle, in dem Näherrecht der Nachbarn u. s. w.

Ueberreste der germanischen Anschauung haben sich noch in manchen Gegenden in Bezug auf den Wald erhalten. Derselbe gilt insofern als Gemeingut, als man ihn betreten, aus ihm Pilze, Beeren holen, und an gesetzlichen Holztagen Raff- und Leseholz sammeln darf. Auch in Preußen wird noch heute der Forstdiebstahl milder bestraft, obwohl das FeldpolizeiG. vom 1. April 1880 der römischen Tendenz folgt. Im Allgemeinen überwiegt in der heutigen Gesetzgebung der socialistische Zug einer Staats-Controle, um zu verhüten, daß der Private sein Grundeigenthum mißbräuchlich zum Schaden der Gesammtheit ausbeute. vgl. A.L.R. § 29 ff. ht. In diesem Sinne kann nur Art. 9 der Pr.V.U. vom 31. Jan. 1850 verstanden werden, welcher die Unverletzlichkeit des Eigenthums als Grundrecht proclamirt. Dagegen verlassen die socialistischen Theorien den Kreis des Rechtes, wenn sie nur an Arbeitsproducten, nicht an Arbeitsmitteln ein Privateigenthum zulassen und den Grund und Boden als Eigenthum des Staates ansehen. S. 7.

II. **Willenserklärungen** ruhen auf dem freien Entschlusse des Eigenthümers, der seine Sache zu Gunsten Dritter belastet. Das Römische Recht kennt in weiser Beschränkung bloß vier bestimmt begrenzte dingliche Lasten (im alten Civilrecht nur Servituten), welche sämmtlich zum Rückfall in das Eigenthum gravitiren. Im Mittelalter war das Grundeigenthum unter einer Unzahl von meist unablöslichen Zehnten, Zinsen, Frohnden erdrückt. Erst die neuste Zeit hat durch Aufhebung dieser Reallasten Abhülfe geschaffen und die wirthschaftliche Freiheit des Bodens neu begründet.

B. Inhalt.

Das Eigenthum ist eine Einheit, keine Summe aus einzelnen Befugnissen. Sein Inhalt ist unendlich. In ihm ruht kein besonderer ususfructus causalis im Gegensatz zu dem einem Andern eingeräumten formalis, wie klar aus l. 5 pr. D. 7, 6 hervorgeht.

Daher bilden die dinglichen Rechte in re aliena auch keine Verminderungen des Eigenthums — nicht etwa, wie man behauptet, Bestandtheile, die aus dem Eigenthum herausgehoben, einem Andern verliehen sind — sondern sie sind höchstens Beschränkungen, mit deren Wegfall die Eigenthumssphäre sich wieder „elastisch" ausdehnt. § 4 J. 2, 4. Durch Aufhebung einer negativen Servitut wie altius non tollendi wird das Eigenthum keinesfalls um die umgekehrte Befugniß, also eine servitus altius tollendi, vermehrt.

Zwei Elemente liegen im Eigenthum, bilden die Grenzmarken seines Gebietes: ein positives, d. h. die Unumschränktheit, über die Sache beliebig zu verfügen, und ein negatives die Ausschließlichkeit, um jeden Dritten an der Einwirkung auf die Sache zu hindern. Daraus ergiebt sich, daß Servituten als Beschränkungen des Eigenthums entweder nur negative in non faciendo oder affirmative in patiendo sein können.

Das A.L.R. § 1 ht. definirt als Eigenthümer, wer befugt ist, über die Substanz einer Sache oder eines Rechtes, mit Ausschließung Anderer, aus eigner Macht, durch sich selbst oder einen Dritten zu verfügen. Es findet im Eigenthum die drei Befugnisse: zu besitzen, zu gebrauchen und zu verfügen, was weder ausreichend noch nöthig ist.

C. Subjecte.

Dies können alle Personen sein.

Im alten Rom waren Peregrinen vom civilen Eigenthum ausgeschlossen. Das kanonische Recht erklärte Ketzer für unfähig des Grundeigenthums, was noch particularrechtlich für Juden bis zum R.G. vom 3. Juli 1869 festgehalten wurde. Das A.L.R. § 37 II, 9 sah nur den Adel als berechtigt zum Besitz adliger Güter an, was durch das Edict vom 9. Octb. 1807 weggefallen ist.

Relative Erwerbs- besonders Kaufverbote bestanden für einzelne Personen rücksichtlich gewisser Sachen, z. B. in Rom: Eisen als Kriegsmaterial für Ausländer C. 4, 41, Provinzialgrundstücke ꝛc. für Statthalter D. 48, 11, Purpur für Private l. 6 § 3 D. 1, 16 ꝛc. Der Vormund soll Güter seines Mündels nur ‚bona fide et palam‘, z. B. vom Mitvormund, distrahirenden Pfandgläubiger kaufen. l. 5 § 2–6, l. 6 D. 26, 8. In gleichem Sinn verbot die Praxis dem Arzt, Sachen seines Patienten in hinterlistiger Weise an sich zu bringen. In Preußen bedurften Ausländer — seit R.V.U. vom 16. April 1871 Art. 3 gemeinsames Indigenat für ganz Deutschland — zum Grunderwerb der ministeriellen Erlaubniß, was seit dem Allg.Erl. vom 14. Febr. 1882 noch zum Theil für ausländische juristische Personen gilt.

Nach A.L.R. § 20–25 I, 11 sollen Verwalter fremder Sachen weder diese noch deren Nutzungen ohne Bewilligung des Eigenthümers an sich bringen. Bei Versteigerungen dürfen Auctionscommissar und Ausrufer, bei gerichtlichen Verkäufen Richter, Gerichtsschreiber und Gerichtsvollzieher weder mitbieten noch die Sache erstehen, eventuell ist der Kauf, falls er nicht von den Interessenten genehmigt wird, nichtig und wird die Sache auf Gefahr und Kosten des unbefugten Käufers, der als unredlicher Besitzer gilt, anderweit veräußert. Aus disciplinarischen Gründen ist verwehrt: den Bergbeamten und deren Angehörigen der Erwerb von Kuxen nach Pr.G. vom 24. Juni 1865, den Forst- und Domainen-Beamten der Erwerb von Grundstücken, soweit daraus eine Collision mit ihren Amtspflichten entstehen könnte, ferner den Beamten der Reichsbank der Erwerb von Antheilscheinen derselben nach R.G. vom 14. März 1875. Nach Novelle vom 18. Juli 1884 zum H.G.B. Art. 184 d und 215 d ist Actiengesellschaften im Interesse ihrer Gläubiger und Actionäre der Erwerb eigner Actien — außer in Ausführung einer Einkaufscommission — verboten, eventuell ist er zwar rechtsgültig (der von Interimsscheinen sogar nichtig) aber unter persönlicher Verantwortlichkeit der Gesellschaftsorgane.

D. Objecte.

Dies können alle körperlichen Sachen sein.

Die fließende Welle im Wasser, die Luft in der Atmosphäre entziehen sich durch ihre Natur jeglicher Herrschaft. vgl. S. 206 ff. Die übrigen res extra commercium wie Meeresufer und Häfen, öffentliche Flüsse und Wege, die Kirchen und Beerdigungsplätze stehen heute im Eigenthume des Staates, der Gemeinden bzw. Kirchengesellschaften auch Privater, unbeschadet des gemeinen Gebrauchs oder öffentlichen Zwecks, dem solche Sachen durch Gesetz oder anderweite Bestimmung gewidmet sind. A.L.R. § 21 II, 14, § 41 II, 15, § 170, 183, 190 II, 11.

Am eignen Körper hat man kein Eigenthum ‚dominus membrorum suorum nemo videtur' l. 13 pr. D. 9, 2, doch ist es an getrennten Körpertheilen wie Haaren, Zähnen und an anatomischen Präparaten denkbar.

Rechte stehen im Vermögen, nicht im Eigenthum, denn sonst wäre der Cirkel eines Eigenthums am Eigenthum ohne Ende möglich. Der Ausdruck ,dominium ususfructus' in l. 3 D. 7, 6 ist in übertragenem Sinne für Nießbrauchs-Recht gebraucht. Daher wird das s. g. Eigenthum am Namen, vgl. Pr.Erl. vom 12. Juli 1867, der Firma, dem Wappen zu einem Verbots- und Untersagungsrecht gegen Andere, und das s. g. geistige Eigenthum zu einem Urheber-Recht behufs ausschließlicher Vervielfältigung und Verbreitung. In diesem Sinne erlaubt das H.G.B. Art. 23 die Veräußerung der Firma, jedoch nur mit dem Handelsgeschäft, für welches sie bisher geführt wurde, und so erklärt sich die im Verlagsvertrag liegende Uebertragung. Anders verhält es sich mit dem Erwerber des gedruckten Buches, Original-Kunstwerkes oder patentirten Artikels. Dieser erhält Eigenthum und kann dieses, trotz aller Vorbehalte des Urhebers, auch gewerbsmäßig, z. B. in Leihbibliotheken, Ausstellungen — aber nicht durch Vervielfältigung — ausbeuten.

Das A.L.R. § 2 ht. statuirt ungenau ein Eigenthum an Allem, was einen ausschließenden Nutzen zu gewähren vermag, sogar an Rechten, Forderungen § 376 I, 11.

In Rom besteht kein begrifflicher Unterschied zwischen dem Eigenthum an Inmobilien und Mobilien; unbedeutende Abweichungen finden sich beim Besitz-Verlust und Schutz, bei der Ersitzung. vgl. S. 200. Anders im germanischen Recht, das bei der Uebertragung, Verpfändung, Verfolgung grundlegende Verschiedenheiten zwischen dem Eigenthum am Boden und dem an der Fahrniß festsetzt. Durch die moderne Grundbuch-Verfassung gestalten sich die Rechtsverhältnisse unbeweglicher Sachen wesentlich anders, als die beweglicher.

Dem Boden-Eigenthümer gehört die Erdoberfläche und außerdem in den Grenzen derselben das Erdinnere „bis zur ewigen Teufe" und die Luftsäule als Raum, so weit die praktische Möglichkeit seiner Herrschaft reicht. Daher kann von einem Bergwerks-Eigenthum Dritter keine Rede sein, höchstens von einem Abbau-Recht und Eigenthumserwerb an den geförderten Fossilien. Dem Boden folgen seine festen Bestandtheile wie Bäume, Früchte, Häuser — im A.L.R. § 98, § 221 I, 9 nur soweit sie nicht einem Andern gehören — ferner das Regen- und Quellwasser, die Bäche ꝛc., doch ist heute der Gebrauch der Privatflüsse im Interesse der Anlieger beschränkt. Thiere im Wald, Fische im Teich stehen weder im Besitz, noch Eigenthum. Das A.L.R. § 176 I, 9 kennt ein Eigenthum an Fischen in geschlossenen Gewässern.

§ 115.

Entwicklung des Eigenthums und Verhältniß zum putativen.

A. Im alten Rom

unterschied man quiritarisches Eigenthum ,ex jure Quiritium' und bonitarisches (Theophilus spricht in seiner Paraphrase der Institutionen vom δεσπότης βονιτάριος) ‚in bonis esse'. Das erstere setzte voraus: 1. einen römischen Bürger, seit der l. Julia 88 v. Chr. auch einen Latinen mit Commercium, 2. eine civile Sache, also nicht ager publicus, res extra commercium, 3. eine civile Erwerbsart wie mancipatio, injurecessio etc. Mangels einer solchen Erwerbsart, z. B. durch Tradition einer res mancipi entstand nur bonitarisches Eigenthum. Der bonitarische Eigenthümer konnte durch usucapio zum quiritarischen werden, war aber bis zur Vollendung seiner Ersitzung der Vindication des quiritarischen Eigenthümers und der Rechtsnachfolger desselben ausgesetzt. Trotzdem zog man in vielen Fällen die Tradition vor, um den ungefügen Formen der Mancipation, welche formelle bedingungslose Erklärung unter Anwesenden erforderte, zu entgehen. Gaj. II § 40.

Der Prätor schützte den bonitarischen Erwerber einer res mancipi gegen die Vindication des Tradenten und dessen Nachfolger durch eine exceptio rei venditae et traditae, für welche die Worte herkömmlich waren ‚si non ea res jam ab Aulo Agerio (A° A°) Numerio Negidio (N° N°) vendita traditaque sit'. Für den Fall eines Besitzverlustes gab er dem bonitarischen Eigenthümer eine actio in rem Publiciana, welche sich auch gegen den quiritarischen Eigenthümer richtete, da dessen exceptio dominii ‚si non ea res N[i] N[i] ex jure Quiritium sit' durch eine replica rei vend. et trad. entkräftet wurde. l. 4 § 32 D. 44, 4. Der Wortlaut des Edicts ist in l. 1 pr. D. 6, 2 überliefert ‚si quis id, quod traditur ex justa causa non a domino et nondum usucaptum petet, judicium dabo', doch beziehen sich die Worte ‚non a domino' keineswegs auf den Vormann des Klägers, der ja plenissimus dominus ist, sondern auf den dritten Besitzer als Beklagten, oder sind ganz interpolirt.

Nach alledem verblieb dem quiritarischen Eigenthümer ein ‚nudum jus' Gaj. I § 54 und der formale Fehler des bonitarischen Eigenthums zeigte sich bloß 1. bei Manumissionen eines Sclaven, denn ohne Zustimmung des quiritarischen Eigenthümers, welcher auch dann noch die Ehrenrechte des Patronats behielt, wurde der Freigelassene nur Latinus Junianus, nicht libertus civis Romanus. Gaj. I § 17. 2. bei Legaten, denn der bonitarische Eigenthümer konnte nur ‚per damnationem' mit den Worten ‚heres meus damnas esto' und der bloßen Rechtsfolge einer condictio vermachen, und nicht wie der quiritarische ‚per vindicationem' mit den Worten ‚habeto, sumito', woraus dem Legatar eine rei vindicatio entstand. Gaj. II § 194.

Später fielen diese beiden letzten Ueberreste fort. Die Sclaverei veraltet, und das S.C. Neronianum convertirt ein ungültig per vindicationem hinterlassenes Legat in ein solches per damnationem. Somit wird der Sache nach der bonitarische Eigenthümer der wahre.

B. In den römischen Provinzen

sah noch Gaj. II § 7 ein Grundeigenthum des römischen Volkes oder des Kaisers, was vielfach zu willkürlichen Beschlagnahmen führte. l. 11 pr. D. 21, 2. Der ‚incola' hatte nur Besitz und Genuß, S. 98, was sich aber später zum naturalen Eigenthum ‚ex jure gentium' auswuchs. — Dieses Provinzial-Eigenthum wurde das normale und ist von Justinian in l. un. C. de nudo jure Quirit. tollendo 7, 25 allein anerkannt.

C. Verhältniß zum putativen Eigenthum.

Der gutgläubige titulirte Besitz erhielt in Rom als „werdendes Eigenthum" dinglichen Charakter ‚tantundem bona fides, quantum veritas' l. 136 D. 50, 17. Der bonae fidei possessor erwirbt die Früchte durch Separation, kann die Sache nach Maßgabe des eignen Rechtes belasten, hat eine actio Publiciana zum Schutz gegen schlechtere Besitzer — sogar mit replica rei venditae et traditae gegen den wahren Eigenthümer — und endlich obligatorische Klagen aus dem Eigenthum als utiles, z. B. auf Theilung, Ersatz für Sachbeschädigung, l. 11 § 8 D. 9, 2. Dagegen sind ihm aus historischen Gründen versagt: die cautio damni infecti wegen der Stipulationsstrenge, die actio noxalis, de mortuo illato wegen des civilen und nicht fortentwickelten Ursprungs. l. 13 § 9 D. 39, 2.

Dadurch gewinnt der redliche und rechtmäßige Besitz fremder Sachen die Gestalt des Eigenthums und geht weit über das Recht eines Emphyteuta hinaus. l. 25 § 1 D. 22, 1.

D. In Deutschland

versteckt sich im ältesten Recht das Eigenthum hinter der Gewere.

Der Eigenthums-Begriff Justinians ist recipirt, aber als Gesammt- und getheiltes Eigenthum ausgebildet und in Bezug auf Grundstücke eigenthümlich gestaltet.

Man unterschied Ritter- und Bauerngüter. Das Rittergut praedium equestre war zum Ausgleich für die ehemaligen Ritterdienste durch vielfache Vorrechte begünstigt, wie Patrimonial- und Patronats-Recht, Landstandschaft, Steuerfreiheit, eximirter Gerichtsstand (schriftsässig) ꝛc. Bauerngüter mansi serviles standen zwar meist im freien Eigenthum mit dem Recht der Verfügung und Theilung, waren aber durch Lasten besonders an die landesherrliche Kammer geschmälert und unterlagen politisch der Voigtei der Rittergüter. Diese politische Abhängigkeit widerspricht der modernen Staatsidee. Die neueste Grundgesetzgebung, deren Aera in Preußen durch Edict vom 9. October 1807 eröffnet ist, beseitigt durch Ablösung ꝛc. die Lasten der beschränkten Güter. Das Ger.Verf.G. vom 27. Januar 1877 § 15 verbietet die Privatgerichtsbarkeit, welche in Preußen schon 1808 und 1849 weggefallen war, für das Reich.

Besondere Vorzüge haben nach der Deutschen Bundes-Acte Art. 14 als Aequivalent für die ehemalige Landeshoheit die Güter des hohen Adels s. g. Standesherrschaften, sofern sie noch heute in „angestammtem" Besitz verblieben sind, vgl. Einf.G. zur Ger.Verf. § 7 über den privilegirten Gerichtsstand. In Preußen erklärten die V.O. vom 21. Juni 1815, vom 12. November 1855 die Obergerichte am Wohnort der Standesherren für zuständig in dinglichen Angelegenheiten und Gerechtsamen ihrer Standesherrschaften, doch ist dies durch G. vom 15. März 1869 außer Kraft gesetzt, vgl. S. 184.

Das putative Eigenthum ist um der Schwierigkeit des Eigenthumsbeweises willen dem wahren Eigenthum Dritten gegenüber überall gleichgestellt, wo es sich nur um eine Vorfrage für weitere Rechte und Pflichten handelt. Doch sind im gemeinen Recht vonnöthen ein Titel, der bewiesen werden muß, und die dauernde Abwesenheit des bösen Glaubens. Das A.L.R. vermuthet aus dem Besitz auf Titel und Redlichkeit und schützt schon den Besitzer gegen jeden schlechteren Inhaber.

§ 116.

Arten.

A. Civil- und Natural-Eigenthum.
B. Miteigenthum.
I. In Rom condominium.
II. Im deutschen Recht s. g. Gesammteigenthum.
III. Im A.L.R. gemeinschaftliches Eigenthum. Gemeinheitstheilung, Recesse der General-Commissionen.
C. Getheiltes Eigenthum. dominium utile und directum? Im A.L.R bei Lehen, Erbzinsgütern und Familien-Fideicommissen. dominium eminens?
D. Revocables Eigenthum (schwebendes?).

A. Civil- und Natural-Eigenthum.

Ueber die historische Bedeutung in Rom S. 337, über das Civil- oder Buch-Eigenthum im A.L.R. S. 315.

Die ältere Doctrin folgerte aus der rei vindicatio (utilis) der Frau auf ihre Dos nach Lösung der Ehe in l. 30 C. 5, 12 ein dominium civile des Mannes an der dos und ein naturale der Frau. Aber nur ersteres ist das wahre, wenn es auch durch Endtermin aufgehoben wird. Das der Frau ist höchstens während der Ehe quiescens, dormiens und zeigt sich nur in dem nach lex Julia erforderlichen Consens zur Veräußerung des Dotalgrundstücks, in dem Recht auf die Hälfte des darin gefundenen Schatzes, in dem Anspruch auf Sequestration bei verschwenderischer Verwaltung des Mannes u. s. w.

B. Miteigenthum (condominium).

Das Eigenthum an einer Sache ist ausschließlich; unter Mehreren ‚dominium plurium ne in solidum' bloß zu Theilen. Bei reellen Theilen partes pro diviso ist jeder Theil der Sache räumlich greifbar, und das Eigenthum daran ein selbständiges. S. 202. Bei ideellen Theilen partes indivisae entsteht Miteigenthum: sei es durch Vertrag, z. B. unter Gesellschaftern, oder durch Testament, z. B. für Collegatare, oder durch zufällige Ereignisse, z. B. bei erlaubtem Fund eines Schatzes auf fremdem Boden. Die ideellen Theile sind im Zweifel gleiche.

I. **In Rom** hat jeder Miteigenthümer sämmtliche im Eigenthum enthaltene Befugnisse an der ganzen, ungetheilten Sache. Daher erklärt sich die Accrescenz unter Collegataren per vindicationem S. 337 und im älteren Recht der Anfall des gemeinschaftlichen Sclaven, welcher von einem Miteigenthümer freigelassen wurde, an den andern. l. 1 C. 7, 7. Concursu partes fiunt. Dadurch wird das Eigenthumsrecht getheilt, nicht dem Inhalt, sondern dem Umfang nach, d. h. in den Nutzungen. l. 5 § 15 D. 13, 6. Verwerflich erscheint trotz des Ausdrucks ‚partes pro indiviso' in l. 25 § 1 D. 50, 16 die physische Zerlegung der Sache in denkbar kleinste Molecüle oder die ökonomische Theilung ihres Werthes.

Jeder Miteigenthümer kann seinen intellectuellen Theil veräußern — trotz Widerspruchs seiner Genossen l. 3 C. 4, 52 — ihn verpfänden, belasten, z. B. mit Nießbrauch l. 5 § 2 D. 7, 6, aber nicht mit Real-Servituten, die ihrer Natur nach untheilbar sind. l. 10 pr. D. 39, 3. Der Theil ist in seinem Vermögen und Gegenstand der Zwangsvollstreckung für seine Gläubiger. Jeder Miteigenthümer hat verhältnißmäßigen Antheil am Fruchtertrage l. 25 pr. D. 22, 1, mag er ihn selbständig holen, z. B. durch Auftrieb des Viehs auf die gemeinschaftliche Weide, mag er anderswie durch gütliche Einigung oder richterliche Hülfe abgefunden werden. Ihm gebühren die Besitz-Interdicte (pars certa S. 292) und Eigenthumsklagen sowohl gegen Dritte als gegen seine Genossen l. 3 § 2, l. 4 D. 6, 1, doch wird bestritten, ob unter den Partnern als solchen, die einander stören, ein J.U.P. l. 12 D. 10, 3 eine actio negatoria l. 11 D. 8, 5, l. 26 pr. D. 8, 2 nöthig sind.

Besitz und Gebrauch der Sache stehen allen Betheiligten gemeinsam zu, sei es daß sie alle auf dem Grundstück sitzen oder laut Abrede jeder es der Reihe nach eine Zeitlang inne hat, oder ein Dritter es für sie als Sequester verwaltet.

Nur bei Eingriffen in die Substanz bedarf es der Zustimmung sämmtlicher Theilnehmer ‚melior causa prohibentis‘ l. 28 D. 10, 3, außer wenn es sich um nothwendige Reparaturen handelt. Dann kann sogar der Miteigenthümer eines Gebäudes, falls ihm nothwendige Auslagen von seinen Genossen binnen vier Monaten nicht ersetzt werden, entweder Verzinsung in Höhe von 12 % oder Verwirkung der Antheile der Säumigen für sich beanspruchen. l. 4 C. 8, 10.

Die zufällige Gemeinschaft, communio in quam incidimus l. 31 D. 17, 2 gilt den Römern als ein Quasi-Contract, dessen Theilnehmer unter einander für culpa in concreto haften und jederzeit im eignen Interesse mit der actio communi dividundo auf Theilung und Erfüllung ihrer Partner-Ansprüche klagen können. Für den Fiscus bestand ein singuläres Vorrecht, die gemeinschaftliche Sache zu verkaufen und die andern Theilhaber mit einem verhältnißmäßigen Antheil am Preise abzufinden.

II. **Im deutschen Recht** hat sich ein s. g. Gesammteigenthum ausgebildet, bei welchem die Individual-Rechte weniger stark betont sind. Darunter fallen die Almende der Markgenossenschaft, der heute noch das Bürgervermögen der Agrar- oder Real-Gemeinde entspricht, das Sammtgut bei der ehelichen Gütergemeinschaft, das mit der Familie verknüpfte Stammgut, die Gesammtbelehnung, der Verband der Ganerben, d. h. eine früher übliche Trutzvereinigung von Grundeigenthümern in der Regel mit Erbverbrüderung, endlich die Vergabung von Todeswegen. Meist liegt ein besonders modificirtes Miteigenthum vor: mit noch schwebenden Quoten und Ausschluß einseitiger Verfügung bzw. Theilung, z. B. unter Ehegatten, oder mit Vorkaufsrecht, z. B. unter Ganerben oder mit Verwaltung für die Gesammtheit rc. Bei der Markgenossenschaft wiegt die juristische Person vor, bei der Gesammtbelehnung das eventuelle Successionsrecht, beim Familienfideicommiß das volle in der Verfügung beschränkte Eigenthum des zeitigen Besitzers. Es gelingt nicht, alle Fälle durch ein einheitliches Princip zu erklären, z. B. durch eine juristische Person, denn wie kann man die Familie oder Ehe dazu rechnen, oder gar durch ein dominium plurium in solidum. Beseler construirt eine „gesammte Hand“, d. h. eine materielle Rechtsgemeinschaft mit Sonderrechten, so daß die Genossen zwar „eine“ Person, aber keine neue bilden.

III. **Das A.L.R.** § 1–114, I, 17 kennt ein gemeinschaftliches Eigenthum, „wenn dasselbe Eigenthumsrecht über eine Sache oder ein Recht mehreren Personen ungetheilt zukommt“ auch an Forderungen und ganzen Vermögen. Das Eigenthum steht der Gemeinschaft zu, welche die Sache nach Außen vertritt. Jeder darf seinen Antheil veräußern, belasten — doch ist die Besitzübergabe zum Faustpfand verboten, und ein Vorkaufsrecht der Genossen statthaft. Alle Theilhaber haften einander für mäßiges Versehen. Bei Verfügungen über die Substanz der gemeinschaftlichen Sache, bei Maßregeln über die Art ihrer Verwaltung entscheidet die Mehrheit nach Antheilen. Der Widersprechende kann Auseinandersetzung eventuell gerichtliche Entscheidung fordern. Jeder kann, falls nichts Anderes durch den Stifter der Gemeinschaft angeordnet oder sonst verabredet ist, auf Theilung klagen bzw. bei Grundstücken nach dem G. vom 13. Juli 1883 § 180, § 185 Zwangsversteigerung beim Vollstreckungs-Richter direct beantragen.

Als Ueberrest des deutschen Gesammt-Eigenthums fanden sich in Preußen die s. g. Gemeinheiten, d. h. gemeinschaftliche Forst- und Weide-Grundstücke, deren Separation im Interesse freier Einzel-Wirthschaft durch das Landes-Cultur-Edict vom 14. Septb. 1811 und die Gemeinheits-Theilungs-Ordnung vom 7. Juni 1821 durchgeführt ist. Zu diesem Behuf sind für die einzelnen Provinzen General-Commissionen gebildet G. vom 26. Juli 1880 § 15, deren Geschäftsgang heute im Anschluß an die C.Pr.O., aber unter Aufgabe ihrer wichtigsten Maximen wie Anwaltszwang, Parteibetrieb, Verhandlung, Mündlichkeit 2c. durch besondere G. vom 18. Febr. 1880, 30. Juli 1883 geregelt ist. Sie stehen unter dem Oberlandes-Cultur-Gericht und haben im Reichsgericht eine dritte Instanz. Der an Ort und Stelle entsandte Special-Commissar nimmt über die Auseinandersetzung im Einvernehmen mit den Betheiligten, welchen bei Widerspruch der geschilderte Rechtsweg offen bleibt, einen Receß auf. Dieser Receß hat, wenn er von der General-Commission bestätigt wird, die Wirkung eines rechtskräftigen Urtheils und schafft für Den, welcher das ihm durch den Plan zugewiesene Grundstück in Besitz nahm, gültiges Eigenthum. Dazu bedarf es der Eintragung nicht S. 320, doch ist letztere durch die Behörde beim Grundbuchrichter nachzusuchen.

C. Getheiltes Eigenthum.

Die Glossatoren bezeichneten Fälle, in welchen die Römer eine rei vindicatio utilis zuließen, z. B. für Emphyteuta, Superficiar ‚loco dominorum‘ l. 12 C. 11, 61 (62) oder für den bonorum possessor, den Immissus wegen verweigerter cautio damni infecti ‚ex edicto‘ l. 1 D. 37, 1, l. 15 § 16 D. 39, 2 als dominium utile. Dies übersetzte man später mit „nutzbarem“ Eigenthum. Daraus entwickelte man besonders bei Lehen und vererblichen, bäuerlichen Nutzungsrechten eine Theilung in Obereigenthum dominium directum, welches die formale Verfügung, und in Untereigenthum, das materielle Nutzung enthalten sollte. Der Obereigenthümer hat die Proprietät, den Consens zu Veräußerungen, die Controle der Deterioration eventuell mit dem Zwangsmittel der Privation, meist auch ein Recht auf gewisse Leistungen wie Dienste, Canon, Weinkauf und einen Anspruch auf Heimfall die s. g. Consolidation. Der Untereigenthümer hat die Nutzung an dem Grundstück und dessen Accessionen durch Anspülung 2c., darf die Substanz zum Zweck der Melioration verändern, die Schatzhälfte beanspruchen, die Sache vor Gericht vertreten, den mit ihr verbundenen Patronat c. 7 X 3, 38, eventuell auch die Standschaft ausüben. Dafür ruhen Reparaturen, Lasten und Abgaben auf dem Untereigenthum. Die neueste Doctrin hat diese Theilung als Mißverständniß verworfen und den Charakter des s. g. Untereigenthums als jus in re aliena festgestellt.

Das A.L.R. kennt das getheilte Eigenthum § 16 I, 8 und wendet es an auf Lehen, Erbzinsgüter I, 18 und auf Familien=Fideicommisse II, 4, bei welchen das Obereigenthum der Familie zugesprochen wird. Die Errichtung von Lehen ist nach Pr.V.U. vom 31. Jan. 1850 Art. 40 untersagt und der Lehnverband, mit Ausnahme der Thron= und Außenlehen, der Auflösung preisgegeben. Das Obereigenthum des Lehn=, Grund= und Erbzinsherrn ist durch G. vom 2. März 1850 ohne Entschädigung aufgehoben, und die Auflage „erblicher" Nutzungsrechte auf Grundstücke verboten. Familien=Fideicommisse wurden zwar durch die Pr.V.U., welche der Anhäufung von Vermögen in der todten Hand abgeneigt war, gleichfalls verworfen, aber durch das G. vom 5. Juni 1852 wiederhergestellt, um den Glanz der Familie durch einen „befestigten" Grundbesitz zu erhalten.

Das Pr.G. vom 26. Apr. 1886, das behufs deutscher Besiedlung in den ehemals polnischen Provinzen Rentengüter schafft, überträgt volles Eigenthum gegen eine meist ablösliche Rente.

Eine ganz irrige Auffassung der älteren Praxis war es, für den Staat ein dominium eminens an dem Gebiet, auf welchem er ruht, zu construiren und daraus das Recht zur Expropriation abzuleiten. Vielmehr kann das Territorium nur in völkerrechtlichem Sinne im Staatseigenthum stehen.

D. Revocables Eigenthum.

Dasselbe ist bereits S. 330 erörtert. Manche unterscheiden noch vom widerruflichen Eigenthum das schwebende ‚in pendenti est dominium' l. 12 § 5 D. 7, 1, bei welchem ein künftiger Umstand nicht bestehendes Eigenthum aufhebt, sondern nur zeigt, wer in der Zwischenzeit wahrer Eigenthümer gewesen sei. Als Beispiele führt man an: die von einem im Nießbrauch stehenden Sclaven auf Credit gekaufte Sache, welche je nach Zahlung des Preises dem Proprietar oder Usufructuar erworben werde l. 43 § 2 D. 41, 1, l. 43 § 10 D. 21, 1; das castrensische Peculium, welches, falls der Sohn nicht darüber testire, dem Vater zufalle l. 9 D. 49, 17; den Nießbrauch an einer Heerde in Betreff der Jungen, welche theils in die Heerde einzureihen sind, theils zur freien Verfügung des Usufructuars stehen l. 70 § 1 D. 7, 1, ferner die Pfandsache, deren Zuspruch der Pfandgläubiger vom Regenten erhielt, in der zweijährigen, dem Schuldner gestatteten Wiedereinlösungsfrist l. 3 C. 8, 33 u. s. w. In der Zwischenzeit, so folgert man, steht die Vindication nur Beiden zu, ist der in der Sache gefundene Schatz selbst in pendenti; erst durch den Eintritt des Umstandes erhellt, wer von Anfang an Eigenthümer war, wessen Verfügungen gültig sind ꝛc.

Allein diese Folgen lassen sich auch aus der Suspensiv=Bedingung erklären.

§ 117.

Erwerbsarten.

A. In Rom.
acquisitiones civiles und naturales.
B. Im gemeinen Recht.
I. Nach der Ableitung: originäre und derivative.
II. Nach dem Besitzerwerb. Ohne diesen wird erworben:
a) durch richterlichen Zuschlag.
b) kraft gesetzlicher Bestimmung (Verwirkung).
C. Im A.L.R. nach der Besitznehmung:
unmittelbare, mittelbare, gesetzliche.

A. In Rom.

Die historische Eintheilung in acquisitiones dominii civiles und naturales ist veraltet. § 11 J. 2, 1.

B. **Im gemeinen Recht** unterscheidet man:

I. Nach der Ableitung vom Recht eines **Vormanns** derivative und originäre Erwerbsarten. Originär sind Occupation und Specification durch die alleinige Thätigkeit des Erwerbers, Fruchterwerb und Verbindung durch die Folge aus dem Eigenthum an einer andern Sache, und endlich Ersitzung als ein Wechsel des Eigenthums ohne Succession. Derivativ ist die Tradition als Uebergabe.

II. Nach dem **Besitzerwerb**. Derselbe wird für die unter I. angeführten Erwerbsarten meist vorausgesetzt, außer beim Schatz- und Fruchterwerb, bei der Accession und in den Ausnahmefällen des s. g. transitus legalis. S. 314.

Ganz ohne Besitz wird Eigenthum erworben durch richterlichen Zuschlag und gesetzliche Bestimmung.

a) Auf **richterlichem Zuschlage** beruhen: die Adjudication in Theilungsklagen, welche derivativ wirkt l. 17 D. 41, 3, die dominii impetratio des römischen Pfandgläubigers, der gar keinen oder keinen annehmbaren Bieter für die Pfandsache fand und nun den Kaiser um Zuschlag auf Grund einer Taxe bittet l. 3 C. 8, 33, die Einweisung in das baufällige Haus durch prätorisches Decret wegen hartnäckig verweigerter cautio damni infecti l. 15 § 33 D. 39, 2. Heute kommt der Zuschlag als Grund des Eigenthumserwerbes vor bei öffentlichen Versteigerungen A.L.R. § 42 I, 15, bei Zwangsverkäufen C.Pr.O. § 716 und bei Strafurtheilen St.G.B. § 40 als Einziehung der s. g. sceleris requisita und producta von Vermögenswerth, jedoch meist nur wenn sie dem Thäter gehören, außer bei Jagdvergehen, Münzverbrechen 2c.

b) Auf **gesetzlicher Bestimmung** beruhen der Eigenthumsübergang auf den Erben u. a. m. und die römischen Fälle der Verwirkung, welche heute mit der Privatstrafe weggefallen sind. Beispiele solcher Verwirkung sind: Der Anfall der lucra nuptialia bei Wiederverheirathung des Gatten an seine Kinder erster Ehe nov. 22, c. 23–36, der Verlust des Miteigenthums am Hause, falls die vom Genossen verauslagten Reparaturkosten nicht binnen vier Monaten ersetzt werden S. 340, der Uebergang des ager desertus an Den, welcher ihn zwei Jahre lang in Cultur nahm l. 8 C. 11, 58 (59), die Strafe der Selbsthülfe bei eigenmächtig fortgenommenen Sachen l. 7 C. 8, 4 und das Commissum einer defraudirten zollpflichtigen Sache an den Zoll-Berechtigten. Letzteres zeichnete sich noch aus durch die Verjährung in 5 Jahren und die Entschuldigung des Rechtsirrthums bei Soldaten, Pupillen, falls die Nachzahlung binnen 30 Tagen erfolgte. l. 7 § 1 D. 39, 4.

C. **Im Allgemeinen Land-Recht** § 1–6 I, 9 wird nach der Besitznehmung unterschieden:

Unmittelbare Erwerbsart lediglich durch Besitzergreifung, **mittelbare** durch Besitzerledigung von Seiten des vorigen und Besitzergreifung des neuen Eigenthümers und **gesetzliche** als vorgeschriebene Folge einer gewissen Begebenheit oder Willenserklärung, z. B. durch Vermächtniß, Zwangsversteigerung 2c.

§ 118.

Civile Erwerbsarten.

A. **Mancipatio.**
  I. Betheiligte.
  II. Gegenstand.
  III. Act.
  IV. Wirkung.
  V. Mündliche Festsetzungen.
  VI. Anwendung.
    a) im Vermögensrecht.
    b) im Familienrecht.
    c) im Erbrecht.

B. **In jure cessio.**
  I. Act.
  II. Anwendung.
    a) im Vermögensrecht.
    b) im Familienrecht.
    c) im Erbrecht.
  III. Verhältniß zur mancipatio.

C. **Usucapio.**
  I. Begriff.
  II. Besondere Arten:
    a) Ersitzung von Servituten.
    b) Manus-Ehe ‚usu'.
    c) usucapio pro herede.
  III. Fortentwicklung (praescriptio longi temporis).

D. **Addictio.**
  I. Versteigerung der Kriegsbeute.
  II. Zuschlag von bona publicata.
  III. Zutheilung des eroberten Landes.

E. **Adjudicatio.**

F. **Lex.**

A. **Mancipatio** (manu capere). Gaj. I § 119 ff.

Sie besteht in einem Scheinkauf (imaginaria emtio venditio) gewisser Sachen zwischen einem mancipio dans und accipiens um einen Scheinpreis in Gegenwart von fünf Zeugen und eines Waghalters.

I. Die **Betheiligten** sollen commercium haben, ursprünglich puberes cives Romani sein. Für die fünf Solennitätszeugen, wohl Vertreter der Servianischen Volksklassen, wird erfordert, daß sie rogati, voluntarii, habiles, z. B. nicht surdi, muti taub oder stumm sind. Bei Zeugnißverweigerung wird ihnen in den zwölf Tafeln mit Infamie gedroht: ‚improbus intestabilisque esto'. Der Waghalter libripens hat das Kupfer- oder Erzstück rauduseulum auf Echtheit und Gewicht zu prüfen.

II. **Gegenstand** res mancipi sind nur: Der italische Boden, italische Landservituten wie iter, actus, via, aqua — Weiderechte waren der damaligen Wirthschaft unbekannt —, Sclaven und Zug- bzw. Lastthiere jedoch nur in pecudum numero, sodaß Elephanten und Kamele als ‚bestiae' ausgeschlossen waren. An die Erklärung ‚animalia, quae collo dorsove domantur' knüpfte sich der Schulstreit, ob bei solchen Thieren mit der Geburt oder erst mit dem Gebrauch die Eigenschaft der res mancipi beginne. Gaj. II. § 15–17. Der gemeinsame Gesichtspunkt derartiger Sachen ist zweifelhaft. Einige führen den Landbau an, Andere den Census oder die Kriegsbeute. Gellius in seinen Atticae noctes erwähnt noch eine fünfte res mancipi, welche die Grundlage kühnster Hypothesen wurde, wie Kriegsthier oder nach Huschke gar ein Thier ausgestorbener Gattung, s. g. boviculus. Vielleicht ist die familia gemeint, d. h. gewaltunterworfene Kinder oder der Hausstand als Nachlaß.

III. Der **Act** vollzog sich folgendermaßen: Der Käufer sagt rem tenens ‚hanc rem meam esse ajo, eaque mihi emta esto hoc aere aeneaque libra', schlägt dann mit dem Erz an die Wage, daß es erklang und überreicht dasselbe dem Verkäufer. Sowohl Gegenwart der Personen als der Sache war nöthig. Doch durften sich die Parteien durch ihre männlichen Hauskinder vertreten lassen und das Grundstück wurde durch einen Ziegel, Stein, eine Scholle tegula, schedula, gleba dargestellt. Nur „ein" Gegenstand für sich konnte auf einmal mancipirt werden.

IV. Die **Wirkung** war bei gehörigem Recht des Verkäufers, welcher im Fall der Entwehrung mit einer actio auctoritatis ‚duplotenus' haftete, der Eigenthumsübergang. Eine Besitzübergabe braucht in der mancipatio nicht zu liegen l. 16 D. 23, 5, doch verlangt sie z. B. die lex Cincia zur civilen Gültigkeit einer Schenkung und gewährt sonst, falls das gesetzlich erlaubte Maß der Zuwendung überschritten war, eine condictio sine causa wegen der grundlosen Bereicherung aus dem Eigenthum. Rechtsgrund der mancipatio kann jedes zum Eigenthumsübergang geeignete Rechtsgeschäft, nicht bloß Kauf sein.

V. **Mündliche Festsetzungen** leges mancipi wurden vielfach mit dem Mancipationsact verbunden, z. B. Vorbehalt des Nießbrauchs ‚deducto usufructu'. Der Empfänger ist an die Erfüllung dieser mündlichen Abrede nuncupatio gebunden, wie es in den zwölf Tafeln heißt ‚cum nexum faciet mancipiumque pater familias, uti lingua nuncupassit, ita jus esto'. Besonders war bei verschiedenen Geschäften ein pactum fiduciae üblich, durch das sich der Verkäufer für gewisse Fälle, z. B. Nichtzahlung des versprochenen Kaufpreises, die remancipatio ausbedang. Dasselbe war durch actio fiduciae erzwingbar und wurde noch durch die Regel verstärkt, daß ein mancipio Verkäufer, welcher im Besitz der Sache verblieben war, das quiritarische Eigenthum daran binnen einem Jahre zurückersitzen konnte. Diese usureceptio kam vor entweder cum amico, wenn man in Nothständen einen potentior als Vertrauensmann zum Eigenthümer der Sache machte oder cum creditore für den fiduciarischen Verpfänder, welcher das Pfandgeld zurückgezahlt hatte oder ex praediatura binnen zwei Jahren, falls das Aerar die Grundstücke seines Schuldners verkauft, aber der sector sich nicht in den Besitz derselben gesetzt hatte. Gaj. II § 59–60.

VI. **Anwendung** findet die Mancipation, d. h. der Act per aes et libram auch in anderen Rechtsgebieten, um damit die verschiedenartigsten Rechtswirkungen zu erzielen:

a) im Gebiet des **Vermögensrechtes** zur Verpfändung fiducia Gaj. II § 59, zur Begründung datio und Auflösung liberatio eines Darlehns mit streng persönlicher Haftung nexum Gaj. IV § 21 ff.

b) im Gebiet des **Familienrechtes** zum Abschluß einer in manum conventio durch Kauf der Frau von ihrem Gewalthaber, s. g. coemtio. Bisweilen schloß die Frau eine solche Ehe ‚dicis nomine', d. h. mit dem pactum fiduciae nachheriger Freilassung sei es tutelae legitimae evitandae gratia — diese wurde nun fiduciaria in der Hand des Patrons Gaj. I § 195 — oder testamenti faciendi aut sacrorum interimendorum causa. Gaj. I § 114 ff. Die Strafbestimmung der zwölf Tafeln ‚si ter filium venumdedit, a patre liber esto' benutzte man, um dadurch die väterliche Gewalt entweder zu lösen, s. g. emancipatio oder für einen Andern zu begründen, s. g. adoptio. Der Haussohn wurde unter der Abrede der Freilassung verkauft, damit gerieth er ‚in mancipium', d. h. eine imaginaria servilis causa, durch Manumission fiel er in die Gewalt seines Vaters zurück. Dieser Hergang wiederholte sich. Nach dem dritten Verkauf behielt entweder der Käufer als pater adoptans die väterliche Gewalt oder machte den Haussohn durch die erneute Manumission gewaltfrei. Bei Haustöchtern ließ sich die Interpretation mit einem einmaligen Verkauf genügen. Gaj. I § 132–134.

c) im Gebiet des **Erbrechtes**. Ein Testament kann durch Verkauf des Vermögens an den familiae emtor errichtet werden, natürlich ohne Besitzübergabe, mit entsprechenden Nuncupationen, welche den Genuß des Verkäufers auf Lebzeiten sichern, und mit Auflage von leges mancipi, d. h. Legaten zu Gunsten Dritter. So heißt es in den zwölf Tafeln ‚uti legassit pater familias super pecunia tutelave suae rei, ita jus esto‘. Gaj. II § 102. Zweifelhaft ist, ob dies Testament der usureceptio unterlag und hinfiel, falls Testator noch den Ablauf eines Jahres nach der Errichtung erlebte.

B. **In jure cessio.** Gaj. II § 24 ff.

I. **Sie besteht** in einem Scheinstreit (imaginaria legis actio) zwischen den Parteien in Gegenwart des Prätors. Is cui ceditur vindicat, qui cedit in jure tacet, praetor addicit‘. Der Erwerber behauptet rem tenens ‚hanc rem meam esse ajo ex jure Quiritium‘, der Veräußerer widerspricht nicht auf die Frage des Prätor, worauf Letzterer eine Bestätigung ertheilt. Der Hergang brauchte sich nicht auf dem Forum zu vollziehen. Die Erwerbsart galt für res mancipi und nec mancipi. Gewaltunterworfene waren, da es sich um einen Proceß handelte, ausgeschlossen. Gaj. II § 96. Die Beifügung von pacta fiduciae war auch hier zulässig.

II. Sie wird **angewandt**

a) im Gebiet des **Vermögensrechtes** zur Bestellung des Nießbrauchs und von Urbanal-Servituten Gaj. II § 29–33.

b) im Gebiet des **Familienrechtes** zur Uebertragung der Frauen-Tutel als cessitia, die aber durch Tod, capitis deminutio erlosch Gaj. I § 168 und zur Manumission (per vindictam mittelst eines Stabes) von Sclaven, denen die behufs Adoption und Emancipation ‚in mancipio‘ befindlichen Hauskinder gleichstanden. l. 7 D. 40, 2.

c) im Gebiet des **Erbrechtes**, wo es dem heres legitimus, d. h. dem zum Antritt berufenen Intestaterben, z. B. proximus agnatus freistand, die hereditas adita nondum delata, also dem Erbrechte nach auf einen Anderen zu übertragen. Gaj. II § 34–37.

III. Ihr **Verhältniß zur mancipatio** ist streitig. Wahrscheinlich war sie — ähnlich der germanischen Auflassung S. 317 — uralte Volkssitte. Da aber der Gang zum Magistrat unbequem erschien, wurde sie für den gewöhnlichen Verkehr durch die Mancipation ersetzt. Gaj. II § 25. Zur Zeit des Gajus ist sie schon veraltet, da nach II § 18–21 die Tradition einer res nec mancipi quiritarisches Eigenthum übertrug.

Auch die Mancipation hielt sich nicht über die klassische Zeit, am längsten für Testamente, wofür aber schon frühzeitig Erleichterungen aufkamen, z. B. Auftreten des familiae emtor als Statisten ‚heredis loco‘, um auch Mancipations-Unfähige wie Unmündige, Frauen einzusetzen Gaj. II § 102, und schriftliche Abfassung des Testaments, um seinen Inhalt geheim zu halten und seinen Beweis zu sichern.

C. **Usucapio.** Gaj. II § 54 ff.

I. **Begriff.** Sie ist eingeführt aus Rücksicht auf das öffentliche Wohl ‚ne dominia rerum diu et fere semper in incerto essent‘ und zur Erleichterung des Eigenthumsbeweises. Sie ruht auf dem Satz der zwölf Tafeln ‚usus auctoritas fundi biennium, ceterarum rerum annus esto‘. Usus hängt entweder als Genitiv von auctoritas ab, d. h. Gewähr für den Besitz, oder ist verbunden mit est ein Prädicat, d. h. Besitz (in gehöriger Zeit) ist der Vormann, steht für den Eigenthumsbeweis an Stelle eines rechtmäßigen Vormanns.

Die Ersitzung kam nur römischen Bürgern zu Statten ‚adversus hostem aeterna auctoritas‘.

Die gesetzliche Frist war für Immobilien — denn fundus interpretirte man extensiv als jede unbewegliche Sache, auch ein Haus — zwei Jahre und für Mobilien ein Jahr.

Als ersitzungsunfähig erklären die zwölf Tafeln: res furtivae wohl nur beim Dieb und nicht beim dritten redlichen Erwerber, ferner forum (sepulcri) bustumve als res extra commercium und res mancipi, die von einer Frau ohne Genehmigung ihres Tutors veräußert sind. Eine constitutio Rutiliana gestattet später die Ersitzung der letzteren ‚si pretium mulieri dedisset‘. Gaj. II § 47.

Fortdauernder Besitz in der gesetzlichen Frist wird erfordert, jeder Besitzverlust unterbricht als usurpatio die Ersitzung.

Eine Zurechnung des Besitzes des Vormanns, ein Titel und wohl auch bona fides waren den zwölf Tafeln unbekannt.

Vielfach dient die Ersitzung zur Bekräftigung anderer Erwerbsarten. Dadurch wird der bonitarische Eigenthümer, dem eine res mancipi tradirt ist, zum quiritarischen, und der prätorische Erwerb durch missio oder emtio bonorum im Concurse wird civil. Gaj. III § 78–80.

II. Besondere Arten.

Ueber die usureceptio vgl. S. 345. Zu den ‚ceterae res‘ rechnete man außer den Mobilien noch drei Rechte: Servituten, Manus-Ehe und Erbrecht.

a) **Servituten** sowohl urbanale, die in einer sichtbaren Anstalt als personale, die in der Detention einer Sache bestehen, werden je nach der Beschaffenheit des Objects in 1 oder 2 Jahren ersessen, bis die lex Scribonia dies verbietet. l. 4 § 28 D. 41, 3.

b) Eine **freie Ehe** wird ‚usu‘ zur Manus-Ehe, wenn sich die Frau ein Jahr lang im Hause ihres Ehemannes aufgehalten hat. Eine Unterbrechung liegt in dem s. g. trinoctium, d. h. einer Abwesenheit der Frau während drei aufeinander folgender Nächte. Gaj. I § 114 ff.

c) **usucapio pro herede.** Gaj. II § 52–58.

Jeder römische Bürger kann Erbschaftssachen, welche der wahre Erbe noch nicht ergriffen hat, in Besitz nehmen und daran binnen einem Jahr das „Erbrecht“ ersitzen. ‚heriditati furtum non fit‘. Als Erbe erwirbt er Eigenthum an den Nachlaßsachen, also auch an den unbeweglichen in „einem“ Jahre, erhält die hereditatis petitio und haftet für Erbschaftsschulden und Sacra. Doch darf wer vom Erblasser Sachen kaufte oder zur Verwahrung erhielt, sich nicht mit dessen Tode den Besitzgrund ändern, um ‚pro herede‘ ersitzen zu können. Mehrere Usucapienten sind Miterben, obwohl Manche den zum Alleinerben erklären, welcher den größten Theil der Erbschaft an sich brachte. Streitig ist, ob die usucapio auch gegen die sui et necessarii heredes Statt fand, bevor sich dieselben der angefallenen Erbschaft bemächtigt hatten.

Gajus nennt diese zu seiner Zeit schon veraltete Usucapion ‚improba ac lucrativa' und giebt als ihren Einführungsgrund an ‚ut sacra fierent, ut creditores haberent, a quo suum consequerentur'. Sie enthalte also einen indirecten Antrieb für den rechten Erben, dem Usucapienten zuvorzukommen und die Erbschafts-Regulirung zu beschleunigen. Allein dies würde nur eine rechtspolitische Bedeutung haben!

Huschke findet das Wesen der usucapio pro herede in dem „sacralen" Charakter des alten Erbrechtes, das weniger auf Uebergang des Vermögens gerichtet war, als darauf, die Persönlichkeit der Begründer Roms fortzusetzen.

Ihering leitet die usucapio pro herede her aus dem uralten Spolienrecht des Gläubigers, welcher sich, im Fall die Erben seines Schuldners abwesend waren, selbst aus dem Nachlaß befriedigte. Die zwölf Tafeln hätten nicht umhin gekonnt, diese Volkssitte zu bestätigen, wie es ja auch in dem testamentslosen Deutschland des zwölften Jahrhunderts gäng und gäbe war, den herrenlosen Nachlaß von Geistlichen auszurauben. Doch habe die von Aelius Catus geleitete Interpretation der zwölf Tafeln den Brauch dadurch unschädlich gemacht, daß sie dem Spoliator mehr, als er begehrte, zusprach, nämlich Erbrecht und damit Haftung für die Schulden. So sei das Institut zu einer juristischen Falle geworden, in deren Fußangeln sich jeder Plünderer von Erbschaften verfangen mußte!

Das S.C. Juventianum unter Hadrian, welches jeden Besitzer von Erbschaftssachen auf die Bereicherung haften läßt, hat die usucapio pro herede, obwohl sie ausdrücklich nie aufgehoben ist, in ökonomischem Sinn vernichtet. Später bildet sich sogar ein crimen extraordinarium expilatae hereditatis, l. 1 C. 9, 32. Unter Justinian kommt der titulus pro herede nur als putativus vor.

III. Die **Fortentwicklung** der civilen Usucapion geschah durch Aufnahme eines bonum initium und des justus titulus unter ihre Erfordernisse, durch die Erlaubniß einer accessio possessionis vom Vorbesitzer u. s. w.

Für Provinzialgrundstücke und Mobilien der Peregrinen entstand eine longi temporis praescriptio, welche dem ruhigen Besitzer während 10 oder 20 Jahren (inter praesentes oder absentes je nach der Provinz) eine Einrede gegen die Vindication und später sogar naturales Eigenthum ex jure gentium mit utilis actio gewährte. l. 3, l. 9 D. 44, 3, l. 13 § 1 D. 12, 1.

Mit Ausdehnung des römischen Bürgerrechts wurde die usucapio für Mobilien allgemein, und daneben blieb die zur wirklichen Ersitzung gewordene praescriptio für Provinzial-Land ohne jus Italicum. Auf diesem Zustand baut sich dann die Reform Justinians auf.

D. Addictio.

Sie besteht in der Zuweisung von Staatsgut aerarium an Private und kam in folgenden Fällen vor:

I. **Versteigerung der Kriegsbeute** durch den Quästor (mit Ausruf Seitens der praecones) an den Meistbietenden, sei es in einzelnen Stücken sub hasta, sub corona (d. h. Kranz der Gefangenen, die man ehemals opferte, später als ‚servati, servi' am Leben erhielt), sei es im Ganzen sectio.

II. **Zuschlag der bona publicata,** welche an den Staat durch Verwirkung, Verschuldung, Erblosigkeit gefallen waren, an den emtor bzw. sector, der als Universalsuccessor galt.

III. **Zutheilung des eroberten Landes** ager publicus in einzelnen Loosen (limitati agri) an das Volk s. g. assignatio populi. Später wurde es im Senat üblich, dieses Land den Patriciern gegen einen nominellen Erbzins vectigal zu überlassen. Gegen diese s. g. longa possessio richten sich die Agrar-Gesetze, welche durch eine theilweise Auftheilung unter den Gracchen ihren Abschluß fanden. S. 89.

E. Adjudicatio.

Richterliche Zuerkennung von Eigenthum in Theilungssachen. Gaj. IV § 39 ff.

F. Lex.

Anfall des Eigenthums durch besonderes Gesetz. Gaj. II § 207 führt die veralteten Fälle an: einer vindicatio caducorum durch den coheres pater, einer Accrescenz bei Manumission eines gemeinschaftlichen Sclaven durch einen der Miteigenthümer.

§ 119.

D. 41,1 de acquirendo rerum dominio.
A.L.R. § 7—73, § 107—192, § 343—349 I, 9.

Occupation.

A. Herrenlose Sachen, die noch in Keines Eigenthum standen.
   I. Jagd und Fischerei.
      a) In Rom freie Aneignung.
      b) Im deutschen Recht Ausbildung des Jagdregals. Hohe und niedere Jagd. Jagdbare Thiere. Wildschaden. S. g. Wilddiebstahl. Zahme, wilde und Meeres-Fischerei.
      c) In Preußen Zubehör des Bodens unter staatlicher Jagdhoheit. Binnenfischerei.
   II. Waldproducte.
B. Herrenlose Sachen, die von ihrem Eigenthümer aufgegeben sind. Dereliction. Strandrecht? Berge- und Hülfslohn. See- und strandtriftige Gegenstände.
C. Herrenlose Sachen, die ihren Herrn verloren haben. Wilde bzw. gezähmte Thiere, die entliefen. Bienen, Tauben?

Occupation ist die Besitzergreifung herrenloser Sachen, in der Absicht, sich dieselben anzueignen ‚res nullius ratione naturali cedit occupanti' l. 3 pr. D. ht. Occupant braucht um die Herrenlosigkeit der Sache nicht zu wissen, selbst sein böser Wille lucri faciendi ist für die Thatsache des Eigenthumserwerbes unerheblich.

Gegenstand der Occupation sind sowohl bewegliche als unbewegliche Sachen, z. B. insula in mari nata l. 1 § 1 D. ht., litus maris, ager derelictus, auch desertus nach zwei Jahren. S. 343. Die Gebietshoheit, welche durch völkerrechtliche Occupation staatenloser Territorien erworben wird, ist publicistischer Natur. Im A.L.R. II, 16 behält sich der Staat das ausschließliche Occupationsrecht an herrenlosen Grundstücken vor, darin liegt ein Regal, dessen Ausübung auch Privaten verliehen werden kann vgl. § 15 ht. In der Grundbuch-Verfassung wird kaum von herrenlosen Grundstücken die Rede sein können, es sei denn im Fall einer Neu-Entstehung, z. B. bei trocken gelegten Landseen, dem Meere abgerungenen Dünen 2c.

Die herrenlosen Sachen sind entweder solche, die noch in Keines Eigenthum standen oder von ihrem Eigenthümer aufgegeben wurden oder ihren Herrn verloren haben.

A. Herrenlose Sachen, die noch in Keines Eigenthum standen.

Dahin gehören: Producte des Meeres oder öffentlicher Flüsse, wie Muscheln, Perlen, Pflanzen, Schwämme, Tang, Korallen, auch Steine, Sand, Bernstein im Meere, fallende Meteorsteine u. s. w. Dem Staat gebührt das Recht, derartige Dinge für regal zu erklären, um den Betrieb im Staats-Interesse nutzbar zu machen. Vgl. S. 206 ff. So finden sich das Bernstein-Regal in der Ostsee nach Westpr.Prov.R. und Pr.G. vom 4. Aug. 1865, das sächsische Perlen-Regal in der Elster 2c.

Insbesondere sind die Rechtsverhältnisse an freien Thieren und an Waldproducten zu erörtern.

I. Jagd und Fischerei.

a) In Rom gelten die freien Thiere des Festlandes — auch wilde Bienen, Pfauen, Tauben l. 5 § 2–5 D. ht., Insecten — die Austern, Fische im Meer und Fluß, die Vögel-Nester, die Thier-Producte, wie Honig, Eier, abgestoßene Geweihe u. s. w. als herrenlos. Daher waren venatio, aucupium, piscatio frei, Jagdfrevel, Schonzeiten unbekannt. Der Boden-Eigenthümer kann sein Grundstück einfriedigen, Unbefugte ausweisen, verklagen — aber nicht an der Occupation gefangener, erlegter Thiere hindern. l. 3 § 1 D. ht. Folgende Klagen dienen dem Grundeigenthümer: interdictum uti possidetis, actio in rem negatoria wegen Besitz- und Eigenthums-Störung, interdictum quod vi aut clam, falls wider sein Verbot oder hinter seinem Rücken Gruben, Fallen im Boden angebracht wurden, die actio legis Aquiliae wegen Sachbeschädigungen, z. B. an Bäumen, Saaten, zahmen Thieren, endlich im Allgemeinen die actio injuriarum wegen des unbefugten Eingriffs in seine Rechtssphäre.

Die Jagd wird insofern eine Frucht eines Grundstücks genannt, als dessen Eigenthümer sich aus ihrer Ausübung einen wiederkehrenden Nutzen zu schaffen vermag l. 26 D. 22, 1, aber die Thiere selbst können weder zu den Früchten, noch zu den Zubehörungen eines Grundstücks gerechnet werden. Die Verleihung des Jagdrechtes durch den Gutsherrn an Andere s. g. Jagdpacht läßt sich demnach nur construiren als emtio spei oder besser als Bestellung einer Wegeservitut ‚venandi causa' jedoch für eine Person und auf Zeit.

b) Im deutschen Recht.

Der Ssp. II, 61 erklärte wilde Thiere als herrenlos. Allein in vielen Gebieten entwickelte sich das Jagdrecht aus der Ausschließlichkeit des Grundeigenthums zu einem Zubehör desselben. Die s. g. freie Pürsch erhielt sich nur in städtischen Gemarkungen, auf Bauerngütern entstand aus der Voigtei der Grundherrn ein Jagdrecht zu deren Gunsten. Mit Ausbildung der Territorialhoheit nahm der Landesherr die Occupation jagdbarer Thiere für sich in Anspruch. Dies hatte seinen historischen Grund in dem Wesen der alten Markgenossenschaft, zu deren Almende der Wald gehörte. Die Aufsicht über den „Bannforst" war einem Waldgrafen übertragen, in dessen Händen die Obermärkerschaft erblich wurde und sich oft usurpatorisch zu einem Eigenthum am Waldboden auswuchs. Durch die Reception des Römischen Rechtes wurde das landesherrliche Jagdregal befördert, da man die herrenlosen Sachen durch ein Mißverständniß dem Fiscus zusprach. Doch fand in den meisten Territorien eine Theilung der Jagd Statt: in hohe auf Wildschweine, Hirsche, Füchse, Fasanen, Auerhähne u. s. w., welche dem Landesherrn beigelegt war, und in niedere (bisweilen auch mittlere) auf Rothwild, Raubzeug zc., welche der grundbesitzenden Ritterschaft verblieb.

Das Jagdregal, welches bewiesen werden muß, erstreckt sich nur auf jagdbare Thiere. Darüber entscheidet waidmännischer Brauch, da das Kriterium, ob das Fleisch eßbar, der Balg nutzbar ist, nicht ausreicht. In Betreff der übrigen Thiere, wie Wölfe, Bären verbleibt es beim freien Fang. Wildbahn heißt das zulässige Jagdrevier, von dem in der Regel die öffentlichen Landstraßen, Friedhöfe, das Weichbild von Städten und Dörfern, Haus und Hof ausgeschlossen sind. Die Ausübung des Jagdregals ist verleihbar. Danach unterscheidet man z. B. Gnadenjagd auf Widerruf, Koppeljagd mehrerer Mitberechtigter, von denen Keiner die Klapper- oder Treibjagd ohne Zustimmung der Andern anstellen darf. Wild- oder Jagdfolge ist die Befugniß, angeschossenes Wild (schweißendes) auch auf fremdem Revier zu verfolgen. Bisweilen findet sich eine Ersatzpflicht für Wildschaden, den austretendes Wild an den Feldern zc. anrichtet. Sie läßt sich nicht absolut aus dem Jagdrecht herleiten, sondern nur ex lege Aquilia darauf gründen, daß sich durch nachlässige Ausübung der Jagd der Wildstand in culturschädlicher Weise vermehrt habe. Daher wird der Gegenbeweis, daß der Schaden durch fremdes Streifwild verursacht sei, Statt haben. Dem Grundeigenthümer ist ein Feldschutz durch Klappern, Feuer zc. verstattet, soweit darin nicht eine gröbliche Beeinträchtigung der Jagd liegt. Das deutsche Ger.Verf.G. vom 27. Jan. 1877 erklärt für Streitigkeiten wegen Wildschadens die Amtsgerichte als ausschließlich zuständig.

Eine Rechtsfolge der deutschen Auffassung ist das Verbot des s. g. Wilddiebstahls, d. h. des rechtswidrigen Eingriffes in das ausschließliche Occupationsrecht eines Andern. Früher unterschied man den Wilddiebstahl durch die gewinnsüchtige Absicht von der Jagd-Contravention, die bloß im Eifer der Jagdleidenschaft geschehe, und bedrohte das erstere Delict im Interesse der Regalherrn mit grausamen Strafen. Das St.G.B. § 292–295 sieht bloß auf das dolose Bewußtsein und behandelt die Ausübung der Jagd an Orten, wo man zu jagen nicht berechtigt ist, unter dem allgemein bezeichneten Abschnitt des strafbaren Eigennutzes. Das Vergehen wird qualificirt, wenn dem Wilde nicht mit Schießgewehr oder Hunden, sondern mit Schlingen, Netzen, Fallen zc. nachgestellt ist, wenn die Ausübung während der gesetzlichen Schonzeit, in Wäldern, zur Nachtzeit oder gemeinschaftlich durch Mehrere geschah, und insbesondere durch gewerbsmäßigen Betrieb. Neben der öffentlichen Strafe soll auf Einziehung des Gewehrs, der Jagdgeräthe, Netze zc. welche der Thäter bei dem unberechtigten Jagen bei sich führte, erkannt werden, auch wenn dieselben dem Verurtheilten nicht gehören. Dagegen begeht nach § 368 Z. 10 und 11 nur eine Uebertretung, wer unbefugt Eier oder Junge von jagdbarem Federvieh bzw. von Singvögeln ausnimmt, vgl. Pr.G. vom 1. April 1880 § 33, R.G. vom 22. März 1888 betr. den Schutz von Vögeln, und wer ohne Befugniß auf fremdem Jagdgebiet, außerhalb des öffentlichen Weges, zwar nicht jagend, aber zur Jagd ausgerüstet, betroffen wird.

Hierbei entsteht noch die civilrechtliche Frage: Für wen erwirbt der Wilddieb? Die Meinung, daß er selbst Eigenthümer des erlegten Wildes werde und nur obligatorisch zum Wertherfatz an den Jagdberechtigten verpflichtet sei, erscheint zu romanistisch. Davon, daß das Wild als sceleris productum dem

Fiscus gebühre, steht Nichts im St.G.B. § 295. Am richtigsten ist die Ansicht, daß er für den Grundeigenthümer bzw. Jagdberechtigten erwerbe, aber nicht, wie Beseler will, als unfreiwilliger Repräsentant desselben, sondern weil Letzterer Kraft des Gesetzes ein Aneignungsrecht an allem Wilde hat, das auf seinem Boden, bzw. Jagdrevier fällt. Nach Gerber bleibt gar das Wild in Folge des Delictes herrenlos, bis es in die Hände eines gutgläubigen Erwerbes gelangt und steht dem Jagdberechtigten nur eine Klage gegen den Wilddieb zu auf Auslieferung bzw. Entschädigung.

Die Fischerei zerfällt in wilde und zahme. Die wilde Fischerei in öffentlichen Gewässern ist im Ssp. 38 § 4 noch frei, wird aber meist zu einem verleihbaren Regal der Gemeinde oder des Staates; in manchen Gebieten ist die mit Angeln, nicht mit Netzen, Reusen 2c. frei geblieben. Die zahme Fischerei in Teichen, ohne Wechsel der Fische, steht dem Eigenthümer zu, in Privatflüssen den Anliegern, eventuell bis zur Mitte des Baches. Das St.G.B. § 370 Z. 4 behandelt unberechtigtes Fischen und Krebsen als Uebertretung, wenn es aber zur Nachtzeit, bei Fackellicht oder unter Anwendung schädlicher bzw. explodirender Stoffe geschieht, als Vergehen § 296.

Die Meeresfischerei unterliegt völkerrechtlichen Grundsätzen, z. B. Betreffs Legitimation der Fahrzeuge durch eine Staatsflagge. In Küstengewässern, soweit sie zur Gebietshoheit des Uferstaates gehören, kann Ausländern das Fischen verboten werden, vgl. St.G.B. § 296a, wonach auch auf Einziehung der im Fahrzeug enthaltenen Fische erkannt werden soll. Eine Beschränkung der Fischerei im freien Meer l. 13 § 7, l. 14 D. 47, 10 kann nur durch internationale Verträge geschehen, welche z. B. Schonzeiten für den Robbenfang in den nördlichen Meeren R.G. vom 4. Decbr. 1876 festsetzen.

c) In Preußen.

Das Jagd-Regal des A.L.R. § 39 ff. II, 16 wird durch G. vom 31. Octb. 1848 aufgehoben, und zwar ohne Entschädigung für die Inhaber des Rechtes, da man solches begrifflich für usurpirt hielt. Seitdem gilt die Jagd im damaligen Umfange der Monarchie für eine freie, nur der staatlichen Jagdhoheit vgl. Zuständigkeits-G. vom 1. Aug. 1883 § 103 ff. unterworfene Zubehör des Bodens, ohne Recht der Wildfolge. Auf öffentlichen Flüssen gebührt sie demnach dem Staate. Das Jagdpolizei-G. vom 7. März 1850 bindet die Jagd an einen Boden-Complex von mindestens 300 Morgen. Eigenthümer kleinerer Grundstücke können dieselbe zu einem Jagdbezirk vereinigen, um die Jagd gemeinsam auszuüben. Doch dürfen ihrer nicht mehr wie drei sein, eventuell soll die Jagd ruhen oder von der Gemeinde auf 3–12 Jahre verpachtet werden. Der Jagdberechtigte, d. h. der Grundeigenthümer oder dessen Jagdpächter ist im öffentlichen Interesse gewissen Schranken unterworfen, z. B. hat er einen Jagdschein zu lösen und als Legitimation bei sich zu führen. Treibjagden an Sonn- und Feiertagen sind ihm untersagt und die Schonzeiten muß er inne halten. Durch Verletzung dieser Pflichten begeht er eine Jagdcontravention. Die Schonzeiten sind je nach Art des Wildes verschieden festgestellt und zwar mit Rücksicht auf die Förderung des Wildstandes und den Nutzen der Landwirthschaft. G. vom 26. Febr. 1870. Ueber Verlängerung, Verkürzung oder Aufhebung der gesetzlichen Schonzeit beschließt nach G. vom 1. Aug. 1883 der Bezirksausschuß. Thiere, welche einer gesetzlichen Schonzeit ermangeln, sind deshalb noch nicht Gegenstand des freien Fanges, A.L.R. § 114 I, 9, vielmehr hängt ihre „Jagdbarkeit" von den Provinzial-Statuten ab. **Ein Ersatz für Wildschaden** vgl. A.L.R. § 146 I, 9 findet nicht mehr Statt, es sei denn, daß dies besonders zwischen dem Grundeigenthümer und seinem Jagdpächter verabredet wurde. Maßregeln zum Feldschutz sind erlaubt, und in Nothfällen, z. B. bei gefährlicher Vermehrung der Wildschweine kann die betreffende Jagd von der Obrigkeit freigegeben werden.

In den 1866 erworbenen Provinzen ist die Jagd ähnlich gestaltet, doch wurde das Jagdregal, wo es noch vorkam, auf fiscalische Kosten abgelöst.

Der Entwurf einer neuen Jagdordnung, welche einen Complex von 400 Morgen, das Verbot der Sonntagsjagd, eine Preiserhöhung für die Jagdkarte 2c. in Aussicht nahm, ist an der Streitfrage wegen Ersatzes des Wildschadens gescheitert.

Die Binnenfischerei in öffentlichen Gewässern, wie Strömen, Seen ist im A.L.R. § 73–78 II, 15 Regal, soweit nicht ein Privater die Fischereigerechtigkeit erworben hat. § 170 I, 9. Die Fischerei in Privatflüssen steht den Anliegern zu, die in geschlossenen Gewässern wie Teichen, Hältern dem Grundherrn. Letzterer gilt sogar als Eigenthümer der Fische und darf dieselben, wenn sie bei großem Wasser oder Dammbruch austreten, selbst auf fremdem Grunde wieder einfangen. § 176–185 I, 9.

Das Pr.G. vom 30. Mai 1874 verleiht die Binnenfischerei in nicht geschlossenen Gewässern, wo früher der Fischfang von allen Einwohnern oder Mitgliedern einer Gemeinde ausgeübt werden konnte, an die politische Gemeinde, welche das Recht durch besonders angestellte Fischer oder durch Verpachtung, in der Regel nicht unter 6 Jahren ausnutzen soll. Der volkswirthschaftliche Zweck dieses Gesetzes ist die Hebung der Fischerei, denn nicht bloß bilden Fische ein wohlfeiles Nahrungsmittel, sondern ihr Fang, ihre Verarbeitung dient vielen Staatsbürgern als Erwerbsquelle. Zu diesem Behuf wird die Ablösung der Fischerei-Gerechtigkeiten befördert, und die Bildung von Fischerei-Genossenschaften zur gemeinsamen Benutzung zusammenhängender Fischgebiete angestrebt. Zum Ausschluß der Raubfischerei sind polizeiliche Maßregeln eingeführt wie: Erlaubnißscheine, Schonzeiten (meist während des Laichens), Schonreviere, Verbot schädlicher Fang-Arten und Mittel, bestimmte Maschenweite der Netze 2c. Fische, denen noch das nach den Ausführungs-Verordn., z. B. vom 8. Aug. 1887, 12. Mai 1888 erforderliche Maß bzw. Gewicht fehlt, dürfen, außer zu Zuchtzwecken, weder gefangen noch verkauft werden. Das Verkaufsverbot auf öffentlichem Markte trifft auch solche junge Brut, die aus Privatteichen herrührt, obwohl sonst geschlossene Gewässer der freien Verfügung ihres Eigenthümers unterstehen.

II. Waldproducte.

Moos, Laub, Harz, Borke, Zapfen, Reisig, Kräuter, Beeren, Pilze im Walde sind nicht herrenlos, sondern gehören dem Eigenthümer des Forstes.

Die germanische Auffassung S. 334 neigt zu einem gewissen Gemeingebrauch auch der Privatwaldungen, die man — abgesehen von Schonungen — betreten darf, und aus denen mindestens Gemeinde-Mitglieder des betreffenden Bezirks Reisig, Beeren 2c. für eignen Bedarf holen können.

Das Pr. Feld= und Forst=Polizei=G. vom 1. April 1880 **steht auf römischem Boden. Der Eigenthümer kann** Unbefugten das **Betreten** seines **Waldes verbieten § 9, und von** seiner Erlaubniß hängt das Sammeln **von Moos**, Streu, **Beeren** 2c. **ab § 41. Behufs** besserer Controle soll der zu einer **Waldnutzung Berechtigte einen Legitimations**schein lösen und bei Ausübung **seines Rechtes** bei **sich führen. Doch sind** Forst= und Feldfrevel § 18 milder strafbar, und der Forst=**Diebstahl wird nach G. vom** 15 April 1878 **in den ersten beiden Malen nur mit einer Geldstrafe bis zum** fünf= bzw. **zehnfachem** Werthe **des Entwendeten und erst beim dritten Rückfall primär mit Gefängniß** bestraft. § 3–8.

B. Herrenlose Sachen, die von ihrem Eigenthümer aufgegeben sind.

Die Dereliction von Sachen setzt sowohl die Absicht voraus, Eigenthum daran **aufzugeben, als auch** einen äußern Act, welcher diesen Willen verwirklicht. l. 17 § 1 D. 41, 2. Hat Derjenige, welcher Sachen Preis giebt, einen bestimmten **Kreis von Personen im** Sinne, aus welchem der Zufall oder eine bestimmte **Thätigkeit den Erwerber** auslesen sollen s. g. traditio ad incertam personam. so **kann** ein Dritter durch Besitzergreifung der Sache kein Eigenthum erwerben. A.L.R. § 345 ht. Die Römer § 46 J. 2, 1 rechnen hierher den s. g. jactus missilium das öffentliche Auswerfen von Geldern, Sachen unter die Menge, wozu es nach A.L.R. § 348 ht. einer vorgängigen polizeilichen Genehmigung bedarf. Als derelinquirt gelten z. B. weggeworfene Zeitungsexemplare, verstoßene Thiere A.L.R. § 18 ht., Vögel, denen man die Freiheit giebt, s. g. emissio avium, die aber natürlich aufsteigende Brieftauben nicht betrifft.

Ob ein Wirthshaus=Gast die in der Hotel=Rechnung bezahlten Lichter, den zum Kaffee gereichten Zucker, das zum Mahle gelieferte Brod mit sich nehmen kann, hängt von den Umständen ab, und selbst sein civiler Rechtsirrthum über das Eigenthum würde den strafrechtlichen Begriff des Diebstahls ausschließen. Keinesfalls aber gelten derartige Sachen, falls der Gast an ihnen durch Kauf Eigenthum erwarb und sie dann liegen ließ, schon dadurch für derelinquirt. Ebensowenig werden Trauringe, die man Leichen ins Grab mitzugeben pflegt, herrenlos, oder verschossene Kugeln 2c. Das St.G.B. § 291 sieht sogar in der widerrechtlichen Zueignung der bei Uebungen der Artillerie verschossenen Munition, oder der Bleikugeln aus den Kugelfängen der Truppen einen strafbaren Eigennutz.

Die in Seenoth über Bord geworfenen Waaren und Schiffstheile wie Masten, Takellage s. g. jactus mercium bleiben trotzdem im Eigenthum. § 47–48 J. 2, 1. l. 9 § 8 D. ht. In manchen Gegenden Deutschlands hatte sich aus dem Grundruhe=Recht für solche ans Ufer geschwemmte Sachen ein Strandrecht entwickelt, das durch Authentiken Friedrichs II. und die CCC. Art. 218 beseitigt wurde. „Strandrecht ist ein Schandrecht.“ Das H.G.B. Art. 742–756 gewährt einen Anspruch auf Bergelohn, falls Schiff oder Ladung, welche der Verfügung der Besatzung entzogen oder von derselben verlassen sind, durch Dritte in Sicherheit gebracht wurden. Der Bergelohn darf ein Drittel des Werthes der geborgenen Gegenstände nicht übersteigen. Für anderweite Dienste, welche auf Anordnung des Schiffers der Mannschaft bei Seenoth geleistet wurden, kann ein Hülfslohn von geringerem Betrage gefordert werden. Alle während der Gefahr über die Höhe des Berge- oder Hülfslohnes geschlossenen Verträge sind wegen erheblichen Uebermaßes der zugesicherten Vergütung s. g. laesio enormis anfechtbar.

Die Reichs-Strandungsordnung vom 17. Mai 1874 richtet Strandämter ein, denen Strandvögte untergeordnet sind. Letzteren wird die Anzeige über ein auf den Strand gerathenes oder unweit desselben in Seenoth befindliches Schiff erstattet. Der Ueberbringer der ersten Anzeige hat Anspruch auf eine angemessene Vergütung. Vor Allem hat der Strandvogt für die Rettung der schiffbrüchigen Personen zu sorgen. Dazu darf er die erforderlichen Fahrzeuge und Geräthschaften requiriren, deren Eigenthümern der etwa entstandene wirkliche Schade später ersetzt wird. Maßregeln, um die Ladung zu bergen, aus dem Schiffe fortzuschaffen, setzen die Genehmigung des Schiffers voraus. Im Uebrigen unterscheidet das Gesetz: seetriftige Gegenstände, welche auf offner See treibend von einem Fahrzeuge geborgen oder vom Meeresgrund heraufgeholt werden, und strandtriftige, welche von der See gegen den Strand getrieben und von da aus geborgen werden. Nach gehöriger Anzeige findet behufs Ermittlung des Empfangs-Berechtigten ein Aufgebotsverfahren mit Ausschlußfristen Statt. Meldet sich ein Anwärter und kann sich derselbe über sein Recht ausweisen, so wird ihm die Sache gegen Erstattung der Kosten und des Bergelohns ausgeliefert. Andernfalls ist der seetriftige Gegenstand an den Berger, der strandtriftige an den Landesfiscus gegen Zahlung des Bergelohns zu überweisen. Dadurch wird Empfänger, obwol ein Ausschlußbescheid nicht ergeht, Eigenthümer. Doch ist er, falls versäumte Ansprüche später geltend gemacht werden, verpflichtet, insoweit Entschädigung zu leisten, als er sich dann noch im Besitz der Sache befindet oder durch den daraus gelösten Werth bereichert ist.

C. Herrenlose Sachen, die ihren Herrn verloren haben.

Dazu gehören wilde Thiere animalia ferocia, auch apes, pavones, columbae l. 5 § 2, § 5 D. ht., falls sie ausgebrochen sind ‚in naturalem libertatem‘ l. 3 § 2 D. ht. und ihre Verfolgung entweder schwierig oder aufgegeben ist ‚difficilis ejus persecutio, nondum in conspectu‘ l. 5 § 4 D. ht., ferner gezähmte Thiere mansuefacta, wenn sie ihre consuetudo revertendi verloren haben. l. 5 § 5 D. ht. Zahme Thiere mansueta wie Hühner, Gänse l. 5 § 6 D. ht., welche sich außerhalb der custodia ihres Herrn verirren ‚simulatque aberraverint‘ l. 3 § 13 D. 41, 2 fallen aus dessen Besitz, nicht Eigenthum. Derjenige, welchem sie zulaufen bzw. zufliegen, ist nach der Besitzergreifung einem Finder verlorener Sachen gleich zu achten.

Die Biene heißt auch in deutschen Particularrechten ein „wilder Wurm.“ Doch darf der Eigenthümer des schwärmenden Stocks ihn auf fremdem Boden unverzüglich einfangen. Nach Aufgabe der Verfolgung gilt der Schwarm als verloren und ist für den Eigenthümer des Grundes, auf dem er sich niederließ, Gegenstand der Occupation. A.L.R. § 121–125 ht.

Tauben zählen heute zu den zahmen Thieren, sie bleiben dem Eigenthümer des Schlages, selbst wenn sie sich verfliegen. Das A.L.R. § 111–113 ht. unterwirft Tauben, welche Jemand hält, ohne ein wirkliches Recht dazu (im Zweifel nach Verhältniß des Ackermaßes) zu haben, dem Thierfange, falls sie im Freien betroffen werden.

Fund und Schatz sind nicht herrenlos, Eigenthum daran wird nicht durch Occupation, sondern kraft des Gesetzes erworben.

Die Beute-, d. h. dem Feinde im Krieg abgenommene Sachen haben einen **Herrn, der aber nicht anerkannt wird.**

§ 120.

Fund und Schatzerwerb.

A. Fund.
- I. In Rom.
- II. Im Ssp.
- III. Im A.L.R.
  Fundlohn. Fundrecht. Verfahren. Verwirkung Seitens des Finders.

B. Schatz.
- I. Begriff.
- II. Erwerb.
  - a) In Rom.
  - b) Im Ssp.
  - c) Im A.L.R.
- III. Besondere Fälle.

A. Fund.

Der Fund inventio besteht in Besitzaufnahme der von Andern verlorenen Mobilien. Dazu gehören nicht verlegte Sachen S. 297, denen gleich stehen die im Bereich der Post- und Eisenbahn-Verwaltung zurückgebliebenen Gegenstände, wie unbestellbare Sendungen, vergessene Reise-Effecten rc. vgl. R.PostG. vom 28. Oct. 1871, Eisenbahn-Betriebsreglement vom 11. Mai 1874. Von der Occupation derelinquirter Sachen war S. 354 die Rede.

Die verlorene Sache ist eine meist zufällig aus dem Besitz entglittene. Finder hebt sie auf. Daß er sie zuerst entdeckte, ist weder nöthig, noch reicht sein bloßer ‚aspectus‘ hin. Zwischen Besitz-Verlust und Aufnahme darf ein bewußter Zusammenhang nicht stattfinden.

I. **In Rom** wird der ehrliche Finder nur Detentor der Sache für den Verlierer. Er kann mit der actio negotiorum gestorum contraria Ersatz der im Interesse des Verlierers gemachten Auslagen, aber keinen Fundlohn verlangen ‚improbe petit‘. l. 43 (44) § 9 D. 47, 2. Es war römischer Brauch, daß er, um den Verlierer zu ermitteln und den Verdacht des Furtum von sich abzuwehren, den Fund öffentlich bekannt machte ‚libellum proponunt‘ l. 43 § 8 eod. Hat er guten Grund, die Sache, z. B. weil sie fast werthlos ist, für derelinquirt zu halten, so ersitzt er auf diesen Putativ-Titel an ihr Eigenthum. Sonst steht ihm nur nach 30jährigem Besitz eine Einrede gegen die Eigenthumsklage zu. Der unredliche Finder, welcher sich die Sache rechtswidrig zueignet, indem er sie in Gebrauch nimmt, veräußert rc., begeht ein Furtum. l. 43 § 4 D. 47, 2.

II. **Im Ssp.** II § 29, 37 wird Finder, falls Verlierer sich auf richterliches Aufgebot verschweigt, Eigenthümer der Sache, muß aber dem Richter einen Antheil ihres Werthes ausliefern.

III. **Im A.L.R.** § 19–73 I, 9 hat Finder, welcher den Fund binnen 3 Tagen der Obrigkeit, d. h. heute der Polizei-Behörde anzeigt, einen Anspruch auf **Fundlohn**. Derselbe beträgt 10% des Werthes, doch wird bei Sachen, deren Werth ℳ 1500 übersteigt, vom Ueberschuß nur 1% berechnet. Bei Inhaberpapieren ist ihr Curswerth am Tage des Fundes, bei Wechseln und Hypothekenbriefen der zu ihrer Kraftloserklärung eventuell erforderliche Kosten-Aufwand maßgebend. Handelt es sich um zugelaufenes, zahmes Vieh, so kann außer den Fütterungskosten nur das Pfand- bzw. Ersatzgeld gefordert werden, welches das Feld-PolizeiG. vom 1. April 1880 § 71 für Weidefrevel und den Uebertritt von Thieren festsetzt. In allen Fällen wo ein höherer Fundlohn ausgelobt ist, kommt dieser in Betracht. Finder gilt als unvollständiger Besitzer und darf seine Ansprüche durch Zurückbehaltung der gefundenen Sache sichern.

Das Fundrecht besteht in dem Anspruch des Finders auf Ueberweisung der Sache, sofern der Berechtigte nicht ermittelt werden kann. Doch soll bei Sachen, die einen höheren Werth als ℳ 300 haben, der Armenkasse des Fundorts ein Theil zufließen. Die Rechnung stellt sich in diesem Falle folgendermaßen: Vorweg sind die auf die Sache und das Aufgebot verwendeten Kosten abzuziehen, darauf erhält der Finder ℳ 300 zum Voraus und der dann noch verbleibende Ueberrest wird zur Hälfte zwischen dem Finder und der Armenkasse getheilt.

Das Verfahren zur Ermittlung des Verlierers trat im A.L.R. § 31–56 I, 9 ein, falls dieser nicht binnen acht Tagen seit geschehener Anzeige des Fundes auszuforschen war. Der Richter sollte dann eine öffentliche Ladung mit Ausschlußfrist erlassen und nach fruchtlosem Ablauf des bestimmten Termins die Sache dem Finder bzw. der Ortsarmenkasse zu Eigenthum zuschlagen. Dies ist durch das Pr.Ausf.G. zur C.Pr.O. vom 24. März 1879 § 23 geändert: Nur auf Antrag des Finders oder der Armenkasse findet ein Aufgebotsverfahren Statt. Dasselbe endigt nicht mehr mit einem Zuschlage an den Finder, sondern mit einem Ausschlußurtheil gegen den unbekannten Verlierer bzw. Eigenthümer. Letzterem verbleibt nur ein Anspruch gegen den Empfänger der Sache auf Erstattung des durch den Fund erlangten und noch vorhandenen Vortheils.

Fundlohn und Fundrecht können verwirkt werden. Wer den Fund nicht binnen drei Tagen anzeigt, verliert den Fundlohn an die Armenkasse. Wer den Fund binnen vier Wochen verschweigt oder abläugnet, verwirkt auch das Fundrecht, da er als unredlicher Besitzer angesehen wird. S. 307. Wer den Fund dem Richter gegenüber abläugnet, soll nach § 73 ht. als „Dieb" betrachtet werden. Heute unterfällt die Fund-„Unterschlagung", denn diese, nicht eine Entwendung wird begangen, dem St.G.B. § 246.

B. Schatz.

I. Begriff.

Schatz ist ein Werthgegenstand, welcher von Altersher in einer Sache verborgen ist, so daß der Eigenthümer nicht mehr ermittelt werden kann.

In den römischen Quellen wird thesaurus, welcher Name auch für Schatzkammer und eine werthvolle Sache schlechthin l. 15 D. 10, 4 vorkommt, definirt: vetus quaedam depositio pecuniae, cujus non extat memoria, ut jam dominium non habeat. l. 31 § 1 D. 41, 1. In diesen Worten erstreckt sich pecunia auf Geldeswerth, und der Zusatz quaedam zu depositio bedeutet, daß ein Schatz auch in einer Mobilie, z. B. Schrank niedergelegt sein kann. In gleicher Weise versteht das A.L.R. § 74 I, 9 unter Schätzen alle Sachen von einigem Werthe, die über oder unter der Erde verborgen liegen, insofern der Eigenthümer derselben unbekannt ist.

Die Unterschiede vom Fund sieht man in der Lage des Schatzes, der absichtlich versteckt wurde ‚res condita', in seinem höheren Alter und Werth, und besonders in seinem gelockerten Rechtsverhältniß zum Eigenthümer. „Der Herr verlor den Fund, aber der Schatz den Herrn.“ Allein wie will man es einer aufgefundenen Perlenschnur anmerken, ob sich ihr Eigenthümer in der Länge der Zeit verloren hat!

Die Definition des Schatzes paßt nur auf den Durchschnitt der Fälle und findet analoge Anwendung für archäologische Funde, Ausgrabungen 2c.

II. Erwerb.

a) **In Rom** schwankte man, wem der Schatz gebühre. Ursprünglich galt er als Accession des Bodens, die dem Grundeigenthümer zufällt. l. 3 § 3 D. 41, 2. Die Doctrin gab ihn als herrenlose Sache dem Occupanten oder als erbloses Gut dem Fiscus.

Hadrian ‚naturalem aequitatem secutus‘ § 29 J. 2, 1 entscheidet den Streit: Wer einen Schatz auf eignem Boden findet, darf ihn behalten. Nach einem Zusatz der Kaiser Leo und Zeno in l. 1 C. 10, 15 tritt Verwirkung an den Fiscus ein bei Gebrauch verbotener Zauberkünste. Wer einen Schatz auf fremdem Boden findet, mag er ihn zufällig entdeckt oder mit Erlaubniß des Grundeigenthümers gesucht haben, soll ihn mit Letzterem zur Hälfte theilen. Hat er aber heimlicher oder verbotener Weise danach gesucht, so fällt der ganze Schatz an den Grundherrn.

Im Sinne Hadrians ist der Schatzerwerb kein Unterfall der Occupation, sondern eine unmittelbare Folge gesetzlicher Anordnung. Daher bedarf es zum Eigenthumserwerb keiner Besitzergreifung ‚loco motione‘ S. 294, sondern die bloße Entdeckung reicht hin ‚inventori cedit‘ l. 63 § 1 D. 41, 1. Der Grundeigenthümer erhält nicht bloß eine Forderung auf die Werthhälfte, sondern Miteigenthum an dem auf seinem Boden entdeckten Schatze, und kann bei Unterschlagung des Finders gegen diesen mit der actio furti vorgehen.

b) **Im Ssp.** I, § 35 gehören die unter der Erde begrabenen Schätze zur königlichen Gewalt.

c) **Im A.L.R.** § 75–106 I, 9 gilt die römische Lehre. Wer unerlaubt, d. h. unter Beschwörung von Geistern, mit Feuersgefahr oder bei Anstalten auf fremdem Boden ohne Genehmigung des Grundeigenthümers nach Schätzen suchte, verliert sein Recht am gefundenen Schatz an den Fiscus. Eine Anzeige bei der Obrigkeit soll Finder binnen vier Wochen erstatten, damit mit der öffentlichen Vorladung wie beim Funde verfahren werden kann. Doch bedarf es keines Aufgebotes, wenn aus der Beschaffenheit des Schatzes selbst sich ergiebt, daß derselbe schon seit einem oder mehreren Jahrhunderten verborgen war. Kann der Eigenthümer nicht ausgemittelt werden, so fällt der Schatz an den Berechtigten, ohne daß ein Zuschlag vonnöthen ist.

III. Besondere Fälle.

a) Schatz in loco sacro, religioso gebührt nach Hadrian in § 39 J. 2, 1 dem Finder ganz, nach einem Rescript der divi Fratres in l. 3 § 10 D. 49, 14 dem Fiscus zur Hälfte. Heute beansprucht die betreffende Kirche oder Kirchengemeinde die Hälfte. Ein Schatz in loco Caesaris, fiscali, publico, in monumento wird zwischen Finder und Fiscus getheilt.

b) Schatz in condominio. Die dem Eigenthümer des Bodens zufallende Schatzhälfte wird unter Miteigenthümern nach Verhältniß ihrer Antheile getheilt. A.L.R. § 90 ht.

c) Schatz in confinio. Die betreffende Hälfte fällt, auch wenn der Schatz nicht grade so lag, daß er durch die Grenzlinie halbirt wird, zu gleichen Theilen an beide Nachbarn. A.L.R. § 91–93 ht.

d) Schatz auf dem Grundstück eines gutgläubigen Besitzers, Emphyteuta, Superficiars oder Nießbrauchers. Die betreffende Hälfte gebührt dem wahren Eigenthümer. A.L.R. § 97–98 ht. In Folge der Theorie vom getheilten Eigenthum S. 341 wird im A.L.R. § 94–96 ht. der Anspruch des Lehns-, Erbzinsmannes und Fideicommiß-Besitzers auf die Schatzhälfte anerkannt.

e) Schatz auf dem römischen Dotalgrundstück. Die betreffende Schatzhälfte fällt mit der Dos an die Frau oder den sonst Berechtigten heim, bleibt aber während der Ehe in der Nutzung des Ehemannes. S. 339.

f) Schatz auf dem römischen Pfandgrundstück, falls die Entdeckung während der zweijährigen Frist geschah, welche der Kaiser trotz Bewilligung der gläubigerischen dominii impetratio S. 342 noch dem Verpfänder zur Wieder-Einlösung gewährt. Das Recht an der betreffenden Schatzhälfte ist in der Schwebe und entscheidet sich danach, ob Verpfänder das Grundstück rechtzeitig auslöst oder nicht. l. 63 § 4 D. 41,1.

g) Schatz auf dem verkauften, aber noch nicht übergebenen Grundstück. Die betreffende Hälfte kommt in Rom dem Käufer zu, weil er die Gefahr der Sache schon mit Perfection des Kaufes trägt. Im A.L.R. geht die Gefahr erst mit der Besitzübergabe über, und behält Verkäufer das Anrecht an einem bis dahin gefundenen Schatz. § 99–100. Ist aber nach G. vom 5. Mai 1872 das Grundstück an den Käufer aufgelassen und umgeschrieben, so darf er als Eigenthümer ohne Rücksicht auf Besitzübergabe die Schatzhälfte beanspruchen, es sei denn, daß er schon vorher von dem Dasein des Schatzes Kunde hatte und dies dem Verkäufer verschwieg. § 101.

h) Wird der Schatz durch einen im Nießbrauch oder Miteigenthum befindlichen Sclaven gefunden, so gebührt die auf den Finder fallende Hälfte dem Proprietar des Sclaven oder seinen Miteigenthümern nach Verhältniß ihrer Antheile. Heute darf eine Person, welche auf fremdem Grundstück mit Bauen, Umgraben 2c. beschäftigt ist und dabei einen Schatz entdeckt, die Fundhälfte für sich selber beanspruchen, wenn sie nicht ausdrücklich für die Arbeit des Schatzsuchens gedungen ist.

§ 121.

Beuterecht.

A. In Rom.
B. Im Mittelalter.
C. Im modernen Völkerrecht.
  I. Behandlung feindlicher Personen.
    a) Im Allgemeinen.
      Combattanten, Freicorps. Private.
    b) Außerhalb des Kriegsrechtes stehen:
      Freischaaren, Marodeure, Spione.
    c) Besonderer Schonung unterliegen:
      Feindliche Souveräne, Parlamentäre, Aerzte 2c.
    d) Kriegsgefangenschaft.
  II. Behandlung feindlicher Sachen.
    a) Im Landkriege.
      Erbeutung von Sachen des feindlichen Staates.
      Unverletzlichkeit des Privateigenthums.
      Requisitionen. Confiscationen. Contributionen.
    b) Im Seekriege.
      Seerechts-Declarationen von 1856.
      1. Schutz der neutralen Waare auf feindlichem Schiff, der feindlichen Waare auf neutralem Schiff, mit Ausnahme der Kriegscontrebande.
      2. Verbot der Kaperei.
      3. Regelung der Seeblokade.

Jedes Recht in seinem Kindesalter ist ausschließlich. Es betrifft die Mitglieder der Gemeinschaft, welche es ausgebildet haben, kommt aber Fremden nicht zu Gute.

Diese stehen als Barbaren, hostes außerhalb des National- oder Civilrechtes. Zuerst macht sich die egoistische Rücksicht auf die Sicherheit des gegenseitigen Handelsverkehrs geltend und zwingt die Pflicht der Gastfreundschaft auf. Mit Aufnahme einer äußern Politik werden Bündnisse foedera geschlossen, unter deren Schutz, so lange sie gelten, die Peregrinen auch ohne Gastfreund gesichert sind. Nach langer Pflege endlich wächst sich das Recht zu einem kosmopolitischen (jus gentium) aus und breitet seine Fittige über alle Personen und Menschen, ohne nach Staatsbürgerthum und Heimath zu fragen.

Aber im Kriege bei Behandlung der Feinde bricht der uralte Satz von der Rechtlosigkeit des Fremden wieder hervor. Von den scharfen Folgen dieser Anschauung hat sich die antike Welt trotz humaner Entwicklung des Privatrechtes nicht frei machen können. Erst dem Christenthum war es beschieden, die Fahne der Brüderlichkeit aller Menschen selbst im Kriege hoch zu halten und den gefangenen Feind vor Sclaverei zu bewahren. Das moderne Völkerrecht, das Hugo Grotius in seinen ‚de jure belli ac pacis libri tres‘ 1625 mustergültig darstellte, geht von der Idee aus, daß nur die Staaten einander befehden, und gelangt dadurch sogar zu der Unverletzlichkeit des Privateigenthums im Kriege.

A. In Rom.

Feinde und deren Sachen sind der Erbeutung Preis gegeben. Der Kriegsgefangene wird als Sclave am Leben erhalten, und die Plünderung bildet einen Eigenthumserwerb durch Occupation. l. 5 § 7, l. 51 § 1 D. 41, 1. Nur das eroberte Grundstück wird ager publicus. l. 20 § 1 D. 49, 15. In alter Zeit geschah der Verkauf der Leute durch sectio, addictio S. 348, um den Erlös zu vertheilen. Der dem Feldherrn gebührende Antheil wurde vorweg abgezogen.

Der Römer, welcher aus feindlicher Gefangenschaft zurückkehrt, wird als Freier unter Wiederherstellung aller seiner Rechte behandelt. l. 5 § 1 D. 49, 15. Dasselbe jus postliminii gilt für Sachen, welche einem Römer von den Feinden abgenommen sind ‚intra praesidia‘, sie fallen bei Rückeroberung wieder an ihren ursprünglichen Eigenthümer. Verstirbt ein Römer in der Kriegsgefangenschaft, so fingirt man, als ob er zur Zeit der Gefangennahme, also noch als Freier gestorben wäre, damit nicht sein in Rom zurückgelassenes Testament als irritum hinfalle. Dies ist die s. g. fictio legis Corneliae. l. 12 D. 28, 1.

Es war Brauch, den gefangenen Römer aus der Sclaverei loszukaufen. l. 20 § 2 D. 49, 15. Wer das Lösegeld erlegt, hat an dem ab hostibus redemtus ein Retentionsrecht bis zur Rückzahlung des Preises. l. 20 § 1 D. 28, 1. Die spätere Kaiserzeit begünstigt Zuwendungen für diesen frommen Zweck durch mancherlei Privilegien. l. 36 pr. C. 8, 54 (53).

B. Im Mittelalter.

Der Einfluß des Christenthums macht aus der Sclaverei eine Kriegsgefangenschaft mit dem Recht auf Auslösung, vgl. drittes Lateranensisches Concil 1179. Für den Loskauf bilden sich bestimmte Taxen, welche dem Range des Gefangenen entsprechen.

Die Plünderung feindlichen Gutes wird durch den Kriegs-Usus auf einzelne Fälle beschränkt, z. B. wenn der Feldherr die Erlaubniß gab, eine Festung erstürmt war u. s. w.

C. Im modernen Völkerrecht.

Krieg ist ein völkerrechtlicher Proceß, welcher durch den Friedensschluß entschieden wird. Im Kampf stehen die Staaten, nicht ihre Unterthanen, mögen dieselben auch für die Ehre und Sicherheit ihres Staates alle ihre Kräfte aufbieten. Ueber die Art der Kriegführung, insbesondere die Behandlung feindlicher Personen und Sachen bestehen durch Vertrag und Sitte Grundsätze, die man Kriegsmanier nennt. Eine Verletzung dieser Regeln zieht nach Kriegsraison Repressalien auf Seiten des Gegners nach sich.

I. Behandlung feindlicher Personen.

a) Im Allgemeinen.

Nur Combattanten der feindlichen Armee unterliegen der Kriegsgewalt bis zur Verwundung und Tödtung im ehrlichen Kampf. Der wehrlose Feind, welcher um „Pardon" bittet oder der verwundet ist, „muß" gefangen genommen werden, außer in Fällen äußerster Kriegsnoth. Abreden, keinen Pardon zu ertheilen, sind völkerrechtswidrig.

Nicht-Combattanten im Heere, z. B. Feldgeistliche, Auditeure, Marketender, auch Kriegscorrespondenten werden nicht bekämpft, sondern nur gefangen genommen.

Der aufgebotene und autorisirte Landsturm gehört zur regulären Armee. Ebenso Freicorps, welche in Fühlung mit der Hauptarmee für den kleinen s. g. Guerilla-Krieg bestimmt sind. Letztere stehen unter dem allgemeinen Commando, tragen offen ihre Waffen und sind auf Schußweite? durch Abzeichen erkennbar. Die Beschränkungen, welche Rußland auf der Brüsseler Conferenz 1874 vorschlug, scheiterten an dem Widerstande von Belgien und der Schweiz, welche für die Organisation ihrer Volksheere fürchteten.

Privatpersonen, welche sich friedlich verhalten, sind von der Kriegsgewalt befreit, doch können sie als Geißeln für die Sicherheit occupirter Gebiete festgenommen werden.

b) Außerhalb des Kriegsrechtes stehen:

Freischaaren, d. h. undisciplinirte Haufen ohne verantwortlichen Befehlshaber, ohne Abzeichen 2c., welche sich nach dem Kampf zerstreuen und ihre Waffen verstecken.

Marodeure, welche sich zur Verübung von Raub und Mord aus dem Gliede entfernen.

Deserteure, Ueberläufer, welche eingefangen werden und dem Standrecht unterfallen.

Spione, d. h. Kundschafter, die sich unter Verkleidung oder Verheimlichung ihrer Absichten in die Linien der Gegenpartei einschleichen, um die Positionen zu erspähen und zu verrathen, oder um Nachrichten, z. B. an die Entsatz-Armee durchzuschmuggeln.

Privatpersonen, welche sich in den Kampf einmischen oder an der feindlichen Armee, in deren Bereich sie sich befinden, Verrath üben.

c) Besonderer Schonung unterliegen:

Feindliche Souveräne, auf die wenigstens nicht gezielt werden soll.

Parlamentaire, auch Cartelschiffe, die unter gewissen Abzeichen (meist weiße Fahnen, Trompeter) an den Gegner zu Mittheilungen, Unterhandlungen gesandt **werden**; sie sind, falls der Gegner sie annimmt, und sie ihre Befugnisse nicht überschreiten, unverletzlich.

Personen und Anstalten zur Pflege und Heilung der im Kriege Verwundeten wie Aerzte, Krankenpfleger, Feld=Lazarethe, Ambulanzen und das dazu gehörige Material sind von der Genfer Convention vom 22. Aug. 1864 neutralisirt, d. h. als unverletzlich erklärt. Doch müssen sie durch ein von der Militär=Behörde bestätigtes Abzeichen, nämlich eine Binde oder Fahne mit rothem Kreuz im weißen Felde erkennbar sein. Dem ärztlichen Personal steht das Recht zu, sich mit seinen Sachen und Ambulanzen zur befreundeten Armee zurückzuziehen. In besonderer Weise ist dem Mißbrauch dieser Bestimmungen vorgebeugt und eventuell allen Signatar=Mächten ein Interventionsrecht beigelegt. Durch einen Zusatzvertrag von 1868 erfolgte die Ausdehnung dieses Schutzes auf den Seekrieg. Alle civilisirten Staaten sind der Genfer Convention beigetreten, auch die Türkei, welche einen rothen Halbmond im weißen Felde führt, und die asiatischen Reiche.

d) Kriegsgefangenschaft.

Die Behandlung von Kriegsgefangenen richtet sich, Mangels besonders vereinbarter Capitulationen, nach Kriegsgebrauch. Sie werden in Festungen, Lagern internirt, verpflegt und, sofern sie keinen Officiersrang bekleiden, zur Arbeit angehalten. Eine Gefährdung ihrer Gesundheit, ein Zwang gegen sie, ihr Vaterland zu verrathen, Waffen gegen dasselbe zu ergreifen, sind ausgeschlossen. Officieren wird meist gegen die Versicherung, keinen Fluchtversuch zu unternehmen, eine größere Freiheit verstattet. Der flüchtige Kriegsgefangene darf bei der Verfolgung getödtet werden, nach seiner Ergreifung findet keine Strafe, nur strengere Bewachung Statt. Die Kriegsgefangenschaft kann noch während des Krieges endigen durch Auswechslung oder Entlassung auf Ehrenwort, sich während der Dauer „dieses" Krieges nicht mehr am Kampf zu betheiligen. Nach Friedensschluß erfolgt die Rückgabe der Kriegsgefangenen an ihren Staat, welcher die Kosten für Unterhalt und Transport zu ersetzen hat.

II. Behandlung feindlicher Sachen.

Sie ist verschieden im Land= und Seekriege.

a) Im Landkriege.

Nur Sachen des feindlichen Staates sind Object der Beute, und noch dazu unter folgenden Schranken: Die Erbeutung erstreckt sich auf Gegenstände, die zur Kriegführung dienstlich sind und wird ausgeübt durch Combattanten zu zu Gunsten ihres Staates. A.L.R. § 193 ff. I, 9.

Domainen werden sequestrirt und höchstens für den Fall verkauft, daß ihr Erwerb im Friedensschluß nachfolgt. Mobilien, wie feindliche Kriegskassen, Transportmittel, Proviant=, Waffen= und Munitions=Vorräthe dürfen weggenommen oder zerstört werden, aber nicht Kunstschätze. Leistungen von Geld 2c., welche dem feindlichen Staat geschuldet sind, kann die occupirende Macht für sich eintreiben. Nach A.L.R. § 381 I, 21 befreit sich Schuldner durch diese erzwungene Zahlung.

Das Privateigenthum ist unverletzlich, doch mit folgenden Ausnahmen:

Sachen, welche die feindlichen Truppen bei sich führen, werden erbeutet A.L.R. § 196 I, 9, doch nach heutiger Kriegssitte für das Regiment, das Waffen, Pferde für sich behält und sogar Prämien dafür aussetzt, dagegen Geld und Kostbarkeiten den Hinterbliebenen des gefallenen Feindes zustellt. Die früher übliche Plünderung erstürmter Festungen mit Erlaubniß des Feldherrn ist veraltet.

Sonst unterliegt das Privateigenthum Requisitionen, Confiscationen und Contributionen. Requisitionen sind Wegnahmen der für die Kriegführung nöthigen Lebens- und Transportmittel in der Regel gegen Gutscheine, s. g. Bons, welche der feindliche Staat später einlösen soll. In gleicher Weise findet eine Zerstörung privater Communications-Mittel statt, wie Eisenbahnen, Telegraphen, Brücken. Confiscationen betreffen nur Waffen und Munition, deren Rückgabe meist nach Friedensschluß geschieht. Contributionen sind Geldleistungen, welche die Gemeinde eines feindlichen Bezirks aufbringen muß, sei es als Strafe für ihre Widersetzlichkeit, sei es als Steuerbetrag für die vom occupirten Staat eingerichtete Verwaltung, s. g. Civil-Gouvernement, auch Militär-Dictatur.

Diesen sehr weit reichenden Schutz des Privateigenthums, wie ihn Bluntschli aufstellt, verwerfen Militärs, denn der Widerstand des feindlichen Staates müsse in seinen Unterthanen gebrochen werden und derjenige Krieg sei der humanste, welcher am schnellsten zu Ende führe. Daher hänge Alles von den Befehlen des Feldherrn ab, der schon im Interesse der Disciplin Ausschreitungen seiner Truppen verhindern würde.

b) Im Seekriege.

Hier ist das Privateigenthum minder gesichert, weil Großbritannien aus Furcht, seine Hegemonie zur See zu verlieren und eine Landung feindlicher Truppen an der englischen Küste zu erleichtern, sich bisher der Aufhebung der Prise und des Durchsuchungsrechtes widersetzt hat.

Nach dem älteren englischen System gab die Eigenschaft der Waare, ob neutral oder feindlich, ohne Rücksicht auf die Flagge den Ausschlag. Frei Schiff — unfrei Gut, unfrei Schiff — frei Gut. Eine ordonnance Louis XIV. 1681 verfügte die Beschlagnahme neutraler Schiffe, sofern nur ein Theil der Ladung feindlich war. Die s. g. bewaffnete Neutralität Katharina's II. 1780 ließ die Qualität der Flagge entscheiden. Frei Schiff — frei Gut, unfrei Schiff — unfrei Gut! Der Pariser Congreß europäischer Großmächte verkündete am 16. Apr. 1856 vier Seerechts-Declarationen: Freiheit der feindlichen Waare auf neutralem Schiff (le pavillon neutre couvre la marchandise ennemie a l'exception de la contrebande de guerre) und der neutralen Waare auf feindlichem Schiff mit Ausnahme der Kriegscontrebande; ferner das Verbot der Kaperei (la course est et demeure abolie) und der parteiischen Absperrung von Seeküsten (blocus effectif, annoncé). vgl. Pr.Verordnung vom 12. Juni 1856.

1. Die neutrale Waare auf feindlichem Schiff und die feindliche Waare auf neutralem Schiff bleiben frei mit Ausnahme der Kriegscontrebande. Letztere besteht in solchen Kriegsmitteln, welche einem der kriegführenden Staaten rechtswidrig contra bannum zugeführt werden. Sie wird in absolute und relative bzw. particuläre eingetheilt. Stets gehören dazu: Mannschaften, Waffen, Munition, Transportschiffe, Kriegskarten, strategische Telegramme. Schwankender Natur ancipitis, promiscui usus, wie Grotius sagt, sind: Pferde, Lebensmittel, Bekleidungsstücke, Geld, Kohlen, Salpeter, Eisen u. s. w. Für solche Sachen werden Ort ihrer Herkunft und Bestimmung, Zweck ihrer Verwendung den Ausschlag geben. Ganz unverdächtig erscheinen: Verbandzeug, Medicamente, Eis.

Zur Ermittlung der Kriegscontrebande oder des mit einer neutralen Flagge getriebenen Mißbrauchs dient das Durchsuchungsrecht (droit de visite et de recherche). Ein Kriegsschiff, das einer der streitenden Mächte zugehört, kann dem verdächtigen Handelsschiff nachfolgen, es auf offner See oder in den Küstengewässern der Kriegsparteien anhalten (coup d'assurance) und durchsuchen. Gegen diese Unzuträglichkeiten kann sich ein neutrales Schiff dadurch schützen, daß es nach Inspection seiner Ladung unter Convoi von heimathlichen Kriegsschiffen ausläuft, welche es nach dem Löschungshafen begleiten und während der Reise legitimiren.

Wurde ein Schiff aufgebracht, weil es Contrebande an Bord hat, oder feindliche Ladung unter feindlicher Flagge führt, so wird es vor ein Prisengericht des wegnehmenden Staates gestellt s. g. forum deprehensionis. In dem s. g. Reclame=Proceß liegt es dem Rheder bzw. Auflader ob, entgegen dem alten Satze ‚negantis nulla probatio', die Unrechtmäßigkeit der Prise darzuthun. Pr.Prisen=Reglement vom 20. Juni 1864. Gegen das Urtheil finden Rechtsmittel an einen Ober=Prisen=Rath Statt, im Reich nach G. vom 3. Mai 1880 das Reichsgericht. Heute ist man bestrebt, diesen unbilligen Gerichtsstand und die aus Patriotismus oft parteiische Rechtsprechung durch Einführung internationaler Prisengerichte zu beseitigen.

Stellt sich die Prise als ‚bonne' heraus, so wird sie und auch das neutrale Schiff, falls Rheder nicht seine Unkenntniß bescheinigen kann, dem Staat zugesprochen. Dieser überläßt einen Theil des Reinerlöses an die Mannschaft des betheiligten Kriegsschiffes, um ihre Wachsamkeit zu belohnen. Die Besatzung des genommenen Schiffes wird, soweit sie aus feindlichen Unterthanen besteht, meist als kriegsgefangen betrachtet.

Herrscht Zweifel über die Natur der Contrebande und läßt sich die böse Absicht des neutralen Schiffes nicht feststellen, so kann der Staat, in dessen Hände die Ladung fiel, ein Vorkaufsrecht auf dieselbe üben. Der Vertrag zwischen Preußen und den Vereinigten Staaten von Amerika 1785 setzt sogar dieses droit de préemtion an die Stelle der sonst erlaubten Confiscation.

Güter oder Schiffe, welche vom Feinde erbeutet und demselben bei der Verfolgung wieder abgenommen sind, verbleiben ihrem Eigenthümer. Waren sie aber bereits eine mäßige Frist — nach Kriegsgebrauch 24 Stunden — in den Händen des Feindes oder von ihm geborgen, so fällt die Rückeroberung s. g. Reprise unter den Gesichtspunkt einer neuen Prise. Nach A.L.R. § 208, 210 I, 9 gilt selbst in diesem Falle ein Postliminium, doch soll der Eigenthümer, sofern seine Sachen schon in einen feindlichen Hafen geschafft waren, den Truppen, welche sie zurückerobern, eine angemessene Belohnung aussetzen.

Groß=Britannien hat diese Erklärungen ad 1, denen sich auch die mittleren Staaten anschlossen, nur unter Vorbehalten angenommen. Dagegen verlangen die Vereinigten Staaten von Amerika einen unbedingten Schutz des Privateigenthums zur See mit Ausnahme der Kriegscontrebande. Für letzteres Princip sind Preußen, Oesterreich, Italien, der norddeutsche Bund vgl. Resolution des Reichstages 1868 eingetreten.

2. Die Kaperei bestand darin, daß Privatpersonen Schiffe ausrüsteten, denen der kriegführende Staat einen Kaperbrief lettre de marque, d. h. die Er=

mächtigung zu Prisen ertheilte. A.L.R. § 205–207 I, 9. Der Kaper sollte auf verdächtige Schiffe Jagd machen und sie entweder zur Lösung eines Freibriefes zwingen, oder als gute Prise aufbringen. An dem dadurch erzielten Gewinn war er betheiligt.

Die Pariser Declaration, der sich fast alle Mächte anschlossen, erklärt die Kaperei für abgeschafft. Seitdem ist der Kaper als Seeräuber, Pirat zu behandeln, er wird an den Raaen aufgehängt, und sein Schiff confiscirt.

Doch steht es noch heute den kriegführenden Mächten frei, private Schnelldampfer zu chartern und sie — nach Art der Freicorps zu Lande — als Seekreuzer unter militärischen Oberbefehl zu stellen.

3. Seeblokade ist die Absperrung feindlicher Küsten und Häfen durch Kriegsschiffe im Auftrage eines kriegführenden Staates.

Die Blokade kommt auch außerhalb des Krieges als pacifique behufs Intervention vor, sie ist dann zu unterscheiden von der Quarantaine, d. h. einer sanitären Maßregel gegen s. g. Provenienzen aus verseuchten Häfen und von dem Embargo, d. h. Auslaufsverbot bzw. Beschlagnahme von Schiffen meist zum Zweck einer Repressalie.

Nach der Pariser Declaration, die allgemein anerkannt ist, braucht die Blokade von den neutralen Mächten nur respectirt zu werden, wenn sie notificirt und effectiv ist. Die Notification besteht in einer diplomatischen Anzeige, um den neutralen Schiffen eine Nothfrist zu setzen. Früher fand eine Verwarnung der Schiffe durch Seekreuzer Statt. Eine Blokade heißt effectiv, wenn sie nicht bloß auf dem Papier steht, sondern mit solchem Nachdruck ausgeführt wird, daß die unbefugte Annäherung an die gesperrte Küste gefährlich erscheint. Eine vorübergehende Zerstreuung der blokirenden Schiffe durch Sturm kommt dabei nicht in Betracht. Ein Schiff, das einen Blokade-Bruch versucht, wird aufgebracht und durch Spruch des Prisengerichts confiscirt. Die Mannschaft bleibt, wenn das Schiff ein neutrales war, in der Regel frei.

§ 122.

D. 41, 1 de acquirendo rer. dom.
A.L.R. § 298–306 I, 9.

Specification.

Stoff oder Gestalt der Dinge? Mittelmeinung Justinians. Verfertigung einer neuen Sache aus eignem und fremdem Stoff. Redlichkeit des Arbeiters?

Eigenthumserwerb durch Umgestaltung einer Sache in eine für den Rechtsverkehr neue Form.

Den Sabinianern erschien bei menschlichen Dingen die materia als Hauptsache, deshalb beließen sie die neue Sache dem Stoff-Eigenthümer. Die Proculeaner sahen die forma als wichtiger an und gaben die neue Sache dem Gestaltgeber, d. h. dem Arbeiter. Gaj. II § 79.

Die von Justinian in § 25 J. 2, 1 recipirte Mittelmeinung macht den Eigenthumserwerb des Specificanten davon abhängig, daß das Arbeitsproduct nicht mehr in die alte Form zurückführbar ist ‚in pristinam formam reduci non potest‘. Dabei entscheidet weniger die technische Möglichkeit einer Rückgestaltung, als die praktische Rücksicht auf eine dadurch unvermeidliche Werthverminderung, z. B. bei Guß und Ciselirung von Bronzen. Somit umfaßt die Specification ein weites Gebiet menschlicher Thätigkeit; das Umbilden von Rohstoffen, z. B. Herstellung von Brod, Wein, Bier, Leinewand, Leder, Papier, ferner das Bearbeiten von Holz, Stein, Metall, auch das bloße Gestalten, wie Stricken, Flechten, Weben — aber nicht das Ausdreschen, Auspressen, Zertheilen, Anfärben. l. 7 § 7, l. 26 § 2 D. ht. Durch Versehen der Compilatoren sind l. 61 D. 6, 1 und l. 24 D. 41, 1 aufgenommen, welche nach Sabinianischem Dogma das Schiff bzw. die Statue dem Stoff-Eigenthümer zusprechen.

Das Mittelprincip gilt auch, wenn der Arbeiter zum Theil aus fremdem, zum Theil aus eignem Stoff eine Sache fertigte, obwohl Viele ihn dann in alle Wege als Eigenthümer des Fabrikats betrachten. Freilich sagt Justinian ‚quodsi partim ex sua materia, partim ex aliena speciem aliquam fecerit quis, dubitandum non est, hoc casu eum esse dominum, qui fecerit‘ allein nur unter dem Vorbehalt, daß eine Rückgestaltung undurchführbar und in diesem Falle der Eigenthumserwerb um so mehr zu rechtfertigen sei. Der Eingang mit quodsi „wenn nun" deutet auf eine Fortsetzung der vorher aufgestellten Ansicht, nicht auf einen Gegensatz.

Wer für einen Andern specificirt, z. B. als Geselle, Fabrikarbeiter, erwirbt für seinen Lohnherrn das Eigenthum.

Sehr bestritten ist die Frage, ob für den Eigenthumserwerb des Specificanten seine Redlichkeit erfordert wird. Die Proculeaner finden in jeder Umgestaltung von Stoffen die Schöpfung einer res nullius, welche dem Arbeiter als Occupanten zufallen muß. l. 7 § 7 D. ht., ‚quod factum est, antea nullius fuerat‘. Von diesem Standpunkt erscheint es unerheblich, wenn der Arbeiter in bösem Glauben thätig war, sogar mit gestohlenem Material hantirte. Der Unterschied zeigt sich höchstens bei der Entschädigungsfrage, denn der redliche Specificant haftet nur mit einer actio in factum oder condictio sine causa auf die Bereicherung — in Analogie von l. 5 § 3 D. 6, 1, l. 4 § 2, l. 23 D. 12, 1, l. 1 § 3 D. 12, 7. — der bösgläubige aber steht wie ein Fur ein. l. 52 (53) § 14 D. 47, 2. Dagegen gründet Windscheid die Specification auf die Erarbeitung, deren gesetzlicher Lohn in der Zueignung des Fabrikats besteht. § 25 J. 2, 1 ‚non solum operam suam dedit‘. Eine solche Bevorzugung der Arbeit vor dem Capital ist nur unter der Voraussetzung voller Redlichkeit denkbar. Die Quellen geben keine klare Antwort. In l. 4 § 20 D. 41, 3 wird zwar das aus lana furtiva gefertigte Kleid auch furtiv genannt und in l. 12 § 3 D. 10, 4 unter gleichen Umständen eine actio ad exhibendum gewährt ‚quia, quod ex re nostra fit, nostrum esse verius est‘ — allein dies sind nur Reminiscenzen an die Lehrmeinung der Sabinianer. Justinian neigt durch das von ihm adoptirte Princip offenbar mehr zu der Grundidee der Proculeaner.

Das A.L.R. § 298 ff. I, 9 verlangt zum Eigenthumserwerb durch Verarbeitung, wobei es auf die Rückführbarkeit der Sache in ihre frühere Gestalt nicht ankommt, guten Glauben. War Verarbeiter bösgläubig, so hat der Stoffeigenthümer die Wahl, entweder den höchsten Preis für seinen Stoff zu fordern, oder das Product für sich zu beanspruchen, gegen Ersatz des niedrigsten Lohnes für die verwandte Arbeit, der noch dazu an den Fiscus fällt. War aber Verarbeiter gutgläubig, so wird er Eigenthümer der kunst- oder handwerksgemäß erzeugten Sache, wofür ihm natürlich der Ersatz des Materials obliegt.

§ 123.

D. 41, 1 de acqu. rer. dominio.
A.L.R. § 220—221 I, 9.

Frucht-Erwerb.

A. Hängende Früchte.
In Rom und im deutschen Recht.
B. Getrennte Früchte.
Erwerb derselben:
I. Für den Eigenthümer der Hauptsache.
II. Für den Emphyteuta.
III. Für den Usufructuar.
IV. Für den Pächter.
V. Für den putativen Eigenthümer.

A. Hängende Früchte. Vgl. S. 204.

In Rom sind fructus stantes, pendentes Theil der Muttersache ‚pars fundi' l. 44 D. 6, 1. Sie gehören dem Eigenthümer der fruchttragenden Sache, und an ihnen allein kann ein Anderer weder Eigenthum noch dingliche Rechte haben. Daher erhält Käufer einer stehenden Ernte, eines Forstbestandes nur einen obligatorischen Anspruch auf Uebergabe, falls die res futura beim Verpflichteten zur rechtlichen Existenz kommt l. 40 D. 19, 1, unbeschadet der Retrotraction eines daran bestellten Pfandrechtes. l. 15 pr. D. 20, 1.

Im deutschen Recht, Ssp. III, 76 § 3 gelten Früchte schon für erworben „verdient", wenn die zu ihrer Erzeugung nothwendige Arbeit verwandt ist, „wenn die Egge das Land bestrichen", ohne daß dies aber dem bösgläubigen Besitzer eines fremden Grundstücks zu Gute kommen kann.

Das A.L.R. huldigt dem deutschen Princip „wer sät, der mäht" und auch die C.Pr.O. § 714, § 725 läßt eine Pfändung und Versteigerung der noch nicht vom Boden getrennten Früchte zu.

B. Getrennte Früchte.

In Rom wird erst mit der Separation der Früchte ein selbständiges Schicksal derselben möglich. Sie fallen Demjenigen zu, welcher Eigenthum, wenn auch nur putatives, oder ein besonders starkes Nutzungsrecht wie Emphyteuse an der fruchttragenden Sache hat. Ohne Einfluß ist für diesen Erwerb, ob die Trennung durch natürliche Ursachen, durch bösgläubige Besitzer der Sache oder gar durch Diebe bewirkt wurde l. 12 § 5 D. 7, 1, ob der Berechtigte die Sache inne hatte, Mühe auf die Erzeugung der Früchte durch Pflanzen, Ernten verwandte l. 25 § 1 D. 22, 1 u. s. w.

Andere Nutzungsberechtigte, wie Nießbraucher, Pächter erwerben Eigenthum an den Früchten erst durch Besitzergreifung, s. g. Perception. Bis dahin bleiben die Früchte trotz ihrer Trennung vom Baum oder Boden im Vermögen des Grundherrn und fallen auch unter das von ihm bestellte Generalpfand. Jedoch sein Eigenthum und die daraus abgeleiteten Rechte sind revocabel und gehen mit der Perception der Früchte derart zu Grunde, als ob sie nie bestanden hätten. S. 330. Auf diesen Fruchtbezug hat Nießbraucher ein unwiderrufliches, gegen jeden Dritten verfolgbares Recht jus fruendi, Pächter bloß einen obligatorischen Anspruch, welcher gegen den Verpächter und seine Erben, aber nicht gegen andere Erwerber von Eigenthum und dinglichen Rechten an der Muttersache durchdringt. l. 4 § 1 D. 12, 1.

Die von Bodenfrüchten hergenommenen Grundsätze beziehen sich auch auf fetus pecorum l. 2, l. 6 D. ht., aber nur zum Theil auf partus ancillae l. 27 D. 5, 3 ‚fructus esse non existimantur'.

Im Einzelnen ergiebt sich für das römische Recht folgende Tabelle:

I. Der **Eigenthümer der Hauptsache** wird Eigenthümer der Früchte mit ihrer Trennung.

Dies beruht nicht, wie Savigny meint, darauf, daß durch Lösung der Früchte die Muttersache wie durch Zertheilung vervielfältigt werde und sich deshalb ihr Rechtszustand an den Früchten fortsetze. Vielmehr entsteht das Eigenthum an den Früchten als ein neues, wie sich aus vielen Anwendungen ergiebt. So erwirbt der im bonitarischen Eigenthum stehende Sclave doch seinem Herrn zu quiritarischem Recht. Gaj. III § 166. Wer im Eigenthumsstreit über ein Grundstück unterlag, braucht, wenn er die später auf demselben gefällten Bäume selbständig vindicirt, keine exceptio rei judicatae zu dulden. l. 7 § 3 D. 44, 2. Die Früchte einer res furtiva werden nicht sämmtlich furtiv, nämlich solche nicht, welche beim gutgläubigen Besitzer getrennt, bzw. falls es sich um Thierjunge oder Sclavenkinder handelt, bei ihm concipirt sind. l. 48 § 5, § 6 D. 47 2, vergl. auch l. 4 § 18 und l. 44 § 2 D. 41, 3.

II. Der **Emphyteuta** eines Grundstücks erwirbt, weil er loco domini steht, Eigenthum an den Früchten mit deren Separation. l. 12 C. 11, 61 (62).

III. Der **Usufructuar,** welcher nur ein jus fruendi hat, erwirbt Eigenthum an den Früchten durch Perception, d. h. er führt sie durch Besitznahme auf Grund seines Nutzungsrechtes in sein Eigenthum und darf, da er ein dingliches Recht auf die Fruchtgewinnung hat, jeglichen Störer ausschließen. l. 59 § 1 D. 7, 1. Savigny, welcher dem Nießbraucher wie an der Hauptsache, so auch an den Früchten nur Detention einräumen kann, hilft durch eine sich blitzschnell schon bei der ersten Besitzergreifung vollziehende brevi manu traditio.

Gajus scheint in l. 28 pr. D. 22, 1 die bloße Separation, wenigstens bei Thierjungen, für genügend zu halten. Das Kind einer im Nießbrauch stehenden Sclavin gehört dem Eigenthümer derselben, für den es der Usufructuar bloß inne haben darf.

IV. Der **Pächter** eines Grundstücks erwirbt wie der Nießbraucher die Früchte durch Perception. Allein der Anspruch, auf den er seine Apprehension stützt, hat obligatorische Natur. Er kann seine Forderung in den Grenzen des Contractes l. 4 § 1 D. 12, 1, l. 61 § 8 D. 47, 2 wohl gegen Verpächter und dessen Erben geltend machen, aber nicht gegen andere Berechtigte an der Sache. Verweigern diese ihre Genehmigung zur Annahme des animus domini beim Fruchtbezuge, so beschränkt sich das Recht des Pächters auf eine Ersatzklage gegen seine Schuldner.

V. Der **putative Eigenthümer** erwirbt wie der wahre die Früchte durch Separation, vorausgesetzt, daß er in diesem Zeitpunkt noch bona fide ist. l. 48 pr. § 1 D. ht. Doch liegt ihm die aus der litis contestatio hervorgehende processualische Pflicht ob, nicht bloß die nach der Klageerhebung gezogenen Früchte zu erstatten, sondern auch solche, die in diesem Moment noch bei ihm vorhanden sind, s. g. extantes herauszugeben. § 35 J. 2, 1. Diese Folge entspricht der Idee von der Zurückbeziehung des Urtheils auf den Proceß-Beginn und der Billigkeit, weil bei Grundstücken die vorhandenen Früchte meist ein zur Fortsetzung der Wirthschaft nöthiger Zubehör sein werden. Insofern sagt Julian in l. 40 D. ht.

'fructus consumtos suos facit'. Deshalb stellen die Quellen in l. 25 § 1 D. 22, 1 den gutgläubigen Besitzer dem Eigenthümer gleich 'in percipiendis fructibus id juris habet, quod dominis praediorum tributum est' und unterscheiden auch nicht zwischen fructus industriales, die er durch seine Thätigkeit schuf, und mere naturales, obwohl Pomponius in l. 45 D. eod. dazu hinneigt.

Viele wie Savigny, Windscheid halten die Aussprüche der klassischen Juristen für „ungenau" und gewähren dem bonae fidei possessor kein anderes Recht an den Früchten, als ihm an der Hauptsache zusteht, nämlich Ersitzungsbesitz durch Perception. Daraus erkläre sich seine Restitutionspflicht in Bezug auf fructus extantes, während die consumti ihm 'pro cura et cultura' verblieben.

Jedoch der letztere Grund paßt mit gleichem Fug auf die vorhandenen Früchte und sogar auf den bösgläubigen Besitzer, der ebensoviel Fleiß auf die Bestellung des Feldes verwendet. Ferner wenn die Herausgabe der extantes nur aus dem mangelnden Eigenthum des bonae fidei possessor folgte, so wäre nicht einzusehen, warum er nicht die bereits ersessenen behalten könnte, weshalb nicht eine selbständige Klage auf Hergabe der extantes gegen ihn und selbst gegen seine Rechtsnachfolger möglich wäre! Diese Consequenzen, welche im Verkehr zu Verwirrungen und Härten führen würden, sind den Römern fremd. Nach den Quellen gilt die Restitution der beim gutgläubigen Besitzer der Sache vorhandenen Früchte als unbedingte — ohne Rücksicht auf Ablauf der Ersitzungszeit, und eine selbständige Nach-Klage auf die Früchte, welche als 'omnis causa' der Hauptsache in Betracht kommen, wird nur gegenüber dem malae fidei possessor erwähnt, da in seinem Fruchterwerb ein Furtum liegt. l. 4 § 2 D. 10, 1, l. 15 D. 22, 1, l. 4 C. 9, 32, l. 3 C. 4, 9.

Marezoll schließt aus den Worten 'suos interim facit' in l. 48 pr. D. ht. auf ein interimistisches Eigenthum des bonae fidei possessor an allen percipirten Früchten, welches durch die litiscontestatio, die bona in mala fides wandle, insoweit hinfalle, als dann noch Früchte bei ihm vorhanden sind. Aber in diesem Falle müßte auch eine selbständige Vindication der Früchte zulässig sein, und wie sollte wohl der bloße Streitbeginn die bona fides des Beklagten so erschüttern, daß sie in ihr Gegentheil umschlüge! Vielmehr will Paulus mit dem Zusatz 'interim' in l. 48 cit. nur die Möglichkeit ausdrücken, daß extantes fructus zur Restitution gelangen.

§ 124.

D. 41, 1 de acquir. rer. dominio.
A.L.R. § 222–342 I, 9.

Verbindung.

A. Zuwuchs von Erdstücken zu Land.
 I. Alluvio.
  Erdzungen, Flußufer.
 II. Avulsio.
 III. Alveus derelictus.
  Im Fall künstlicher Abdämmung des Strombetts?
 IV. Insula in flumine nata.
B. Verbindung von Mobilien mit Immobilien.
 I. Plantatio, satio.
  a) Auf eignem Boden fremde Pflanzen.
  b) Auf fremdem Boden eigne Pflanzen.
  Baum auf der Grenze.
 II. Inaedificatio.
  a) Auf eignem Boden fremdes Material.
  b) Auf fremdem Boden eignes Material.
C. Verbindung von Mobilien mit Mobilien.
 I. Adjunctio.
  pictura, scriptura.
 II. Confusio.
 III. Commixtio.
  consumtio von Geld.

Accession im engeren Sinne — nach l. 9 § 4 D. 7, 1 umfaßt der Name auch Erzeugnisse, Früchte — bedeutet jeden Zuwuchs einer Sache von Außen heran, sei es durch Natur, sei es durch Kunst.

Jede Sache mit all' ihren Theilen bildet rechtlich eine Einheit und kann nur in Einem Eigenthum stehen. Daher fällt ein äußerer Zuwachs, sobald er pars rei wurde — was nicht bloß physisch zu verstehen ist — unter das Eigenthum an der Hauptsache. Diese Regel bezieht sich, falls die Verbindung durch menschliche Thätigkeit geschah, nur auf solche Vereinigungen, wo der Theil im Ganzen aufgeht. vgl. S. 203.

Ein rein äußerliches Zusammenfügen bewirkt keinen Eigenthumswechsel, thut der Vindication keinen Eintrag. Allerdings mußte in Rom eine actio ad exhibendum auf Trennung präjudiciell vorangehen, da die Vindication in Erinnerung an den uralten Brauch, das Streitobject mit einem Stabe (festuca) zu berühren, eine selbständige Sache voraussetzte. l. 6 D. 10, 4. Heute wird die Eigenthumsklage direct möglich sein, sofern nur der eingefügte und trennbare Theil genau beschrieben werden kann, z. B. linkes Hinterrad des Wagens.

Um diesen Gegensatz zwischen Vereinigen und Anfügen zu erläutern, beruft sich Cassius in l. 23 § 5 D. 6, 1 auf das Verfahren zur Ausbesserung schadhafter Metallstatuen ‚ferruminatio per eandem materiam facit confusionem, plumbatura non idem efficit'. Dies übersetzte man wenig sachgemäß mit Anschweißen und Anlöthen. Vielmehr ist adferruminare ein kunstvolles Einsetzen der Art, daß das Ganze als aus „einem" Guß gefertigt erscheint, dagegen adplumbare ein auf den ersten Blick erkennbares Annageln mit bleiernen Stiften, oder wie Dernburg meint, ein Festgießen mit Blei.

A. **Zuwuchs von Erdstücken zu Land**, z. B. durch Erdrutsch, insbesondere durch Veränderungen im Flusse.

I. Alluvio.

Sie geschieht durch die Strömung, welche fortwährend aber unmerklich — latens — Sand und Erdkörner am Ufer ablagert. ‚quod flumen paulatim quoquo momento adjicit' § 20 J. 2, 1. Die Anspülung fällt den Anliegern zu, und zwar nach der Breite ihrer Ufergrundstücke ‚pro latitudine cujusque fundi, d. h. in Stücken, welche durch Senkrechte gegen den Flußlauf hin begrenzt werden.

Die Erdzunge bzw. Halbinsel, welche sich allmählich vergrößert und mit ihrer Spitze in den Bereich des Nachbars hineinragt, aber ohne dessen Uferland zu berühren, bleibt dennoch dem ursprünglichen Anlieger; im A.L.R. § 235 ht. nur nach ruhiger Benutzung während dreier auf einander folgender Jahre.

Die Ufer gehören den Anliegern, vgl. auch A.L.R. § 55 II, 15, doch sind ihre Grenzen bei fließenden Gewässern schwankend. In Rom entscheidet Hochwasser eatenus qua maxime fluctus exaestuat l. 112 D. 50, 16, im deutschen Recht kommt es auf den mittleren Wasserstand an.

II. Avulsio.

Sie geschieht durch Hoch- bzw. Springfluth, welche sichtbarlich — patens — ein Stück Land vom Ufer losreißt und anderswo ansetzt. ‚si vis fluminis partem aliquam ex tuo praedio detraxerit'. § 21 J. 2, 1. Das angesetzte Erdstück fällt erst in das Eigenthum des Anliegers ‚si longiore tempore fundo haeserit' l. 7 § 2 D. ht., d. h. wenn die Erdrinne verwachsen ist, die Bäume Wurzeln geschlagen haben. Bis die Verbindung ‚conglomeratu' oder ‚coalitione' gefestigt ist, steht dem Eigenthümer des losgerissenen Stücks noch eine rei vindicatio zu, und später noch eine condictio sine causa auf die Bereicherung l. 4 § 2 D. 12, 1, obwohl der Vermögens-Uebergang ohne jedes Zuthun des dadurch Bereicherten erfolgte.

Im A.L.R. § 223–224 ht. findet die Vindication binnen einem Jahr statt, dann ist dem Anlieger die Occupation des Erdstücks als einer res nullius verstattet.

Uferbauten und Dämme zum Schutz gegen Springfluth, Eisgang 2c. dürfen die Uferbesitzer einrichten, aber ohne die Schiffahrt zu stören. l. 1 D. 43, 15.

III. **Alveus derelictus.**

Das dauernd verlassene Flußbett wird durch eine Mittellinie unter den dies- und jenseitigen Anliegern getheilt, und zwar nach der Breite ihrer Ufergrundstücke. § 23 J. 2, 1, l. 56 § 1 D. ht. Eine Wiese, welche in Folge einer ‚inundatio' unter Wasser stand, bleibt ihrem Eigenthümer, wenn der Strom in sein altes Bett zurückkehrt. Wurde durch die Veränderung des Flußlaufes ein öffentlicher Uferweg weggerissen, so soll derselbe auf dem Terrain des nunmehrigen Anliegers — im gemeinen Interesse, doch ohne Entschädigung wiederhergestellt werden. l. 38 D. ht.

Das A.L.R. § 263–274 ht. erfordert, daß die Anlieger vom verlassenen Strombett Besitz ergreifen und die durch den neuen Flußlauf Geschädigten schadlos halten. Manche deutsche Particularrechte, auch das Oesterreichische G.B. erklären den alveus relictus für fiscal.

Die Begründung des römischen Princips ist schwierig. Vielfach rechtfertigt man es durch die Annahme, daß das Ufergrundstück sich unter dem Fluß bis zur Mittellinie fortsetze und nur, solange der Fluß darüber ströme, der Verfügung entzogen sei — allein heraufgeholte Muscheln gehören doch als res nullius dem Taucher!

Wird der Strom künstlich abgedämmt, so neigt man dahin, das trocken gelegte Bett nicht den Anliegern, sondern auf Grund der Occupation den Unternehmern zuzusprechen. Das A.L.R. § 70–72 II, 15 verlangt zu derartigen Fluß-Correcturen und Durchstichen staatliche Genehmigung und bestimmt, daß der Staat über das ehemalige Strombett Verfügung treffen dürfe, aber verpflichtet sei, die Anwohner zu entschädigen.

IV. **Insula in flumine nata.**

Sie entsteht durch theilweise Erhöhung des Flußbetts über den Wasserspiegel. Ein Flußdelta bei der Mündung, schwimmende Inseln im Strom gehören nicht hierher. In Rom genügt zur Insel ‚si circumfluitur'. § 22 J. 2, 1. Im A.L.R. § 247 ht. muß der Wasserstreif, welcher die Insel umgiebt, so breit sein, daß man sie bei gewöhnlichem Wasserstande mit einem Fischernachen umfahren kann.

Labeo wollte zwar in l. 65 § 4 D. ht. die Insel zu einer res publica machen, aber die herrschende Ansicht sprach sie den Anliegern der nächsten Ufer zu. l. 7 § 3, l. 30 § 1 D. ht. Die Theilung geschieht wie beim Strombett durch eine Mittellinie. Diese folgt zwar den Krümmungen des Flusses, z. B. wenn derselbe ein Knie macht, geht aber sonst an den am meisten hervorspringenden Uferpunkten entlang, ohne die bloß auf „einer" Seite gelegenen Einbuchtungen zu berücksichtigen.

Daher werden Inseln, welche in einer Bucht liegen, von dieser Linie gar nicht getroffen und fallen ganz den nächsten Anliegern dieser Seite, im Verhältniß zur Breite ihrer Grundstücke zu.

Das A.L.R. § 242–262 ht. verlangt Besitzergreifung der Insel durch die Anwohner und construirt die Theilungslinie trotz der Flußwindungen stets als eine Grade. Danach sind von den äußersten Spitzen der Insel nach den direct gegenüberliegenden Uferpunkten Linien zu ziehen, diese Linien werden halbirt und die Halbirungspunkte durch eine Grade verbunden.

Im Allgemeinen gelten Alluvion und Avulsion als Theile des Ufergrundstücks und fallen unter die daran bestellten Rechte wie Nießbrauch, Pfandrecht l. 9 (10) § 4 D. 7, 1 dagegen sind Flußbett und Insel mehr selbständiger Natur.

Die unter I bis IV erörterten Regeln kommen nur in Betracht, soweit es sich um öffentliche Ströme, d. h. in Rom ohne Unterbrechung fließende mit festen Ufern, heute flöß- und schiffbare handelt. Die Anwendung auf Landseen ist streitig. l. 12 pr. D. ht. Im Meer entstandene Inseln, Anschwemmungen am Meeresufer gehören dem Occupanten. Im A.L.R. § 21 II, 14 stehen Meeresufer und also auch deren Anspülungen im Eigenthum des Staats.

Die römische Beschränkung dieser Regeln auf agri arcifinii, d. h. Grundstücke mit natürlichen Grenzen wie Flüssen, Wegen ist veraltet. Davon unterschied man agri limitati, die von den Agrimensoren unter öffentlicher Autorität (durch s. g. cardines und decumani) zugemessen waren, und für welche Alluvion 2c. als res nullius galten. l. 16 D. ht., l. 1 § 6 D. 43, 12.

B. Verbindung von Mobilien mit Immobilien.

Gajus II § 73 lehrt ‚solo cedit‘. Die einzelnen Fälle sind:

I. Plantatio, satio.

Der aufgegangene Samen, die eingewurzelte Pflanze fallen dem Grundeigenthümer zu und bleiben ihm auch, trotzdem sie später vom Boden getrennt werden. l. 26 § 1 D. ht. Natürlich bezieht sich das nicht auf Bäume in Kübeln, welche man in einen fremden Garten stellt.

a) Wer **auf eignem Boden fremde Pflanzen** einsetzt, wird zwar Eigenthümer. Doch haftet er bei mala fides als Fur, heute aufs volle Interesse A.L.R. § 283–284 ht., bei bona fides mit einer actio in factum — nach l. 5 § 3 D. 6, 1 utilis rei vindicatio — auf Bereicherung.

b) Wer **auf fremdem Boden eigne Pflanzen** einsetzt, verliert zwar ihr Eigenthum an den Grundherrn, doch hat er als gutgläubiger Besitzer des Bodens ein Retentionsrecht wegen nützlicher Verwendungen, als bösgläubiger nur ein jus tollendi, gegenüber dem Vindicanten. l. 7 § 12 D. ht. Befindet er sich aber nicht mehr im Besitz des Bodens, so paßt für seinen Entschädigungsanspruch — Mangels eines besonderen Vertragsverhältnisses zum Grundeigenthümer — kein römisches Klageformular: Weder die actio negotiorum gestorum, weil es ihm, welcher in dem guten Glauben selbst verbunden zu sein handelte, an dem s. g. animus aliena negotia gerendi fehlte; noch die conditio indebiti, weil nicht darin, daß der bonae fidei possessor impendirte, sondern daß er die Sache ohne Ersatz für seine Verwendungen dem Vindicanten leichtfertig auslieferte, das Indebitum liegt; noch die actio utilis de in rem verso, weil es an einer Mittelsperson, durch welche die Bereicherung hindurch gegangen sein muß, mangelt; noch eine actio in factum, weil diese vom Prätor nur für besondere Fälle gegeben wurde. Die gemeine Praxis weniger streng läßt die actio negotiorum gestorum contraria zu.

Im A.L.R. § 275–282 ht. wird dem Nutzungsberechtigten des Bodens ein dreifaches Wahlrecht eingeräumt: entweder behält er die Pflanzung gegen Ersatz, oder er fordert die Wegnahme, oder endlich er überläßt dem Pflanzenden die Boden-Nutzung gegen Entschädigung.

Ein Baum auf der Grenze gehört wie ein saxum in utrumque finem extensum l. 83 D. 17, 2 beiden Nachbaren und zwar zu reellen Theilen, welche dadurch fixirt werden, daß man sich eine Ebene auf der Grenzlinie stehend und in der Richtung des Baumstammes denkt. Daher kann jeder sein Stück vindiciren. Wird aber der Baum vom Boden getrennt, so entsteht Miteigenthum zu ideellen Theilen, das vom Richter — in Hinblick auf die frühere Grenzlinie auseinander gesetzt werden muß. Das A.L.R. § 286 ht. nimmt Miteigenthum schon am stehenden Baum an.

Bei einem Baum, der anderswo seinen Stamm emportreibt, als wo er Wurzeln schlägt, entscheidet die Lage des Stammes ‚in cujus fundo origo? ejus fuerit‘ l. 6 § 2 D. 47, 7, A.L.R. § 285 ht., es sei denn, daß die Pflanze arglistig hinüber gezogen wurde. l. 7 § 13 D. ht. Keinesfalls braucht der Nachbar zu dulden, daß ein Baum, der ihm nicht gehört, die Wurzeln auf sein Gebiet ausstrecke, und er darf mit der actio in rem negatoria auf Wegnahme bzw. Schadensersatz klagen.

II. Inaedificatio.

Das im Boden verbaute Material fällt an den Grundeigenthümer, falls es seine Erkennbarkeit verlor, oder diesem zugeeignet werden sollte. Daher begeht der Glaser, welcher in Folge eines Vertrages mit dem Bauherrn Fenster in dessen Neubau einsetzt, und sie vielleicht, weil die Bezahlung ausbleibt, wieder unbefugt herausnimmt, einen Diebstahl, sofern nicht sein civiler Rechtsirrthum den Criminal-Dolus ausschließt. S. 33. Während der Verbindung des Materials ist die Vindication desselben überhaupt ausgeschlossen ‚ne necesse sit aedificia dirui‘ § 29–30 J. 2, 1, wie auch eine etwa daran begonnene Ersitzung nicht zum Nachtheil des Eigenthümers weiter laufen darf ‚agere non valenti, non currit praescriptio‘ l. 6 D. 10, 4.

a) Wer **auf eignem Boden fremdes Material** — ursprünglich furtives l. 1–2 D. 47, 3 — verbaut, haftet schon nach den zwölf Tafeln mit einer actio de tigno juncto auf das Duplum. Die Zahlung des doppelten Werthes galt, falls der Bauende redlich war, als Ersatz, sonst analog dem Furtum als Strafe. Im letzteren Falle waren nach Trennung des Gebäudes noch zulässig: eine rei vindicatio auf Herausgabe der erkennbaren Stücke und electiv eine actio ad exhibendum auf Entschädigung. Heute wird nicht mehr das Doppelte, sondern das Interesse nach Maßgabe der Verschuldung geltend gemacht. A.L.R. § 334–335 ht.

b) Wer **auf fremdem Boden eignes Material** verbaut, behält, soweit die Stücke noch im Bau erkennbar bleiben, Eigenthum und nach Trennung die Vindication. Hierfür kommt es nach l. 2 C. 3, 32 auf den Unterschied von bona und mala fides gar nicht an, obwohl Gajus in l. 7 § 12 D. ht. in der arglistigen Aufführung des Baues eine Aufgabe des Eigenthums am Material erblickt.

Geht aber das eingefügte Material ununterscheidbar im Ganzen auf, so verliert der Bauende das Eigenthum und ist nur wegen der Verwendung — gleichwie beim Pflanzen auf fremdem Boden — ersatzberechtigt.

Das A.L.R. § 327–331 ht. gewährt dem Grundeigenthümer die Wahl, entweder das Gebäude gegen Abfindung des Bauenden zu erwerben, oder vom Bauherrn Wegschaffung und Ersatz für allen Schaden zu verlangen oder Letzteren zur käuflichen Abnahme des Bodens zu nöthigen. Wußte Grundeigenthümer um den Bau, ohne demselben zu widersprechen, so wird nach § 332 ht. der Bauende Eigenthümer des bebauten Bodens. Dieser Erwerb vollzieht sich wohl unabhängig von Entschädigung und Umschreibung, obwohl ein Anspruch auf Beides besteht. S. 321.

Das Verbauen fremder Materialien auf fremdem Boden enthält eine Combination der Fälle zu a und b. Der Grundherr wird Eigenthümer des Gebäudes, und der Bauende haftet dem Material-Eigenthümer auf Entschädigung. A.L.R. § 336–339 ht.

C. Verbindung von Mobilien mit Mobilien.

I. Adjunctio.

Feste Vereinigung von Sachen der Art, daß die eine zur Hauptsache für die andere wird. Als Hauptsache gilt diejenige, welche dem Ganzen Halt und Namen giebt. Sie bestimmt das rechtliche Schicksal der Nebensache. l. 26 § 1 D. ht. Die Neueren sagen ‚res accessoria sequitur principalem'. So folgt das Schiff dem Kiel l. 61 D. 6, 1, der Schreibstoff der Unterlage (charta, membrana) l. 3 § 14 D. 10, 4 ‚licet literae aureae sint'. § 33 J. 2, 1. Dagegen bestimmt Justinian in § 34 J. 2, 1 das Kunstgemälde zur Hauptsache ‚ridiculum est enim, picturam Apellis vel Parrhasii in accessionem vilissimae tabulae cedere'. Dem Gemälde gelten gleich die künstlerische Zeichnung auf der Kupferplatte, dem Holzstock ꝛc., auch die ersten Abdrücke s. g. épreuves d'artiste und avant la lettre, aber nicht die Massen-Abzüge, und bloß handwerksmäßigen Darstellungen wie Tapetenmuster, das Negativ auf der photographischen Platte und selbst das Bild davon vor der Retouche. Der Künstler wird Eigenthümer der Tafel, mag sie in Leinewand, Papier, Holz oder Metall bestehen, wird aber durch eine rei vindicatio utilis zum Werth-Ersatz dieses Stoffes genöthigt. Die verschiedenartige Behandlung von scriptura und pictura erklärt sich aus ihrer inneren Natur: Die kalligraphische Abschrift eines Schriftstückes ist oft vorzuziehen, wogegen bei Kunstwerken nur im Original der Werth liegt, und jede Nachbildung an Reinheit der Composition, Reiz der Farben ꝛc. verliert. Uebrigens wird der Schriftsteller in keiner Weise benachtheiligt, er verliert nur den Schreibstoff, welcher dem fremden Papier folgt, und behält sein Urheberrecht nach B.G. vom 11. Juni 1870 und somit eine actio injuriarium wegen unbefugter Vervielfältigung. Freilich steht ihm weder eine actio ad exhibendum zu behufs Auslieferung der Urschrift, um sie zu copiren, noch eine actio legis Aquiliae, wenn der Eigenthümer des Originals dasselbe vernichtete. Umgekehrt ist eine Haftung des Schreibers denkbar, weil er fremdes Pergament verdarb.

II. Confusio.

Bei Zusammengießen von Flüssigkeiten, Verschmelzen von Metallmassen verschiedener Eigenthümer ist zu unterscheiden: Erscheint eine Zerlegung des Ganzen noch praktisch thunlich, so kann sie ausgeführt bzw. mit der actio ad exhibendum verlangt werden, und Jedem bleibt seine Sache. l. 12 § 1 D. ht. Bildet das Ganze ein neues Arbeitsproduct, z. B. Medicament, Bowle, Legirung, so gehört es dem Specificanten. l. 5 § 1 D. 6, 1. Ist das Ganze nur eine unlösliche Masse, so steht sie im Miteigenthum zu ideellen Theilen, welche sich nach dem Werth der darin enthaltenen Stoffe bestimmen. l. 3 § 2 D. 6, 1. § 27 J. 2, 1.

III. Commixtio.

Das Vermengen trockner Körper, wie Getreidesorten, welche verschiedenen Personen gehören, führt zu keiner Eigenthumsveränderung, obschon das Ganze unscheidbar ist. Jeder bleibt Sonder-Eigenthümer an einem reellen Theil der Masse, soweit dies der von ihm herstammenden Quantität entspricht. l. 5 pr. D. 6, 1.

Wenn die Vereinigung in den Fällen II und III auf einem Vertrage beruht, so sind etwaige Entschädigungsansprüche danach zu beurtheilen. Geschah die Vermengung durch Schuld eines Dritten, so ist dieser für allen Schaden verantwortlich.

Ein besonderer Fall zu III ist die consumtio, d. h. Vermengung fremder Geldstücke mit eignen. Lassen sich die fremden Münzen nicht mehr herauserkennen, so gehören sie zwar dem Consumenten, doch haftet derselbe mit einer condictio sine causa auf die Bereicherung, und bei Arglist aus dem Furtum. l. 78 D. 46, 3.

Das A.L.R. § 307–323 ht. verleiht bei Verbindungen ohne kunst- bzw. handwerksmäßige Verarbeitung Demjenigen das Wahlrecht, welcher den meisten, d. h. werthvollsten Stoff gegeben hat, vorausgesetzt, daß er redlich war. Wer im Umlauf befindliches Geld redlich gegen Entgeld „empfängt", soll daran Eigenthum erwerben. § 45–46 I, 15.

§ 125.

D. 41, 3 de usurpationibus et usucapionibus.
A.L.R. § 500—669 I, 9.

Ersitzung.

A. Entwicklung.
- I. In Rom seit Justinian ordentliche und außerordentliche Ersitzung.
  - Einfluß des Zeitablaufs auf bestehende Zustände:
  - a) Begründung einer Eigenthumsbeschränkung.
  - b) Aufhebung dinglicher Rechte.
  - c) Tilgung von Klaganspruchen.
    - Acquisitive und extinctive, einfache und qualificirte Verjährung.
  - d) Unvordenkliche Verjährung.
- II. Im germanischen Recht.
- III. Im gemeinen Recht.
- IV. Im A.L.R. Verjährung durch Besitz und durch Nichtgebrauch.

B. Begriff.

C. Erfordernisse.
- I. Possessio.
- II. Bona fides.
  - a) Definition.
  - b) Irrthum.
  - c) Zeitpunkt.
- III. Titulus.
  - a) justus.
  - b) putativus, res judicata? pro herede?
  - c) Verhältniß von bona fides und titulus.
- IV. Res habilis. Unfähigkeitsgründe:
  - a) Ein in der Sache bzw. deren Erwerb liegender Mangel.
  - b) Ein dem Eigenthümer zustehendes Privileg.
  - c) Ein gesetzliches bzw. richterliches Veräußerungsverbot.
    - Kraft eines privaten Veräußerungsverbotes.
- V. Tempus.
  - a) Zeitablauf.
  - b) Zurechnung des Besitzes.
  - c) Unterbrechung (Litiscontestation, Protestation).
  - d) Stillstand.

D. Wirkung.
- Beweis.

E. Außerordentliche Ersitzung.
- I. In Rom.
  - a) Besitzzeit.
  - b) Redlichkeit.
- II. Im A.L.R.
  - a) außerordentliche.
  - b) ungewöhnliche.

A. Entwicklung.

I. **In Rom** verschmilzt Justinian die beiden von ihm vorgefundenen Institute: usucapio und longi temporis praescriptio S. 348 in l. un. C. de usucapione transformanda et de sublata differentia rerum mancipi et nec mancipi zu einer einzigen s. g. ordentlichen Ersitzung. Da er aber für seine Schöpfung keinen Namen erfand — die Wendung per longum tempus capi kann nicht dafür gelten — und überdies die vielfachen Unterschiede zwischen usucapio und praescriptio in den Digesten und im Codex nicht beseitigte, so gelangten die Glossatoren zu dem irrigen Schluß, neben der neuen Ersitzung noch einen Fortbestand der alten Institute anzunehmen und die Namen usucapio auf Mobilien, praescriptio auf Immobilien zu beziehen. In l. 8 pr. C. 7, 39 bildet er noch die s. g. außerordentliche Ersitzung praescriptio longissimi temporis, indem er aus der Klagenverjährung von 30 oder 40 Jahren für den „redlichen" Besitzer ein durch Vindication verfolgbares Eigenthum schuf.

Der Zeitablauf führt nicht bloß durch gehörigen Besitz zum Eigenthumserwerb, sondern er dient auch sonst zur Unterstützung bestehender Zustände, nämlich

a) zur **Begründung einer Eigenthums-Beschränkung**, wie: Emphyteusis, Superficies und Servituten.

b) zur **Aufhebung dinglicher Rechte**, sei es durch Nichtgebrauch (non usus) bei Emphyteusis, Superficies, den Personal- und Feld-Servituten, sei es durch Ersitzung der Freiheit (usucapio libertatis) bei den Gebäude-Servituten und Pfandrechten.

c) zur **Tilgung von Klagansprüchen** durch Nicht-Anstellung: mittelst Einrede. Vgl. S. 249.

Ursache dieser Wirkungen ist besonders die Rechtssicherheit ‚finis sollicitudinis et litis' und auch die Strafe für die Säumniß des Berechtigten ‚poena negligentiae'.

Die Neueren theilen danach die Verjährung ein in acquisitive, d. h. erwerbende im Fall a und extinctive, d. h. erlöschende in den Fällen b und c, ferner mit Bezug auf b in einfache und qualificirte, für welche letztere ein Verharren in einer dem Recht entgegengesetzten Lage gefordert wird.

d) bei einzelnen Rechten, besonders den Wege- und Wasser-Rechten, wird aus der vetustas, d. h. unvordenklicher Ausübung der rechtmäßige Beginn und Erwerb abgeleitet. Dies nennt man **unvordenkliche Verjährung** praescriptio immemorialis, indefinita.

II. Im **germanischen Recht** verschwieg sich der Berechtigte, wenn er nicht binnen Jahr und Tag die Klage erhob. Dadurch erhielt Erwerber des Grundstücks, später auch der Fahrniß eine „rechte" Gewere zum selbständigen Schutz. S. 304. Eine Ersitzung gab es nicht, „hundert Jahre Unrecht machen noch keine Stunde Recht". Durch späteren Gerichtsgebrauch entstand in einigen Gebieten die sächsische Ersitzung: für fahrende Habe in Jahr und Tag, für Grundstücke in 31 Jahren, 6 Wochen und 3 Tagen.

III. Im **gemeinen Recht** ist der römische Begriff recipirt. Jedoch eine falsche naturrechtliche Doctrin wich auf Grund der kanonischen praescriptio von den positiven Fällen des Römischen Rechtes ab und entwickelte die Verjährung zu einem fast allgemeinen Entstehungs- und Untergangsgrunde von Rechten. Nur für actus merae facultatis, d. h. Handlungen bzw. Unterlassungen aus natürlicher oder bürgerlicher Freiheit, wie Wohnung, Gewerbe &c. wollte man Ausnahmen gestatten.

IV. Das **A.L.R.** § 501 ht. folgt der damaligen gemeinen Theorie, sieht in der Verjährung eine Legalisation factischer Zustände durch Zeitablauf, und wendet sie z. B. an: auf den Erwerb des Adels, der binnen 44 Jahren geführt wird § 19 II, 9, auf die Entstehung eines Darlehns durch 30jährige Zinszahlung § 839 I, 11, was man freilich „gegen den Wortlaut" durch die Annahme einer bloßen Beweis-Vermuthung abzuschwächen sucht. Trotzdem kann die Verjährung nicht aufkommen gegen Zustands- und Familien-Rechte, gegen den Inhalt des Grundbuchs, gegen Verbots-Gesetze wie G. vom 7. Juni 1821 betreffs culturschädlicher Servituten, G. vom 2. März 1850 betreffs der Natural-Reallasten, B.G. vom 21. Juni 1869 betreffs der Zwangs- und Bannrechte u. a. m.

Die Verjährung wird eingetheilt gemäß den Erfordernissen in Verjährung durch Besitz, welche Rechte begründet, und solche durch Nichtgebrauch, welche Rechte, nicht bloß die Klagen aufhebt. Doch geht bei Eigenthum und Gewährleistung nur der **Klaganspruch** verloren. Die Verjährung durch Besitz zerfällt nach der Zeitfrist in eine gewöhnliche bis zu 30 Jahren und eine ungewöhnliche mit längeren Zeiten.

B. Begriff.

Ersitzung ist Eigenthumserwerb durch gehörigen Besitz während gesetzlich bestimmter Zeit ,adjectio dominii per continuationem possessionis temporis lege definiti'. l. 3 D. ht.

Das Wesen der Ersitzung ruht mehr in der Erleichterung des Eigenthums-Beweises, als im Eigenthums-Erwerb. Letzterer ist mehr eine mittelbare Folge. Das darin liegende Unrecht wird durch die Gesammtheit der zur Ersitzung nöthigen Requisite ausgeglichen, unter denen die sühnende Kraft der Zeit „vergessen, vergeben" den ersten Platz verdient. Savigny legt größeren Nachdruck auf die Redlichkeit, welche belohnt werden soll, Scheurl findet den Grund im Titel, Schirmer im Besitz.

C. Erfordernisse.

Sie sind in dem Denkvers zusammengefaßt ,res habilis, titulus, fides, possessio, tempus.'

I. Possessio.

Grundlage der Ersitzung ist der juristische Besitz an einer körperlichen Sache oder an einem ideell bestimmten Theil derselben. An Verkehrsganzen findet weder Besitz, noch Ersitzung Statt. Aus gleichem Grunde können auch integrirende Bestandtheile einer zusammengesetzten Sache nicht selbständig ersessen werden, es sei denn, daß man sie früher getrennt besessen und in das Ganze eingefügt hat. S. 293. An tigna juncta, welche trotz ihrer Verwendung im Gebäude erkennbar bleiben, ruht aus andern Ursachen die Ersitzung. S. 373. Der abgeleitete Besitz giebt dem Detentor Interdictenschutz, aber keine Ersitzungslage. l. 13 pr. D. ht.

Die Ersitzung reicht soweit als der Besitz ,quantum possessum, tantum praescriptum', daher kann der Auftrieb von Vieh wohl zum Erwerb des ausgeübten Weiderechtes führen, doch sofern es an der vollen Herrschaft animo domini fehlte, nicht zur Ersitzung des Eigenthums an der Wiese.

Das A.L.R. verlangt vollständigen Besitz, der auch an Inbegriffen zulässig ist. § 666–667. ht.

II. **Bona fides.**

a) Definition.

Sie findet sich in l. 109 D. 50, 16 ‚ignorare rem esse alienam'. Diese Worte bedeuten nicht die Ueberzeugung, Eigenthum erworben zu haben, sondern die Unkunde von den Mängeln im Recht des Vormanns, oder den Glauben an dessen Eigenthum bzw. Verfügungsrecht. Diese bona fides wird dadurch nicht geschwächt, daß sich der Ersitzende Fehler im Titel wie Wahnsinn, Unmündigkeit des Verkäufers, Schweben einer Bedingung l. 2 § 2, § 15, § 16 D. 41, 4 vorstellt, falls sich nur eine derartige Annahme als irrig erweist. ‚plus est in re quam in existimatione'. Allein darunter darf die Einheitlichkeit des guten Bewußtseins nicht leiden, z. B. durch die, wennschon irrige Annahme eines Ersitzungsverbotes: die Sache sei furtiv u. s. w. l. 32 § 1 D. ht.

Beim Putativ-Titel verändert sich die bona fides zum Glauben an ein Rechtsgeschäft, das zur Aneignung der Sache befugt macht.

b) Irrthum.

Ein solcher liegt begriffsmäßig in der bona fides, muß er aber ein entschuldbarer sein? Der Rechtsirrthum ist nach l. 31 pr. D. ht. ausgeschlossen. Bildet auch der unverzeihliche, thatsächliche Irrthum ein Hinderniß? Bruns findet in der bona fides ein ethisches Moment: der Leichtsinnige dürfe keinen Vorzug vor dem Subtilen haben, welcher den Dingen mehr auf den Grund gehe. Dagegen erklärt Wächter die bona fides als eine Thatsache, auf deren Entstehung es nicht ankomme: denn allerdings sei Derjenige mala fide, welcher aus Furcht Schlimmes zu erfahren die Erkundigung vermeide, doch ihm könne ein Solcher nicht gleichgestellt werden, welcher nur leichtfertig in guter Meinung dahin lebe.

c) Zeitpunkt.

In klassischer Zeit ist bona fides zur Zeit des Besitzerwerbs nöthig, beim Kauf auch im Moment des Vertragsschlusses. l. 2 pr. D. 41, 4. ‚mala fides superveniens non nocet' selbst nicht für den Erben, der bösgläubig die Ersitzung seines Erblassers fortsetzt. l. 2 § 19 D. eod.

Das kanonische Recht c. 20 X 2, 26 fordert bona fides continua, ebenso das gemeine und A.L.R. Ein Zweifel, welcher im Lauf der Ersitzung entsteht und sich wieder hebt, soll nicht schaden.

Beim Besitzerwerb durch Stellvertreter sieht man auf die Redlichkeit des Principals. Daher beginnt die Ersitzung erst, wenn Letzterer Kenntniß erhält — ein Specialauftrag wird der notitia gleich geachtet — oder das ohne Auftrag für ihn geführte Geschäft genehmigt. Nur beim Erwerb ex peculiari nomine durch Gewaltunterworfene, beim Erwerb des gesetzlichen Vertreters für Kinder, Geisteskranke schadet die mala fides des Repräsentanten, aber auch die des Herrn, welcher vom Geschäft bewußte Kunde hatte. l. 2 § 10–13 D. 41, 4. Ueber den redlichen Besitz im A.L.R. vgl. S. 309.

III. **Titulus.**

a) justus. Derselbe enthält ein „an sich" zum Eigenthumserwerb geeignetes Rechtsgeschäft, das im vorliegenden Fall — wegen der im Recht des Vormanns ruhenden Mängel — diese Wirkung nicht zu üben vermag. Der Titel kann derivativ sein: pro emtore 41, 4, pro donato 41, 6, pro legato 41, 8, pro dote 41, 9, pro soluto etc. oder originär: pro derelicto 41, 7.

Ein Rechtsirrthum in Bezug auf den Titel schadet, z. B. Erwerb von einem Unmündigen sine tutore auctore, Kauf ohne Bezahlung bzw. Stundung des Preises, oder Schenkung unter Ehegatten. Betraf jedoch Letztere eine fremde Sache, sodaß eine Vermögensminderung des vermeintlichen Schenkgebers nicht vorliegt, so ‚usucapio procedit'. l. 3 D. 41, 6.

b) **putativus.** In der römischen Kaiserzeit sah man den Kauf von einem Wahnsinnigen, falls dieser für ‚sanae mentis' gehalten wurde, als hinreichenden Ersitzungsgrund an. l. 2 § 16 D. 41, 4. Ebenso behandelte man andere Rechtsgeschäfte, deren rechtlicher Abschluß an einem Mangel scheiterte, so daß jeder Titel, auch der pro derelicto, sowol als verus wie als putativus vorkommen konnte. Später verflüchtigen sich Titel und Fides noch mehr. Bloße Rechts-Vorgänge genügen, aus welchen der Besitzer einer Sache vernünftiger Weise die Ueberzeugung gewann, daß ein auf Eigenthumserwerb gerichtetes Rechtsgeschäft vorhanden sei, z. B. die falsche Ansage eines Procurator, daß er für den Herrn gekauft und erworben habe. l. 11 D. 41, 4. Doch ist an einer ‚justa causa' festzuhalten, da ohne diese der Glaube des Eigenthums-Ueberganges nicht anfliegen kann. Solche Fälle des Putativ-Titels heißen ‚pro suo' D. 41, 10, obwohl Neratius in l. 5 D. eod. darunter jede falsa existimatio, Eigenthümer einer Sache zu sein, verstehen möchte.

Einer besonderen Erörterung bedürfen die Gründe des Urtheils und des Erbganges.

Die res judicata bildet für sich keinen Titel. Wer vergeblich mit einer rei vindicatio auf Herausgabe der Sache belangt wurde, hat zwar gegen den abgewiesenen Kläger und dessen Rechtsnachfolger die exceptio rei judicatae, aber eine Ersitzung kann er auf das Urtheil keineswegs stützen, da er dadurch nicht Besitz erwarb. S. 271.

Der Titel pro herede ist im Gegensatz zu der alten usucapio pro herede S. 347 nur noch putativus für das Eigenthum an Erbschaftssachen:

1. An Sachen, welche Erblasser zu ersitzen begonnen hat, dauert nach seinem Tode die condicio usucapiendi fort, sofern sie ohne Besitzunterbrechung im Bereich der hereditas jacens verbleiben. In diese condicio eventuell nach ihrer Vollendung in das Eigenthum succedirt der Erbe ohne Weiteres. l. 30 D. 4, 6. Einer Besitzergreifung Seitens des Erben bedarf es nicht, auch wenn solche Sachen sich in der Detention eines Dritten befinden sollten. l. 6 § 2 D. 41, 4. A.L.R. § 616 ht. Aehnlich verhält es sich mit Gegenständen, an denen ein Erbschaftssclave Ersitzungsbesitz erwarb, vgl. aber l. 45 § 1 D. ht.

2. An Sachen, die auf Grund eines injustus titulus im Besitz des Erblassers waren, kann Erbe, trotz seines guten Glaubens in Folge der unitas personae keine Ersitzung beginnen. l. 11 D. 44, 3.

3. An Sachen, die nicht im Besitz des Erblassers waren, aber derart factisch mit der Erbmasse vereinigt sind, daß der Erbe sie für dazu gehörig hält, kann er eine Ersitzung anfangen. l. 3 D. 41, 5.

4. An allen Erbschaftssachen kann ein vermeintlicher Erbe, welcher aus einem guten Grunde, wie in Folge einer Kindesunterschiebung, eines nichtigen Testamentes

an sein Erbrecht glaubt, Eigenthum ersitzen l. 33 § 1 D. ht. Doch muß er nach dem S.C. Juventianum die Bereicherung an den wahren Erben auf dessen hereditatis petitio herausgeben. l. 28 D. 5, 2.

Das A.L.R. kennt einen Putativ-Titel nicht, gestattet aber im § 617 ht. dem Erben eine neue Verjährung an „allen" Sachen, die sich im Nachlaß vorfinden.

c) Verhältniß von bona fides und titulus.

Titel ist nicht Beweisgrund für die Fides, denn nicht darum, weil Jemand verkauft, wird er irrig für den Eigenthümer gehalten, — sondern aus bona fides, d. h. im Glauben an sein Eigenthum erwirbt man die Sache von ihm. Nur in den Fällen des Putativtitels ersetzt die redliche Ueberzeugung den Titel.

IV. Res habilis.

Jede eigenthumsfähige Sache, ob beweglich oder Immobilie, unterfällt der Ersitzung. S. 335. A.L.R. § 581 ff. ht.

Nach Pr.G. vom 5. Mai 1872 findet gegen den eingetragenen Eigenthümer einer unbeweglichen Sache eine Ersitzung nicht Statt. Nach der Pr.Grdb.O. vom 5. Mai 1872 kann in Ermanglung eines Grundbuchblattes die Anlage eines solchen auf Grund der Ersitzung beantragt werden. S. 320.

Aus besondern Gründen sind folgende Sachen der Ersitzung entzogen:

a) wegen eines in der Sache bzw. deren Erwerb liegenden Mangels:

1. res furtivae. Furtum ist im römischen Sinne einer contrectatio fraudulosa zu nehmen. Es umfaßt auch den arglistigen Verkauf fremder Mobilien in gewinnsüchtiger Absicht, sogar den Verkauf der verhypothecirten Sache Seitens des Verpfänders l. 6 C. 7, 26, wenigstens bis auf Justinians nov. 112 und die widerrechtliche Zueignung des Gebrauchs, s. g. furtum usus. In Betreff der Früchte einer res furtiva vgl. S. 368.

Nach einer l. Atinia um 200 vor Chr. § 2, J. 2, 6 soll erst eine purgatio vitii stattfinden, wenn die furtive Sache ‚in potestatem domini revertitur' l. 4 § 6 D. ht. Also bleibt sie inhabilis in der Hand eines redlichen Erwerbers, selbst wenn dieser sie weder vom Diebe, noch von dessen Rechtsnachfolgern an sich brachte Gaj. II § 49. Potestas ist die Verfügungsgewalt des Eigenthümers, welcher die Sache als die seine anerkannte und derart inne hat, ‚ut ei avelli non possit'. l. 4 § 12 D. ht. Doch genügt nach l. 215 D. 50, 16 die Möglichkeit ‚rei vindicandae', welcher es gleichsteht, wenn Eigenthümer die Litis-Aestimation annimmt. Ueber die Specification der Sache durch den Fur S. 366. Die Rückkehr in die Gewalt des Eigenthümers, nicht des Bestohlenen ist von Nöthen, um die Sache makelfrei zu machen. Daher wird der Gegenstand durch ein furtum possessionis zwar furtiv aber nicht ersitzungsunfähig, weil ihn der Eigenthümer selber dem Zurückbehaltungs-Berechtigten wegnahm. l. 4 § 21 D. ht., l. 20 § 1 D. 47, 2. Beim furtum usus reicht zur Tilgung des Makels die thätige Reue hin, z. B. des Depositars, welcher die anvertraute Sache rechtswidrig brauchte und sie, bevor der Eigenthümer davon erfuhr, wieder in ihr altes Verhältniß zurückführt. l. 4 § 10 D. ht. Nur „eine" Ausnahme von diesen Sätzen wird in l. 49 D. ht. angeführt. Wenn nämlich ein Nichteigenthümer eine Sache verpfändet und sie dem Pfandgläubiger stiehlt, so soll schon die Rückkehr in die Gewalt des bestohlenen Pfandgläubigers genügen. Offenbar aus dem Grunde, weil sich dadurch die Lage des Eigenthümers, welcher von diesen Manipulationen nichts wußte, in keiner Weise verschlechtert. Folgt man der allerdings gewagten Interpretation, welche in dem Ausdruck ‚pignori' ein Emblem Tribonians für ‚fiduciae' findet, so würde in der Wegnahme ein furtum rei liegen und somit, da der Pfandgläubiger fiduciarischer Eigenthümer ist, die Rückkehr in „seine" Gewalt der Regel entsprechen.

Im A.L.R. § 584 ht. werden gestohlene und geraubte Sachen in der Hand des zweiten redlichen Erwerbers ersitzungsfähig.

2. res vi possessae. Gewaltsam in Besitz genommene Grundstücke sind nach l. Julia et Plautia so lange der Ersitzung entzogen, bis sie in die Verfügungsmacht des Eigenthümers zurückgekehrt sind. Gaj. II § 45. l. 4 § 22 D. ht.

Viele halten, falls ein gutgläubiger Besitzer ausgetrieben wird, die bloße Rückkehr der Immobilie in dessen, nicht des Eigenthümers Gewalt für ausreichend, um eine Ersitzungslage zu begründen. Man stützt sich auf l. 6 § 3 D. 43, 26, wo vom Dejicienten, welcher nachher das Grundstück dem Vergewaltigten abkaufte, gesagt wird ‚posse pro emtore dominium capere'. Allein capere bedeutet hier nicht Ersitzung, sondern Eigenthumserwerb. Der Vertriebene hatte Eigenthum und überträgt dasselbe auf den Dejicienten, welchem er als Käufer die Sache beläßt. Dieser Grund des Erwerbes wird mit den Worten ‚pro emtore' hervorgehoben, um zu zeigen, daß eine widerrechtliche Aenderung der causa possessionis nicht stattgefunden habe. Anders stellt sich die Erklärung des Fragments, wenn man den vielleicht fortgelassenen Zusatz ‚ex jure Quiritium' zu dominium capere ergänzen darf. Dann erhielt Erwerber durch die Tradition einer res mancipi nur bonitarisches Recht, das er durch Ersitzung zum quiritarischen Eigenthum erhebt.

3. Grundstücke, welche ein bösgläubiger Besitzer veräußert hat, sind — in Analogie furtiver Mobilien — nach nov. 119 cap. 7 sowohl in der Hand des ersten als der folgenden Erwerber von der Ersitzung ausgeschlossen, bis der Eigenthümer von seinem Recht oder der Veräußerung erfuhr.

4. Sachen, welche sich ein Provinzial-Statthalter gegen die l. Julia de repetundis unter irgend welchem Titel übertragen ließ, soll er nicht zu Eigenthum erwerben. l. 8 D. 48, 11, l. 48 pr. D. 41, 1. Heute ist dies veraltet.

5. Streitige Grenzen fallen nach l. 6 C. 3, 39 nicht unter die ordentliche Ersitzung.

b) wegen eines dem Eigenthümer zustehenden Privilegs:

1. Sachen des Fiscus und Regenten. C. 7, 38. Doch wird für erbenlose Güter bona vacantia die Ersitzung solange gestattet, bis der Anfall dem Fiscus gemeldet ist. l. 18 D. ht.

2. Grundstücke der Kirchen und milden Stiftungen. c. 8 X 3, 16 ‚ecclesia Romana non admittit tricennalem praescriptionem'. Die unechte Lesart ‚triennalem' führte zu einer irrigen Ausdehnung des Privilegs auf Mobilien.

3. Sachen der Städte. l. 9 D. ht. Der Widerspruch mit l. 15 § 27 D. 39, 2 wird dadurch gehoben, daß man dies Fragment auf Vectigal-Grundstücke bezieht, die bloß im gutgläubigen Besitz, nicht Eigenthum des Municipium stehen.

4. **Sachen der Minderjährigen.** Die alte usucapio fand zweifellos an Sachen der Unmündigen Statt. l. 2 D. 27, 5, l. 4 § 11 D. ht., wie dies auch indirect aus der in l. un. C. 2, 36 gewährten Restitution folgt. Dagegen war der Lauf der longi temporis praescriptio gegen minderjährige Eigenthümer nach einem Rescript der Kaiser Diocletian und Maximian l. 3 C. 7, 35 ausgeschlossen. Justinian scheint in l. 5 C. 2, 41 das letztere Princip bevorzugt zu haben.

Im A.L.R. § 535–536 ht. soll gegen einen unbevormundeten Minderjährigen keine Verjährung beginnen. Doch wird eine rechtmäßig angefangene Verjährung dadurch nicht in ihrem Lauf gehemmt, daß das entgegenstehende Recht auf einen Minderjährigen übergeht.

c) **wegen eines Veräußerungsverbotes.** ,alienationis verbum etiam usucapionem continet. l. 28 pr. D. 50, 16.

Das gesetzliche Verbot macht jede Veräußerung oder dingliche Belastung der Sache nichtig. l. 12 § 4 D. 6, 2. Dem Berechtigten bleibt die Vindication, ohne daß ihm die exceptio rei venditae et traditae schaden kann, und falls der Gegenstand durch rechtswidrige Consumtion ꝛc. beim Erwerber unterging, eine condictio ob injustam causam. l. 5 § 6–7 D. 24, 1. Nur in einzelnen Fällen, z. B. bei Veräußerung eines Dotalgrundstücks erscheint eine spätere Convalescenz möglich. Der verbotenen Veräußerung steht jede gewollte und absichtlich geduldete Ersitzung gleich, auch Seitens eines späteren Erwerbers, selbst wenn von dessen Besitz der gesetzwidrige Veräußerer keine Kunde hatte. Noch absoluter aber erstreckt sich die Inhabilität der Sache nicht. Einem solchen gesetzlichen Verbot unterliegen:

1. Adventicien der Hauskinder l. 1 C. 6, 60 und lucra nuptialia der Kinder aus erster Ehe. Für letztere Güter ist die ordentliche Ersitzung, sogar nach Auflösung der väterlichen Gewalt verboten. nov. 22 cap. 24.

2. Sachen der Bevormundeten, soweit ein richterliches Decret zur Veräußerung gehört. l. 1 D. 27, 9.

3. Dotalgrundstücke. l. 16 D. 23, 5.

4. Litigiöse Sachen. l. 1 C. 7, 33.

5. Legirte Sachen, wenigstens darf sie der Erbe nicht veräußern, der um das Vermächtniß weiß. l. 3 § 2 C. 6, 43.

6. Sachen, die Ehegatten einander geschenkt haben. l. 1 D. 24, 1.

Heute sind diese Verbote theils veraltet wie 1 und 6, theils direct aufgehoben wie 2 durch die Pr.Vormundsch.O. vom 5. Juli 1875, 4 durch die C.Pr.O. § 236, und die übrig gebliebenen sehr abgeschwächt.

Ein richterliches Veräußerungsverbot wirkt ebenso stark, wie das gesetzliche. l. 12 D. ht. C.Pr.O. § 817 Abs. 2.

Bei privaten Veräußerungsverboten durch Vertrag und Testament hängt die Kraft davon ab, inwieweit der Berechtigte im Stande ist, es geltend zu machen. Sein Recht kann Vindication der Sache sein, wenn das Verbot in eine rückwirkende Resolutiv-Bedingung, z. B. durch Vorbehalt des Rückfalls oder in die Form eines Vermächtnisses zu Gunsten Dritter eingekleidet ist. In den weitaus meisten Fällen aber beschränkt sich die Wirkung einer Abrede, daß die Sache nicht weiter veräußert werden dürfe, auf die Contrahenten. Aus der Uebertretung erwächst keine dingliche Klage gegen den dritten Erwerber auf Herausgabe, nicht einmal wenn dieser um die Veräußerungs-Beschränkung gewußt hat, sondern höchstens wird dem Gläubiger ein Ersatzanspruch gegen seinen vertragsbrüchigen Schuldner zustehen. l. 21 § 5 D. 19, 1. Freilich wird dies Interesse des Berechtigten oft gar nicht nachweisbar sein. l. 61 D. 2, 14. Wie schwer läßt sich auch der Beweis erbringen, daß bei Verkauf der Sache ohne Auflage eines Veräußerungsverbotes ein weit höherer Preis erzielt worden wäre! l. 135 § 3 D. 45, 1. Daher empfiehlt sich in solchen Fällen eine vorherige Abschätzung des Interesses durch ausbedungene Vertragsstrafen.

Diese ganze Argumentation scheint durch l. 7 § 2 D. 20, 5 umgestoßen zu werden. Darin heißt es von einer Abrede, welche zwischen Pfandgläubiger und Verpfänder dahin erfolgt, daß Letzterer das Pfand nicht veräußern dürfe ‚venditionem nullam esse, ut pactioni stetur'. Allein die andere Lesart ‚pactionem nullam esse, ut venditioni stetur' ist vorzuziehen, zumal auch in den ersten Worten eine Verwechslung der Sigel für debitor und creditor vorzuliegen scheint. Folglich enthält das Fragment eine Abrede mit dem Hypothekengläubiger ‚ne ei liceat rem distrahere', welche mit Fug nichtig ‚contra jus posita' genannt wird.

Das A.L.R. § 264 I, 11 getreu seiner Theorie vom „Recht zur Sache" hält ein privates Veräußerungsverbot gegen den bösgläubigen Erwerber der Sache aufrecht. S. 314. Nach Pr.G. vom 5. Mai 1872 kann jede dem Grundeigenthümer auferlegte Beschränkung seines Verfügungsrechtes durch Eintragung im Grundbuch mit absoluter Kraft begabt werden.

V. Tempus.

a) Zeitablauf. Justinian setzt die Ersitzungszeit für Mobilien auf 3 Jahre fest, für Immobilien auf 10 Jahre inter praesentes, 20 Jahre inter absentes. je nachdem der Ersitzende und der Eigenthümer der Sache ihren Wohnsitz in derselben oder in verschiedenen Provinzen — heute Oberlandesgerichts-Bezirken — haben l. 12 C. 7, 33. Darauf, ob das Grundstück in der Provinz gelegen ist, wo Eigenthümer sein Domicil hat, kommt es nicht an. Ein theilweiser auswärtiger Wohnsitz wird nur gerechnet, wenn er mindestens zwei Jahre beträgt, in diesem Fall gilt er gleich einem Jahre praesentia, und in ähnlicher Weise findet die Umrechnung bei längerer Abwesenheit Statt nov. 119 cap. 8. Das tempus ist continuum, d. h. es läuft kalendermäßig und bürgerlich a die ad diem. l. 31 § 1 D. ht. Der Anbruch des letzten Tages des Zeitraums soll zum Vortheil der Ersitzung genügen. ‚dies ultimus coeptus pro completo habetur'. l. 15 pr. D. 44, 3. vgl. S. 238.

Im A.L.R. § 620–624 ht. beträgt die Frist ohne Rücksicht auf die Eigenschaft der Sache 10 Jahre, doch gegen juristische Personen 20 Jahre und ebenso bei Abwesenheit, d. h. falls Eigenthümer in einem andern Obergerichts-Bezirk wohnt, als wo die Sache gelegen ist. Dabei wird schon ein Jahr der Abwesenheit in der Bedeutung einer sechsmonatlichen Gegenwart berücksichtigt.

b) Zurechnung des Besitzes s. g. accessio temporis. Verschieden davon ist die schon S. 379 erörterte successio in usucapionem für Erben.

Ein Rescript der Kaiser Sever und Caracalla § 13 J. 2, 6 gestattete dem

Käufer, sich den Besitz seines Verkäufers zur Vervollständigung der Ersitzungszeit zuzurechnen. Diese Regel, welche die Doctrin auf jeden lästigen Erwerb ausdehnte, wird von Justinian verallgemeinert, aber unter der Voraussetzung, daß Vormann und sein Nachfolger Ersitzungsbesitz haben, und unter ihnen eine juristische Continuität herrscht. Daher wird das Vorrecht ausgeschlossen durch eine leere Zwischenzeit (vacuum tempus), durch Besitzunterbrechung und selbst bei Erwerb von einem Wahnsinnigen, den man für gesund hielt. l. 2 § 16 D. 41, 4 A.L.R. § 613 ht.

Das Institut der accessio possessionis kommt noch in Fällen vor, welche mit der Ersitzung in gar keinem Zusammenhang stehen ‚consistit enim in sola aequitate' l. 14 pr. D. 44, 3. So wird bei Auflösung eines Kaufs, Eintritt einer Resolutiv-Bedingung S. 330 Rückerwerber derart behandelt, als ob er den Besitz nie verloren hätte. l. 13 § 2 D. 41, 2. Auf die beim alten interdictum utrubi S. 301 übliche Besitzzurechnung bezieht sich l. 13 § 7 D. 41, 2, welche durch einen Irrthum der Compilatoren in die Digesten aufgenommen ist. Danach darf sich nach Widerruf eines Precarium Geber auf den Besitz seines ehemaligen Precaristen berufen, sicherlich um seine Beweislage im Besitzproceß zu verbessern.

c) **Unterbrechung**, usurpatio. Dadurch wird die begonnene Ersitzung zerstört, und höchstens Raum für eine neue geschaffen. Man nennt die Usurpation naturalis durch Besitzverlust l. 15 § 2 D. ht. oder civilis durch Klagerhebung, Protestation, heute auch durch nachfolgenden bösen Glauben. A.L.R. § 601 ff. ht.

Die Litiscontestation, nach C.Pr.O. § 239 meist Zustellung der Klage, unterbrach die alte usucapio grundsätzlich nicht, l. 18 D. 6, 1, obwohl ihre Vollendung den Beklagten nicht von der Herausgabepflicht befreien konnte, da der Sieg des Vindicanten von seinem Eigenthum zur Zeit des Streitbeginns abhing. Dagegen wurde der Lauf der praescriptio longi temporis durch die Litiscontestation gestört. l. 1 C. 7, 33. Für das Justinianeische Recht ist die Lage streitig: Die Einen nehmen stets Unterbrechung an, weil der Beklagte in Folge des Processes bösgläubig wird. Dazu neigt auch das A.L.R. § 607 ht. Andere geben dies nur für den Fall zu, daß Vindicant ein obsiegliches Urtheil ersicht. Eine Mittelmeinung erblickt in der Erhebung der Klage, einerlei ob sie fallen gelassen, abgewiesen wird, eine relative Unterbrechung. Diese soll gegen den Kläger, aber nicht gegen Dritte wirken, also auch nicht dem wahren Eigenthümer, welchem der Rechtsstreit unbekannt blieb, zu Gute kommen.

Die Protestation — im alten Rom durch Symbole — muß nach l. 2 C. 7, 40 bei Gericht, oder durch eine Urkunde geschehen, welche von einem Tabellar bzw. drei Zeugen unterzeichnet und am Wohnort des Gegners durch öffentlichen Anschlag bekannt gegeben wird.

Im A.L.R. § 603 ff. ht. ist die Verwahrung beim Richter einzulegen, verliert aber ihre Wirkung, wenn sie der Richter — vor Mittheilung an den Besitzer der Sache — z. B. wegen Formenmängel zurückweist und der Protestirende sich bei dieser Entscheidung dreißig Tage beruhigt. Außergerichtliche Acte, wie Pfändungen, sollen die Verjährung nicht unterbrechen § 611–612 ht., es sei denn, daß daraus eine mala fides superveniens hervorginge.

d) **Stillstand**, praescriptio dormiens. Die Ersitzung ruht während der Dauer gewisser Hindernisse, läuft aber nach deren Beseitigung weiter. Dies tritt ein in Fällen, wo die in der Ersitzungslage befindliche Sache in das Eigenthum einer privilegirten Person kommt, — daß der Fundus ein dotalis wird, genügt nicht l. 16 D. 23, 5 — oder wo der Vindication zeitweilig ein rechtliches Hinderniß entgegensteht, z. B. bei eingefügtem Baumaterial S. 373, die Inventarisationsfrist des Beneficial-Erben l. 22 § 11 C. 6, 30, im kanonischen Recht c. 10 X 2, 26 auch ‚tempus hostilitatis', d. h. feindlicher Einbruch und wohl justitium vgl. S. 254.

D. Wirkung.

Sie besteht in originärem Eigenthumserwerb, jedoch in Rom ohne Lösung der etwa auf der Sache lastenden Pfandrechte, für welche eine selbständige Ersitzung der Pfandfreiheit läuft.

Den **Beweis** führt der Ersitzende, indem er Erwerbsgrund und seinen Besitz, nach der Praxis mindestens in zwei Punkten, die um die Ersitzungszeit auseinander liegen, darthut. A.L.R. § 599 ht. Dem Gegner steht es frei, mala fides, Unterbrechung ꝛc. nachzuweisen.

Ueber die Restitution gegen die Ersitzung vgl. S. 275 ff.

E. Außerordentliche Ersitzung.

I. In Rom.

Justinian giebt in l. 8 C. 7, 39 dem langjährigen Besitzer einer Sache nicht bloß eine Einrede gegen die Eigenthumsklage — sondern, falls derselbe die Sache redlich erlangt hat, auch eine Vindication bei Besitzverlust, die sich sogar gegen den ehemaligen Eigenthümer richtet. Die Erfordernisse dieser s. g. außerordentlichen Ersitzung sind: langjähriger Besitz und Redlichkeit.

a) Die **Besitzzeit** beträgt 30 Jahre longissimum tempus ohne Rücksicht auf bewegliche oder unbewegliche Eigenschaft der Sache, Anwesenheit oder Abwesenheit des Eigenthümers. Gegen Kirchen und milde Stiftungen schreibt nov. 111 vierzig Jahre vor. Für die Ersitzung gegen die römische Hauptkirche werden nach c. 13–17 X 2, 26 hundert Jahre verlangt, doch ist die heutige Anwendbarkeit dieses Satzes bestritten. Accessio temporis ist gestattet, wenn der unmittelbare Vormann Ersitzungsbesitzer war.

Einige Sonderbarkeiten der außerordentlichen Ersitzung sind aus ihrer Abstammung von der Klagenverjährung S. 249 ff. herzuleiten: Sie beginnt mit der actio nata, also bei einem Besitzerwerb durch Stellvertreter mit Apprehension derselben, nicht erst mit Kenntniß des Herrn davon. Ihr Lauf unterliegt denselben Hindernissen, durch welche die Klagenverjährung unterbrochen wird oder ruht. Beim Ende muß der letzte Tag voll abgelaufen sein. l. 6 D. 44, 7. Die Restitution, welche Minderjährigen durch l. 5 C. 2, 41 (40), l. 3 C. 7, 39 gegen dreißigjährige und längere Klagenverjährung versagt ist, findet auch hier keine Anwendung.

b) Die **Redlichkeit** besteht, da Justinian nur bösgläubige Erwerber ausschließen will, in der bloßen Ueberzeugung, die Sache ohne materielles Unrecht behalten zu dürfen. Sie braucht sich auf keinen Titel zu stützen, kann aus Rechtsirrthum hervorgehen und ist trotz der Personen-Einheit beim Erben vorhanden, wenn dieser um den verbrecherischen Erwerb seines Erblassers nicht weiß — dann freilich ohne Zurechnung des Besitzes. Nach kanonischem Recht ist auch hier fortdauernder guter Glaube vonnöthen. Mit dem Wortlaut in c. 20 X 2, 26 ‚ut qui praescribit in nulla temporis parte habet conscientiam rei alienae' wurde der römische Hauptunterschied zwischen außerordentlicher Ersitzung und Klagenverjährung aus dem Wege geräumt.

Ebensowenig als ein Titel wird eine ersitzungsfähige Sache erfordert. Daher unterliegen furtive und andere für die ordentliche Ersitzung ungeeignete Objecte gleichwohl der außerordentlichen Ersitzung, soweit nicht andere Verbote wie bei Dotal-, Peculiar-Sachen, eingefügtem Bauholz u. s. w. entgegenstehen. Ueber die Tragweite des Art. 209 in der P.G.O. ist man sich nicht klar: „an gestohlener und geraubter Habe soll durch einige Länge der Zeit kein Gewer ersessen werden". Dies kann sich nur auf gestohlene Sachen in der engeren Bedeutung des deutschen Rechtes beziehen und ist wohl aus Zweckmäßigkeitsgründen auf die ordentliche Ersitzung zu beschränken, so daß gar keine Abänderung des Römischen Rechtes vorliegt.

II. **Im A.L.R.** § 625–663 ht. wird unterschieden:

a) **Außerordentliche** Ersitzung in 30 Jahren für den redlichen Besitzer ohne Titel, also nach § 628 auch für den unrechtfertigen und unvorsichtigen Besitzer. S. 308.

b) **Ungewöhnliche** Ersitzung in längern Fristen als 30 Jahren für den redlichen Besitzer, nämlich:

1. in 40 Jahren

für gestohlene und geraubte Sachen in der Hand des ersten redlichen Erwerbers, und

für solche Gerechtigkeiten, die man nur bei gewissen Gelegenheiten benutzt s. g. jura discontinua wie Bauholz-, Vorkaufsrecht, wenn sie innerhalb jener Zeit zu drei verschiedenen Malen ausgeübt wurden. Versäumniß einer Gelegenheit gilt als Unterbrechung, außer wenn man dem Verpflichteten eine Gunst oder Nachsicht erweisen wollte; ersuchte aber dieser um Unterlassung, so liegt darin ein Anerkenntniß.

2. in 44 Jahren — d. h. 40 Jahre sammt der vierjährigen Restitutionsfrist — gegen Fiscus, Kirchen, Schulen, Krankenhäuser.

Veraltet ist die Befugniß, sich gegenüber „habsüchtigen Gelüsten des Fiscus" auf den fortdauernden Besitz im Normaljahr zu berufen. Als solches war aufgestellt 1740 für die alten Provinzen und Schlesien, 1797 für Westpreußen mit Ausnahme von Thorn und Danzig, 1815 für die Rheinprovinz.

3. in 50 Jahren an Stelle der unvordenklichen Verjährung im gemeinen Recht.

für nicht beigetriebene öffentliche Lasten, deren rechtsgültige Aufhebung vermuthet wird. Dies ist eingeschränkt durch die Pr.V.U. Art. 101, welche es verbietet, Bevorzugungen in Betreff der Steuern einzuführen;

für Ueberschreitung der klar bestimmten Grenzen einer Sache oder eines Rechtes. § 660–663 ht.

§ 126.

D 41, 1 de acquirendo rerum dominio.
A.L.R. I, 10.

Tradition.

A. Erfordernisse.
I. In der Person des Tradenten:
a) veräußerungsfähig.
b) Eigenthümer der Sache oder vertretungsberechtigt.
c) in Hinblick auf einen bestimmten Erwerber.
d) in der Absicht, grade „sein“ Eigenthum an der Sache zu übertragen.
II. In der Person des Accipienten: erwerbsfähig.
III. In der Person Beider: einig über das Object und in dem Willen, Eigenthum zu übertragen bzw. zu empfangen. Der Uebereignungswille ruht auf einem juristischen Lebensinteresse, setzt sich aber abstract ohne Rücksicht auf Dissens und Irrthum durch und scheitert nur an gesetzlichen Veräußerungsverboten sowie an der Kenntniß des Empfängers von der Nichtigkeit des Grundes.
IV. Besitzübergabe, auch longa manu. Erwerb durch Stellvertreter. Fälle des s. g. transitus legalis.
B. Wirkungen.
I. Bedingte Tradition.
Vorbehalt dinglicher Rechte, pactum reservati dominii.
II. exceptio rei venditae et traditae aus dem Uebereignungswillen trotz mangelhafter Tradition:
a) bei Erwerb vom Nicht-Eigenthümer.
b) bei Erwerb vom Eigenthümer.

Eigenthumserwerb durch Besitzübergabe auf Grund einer auf Eigenthumsübergang gerichteten Willenseinigung.

A. Erfordernisse.

I. In der Person des Tradenten

a) veräußerungsfähig. Das vom impubes sine tutore auctore zum Darlehn gegebene Geld kann vom Vormund vindicirt und nach redlicher Consumtion condicirt werden. § 2 J. 2, 8. Nach der R.K.O. § 5 ff. verliert Gemeinschuldner durch die Eröffnung des Concurses die Fähigkeit, über sein Vermögen zu verfügen, also ist seine Veräußerung mindestens relativ, d. h. seinen Gläubigern gegenüber nichtig.

b) Eigenthümer der Sache oder vertretungsberechtigt als Vormund, Pfleger eines Handlungsunfähigen, Beamter des Fiscus l. 5 § 1 D. 49, 14 innerhalb des ihnen zugewiesenen Kreises, Schiffer im Nothhafen H.G.B. Art. 499; Gerichtsvollzieher, welcher die Sache, zu deren Herausgabe Schuldner rechtskräftig verurtheilt ist, ihm wegnimmt und dem Gläubiger übergiebt C.Pr.O. § 769; Concursverwalter, Pfandgläubiger, obwohl Letztere kraft eignen Rechtes veräußern. Der Eigenthümer kann Andere zur Uebertragung ermächtigen, z. B. Hauskinder durch administratio peculii, Gewaltfreie durch Mandat. l. 41 § 1 D. 6, 1. Dem Auftrag stehen gleich: arglistiges Geschehenlassen, nachträgliche Genehmigung, auch stillschweigend durch das Versprechen, den Käufer bei Eviction schützen zu wollen (mindestens giebt l. 11 C. 8, 44 dann dem Käufer eine exceptio rei venditae et traditae).

Wer nicht Eigenthümer ist, kann kein Eigenthum übertragen ‚nemo plus juris transferre potest, quam ipse habet‘ l. 54 D. 50, 17, doch wird Erwerber durch eine exceptio rei venditae et traditae geschützt, wenn Tradent später Eigenthum erhielt, oder vom Eigenthümer beerbt wurde. l. 1 pr. § 1 D. 21, 3.

Ausnahmsweise geht auch an fremden Sachen lastenfreies Eigenthum über:

in Rom bei Veräußerungen Seitens des Fiscus, des Regenten, seiner Gemahlin, mit Entschädigungspflicht binnen vier Jahren S. 328. § 14 J. 2, 6;

heute bei öffentlichen Versteigerungen A.L.R. § 42 I, 15, insbesondere Seitens des Gerichtsvollziehers C.Pr.O. § 716 ff., Seitens des Subhastationsrichters Pr.G. vom 13. Juli 1883 § 40 Z. 9, wobei nach erfolgtem Zuschlage das Kaufgeld an die Stelle des Grundstücks tritt und im Handelsverkehr bei Waaren, soweit sie nicht gestohlen oder verloren sind, — bei Inhaberpapieren und Wechseln stets — für den redlichen Erwerber. H.G.B. Art. 306 ff. W.O. Art. 74.

Nach Pr.G. vom 5. Mai 1872 muß der freiwillige Veräußerer eines Grundstücks eingetragener Eigenthümer sein, und können nur Miterben zusammen, ohne selbst eingetragen zu sein, weiter auflassen. S. 321.

c) **in Hinblick auf einen bestimmten Erwerber**, der zwar nicht der Individualität nach, aber in dem Kreise, welchem er angehört, gewiß sein muß, s. g. traditio ad incertam personam S. 354, z. B. durch Auswerfen von Geld, Auslegen von Geschäfts-Reclamen § 46 J. 2, 1. A.L.R. § 45 I, 9. Nimmt ein Anderer die Sache, als welchem sie tradirt werden sollte, so findet kein Eigenthumsübergang Statt l. 43 § 1 D. 47, 2, z. B. bei Abgabe des Briefs an eine falsche Adresse. Ueber das Consensprincip im Grundbuch vgl. S. 316.

d) **in der Absicht, grade „sein" Eigenthum an der Sache zu übertragen.** Wer seine eigne Sache als eine fremde ausdrücklich verkauft und tradirt, z. B. im Eifer einer Versteigerung oder als Mandatar des putativen Eigenthümers, überträgt kein Eigenthum ‚nemo errans suam rem amittit' l. 35 D. ht.; doch kann er aus dem Kaufschluß gebunden sein, so daß seiner rei vindicatio die exceptio rei venditae et traditae entgegensteht und ihm nur eine actio mandati contraria gegen seinen Auftraggeber aufs Interesse bleibt ‚quia forte venditurus non fuerit.' l. 49 D. 17, 1.

Ein Irrthum des Tradenten über den Grund seines Eigenthums an der Sache schadet nicht. Deshalb schiebt Ihering in der l. cit. nach den Worten ‚cum forte is, cui heres exstiterit' zwischen eum und emisset noch ein ‚a me' ein und gelangt zu folgendem Sinn: Jemand hat den Sclaven des A. von einem Andern gekauft, stirbt aber vor der Abnahme und setzt den wahren Eigenthümer A. zu seinem Erben ein. A. beauftragt den Verkäufer seines Erblassers, weil er denselben, der sich noch im Besitz der Sache befindet, auch für den Eigenthümer hält, mit ihrer Weiterveräußerung und erfährt erst hinterher von seinem wirklichen Eigenthum am Sclaven. Hier ist Eigenthum aus gutem Grunde nicht übergegangen, doch muß Auftraggeber den von ihm veranlaßten Verkauf seiner Sache gelten lassen und hat nur aus dem Rechte seines Erblassers gegen dessen Verkäufer eine actio emti auf vollen Ersatz.

II. In der Person des Accipienten.

Er muß nur *erwerbsfähig* sein, d. h. supra infantiam. Weder braucht er einen bestimmten Tradenten im Sinn zu haben, noch schadet sein Irrthum über dessen Person und Eigenthum, wenigstens nicht für die Tradition, denn das beabsichtigte Geschäft kann an diesem Irrthum scheitern, z. B. das Mutuum. l. 32 D. 12, 1 (s. g. condictio Juventiana).

III. In der Person Beider.

Beide müssen *über das Object einig* sein und den übereinstimmenden Willen haben, *Eigenthum zu übertragen bzw. zu empfangen.* Ein error in corpore hindert den Eigenthumsübergang, ob auch den zu Grunde liegenden Kauf, hängt davon ab, ob die Verwechslung der Sachen bloß bei der Uebergabe, oder schon beim Vertragsschluß vorkam.

Der animus dominii transferendi des Tradenten reicht allein nicht aus; die Willensübereinstimmung muß sich auch auf den Accipienten beziehen, welcher die möglichst volle Herrschaft für sich haben will. Daher gilt die Tradition mit Recht als ein eigenthümlicher Realvertrag. l. 55 D. 44, 7.

Dieser Uebertragungswille kann nicht in der Luft schweben, man tradirt nicht aus einer Willenscaprice um zu tradiren, sondern behufs Verwirklichung eines Lebensinteresses, eines vernünftigen Zwecks. vgl. S. 210. Dies ist der Grund (causa traditionis), welcher meist in einem auf Uebereignung der Sache abzielenden Geschäft, z. B. Kauf, Darlehn, Schenkung, Mitgift, Hingabe an Zahlungsstatt 2c. bestehen wird. Die frühere Doctrin verlangte ein gültiges, rechtsbeständiges Geschäft. Seitdem aber die auch in das A.L.R. übergegangene Lehre vom titulus und modus acquirendi S. 314 gestürzt ist, sieht man gemeinrechtlich in der Causa nur ein Motiv, eine Rechtfertigung des Willens, und behandelt die Tradition als einen abstracten Vertrag, wie dies in der zweiseitigen Auflassungserklärung vor dem Grundbuchrichter nach Pr.G. vom 5. Mai 1872 durchgeführt ist. Nicht auf das Geschäft kommt es an, aus welchem bei Kauf u. s. w. der Uebereignungswille an sich folgen wird, sondern dieser Wille entscheidet und kann auch bei Geschäften, die wie Sequestration sonst andern Functionen dienen, erklärt werden.

Daher besagt Julian in l. 36 D. 41, 1, daß selbst ein Dissens der Parteien, welche beiderseitig, aber aus verschiedenen Gründen, z. B. Schenkung und Darlehn zum Eigenthumsübergang entschlossen sind, denselben nicht hindere ‚constat proprietatem ad te transire‘. Freilich kommt weder eine Schenkung im Sinne des Gebers, noch ein Darlehn nach dem Willen des Empfängers zu Stande, und eine condictio sine causa auf Herausgabe der grundlosen Bereicherung bleibt übrig, s. g. actio de bene depensis ‚quia nummi secundum voluntatem dantis consumti sunt‘. Dagegen leugnet Paulus den Eigenthumsübergang in l. 18 D. 12, 1. Die Antinomie, welche in seinen Worten ‚nummos accipientis non fieri‘ liegt, läßt sich dadurch nicht beseitigen, daß man diese Entscheidung auf die erst im § 1 der l. c. geäußerte Absicht eines Depositum bezieht, oder von der bloßen Bereicherung im Gegensatz zum Eigenthum versteht, oder vom Willen des Empfängers, nur bei Zustandekommen des von ihm geplanten Geschäfts, Eigenthum zu erwerben.

Ebensowenig wie ein Dissens schließt der Irrthum, z. B. eine vermeintliche Schuld durch Zahlung erfüllen zu wollen, den Eigenthumsübergang aus. Nur eine condictio indebiti bildet den Niederschlag.

Allein gesetzliche Verbote sind stärker als der Parteiwille, z. B. Schenkung unter Ehegatten, Veräußerung des Dotalgrundstücks S. 382, Zahlung gegen das S.C. Macedoni acedonianum, formlose Schenkung über 500 Solidi l. 36 § 3 C. 8, 54 (53). Auch Kenntniß des Empfängers von der Nichtigkeit des Grundes hindert als ein Furtum den Eigenthumsübergang, z. B. bösglaubige Annahme eines Indebitum. l. 43 D. 47, 2.

IV. Besitzübergabe.

Sie kann longa manu S. 294 erfolgen, z. B. durch die Erlaubniß des Grundeigenthümers, daß von seinem Boden sich Jemand Steine, Früchte holen dürfe l. 6 D. 39, 5, durch die Anweisung, welche der Verkäufer dem Detentor seiner Sache ertheilt, dieselbe nunmehr im Namen des Käufers inne zu haben. Bei grundloser Weigerung des Detentors könnte Verkäufer die Ausübung seines Eigenthums, d. h. die rei vindicatio übertragen; Cessionar, der sich daraufhin in den Besitz der Sache setzte, erlangt — trotzdem es an wirklicher Uebergabe fehlt — eine eigenthumsgleiche Stellung und wird sogar gegen Angriffe seines Cedenten durch eine exceptio rei venditae geschützt. l. 1 § 5 D. 21, 3. Manche bestreiten die Cedirbarkeit der rei vindicatio, weil eine Klage vor ihrer Erhebung nicht ‚in bonis' sei, aber wohl mit Unrecht.

Die Erleichterung durch brevi manu traditio, constitutum possessorium wirkt auch hier.

Stellvertreter, welche die tradirte Sache für ihren Herrn in Besitz nehmen, erwerben diesem direct das Eigenthum. Der Frachtführer, welchem die Sache zur Beförderung übergeben wurde, gilt nicht als Vertreter des Adressaten, es sei denn, daß er in dessen Auftrage (als Bote) die Sache abholte oder in Empfang nahm. Bei Aufgabe an den Frachtführer, die Post bleibt Absender während der Reise bis zur Aushändigung: Besitzer, Eigenthümer und verfügungsberechtigt durch Contreordre, obgleich die Gefahr auf den Adressaten durch Anwendung der vorgeschriebenen oder ordnungsmäßigen Transportmittel übergegangen ist. H.G.B. Art. 344 ff. Das Verfügungsrecht erlischt natürlich mit Begebung eines an Order des Destinatärs gestellten Ladescheins, in dessen Indossament eine longa manu traditio des Frachtgutes gefunden werden kann. H.G.B. Art. 416. S. 305. Das A.L.R. § 128 ff. I, 11 erklärt eine Uebergabe unter Abwesenden für vollzogen mit Auflieferung der Sache zur Post, an den Frachtführer u. s. w.

Die Besitzübergabe, welche zur mancipatio nicht erforderlich war, — davon handelt l. 16 D. 23, 5 — ist bei der Tradition ein wesentliches äußeres Kennzeichen des Eigenthumsüberganges. Symbole, Urkunden genügen nicht, nur ausnahmsweise vollzieht sich eine freiwillige Veräußerung ohne Besitzübergabe. Dieser s. g. transitus legalis vgl. S. 314 findet Statt: 1. bei der societas omnium bonorum l. 1 § 1 D. 17, 1 (ähnlich im H.G.B. Art. 91 bei der offnen Handelsgesellschaft durch Aufnahme in ein von allen Gesellschaftern unterzeichnetes Inventar), was als gegenseitiges constitutum possessorium ausgelegt wird, 2. bei Zuwendungen an Kirchen l. 23 C. 1, 2 auf Grund eines singulären, von Justinian ertheilten Privilegs.

Im H.G.B. Art. 439 soll Eigenthum an Schiffen und Schiffsparten durch bloße Vereinbarung übertragen werden.

Ueber die Auflassung und Umschreibung von Grundstücken im deutschen Recht sowie nach Pr.G. vom 5. Mai 1872 vgl. S. 317, ff.

Der code civil ersetzt die Uebergabe durch einen Vertrag.

B. Wirkungen.

Accipient erwirbt derivatives Eigenthum.

I. Bedingte Tradition.

Die Bedingung kann nicht auf der Besitzübergabe lasten, sie ruht vielmehr auf dem Uebertragungswillen oder auf dem Traditionsgrunde oder auf beiden Acten.

Der Vorbehalt dinglicher Rechte, z. B. deducto usufructu enthält keine Minderung des Eigenthums durch einen Vorabzug. Das Eigenthum geht voll über, aber Empfänger (der deshalb veräußerungsfähig sein muß) übernimmt stillschweigend wie durch eine lex mancipi die Verpflichtung, die vorbehaltene Servitut dem Tradenten erst zu bestellen.

Eine auf den Traditionsgrund gelegte Bedingung erstreckt sich zumeist auch auf die Eigenthumswirkung, die sich in Folge der Rückziehung S. 330 ‚ipso jure‘ und ‚ex tunc‘ vollzieht. Doch kann die Bedingung allein auf dem Geschäft ruhen, z. B. beim Reukauf und erzeugt dann nur ein persönliches Rückforderungsrecht.

Beim pactum reservati dominii ist die Tradition eine suspensiv bedingte, dagegen der Kauf meist ein reiner. Ein solcher Vorbehalt versteht sich nach den zwölf Tafeln § 41 J. 2, 1 von selbst, falls der Kaufpreis weder bezahlt noch gestundet ist. Wahrscheinlich lag darin ein Anklang an die Handelssitte des formlosen griechischen Rechtes: nur durch Perfection des Kaufs mit Preisregulirung, ohne daß Besitzübergabe vonnöthen war, Eigenthum und Gefahr zu übertragen. Folglich wird der römische Käufer, wenn der Preis weder gezahlt noch gestundet ist, trotz des Vertragsschlusses und der Uebergabe, keineswegs Eigenthümer der Sache — doch Schutz durch actio Publiciana nach l. 8, 9 pr. D. 6, 2 — und begeht durch ihre dolose Weiterveräußerung ein Furtum. Dem Verkäufer bleibt jederzeit eine actio venditi auf den Preis und wohl auch die Vindication der Sache, da er der Einrede des Kaufes, solange noch nicht erfüllt ist, eine replica doli entgegenstellen kann. Dernburg leugnet die Anwendbarkeit dieser Regel im heutigen Recht; doch wird auf dem Markt und in vielen Geschäften, wo Baarkauf üblich ist, nur in der Erwartung tradirt, daß Zug um Zug Zahlung erfolge; im übrigen Handelsverkehr muß ein trotz Uebergabe der Waare nicht gezahlter Preis als creditirt gelten.

Das A.L.R. § 224 I, 11 befugt den Verkäufer, wenn die versprochene Baarzahlung nicht bei Uebergabe erfolgt, binnen acht Tage auf Auflösung des Kaufes zu klagen, widrigenfalls der Preis als geborgt zu erachten ist.

Streitig ist die Natur des Eigenthumsvorbehaltes beim Creditkauf. Viele sehen darin eine Resolutiv-Bedingung, d. h. den Vorbehalt des Rückfalles. Allein der Creditvertrag enthält eine Stundung, keine Absicht sofortigen Eigenthumsüberganges, und Verkäufer widerspricht sich durchaus nicht, wenn er den Eigenthumserwerb bis zur Zahlung des Preises aufgeschoben wissen will. Daher wird Käufer vorläufig nur nutzungsberechtigt an der Waare, darf aber Angriffe des Verkäufers während der Schwebezeit wie rei vindicatio bzw. actio venditi durch eine exceptio doli l. 7 § 3 D. 23, 3 bzw. pacti de non petendo abwehren. Solche Vorbehalte sind heute in s. g. Abzahlungsgeschäften häufig: Käufer, der vor völliger Erfüllung die Sache verpfändet, veräußert, macht sich einer Unterschlagung schuldig. Im Concurse desselben kann Verkäufer die Sache — eventuell gegen Rückgabe der bereits gezahlten Raten — aussondern, es sei denn, daß der

Concurs-Verwalter auf dem Kauf stehen bleibt und durch seine Erklärung für den rückständigen Preis die Stellung einer Masseschuld begründet. R.K.O. § 15, § 35.

Das A.L.R. § 266 I, 11 giebt dem Eigenthums-Vorbehalt beim Verkauf auf Borg die Kraft einer auflösenden Bedingung, welche stillschweigend durch Annahme einer Theilzahlung erlöschen kann, und spricht ihm für Mobilien Mangels einer Zeitbestimmung jegliche Wirkung ab.

Nach Pr.G. vom 5. Mai 1872 § 26 enthält der Eigenthumsvorbehalt bei Veräußerung von Grundstücken einen Titel zur Eintragung einer Hypothek wegen der Restkaufgelder.

II. exceptio rei venditae et traditae. D. 21, 3.

Sie kommt dem Erwerber einer Sache zu Gute, welcher sie zwar mit Willen des Eigenthümers oder dessen Erblassers an sich brachte, dem aber zur vollen Tradition nach strictem Recht noch ein Erforderniß mangelt, das durch die aequitas als ersetzt oder gehoben betrachtet werden kann.

Die bereits aufgeführten Fälle sind:

a) Erwerb vom Nicht-Eigenthümer, aber
mit Gewähr des Eigenthümers gegen Eviction, oder
mit nachherigem Eigenthumserwerb Seitens des Tradenten, oder
mit späterem Erbgang zwischen Tradenten und dem Eigenthümer.

b) Erwerb vom Eigenthümer, aber
ohne Uebergabe durch Cession der Vindication, oder
in dem Glauben des Tradenten, nicht seine eigne, sondern eine fremde Sache zu veräußern.

Da die Einrede einen dolus generalis S. 264 des Tradenten betrifft, wird sie für und gegen alle Rechtsnachfolger der Betheiligten gewährt, und wandelt sich in eine replica rei venditae et traditae, wenn die Sache in den Besitz des Tradenten bzw. seiner Nachfolger kam und diese etwa versuchen, einer actio Publiciana durch eine exceptio dominii die Spitze zu bieten. l. 4 § 32 D. 44, 4. Dadurch, erhält im Effect das jus ad rem einen Vorzug vor dem jus in re. Ueber die Entstehung und Formulirung der exceptio vgl. S. 337. Infolge dieser Einrede schwächt sich das Eigenthum des Veräußerers zu einem ‚nudum jus', das höchstens bei Diebstahl der Sache zur Kraft einer rei vindicatio gegen Dritte gelangt, aber auch ohne bleibenden Nutzen, da aus dem Erwerbsgeschäft des Bestohlenen oder seines Vormanns eine Klage auf Rückgabe hervorgerufen wird.

Der Vergleich, welchen man zwischen dieser Einrede und der Gewährspflicht zog, ‚quem actio de evictione tenet, eum agentem exceptio rei venditae et traditae repellit' oder „*was man muß gewähren, darf man nicht entwehren*" hinkt in einigen Fällen, z. B. bei der Schenkung, welche der Gewährspflicht ermangelt. Verspricht beim Verkauf fremder Sachen ein Bürge, sie gegen Eviction vertreten zu wollen, und wird derselbe später vom wahren Eigenthümer der Sache beerbt, so steht der Erbe zwar für die übernommenen Pflichten ein, braucht aber eine exceptio rei venditae nicht zu dulden. l. 31 C. 8, 44.

Im A.L.R. findet die Einrede gleiche Anwendung, obwohl sie im § 142 I, 11 bloß für den Fall eines Erbgangs zwischen dem Veräußerer und dem wahren Eigenthümer der Sache erwähnt wird.

Nach dem Pr.G. vom 5. Mai 1872 giebt Verkauf und Uebergabe eines Grundstücks, ohne daß Auflassung hinzukam, noch keine exceptio rei venditae et traditae gegen die Klage des Verkäufers, welcher eingetragener Eigenthümer blieb. Nur mit einer selbständigen Klage kann Käufer auftreten, um auf Grund des erfochtenen Urtheils die Umschreibung zu beantragen.

§ 127.

Schutzmittel.

Die Geltendmachung des Eigenthums gegen Angriffe geschieht durch Einrede (exceptio dominii) oder Klagen. Letztere sind: rei vindicatio bei totaler Verletzung durch Besitzentziehung, actio negatoria bei partieller Störung durch Hinderung. Die actio Publiciana dient zum Schutz des putativen Eigenthümers und gründet sich in Rom auf die Fiction vollendeter Ersitzung. Rei vindicatio und actio negatoria unterscheiden sich unter einander durch die Veranlassung (laesio), und von der actio Publiciana durch den Grund (fundamentum).

Das gemeine Recht gab überdies dem besitzenden Eigenthümer, um Anmaßungen gegen sein Recht abzuwehren, eine provocatio ex lege ‚diffamari' vgl. S. 246. An Stelle dieses Klagezwangs, welchen Diffamat als der künftig Beklagte an seinem eignen Gerichtsstande geltend machte, ist nach C.Pr.O. § 231, die den römischen Präjudicialklagen nachgebildete Feststellungsklage getreten. So klagt ein besitzender Grundeigenthümer, welchem aus der fälschlichen Eintragung eines Andern Gefahr droht, auf Feststellung seines Eigenthums, um das richterliche Urtheil zu Vormerkungen im Grundbuch S. 322 zu verwerthen.

§ 128.

D. 6, 1 de rei vindicatione.
A.L.R. I, 15. Von Verfolgung des Eigenthums.

Rei vindicatio.

A. Kläger.
  I. Klagegrund.
  II. Beweis.
  III. Zeitpunkt.
  Veräußerung des rechtshängigen Anspruchs bzw. der streitigen Sache.
  IV. Besitzender Eigenthümer?
  V. Nicht-Eigenthümer. i. g. utilis vindicatio.
    a) für Bevormundete.
    b) für Soldaten.
    c) für den Ehegatten.
B. Beklagter.
  I. Eigenthumsstreit.
  II. Benennung des Vormanns.
  III. Nicht-Besitzer:
    a) wer absichtlich die Sache vernichtete.
    b) wer sich arglistig auf die Klage einließ.
C. Gegenstand.
  Vindication einer Heerde.
D. Ziel.
  I. Herausgabe der Sache.
  II. Verschlechterung, Werthverminderung, Untergang der Sache.
  Haftung des redlichen bzw. unredlichen Besitzers vor und nach der Klage-Erhebung.
  III. Mit allem Zubehör.
  Fruchtpunkt vor und nach der Klage-Erhebung.
E. Einreden.
  exceptio dominii? Retentionsrecht. Verwendungen:
  I. nothwendige.
  II. nützliche.
  III. luxuriöse.

Klage des nicht-besitzenden Eigenthümers gegen den besitzenden Nicht-Eigenthümer auf Anerkennung seines Eigenthums und Herausgabe der Sache mit allem Zubehör.

A. Kläger.

Dies ist der nicht-besitzende Eigenthümer. Er kann seinen Anspruch auf Herausgabe der Sache einem Cessionar übertragen, welchem es behufs wirksamer

Ausübung der cedirten Klage obliegt, den betreffenden Besitzer der Sache davon Nachricht (Denuntiation) zu geben.

In einem einzigen Fall darf der besitzende Eigenthümer klagen, bisweilen auch ,utiliter' ein Nicht-Eigenthümer.

I. Klagegrund.

Im römischen System gliedern sich die Rechte in Familien und Ordnungen, denen ein eigenthümliches Klageformular entspricht. Wahl und Aufbau dieser Formel war in der klassischen Zeit Sache des Magistrats ,in jure', der durch das concilium juris consultorum und die Plaidoyers der Partei-Beistände unterstützt wurde. Das Urbild der rei vindicatio lautete vgl. Gaj. IV § 41 ,si paret eam rem, qua de agitur, ex jure Quiritium A^i A^i esse, N^m N^m A^o A^o condemna, si non paret, absolve'. Die mit dem Namen des Geschworenen, der Parteien und mancherlei Einschiebseln ausgefüllte Formel wurde dem Kläger übergeben (litis contestatio), und dadurch der rechtliche Umfang des Streitfeldes umgrenzt. Vor dem Geschworenen, welchem die Parteien die Ausrichtung ihres Streits übertragen hatten, ,in judicio' erfolgte Angabe und Beweis der rechtsbegründenden Thatsachen, auf denen die Entscheidung der Urtheilsfrage beruhte. Dem Kläger stand es frei, von dem zunächst angeführten Erwerbsgrunde des Eigenthums abzugehen und sich z. B. an Statt der Schenkung — auf den Kauf zu berufen. War Beklagter ,contumax', indem er das klägerische Eigenthum oder seinen Besitz abläugnete und wurde er davon überführt, so traf ihn die durch das interdictum quem fundum vollstreckbare Strafe der translatio possessionis, d. h. er wurde zur sofortigen Herausgabe des Besitzes genöthigt. Dadurch verlor er die Retentionseinrede, mußte also dingliche Gegenrechte wie Pfandrecht „klageweise" durchsetzen und den nur im Wege der Zurückbehaltung erzwingbaren Ersatz von Verwendungen ganz aufgeben. nov. 18. c. 10. Wurde dagegen Kläger wegen mißlungenen Beweises 2c. abgewiesen, so war die Eigenthumsfrage Betreffs dieser Sache und dieses Beklagten für immer erledigt. Dem Kläger stand, wenn er denselben Anspruch wiederum erheben wollte, eine exceptio rei judicatae entgegen, es sei denn, daß er wegen entschuldbaren Irrthums eine Wiedereinsetzung in den vorigen Stand erbeten oder sich auf einen später entstandenen Erwerbsgrund causa superveniens berufen hätte l. 11 § 4 D. 44, 2 vgl. S. 270. Diesem Nachtheil konnte Kläger nur entgehen, wenn er expressa causa klagte, was man in der Formel entweder durch einen Zusatz zur intentio oder durch eine vorangestellte praescriptio andeutete. l. 11 § 2, l. 14 § 2 D. 44, 2. Bei dieser Sachlage verblieb es im Justinianeischen Libell-Proceß: Kläger bezog sich in seiner Klageschrift auf eine bestimmte Actio, worauf in einem vom Beamten angesetzten Termin durch Vortrag des Klägers und Widerspruch des Beklagten Lis contestirt wurde. l. 1 C. 3, 9.

Im kanonischen Proceß soll der Richter nicht auf den Namen der Klage, sondern auf die Schlüssigkeit des Gesuchs aus seinem Grunde achten, und die Wahrheit der rechtsbegründenden Thatsachen erforschen. c. 6 X 2, 1. Ueber die Untersuchungs-Maxime vgl. S. 44.

Das gemeine Recht hält den gleichen Weg inne. Da es aber die Verhandlungs-Maxime ausbildet, wonach der Richter nur die Partei-Angaben und nicht die materielle Wahrheit zu berücksichtigen hat, so wird auch für dingliche Klagen die Angabe der Erwerbsthatsache nöthig. Dies um so mehr nach der Eventualmaxime des J.R.A. von 1654, da man dem Beklagten nicht die ausführliche Angabe der Vertheidigungsmomente bei Strafe des Ausschlusses auflegen kann, wenn er nicht die Taktik des Angriffes kennt. Damit gilt jede rei vindicatio als expressa causa erhoben. Nur eine emendatio, d. h. Vervollständigung, nicht mutatio des Erwerbsgrundes ist nach Einlassung des Beklagten statthaft, aber dafür kann auch der Anstellung derselben rei vindicatio aus neuem Grunde keine Einrede des rechtskräftigen Urtheils entgegengehalten werden.

Die Civilproceßordnung hat durch das Gebot der Mündlichkeit, die Gestattung neuer Vertheidigungsmittel bis zum Schluß der mündlichen Hauptverhandlung 2c. das gemeinrechtliche Verfahren wesentlich umgestaltet, jedoch die materielle Bedeutung des Klagegrundes beibehalten. Daher ist nach Erhebung der Klage eine Aenderung der Entstehungsthatsachen des Eigenthums unzulässig, sofern sie über Ergänzung und Berichtigung hinausgeht. C.Pr.O. § 235 Z. 3, § 240.

II. **Beweis.**

Kläger muß seinen originären oder derivativen Erwerbstitel darthun; im letzteren Fall auch das Eigenthum seiner Vormänner, bis er auf einen originären Erwerber stößt. Auswege aus diesem vitiösen Cirkel bieten: 1. das interdictum unde vi bei Entsetzung aus einem Grundstück gegen den Dejicienten 2. die Ersitzung mit Zurechnung der Besitzzeit vom Vormann 3. die actio Publiciana.

Thibaut will diese s. g. probatio diabolica dadurch erleichtern, daß er vom Kläger nur den Nachweis seines Erwerbstitels verlangt und dem Beklagten den um Vieles lästigeren Beweis aufbürdet, daß einer der klägerischen Vorleute „nicht“ Eigenthümer gewesen sei.

In der Praxis und im A.L.R. § 176 I, 7 begnügt man sich mit den Erfordernissen der actio Publiciana, ohne daß eine ausdrückliche Häufung mit den Worten „mein Eigenthum vel quasi“ vonnöthen wäre.

III. **Zeitpunkt.**

Für das Eigenthum des Klägers, den Besitz des Beklagten kommt es auf den Zeitpunkt der Litiscontestation an. Im altrömischen Recht war der Streitbeginn, welchem novatorische Kraft innewohnte, für die Gestaltung der Condemnation ausschließlich maßgebend. S. 257. Später sah man auch auf die Zeit des Urtheils, und verurtheilte den Beklagten, wenn er erst im Laufe des Processes in den Besitz der Sache gekommen war. l. 27 § 1 D. 6, 1. Nach Savigny sind die rechtlichen Erfordernisse einer Klage nach dem Zeitpunkte des Streitbeginns, d. h. in der C.Pr.O. Klage-Erhebung, die thatsächlichen nach dem des Urtheils zu bemessen.

Das kanonische Recht erlaubt eine Vindication sine causa, wenn Kläger, der keinen Erwerbsgrund anführte, bis zum Urtheil Eigenthümer wurde. In der C.Pr.O. bedarf es der Ausführung des Klagegrundes, wenigstens muß ein im Laufe des Rechtsstreits zu erwartender Eigenthumserwerb, z. B. hinsichtlich bedingter Rechte glaubhaft gemacht werden.

Die Veräußerung des rechtshängigen Anspruchs bzw. der streitigen Sache (actio bzw. res litigiosa) war in Rom bei Strafe verboten

und nichtig (ebenso eine dedicatio in sacrum) Gaj. IV § 117. l. 3 und 4 C. 8, 37 (36). In der C.Pr.O. § 236 ff. ist die Veräußerung rechtsgültig, aber ohne Einfluß auf den schwebenden Streit: Der Rechtsnachfolger kann nicht ohne Zustimmung des Gegners den Proceß als Hauptpartei übernehmen, sondern darf höchstens zum Schutz seiner Interessen als Neben-Intervenient beitreten. Das Urtheil ergeht für und gegen die ursprüngliche Partei, wirkt aber zu Gunsten und Lasten ihres Rechtsnachfolgers, ist also insbesondere gegen den Erwerber der Sache vollstreckbar, soweit er sich nicht nach den Vorschriften des bürgerlichen Rechtes auf seine Redlichkeit oder den öffentlichen Glauben des Grundbuchs berufen kann. Im A.L.R. § 16 ht. soll Derjenige, welcher die in Anspruch genommene Sache nach der ihm eingehändigten Vorladung weiter veräußert, einem unredlichen Besitzer gleichgeachtet werden.

IV. Besitzender Eigenthümer.

Im § 2 J. 4, 6 heißt es ‚sane uno casu is, qui possidet, nihilo minus actoris partes obtinet, sicut in latioribus Digestorum libris opportunius apparebit'. Das Räthsel des ‚unicus casus' ist in den Digesten nicht gelöst. Die Einen beziehen ihn auf die actio negatoria oder die actio confessoria, zumal letztere eine vindicatio servitutis genannt wird, — die Andern auf einen besondern Fall der rei vindicatio, z. B. des juristischen Besitzers gegen seinen Detentor (mit Rücksicht auf die von Justinian verworfene Meinung der Sabinianer, daß an derselben Sache zugleich eine justa und injusta possessio möglich sei vgl. S. 292); oder des Proprietars gegen seinen Nießbraucher, um die Sicherheitsleistung zu erzwingen; oder des besitzenden Mit-Eigenthümers, welcher in seinem Antheil bestritten wird, Theilung wünscht und deshalb die rei vindicatio mit der actio communi dividundo cumulirt; oder des Vindicanten, welcher während des Processes in den Besitz der Sache kam, aber gegen den contumax bzw. fictus possessor die Klage auf Zahlung der Litis-Aestimation fortsetzt.

V. Nicht-Eigenthümer.

Ein s. g. utilis vindicatio läßt sich auf den Satz ‚res succedit in locum pretii' zurückführen, allein es wäre falsch, die bei der hereditatis petitio wegen ihres Bereicherungs-Charakters übliche Subrogation von Sache und Erlös für alle Sachgesammtheiten zu verallgemeinern. vgl. S. 199.

Die utilis rei vindicatio steht zu:

a) Den **Bevormundeten** wegen der Sachen, welche ihr Vormund mit ihrem Gelde für sich anschaffte. l. 2 D. 26, 9. l. 3 C. 5, 51.

b) Den **Soldaten** wegen der mit ihrem Gelde vom Geschäftsführer erworbenen Sachen. l. 8 C. 3, 32.

c) Dem **Ehegatten**, welcher dem andern Gemahl Geld schenkte, auf die damit angeschafften Sachen, falls Schenkgeber bei Insolvenz des Beschenkten widerrief l. 55 D. 24, 1. Nicht aber für die Ehefrau auf die mit Dotalgeld erworbenen Sachen. l. 24 D. 23, 3.

Neben der utilis rei vindicatio steht eine directa des wahren Eigenthümers, welche freilich bei Collision der ersteren weichen muß. Bei Anstellung der rei vindicatio utilis gegen den Erwerber der Sache bedarf es nur des Nachweises, daß der Gegenstand mit dem Gelde des Klägers angeschafft sei. Zu der utilis rei vindicatio steht in electiver Concurrenz die dem jedesmaligen Rechtsverhältniß entsprechende Klage, z. B. actio tutelae des Mündels, actio negotiorum gestorum des Soldaten &c.

Auf anderen Gesichtspunkten beruhen: die utilis rei vindicatio des Emphyteuta, Immissus vgl. S. 341; des Tafel-Eigenthümers bei Kunstmalerei vgl. S. 374; der Ehefrau auf die bei Lösung der Ehe beim Mann nach vorhandenen Dotalsachen S. 339; des Schenkgebers von Sachen unter Auflage von Alimenten. l. 1 C. 8, 54 vgl. S. 224 &c.

Puchta sieht in den a–c angeführten Fällen eine Tradition an unfreiwillige Stellvertreter, so daß der Zusatz ‚utilis' zur rei vindicatio unnöthig wäre, und Ihering erklärt die utilis rei vindicatio als eine auf „Eigenthumsübertragung" gerichtete Klage.

B. Beklagter.

Als solcher gilt jeder Besitzer der Sache, auch der bloße Detentor ‚qui facultatem habet restituendi', doch nur bei Eigenthumsstreit, mit dem Recht einer Benennung des Vormanns, und ausnahmsweise selbst ein Nichtbesitzer als fictus possessor.

I. Eigenthumsstreit (controversia dominii).

Wer eine fremde Sache ohne Eigenthumsstreit nur inne hat, z. B. einen auf seinen Boden verwehten Hut, aber sie weder herausgeben noch von seinem Grundstück abholen lassen will, unterliegt einer bloßen actio ad exhibendum, welche den Zutritt zum Grundstück gegen Stellung einer cautio damni praeteriti bzw. infecti öffnet. l. 5 § 4–5 D. 10, 4.

II. Benennung des Vormanns (laudatio, nominatio auctoris).

Constantin gestattet in l. 2 C. 3, 19, daß der auf Herausgabe eines Grundstücks beklagte Detentor an seiner Statt den juristischen Besitzer, in dessen Namen er inne hat, z. B. den Verpächter, zum Vertheidiger im Proceß bestelle.

Die Praxis und die C.Pr.O. § 73 haben diese Benennung des Vormanns auf Inhaber von Mobilien wie Depositare ausgedehnt. Darin liegt sowohl ein Recht des Detentors, der zu wenig Antheil an der Sache nimmt, als um sich ihrethalber einen langwierigen Proceß aufzuhalsen, als auch eine Pflicht, denn wer von seinem Vormann im Genuß der Sache geschützt sein will, muß ihm durch Meldung des Angriffs Gelegenheit zur Abwehr desselben geben. Die Einrede ist eine proceßhindernde. Der Beklagte, welcher mündlich oder schriftlich im Namen eines Dritten zu besitzen behauptet, kann, wenn er diesem vor der Verhandlung zur Hauptsache den Streit verkündet und ihn unter Benennung an den Kläger zur Erklärung ladet, bis zu dieser Erklärung oder bis zum Schlusse des Termins, in welchem sich der Benannte zu erklären hat, die Verhandlung zur Hauptsache verweigern. Antwortet der Benannte nicht oder bestreitet er, so ist der Beklagte — unbeschadet seines Rückgriffs gegen den Vormann aus dem innern Rechtsverhältniß — befugt, dem Klageantrage zu genügen, d. h. die Sache herauszugeben. Doch kann er auch selbständig den Streit weiter führen; dann richtet sich ein auf Herausgabe lautendes Urtheil gegen ihn und den Vormann, ohne dessen etwaiger Vindication vorzugreifen.

Gesteht der Benannte die Behauptung des Beklagten zu, so ist er berechtigt, mit Zustimmung des Beklagten an dessen Stelle den Proceß als Hauptpartei zu übernehmen. Kläger darf dem nicht widersprechen, außer wenn er Ansprüche geltend macht, die davon unabhängig sind, daß der Beklagte im Namen eines Dritten besitzt. Das Urtheil ist dann in Ansehung der Sache auch gegen den ursprünglich beklagten Inhaber wirksam und vollstreckbar.

III. **Nicht-Besitzer.**

In zwei Fällen gelten Nicht-Besitzer wegen ihrer Arglist, der culpa lata gleichsteht, als ficti possessores. l. 131 D. 50, 17 ‚dolus est pro possessione'.

a) **Wer absichtlich**, um die Erhebung der Klage zu vereiteln, **die Sache vernichtete** veräußerte, bei Seite schaffte ‚qui dolo desiit, possidere' oder ‚qui dolo fecit, quominus possideat'. l. 36 pr. D. 6, 1. A.L.R. § 15 ht.

b) **Wer sich arglistig**, als ob er selbst besäße, **auf die Klage einließ**, um den Blick des Klägers vom wahren Besitzer abzulenken. ‚qui liti se obtulit'. l. 25 D. 6, 1. A.L.R. § 12 ht. Bei einer bloß culpos unrichtigen Beantwortung der Frage über die passive Sachlegitimation (interrogatio in jure) half der Prätor durch Wiedereinsetzung in den vorigen Stand. l. 20 § 1, l. 11 § 8, § 10 D. 11, 1.

Paulus führt die ficta possessio in l. 27 § 3 D. 6, 1 auf das S.C. Juventianum zurück, das zur Zeit Hadrians erging, doch ist der erstere Fall entschieden älter.

Die Vindication gegen den fictus possessor hat Delictsnatur. Sie geht anstatt des vollen Interesses auf Zahlung der Litisästimation, welche als Strafe gilt und sich nicht wie ein dem Kläger „aufgedrungener" Kaufpreis für die Sache behandeln läßt. Folglich wird Beklagter weder von der Zahlung befreit, falls Kläger im Lauf des Processes in den Besitz der Sache gelangte, noch dadurch zur Rückforderung berechtigt, daß Kläger sich späterhin die Sache vom wirklichen Besitzer holte. l. 13 § 13–14 D. 5, 3. Die Erben des fictus possessor stehen nur in Höhe ihrer Bereicherung ein. l. 52 D. 6, 1.

Im A.L.R. § 13 ht. haftet der fictus possessor, sofern sich Eigenthümer nicht an den wahren Besitzer halten kann, auf volles Interesse.

Wer ohne Arglist, aber um der drohenden Klage zu entgehen, die Sache zum Schaden des Eigenthümers weiter veräußerte, wird aus dieser alienatio judicii mutandi causa mit einer actio in factum aufs Interesse belangt. l. 4 § 1 D. 4, 7.

Ein gutgläubiger Besitzer, welcher durch redlichen Verkauf die Sache der Vindication entzog, haftet persönlich — nach Julian in l. 23 D. 12, 1 mit einer condictio, nach Afrikan in l. 48 (49) D. 3, 5 mit einer actio negotiorum gestorum directa — auf die Bereicherung, d. h. auf den in seinem Vermögen befindlichen Erlös, nach Abzug der für die Sache verauslagten Erwerbskosten. Das A.L.R. § 28 ff. ht. beschränkt diese Haftung für die Regel auf die Dauer eines Jahres nach erfolgter Veräußerung.

C. Gegenstand.

Die Vindication umfaßt körperliche Sachen, auch reelle und ideelle Theile derselben l. 8 D. 6, 1. Ist eine Sache durch Verbindung mit einer anderen Bestandtheil der letzteren geworden, so muß in Rom erst eine Trennung durch actio ad exhibendum vorbereitet werden. Heute genügt im Fall der Trennbarkeit genaue Bezeichnung der Sache in der Klage, vgl. S. 370. Vertretbare Sachen unterliegen der Vindication, so lange sie noch unterscheidbar sind; im A.L.R. § 45–46 ht. nicht baares Geld, das redlich gegen Entgeld empfangen wurde. Eingebaute Materialien sind stets ausgeschlossen, ebenso Sachen, welche, obwohl dem Tradenten nicht gehörig, kraft gesetzlicher Vorschrift in das Eigenthum des Erwerbers gelangen, z. B. durch öffentliche Versteigerung, im Handelsverkehr vgl. S. 387.

Bei Vindication einer Heerde darf man sich auf „das Ganze“ in der Klage beziehen. l. 1 § 3 – l. 3 pr. D. 6, 1. vgl. S. 203. Dabei bleibt streitig, ob während des Processes das Eigenthum an jedem einzelnen Stück, oder an der Mehrheit derselben, oder an der Heerde als solcher nachgewiesen werden muß. Keineswegs könnte der Sieger, wenn ihm nachträglich ein der Heerde beigemischtes fremdes Stück abgestritten wird, sich der exceptio rei judicatae bedienen. Dagegen soll diese Einrede nach l. 21 § 1 D. 44, 2 dem Vindicanten entgegenstehen, welcher mit seinem Anspruch auf die Heerde unterlag und nun ein einzelnes Stück derselben fordert. In letzterer Entscheidung liegt wohl ein heute unanwendbarer Rest der alten Klagenconsumtion. Gaj. IV § 17.

Bei andern Sachgesammtheiten wie Schiffsinventar l. 3 § 1 D. 6, 1 oder beim Peculium l. 56 D. 6, 1 ist in Rom nur eine Vindication ‚singulorum‘ zulässig. Die moderne Praxis erlaubt, die Klage dem Namen nach auf das Ganze zu richten, fordert aber im Laufe des Verfahrens eine genaue Ermittlung der dem Kläger eigenthümlichen Stücke.

Im A.L.R. § 3 ht. können Rechte und Inbegriffe, soweit sie im Eigenthum stehen, vindicirt werden.

D. Ziel.

Kläger ersucht um Anerkennung seines Eigenthums an der Sache und um Herausgabe derselben sammt allem Zubehör.

I. Herausgabe der Sache.

Die altrömische Vindication hieß eine actio arbitraria vgl. S. 244, da in die Formel die Worte eingeschaltet waren: ‚nisi arbitratu tuo N^s^ N^s^ A° A° rem restituat, quanti ea res est‘. Der Geschworene wurde angewiesen, den Verurtheilten zunächst gütlich zur Herausgabe der Sache aufzufordern. War der Beklagte dazu bereit, so erfolgte die Rückgabe Seitens des redlichen Besitzers am Ort, wo sich die Sache befand, oder auf Kosten des Klägers am Klageort, während der unredliche Besitzer den Transport dorthin bezahlen mußte. l. 10–12 D. 6, 1. Fügte sich aber der Beklagte nicht, so geschah seine Condemnation in einen durch Schätzungseid des Klägers (juramentum in litem) zu ermittelnden Geldwerth (litis aestimatio), durch dessen Zahlung das Eigenthum an der Sache überging. l. 46 D. 6, 1. § 31 J. 4, 6. Unter Justinian ist die Herausgabe der Sache ein im Vollstreckungswege ‚manu militari‘ — so besagt eine Interpolation Tribonians in l. 68 D. 6, 1 — erzwingbarer Befehl, und erst bei dolosem Ungehorsam des Beklagten hat Sieger das Recht, sein volles Interesse ‚sine ulla taxatione‘ einzuschwören.

In der C.Pr.O. § 769 ff. nimmt der Gerichtsvollzieher dem verurtheilten

Schuldner die Mobilie weg und übergiebt sie dem Gläubiger. Wird die herauszugebende Sache nicht vorgefunden, so ist der Schuldner verpflichtet, auf Antrag des Gläubigers einen Offenbarungseid dahin zu leisten, daß er die Sache nicht besitze und auch nicht wisse, wo sie sich befinde. Zur Erzwingung dieses Eides hat das Gericht auf Antrag die Haft anzuordnen. § 782. Dem nicht befriedigten Gläubiger steht es nun zu, eine Klage auf Leistung des Geldinteresses bei dem Proceßgericht erster Instanz anzubringen § 778, falls er nicht schon diesen Antrag als einen eventuellen mit seiner Klage auf Natural-Erfüllung verbunden hat. Die Höhe der Geldcondemnation richtet sich nach freier Ueberzeugung des Gerichts, das unter Ansatz eines Höchstbetrages den Gläubiger zum Schätzungseid verstatten kann. § 260. Bei Immobilien, bewohnten Schiffen setzt Gerichtsvollzieher den Schuldner aus dem Besitz und den Gläubiger in den Besitz. § 771.

II. **Verschlechterung und Werthverminderung, Untergang der Sache.**

In Rom und im gemeinen Recht haften:

a) vor der Klage-Erhebung bonae fidei possessor überhaupt nicht ,quasi rem suam neglexit' l. 31 § 3 D. 5, 3; malae fidei possessor für levis culpa; fur für casus merus.

b) nach der Klage-Erhebung bonae fidei possessor für levis culpa l. 21 D. 6, 1; malae fidei possessor für casus mixtus, d. h. wenn er nicht darthun kann, daß der Zufall auch bei rechtzeitiger Herausgabe den Kläger getroffen und dieser nicht etwa die Sache vorher veräußert hätte, l. 40 pr. D. 5, 3, l. 15 § 3 D. 6, 1; fur für casus merus.

Die Gleichstellung in l. 40 pr. D. 5, 3 ,post litem contestatam omnes incipiunt malae fidei possessores esse' bezieht sich entweder nur auf die hereditatis petitio oder vergleicht die Lage des malae fidei possessor vor der Litiscontestation mit der des bonae fidei possessor nach der Litiscontestation.

Im Allgemeinen Land-Recht § 219–220, § 240–244 I, 7 haften vor der Klage-Erhebung: der redliche Besitzer für grobes Versehen, der unrechtfertige und unvorsichtige für mäßiges, der unredliche Besitzer und der Dieb für Zufall, doch ersterer mit der Einrede — nach der Klage-Erhebung: alle für Zufall. § 222 I, 7.

III. **Mit allem Zubehör** (cum omni causa).

Der Zubehör erstreckt sich nach dem Ausdruck der l. 75 D. 50, 16 ,quod habiturus esset actor, si ei controversia facta non esset' auf Früchte der Sache, Pachtzinsen 2c. Der frühere, darauf bezügliche Proceßgrundsatz ,officio judicis praestantur' vgl. S. 369 ist von der C.Pr.O. eingeschränkt. Nach § 279 darf der Richter bloß Gerichtskosten von Amtswegen zusprechen; für andere Nebenpunkte ist ein Antrag in Verbindung mit der Hauptklage vonnöthen, doch gestattet die heutige Praxis eine selbständige Nachforderung, mindestens wenn eine solche vorbehalten würde. C.Pr.O. Einf.G. § 14 Z. 5.

In Rom und im gemeinen Recht haften:

a) vor der Klage-Erhebung: bonae fidei possessor für die zu dieser Zeit noch bei ihm vorhandenen Früchte (exstantes) l. 22 C. 3, 32, malae fidei possessor auch für verzehrte, veräußerte (consumti) und für versäumte (neglecti), die ein guter Hausvater hätte ziehen können und müssen; fur sogar für alle irgend ziehbaren (percipiendi), welche der Eigenthümer selbst in Folge seiner persönlichen Eigenschaften gewonnen hätte. l. 62 § 1 D 6, 1.

b) nach der Klage-Erhebung: bonae fidei possessor für alle auch die versäumten Früchte; malae fidei possessor selbst für die ziehbaren.

Im Allgemeinen Land-Recht § 189–203 I, 7, § 114 I, 11 wird unterschieden:

a) vor der Zustellung der Klage behält der redliche Besitzer alle in der Redlichkeit gezogenen Früchte und fälligen Nutzungen, ohne Rücksicht darauf, daß sie noch bei ihm vorhanden sind. Hat er Nutzungen, die in Zukunft erst fällig sind, im Voraus erhoben, so muß er sie herausgeben, wenn ihr Fälligkeitstag in der Zeit nach Beendigung seines redlichen Besitzes liegt. Nur bei Kapitalien und anderen nutzbaren Rechten findet eine Theilung der etwa noch rückständigen Zinsen nach Dauer der redlichen Besitzzeit Statt. Bei Grundstücken werden die Früchte des letzten Wirthschaftsjahres vom 1. Juli bis 30. Juni nach dem Zeitpunkt der eingetretenen Unredlichkeit bzw. der Klagezustellung vertheilt.

Der unredliche Besitzer muß über sämmtliche Früchte, auch die durch sein Versehen versäumten, Rechnung legen und die daraus nach Abzug der ordentlichen Kulturkosten und Lasten geschuldete Vergütung vom Tage seiner rechtskräftigen Verurtheilung an verzinsen. Für Kapitalien hat er die höchsten üblichen Zinsen während seiner ganzen Besitzzeit zu zahlen.

Der unrechtfertige Besitzer leistet für Früchte, die er nicht gezogen hat, keinen Ersatz und braucht Kapitalien nur zum landüblichen Satze zu verzinsen. § 222–237 I, 7.

b) nach der Zustellung der Klage haftet auch der redliche Besitzer für sämmtliche Früchte, der unredliche noch weiter für diejenigen, welche Eigenthümer gezogen haben würde.

E. Einreden.

Der Einwand des Beklagten, daß er selbst Eigenthümer der Sache sei, z. B. durch Erwerb von dritter Seite, enthält keine exceptio dominii, sondern ein Abläugnen des Klagegrundes, für welchen zumeist der Zeitpunkt der Klageerhebung maßgebend ist. S. 395.

Die wirklichen Einreden der Verjährung, Erlöschung, des Urtheils u. s. w. haben bei der Vindication nichts Eigenthümliches. Die exceptio rei venditae et traditae und die ihr ähnliche exceptio doli bei Verkauf mit einer suspensiv bedingten Tradition sind bereits S. 391 ff. erörtert.

Eine besondere Einrede ist das Retentionsrecht an fremder Sache, sei es als exceptio pignoris, ususfructus wegen eines vom Kläger oder seinem Vormann an der Sache bestellten dinglichen Rechtes — sei es als exceptio doli wegen eines vom Kläger oder seinem Erblasser gewährten persönlichen Anspruchs auf Gebrauch der Sache, z. B. Miethe. Im deutschen Recht geben Miethe und Pacht eine unvollkommene Gewere, im preußischen Recht gehen sie als dingliche Rechte allen jüngeren Rechten an der Sache vor. „Heuer geht vor Kauf."

Oft wird ein Retentionsrecht in Gestalt einer exceptio doli S. 264 wegen Beschädigungen durch die Sache l. 5 § 4 D. 10, 4 oder Verwendungen auf dieselbe geltend gemacht. Zum Begriff der Verwendung gehört nicht, daß sie grade Theil der Sache geworden sei, auch Bau-Anschläge u. a. m. fallen darunter, aber

nicht bloße Erwerbskosten der Sache. Ueber den Anspruch des redlichen Besitzers auf Lösung im A.L.R. vgl. S. 325.

Die **Verwendungen** D. 25, 1 de impensis in res dotales factis werden folgendermaßen eingetheilt:

I. **nothwendige** (necessariae) behufs Erhaltung der Sachen wie wichtige Reparaturen und Neuanlagen. Sie werden jedem Besitzer erstattet, auch dem unredlichen, soweit er sie nicht durch eignes Versehen veranlaßte, — nur nicht dem Dieb. l. 13 D. 13, 1. A.L.R. § 212 ff., § 236–237 I, 7. Doch muß sich der redliche Besitzer den Gewinn abrechnen lassen, den er aus consumirten Früchten zog.

II. **nützliche** (utiles) zur Erhöhung des Nutz- oder Verkaufswerthes der Sache, z. B. Anpflanzungen, Bauten. Der redliche Besitzer erhält Ersatz, aber nur in Höhe des zeitigen Werthes, nicht über die Anlagekosten hinaus und mit Abzug des eingeheimsten Fruchtnutzens. l. 38 D. 6, 1. Der unredliche Besitzer hat bloß ein Recht, sie wegzunehmen (jus tollendi), aber ‚salva rei substantia' und ohne Chicane. l. 37 D. 6, 1.

Das A.L.R. § 204 ff., § 238 I, 7 stellt gleiche Grundsätze auf; nach § 239 eod. werden nützliche Verwendungen, die nicht wegnehmbar sind, dem unrechtfertigen und unvorsichtigen Besitzer ersetzt, soweit sich Kläger mit seinem Schaden bereichern würde.

III. **luxuriöse** (voluptuariae) zum Comfort. Ihretwegen besteht nur ein jus tollendi, das in Fällen geschmacklosen Putzes zur Pflicht werden kann. A.L.R. § 210–211 I, 7.

In Rom kann — Mangels eines dafür passenden Klageformulars S. 372 l. 48 D. 6, 1 — der Ersatz allein durch exceptio doli erzwungen werden, er geht also verloren, wenn der Beklagte in Folge seines Ungehorsams eine translatio possessionis erlitt S. 394, oder freiwillig, im Vertrauen auf die Ehrlichkeit des Klägers, diesem den Besitz aushändigte. Durch eine rechtswidrige Wegnahme der Sache würde Kläger, abgesehen von der Selbsthülfe, ein furtum possessionis begehen. l. 20 § 1, l. 53 (55) § 4 D. 47, 2. Das gemeine und preußische Recht gewähren eine Klage zum Ersatz von Verwendungen.

§ 129.

D. 7, 6 si ususfructus petatur vel negetur.

Actio in rem negatoria.

A. Kläger.	B. Beklagter.
Beweissatz.	C. Ziel.

Klage des besitzenden Eigenthümers wegen unbefugter Eingriffe in sein Eigenthum auf Anerkennung der Freiheit desselben, auf Schadensersatz und Sicherung gegen künftige Störungen.

Im altrömischen Legis-Actionen-Verfahren (sacramento) gestaltete sich bei Anmaßung einer Servitut das judicium als negatorium oder als confessorium, je nachdem der Besitzstand während des Processes (vindiciae) vertheilt, d. h. die vorläufige Ausübung der Servitut gestattet oder verweigert wurde. Der Formular-Proceß trennte beide Seiten. Man unterschied: actio confessoria für den angeblich Servitutberechtigten, ohne Rücksicht auf die negative Fassung der Servitut, und actio negatoria für den angeblich dienenden Eigenthümer, selbst wenn er eine negative Servitut abläugnete. Die negatorische Formel lautete ‚si paret N° N° jus non esse, per fundum quo de agitur, ire agere invito A° A° oder fundo uti frui etc.'; sie kam auch in positivem Wortlaut vor wie ‚si paret, A° A° jus esse prohibendi, quominus Nˢ Nˢ eat agat etc.' l. 5 pr. D. 7, 6. l. 11 D. 8, 5. Sie dient vornehmlich zur Abwehr von Servituten l. 2 pr. D. 8, 5 — daher die Stellung im Digesten-System —; nach l. 11 D. 8, 5 richtet sie sich gegen Miteigenthum, wird aber gegenüber der Emphyteusis, dem Pfandrecht nicht erwähnt und gegen das Beerdigungsrecht versagt. l. 2 § 2 D. 11, 7. l. 4 D. 8, 4. Die Praxis erhebt die actio negatoria mit Recht zu einer allgemeinen Klage aus dem Ausschließungsrecht des Eigenthümers und gewährt sie z. B. auf Löschung einer zu Unrecht eingetretenen Hypothek, insbesondere einer Cautions-Hypothek, deren Grund beseitigt ist.

A. Kläger.

Kläger ist der durch eine angemaßte Beschränkung seines Eigenthums gehinderte Eigenthümer. Ob unter Miteigenthümern ein Jeder die Klage nur für seinen ideellen Theil, oder für die ganze Sache hat, hängt davon ab, ob das vom Gegner behauptete Recht theilbar ist wie der Nießbrauch, oder untheilbar wie das Weiderecht. l. 6 § 4 D. 8, 5.

Der Beweissatz begreift in sich: das Eigenthum des Klägers, mindestens putatives, und die Störung durch den Beklagten. l. 5 pr. D. 7, 6. Aus dem Eigenthum folgt begrifflich die Ausschließlichkeit und Freiheit desselben. Darauf muß Beklagter die von ihm angemaßte Befugniß darthun, hat also den Vortheil im Besitz der von ihm ausgeübten Servitut zu verbleiben, falls dem Kläger der schwierige Eigenthumsbeweis mißlingt. Diesen Vorzug verliert er im römischen Proceß durch seinen Ungehorsam ‚is qui rem non defendit, punitur, ut de jure suo probare necesse haberet, id enim esse petitoris partes sustinere' l. 15 D. 39, 1. Aus den letzten Worten hat man fälschlich gefolgert, daß Beklagter ohne seine Contumacia nicht sein Recht darzuthun brauche, daß also für die Regel es dem Kläger obliege, das Nicht-Recht des Beklagten, d. h. die Freiheit seines Eigenthums zu beweisen. Eine Mittelansicht will aus l. 8 § 3 D. 8, 5 ableiten, daß das Beweisthema von dem Besitz der Servitut abhänge, obwohl in jener Stelle nur davon die Rede ist, wer zu beweisen habe, und nicht davon, was zu beweisen sei.

Das A.L.R. § 181 I, 7, § 14 I, 19 vermuthet für die Freiheit des Eigenthums außer bei beschränkten, d. h. mit Reallasten behafteten Grundstücken, die seit dem G. vom 2. März 1850 meist weggefallen sind.

B. Beklagter.

Dies ist der Störer, welcher eine Einschränkung des Eigenthums geltend macht. Dazu genügt die wörtliche Anmaßung eines dinglichen Rechtes oder ein Eingriff, welcher durch dauernde und wiederholte Störungen einen solchen Charakter annimmt.

C. Ziel.

Kläger verlangt: Anerkennung der Freiheit seines Eigenthums, Verbot der Störung, Schadensersatz und zum Schutz gegen etwaige Wiederholungen Friedensbürgschaft (cautio de non amplius turbando). Die C.Pr.O. § 775 gestattet unter Umständen Haft vgl. S. 306.

§ 130.

D 6, 2 de Publiciana in rem actione.

Actio in rem Publiciana.

A. Kläger.
  I. In Rom und im gemeinen Recht Klage aus dem putativen Eigenthum.
    a) Besitzerwerb.
    b) bona fides.
    c) justus titulus.
    d) res habilis.
  II. Im A.L.R. Klage aus dem besseren Recht des Klägers im Vergleich zu dem des zeitigen Inhabers.
B. Beklagter.
C. Gegenstand.
D. Ziel.
E. Einreden.
  I. exceptio dominii.
  II. exceptio bonae fidei possessionis.

Klage des putativen Eigenthümers gegen den minder berechtigten Besitzer der Sache auf Anerkennung seines besseren Rechtes und Herausgabe der Sache sammt allem Zubehör.

Ueber die Ausbildung der Klage zum Schutz des bonitarischen Eigenthümers und die Fassung des prätorischen Edicts vgl. S. 337.

Die Klage hat ihre civilistische Basis in der Fiction der vollendeten Ersitzung. Gaj. IV § 36. ‚si quem hominem A^s A^s (bona fide) emit isque ei traditus est, anno possedisset, tum si eum hominem quo de agitur ex jure Quiritium ejus esse oporteret, nisi arbitratu tuo N^s N^s A^o A^o hunc hominem restituat, quanti is est, N^m N^m A^o A^o condemna, si non paret absolve‘. Oft bedient sich der wahre Eigenthümer dieser Klage, um den schwierigen Eigenthumsbeweis zu vermeiden. S. 395.

Die neuere Praxis sucht die actio Publiciana von der Grundlage der Ersitzung zu befreien. Im A.L.R. § 161 I, 7 ist sie die Klage aus dem besseren Recht zum Besitz.

A. Kläger.

II. **In Rom und im gemeinen Recht klagt der putative Eigenthümer**, welcher seine Ersitzungslage, seinen Besitzverlust und den Besitz des Beklagten nachzuweisen hat. § 4 J. 4, 6. Die Ersitzungslage erfordert: Besitzerwerb bona fide, justo titulo an einer res habilis.

a) Besitzerwerb. l. 9 § 6 D. 6, 2.

Aus l. 1 § 1, l. 2 D. 6, 2 wird in Hinblick auf das Legat gefolgert, daß es redliche Erwerber giebt, welche, ohne in den Besitz der Sache gelangt zu sein, doch des publicianischen Schutzes theilhaftig sind. Gewiß erhält Legatar an Sachen, die im Ersitzungsbesitz des Erblassers standen, mit Antritt des beschwerten Erben publicianisches Recht; aber in Bezug auf solche Sachen, die Erblasser nur für sich begehrte, dem redlichen Vermächtnißnehmer eine actio Publiciana gegen den dritten Besitzer zu geben, das würde schlimme Unzuträglichkeiten nach sich ziehen! Dernburg legt den citirten Stellen unter, daß sie von einer im Eigenthum des Erblassers befindlichen Sache handeln, sodaß Legatar der Ersitzung gar nicht bedürfen würde.

b) **bona fides.**

Sie ist im Zeitpunkt des Besitzerwerbes, beim Kauf auch zur Zeit des Vertragsschlusses nöthig. Die redliche Ueberzeugung braucht weder fortzudauern, noch speciell im Moment der Klage-Erhebung vorhanden zu sein, doch scheint letzteres nach l. 11 § 3 D. 6, 2 in Betreff der Sclavenkinder erforderlich, wenn man nicht die Worte ‚quo experiatur‘ in ‚quo et pariat‘ emendirt.

Heute kommt es nach der Vorschrift des kanonischen Rechtes wohl auf perpetua bona fides an vgl. S. 378.

c) **justus titulus.**

Außer dem im Edict erwähnten Kauf taugen alle anderen Titel derivativer und originärer Natur, selbst putative, wie der Kauf von einem Wahnsinnigen, den man für gesund hielt. l. 7 § 2 D. 6, 2. Dem widerspricht nicht l. 2 § 16 D. 41, 4, die von dem besondern Fall ausgeht, daß die vom Wahnsinnigen verkaufte Sache in dessen Besitz zurückkam.

d) **res habilis.**

Dies Erforderniß der actio Publiciana ist vielfach bestritten und dann unnöthig, wenn man den von Justinian geschaffenen außerordentlichen Ersitzungsbesitz als Grundlage zuläßt. Freilich kann man sich nicht auf l. 12 § 2–3 D. 6, 2 berufen, da die Worte ‚in vectigalibus et in aliis praediis, quae usucapi non possunt‘ das altcivile Institut der Usucapion im Sinne haben.

II. **Im Allgemeinen Land-Recht** steht die Klage nicht bloß dem titulirten Besitzer zu, sondern jedem, der ein besseres Recht auf den Besitz darthut, als es der zeitige Besitzer oder Inhaber vermag; also auch dem bloßen Inhaber, welcher den Gewahrsam auf redliche Weise erworben hat. § 161 ff., § 184 I, 7. So kann Depositar gegen den Finder, und dieser gegen den Dieb klagen. Der redliche unvollständige Besitzer, z. B. Miether darf die ihm zukommende Herrschaft sogar gegen den vollständigen Besitzer und Eigenthümer, sowie dessen Rechtsnachfolger durchsetzen und braucht nur Dem zu weichen, gegen welchen sein Vormann unterliegen müßte. § 171–174 I, 7.

B. Beklagter.

Es ist der Besitzer wie bei der rei vindicatio.

C. Gegenstand.

Es gelten die Grundsätze der Vindication.

D. Ziel.

Es besteht in der Anerkennung des publicianischen Rechtes und der Herausgabe der Sache sammt allem Zubehör, wie bei der rei vindicatio.

E. Einreden.

Beklagter kann durch Nachweis der mala fides den angeblichen Ersitzungsbesitz des Klägers entkräften, ebenso im A.L.R. die Vermuthung, welche aus dem Besitz für Redlichkeit und Titel folgt, aufheben.

Außer dem bei der rei vindicatio vorkommenden Einreden hat der Beklagte hier noch die des stärkeren Rechtes, d. h. in Rom nur des Eigenthums, und die des gleichguten Rechtes.

I. **exceptio dominii,** welche mit den Worten ‚si ea res possessoris non sit' in die Formel eingefügt wurde. l. 17 D. 6, 2. Dagegen kann eine replica rei venditae et traditae gehen. In l. 57 D. 17, 1 verweigert der Prätor die exceptio justi dominii mit den in der Florentinischen Handschrift sicher corrumpirten Worten ‚Publiciana actione non utiliter — es muß ‚inutiliter' heißen, zumal auch die Basiliken καλῶς enthalten — acturum', um dem ehemaligen Eigenthümer zu helfen, dessen Sache ohne seine Schuld während seiner Abwesenheit ersessen wurde. Diesen Schutz könnte der Prätor auch durch die umgekehrte Fiction ‚si anno non possedisset' s. g. Publiciana rescissoria vgl. l. 35 pr. D. 44, 7 erreichen.

II. **exceptio bonae fidei possessionis.** Unter mehreren gutgläubigen Besitzern derselben Sache geht, wenn sie von demselben Nicht-Eigenthümer erwarben, Derjenige vor, welchem zuerst tradirt ist, — und wenn sie von verschiedenen Vorleuten ihr Recht ableiten, Derjenige, welcher sich zur Zeit der Klage-Erhebung im Besitz der Sache befindet. l. 9 § 4 D. 6, 2. Neratius scheint zwar in l. 31 § 2 D. 19, 1 stets den früheren Accipienten zu bevorzugen, allein ‚tuendus est' bezieht sich auf den Beklagten, d. h. den Besitzer, so daß sich hiermit beide Erfordernisse, von denen der Sieg abhängt, in einer und derselben Person vereinigen.

Im A.L.R. § 22 ff. I, 10 soll bei Mobilien die frühere Tradition entscheiden, doch wird der Erwerber als bösgläubig angesehen, welcher um den älteren Titel des andern gewußt hat.

Ueber die Ausdehnung des publicianischen Princips auf alle Fälle, wo das Eigenthum nur als Vorfrage für weitere Rechte und Pflichten in Betracht kommt, z. B. actio confessoria, negatoria vgl. S. 338.

Für eingetragene Grundstücke ist die actio Publiciana entbehrlich geworden.

§ 131.
Verlust.

Das Eigenthum geht verloren:

A. **Ohne Willen** des Eigenthümers durch natürlichen oder rechtlichen Untergang der Sache S. 328, durch Eigenthumserwerb Seitens eines Andern, z. B. bei Eintritt einer auflösenden Bedingung, Ersitzung, Verbindung, Verwirkung.

B. **Mit Willen** des Eigenthümers durch Entäußerung, sei es, daß er die Sache einem Andern, der gar nicht seiner Individualität nach gewiß zu sein braucht S. 388, übergiebt — sei es, daß er sie ohne jeden Hinblick auf einen Erwerber aufgiebt, vgl. S. 354. Zu dieser Dereliction gehören sowohl der Wille, sich des Eigenthums zu entäußern, als auch ein bestimmter Ausdruck dieser Absicht mittelst Besitzaufgabe, z. B. durch Wegwerfen, Verlassen. l. 2 § 1 D. 41, 7. An eingetragenen Grundstücken bleibt das Eigenthum trotzdem bis zur Löschung.

§ 132.

A.L.R. I, 8.

Gesetzliche Eigenthumsbeschränkungen aus dem Nachbarrecht.

A. Grenzen der Unumschränktheit.
Man darf seinen Boden nicht zum Schaden der Nachbarn ausbeuten:
I. Aus reiner Chicane.
II. Mittelst unmäßiger Erderschütterungen oder Feuerhitze.
III. Durch ungebührliche Ueberführung von Staub, Rauch, Funken.
IV. Durch Anstalten, welche in außerordentlicher Art Lärm, Gerüche verursachen.
Moderne Vorschriften über Fabrikanlagen. Vorfluth 2c.
V. Durch Bauten, welche dem nachbarlichen Grundstück Licht, Luft entziehen.

B. Grenzen der Ausschließlichkeit.
Man muß auf seinem Boden dulden:
I. Die Wegnahme übergefallener Früchte } modificirt nach deutschem Brauch.
II. Den Ueberhang von Bäumen } modificirt nach deutschem Brauch.
III. Nothwege.
IV. Ein Ausbauchen der Grenzmauer.
V. Hammerschlags- und Leiterrecht, Pflugwende.
VI. Das Abholen fremder Sachen, die zugeschwemmt wurden.

Die allgemeine Herrschaft über Grundstücke wird im nachbarlichen Interesse abgestumpft und gemildert: theils durch Verbote gewisser Anlagen auf eignem Boden, theils durch den Zwang, bestimmte Eingriffe Anderer zu dulden. Diese gesetzlichen Pflichten der Grundnachbarn nennt man Legalservituten. Sie setzen entweder der Unumschränktheit oder der Ausschließlichkeit des Eigenthums Grenzen. Vgl. S. 333.

A. Grenzen der Unumschränktheit.

Jeder Grundherr hat die Befugniß, auf seinem Boden zu schalten und zu walten, unbekümmert darum, ob es dem Nachbar peinlich oder gar schädlich ist. Letzterem bleibt es unbenommen, sich durch Mauern und Scheidewände gegen die sinnliche Einwirkung zu schützen. A.L.R. § 149 ff. ht. Man kann also dem Nachbarn Vortheile entziehen, auf die er kein eigentliches Recht hat, z. B. Aussicht, Brunnenwasser. l. 24 § 12, l. 26 D. 39, 2. ‚qui jure suo utitur, neminem laedit‘. l. 55 D. 50, 17. Aber dies Belieben hat seine Schranken:

I. Man darf sein Recht nicht bloß **zur Chicane** des Andern ausbeuten ‚animo vicino nocendi‘ l. 1 § 12 D. 39, 3. A.L.R. § 27–28 ht. Daher sind Neidbauten, Anstalten zum Verderb der Brunnen verboten. Das A.L.R. § 130–131 ht. untersagt die Anlage neuer Brunnen innerhalb dreier Werkschuhe, d. i. 94, 2 Centimeter von des Nachbars Grenze.

II. Man darf nicht durch Anstalten, wie Gruben, Eisenhämmer 2c. Sachen des Nachbars mittelst **Erschütterungen** oder **Feuerhitze** beschädigen, zerstören. Nach l. 1 C. 8, 1 sind hinüberwachsende Bäume zu beseitigen, wenn sie die Grundmauern des Nachbargebäudes zu sprengen drohen.

III. Man darf nicht über Gebühr schädliche Stoffe auf das Nachbargrundstück unmittelbar durch Luft oder Wasser überführen ‚immittere‘, z. B. Steine, **Staub, Rauch, Funken,** Ruß l. 8 § 5–7 D. 8, 5, oder Feuchtigkeit aus Wasserleitungen, Dunggruben l. 17 § 2 D. 8, 5.

IV. Man darf nicht durch **Gerüche, Lärm** dem Nachbar in außergewöhnlicher Art die Benutzung oder Verwerthung seines Grundstücks, z. B. eines Miethshauses vergällen. l. 2 § 29 D. 43, 8. A.L.R. § 125 ht. Fraglich ist, ob auch eine Immission durch Gase, Schallwellen darunter fällt.

In solchen Fällen hat Nachbar eine actio negatoria auf Verbot, **Schadens**-ersatz, **Herstellung von Sicherheitsvorrichtungen** 2c.

Geschah die Immission von Kohlenstaub, Funken nur mittelbar durch den Wind, so haftet man **höchstens** vom Standpunkt der lex Aquilia l. 49 pr. D. 9, 2 oder der injuria. l. 44 D. 47, 10.

Heute unterliegen gewerbliche Anlagen, besonders im Weichbild von Städten, polizeilichen Beschränkungen. Nach der R.GewerbeO. vom 21. Juni 1869 § 16 ff., § 26 bedürfen **Fabriken** und Anlagen, deren Betrieb, Abflüsse 2c. die Nachbarschaft schädigen können, einer Genehmigung der Verwaltungsbehörden vgl. Pr. ZuständigkeitsG. vom 1. Aug. 1883 § 109 ff., welche erst nach öffentlicher Bekanntmachung des Plans und Prüfung etwa erhobener Widersprüche erfolgt. Ist die Concession einmal ertheilt, so kann nicht mehr auf Betriebseinstellung, sondern nur auf Veranstaltung von Vorsichtsmaßregeln bzw. auf Schadensersatz geklagt werden. Doch steht es jederzeit im Ermessen der höheren Verwaltungsbehörde, nach Pr.G. vom 1. Aug. 1883 § 112 des Bezirksausschusses, die fernere Benutzung der gewerblichen Anlage wegen überwiegender Nachtheile und Gefahren für das Gemeinwohl zu untersagen, vorausgesetzt, daß dem Besitzer alsdann für den erweislichen Schaden Ersatz geleistet wird, wofür der Rechtsweg offen steht. R.G.O. § 51.

Den Ablauf des Regen- und Schneewassers muß sich der Nachbar gefallen lassen; wegen Anstalten, durch die ein Grundeigenthümer den natürlichen Abfluß hemmt oder verändert, haftet er mit der actio aquae pluviae arcendae auf Wegnahme und Ersatz. Nach dem Pr. **Vorfluths**-Edict vom 15. Novb. 1811 kann Jeder sein Grundstück gegen wild ablaufendes Regenwasser schützen; behufs Regulirung des Abflusses muß der untere Grundeigenthümer auf seinem Boden Kanäle und Schleusen gegen Entschädigung dulden. A.L.R. § 102 ff. ht. Anträge auf Verschaffung der Vorfluth sind nach dem Pr.Zuständ.G. vom 1. Aug. 1883 § 68 ff. bei dem Kreisausschusse anzubringen, welcher darüber im Verwaltungsstreitverfahren entscheidet.

Tauben, Bienen 2c. kann man auf seinem Grundstück halten, nicht aber nach dem ädilicischen Edict **wilde Thiere** an Orten ‚quo vulgo iter fit'. Das St.G.B. § 367 Z. 11 sieht in dem Halten gefährlicher wilder Thiere ohne polizeiliche Erlaubniß eine Uebertretung.

V. In Betreff der **Bauten**:

a) Nach den zwölf Tafeln sollen Gebäude $2^1/_2$' (pes sestertius) **von** der Grenze abstehen, so daß ein **Zwischenraum** (ambitus) von 5' bleibt, vgl. aber l. 14 D. 8, 2.

Im A.L.R. § 139–140 ht. soll ein Neubau an der Grenze sich $1^1/_2$', d. h. 47,1 Centimeter, und von einem schon vorhandenen Gebäude 3' fern halten. Dieser Grenzraum (interstitium) steht im untheilbaren Miteigenthum. A.L.R. § 120 ff. ht. Bei Bauten an der Grenze ist eine Mittheilung des Bauplanes an den Nachbar insofern nützlich, als bei Ueberschreitung der angegebenen bzw. genehmigten Baulinie aus geringem oder mäßigem Versehen nur billige Vergütung und nicht, wie ohnedies, das Niederreißen verlangt werden kann. § 340–342 I, 9. Ein Giebelfenster, das sich seit mindestens zehn Jahren im Nachbargebäude befindet, darf nicht verbaut werden, vielmehr muß der Neubau soweit von jener Wand abrücken, daß der Nachbar den Himmel erblicken kann: und zwar durch ein ungeöffnetes Fenster entweder des Erdgeschosses oder des ersten Stockwerks, je nachdem das betreffende Zimmer nur durch dieses Giebelfenster oder auch von anderer Seite Licht erhält. § 142–147 ht. Oeffnungen nach dem Nachbargrundstück müssen mindestens sechs Fuß über dem Boden angebracht und mit Drahtnetzen bzw. Eisengittern verwahrt sein. § 137 ff. ht.

Einen Ablauf der Traufe erwähnt schon Ssp. III, 49 § 1.

b) Man darf dem Nachbar nicht den **Luftzug** zu seiner Tenne verbauen. Das A.L.R. § 247 II, 15 dehnt dies auf Baumanlagen aus, welche concessionirten Windmühlen hinderlich sein können, doch ist das Verbot hinsichtlich neuer Windmühlen seit der V.O. vom 18. Novb. 1819 aufgehoben.

B. Grenzen der Ausschließlichkeit.

Der Grundeigenthümer hat in einigen Fällen kein Verbietungsrecht gegen Handlungen auf seinem Boden Seitens des Nachbars.

I. Der Grundherr muß, wenn auf seinen Boden Früchte von einem Nachbarbaume fallen, dem Berechtigten erlauben, dieselben ‚tertio quoque die‘ aufzulesen, d. h. einen um den andern Tag (nicht: am dritten Tage oder bis dahin). Darauf geht das interdictum **de glande legenda,** das gegen Sicherheitsleistung für etwaigen Schaden durchführbar ist. l. 1 pr. D. 43, 28. l. 9 § 1 D. 10, 4.

Im deutschen und preußischen Recht A.L.R. § 289 ff. I, 9 gehören die Früchte dem Grundeigenthümer, auf dessen Boden sie gefallen sind, s. g. Ueberfallsrecht, doch kann der Gegner, auf seinem Grundstück befindlich, ohne künstliche Instrumente danach greifen. „Wer den bösen Tropfen genießt, muß auch den guten haben.“

II. Der Eigenthümer eines Feldgrundstücks muß überhängende Zweige eines Baumes dulden, in Betreff des Gestrüpps und Laubwerks ‚quindecim pedes a terra altius‘, d. h. innerhalb der 15 Fuß von der Wurzel am Stamm hinauf kann er mit dem interdictum **de arboribus caedendis** D. 43, 27 Wegnahme verlangen. Der Hauseigenthümer kann beanspruchen, daß alle überragenden Aeste eventuell der ganze Baum gefällt werden.

Im deutschen und preußischen Recht A.L.R. § 287–291 I, 9 kann der gestörte Grundeigenthümer zwar nicht auf Wegnahme klagen, s. g. **Ueberhangsrecht**, aber er darf selbst die überragenden Aeste wie Wurzeln abhauen und das Holz behalten; im A.L.R. soll er es ausliefern.

III. Der Grundeigenthümer muß dem Berechtigten, der keinen Zugang zu seinem Grabmal hat, ein ‚iter ad sepulcrum‘ gegen Entschädigung einräumen. l. 12 pr. D. 11, 7.

Das gemeine Recht erzwingt einen **Nothweg,** um ein sonst unzugängliches Grundstück mit der nächstgelegenen öffentlichen Straße zu verbinden.

Im A.L.R. § 3 ff. I, 22 kann ein Nachbar mittelst actio negatoria die richterliche Auflage einer Nothservitut verlangen, wenn er nachweist, daß sein Grundstück ohnedies unbrauchbar wäre. Die Entschädigung soll für die Dauer dieser Last in periodischen Geldabgaben bestehen und durch ein Schiedsgericht festgestellt werden.

IV. **Jeder Nachbar hat sich das Ausbauchen der Grenzmauer um einen halben Fuß gefallen zu lassen.** l. 17 pr. D. 8, 5. Die gemeinschaftliche Mauer steht nicht im Miteigenthum, sondern ist unter den Nachbarn zur halben Stärke getheilt. vgl. S. 373. Daher kann kein Nachbar auf Theilung klagen, vielmehr darf jeder die ihm zugewandte Seite bepflanzen, anstreichen und die Mauer bis zur Hälfte der Dicke in seinem Nutzen brauchen, soweit dadurch dem Gebäude selbst kein Nachtheil geschieht. A.L.R. § 135, § 159 ff. ht.

V. Im deutschen Recht findet sich häufig ein **Hammerschlags- und Leiterrecht** A.L.R. § 155 ff. ht., sowie eine Pflugwende auf fremdem Boden. Statt des in deutschen Gebieten gebräuchlichen Anwenderechtes kommt in Rom ein finis von 5′ vor, im A.L.R. § 118–119 ht., § 364 I, 17 ein Grenzrain von 1′–4′.

VI. Der Grundeigenthümer muß das **Abholen** von Sachen, die durch Zufälle wie Wind und Wasser auf seinen Boden gekommen sind, gestatten; der Berechtigte erzwingt sich durch actio ad exhibendum Zugang, muß aber wegen des zugefügten oder noch drohenden Schadens Sicherheit stellen. vgl. S. 397.

§ 133.

Eigenthums-Beschränkungen durch öffentliches Recht.

Hier handelt es sich nicht um den Nutzen der Nachbarn, sondern um die Wohlfahrt der Bevölkerung eines Bezirks oder des Staats, daher ‚publicum jus privatorum pactis mutari non potest‘. l. 38 D. 2, 14.

Zu den **wirklichen** Eigenthumsbeschränkungen — denn die öffentlichen Grundlasten, Abgaben, Einquartierung, Vorspann, Kriegsleistung, Wegebau ꝛc. scheiden aus — gehören nur:

im Interesse des Verkehrs: die Einrichtung von öffentlichen Wegen, besonders von Leinpfaden an Flußufern, Ausladestellen ꝛc. für die Schiffahrt § 2 J. 2, 1 — doch bei Uferbeschädigung Schadensersatz im A.L.R. § 58 II, 15 — das Verbot von Ansiedlungen außerhalb einer Ortschaft, falls begründete Gefahr für Jagd-, Fischerei-, Feld- und Forstschutz vorliegt, G. vom 25. Aug. 1876;

im Interesse der Gesundheit, Sicherheit baupolizeiliche Vorschriften meist localer Natur (in Constantinopel, Zeno l. 12 C. 8, 10) über Höhe der Gebäude, Größe der Höfe, Niveau der Kellerwohnungen ꝛc. — s. g. Bauconsens erforderlich nach dem von der Gemeinde unter Zustimmung der Ortspolizei-Behörde festgesetzten Bebauungsplan, Pr.G. vom 2. Juli 1875 — über Reparaturlast, Erhaltung im baulichen Zustand A.L.R. § 35 ff. I, 8;

im Interesse der Landestriangulation, Landesvertheidigung. In letzterem Sinne verbietet R.G. vom 21. Decbr. 1871 in der Umgebung von Festungen dauernde Anlagen, welche schwierig zu demoliren sind und dadurch die Vertheidigung gefährden, dem Feinde Deckung bieten könnten; es unterscheidet drei Rayons je nach der Entfernung von der äußersten Vertheidigungslinie, in Abständen von 600, 375, 1275 Metern; die Commandantur stellt einen Rayonplan und -Kataster auf: über Lage, Beschaffenheit, Eigenthums- und Entschädigungsverhältnisse; gegen den Bescheid der Commandantur über Beschwerden geht ein Recurs an die Reichsrayoncommission; über die Feststellung streitiger

Entschädigung beschließt nach Pr.ZuständigkeitsG. vom 1. Aug. 1883 § 153 der Bezirksausschuß vorbehaltlich des ordentlichen Rechtsweges gegen den Reichsfiscus.

Die äußerste Rücksicht auf das öffentliche Interesse führt zur Zwangsenteignung § 134 und zu den Staatsregalien § 135, die heute meist in einer Aufsicht bestehen, daß gewisse Naturschätze wie Forsten, Fossilien mit Rücksicht auf das Gemeinwohl ausgebeutet werden.

§ 134.

Zwangsenteignung.

A. Begriff und Geschichte.
B. Erfordernisse.
I. Objecte.
II. Oeffentliches Interesse.
III. Entschädigung.
IV. Genehmigung.
C. Verfahren.
I. Feststellung des Planes: Beschwerde.
II. Feststellung der Entschädigung: Rechtsweg.
D. Vollzug.

A. Begriff und Geschichte.

Gesetzliche Zwangsüberlassung einer Sache zum Eigenthum (auch eines Rechtes) im öffentlichen Interesse gegen ausreichende Entschädigung. Nach Gerber ist die Zwangsenteignung ein „Zwangskauf", doch erzwungener Consens, ohne Haftung für juristische, physische Mängel, ohne Anfechtung aus übermäßiger Verletzung, ohne Tradition, mit steter Eigenthumsfolge u. s. w. vgl. A.L.R. § 3 ff. I, 11. Andere construiren sie als „Zwangsvergleich", doch ohne gegenseitige Aufopferung! Am richtigsten findet man darin ein „staatsrechtliches Institut", d. h. der Staat, von dem alles Eigenthum ausgeht, entzieht es auf einer Seite gegen volle Vergütung und giebt es neu auf der andern Seite im Interesse des öffentlichen Unternehmens.

In Rom gab es keine Expropriation, nur analoge, oft auf Willkür beruhende Fälle, z. B. Herstellung des öffentlichen Weges bei Veränderung des Flußlaufs S. 371, iter ad sepulcrum S. 409, Recht des von einem Miteigenthümer freigelassenen Sclaven, den andern Herrn abzufinden l. 1 C. 7, 7. S. 339, Abbruch verkehrstörender Baulichkeiten, Abbau von Marmor und edlen Metallen auf fremdem Boden gegen Abgabe von $1/10$ des Ertrages an den Grundherrn und $1/10$ an den Fiscus l. 3 C. 11, 7.

Im deutschen Recht bildete sich die Expropiration zuerst beim Bergbau aus, ursprünglich auf Beschluß der Gemeindegenossen des Bezirks, die auch die Entschädigung zubilligen. Im Mittelalter wurde sie vielfach als Ausfluß des s. g. dominium eminens S. 342 aufgefaßt.

Das Pr.G. vom 11. Juni 1874 regelt sie für Grund-Eigenthum und Wegebaumaterialien, doch beruht die Enteignung im Interesse des Bergbaus, G. vom 24. Juni 1865, der Landescultur, G. vom 28. Febr. 1848 und der Landestriangulation, G. vom 7. Octb. 1865, G. vom 3. Juni 1874 auf anderen Bestimmungen.

B. Erfordernisse besonders nach Pr.Gesetz:

Objecte, öffentliches Interesse, Entschädigung, Genehmigung.

I. **Objecte.**

In der Regel sind es Grundstücke, auch Mobilien wie Wegebaumaterialien, in Nothständen Lebensmittel A.L.R. § 11 II, 7, Kriegsvorräthe nach R.G. vom 13. Juni 1873 über Kriegsleistungen, ferner Rinder R.G. vom 7. April 1869, Weinstöcke Pr.G. vom 27. Febr. 1878 bei Krankheiten; auch Rechte wie Flößereigerechtigkeiten R.G. vom 1. Juni 1870, Zettelprivilegien von Banken, culturschädliche Servituten, Reallasten nach Pr.G. vom 7. Juni 1821, Lehnverband 2c.

II. **Oeffentliches Interesse.**

Dazu rechnet man: Nothstände wie Wasser=, Feuer=, Kriegsgefahr; Verkehr wie Anlage bzw. Erweiterung von Straßen, Plätzen, Brücken, Kanälen, Eisenbahnen; Landescultur wie Flußregulirung, Deichschutz; Gesundheit wie Abbrennen durchseuchter Hütten 2c.; Wohlfahrt wie Bergbau, Schulgebäude; Landesvertheidigung wie fortificatorische Anlagen, Feldbeschädigungen bei Manövern. Streitig ist, ob Zweckmäßigkeit z. B. bei Kirchen, Friedhöfen, Spitälern 2c. genügt; aber keinesfalls reichen Annehmlichkeit, ästhetisches Interesse aus.

III. **Entschädigung.**

Sie betrifft den vollen Werth der Sache, bei Grundstücken mit Rücksicht auf die bisherige Benutzungsart, meist pretium singulare, nicht Speculations=, Affections=Werth, nicht Mehrwerth durch die Enteignungsanlage. Neubauten 2c., die in der Absicht, eine höhere Entschädigung zu erzielen, hergerichtet wurden, werden nicht eingerechnet, nur Recht der Wegnahme. Bei Enteignung von Trennstücken kommt das Verhältniß zum Ganzen in Betracht, eventuell kann die Uebernahme des Ganzen verlangt werden, z. B. bei Gebäuden oder Bauterrains, von denen nur eine Maske übrig bleiben würde. Das Interesse, das Eigenthümer dem Miether, Pächter der Sache für den Contractbruch leisten muß, kann er mit geltend machen. Bei Wegebaumaterialien, wie Steinen, Kies, Sand 2c. braucht nach Pr.G. § 51 nur der gemeine Werth am Ort ihrer Lage ersetzt zu werden.

IV. **Genehmigung.**

Sie erfolgt nach Pr.G. in der Regel durch Königliche Verordnung, die auch in einer Delegation des Rechtes an Gemeinden, Eisenbahngesellschaften bestehen kann.

Die Gestattung der Vorarbeiten erfolgt durch Beschluß des Bezirksausschusses Pr.G. vom 1. Aug. 1883 § 150 ff., aber gegen Sicherheitsleistung und die Pflicht, den durch Vermessungen, Bohrungen u. s. w. entstehenden Schaden sofort abschätzen zu lassen und auf der Stelle baar auszuzahlen. Die Anordnung des Bezirksausschusses genügt ferner, wenn es sich um vorübergehende Beschränkungen bis zu drei Jahren handelt, oder um Verbreiterung öffentlicher Wege, Umwandlung von Privatwegen in öffentliche, falls der dazu beanspruchte Boden außerhalb der Städte und Dörfer gelegen und nicht mit Gebäuden besetzt ist. Beschwerde ist binnen zwei Wochen zulässig an den Minister der öffentlichen

Arbeiten. Das Aufsuchen und Entnehmen der zum Bau öffentlicher Wege erforderlichen Materialien, wie Steine, Sand, Lehm ꝛc. geschieht — sofern der Wegebau-Pflichtige sie auf eignem Boden nicht fördern kann und der fremde Grundbesitzer sie nicht für sich selber braucht — Mangels einer gütlichen Einigung durch den Kreis- bzw. Stadt-Ausschuß, mit Recurs an den Bezirksausschuß.

C. Verfahren.

Dasselbe zerfällt nach Pr.G. in die Feststellung des Planes und der Entschädigung.

I. Der Unternehmer reicht der Bezirksregierung einen **Plan** ein, der für den Fall, daß eine Einigung mit den Grundeigenthümern mißlingt, offen gelegt wird, um Einwendungen entgegenzunehmen; behufs Erörterung derselben findet ein Termin vor einem Commissar Statt, auf dessen Bericht der Bezirksausschuß einen motivirten Beschluß fällt, gegen welchen den Betheiligten, binnen zwei Wochen von der Zustellung an, die Beschwerde an den Minister der öffentlichen Arbeiten offen steht.

II. In Betreff der **Entschädigung** erfolgt auf Antrag des Unternehmers bei der Bezirksregierung eine commissarische Verhandlung mit den vorgeladenen Interessenten, und auf Grund eines in diesem Termin erstatteten sachverständigen Gutachtens fällt der Bezirksausschuß einen motivirten Beschluß, gegen welchen allen Betheiligten binnen sechs Monaten nach Zustellung der Rechtsweg vor dem Gericht der belegenen Sache offen steht. Bei erst später hervortretenden schädlichen Folgen läuft die Frist drei Jahre von der Ausführung der Anlage. Bei Entnahme von Wegebaumaterialien bleibt der Rechtsweg gegen den Entschädigungsbeschluß binnen neunzig Tagen frei.

D. Vollzug.

Expropriant wird nach Regelung der Entschädigungsfrage freier Eigenthümer der überwiesenen Sache, dem Expropriaten bleibt unter Umständen ein Rückkaufs- oder Vorkaufs-Recht.

Nach Pr.G. erfolgt der Eigenthumserwerb am Grundstück durch Zustellung des vom Bezirksausschuß gefaßten Enteignungsbeschlusses, vorher muß die festgestellte (Ablauf der sechsmonatlichen Frist, Verzicht, Urtheil) Entschädigungsumme gezahlt oder — wenn das Grundstück ein Stammgut ꝛc. ist, mit Reallasten, Pfandrechten behaftet ist oder noch Entschädigungsansprüche Anderer ausstehen — hinterlegt sein.

In dringlichen Fällen kann auch vor Erledigung des Rechtsweges gegen Zahlung oder Hinterlegung der vorläufig festgestellten Entschädigungssumme die Enteignung ausgesprochen werden, doch steht dem Betroffenen das Recht zu, binnen drei Tagen beim Minister Beschwerde zu führen und binnen sieben Tagen vom Gericht der belegenen Sache eine Feststellung der Anlagen als Basis eventuell höherer Ansprüche zu verlangen. Ein Vorkaufsrecht ist nur bei Enteignung von Trennstücken für den zeitigen Eigenthümer des verkleinerten Grundstücks zulässig, und zwar binnen zwei Monaten von der Anzeige des geplanten Weiterverkaufs, eventuell gegen jeden Besitzer (dinglich nach G. vom 5. Mai 1872 ohne Eintragung S. 316).

§ 135.

Regalien.

A. Forst-Regal.
Volkswirthschaftliche Bedeutung des Waldes.
Schutzwaldungen und Waldgenossenschaften.
B. Jagd-Regal.
C. Wasser-Regal.
I. Oeffentliche Flüsse.
II. Privatflüsse.
Verbände zur Berieselung und Entwässerung.
D. Deich-Regal.
Deichverbände. Pfand- und Communion-Deichung.
Schutz des Deiches.
E. Berg-Regal.
I. Geschichtliche Entwicklung.
II. Erwerb.
Schürfen, Muthen, Verleihungsurkunde.
Consolidation und Feldestheilung. Grubenschulden.
III. Betrieb.
Entschädigung des Grundeigenthümers. Technischer Abbau. Bergpolizeiliche Aufsicht. Belegschaft.
IV. Gemeinschaftlicher Bergbau.
a) Gesellenbau.
b) Gewerkschaft nach Kuxen. Unterschiede von der Actiengesellschaft.
V. Verlust.
F. Salz-Regal.
Pfännerschaft.

Regal ‚jus regium' bedeutet in den frühesten deutschen Rechtsquellen: königliche Rechte an den Krongütern (villae); in der Constitution Friedrichs I. ‚Regalia sunt' 1158: kaiserliche Nutzungsrechte an Fossilien; in der bulla aurea Karls IV. 1356: Münzregal u. s. w. In den meisten deutschen Territorien bildet sich als Finanzquelle ein Berg-, Salz-, Jagd-, Fisch-, Mühlen-, Post-Regal, was man auf die Fiction eines ehemaligen Privat-Eigenthums des Landesherrn am Staatsboden zurückführte. Seit dem westphälischen Frieden 1648 bezeichnet man mit Regal auch die Landeshoheit.

Die Neueren unterscheiden:

Höhere Regalien essentialia, majora unveräußerliche Hoheitsrechte des Staats aus seiner Existenz, z. B. Justiz-, Finanz-Hoheit.

Niedere Regalien accidentalia, minora fiscalische Nutzungsrechte, die das Privat-Eigenthum beschränken; sie sind beweispflichtig und an Private verleihbar, z. B. Berg-, Jagd-Regal. Davon sind auszuscheiden Monopole, durch welche der Staat den privaten Gewerbebetrieb ausschließt s. g. Gewerbs-Regalien, z. B. Post-, Telegraphen-Monopol. S. 17.

Heute sind die niederen Regalien zu bloßen Aufsichtsrechten geworden, z. B. Berg-, Jagd-Hoheit, d. h. der Staat kraft seiner Gewalt beschränkt zum allgemeinen Besten den freien Erwerb gewisser Naturschätze, behält ihn sich selbst vor, z. B. Perlen, oder concessionirt ihn theils für den Finder, z. B. Fossilien, theils für den Grundeigenthümer, z. B. Bernstein, übt die Controle und zieht Steuern. Andrerseits zwingt der Staat aus Gründen allgemeiner Wohlfahrt den Forst-Eigenthümer zur rationellen Ausnutzung, den Ufer-Eigenthümer zur Deichanlage, hindert den Anlieger eines Privatflusses an der ausschließlichen Ausbeutung.

Nur insoweit und zumeist aus historischen Gründen gehören die Regalien ins Sachen-Recht, als öffentlich rechtliche Einschränkungen des Privat-Eigenthums.

A. Forst-Regal.

Im altgermanischen Recht gehört der Wald zur Almende der Markgenossenschaft; ein Obermärker, Holzgraf forstet den Wald ein — forestum, Bannforst — sowohl um Unbefugte bei Strafe des Königbannes auszuschließen, als auch um die regellose Verwüstung des Holz- und Wildstandes zu verhindern. Die Obermärkerschaft wird in Familien des hohen Adels, aus dem die Territorialherren hervorgehen, erblich. Dadurch bildet sich die usurpatorische Idee eines ausschließlichen Eigenthums der Landesherren an solchen Waldungen, welche bei Auftheilung der Almende an die Realgemeinden kamen. Die Gemeindemitglieder werden aus Miteigenthümern zu Servitut-Berechtigten, z. B. in Bezug auf Holzung, Waldweide, Gräserei, Mastung u. s. w., und selbst diese Nutzungsrechte werden vielfach als „durch Nichtgebrauch" verjährt erklärt. Im fünfzehnten Jahrhundert ist der größte Theil des Waldbodens in der Hand der Landesherren theils durch diese Anmaßung, theils auch durch rechtmäßigen Erwerb aufgehäuft. Daneben kommt noch Privateigenthum an Wäldern vor, sei es für Einzelne, sei es für Gemeinden, deren Mitglieder oft selbständige Nutzungsrechte an s. g. Haubergen haben, vgl. Pr.Hauberg-Ordnung vom 4. Juni 1887. Auch diese Privatwaldungen unterwirft der Landesherr allerdings zum Gemeinwohl seiner Aufsicht, erläßt zur Pflege Forstordnungen und ernennt Forstwarte. So setzt sich das s. g. Forstregal zusammen aus dem fiscalischen Eigenthum an gewissen Wäldern und der Forsthoheit über alle Waldungen.

In der Neuzeit ist die volkswirthschaftliche Bedeutung des Waldes anerkannt. Er hebt den Gesundheitszustand der Bevölkerung durch Ozongehalt und klimatische Regelung der Niederschläge; er dient der Landwirthschaft als Behälter der Feuchtigkeit, zur Abwehr von Ueberschwemmungen, Befestigung von Culturboden; er hält die Flüsse wasserreich für die Schiffahrt; sein Holz, seine Schalrinde sind Grundlage wichtiger Industriezweige 2c.

Daher beschränkte das A.L.R. die Waldnutzung und besonders die eigensüchtige Waldverwüstung. Das Cultur-Edict vom 14. Septbr. 1811 stellte die freie Verfügung des Privateigenthümers wieder her. Das Pr.G. vom 6. Juli 1875 sucht das culturelle Problem dadurch zu lösen, daß es im Verwaltungswege Schutzwaldungen und Waldgenossenschaften erzwingt. Schutzwaldungen sind Waldculturen, deren Anlage oder Erhaltung ein durch Versandung, Abschwemmung 2c. bedrohter Grundeigenthümer auf seine Kosten verlangen kann, wenn er nachweist, daß der abzuwendende Schade beträchtlich größer ist, als der durch die Einschränkung für den Eigenthümer entstehende Nachtheil. Waldgenossenschaften sind corporative Vereinigungen der Eigenthümer benachbarter Haide- und Wald-Flächen zur Aufforstung oder rationeller Forstwirthschaft, die durch Mehrheitsbeschluß der Betheiligten gebildet werden. Die Einrichtung und Entscheidung steht beim Kreisausschuß, der Waldschutzgericht heißt. Kreis-Ordn. vom 19. März 1881 § 134. Der Zweck dieses Gesetzes scheitert oft an der Kostenfrage und dem Mangel der Einigung. Die Waldwirthschaft ist meist eine so wenig lohnende und weitaussehende Speculation, daß sie zum gemeinen Besten dem Staat verbleiben muß, dem in Preußen jährlich Gelder für Ankauf von Wäldern und Aufforstung von Oedland bewilligt werden.

B. Jagd-Regal. S. 350 ff.

C. Wasser-Regal.

Ueber den Unterschied der öffentlichen und Privat-Flüsse in Rom und Deutschland, vgl. S. 207.

I. Oeffentliche Flüsse.

Sie unterliegen nicht bloß der Hoheit des Uferstaats, sondern stehen vielmehr im Eigenthum des Staates, das durch den Gemeingebrauch des Wassers zum

Schöpfen, Baden, Tränken, A.L.R. § 44 ff. II, 15 beschränkt ist. Die Regalität besteht in dem Ausschluß jedes Privateigenthums am Fluß und zeigt sich:

in der Aufsicht und Pflege der Schiffahrt, Flößerei, Erhebung von Stromzöllen — nach B.G. vom 1. Juni 1870 Flößereiabgaben nur von den zur Erleichterung bestimmten Anstalten;

in der Strompolizei wie Verbot von Anlagen, welche die Schiffahrt stören, den Flußlauf ablenken — in Rom Interdicte D. 43, 12–14 — Verbot der Wildflößerei mit unverbundenem Holz u. s. w.;

in der Gestattung dauernder Uferanlagen wie Wehre, Brücken, Fähren, Be- und Entwässerungsanstalten u. s. w. A.L.R. § 46, 50, 52 II, 15;

in der Aneignung solcher Dinge, die der Fluß erzeugt oder mitführt, und die sonst herrenlos sind wie Schilf, Kies, Sand, Steine, Perlen S. 350. Hierher gehört das Fischerei-Regal und die particularrechtlich vorkommende Fiscalität des verlassenen Strombetts und der Fluß-Insel. S. 371.

Falsch ist es, aus der s. g. Regalität des Flusses eine Verleihung des Rechtes auf Schiffahrt, Flößerei herzuleiten, wenn auch aus polizeilichen und finanzpolitischen Rücksichten bisweilen eine Concessionirung von gewerbsmäßigen Fähren, von Wassermühlen gegen Zins vorkommt. A.L.R. § 229 II, 15.

Der Staat unterhält den Fluß für die Schiffahrt, muß aber, wenn er durch Baggerungen, Regulirungen die Anlagen der Wasserberechtigten verletzt, Entschädigung nach Analogie der Zwangsenteignung gewähren.

II. Privatflüsse.

Ihr Flußbett steht im Privateigenthum der Anlieger, eventuell bis zur Mittellinie l. 1 § 4 D. 43, 12. Da im deutschen Recht nicht bloß Rinnsale, die zeitweise austrocknen ‚torrentia‘ dazu gehören, sondern alle nicht schiff- oder flößbaren Flüsse, so unterliegt die Wassernutzung im gemeinsamen Interesse aller Anwohner polizeilichen Beschränkungen: Keiner darf das Wasser verunreinigen, ableiten, stauen, ganz oder übermäßig aufbrauchen; Jeder muß das zur Triebkraft verwendete Wasser in den Fluß zurückführen, ehe dieser sein Gebiet verläßt, und die Nutzung einstellen, wenn der Wasserstand unter ein bestimmtes Zeichen des Pegels sinkt. Darauf beruht das Pr.G. vom 28. Febr. 1843, das unter Schonung bestehender Werke das landwirthschaftliche Interesse besonders der Entwässerung dem industriellen vorzieht. Falls durch die Bewässerungsanlage das öffentliche Interesse gefährdet, oder der nothwendige Wasserbedarf den unterhalb liegenden Einwohnern entzogen wird, so kann der Bezirksausschuß nach Pr.G. vom 1. Aug. 1883 § 73 die Beschränkung der Ableitung des Wassers beschließen. Ueber Widersprüche gegen eine Bewässerungsanlage des Uferbesitzers entscheidet der Kreis- bzw. Stadtausschuß im Verwaltungsstreitverfahren.

Die künstliche Zubereitung eines Privatflusses zur Schiffahrt verpflichtet den Staat zur Entschädigung der verletzten Anlieger. A.L.R. § 39–45 II, 15.

Behufs gemeinnütziger Verwendung des vorüber fließenden Wassers bilden sich corporative Genossenschaften der betheiligten Grundbesitzer — oft mit Staatsunterstützung und Zwangsbeitritt im Verwaltungswege Pr.G. vom 28. Febr. 1848 und 1. April 1879 — zur Berieselung von Wiesen und zur Entwässerung (Drainage) von Mooren. Letztere heißen nach friesischem Vorbild „Sielachte“:

Das Moor wird durch Abzugsgräben und Schleusen, die jeder Eigenthümer eines Fehns in Ordnung halten muß, entwässert und der Boden durch Düngung mit Kalisalzen cultivirt. Dadurch wird das für die Vegetation (das Moor stirbt) und die Gesundheit der Umgegend (Heerrauch) schädliche Moor-Brennen beseitigt. Völkerrechtliche Verträge zwischen Preußen und den Niederlanden ordnen den Anschluß der Canäle.

D. Deich-Regal.

Deiche (aggeres) sind künstliche Erdwälle zum Schutz gegen Ueberschwemmung und Springfluth. Da das bedrohte Gebiet nur durch Zusammenwirken aller Ufer-Eigenthümer gesichert werden kann, so wird im Verwaltungswege ein Zwangsverband gebildet. Darauf bezieht sich der altfriesische Grundsatz „wer nicht will deichen, muß weichen“, Spaten-Recht. Pr.G. vom 28. Febr. 1848. In dieser auf dem Boden ruhenden, mehr öffentlichen Last zur Anlage und Unterhaltung der Dämme wird das s. g. Deichregal gefunden.

Der Deichverband ist eine corporative Genossenschaft (Deichacht, Koog) unter einem Hauptmann. Die Aufsicht übt der Staat aus, nach Pr. ZuständigkeitsG. vom 1. Aug. 1883 § 96 ff. der Bezirksausschuß, gegen dessen Entscheidungen die Beschwerde an den Minister für Landwirthschaft geht. Die Kosten für Herstellung und Unterhaltung von Deichen werden nach zwei Systemen aufgebracht: Nach der Pfanddeichung erhält jeder Anlieger nach der Größe seines Hinterlandes „so viel Land, so viel Deich“ ein Kabel, Loos, das er „schaufrei“ halten muß. Nach der Communiondeichung leistet jeder Anlieger einen meist nach der Güte seines geschützten Bodens in den Deichrollen festgestellten Beitrag an die Deichkasse, die den ganzen Deich unterhält. Zur „Nothhülfe“ bei außerordentlichen Unglücksfällen muß jeder Anlieger über seinen Beitrag hinaus bereit sein, oft übernimmt sie der Staat durch zinslose Darlehen an den Verband 2c.

Der Deich gehört der Genossenschaft, das „Vorland“ ist meist Zubehör des hinter dem Deich gelegenen Grundstücks; aus dem Vorland wird der Deich aufgeschüttet; bei Entnahme von Erde aus dem Hinterland, bei Zurückverlegung des Deiches aus Zweckmäßigkeit tritt Entschädigungspflicht ein. Wird der Deich in Nothfällen auf obrigkeitliche Anordnung durchstochen, so ist weniger die Analogie der lex Rhodia de jactu anwendbar, weil es an einer Grenze für den Schaden fehlt, als die der Zwangsenteignung.

Der Deich ist eine befriedete Sache. In Rom l. un. C. de Nili aggeribus 9, 38 ist rechtswidriger Durchstich ‚crimen contra securitatem imperii‘, im St.G.B. § 305 schwere Sachbeschädigung, bei gemeiner Gefahr für Menschenleben, Eigenthum sogar § 312 ff. gemeingefährliches Verbrechen mit ausnahmsweiser Rücksicht auf den Vermögensnothstand. Deichlasten haben ein Vorrecht im Concurs R.K.O. § 54, Deichgeräthe unterliegen nicht der Pfändung C.Pr.O. § 715.

E. Berg-Regal.

I. Geschichtliche Entwicklung.

Aus der Eigenthums-Idee folgt die Eigenschaft der Fossilie als Theil des Bodens. l. 77 D. 50, 16. Schon in Rom beschränkte man den Grundeigenthümer durch die Pflicht, den Abbau von edlen Metallen gegen eine Abgabe zu dulden,

durch ein Vorkaufsrecht des Fiscus auf die Förderung u. s. w. . Spuren davon **finden sich in der** lex metalli Vispacensis, Malacitana vgl. S. 90. Zum Berg-Betrieb bildeten sich Vereinigungen ‚quibus permittitur corpus habere' l. 1 pr. D. 3, 4, nach Art unserer Commandit-Gesellschaften auf Actien: An der Spitze stand ein Publicane manceps, magister als persönlich haftender Gesellschafter, die Betheiligung der Anderen war auf Vermögenseinlagen beschränkt ‚in unum confluxerunt' und es scheint, als ob die Antheile übertragbar und für Abstimmung, Gewinnvertheilung maßgebend waren. l. 59 pr. D. 17, 2.

Im germanischen Recht gebühren die Fossilien im Gemeinland den Markgenossen, sie entscheiden über Abbau (der vielfach durch „fahrende Schüler" aus Italien geschah) und über Entschädigung. Iglauer Berg-Recht, Mutterrecht für Schemnitz um 1250. Der Ssp. I, 35 § 2 spricht die edlen Metalle dem einzelnen Grundeigenthümer zu. Die goldne Bulle 1356 überträgt das von Friedrich Barbarossa 1158 constituirte Berg-Regal, wonach die Fossilien des Kaisers sind, auf die Kurfürsten. Die Joachimsthaler Berg-Ordnung 1548, die Kursächsische 1589 kennen neben der landespolizeilichen Aufsicht über den Bergbetrieb eine förmliche Verleihung des Bergrechtes, die sich an das Lehnwesen (Lehnträger) anschloß. Diese ‚concessio' war entweder Special-Verleihung auf Fossilien (plena, minus plena) in einem bestimmten Grubenfelde, meist für den ersten Finder, der einen Schürfzettel vom Regalherrn erbeten hatte, — oder Districts-, Erb-Belehnung für Mineralien in einem ganzen Bezirk. Als regal galten nur solche Fossilien, die vor dem Feuer bestehen, durch künstlichen Bau gefördert werden, oder — wie nach sächsischem Recht — durch ihren Gehalt an Metallen, Salzen für die Industrie nutzbar sind. Der Regalherr zog Abgaben theils vom Reinertrage wie Bergzehnter, theils fixe Steuern wie Quatember-, Receßgelder. Der Grundeigenthümer wurde durch eine Quote der Ausbeute, s. g. Erbkux entschädigt.

Auf diesem Standpunkt, der oft durch Willkür und Steuerdruck den Bergbau hemmte, stand noch das A.L.R. II, 16. Das Pr. BergG. vom 24. Juni 1865 hat den Bergbau für frei erklärt. Jeder kann nach bestimmten Fossilien, die das Gesetz aufzählt, wie: Metalle, Arsenik, Schwefel, Vitriol und Alaun, Erze, Stein-, Braunkohle, Graphit (nicht aber Stronthianit, Torf, Steine, Diamanten) suchen, und der erste Finder hat gegen Entschädigung des Grundeigenthümers in der Regel einen „Anspruch" auf die staatliche Verleihung des Rechtes, sie durch Abbau zu occupiren. Der Staat führt außerdem die Aufsicht s. g. Berghoheit und besteuert das Gewerbe. Mit Rücksicht auf den Nationalwohlstand geht es nicht an, die Hebung der Bergschätze dem freien Willen des Bodeneigenthümers zu überlassen, welcher vielleicht den landwirtschaftlichen Betrieb vorzieht; doch gilt in dem an Erzen und Kohlen reichen England dies Princip, während in Frankreich zwar ein Bergbauzwang herrscht, aber der Finder mit einem bloßen Entschädigungsanspruch dem Grundeigenthümer nachgestellt werden kann.

II. Erwerb.

Das s. g. Bergwerks-Eigenthum, d. h. Occupationsrecht von Fossilien durch Abbau in einem Grubenfelde wird nach Preußischem Rechte vom Oberbergamt verliehen, wenn der Finder, welcher geschürft hat, bzw. dessen Nachfolger ordnungsmäßig darauf muthet.

Das Schürfen, d. h. Aufsuchen von Mineralien auf ihren natürlichen Lagerstätten ist auf eignem Boden unbeschränkt, auch durch Zufall gestattet. Auf fremdem Boden bedarf es bei Widerspruch des Grundherrn sowohl einer Ermächtigung der Bergbehörde, die für Gebäude, Gärten, Hofräume, öffentliche Straßen, Friedhöfe nicht erfolgen darf, als auch des Angebotes der vollen, sofort zahlbaren Vergütung für allen Schaden vorbehaltlich des Rechtsweges. § 3–11. Das Schürfrecht ist abtretbar und wirkt nach G. vom 5. Mai 1872 ohne Eintragung dinglich. Wer ein abbauwürdiges Mineral aufschloß, kann beim Bergamt muthen, d. h. die Verleihung des Bergwerks-Eigenthums nachsuchen. Doch muß er die „Fündigkeit" der Lagerstätte nachweisen und binnen sechs Wochen einen Situationsplan über das begehrte Feld nachbringen. Unter mehreren Gesuchen geht das des ersten Finders vor; allein er verliert sein Vorrecht, wenn er nicht binnen einer Woche nach der Entdeckung muthet, und entscheidet dann die Priorität der Muthung. Das Muthungsrecht kann übertragen werden und ist dinglich verfolgbar. Nach Ermittlung und Prüfung etwaiger Einsprüche beschließt das Oberbergamt vorbehaltlich der Entschädigung fremder Grund-Eigenthümer die Ertheilung des Abbaurechtes in Bezug auf ein bestimmtes Feld im Geviert von höchstens 500,000 Quadratlachtern und ein bezeichnetes Mineral und stellt darüber eine Verleihungsurkunde zu. Das Bergwerks-Eigenthum wird in ein Berg- oder Gegenbuch eingetragen und in Bezug auf Uebertragung, Verpfändung, Zwangsvollstreckung nach Art der Immobilien behandelt.

Die Consolidation ist die Vereinigung mehrerer Bergwerke zu einem einzigen, sie bedarf eines formellen Actes und der Bestätigung des Oberbergamts. Die Regulirung der Realrechte geschieht durch Vereinbarung mit den Gläubigern eventuell durch Eintragung solcher Antheile, wie sie sich aus dem Verhältniß des Eingebrachten zum Ganzen ergeben; doch haben die Gläubiger gegen diesen Maßstab ein gerichtliches Einspruchsrecht, oder sie können vor dem Verfalltermin Auszahlung verlangen. Letztere Befugniß steht ihnen auch zu bei Feldestheilung, d. h. Zerlegung eines Bergwerksfeldes in mehrere selbständige Werke.

Das kursächsische Institut der Bergwerks- oder Gruben-Schulden, für welche nur das Bergwerk, zu dessen Anlage und Betrieb sie aufgenommen wurden, und nicht das Bürgervermögen des Unternehmers haftet, findet sich nicht in dem Pr.G., ebensowenig in der R.K.O. ein abgesondertes Befriedigungsrecht der Bergwerksgläubiger aus der Grube.

III. Betrieb.

Der Berechtigte kann auf dem Bergwerksfelde alle zur Gewinnung und Aufbereitung des verliehenen Minerals erforderlichen Anstalten treffen, sowohl unterirdisch „bis zur ewigen Teufe" als über der Erde s. g. Tagebau; er darf die zeitweilige oder dauernde Abtretung des für den Betrieb nöthigen Landes, z. B. für Einfahrtsschachte, Haldenplätze verlangen. Die volle Entschädigung des Grundeigenthümers auch für Einbußen in der Landwirthschaft, z. B. Erdrisse, Abführen des Wassers 2c. wird durch das Oberbergamt und den Bezirksausschuß nach Art der Zwangsenteignung festgestellt und bezüglich der Höhe dieses Betrages der Rechtsweg gewährt. § 146. Auch für später sich herausstellenden Schaden, selbst auf benachbarten Grundstücken wie Austrocknen, haftet der Unternehmer, wenn nur der Zusammenhang mit dem Bergbetriebe nachgewiesen wird. Die Klage auf Ersatz des außercontractlichen Schadens verjährt in drei Jahren vom Tage der Kenntniß des Daseins und der Ursache an. Nur für den Einsturz der nach dem ordnungsmäßigen Abbau auf dem unterhöhlten Boden errichteten Gebäude wird nicht gehaftet. Soweit der Bergbau nicht gestört wird, ist Grundeigenthümer in der Ausnutzung seines Bodens, in der Anlage von Steinbrüchen und in der Auffindung nicht regaler oder nicht verliehener Fossilien unbehindert.

Der **technische Abbau** ist entweder bei Flötzen ein gevierteter, oder bei Adern im Gestein ein gestreckter. Schachte führen senkrecht in die Tiefe, Stollen sind horizontale Gänge; ein Erbstollen zur Einführung von Licht und Luft muß auch außerhalb des Grubenfeldes geduldet werden, ein solcher Hülfsbau gilt als Zubehör des Bergwerks.

Der **bergpolizeilichen Aufsicht** der Behörde unterliegt die Ordnung und Sicherheit des Betriebes: Die Grube muß abgeteuft, gezimmert, gehörig mit Mannschaft belegt sein; Vorsichtsmaßregeln sind nöthig gegen schlagende Wetter, Wasserzuflüsse 2c.

Die **Belegschaft** besteht aus Knappen, welche die Stufe hauen, fördern u. s. w., sie stehen unter Steigern und Schichtmeistern; die gemeinschaftliche Gefahr hat sie zu Unterstützungskassen, s. g. Knappschafts- oder Bruderladen vereinigt, zu denen auch der Unternehmer (früher durch einen Freikux) beiträgt. Das R.G. vom 7. Juni 1871 hat die Haftpflicht der Unternehmer aus schuldhaften Befehlen ihrer Betriebsleiter geregelt und das UnfallversicherungsG. vom 6. Juli 1884 sie weiter ausgedehnt.

IV. Gemeinschaftlicher Bergbau.

Wer allein den Bergbau betreibt, heißt Eigenlehner. Die Betheiligung Mehrerer kann in jeder nach bürgerlichem Recht zulässigen Art der Gesellschaft geschehen, Mangels Bestimmung entscheidet das Gesetz, welches im deutschen Recht zwei Formen ausgebildet hat:

a) Gesellenbau. Mehrere, nicht mehr als acht, betreiben das Bergwerk, meist mit eigner Hand, als Societät. Sie sind Miteigenthümer, jeder hat die Geschäftsführung und Vertretung — doch so, daß dem Andern ein Widerspruchsrecht zusteht und meist ein einhelliger Beschluß nöthig ist. Jeder haftet auf seinen Antheil persönlich, kann auf Auflösung klagen. Der Gewinn wird nach Köpfen vertheilt, die Antheile sind an sich unübertragbar, unvererblich.

b) Gewerkschaft. Sie bildet eine corporative Genossenschaft S. 192, welche nach Außen durch einen Grubenvorstand, früher dem Staat gegenüber durch einen Lehnträger, der mit dem Bergregal belehnt wurde, repräsentirt wird. Die ideellen Antheile am Gesellschaftsvermögen, das „Grube" oder „Zeche" genannt wird, heißen **Kuxe** (böhmisch „kukß"=pars). Ihrer gab es 128, da die Zeche in 32 Stämme jeder zu **4 Kuxen** zerfiel; dazu kamen 5 oder 6 Frei- bzw. Erb-Kuxe, nämlich 1 oder 2 für den Grundeigenthümer, je 1 für Kirche, Schule, Arme, Knappschaft. Die Kuxe sind als Immobilien durch Eintragung im Bergbuch veräußerlich und verpfändbar, sie sind theilbar. Jeder Kux-Inhaber kann, soweit der Ertrag des Bergwerks die Kosten nicht deckt, zu Zubußen aufgerufen werden und kommt, wenn er sie nicht leistet, in den Retardat, d. h. sein Kux wird ohne Rücksicht auf die daran bestellten Lasten caducirt und fällt an die Gewerkschaft zurück, darüber hinaus aber haftet er nicht. Kein Kux-Inhaber oder Gewerke kann für sich auf Theilung klagen, er kann nur auf Gewerktagen mitstimmen, in welchen die Fassung der Beschlüsse und die Vertheilung der Ausbeute nach Kuxen geschieht.

Auf dieser Verfassung beruht noch die Gewerkschaft des A.L.R. II, 6 § 11 ff., die als erlaubter Verein, d. h. nach Innen als Corporation, nach Außen als Societät behandelt wird.

Das Pr.G. vom 24. Juni 1865 nähert die seit dem 1. Octb. 1865 begründeten Gewerkschaften, zu denen nur zwei Betheiligte erforderlich sind, den Actiengesellschaften und erlaubt den alten Gewerkschaften, sich durch einen Beschluß von mindestens $^3/_4$ sämmtlicher Kuxe in neue umzuwandeln. Die neue Gewerkschaft gilt nach Außen als selbständige Persönlichkeit, daher wird auf ihren Namen das Bergwerk als Ganzes eingetragen und kann nur von ihr veräußert und belastet werden. Die Vertretung geschieht durch einen Repräsentanten, der im Inland wohnen muß oder einen Grubenvorstand, der aus ein oder zwei Personen besteht. Der Kux ist Corporations-Antheil, also Mobilie, muß auf den Namen lauten, ist untheilbar. Die Anzahl der Kuxe beträgt 100 oder 1000. Ueber die Mitglieder und deren Kuxe wird ein Gewerkenbuch geführt, auf Grund dessen jedem Gewerken auf Verlangen ein Kuxschein ausgefertigt wird. Die Uebertragung und Verpfändung erfolgt durch schriftlichen Vertrag mit Uebergabe des Kuxscheins, doch bedarf es zur Ausübung von Rechten gegen die Gewerkschaft der Umschreibung im Gewerkenbuch. Die Caducirung eines in Bezug auf Zubußen säumigen Kuxeigenthümers findet nicht mehr Statt. Vielmehr kann die Gewerkschaft gegen ihn auf Zahlung klagen, und dann steht es ihm frei, sich der Verurtheilung und Zwangsvollstreckung durch Uebergabe seines Kuxscheines an die Gewerkschaft behufs Verkaufs 2c. zu entziehen. Die gehörig berufene und beschlußfähige Gewerkenversammlung faßt ihre Beschlüsse mit einfacher Mehrheit der Kuxe; eine qualificirte Majorität von drei Viertel ist erforderlich zu Verfügungen über die Substanz und sogar Einstimmigkeit zum Verzicht auf das Bergwerk. Jeder Gewerke kann binnen vier Wochen auf Aufhebung eines Beschlusses klagen. § 94–134.

Die Actien-Gesellschaft nach R.G. vom 18. Juli 1884 unterscheidet sich vielfach von der Gewerkschaft: durch ihre Natur als Handelsgesellschaft und die Folgen für Firma, Register, Bücher 2c., durch den Gründungshergang, die Organe, besonders Aufsichtsrath, die Geschäftsführung und Bilanzirung, die Befugnisse der Generalversammlung u. a. m. Die Actien lauten auf einen Nennwerth von mindestens 1000 ℳ, auch auf den Inhaber, werden durch Besitzübergabe übertragen, kein Actionär haftet über den Betrag seiner Actie 2c.

V. Verlust.

Aus Gründen des Sachenrechtes, insbesondere:

a) Untergang des Bergwerks, z. B. die Grube ist erschöpft.

b) Verzicht. In diesem Falle kann das Bergwerk auf Antrag der Realgläubiger subhastirt werden, eventuell wird es durch die Behörde „frei gefahren" und neu „auflässig", d. h. das Oberbergamt beschließt § 156 ff. die Aufhebung des Bergwerks-Eigenthums unter Ausschluß aller Ansprüche.

c) Entziehung zur Strafe des Berechtigten, wenn derselbe Raubbau treibt, die Grube nicht gehörig belegt, verstürzen läßt ꝛc. Nach Preußischem Recht treten nur Polizeistrafen ein, außer wenn Unternehmer hartnäckig das Bergwerk nicht betreibt, allein es steht ihm gegen den Aufhebungsbeschluß des Oberbergamts ein gerichtlich zu verfolgender Einspruch zu.

F. Salz-Regal.

Der Abbau des Steinsalzes, die Gewinnung des Salinensalzes aus Soolen, die über Gradirwerke in Sudhäuser geleitet und dort in Pfannen abgedampft werden, ist im deutschen Recht als Staatsregal entwickelt.

Die Salzquelle gehört meist nicht dem Boden-Eigenthümer, sondern einem Regalherrn, s. g. Salzjunker, Salzbeerbten, von dessen Verleihung das Recht, die Soole auszubeuten, abhing. Oft gab er den Betrieb der Soole gegen eine Abgabe in Erbpacht der Pfänner, die eine der Gewerkschaft ähnliche Corporation bilden, die s. g. Pfännerschaft, die sich aus 111 Pfannen zusammensetzt.

Das Pr.G. vom 24. Juni 1865 bezieht sich auch auf die Salz-Ausbeute. Das Salzmonopol in Preußen, d. h. das alleinige Verkaufsrecht von Salz durch den Staat ist aufgehoben und seit 1867 durch eine Salzsteuer, die heute für das Reich erhoben wird, R.V.U. Art. 35 ersetzt.

Vierter Titel.

Eigenthumsähnliche Rechte.

§ 136.

D. 6, 3 si ager vectigalis id est emphyteuticarius petatur.

Emphyteusis.

A. Geschichte.
B. Begriff.
   I. Dingliches eigenthumsgleiches Nutzungsrecht an einem fremden Grundstück.
   II. Vererbliches Recht.
   III. Veräußerliches Recht.
   IV. Mit den gesetzlichen Pflichten: nicht zu deterioriren und einen Jahreszins zu zahlen.
C. Erwerb.
   I. Willenserklärung.
   II. Ersitzung.
   III. Richterlicher Zuspruch.
D. Verlust.
   Insbesondere Privation.

A. Geschichte.

Im altrömischen Recht ist ager vectigalis der vom Staat den Patriciern gegen eine unbedeutende Abgabe überlassene ager publicus, auf den sich die leges agrariae, vgl. S. 89 bezogen; später heißt so der von Gemeinden und Priesterschaften in Erbpacht gegebene Acker. Gaj. IV § 134. Das Civilrecht konnte dem Erbpächter nur in der actio conducti einen persönlichen Anspruch verleihen, der Prätor schützte ihn durch eine actio in rem utilis gegen Dritte. In der klassischen Zeit war die Natur des Rechtsverhältnisses, ob Kauf oder Miethe streitig, Gaj. III § 145. Papinian scheint letzteres anzunehmen, da er in l. 15 § 4 D. 19, 2 dem Erbpächter eine remissio mercedis bei Mißwuchs zuspricht, während ihn bei Analogie des Kaufes jede Gefahr treffen würde. In der nachklassischen Zeit parcellirte der kaiserliche Fiscus seine weiten Ländereien — fundi patrimoniales — und gab sie in Emphyteusis, d. h. zu einem dinglichen, veräußerlichen und vererblichen Nutzungsrecht, wofür der Emphyteuta die Pflicht übernahm, sie in Cultur zu halten und einen jährlichen Zins zu entrichten. Bei der zunehmenden Verarmung und Verödung des Reichs hatte diese Maßnahme den wirthschaftlichen Zweck, den Fruchtbau zu heben, arme Landwirthe und wohl auch das Proletariat der Städte ohne großes Anlagecapital seßhaft zu machen, wohingegen der Fiscus das Eigenthum nicht aufgab und sich eine regelmäßige Finanzquelle erschloß. Die Kirche giebt ihren Grundbesitz in Emphyteuse, und selbst Private ahmen später diesen fiscalischen Erbpachtvertrag nach. Zeno um 480 löst den Streit über die Rechtsnatur in l. 1 C. 4, 66 etwas gewaltsam dadurch, daß er die Emphyteuse für einen Consensual-Contract eigner Art erklärte, aber die Gefahr der Verschlechterung dem Bebauer aufwälzte. Unter Justinian ist ager vectigalis ‚id est‘ emphyteuticarius mit letzterem verschmolzen.

Die aus politischen Zuständen erwachsene Emphyteusis läßt sich nicht auf die deutschen bäuerlichen Nutzungsrechte anwenden, die sich eigenthümlich entwickelt haben, und kommt nur noch bei Kirchen vor. Früher versuchte man durch die

Theorie vom Unter-Eigenthum S. 341 alle diese Institute unter „einen" Rahmen zu bringen.

B. **Begriff.**

I. **Dingliches eigenthumsgleiches Nutzungsrecht an einem fremden Grundstück.**

Emphyteuta kann Ackerkrume und Fossilien abbauen, selbst ungewöhnliche Erträge wie Windbruch gebühren ihm, und an die Erhaltung des Charakters der Sache — salva substantia — ist er nicht gebunden. Sein Recht erstreckt sich auf Boden-Accessionen wie Alluvion, und er kann die am Grundstück hängenden Servituten rc. ausüben. Da er ‚loco domini' ist, erwirbt er die Früchte durch Separation, hat alle petitorischen Klagen wie rei vindicatio, negatoria, confessoria, und wenn er sein Recht redlich durch Uebergabe erlangt hat, auch Publiciana, sowie aus seinem Rechtsbesitz die possessorischen Interdicte.

Trotz alledem steht ihm nur ein jus in re aliena zu, was sich in seinen Pflichten gegen den dominus und in dem eventuellen Heimfall an diesen zeigt, also hat er keinen Anspruch auf die Schatzhälfte und gilt nicht als juristischer Besitzer, obwohl ihm oft abgeleiteter Besitz zugesprochen wird.

Eine Anomalie ist die in nov. 7 c. 3 § 2 erwähnte Emphyteuse an einem Gebäude.

II. **Vererbliches Recht** sowohl auf Intestat- wie Testaments-Erben.

III. **Veräußerliches Recht,** nicht bloß der Ausübung nach, sowohl unter Lebenden als durch Vermächtniß. Folglich kann Emphyteuta sein Recht verpfänden, das Grundstück mit Lasten für die Dauer seines Rechtes belegen. Doch soll er seine Absicht zu veräußern mit Angabe des zu Grunde liegenden Geschäfts dem Eigenthümer anzeigen, damit dieser binnen 60 Tagen gegen die Person des Erwerbers aus gutem Grunde Widerspruch erheben, ein Vorkaufsrecht geltend machen, oder für seine Einwilligung ein laudemium (laudatio emtionis) s. g. Handlohn, Weinkauf verlangen kann. Dasselbe besteht in 2% (quinquagesima) vom Gegenwerth, z. B. Kaufpreis, Tauschobject, an Zahlungsstatt getilgte Forderung; bei Schenkung richtet es sich nach dem Schätzungswerth der Emphyteuse.

IV. **Mit den gesetzlichen Pflichten** nicht zu deterioriren und einen Jahreszins (canon, pensio, reditus) zu zahlen.

Zur Sicherung kann Proprietar zwar keine Caution verlangen, aber priviren; die Kirche hat noch eine gesetzliche Generalhypothek am Vermögen des deteriorirenden Emphyteuta. Nur bedeutende und verschuldete Deterioration kommt in Betracht. Ein Verzicht auf den Erbzins ist unzulässig, doch kann eine fällige Rate erlassen werden; ein Recht auf verhältnißmäßigen Erlaß steht dem Emphyteuta selbst nicht bei theilweisem Untergang oder geminderter Ertragsfähigkeit des Grundstücks zu. Die Klage des Proprietars auf Zins ist eine actio locati, sie geht auch gegen Rechtsnachfolger, die für die Rückstände aus der Zeit ihrer Vormänner haften l. 7 D. 39, 4 ‚in vectigalibus ipsa praedia, non personas conveniri.' Oeffentliche Abgaben und Lasten ruhen stets auf dem Fruchtgenuß.

C. **Erwerb.**

Die Emphyteuse wird errichtet durch

I. **Willenserklärung**: Vertrag, Testament. Eines modus acquirendi wie Uebergabe, d. h. Ausübung mit Erlaubniß des Bestellers bedarf es nicht; dies wird nur für die actio Publiciana nützlich. Zum Vertrage genügt Willensübereinstimmung, es sei denn, daß das zu Grunde liegende Geschäft wie Schenkung über 500 solidi eine Form erfordert. Schriftlichkeit wird nur verlangt für kirchliche Emphyteusen und für bedungene Abweichungen von den gesetzlichen Vorschriften in Bezug auf Dauer, Nutzung ꝛc.

II. **Ersitzung**. Sie richtet sich nach Analogie des Eigenthums und ist anerkannt, wenn ein putativer Eigenthümer an seinem Grundstück eine Emphyteuse bestellt, oder eine bereits begründete Emphyteuse durch Ersitzung in andere Hand kommt. Ob auch in anderen Fällen die Begründung neuer Emphyteusen durch Ersitzung vorkommt, ist zweifelhaft. l. 12 § 2 D. 6, 2.

III. **Richterlicher Zuspruch** durch Adjudication bei Theilung.

D. Verlust.

Die Emphyteuse hört auf wie das Eigenthum durch Untergang der Sache, Dereliction Seitens des Emphyteuta, ferner durch Verjährung bei Nichtgebrauch und durch Consolidation bei Heimfall an den Herrn. Letzterer vollzieht sich durch Erbgang und P r i v a t i o n. Bei erbenlosem Tod des Emphyteuta fällt das dingliche Recht in das Eigenthum zurück und nicht etwa als ‚bonum vacans‘ an den Fiscus, was nur für das s. g. dominium emphyteuseos gilt. Bei Privation zieht der Herr durch vindicatio das Grundstück ohne Ersatz der Verbesserungen an sich, um den Emphyteuta zu strafen. Die Privationsfälle sind:

Schuldhafte und erhebliche Deterioration.

Verletzung der Veräußerungsvorschriften, z. B. bei Säumniß der Anzeige, falscher Angabe des Kaufpreises, Verweigerung des laudemium etc.

Nicht-Zahlung des Grundzinses an den Herrn oder Nicht-Präsentation der öffentlichen Steuerquittungen binnen 3, für Kirchen schon binnen 2 Jahren. Nur auf die Thatsache der Verzögerung, nicht auf die schuldhafte Ursache (mora) kommt es an, daher wendet nachträgliches Angebot vollständiger Leistung das einmal begründete Privationsrecht nicht ab. Im kanonischen Recht c. 4 X 3, 18 ist Nachzahlung statthaft, bis der Herr seinen Entschluß der Privation notificirt hat.

§ 137.

Bäuerliche Nutzungsrechte.

A. Bauernlehen.
B. Colonatsgüter.
Erbzins- und Erbpachtgüter.
C. Laßgüter.
Moderne Rentengüter.

Bauerngüter sind im deutschen Recht kleine Landgüter, die der Besitzer mit eigner Hand bewirthschaftet. Sie waren früher entweder ganz frei, z. B. in Westphalen, am Rhein — oder sie standen zwar im Eigenthum des Besitzers, waren aber aus dem Voigteiverbande mit Reallasten wie Zehnten, Zinsen, Diensten behaftet S. 388. — oder an ihnen bestand nur ein bäuerliches Nutzungsrecht des Besitzers. Letzteres war bisweilen ein Rest der alten Leibeigenschaft und Hörigkeit, am häufigsten jedoch dadurch entstanden, daß der Grundherr Trennstücke, s. g. Höfe zur Cultur meist erblich an Colone überließ und sich Eigenthum und besondere Befugnisse vorbehielt. Der Umfang der gutsherrlichen Rechte war oft durch einen Beleihungs- oder M e i e r - B r i e f festgestellt, ohnedies aber willkürlich und sehr verschiedenartig. Sie bestanden in besonderen Diensten und Abgaben wie: laudemium Handlohn, d. h. ein Procentsatz des Gutswerthes, welchen Erwerber, auch im Erbfall der Seitenverwandte, dem Herrn zahlen muß; mortuarium Besthaupt, d. h. eine Sache oder Quote, die der Herr aus dem Nachlaß des Colonen nach Abzug der Schulden fordert. Meist erhält sich der Grundherr eine Controle der Wirthschaft, Einspruch gegen Veräußerungen, Regelung der Erbfolge durch Berufung eines Anerben in den geschlossenen Hof, oder falls der gesetzliche Anerbe minderjährig ist, durch Anstellung eines Interimswirths. Dem Grundherrn kann ein Recht auf Abmeierung zustehen, d. h. Entsetzung des Colonen wegen schlechter Wirthschaft, Zinsrückstandes, verbotener Veräußerung; doch darf er vielfach den Hof nicht einziehen s. g. „Legen der Bauern", sondern muß ihn im Interesse des Bauernstandes neu bemeiern.

Andrerseits gebührt dem Bauern die volle Nutzung bis an die Grenze der wirthschaftlichen Eigenart, die Vertretung der Sache vor Gericht unbeschadet der Intervention des Herrn, die Belastung mit Servituten auf die Dauer seines Rechtes, die Anstellung der Reunionsklage, um widerrechtlich veräußerte Parcellen wieder zum Hof zu ziehen — oft nur gegen Lösung in Form eines Näherrechts ‚retractus ex jure congrui', Gespilde-Recht — u. s. w. Dafür hat er das Gut in Bau zu halten, darf es nicht derelinquiren und muß rechtzeitig die öffentlichen Abgaben und die Lasten an den Herrn leisten, worauf diesem nach manchen Gebräuchen ein Pfändungsrecht s. g. Dienstzwang gewährt war. In der Verfügung über die Substanz ist der Colone in der Regel an die Einwilligung des Gutsherrn gebunden; der Hof war grundsätzlich unveräußerlich, untheilbar und in bestimmter Folge vererblich.

Im einzelnen Falle gestalten sich diese Verhältnisse nach individuellem Belieben und localem Herkommen äußerst mannigfaltig, so daß es unmöglich erscheint, sie je nach dem weiteren oder engeren Umkreis der gutsherrlichen Verleihung auf den Leisten der römischen Emphyteuse als s. g. Untereigenthum oder des römischen Ususfructus als dingliches Recht zu spannen. Nur drei allgemeine Kategorien lassen sich scheiden, zwischen denen es zahllose Uebergänge giebt, und für die auch die sehr vieldeutigen Namen keinen festen Anhalt gewähren.

A. **Bauernlehen** (feudastra) Schupf- und Fall-Lehen im Rahmen des Lehnrechtes, aber ohne die diesem eigenthümlichen Kriegsdienste, Treue und Felonie.

B. **Colonatsgüter** mit erblichem Nutzungsrecht, am häufigsten in der oben geschilderten Weise. Dahin gehören die Erbzinsgüter meist mit freier Veräußerung und einem geringen Erb-Zins, -Schilling als Bekenngeld (recognitio) des Eigenthums, und die Erbpachtgüter ohne Verfügung und mit einer Abgabe, die im Verhältniß zum Ertrage steht, daher auch bei Mißwuchs der Remission unterliegt.

C. **Laßgüter,** Landsiedeleien auf beschränkte Dauer wie Widerruf, Lebenszeit des Erwerbers, aber meist nur im Princip, da sich der Leibeserbe das angebaute Gut durch ein Laudemium „gewann".

Die neuere Gesetzgebung hat aus politischen und ökonomischen Gründen die bäuerlichen Nutzungsrechte gegen Ablösung in freies Eigenthum verwandelt und die Dismembrationsbeschränkungen beseitigt.

Das A.L.R. § 14 II, 7 verbietet das Einziehen und Zusammenschlagen von Bauernstellen durch den Gutsherrn. Das G. vom 9. Oct. 1807 modificirt dies zwar, aber das Edict vom 14. Sept. 1811 giebt den Bauern gegen Entschädigung Eigenthum an den lassitischen Höfen vgl. Pr.V.U. Art. 42. Das G. vom 2. März 1850 hebt das Ober-Eigenthum bei Erbzinsgütern auf und verbietet künftighin die Auflage erblicher Nutzungsrechte, G. vom 14. April 1856. Das G. vom 5. Mai 1872 über die Form der Verträge, durch welche Grundstücke zertheilt werden, beseitigt die Schranken, welche die frühere Gesetzgebung aus fiscalischem Interesse für die Parcellirung besonders im Wege öffentlicher Versteigerung aufstellte.

Die von dem Pr.G. vom 26. April 1886 zur Beförderung deutscher Ansiedlungen in den Provinzen Westpreußen und Posen geschaffenen Rentengüter stehen im vollen Eigenthum des Erwerbers, nur wird der Kaufpreis an den Staat in Form einer festen Geldrente — Reallast — entrichtet; dieselbe ist Mangels anderer Vermerke im Grundbuch nach sechsmonatlicher Kündigung Seitens des Verpflichteten mit dem zwanzigfachen Betrage ablösbar. Das Verbot der Parcellirung, die Pflicht zur Erhaltung der Gebäude ꝛc. kann vereinbart, aber sowohl dies wie der eingetragene Ausschluß der Ablösung auf Antrag des Eigenthümers von der Auseinandersetzungsbehörde aufgehoben werden, falls es im gemeinsamen oder öffentlichen Interesse nützlich erscheint. Die wirthschaftliche Bedeutung der Rentengüter liegt außer dem Colonisationszweck noch darin, daß sie im Effect dem Hypothekar-Credit und der Ueberschuldung entzogen sind. Uebrigens neigt die neueste Zeit, um die verderblichen Erbtheilungen der Bauernhöfe auszuschließen, wieder zu einer facultativen Geschlossenheit mittelst Eintragung in eine Höferolle, z. B. in dem Pr.G. vom 2. Juni 1874, 24. Febr. 1880, 20. Febr. 1884, für Hannover und in den Landgüter-Ordnungen für Lauenburg vom 21. Febr. 1881, Westphalen vom 30. April 1882, Brandenburg vom 10. Juli 1883, Schlesien vom 24. Apr. 1884, Schleswig-Holstein vom 2. Apr. 1886, Bezirk Kassel vom 1. Juli 1887.

§ 138.

Lehnrecht. (Voraussetzungen).

Geschichte und Quellen.
Beneficialität und Vasallität. Adäration der Lehndienste. Verfall des Lehnwesens. Libri Feudorum.
B. Begriff.
- I. essentialia feudi.
- II. naturalia feudi.
- III. accidentalia feudi.

C. Lehnpersonen.
- I. Herr.
  - a) Eigenthümer.
  - b) im Heerschild.
- II. Mann.
  - a) absolut Unfähige.
  - b) relativ Unfähige.
- III. Lehnträger.
  - a) prodominium.
  - b) provasallagium.
- IV. Lehnvormund.

D. Lehnbare Sache.
- I. Grundstücke.
  - a) ländliche.
  - b) städtische. Zubehöre.
- II. Dauernde Immobiliarrechte.
  - a) Wohnungs-Lehen.
  - b) Renten-Lehen.
  - c) Pfand-Lehen.
- III. Oeffentliche Gerechtsame.
  - a) Fahnen-Lehen.
  - b) Amts-Lehen.
  - c) Regal-Lehen.
  - d) Altar-Lehen.
- IV. Afterbelehnung.
  - a) obinfeudatio.
  - b) subinfeudatio.

E. Errichtung.
- I. Investitur.
  - a) Begriff (Hulde, Auflassung).
  - b) Arten (Eventual-, Mitbelehnung).
- II. Ersitzung.

Die Rechte des Vasallen am Lehn enthalten eine eigenthumsgleiche Befugniß, daher gehört das Lehen in das Sachen-Recht unter die dinglichen Rechte. Früher schied man das Lehn-Recht mit Rücksicht auf seinen öffentlichen Charakter wie

Treue und Kriegsdienste des Vasallen, besonderer Stand und Gerichtsbarkeit desselben 2c. von dem Privat-Recht aus und setzte es dem Land-Recht gegenüber.

A. Geschichte und Quellen.

Die Wurzeln des Lehnwesens ruhen in der Beneficialität und Vasallität. Die Herzöge belohnten ihre freie Gefolgschaft im Kriege, um sie im Gehorsam und in der Treue zu erhalten, mit einem Antheil an der Beute, z. B. mit Waffen, Pferden, später auch Grundstücken. Die karolingische Dynastie verlieh im achten Jahrhundert, um Mächtige an sich zu fesseln, lebenslängliche Nutzung an Kron- und Kirchengütern, die auf Gesuch des Leibeserben erneuert wurden s. g. beneficia.

Bei den Franken bestand die Sitte, daß der freie Grundeigenthümer, um der lästigen Kriegs- und Gerichtspflicht zu entgehen, sich einem Mächtigeren senior anschloß ‚se commendavit‘ und unter dessen Schutz als vassus den Boden zurückerhielt. S. 121.

Im elften Jahrhundert verschmelzen die beiden Institute: der Vasall erhält gegen die Versicherung von Treue und Diensten ein Beneficialgut, s. g. feudum datum im Gegensatz zum oblatum, das der Vasall unter dem Schutz des Herrn zurückerhielt. Da die im Princip nur lebenslängliche Nutzung doch im Erbfall erneuert wurde, andrerseits aber, wenn die Gefahr einer Einziehung drohte, zu einer Aussaugung des Bodens führte, erklärte Konrad II. im Königs-Gesetz 1037 die kleineren italischen Lehen für erblich, was mit der Zeit auch in Deutschland Brauch wurde. Im dreizehnten Jahrhundert ist die königliche Gewalt der Hohenstaufen so ohnmächtig, daß sie den Schwachen nicht zu schützen vermochte. Daher wird der Lehnverband zu einer politischen Nothwendigkeit, nur im Verbande findet der Einzelne Sicherheit, und diese Verbände reichten in der Stufenleiter der Gewalthaber bis zum Lehnhof des Königs (curia regis). Die Sitte wird so zwingend, daß selbst das freie Gut „Sonnenlehen“ heißt.

Allein in der Blüthe des Lehnwesens liegt auch der Keim der Reaction: Der Landesherr verlangt im Territorium die Treue nicht aus der Lehnshuldigung, sondern aus dem Unterthanenverhältniß. Die sich entwickelnde Staatsidee des fünfzehnten Jahrhunderts schließt Kriegsdienste an Private aus und gewährt auch dem Geringsten Recht und Hülfe. Die veränderte Kriegsverfassung, welche weniger auf der Lanze des Reiters als der Feuerbüchse des Landsknechts beruht, macht die Lehndienste entbehrlich, die durch Geldleistungen abgelöst werden feuda adaerata. In Preußen wurde die Ablösung, welche unter dem Großen Kurfürsten begann, durch Friedrich Wilhelm I. 1717 und 1721 durchgeführt. Die „Ritterpferdsgelder“ flossen in Kriegskassen, aus welchen das Heer geworben wurde. So verliert das Lehnrecht seinen praktischen Kern, Huldigung und Dienste werden zur Ceremonie; — nur die sachenrechtlichen Formen über Veräußerung und Vererbung der Lehngüter erhalten sich und werden Vorbilder für Thronfolge, Familien-Fideicommisse 2c. Die Pr.B.U. Art. 40 verbietet die Errichtung neuer Lehen und ordnet die Auflösung bestehender an, mit Ausnahme der Thron- und Außenlehen. Das Ober-Eigenthum des Lehnherrn fiel durch G. vom 2. März 1850 und der Lehnverband der Vasallen wurde durch verschiedene Gesetze von 1875 an für Schlesien, Pommern 2c. entweder in freies Eigenthum des zeitigen

Besitzers mit Abfindung der Anwärter oder in ein Familien-Fideicommiß verwandelt.

Die Quellen des Lehn-Rechtes bestehen in den beiden libri Feudorum, welche Privatsammlungen von Gerardus Niger und Obertus ab Orto über das oberitalische Lehnwesen, sowie Kaiser-Gesetze enthalten. Sie wurden von den Glossatoren — Feudisten — um 1150 erläutert und als ‚decima collatio' den Novellen Justinians beigefügt. S. 111. Die Reception des longobardischen Lehnrechtes, das von Cujacius durch capitula extraordinaria, appendices vermehrt wurde, hat das sächsische Lehnrecht, wie es sich in der Urschrift des Ssp. ‚auctor vetus de beneficiis' S. 129 findet, fast völlig verdrängt. Nur sporadisch ist letzteres besonders für Lehnfolge in Geltung geblieben, oder hat in Verbindung mit dem longobardischen Recht zur Ausbildung neuer Institute wie Eventualbelehnung gedient. Das A.L.R. I, 18 enthält ein rein theoretisches Lehn-Recht.

B. Begriff.

Lehen (leihen) feudum (von fides oder fe-od fremdes Gut, oder gothisch fe-hu Vieh) ist das an einer fremden Sache bestehende und zu wechselseitiger Treue förmlich verliehene volle Gebrauchs- und Nutzungsrecht. Der Name bezeichnet auch das Lehngut und das Verhältniß.

I. **essentialia** feudi: Fähige Lehnpersonen, lehnbare Sache, Errichtung, Lehnverband mit wechselseitiger Treue; ‚insunt', d. h. bei Mangel eines dieser Erfordernisse liegt nur ein lehnähnliches Verhältniß — feudastrum vor, z. B. Bauernlehn ohne Treue. S. 426.

II. **naturalia** feudi gewöhnliche Erfordernisse ‚inesse praesumuntur'; ein Lehen, das sie enthält, heißt rectum proprium und entspricht der communis feudi ratio. Dazu gehören:

a) **Hulde** (homagium).
b) **Kriegsdienste**.
c) **Lehnfolge**.
d) **Ausschluß der Frauen**.

III. **accidentalia** feudi, durch Abrede geänderte Naturalien oder Zusätze s. g. Improprietäten ‚specialiter probanda'; mit ihnen heißt das Lehen irregulare. Darauf beziehen sich:

a) Hand-Lehen ohne Treueid: durch Handschlag des Vasallen, der entweder geistlich oder mächtiger ist, als der Herr.

b) Beutel-, Klepper-Lehen mit Geldleistungen, francum frei von Diensten.

c) Zeit-, Gnaden-, Personal-, wiedergebliches Lehen (temporale, precarium), Erblehen (hereditarium), d. h. mit bürgerlicher Erbfolge entweder rein (merum) oder gemischt mit Lehnfolge (mixtum).

d) Weiber-, Schleier-, Kunkel-Lehen, in das Frauen folgen, sei es durch Abrede (femininum), sei es stillschweigend durch erste Verleihung an eine Frau (femineum). In der Regel folgt die Frau erst nach dem Mannsstamm (successivum) subsidiäres Weiber-Lehen, oder gleichberechtigt mit dem Mannsstamm (promiscuum) durchgehendes Weiber-Lehen. Feminale heißt ein Lehen, in das nur Weiber folgen.

Lehnherrlichkeit ist der Inbegriff der Rechte des Lehnherrn; **Lehnhoheit** das dem Staat zustehende Hoheitsrecht über alle in seinem Gebiet gelegenen Lehen.

Allod (all–od eigenes Gut, Eigen) ist das übrige Vermögen des Vasallen, für das keine Vermuthung spricht, sondern der gewöhnliche Beweis gilt, welcher allerdings nach altgermanischer Auffassung mehr ein Vortheil als eine Last war.

C. Lehnpersonen.

Nothwendige Subjecte sind: Herr (dominus, senior) und Mann (vassus, vasallus), hinzu können treten: Lehnträger und Lehnvormünder.

I. **Herr,** der sich die Lehndienste versprechen läßt. Zur activen Lehnfähigkeit gehört:

a) er muß **Eigenthümer** und verfügungsberechtigt in Bezug auf die bestimmte lehnbare Sache sein. Unterliegt die Veräußerung des Objectes besonderen Formen, so bedarf es der Beobachtung derselben, z. B. bei geistlichen Gütern der Mitwirkung des Kapitels; war aber die Sache bereits rechtmäßig verliehen ‚res infeudari solita', so kann die reinfeudatio ohne jene Formen geschehen. Bei Entwehrung haftet Verleiher in der Regel nach Maßgabe des der Errichtung zu Grunde liegenden Rechtsgeschäfts dem redlichen Erwerber auf Interesse, das entweder in Entschädigung oder in der Verschaffung einer gleichwerthigen Lehnsache besteht.

b) er muß im **Heerschilde** vgl. S. 129 stehen, d. h. zur Annahme von Kriegsdiensten fähig sein; auch Klöster, Städte erhielten diese Befugniß durch Privileg. Das A.L.R. setzt an die Stelle der Ritterbürtigen den Adelsstand. Im modernen Staat können Kriegsdienste nur dem Landesherrn geleistet werden, zur Verleihung von Zinslehen aber ist eine besondere Fähigkeit in der Person des Herrn nicht erforderlich.

Nach der Person des Lehnherrn unterschied man: **Privat-** und **Staats-Lehen**, letztere waren **Reichslehen** des Kaisers oder Landeslehen der Territorialherren; heimfallende Reichslehen sollte der Kaiser, um seine Hausmacht nicht zu mehren — oder im Fall des Interregnum sein Vicar — binnen Jahr und Tag weiter verleihen. Die Landeslehen heißen **Thronlehen**, wenn der Treueid in die Hand des Landesherrn geleistet wird, **Kanzleilehen**, wenn Belehnung und Hulde vor dem Lehnhof geschieht. Wenn der Wohnsitz des Lehnherrn sich in dem Staat befindet, der die Hoheit über das Lehngut hat, spricht man vom **feudum in curte**, sonst vom **Außenlehen** extra curtem.

II. **Mann,** der die Lehndienste leistet. Der besitzende Vasall heißt Haupt-Vasall, possessor. Von der passiven Lehnfähigkeit ausgeschlossen sind:

a) absolut Unfähige **incapaces,** die zum Erwerb von Grundstücken, zur Eingehung von Verbindlichkeiten untauglich sind wie Ehrlose, Ungetaufte.

b) relativ Unfähige **irregulares,** deren Mangel durch den Lehnherrn dispensabel ist: Anrüchige, wie Bastarde, Echtlose, ferner Frauen, Geistliche, geistig bzw. körperlich Gebrechliche, juristische Personen. Für **Ritterlehen** (militaria, clipearia) mit Kriegsdiensten war Ritterbürtigkeit erforderlich, an deren Stelle im A.L.R. der Adel getreten ist.

III. **Lehnträger.** Die Vertretung des Herrn bzw. des Mannen geschieht entweder durch Auftrag oder kraft eignen Rechtes. Im letzteren Sinne ist zu unterscheiden:

a) auf Seiten des Herrn **prodominium**, dasselbe heißt sublime für Staatslehn, bei welchen der Landesherr das souveräne Volk vertreten soll (doch paßt diese mehr constitutionelle Auffassung nicht für das Mittelalter), oder simplex, wenn das Kloster durch den Abt, die Stadt durch den Magistrat, die juristische Person durch den Vorstand, die Familie durch den Senior vertreten wird.

b) auf Seiten des Vasallen **provasallagium** entweder sublime, wenn der Regent eines Vasallenstaates für diesen beim Lehnherrn (Souzerain) die Investitur nachsucht, Treue und Dienste verspricht, oder simplex, wenn es sich um die Vertretung von Mitbelehnten oder juristischen Personen oder relativ Lehnunfähigen, die vom Kriegsdienst dispensirt sind, handelt. Der Provasall gilt als wirklicher, bei dessen Tod oder Felonie es der Lehnerneuerung bedarf.

IV. **Lehnvormund.** Im sächsischen Recht führt der Lehnherr die Vormundschaft über den unmündigen Vasallen, bis dieser mit 13 Jahr 6 Wochen und 3 Tagen (Muthungsfrist von Jahr und Tag) zu seinen Jahren kam. Dadurch hatte er das Angefälle, d. h. Besitz und Genuß des Lehns, welches er aber auch mit der Lehnsvormundschaft auf einen Andern, in der Regel den nächsten Schwertmagen des Kindes, übertragen konnte (feudum guardiae?). Im longobardischen Recht führt der Allodial-Vormund auch die Verwaltung des Lehns für Rechnung des unmündigen Vasallen, der mit dem achtzehnten Jahre den Lehnseid ablegt. Die Feudisten unterscheiden den Allodial- und Lehnvormund. Ersterer verwaltet das Vermögen, wozu auch das Lehen gehört, nur zu Verfügungen über die Substanz des Lehns muß der Lehnvormund hinzugezogen werden; letzterer, der lehnfähig sein muß, übt die mit dem Lehn verbundenen Gerichts- und Patronats-Rechte aus, und vertritt den Vasallen — meist bis zu dessen bürgerlicher Volljährigkeit — vor Lehnherrn und Curie.

Auch in Betreff der Weiber bestand particularrechtlich der Gebrauch, ihnen neben dem Geschlechtsvormund noch einen Lehnvormund zu setzen, der ihre Interessen vor dem Lehnhofe wahrnehmen sollte.

D. Lehnbare Sache.

Nur solche Sachen können mit Rücksicht auf die Dauer des echten Lehns Gegenstand desselben sein, deren Substanz durch den Gebrauch nicht zerstört wird, also Immobilien, darauf lastende selbständige Rechte und öffentliche Gerechtsame. Irregulär sind Lehen an verbrauchbaren Sachen, von denen Vasall „ebensoviel" bereit halten muß, und das Geldlehen pecuniarium im A.L.R., wobei dem Vasall die Nutzungen eines sicher gestellten Kapitals zustehen.

I. Grundstücke.

a) **ländliche**, z. B. Aecker, Waldungen, ganze Landgüter, sei es Bauernhöfe (feudum ignobile), sei es Rittergüter (nobile).

b) **städtische**, z. B. Häuser (feudum aedificii), befestigte Gebäude (kemenatae), Burgen (castri), letzteres bisweilen mit der Pflicht des Vasallen, die Burg auf Befehl des Herrn für diesen „ledig" zu machen (aperturae).

Zubehöre des Lehnguts bei der Verleihung treten als „lehnbar" (pertinentiae feudales) in den Lehnverband ein; solche, die Vasall erst beim Gebrauch zufügte (pertinentiae feudi), bleiben Allod; der Beweis dafür unterfällt den allgemeinen Regeln.

II. **Dauernde Immobiliarrechte.**

a) **Wohnungslehen** (habitationis) an dem Wohnungsrecht, das mit dem Tode des Vasallen endigt.

b) **Rentenlehen** (annuae praestationis) in Bezug auf wiederkehrende Einkünfte, sei es censuum an Zehnten, Zinsen, die auf einem Grundstück ruhen, sei es camerae et cavenae an dem Ertrage aus der Verwaltung einer Kammer, eines Kellers.

c) **Pfandlehen** (pigneraticium), nicht ein Lehen an einem antichretischen Pfandrecht eines Grundstücks wie im A.L.R., sondern die Uebergabe einer Sache zur lehnmäßigen Benutzung an den Gläubiger, der dadurch bis zur Tilgung der Schuld Vasall seines Schuldners wird. Verschieden davon ist das Lehenpfand (oppigneratum), d. h. die Verpfändung des Lehns durch den Vasallen, welche, insoweit dem Gläubiger nur die Nutzung der Lehnfrüchte eingeräumt werden soll, für den Verpfänder und dessen Descendenten (als Lehnfolger) gilt, aber ohne Einwilligung des Lehnherrn und der Agnaten nicht zur wirksamen Veräußerung der Substanz führen kann.

III. **Oeffentliche Gerechtsame** staatlichen und kirchlichen Inhalts:

a) **Fahnen-** oder **Scepter-Lehen** betreffend die Hoheitsrechte über weltliche oder geistliche Territorien.

b) **Amtslehen** (officii) an erblichen Verwaltungsämtern, z. B. an den Reichserzämtern. Arten sind: das Voigtei=Lehen (advocatiae), das in der Polizeigewalt über einen bestimmten Bezirk besteht; Gerichtslehen (jurisdictionis), das die Gerichtsbarkeit enthält; Marktlehen (nundinarum), das sich auf Bann und Marktrecht einer Stadt bezog ꝛc.

c) **Regal=Lehen,** z. B. am Jagdrecht (venationis), auch an Gewerbebetrieben, z. B. dem Postregal.

d) **Altar-Lehen** (altaragii) an den mit einem Altar, einer Gnadenstätte verbundenen Einkünften, auch am Kirchenpatronat. Von diesem feudum ecclesiae ist zu unterscheiden das ecclesiasticum krummstäbliches Lehen, das der Bischof an Grundstücken eventuell mit Consens des Capitels verleiht.

IV. Eigenthümlich ist noch die **Afterbelehnung**:

a) **obinfeudatio,** wenn der Herr die Lehnherrlichkeit weiter verleiht, sei es per oblationem, so daß er sie als Lehn von einem obdominus zurückerhält, aber in directer Beziehung zu seinem Vasallen bleibt, sei es per dationem, wodurch er einen obvasallus zwischen sich und den ursprünglichen Vasallen stellt. Deshalb bedarf es im letzteren Fall der Zustimmung des Vasallen, wenn dieser nicht wie beim feudum ‚ligium‘ auch einem Vertreter des Herrn dienen muß.

b) **subinfeudatio,** wenn der Mann seine vasallitischen Rechte überträgt, sei es per oblationem, welche wegen der Stellung des dazwischen tretenden subdominus als verbotene Veräußerung des Lehns gilt, — sei es per dationem, wodurch er sich einen subvasallus, für den er verantwortlich ist, schafft. Da im letzteren Fall das Verhältniß zwischen Herrn und Haupt=Vasallen nicht gestört wird, und auch der Aftervasall dem Herrn Dienste schuldet, so bedarf es der Einwilligung des Herrn nicht, während die Rechte der Lehnvettern auf Nachfolge nicht vergewaltigt werden können.

E. Errichtung.

Ein Lehen wird begründet durch Investitur oder Ersitzung.

I. Investitur.

a) Begriff. Die Belehnung besteht in Huldigung (actus inaugurationis) und Auflassung (actus traditionis).

Die Huldigung zerfällt in manscap, d. h. der Mann kniet nieder und legt seine gefalteten Hände in die Hand des vor ihm sitzenden Herrn, und in homagium, d. h. der Mann schwört in die Hand des Herrn, ihm „treu, hold und gewärtig" zu sein.

Die Auflassung geschieht durch die beiderseitige förmliche Erklärung des Herrn und Mannen vor dem Lehnhof, d. h. der Gemeinschaft aller oder mindestens zweier Vasallen, das Lehen verleihen bzw. empfangen zu wollen. Anstatt des Lehnhofs sind im Nothfall Zeugen und an Stelle des Herrn und Mannen Vertreter zulässig.

Oft werden diese Acte von feierlichen Ceremonien begleitet wie Huldigungskuß, Uebergabe von Symbolen, z. B. Fahne, Scepter, Handschuh, Lanze, Ring und Stab. Eine sofortige Besitzübergabe ist mit der Investitur nicht verbunden, obwohl man dies früher aus dem Wort ‚traditio' geschlossen und je nach der gleichzeitigen oder ausnahmsweise nachfolgenden Uebergabe zwischen investitura propria und abusiva unterschieden hat. Vasall erhält durch die Auflassung ein dingliches Recht am Lehen und kann sowohl vom Herrn die Einweisung erzwingen als auch die Sache von Dritten vindiciren.

Die Beweisurkunden über die Investitur sind: Lehnsschein, d. h. vorläufige Bescheinigung des Herrn; Lehnrevers, d. h. Anerkenntniß der Lehnseigenschaft durch den Vasallen; Lehnsdinumerament, d. h. Inventar der lehnbaren Zubehöre; Lehnsprotokoll, welches der Lehnhof oder die landesherrliche Lehnbehörde über den Hergang aufnimmt. Aus diesem Protokoll wird auf Antrag ein Lehnbrief ertheilt, d. h. eine förmliche Urkunde über die Belehnung.

Das der Auflassung zu Grunde liegende Geschäft kann Schenkung, Tausch, Vermächtniß u. s. w. sein; ein auf Kauf beruhendes Lehen heißt emticium im Gegensatz zum emtum, das der Vasall von dritter Seite her unter Zustimmung des Lehnherrn durch Kauf an sich gebracht hat. Nach dem Rechtsgrunde richtet sich die Gewährspflicht des Herrn, falls das Lehn dem Vasallen evincirt wird oder dessen Vindication an dem besseren Recht eines dritten Besitzers scheitert. Bei der oblatio feudi muß Vasall das von ihm aufgetragene Lehn selbst vertreten.

Ueber das Geschäft wird oft ein besonderer schriftlicher Vertrag (contractus feudalis) aufgenommen, aus welchem ein erzwingbares Recht auf Belehnung entstehen kann (pactum de infeudando), und worin auch die Improprietäten des zu errichtenden Lehens festgestellt werden, z. B. auf bestimmte Dauer (Zeit-Lehen), auf Lebenszeit des Beliehenen (Personal-, Leibzuchts-Lehen), auf Rückfall bei Eintritt einer Bedingung (wiedergebliches Lehen) ꝛc.

b) Besondere Arten.

1. Eventual-Belehnung. Das sächsische Recht kennt eine bedingte Belehnung durch Investitur mit einem noch ausstehenden Lehn, das s. g. Geding. Dasselbe hieß „benanntes" auf ein bestimmtes Gut für den Fall der Apertur und

„unbenanntes" oder „Wardung" auf das erste beste heimfallende Gut; beide waren hochpersönlich und unvererblich, doch ging das jüngere benannte Geding, weil es eine Vindication auf das sich öffnende Gut zuließ, dem älteren unbenannten vor. Das longobardische Recht erklärt die Berechtigung aus bedingter Belehnung für erblich. Daraus bildet die Praxis der Feudisten die Institute der Eventual-Belehnung und Lehnsanwartschaft.

Der Eventual-Belehnte hat ein suspensiv-bedingtes dingliches Recht durch die ihm ertheilte Investitur auf ein bestimmtes noch ausstehendes Lehen; er ist Dienste und Treue schuldig, hat Einspruch gegen Deteriorationen, Devastationen des Lehens, darf aber darüber hinaus den besitzenden Vasallen nicht im Genuß beeinträchtigen; er vererbt sein Recht auf seine Lehnfolger und kann bei Apertur, d. h. bei Eintritt der Bedingung, die nicht zurückwirkt, das Gut ohne Muthung an sich ziehen.

Der Lehnanwärter hat ein persönliches Recht auf Belehnung mit einem heimfallenden Gut; die expectantia heißt specialis, generalis je nachdem das Gut, determinata, non determinata je nachdem der Heimfallsgrund bestimmt ist oder nicht. Expectant hat in der Zwischenzeit weder Einspruch, noch schuldet er Dienste; seine Forderung geht auf seine bürgerlichen Erben über und kann gegen die Nachfolger des Lehnherrn geltend gemacht werden; nach Heimfall des Gutes kann der zeitige Anwärter, wenn er lehnfähig ist, Investitur und bei schuldhafter Verzögerung Interesse beanspruchen. Die vom Deutschen Reich ertheilten Lehnsanwartschaften sind mit dessen Untergang erloschen.

Die Expectanz wird durch Investitur zur Eventualbelehnung. Beseler unterscheidet noch ein Mittelding in der Anwartschaft, die in Form eines schriftlichen Erbvertrages als „erbliches Angefälle" auf ein frei werdendes Gut ertheilt wird.

2. Mitbelehnung. Die gleichzeitige Belehnung Mehrerer mit einer Sache heißt im longobardischen Recht coinvestitura und regelt sich nach den Grundsätzen des Mit-Eigenthums. Jeder Mit-Vasall ist zu einem bestimmten ideellen Theil berechtigt und wenn er ohne Lehnfolger verstirbt, fällt sein Antheil an den Herrn zurück.

Im sächsischen Lehn-Recht kommt eine Gesammtbelehnung derart vor, daß jeder ein ungetheiltes Recht am Lehen hat. Wenn also ein Gesammthänder für die Lehnfolge ausstirbt, fällt nur ein Concurrent der Andern in der Nutzung fort; sie bilden zusammen einen Verband, der dem Herrn gegenüber durch einen Lehnträger provasallus repräsentirt wird. Streitig ist heute die juristische Structur: ob juristische Person oder gesammte Hand oder nach römischer Lehre nur eine in der Auftheilung modificirte Mitberechtigung nach Nutzungsantheilen. S. 340. Es entsprach der Intention des Verhältnisses, daß ursprünglich alle Gesammt-Belehnten „zu gemeinsamem Rauch" auf dem Gut saßen, aber diese Familien- und Wirthschaftsgemeinschaft wurde unerträglich, und deshalb kam die „Mutschirung" in Gebrauch, d. h. Theilung der Nutzung und später sogar die „Thattheilung", d. h. ein Hauptvasall besitzt und nutzt das Gut und die andern Mitvasallen — Gesammthänder — haben bloß ein eventuelles Successionsrecht. Diese s. g. Belehnung zur gesammten Hand hat sich trotz Reception der longobardischen Lehnfolge erhalten.

II. **Ersitzung**:

Ein Lehen wird nach Vorbild des longobardischen Rechtes von Dem ersessen, welcher in gutem Glauben eine Sache 30 Jahre wie ein Lehngut besaß und als Vasall einem lehnsfähigen Dritten, der nicht widersprach, Dienste leistete. Ein solches Lehen heißt feudum informe, weil ihm die regelmäßige Form der Investitur fehlt. Gerber nimmt bei Vorhandensein eines Titels eine ordentliche Ersitzung von 10 oder 20 Jahren an, ohne Titel eine außerordentliche von 30 Jahren. Im A.L.R. ist die Ersitzung nur Titel zur Investitur.

§ 139.

Lehnrecht. (Verband.)

A. Rechte des Herrn.
 I. Aus dem persönlichen Verhältniß.
  a) Treue.
  b) Dienste.
  c) Lehngerichtsbarkeit.
  d) Lehnserneuerung.
 II. Aus dem Eigenthum am Lehngut.
B. Rechte des Vasallen.
 I. Aus dem persönlichen Verhältniß.
 II. Aus dem dinglichen Recht.
  a) Keine Veräußerung der Lehnsache.
  b) Nur Verschuldung der Lehnfrüchte.

Der Lehnverband umfaßt die persönlichen Verhältnisse zwischen Herrn und Mannen und die dinglichen Beziehungen zum Lehngut.

A. Rechte des Herrn.

Die s. g. Lehnherrlichkeit ist ein allodiales Recht und als solches frei veräußerlich sowohl durch Weiterbelehnung als durch bürgerliche Uebertragung. Das longobardische Recht verlangt zwar die Einwilligung des Vasallen, doch wird dieselbe nur da nöthig sein, wo es sich um Erschwerung seiner Pflicht handelt, z. B. bei obinfeudatio per dationem S. 432 oder um Beeinträchtigung seines Schutzes, z. B. bei Verleihung an einen Geringeren oder an Mehrere.

I. **Aus dem persönlichen Verhältniß**:

a) Recht auf **Treue** s. g. Lehnsreverenz. Der Vasall soll dem Herrn Ehrerbietung bezeigen, z. B. ihm den Vortritt lassen, den Stegreif halten; er soll ihm gehorsam sein, ihm mit Rath und That beistehen, keine peinliche Anklage wider ihn erheben, nicht wider ihn Zeugniß reden, den vertraulichen Umgang mit den Frauen aus der Familie desselben meiden (cucurbitatio). Heute ist dieser Respect meist inhaltlos, da Zeugniß, Anzeige bevorstehender schwerer Verbrechen bei Strafe gebotene Bürgerpflichten sind.

b) Recht auf **Dienste** s. g. Heer- und Hoffahrt. Beim feudum castrense oder Burghutlehn: in der Pflicht, die Burg des Herrn bei Abwesenheit desselben zu schützen; beim feudum ligium in der Pflicht, dem Herrn oder auf dessen Befehl Anderen gegen jeden Dritten zu dienen. Ueber die Beutel-, Klepper-Lehen, feuda franca, Adäration der Kriegsdienste in Rittersteuern ꝛc. vgl. S. 428.

c) Recht auf **Lehngerichtsbarkeit**. Der Lehnhof (curia feudi) besteht aus dem Herrn und seinen Mannen (pares curiae); er ist ein privilegirter Gerichtsstand für causae feudales, die auf ein wirklich oder angeblich begründetes Lehen Bezug haben, sei es Eintrachtssachen wie Investitur, sei es Rechtsstreitigkeiten zwischen Herrn und Vasallen bzw. dieser unter einander, aber nicht mit

Dritten. Berufung geht an den Lehnhof des Herrn, bis an die curia regis. Heute ist dies veraltet und durch die ordentlichen Obergerichte ersetzt.

d) Recht auf **Lehnserneuerung**. Sie besteht in der Wiederholung der Investitur (renovatio feudi), da das Band der Treue stets den zeitigen Herrn und Mann umschlingen soll. Das Gesuch ist erforderlich bei Thron-, Hauptfall, d. h. Veränderung in der Person des Herrn oder bei Lehns-, Nebenfall, d. h. Veränderung in der Person des Mannen; es geht aus vom Vasall, der Besitzer ist oder in den Besitz gelangt, nicht vom Eventualbelehnten, wohl aber nach deutschem Recht von allen Gesammthändern. Das Gesuch muß an den Lehnhof gestellt werden binnen Jahr und Tag von der Kenntniß, doch wird aus triftigen Gründen „Indult" gewährt. Der Indult gilt nach longobardischem Recht als gesetzlich für den Unmündigen bis zu seiner Volljährigkeit, während nach deutschem Recht der Vormund muthet und meist, z. B. im A.L.R. den Eid in die Seele des Mündels schwört. Unterlassene Muthung steht, wenn nicht ‚justae causae excusationis' erweisbar sind, der Felonie gleich, im A.L.R. nur bei doloser Säumniß. Auf gehöriges Gesuch stellt der Lehnhof einen Muthschein aus, auf welchen hin der Herr die Investitur gewähren muß. Bisweilen ist ein Weinkauf, Lehnwaare (laudemium majus) zu entrichten, namentlich wenn das Lehen an Seitenverwandte oder Gesammthänder kommt, und fast immer ein Kanzleischilling (laudemium minus).

II. **Aus dem Eigenthum am Lehngut.**

Dies s. g. Obereigenthum zeigt sich in Ueberwachung und Verbot von Devastationen, im Consens zu Veräußerungen, in der Bestellung von Eventualbelehnungen und in der Consolidation.

B. Rechte des Vasallen.

I. Aus dem **persönlichen Verhältniß**:

Recht auf Treue und Schutz, eine Verletzung dieser Lehnprotection durch den Herrn gilt als Felonie. Heute liegt der Schutz im Rechtsboden des Staats.

II. Aus dem **dinglichen Recht** am Lehngut. Dasselbe gilt nach longobardischem Recht als jus in re aliena mit eigenthumsgleichem Inhalt, nach gemeiner Praxis als Untereigenthum S. 341. Der Unterschied zeigt sich besonders in dem Recht auf die Schatzhälfte.

Der Vasall hat die volle Nutzung ‚tamquam dominus' am Lehen und seinen Erweiterungen durch Accessionen; er kann jeden Ertrag aus der Sache selbst mit Substanzveränderung ziehen, aber bis an die Grenze der Deterioration; er wird Eigenthümer der Früchte durch Separation, übt alle mit dem Lehn verbundenen Realrechte aus, auch die politischen, wie Standschaft, Patrimonial-, Patronats-Recht. Er kann alle possessorischen Klagen brauchen und die petitorischen, wie sie dem Eigenthümer zustehen; er vertritt die Sache vor Gericht in Substanzprocessen, ohne daß eine Streitverkündung an den Lehnherrn nöthig wäre, welcher sogar die vom Vasallen bona fide in Bezug auf das Lehn geschlossenen Vergleiche anerkennen muß. Anders im A.L.R. Dagegen trägt er die auf der Nutzung liegenden Lasten wie Abgaben und muß das Lehngut in Stand halten. Unerheblich ist es, ob der

Vasall den Gewinn selbst zieht oder Andern überläßt. Daher kann er, so lange sein Recht und das seiner Descendenten dauern, d. h. bis zum Anfall an die Agnaten oder Heimfall an den Herrn, Servituten auch personale auf das Lehen legen, es verpachten, durch subinfeudatio per dationem weiter verleihen; eine Frau kann ihr Weiberlehn ihrem Gatten zur Dos geben u. s. w. Nur Veräußerungen, Verschuldungen der Substanz, welche das Recht des Herrn oder der Seitenverwandten verletzen, sind verboten und unter Umständen strafbar.

a) **Veräußerung.**

Nach älterem deutschen Recht ist sie nichtig. In Italien erlaubte sie der Mailänder Hof für das halbe Lehen und auf Lebzeiten des veräußernden Vasallen und seiner Descendenten. Gesetze Lothars II. 1136, Friedrichs I. 1154 beseitigen diese mißbräuchliche Praxis und erklären die treulose Veräußerung für nichtig (relativ gegenüber den Revocations-Berechtigten) und als Felonie. Folge davon soll der Heimfall sein, den der Lehnherr durch eine unverjährbare Vindication erzwingen kann, und welcher so lange dauert, bis die Zeit der Nachfolge für die Lehnvettern gekommen ist. Diese strenge Wirkung bezieht sich nur auf dolose Veräußerungen: durch Besitzübergabe an eine außerhalb des Lehnverbandes stehende Person und ohne Vorbehalt des lehnherrlichen Consenses. Dem wird gleich erachtet eine subinfeudatio per oblationem, eine Erbverpachtung durch ‚contractus libellarius‘, auch eine Erbleihe zu Emphyteuse, Colonat — nicht im A.L.R. — und eine Verpfändung, soweit sie nicht bloß auf eine Befriedigung des Gläubigers aus den Lehnfrüchten gerichtet ist, sondern zum Verkauf des Pfandes führen soll. Eine Veräußerung im Irrthum über die Lehnseigenschaft, oder an eine im Lehnverbande befindliche Person, ist den Berechtigten gegenüber nichtig, aber nicht strafbar.

Bei Einwilligung des Lehnherrn auch durch concludente Handlungen gilt die Veräußerung für den Vasallen und seine Descendenten. Doch die Agnaten haben sofort einen Lehnretract, d. h. ein Vorkaufsrecht gegen den Erwerber mit Ersatz des Preises, und wenn die Zeit ihrer Lehnfolge da ist, eine actio revocatoria, um das Gut ohne Lösung an sich zu ziehen. Consentiren auch die Agnaten, was jedenfalls für ihre lebenden Descendenten gilt und worin nach Eichhorn ein Verzicht auf den Retract liegt, so wird die Veräußerung unanfechtbar, sogar Seitens der nachgeborenen Sprößlinge, was freilich das A.L.R. nicht anerkennt.

Die Veräußerlichkeit des Lehns kann im Lehncontract ausgemacht sein. Diese Impropriëtät ist streng auszulegen, da sie zumeist nicht zur Begründung eines Allods führen soll, sondern nur zur Errichtung eines neuen Lehns in der Person des fähigen Erwerbers oder eines revocablen Eigenthums. Ein Vorkaufs-Recht des Herrn und vor ihm der Agnaten wird hier nicht auszuschließen sein.

In den früher slavischen Gegenden am rechten Elbufer, in Mecklenburg, Schlesien ist das Lehen oft der Veräußerungsbeschränkung entzogen, indem weder der Herr den Consens verweigern darf, noch den Agnaten die Revocation — höchstens ein Retract zusteht; auch unterliegt es wegen Schulden der nothwendigen Subhastation und „fällt aus der Familie“.

b) **Verschuldung.**

Vasall darf das Lehen nicht so mit Schulden belasten, daß dadurch unter Verletzung der Rechte des Herrn und der Agnaten eine Zwangsvollstreckung in die

Substanz des Lehngutes ermöglicht wird. Nur der Ertrag aus den Lehnfrüchten kann den Gläubigern haften, welche eine actio in rem scripta haben: gegen den Constituenten der Schuld, gegen seine Descendenten, die in das Lehen folgten, und bisweilen auch gegen andere Lehnfolger, die nur Singularsuccessoren sind. Inwieweit das Allodialvermögen aufkommt, richtet sich nach bürgerlichem Recht. Im Concurse des Vasallen verlangen die Lehnsgläubiger eine abgesonderte Befriedigung aus den Lehnfrüchten. R.K.O. § 45.

Die Lehnschulden debita feudi im Gegensatz zu den hereditaria werden eingetheilt:

1. legalia durch gesetzliche Vorschrift und conventionalia mit Consens der Lehenpersonen, welcher auch ihre Descendenten als Lehnfolger bindet s. g. Nachstiftungen. Zu ersteren Schulden gehören: die Alimentation (provisio) der wegen körperlicher oder geistiger Gebrechen zur Lehnfolge, in welche sie berufen waren, untauglichen Personen, — durch Gewohnheitsrecht ausgedehnt auf die Kur- und Beerdigungskosten des verstorbenen Vasallen, den Unterhalt seiner bedürftigen Wittwe, seiner Töchter — ferner gewisse Arten der versio in rem wie Lehn-Errichtungs-, Erneuerungs-, Proceß-Kosten, dauernde Anlagen zur Erhaltung des Lehns.

2. absoluta, die alle Lehnpersonen treffen, dies sind in der Regel die gesetzlichen, und respectiva die nur den Constituenten, seine Descendenten und consentirende Agnaten verhaften. Eine gegen jeden Dritten absolute conventionelle Lehnschuld könnte allerdings durch Eintragung in Grundbücher gebildet werden, aber es frägt sich, ob sich derartige Revenüen-Hypotheken mit dem Inhalt des Pfandrechtes vertragen, das heute unbeschränkbar auf Veräußerung der Substanz gerichtet ist.

3. necessaria, welche die Lehnfrüchte direct treffen und successiva erst nach Erschöpfung des Allods, z. B. die gesetzlichen Alimentationspflichten. In Particularrechten A.L.R. § 350 I, 18 findet sich für erstere eine Lehncompetenz, d. h. Lehnschuldner kann $^1/_3$ der Früchte und wenn er Begründer der Schuld oder dessen Descendent ist, $^1/_4$ zurückbehalten, ohne Rücksicht auf seinen Lebensunterhalt oder sein Allod.

Lehnsstamm (constitutum feudi) ist eine auf das Lehn gelegte Geldschuld meist zur Abfindung der in die Veräußerung oder Allodification willigenden Agnaten, die nun in die Zinsen des unkündbaren Kapitals nach Lehnrecht succediren. Das an die Stelle des Lehnguts getretene Kapital hat immobilare Eigenschaft und weicht dadurch vom Geld-Lehn ab. Im A.L.R. heißt Lehnstamm die Einschränkung der Lehnseigenschaft auf einen Theil des Lehns mit Einwilligung sämmtlicher Lehnpersonen, so daß der Rest frei verfügbar wird.

Auf besonderer Uebereinkunft beruhen das Lehnsquantum, d. h. eine Entschädigungssumme, welche an die Mitbelehnten dafür bezahlt wird, daß sie zu Gunsten der cognatischen Allodialerben des letzten Besitzers auf ihre Lehnfolge verzichten und die Lehnreversgelder, welche die Allodialerben des zeitigen Besitzers von den Mitbelehnten für deren Lehnfolge erhalten.

§ 140.

Lehnrecht. (Sonderung, Endigung, Erbfolge.)

A. Sonderung.
- I. Pertinenzen.
- II. Früchte.
- III. Meliorationen.
- IV. Deteriorationen.

B. Endigung.
- I. Consolidation, insbesondere durch Felonie des Vasallen.
- II. Appropriation durch Allodification ꝛc.

C. Erbfolge.
- I. Begriff.
- II. Lehnfolgerecht.
- III. Lehnfolgeordnung.
  - a) Descendenten des letzt-besitzenden Vasallen.
  - b) Seitenverwandte desselben. Gradual-, Lineal-Linealgradual-System?
- IV. Lehnfolgefähigkeit.
- V. Erwerb aus der Lehnfolge.

A. Sonderung.

Die separatio feudi vom Allod tritt ein bei Divergenz der Land- und Lehnfolge, bei Apertur des Lehns und bei Concurs des Vasallen auf Antrag der Gläubiger. Sie besteht in der Ausscheidung des Lehns sammt Zubehör, wobei der Herr zur Mitwirkung befugt ist.

I. **Pertinenzen** gelten als lehnbar, soweit sie im Dinumerament aufgeführt sind, sonst entscheiden die Beweisgrundsätze.

II. **Früchte** gehören zum Allod, wenn sie separirt sind. Die hängenden spricht das deutsche Recht dem Landerben zu, falls sie „verdient" sind d. h. die zu ihrer Erzeugung nöthige Arbeit bereits aufgewandt ist. Nach longobardischem Recht gehören sie zum Allod, wenn die Apertur durch Tod des Vasallen zwischen 1. März und 1. Septbr. eines Jahres erfolgte, sonst zum Lehen. Dies Princip wurde von den Feudisten für alle Fälle der Sonderung angewandt, und nur die Periode entsprechend der späteren Ernte von Wein und Kartoffeln in Deutschland ausgedehnt. In Betreff der Mieths- und Pacht-Zinsen gilt das Gleiche; für andere Renten entscheidet der Fälligkeitstermin eventuell die Lebzeit des Vasallen im letzten Kalenderjahr. Das A.L.R. beruft sich auf die Theilung der Früchte beim Nießbrauch nach Rücksicht seiner Dauer im letzten Wirthschaftsjahr.

III. **Meliorationen**, welche über die Auslagen zur Fruchtziehung und die gewöhnlichen Reparaturkosten hinausgehen, z. B. dauernde Anlagen, Gebäude, erworbene Servituten kann Vasall nach gemeiner Praxis zum zeitigen Werth ersetzt verlangen, obwohl das deutsche Recht sie ohne Weiteres als Theil des Lehens behandelt und das longobardische Recht nur ein jus tollendi gewährt.

IV. **Deteriorationen** aus grobem Verschulden des letzten Vasallen müssen aus seinem Allod vergütet werden. Praktisch findet darauf eine Anrechnung der Verbesserungen Statt.

B. Endigung.

Sie erfolgt allgemein durch Untergang des Lehnguts, Ersitzung desselben durch einen Andern zu Eigenthum u. s. w., insbesondere durch Consolidation und Appropriation.

I. **Consolidation** — bei Staatslehen Incorporation — ist der Heimfall des vasallitischen Rechtes an den Herrn, entweder auf Zeit (temporalis) oder dauernd (perpetua). Gründe dafür sind:

a) **Apertur** durch Widerruf, Zeitablauf bei wiedergeblichen Lehen, durch Aussterben der vasallitischen Familie, d. h. meist des ersten Erwerbers und seiner lehnfähigen Nachkommen. Ein Hinderniß des Heimfalls liegt in der Eventual- oder Gesammt-Belehnung S. 434. Dem Aussterben gleich steht Auflösung der juristischen Person.

b) **Verzicht** (refutatio) des Vasallen, der nur ihn und seine Descendenten trifft, nicht seine Agnaten, es sei denn, daß diese einwilligten.

c) **Ersitzung** des Lehnrechtes durch den Herrn, die aber nicht gegen die actio nata der Lehnvettern wirkt.

d) **Felonie** und **Quasi-Felonie** des Vasallen.

Felonie (fallere) ist ein absichtlicher grober Treubruch gegen den Herrn, z. B. Verletzung der Lehnstreue durch Verrath, Devastation, Veräußerung des Lehns, Säumniß der Erneuerung u. s. w. ‚egregiae causae ingratitudinis'. Sie zieht die Privation des Lehens nach sich, aber nur durch Spruch des Lehnhofs auf Klage des Herrn. Diese Klage ist vindictam spirans, d. h. activ und passiv vor Erhebung unvererblich und geht durch „Lehnspardon" verloren. Der Heimfall dauert nur auf Lebenszeit des ungetreuen Vasallen und seiner Descendenten, dann können die Agnaten das Lehen vindiciren. Bei leichten Lehnfehlern tritt nach deutschem Recht nur eine Geldstrafe ein, s. g. Gewedde, Lehnemende.

Quasifelonie besteht in ‚parricidium' Treubruch gegen die Mitvasallen, ehrlosen Verbrechen u. s. w., sie zieht den Heimfall nach sich auf Lebenszeit des ungetreuen Vasallen. Die Praxis giebt das Lehen sofort den Descendenten.

II. **Appropriation** ist der Anfall der Lehnherrlichkeit, des Eigenthums an den Vasallen. Dazu genügt nicht der erbenlose Tod des Lehnherrn, wodurch nur sein bonum vacans an den Fiscus fällt, wohl aber die Auflösung des Deutschen Reichs 1806. Gründe dafür sind:

a) **Ersitzung** des Eigenthums durch den Vasallen.

b) **Felonie** des Herrn gegen den Mann, wenigstens im longobardischen Recht und im A.L.R., wogegen im deutschen Recht nur die Dienstpflicht aufhört.

c) **Allodification** entweder durch Vertrag mit dem Lehnherrn unter Consens der Agnaten — die nicht einwilligenden behalten ihr eigenthümliches Erbrecht in das zwar freie aber unveräußerliche Gut — oder durch gesetzliche Enteignung mit billiger Entschädigung für den Herrn und die Agnaten. Ueber die Durchführung gesetzlicher Allodification in Preußen vgl. S. 428.

C. Lehnfolge.

I. **Begriff.** Die s. g. successio feudi extraordinaria durch letztwillige Verfügung des Vasallen fällt in Ermanglung des Consenses der Lehenpersonen unter die unerlaubte Veräußerung, an welche nicht einmal die Descendenten gebunden sind; bei Consens enthält sie die Begründung eines neuen Lehens. Die successio ordinaria beruht auf der Verleihung und ist entweder specialis, d. h. die Belehnung zur gesammten Hand nach sächsischem Recht, oder legitima durch Verwandtschaft mit dem ersten Erwerber. Nur letztere ist die echte Lehnfolge.

II. **Lehnfolgerecht** (jus succedendi in abstracto) umfaßt den Rechtskreis der fähigen Personen, welche durch Errichtung des Lehens und kraft ihrer Verwandtschaft zur Nachfolge in dasselbe berufen sind:

a) im **longobardischen Recht** alle fähigen Descendenten des ersten Erwerbers, und zwar sollen die Descendenten des letzten Besitzers Lehn und Allod zusammen annehmen, folglich für die Schulden des Erblassers — facta praedefuncti — aufkommen, oder Beides zugleich ausschlagen, während Seitenverwandte das Lehen erwerben und das überlastete Allod ausschlagen können.

b) im **deutschen Recht** nur Söhne des letztbesitzenden Vasallen, ohne Universalsuccession.

c) die **Feudisten** haben das longobardische Princip zur s. g. ‚successio singularis ex pacto et providentia majorum' umgebildet, um damit zu bezeichnen, daß der Lehnfolger weniger als Verwandter des letzten Besitzers einrücke, sondern mehr als Nachfolger des ersten Erwerbers kraft eines durch Begründung entstandenen „Rechtes am Stammlehen". Diese Singularsuccession in einen einzelnen Bestandtheil des Vermögens müßte danach dem Descendenten auch ohne Universalsuccession in das Allod gestattet sein. Letztere Consequenz zieht das A.L.R., läßt aber den Descendenten subsidiär für Allodialschulden aus den Lehnfrüchten haften. Gerber billigt den Begriff der successio ex pacto, verwirft jedoch den Namen singularis, da das einmal gestiftete Lehen ein Vermögen darstelle, „das als solches, wenn auch mit den Veränderungen, z. B. Lehnschulden, die es beim Durchgang durch die Rechtssphären von Mittelsmännern erlitten habe, auf den zeitigen Folger übergehe"; er nimmt daher eine doppelte Universalsuccession an, die im Descendenten zusammenfallen muß, eine „successive" des Lehnrechtes und eine „allgemeine" des Landrechtes.

Modificationen des longobardischen Systems:

1. durch den Lehnvertrag kann als Impropriëtät bestimmt sein: das Erblehen hereditarium in Anlehnung an das bürgerliche Erbrecht, sei es ganz (merum), sei es zum Theil (mixtum); ferner das feudum novum jure antiqui concessum, wenn ein Ascendent, im Zweifel der Vater des ersten Erwerbers, als solcher gelten soll, um den Seitenverwandten die Lehnfolge zu öffnen; s. g. Schildlehen, das auf den höchsten Stammvater zurückführt.

2. wenn der Vater bei Lebzeiten das Lehen einem seiner Söhne giebt, so wird für den Fall, daß Letzterer früher verstirbt, der Vorbehalt des Rückfalles an den Vater vermuthet. Bei Hingabe an alle seine Söhne soll nach A.L.R. bei Tod eines von ihnen das Lehen seinen Brüdern accresciren.

3. Descendent kann das Lehen ohne Allod erwerben, wenn er das Lehen schon bei Lebzeiten erhielt, auf das Allod enterbt ist, oder auf Beides verzichtet, aber mit Einwilligung der Lehnpersonen neu belehnt wird.

III. **Lehnfolgeordnung** (jus succedendi in concreto). Unter den an sich Berufenen folgt im einzelnen Falle der Nächste:

a) **Descendenten** des letzten Besitzers, d. h. Söhne und Enkel an Stelle ihres vorverstorbenen Vaters. Mehrere theilen das Lehen — nicht die großen Reichslehen — nach Stämmen, doch kann durch den Lehnvertrag oder später durch Consens der Betheiligten (streitig ob Lehnherr zustimmen muß, im A.L.R. ja) Primogenitur oder Majorat bestimmt werden, um die Zersplitterung der Lehen zu verhüten.

b) **Seitenverwandte** (Agnaten, Lehnsvettern) des letzten Besitzers, die vom ersten Erwerber abstammen — natürlich nicht Weiber und deren Linie — doch ohne Vorzug der Vollgeburt. Der Nächste wird nach drei Systemen ermittelt:

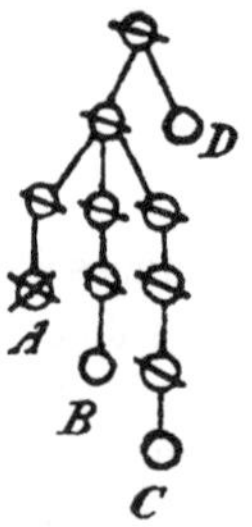

nach dem Gradualsystem der nächste Verwandte, d. h. wer durch die wenigsten Zeugungen mit dem Verstorbenen verbunden ist, also D;

nach dem Linealsystem: wer mit dem Verstorbenen den nächsten Stammvater gemein hat, also B und C;

nach dem Linealgradual- s. g. Parentelen-System: wer unter Denen, welche den nächsten Stammvater gemein haben, der nächste Verwandte ist, also B. Dies System wird von Eichhorn, Beseler vertheidigt; es herrscht meist mit der Abweichung, daß unter Mehreren anstatt der Kopftheilung nur Einer nach dem Recht der Erstgeburt oder des Alters in das Lehen folgt.

Wasserschleben, Gerber behaupten, daß nach Vorzug der Brüder und der Söhne vorverstorbener Brüder lediglich die Gradesnähe unter den übrigen Verwandten entscheide.

IV. **Lehnfolgefähigkeit.**

Nur leibliche Kinder aus gültiger — beim hohen Adel ebenbürtiger — Ehe sind berufen, nicht Adoptirte, Kinder aus einer Mißheirath, aus unehelichem Beischlaf, selbst letztere nicht, wenn sie durch nachfolgende Ehe zu Mantelkindern wurden. Allgemeine Lehnfähigkeit ist Erforderniß, doch sind, abgesehen vom Dispens des Lehnherrn im Lehnvertrage, particularrechtlich höhere Geistliche, besonders wenn sie Ritterorden angehören, und im A.L.R. auch Gebrechliche lehnfolgefähig. In Weiberlehen S. 429 gilt die Succession der Frauen und deren Linie, aber im Zweifel erst nach Aussterben des Mannsstammes; unter den Cognaten entscheidet Gradesnähe, also Erbtochter vor der Schwester des letzten Besitzers, und Vorzug des männlichen Geschlechts, also Schwesternsohn vor der Bruderstochter; fällt jedoch das Lehen aus der Weiberseite, so tritt zuvörderst Agnatenfolge ein. Das s. g. feudum feminale hat die Impropriëtät, nur Weiber als Lehnfolger aufzunehmen.

V. **Erwerb aus der Lehnfolge.**

Das Lehen fällt von selbst mit dem Tode des letzten Besitzers an den berechtigten Lehnfolger und wird von da an auf dessen Erben transmittirt. Die Allodialerbschaft trifft nur im Descendenten zusammen und kann sonst anderen Bahnen folgen. Lehnt Descendent Beides ab, so werden in das Lehen die Agnaten berufen; im A.L.R. wird es für die Gläubiger bis zum nächsten Lehnanfall sequestrirt.

§ 141.

D. 43, 18 de superficiebus.

Superficies.

A. Geschichte.

Wer als Erbpächter von Gemeindeland ein Haus aufführte, wurde im Besitz des Gebäuderechtes durch ein interdictum de superficiebus gegen andere Anwärter geschützt, das dem interdictum uti possidetis nachgebildet und auf die Ausübung ‚uti fruimini superficie ex lege locationis conductionis, quominus ita fruamini' gestellt war. Später erhielt der Superficiar, dessen actio conducti unzulänglich war, eine actio in rem utilis, die sich dinglich gegen jeden Störer, auch den Grundeigenthümer richtet. Während der Umgestaltung Roms unter Nero zur Großstadt nahm die Wohnungsnoth des Mittelstandes derart zu, daß man auch Privaten erlaubte, ihre Baugründe zur Errichtung von Gebäuden zu vermiethen. So entsteht die Superficies als dauerndes, meist gegen Bodenzins verliehenes, dinglich geschütztes Platzrecht (super facie soli) l. 1 § 3 D. ht. und bildet sich im gemeinen Recht weiter aus. Das A.L.R. § 764 I, 18 kennt eine Verleihung von Gebäuden zu Erbzins, die durch G. vom 2. März 1850 weggefallen ist, und faßt sonst das Recht, Gebäude und Anlagen auf fremdem Boden zu haben, als eine Art Grundgerechtigkeit auf. § 200 I, 22.

B. Begriff.

I. **Dingliches eigenthumsgleiches Gebrauchsrecht an der Oberfläche eines fremden Bodens.** Superficiar darf nicht auf Fruchtbau oder Bergwerksausbeute rechnen. Ihm ist nur der Gebrauch des Platzes überlassen, mag er darauf Gebäude wie Wohnhäuser, Speicher errichten oder Holzungen anlegen oder einzig den Raum als Rennbahn, Turn-, Stätteplatz, Bleiche 2c. verwenden. Ob der Platz in privatem Eigenthum steht, oder als öffentliche zum gemeinen Gebrauch bestimmte Straße dem Staat bzw. der Gemeinde gehört, ist unerheblich, z. B. Pferdebahnschienen, Trinkhallen, Bedürfnißanstalten, Gas- und electrische Leitungen auf, über und unter städtischen Straßen, Obstbäume auf Landchausseen 2c. Auch Gebäude, selbst Theile derselben, wie Stockwerke, einzelne Zimmer, wenn sie nur einen selbständigen Zugang haben, sogar Keller, Bäume können Gegenstand der Superficies sein.

Superficiar steht dem Eigenthümer gleich und hat dessen Klagen utiliter; abgeleiteter Sach-Besitz ist ihm nicht zuzusprechen, wohl aber durch die Ausübung Rechts-Besitz und actio Publiciana. Da der Boden sich im fremden Eigenthum befindet, so superficies solo cedit S. 373, doch lebt die Vindication an den nach Trennung noch erkennbaren Materialien wieder auf. Von einer Verschlechterung der Oberfläche — analog der Emphyteuse — kann nicht die Rede sein. Daher kann Superficiar das Haus umbauen, verfallen lassen, abbrechen; nur durch besondere Abrede oder bei Superficies an einem Gebäudetheil durch Rücksicht auf die andern Berechtigten, können Reparaturpflichten entstehen. Die öffentlichen Abgaben, Einquartierungslasten ruhen auf dem Superficiar. Eine gesetzliche Pflicht zur Zahlung eines Bodenzinses (solarium) trifft ihn nicht. Meist ist eine solche pensio bedungen und verhaftet in Folge des Vertrages auch die Rechtsnachfolger des Superficiars, selbst in Betreff etwaiger Rückstände. S. 424.

II. **Vererbliches Recht.**

III. **Veräußerliches Recht.** Beschränkungen wie bei der Emphyteuse kommen nicht vor, können aber, um eine bestimmte Gebrauchsart zu erhalten, z. B. beim Krollschen Etablissement in Berlin, verabredet sein.

C. Erwerb.

Wie bei der Emphyteusis, natürlich ohne die Fälle der Schriftlichkeit S. 425. Tradition ist nützlich l. 1 § 7 ht., aber nicht nöthig.

D. Verlust.

Wie bei der Emphyteusis, doch ohne gesetzliche Privationsfälle. Eine Verwirkung kann an die mehrjährige Säumniß des zu zahlenden Bodenzinses, an den Mißbrauch der Sache geknüpft sein, ebenso eine Endigung an einen Endtermin, an den Untergang des betreffenden Hauses, obwohl sonst die Superficies unabhängig vom Haus auf dem Platze ruht.

E. Wirthschaftliche Bedeutung.

Die Superficies wird empfohlen als Mittel gegen das Uebel der Wohnungsnoth in den modernen Großstädten. Die Centralisation der Erwerbsthätigkeit erhöht den Bauwerth im Weichbild volkreicher Städte und bringt den Miethzins in ein unmäßiges Verhältniß — über $^2/_5$ — zum Ausgabebudget einer Familie. Die Folge davon ist: einerseits um der Miethsteigerung zu entgehen der häufige Wechsel der Wohnung, welcher mit unproductiven Kosten verknüpft ist, das kostspielige Wirthshausleben fördert 2c., und andrerseits aus Sparsamkeitsrücksichten das Einpferchen von Familien in engen Räumen, worunter Gesundheit, Sittlichkeit nicht bloß der Betheiligten, sondern der ganzen Bevölkerung leiden.

Der Vorschlag einer Umbildung der Miethș-Contracte in superficiarische erscheint unpraktisch, denn abgesehen von dem hohen Bodenzins würde die Dauer des Contractes für den Berechtigten eine Last werden, die er nur unter Verlust abstoßen könnte.

Empfehlenswerther ist das englische Vorbild, wonach Gemeinden, private Grundherren ihren Boden an Bauunternehmer auf längere Zeit zu superficiarischem Recht austhun. Da der Bodenzins hinter den Kosten für den Baarkauf des Baugrundes zurückbleibt, läßt sich eine Verbilligung des Miethzinses trotz ausreichender, reinlicher Arbeiterwohnungen erreichen.

Auf ähnlichem Princip ruhen die gemeinnützigen Bauvereine, welche entweder mit dem Capital des Fabrikherrn oder mit den Spareinlagen der Genossen begründet, und die einen andern Factor des Miethzinses, nämlich die Provision des Unternehmers, zu vermindern bestrebt sind; auch gewähren sie oft dem Miether die Möglichkeit, durch Zinszahlung den Preis allmälig zu amortisiren und Eigenthum am Haus zu erwerben.

Von socialer Seite wird die Enteignung sämmtlicher Häuser und Terrains im Weichbilde zu Gunsten der Gemeinde befürwortet, weil es unbillig ist, daß die Werthsteigerung, welche aus dem Steuerertrage Aller für städtische Anlagen hervorgeht, in die Tasche Einzelner fließe.

Das beste Mittel aber bleibt, das Centrum, in welchem der geschäftliche Verkehr sitzt, durch schnelle, bequeme und billige Verkehrsmittel mit den wohlfeilen und gesunden Wohnungen an der Peripherie zu verbinden.

Fünfter Titel.

Servituten.

§ 142.

D. 8, 1 de servitutibus. A.L.R. I, 22.

Begriff.

A. Dingliches Recht an fremder Sache.
B. Gebrauchsrecht.
C. Untrennbar mit einem bestimmten Subject verbunden.

Servituten (servitus dienender Zustand einer Sache) sind dingliche Gebrauchsrechte an fremder Sache, untrennbar mit einem bestimmten Subject verbunden.

A. Dingliches Recht an fremder Sache.

Die Dinglichkeit enthält die unmittelbare theilweise Herrschaft über die Sache; folglich wird der Servitut-Berechtigte gegen jede Störung Dritter absolut durch eine actio confessoria geschützt, und muß sich passiv der dienende Eigenthümer und jeder Erwerber der Sache die Ausübung der Servitut gefallen lassen ‚res transit cum sua causa‘ l. 18 § 2 D. 13, 7, l. 12 D. 8, 4. Dagegen wirken obligatorische Nutzungsrechte nur gegen den Besteller sowie seine Erben und führen gegen diese bei Weigerung Seitens eines Singular-Nachfolgers der Sache höchstens zu einem Ersatzanspruch. Freilich ist derselbe, namentlich, wenn es sich um bloße Annehmlichkeiten handelt, schwer schätzbar und wird darum meist im Voraus durch eine Vertragsstrafe gewillkürt. Ueber den dinglichen Charakter der Miethe im preußischen Recht vgl. S. 313 ff.

Die Servitut ist ein Recht an fremder Sache, sie bewirkt eine Beschränkung, keine Verminderung des Eigenthums. Die aufgehobene Servitut vermehrt das Eigenthum keineswegs, sondern fällt in dessen totalen elastischen Inhalt zurück. Da die Servitut kein „aus dem Eigenthum losgelöster und einem Andern eingeräumter Bestandtheil“ ist, so behält der Eigenthümer an sich das volle Nutzungsrecht; ihm gebührt der Rest, welchen der Berechtigte nach Befriedigung seines Bedürfnisses übrig läßt, obwohl sich dasselbe z. B. beim Usus durch Heirath, beim Weiderecht durch verbesserte Wirthschaft vergrößern darf. Der Eigenthümer kann also ohne Beeinträchtigung der Servitut seiner Sache neue Lasten auflegen, sogar dieselbe Gerechtigkeit wie Wege-, Wasser-Recht noch Anderen nach einander bestellen l. 15 D. 8, 4, die sich eventuell durch actio communi dividundo auseinandersetzen müssen. l. 4 D. 43, 20. Eine gleiche Concurrenz des Eigenthümers mit dem Servitut-Berechtigten, selbst wenn Ersterer z. B. durch theilweises Versiegen der Quelle den Wasserbezug für das eigne Grundstück einschränken müßte, ist aber nicht anzunehmen, wenn sie nicht durch Vertrag, Gewohnheit, z. B. beim deutschen Weiderecht in der Mithut feststeht.

Die fremde Sache bedeutet eine nicht dem Servitut-Berechtigten gehörige, also hört die Servitut auch durch vorübergehende Confusion auf. Doch bleibt sie, wenn der Miteigenthümer des dienenden Grundstücks das herrschende erwirbt, oder ein Miteigenthümer des herrschenden das dienende, was aus der Untheilbarkeit folgt. l. 8 § 1 ht. Die Sache kann im römischen Sinne extra commercium sein, z. B. ist heute eine Servitut an öffentlichen Landwegen, Straßen, Flüssen — unbeschadet des gemeinen Gebrauchs — an Kirchhöfen rc. denkbar. Die Servitut dauert fort, trotzdem die dienende Sache durch Dereliction herrenlos wird, z. B. bei Freilassung eines im Nießbrauch stehenden Sclaven.

Eine körperliche Sache gehört zur Grundlage einer Servitut, der uneigentliche Nießbrauch an Forderungen geht über die Grenzen des dinglichen Rechtes hinaus.

B. Gebrauchsrecht.

Die Sache soll durch ihre natürlichen nutzbaren Eigenschaften dem Berechtigten dienen, zum Unterschied vom Pfandrecht, das den Werth erfaßt. Der Norm entspricht der Usus für das volle persönliche Bedürfniß. Die Realservituten beziehen sich bloß auf eine Seite des Gebrauchs, die negativen Servituten fügen sich insoweit ein, als das Verbot gewisser schädlicher Vornahmen auch einen Gebrauch für den Berechtigten in sich schließt. Aber der Ususfructus, obwohl er wegen des Uebergangs von der Natural- zur Geld-Wirthschaft häufiger als der Usus vorkommt, ist anomal, weil er die Ertragsfähigkeit der Sache erschöpft.

C. Untrennbar mit einem bestimmten Subject verbunden.

Die Servitut kann von der Person auch der juristischen, welcher sie zusteht, von dem Grundstück, dessen zeitiger Eigenthümer sie ausübt, nicht abgelöst werden, weder dem Recht noch der Ausübung nach, da eine Uebertragung auf ein anderes Subject ihren Inhalt ändern, sie zu einer neuen gestalten würde. l. 44 D. 19, 2. Ein solcher Versuch ist unwirksam. Auch die translative Verpfändung durch den Berechtigten ist ausgeschlossen. l. 12 D. 20, 1. Darin liegt der Hauptunterschied von Emphyteusis. Nur der Nießbrauch seiner Natur nach und einige Spielarten des Usus aus praktischen Rücksichten sind der Ausübung nach übertragbar.

§ 143.

Grundsätze.

A. Servitus in faciendo consistere nequit.
Reparaturpflicht des dienenden Eigenthümers? Deutsche Reallasten.
B. Nulli res sua servit.
C. Servitus servitutis esse non potest.
D. Servitutis causa est individua.
I. Servitus per partes nec acquiri nec imponi potest.
II. Servitus per partes retinetur.

A. Servitus in faciendo consistere nequit.

Dies erklärt sich sowohl aus den Elementen des Eigenthums: Unumschränktheit, Ausschließlichkeit, deren Negirung nur zu Servituten ‚in non faciendo vel patiendo‘ führen kann — denn das Recht, etwas nicht zu thun, ist kein Ausfluß des Eigenthums, sondern des freien Willens — als auch aus dem Gegensatz des dinglichen Rechtes zu den Obligationen, deren Wesen in einem Recht auf die Handlung einer Person besteht. l. 15 § 1 D. 8, 1. Folglich muß der

Servitutberechtigte allein die Sache in brauchbarem Zustand erhalten, z. B. den Weg bessern, die Gosse ausräumen l. 11 D. 8, 4. Eine scheinbare Ausnahme macht die servitus oneris ferendi, bei welcher die Reparaturpflicht dem dienenden Eigenthümer obliegt (zum Unterschied von der Superficies an einer Mauer). Allerdings enthält sie keine bloß obligatorische, der cautio damni infecti vergleichbare Pflicht, sondern eine dingliche durch actio confessoria (A° A° jus esse Nm Nm cogere, ut parietem reficiat) gegen dritte Besitzer erzwingbare Last l. 6 § 2 und 3 D. 8, 5. Aber desungeachtet liegt keine eigne servitus in faciendo vor, weil sich sonst der Verpflichtete nicht durch Dereliction der Mauer befreien könnte. Vielmehr folgt aus der Bestellung einer tragbaren Mauer ‚paries uti nunc est ita sit' l. 33 D. 8, 2 auch die über das pati hinausgehende Pflicht, sie in tauglichem Zustand zu halten. Zu welchen Inconvenienzen würde es führen, wenn der Servitut-Berechtigte die fremde Mauer im eignen Interesse repariren sollte?

Nach gemeiner Praxis kann bei allen Servituten die Unterhaltungspflicht der Anstalt dem dienenden Eigenthümer durch Vertrag oder Verjährung auferlegt sein, und im A.L.R. § 30 ff. ht. versteht sich dies bei entgeldlichem Erwerb der Servitut von selbst, und ohnedies soll wenigstens der mitausübende Eigenthümer verhältnißmäßig beitragen.

Das deutsche Recht hat die Reallasten ausgebildet, d. h. auf ein Grundstück gelegte Lasten in wiederkehrenden Leistungen. Man bezeichnet sie — auch zumeist im A.L.R. — als deutsche Servituten in faciendo, allein mit Unrecht, da ihr obligatorischer Charakter dadurch nicht leidet, daß sich der Schuldner erst aus dem Besitz des Grundstücks bestimmt. Trotzdem empfiehlt es sich, sie in dem System der Servituten abzuhandeln, weil sie wie diese „gleichsam" ein Zubehör des Grundstücks bilden.

B. **Nulli res sua servit.** l. 26 D. 8, 2.

In dem allgemeinen Inhalt des Eigenthums liegen nicht Gebrauch und Nutzung als „besondere" Befugnisse; über die irrige Annahme eines ususfructus causalis vgl. S. 334. Daher geht die Servitut durch Vereinigung des herrschenden und dienenden Grundstücks in „einer" Hand materiell unter, außer beim Universalfideicommiß wegen der Restitutionspflicht Seitens des Fiduciars und beim Miteigenthum wegen der Untheilbarkeit der Servitut.

C. **Servitus servitutis esse non potest.**

Weder darf eine Servitut auf eine andere gelegt werden, z. B. darf der Eigenthümer an seiner Sache keinen ususfructus itineris, der Wasserleitungs-Berechtigte daran selbst in den Grenzen seines Rechtes keinen aquaehaustus bestellen l. 1 D. 33, 2, l. 33 § 1 D. 8, 3, noch dürfen Rechte, die in die Sphäre einer bereits bestellten Servitut fallen, neu zu Servituten gebildet werden, z. B. darf Proprietar selbst nicht mit Einwilligung des Nießbrauchers ein Wegerecht auf das Grundstück legen l. 15 § 7, l. 16 D. 7, 1. Man half sich durch obligatorische Einräumungen und im letzteren Beispiel dadurch, daß Eigenthümer den Nießbrauch aufhob, nun das Wegerecht auf das Grundstück legte und dann den Usufruct wieder bestellte. Im neueren Römischen Recht ist die Regel durch die Gestattung eines Nießbrauchs am Nießbrauch, durch die Einräumung eines fructus neben dem usus durchbrochen, heute hat sie keine Bedeutung mehr.

D. Servitutis causa est individua.

Die Untheilbarkeit der Servitut folgt aus dem Wesen des Gebrauchsrechtes ‚nam earum usus ita connexus est, ut qui eum partiatur, naturam ejus corrumpat‘ l. 17 D. 8, 1. Nur Nießbrauch ist der Ausübung nach theilbar, sowohl an einem ideellen Theil der Sache l. 5 D. 7, 1, als auch unter mehreren Concurrenten mit Accrescenz. l. 1 pr. D. 7, 2.

I. Servitus per partes nec acquiri nec imponi potest. l. 32 D. 8, 3. Der Miteigenthümer eines Grundstücks kann für seinen ideellen Theil weder eine Servitut erwerben, noch auflegen. Dazu bedarf er der Mitwirkung seiner Genossen, die jedoch keine gleichzeitige zu sein braucht, und deren Schwebe ihm, welcher die Servitut bestellte, keinen Widerspruch gegen die vorläufige Ausübung gewährt. Ein reeller Theil des Grundstücks kann als sichtbar umgrenzter den Servituten zur Grundlage dienen. l. 6 D. 8, 1.

II. Servitus per partes retinetur. l. 8 § 1 D. 8, 1. Bei Parcellirung eines Grundstücks bleibt die Servitut voll und ganz auf jedem Trennstück; nunmehr entscheidet das Bedürfniß der herrschenden Parcelle, z. B. beim Weiderecht der Durchwinterungsfuß, wenn nur die Größe für die Ueberwinterung wenigstens eines Stückes Vieh ausreicht. Doch darf die Belastung des dienenden Grundstücks nicht übermäßig vermehrt werden, z. B. wenn nur der Auftrieb einer bestimmten Zahl gestattet war, oder bei der Wasserleitung durch übermäßigen Verbrauch der Vorrath erschöpft würde. l. 25 D. 8, 3. Die theilweise Ausübung einer unbestimmten Servitut genügt stets, um den Rest zu erhalten, der keineswegs durch Nichtgebrauch erlischt. A.L.R. § 570–578 I, 9.

E. Servitutibus civiliter uti oportet.

Der Berechtigte soll die Servitut „pfleghaft“, d. h. mit möglichst geringer Belästigung des Eigenthümers ausüben, also beim iter nicht querfeldein gehen l. 9 D. 8, 1, beim pastus nicht Vieh auftreiben, das die Weide verdirbt, beim aquaeductus die Röhren entfernt von Gebäuden legen u. s. w. Doch ist er nicht zu kostspieligen Anstalten wie Einfriedigung der Trift verbunden. A.L.R. § 20 I, 19. § 29 ff. I, 22.

§ 144.

Eintheilung.

A. Affirmative und negative Servituten.
B. Personal- und Real-Servituten.
  I. Grundsätze der Real-Servituten.
    a) servitus praedio utilis esse debet.
    b) praedia vicina esse debent.
    c) servitus perpetuam causam habere debet.
  II. Arten der Real-Servituten.
    a) praediorum rusticorum und urbanorum.
    b) continuae und discontinuae.
    c) qualificatae und simplices.
  III. S. g. irreguläre Servituten.

A. **Affirmative Servituten** in patiendo und **negative** in non faciendo vom Standpunkt des dienenden, in seinem Eigenthum beschränkten Subjects.

Das A.L.R. § 80 ff. I, 7 unterscheidet mehr in Hinblick auf den Berechtigten: Affirmative Rechte in der Forderung wiederkehrender Leistungen, z. B. Reallasten.

Untersagungs-Rechte in dem Verbot gewisser Vornahmen, z. B. in non faciendo.

Negative Rechte in der ungehinderten physischen Einwirkung auf die dienende Sache, d. h. in patiendo des Gegners.

B. **Personal- und Real-Servituten** vom Standpunkt des berechtigten Subjects. Das A.L.R. kennt bloß Grundgerechtigkeiten und behandelt den Nießbrauch unter den Nutzungsrechten I, 21.

Die Personal-Servituten dienen dem Bedürfniß eines Individuum, dem sie eine Rente aus einer beweglichen oder unbeweglichen Sache verschaffen sollen. Das Bezugsrecht ist mit der Person verknüpft, meist auf Lebenszeit, während die Substanz als Grundstock beim Eigenthümer zurückbleibt. Sie heißen generales, weil sie die ordentliche Nutzung der Sache in jeglicher Richtung gewähren.

Die Real- oder Prädial-Servitut setzt ein herrschendes Grundstück (praedium dominans) und ein dienendes (serviens) voraus. Sie soll die Brauchbarkeit des Grundstücks ‚bonitas, salubritas, amplitudo' l. 86 D. 50, 16 erhöhen, zumal sich dies oft ohne fühlbaren Nachtheil für das dienende ermöglichen läßt. Sie ist daher für die Dauer bestimmt, woraus freilich in nicht voraussehbarer Zukunft eine schwere Schädigung erwachsen kann, sei es durch Umgestaltung des dienenden Grundstücks, das vom Acker zum Bauterrain steigt, sei es durch bessere Cultur des herrschenden, das nun einen höheren Bedarf erheischt. Subject der Real-Servitut ist ein praedium, aber nur in so weit, als das jeweilige Bedürfniß desselben entscheidet und die Servitut von ihm nicht ablösbar ist — aber nimmer als Personification. Das Grundstück weist einzig auf den jedesmaligen Eigenthümer, der die Gerechtigkeit ausüben soll l. 1 § 1 D. 8, 4.

Die Besonderheiten der Realservituten zeigen sich in ihren Grundsätzen, Arten und den s. g. irregulären Servituten.

I. Grundsätze der Realservituten.

Sie ergeben sich aus ihrer wirthschaftlichen Natur, denn es soll die Beschränkung, welche ein leichtsinniger Eigenthümer auf sich nimmt, und wodurch er den Werth seines Grundstücks vielleicht für immer verringert, nach dem Maß des Vortheils aufgewogen werden, der dem herrschenden Grundstück daraus erwächst. In Deutschland ist dies nicht immer beachtet, und die Folge war eine Unzahl von Belastungen, die zwar in sich unwichtig waren, aber das Grundstück unverkäuflich machten. Diese Erwägung hat in neueren Gesetzen zum Verbot culturschädlicher Wald- und Weide-Servituten — in der Pr. Gemeinheits-Theilungs-O. vom 7. Juni 1821 für zwei Frucht-Perioden oder längstens auf 10 Jahre — und zur Ablösung der Reallasten im Pr. G. vom 2. März 1850 geführt.

a) servitus **praedio utilis** esse debet. l. 5 D. 8, 5. Sie muß den Nutz- oder Verkaufs-Werth des herrschenden Grundstücks erhöhen, in dieser Maßgabe auch amoenitatis causa, z. B. Wasserkunst l. 3 D. 43, 20, ohne Rücksicht auf die individuelle Genußfähigkeit des zeitigen Eigenthümers, z. B. wenn ein Blinder für sein Haus eine Aussichtsservitut erwirbt. Darauf beziehen sich die Worte ‚quamvis non utilia sunt' in l. 19 D. 8, 1, denn grade für die „vorbehaltene" Servitut aus jenem Fragment eine Ausnahme vom Princip zu folgern, geht nicht an. Dagegen kann eine Beschränkung, die nur der persönlichen Annehmlichkeit des herrschenden Eigenthümers dient, z. B. in alieno spatiari, coenare l. 8 pr. D. 8, 1 oder die bloß seinem Gewerbe nützt, nicht als Realservitut aufgelegt werden.

b) **praedia vicina** esse debent. Ursprünglich nahm man dies, wenigstens für ländliche Servituten wörtlich l. 7 § 1 D. 8, 3. Später sah man davon ab, daß die Grundstücke hart bei einander — adfinia — liegen ‚parvique refert, vicinae sint ambae aedes an non, idem erit et in praediis rusticis‘ l. 6 pr. D. 8, 4 und verlangte nur ein örtliches Verhältniß derart, daß die Ausübung ohne Hindernisse und ohne Anlage besonderer Anstalten möglich ist. Daher wird ein Wegerecht durch ein dazwischen liegendes unzugängliches Grundstück gehindert, nicht aber durch eine öffentliche Straße, einen Fluß, der durch Furt, Fähre, Brücke oder sonstwie passirbar ist. Besonders ein Weiderecht wird auch unter entfernten Grundstücken zuläßig sein, wenn der Auftrieb ohne Schwierigkeiten geschehen kann. l. 8 pr. D. 39, 1.

c) servitus **perpetuam causam** habere debet. Das dienende Grundstück muß durch seine „natürliche“ Beschaffenheit eine Gewähr für die dauernde Ausübung der Servitut bieten. Die Thätigkeit des dienenden Eigenthümers genügt für eine Realservitut nicht, also kann sie an dem abfließenden Spülwasser eines Hauses, das der Nachbar vielleicht für seine Gemüsecultur braucht, nicht bestellt werden l. 28 D. 8, 2, und ein Wasserrecht ist nur an einer aqua viva, fons möglich l. 1 § 5 D. 43, 20, nicht an einem Tümpel, einer Cisterne l. 1 § 4 D. 43, 22. Letztere Regel ist schon in Rom nicht immer festgehalten ‚hodie aqua tamen ex quocunque loco constitui solet‘ l. 9 D. 8, 3. Einer Beschränkung der Dauer durch Endtermin und Bedingung steht im späteren Rom Nichts im Wege. l. 4 pr. D. 8, 1.

II. **Arten der Realservituten.**

a) **servitutes praediorum rusticorum** (S.P.R.) und **urbanorum** (S.P.U.) nach der Beschaffenheit, nicht Lage des herrschenden Grundstücks, ob Acker, Wald, Bleiche oder Bauplatz, Haus. Die Eigenschaft des dienenden Grundstücks ist gleichgültig, da in l. 11 § 1 D. 6, 2 die Bezeichnung des aquaeductus ‚si quis per domum s u a m passus est‘ als S.P.U. keine principielle Bedeutung hat. Die Feld- und Gebäude-Dienstbarkeiten unterscheiden sich in ihrem Inhalt und ihrer rechtlichen Gestaltung, z. B. Besitzklage, Verjährung. Folglich braucht der dienende Eigenthümer nicht zu dulden, daß der herrschende durch Umwandlung seines Ackers in eine Fabrik die früher bestellten Wege- und Wasser-Lasten steigert. Wie aber, wenn schon bei Begründung ein Recht, das in der Regel als S.P.U. vorkommt, einem praedium rusticum bestellt wird, z. B. servitus altius non tollendi einem Park, oder umgekehrt, z. B. iter einem Haus? Auch dann muß die Beschaffenheit des herrschenden Grundstücks entscheiden l. 2 D. 8, 3, also der Weg zur Gebäudeservitut werden und folgerecht durch usucapio libertatis, z. B. Versperrung, Umgrabung verjähren. Vangerow schlägt vor, um diesem Dilemma zu entgehen, die Servituten nach ihrem Inhalt einzutheilen: in solche in faciendo, wozu alle S.P.R. gehören, auch aquaeductus, der weniger im Haben der Röhren als im Leiten des Wassers besteht, und solche in habendo vel prohibendo, wozu alle S.P.U. zu rechnen sind. Doch sind diese Klassen weder den römischen Namen unterzuschieben, noch auch schlüssig, da das Recht, seinen Wein an einer fremden Ulme empor zu ziehen oder eine Hütte (tugurium) zum Schutz für den Hirten, Weinhüter auf fremdem Boden zu haben l. 6 § 1 D. 8, 3 in habendo und doch S.P.R. ist.

b) **continuae** die fortdauernd ausübbar sind, sei es durch eine ständige Anstalt oder in beliebig zu wiederholenden Acten, z. B. iter und **discontinuae**, die nur bei gewissen Gelegenheiten meist in längeren Zwischenräumen ausgeübt werden dürfen, z. B. Stoppelweide, Bauholzrecht, Frühjahrsbewässerung (aqua aestiva).

c) **qualificatae** die zu ihrem Bestehen eine Anstalt (apparentes) erfordern und **simplices**.

III. **S. g. irreguläre Servituten.**

In einzelnen Fällen werden Gerechtigkeiten, die regelmäßig als Real-Servituten vorkommen, einer Person bestellt, z. B. pastus in l. 4 D. 8, 3, iter in l. 6 D. 33, 3, aqua in l. 37 D. 8, 2. Man nennt sie irregulär, weil man ihnen das Erforderniß der Vicinität aus l. 14 § 3 D. 34, 1 ‚personae tamen ejus, qui vicinus non est, inutiliter relinquitur' anheftet; allein diese Worte sind nur ein Erwägungsgrund, den der Jurist am Schluß ‚haec enim aqua personae relinquitur' bei Seite schiebt. Solche Rechte sind reine, auf eine Seite der Nutzung beschränkte Personal-Servituten: entweder Usus für den persönlichen Bedarf, oder Usufruct mit Umsatz. Daher braucht Usufructuar einer aqua weder ein herrschendes Grundstück, noch das dienende eine perpetua causa; er kann das in der Wüste gesammelte Cisternenwasser verkaufen, den Mineralbrunnen in Flaschen versenden und daraus eine lebenslängliche Rente beziehen. l. 14 § 3 cit. In Bezug auf den pastus kann er fremdes Vieh, soviel die Weide trägt, auftreiben, und in Betreff des Rechtes arenae, cretae fodiendae Bausand, Thonkrüge exportiren l. 5 und 6 D. 8, 3. Oft wird es sich grade empfehlen, eine persönliche Annehmlichkeit, welche sich wegen der wirthschaftlichen Grundsätze nicht in den Rahmen der Real-Servituten fügt und doch dinglich gesichert werden soll, als Personal-Servitut zu bestellen, z. B. in Rom iter venandi causa. S. 350. Auch im preußischen Recht können Rechte solchen Inhalts namentlich die regelmäßig als Grundgerechtigkeit gedachte Superficies S. 443 als Personal-Servituten bestellt werden, bedürfen dann aber zur Wirkung gegen Dritte der Eintragung in die zweite Abtheilung des Grundbuchs.

§ 145.

D. 7, 8 de usu et habitatione.

Usus.

A. Begriff.
B. Spielarten des Usus.
Habitatio. Operae.
Reception dieser Befugnisse?
C. Fructus sine usu.

A. Begriff.

Usus ist das dingliche, mit einer Person verknüpfte Recht auf den Gebrauch einer fremden Sache unter Wahrung von deren Substanz. Darin liegt der Fruchtgenuß nicht ‚nudus usus sine fructu' l. 1 und 2 D. ht. An Sachen aber, die man nicht brauchen kann, ohne sie zugleich zu nutzen, wird auch ein gewisser Fruchtbezug verstattet, z. B. Milch einer Kuh, Holz eines Forstes, Früchte eines Landguts, Obst aus dem Garten, Blumen aus dem Park l. 12 D. ht. Indeß bleibt der Umfang dieser Befugnisse streng persönlich für den Bedarf des Usuars, worunter freilich nicht bloß Nothdurft, sondern Wirthschaft und Haushalt unter Theilnahme der Familie, selbst wenn sie später begründet wurde, des Gesindes, der Gäste ꝛc. zu verstehen ist. Nur jede Uebertragung der Ausübung durch Vermiethen des Hauses, jeder Umsatz durch Marktverkauf der Früchte bleibt ausgeschlossen. Der Ueberschuß der Nutzung, welchen Usuar nicht für sein Hauswesen verwenden kann ‚sibi suisque', steht zur Verfügung des Proprietars. Beim usus legatus können sich die Befugnisse des Usuars durch die ‚benigna interpretatio' letztwilliger Verfügungen l. 12 § 2 D. ht. erweitern. Dann darf er in das Haus, das für ihn zu geräumig ist, einen Miether aufnehmen l. 2 § 1 D. ht., das Brennholz, welches er für seinen Bedarf schlagen ließ, behufs Ersparniß der Transportkosten an Ort und Stelle verkaufen l. 22 pr. D. ht. und der Pferdeverleiher darf das ihm zum Usus vermachte Pferd wie seine andern vermiethen. l. 12 § 4 D. ht.

Die Nutzung des Usuars muß sich in den Bahnen eines guten Hausvaters halten ‚re uti secundum rei condicionem', er prästirt levis culpa und muß sich jeder Einwirkung auf die Sache enthalten, wodurch er sie wesentlich verändern oder den Proprietar schädigen könnte, z. B. durch verkehrte Verwendung eines Musiksclaven, Reitpferdes ꝛc. Dafür liegt ihm eine Caution durch Bürgen ob, die als Sicherheit für gehörige Rückgabe sowie Ersatz des durch pflichtwidrigen Mißbrauch und sonst verschuldeten Schadens dienen soll. l. 5 § 3 D. 7, 9. Lasten der Sache braucht er nur zu tragen, wenn im Gebrauch die einzige Verwendbarkeit der Sache besteht.

Usuar ist Detentor der Sache, hat aber durch sein dingliches Recht die actio confessoria gegen jeden Störer, und gewinnt mit Ausübung Rechtsbesitz und possessorischen Schutz.

B. Spielarten des Usus.

Habitatio ein Wohnungsrecht, das meist Peregrinen, welche als Aerzte, Sophisten im Dienst römischer Familien emeritirt waren, als Aliment vermacht wurde. Aus dieser Natur erklärt sich seine Unabhängigkeit von capitis deminutio und Verjährung, wie die Uebertragbarkeit seiner Ausübung, die aber nicht schenkungshalber geschehen durfte. l. 10 pr. D. ht. § 5 J. 2, 5.

Operae servorum et animalium, auch dies Recht auf die Dienste eines Sclaven oder Thieres wird als Aliment hinterlassen, geht nicht durch capitis deminutio, Nicht-Gebrauch unter, ist der Ausübung nach übertragbar, und der Legatar transmittirt sein Recht, wenn er vor Erwerb des Vermächtnisses fortfiel, auf seine Erben. l. 2 D. 33, 2.

Die Reception dieser Befugnisse im gemeinen Recht ist streitig, weil es in der heutigen Geschäftssprache an einem passenden Namen dafür fehlt. Dies mag für die specifisch-römischen Institute der habitatio und operae gelten, aber nicht für den usus, welchen man ähnlich, wie es die römischen Juristen mit χρῆσις in l. 10 § 1 D. ht. thaten, durch den Ausdruck „zum Hausbedarf" umschreiben kann. Das A.L.R. § 24 I, 19 kennt ein Gebrauchsrecht zur „persönlichen Nothdurft", das an sich weder auf Familienglieder noch Hausgenossen auszudehnen ist, und in § 185 ff. I, 21 ein beschränktes Nutzungsrecht.

C. Fructus sine usu.

In l. 14 § 1–3 D. ht. wird ein legirter fructus als ususfructus ausgelegt, da er als selbständiges Recht nicht vorkommen kann. Keinesfalls darf er als der Ueberrest des Fruchtertrages, der sich nach Abzug des persönlichen Bedarfs des Eigenthümers ergiebt, gedacht werden. Allein Proprietar, der einen Usus auflegte, kann einem Andern den Fruchtüberschuß, welchen Usuar abliefern muß, als fructus bestellen, dann aber consolidirt bei früherem Tode des Fructuars der fructus dem Usuar zum ususfructus. l. 5 § 2 D. 7, 9.

§ 146. D. 7, 1 de usufructu. A.L.R. § 22–186 I, 21.

Nießbrauch.

A. Begriff.

Ususfructus est jus alienis rebus utendi fruendi salva rerum substantia. l. 1 D. ht. Das dingliche mit einer Person verknüpfte Recht auf Gebrauch und Genuß einer fremden Sache unter Wahrung ihrer Substanz. Das A.L.R. § 22 ht. erklärt den Nießbrauch als das vollständige Nutzungsrecht, als die Befugniß, eine fremde Sache nach der Art eines guten Hauswirths ohne weitere Einschränkung zu nutzen oder zu gebrauchen; das in dieser Definition fehlende Merkmal ‚salva substantia' wird in § 25 ff. für wesentlich erklärt.

Der ökonomische Zweck des Nießbrauchs besteht in der zeitweisen Theilung von Ertrag und Eigenthum; daher ist er als ‚verus' nur an Sachen denkbar, deren Gebrauch nicht zu einer Consumtion führt. Usufructuar soll allen Vortheil und Nutzen haben, den die Sache wirthschaftlich mit sich bringt, sowohl zum eignen Bedarf wie zum Gewinn und meist auf Lebenszeit. Er vertheidigt sich durch die actio confessoria, und wenn er auch factisch nur Detentor der Sache ist, — im A.L.R. unvollständiger Besitzer — so hat er doch aus seinem Rechtsbesitz possessorischen Schutz. Dagegen bleibt Proprietar Eigenthümer und juristischer Besitzer der Sache, er kann sie unbeschadet des Nießbrauchs veräußern, verpfänden, belasten, auf sie thatsächlich einwirken, sich nachtheiligen Verfügungen des Nießbrauchers auch mit Bezug auf Dritte entgegenstellen, er kann Zuziehung in Substanzprozessen verlangen, ihm gebührt der außerordentliche Ertrag, die Ausübung der damit verbundenen Ehrenrechte u. s. w.

B. Rechte des Nießbrauchers.

I. **Gebrauch und Genuß,** soweit es der wirthschaftliche Charakter der Sache immer zuläßt, sowohl für das eigne Hauswesen als mit freiem Umsatz, vgl. S. 205.

An Waldungen hat er Holzhieb, und zwar an Hecken, die zum Schlagen bestimmt sind (silva caedua) l. 48 § 1 D. ht. ohne Schranken; an Forsten nach rationeller Methode; am Park nur in Betreff der dürren Aeste absterbender Bäume und anderer insoweit, als es dem Wachsthum oder der romantischen Lichtung förderlich ist. An Feldern, Gärten zieht er den Ertrag von Obst, Früchten, Zierpflanzen und Blumen. An Bergwerken gebührt ihm die Ausbeute von Erzen, Kohlen 2c. Der Nießbrauch an Sclaven, Thieren erstreckt sich auf deren Arbeitswerth, auch auf Producte der Thiere wie ihre Junge. Schatz, Sclavenkinder l. 68 pr. D. ht., Windbruch gehören dem Usufructuar nicht. Vom Windbruch bezieht er den regelmäßigen Jahresertrag und muß den Rest an den Proprietar abliefern; im A.L.R. § 34 ht. soll der Rest capitalisirt und dem Nießbraucher der Zinsgenuß am Erlöse eingeräumt werden. Letztere Methode soll im A.L.R. § 37 ht. auch für die ganze Grubenausbeute gelten, weil die Erze Substanztheile sind und nicht nachwachsen. Vgl. l. 7 § 13 D. 24, 3.

Natürlich hat der Nießbraucher auch den Gebrauch, z. B. Wohnung im Haus, Spaziergang im Park, Bad im See, Besichtigung des Gemäldes, Studium der Bibliothek.

Der Umsatz zeigt sich in der Bereicherung, z. B. in der Vermiethung des Hauses, des Sclaven, Thieres, in der Verpachtung des Landguts, in der Ausstellung der Gemälde gegen Eintrittsgeld u. s. w.

Der Usufructus erstreckt sich auf die Sache sammt allen Zubehörstücken und Accessionen, selbst wenn sie später hinzugefügt oder verbunden sind, z. B. Alluvionen, aber nicht auf die trennbare Insel im Fluß, im A.L.R. auch darauf.

Nießbraucher übt alle der Sache zustehenden Servituten aus, ohne daß im A.L.R. § 91 ht. sein Nichtgebrauch sie vernichtet; er kann ihr neue Rechte erwerben und ihr wohl auch „für die Dauer seines Rechtes" Lasten auflegen, obwohl diese Folgen in Rom wegen der ängstlichen Auslegung des Satzes ‚servitus servitutis esse non potest' S. 447 nicht anerkannt waren. l. 15 § 7 D. ht.

Er erwirbt Eigenthum an den Früchten durch Perception, solche, die bei Einräumung des Nießbrauchs noch an der Sache hängen, kann er in Besitz nehmen. Ausstehende Mieths- und Pachtgelder gehören dem Proprietar nach Zeitdauer dieser Verhältnisse, falls Usufructuar von seinem Exmissionsrecht Gebrauch macht; sonst werden sie zwischen Beiden nach Verhältniß der Nießbrauchszeit getheilt, was im gemeinen Recht wegen der Kündigungsfristen und im A.L.R. wegen des dinglichen Charakters der Miethe die Regel sein wird.

II. **Uebertragung der Ausübung** an Dritte sowohl gegen, wie ohne Entgeld.

Das „Recht" des Nießbrauchs ist weder vererblich noch veräußerlich. Im späteren Rom kann der Uebergang auf den nächsten Erben, für den der Usufruct als neuer gilt, ausgemacht werden l. 14 C. 3, 33, denn aus den Worten der l. 5 pr. D. 7, 4 ‚nisi forte heredibus legaverit' geht nicht unbeschränkte Vererbung, sondern nur das Dasein mehrerer Erben des Nießbrauchers hervor. Im A.L.R. § 178 ht. ist die Uebertragung auf Erbeserben möglich, heute wird dies mit dem Verbot erblicher Nutzungsrechte an Grundstücken nach G. vom 2. März 1850 collidiren.

Die versuchte Rechtsveräußerung ist nichtig nach § 3 J. 2, 4 ‚nam cedendo extraneo nihil agitur'; Gaj. II § 30 ‚jus suum retinet'. Der Widerspruch mit l. 66 D. 23, 3 ,sed ad dominum proprietatis reversurum usumfructum' scheint unlöslich, da man weder die Worte ,si domino cedatur' subintelligiren, noch an einen Untergang des Nießbrauchs in der Person des Cedenten durch Verjährung denken kann. Die Antinomie erklärt sich vielleicht aus der strengeren Auffassung des Pomponius über den Effect der in jure cessio, welche den Verzicht in der Person des Nießbrauchers und die Neubegründung beim Cessionar bewirken soll, und da nur Ersteres angeht, den Heimfall zur Folge hat.

Die Uebertragung der Ausübung berührt das Recht des Usufructuars nicht, sein Tod endigt die Nutzung des Käufers, während dessen Tod den Uebergang der Ausübung auf die Erben nicht hindert. Streitig ist, ob der Käufer eine eigne actio utilis confessoria gewinnt und seinem Vormann cautionspflichtig wird.

C. Pflichten des Nießbrauchers.

I. **Wahrung der salva substantia**, d. h. der wesentlichen Beschaffenheit der Sache, welche ihre Bedeutung im Verkehr bedingt. Nicht jede Melioration der Sache ist gestattet, wenn dadurch ihre concrete Bestimmung geändert wird, also nicht die Verwandlung einer Villa in ein Gasthaus, eines Parkes in einen Concertgarten, bzw. zum Kartoffelfeld, eines Renners zum Lastpferd, einer Büchersammlung zur Leihbibliothek, eines Landguts zur Kohlengrube 2c. Aenderungen des Wirthschaftssystems sind erlaubt, z. B. an Stelle des Weinberges ein Weizenfeld, auf dem Unlande eines Gutes ein Steinbruch. l. 13 § 4 u. 5 D. ht. Das A.L.R. § 37 ht. verbietet Anlage von Bergwerken.

II. **Instandhaltung der Sache.** Nießbraucher muß wie ein guter Hausvater wirthschaften, jedes Versehen präftiren; er hat Gebäude, Felder, Waldungen in bau- und culturmäßigem Zustand zu halten, und die dazu nöthigen Ausgaben selbst zu bestreiten, außer bei ungewöhnlichen Unglücksfällen, die er nicht selbst verschuldete. Insbesondere soll er die Deiche schaufrei halten, im Forst für Schonungen, im Weinberg für Nachpflanzungen sorgen, einzelne von den geworfenen Jungen wieder in die Heerde einreihen, den erkrankten Sclaven in Kur geben, das Inventar ergänzen 2c. l. 65 D. ht. Nur Häuser, die von Alters her einfallen, braucht er nicht von Neuem aufzubauen. l. 7 § 2 D. ht.

Im A.L.R. vertritt der gesetzliche und testamentarische Nießbraucher bloß mäßiges Versehen; in Betreff unverschuldeter Reparaturen wird unterschieden: wurden sie gleich Anfangs nöthig, so trägt sie der Eigenthümer, sonst der Nießbraucher, aber nur wenn sie $^1/_4$ der Reineinnahme des betreffenden Jahres nicht übersteigen. § 47 ff. ht.

III. **Uebernahme der auf der Sache ruhenden Lasten.**

Oeffentliche Abgaben trägt Nießbraucher, doch kann er sich in Rom durch Dereliction seines Rechtes befreien und im A.L.R. § 88 ht. Ersatz vom Proprietar verlangen, soweit die Steuern seinen Reingewinn übersteigen.

Für Privatleistungen, die auf den Ertrag des Grundstücks gelegt sind, z. B. Zehnten, Altentheile steht er ein, nicht für Hypothekenzinsen außer im Fall der Uebernahme, die im A.L.R. § 73 ht. vermuthet wird. Dingliche Lasten aus der Zeit vor dem Erwerb seines Rechtes, z. B. Servituten, Pfandrechte muß er dulden, später vom Proprietar bewilligte nur, sofern sie seinen Nießbrauch nicht

beeinträchtigen. Doch bedarf nach Pr.G. vom 5. Mai 1872 der Nießbrauch, um gegen Dritte wirksam zu sein, der Eintragung im Grundbuch.

IV. **Herausgabe der Sache** ‚cum omni causa' bei Endigung des Nießbrauchs.

a) Pertinenzen und Accessionen, selbst die im Laufe des Nießbrauchs hinzugekommenen, bleiben bei der Sache. Der Umfang des Zubehörs muß bewiesen werden, meist durch ein bei Errichtung aufgenommenes Inventar. Dasselbe ist im A.L.R. § 111 ht. vorgeschrieben; hat Nießbraucher die Aufnahme versäumt, so hat er vollen Beilaß, ist sie ihm durch den Proprietar erlassen, so hat er nur nothdürftigen Beilaß nach zeitiger Lage der Sache zu erstatten.

b) Früchte. Noch nicht percipirte natürliche gehören in Rom dem Proprietar ohne Ersatz der Culturkosten, in der gemeinen Praxis werden sie nach Verhältniß der Zeit getheilt, welche im letzten Wirthschaftsjahr vom 1. Juli bis 30. Juni der Nießbrauch gedauert hat. In Betreff der bürgerlichen Früchte gelten die S. 454 ausgeführten Regeln. Im A.L.R. § 150 ht. findet stets Theilung der ausstehenden Früchte Statt: bei Landgütern nach Verhältniß der Tage vom 1. Juli an, bei anderen Sachen mit Quartalsrechnung vom 1. Juni an.

c) Meliorationen kann Nießbraucher nur ersetzt verlangen, wenn er sie mit Zustimmung des Proprietars aufwandte oder die Grundsätze der negotiorum gestio passen. Im A.L.R. § 124 ht. muß die Erlaubniß schriftlich sein, doch wird sie bei Anlagen zum Besten der Landescultur, z. B. Maulbeerpflanzungen, lebendigen Hecken ꝛc. durch das Gesetz ersetzt.

d) Deteriorationen, für welche den Nießbraucher eine Schuld trifft, muß er vergüten.

V. **Cautio usufructuaria**, als Sicherheit für gehörige Wirthschaft und Rückgabe ‚se arbitratu boni viri usurum et restituturum, quod inde exstabit' l. 1 pr. D. 7, 9. Sie besteht in satisdatio, d. h. Bürgen und Pfändern, nach gemeinem Recht in eidlichem Versprechen. Sie wird erzwungen durch Retention des Nießbrauchrechtes, oder wenn die Sache schon in die Detention des Usufructuars gelangt ist, durch rei vindicatio mit replica doli gegen die Einrede des Nießbrauchs, oder durch eine auf Bestellung gerichtete condictio ‚sed et ipsa stipulatio condici potest' l. 7 pr. D. 7, 9. Streitig ist, ob Nießbraucher vor Caution ein Recht auf die Früchte hat, und ob ihm der Mangel auch von Dritten als Einrede entgegengehalten werden kann, l. 24 D. 33, 2.

Die Cautionspflicht fällt weg:

in Fällen des gesetzlichen Nießbrauchs für den Vater an den Adventicien und dem praemium emancipationis, für den conjux binubus an den unbeweglichen lucra nuptialia, für die arme Wittwe am Kindestheil; im deutschen Recht für den Ehemann an den Illaten und für die Leibgedingsfrau;

für den Fiscus und die ihm gleichgestellten Personen und Corporationen;

für den Ehemann, dem ein Nießbrauch zur Dos bestellt ist;

nach der Praxis für den Schenkgeber, der sich den Nießbrauch vorbehielt, und für den Usufructuar, an den ‚ex die' die Proprietät fällt.

Ein Erlaß der Caution ist nach l. 7 C. 6, 54 für den letztwillig bestellten Nießbrauch ausgeschlossen. Viele sehen darin einen Ausfluß der unsittlichen Abrede ‚ne dolus praestetur' und verbieten auch den Erlaß bei Einräumung des

Rechtes unter Lebenden. Andere halten jeden Verzicht im gemeinen Recht für erlaubt, weil heute die Pflichten des Nießbrauchers nicht mehr auf der Caution beruhen, sondern aus dem Gesetz folgen. Die Gerichtspraxis hält an dem Wortlaut des römischen Verbots zur Sicherheit der Erben fest, obwohl die l. 7 cit. ein Ueberbleibsel der veralteten lex Julia Papia et Poppaea de maritandis ordinibus ist, wonach Mitglieder des Ritter- und Senatorenstandes ihren standesungleichen Frauen nicht mehr als $^1/_{10}$ ihres Vermögens (leges decimariae) oder Nießbrauch an $^1/_3$ ohne Erlaß der Caution hinterlassen durften.

Im A.L.R. § 140 ht. ist Proprietar nur bei Gefahr der Verschlechterung cautionsberechtigt, außerdem steht ihm eine Devastationsklage bei dem Richter des belegenen Grundstücks zu, um ein Verbot der nachtheiligen Umgestaltung — auch mit Wirkung gegen Dritte — unter Androhung von Geldstrafen und Zwangsverwaltung zu veranlassen. Die C.Pr.O. § 820 giebt die Form der einstweiligen Verfügung.

§ 147.

D. 7, 5 de usufructu earum rerum, quae usu consumuntur vel minuuntur.

Uneigentlicher Nießbrauch.

A. Geld.
B. Verzehrbare Sachen.
C. Forderungen und Rechte.
D. Vermögen.

Ein Senatus-Consult aus dem Anfang der Kaiserzeit gestattet einen Nießbrauch ‚omnium rerum in patrimonio, quae usu tolluntur vel minuuntur‘ l. 1 D. ht. Daraus entwickelt sich der quasi ususfructus. Derselbe giebt an verzehrbaren Sachen dem Nießbraucher den Verbrauch, verwandelt das Eigenthum des Bestellers in ein bloßes Rückforderungsrecht und führt an Forderungen 2c. zu einem Recht am Recht, das über das Gebiet des Sachenrechtes hinausgeht. Die Aehnlichkeit mit dem verus ususfructus zeigt sich nur in der Entstehung, Caution und Endigung.

Objecte des uneigentlichen Nießbrauchs können sein:

A. Geld.

Nießbraucher wird Eigenthümer mit dem Recht der rei vindicatio, trägt die Gefahr und haftet auf die durch Caution gesicherte Rückzahlung der Summe. Es findet ein ‚in creditum ire‘ Statt wie beim Darlehn. Der Unterschied von diesem liegt nur in der Entstehung (auch durch Testament, Gesetz), Cautionspflicht, Dauer (im Zweifel auf Lebenszeit), in den Einreden (keine exceptio S.C^{ti} Macedoniani, non numeratae pecuniae) und im Entgeld (keine Zinsen!).

B. Verzehrbare Sachen, z. B. Korn, Wein, vgl. S. 201.

Die Wirkung ist wie bei Geld. Die Restitution geschieht in genere, obwohl die Parteien es oft aus Bequemlichkeit, sowie zum Schutz gegen Handelsconjuncturen vorziehen, die Quantität auf den Werth in Geld abzuschätzen und darauf die Caution zu richten.

Bei Sachen, die sich wie Möbel, Kleider durch den Gebrauch nur abnutzen, entscheidet der Wille des Bestellers. In Betreff der Kleidungsstücke nimmt § 2 J. 2, 4 einen uneigentlichen Nießbrauch mit Haftung für Zufall 2c. an, was auch bei Alltagskleidern, besonders Papierwäsche die Regel sein wird, wogegen l. 15

§ 4 und 5 D. 7, 1 mit Rücksicht auf verleihbare Theater= und Masken=Garderobe zum wirklichen Nießbrauch neigt. An Original=Bildern, Büchern wird der Nießbrauch meist ein eigentlicher sein, anders an Oeldrucken, Leihbibliotheken; doch giebt der Wille der Parteien den Ausschlag, der auch dem Geld ‚ostentationis causa' die Vertretbarkeit entziehen kann.

C. **Forderungen und Rechte.**

An Forderungen wird Quasiusufructuar gegen Stellung der Caution Cessionar und ist von da an — nicht früher nach l. 24 D. 33, 2 — legitimirt, dem Schuldner behufs Zahlung der Zinsen und des fälligen Capitals zu denunciren; an dem Gegenstand der eingezogenen Forderung hat er je nach der Art desselben eigentlichen oder uneigentlichen Nießbrauch. Nach Anderen steht ihm nur der Zinsgenuß bis zur Fälligkeit eventuell auf Lebenszeit zu, oder gar das Eigenthum an der eingezogenen Species, was aber im ersteren Fall die Caution überflüssig machen und im letzteren zu Unzuträglichkeiten führen würde. Aus diesen Grundsätzen ergiebt sich für den Nießbrauch an Pfandbriefen, Actien rc. das Veräußerungs=, Bezugs=Recht, Vertretung in der Generalversammlung u. s. w.

Das A.L.R. § 101 ff. I, 21 kennt an Capitalien nur Nutzung für die Dauer des Nießbrauchs, aber ohne Verfügung und Einziehung.

An anderen Rechten, wie dem Nießbrauch selbst, läßt sich ein Quasiusufruct denken, doch darf derselbe nicht zur Schmälerung des ursprünglich Verpflichteten führen.

D. **Vermögen** oder aliquote Theile desselben.

Der Nießbrauch erstreckt sich auf die dazu gehörigen Sachen und Rechte, je nach der Natur derselben und kommt meist als gesetzlicher des Vaters, Ehemanns, der Wittwe ohne Cautionspflicht vor. Für die auf den Vermögenstheilen haftenden Schulden bleibt zwar Proprietar verpflichtet, doch können die Gläubiger gegen den Nießbraucher als Verwalter klagen. Das freie und deshalb schädliche Verfügungsrecht des Nießbrauchers ist oft durch Veräußerungsverbote eingeschränkt. S. 382. A.L.R. § 42 I, 21.

§ 148.

D. 8, 3 de S.P.R.
A.L.R. I 22. Von Gerechtigkeiten der Grundstücke gegen einander.

Feldservituten.

A. Wegerechte.
B. Wasserrechte.
C. Weiderechte.
Insbesondere deutsches Hutrecht.
D. Waldrechte.
E. Andere ländliche Rechte.

Folgende Hauptarten kommen vor, obschon im Einzelnen Bedürfniß und Partei=Absicht maßgebend sind:

A. **Wegerechte.** l. 1 pr. D. ht.

Iter ‚jus eundi, ambulandi' Recht über ein fremdes Grundstück zu gehen, zu reiten oder sich in einer Sänfte tragen zu lassen. Actus ‚jus agendi jumentum vel vehiculum' Recht Vieh darüber zu treiben und meist auch in einem leichten Wagen zu fahren. Im iter liegt nicht der actus ‚qui iter habet, actum non habet', wohl aber darf umgekehrt der Inhaber eines actus neben dem Vieh bzw. Wagen oder zur Vorbereitung des Transports einhergehen l. 1 D. 34, 4, freilich nicht beliebig. l. 4 § 1 D. 8, 5. Via giebt das Recht über ein fremdes Grundstück mit Lastwagen zu fahren, Balken, Steine zu schleifen, Stangen aufrecht zu tragen. In der via liegt iter und actus, falls nichts anderes verabredet ist. Meist ist die via eine feste hergerichtete Fahrstraße, welche in der Breite ‚in porrecto‘ 8′, in der Biegung, im Knie ‚in anfracto‘ 16′ (oder Ausbiegestellen!) halten und so hoch sein muß, daß hochbeladene Frachtwagen, ohne an Aeste, Felsen zu stoßen, passiren können. (‚hastam rectam ferre‘.) Ein Weg, dem kein bestimmter Raum zugewiesen ist, soll pfleghaft ausgeübt werden; wird er durch Abrede oder Uebung auf einen Zug beschränkt, was sich bei der via aus ihrer Natur in der Regel ergiebt, so wird der übrige Theil des Grundstücks frei. Im Wegerecht liegt auch die Befugniß zu Anlagen, um den Weg auszubessern. l. 10 D. 8, 1. Interdictum de itinere reficiendo.

Jus navigandi in l. 23 § 1 D. ht. ist die Fähre rc. über einen Privatfluß.

Das deutsche Recht unterscheidet Fußsteig, Reitweg, Viehtrift, Fahrweg und findet besonders im letzteren noch nicht das Recht des ungekoppelten Viehtriebs.

Das A.L.R. § 65–79 ht. schreibt Mangels Abrede folgende Breiten vor: Fußweg 3′, Reitweg 4′, Fahrweg 8–12′, Viehtrieb 12–24′.

B. Wasserrechte.

Aquaeductus Wasserleitung entweder von einem fremden Grundstück oder über dasselbe: nach der Zeit aqua aestiva oder quotidiana, diurna oder nocturna. Den Röhren kann ein bestimmter Platz angewiesen sein, eventuell müssen sie „pfleghaft“ gelegt werden; eine Bedeckung der Wassergräben ist dem Berechtigten erlaubt, doch eine Ausmauerung nicht ohne Weiteres. Das Wasser wird zur Berieselung des herrschenden Grundstücks bezogen, das deshalb nicht zum Schaden des Verpflichteten durch Ankauf rc. erweitert werden darf l. 24 D. ht., obwohl eine Abgabe des ersparten Wasser-Ueberschusses an Andere nach l. 33 § 1 D. ht. S. 447 Statt haben kann.

Aquaehaustus Wasserschöpfrecht; darin liegt als ‚adminiculum servitutis‘ der Zutritt zum Gewässer und die Errichtung der zu diesem Behuf dienstlichen Anstalten, z. B. Schöpfeimer.

Pecoris ad aquam appulsus Vieh-Schwemme oder Tränke, welche das Triftrecht in sich schließt.

C. Weiderechte.

In Rom waren sie wenig ausgebildet l. 1 § 1, l. 3 pr. D. ht., theils wegen der geringen Viehwirthschaft, theils wegen der öffentlichen Gemeindeweiden. Im deutschen Recht ist die Hut- und Schäferei-Gerechtigkeit entsprechend dem Dreifeldersystem sehr häufig, kommt aber nicht bloß als Servitut vor, sondern auch als Ausfluß der Mitgliedschaft in der Realgemeinde und als Vorbehalt des Gutsherrn bei Colonatsgütern. Man theilt die Hut ein: in bestimmte nach der ein für alle Mal festgesetzten Anzahl des Viehs, während bei der unbestimmten der Durchwinterungsfuß, d. h. soviel mit dem auf dem berechtigten Grundstück gewonnenen Futter im Winter rationell erhalten werden kann, maßgebend ist; ferner in offne und geschlossene nach der Zeit des Auftriebs, die sich bei Fruchtäckern in der Regel auf die Stoppelzeit beschränkt. A.L.R. § 80–132 I, 22.

Koppelhut ist die gemeinschaftliche Hut Mehrerer auf Grundstücken. Sie kann sein jus compascendi: wenn der dienende Eigenthümer befugt ist, in Concurrenz mit dem Berechtigten mitaufzutreiben; — jus compascui: wenn Mehrere auf das Grundstück eines Dritten auftreiben, s. g. Mithut im A.L.R. § 133 ff. ht.; — jus compasculationis reciprocum: wenn die Berechtigten wechselseitig auf ihre verschiedenen Grundstücke auftreiben, s. g. Koppelhut; — jus compasculationis: wenn die Gemeindemitglieder auf die in der Regel zum Bürgervermögen gehörige Wiese ꝛc. auftreiben, s. g. Sammthut. Letztere Hut ist wegen der schlechten Wirthschaftsresultate meist aufgehoben, in Preußen durch die Gem.Th.O. vom 7. Juni 1821, welche die Errichtung neuer Gemeinheiten verbietet. Unter Aufsicht und Mitwirkung der provinziellen General-Commissionen wurde das Bürgervermögen entweder in Kämmereigut verwandelt oder mit Rücksicht auf den zehnjährigen Besitzstand, eventuell den Durchwinterungsfuß unter den Vollbauern aufgetheilt, wobei auch nicht zur Realgemeinde gehörige Einwohner, die erweislich Vieh aufgetrieben hatten, mit $1\frac{1}{2}$ Kuhweide Berücksichtigung fanden.

D. **Waldrechte**, zumeist im deutschen Recht. A.L.R. § 197–239 ht.

Beholzungsrecht auf ein Deputat von Brenn-, Nutz-, Bauholz aus fremdem Wald, meist mit Anweisung (jus assignandi) des Eigenthümers, auch als Reallast. Mastrecht, d. h. Auftrieb der Schweine in den Wald zur Eichelmast, aber mit Rücksicht auf die Forstcultur. Raff- und Leseholzrecht, Bucheckerlese, Gräserei-, Schilf-Recht, Plaggen-, Bülten-, Haidehieb, Meilerrecht, Theerschwele ꝛc.

E. **Andre ländliche Rechte.** A.L.R. § 170–196, § 240–242 ht.

Recht: Holz, Kalk, Kreide, Sand, Steine von dem dienenden Grundstück zu nehmen calcis coquendae, cretae eximendae, arenae fodiendae; Getreide auf fremder Tenne auszudreschen, Wein unter fremder Kelter zu pressen; Vorräthe, Materialien in fremder Kammer aufzubewahren, auch Vieh in fremder Stallung ꝛc. Das deutsche Pferchrecht jus stercocinii, d. h. die Befugniß den Eintrieb der Schafe in die Hürde zu verlangen, um den Dung auf dem herrschenden Grundstück zu behalten, ist mehr eine activ unpersönliche Obligation.

§ 149.

D. 8, 2 de S.P.U.
A.L.R. § 55–62 I, 22.

Gebäudeservituten.

A. Anlagen und Einführungen.
B. Verbotsrechte.
C. Schon im Eigenthum liegende Befugnisse?

A. **Anlagen** auf dem fremden Grundstück und Einführungen in dasselbe.

Servitus protegendi Schutzdach, projiciendi Erker, Fensterläden im Luftraum des Nachbars.

S. tigni immittendi Befugniß, die Balken zur Construction des eignen Hauses in die nachbarliche Mauer einzuschieben; oneris ferendi das eigne Gebäude auf einer Wand oder Säule des Nachbars ruhen zu lassen.

S. porticus servandae ein Stockwerk, einen Keller des Nachbarhauses mit besonderem Zugang für Zwecke des eignen Gebäudes zu benützen. l. 47 D. 39, 2. Superficiarische Befugnisse in Form einer Grundgerechtigkeit A.L.R., § 243–246 ht.

S. luminum l. 4 D. ht. ,ut vicinus lumina nostra excipiat' in der Mauer des Nachbars oder dem Theil der Grenzmauer, welcher dem Nachbar gehört, Luken und Fenster behufs Erhellung unserer Zimmer anzubringen (Reflex- oder Schatten-Dienstbarkeit?).

S. stillicidii immittendi das Regenwasser im Tropfenfall (s. g. Traufrecht), fluminis in einer Gosse, fumi Rauch und Dunst, cloacae mittendae Unrath entweder auf oder über das Nachbargrundstück abzuführen.

B. Verbotsrechte.

Ne luminibus officiatur Einspruch gegen Anlagen, z. B. Bauten, Bäume, Kohlenhaufen auf dem Nachbarboden, wodurch die Hellung unserer Fenster — sei es der bei Einräumung bestehenden ,uti sunt ita sint' im Zweifel auch der später ausgebrochenen — gemindert wird, im weiteren Sinne auch zum Schutz der Aussicht ne prospectui. Servitus altius non tollendi zur Verwehrung des Höherbaus.

C. Schon im Eigenthum liegende Befugnisse.

S. altius tollendi, fluminis non recipiendi, luminibus officiendi. Man sieht den Zweck der Servituten-Bestellung nicht ein, da eine actio negatoria bei Störung genügen würde. Die bloße Beweiserleichterung, die allerdings aus dem Servitutenvertrag folgt, löst das Problem dieser irregulären Servitut nicht.

Vangerow, der sich auf die Paraphrase des Theophilus stützt, glaubt, daß aus der Aufhebung einer negativen Servitut das Eigenthum durch die umgekehrte Servitut vermehrt werde und somit zu einer actio confessoria gelange. S. 334. Keller beschränkt dies auf eine Formalität, die aus der alten Art des Verzichts durch in jure cessio folge.

Windscheid meint, daß die für Rom und Constantinopel gegebenen Bauordnungen nicht bloß im öffentlichen Interesse, sondern mehr zum Nutzen der Nachbarn dienten und daher durch entgegenstehende Servituten vermöge Bestellung und Ersitzung gebrochen werden konnten. l. 1 C. 3, 34.

Puchta unterscheidet eine servitus altius tollendi entweder

1. gegenüber einer umgekehrten Servitut sei es zur Beschränkung derselben, da eine theilweise Aufhebung direct nicht möglich war, sei es zur Proceßstrafe Dessen, welcher wegen verbotenen Höherbaues mit einer actio confessoria verklagt und wegen seines Ungehorsams dahin verurtheilt wird, daß er nicht eher höher bauen dürfe, als bis er sein besonderes Recht dazu bewiesen habe, l. 15 D. 39, 1. — oder

2. selbständig zur Beseitigung rein privatrechtlicher Hindernisse, z. B. aus einer servitus oneris ferendi.

Keinesfalls aber liegt darin das Recht, das Gebäude des Nachbars höher bauen zu dürfen?!

§ 150.

Entstehung.

A. Willenserklärung.
I. Act: Vertrag, Testament, Nebenabrede.
II. Fähige Personen: Besteller, Erwerber.
B. Ersitzung.
I. Ordentliche.
II. Unvordenkliche Verjährung.
C. Richterspruch.
D. Gesetz.

Die Servitut wird erworben durch Willenserklärung, Ersitzung und entsteht durch Richterspruch, Gesetz.

A. Willenserklärung.

Sie besteht in einem Bestellungsact, der fähige Personen betreffen muß.

I. **Act** entweder selbständiges Geschäft oder Nebenabrede bei Veräußerung einer Sache.

Im alten Rom wurde eine Servitut durch in jure cessio, insbesondere S.P.R. durch mancipatio errichtet, s. g. S. civiles mit actio confessoria. Der Prätor verleiht auch solchen Servituten, welche durch Quasi-Tradition, d. h. erlaubte Ausübung ‚usu ac patientia' l. 11 § 1 D. 6, 2 eingeräumt sind, publicianischen und possessorischen Schutz, s. g. S. tuitione praetoris. In den Provinzen, wo diese Formen nicht anwendbar waren, half man sich durch Verträge pactiones, denen man nach römischer Sitte eine formelle Schlußclausel stipulatio: ‚hoc die A^s A^s stipulatus est, N^s N^s promisit' beifügte. Daraus konnten nur obligatorische Pflichten des Promittenten und seiner Erben entstehen, die man durch Strafstipulationen für den Fall der Störung durch Singular-erwerber der Sache zu verstärken suchte. In der Kaiserzeit, wo die umständlichen Solennitäten der mancipatio und in jure cessio zu veralten anfingen, nahm man die provinzielle Methode auch in Italien auf, versah sie aber im Lauf der Zeit mit dinglicher Wirkung. Unter Justinian sind demnach zwei Begründungsformen von Servituten übrig geblieben, nämlich quasi traditio und pactiones et stipulationes. ‚Si quis velit vicino aliquod jus constituere, pactionibus et stipulationibus id efficere debet'. § 4 J. 2, 3.

Diese Entwicklung wird oft verkannt, namentlich von den Anhängern der Lehre vom titulus und modus acquirendi S. 314, welche aus dem Vertrage nur eine S. constituta mit dem Inhalt eines jus ad rem folgern, das erst durch Quasitradition zur S. acquisita als jus in re erhoben werden müsse. In der Hauptsache stützen sie sich auf das häufige Vorkommen der Quasitradition in den Quellen, das sich aber durch ihre Nützlichkeit für den publicianischen Beweis und Schutz ganz gut erklären läßt. l. 1 pr. D. 7, 4, l. 1 § 2 D. 8, 3.

Im gemeinen Recht wirkt der von Formen entfesselte Wille, und genügt also eine pactio ohne Zusatz einer stipulatio zur Bestellung einer Servitut, obwohl in Gebieten mit Grundbuchverfassung oft Intabulation empfehlenswerth oder zur Wirkung gegen Dritte nöthig ist.

Im A.L.R. reicht ebenfalls Vertrag aus, der aber, da in der Auflage einer Servitut auf ein Grundstück eine theilweise Veräußerung desselben liegt, in solchem Falle schriftlich sein muß. Das G. vom 5. Mai 1872 fordert für Servituten an Grundstücken, mit Ausnahme der Grundgerechtigkeiten, zur Wirkung gegen dritte Singular-Erwerber Eintragung.

Durch Testament kann eine Servitut errichtet werden: entweder an eignen Sachen des Erblassers, dann entsteht sie von selbst mit dem Erwerb der Erbschaft durch den belasteten Erben; oder an fremden Sachen, dann erhält Legatar nur einen persönlichen Anspruch gegen den Onerirten auf Bestellung.

Durch Nebenabrede wird eine Servitut eingeräumt: sei es, daß Tradent einer Sache sich eine Servitut daran vorbehält, sei es, daß er ihr eine Servitut bestellt zu Lasten einer andern in seinem Besitz verbleibenden Sache. Ueber die Natur des Vorbehaltes als Neubestellung durch den fähigen Erwerber, nach Pr.G. vom 5. Mai 1872 eventuell Titel zur Eintragung, vgl. S. 391.

II. Fähige Personen.

Besteller muß Eigenthümer der künftig dienenden Sache sein. Miteigenthümer sollen außer beim Nießbrauch zusammen wirken, ein gutgläubiger Besitzer kann, soweit sein eignes Recht reicht, Servituten auflegen; Emphyteuta, Superficiar für die Dauer ihrer Befugniß; Usufructuar in Rom gar nicht. S. 454. Natürlich ist Veräußerungsfähigkeit nöthig. Wer nach dem G. vom 5. Mai 1872 die Auflage von Servituten beantragt, muß sich als Eigenthümer aus dem Grundbuch legitimiren.

Erwerber kann bei Personalservituten jede physische und juristische Person sein, bei Realservituten der volle oder publicianische Eigenthümer des Grundstücks; Miteigenthümer erwerben zusammen, der Emphyteuta, Superficiar nicht bloß für die Dauer ihres Rechtes, im preußischen Recht auch der Nießbraucher.

B. Ersitzung.

I. Ordentliche.

Nach den zwölf Tafeln bezog sich ‚usus auctoritas ceterarum rerum' S. 347 auch auf Rechte; es fand also an Servituten eine Usucapion Statt, die sich wahrscheinlich auf die S.P.U., soweit sie in habendo bestehen, beschränkte. Eine in l. 4 § 29 D. 41, 3 erwähnte lex Scribonia verbot sie, weil aus der zu kurzen Frist lästige Wirkungen für den dienenden Eigenthümer hervorgingen. In der Kaiserzeit ist sie durch Gewohnheitsrecht unter dem Namen ‚diuturnus usus, longa consuetudo, longa possessio' mit längeren Fristen wieder eingeführt l. 10 D. 8, 5, l. 1 C. 3, 34, obwohl ihre rechtsbegründende Wirkung aus l. 10 § 1 D. 41, 3 geläugnet wird.

Sie erfordert eine fehlerfreie Ausübung des Rechtes nec vi nec clam nec precario, im Sinne einer Befugniß — quantum possessum tantum praescriptum — während einer Zeit von 10 Jahren inter praesentes, d. h. wenn Ausüber und Eigenthümer in derselben Provinz wohnen, von 20 Jahren inter absentes. Eine bloße Vergünstigung, eine Ausübung hinter dem Rücken oder wider Verbot des Eigenthümers begründet das Recht nicht. Aus l. 2 C. 3, 34 folgert man mit Unrecht das Requisit einer ‚scientia domini'. Hier beruft sich Kläger nur darauf, um seinen Anspruch auf Herausgabe der Wasserröhren besser zu begründen, da Beklagter die Legung derselben auf seinem Boden ruhig zuließ, aber zur rechten Zeit sich gegen die Ersitzung des Aquäducts verwahrte und nun die Anlage für sich beanspruchte, vgl. l. 16 § 1 D. 19, 5. Die Ersitzung wird unterbrochen durch Klage, auch außergerichtlichen Einspruch des Eigenthümers, wogegen derselbe aus

Abwesenheit, Drohung von anderer Seite 2c. nur eine in integrum restitutio gewinnt. Der Beweis der Ausübungsacte während der Zeitfrist liegt dem Ersitzenden ob, doch kann der Gegner Besitzfehler, Unterbrechung darthun.

Aus der Analogie der Eigenthumsersitzung kam man zu den irrthümlichen Schlüssen, daß für servitutes discontinuae, für Servituten an Sachen, welche der ordentlichen Ersitzung entzogen sind, eine außerordentliche Ersitzung statthabe, daß ein bonum initium, ein Titel erforderlich seien.

Nach der Vorschrift des kanonischen Rechtes c. 20 X 2, 26 ist heute bona fides continua nöthig.

Im A.L.R. § 13 ff. I, 22 gelten dieselben Grundsätze, doch titulirte Ausübung mindestens einmal im Jahr, widrigenfalls in demselben die Ersitzung ruht § 579 und § 596 I, 9, ferner für S. discontinuae Ausübung an drei Gelegenheiten in 40 Jahren S. 386 und nach Gem.Th.O. vom 7. Juni 1821 Verbot der Ersitzung culturschädlicher Servituten auf längere als die erlaubten Fristen. S. 449.

II. **Unvordenkliche Verjährung** praescriptio indefinita, immemorialis.

Das Römische Recht läßt durch Ausübung seit unvordenklicher Zeit s. g. vetustas Privat-Wege vgl. S. 208 zu öffentlichen werden l. 3 pr. D. 43, 7, schützt Anlagen, die seit Menschengedenken den Wasserlauf regeln l. 1 § 23 D. 39, 3 ‚vetustatem vicem legis tenere' und erklärt in l. 3 § 4 D. 43, 20 einen ‚ductus aquae, cujus origo memoriam excessit, jure constituti loco' l. 26 D. 39, 3 ‚tametsi jus'. Aehnliche Ideen finden sich in deutschen Weisthümern bisweilen in bedenklicher Verwechslung mit dem Gewohnheitsrecht S. 165. Daraus bildeten das kanonische Recht c. 1 in VI^{to} 2, 13 und die gemeine Praxis, welche in der Zeit eine Legalisation thatsächlicher Zustände sahen, die unvordenkliche Verjährung für alle Gerechtsame, mögen sie positiven oder negativen Inhalts, privaten oder öffentlichen Charakters sein, wenn sie nur den guten Sitten oder Zwangsgesetzen nicht zuwiderlaufen. Dies wird besonders für Servituten wichtig, deren Ersitzung an einem Mangel scheitert. Doch will Savigny die unvordenkliche Verjährung nur auf das publicistische Gebiet beschränken.

Einziges Erforderniß ist die ununterbrochene Ausübung seit Menschengedenken. Die Zeit wird oft auf zwei Menschenalter zu je 40 Jahren bemessen und die Aussage von Zeugen im Alter von 54 Jahren verlangt, die den Zustand während des letzten Menschenalters ‚de visu' bekräftigen und in Betreff des vorletzten wenigstens ‚de auditu' aussagen sollen, daß sie nichts Anderes von ihren Vorfahren vernommen haben. l. 28 D. 22, 3. Allein richtiger ist es, die Zeit vom richterlichen Ermessen abhängig zu machen, jeden Zeugen — natürlich sind ältere glaubwürdiger — und auch Urkunden, die weit hinaufreichen, zuzulassen.

Streit herrscht über die juristische Natur: ob Beweisvermuthung für rechtmäßige Entstehung, oder ob rechtsbildende Verjährung aus bloßem Zeitablauf. Im letzteren Sinne ist nur Gegenbeweis der Unterbrechung, im ersteren auch des fehlerhaften Beginns zulässig. Die Theorie der Verjährung erspart also den Rückgang auf den Anfang, was gerade vermieden werden soll.

Im A.L.R. findet sich in einigen Fällen eine ungewöhnliche Verjährung von 50 Jahren.

C. Richterspruch.

Adjudication in Theilungssachen. Ueber Nothweg, im A.L.R. Nothservitut vgl. S. 409.

D. Gesetz.

Der Name „Legalservituten" ist falsch. S. 407. Nur der Nießbrauch entsteht durch Gesetz im Familien- und Erb-Recht. S. 456.

§ 151.

D. 7, 4 und 8, 6 quemadmodum servitutes amittuntur.

Untergang.

A. Untergang der dienenden Sache.
B. Untergang des Subjects.
C. Confusion.
D. Eintritt des Endtermins.
E. Verzicht.
F. Verjährung.
non usus, usucapio libertatis.

Die Endigungsarten beruhen entweder auf der Natur der Servitut als eines dinglichen Rechtes oder sind allgemeiner Natur.

A. **Untergang der dienenden Sache** sowohl physisch wie rechtlich S. 328, auch Verlust des wirthschaftlichen Charakters, auf den sich die Servitut bezieht, z. B. Versumpfung der Wiese; doch nicht Parcellirung an sich. Beim Nießbrauch genügt schon erhebliche Veränderung der Substanz l. 5 § 2 und 3 D. 7, 4, z. B. Einsturz des Hauses, Verwandlung des Parkes in ein Getreidefeld.

B. **Untergang des Subjects**, d. i. bei Realservituten des herrschenden Grundstücks, bei Personalservituten Tod der Person, wenn kein Uebergang des ususfructus auf die Erben ausgemacht ist. Justinian hebt in l. 16 § 2 C. 3, 33 den Einfluß der capitis deminutio minima für den Nießbrauch auf. Der einer juristischen Person verliehene Nießbrauch hört mit deren Auflösung, spätestens aber nach 100 Jahren auf l. 56 D. 7, 1, im A.L.R. schon nach 50 Jahren, wenn er legirt war, § 423 I, 12, § 179 I, 21.

C. **Confusion**, d. i. Zusammenfall des jus in re mit dem Eigenthum in derselben Hand; also bei Realservituten durch Vereinigung des herrschenden und dienenden Grundstücks bei demselben Eigenthümer, auch wenn später wieder Trennung erfolgt l. 30 D. 8, 2 — bei Personalservituten, wenn der Usufructuar unwiderruflich Eigenthum erwirbt, s. g. consolidatio. § 3 J. 2, 4. Formell bleibt die im Grundbuch eingetragene Servitut.

D. **Eintritt des Endtermins**, der auflösenden Bedingung. Im späteren Rom auch bei Realservituten erlaubt l. 4 pr. D. 8, 1, besonders wichtig bei Personalservituten. In l. 12 C. 3, 33 finden sich Interpretationsregeln zu Gunsten des Nießbrauchers, wenn ein Anderer, bis zu dessen 80. Lebensjahre oder Genesung der Usufruct dauern soll, vorher oder als insanus stirbt.

E. Verzicht. Bei Realservituten Remission mit Annahme des Gegners, bei Personalservituten einseitige Dereliction l. 64 und 65 D. 7, 1. Dadurch befreit sich Nießbraucher von einem etwaigen Uebermaß von Lasten, natürlich nicht der Vater von den Alimentationspflichten, die nicht die Kehrseite seines Usufructs an den Adventicien des Kindes bilden. Im A.L.R. § 181 I, 21 kann nur der testamentarische und lucrative Nießbraucher frei derelinquiren, nicht der onerose oder gesetzliche. Ein stillschweigender Verzicht liegt in dem Gestatten oder wissentlichen Dulden von Anstalten, welche die fernere Ausübung der Servitut gradezu unmöglich machen l. 8 D. 8, 6. Dadurch soll sogar im A.L.R. § 43 ff. I, 21 auch die eingetragene Servitut untergehen.

F. Verjährung.

Die Personal- und Rustical-Servituten erlöschen durch Nicht-Ausübung binnen bestimmter Frist (non usus), die Urbanal-Servituten durch Besitz der dienenden Sache als einer servitutfreien (usucapio libertatis).

Non usus ist das spurlose Ruhen der Servitut, liegt also nicht vor, wenn der Berechtigte nur theilweise ausübt oder ein Anderer für ihn, z. B. Familie, Gesinde, beim Nießbrauch auch Käufer der Ausübung, bei Rustical-Servituten selbst Dejicient aus dem herrschenden Grundstück. Auf die Ursache des Nichtgebrauchs kommt es nicht an, doch kann bei entschuldbarer Verhinderung, z. B. durch Ueberschwemmung der Wiese Restitution verlangt werden. l. 35 D. 8, 3. Der gesetzliche Nießbrauch, der Nothweg, ein ‚ususfructus alternis annis datus‘ l. 28 D. 7, 4 und aus besonderen Gründen habitatio, operae S. 452 unterliegen der Verjährung nicht.

Usucapio libertatis ist die Wegnahme der Anstalt, bei negativen Servituten der entgegengesetzte Zustand, also ein qualificirter non usus durch Unmöglichkeit der Ausübung. In welcher Weise dies wirksam wurde, ist irrelevant, selbst vi oder clam, nur nach Dernburg nicht precario, weil in der Erlaubniß eben die effectvolle Fortdauer der Servitut liegt. Fälschlich hat man auf diese Ersitzung der Freiheit die Sätze von der Eigenthumsersitzung wie bona fides, Titel, dies coeptus pro completo angewandt.

Was die Zeit betrifft, so führt Justinian an Stelle der alten Fristen von 1 und 2 Jahren in l. 16 § 1 C. 3, 33 zuerst für den Nießbrauch die Zeit der longi temporis praescriptio von 10 und 20 Jahren ein ‚nec ipsum usumfructum non utendo cadere‘ und dehnt dies in l. 13 C. 3, 34 auf den non usus anderer Servituten und die usucapio libertatis aus ‚ut omnes servitutes non utendo amittantur — — ut sit in omnibus hujusmodi rebus causa similis explosis differentiis‘. Die ungenaue Ausdrucksweise verleitete zu der Annahme, als ob Justinian in l. 16 § 1 cit. den non usus als Verjährungsform überhaupt aufheben und diesen in l. 13 cit. allgemein, selbst unter Tilgung der usucapio libertatis, wieder einführen wollte, während doch die ‚causa similis‘ nur die Zeitlage betrifft.

Das A.L.R. § 44 ff. I, 21 bestimmt 30jährige Verjährung, aber bei eingetragenen Servituten erst nach Löschung, welcher der erst später hervortretende und für die Ausübung absolut nachtheilige Einfluß einer Anstalt gleich steht.

§ 152.

D. 7, 6 si ususfructus petatur.
D. 8, 5 si servitus vindicetur.

Schutz.

A. Kläger.
Beweissatz.
B. Beklagter.
C. Ziel.

Actio confessoria heißt die Klage des Servitut-Berechtigten gegen den Störer auf Anerkennung und Sicherung seines Rechtes. Die römische Formel lautete je nach der Art der Servitut, z. B. ‚si paret A° A° jus esse utendi fruendi fundo N^i N^i invito N° N°, condemna, si non paret absolve‘ und war ähnlich der Vindication arbitraria durch die Clausel ‚nisi arbitratu tuo N^s N^s patiatur, A^m A^m uti frui, quanti ea res est‘. l. 1 D. 7, 6. Auf die negative Fassung des Rechtes kommt es nicht an, z. B. ‚N° N° jus non esse altius tollendi‘.

A. **Kläger** ist der Servitut-Berechtigte, selbst wenn er das Recht noch nicht ausübte. Bei Personalservituten der Usuar, Usufructuar — streitig ob dem legitimirten Ausüber des Nießbrauchs eine actio utilis zusteht — bei Realservituten der Eigenthümer des herrschenden Grundstücks. Unter Miteigenthümern ist jeder für sich zur Klage befugt, seine Abweisung präjudicirt die andern nicht, während ein obsiegliches Urtheil auch für sie Rechtskraft beschreitet. S. 271. l. 4 § 3, l. 19 D. 8, 5. Dem Eigenthümer steht gleich der Emphyteuta, Superficiar, Pfandgläubiger und nach l. un. § 4 D. 43, 25 ein Nießbraucher des Grundstücks.

Beweissatz ist die Servitut und deren Störung. Zum Nachweise der Servitut gehört die rechtmäßige Begründung, also im Fall einer Einräumung das Eigenthum des Bestellers an der dienenden Sache und bei Realservituten Eigenthum oder dingliches Recht am herrschenden Grundstück, doch genügt im gemeinen Recht publicianischer Beweis und bei Bestellung durch Quasitradition braucht nur diese mit Titel dargethan zu werden.

B. **Beklagter** ist jeder Störer der Servitut, der sie bestreitet oder ihre Ausübung ganz bzw. zum Theil hindert, z. B. der Eigenthümer, Besitzer der dienenden Sache — Seitens des Detentors Benennung des Vormanns S. 397 — ein anderer Servitut-Berechtigter oder ein Dritter. Bei Bestellung der Servitut durch den gutgläubigen Besitzer, Emphyteuta, Superficiar bringt die Klage nur gegen Diejenigen durch, welche nicht vom Eigenthümer ihr Recht herleiten.

Auch der vom Usufructuar belangte fictus possessor haftet l. 6 D. 7, 6.

Bei Veräußerung des herrschenden oder dienenden Grundstücks während schwebenden Rechtsstreits kann und muß auf Antrag des Gegners der Rechtsnachfolger „als Hauptpartei“ eintreten. C.Pr.O. § 237.

C. **Ziel** ist die Anerkennung der Servitut, Beseitigung der Störung, Schadensersatz, z. B. für den Nießbraucher in Betreff der entzogenen Nutzungen nach Art der rei vindicatio; Verbot und Sicherung gegen fernere Störung durch cautio de non amplius turbando, in der C.Pr.O. § 775 im Wege der Zwangsvollstreckung Geld- bzw. Haft-Strafe.

§ 153.

Rechtsbesitz.

A. Begriff.
B. Elemente.
corpus, animus.
C. Erwerb.
D. Verlust.
E. Schutz.
I. Für Personal-Servituten.
II. Für Urbanal-Servituten.
III. Für Rustical-Servituten.
a) Wegerechte.
b) Wasserrechte.
J. V. P. in der gemeinen Praxis.

A. Begriff.

Der Rechtsbesitz ist erst in der Kaiserzeit nach dem Muster des Sachbesitzes entwickelt. Man ging dabei entweder aus von dem Gegensatz der res incorporales zu den greifbaren Sachen oder von der Thatsache der Ausübung, die man vom Eigenthum auf Servituten bezog ‚usus juris pro possessione'. In Wahrheit unterscheidet sich der Rechts-Besitz vom Sach-Besitz mehr quantitativ in der „beschränkten" Herrschaft, auf eine Seite der Sache gemäß dem Inhalt der Servitut einzuwirken, als qualitativ durch seine Natur, und deshalb kann der Zusatz ‚quasi' zur juris possessio als überflüssig gestrichen werden.

Das Römische Recht nimmt den Rechtsbesitz nur an für Servituten und analoge Rechte wie Emphyteusis, Superficies; das kanonische Recht für alle dauernden Zustände rechtlicher Art wie kirchliche Hoheitsrechte, bischöfliche Aemter, Kanonikate, Patronate, Zehnten und selbst die Ehe; die gemeine Praxis für Reallasten, Zwangs- und Bann-Rechte, Patrimonialrechte. Das A.L.R. sogar an zinsbaren Forderungen, obwohl Manche bei dem Ausdruck „Besitz eines Capitals" in § 192, § 232 I, 7 an die betreffende Geldsumme als körperliche Sache denken und unter „Verjährung eines Darlehns durch 30jährige Zinszahlung" in § 839 I, 11 eine bloße Beweis-Vermuthung verstehen.

Rechtsbesitz und Berechtigung brauchen nicht in „einer" Hand zu liegen, ja die Servitut, welche der Besitzer ausübt, braucht rechtlich gar nicht zu existiren.

B. Elemente: corpus und animus.

C o r p u s ist die thatsächliche Ausübung, z. B. bei Personal-Servituten entsprechende Detention der Sache, bei S.P.R. bezügliche Handlung, bei positiven S.P.U. Vornahme der Vorrichtung, bei negativen das Nichtbestehen der Anstalt, aber als Folge der Herrschaft des Besitzers, d. h. gemäß seinem Verbot; bei Reallasten das Leisten in Folge des Forderns, welche Ursache meist vermuthet wird. A.L.R. § 77–95 I, 7.

A n i m u s ist der Herrschaftswille, den Inhalt der Servitut ꝛc. wie ein Recht ausüben zu wollen; diese Absicht kann auch in der Annahme eines weiteren Rechtes, z. B. des Eigenthums liegen und wenigstens in Rom auf bösem Glauben und Fehlern beruhen. l. 7 D. 43, 19.

C. Erwerb.

Derselbe erfolgt corpore et animo, d. h. durch Ausübung in dem Sinne, eine Befugniß in Anspruch zu nehmen. Die Fortdauer des erworbenen Besitzes wird durch die Möglichkeit, die Handlung beliebig wieder vorzunehmen, erhalten.

D. Verlust.

Derselbe vollzieht sich corpore vel animo in contrarium acto. Das corpus contrarium besteht in dem Ausschluß des Besitzers von der Einwirkung durch für ihn unübersteigliche Hindernisse: besonders bei Personal-Servituten Verlust der Sache, bei Rustical-Servituten wirksames Verbot der Handlung, bei positiven Urbanal-Servituten Wegnahme der geforderten Anstalt, bei negativen ein dem Verbot entgegengesetzter Zustand, bei Reallasten Hinnahme solcher Weigerung, welche die Pflicht an sich, nicht bloß die einzelne Leistung betrifft. A.L.R. § 126–130 I, 7.

E. Schutz durch Interdicte.

Sie sind für den Rechtsbesitzer bestimmt, welcher die Thatsache seiner Ausübung vorläufig gegen Störer vertheidigt; sie stehen daher weder dem wirklich Berechtigten an sich zu, noch kann sich dieser als Beklagter in possessorio, wenn ihm keine exceptio vitiosae possessionis zusteht, durch Hinweis auf sein Recht schützen. Natürlich wird der Sieg des bloßen Besitzers nur ein provisorischer sein, da er durch actio negatoria des angeblich dienenden Eigenthümers, durch actio confessoria des Berechtigten zu nichte gemacht wird; der Effect wird also — besonders bei S.P.R. — nur gegen minder Befugte gehen.

In Rom erschien die directe Anwendung der Sach-Interdicte namentlich des Unde Vi unangemessen ‚quia nemo de mero jure detruditur' l. 4 § 27 D. 41, 3, man half sich in einzelnen Fällen:

I. Für **Personalservituten** gab das prätorische Edict das J.U.P. und J.U.V. utiliter mit eigenartigen Formeln ‚si uti frui prohibitus esse dicatur', l. 3 § 13 D. 43, 16. Die spätere Praxis, welche den naturalen Sachbesitz mit dem Rechtsbesitz vermischte, gewährte die Interdicte direct, auch für Superficies, wofür der Prätor ein interdictum de superficiebus retinendae possessionis causa proponirt hatte, und für Emphyteusis.

II. Für **Urbanalservituten** in habendo reichten die Sach-Interdicte aus, weil in der Störung des Gebrauchs der Anlage zugleich ein Eingriff in den Besitz des herrschenden Grundstücks liegt. l. 20 pr. D. 8, 2, l. 8 § 6 D. 8, 5. Aus Gründen des öffentlichen Wohls findet sich nur ein interdictum de cloacis, selbst ohne exceptio vitii. l. 1 pr. § 7, § 15 D. 43, 23. Bei negativen Servituten, wo in der verbotenen Handlung, die sich im Luftraum des Gegners vollzieht, doch keine Besitzstörung des herrschenden Grundstücks gefunden werden kann, besteht eine Lücke, die man durch operis novi nuntiatio und das interdictum quod vi aut clam ausfüllte. l. 5 § 10 D. 39, 1.

III. Für **Rusticalservituten** schuf man meist neue, auf die Ausübung gestellte und sowohl bei Störung als gänzlicher Entziehung anwendbare Interdicte, welche man bloß qualificirten Besitzern zugestand, um die Belästigung des dienenden Eigenthümers möglichst zu vermeiden, und die stets als simplicia und retinendae possessionis causa behandelt wurden.

a) für **Wegerechte**:
Interdictum de itinere actuque privato D. 43, 19 für den Besitzer, welcher im letzten Jahr — bei entschuldbarer Verhinderung auch im vorletzten —

an dreißig verschiedenen Tagen den Weg fehlerfrei vom Beklagten ausgeübt hat. ‚Uti usi estis hoc itinere triginta diebus hoc anno nec vi nec clam nec precario ab adversario, quominus ita utamini, vim fieri veto.‘ Die gemeine Praxis begnügt sich, weil die dreißig Tage oft über das wirkliche Bedürfniß hinausgehen, mit einer geringeren mäßigen Frist, doch darf man ‚triginta diebus‘ nicht als zweimal mit einem Zwischenraum von dreißig Tagen auslegen.

Interdictum de itinere reficiendo verlangt wegen der Sperrung des Weges Nachweis des Rechtes und ist wahrscheinlich wegen der Vortheile des Besitzprocesses neben der actio confessoria ausgebildet.

b) für Wasserrechte:

Interdictum de aqua quotidiana et aestiva D. 43, 20 und de rivis D. 43, 21 zur Ausbesserung für Den, welcher im letzten Jahr oder Sommer das Wasser — aber bona fide — auf sein Grundstück leitete. Aehnlich für Wasserschöpfen interdictum de fonte und de reficiendo D. 43, 22.

In gemeiner Praxis bildete man das J.U.P. utile zur allgemeinen Besitzklage für alle Fälle des Rechtsbesitzes aus, ohne zu bedenken, daß für Weide- und Forstrechte und solche Servituten, welche eine umständlichere Vorrichtung erfordern, eine analoge Anwendung des interdictum de itinere, aqua mit erschwerten Voraussetzungen zweckmäßiger gewesen wäre. Heute findet in den Lücken des Römischen Rechtsbesitzes das Possessorium als summariissimum und ordinarium und die actio spolii Statt.

§ 154.

A.L.R. I, 23.

Reallasten.

A. Begriff.
- I. Natur.
  - a) Privatlasten.
  - b) dauernde.
  - c) auf ein Grundstück gelegte.
  - d) in einzelnen Leistungen.
- II. Construction.
  - a) dingliche.
  - b) persönliche.
  - c) gemischte Theorie.

B. Arten.
- I. Zehnten.
- II. Grundzins.
  - a) Rentenkauf.
  - b) Altentheil.
- III. Frohnden.

C. Entstehung.
- I. Willenserklärung.
- II. Ersitzung.

D. Untergang.
Gesetzliche Ablösung. Rentenbriefe.

A. Begriff.

I. **Natur.** Reallasten sind dauernde auf ein Grundstück gelegte Privatlasten, die in einzelnen, meist periodisch wiederkehrenden Leistungen bestehen.

a) Privatlasten. Also scheiden aus: öffentliche Abgaben an Staat, Gemeinde und ähnliche Corporationen wie Grundsteuern (vectigalia in l. 7 pr. D. 39, 4, l. 1 § 3 D. 43, 10), Einquartierungs-, Vorspanns-Pflichten (jus angariae l. 10 § 2 D. 50, 5), Kriegsleistungen, Deichlasten und auch Lehndienste, wenn sie nicht in Geld bedungen oder adärirt sind.

b) Dauernde. Bei bloß vorübergehenden, zeitlich begrenzten Lasten eines Grundstücks spricht Meibom von einer „Realschuld“. Darin und in ihrem accessorischen Charakter unterscheidet sich die Hypothek von der Reallast.

c) Auf ein Grundstück gelegte. Passiv ist die Reallast stets mit einem Grundstück (bisweilen Gerechtigkeit) verknüpft (objectiv-dinglich im A.L.R.), activ steht sie entweder zu dem Besitzer eines Grundstücks, Inhaber eines Amts wie Zehnten, Grundzinsen, Frohnden oder einer physischen, juristischen Person als solcher wie Rentenkauf, Altentheil (subjectiv-dinglich oder -persönlich).

d) **in einzelnen Leistungen.** Dagegen besteht der Inhalt der Servitut in non faciendo vel patiendo, des Bannrechtes in prohibendo.

II. **Construction.** Man schwankt zwischen dem dinglichen Recht, der Forderung und einem gemischten Rechtsverhältniß.

a) **Dingliche** Theorie. Sie erklärt die Reallast als eine Servitut in faciendo und beruft sich dafür auf die Intabulation, den Besitz, den Schutz durch actio confessoria. Albrecht nennt sie eine Zubehörung des Grundstücks.

b) **Persönliche** Theorie. Nach Gerber eine einheitliche Gesammt-Obligation, die in wiederkehrenden Einzelleistungen unerschöpflich an den Tag tritt. Dafür spricht der Inhalt der Reallast.

c) **Gemischte** Theorie. Sie erblickt in der Reallast eine hypothekarische Forderung, oder eine dinglich gesicherte, oder nach Duncker eine Schuld des personificirten Grundstücks (fundus debet, sed persona praestat). Nach Beseler hat die Reallast eine Doppelnatur, sie setzt sich zusammen theils aus der Last in abstracto, an welcher Besitz, dinglicher Schutz bestehe und die durch usucapio libertatis untergehe, theils aus der einzelnen fälligen Leistung, die als Obligation im Falle der Weigerung durch eine actio in factum eingefordert werde und unabhängig von der Pflicht an sich — meist in kürzerer Frist verjähre.

Der Unterschied dieser Theorien zeigt sich zumeist in den Fragen, ob der Singular-Erwerber eines mit einer Reallast behafteten Grundstücks dadurch für die Rückstände aus der Zeit seines Vorgängers einsteht, ob der Besitzer eines solchen Grundstücks, der nicht Besteller der Reallast oder dessen Erbe ist, sich durch Dereliction von den bereits fällig gewordenen Pflichten befreien kann? Die Verfechter der Dinglichkeit und Duncker müssen dies bejahen und außerdem die Haftung auf den Werth des Grundstücks beschränken. Von der Construction hängt ferner ab, ob der Singular-Erwerber des Grundstücks immer die Reallast gegen sich gelten lassen muß oder nur: wenn er sie kannte, sie kennen mußte, weil sie eingetragen war oder sie in Folge einer Entstehung durch Vorbehalt die Kehrseite seines erworbenen Rechtes bildet.

Am nächsten kommt der römischen Rechtsconsequenz die persönliche Theorie Gerbers, vgl. Gaj. IV § 130. Dagegen neigt das A.L.R. in den Anwendungen zur dinglichen Natur.

Die Reallast ist also eine einzige Obligation, aus deren Grundstock sich fortgesetzt und allmälig Pflichten loslösen. Sie wird durch Intabulation nicht zur dinglichen Herrschaft über die Sache, sondern erhält einen passiv-unpersönlichen Charakter, derart, daß jeder Erwerber des Grundstücks durch diesen Umstand zum Schuldner wird. Insofern fordert das Pr.G. vom 5. Mai 1872 die Eintragung aufgelegter Reallasten zur Wirkung gegen Dritte und läßt das Pr.G. vom 13. Juli 1883 bei Collisionen zwischen dinglichen Rechten der zweiten und dritten Abtheilung das Alter entscheiden. Die Klage aus der Reallast ist eine persönliche, sie geht sowohl präjudiciell auf Anerkennung des bestrittenen Rechtes, als auf Zahlung der in der Besitzzeit des Beklagten fällig und deshalb schuldig gewordenen

Leistungen. Die Praxis behandelt die Klage auf Anerkennung wie eine actio confessoria utilis und giebt dem angeblich belasteten Eigenthümer eine actio negatoria. Die C.Pr.O. § 25 weist diesen Klagen den dinglichen Gerichtsstand als ausschließlichen zu und gestattet an ihm auch den materiell connexen und mit der Klage auf Anerkennung verbundenen Anspruch auf Rückstände. Die Annahme eines Rechts-Besitzes mit possessorischem Schutz erklärt sich aus der unbegrenzten, mit dem Grundstück verknüpften Dauer der Reallast.

B. Arten.

Im Mittelalter haben Grundlasten oft die Natur öffentlicher Steuern. So beanspruchte die Kirche nach dem Vorbild der Leviten als allgemeine Abgabe den zehnten Theil von jeglichem Einkommen decimae ecclesiasticae. Dies wird auch in Capitularien z. B. aus dem Jahre 779 anerkannt, aber nur praktisch für den landwirthschaftlichen Ertrag (decimae reales), nicht den gewerblichen (decimae personales). Später kommt der Zehnt in weltliche Hände decimae saeculares, trotz Androhung schwerer Kirchenstrafen (drittes Lateranensisches Concil von 1179). Ferner entstand aus der Voigtei und Gerichtsherrschaft für den Bauern eine Reihe von Leistungen und Frohnden.

In mehr privatem Sinne entwickelten sich Zehnten, Grundzinsen durch Vorbehalt decimae reservativae bei Veräußerung bäuerlicher Güter S. 425, und später legte man solche Leistungen auf Grundstücke census constitutivus als Gegenwerth für eingeräumte Gerechtsame, Capitalien.

I. **Zehnten,** decimae sc. partes fructuum sind eine jährliche Abgabe von dem Ertrage eines Guts, meist — aber nicht stets $^{1}/_{10}$. Feldzehnt praediales von Acker- und Garten-Früchten, Blutzehnt animales vom Vieh und dessen Producten wie Butter, Honig. Großzehnt magnae von Früchten, die der Halm trägt, auch Heu, Wein — bzw. von größeren Thieren; Kleinzehnt parvae Schmal-, Kraut-Zehnt von Wurzelgewächsen, Baumfrüchten — bzw. Geflügel. Der Zehnt heißt decimae generales von allen Frucht- und Thierarten und speciales von einzelnen; universales, wenn er sich über alle Grundstücke einer Gemarkung erstreckt und particulares nur auf bestimmte. Der Feldzehnt heißt alter decimae veteres, wenn er von schon in Cultur befindlichem Land erhoben wird, Rottzehnt novales von neu angebrochenem Boden, welchen Zehnt sich oft Fiscus anmaßte.

Der Feld- oder Fruchtzehnt ist ein Holzehnt: Der Pflichtige, d. h. Besitzer, auch Pächter des Grundstücks, meldet dem Zehntherrn „der Zehnt steht aus." Darauf nimmt der Herr oder sein Voigt, bei Verzug der Bauer selbst, die Abzehntung auf dem Felde vor; er kann die Zählung bei jeder beliebigen Garbe beginnen und beim Universal-Zehnt über die ganze Feldmark hinweg zählen — eventuell Schlepp- oder Streu-Zehnt; erst dadurch erwirbt er Eigenthum an den percipirten Früchten. Für den Schaden des Herrn aus ordentlichem Fruchtwechsel und aus Brache steht der Pflichtige nicht ein, wohl aber für willkürliche Culturänderung. Oft wird deshalb der auf eine Quote gestellte Zehnt in einer bestimmten Natural- oder Geldleistung als Körner-, Sack-Zehnt fixirt.

Der Blutzehnt ist ein Bring-Zehnt, er bezieht sich auf das zehnte Stück, „wie es fällt", und sobald es ohne die Mutter leben kann.

Das Zehntrecht wird nicht vermuthet, es muß in Bestand und Umfang bewiesen werden, nur beim Universal-Zehnt hat der Pflichtige seine Freiheit von der Zehntpflicht darzuthun. Bei Collision mehrerer Zehntrechte an einem Grundstück wird nicht summirt, sondern getheilt.

II. **Grundzins** census ist eine mit dem Grundstück verbundene feste jährliche Abgabe entweder in Geld civilis oder in andern Leistungen naturalis, z. B. Korn, Hühner, Eier. Man unterscheidet Stockzins, der unablöslich ist, und variablen, der ausnahmsweise in einer Quote, z. B. Laudemium, besteht. Am Fälligkeitstage, z. B. Martinshühner am Festtage, Zinskorn bei der Ernte muß der Pflichtige den Zins überbringen und zwar Naturalien in mittlerer Güte nach Art seiner Wirthschaft, ohne Anspruch auf Remission in Mißjahren. Schuldner kommt, ohne daß es einer Mahnung bedarf, in Verzug, sogar in manchen Gebieten verdoppelte sich dadurch der Betrag, s. g. Rutscherzins oder dem Berechtigten stand ein Pfändungsrecht zu.

Besondere und häufige Arten der Grundzinsen sind der Rentenkauf und der Altentheil.

a) Der **Rentenkauf** besteht im Kauf einer auf ein Grundstück gelegten festen wiederkehrenden Leistung in Geld oder Früchten. Er wurde im Mittelalter zur Umgehung der kanonischen Zinsverbote benutzt, stammt aber aus einer weit älteren Zeit. Die Rente war ursprünglich für beide Theile unkündbar (reiner Realcredit) und wurde durch gerichtliche Auflassung begründet, aus welcher Käufer eine unvollkommene Rentengewere erhielt. In einzelnen Statuten wurde die Aehnlichkeit mit dem Pfandgeschäft zu einer Execution in das Grundstück durchgeführt, so daß Besitzer für die Rückstände seiner Vorgänger aufkam, sich aber durch Aufgabe des Grundstücks befreien konnte. Die R.P.O. von 1548 und 1577 verleihen dem Rentenverkäufer das Ablösungsrecht und beschränken die Höhe der Rente auf 5%. In neuerer Zeit hat der Rentenkauf die antichretisch pfandrechtliche Form abgestreift, er ist eine selbständige auch auf Grund einer Freigebigkeit zulässige Reallast, die dem Berechtigten eine persönliche Klage verleiht, jedoch keine Einwirkung auf das Grundstück und ein Kündigungsrecht nur im Fall der Abrede. Heute ist der Rentenkauf fast verschwunden; aus wirthschaftlichen Rücksichten wird er in modificirter Form von Rodbertus empfohlen, um den Grundbesitz von der drückenden Hypothekenlast, deren Zinsen ohne Rücksicht auf den Minderertrag stabil bleiben, zu befreien.

Der Rentenkauf hat gleichen Klang mit dem Leibrentenkauf. Dieser besteht in der Hingabe eines Capitals (oder einer in Geld geschätzten Sache) gegen Einräumung einer Rente auf Lebenszeit einer Person, in der Regel des Käufers; er gehört ins Obligationen-Recht. Unterschiede der Grund- von der Leib-Rente sind: Letztere ist rein persönlich und bildet, da sie auf Lebenszeit gestellt ist, eine Amortisation des Capitals „Leibgut schwindet Hauptgut“, sie kann und soll höher sein als die landesüblichen Zinsen, und dem Käufer steht meist ein Rücktrittsrecht bei mehrjährigem Verzuge zu. A.L.R. § 610 ff. I, 11.

b) Der **Altentheil** kommt bei Bauerngütern vor. Der altersschwache Bauer überläßt (particularrechtlich nicht vor dem sechzigsten Jahre) den geschlossenen Hof seinem gesetzlichen Anerben und behält sich auf Lebenszeit vor: Alimente in Früchten und Geld (so viel als zum sorgenfreien Leben nöthig ist), Wohnungsrecht (Heerdsitz), Nießbrauch an etwas Feld und Vieh, gute Behandlung 2c. Soweit dieser Auszug (auch Leibzucht) in wiederkehrenden Prästationen besteht, erhält er meist durch die Form der Bestellung wie Auflassung, Eintragung die Natur einer Reallast. Der Anerbe bestimmt sich durch Gesetz und Gewohnheit. Zuvörderst ist es der älteste oder nach Landessitte jüngste Sohn aus erster Ehe des Altsitzers. Bei unfreien Bauerngütern bestimmte der Gutsherr, dessen Einwilligung zur Leibzucht erforderlich war, den Anerben (entweder allein oder in Verbindung mit dem Bauern) in Hinblick auf eine tüchtige Fortführung der Wirthschaft. Doch galt auch da meist die gesetzliche Ordnung der Söhne (auch Töchter, wenn sie an einen fähigen Gatten verheirathet waren) eventuell der männlichen Seitenverwandten. Der Anerbe übernimmt das ihm unter Leibzucht übergebene Gut mit „Schuld sowie Unschuld", und muß die Geschwister, die oft bis zur Heirath 2c. auf dem Hof bleiben, nach mäßigem Antheil am Gutswerth in Geld abfinden. Das übrige Vermögen des Bauern „Allod" wird durch den Altentheilsvertrag nicht berührt, in dasselbe findet nach seinem Tode Erbfolge nach bürgerlichem Rechte Statt.

Die juristische Construction des Geschäfts ist zweifelhaft. Es stellt sich weder dar als Schenkung mit Auflage, da es an der Liberalität fehlt; noch als Kauf, denn der Preis ist nicht angemessen; noch als anticipirte Erbfolge, weil der Bauer erst bei seinem Tode beerbt werden kann — sondern es ist ein deutschrechtliches Institut, das sich aus den Acten der Tradition, Schuldübernahme zusammensetzt, also keine Universalsuccession enthält, aber die Wirkung der Erbfolge in die Hofstelle schon bei Lebzeiten des Bauern erzielen soll. Im A.L.R. § 656 I, 12 gilt der Vertrag als unter Lebenden geschlossen, er ist auch mit Dritten statthaft und wird durch die Speculation auf das Lebensende des Altsitzers zu einem gewagten kaufähnlichen Geschäft. § 595 ff. I, 11.

III. **Frohnden** sind Körperdienste, deren Pflicht an ein Grundstück geknüpft ist. Die öffentlichen Dienste an Staat und Gemeinde gehören nicht hierher, nur die privatrechtlichen, die meist dem Gutsherrn gebühren, s. g. Robot, Scharwerk. Sie heißen Hand- und Spanndienste, wenn der Pflichtige sein Arbeitszeug oder Gespann mitbringen soll; gemessene und ungemessene, falls sie nach Umfang und Beschaffenheit bestimmt oder von der Wirthschaft des berechtigten Guts abhängig waren; ordentliche und außerordentliche nach der regelmäßigen Wiederkehr wie Ernte-Frohnden oder nach dem Bedürfnißfall wie Jagd-, Bau-Frohnden; sässige und walzende, je nachdem sie von allen Verpflichteten zusammen oder der Reihe nach herum geleistet wurden.

Die Dienste werden auf „Gebot" ausgeführt auch durch arbeitsfähige Vertreter, bei Verzug stand dem Herrn ein Dienstzwang und Pfändungsrecht zu, die Arbeitszeit ist die ortsübliche für Tagelöhner (nicht von Sonnen-Auf- bis -Niedergang); zu einer Vergütung ist der Herr nicht verpflichtet, wenn auch meist eine kleine „Pröve" vorkam.

C. Entstehung.

Die Begründung durch Gesetz ist veraltet.

I. **Willenserklärung** wie bei Servituten, doch bedürfen Vertrag — im A.L.R. schriftlich — und letztwillige Verfügung eines öffentlichen Actes, der im deutschen Recht in gerichtlicher Auflassung und Bestätigung, nach Pr.G. vom 5. Mai 1872 in Eintragung besteht, um eine auf das Grundstück radicirte, gegen Dritte wirksame „Zustands-"Obligation zu schaffen.

II. Ersitzung.

Nicht die Verjährung für Servituten genügt, sondern unvordenkliche, im A.L.R. vierzigjährige, ist nöthig, doch wirkt sie ohne richterlichen Act nur gegen den Gegner und seine Erben.

Das Pr.G. vom 2. März 1850 verbietet die Auflage von Diensten, Zehnten, Naturalleistungen auf ländliche? Grundstücke und gestattet nur feste Geldrenten, die nach sechsmonatlicher Kündigung ablösbar sind, und für welche die Kündigung auf nicht länger als 30 Jahre ausgeschlossen werden kann. Ueber die durch Vertrag des Staates mit dem Käufer errichteten Rentengüter nach Pr.G. vom 26. Apr. 1886 vgl. S. 427.

D. Untergang.

Die allgemeinen Aufhebungsgründe gelten ebenfalls hier wie Untergang des belasteten Grundstücks, Tod der berechtigten Person, z. B. des Altsitzers, Verzicht, Confusion. Streit herrscht in Betreff der Verjährung, welche von den Anhängern der Dinglichkeits-Theorie nach Analogie der Servituten construirt wird. In Wahrheit ist sie — abgesehen von der auch hier zulässigen Berufung auf die unvordenkliche Zeit — eine Klagenverjährung, welche in 30 Jahren sowohl die Gesammt-Obligation, als ihre einzelnen terminlichen Hebungen tilgt, freilich unter der Maßgabe, daß die wirkliche Leistung einer Prästation die Verjährung der Pflicht als eines Ganzen unterbricht. S. 251. Nach Pr.G. vom 31. März 1838 verjährt die einzelne Leistung schon in 4 Jahren von der Fälligkeit.

Besonders wichtig ist die Aufhebung durch Gesetz, welche für Guts- und Herren-Frohnden in ganz Deutschland durchgeführt ist, in Preußen durch das Ausführungsedict vom 14. Sptbr. 1811 zur s. g. magna charta vom 9. Octb. 1807. Nach einem mißglückten Versuch der Gem.Theil.O. vom 7. Juni 1821 zur Ablösung von Natural-Reallasten, geschah diese durch zwei Gesetze vom 2. März 1850 mittelst Errichtung provinzialer Rentenbanken. Auf Antrag eines jeden Theils wird die Pflicht, nach Abzug etwaiger Gegenleistungen des Berechtigten, zum Jahreswerth in Geld geschätzt. Der Pflichtige hat nun die Wahl: entweder den achtzehnfachen Betrag in Baar, oder den zwanzigfachen in Rentenbriefen an den Herrn zu zahlen. Die Rentenbriefe sind vom Staat garantirte, mit 4 % verzinsliche, auf den Inhaber lautende Werthpapiere, deren Amortisation folgendermaßen vor sich geht: Der Pflichtige zahlt eine auf sein Grundstück gelegte Ablösungsrente von $4^1/_2$ oder 5 % an die Rentenbank, welche mit dem Ueberschuß über 4 % die ausgegebenen Rentenbriefe durch Ausloosung tilgt; die Befreiung des Pflichtigen vollzieht sich in $41^1/_{12}$ Jahr bei 5 %, in $56^1/_{12}$ Jahr bei $4^1/_2$ %. Die Rentenbanken sind später geschlossen, aber für die 1866 erworbenen Provinzen neu errichtet und später auch für die alten auf Zeit wieder geöffnet worden. Die Ablösung der Kirchen, Schulen, Pfarren ꝛc. zustehenden Reallasten ist unter etwas erschwerten Bedingungen (in der Regel $22^1/_2$–25 facher Baarbetrag) gestattet. G. vom 27. Apr. 1872.

§ 155.

A.L.R. I, 23.

Bann-Rechte.

A. Begriff.
Realgewerberechte.
Zwangsrechte.
B. Entstehung.
C. Untergang.

A. Begriff.

Bannrechte sind mit einem Grundstück verbundene Gewerbe-Rechte des Inhalts, daß der Pflichtige von da seinen Consum entnehmen, seine wirthschaftlichen Bedürfnisse befriedigen müsse. Darin liegt weder eine ausschließliche Befugniß zum Gewerbe, noch ein Zwang zum Bedürfniß. Verschieden sind die im ältern deutschen Recht vorkommenden Realgewerberechte und Zwangsrechte.

Realgewerberechte sind durch Privileg mit einem Grundstück verknüpfte Befugnisse zum ausschließlichen Betrieb, z. B. des Apotheker-, Schank-, Gast-, Bader-, Gerber-Gewerbes; meist veräußerlich, bisweilen vom Grundstück löslich und jedenfalls — abgesehen von der Entziehung durch Urtheil und Recht bei Mißbrauch — nur gegen angemessene Entschädigung expropriirbar. Die R.Gew.O. vom 21. Juni 1869 verbietet die künftige Begründung solcher Rechte, kennt aber aus Gründen des öffentlichen Wohls mehr oder minder scharfe, von der Bedürfnißfrage, der Fähigkeit des Bewerbers rc. abhängige, meist personelle, unübertragbare, widerrufliche Concessionen der Verwaltungsbehörden für Apotheker, Theaterunternehmer, gewisse Arten von Lehrern, Hausirer, für das Heilgewerbe im Umherziehen, das Schankgewerbe an kleineren Orten u. s. w.

Zwangsrechte bestanden in dem monopolisirten und gegen Concurrenz geschützten Gewerbebetrieb der Mitglieder von Zünften, Innungen und sind im Gewerbe-Recht abzuhandeln.

Das A.L.R. unterscheidet Zwangs- und Bann-Rechte, je nachdem die Pflicht zur Entnahme gewisser Bedürfnisse nur die durch Vertrag unterworfenen Personen oder alle Einwohner eines bestimmten Bezirks bzw. einzelne Klassen derselben trifft, und nennt derartige Rechte subjectiv-dinglich, objectiv-persönlich.

Nach der Rechtsconsequenz sind Bann-Rechte, ebenso wie Reallasten Zustandsobligationen und zwar subjectiv-unpersönliche: ihr Inhalt besteht in Handlungen, auf welche der jedesmalige Eigenthümer eines Grundstücks ein Forderungsrecht hat, vorausgesetzt, daß er durch Production, Vorräthe rc. im Stande ist, das Bedürfniß zu erfüllen. Die Klage zur Verfolgung ist eine persönliche: sowohl präjudiciell auf Anerkennung der bestrittenen Gesammtobligation, an der wegen ihrer unerschöpflichen Dauer ein Rechtsbesitz Statt hat, als auf Schadensersatz bei Contravention in Einzelfällen.

B. Entstehung.

Die auf Resten alter Hoheit beruhenden, durch Privilegien verliehenen und durch unvordenkliche Verjährung befestigten Arten sind: der Schmiede-, Bier-, Branntwein-, Mühl-, Backofen-, Weinkelter-, Schornsteinfeger-, Abdecker-Zwang.

Die R.G.O. vom 21. Juni 1869 § 7 ff. gestattet nur durch Vertrag begründete oder durch öffentliches Wohl gerechtfertigte Bannrechte, z. B. Abdeckereizwang, dessen Abart der durch Ortsstatut z. B. in Berlin eingeführte Schlachtzwang ist vgl. Pr.G. vom 18. Mai 1868. Häufig kommt noch das Krugverlagsrecht vor, d. h. die Abrede, das in einer Gastwirthschaft zum Ausschank gelangende Bier aus einer bestimmten Brauerei zu entnehmen. Aehnlich ist der Licenzzwang bei Patenten nach R.G. vom 25. Mai 1877. Nur mittelbar gehört hierher der Pfarrzwang, der vor dem R.G. vom 6. Februar 1875 ein oft durch polizeiliche Hülfe geübter Taufzwang und ein zum Eheabschluß erforderlicher Trauzwang war, heute aber nur in der Entrichtung von Stolgebühren an den zuständigen Pfarrer für die auch von einem anderen in Folge von ‚litterae dimissoriales' gespendeten Sacramente besteht.

Der Insertionszwang, z. B. von Gesetzen in bestimmten Gesetz-Blättern, von richterlichen Verfügungen, z. B. Auszügen aus öffentlichen Registern, Aufgeboten in dem Reichs- und Staatsanzeiger ꝛc. beruht auf besonderen Gesetzen vgl. S. 155.

C. Untergang.

Er vollzieht sich durch Wegfall des berechtigenden Grundstücks, Verjährung, Verlust des Privilegs, und zumeist durch gesetzliche Ablösung, die heute für die älteren Bannrechte überall durchgeführt ist, in Preußen schon durch Edicte vom 28. Oct., 2. Nov. 1810.

Sechster Titel.

Pfandrecht.

§ 156.

D. 13, 7 de pigneraticia actione.
D. 20, 1 de pignoribus et hypothecis.
A.L.R. I, 20.

Geschichtliche Entwicklung.

A. Römisches Pfandrecht.
  I. Fiducia.
  II. Pignus.
  III. Hypotheca.
    a) interdictum Salvianum.
    b) actio Serviana.
    c) actio quasi Serviana.
    d) pactum de distrahendo.
    Mängel des Hypothekensystems: Unerkennbarkeit, Generalhypotheken, Accessorium, Privatverkauf.
B. Im deutschen Recht:
  An Fahrniß vadium.
  An Grundstücken Satzung.
C. Im gemeinen Recht:
  An Mobilien Faustpfand, an Immobilien eingetragene Hypothek.
  Vorzüge der Grundbuchverfassung.
  Pfandbriefe, Bodencredit-Certificate.
D. In Preußen.
  Grundschuldbriefe nach G. vom 5. Mai 1872.
  Unterschiede von den Hypotheken:
  I. Selbständiger Werthantheil.
  II. Verfügung auf Grund des Briefes.
  III. Uebertragung.
  IV. Einreden.
  V. Zwangsversteigerung des Grundstücks.

A. **Das römische Pfandrecht** hat drei Phasen durchlaufen: die Verpfändung durch Eigenthumsübertragung (fiducia), durch Besitzübergabe (pignus) und durch vertragsmäßige Begründung eines dinglichen Rechtes auf den Werth (hypotheca). Unter Justinian ist die fiducia vergessen, pignus und hypotheca zu einem einzigen Institut verschmolzen.

I. **Fiducia**. Sie besteht in der civilen Eigenthumsübertragung einer Sache durch in jure cessio, mancipatio S. 345 gegen Hingabe einer Geldsumme. Damit waren Vertrauensabreden verbunden, die zwar bloß unter den Parteien, nicht gegen Dritte wirkten, deren Erfüllung aber durch eine persönliche actio fiduciae und die Strafe der Infamie für den vertragsbrüchigen Theil gesichert war. Das pactum fiduciae richtete sich auf die treue Bewahrung durch den Pfandnehmer, er sollte die Sache nicht verkaufen und gegen Rückgabe des Capitals — eventuell unter Abzug der von der Sache gezogenen Früchte — remancipiren. Pauli R.S. II, 13 § 2–5. In der Regel behielt Pfandgeber die Sache precario und konnte, wenn sein Besitz nach Rückzahlung des Pfandgeldes ein rechtmäßiger geworden war, auch ohne Remancipation das verlorene Eigenthum durch usureceptio zurückersitzen. Gaj. II § 59. Es scheint als ob ursprünglich in der fiducia nur ein Tausch von Werthen „Capital gegen Eigenthum" lag und Pfandnehmer, der nicht veräußern durfte, jederzeit die Sache zum Rücktausch bereit halten mußte. Dies ähnelt unserm Kauf mit Rückkauf, bei welchem auch Verkäufer leihweise durch constitutum possessorium die Sache behält und sich das Recht des Rückkaufs zu einem höheren Preise binnen bestimmter Zeit vorbedingt. Nach dieser Hypothese war freilich die Lage des Pfandnehmers trotz seines Eigenthums eine wenig geschützte, da ihm jedes Zwangsmittel fehlte, um den Rücktausch herbeizuführen. Deshalb trennte man später die fiducia — nach der in den Quellen und Monumenten überlieferten Gestalt — in zwei Acte: Darlehn und Verpfändung. Nunmehr hatte das Pfandgeschäft einen Verfalltag, an welchem Gläubiger durch die Schuldklage wenigstens mittelbar die Auslösung der Sache durchsetzen konnte, und war fähig die überaus praktische Nebenabrede aufzunehmen, daß Gläubiger bei Säumniß des Schuldners entweder die Sache behufs Befriedigung aus dem Erlöse verkaufen oder gar an Stelle der Forderung für sich behalten dürfe, s. g. pactum de distrahendo und lex (lectum = pactum) commissoria.

Trotzdem blieb die Fiducia unzulänglich, weil das Eigenthum des Gläubigers weit über den Zweck des Real-Credits, dem Vertrauen eine Deckung im Werth der Sache zu geben, hinausging, weil die civile Form viele Sachen von der Verpfändung ausschloß und die für den Verkehr so wichtige Auflage mehrfacher Pfandrechte auf die Sache unmöglich machte. Noch in der klassischen Zeit finden sich fiduciarische Geschäfte, die mit den civilen Eigenthumsacten veralten.

II. **Pignus** (pangere) besteht in der Uebergabe der Sache in die Hand (pugnus Faust l. 238 § 2 D. 50, 16) des Gläubigers mit Abrede de distrahendo. Gaj. II § 64. Gläubiger wird Detentor mit abgeleitetem Besitzschutz, der zwar gegen unmittelbare Störung hinreicht, aber in schwierigeren Fällen die Hülfe des Verpfänders, welcher Eigenthümer bzw. Ersitzungs-Besitzer bleibt, nicht entbehrlich macht. Unter den Parteien entsteht ein unvollkommen zweiseitiger Realcontract, der eine actio pigneraticia in personam directa schafft Seitens des Pfandgebers auf Rückgabe der Sache nach Zahlung bzw. Lösung der Schuld oder nach Wegfall des Pfandzwecks, auf Erstattung der zu Unrecht gezogenen Früchte und des bei Veräußerung erzielten Ueberschusses (superfluum, hyperocha), auf Ersatz des Interesses bei culposer Beschädigung, unreellem Verkauf ꝛc. — und eventuell eine actio pigneraticia contraria für den Pfandnehmer, unabhängig von dessen Forderungsklage, auf Vergütung nothwendiger Verwendungen für die Sache, Bestellung eines besseren Pfandes bei Eviction oder physischen Mängeln, Ersatz des durch levis culpa des Verpfänders, z. B. in Folge schlechter Beschaffenheit der Sache (pecus morbosum l. 16 § 1 D. 13, 7) entstandenen Schadens ꝛc.

Auch dies Institut war nicht zweckentsprechend, weil es dem Pfandgeber die Verfügung über die Sache nahm, nur an körperlichen Sachen und in einmaliger Verpfändung möglich war und bei Entziehung der Sache oft den Gläubiger von dem guten Willen seines Schuldners abhängig machte.

III. **Hypotheca** (ὑποτίθημι) besteht in der formlosen Abrede, daß Gläubiger bei Nichtzahlung der Schuld sich in den Besitz der Pfandsache setzen und sie behufs Befriedigung aus dem Erlöse verkaufen dürfe. Nur mit Widerstreben und schrittweise gab der römische Formensinn diesem aus griechischem Handelsverkehr stammenden Geschäfte Raum:

a) interdictum Salvianum. Die natürliche Sicherheit des Verpächters eines ländlichen Grundstücks wegen der rückständigen Pachtgelder beruht auf dem eingebrachten Inventar des Pächters. Die Verpfändung desselben in den üblichen Formen war unthunlich sowohl pignoris nomine, weil der Pächter sein Inventar zur Wirthschaft brauchte, und noch mehr fiduciae causa, weil er sich durch Aufgabe des Eigenthums und durch den bloß precario zurückerlangten Besitz credit- und schutzlos machte. Daher begnügte sich der Prätor mit der bloß wörtlichen Verpfändung ,haec mihi invecta illata importata — pecus et familia — quae illic erint, tibi obligata sunto', was die Doctrin später aus der concludenten Handlung der Illation schloß, und gab dem Verpächter ein interdictum Salvianum, um sich gegen Bescheinigung der Forderung und Illation vorläufig den Besitz des Inventars vom abziehenden Pächter und unredlichen Erwerber zu verschaffen. Gaj. IV § 147.

b) **actio Serviana** enthält die Ausdehnung der Besitzklage des Verpächters gegen jeden Erwerber des Inventars, wodurch das Pfandrecht mit „dinglichem" Charakter ausgerüstet wurde. § 7 J. 4, 6.

c) **actio quasi Serviana** oder hypothecaria entwickelt sich aus der analogen Anwendung des Pfandrechtes, welches dem Verpächter am Inventar zustand, auf andere Forderungen und Pfandgegenstände.

d) **pactum de distrahendo.** Dasselbe galt früher als so wesentlich, daß ein nicht fiduciarischer Pfandgläubiger, der ohnedies veräußerte, des Furtum geziehen wurde l. 74 D. 47, 2. In der Praxis wird es selbstverständlich Gaj. II § 64, und selbst ein bedungener Ausschluß entzieht das Veräußerungsrecht nicht, sondern knüpft es nur an besondere Formalitäten l. 4 D. 13, 7. Dadurch erhält das Pfandrecht seine auf den „Werth" gerichtete Natur.

In der klassischen Zeit sind pignus und hypotheca verschmolzen, was Marcian in seinem Pfandrechts-Commentar so ausdrückt ,inter pignus et hypothecam tantum nominis sonus differt' l. 5 § 1 D. 20, 1. Der durch formlosen Consens geschlossene Pfandvertrag ist das Entscheidende, mag auch beim pignus zur besseren Sicherung des Gläubigers noch Uebergabe hinzukommen l. 9 § 2 D. 13, 7; folglich gilt der Gegenstand, über welchen die Parteien willenseins sind, und nicht der irrthümlich oder arglistig übergebene als verpfändet l. 1 § 1 D. 13, 7. Auch creditor pigneraticius hat die dingliche Klage actio pigneraticia in rem, kann ohne dahin gerichtete Abrede veräußern, während andrerseits zwischen dem hypothekarischen Gläubiger, der sich in den Besitz der Sache gesetzt, sie veräußert hat, und dem Verpfänder die aus dem Realcontract hervorgehenden persönlichen Klagen begründet sind. Letztere wurden von der Doctrin als so wichtig für die Regulirung des Pfandverhältnisses erachtet, daß man sie auch bei gesetzlichen Pfändern l. 11 § 5 D. 13, 7 zuließ, ohne Besitzübergabe und ohne Rücksicht auf die Entstehung eines rechtsgültigen Pfandrechtes, z. B. bei Verpfändung fremder Sachen l. 9 pr. § 4 eod. oder bei Verpfändung von aes, das zur Erschleichung eines höheren Credits für aurum ausgegeben wird l. 1 § 2 eod.

Die **Vorzüge** der Hypothek sind offenbar: Der Schuldner verschafft sich Geld auf die Sache, ohne ihren Besitz und Gebrauch aufzuopfern; die Doctrin erlaubt die Hypothek an allen Objecten, deren Werth sich in der Veräußerlichkeit zeigt, und wenn auch zunächst die zweite Hypothek an einer Sache als eine durch die Existenz der ersten bedingte und erst mit deren Fortfall zu Recht bestehende behandelt wird l. 9 § 3 D. 20, 4, so anerkennt man sie doch später als vollgültiges, natürlich durch den ersten Gläubiger beschränktes Pfandrecht. —

Aber die **Mängel** des römischen Hypothekensystems überwiegen. Vor Allem leidet es an der **Unerkennbarkeit** der Hypotheken, deren Dasein und Rangfolge der Geldverleiher auf das ehrliche Gesicht des creditbedürftigen Eigenthümers hin glauben mußte. Dies verschärft sich noch durch die Menge legaler Pfandrechte, mit denen die Weisheit der Kaiser fast jeden Lebenszustand wie Geburt, Ehe ꝛc. von selbst, d. h. ohne Pfandact ausstattete, und durch die privilegirten Pfandrechte, welche das Gesetz sogar allen dem Datum nach älteren vorzog. Ueber diesen wirthschaftlichen Fehler des Pfandrechtes half auch die geistvollste Construction der römischen Juristen nicht hinweg und was nützte es dem Gläubiger, der sein Geld auf Vorspiegelungen verliehen und verloren hatte, wenn der betrügliche Verpfänder wegen Stellionats bestraft wurde! l. 3 § 1 D. 47, 20. Das Vertrauen in den Realcredit sank und der personale, obwohl er auf die wechselnden Schicksale des Bürgen gegründet ist, erschien sicherer l. 7 D. 46, 5. Diese finanzielle Zerrüttung erscheint als eine Hauptursache für den Niedergang des römischen Reichs, denn der Grundbesitzer, der kein Geld auftreiben konnte, verließ unter dem Steuerdruck seinen Boden, der ‚ager desertus' wurde. Wenigstens „einen" Uebelstand hat Leo um 470 erfolgreich bekämpft. Da der Verpfänder, um sich Geld zu schaffen, oft in Collusion mit seinem Gläubiger die neue Pfandurkunde antedatirte, so bestimmt l. 11 C. 8, 18, (17) daß die durch öffentliche Urkunden bewiesenen Pfandrechte mehr Glaubwürdigkeit verdienen und allen älteren privaten vorgehen sollten. Justinian thut auf dieser richtigen Bahn keinen Schritt weiter und hält das Pfand für eine so gefährliche Vermögens-Anlage, daß er sie den Vormündern ausdrücklich abräth.

Die Verwirrung des römischen Hypothekenwesens wird noch erhöht durch die Generalhypotheken, die sich auf das gegenwärtige und künftige Vermögen ‚omnia bona quae habeo et habiturus sum' l. 9 C. 8, 16 erstreckten und welche eine unbesonnene Praxis als Bestärkungsclausel den Verträgen anzuhängen pflegte. Dadurch band sich der Schuldner für jeden künftigen Erwerb nicht bloß die Hände, sondern es entstand unter den Gläubigern ein wahres Nest von Streitfragen über die Zeitfolge ihrer Pfandrechte.

Ein weiterer Mangel liegt in der an sich folgerichtigen Construction der Hypothek als eines Accessorium, wodurch sie an die Schicksale der Forderung gebunden wird. Schon die römische Praxis konnte nicht umhin, der einmal entstandenen Hypothek — suas conditiones habet l. 13 § 4 D. 20, 1 — eine gewisse Selbständigkeit zu verleihen und sie trotz Untergangs der Forderung durch Verjährung, Confusion dennoch aufrecht zu halten.

Aus der accessorischen Qualität geht hervor, daß mit der Zahlung auch die Hypothek erlischt und ein Nachrücken der späteren Pfandrechte stattfindet. Dies ist zwar gerecht, aber nicht nützlich, da hiermit Verpfänder jedes Streben verliert, den ersten Pfandgläubiger abzufinden, womit er nur die Lage der folgenden ohne deren Zuthun verbessern würde. Auch von diesem Princip hat die römische Praxis in der s. g. successio hypothecaria eine Beugung zugelassen, um unter voller Wahrung der nachstehenden Pfandgläubiger Dem das erste Pfandrecht zuzusprechen, welcher mit Vorbehalt desselben dem Verpfänder Geld zur Abfindung des ersten Pfandgläubigers hergeliehen hat.

Endlich wird jeder Credit gelähmt, wenn die Verfolgung böswilliger Schuldner kostspielig und schwierig ist. Dieser Vorwurf trifft den römischen Privatverkauf der Pfandsache, welcher von zeitraubenden Formalitäten abhing, nur dem ersten Pfandgläubiger zustand, ihm als Verkäufer das Mitbieten verwehrte und ihn in Ermangelung annehmbarer Gebote auf den langwierigen Weg der dominii impetratio verwies. Dazu kam noch, daß nur das vielleicht der Eviction ausgesetzte Recht des Verpfänders auf den Käufer überging, was auch nicht grade Bietlustige anlockte. Höchstens in einzelnen Fällen des richterlichen Pfandes war dieser Mangel durch eine summarische Versteigerung Seitens des Richters gehoben.

B. Im **deutschen Recht** wird das Pfand an Fahrniß und an Grundstücken unterschieden.

Das Pfandrecht an beweglicher Habe, das von den ältesten Quellen allein erwähnt wird als s. g. vadium auch Strafgeding, bestand in der Uebergabe an den Pfandnehmer, welcher, falls die formelle Aufforderung an den Verpfänder „auszulösen" fruchtlos blieb, entweder die Sache als „verfallen" behalten oder behufs Befriedigung aus dem Erlöse veräußern konnte. Gebrauch und Genuß hatte Pfandnehmer nicht, d. h. er war bei Rückgabe zur Rechnungslage verpflichtet und trug auch die Gefahr der Pfandsache insofern, als er bei Untergang seine Forderung verlor. Ssp. III, 5 § 6.

Das Pfandrecht an unbeweglichen Gütern wurde durch gerichtliche Auflassung begründet, welche für den Gläubiger eine unvollkommene Satzungsgewere schuf. Die ältere Satzung (Weddeschat) ging auf Ueberlassung des Grundstücks an den Gläubiger, welcher es bis zur Wiedereinlösung nutzen sollte, und dem auch oft bei Verzug des Schuldners nach Ablauf einer Frist die Eigenthumsgewere vorbehalten war. In der Todsatzung muß Gläubiger die Früchte auf seine Forderung abrechnen und nach völliger Befriedigung die Sache zurückgeben. Die neuere Satzung sieht ähnlich der römischen Hypothek von der Besitzübergabe ab und giebt dem Gläubiger bloß ein gerichtlich geltend zu machendes Vollstreckungsrecht in den Werth des Grundstücks. Später trat bei der neueren Satzung an die Stelle der Auflassung die Intabulation, Ingrossation in öffentliche Bücher. S. 317.

C. **Gemeinrechtlich** ist zwar die römische Hypothekenverfassung mit all' dem Unwesen legaler, genereller, privilegirter Pfandrechte recipirt, aber nur in wenigen Gegenden zur reinen Geltung gelangt. Meist hat sich — im Interesse des Realcredits durch Particularrechte unterstützt — der deutsche Brauch erhalten, Pfandrechte an Mobilien durch Uebergabe, an Immobilien durch Eintragung zu bestellen.

Beim Faustpfand an Mobilien wird durch Uebergabe, welcher brevi manu traditio gleichsteht und an deren Stelle für Forderungen 2c. das Symbol des schriftlichen Vermerkes, Indossamentes ausgebildet ist, der Pfandgläubiger erkennbar. Allerdings muß man dabei in den meisten Fällen den Ausschluß mehrfacher Verpfändung mit in Kauf nehmen, allein die unleidliche Controverse über die Rangfolge mehrerer Hypotheken, und die Unsicherheit des dritten Erwerbers der Sache werden beseitigt.

Aus diesen Gründen verlangt das H.G.B. den Besitz des Gläubigers für das Handelspfand, mag es unter Kaufleuten für eine Forderung aus beiderseitigen Handelsgeschäften an Mobilien, Inhaberpapieren bestellt Art. 309 oder dem Commissionär, Spediteur, Frachtführer, Schiffer gesetzlich Art. 374, 382, 675 eingeräumt sein. Mit Rücksicht auf den Besitz zieht das H.G.B. Art. 411 das Pfandrecht des Frachtführers an der Ladung dem des Commissionärs, Spediteurs für Vorschüsse rc. vor, und unter mehreren Frachtführern das des jüngsten. Nur aus praktischen Motiven wird das Pfandrecht des Frachtführers, Schiffers noch 3 bzw. 30 Tage nach Ablieferung des Gutes aufrecht erhalten Art. 412, 624 und eine Verpfändung von Seeschiffen durch Bodmereivertrag gestattet Art. 680.

Die R.K.O. § 40 giebt allein dem Faustpfandgläubiger an beweglichen körperlichen Sachen ein Recht auf abgesonderte Befriedigung im Concurse, und in der C.Pr.O. § 709 erwirbt Gläubiger in der Zwangsvollstreckung nur durch Pfändung ein Pfandrecht an der Sache.

Bei der Hypothek an Immobilien hat die Eintragung eine verschiedenartig abgestufte Wirkung. Nach gemeinem Recht geht die intabulirte, meist vom Richter der belegenen Sache auf Fähigkeit des Antragstellers und Rechtmäßigkeit des Verpflichtungsgrundes geprüfte Hypothek den vertragsmäßig bestellten vor, steht den aus andern öffentlichen Urkunden ersichtlichen gleich und wird durch ältere legale, richterliche und stets durch privilegirte Hypotheken überholt. In zahlreichen Statuten und Particularrechten wird jedoch die Rechtsbeständigkeit der Hypothek an die Eintragung derart geknüpft, daß der Vertrag zu einem Anspruch auf Eintragung zusammenschrumpft. Dabei ist das Verhältniß zu stillschweigenden und privilegirten Hypotheken verschieden: Bisweilen wird ihnen, besonders der Dotalforderung der Frau, dem rückständigen Kaufpreis rc. ein voller Vorzug zugewiesen — oft aber consequent ihnen nur die Eigenschaft eines Titels zur Eintragung, die sich nach der reinen Zeitfolge richtet, zuerkannt. Ebenso mannigfaltig ist die Behandlung des zu Grunde liegenden Rechtsgeschäfts: Entweder gilt die Legalität mit der Pflicht richterlicher Prüfung und Zurückweisung wie früher in Preußen, oder ohne diese Bevormundung der Parteien das System der Verkehrstreue, welches den redlichen Erwerber in gutem Glauben an die Richtigkeit des Grundbuchs schützt wie nach Pr.G. vom 5. Mai 1872, oder das System der Scriptur, das dem Buchstaben im Grundbuch formale Kraft verleiht, selbst zu Gunsten des verbrecherischen Antragstellers und des bösgläubigen Erwerbers wie in Mecklenburg.

Die Vorzüge der streng durchgeführten Grundbuchverfassung, die in der Publicität und Specialität gipfeln, sind schon S. 320 ff. entwickelt, sie zeigen sich insbesondere im Hypothekenwesen:

Die Erkennbarkeit aller wichtigen Lasten aus dem öffentlichen Buch ermöglicht es, die Creditgewähr nach dem wirklich gedeckten Werth zu bemessen, ohne daß aber der Richter, welcher nur die Staatsautorität vertritt, eine Garantie für die Zulänglichkeit der Hypothek übernehmen kann. Die Hypothek entsteht einzig durch Eintragung im Grundbuch der belegenen Sache (Personal-Folien sind Ausnahmen), Gesetz und Richterspruch geben nur einen Titel, bei Collision mehrerer Hypotheken entscheidet ohne gesetzlichen Vorrang die Altersfolge im Grundbuch, für dessen Führung der Richter wegen geringer Versehen und unter Umständen der Staat einsteht. Generalhypotheken sind unwirksam, höchstens kann aus der Verpfändung des Vermögens ein Anspruch auf Eintragung von Einzelhypotheken auf jedes Grundstück des Schuldners oder einer Correalhypothek auf alle Grundstücke zusammen hervorgehen. Zur Sicherung noch unreifer oder gefährdeter Forderungen dient die Cautionshypothek und ein System von Vormerkungen. Die Uebertragung von Hypotheken geschieht regelmäßig durch Umschreibung und braucht sich der redliche Cessionar gegen Entgeld — abgesehen von unmittelbaren Gegenrechten — andere Einreden, als die aus dem Grundbuch (meist in Form von Protestationen) ersichtlichen, nicht gefallen zu lassen. In ähnlicher Weise erhält der Erwerber des Grundstücks aus dem Grundbuch eine authentische Aufklärung über alle wesentlichen Beschränkungen und Lasten. Die eingetragene Hypothek ersteht zu selbständigem Dasein, das nur durch Löschung endigt; dazu gewähren Zahlung, Erlaß der Schuld einen Titel, aber Verjährung, Confusion bleiben ohne Einfluß. Daher kann der Eigenthümer auf Grund der Löschungsbewilligung des Gläubigers die Hypothek auf seinen eignen Namen umschreiben lassen und damit das Vorrücken der späteren Gläubiger verhüten. Diese s. g. Hypothek des Eigenthümers kann bei Zwangsversteigerung an entsprechender Stelle liquidirt oder mit voller Wirkung weiter begeben werden.

Schließlich trägt noch an erster Stelle zur Befestigung des Realcredits bei: der bei allen Pfändern übliche richterliche Verkauf, welcher durch Privilegien für Leihhäuser 2c., im H.G.B. Art. 310 für Kaufleute, in der C.Pr.O. § 718 für Gerichtsvollzieher erleichtert ist. Die schnelle und möglichst sparsame Realisation des Pfandes eventuell auf Antrag eines späteren Gläubigers, die Vertheilung der Kaufgelder durch den Richter giebt dem Gläubiger Vertrauen, er kann selbst mitbieten, was er bis an die Grenze seiner Hypothek meist thun wird, und der Ersteher der Sache genießt in dem richterlichen Zuschlag Schutz gegen Eviction.

Soweit reicht die Kraft des gesetzgeberischen Apparats zur Hebung des Immobiliarcredits. Weiteres kann nur durch das Mittel der Association erreicht werden.

Die Grundbesitzer eines Bezirks thun sich zu einem Landschaftsverband zusammen, welcher die auf ihre Grundstücke bis zu einer Beleihungsgrenze aufgenommenen Pfandrechte in Bezug auf Verzinsung und Amortisation garantirt. Die unter Controle des Vereins und Staatsaufsicht ausgegebenen und in kleine Abschnitte zerlegten Hypotheken-Urkunden heißen Pfandbriefe. Sie lauten auf den Inhaber, der nicht kündigen darf, und haben Zinscoupons für Perioden und Talons zur Erhebung neuer Zinsbogen. Sie bilden in Folge der Landschaftsgarantie und der leichten Uebertragung durch Besitzübergabe ein zur zinstragenden Anlage von Kapitalien gesuchtes „Geldpapier". Die ersten Spuren dieser Einrichtung finden sich in den „ledernen Briefen" von Schweidnitz, die Friedrich II. 1769 ausdehnte und vervollkommnete; heute machen sie überall den billigen Zinssatz des Geldmarktes für den Grundbesitz dienstbar. Uebrigens lauten die neuen Pfandbriefe nicht mehr auf ein bestimmtes Grundstück, sie sind nur Schuldscheine der Landschaft, welche sich eine Hypothek auf höchstens 2/3 des Schätzungswerthes eintragen läßt und dafür dem Grundeigenthümer eine entsprechende Summe solcher Werthpapiere zur börsenmäßigen Begebung aushändigt. Dieselben finden, trotz des bloß persönlichen Anspruchs gegen die Landschaft ohne Absonderungsrecht, leicht Nehmer, weil die rigoröse Werthbemessung der unter Staatscontrole stehenden Landschaft volle Sicherheit bietet.

Aehnlich der Landschaft bilden sich für den städtischen Grundbesitz Creditvereine meist in Form von Actiengesellschaften, welche ihr Grundcapital und das durch fortgesetzte Emissionen von Bodencredit-Certificaten beschaffte Capital auf Hypotheken ausleihen. Das Problem einer dinglichen Sicherung für die Inhaber solcher Certificate wird oft dadurch gelöst, daß man eine die Emission überschießende Summe von Hypothekenbriefen einem Pfandhalter zur Verwahrung und eventuell zur Realisation übergiebt. Dies ist der Weg, welchen das Einf.G. § 17 zur R.K.O. der Landesgesetzgebung vorbehält, um für die Inhaber der neuen Pfandbriefe, Certificate und ähnlicher Werthpapiere ein Faustpfandrecht zu construiren, das im Concurse eine abgesonderte Befriedigung aus den zu Grunde liegenden Forderungen ermöglicht. Durch dies Vertrauen werden die Certificate, die vielfach zum Anreiz noch mit Amortisationsprämien ausgestattet sind, leicht und billig begebbar, und aus dem höheren Zinssatz, zu welchem das Bodencredit-Institut sein Geld wieder ausborgt, verdient es seine Dividende.

D. In **Preußen** ist das deutschrechtliche Pfandsystem in voller Geltung. Nach mehrfachen Versuchen durch Hyp.O. von 1722 und 1750 erfolgte die grundsätzliche Durchführung eines Pfandbuchsystems mit Realfolien für Immobilien durch die Allgemeine Hypotheken-Ordnung vom 20. Decb. 1783 mit Novelle vom 24. Mai 1853, die für andere Gebiete zum Vorbild wurde. Das „Unterpfandsrecht" im A.L.R. I, 20 schließt sich für Immobilien den Formen der Hyp.O. an und verlangt zur Verpfändung von Mobilien Besitzübergabe. Der Verkauf des Pfandes geschieht meist — für Immobilien stets nach der codificirten Subhastations-O. vom 15. März 1869 — durch den Richter auf Antrag auch des nachstehenden Gläubigers, der einen vollstreckbaren Titel nachzuweisen hat. Die Hyp.O. ist durch die Grundbuch-O. vom 5. Mai 1872 beseitigt, das Consensprincip an die Stelle der Legalität getreten und auch das materielle Immobiliarpfandrecht im A.L.R. zumeist durch den dritten Abschnitt des Ges. vom 5. Mai 1872 über Eigenthumserwerb und dingliche Belastung ꝛc. ersetzt. Die Zwangsvollstreckung in Immobilien, wozu auch Bergwerke, selbständige Gerechtigkeiten, Frachtschiffe gehören, wird durch die neue Zwangsvollstreckungs-O. vom 13. Juli 1883 geregelt. Das G. vom 5. Mai 1872 unterscheidet neben den Hypotheken noch Grundschulden:

I. Die Grundschuld ist ein **selbständiger Werthantheil** am Grundstück, die Hypothek eine dinglich versicherte Forderung. Beide entstehen durch Eintragung, aber zur Grundschuld bedarf es der Angabe eines Verpflichtungsgrundes nicht, der Eigenthümer kann sie auf eignen Namen eintragen lassen, verschenken und die an zweiter Stelle eingetragene vor der ersten begeben. Zur Hypothek ist die Angabe eines Schuldgrundes — allerdings ohne richterliche Prüfung — nöthig, sie kann nur auf den Namen eines Gläubigers eingetragen und zur Sicherung eines Schenkversprechens bestellt werden; eine spätere Umschreibung vom Gläubiger auf den Namen des Eigenthümers ist erlaubt und kann dieser, falls auf Grund einer zuerst eingetragenen fingirten Forderung die Löschungsbewilligung bereits in seinem Besitz oder durch actio negatoria für ihn erzwingbar ist, die zweite Hypothek vor der ersten begeben.

II. Die **Verfügung** über die Grundschuld hängt von der Aushändigung eines Grundschuldbriefes ab, der diese Bezeichnung trägt und mit auf den Inhaber lautenden Zinsscheinen auf 5 Jahre versehen sein kann. Zur Begebung einer

Hypothek bedarf es der Bildung eines Instrumentes nicht, dasselbe wird mit der Schuldurkunde verheftet.

Grundschuld- und Hypotheken-Brief werden vom Grundbuchrichter für den legitimirten Eigenthümer ausgestellt und enthalten einen für die Werthbemessung wichtigen Auszug über sämmtliche Belastungen des Grundstücks ꝛc. Bei Anträgen auf Veränderung, Löschung des Pfandrechtes muß der Brief vorgelegt und, wenn er abhanden kam, die Kraftloserklärung im Aufgebotsverfahren durchgesetzt werden.

III. Die Grundschuld wird **übertragen** durch Uebergabe des Briefes und schriftlichen Cessionsvermerk auf demselben; dieser Vermerk kann in blanco geschehen, d. h. ohne den Namen des Erwerbers anzugeben. Der in blanco abgetretene Brief, z. B. Seitens des Eigenthümers, welcher die Grundschuld auf eignen Namen eintragen ließ, wird im Effect zum Inhaberpapier, da ohne Ausfüllung des Namens jeder Besitzer zur Geltendmachung legitimirt ist. Wird eine zur Sicherung eines persönlichen Rechtes dienende Grundschuld, ohne den persönlichen Anspruch abgetreten, so erlischt letzterer. Diese Bestimmung in § 52 Abs. 2 des G. vom 5. Mai 1872 bezweckt, den Besteller vor der Gefahr einer erzwingbaren Doppelzahlung zu behüten, schließt aber nicht aus, daß derselbe in die getrennte Circulation von Grundschuld und persönlicher Forderung willigt.

Die Hypothek wird durch Cession der Forderung an einen bestimmten Gläubiger übertragen, auch im Zwangswege mittelst Ueberweisung an Zahlungsstatt. Die Bildung und Uebergabe eines Hypotheken-Instrumentes, die Umschreibung im Grundbuch, wozu es einer gerichtlichen oder notariellen Beglaubigung der Cession bedarf, sind nur nützlich zur Sicherung gegen Dritte.

IV. **Einreden** gegen die Grundschuld sind statthaft, so weit sie sich aus dem Brief ergeben oder in unmittelbaren Gegenrechten gegen den jedesmaligen Kläger, z. B. Aufrechnung, bestehen oder Mängel des Verpflichtungsgrundes wie nicht gezahlte Valuta betreffen, welche dem Kläger bei Erwerb der Grundschuld bekannt waren. Für die Richtigkeit des Grundschuldbriefes, in dem sich „gewissermaßen" die Grundschuld verkörpert, spricht eine gesetzliche unanfechtbare Vermuthung, so daß sein Inhalt bei Widerstreit mit dem Grundbuch entscheidet.

Der Cessionar einer Hypothek muß dieselben Einreden dulden und außerdem solche Fehler des Schuldgrundes, die ihm aus Vormerkungen des Grundbuchs, s. g. protestatio de exceptionibus conservandis S. 322 bekannt sein mußten; der unentgeldliche Cessionar sogar alle Einreden ohne diese Vorsichtsmaßregel. Bei Abweichung des Grundbuchs vom Inhalt des Hypothekenbriefs ist also ersteres maßgebend, doch schafft eine nachträgliche Vormerkung, die früher binnen 30 und für den Einwand nicht gezahlter Valuta sogar binnen 38 Tagen zulässig war, kein Widerspruchsrecht mehr gegen den redlichen entgeldlichen Cessionar.

V. Bei **Zwangsversteigerung** des Grundstücks kann sich der Erwerber des Grundschuldbriefs, wenn er nicht zugleich persönlicher Gläubiger ist — und der persönliche Anspruch geht in der Regel (vgl. III) verloren, wenn er nicht ausdrücklich mit der Grundschuld abgetreten wird — nur an den Werth halten. Dagegen behält der Hypothekengläubiger auf den Ausfall seinen persönlichen Rückgriff.

In gleicher Weise erhält bei freiwilliger Veräußerung des Grundstücks durch den Verpfänder, mit Uebernahme der Pfandlast in Anrechnung auf den Kaufpreis, der Hypothekengläubiger eine persönliche Forderung gegen den Uebernehmer, was bei der Grundschuld nicht angeht.

Im Ganzen ist die Grundschuld, deren Zweck auf die Mobilisirung des Bodenwerthes hinausläuft, bequemer als die Hypothek durch die leichte Begebbarkeit und sicherer durch die Einschränkung der Einreden. Sie ähnelt in diesen beiden Punkten dem Wechsel, welcher anstatt der realen Sicherheit den Verband der Indossanten aufweist. Daß der Grundschuld die persönliche Haftung meist abgeht, entspricht der modernen Tendenz des Realcredits, die greifbare Werthe verlangt und von dem veränderlichen Schicksal der Personen absieht. Deshalb hat sich die Grundschuld neben der Hypothek eingebürgert, obwohl es ihr stets an der Umlaufsfähigkeit des Pfandbriefes fehlen wird, da auch der unüberwindliche Glaube des Grundschuldbriefes nicht vor Ueberlastung und Verschlechterung des Grundstücks schützen kann.

Auf dem Boden der Garantie ruhen die Landescultur-Rentenbriefe gemäß G. vom 13. Mai 1879, sie sind Inhaber-Schuldscheine der Landescultur-Banken, welche Grundstücke zur Hebung der Land- und Forstwirthschaft beleihen; sie sind nach Maßgabe der Abzahlung, welche Schuldner leistet, amortisabel und ihr Rechtsverhältniß gestaltet sich wie das der neueren Pfandbriefe.

§ 157.

Begriff.

A. Dingliches Recht an fremder Sache.
B. Auf den Werth.
C. Zur Sicherung einer Forderung.
D. Vergleich mit dem Retentionsrecht.
I. Aehnlichkeiten.
II. Unterschiede:
a) in der dinglichen Verfolgbarkeit.
b) in der Befriedigung aus dem Werth der Sache.
Zurückbehaltungsrecht im H.G.B.

Das Pfandrecht ist ein dingliches Recht auf den Werth einer fremden Sache zur Sicherung einer Forderung.

A. Dingliches Recht an fremder Sache.

Die dingliche Natur des Pfandrechtes als einer unmittelbaren beschränkten Herrschaft zeigt sich in der Wirkung gegen jeden Erwerber der Sache, mag er sie durch Rechtsgeschäft mit dem Verpfänder oder durch Ersitzung an sich gebracht haben, in dem Vorzug des älteren Pfandrechtes vor jüngeren dinglichen Rechten an der Sache gleichen oder verschiedenen Inhalts und in der absoluten Verfolgbarkeit durch actio hypothecaria. l. 30 D. 9, 4. Die Anhänger der Lehre vom titulus und modus acquirendi läugnen dies, weil die römische Hypothek durch Vertrag ohne Erwerbsart entsteht. Aus diesen und anderen Gründen definirt man das Pfandrecht als eine Forderung theils gegen die Sache, theils gegen den zeitigen Eigenthümer derselben und beruft sich auf den offenbar bildlichen Ausdruck der Quellen ‚obligatio rei‘. Allein ein obligatorischer Charakter, der bei Collision den Grundsätzen der Prävention unterfallen müßte, entspricht weder den obigen Eigenschaften des Pfandrechtes, noch ist er an sich haltbar, denn eine Personification der willenlosen Sache zum leistungspflichtigen Schuldner ist widersinnig und die Pfandklage mit ihrer Intention auf Herausgabe der Sache hat nimmermehr den Zweck der Schuldklage, wenn sich auch Beklagter durch Angebot der Schuldsumme (exceptio pecuniae offerendae) befreien kann.

Das Recht an fremder Sache erleidet schon in Rom aus praktischen Rücksichten eine **Anomalie durch die Hypothek an eigner Sache**, in der heutigen Grundbuchverfassung ist dieselbe durch Umschreibung und bei Grundschulden von Anfang an möglich.

An Stelle der körperlichen Sache kann ein anderer verwerthbarer Gegenstand, z. B. Forderung, auch ein Pfandrecht selbst treten. Dieses nach Dernburg „uneigentliche" Pfandrecht streift die Natur eines dinglichen Rechtes ab. Man versucht vergebens eine allgemeine Formel zu finden, indem man entweder das Pfandrecht an körperlichen Sachen auf das Eigenthumsrecht daran bezieht oder beim Pfandrecht an Forderungen das durch den Verpfänder einziehbare Schuldobject als Inhalt ausgiebt.

B. Auf den Werth.

Pfandgläubiger soll sich an den Erlös der Sache halten; nimmt er sie ohne antichretische Abrede in Gebrauch, so muß er den Ertrag in Rechnung stellen, bei Arglist begeht er ein furtum usus l. 54 (56) pr. D. 47, 2, das im St.G.B. § 290 nur beim öffentlichen Pfandleiher strafbar ist. Darin unterscheidet sich das Pfandrecht von den andern dinglichen Rechten, die auf Gebrauch und Nutzung gehen. Aus der Werthnatur folgt, daß nach Pr.G. vom 5. Mai 1872 an Stelle des abgebrannten Hauses, der verhagelten Ernte 2c. die Versicherungssumme tritt, welche Subrogation seltner im gemeinen Recht, namentlich nicht im H.G.B. Art. 691 bei der Bodmerei, und nicht im A.L.R. § 259 I, 20 beim Faustpfand an Mobilien gilt. Da das Pfandrecht sich untheilbar auf die ganze Sache bezieht, so kann sein Inhalt nicht bloß einen Werththeil umfassen.

C. Zur Sicherung einer Forderung.

Das Pfandrecht ist accessorisch, es soll dem Gläubiger Deckung für seine Forderung gewähren l. 43 D. 46, 3. Daraus aber folgt noch nicht, daß es alle formalen Schicksale der Forderung theilt, insbesondere ist von ihr die Grundschuld unabhängig.

D. Vergleich mit dem Retentionsrecht.

Im Allgemeinen besteht dasselbe in der Verweigerung der geschuldeten Leistung bis zur Erfüllung eines Gegenanspruchs ,quia dolo facit, quicunque id, quod quaqua exceptione elidi potest, petit'. l. 2 § 5 D. 44, 4. vgl. S. 264.

I. **Dem Pfandrecht kommt es nahe** durch die Befugniß, eine fremde Sache, in deren fehlerfreien Besitz man gelangt ist, zurückhalten zu dürfen, um dadurch vom Gegner die Erfüllung eines Anspruchs zu erzwingen. In diesem Sinne wird es vom Gesetz in der Regel nur verstattet auf Grund einer fälligen und connexen Forderung, d. h. einer solchen, die mit dem Gegenanspruch bzw. der retinirten Sache in einem rechtlichen Zusammenhang steht. Dem Depositar wird es selbst in diesem Falle versagt, damit er seiner Pflicht zur prompten Rückgabe unter keinerlei Vorwänden ausweiche l. 11 C. 4, 34; doch giebt ihm die R.K.O. § 41 Z. 7, sofern Deponent in Concurs verfallen ist, an der zurückbehaltenen Sache ein Absonderungsrecht in Höhe des noch vorhandenen Vortheils aus seinen Verwendungen.

II. Das Retentionsrecht **unterscheidet sich vom Pfandrecht:**

a) Ihm fehlt die **dingliche Verfolgbarkeit** des Pfandrechtes gegen Dritte. Es richtet sich in Form einer exceptio doli meist nur gegen den Schuldner, welcher Eigenthümer der Sache ist, und fällt mit Verlust des Gewahrsams hin. Eine besondere Art bildet das Recht des redlichen Besitzers, Verwendungen, welche er auf die Sache machte, gegen jede Klage auf Herausgabe vorschützen zu können. S. 401.

b) Es gewährt keine **Befriedigung aus dem Werth der Sache,** wie das Pfandrecht, sondern dient allein zur Sicherung eines Anspruchs.

Das A.L.R. § 536–567 I, 20 kennt das Zurückbehaltungsrecht in der engeren Bedeutung eines Rechtes an fremden Sachen, insbesondere nach § 542 an Capitalssummen, die als specielle Geldvorräthe aufzufassen sind. Es kommt auch dem Depositar wegen seiner Forderungen aus dem Vertrage zu Gute § 77 I, 14. Der bloße Inhaber hat einen possessorischen Schutz gegen gewaltsame oder listige Entsetzung. Dagegen geht das Recht durch freiwillige Besitzaufgabe trotz etwaiger Protestation verloren. § 560.

Das H.G.B. Art. 313–316 hat das Zurückbehaltungsrecht für Forderungen unter Kaufleuten aus beiderseitigen Handelsgeschäften Mangels besonderer Abrede bedeutend erweitert. Es steht an allen beweglichen Sachen und Werthpapieren des Schuldners zu, welche mit dessen Willen durch ein Handelsgeschäft in den Besitz bzw. die Verfügung des Gläubigers gekommen sind, falls nicht vor oder bei der Uebergabe Anderes bestimmt wurde. Eine Connexität der Forderung ist nicht vonnöthen, selbst nicht die Fälligkeit, wenn Schuldner in Vermögensverfall gerieth. Im letzteren Fall ist der redliche Gläubiger auch nicht an die übernommene Verpflichtung gebunden, in bestimmter Weise mit den Gegenständen zu verfahren. Schließlich und in wichtigster Folge führt das kaufmännische Retentionsrecht zu einer directen Tilgung des Anspruchs aus dem Werth der Sache. Gläubiger kann, sofern Schuldner auf ergangene Anzeige nicht rechtzeitig anderweite Sicherheit stellt, bei dem für ihn selber zuständigen Gericht den Verkauf der Sache im Klagewege beantragen und sich eventuell aus dem Erlöse zunächst befriedigen. Bei Concurs über das Vermögen des Schuldners wird diese Befugniß zu einem Absonderungsrechte des Gläubigers. R.K.O. § 41 Z. 8.

§ 158.

Erfordernisse.

Zur Begründung eines Pfandrechtes gehören: eine Forderung, ein Gegenstand, der verwerthbar sein und sich im Vermögen des Verpfänders befinden muß, und ein Act der Verpfändung. Die preußische Grundschuld kann ohne Forderung entstehen und die römische Legalhypothek tritt stillschweigend ohne Act ein.

§ 159.

Forderung.

Gültige Schuld, wenn auch naturale, fremde, zukünftige. Forderung bei Handelspfändern.

Die Forderung, für welche das Pfand bestellt wird, muß **gültig** sein, also nicht nichtig, verboten, verjährt, durch peremtorische Einreden völlig zerstörbar ꝛc.; doch kann in der Verpfändung Seitens des Schuldners, der um die Mängel wußte, ein Anerkenntniß liegen, soweit dasselbe zulässig und beabsichtigt ist. Die Eintragung des preußischen Pfandrechtes heilt an sich die Mängel der Causa nicht, allein die Einreden sind gegenüber dem dritten Erwerber beschränkt. S. 486.

Eine Natural-Obligation kann Grundlage sein l. 5 pr. D. 20, 1, z. B. Geldschuld eines Haussohns, für die er selber, wenn er selbständig geworden, oder sein Erbe ꝛc. Pfand stellt; dasselbe ist trotz der Klaglosigkeit der Hauptschuld mit einer actio hypothecaria ausgerüstet, gegen welche der dritte Pfandsteller nur dann die exceptio S.C[ti] Macedoniani brauchen kann, falls er die Hauskind-Eigenschaft des Schuldners nicht kannte und auch nicht schenken wollte. Im A.L.R. § 11 I, 20 soll die Forderung eine klagbare sein, doch wird das unconsentirte Darlehn einer Militärperson durch Pfand gültig. § 687 I, 11.

Die Forderung kann eine accessorische sein, z. B. Zinsobligation; aus Vertrag oder Delict entstehen; auf Geld, andere Fungibilien, individuelle Sachen oder Handlungen gehen ꝛc.

Man kann für eigne oder fremde Schulden verpfänden, im letzteren Falle (pignoris datio) liegt in Rom eine cumulative accessorische Intercession vor, welche den Frauen verboten ist l. 8 pr. D. 16, 1.

Die Forderung kann sein eine betagte, bedingte, zukünftige, d. h. dem Inhalt und Umfang nach unbestimmt aus Creditmandat, Societät. In Rom findet dann eine Retrotraction des Pfandrechtes Statt; in der Grundbuchverfassung S. 322 hilft man sich mit Vormerkungen für das illiquide Recht pro loco et jure conservando oder mit Cautionshypotheken, die auf einen vorläufig angenommenen Höchstbetrag eingetragen werden und auch in der Hand des dritten Erwerbers den Nachweis des zu Grunde liegenden Rechtsverhältnisses fordern.

Im H.G.B. Art. 309 ist zum Handelspfand eine Forderung unter Kaufleuten aus beiderseitigen Handelsgeschäften nöthig und bei der Bodmerei Art. 681 ein Darlehn im Nothhafen.

§ 160.

Gegenstand im Vermögen des Verpfänders.

A. Gegenstand.
 I. Körperliche Sachen.
  Vertretbare, zukünftige Sachen, mehrere zusammen.
  Verkehrsganze, Vermögen.
  Gegenstand des Handelspfandes.
 II. Rechte.
  a) Emphyteuse, Superficies.
  b) Servituten.
  Translative, constitutive Verpfändung.
  c) Forderungen.
  jus denuntiandi, exigendi, distrahendi.
  d) Pfandrechte.
B. Im Vermögen des Verpfänders.
 Verpfändung fremder Sachen.

Der Gegenstand muß ein im Privatverkehr verwerthbarer sein. l. 9 § 1 D. 20, 1.

In Rom war die Militia in beschränkter Weise veräußerlich und insoweit verpfändbar; im Mittelalter ähnlich Kanonikate, Officierspatente ꝛc.; heute sind Staats- und ähnliche Aemter unübertragbar. Der Verkauf eines personalen Patronats zieht zur Strafe der Simonie Verwirkung nach sich. Verbote, welche den Verkauf ausschließen S. 382 oder erschweren, z. B. bei Lehen, Kirchengütern, beziehen sich auch auf die Verpfändung.

A. **Gegenstand** des Pfandrechtes können sowohl körperliche Sachen als Rechte sein.

I. **Körperliche Sachen**: bewegliche und unbewegliche sei es im Ganzen oder bei theilbaren zu einem reellen Theil, auch zu einer ideellen Quote, die trotz thatsächlicher Auseinandersetzung an sich verpfändet bleibt. l. 7 § 4 D. 20, 6.

Die Vertretbarkeit der Sache, z. B. von Werthpapieren, Geld hindert das Pfand nicht, doch erlischt es durch Consumtion des Geldes und lebt keineswegs an der damit angeschafften Sache auf l. 7 § 1 D. 20, 4. Die eigenmächtige Verfügung über die in Werthpapieren bestellte Amts- und Proceß-Caution C.Pr.O. § 101 ist rechtswidrig. Wenn Verpfänder dies gestattet, z. B. ein Kassirer, der baares Geld als Sicherheit ins Geschäft legte und sich Verzinsung ausmachte, so liegt darin kaum noch ein irreguläres Pfand mit actio pigneraticia directa auf Rückgabe der Summe, sondern eher ein Darlehn.

Eine zukünftige Sache, z. B. Frucht auf dem Halm, Wolle auf Schafen kann verpfändet werden l. 15 pr. D. 20, 1, in Rom mit Rückziehung der Hypothek, im A.L.R. § 113 ff. I, 20 durch Uebergabe der Muttersache.

Mehrere Sachen können zusammen verpfändet werden, einerlei, ob sie zu einander gehören: durch ihre collectivische Natur, z. B. ein Paar Handschuhe, durch ihren Verkehrsbegriff, z. B. Heerde oder nicht; stets gilt trotz der Bezeichnung „Generalpfand" jede einzelne Sache für sich als verpfändet.

Sind die Sachen von einander unabhängig, so darf Pfandgläubiger alle oder eine zum Verkauf bringen, ohne sich von späteren Erwerbern oder Hypotheken-Gläubigern auf den Werth der anderen verweisen zu lassen l. 8 D. 20, 5; doch erlischt mit Befriedigung aus einer der Sachen sein Recht auf die anderen. Dies gilt auch nach G. vom 5. Mai 1872 für die auf mehreren Grundstücken ungetheilt eingetragene Correal-Hypothek. Nach G. vom 12. März 1869 — vgl. aber die Modification durch Z.G. § 204 ff. — soll bei Befriedigung des Gesammtgläubigers aus dem subhastirten Grundstück, den ausgefallenen Nachhypothekaren auf den mitverhafteten Grundstücken an Stelle der Correal-Hypothek ein Anspruch eingetragen werden, welcher aus dem Verhältniß des Steuerertrages zum Verkaufserlös zu ermitteln ist. Das Z.G vom 13. Juli 1883, § 59, 110, 117 behandelt die Correal-Hypothek als eine auflösend bedingte Forderung und berücksichtigt sie bei Feststellung des geringsten Gebots und Vertheilung der Kaufgelder in Hinblick auf die Befriedigung aus den mitverhafteten Grundstücken.

In Betreff der Verkehrs-Ganzen hebt l. 34 D. 20, 1 die taberna hervor und bestimmt, daß die zur Vervollständigung des Lagers angeschafften Waaren in die Pfandhaft eintreten, aber die im regelmäßigen Verkehr veräußerten ausscheiden, so daß also nur die bei Geltendmachung des Pfandrechtes jeweiligen Bestandtheile haften. Es ist streitig, ob diese Regel auch auf andere Sachgesammtheiten wie Heerde, Bibliothek, Münzsammlung auszudehnen ist, mindestens bezieht sie sich auf die später einverleibten Stücke wie Mobiliar des Miethers. Heute erledigt sich diese Frage durch das Faustpfand.

Die Verpfändung eines Vermögens erstreckt sich in Rom auf die zeitigen und zukünftigen Bestandtheile, wobei Retrotraction eintritt. Unter ein vertragsmäßig bestelltes Generalpfand fallen diejenigen Sachen nicht, welche zum täglichen Gebrauch des Schuldners dienen, an denen er eine vernünftige Affection hat 2c., weil er sie einzeln nicht verpfändet hätte, l. 6–8 D. 20, 1; auch führt sein Tod die einmal ausgeschlossenen Objecte nicht in die Pfandhaft. Heute giebt die generelle Verpfändung nur einen Titel, der zur Eintragung einer Hypothek auf die einzelnen Grundstücke des Schuldners, sei es auf dessen besonderen Antrag (Intabulationsclausel), sei es auf Grund eines rechtskräftigen Erkenntnisses führen kann, und welcher für Mobilien nur Wirkung übt, falls dieselben in die Verfügungsgewalt des Gläubigers gelangt sind.

Als Gegenstand des Handelspfandes H.G.B. Art. 309 gelten: bewegliche Sachen (Forderungen), Inhaber- und indossable Papiere; und bei der Bodmerei: Schiff, Ladung, Fracht entweder zusammen oder einzeln, jedoch die Ladung allein nur zum Zweck ihrer Erhaltung und Weiterbeförderung. Art. 681.

II. **Rechte.** Dieses s. g. uneigentliche Pfandrecht wird hier zusammenhängend behandelt in seiner eigenartigen Anwendung auf Emphyteuse, Servituten, Forderungen, Pfandrechte, wobei aber nicht ausgeschlossen ist, daß es auch an anderen Rechten wie Real-, Bann-, Urheber-Rechten, Kuxen ꝛc. vorkommen kann.

a) Emphyteusis, Superficies werden entweder translativ durch den Rechtsinhaber verpfändet, wodurch Gläubiger die Befugniß erhält, eventuell das Recht zu verkaufen, aber bei der Emphyteusis die Veräußerungsbeschränkungen beobachten muß; oder constitutiv durch den Eigenthümer, der für sein Grundstück in eine pfandweise Bestellung der Emphyteuse, Superficies durch den Gläubiger einwilligt, damit dieser sich dadurch befriedige.

b) Servituten.

Die translative Verpfändung läßt sich nur beim Nießbrauch und den römischen Spielarten des Usus construiren, weil diese der Ausübung nach übertragbar sind. l. 11 § 1 D. 20, 1. Pfandgläubiger kann die Nutzung, die er als pigneraticius vorläufig selber hat, behufs Befriedigung aus dem Erlöse verkaufen — aber das Recht richtet sich nach dem Lebensende des Verpfänders, der Usufructuar bleibt. Aus l. 12 D. 20, 1 ist fälschlich die Verpfändung von Rusticalservituten gefolgert worden, weil sie einen besondern und eventuell durch den Gläubiger veräußerlichen Interdictenschutz S. 469 haben; allein dieser würde, weil selbst die Ausübung unübertragbar ist, dem Käufer wenig gegen den dienenden Eigenthümer helfen.

Die constitutive Verpfändung besteht darin, daß Eigenthümer der künftig dienenden Sache seinem Gläubiger für den Fall der Nichtzahlung der Schuld das Recht ertheilt, daran einem Dritten eine bestimmte Servitut kaufweise zu bestellen und sich aus dem Preise zu befriedigen. Servitutberechtigt wird erst der Dritte, er erhält die actio confessoria, bedarf bei Realservituten eines benachbarten Grundstücks und nach seinem Bedarf richtet sich der Umfang des Usus, nach seinem Tode das Ende der Personal-Servituten. Die Willkür des Bestellers in Bezug auf den Umfang des Usus kann vom Verpfänder bei Einräumung des Pfandrechtes durch eine Personenzahl begrenzt werden, freilich wird mit letzterer der Kaufpreis und dadurch die hyperocha steigen. Pfandgläubiger kann durch actio hypothecaria etwaige Hindernisse der zu bestellenden Servitut aus dem Wege schaffen und hat, wenn er pigneraticius ist, auch die Ausübung in der Zwischenzeit, wozu er bei Realservituten eines praedium vicinum bedarf; selbst kann er nur die Servitut erwerben, wenn eine lex commissoria verabredet ist oder eine dominii impetratio nöthig wird. Dies gilt nicht bloß für Rusticalservituten, für welche ein pignus (also erst recht hypotheca zulässig) in l. 12 D. 20, 1 an den gebräuchlichsten Wege- und Wasserrechten repräsentativ erwähnt ist, sondern auch für Urbanalservituten, da der Widerspruch in l. 11 § 3 D. eod. sich entweder auf die translative Verpfändung bezieht oder auf die praktische Unmöglichkeit, für Urbanalservituten geeignete Kauflustige zu finden. Eine einzige Anomalie — denn die Ausübung der noch nicht zu Recht bestehenden Servitut durch den Faustpfandgläubiger, ähnlich einer precario bestellten, ist keine — findet sich in dieser Construction: nämlich daß Pfandgläubiger, anstatt zu verkaufen, eine Servitut bestellt, was Paulus in der l. cit. ‚propter utilitatem' entschuldigt. Dies darf aber nicht dazu führen, den Pfandgläubiger zum Servitut-Berechtigten zu machen und ihm wider alles Recht den Verkauf seiner Servitut oder bloß ihrer Ausübung oder die Bestellung einer neuen durch Verkauf zu gestatten.

Im Grundbuch wird die Verpfändung eines eingetragenen Nießbrauchs oder die pfandweise Bestellung eines solchen zu entsprechenden Vermerken führen.

c) **Forderungen.**

Das pignus nominis l. 18 pr. D. 13, 7, l. 20 D. 20, 1 gewährt dem Pfandgläubiger folgende Rechte:

jus denuntiandi an den Drittschuldner, um zu verhüten, daß derselbe an seinen Gläubiger zahle, eventuell gilt seine Leistung als sine causa datum, ohne ihn dem Pfandgläubiger gegenüber zu befreien.

jus exigendi in Bezug auf das fällige nomen, vorausgesetzt, daß auch die Pfandforderung fällig ist, denn vorher könnte nur Zahlung zum gerichtlichen Depositum verlangt werden (nach Anderen Geldcaution bis zur Fälligkeit oder gar vorzeitige Befriedigung mit Abzug des Zwischenzinses). Pfandgläubiger kann, wenn der eingezogene Gegenstand vertretbar und mit dem seiner Hauptforderung gleichartig ist, sich durch Aufrechnung befriedigen — nach l. 4 C. 8, 16 bei beiderseitigen Geldforderungen nur Beitreibung, soweit sie sich decken — andernfalls erhält er an dem nicht compensablen Object ein Pfandrecht mit Verkaufsbefugniß l. 13 § 2 D. 20, 1. Weigert Drittschuldner trotz Anzeige und Fälligkeit die Zahlung, so darf Pfandgläubiger in gehöriger Weise mit den persönlichen Klagen utiliter vorgehen, welche dem Verpfänder aus seiner Forderung zustehen, und auch den Anspruch im Concurse des Drittschuldners anmelden, um aus der Masse bis auf den Belauf der eignen Forderung befriedigt zu werden.

jus distrahendi. Pfandgläubiger kann das nomen unter den üblichen Formalitäten bestens verkaufen l. 7 C. 4, 39 — aber nur subsidiär, z. B. wenn die Einziehung wegen des späteren Verfalls noch nicht möglich oder sonst schwierig ist — und sich aus dem Erlös schadlos halten.

Danach liegt im pignus nominis eine Cession aber bedingt: falls der Verpfänder seine Schuld nicht zahlt, und beschränkt: auf den Betrag der Pfandforderung; nur innerhalb dieser Grenzen darf Pfandgläubiger über das nomen durch Stundung, Erlaß verfügen.

Im heutigen Recht, wo die Einwirkung auf das Pfand meist der richterlichen Vermittlung bedarf, kann Forderungspfandgläubiger, nachdem er seinen

Schuldner rechtskräftig ausgeklagt hat, sich dessen Außenstand entweder zur Einziehung — Pfändung durch einen Gerichtsvollzieher, Herausgabe der Immobilie an einen Sequester C.Pr.O. § 745 ff. — oder wenn er in Geld besteht, an Zahlungsstatt überweisen lassen.

Im gemeinen Recht bedarf das Forderungspfand keiner Form. Im A.L.R. § 281 ff. I, 20 ist stets eine schriftliche Erklärung nöthig und außerdem: Uebergabe der Schuldurkunde an den Pfandgläubiger oder Mangels einer solchen die Anzeige an den Drittschuldner, welche auch im ersteren Fall wegen der Zinszahlung 2c. empfehlenswerth ist. Das H.G.B. Art. 309 verlangt Besitzübergabe, die sich nach bürgerlichem Recht richtet, also im Gebiet des A.L.R. bei Forderungen schriftlich erfolgen muß. Das Einf.G. § 15 zur R.K.O. giebt dem Forderungspfandgläubiger nur dann ein Absonderungsrecht im Concurse seines Schuldners, wenn er oder ein Anderer für ihn den Gewahrsam des Schuldobjects oder der Schuldurkunde erlangt und behalten hat, oder wenn Drittschuldner von der Verpfändung benachrichtigt ist. Die C.Pr.O. § 729 kennt noch ein Pfandrecht an Forderungen durch Pfändung im Wege der Zwangsvollstreckung oder des Arrestes mittelst Erlasses einer richterlichen Verfügung an den Schuldner und den Drittschuldner.

d) Pfandrechte.

Gegenstand des subpignus ist nicht die Pfandsache, da sie sich nicht im Vermögen des Pfandgläubigers befindet — der Ausdruck in l. 13 § 2 D. 20, 1 ‚rem pigneratam pignori accipere‘ ist nur bildlich — auch nicht die Forderung allein, sondern das Pfandrecht. Im Afterpfand liegt zugleich ein pignus nominis ‚quatenus utraque pecunia debetur‘. Folglich hat Afterpfandgläubiger eine actio hypothecaria utilis auf Verschaffung der Sache, welche der directa des ersten Pfandgläubigers vorgeht, sowie gegen letztere eine exceptio subpignoris. l. 13 § 2 D. 20, 1. ‚creditor creditoris creditori praefertur‘. Er hat wie beim Forderungspfand ein jus denuntiandi an den ersten Verpfänder, damit derselbe nicht durch Zahlung an seinen Gläubiger das Pfand auslöse, ein jus exigendi mit Aufrechnung oder Verkauf des eingezogenen Objects und ein jus distrahendi der mitverpfändeten Forderung, falls sein Anspruch gegen den zweiten Verpfänder, aber noch nicht dessen Anspruch gegen den Drittschuldner fällig ist. Ihm steht außerdem ein Distrationsrecht der Pfandsache zu, wenn die in Rom erforderlichen Formalitäten gegenüber beiden Verpfändern, die trotz Fälligkeit ihrer Schulden nicht zahlen, erfüllt sind.

Viele läugnen das Forderungspfand im pignus pignoris, so daß die Zahlung des ersten Verpfänders an den ersten Pfandgläubiger nicht verhütet werden könnte und dann aus dem Afterpfand ein Hauptpfand am geleisteten und eventuell noch unterscheidbaren Object entstehen müßte!

Im preußischen Recht gestaltet sich die Verpfändung von Hypotheken und Grundschulden wie ein Forderungspfand, also schriftlich mit Uebergabe des Briefes; Vermerk im Grundbuch ist nützlich und nach R.K.O. zur Absonderung nöthig. Der weitere Versatz verpfändeter Mobilien ist, weil darin eine rechtswidrige Uebergabe liegt, ohne ausdrückliche Einwilligung des Verpfänders verboten A.L.R. § 126–138 I, 20, außer bei Forderungen und Schiffen § 308, eventuell haftet der zweite Verpfänder für allen daraus entstehenden Zufall, muß Caution stellen und die Pfandsache herbeischaffen behufs gerichtlicher Niederlegung oder vorzeitiger Auslösung. Die Geltendmachung des erlaubten Afterpfandes geschieht wie beim

Forderungspfand dadurch, daß der zweite Pfandgläubiger nach rechtskräftigem Urtheil gegen den ersten sich dessen Forderung gegen den ursprünglichen Verpfänder überweisen läßt und sich nun einen Executivtitel zur Wegnahme der Sache verschafft.

B. Im Vermögen des Verpfänders.

Derselbe muß Eigenthümer der Pfandsache sein oder verfügungsberechtigt über dieselbe, z. B. Mandatar — im A.L.R. § 65 I, 20 schriftlicher Consens bei Forderungen über 150 ℳ — oder Vormund, im deutschen Rechte Ehemann in Betreff beweglicher Illaten der Frau, im H.G.B. Art. 680 Schiffer bei der Bodmerei.

Dem Mandat steht gleich, wenn Eigenthümer um die Verpfändung seiner Sache weiß und dazu arglistig schweigt, z. B. die Pfandurkunde schreibt oder unterschreibt. l. 26 § 1 D. 20, 1. Die Verpfändung durch einen auftraglosen Geschäftsführer wird rückwirkend gültig durch Ratihabition, die auch stillschweigend darin liegt, daß Eigenthümer sich bewußt für die Pfandschuld verbürgt l. 5 § 2 D. 20, 2. A.L.R. § 79 I, 20. Das vom publicianischen Besitzer, Emphyteuta 2c. bestellte Pfand wirkt, soweit das Recht des Bestellers geht l. 18 D. 20, 1. A.L.R. § 74 ht. Die Verpfändung fremder Sachen kann unter der ausdrücklichen oder stillschweigenden Bedingung künftigen Erwerbes geschehen l. 16 § 7 D. 20, 1, z. B. bei res debitae, Generalpfändern l. 1 pr. eod., bei zukünftigen Sachen unter dem Vorbehalt, daß sie entstehen und ins Eigenthum des Verpfänders fallen. Das Pfandrecht wird dadurch bedingt mit rückwirkender Kraft.

Sonst ist die Verpfändung fremder Sachen unwirksam, convalescirt aber — vorausgesetzt die bona fides des Gläubigers, ohne sie nur Retentionsrecht l. 1 pr. D. 20, 1 — in zwei Fällen: wenn Verpfänder hinterher Eigenthum erwirbt oder vom Eigenthümer beerbt wird. Dieses richtige der exceptio rei venditae et traditae entsprechende Princip stellt Modestin auf in l. 22 D. 20, 1, vgl. A.L.R. § 76 ff. I, 20. Ihm scheint Paulus in l. 41 D. 13, 7 wenigstens für den letzteren Fall mit den Worten zu widerstreiten: ‚non est idem dicendum, hoc enim modo persecutio pignoris concedenda non est'. Allein darin liegt kein verschiedener Schluß, sondern eine Anspielung auf die ratio, welche im ersten Fall die Strafe für die Arglist des Verpfänders ist, im zweiten jedoch ganz anders die Consequenz aus der Personen-Einheit des Erbgangs. Viele geben trotz zahlloser Vereinigungsversuche, z. B. aus dem Gegensatz ‚me ignorante' und ‚sine mea voluntate', aus der veränderten Interpunction u. s. w. die Antinomie zu und entscheiden sich für Modestin.

Da die intentio der hypothekarischen Formel auf Eigenthum des Verpfänders „zur Zeit" der Verpfändung gestellt war ‚tum cum in bonis esset' l. 15 § 1 D. 20, 1, so konnte in den Fällen späterer Wirksamkeit des Pfandrechtes nur eine actio utilis hypothecaria zustehen l. 5 C. 8, 15, welche aber volle dingliche Kraft hat und der directa actio vorgeht, wenn der Verpfänder nach Erwerb der Sache dieselbe veräußert oder verpfändet. Mehrere an der fremden Sache eingeräumte Pfandrechte convalesciren nach der Reihenfolge ihrer Bestellung, da die l. 9 § 3 D. 20, 4 von der anachronistischen Ansicht einer bedingten Existenz des zweiten Pfandrechtes ausgeht, das erst gültig werden könne, wenn das erste weggefallen und Verpfänder dann noch Eigenthümer der Sache sei.

Wer in der Grundbuchverfassung die Eintragung eines Pfandrechtes beantragt, muß sich als Eigenthümer des Grundstücks legitimiren und selbst, wenn er den Richter täuschte, wird nach G. vom 5. Mai 1872 in Rücksicht auf die Verkehrstreue der gutgläubige Erwerber geschützt. Das A.L.R. § 80 I, 20 giebt dem redlichen Faustpfandgläubiger gegen den vindicirenden Eigenthümer ein Recht auf Lösung in Höhe der wirklich verliehenen Summe (ohne Zinsen). Das H.G.B. Art. 306 ff. schützt den redlichen Pfandnehmer fremder Waaren und Inhaberpapiere nach Analogie des Eigenthumserwerbes. S. 325.

§ 161.

Entstehungsart.

A. Freiwillige Hypothek.
Pfandvertrag (Vorbehalt), Testament.
Verpfändung im preußischen Recht.
Bodmerei, foenus nauticum.
B. Richterliche Hypothek.
I. Adjudication.
II. Einweisung.
III. Pfändung.
C. Gesetzliche Hypothek.
I. Generell.
II. Speciell.

A. Freiwillige Hypothek.

Der Pfandvertrag (contractus pigneraticius, pactum hypothecae) zwischen Verpfänder und Gläubiger ist formlos l. 1. D. 13, 7. ‚nuda conventio‘ auch durch concludente Handlungen, inter absentes l. 23 § 1 D. 20, 1, durch Stellvertreter mit directem Erwerb des binglichen Rechtes für den Herrn l. 21 pr. eod., besonders bei Darlehn in fremdem Namen l. 9 § 8 D. 12, 1. Schriftlichkeit ist für den Beweis nützlich. l. 4. D. 20, 1. Verpfänder muß Eigenthümer und veräußerungsfähig sein, Gläubiger erwerbsfähig durch Kauf l. 24 D. 20, 1. Der Pfandvorbehalt bei Tradition einer Sache gilt als Abrede einer Bestellung durch den Erwerber, der deshalb veräußerungsfähig sein muß l. 1 § 4 D. 27, 9; ein solches Pfandrecht datirt also nicht aus der Zeit, wo Verkäufer noch Eigenthümer war, was für die Rangfolge besonders wichtig ist.

Die testamentarische Bestellung eines Pfandrechtes geschieht wie die von Servituten. S. 463.

Im preußischen Recht zeigt sich hier wesentlich der Unterschied von Immobilien und Mobilien. Für Grundstücke können nach G. vom 5. Mai 1872 Vertrag und Testament einzig Titel zum Pfandrecht bilden. Dasselbe entsteht erst durch Eintragung der Hypothek oder Grundschuld in das Grundbuch der belegenen Sache, meist auf Antrag des Grundeigenthümers, der sich vor dem Richter über seine Person und sein Verfügungsrecht auszuweisen hat.

Gleich steht die Vorlage eines rechtskräftigen Erkenntnisses, durch welches der eingetragene Eigenthümer auf Grund seines Versprechens oder einer letztwilligen Verfügung seines Erblassers zur Bestellung eines Pfandrechtes an den Antragsteller verurtheilt wird. C.Pr.O. § 779. Aus noch nicht rechtskräftigen, sondern nur vorläufig für vollstreckbar erklärten Urtheilen, ferner aus solchen, welche die noch nicht reife, z. B. bedingte Forderung feststellen, und aus einstweiligen Verfügungen, die eine Vereitelung des gläubigerischen Rechtes durch Veränderungen des Eigenthümers bezüglich seines Grundstücks verhüten sollen C.Pr.O. § 814 kann bloß der Eintrag einer Vormerkung beantragt werden, um für die endgültige

Eintragung die Stelle in der Reihenfolge zu wahren. Zur Begründung eines Faustpfandes an Grundstücken muß zur Eintragung noch Uebergabe hinzukommen. Ueber die Recognitionshypothek S. 320.

Für Mobilien entsteht das Pfandrecht nur durch Uebergabe an den Gläubiger, auch durch brevi manu traditio, welche ihm die aus einem andern Grunde innegehabte Sache beläßt. Hierfür bildet der Pfandvertrag, der als solcher — verschieden von dem zu sichernden Hauptvertrage — keiner Form bedarf, einen Titel. A.L.R. § 93 I, 20. Bei Sachen, an welchen entweder die Naturalübergabe nicht möglich, oder durch Gesetze erlassen ist § 271 ff., genügt die schriftliche Erklärung des Schuldners: dem Gläubiger den Besitz übertragen zu wollen und eine symbolische Handlung, welche dem Dritten die Verpfändung äußerlich erkennbar macht. Bei Unzulänglichkeit dieser Maßregeln ist die Geltendmachung des Pfandrechtes gegen den dritten redlichen Besitzer der Sache verboten. Als Beispiele (denn analog ist wohl bei Fabrikutensilien, stehendem Nutzholz im Forst, Bibliotheken ꝛc. das Gleiche anzunehmen) erwähnt das A.L.R.: Forderungen S. 494. Frachtschiffe (nicht bloße Fährkähne) und Waaren. Das Symbol besteht für Schiffe in einem gerichtlichen bzw. notariellen Vertrag, Vermerk auf dem Beilbrief, — d. h. einem obrigkeitlichen Attest über Namen, Tonnengehalt, Bau- und Eigenthumsverhältnisse des Schiffs —, und Aushändigung einer beglaubigten Abschrift an den Gläubiger. Doch gilt dies heute bloß noch für Strom- und Küstenfahrer, da für Seeschiffe H.G.B. Art. 432 nach dem Pr.Einf.G. Art. 59 § 1 ff. Eintragung im Schiffsregister und Vermerk derselben auf dem Certificat sowie der Verpfändungsurkunde erfordert wird. Das Symbol besteht für lagernde Waaren in der Benachrichtigung des Speicheraufsehers, Uebergabe der Schlüssel, Signiren der Verpackung u. a. m.; für auf dem Transporte befindliche Waaren, wenn sie Absender verpfändet, in der Aushändigung der Versandpapiere, Anzeige an den Frachtführer mit Contreordre, oder falls die Verpfändung Seitens des Adressaten erfolgt, in der Uebergabe des Ladescheins und der Factura ꝛc.

Ueber das Faustpfand an Mobilien im H.G.B. und in der R.K.O. vgl. S. 482. Der Lombardverkehr der Reichsbank besteht nach R.G. vom 14. März 1875 in der Gewährung zinsbarer Darlehne bis auf drei Monate innerhalb gewisser Werthgrenzen gegen Verpfändung von Gold, Silber, sicherer Börsenpapiere, feiner Wechsel und im Inland lagernder Kaufmannswaaren.

Besondere Erörterung verdient die Bodmerei nach H.G.B. Art. 680 ff. Sie besteht in der Aufnahme eines Darlehns durch den Schiffer außerhalb des Heimathhafens im Fall der Noth für Schiff oder Ladung, gegen Verpfändung von Schiff, Ladung und Fracht zusammen oder getrennt, jedoch der Ladung allein nur zum Besten ihres Interessenten. Vorherige Feststellung des Nothstandes durch den Reichsconsul oder eine Behörde s. g. Verklarung ist zum Beweis nützlich. Die Verpfändung geschieht schriftlich, der Bodmereibrief kann an Order lauten und wird dadurch indossabel. In dem Geschäft liegt zugleich eine Versicherung, da der Untergang der Pfandsache die Forderung tilgt. Daher ist jeder Zinssatz, auch Zinseszins zulässig. Unter mehreren Bodmereigläubigern geht wegen der versio in rem der jüngste vor. Gläubiger kann sich nur an den verbodmeten Gegenstand halten und bei dem zuständigen Gericht Ueberweisung der Fracht, öffentlichen Verkauf des Schiffs (Pr.G. vom 13. Juli 1883 § 163 ff.) oder der Ladung

beantragen; persönlich haften Schiffer und Rheder nur bei Verschulden; wer die Ladung redlich vom Empfänger erwarb und in Besitz nahm, ist frei. Die Klage verjährt binnen einem Jahr vom Verfalltage, als welcher Mangels Abrede der achte Tag nach Ankunft des Schiffes im Bestimmungshafen gilt. Die Bodmerei ähnelt dem römischen foenus nauticum D. 22, 2, das sich jedoch in der Regel auf die zum Seetransport bestimmte Ladung beschränkt s. g. pecunia trajecticia. Der Befrachter nimmt ein Darlehn zu diesem Behufe im Heimathhafen auf, mit 12% für die Reise, seit Justinian für das Jahr l. 26 § 1 C. 4, 32; er haftet persönlich, braucht aber bloß im Fall unversehrter Ankunft der Ladung zurückzuzahlen, es sei denn, daß ihn oder den Schiffer eine Schuld am Untergang traf l. 4. C. 4, 33. Eine selbstverständliche Verpfändung lag darin nicht l. 4 pr. l. 6 D. 22, 2. Das foenus kam in Rom auch als quasi nauticum vor zur Versicherung gegen andere Gefahren ‚in aleae speciem' l. 5 D. 22, 2: Die Versicherungssumme wird eben im Voraus gezahlt und in der Zwischenzeit — an Stelle der heutigen Prämien — hoch verzinst. l. 122 § 1 D. 45, 1.

D. Richterliche Hypothek.

Sie wird durch richterliche Entscheidung begründet, um die Verfolgung von Rechten zu sichern:

I. Durch **Adjudication.** In Theilungsprocessen kann der Richter einem Partner die Sache ganz zusprechen, ihn zur Geldabfindung an den andern verurtheilen und letzterem bis zur Tilgung ein Pfandrecht an der Sache adjudiciren. Dies ist in der heutigen Praxis veraltet.

II. Durch **Einweisung** (missio in possessionem) in das ganze Vermögen des Schuldners oder in einen einzelnen Gegenstand, um die Erfüllung eines Anspruchs zu sichern. S. 282. Dazu dient besonders die missio rei servandae causa in das Vermögen des Schuldners, sei es im Proceß gegen den indefensus, qui se non recte et uti oportet defendit, fraudationis causa latitat, gegen den in jure confessus, judicatus etc., sei es bei Insufficienz durch Concurs, Güter-Abtretung, erbenlosen Tod ꝛc. Ferner kann Legatar, dessen Vermächtniß wegen schwebender Bedingung, ausgebrochenen Erbschaftsstreites noch unreif ist, Caution eventuell Einweisung in den Erbtheil des Beschwerten verlangen s. g. missio legatorum servandorum causa, die als Antoniniana auf das ganze auch eigne Vermögen des Onerirten und zum Schutz aller Vermächtnißnehmer ausgedehnt ist. Durch die missio wegen verweigerter cautio damni infecti erhält der durch ein baufälliges Haus bedrohte Nachbar die Custodia desselben. Endlich läßt sich aus dem Erbrecht noch die missio ventris nomine hierher rechnen, wodurch ein Curator ventris für die schwangere Wittwe Obdach und Alimente aus der Erbschaft erlangt — nicht aber die anderen provisorischen Erbklagen, welche gegen bloße Bescheinigung des Erbrechtes den Nachlaß ausantworten.

Durch Besitzergreifung aus dem prätorischen Decret entsteht Obhut, oft aus dem zweiten Decret bei fortgesetzter Contumaz Fruchtgenuß des Gläubigers ꝛc., also ein dem Pfandrecht ähnliches Verhältniß s. g. pignus praetorium, das sogar bei der missio rei servandae causa zum Verkauf führt, aber unter eigenthümlichen Umständen, z. B. des ganzen Vermögens zu einem Procentsatz an den bonorum emtor, unter Anschluß anderer Gläubiger. Justinian führt die Gleichstellung weiter, indem er dem Immissus anstatt des interdictum ne ei vis fiat, qui in possessionem missus est eine actio hypothecaria giebt. l. 2 C. 8, 21.

Davon hat sich die missio ventris nomine erhalten A.L.R. § 371 I, 9, jedoch im heutigen System ohne eigentliche Pfandwirkung.

Nach Pr. G. vom 5. Mai 1872, G. vom 13. Juli 1883, vgl. C.Pr.O. § 757 kann Gläubiger, der einen vollstreckbaren Titel für seine Geld-Forderung erstritten hat, die Intabulation einer Zwangs-Hypothek auf das seinem Schuldner gehörige Grundstück — auf mehrere ungetheilt bzw. pro rata — beantragen, und für Forderungen, die nur vorläufig oder gegen Sicherheitsleistung vollstreckbar sind C.Pr.O. § 648 ff., den Eintrag einer Vormerkung, die auch einstweilen durch Vermittlung des Proceßrichters statthaft ist. Gegen Vorlage einer unbeschränkt vollstreckbaren Ausfertigung des Schuldtitels findet dann Umschreibung in eine Hypothek Statt. Der Antrag des Gläubigers ruht hier nicht auf der rechtskräftigen Ausführung eines Versprechens zur Bestellung einer Hypothek, sondern auf der Sicherung eines vollstreckbaren Anspruchs. Endlich kann aus öffentlichem Interesse auf Antrag der zuständigen Behörde wegen Geldforderungen direct eine Hypothek eingetragen werden, z. B. betreffs Gerichtskosten, wenn die Steuerbehörde, oder betreffs rückständiger Kaufgelder, wenn der Subhastationsrichter es beantragt.

III. Durch **Pfändung.**

In Rom hat sich das pignus in causa judicati captum bei der extraordinaria cognitio, später allgemein entwickelt. l. 1 C. 8, 22. Die vom Apparitor dem verurtheilten Schuldner abgepfändeten Sachen werden nach zwei Monaten zu Gunsten des Gläubigers öffentlich versteigert oder demselben in Ermangelung von Bietlustigen addicirt. l. 15 D. 42, 1. In dem vorzugsweisen Befriedigungsrecht des Gläubigers aus dem Erlös dieser Sachen läuft eine Parallele mit dem Pfandrecht, doch vollziehen sich Besitz, Verkauf ꝛc. durch Vermittlung des Gerichts.

In der C.Pr.O. § 708 ff. beauftragt der siegreiche Gläubiger einen Gerichtsvollzieher mit der Ausführung eines für vollstreckbar erklärten Erkenntnisses. Derselbe pfändet eventuell, soweit es zur Deckung des Geldanspruchs nöthig erscheint, dem Schuldner bewegliche körperliche Sachen ab, indem er sie in Besitz nimmt oder mit Siegeln und ähnlichen dauernden Zeichen versieht. Dadurch erhält Gläubiger an ihnen ein Pfand- und Absonderungsrecht im Concurse R.K.O. § 41 Z. 9 und geht andern persönlichen Gläubigern und selbst solchen, die eine Anschlußpfändung beantragen, voran. In Betreff der Zwangsvollstreckung in Forderungen vgl. S. 494; die in Immobilien bestimmt sich nach den Landesgesetzen C.Pr.O. § 757 und wird nach Pr.G. vom 13. Juli 1883 entweder durch Zwangs-Verkauf, -Hypothek oder -Verwaltung durchgesetzt. Letztere s. g. Sequestration, Administration zielt auf eine Befriedigung des Gläubigers aus den Früchten und Einkünften des Grundstücks, nicht aus der Substanz. Der Arrestbefehl C.Pr.O. § 810 enthält eine anticipirte Zwangsvollstreckung und bewirkt durch Vollzug ein bedingtes Pfandrecht, das an Grundstücken durch eine Vormerkung in Höhe des zu sichernden Geldbetrages auf Antrag des Gläubigers eingetragen wird. G. vom 13. Juli 1883 § 10. S. 285. Aehnliche Folgen — meist nur eine Retention mit Verkaufsrecht — bewirkt die deutschrechtliche Privatpfändung vgl. S. 284.

C. Gesetzliche Hypothek.

Sie entsteht in Rom durch Rechtssatz, stillschweigend mit der Forderung entweder generell am ganzen Vermögen des Schuldners oder speciell an einzelnen Bestandtheilen s. g. pignus legale.

I. Generell.

a) für den **Fiscus** — aus dem alten jus praediaturae des Aerars S. 345 — wegen Abgaben von der steuerpflichtigen Lage des Schuldners an, wegen Contractsansprüchen von der Entstehung an, nicht wegen Strafforderungen. Dem Fiscus stehen gleich Regent und seine Gemahlin, nach der Praxis auch Städte, Kirchen in Betreff ihrer Verwaltungsansprüche.

b) für **Bevormundete** wie Minderjährige, Geisteskranke am Vermögen ihres Vormunds — auch des Protutor und falls die Mutter die Vormundschaft führte und sich vor Rechnungslage wieder verheirathete, auch des Stiefparens — wegen Verwaltung ihrer Güter ‚a die administrandi', d. h. von dem Tage an, wo er die Verwaltung übernehmen mußte.

c) für **Kinder** am Vermögen ihres Vaters wegen der bona adventicia und des conjux binubus wegen der lucra nuptialia.

d) für die **Ehefrau,** nach nov. 109 bloß die rechtgläubige, am Vermögen ihres Mannes: 1. wegen Rückgabe des Dos, auch zu Gunsten eines anderen Rückforderungsberechtigten, nur nicht bei der dos recepticia. — 2. wegen Verwaltung der bona paraphernalia. — 3. wegen Bestellung der heute veralteten donatio propter nuptias. Die Praxis bezieht dies Pfandrecht auch auf die Braut, die schon vor Abschluß der Ehe eine Mitgift hingab. Nach R.G. vom 3. Juli 1869 muß es auch zu Gunsten der heterodoxen, jüdischen Ehefrau gelten.

e) für den **Ehemann** am Vermögen des Promittenten der Dos wegen Bestellung derselben.

f) für die **Kirche** am Vermögen ihres Emphyteuta wegen Verschlechterung des Grundstücks.

g) für den **Substituten** einer erbrechtlichen Zuwendung an den Ehegatten unter der Bedingung, sich nicht wieder zu verheirathen, am Vermögen desselben auf Herausgabe im Fall der Wiederverheirathung.

II. Speciell.

a) für den **Vermiether** eines praedium urbanum, z. B. Wohnung, Laden, Speicher, Stallung, wegen seiner Forderungen aus dem Miethsvertrag wie Miethszins, Auslagen, Schaden ꝛc. an den Illaten des Miethers, sofern sie diesem gehören — also nicht etwa an geliehenen Möbeln — oder er zur Verpfändung berechtigt war, und soweit sie zu dauerndem Verbleib in der Miethsache ‚ut ibi sint' l. 7 § 1 D. 20, 2 bestimmt sind. Demnach ergreift dies Pfandrecht auch Waaren im Lager, Werthpapiere im Spind, aber wohl nicht die nach C.Pr.O. § 715 zur Lebensnothdurft unentbehrlichen Gegenstände. Das Eingebrachte gilt als Ganzes, so daß neu angeschaffte Stücke in die Pfandhaft eintreten, jedoch fortgebrachte mit Ausnahme von Waaren im ordentlichen Geschäftsverkehr S. 491 nicht ausscheiden. Eine rechtswidrige Wegschaffung — durch s. g. Rücken in heimlicher Weise — ist furtum possessionis, im St.G.B. § 289 strafbarer Eigennutz und entzieht an sich die actio hypothecaria nicht. Freilich kann in dem wissentlichen Schweigen des Vermiethers zu diesem Hergang ein Verzicht auf sein Pfandrecht liegen. Gegen unrechtmäßige Perclusion, z. B. trotz bezahlter Miethe, schützt sich Miether durch ein interdictum de migrando D. 43, 32, nach der Praxis durch die actio conducti. An den Sachen des Aftermiethers hat sein Vermiether wegen des Rückstandes ein Pfandrecht und daran wieder der Obervermiether, soweit sich seine Forderung damit deckt, ein Afterpfand; daraus erklärt sich, daß unter Umständen Aftermiether den Zins direct an den ersten Vermiether zahlen kann. l. 5 pr. D. 20, 2, l. 11 § 5 D. 13, 7.

b) für den **Verpächter** eines praedium rusticum wegen seiner Ansprüche aus dem Pachtcontract an den darauf gebauten Früchten, mag sie sein Pächter oder dessen Afterpächter percipiren; an dem eingebrachten Inventar hat er nur ein durch Vertrag, auch concludent begründetes Pfandrecht. l. 4 pr. D. 20, 2.

c) für den **Darleiher** in restitutionem aedium vel navium wegen dieser Forderung an dem wieder hergestellten Haus oder Schiff. Es handelt sich um Hergabe von Geld oder Geldeswerth zu diesem Zweck, einerlei ob Empfänger als Bauherr die Münzen dazu verwandte. l. 1 D. 20, 2.

d) Für **Pupillen** an den mit ihrem Gelde vom Vormund oder von Dritten angeschafften Sachen wegen Erstattung dieser Auslagen, falls sie nicht die utilis rei vindicatio vorziehen. S. 396.

e) Für **Vermächtnißnehmer** am Erbtheil des Beschwerten wegen der letztwilligen Zuwendung.

Im heutigen Pfandsystem sind Generalhypotheken ausgeschlossen und kann das Gesetz nur Titel zu einem Pfandrecht sein. Das A.L.R. § 399 I, 20 kennt eine Menge von Titeln zur Eintragung einer Hypothek, z. B. Ehefrau wegen der Illaten, Mündel an den Gütern des Vormunds — aufgehoben durch die Vorm.O. vom 5. Juli 1875 — Fiscus gegenüber seinen Beamten, Werkmeister wegen Verwendung in Immobilien § 972 I, 11 2c. Gläubiger kann die Intabulation auch einer Correalhypothek beim Grundbuchrichter beantragen; nach G. vom 5. Mai 1872 bedarf es auch hier der Vermittlung des Proceßrichters. Betreffs Mobilien giebt das A.L.R. dem Vermiether bzw. Verpächter wegen seiner Contractsforderungen ein gesetzliches Pfandrecht an den eingebrachten Sachen bzw. percipirten Früchten, das von der Illation, nicht von der Besitzergreifung beginnt, aber gegen dritte redliche Besitzer solcher Sachen illusorisch ist. Das Z.G. vom 13. Juli 1883 erlaubt zum gemeinen Nutzen den Vorabzug gewisser geringfügiger Lasten aus dem Erlöse der Zwangsversteigerung. S. 326.

Das H.G.B. giebt dem Commissionär, Spediteur, Frachtführer, Schiffer wegen ihrer Forderungen aus dem Abschluß des Geschäftes bzw. der Beförderung ein gesetzliches Pfandrecht an der in ihrem Besitz befindlichen Waare, Ladung oder an den zur Beförderung aufgegebenen bzw. an Bord des Schiffes gebrachten Sachen der Reisenden; dasselbe ist mehr ein durch die Verkaufsbefugniß qualificirtes Retentionsrecht und führt nur beim Frachtführer und Schiffer zu einer Pfandklage, falls sich das an den Empfänger abgelieferte Gut noch binnen 3 bzw. 30 Tagen in dessen oder seines Vertreters Gewahrsam befindet. Art. 412, 624. Außerdem soll ein gesetzliches Pfandrecht zustehen nach Art. 753 wegen der Bergungs- und Hülfskosten an den geretteten Gegenständen und nach Art. 758 ff. den Schiffsgläubigern am Schiff und an der noch ausstehenden Brutto-Fracht der betreffenden Reise vgl. Art. 727.

Die R.K.O. § 41 stellt außer den Fällen der Pfändung und des H.G.B. noch folgende Besitzer von Mobilien in Bezug auf abgesonderte Befriedigung im Concurs den Faustpfandgläubigern gleich, doch unter der Maßgabe, daß das körperliche Verhältniß ihrer Einwirkung auf die Sache fortdauert, selbst ohne Rücksicht auf unfreiwilligen Verlust. Dies sind: Reichs-, Staats-Kassen, Gemeinden 2c. wegen öffentlicher Abgaben in Ansehung der zurückgehaltenen oder in Beschlag genommenen zoll- und steuerpflichtigen Sachen; Verpächter, Vermiether wegen ihrer Ansprüche aus dem Pacht- bzw. Mieths-Verhältniß — Miethsrückstände nicht über das letzte Jahr vor der Eröffnung des Verfahrens hinaus — in Ansehung der Früchte des Grundstücks und der eingebrachten Sachen, sofern sie sich noch auf dem Grundstück befinden; Pächter bezüglich des in ihrem Gewahrsam befindlichen Inventars wegen der Forderungen für dieses; Gastwirthe wegen ihrer Forderungen für Wohnung und Bewirthung des Gastes in Ansehung der von demselben eingebrachten, von ihnen zurückbehaltenen Sachen; Künstler, Werkmeister 2c. wegen ihrer Forderungen für Arbeit und Auslagen an den von ihnen gefertigten, ausgebesserten und noch in ihrem Gewahrsam befindlichen Sachen; in rem vertentes wegen des, den noch vorhandenen Vortheil nicht übersteigenden Betrages ihrer Forderung aus der Verwendung, in Ansehung der zurückbehaltenen Sache.

§ 162.

Umfang.

A. Was haftet als Pfand?

I. **Verpfändete Sache.** In Betreff der Versicherungsgelder vgl. S. 488. Bei Zwangsenteignung des Grundstücks muß nach Pr.G. vom 11. Juni 1874 die Entschädigungssumme zu Gunsten der Gläubiger gerichtlich hinterlegt werden.

II. **Accessionen,** welche beim Verpfänder oder dritten Erwerber praktisch unlösbar zur Sache hinzukamen, z. B. Anpflanzungen, Zuwüchse treten in die Pfandhaft ein l. 18 § 1 D. 13, 7, nicht aber Insel, Schatz. Im A.L.R. § 157 I, 20 nimmt jede Erweiterung des Grundstücks durch Flußwasser an der Pfandlast Theil. Das auf einer area errichtete Haus fällt nach l. 21 D. 13, 7 an den Grundeigenthümer und unter das von ihm am Boden bestellte Pfandrecht; nach Trennung der fremden Materialien lebt an ihnen, soweit sie erkennbar sind, das freie Eigenthum des Dritten wieder auf. S. 373. Nach G. vom 5. Mai 1872 haftet das auf dem Pfandgrundstück befindliche oder nachträglich darauf errichtete Gebäude „wenn es dem Eigenthümer gehört.“

III. **Pertinenzen** vgl. S. 204.

Rechte, die zur Pfandsache gehören, z. B. Servituten, Realgerechtsame, Bannrechte, sind mitverpfändet; ihr Untergang durch Verjährung Confusion — aber nicht bloß durch Verzicht des Verpfänders — gereicht dem Pfandgläubiger zum Nachtheil, wie auch seine Sicherheit durch Wegfall der auf der Sache ruhenden Lasten, z. B. Nießbrauch, Altentheil erhöht wird.

Körperliche Sachen, die ein Zubehör der Pfandsache bilden oder welche Verpfänder später aus seinem Vermögen zu besserem Gebrauch beifügte, unterliegen in Rom durch stillschweigenden Willen der Pfandhaft. Nach H.G.B. Art. 758 erstreckt sich das Pfandrecht des Schiffsgläubigers auch auf die Zubehörungen des Schiffes Art. 443. Nach Pr.G. vom 5. Mai 1872 entscheidet für bewegliches Zubehör von Grundstücken der Zeitpunkt der pfandrechtlichen Geltendmachung. Was dann noch zur Bewirthschaftung des Gutes 2c. dient, und dem Eigenthümer gehört, gilt als verpfändet, eventuell die Versicherungssumme. Zwar kann Subhastat durch Veräußerung solcher Stücke und räumliche Trennung vom Gut das Pfandrecht daran zerstören und vielleicht die Befriedigung des Gläubigers, der darum nicht wußte und nicht einschreiten konnte, vereiteln, aber er macht sich nach St.G.B. § 288 eines strafbaren Eigennutzes schuldig. Für unbewegliche Zubehörstücke des Grundstücks auf demselben Blatt kommt es auf den Moment der Eintragung der Hypothek an: Wird also ein Vorwerk vom verpfändeten Rittergut getrennt, so muß auf das selbständige Grundbuchblatt die Hypothek, die dadurch zur correalen wird, mitumgeschrieben werden. Geringfügige Ausnahmen finden zu Gunsten der Gemeinheitstheilung, Grenzregulirung Statt. Umgekehrt müßte ein dem verpfändeten Gut nachher zugeschriebenes Zubehörstück frei bleiben, allein das G. vom 5. Mai 1872 unterwirft es der Pfandhaft, um die Schwächung des Realcredits, die durch solche Distinctionen eintreten könnte, zu vermeiden.

IV. **Früchte**.

In Rom gelten die bei Anstellung der actio hypothecaria noch hängenden Früchte als Theil der Pfandsache. In Betreff der getrennten ist zu unterscheiden: Fielen sie bei Trennung in das Eigenthum des Verpfänders oder seines Erben, so gelten sie ‚tacita pactione‘ l. 3 C. 8, 14 als selbständige Pfandobjecte und sind — natürlich bis zur Consumtion — mit einer besonderen actio hypothecaria auch vor der Hauptsache gegen jeden dritten Erwerber verfolgbar. Die darin liegende Verkehrsunsicherheit wird sowohl durch die schnelle Verzehrbarkeit der Früchte als dadurch beseitigt, daß bis auf Justinian die unerlaubte Veräußerung verhypothecirter Mobilien als Furtum bestraft wurde — worin eine Schranke gegen den Verkauf der Früchte lag — andrerseits aber die Einwilligung des Gläubigers zum Verkauf als Verzicht auf sein Pfandrecht galt. Fielen dagegen die Früchte bei der Separation in das Eigenthum eines Singular-Erwerbers der Pfandsache, so blieben sie von der Pfandhaft frei und konnten höchstens als processualischer Nebenpunkt der auf die Hauptsache gerichteten actio hypothecaria verfolgt werden, also nur subsidiär und wenn sie beim Beklagten im Moment der litis contestatio noch exstantes waren. l. 16 § 4, l. 1 § 2 D. 20, 1. Diese

Deduction wird von Vielen bestritten auf Grund von Pauli R.S. II, 5 § 2 ‚**fetus vel partus ejus rei**, quae pignori data est, pignoris jure non tenetur, nisi hoc inter contrahentes convenerit'. allein diese Stelle ist entweder corrumpirt oder bezieht sich auf eine Controverse der römischen Juristen oder Paulus behandelt nur den Gegensatz zur fiducia, da bei dieser der Pfandnexus der Früchte eine Consequenz des Eigenthums, beim pignus aber eine Folge des Parteiwillens ist. Auch für Sclavenkinder entscheidet der Moment der Geburt und nicht der Conception l. 29 § 1 D. 20, 1. Die scheinbar widerstreitende l. 18 § 2 D. 13, 7 erläutert einfach den Satz, daß dem Käufer, wie er die Pfandlast der Sache trägt, auch der Vortheil des partus zukomme. In l. 1 pr. D. 43, 33 wird zwar dem Verpächter ein interdictum Salvianum auf das Kind derjenigen Sclavin gegeben, welche nach ihrer Illation auf das Pachtgut empfangen und erst beim Käufer geboren hat, aber dies erklärt sich aus der Natur des interdictum Salvianum, das gegen bloße Bescheinigung auf vorläufige Verschaffung des Besitzes gerichtet ist. Civile Früchte, wie Miethς-, Pachtgelder, die Verpfänder bereits einzog, kann Gläubiger nicht fordern, doch braucht er den Miether nicht zu dulden; im gemeinen Recht kann er kündigen und insoweit die ausstehenden Zinsen verlangen.

Heute gelten bei beweglichen Faustpfändern jedenfalls die Früchte als mitverpfändet, z. B. Zinscoupons eines Inhaberpapiers. Bei Grundstücken fallen nach Pr.G. vom 5. Mai 1872 zur Zeit der Vollstreckung des Pfandrechtes darunter: alle stehenden und hängenden Früchte, deren Veräußerung bzw. Abtretung der Versicherungsgelder den Gläubigern gegenüber unwirksam ist; von den abgesonderten die dem Eigenthümer noch gehörigen und selbst von den gültig veräußerten noch in Folge ihrer Pertinenzeigenschaft diejenigen, welche zur Fortsetzung der Wirthschaft bis zur nächsten Ernte erforderlich sind, so lange nicht ihre räumliche Trennung vom Grundstück bewirkt wurde. Unter die Regeln der Pertinenz fällt auch das unreif und irrationell geschlagene Holz eines Forstes. Miethsund Pachtgelder, die für das laufende Vierteljahr erhoben sind, muß Pfandgläubiger gegen sich gelten lassen, doch verliert bei längerer Vorausbezahlung Ersteher weder das Recht zum nächsten Quartal zu kündigen, noch falls er davon keinen Gebrauch machte, die Befugniß zur Nachforderung; Miether behält seinen persönlichen Rückgriff gegen den Subhastaten und kann durch Intabulation seines Contracts und der Zahlung sich dinglichen Schutz gegen nachstehende Pfandgläubiger sichern.

B. Wofür haftet das Pfand?

I. Für die **Hauptforderung**, selbst wenn sie in anderer Weise, als die Parteien wollten, entstand, z. B. anstatt des Darlehns in Folge Irrthums des Empfängers eine grundlose Bereicherung mit condictio Juventiana l. 32 D. 12, 1, oder in Folge des Wuchers nach R.G. vom 24. Mai 1880 eine Rückforderung des wirklich Geleisteten.

II. Für **Accessionen** der Forderung, soweit sie aus dem rechtswidrigen Verhalten des Schuldners gesetzlich hervorgehen, z. B. Verzugs- und Proceß-Zinsen, Kosten der Klage, des Verkaufs, oder unter die actio pigneraticia contraria fallen wie Verwendungen auf die Pfandsache, Schäden durch sie. Für bedungene Zinsen und Strafen steht in Rom das Pfand im Zweifel ein, sofern sie mit der Schuldklage des bonae fidei Contracts in Folge eines pactum in continenti adjectum gefordert werden können; folglich nicht für stipulirte Zinsen, es sei denn, daß das Pfand, selbst concludent darauf erstreckt wurde. l. 8 § 5, l. 11 § 3 D. 13, 7. Im gemeinen Recht genügt jede formlose Zinsabrede und entscheidet über den Umfang der Pfandhaftung der Parteiwille. Nach A.L.R. § 159 ff, I, 20 bezieht sich das Faustpfand auf alle Nebenansprüche des Gläubigers, wie Zinsen, Kosten, Schäden rc. Nach Pr.G. vom 5. Mai 1872 umfaßt die Hypothek an Grundstücken ohne Weiteres Kosten der Eintragung, Kündigung, Klage und Beitreibung, dagegen Zinsen, Jahreszahlungen wie Amortisationsquoten nur dann, wenn dies eingetragen ist, und sogar in diesem Falle stehen nach Z.G. vom 13. Juli 1883 § 35 ältere als zweijährige Rückstände nach, um nicht durch ungemessene Erhöhung des Capitals die Sicherheit der folgenden Posten zu gefährden.

III. Für **anderweite Forderungen** des Gläubigers gegen den Verpfänder s. g. chirographarische, weil sie durch Schuldschein, nicht durch Realcredit gedeckt sind, haftet das Pfand nicht. Doch sieht Gordian in l. un. C. 8, 26 den Verpfänder als dolos an, welcher nach Lösung der Pfandverbindlichkeit, ohne seine übrigen Geldschulden an den Gläubiger zu zahlen, diesem die ehemalige Pfandsache abverlangt, und bestimmt ein Retentionsrecht. Dieses steht jedem Gläubiger zu, der sich im Besitz der Pfandsache befindet, auch dem hypothekarischen, ohne daß es auf die Begründung des Pfandrechtes durch Vertrag oder Gesetz ankommt. Da es aber von dem sonstigen Erforderniß einer durch den Entstehungsgrund oder die Beziehung auf die Sache connexen Forderung singulär abweicht S. 488, muß es restrictiv ausgelegt werden. Es gebührt folglich nur dem Gläubiger wegen eigner — nicht cedirter — Forderungen; bloß gegen den ehemaligen Verpfänder, der zugleich Schuldner ist — also nicht bei Verpfändung für fremde Schulden —; ferner nicht gegen den späteren Pfandgläubiger, der offerirt; auch nicht gegen den dritten Erwerber der Sache und nicht nach Eröffnung des Concurses gegen die Concursgläubiger. Um dieses Retentionsrechtes willen kommt es vor, daß der erste Pfandgläubiger dem zweiten, der vielleicht pigneraticius ist, pfandmäßige Befriedigung anbietet, obwohl der Schuldner sich den Wirkungen leicht durch fingirten Verkauf der Sache entziehen kann. Pauli R.S. II, 13 § 8.

Im A.L.R. § 172 I, 20 darf Gläubiger nur aus Gründen des Arrestschlages die Ausantwortung des Pfandes versagen und ist auf Verlangen zur Ablieferung desselben in gerichtliche Verwahrung verpflichtet.

C. Verhältniß zwischen Pfand und Forderung.

Das ganze Pfand haftet als solches für die ganze Forderung. Insofern „pignoris causa est indivisa“ l. 65 D. 21, 2, mag auch das Pfandrecht durch Abrede der Interessenten getheilt sein.

I. **Die ganze Sache** haftet, also bei Trennung eines Theils oder Parcellirung jedes Trennstück, ohne daß sich der zeitige Erwerber durch verhältnißmäßige Befriedigung des Gläubigers befreien kann. l. 21 D. 42, 8. In der Grundbuchverfassung muß der Richter bei Dismembrationen, denen der benachtheiligte Gläubiger eventuell durch vorzeitige Kündigung begegnen kann, A.L.R. § 460 I, 20 (ähnlich

bei Bergwerken nach G. vom 24. Juni 1865 im Fall einer Feldestheilung (S. 419) **die Hypotheken nach ihrer Reihenfolge** auf das neugebildete Blatt umschreiben. Im Interesse der Gemeinheitstheilung, Grenzregulirung, Arrondirung 2c. wird davon abgesehen, wenn es sich um den Austausch oder Verkauf (Verwendung des Preises zum Nutzen der Gläubiger!) unbedeutender Parcellen handelt, was oft noch der Bestätigung durch ein Unschädlichkeitsattest der Auseinandersetzungs-Behörde bedarf.

II. **Für die ganze Forderung**, bis der letzte Rest derselben getilgt ist. Daher braucht bei Verpfändung mehrerer Sachen Gläubiger trotz entsprechender Theilzahlung keine von ihnen herauszugeben, außer im A.L.R. § 174 ff. I, 20, wenn er zur Annahme verpflichtet war, die Sachen nicht zusammen gehören und der Rest derselben noch genügt, um das Doppelte des Schuldrückstandes mit zweijährigen Zinsen zu decken. Auch wird Miether durch einstweilige richterliche Verfügung den Wirth zwingen können, ihm so viel vom zurückgehaltenen Mobiliar herauszugeben, als die Sicherung der Miethsschuld übersteigt.

Nach Z.G. vom 13. Juli 1883 kann Schuldner, wenn Gläubiger in Folge einer vollstreckbaren Geldforderung eine Gesammthypothek auf dessen Grundstücke eintragen ließ, im Fall übermäßiger Sicherheit nach französischem Vorbilde code civil Art. 2161, entweder verhältnißmäßige Vertheilung réduction oder die Befreiung einzelner Grundstücke radiation klageweise verlangen.

Der Erbgang theilt in Rom zwar die Obligation nach Erbquoten, aber nicht das Pfandrecht: Stirbt Pfandschuldner, so haftet jeder seiner Erben nach Verhältniß der Erbportionen, doch muß er trotz Zahlung seiner Quote die in seinem Besitz befindliche Pfandsache oder den Theil, welchen er davon hat, dem Gläubiger herausgeben l. 8 § 2 D. 13, 7. Stirbt Pfandgläubiger, so steht jedem seiner Erben für den Antheil an der Obligation das Pfandrecht solidarisch zu. Können sie sich über gemeinschaftliche Ausübung des Pfandrechtes nicht einigen, so spricht es der judex familiae herciscundae einem von ihnen gegen volle Befriedigung der andern zu. Läßt sich Keiner dazu bereit finden, weil voraussichtlich der Verkaufswerth der Sache hinter dem Betrage der Forderung zurückbleibt, so muß der Richter das Pfandrecht unter den Miterben versteigern und es dem Höchstbietenden gegen verhältnißmäßige Abfindung der andern zuschlagen. Dann braucht Adjudicatar nach l. 29 D. 10, 2 weder den Ueberschuß des Erlöses herauszugeben, noch kann er von den Miterben Caution für volle Befriedigung verlangen.

§ 163.

Neben-Abreden.

A. **Pactum antichreticum.** Antichretische Pfandverwaltung, Antichreie, immissorischer Vertrag.
B. **Lex commissoria.**
C. **Pactum, ne debitori liceat rem vendere.**
D. **Pactum de ingrediendo.**

Sie können den Inhalt des Pfandrechtes verändern, sofern sie nicht gegen die Natur desselben gehen. Die auf Pfand-Veräußerung bezüglichen Abreden werden erst daselbst erwähnt werden.

A. Pactum antichreticum (χρῆσις ἀντὶ τῶν τόκων).

Gläubiger darf die ihm als Sicherheit anvertraute Sache nicht anders brauchen bzw. nutzen, als mit Erlaubniß des Verpfänders, die stillschweigend in der wirthschaftlichen Bestimmung der Sache liegen kann; er muß das Erträgniß, soweit es als persönlicher Bedarf schätzbar ist oder als Baarerlös für percipirte Früchte eingeht, auf Auslagen, Kosten, Zinsen und den Ueberschuß auf das Capital abrechnen, nach voller Tilgung die Sache herausgeben und Rechnung legen. l. 1–3 C. 4, 24.

Im A.L.R. § 146 I, 20 soll Rechnungsabschluß und bei bedeutenden Gerechtigkeiten auch Rechnungslage jährlich erfolgen und gilt Gläubiger, der nach gänzlicher Amortisation nicht zurückgiebt, als unredlicher Besitzer. Nach § 237 ht. und § 326 I, 11 wird für diese antichretische Pfandverwaltung vermuthet, wenn sich hinter dem Kauf mit Rückkauf in Folge des beträchtlichen Preisunterschiedes und der kurzen Einlösungsfrist ein wucherliches Darlehn verbirgt. Bei Wucher im Sinne des R.G. vom 24. Mai 1880 ist Gläubiger gehalten, alle Früchte herauszugeben und nur das von ihm wirklich Gezahlte zurückzufordern.

Aus l. 8 D. 20, 2 wird bei Verpfändung einer fruchttragenden Sache für ein zinsloses Darlehn eine tacita antichresis ‚usque ad modum legitimum usurarum‘ gefolgert, weil in Rom die Zinspflicht als wirthschaftliches Entgeld erscheint.

Die eigentliche Antichrese, die bisweilen auch ohne Verpfändung vorkommt l. 14 C. 4, 32, besteht in der Abrede, daß Gläubiger die Nutzung der Sache, z. B. des Landguts, einer Heerde an Stelle der Zinsen seiner Forderung behalten möge. l. 33 D. 13, 7. Vgl. die ältere Satzung S. 482. Hier braucht er weder Rechnung zu legen, noch den Ueberschuß der Früchte über die landesüblichen Zinsen zu erstatten, wie er andrerseits das Risico eines Mißwuchses trägt. Doch darf sich kein Wucher nach R.G. vom 24. Mai 1880 im Vertrage verstecken, da dieser sonst nichtig ist. Die ängstlichen Vorschriften des A.L.R. § 227 ff. I, 20, daß der Ueberschuß des Nutzungswerthes bei Grundstücken die landesüblichen Zinsen nicht um mehr als $^1/_3$ übersteige, also die Vergütung im Ganzen höchstens $5 + {}^5/_3 = 6^2/_3\%$ oder $6 + {}^6/_3 = 8\%$ betrage, und daß deshalb der Vertrag einer richterlichen Bestätigung in der Regel vor dem Realrichter bedürfe, sind wohl durch das B.G. vom 14. Novb. 1867 über die Höhe der vertragsmäßigen Zinsen aufgehoben. Einer Intabulation in der zweiten Abtheilung des Grundbuchs bedarf es nach G. vom 5. Mai 1872 zur Wirkung gegen Dritte.

Eine Art der Antichrese ist der immissorische Vertrag, wonach Gläubiger gegen die Nutzung der Sache binnen bestimmter Zeit sich als befriedigt für Capital und Zinsen erklärt.

B. Lex (pactum) commissoria.

Die im älteren römischen Pfandrecht übliche Abrede, daß Gläubiger bei Nichtzahlung der Schuld an Stelle derselben die Pfandsache behalten dürfe, ist durch Constantin in l. 3 C. 8, 34 sogar mit rückwirkender Kraft verboten, um den leichtsinnigen oder in Noth befindlichen Pfandschuldner vor Ausbeutung zu schützen. Das Verbot kommt ebenfalls dem Gläubiger zu Gute, wenn sich der Werth der Pfandsache bis zum Verfalltage verringert hat, und bezieht sich auch auf solche Verträge, die erst nach Bestellung des Pfandes aber vor Verfall geschlossen sind. Nicht das Pfandgeschäft, sondern die Nebenabrede ist unwirksam, daher kann Verpfänder nach Zahlung der Pfandschuld die Sache mit der actio pigneraticia vom Gläubiger und wenn dieser sie ordnungswidrig verkauft hat, mit der rei vindicatio von Dritten eventuell ihren vollen Werth mit der condictio ob injustam causam fordern. Unter das Verbot fallen alle ‚in fraudem legis' geschlossenen Geschäfte, z. B. Verkauf an den Gläubiger zu einem Preise, welcher dem Betrag der Forderung gleich kommt, Hingabe an Zahlungsstatt ꝛc., aber nicht Ueberlassung an ihn zum Schätzungswerth, Marktpreis l. 16 § 9 D. 20, 1.

Das A.L.R. § 33 ff. I, 20 verwirft die lex commissoria beim Pfand und erklärt auch den in Rom l. 81 pr. D. 18, 1 zulässigen Vertrag für ungültig, durch welchen Bürge des Verpfänders sich anstatt des persönlichen Regresses Anfall der Pfandsache ausmacht.

Auf das Verbot der lex commissoria übt das B.G. vom 14. Novb. 1867 keinen Einfluß, da seine Tendenz durchaus nicht auf Aufhebung aller wucherlichen Beschränkungen gerichtet ist.

C. Pactum, ne debitori liceat rem vendere.

Dies private Veräußerungsverbot wirkt nicht gegen den dritten Erwerber, die entgegengesetzte Lesart in l. 7 § 2 D. 20, 5 ist corrumpirt vgl. S. 383. Justinian beseitigt zwar in nov. 112 die Strafe des Furtum für den unerlaubten Verkauf einer speciell verhypothecirten Mobilie l. 6 D. 13, 7, aber dadurch will er das Recht des Verpfänders, die Sache zu veräußern und weiter zu verpfänden, nicht beeinträchtigen. Das G. vom 5. Mai 1872 erklärt entgegenstehende Abreden für nichtig.

D. Pactum de ingrediendo. vgl. S. 241.

Nach dem Reichs-Deput.-Absch. von Speier 1600 ist nach Art der in Schuldurkunden üblichen Executivclausel „mit oder ohne Recht" vgl. C.Pr.O. § 702 Z. 5 die Abrede gestattet, daß sich Pfandgläubiger bei Nichtzahlung der Schuld eigenmächtig in den Besitz der beim Verpfänder befindlichen Sache setzen könne. l. 3 C. 8, 14 (13). Doch darf er bei Widerstand des Verpfänders persönliche Gewalt gegen diesen nicht anwenden, sondern muß den Weg der Klage beschreiten l. 11 C. 4, 24, welchen die C.Pr.O. § 819 durch die einstweilige richterliche Verfügung erleichtert.

§ 164.

D. 20, 5 de distractione etc.

Verkauf.

Bedeutung der Abreden, daß Gläubiger nicht verkaufen dürfe, oder daß er dazu ermächtigt sei.
A. Römische Distraction.
  I. Voraussetzungen.
    Verkauf durch den ersten Gläubiger bei Verspätung des Schuldners, nach Denuntiation und zweijähriger Wartefrist.
  II. Vollzug.
    dominii impetratio.
  III. Wirkung.
    Pfandfreier Uebergang der Sache. Haftung des veräußernden Gläubigers, des Verpfänders bei Eviction.
B. Im gemeinen Recht.
  Nothwendige Subhastation von Grundstücken. Verkauf von Handelspfändern, von abgepfändeten Sachen.
C. Im preußischen Recht.
  Bei Mobilien. Zwangsversteigerung von Immobilien nach G. vom 13. Juli 1883.

Die Befugniß des Gläubigers, aus dem Verkauf der Pfandsache seine Befriedigung zu suchen, gehört so wesentlich zum Inhalt des Pfandrechtes, daß ein Ausschluß unwirksam bleibt. In Rom l. 4 D. 13, 7 folgt aus dem pactum ne creditori liceat rem distrahere nur eine Erschwerung der Solemnitäten derart, daß es einer dreimaligen Denuntiation mit angemessenen Zwischenräumen bedarf und erst von der letzten an die ordnungsmäßige Frist von zwei Jahren läuft. Das A.L.R. § 26 ff. § 225 I, 20 sieht darin den Parteiwillen einer antichretischen Pfandverwaltung bei nutzbaren Sachen und sonst den Aufschub des Verkaufs bis zum Concurse des Verpfänders; das G. vom 5. Mai 1872 erklärt die Abrede für völlig nichtig.

Der Pfandverkauf, mag er durch den Gläubiger oder auf dessen Antrag durch den Richter geschehen, ist ein Ausfluß des dinglichen Rechtes und kann nicht allein auf das Mandat gegründet werden, das von Widerruf und Tod abhängig wäre. Der römische Pfandgläubiger veräußert ‚suo jure' l. 13 D. 20, 5, im eignen Interesse kraft des pactum de distrahendo, das zum selbstverständlichen charakteristischen Merkmal des Pfandrechtes wurde. S. 480. Durch eine solche ausdrücklich vereinbarte Abrede wird sein Recht nicht mehr verstärkt, sondern bloß die Formalität des Pfandverkaufs, z. B. die zweijährige Wartefrist herabgemindert. Die Worte ‚procuratorio nomine' in Gaj. II § 64 bedeuten, daß Gläubiger „bestens" den Vortheil des Verpfänders wahrnehmen müsse ‚ac si ille per procuratorem egisset' l. 29 D. 10, 2. Noch mehr weicht die Function des Subhastationsrichters, welcher den Zwangsverkauf vollzieht, von dem Mandat ab; er vertritt die Staatsautorität, welche im Interesse des Realcredits die Realisation des nothleidenden Pfandrechtes durchführt. Daher haftet er für etwaige Versehen in Ausführung dieser Functionen dem benachtheiligten Gläubiger nicht aus dem Mandat, sondern nur außercontractlich und subsidiär aus seiner Eigenschaft als Beamter. Ger.Verf.G. § 70, Z. 2. Das Gleiche gilt von den Gerichtsvollziehern, obwohl dieselben nach dem Wortlaut der C.Pr.O. § 674 „im Auftrage des Gläubigers" die Zwangsvollstreckung bewirken.

A. Römische Distraction.

I. Der Verkauf **setzt voraus**: Vornahme durch den ersten Gläubiger (potior) nach Fälligkeit seiner Forderung. An sich steht das Recht auch dem späteren (posterior creditor) zu, aber er kann die actio hypothecaria des ersten nicht hemmen und wird bei Eviction seinem Käufer ersatzpflichtig. l. 1 C. 8, 45. Auf den rechtswidrigen Verzug des Schuldners kommt es nicht an, die Thatsache seiner objectiven Verspätung reicht hin, z. B. wenn er bloßer Naturalschuldner ist, gerechte Zweifel über Dasein und Umfang der Schuld hegt, durch natürliche Hindernisse wie nothgedrungene Abwesenheit, Betriebsstörung der Verkehrsmittel 2c. abgehalten ist. Freilich wird meist in der Denuntiation eine zur Mora erforderliche Mahnung liegen. Die Forderung soll fällig sein, nicht grade liquid d. h. durch rechtskräftiges Urtheil oder gerichtliches Anerkenntniß festgestellt. Denn der Widerspruch des Schuldners kann den Gläubiger in der Geltendmachung seiner Rechte nicht hindern; nur wenn ein Streit über die Forderung bereits schwebt, soll er aus Achtung vor dem Richter den Ausgang abwarten. l. 5 C. 8, 27. Dem Verkauf muß Mangels Abrede eine denuntiatio, d. h. Androhung an den Pfandschuldner und eine zweijährige Wartefrist vorangehen l. 3 § 1 C. 8, 33. Beim richterlichen Pfand durch Decret oder Urtheil genügt eine zweimonatliche Frist nach der Besitzergreifung bzw. Pfändung.

II. Der Verkauf **vollzieht sich** nach bestem Ermessen des Gläubigers entweder durch öffentliche Versteigerung oder unter der Hand. Zögert Gläubiger trotz günstiger Conjunctur oder will er bei gedrückter Preislage verkaufen, so können die späteren Gläubiger durch jus offerendi eintreten oder Verpfänder kann nach Abfindung des potior einen Dritten, der ihm das Geld lieh oder die Sache abkaufte, mittelst hypothekarischer Succession einschieben. l. 12 § 8, l. 17 D. 20, 4. Verschleudert Gläubiger die Sache unter ihrem wahren Werth, so ist er, weil der Verkauf giltig bleibt, dem Verpfänder mit der actio pigneraticia in personam aufs Interesse verhaftet und auch Käufer, falls derselbe colludirte, mit der actio doli l. 1 und 5 C. 8, 29. Der distrahirende Pfandgläubiger darf weder selbst noch durch eine Zwischenperson mitbieten, denn ‚nemo secum contrahere potest'. Der Ankauf durch Nachhypothekengläubiger, denen der Bürge für den Verpfänder gleichsteht, wird interpretirt ‚non tam acquirendi dominii quam servandi pignoris sui causa', d. h. das pfandrechtliche Verhältniß mit seinen Wirkungen der Oblation und Zahlung erleidet dadurch keine Störung l. 5 § 1, l. 6 D. 20, 5. Ein Erwerb der Sache durch den Verpfänder, sofern darin nicht bloß eine verspätete Einlösung liegt, ist undenkbar ‚nemo suam rem emere potest'. l. 39 pr. D. 18, 1.

Findet sich kein Bieter oder kein annehmbarer, so kann Gläubiger vom Kaiser durch d o m i n i i i m p e t r a t i o den Zuschlag der Sache zum gerichtlichen Schätzungswerth verlangen l. 3 C. 8, 33; trotzdem bleibt dem Verpfänder während eines biennium luitionis noch ein Wiedereinlösungsrecht einschließlich der Zinsen und Schäden. Ueber das s. g. schwebende Eigenthum vgl. S. 342. Nach fruchtlosem Ablauf der Frist wird die Sache taxirt und je nachdem muß Gläubiger entweder den Ueberschuß des Werthes über den Betrag seiner Forderung herauszahlen — sonst wird er verhältnißmäßiger Miteigenthümer — oder behält auf die Differenz seinen persönlichen Anspruch.

Das pignus in causa judicati captum wird durch den Richter veräußert und steht es dem Gläubiger frei, sofort mitzubieten.

III. Der Verkauf **bewirkt**, daß Käufer gegen Zahlung des Preises Uebergabe der Sache oder Abtretung der actio hypothecaria behufs Verschaffung des Gegenstandes l. 13 D. 20, 1 beanspruchen darf. Die Sache geht p f a n d f r e i auf den Käufer über, sofern nicht ausdrücklich ein befristetes Auslösungsrecht dem Verpfänder vorbehalten ist, welcher aus dem zu seinen Gunsten geschlossenen Vertrage eine actio in factum gegen den Käufer erhält l. 13 pr. D. 13, 7. Gläubiger tilgt mit dem Erlös seine Forderung und wenn dieser nicht zureicht, behält er sie als rein persönliche auf den Rest. Einen etwaigen Ueberschuß (hyperocha, superfluum) liefert er, bei Verzug oder eigennütziger Verwendung l. 6 § 1 D. 13, 7 noch gemehrt um die Zinsen, an den Verpfänder aus, gegen den sich die ausgefallenen späteren Gläubiger wenden. Bei Unsicherheit kann wohl der zweite Gläubiger und so fort verlangen, daß ihm der Ueberschuß direct ausgehändigt oder zum gerichtlichen Verwahrsam gezahlt wird.

Dem Käufer kann nicht mehr Recht an der Sache werden, als Verpfänder hatte. Es entsteht daher die Frage, wen im Fall der E v i c t i o n der geprellte Käufer belangen kann: Gegen den veräußernden P f a n d g l ä u b i g e r hat er nur dann eine actio emti, die allerdings aufs volle Interesse geht, wenn dieser für den dauernden Genuß Garantie versprach — was stillschweigend darin liegt, daß er sich wie ein gewöhnlicher Verkäufer benahm l. 59 § 4 D. 17, 1 — oder wenn derselbe arglistig handelte, z. B. um die Eigenschaft der Sache als einer fremden wußte, die Pfandsache dolos mit einer andern verwechselte l. 11 § 16 D. 19, 1, oder nicht gehörig zum Pfandverkauf legitimirt war. Der Hauptverpflichtete bleibt natürlich der Verpfänder der fremden Sache, doch ist die Construction der gegen ihn zustehenden Klage streitig. Keinesfalls ist eine actio emti zulässig, weil das unmittelbare Band zwischen ihm und dem Käufer fehlt; eine actio doli unter Umständen aufs duplum wäre subsidiär denkbar, wenn der Nachweis der Arglist gelingt. Es kommen ferner in Betracht die actio pigneraticia contraria in l. 38 D. 21, 2 und l. 22 § 4 D. 13, 7 und die actio negotiorum gestorum contraria in l. 12 § 1 D. 20, 5, welche beide auf den Kaufpreis höchstens mit Zinsen und Kosten gehen. Die actio pigneraticia contraria, durch welche Pfandgläubiger bei Eviction sich anderweite Deckung, bzw. Befriedigung holt, kann und muß dem Käufer auf Verlangen abgetreten werden, s. g. cessio necessaria, doch versteht sich diese Cession weder von selbst, noch ist sie späterhin ausführbar, nachdem es Käufer verabsäumt hat, sie sich bei Zahlung des Preises vorzubehalten. Es erübrigt also die actio negotiorum gestorum contraria, weil Käufer durch Auslage des Preises für eine Sache, die er nicht behalten konnte, die Schulden des Verpfänders grundlos tilgte.

Beim pignus in causa judicati captum vertheilt der Richter den Erlös nach Abzug der Kosten und soll nach l. 74 § 1 D. 21, 2 dem Käufer der entwehrten Sache eine actio emti ‚utilis' gegen den befreiten Schuldner zustehen ‚non quanti interest, sed de pretio dumtaxat ejusque usuris'.

B. Im gemeinen Recht

ist der römische Pfandverkauf mit dominii impetratio beim Gericht recipirt. In der Praxis erstreitet meist Gläubiger für seine Forderung ein rechtskräftiges Urtheil, auf Grund dessen er beim Richter den Zwangsverkauf beantragt, der binnen zwei Monaten durch öffentliche Versteigerung, also mit öffentlichem Glauben erfolgt.

In der Hypothekenverfassung ist der richterliche Verkauf von Grundstücken allgemein üblich geworden. Jeder, auch der spätere Gläubiger kann, wenn er einen vollstreckbaren Titel für seine eingetragene Forderung aufweist, die Einleitung der nothwendigen Subhastation betreiben. Der Richter nimmt nach gehöriger Bekanntmachung und Aufforderung an alle Interessenten, ihre Ansprüche rechtzeitig anzumelden, in einem Termin Gebote entgegen, die durch verhältnißmäßige Caution sicher zu stellen sind. Am Mitbieten darf sich jeder Hypothekengläubiger betheiligen, um eventuell durch Uebernahme des Grundstücks seine Hypothek zu retten. Auch Subhastat kann — nicht in der Absicht seine eigne Sache zu erstehen, sondern um sie einzulösen — mitbieten, muß aber in der Regel, wenn einer der Betheiligten widerspricht, sein Gebot in Baar oder unzweifelhaften Sicherheiten belegen. Meist in einem neuen Termin, um in der Zwischenzeit etwaige Widersprüche zu prüfen, verkündet der Richter den Zuschlag an den Meistbietenden, auf welchen unter Ausschluß säumiger Interessenten und Löschung nicht ausdrücklich übernommener Lasten pfandfreies Grundeigenthum durch den richterlichen Bescheid übergeht. Ersteher hat den vollen Kaufpreis unter Abzug

der Hypothekensummen, die nach freier Vereinbarung mit den betreffenden **Gläubigern stehen bleiben, bei Gericht zu** belegen. Der Richter vertheilt **nach Abzug der Gerichts-, Verwaltungs-Kosten** und einzelner absolut privilegirter öffentlicher **Lasten den Reinerlös unter den ausgebotenen** Real-Gläubigern; den ausgefallenen **bleibt der persönliche Rückgriff gegen den** Subhastaten, **dem auch ein etwa erzielter Ueberschuß zufällt. Bleibt** Ersteher mit den Kaufgeldern rückständig, **so wird seine Bietungscaution eingehalten und** auf seine Kosten und Gefahr nach Verlangen **der**jenigen Gläubiger, **welche** durch das Gebot befriedigt wären, eine Resubhastation veranstaltet.

Wie nach der C.Pr.O. Art. 715 gewisse Gegenstände der Nothdurft von der Pfändung befreit sind, so schlägt man vor, auch bei Zwangsversteigerung von Grundstücken eine s. g. „Heimstätte" dem von Haus und Hof vertriebenen Schuldner zu wahren.

Das H.G.B. Art. 310–312 gestattet bei Handelspfändern, falls die Bestellung schriftlich erfolgt ist, einen summarischen Verkauf bei Verzug des Schuldners. Gläubiger wendet sich an das für ihn zuständige Gericht und erhält gegen Vorlage der Bescheinigungsmittel ohne Gehör des Schuldners die Erlaubniß zum Verkauf. Diesen darf er nach Anzeige an den Schuldner auf eigne Gefahr vornehmen und hat den Vollzug sofort bei Strafe des Schadensersatzes dem Schuldner zu melden. Wenn durch schriftlichen Vertrag die richterliche Mitwirkung ausgeschlossen ist, kann Gläubiger bei Verzug des Schuldners ohne Weiteres verkaufen, aber öffentlich, d. h. im Wege der Versteigerung an den Meistbietenden, außer bei Waaren, die einen Markt- oder Börsenpreis haben, durch einen vereideten Makler — es sei denn, daß derselbe nach einer geplanten Novelle zum H.G.B. Bürgschaft für das zu Grunde liegende Geschäft übernommen hat — oder durch einen zu Versteigerungen befugten Beamten zum laufenden Preise. Die Anzeigepflicht besteht auch in diesem Falle. Der Verkauf mit gerichtlicher Bewilligung gilt für das gesetzliche Pfandrecht des Commissionärs, Spediteurs, Frachtführers Art. 357, 387, 409. In Betreff des Bodmereigläubigers vgl. S. 497.

Die Reichsbank verkauft bei Verzug ihres Lombardschuldners das bestellte Faustpfand durch ihre Beamten entweder öffentlich oder an der Börse zum laufenden Preise. R.G. vom 14. März 1875 § 20.

Der Gerichtsvollzieher versteigert die gepfändeten Sachen frühestens nach Ablauf einer Woche durch Zuschlag an den Meistbietenden nach dreimaligem Aufrufe. Die Ablieferung erfolgt gegen baare Zahlung; Mangels derselben findet eine nochmalige Versteigerung Statt unter Ausschluß des früheren Meistbieters, der für den Ausfall haftet, jedoch auf den Mehrerlös keinen Anspruch hat. C.Pr.O. § 717–728.

Nach R.K.O. § 117 bleibt zwar den absonderungsberechtigten Pfandgläubigern von Mobilien, welche auf den muthmaßlichen Ausfall noch an der Vertheilung der Masse theilnehmen § 141, ihr außergerichtliches Verkaufsrecht, aber das Concurs-Gericht kann ihnen auf Antrag des Verwalters eine Frist zur Verwerthung der Sachen setzen, widrigenfalls dieser sie selbst betreiben und die Gläubiger auf den Erlös verweisen darf.

C. Im preußischen Recht

ist der richterliche Verkauf auf Grund eines Executivtitels mit Eigenthumsübergang Regel.

Nur für Mobilien kommen Ausnahmen vor, sei es in Folge von Privilegien für die Königliche Seehandlung und Leihhäuser, zu deren Gunsten öffentliche Aufforderung genügt, A.L.R. § 263 ff. I, 20, sei es in Folge von Privat-Abreden. Das Gewerbe concessionirter Pfandleiher und Rückkaufshändler ist durch G. vom 17. März 1881 geordnet: Zum Ausschluß der Hehlerei und des Wuchers wird Legitimation des Verpfänders, Einzeichnung in Register, welche der polizeilichen Controle unterliegen, Ertheilung eines Pfandscheins gefordert und die Vergütung in Form von Zinsen rc. eingeschränkt; der Verkauf im Fall des Verzuges erfolgt ohne rechtskräftiges Urtheil, doch öffentlich.

Ist der Privatverkauf bei Bestellung des Faustpfandes bedungen, so darf ihn Gläubiger nach dem Verfalltage nur zu einer von Sachverständigen unter Zuziehung des Schuldners aufgenommenen Taxe vornehmen; eventuell bleibt er für allen Schaden verantwortlich, es müßte denn die Abrede erst nach Verfall geschlossen sein. A.L.R. § 29 ff. I, 20. Bei Entwehrung der Sache steht der veräußernde Pfandgläubiger ein, doch falls er den Schuldner zum Verkauf zuzog, nur als Bürge § 217 ff. ht.

Für Immobilien findet öffentliche Zwangsversteigerung durch den Richter Statt. Die S. 511 angeführten und in die S.O. vom 15. März 1869 übergegangenen Regeln sind durch den Grundsatz des Z.G. vom 13. Juli 1883, daß die dem Antragsteller vorhergehenden Realrechte nicht durch die Subhastation gefährdet werden dürfen, vielfach durchbrochen. Die frühere Subhastation wurde bisweilen zu der unwürdigen Speculation benützt, durch ihre Unkündbarkeit unbequeme Hypotheken fällig zu machen oder vorstehende Hypothekengläubiger, die wegen der schwierigen Geldbeschaffung nicht bis an die Grenze ihrer Hypothek mitbieten konnten, wider ihren Willen ganz herauszudrängen. Dies wird nach G. vom 13. Juli 1883 durch Einführung des geringsten Gebots S. 326 und der Uebernahme der darin berücksichtigten Ansprüche oder wenigstens von in der Höhe gleichen durch den Ersteher vermieden. Das geringste Gebot besteht in einem Geldbetrage, welcher die Kosten, die gemeinen Lasten des Grundstücks und diejenigen dem Extrahenten vorgehenden Realrechte deckt, welche durch das Grundbuch oder rechtzeitige Anmeldung bekannt sind. Realrechte, die der Eintragung nicht bedürfen und trotz des richterlichen Aufgebots nicht gehörig angemeldet wurden, treten, soweit sie nicht von selbst auf den Ersteher übergehen, hinter die berücksichtigten zurück; verspätet angebrachte Eigenthumsansprüche werden auf die Kaufgelder verwiesen. Die calculatorische Feststellung des geringsten Gebots unter Aufsicht des Richters trennt den Bietungstermin in zwei Theile. Wird das geringste Gebot nicht erreicht, so fällt die Subhastation fruchtlos aus, bei höheren Geboten wird dem Meistbietenden zugeschlagen. Ersteher muß die von selbst mit dem Grundstück übergehenden Lasten, die im geringsten Gebot liegenden Lasten und Hypotheken übernehmen, soweit nicht in Betreff letzterer der Gläubiger spätestens im Versteigerungstermin die Kündigung angemeldet hat oder bei Correalhypotheken S. 491 die Baarzahlung eines entsprechenden Theils als Kaufbedingung gestellt wurde. Den das geringste Gebot übersteigenden Betrag, sowie die darin berücksichtigten Zinsen, wiederkehrenden Hebungen mit Rückständen und die Kosten hat er baar zu zahlen, eventuell von der Verkündung des Zuschlagsurtheils an mit 5 % zu verzinsen. Ergiebt sich bei Geboten, die über das geringste hinausgehen, die Collision einer Hypothek mit einer dauernden Last oder Grundgerechtigkeit aus der zweiten Abtheilung des Grundbuchs, so ist ein doppeltes Ausgebot angeordnet, damit nicht durch die Uebernahme der Last, welche als Kaufbedingung verfügt wird, sich der Kaufpreis niedriger stelle und somit eine Benachtheiligung früherer Hypothekengläubiger stattfinde. Behufs Vertheilung der baaren Kaufgelder stellt der Richter einen Theilungsplan auf, worin die ausgebotenen Gläubiger nach ihrer Rangordnung Befriedigung finden, soweit nicht eine freiwillige Uebereinkunft mit Einzelnen betreffs Uebernahme ihrer Hypothek durch den Ersteher zu Stande kam. Streitigkeiten über das Bestehen bevorrechteter Forderungen hindern nicht die Feststellung des geringsten Gebots, so daß eventuell Ersteher Ansprüche in Höhe der berücksichtigten, aber nicht darüber hinaus, zu übernehmen hat.

Die Schattenseiten dieser Methode liegen in der geminderten Realisationskraft zweiter und späterer Hypotheken, die dadurch schwerer anbringlich werden.

§ 165.

D. 20, 4 qui potiores etc.

Rangordnung der Gläubiger.

A. Begriff.
- I. Derselbe Verpfänder.
  Universales, singulares und gar kein Successionsverhältniß unter mehreren Verpfändern.
- II. Dieselbe Sache.
- III. Mehreren Gläubigern hinter einander, jedem ganz.

B. Maßstab.
- I. Alter.
  - a) zukünftige Forderung.
  - b) zukünftige Sache.
  - c) zukünftiger Pfandner.
- II. Privileg:
  - a) Fiscus.
  - b) Militia.
  - c) Dos.
  - d) Version.
- III. Publicität.

A. Begriff.

In eine Rangfolge treten die Gläubiger, wenn derselbe Verpfänder dieselbe Sache mehreren hinter einander, jedem ganz verpfändet hat.

I. Derselbe Verpfänder.

Pfandrechte, die der Erbe auf die Sache legt, stehen denen aus der Zeit seines Erblassers an Bedeutung gleich.

Der Singular=Erwerber einer verpfändeten Sache, welcher sie weiter belastet, kann die Pfandgläubiger aus der Zeit seines Vormanns nicht beeinträchtigen, wie aber wenn er privilegirte Pfandrechte begründet? Thibaut bewilligt den Privilegien — mit Ausnahme der versio ad rem comparandam, die den Werth der Sache vollends erschöpft — einen Vorzug, weil sie in Rom absolut gelten und der Nachfolger nicht weniger Recht habe, wie sein Verkäufer. Die Praxis giebt den Pfandgläubigern aus der Zeit des Vormanns s. g. Pfandseparatisten ein abgesondertes Befriedigungsrecht, das Erwerber durch keinerlei Privilegien stören kann, es sei denn, daß er zum Besten aller Interessenten eine Hypothek ad rem conservandam aufnimmt. Die vom Verkäufer reservirte Hypothek zählt nicht zu den Pfandseparatisten, weil sie begrifflich erst vom Käufer bestellt wird

S. 496, doch hat sie, falls der Vorbehalt wegen rückständiger Kaufgelder erfolgte, als privilegirte vor allen späteren einfachen Verpfändungen Seitens des Erwerbers einen Vorzug.

Stehen beide Verpfänder in gar keinem Successionsverhältniß, so geht unter den Pfandgläubigern derjenige vor, welcher sich auf das stärkere Recht seines Vormanns, z. B. des Eigenthümers im Gegensatz zum gutgläubigen Besitzer beruft; im äußersten Falle entscheidet unter ihnen bei gleicher Rechtslage der Besitz. l. 14 D. ht.

II. **Dieselbe Sache.**

Es entsteht kein Rangstreit, wenn Eigenthümer reelle bzw. ideelle Theile seiner Sache verpfändet, wenn Miteigenthümer verpfänden oder einerseits Eigenthümer, andererseits Emphyteuta, Nießbraucher, Pfandgläubiger, die nur ihr Recht bzw. die Ausübung desselben belasten. Hier ist jedem Gläubiger ein besonderes Object verpfändet, aus dessen Verkauf er unabhängig von den andern seine Befriedigung suchen darf.

III. **Mehreren Gläubigern hinter einander, jedem ganz.**

Bei Verpfändung an einem Tage entscheidet die Stunde oder wenn diese nicht nachweisbar ist, concurriren die Gläubiger im Pfandrecht, und es geht der Besitzer vor l. 10 D. 20, 1, eventuell muß die Geltendmachung, wenn sie sich nicht einigen können, durch actio communi dividundo auseinander gesetzt werden. Dasselbe gilt bei gleichzeitiger Verpfändung, welche ausdrücklich in solidum geschah l. 16 § 8 D. 20, 1 ‚simul illi et illi‘; sonst streitet die Vermuthung für Partialität, d. h. jedem Gläubiger ist ein ideeller Theil der Sache nach Höhe seiner Forderung, im Zweifel nach Köpfen, verpfändet.

Heute vereinfacht sich der Begriff des Rangstreits durch die Publicität des Grundbuchs, aus welchem Concurrenz und Priorität der Hypotheken autoritativ hervorgehen, und durch das Faustpfand an Mobilien, bei welchem nur der Besitzer als Gläubiger gilt, falls nicht bei Bestellung bedungen ist, daß dieser oder ein Sequester die Pfandsache auch für andere Gläubiger zu gleichem oder späterem Recht inne haben solle.

B. Maßstab.

Derselbe bestimmt den Rang nach dem Alter der Pfandrechte sowie gesetzlichen Vorzügen derselben auf Grund von Privileg und Publicität.

I. **Alter.**

Die natürliche Regel herrscht ‚prior tempore potior jure‘ l. 4 C. 8, 18 (17). In Fällen, wo eins der Erfordernisse des Pfandrechtes in der Zukunft liegt, wird die Feststellung des Alters schwierig.

a) zukünftige Forderung.

Das für diese bestellte Pfandrecht rechnet in Bezug auf seine Priorität vom Tage der Begründung, wenn nur schon damals die Obligation so fest geknüpft war, daß ihr Eintritt nicht von der Willkür eines oder beider Theilnehmer abhing. S. 330. Solches ist der Fall:

1. bei betagten Obligationen l. 9 pr. § 1, l. 12 § 2 D. ht. und bei bedingten, es sei denn daß die Bedingung eine rein potestative war l. 11 § 1 D. ht.

2. **bei Obligationen aus einem Gesammtverhältniß, die sich in Form einzelner Ansprüche allmälig oder eventuell entwickeln, z. B. Zinsen, Miethen, Pflichten eines Vormunds rc. Dies gilt auch für Prolongationen eines Miethsverhältnisses, Darlehns, außer wenn ein Dritter das Pfand bestellte.** l. 13 § 11 D. 19, 2.

3. bei Obligationen auf Rückgabe von Sachen oder Summen, die erst geliefert werden sollen, zu deren Hergabe aber Promittent verhaftet ist, z. B. aus einem Dotalversprechen, das seit Theodos II. pactum legitimum ist. Daher kann sich Promittent der Dos, welcher für die Rückgabe der erst zu liefernden Summe ein Pfand empfing und dann einen Theil anzahlte, nicht der Restzahlung weigern, weil Ehemann inzwischen dieselbe Sache einem Andern für ein Darlehn verpfändet hat, denn sein Vorzug leidet keineswegs durch diese Nachhypothek. l. 1 D. pr. D. ht.

Nicht widersprechend, sondern ergänzend ist die Entscheidung der l. 11 pr. D. ht., wonach Promittent eines Darlehns, der sich die Rückgabe der noch zu liefernden Summe durch Pfand sichern ließ, einem Gläubiger nachgestellt wird, welchem in der Zwischenzeit für ein baares Darlehn dieselbe Sache verpfändet wurde. Denn da das klaglose pactum de mutuando weder einen Zwang zur Lieferung noch zur Annahme bewirkt, muß die Hypothek nach dem Zeitpunkt der Zahlung und nicht des Versprechens gerechnet werden. Ganz anders würde die Entscheidung des römischen Juristen für die stipulatio de mutuando und muß sie im gemeinen Recht, wo formlose Verträge klagbar sind, lauten.

Die Zurückbeziehung der Hypothek auf einen Moment, wo die Forderung noch nicht fest existirt, läßt sich schwer mit der accessorischen Eigenschaft des Pfandrechtes vereinen, aber besonders im letzten Fall 3, liegt als vorausfallender Schatten der Obligation ein C r e d i t v e r h ä l t n i ß vor, in dem Promittent als künftiger Gläubiger — natürlich wenn der Gegner annimmt — verfangen ist, und an das sich die Hypothek hängt. Windscheid will durch eine „Pfandgebundenheit," in welche Verpfänder vorläufig die Sache setzt, helfen.

In der G r u n d b u c h v e r f a s s u n g, wo die „Stelle" formell selbständig ist, wird sie für zukünftige Forderungen durch Cautionshypotheken und Vormerkungen belegt.

b) **z u k ü n f t i g e S a c h e.**

Mehrere zu verschiedenen Zeiten an einem Gegenstand begründete Pfandrechte datiren nicht von der Entstehung, d. h. dem Erwerb der Sache, sondern von der Bewilligung an, weil diese Rückziehung der Intention des Verpfänders entspricht. Dies wird namentlich für die Zeitfolge der Generalpfandgläubiger an den künftig erworbenen Sachen bezeugt durch l. 21 D. pr. ht. Die in l. 7 § 1 D. ht. erwähnte Concurrenz der Pfandgläubiger erklärt sich durch den gleichzeitigen Verpfändungsact. Dasselbe Princip der Retrotraction findet Anwendung bei mehrfacher Verpfändung einer res debita oder aliena, die Verpfänder nachher erwirbt: Doch geht der Gläubiger, welcher das Geld zum Ankauf der Sache lieh und sich dafür ein Pfand an ihr ausbedang, wegen der versio in rem den übrigen vor l. 7 C. 8, 18. Die widersprechende l. 9 § 3 D. ht. beruht auf einem Anachronismus S. 495. Freilich erscheint die zum Beweis der richtigen Meinung angezogene l. 3 § 1 D. ht. unpassend, weil der Verpfänder der res debita sie erst ‚post traditam possessionem‘, d. h. nach Eigenthumserwerb weiter verhypothecirte, und sich daraus der Vorzug der utilis actio hypothecaria des früheren Gläubigers vor der directa des spätern erklärt.

Heute ist nur eine Verpfändung der Hoffnung bei künftig entstehenden Sachen durch Uebergabe der Hauptsache möglich.

c) zukünftiger Pfandact.

Bei betagter oder bedingter Fassung des Pfandvertrages datirt das Pfandrecht vom Bestellungstage oder wird mit Existenz der Bedingung retrotrahirt l. 11 § 2 D. ht.; bei Ausfall der Bedingung kann die hingegebene Sache mit der actio pigneraticia directa zurückgefordert werden. l. 11 § 2 D. 13, 7.

Heute liegt in der Vormerkung 2c. ein bedingt eingeräumtes Pfandrecht.

II. Privileg.

Gewissen Pfandrechten, sowohl legalen als conventionellen, ist durch Gesetz ein singulärer Vorzug vor selbst dem Datum nach älteren beigelegt. Ueber die darin liegende Willkür vgl. S. 481.

a) gesetzliche Generalhypothek des **Fiscus** wegen Abgaben am Vermögen des Steuerpflichtigen oder wegen Primipilarforderungen am Vermögen seiner Verwalter, Pächter 2c. Die Legalhypothek erstreckt sich weiter auf andere Contractsforderungen, doch ist um derentwillen nur bei Collision mit gleichaltrigen Pfandrechten ein Vorrecht begründet. In diesem restrictiven Sinne gilt der Satz ‚praevenit enim causam pignoris fiscus‘ in l. 28 D. 49, 14, wo davon die Rede ist, daß ein Schuldner mit dem Fiscus contrahirt und „gleichzeitig“ ein Generalpfand einem Andern bestellt. Viele geben sich unnöthige Mühe, unter die Worte der l. cit. ‚cum fisco contraxerit‘ einen eigenartigen Vertrag zu subintelligiren, der mit einem ausnahmsweisen Vorrecht des Fiscus ausgestattet sei!

b) bedungenes Pfandrecht Dessen, welcher zum Ankauf einer **Militia** Geld borgte und sich dafür vor Zeugen Pfand und Priorität ausmachte. nov. 97 c. 3 und 4. Dieser Fall ist veraltet.

c) gesetzliche Generalhypothek der Frau und ihrer Descendenten am Vermögen ihres Mannes wegen der **Dos** nach l. 12 C. 8, 18, wodurch Justinian die Frau nach Lösung der Ehe und im Concurse des Mannes gegen dessen Gläubiger schützen will. Die Legalhypothek erstreckt sich auf alle Erben der Frau und Rückforderer der dos non recepticia und findet auch Statt wegen bona paraphernalia und donatio propter nuptias. S. 500.

d) Pfandrecht Dessen, welcher zur **Erhaltung, Wiederherstellung, Anschaffung** einer Sache Geld oder Geldeswerth borgte und sich zugleich mit der Creditirung eine Hypothek an der Sache vorbedang; dieselbe entsteht in restitutionem aedium vel navium als legale. Erforderlich ist, daß die Verwendung (versio in rem), um deren willen die Schuld aufgenommen wurde, wirklich erfolgt ist, aber gleichgültig, ob direct aus den erborgten Mitteln oder aus dem sonstigen Vermögen des Schuldners; streitig ob Pfandrecht und Vorzug mit dem im Lauf der Zeit abnehmenden Nutzen der Verwendung sich verringern und endlich ganz wegfallen. l. 5, l. 6 pr. D. ht. ‚hujus enim pecunia salvam fecit totius pignoris causam.‘

Die Reihenfolge der Privilegien ist die angeführte, nur zwischen Dos und Version entscheidet Alter, das auch in Betracht kommt bei Collision mehrerer Privilegien derselben Art. Unter mehreren Versionen geht die jüngere vor, weil sie zum gegenwärtigen Zustand der Sache am meisten beigetragen hat. Daraus hat man fälschlich den absoluten Vorzug des Privilegs propter dotem vor dem propter versionem gefolgert, obwohl doch nur die ältere Verwendung der jüngeren versio, aber nicht zugleich der jüngeren dos nachsteht.

Heute sind diese Vorrechte zum Besten des Realcredits auf folgende Ansprüche eingeschränkt:

Nach Pr.G. vom 13. Juli 1883 § 25 ff. bei Zwangsversteigerung eines Grundstücks öffentliche Grundsteuern, gemeine Lasten mit zweijährigem, landwirthschaftlicher Dienstlohn mit letztjährigem Rückstand.

Nach R.K.O. § 41 Reichs-, Staatskassen, öffentliche Verbände an den wegen öffentlicher Abgaben beschlagnahmten Sachen und Verwender auf die Sache in Höhe des gegenwärtigen Nutzens ihrer Auslagen.

Nach H.G.B. Art. 411, 624, 630, 757, Frachtführer, Schiffer, Bodmerei-Gläubiger und wer zur Erhaltung des Schiffs bzw. Fortsetzung der Reise geborgt hat, an der Ladung oder dem Schiff, mit Vorzug des jüngeren in Analogie der Verwendung.

Bei Verkäufen durch den Subhastationsrichter, Gerichtsvollzieher, Sensal &c. gehen Gebühren und Verwaltungskosten vorweg vom Kaufpreis ab. C.Pr.O. § 719. Z.G. vom 13. Juli 1883 § 24.

Dagegen ist die Dotalhypothek der Ehefrau in der Grundbuchverfassung zum Titel auf eine Hypothek, die nach dem Datum der Eintragung rangirt, herabgedrückt, und selbst die bevorrechtete persönliche Stellung, welche die Frau particularrechtlich im Concurse ihres Mannes wegen des Eingebrachten hatte, durch die R.K.O. aufgehoben.

III. Publicität.

Kaiser Leo zieht in l. 11 C. 18 (17) das publice in einer richterlichen Urkunde oder quasi publice in einer von drei Zeugen ,bonae atque integrae opinionis' unterschriebenen Urkunde bestellte Pfand allen älteren vor, die betrüglich antedatirt sein könnten — also nicht den stillschweigenden und den privilegirten, einerlei ob aus legaler oder conventioneller Entstehung, weil es bei diesen mehr auf einen erkennbaren Zustand und eigenthümlichen Inhalt der Forderung ankommt. Unter mehreren Pfandprivilegien derselben Klasse geht das öffentliche dem privaten vor. Bei Collision von pignora publica und quasi publica einzeln und unter einander entscheidet einzig das Alter. Die gemeine Praxis fand in der l. cit. nur die Uebertragung der schwächeren Beweiskraft von Privaturkunden, die „gegen", aber nicht wie öffentliche „für" den Aussteller beweisen, auf das Pfandrecht. Man interpretirte, daß sich Gläubiger auf die private Pfandurkunde wohl in einem Streit mit dem Verpfänder über die Existenz des Pfandrechtes stützen könne, aber in einem Prioritätsproceß mit andern Gläubigern der Berufung auf öffentliche Urkunden und Zeugen bedürfe, und deshalb stellte man die durch Eidesdelation bewiesenen Pfandrechte den öffentlichen an Bedeutung gleich. Diese Schlußfolgerung ist durch die freie Beweistheorie der C.Pr.O. § 259 hinfällig geworden.

Heute ist in Preußen durch G. vom 5. Mai 1872 eine Hypothek an Immobilien lediglich durch Publicität rechtsbeständig; im Grundbuch entscheidet das Datum der Eintragung über die Priorität und der Vermerk „zu gleichem Recht" begründet eine Concurrenz; für geringe Versehen, die den Schutz der Verkehrstreue nicht schwächen dürfen, ist der Richter, Gerichtsschreiber und eventuell der Justizfiscus verantwortlich.

§ 166.

Verhältniß der Gläubiger zu einander und zum Verpfänder.

A. Rechte des ersten Pfandgläubigers.
B. Rechte der späteren Pfandgläubiger.
I. Ueberschuß.
II. Succession.
III. Oblation.
C. Rechte des Verpfänders.
Verkauf der Sache unter Anrechnung der Hypotheken auf den Kaufpreis.

A. Rechte des ersten Pfandgläubigers.

Er kann die Sache von jedem Besitzer mit der actio hypothecaria bei Fälligkeit seiner Forderung holen, auch vorher Maßregeln zur Sicherung der Sache treffen und sie gehörig veräußern, um sich aus dem Erlös schadlos zu halten. Von der Oblation an den späteren Gläubiger wird er höchstens Gebrauch machen, um sich ohne Verzögerung in den Besitz der Sache um der retentio Gordiana willen S. 506 zu setzen. Zufällige Rechte können ihm durch Abrede ertheilt sein, z. B. beim Faustpfand Besitz, bei der Antichrese Genuß.

B. Rechte der späteren Pfandgläubiger.

Sie haben ein gegenwärtiges, nicht bloß bedingtes Pfandrecht und deshalb an sich die Befugniß zur Verfolgung und Veräußerung der Sache, aber ohne Beeinträchtigung des ersten Gläubigers, der ihrer Pfandklage den Einwand ‚si non N° N° res antea obligata sit' l. 12 pr. D. 20, 4 entgegenstellen und ungeachtet ihres Verkaufs den Gegenstand an sich ziehen wird. l. 1 D. 20, 5. Wichtiger sind folgende Rechte:

I. auf den **Ueberschuß**, welchen der erste Pfandgläubiger, nachdem er sich bei Verkauf aus dem Erlös gedeckt hat, entweder an den zweiten Gläubiger oder an den Verpfänder abliefern muß l. 12 § 5 D. 20, 4.

II. auf **Succession** in die Stelle des früheren Pfandgläubigers, der auf andere Weise als durch ordnungsmäßige Pfand-Distraction wegfiel.

III. auf **Oblation**, d. h. pfandmäßige Befriedigung des vorstehenden Gläubigers, um in dessen Pfandrecht einzurücken. l. 12 § 9 D. 20, 4. Dies ist in Rom die Hauptwaffe des posterior, um einen ungünstigen Verkauf zu verhüten und sich das in der Verfolgung gegen den Verpfänder schwache Recht auf hyperocha zu sichern.

Zufällige Rechte wie Besitz, Gebrauch, Fruchtgenuß, Retention wegen anderweiter Forderungen können auch einem späteren Gläubiger zustehen.

Heute erscheint durch das Grundbuch und den richterlichen Verkauf die Rechtslage total geändert: Der Klage auf Besitzverschaffung bedarf es nicht mehr. Die Befriedigung des ersten Gläubigers kann, wenn nicht durch Löschung Succession eintritt, eine Umschreibung der Hypothek auf den Namen des Eigenthümers zur

Folge haben. Der richterliche Verkauf kann auf Antrag eines späteren Gläubigers — **nach Pr.G. vom 13. Juli 1883** unter Wahrung und Uebernahme der vorhergehenden Pfandrechte durch das geringste Gebot — geschehen und die Vertheilung der Kaufgelder liegt dem Richter ob.

C. Rechte des Verpfänders.

Er bleibt Eigenthümer der Sache und behält, wenn nichts Anderes verabredet ist, deren Besitz und Benutzung. Er kann beliebig darüber verfügen, den ökonomischen Zweck ihrer Bestimmung ändern, sie mit Servituten belasten, weiter verpfänden, das Grundstück parcelliren, an ihm hängende Rechte aufgeben, die Sache von jedem Dritten, und auch bei Zahlung der Schuld durch einen Expromittenten, vom ehemaligen Pfandgläubiger vindiciren, sie veräußern und eventuell derelinquiren bzw. den verpfändeten Sclaven manumittiren l. 6 D. 20, 2. Aber alles dies unbeschadet der Rechte des Pfandgläubigers, dessen Sicherheit nicht durch erhebliche Verschlechterungen der Sache gefährdet werden darf, und gegen den also eine Dereliction, Manumission, ein Rechtsverzicht 2c. nicht wirkt. l. 9 D. 20, 2. Gläubiger hat sogar, um Manipulationen des Verpfänders zu hindern, welche die Sache unverkäuflich machen, gegen denselben eine actio pigneraticia contraria und bei culposer Beschädigung eine actio legis Aquiliae l. 14 pr. D. 20, 1. Besonders steht ihm die actio hypothecaria mit negatorischem Charakter zu, um selbst gegen Dritte, z. B. bei Abholzung eines Waldes Sicherheitsmaßregeln wie Sequestration, Caution herbeizuführen oder vom Schuldner Befriedigung vor der Verfallzeit zu erzwingen. Zu diesem Zweck bietet C.Pr.O. § 814 die einstweilige Verfügung.

Im Verkehrsleben herrscht die Sitte, beim Verkauf eines verhypothecirten Grundstücks auszumachen, daß der Käufer die Hypotheken in A n r e c h n u n g a u f d e n K a u f p r e i s übernimmt. Aus dieser Abrede wird Käufer verpflichtet, die in partem pretii übernommene Pfandschuld zu tilgen oder den Verkäufer auf andere Weise zu exnexuiren. Zu diesem Behuf hat Verkäufer eine Klage, und, wenn Käufer die Hypothek zwar zahlte, aber anstatt zu löschen auf einen Andern umschreiben ließ, eine Einrede gegen diesen Cessionar, welcher sich wegen seines Ausfalls an der Person des Verkäufers erholen will. Welchen Einfluß aber hat dies Abkommen der Uebernahme auf das Recht des Hypothekengläubigers?

Sein dinglicher Anspruch am Grundstück wird keineswegs gestört, er kann, falls die Zahlung der Hypothekenzinsen oder des gekündigten Capitals ausbleibt, die Subhastation gegen den Erwerber beantragen und die von diesem zugefügten Pertinenzen, gezogenen Früchte, soweit sie haftbar sind S. 503, verlangen.

Streitig ist nur, wie sich der persönliche Anspruch des Hypothekengläubigers bei Ausfall gestaltet: Verliert er die Forderung gegen seinen Schuldner, d. h. den Verkäufer, weil in der stillschweigenden Annahme der durch den Käufer gezahlten Hypothekenzinsen eine Einwilligung zur Schuldübernahme liegt? Erwirbt er eine neue Forderung gegen den Käufer, obwohl er dem zu seinen Gunsten geschlossenen Vertrage nicht ausdrücklich beigetreten ist? Die gemeine Praxis, welche den engen Standpunkt des Römischen Rechtes verlassen hat, neigt zur Bejahung beider Fragen. Das Pr.G. vom 5. Mai 1872 § 41 entscheidet die Controverse, indem es dem Hypothekengläubiger zwei persönliche Schuldner giebt: jedenfalls den Käufer und auch bedingungsweise den Verkäufer, falls Gläubiger binnen einem Jahr, nachdem ihm Verkäufer die Schuldübernahme angezeigt hat, die Hypothek kündigt und sechs Monate nach der Fälligkeit einklagt. Ist das Kündigungsrecht von Termin oder Bedingung abhängig, so läuft die Frist erst mit Eintritt der Zeit oder des Ereignisses.

Ganz anders liegt die Frage, wenn der bei nothwendiger Subhastation ausgebotene Gläubiger von dem ihm zustehenden Kündigungs- oder Befriedigungs-Recht keinen Gebrauch macht und in das Stehenbleiben der Hypothek beim Ersteher willigt. Hier hat er auf den bei wiederholter Zwangsversteigerung erlittenen Ausfall den persönlichen Rückgriff gegen den ersten Subhastaten verloren und kann sich nur an den damaligen Ersteher halten.

Bei Grundschulden wird die Frage persönlicher Haftung auf den Ausfall meist unerheblich sein vgl. S. 486.

§ 167.

Uebergang.

Hypothekarische Succession bei mehrfach verpfändeten Sachen.
A. Mittelbare durch Verhandlung mit dem Verpfänder.
I. Ein Dritter borgt ihm Geld zur Abfindung des ersten Gläubigers.
II. Ein Dritter kauft ihm zu diesem Behuf die Pfandsache ab.
III. Der Pfandgläubiger einer andern Sache erlaubt ihm deren Veräußerung zu gleichem Zweck.
IV. Ein Pfandgläubiger novirt seine Forderung unter Vorbehalt des alten Pfandrechtes.
B. Unmittelbare durch pfandmäßige Befriedigung eines Gläubigers durch den andern.
Durch Abrede und Urtheil kann sich ein Prioritätswechsel unter zwei Gläubigern vollziehen, der nur diese betrifft.

Der Uebergang des römischen Pfandrechtes vollzieht sich regelmäßig mit dem der Forderung durch Cession, Erbgang, wenn nichts Anderes bedungen ist. Bei dem Verhältniß mehrerer Gläubiger an einer Sache kann im Fall der Abfindung eines vorstehenden — ein Eintritt in das Pfandrecht ohne Obligation zu Gunsten Dessen stattfinden, welcher die Mittel dazu hergab. Man nennt diese Fälle, zu denen noch die Novation tritt, hypothekarische Succession und theilt letztere in mittelbare durch Verhandlung mit dem Verpfänder und unmittelbare durch directe Beziehung mit einem Pfandgläubiger.

A. Mittelbare Succession.

I. Jemand **borgt** dem Verpfänder Geld, um den ersten Pfandgläubiger abzufinden und behält sich für seine Darlehnsforderung dessen Pfandrecht vor. l. 3 D. 20, 3. Beide Abreden ‚ut prior creditor dimittatur, ut idem pignus ei obligetur‘ l. 1 C. 8, 18 (17) sind nöthig, um dem Nachrücken der späteren Gläubiger zu wehren. l. 12 § 8 D. 20, 4. Dieser Eintritt in ein Pfandrecht, das trotz der getilgten Obligation erhalten bleibt, ist zwar eine Anomalie, aber eine durch den Verkehr erforderte. Z. B. der erste Gläubiger will das Pfand in schlimmer Conjunctur verkaufen, wodurch die Befriedigung aller Pfandgläubiger, jedoch kein Ueberschuß für den Verpfänder erzielt würde; ein Dritter ist bereit durch ein Darlehn zur Abfindung des lästigen Gläubigers zu helfen und verlangt eine Sicherheit, die ihm nur in demselben Pfand gestellt werden kann: Durch die hypothekarische Succession erhält er die erste Stelle, schiebt den für den Schuldner ruinösen Ver-

kauf auf und benachtheiligt auch die posteriores **nicht**, denen nur bei Fortfall **des** potior **kein unverdienter Vortheil in den Schoß** fällt.

II. Jemand **kauft** dem Verpfänder die Pfandsache ab und rückt schon durch die **„einzige" Abrede** ‚ut prior creditor ex pretio dimittatur' l. 17 D. 20, **4 in dessen Pfandrecht ein** ‚quo casu causa emtoris melior efficietur' l. 3 D. 20, 3, l. 3 C. 8, 18.

III. **Pfandgläubiger einer andern Sache** desselben Verpfänders erlaubt diesem die **Veräußerung der Sache, damit** durch den Erlös der erste Gläubiger **eines Hauptpfandes** abgefunden werde und er in dessen Stelle einrücke ‚ut priori pecunia soluta in aliud pignus priori succedat'. l. 12 § 9 D. 20, 4.

IV. Pfandgläubiger **novirt** durch Vertrag mit dem Verpfänder seine Forderung und behält sich für die neue den Uebergang des alten Pfandrechtes vor, dann succedirt er gewissermaßen ‚in suum ipsius locum' l. 3 pr., l. 12 § 5, l. 21 pr. D. 20, 4.

B. Unmittelbare Succession.

Jeder spätere Gläubiger kann dem früheren pfandmäßige Befriedigung, d. h. die Pfandsumme eventuell mit Zinsen, aber ohne die sonstigen chirographarischen Forderungen anbieten und dadurch in dessen Pfandrecht einrücken l. 1 C. 8, 18 (17). Bei Weigerung des Oblaten ‚per eum fit, ne ei pecunia solvatur' l. 11 § 4 D. 20, 4 tritt diese Wirkung durch gerichtliche Deposition der Summe von selbst ein. Das jus offerendi hängt von der Fälligkeit der abzustoßenden Schuld nicht ab und dauert so lange, als die actio hypothecaria noch nicht verjährt ist; es kann, wenn es auch hauptsächlich dem Schutz der posteriores dient, vom Bürgen des Verpfänders und selbst vom potior geltend gemacht werden. Letzteres ergiebt sich durch arg. e contr. aus l. 5 C. 8, 18 ‚prior creditor compelli non potest'. Pauli R.S. II, 13 § 8. Die Oblation des potior hat meist den Zweck, ihm das Gordianische Retentionsrecht zu sichern und wird deshalb bei Collision dem Anerbieten des posterior vorgehen. Natürlich erhält Offerent noch einen persönlichen Anspruch gegen den Schuldner in Höhe seiner Auslagen. Doch ist die Construction, ob actio negotiorum gestorum oder actio pigneraticia contraria streitig. l. 12 § 6 D. 20, 4.

Es hat nicht an Versuchen gefehlt, die hypothekarische Succession auf andere Weise zu erklären. Die ältere von Mühlenbruch vertheidigte Meinung sieht darin eine fingirte Cession der Forderung, was vielleicht für den Fall der Oblation paßt, aber sonst zu dem Widersinn führen würde, daß man sein eigner Cessionar wird und auch den römischen Worten von der Confirmation der eignen Forderung widerspricht. Dernburg schließt aus den Worten ‚in locum dimissi subire' und ‚eandem rem obligare', daß mit der Abfindung Obligation und Pfandrecht erlöschen, und daß der s. g. Successor sich für seine Forderung ein neues Pfandrecht bedinge, welches mit der prioritätischen Stelle des alten bekleidet werde — allein die Idee eines abstracten Pfandlocus erscheint gegenüber dem römischen Nachrücke-System allzu modern.

Verschieden von der hypothekarischen Succession sind solche Fälle, in denen durch pactum de postponendo, res judicata ein Verhältniß zwischen dem ersten und einem folgenden Gläubiger eintritt, das nur diese beiden, nicht die zwischenstehenden Gläubiger angeht und also mit Untergang des ersten Pfandrechtes selbst wegfällt. Besonderes Interesse erregt ein Fall der l. 16 D. 20, 4. Der dritte Gläubiger siegt in einem Prioritätsstreit rechtskräftig gegen den ersten und holt sich in Folge dessen von ihm die Pfandsache mit der actio hypothecaria. Da aber die Rechtskraft des Urtheils Andern als den Parteien weder Vortheil noch Schaden bringen kann, bleibt der dritte Gläubiger hinter dem zweiten ‚alii creditori jus integrum relinquitur' und der zweite hinter dem ersten. Somit entsteht in Bezug auf die actio hypothecaria ein circulus inextricabilis, der freiwillig durch Oblation, aber nicht zwangsweise weder durch actio communi dividundo noch durch Provocation des Richters auf erneute Entscheidung gelöst werden kann. Einen Anhalt zur Auseinandersetzung bietet vielleicht der Verkauf der Pfandsache: aus dem Erlös müßte zunächst dem zweiten Gläubiger zufallen, was nach Abzug der versicherten Forderung des ersten übrig bleibt, und der volle Rest wäre nach Verhältniß zwischen dem ersten und dritten Gläubiger zu theilen.

In der Grundbuchverfassung stellt sich der Uebergang von Hypotheken und Grundschulden klarer S. 486. Das jus offerendi ist weggefallen, weil ein besonderer Schutz der späteren Gläubiger, die heute den richterlichen Verkauf beantragen können, überflüssig erscheint. Durch Eintragung sind selbständige bis zu einer bestimmten Höhe fixirte Rangstellen geschaffen, die vom Pfandrecht trennbar sowohl Seitens eines Gläubigers auf seinen Nachfolger durch s. g. Prioritätscession übertragen werden können, als auch Seitens des Eigenthümers, der sich durch eine Löschungsbewilligung legitimirt, auf einen neuen Gläubiger.

§ 168.

Schutz.

A. Actio hypothecaria.
- I. Kläger.
- II. Beklagter.
- III. Ziel.
- IV. Einreden.
  - a) potius pignus.
  - b) excussio realis, personalis.
  - c) praescriptio.

B. Interdictum Salvianum.
Heutige Gestaltung der Pfandklagen.

Der Schutz des römischen Pfandrechtes ist entweder ein definitiver durch actio hypothecaria oder ein provisorischer durch interdictum Salvianum.

A. Actio hypothecaria.

Klage des nicht besitzenden Pfandgläubigers gegen den Besitzer der Pfandsache auf Anerkennung des Pfandrechtes und Herausgabe der Sache cum omni causa. Die römische Formel hatte folgende Fassung: ‚si paret, eam rem qua de agitur tum, cum in bonis Lucii Titii esset, propter pecuniam debitam a Lucio Titio A^o A^o pignori hypothecaeve obligatam esse, neque eam pecuniam solutam neque eo nomine satisfactum esse neque per A^m A^m stetisse, quominus solvatur, nisi arbitratu tuo N^s N^s A^o A^o rem restituat, quanti ea res erit, N^m N^m A^o A^o condemna, si non paret absolve'. War der Pfandschuldner Lucius Titius selbst Beklagter, so lautete der Schluß ‚nisi arbitratu tuo Lucius Titius A^o A^o rem restituat, quanti ea pecunia est, L^m T^m A^o A^o condemna s. n. p. a.'

I. **Kläger** ist der nicht besitzende Pfandgläubiger; er hat sein Pfandrecht, d. h. alle Erfordernisse desselben zu beweisen und den Besitz des Beklagten zur Zeit der Klaganstellung. Der hypothekarische Gläubiger kann erst bei Fälligkeit seiner Forderung klagen, wenn es sich nicht um Gefährdung seiner Sicherheit handelt, der Faustpfandgläubiger jederzeit bei Besitz-Entnahme.

II. **Beklagter** ist der Besitzer der Pfandsache, sei es Verpfänder oder ein Dritter, der sie für ihn — Recht der Benennung des Vormanns S. 397 — oder animo domini inne hat. Auch der fictus possessor haftet. l. 16 § 3 D. 20, 1.

III. **Ziel** ist die Herausgabe der Pfandsache cum omni causa, d. h. mit Zubehör und Früchten, soweit letztere auch beim dritten Besitzer der Sache subsidiär und als noch bei ihm vorhandene im Moment der litis contestatio in Betracht kommen. S. 503. Die Leistung der nach Litiscontestation gezogenen oder versäumten Früchte richtet sich, sofern die Hauptsache zur Befriedigung nicht ausreicht, nach den Grundsätzen der rei vindicatio. Bei Ungehorsam des Beklagten gegen den richterlichen arbitratus ging in der klassischen Zeit die Verurtheilung des Pfandschuldners auf Zahlung der Schuld, die des Pfandbesitzers auf litis aestimatio, von welcher der Ueberschuß an den Verpfänder, dem eine actio pigneraticia directa zustand, abgeliefert werden mußte. l. 21 § 3 D. 20, 1. Später wird die Natural-Restitution der Sache erzwingbar.

IV. **Einreden.** Beklagter, der eines der Erfordernisse des Pfandrechtes bestreitet, läugnet den Klagegrund, dessen Beweis dem Kläger obliegt. Wirkliche Einreden beruhen entweder auf dem Retentionsrechte wegen connexer Verwendungen, das der dritte Pfandbesitzer nach dem Vorbild der Vindication ausübt l. 29 § 2 D. 20, 1, oder richten sich theils gegen die Forderung theils gegen das Pfandrecht.

Jeder Besitzer der Pfandsache, auch der bösgläubige, kann die Klage abwenden, wenn er den Untergang der Obligation durch Befriedigung des Gläubigers nachweist oder sich zur Zahlung bereit erklärt; ja dem justus possessor kann auf Verlangen die Cession der Forderung, mit welcher das Pfandrecht übergeht, nicht verweigert werden. In dieser cessio necessaria l. 19 D. 20, 4 liegt der Unterschied der s. g. exceptio pecuniae offerendae von dem jus offerendi des Pfandgläubigers mit hypothekarischer Succession.

Die Einreden gegen das Pfandrecht sind:

a) potius pignus l. 12 pr. D. 20, 4. Bei gleichzeitigem Pfandrecht an der ganzen Sache entscheidet der Besitz ‚si non convenit, ut N° N° res sit obligata'.

b) excussio Verweisung, **realis** auf die speciell verpfändete Sache, wenn Gläubiger, dem nebenbei ein Generalpfand bestellt ist, vor Erschöpfung des Specialpfandes aus dem übrigen Vermögen seine Befriedigung sucht. l. 2 C. 8, 13. Die Einrede kommt dem Verpfänder, Pfandbesitzer und Nachhypothekengläubiger zu Gute, wird aber, falls die Generalverpfändung nur subsidär geschah, zu einem bloßen Abläugnen des Pfandrechtes. In l. 2 D. 20, 4 wird der umgekehrte Fall erwähnt, daß Gläubiger sich zuvörderst an das Generalpfand halten und erst bei Unzulänglichkeit desselben die andern Sachen des Schuldners an sich ziehen solle. Da aber letztere nur werthlose Wirthschafts- und Affectionsgegenstände sein können, welche das Generalpfand nicht umfaßt S. 491, scheint es angemessener in l. 2 cit. die Worte ‚quae generaliter accepit‘ auf einen Complex von Gütern wie dos, bona paterna zu beziehen und in den subsidiär verpfändeten cetera bona das übrige Vermögen zu finden.

Aus dem allgemeinen beneficium excussionis des Bürgen folgt, daß derselbe, wenn er noch Pfand stellte, sich gegen die actio hypothecaria durch Verweisung auf die Pfandsache des Hauptschuldners wehren kann.

Die excussio **personalis** ist das durch nov. 4 c. 2 eingeführte Privileg des Beklagten, auf die Person des Pfandschuldners oder seines Bürgen zu verweisen, falls er deren Zahlungsfähigkeit und Anwesenheit in derselben Provinz darthut.

c) **praescriptio.** Die Klage verjährt in dreißig Jahren; gegen den Verpfänder, dessen Erben und nachstehende Pfandgläubiger erst in vierzig Jahren, doch können sich Erben vom Tode des Verpfänders an — unter Verzicht auf die Besitzzeit bei dessen Lebzeiten — eine neue dreißigjährige Verjährung berechnen. l. 7 § 2–3 C. 7, 39.

B. Interdictum Salvianum. D. 43, 33.

Es gebührt dem Verpächter, der sich in den Besitz des ihm für den Pachtrückstand verhafteten Inventars setzen will. Gemäß dem possessorischen Charakter erfordert es nur Bescheinigung des Pachtverhältnisses und der Illation, es richtet sich gegen den Pächter, um dessen Abzug zu hindern und verjährt nach Wegschaffung des Inventars gegen den vitiösen Besitzer und wohl auch den unredlichen Erwerber binnen einem annus utilis. Ob es später gegen jeden dritten Besitzer zugelassen wurde, ist bestritten l. 1 und 2 D. ht. Aus den Worten der l. 1 C. 8, 9 ‚adversus conductorem debitoremve‘ geht eine Ausdehnung auf andere Pfandfälle nicht hervor, da das ‚ve‘ keine adversative Bedeutung hat, sondern als ἓν διὰ δυοῖν den Pächter, der zugleich Schuldner ist, bezeichnet.

Jedenfalls wurde in Rom das interdictum Salvianum wegen der summarischen Geltendmachung neben der weiteren actio Serviana und quasi Serviana beibehalten. Da der Nachweis für das Eigenthum des Verpfänders nicht verlangt wird, so kann in einzelnen Fällen das interdictum Salvianum durchdringen — wenigstens vorläufig, da die Rückforderung durch rei vindicatio offen bleibt — wo die actio hypothecaria unterliegen würde. l. 1 D. ht. S. 504. Umgekehrt ertheilt l. 2 D. ht. den Rath: nach vergeblichem Versuch mit dem interdictum Salvianum noch zur actio hypothecaria zu greifen ‚erit eis descendendum ad Servianum judicium‘. Dies könnte der Fall sein, wenn ein Pächter fremdes Inventar in das Grundstück zweier Miteigenthümer einführte, beiden in solidum verpfändete, aber nur einer von ihnen vom Eigenthümer des Pfandobjects genehmigt wird; dann würde dieser Pfandgläubiger zwar mit dem interdictum Salvianum gegen seinen gleichberechtigten Genossen, der besitzt, abgewiesen werden, aber wegen seines rechtsgültigen Pfandrechtes mit der actio hypothecaria sicher obsiegen.

Anderweite Schutzmittel des Pfandgläubigers gehören nicht hierher, z. B. actio utilis in personam beim Forderungspfand S. 493, actio pigneraticia contraria S. 480 und die an sich für den Eigenthümer geschaffenen Klagen wie actio legis Aquiliae aus Beschädigung der Pfandsache, die actio confessoria, negatoria zur Vertheidigung gegen Störer 2c.

Im **gemeinen Recht** wird das interdictum Salvianum **jedem** Pfandgläubiger gewährt, um sich vorläufig gegen bloße Bescheinigung den Besitz der Pfandsache zu verschaffen und im gesicherten Vertheidigungszustand das Weitere abzuwarten.

Im **preußischen Recht** verliert die Pfandklage durch den richterlichen Verkauf ihren Inhalt. Nur bei Faustpfändern geht sie auf Herausgabe des rechtswidrig entnommenen Besitzes. Im Grundbuch wird sie zu einer Beitreibung der Forderung aus dem Grundstück, in wessen Eigenthum es sich immer befinden mag, mittelst Zwangsversteigerung, Zwangsverwaltung. Aehnlich steht die Klage auf Wiederherstellung der zu Unrecht gelöschten Hypothek, oder unter den Gläubigern auf Anerkennung des Vorrechtes. Von einer Verjährung gegen das Grundbuch, von einer realen Excussion kann nicht die Rede sein; die personale ist im A.L.R. § 46 I, 20 umgekehrt, indem der persönlich belangte Schuldner auf sein ihm noch gehöriges Pfand verweisen kann.

§ 169.

D. 20, 6 quibus modis pignus vel hypotheca solvitur.

Untergang.

A. Aus dem pfandrechtlichen Charakter.
  I. Untergang der versicherten Forderung.
    In der Grundbuchverfassung bloß Titel zur Löschung.
  II. Verkauf der Pfandsache.
B. Aus der Natur des dinglichen Rechtes.
  I. Untergang der Sache.
  II. Verzicht des Gläubigers.
    Für die eingetragene Hypothek Titel zur Löschung.
  III. Endtermin, auflösende Bedingung.
    Im Grundbuch Löschung einer Vormerkung.
  IV. Ersitzung der Pfandfreiheit.
    Gegenüber dem Grundbuch unwirksam.
  V. Confusion.
    S. g. Hypothek des Eigenthümers.
    Constructionsversuche im preußischen Recht.
  VI. Verwirkung.

Die Aufhebungsgründe des Pfandrechtes entstammen entweder seinem pfandrechtlichen Charakter oder seiner Natur als eines dinglichen Rechtes.

A. Aus dem pfandrechtlichen Character.

I. Untergang der versicherten Forderung.

Das Pfandrecht wird zur Sicherstellung einer Obligation begründet und verliert mit deren Wegfall seine Kraft. Auf die Art, wie die Forderung beendigt wird, durch Zahlung, Remission, Novation, Urtheil ꝛc. kommt es nicht an l. 6 D. 20, 6, es sei denn, daß sie als naturale übrig bleibt, an die sich das Pfandrecht weiter klammert. l. 14 § 1 D. 20, 1. Diese accessorische Natur l. 43 D. 46, 3 wurde aber dem römischen Verkehr oft unbequem, daher argumentirten einzelne Juristen aus dem Wortlaut der formula hypothecaria S. 523, daß nur materielle Befriedigung des Gläubigers durch solutio, satisfactio das Pfandrecht aufhebe, aber nicht bloß formale Lösung der Obligation durch Confusion, z. B. in Folge eines Universalfideicommisses zwischen Verpfänder und Pfandgläubiger l. 59 pr. D. 36, 1 oder eines Erbganges zwischen Bürgen, der auch Pfand stellte, und Hauptschuldner l. 38 § 5 D. 46, 3. In diesem Sinne heißt es in l. 13 § 4 D. 20, 1 ‚suas conditiones habet hypothecaria actio‘ und in l. 59 pr. D. 36, 1 ‚remanet propter pignus naturalis obligatio‘. Namentlich findet der letztere Satz auf die Verjährung der Obligation Anwendung, welche sich in 30 Jahren vollzieht, wogegen die Pfandklage erst in 40 Jahren verjährt, so daß während der letzten 10 Jahre das Pfandrecht ohne Forderung,

d. h. mit Verkaufsrecht der Sache, aber ohne persönlichen Rückgriff wegen des Ausfalles weiter lebt. Insofern spricht der Jurist dem Pfandrecht gewissermaßen eine naturale Existenz zu, allein es wäre falsch, aus diesen abgerissenen Worten eine Theorie abzuleiten, daß aus der Verjährung persönlicher Klagen eine Natural-Obligation übrig bleibe.

In der Grundbuchverfassung wird das eingetragene Pfandrecht selbständig: die Grundschuld durch ihre innere Natur, die Hypothek wenigstens formell. Das Schicksal der Forderung, die durch Verjährung, Confusion 2c. aufhört, bleibt ohne Einfluß auf das eingetragene Recht, welches nur durch Löschung wegfällt. Dazu können Zahlung der Schuld, Verzicht Seitens des Gläubigers einen Titel bilden, der nach C.Pr.O. § 779 gerichtlich durchgesetzt und vorläufig durch Widerspruchsvermerke geschützt werden kann. Die Löschung geschieht durch den zuständigen Grundbuchrichter auf Antrag des Eigenthümers, der sich legitimiren und eine formelle Löschungsbewilligung des Gläubigers, welcher eine gehörige Quittung oder ein rechtskräftiges Urtheil nach C.Pr.O. § 779 gleichstehen, vorlegen muß. Im Fall ein Brief gebildet ist, bedarf es auch der Vorlage dieses oder eines Urtheils, das ihn für kraftlos erklärt. Sämmtliche Kosten der Beglaubigung 2c. trägt der Eigenthümer als Schuldner. Derselbe kann anstatt der Löschung, welche das unverdiente Nachrücken der folgenden Gläubiger bewirken würde, die Umschreibung der Hypothek auf einen Dritten oder seinen eignen Namen verlangen. Auch auf Antrag der zuständigen Behörde, z. B. bei Zwangsenteignung kann die Löschung geschehen.

II. **Verkauf der Pfandsache**

zur Realisation der Forderung, in Rom durch den ersten Gläubiger unter Beobachtung gewisser Förmlichkeiten, heute meist durch den Richter im Wege öffentlicher Versteigerung. Die Sache wird pfandfrei dem dritten Käufer gegen Zahlung oder Creditirung des Preises übergeben bzw. dem Meistbietenden als Ersteher zugeschlagen. Nach dem Pr.Z.G. vom 13. Juli 1883 werden die im geringsten Gebot berücksichtigten Hypotheken und Grundschulden übernommen.

B. Aus der Natur des dinglichen Rechtes.

I. **Untergang der Sache**

sowohl rechtlich wie natürlich. In Betreff der Versicherungsgelder vgl. S. 488 bezüglich der Parcellirung des Grundstücks S. 505. Am Rest der Sache, z. B. Haut und Hörnern des verendeten Thieres, Baumaterialien des eingestürzten Hauses, soweit sie dem Verpfänder gehören, bleibt das Pfandrecht. Die Specification einer Mobilie hebt das Pfandrecht auf l. 18 § 3 D. 13, 7, nicht im A.L.R. § 261 I, 20, macht aber den Arbeiter ersatzpflichtig. Bei Immobilien haftet das Pfandrecht am Boden und erhält sich trotz Veränderungen durch Wechsel der Wirthschaftsmethode, Abbruch oder Neubau eines Hauses l. 16 § 2, l. 35 D. 20, 1, was freilich Gläubiger vom Standpunkt der Gefährdung seines Rechtes hindern kann. S. 520.

II. **Verzicht des Gläubigers**

durch Remissionsvertrag mit dem Verpfänder, dessen Zustimmung nöthig ist. l. 2 C. 8, 25. Ein stillschweigender Verzicht liegt in der Rückgabe des Faustpfandes l. 3 D. 13, 7 sogar des Pfandscheines l. 7 C. 8, 25 und in der vorbehaltlosen Erlaubniß an den Verpfänder, die verhypothecirte Sache weiter veräußern zu dürfen l. 4 § 1 D. 20, 6. Das A.L.R. § 253 I, 20 sieht in der freiwilligen Besitz-Aufgabe des Mobiliarpfandes eine stillschweigende Entsagung. Im Grundbuch kann der Verzicht nur Titel zur Löschung sein, und die Erlaubniß zur Veräußerung muß ganz wirkungslos bleiben. A.L.R. § 496 ht.

Der Erlaß des Pfandrechtes braucht bloß die Sicherheit, nicht den persönlichen Anspruch zu betreffen und enthält an sich ebensowenig eine wirkliche Schenkung wie die Pfandbestellung, welche letztere dem Gläubiger keine Mehrung seines Vermögens verschafft.

In Rom war es Sitte l. 6 C. 8, 25, beim Verkauf eines Grundstücks die Pfandgläubiger öffentlich zur Anmeldung aufzurufen, widrigenfalls ihnen, falls sie im Bezirk anwesend waren, der Verlust ihres Rechtes als unanfechtbare Folge eines stillschweigenden Verzichts angedroht wurde. Die gemeine Praxis hat daraus ein richterliches Aufgebot mit Ausschlußfristen gebildet. In der Grundbuchverfassung bedarf es nur bei nothwendiger Subhastation eines Aufgebots der etwaigen Eigenthumsanwärter und derjenigen dinglich Berechtigten, die der Eintragung nicht bedürfen. Die Strafe ihrer Säumniß ist nach Pr.G. vom 13. Juli 1883 nicht Ausschluß, sondern Verweisung des Eigenthümers auf das Kaufgeld und Nicht-Berücksichtigung der dinglichen Rechte im geringsten Gebot.

III. Endtermin, auflösende Bedingung.

Nach l. 6 pr. D. 20, 6 kann darin eine Beschränkung des Pfandrechtes liegen. Im A.L.R. § 56 ff. I, 20 gilt der Eintritt im Zweifel als Verfalltag der Schuld, oder bei Verpfändung für fremde Schulden wird eine zeitlich begrenzte Bürgschaft angenommen. Im Grundbuch wird oft eine Vormerkung nach Ablauf gesetzlicher Fristen von Amtswegen gelöscht, dagegen kann auf eingetragene Hypotheken eine von der Forderung abgelöste Beschränkung ihrer Dauer keinen Einfluß üben.

IV. Ersitzung der Pfandfreiheit.

Der redliche, titulirte dritte Erwerber der Pfandsache kann durch 10- oder 20jährigen Besitz, je nachdem er mit dem Pfandgläubiger in einer oder in verschiedener Provinz wohnt, die Freiheit vom Pfandrecht ersitzen und auch die Sache, wenn sie nachher in den Besitz des ehemaligen Pfandgläubigers gelangt, vindiciren. Die Ersitzung beginnt mit der Begründung des Pfandrechtes und wird durch Anstellung der Pfandklage unterbrochen. l. 5 § 1, l. 12 D. 44, 3. l. 2 C. 7, 36. In der Wirkung ist sie der Verjährung der Pfandklage gleich, doch unterscheidet sie sich durch die Redlichkeit des Singular-Erwerbers der Sache, der um die Pfandlast nicht weiß, und durch die Frist. Von der Eigenthumsersitzung, die das Pfandrecht nicht zu ergreifen braucht l. 44 § 5 D. 41, 3, weicht sie ab, durch den Beginn, die eigenthümliche bona fides, die nach dem Wohnsitz des Pfandgläubigers zu berechnende Abwesenheit u. s. w. Im A.L.R. § 244 ff. I, 20 kann die Besitzklage des Mobiliarpfandgläubigers bei unfreiwilliger Entnahme verjähren, gegen den Inhalt des Grundbuchs kommt die Verjährung nicht auf.

V. Confusion.

Der Eigenthumserwerb an der Pfandsache durch den Gläubiger hebt dessen Pfandrecht auf. ‚nulli res sua servit'. l. 45 D. 50, 17. Aus Verkehrsrücksichten wurden die Römer bei mehrfacher Verpfändung derselben Sache zu der praktischen aber monströsen Anomalie einer **Hypothek des Eigenthümers** genöthigt. Diese kommt außer in Fällen des Erbgangs vor: wenn Pfandgläubiger Eigenthümer wird l. 30 § 1 D. 44, 2, z. B. durch Kauf der Sache vom potior S. 510; wenn Eigenthümer das Pfandrecht erwirbt, z. B. durch exceptio pecuniae offerendae S. 524; oder ein Dritter Eigenthum und Pfandrecht zugleich an sich bringt, z. B. durch Kauf der Sache vom Verpfänder mit hypothekarischer Succession, S. 522. Eine befriedigende Construction erscheint undenkbar. Die Römer berufen sich äußerlich auf den Wortlaut der hypothekarischen Formel, in der von solutio, aber nicht von confusio die Rede sei. Die Neueren versuchen zwei Wege der Rechtfertigung: Die Einen legen Nachdruck auf das Eigenthum und erniedrigen das Pfandrecht zur bloßen Retention, obwohl ihm nach den Quellen eine actio hypothecaria und den nachstehenden Gläubigern ein jus offerendi zukommt. Die Andern heben nach l. 6 D. 20, 5 das Pfandrecht hervor und statten es auch beim Eigenthümer mit der Befugniß aus, die Sache durch Distraction pfandfrei zum Schaden der Nachgläubiger zu machen. Die wirkliche Bedeutung einer Hypothek an eigner Sache kann nicht in einem Recht auf den Werth bestehen, das schon durch den allgemeinen Inhalt des Eigenthums gegeben ist, sondern mehr in einer negativen Abwehr der späteren Gläubiger, deren ungebührliches Nachrücken verhütet werden soll.

Wichtiger wird die Frage in den modernen **Hypothekenbüchern**, wo durch Erbgang, Zahlung ꝛc. eine Umschreibung der Hypothek auf den Namen des Eigenthümers ermöglicht wird und dieser dadurch einen Vermögensbestandtheil erwirbt, den er weitergeben, bei nothwendiger Subhastation an entsprechender Stelle liquidiren und in welchen Zwangsvollstreckung Seitens seiner Gläubiger erfolgen kann. A.L.R. § 484 I, 16, dazu Anhang § 52, Declaration vom 3. April 1824, G. vom 5. Mai 1872. Die preußische Jurisprudenz hat drei Theorien aufgestellt:

a) **Koch** 1831 findet in der Hypothek Grundstück und Eigenthümer als mitverhaftet, durch Zahlung wird der Eigenthümer frei, aber das Grundstück bleibe, so lange die Hypothek nicht gelöscht sei, verpflichtet und nur diese Gutsobligation ohne persönlichen Regreß gehe auf den Cessionar über. Dadurch wird der Hypothek der accessorische Charakter genommen.

b) **von der Hagen** 1836 sieht in der Hypothek einen selbständigen Werthantheil des Grundstücks, den Eigenthümer zurückerwerben und als neue Hypothek durch Rechtsgeschäfte weiter begeben könne. Dadurch wird die Untheilbarkeit des Pfandrechtes zerstört.

c) **Ober-Tribunal** in Plenar-Beschl. von 1839 und 1846 läßt trotz der Vereinigung Obligation und Pfandrecht fortdauern, doch ist in dieser Zeit die Forderung Mangels Vollstreckbarkeit latent und wird erst nach der Trennung in dritter Hand wieder voll wirksam. Das **Reichs-Gericht** hat sich durch Urtheil vom 17. Decbr. 1880 dieser Theorie angeschlossen, obschon auch in ihr „die Forderung gegen sich selbst“ anfechtbar erscheint.

Die Grundschuld nach G. vom 5. Mai 1872 kommt der Hagen'schen Theorie vom Werthantheil am nächsten, da sie von vornherein auf den Namen des Eigenthümers eingetragen werden kann.

VI. Verwirkung.

Nach l. 24 § 3 D. 13, 7 soll das Pfandrecht eines Gläubigers zur Strafe erlöschen, wenn er die verpfändete Sclavin prostituirt. Aus diesem Ausnahmefall hat man mit Unrecht in der gemeinen Praxis einen Untergang des Pfandrechtes wegen Mißbrauchs gefolgert.

Das A.L.R. wendet dies in zwei Fällen an: bei vorsätzlichem Abläugnen des Faustpfandes gegenüber dem Schuldner oder dem vindicirenden Eigenthümer § 256 I, 20 und bei Verweigerung der Reparaturkosten für baufällige Gebäude, deren Erhaltung dem Eigenthümer und Mangels eines Käufers den Gläubigern obliegt. § 37 ff. I, 8.

Druck von C. H. Schulze & Co. in Gräfenhainichen.

Bei Fragen zur Produktsicherheit wenden Sie sich bitte an:
If you have any questions regarding product safety,
please contact:

Walter de Gruyter GmbH
Genthiner Straße 13
10785 Berlin
productsafety@degruyterbrill.com